Wiedza Powszechna
Compact

POLISH
and
ENGLISH
Dictionary

English-Polish
Polish-English

Janina Jaślan
Jan Stanisławski

Printed on recyclable paper

National Textbook Company
a division of *NTC Publishing Group* • Lincolnwood, Illinois USA

Editors:
Izabella Jastrzębska-okoń,
Katarzyna Billip.

Technical editor:
Irena Szwedler.

Proofreaders:
Jerzy Lass, Maria Molska,
Czesława Tomaszewska.

1994 Printing

First published in 1993 by National Textbook Company,
a division of NTC Publishing Group,
4255 West Touhy Avenue,
Lincolnwood (Chicago), Illinois 60646-1975 U.S.A.
Original copyright © 1981 Wiedza Powazechna, Warsaw Poland.
Ninth edition, 1991.

4 5 6 7 8 9 BP 9 8 7 6 5 4 3 2

SPIS TREŚCI
CONTENTS

PRZEDMOWA

Słownik, który kierujemy do rąk Państwa został przygotowany z myślą wprowadzenia użytkownika anglo-języcznego w całe bogactwo i witalność współczesnego języka polskiego, w chwili, kiedy Polska wkracza w nowy i obiecujący etap swojej historii. Wydawnictwo jest zwięzłe, ale obejmuje podstawowy zasób słownictwa - podobnie jak w stosunku do użytkownika polskiego oferuje również miarodajne wprowadzenie do języka, który używany jest dziś najpowszechniej na świecie.

Zwięzły słownik polsko-angielski zawiera około 30.000 haseł-słów, fraz i wyrażeń stosowanych najpowszechniej, zarówno we współczesnym języku polskim, jak i angielskim. Zamierzeniem wydawcy było oddanie pracy przejrzystej zarówno dla użytkownika polsko - jak i anglojęzycznego, przede wszystkim dla turystów, tłumaczy czy studentów. Z równą troską i uwagą potraktowano oba języki, kładąc szczególny nacisk na transkrybcję fonetyczną opartą na międzynarodowym systemie zapisu. Materiał wyjaśniający przedstawiony jest w obu językach.

W obecnym wydaniu zastosowano duże i wyraźne liternictwo celem zwrócenia uwagi użytkownika angielskiego na wszytkie znaki diakrytyczne stosowane w polskiej ortografii. Oddzielnie zestawiono nazwy geograficzne i powszechnie stosowane skróty. Części mowy i najtrudniejsze przypadki nieregularnej odmiany ujęte zostały również w obu częściach.

Mamy nadzieję, że ten tom pozwoli przybliżyć angielskim czytelnikom Polskę i Polaków, podobnie jak ich kulturę. Jesteśmy przekonani, że zarówno mówiący po polsku jak i angielsku uznają nasz słownik za użyteczny środek w nawiązywaniu nowych kontaktów i pomocny w lepszym rozumieniu się nawzajem - w obliczu nadchodzącej, ekscytującej przyszłości, która stanie się naszym wspólnym dobrem.

Edward J. Moskal,
Prezes Związku Narodowego Polskiego
Prezes Kongresu Polonii Amerykańskiej

Preface

This volume has been designed to provide speakers of English with a compact but thorough guide to the richness and vitality of the Polish language as Poland enters into a new and exciting period of her history. At the same time, the dictionary provides speakers of Polish a compact and authoritative guide to the most widely spoken language in the world.

The *Wiedza Powszechna Compact Polish and English Dictionary* contains about 30,000 definitions for the words, phrases, and expressions commonly used in the modern Polish and English languages. The editors' goal has been to produce a work of great clarity, of equal value to both Polish and English speakers, whether they are travelers, translators, or students. Equal importance has been assigned to each language, with an International Phonetic Alphabet transcription for the entires in both Polish and English. All explanatory material is presented in both languages.

The typography is large and clear, making it easy for English readers to see the diacritics used in standard Polish orthography. Geographical names and commonly used abbreviations have been listed separately. Parts of speech and troublesome irregularities are shown in the entries for both languages.

Our hope is that this single volume will serve to familiarize English speakers with the people of Poland and their culture. We are sure that both Polish speakers and English speakers will find this dictionary useful in opening new lines of communication and fostering greater understanding in the exciting future that we share.

Edward J. Moskal,

President, Polish National Alliance
President, Polish-American Congress

WSKAZÓWKI DLA KORZYSTAJĄCYCH ZE SŁOWNIKA

Wyrazy hasłowe, zarówno pojedyncze jak i złożenia (zaznaczone łącznikiem), podano drukiem półgrubym w porządku alfabetycznym stosując w części angielskiej słownika pisownię brytyjską.

Przy każdym haśle podano w nawiasach kwadratowych jego transkrypcję fonetyczną stosując ogólnie przyjęte zasady transkrypcji międzynarodowej. Wymowa haseł angielskich została opracowana na podstawie słownika A. S. Hornby'ego *Oxford Advanced Learner's Dictionary of Current English*. Homonimy oznaczono kolejnymi cyframi arabskimi.

Angielskie rzeczowniki podano w liczbie pojedynczej; nieregularne formy liczby mnogiej zamieszczono w nawiasach okrągłych, np.

foot [fʊt] *s* (*pl* **feet** [fit])...

Polskie rzeczowniki zostały zaopatrzone w skróty oznaczające ich rodzaj: *m, f, n,* z wyjątkiem tych, które występują w połączeniu z przymiotnikiem określającym ich rodzaj.

Przymiotniki i przysłówki stopniowane nieregularnie są podane w stopniu wyższym i najwyższym w porządku alfabetycznym. Polskie przymiotniki uwzględniono tylko w formie męskiej.

Polskie zaimki, ze względu na ich trudną dla cudzoziemca odmianę, podano we wszystkich przypadkach (w nawiasach okrągłych), np.:

ty [tɪ] *pron* you; (*w przypadkach zależnych:* **ciebie, cię; tobie, ci; tobą**)

Angielskie czasowniki regularne zostały podane tylko w formie bezokolicznikowej, natomiast uwzględniono wszystkie formy czasowników nieregularnych podając je w bezokoliczniku, w formie czasu przeszłego (*past tense*) oraz imiesłowu czasu przeszłego (*past participle*) łącznie z transkrypcją fonetyczną. Ponadto na końcu części angielsko-polskiej słownika podano listę czasowników nieregularnych.

Polskie odpowiedniki czasowników podano w formie dokonanej lub niedokonanej w zależności od częstości ich użycia.

Polskie czasowniki uwzględniono w obu postaciach: dokonanej i niedokonanej: perfect oraz imperfect (skróty *perf* oraz *imperf*) umieszczając je w jednym haśle. Tylda zastępuje wspólną dla obu postaci czasownika część wyrazu. Niekiedy we frazeologii tylda zastępuje oba czasowniki.

Odpowiedniki angielskie hasła czasownikowego nie są zaopatrzone, ze względu na oszczędność miejsca, w partykułę to, natomiast we frazeologii zwroty angielskie podane są w pełnym brzmieniu.

W wypadku różnicy składni czasowników angielskich i polskich podano je obie w nawiasie okrągłym, np.

grudge [grʌdʒ] *v* żałować ⟨zazdrościć⟩ (sb sth komuś czegoś)

częstować [t͡ʃę̃ʹstɔvat͡ɕ] I *vt* treat (**kogoś czymś** sb to sth) II *vr* ∼ **się** treat oneself (**czymś** to sth)

Każde hasło objaśniono odpowiednimi skrótami (kwalifikatorami gramatycznymi) sygnalizującymi ich przynależność do poszczególnych kategorii gramatycznych, np. *s, adj, adv, v* itp. i oddzielono cyframi rzymskimi.

Słowa należące do poszczególnych dziedzin nauki i techniki zaopatrzono w skróty objaśniające, np. *med., wojsk., elektr.* itp.

DIRECTIONS FOR THE USE OF THE DICTIONARY

The entries, single words and compounds (written with a hyphen) are written in bold-face type in alphabetical order; the spelling of the English entries is that of the leading British dictionaries.

The phonetic transcription in square brackets follows each entry. The symbols used are those of the International Phonetic Association. The pronunciation is based on A S Hornby's *Oxford Advanced Learner's Dictionary of Current English.*

Homonyms are marked by succesive Arabic ciphers.

English nouns are in the singular; irregular plurals are given in round brackets, e.g.

> **foot** [fʊt] *s (pl* **feet** [fit])...

The Polish nouns are qualified by abbreviations indicating their gender: *m, f, n.*

Adjectives and adverbs irregularly compared are given in their comparative and superlative degrees.

The Polish adjectives are given in the masculine gender.

Polish pronouns which present a serious difficulty to foreigners are given in all their cases (in round brackets), e.g.

> **ty** [ti] *pron* you; (*w przypadkach zależnych:* **ciebie, cię; tobie, ci; tobą**)

All the English weak verbs are given only in their infinitive forms but the strong verbs are in the infinitive, past tense and past participle, together with their phonetic transcription. Besides, at the end of the English-Polish part of the dictionary there is a list of the main irregular verbs.

The Polish renderings of the English verbs are given in their perfective or imperfective aspects according to which of them is more frequently used.

The verbs are given in their perfective and imperfective aspects (abbreviations: *perf, imperf)* in one entry. The tilde stands for the part of the word common to both the perfective and imperfective aspects of the entry. Sometimes the tilde stands for both forms of the verb.

The English renderings of the Polish verbs are not given with the particle to (in order to save space) but in the citations the English expressions contain that particle.

The syntactic differences of English and Polish verbs are shown by giving both forms in round brackets, e.g.

grudge [grʌdʒ] *v* żałować ⟨zazdrościć⟩ (sb sth komuś czegoś)

częstować [t͡ʃɛ̃'stɔvat͡ɕ] I *vt* treat (kogoś czymś sb to sth) II *vr* ⁓ się treat oneself (czymś to sth)

Each entry is qualified by an abbreviation indicating the grammatical category to which it belongs, e.g. *adj, adv, s, v* etc. They are separated by Roman ciphers.

Words belonging to different branches of science and technics are accompanied by proper abbreviations, e.g. *med., wojsk., elektr.* etc.

SKRÓTY I ZNAKI OBJAŚNIAJĄCE
ABBREVIATIONS AND EXPLANATORY SIGNS

adj	adiectivus	przymiotnik
admin.	administration	administracja
adv	adverbium	przysłówek
am.	American	amerykański
anat.	anatomy	anatomia
arch.	architecture	architektura
astr.	astronomy	astronomia
atom.	atomic physics	atomistyka
attr.	attributivum	forma atrybutywna
bank.	banking	bankowość
biol.	biology	biologia
boks.	boxing	boks
bot.	botany	botanika
bud.	house-building	budownictwo
chem.	chemistry	chemia
chir.	surgery	chirurgia
comp	(gradus) comparativus	stopień wyższy
conj	coniunctio	spójnik
dent.	dentistry	dentystyka
dosł.	literally	dosłownie
druk.	printing	drukarstwo
dypl.	diplomacy	dyplomacja
dzien.	journalism	dziennikarstwo
ekon.	economy	ekonomia
elektr.	electricity	elektryczność
etc.	and so on	et caetera, i tak dalej, itd.
f	(genus) femininum	rodzaj żeński
farm.	pharmacy	farmaceutyka
filat.	philately	filatelistyka
film.	film	film
filoz.	philosophy	filozofia
fin.	finances	finanse
fiz.	physics	fizyka
fizj.	physiology	fizjologia

fonet.	phonetics	fonetyka
fot.	photography	fotografia
geogr.	geography	geografia
geol.	geology	geologia
geom.	geometry	geometria
gietd.	Stock Exchange	giełda
gimn.	gymnastics	gimnastyka
górn.	mining	górnictwo
gram.	grammar	gramatyka
handl.	commerce, trade	handel
hist.	history	historia
hut.	metallurgy	hutnictwo
imp	impersonale	forma nieosobowa
imper	imperativus	tryb rozkazujący
imperf	imperfectum	niedokonany
indecl	indeclinable	wyraz nieodmienny
inf	infinitivus	bezokolicznik
int	interiectio	wykrzyknik
introl.	bookbinding	introligatorstwo
itd.	and so forth	i tak dalej
itp.	and the like	i temu podobne
jęz.	linguistics	językoznawstwo
karc.	cards	karciane
kin.	cinematography	kinematografia
kolej.	railways	kolejnictwo
kosmet.	cosmetics	kosmetyka
kośc.	ecclesiastical	kościelny
kraw.	tailoring	krawiectwo
księgow.	bookkeeping	księgowość
kulin.	cooking	kulinarny
lit.	literary use	wyrażenie literackie, termin literacki
leśn.	forestry	leśnictwo
lotn.	aviation	lotnictwo
m	(genus) masculinum	rodzaj męski
mal.	painting	malarstwo
mat.	mathematics	matematyka
mebl.	furniture	meblarstwo
mech.	mechanics	mechanika
med.	medicine	medycyna

meteor.	meteorology	meteorologia
miner.	mineralogy	mineralogia
mor.	nautical	morski
mot.	motoring	motoryzacja
muz.	music	muzyka
myśl.	hunting	myślistwo
n	(genus) neutrum	rodzaj nijaki
np.	for example	na przykład
num	numerale	liczebnik
ogr.	gardening	ogrodnictwo
opt.	optics	optyka
parl.	parliamentary	parlamentaryzm
part	particle	partykuła
perf	perfectivum	dokonany
pers	person	osoba
pieszcz.	term of endearment	pieszczotliwy
pl	(numerus) pluralis	liczba mnoga
plast.	fine arts	plastyka
plt	plurale tantum	tylko w liczbie mnogiej
poet.	poetical	poetycki
pog.	contemptuous	pogardliwy
polit.	politics	polityka
pot.	colloquial	potoczny
pp	participium perfecti	imiesłów bierny
ppraes	participium praesentis	imiesłów czynny
praed	praedicativum	forma orzecznikowa
praef	praefix	przedrostek
praep	praepositio	przyimek
praes	praesens	czas teraźniejszy
prawn.	law	termin prawniczy
pron	pronomen	zaimek
przen.	figuratively	przenośnie
przysł.	proverb	przysłowie
psych.	psychology	psychologia
rad.	radio	radio
rel.	religion	religia
roln.	agriculture	rolnictwo
rzem.	handicrafts	rzemiosło
rzeźb.	sculpture	rzeźbiarstwo
s	substantivum	rzeczownik

sąd.	jurisprudence	sądownictwo
sb	somebody	ktoś, kogoś, komuś itd.
sb's	somebody's	kogoś, czyjś
sing	(numerus) singularis	liczba pojedyncza
skr.	abbreviation	skrót
sl.	slang	slang (wyrażenie żargonowe)
sport.	sports	sport
sth	something	coś, czegoś, czemuś itd.
sup	(gradus) superlativus	stopień najwyższy
szach.	chess	szachy
szerm.	fencing	szermierka
szew.	shoemaking	szewstwo
szk.	school word	(wyraz) szkolny
teatr.	theatre	teatr
techn.	technology	technika
tekst.	textile	tekstylny
telef.	telephone	telefon
telegr.	telegraph	telegraf
tv	television	telewizja
uniw.	university	uniwersytet
v	verbum	czasownik
v aux.	verbum auxiliarum	czasownik posiłkowy
vi	verbum intransitivum	czasownik nieprzechodni
v imp	verbum impersonale	czasownik nieosobowy
vr	verbum reflexivum	czasownik zwrotny
vt	verbum transitivum	czasownik przechodni
wg	according to	według
wojsk.	military	wojskowy
zbior.	collective noun	rzeczownik zbiorowy
zob.	see	zobacz
zool.	zoology	zoologia
zw.	usually	zwykle

~ Tylda zastępuje cały wyraz hasłowy lub jego część odciętą kreską pionową.

[ ] Nawiasy kwadratowe zawierają transkrypcję fonetyczną hasła.

The tilde replaces the entry word or the part of it cut off by a vertical line.

Square brackets enclose the phonetic transcription of the entry.

( )	Nawiasy okrągłe zawierają objaśnienia, nieregularne formy hasła, wyrazy i litery, które mogą być opuszczone.
⟨ ⟩	Nawiasy trójkątne obejmują wymienne człony lub zwroty frazeologiczne.
1,2	Kolejne cyfry arabskie oznaczają homonimy.
I, II	Cyframi rzymskimi oddzielono różne kategorie gramatyczne.
1., 2.	Kolejnymi półgrubymi cyframi arabskimi oddzielono odpowiedniki o całkowicie różnym znaczeniu.
;	Średnik oddziela frazeologię oraz odpowiedniki niesynonimiczne.
,	Przecinek oddziela odpowiedniki bliskie pod względem znaczeniowym.
|	Kreska pionowa oddziela niezmienną część wyrazu hasłowego, zastąpioną w obrębie hasła tyldą.
||	Dwie kreski pionowe oddzielają frazeologię nie związaną bezpośrednio z żadnym uwzględnionym znaczeniem.
―	Znak równania po haśle oznacza, że odpowiedniki hasła są w obu wypadkach identyczne.
'	W transkrypcji fonetycznej znak akcentu głównego u-

Round brackets enclose the explanatory information, irregular forms of the entry, words and letters which can be omitted. Angular brackets enclose words and expressions which are interchangeable. Successive Arabic ciphers mark homonyms. Roman ciphers divide the grammatical sections of an entry. Successive bold-faced Arabic ciphers separate renderings with entirely different meanings. The semicolon separates the phraseology and not strictly synonymous renderings. A comma separates renderings related in meaning. The vertical line separates the unchanged part of the entry which is replaced within the entry article by the tilde. The double vertical bar separates phraseology which is not connected with any of the given meanings. The sign of equality used after the entry denotes that the renderings are in both cases the same. In the phonetic transcription this mark is the main

mieszczony przed sylabą akcentowaną hasła angielskiego.
Znak akcentu pobocznego umieszczony przed słabiej akcentowaną sylabą hasła angielskiego.

Znak akcentu umieszczony przed akcentowaną sylabą hasła polskiego.

stress accent placed before the stressed syllable of an English entry.
This mark is the secondary stress accent placed before the secondarily stressed syllable of an English entry.
This mark is the stress accent placed before the stressed syllable of a Polish entry.

ANGIELSKO-POLSKI
ENGLISH-POLISH

PRZEGLĄD DŹWIĘKÓW W JĘZYKU ANGIELSKIM
THE SOUNDS IN ENGLISH

znak fonetyczny phonetic symbol	pisownia orthography	transkrypcja fonetyczna phonetic transcription	znaczenie polskie Polish rendering

samogłoski — vowels

i	people	`pipĺ	ludzie
ı	ship	ʃıp	okręt
e	pen	pen	pióro
æ	man	mæn	człowiek
ɑ	dark	dɑk	ciemny
o	not	not	nie
ɔ	small	smɔl	mały
ʊ	book	bʊk	książka
u	noon	nun	południe
ʌ	cup	kʌp	filiżanka
ə	under	ʌndə(r)·	pod
3	her	h3(r)	jej

dwugłoski — diphthongs

eı	baby	beıbı	dziecko
əʊ	smoke	sməʊk	dym, palić
ɑı	nine	nɑın	dziewięć
ɑʊ	how	hɑʊ	jak
ɔı	boy	bɔı	chłopiec
ıə	beer	bıə(r)	piwo
eə	hair	heə(r)	włosy
ʊə	poor	pʊə(r)	biedny

spółgłoski — consonants

b	bed	bed	łóżko
d	desk	desk	biurko; pulpit
g	girl	gɜl	dziewczyna
h	help	help	pomoc; pomagać
j	yellow	ˈjeləʊ	żółty
l	last	lɑst	ostatni; trwać
˙m	make	meɪk	robić, produkować
n	near	nɪə(r)	blisko; bliski
r	rich	rɪtʃ	bogaty, zamożny
v	very	ˈverɪ	bardzo; prawdziwy
w	window	ˈwɪndəʊ	okno
z	noise	nɔɪz	hałas, zgiełk
ð	that	ðæt	tamten, ów, to
ʒ	measure	ˈmeʒə(r)	miara; mierzyć
dʒ	judge	dʒʌdʒ	sędzia; sądzić
p	pay	peɪ	płacić; opłacać się
t	tree	tri	drzewo
k	class	klɑs	klasa; lekcja
f	far	fɑ(r)	daleko; daleki
s	sit	sɪt	siedzieć, siadać
Θ	thick	Θɪk	gruby, gęsty
ʃ	fish	fɪʃ	ryba; łowić ryby
tʃ	much	mʌtʃ	dużo, wiele; znacznie
ŋ	sing	sɪŋ	śpiewać

ALFABET ANGIELSKI
ENGLISH ALPHABET

A	a	[eɪ]	N	n	[en]
B	b	[bi]	O	o	[əʊ]
C	c	[si]	P	p	[pi]
D	d	[di]	Q	q	[kju]
E	e	[i]	R	r	[ɑ(r)]
F	f	[ef]	S	s	[es]
G	g	[dʒi]	T	t	[ti]
H	h	[eɪtʃ]	U	u	[ju]
I	i	[ɑɪ]	V	v	[vi]
J	j	[dʒeɪ]	W	w	[ˈdʌbḷju]
K	k	[keɪ]	X	x	[eks]
L	l	[el]	Y	y	[wɑɪ]
M	m	[em]	Z	z	[zed, am. zi]

ALFABET ANGIELSKI
ENGLISH ALPHABET

A

a [ei, ə], an [ən, æn] 1. *przedimek ⟨rodzajnik⟩ nieokreślony, bez odpowiednika polskiego;* (a certain) jakiś, pewien 2. *(each)* za; od; na;
two pounds a yard (po)
dwa funty za jard ⟨od
jarda⟩; sixty miles an hour
sześćdziesiąt mil na godzinę
aback [ə'bæk] *adv* w tył,
wstecz; *przen.* to be taken
~ być zaskoczonym
abandon [ə'bændən] *v* opuścić,
porzucić; zaniechać (sth
czegoś)
abate [ə'beit] *v* zmniejszyć;
obniżyć (cenę itd.)
abbey ['æbi] *s* opactwo *n*
abbreviate [ə'brivieit] *v* skrócić
abbreviation [ə'brivi'eiʃn] *s*
skrót *m*
abdicate ['æbdikeit] *v* abdykować
abdomen ['æbdəmən] *s anat.*
brzuch *m*
abhor [əb'hɔ(r)] *v* czuć odra-
zę ⟨wstręt⟩ (sb, sth do kogoś, czegoś)
abide [ə'baid] *v* (abode, abode
[ə'bəud]) 1. przebywać,
mieszkać 2. *(remain faithful to)* dotrzymywać (by sth
czegoś) 3. *(stick to)* obstawać (by sth przy czymś)
abiding [ə'baidiŋ] *adj* stały,
trwały
ability [ə'biləti] *s* zdolność *f*;
prawn. kompetencja *f*; *pl*
abilities zdolności *(umysło-
we)*
able ['eibl] *adj* zdolny; to be
~ potrafić ⟨być w stanie⟩
(coś zrobić)

abnormal ['æb'nɔml] *adj* nie-
normalny, nieprawidłowy
aboard [ə'bɔd] *adv* na statku;
to go ~ wsiąść na statek;
all ~! wszyscy na pokład!;
am. kolej. proszę wsiadać!
abode *zob.* abide *v*
abolish [ə'boliʃ] *v* znieść; obalić (ustawę itd.)
abortion [ə'bɔʃn] *s* poronienie
n; przerwanie *n* ciąży
abound [ə'baund] *v* obfitować
(with ⟨in⟩ sth w coś)
about [ə'baut] I *adv* 1. *(around)*
wokoło 2. *(nearly)* mniej
więcej II *praep* 1. *(of, concerning)* o (kimś, czymś);
what ~ it? co ty na to? 2.
(near) przy; I have no money ~ me nie mam przy so-
bie pieniędzy || to be ~ to do
sth mieć (właśnie) coś zrobić; what ~ your plans? a
co z twymi planami?; what
~ having a drink może byśmy się czegoś napili?
above [ə'bʌv] I *adv* powyżej,
w górze; ~ crossing skrzyżowanie wielopoziomowe II
praep (po)nad, powyżej; ~
all nade wszystko III *adj*
powyższy, wspomniany
abreast [ə'brest] *adv* ramię w
ramię; *przen.* to be ~ of
⟨with⟩ the times iść z du-
chem czasu
abridge [ə'bridʒ] *v* skrócić,
streścić; ~d edition skróco-
ne wydanie
abroad [ə'brɔd] *adv* za granicą; za granicę; from ~ z
zagranicy; to go ~ wyje-
chać za granicę
abrupt [ə'brʌpt] *adj* 1. nagły
2. *(steep)* stromy 3. *(rough)*
szorstki

abscess ['æbses] s czyrak m,
ropień m, wrzód m
absence ['æbsns] s 1. nieobecność f; in sb's absence pod
czyjąś nieobecność 2. (lack)
brak m; in the ~ of... z
braku...
absent ['æbsnt] adj nieobecny
absent-minded ['æbsnt'maın-
dıd] adj roztargniony
absolute ['æbsəlut] adj 1. absolutny 2. (of alcohol) czysty 3. (of a fact) stwierdzo-
ny
absorb [əb'sɔb] v absorbować,
pochłaniać
absorber [əb'sɔbə(r)] s amortyzator m, tłumik m
abstain [əb'steın] v powstrzymywać się (from sth od czegoś)
abstainer [əb'steınə(r)] s abstynent m
abstinence ['æbstınəns] s abstynencja f, wstrzemięźliwość f
abstinent ['æbstınənt] s abstynent m
abstract ['æbstrækt] adj abstrakcyjny; oderwany
absurd [əb'sɜd] adj niedorzeczny; it's ~! to nonsens!
abundance [ə'bʌndəns] s obfitość f; in ~ obficie, pod
dostatkiem
abundant [ə'bʌndənt] adj obfity, zasobny (in sth w coś)
abuse [ə'bjuz] I v 1. (misuse)
nadużywać (sth czegoś) 2.
(revile) wymyślać (sb ko-
muś) II s [ə'bjus] 1. (misuse)
nadużycie n 2. (insult) zniewaga f
abusive [ə'bjusıv] adj obelży-
wy, znieważający
abyss [ə'bıs] s otchłań f; przepaść f
acacia [ə'keıʃə] s akacja f
academic ['ækə'demık] adj 1.
akademicki; ~ degree sto-
pień naukowy; ~ year rok
akademicki 2. (of a discussion) jałowy

academy [ə'kædəmı] s akade
mia f, uczelnia f
accelerate [ək'seləreıt] v przyśpieszać
accelerator [ək'seləreıtə(r)] s
mot. akcelerator m, przy-
spiesznik m
accent [æk'sent] I v akcentować; podkreślać II s ['æk-
snt] nacisk m; akcent m; to
speak with foreign ~ mó-
wić z obcym akcentem
accept [ək'sept] v przyjąć;
zgodzić się (sth na coś)
acceptance [ək'septəns] s przyjęcie n (sth czegoś); zgoda f
access ['ækses] s 1. dojście n,
dojazd m; ~ road droga dojazdowa 2. dostęp m; easy
of ~ łatwo dostępny
accessory [ək'sesərı] I adj dodatkowy II pl accessories
dodatki pl; akcesoria pl,
przybory pl; osprzęt m;
angling accessories przybory wędkarskie; motor-car
accessories akcesoria samochodowe
accident ['æksıdnt] s traf m;
(nieszczęśliwy) wypadek m;
road ~ wypadek drogowy;
car ~ wypadek samochodo-
wy; railway ~ wypadek ko-
lejowy; ~ at work wypa-
dek przy pracy; tragic ~
tragiczny wypadek; fatal ~
śmiertelny wypadek; ~ in-
surance ubezpieczenie n od
wypadków; ~ victim ofia-
ra f wypadku; to cause an
~ spowodować wypadek;
by ~ przypadkowo
acclaim [ə'kleım] v oklaskiwać
acclimatization [ə'klaımətaı-
'zeıʃn] s aklimatyzacja f
acclimatize [ə'klaımətaız] v a-
klimatyzować; to get ⟨be-
come⟩ ~d zaaklimatyzować
się
accommodate [ə'komədeıt] v
1. (lodge) ulokować, przenocować (sb kogoś) 2. (con-

fer favour) wyświadczyć przysługę (sb komuś)

accommodation [ə`komə`deıʃn] *s* pomieszczenie *n*, mieszkanie *n*, nocleg *m*; ~ **capacity** pojemność *f* bazy noclegowej; ~ **bureau** biuro *n* zakwaterowań; **to find** ~ znaleźć lokum

accompaniment [ə`kʌmpnimənt] *s* akompaniament *m*

accompany [ə`kʌmpnı] *v* towarzyszyć (**sb, sth** komuś, czemuś); odprowadzić; **accompanied by...** w towarzystwie...

accomplice [ə`kʌmplıs] *s* współsprawca *m*, wspólnik *m*

accomplished [ə`kʌmplıʃt] *adj* znakomity; utalentowany

accord [ə`kod] **I** *v* udzielić, przyznać (**sb sth** komuś coś) **II** `s zgoda *f*; **of one's own** ~ dobrowolnie

accordance [ə`kodns] *s* zgoda *f*; zgodność *f*; **in** ~ **with...** zgodnie z...

according [ə`kodıŋ] *praep* ~ **to...** stosownie do..., według...

accordion [ə`kodıən] *s* akordeon *m*

accost [ə`kost] *v* zaczepić, zagadnąć (**sb** kogoś)

account [ə`kaunt] **I** *v* 1. (*regard as*) oceniać 2. (*reckon*) obliczyć, wyliczyć się (**for money** z pieniędzy) 3. (*answer for*) odpowiadać (**for sth za** coś) **II** *s* rachunek *m*; **to pay on** ~ zadatkować; **to settle** ~**s with sb** rozliczyć się z kimś, *przen.* porachować się z kimś || *przen.* **to take into** ~ wziąć pod uwagę; **of no** ~ bez znaczenia; **on** ~ **of sb, sth** z powodu kogoś, czegoś; **on no** ~ pod żadnym warunkiem; **on one's own** ~ na własną rękę

accountant [ə`kauntənt] *s* księgowy *m*, księgowa *f*

accumulate [ə`kjumjuleıt] *v* gromadzić (się)

accumulator [ə`kjumjuleıtə(r)] *s* akumulator *m*; **to charge an** ~ naładować akumulator; **to replace an** ~ wymienić akumulator

accuracy [`ækjərəsı] *s* dokładność *f*; ścisłość *f*

accurate [`ækjərət] *adj* dokładny; ścisły

accusation [`ækju`zeıʃn] *s* oskarżenie *n*; **to bring an** ~ **against sb** oskarżyć kogoś

accusative [ə`kjuzətıv] *s gram.* biernik *m*

accuse [ə`kjuz] *v* oskarżać (**sb of sth** kogoś o coś), zarzucać (**sb of sth** komuś coś); **the** ~**d** oskarżony *m*

accustom [ə`kʌstəm] *v* przyzwyczaić; **to be** ~**ed to...** być przyzwyczajonym do...; **to get** ~**ed to sth** przyzwyczaić się ⟨przywyknąć⟩ do czegoś

ace [eıs] *s* as *m*

ache [eık] **I** *v* boleć; **my teeth** ~ zęby mnie bolą; *przen.* **my heart** ~**s** serce mi się kraje **II** *s* ból *m*

achieve [ə`tʃiv] *v* dokonać (**sth** czegoś); (*gain*) osiągnąć

achievement [ə`tʃivmənt] *s* osiągnięcie *n*, zdobycz *f*

aching [`eıkıŋ] *adj* bolesny; *przen.* zbolały

acid [`æsıd] **I** *s* kwas *m* **II** *adj* kwaśny; ~ **drops** landrynki *pl*; ~ **test** probierz *m*

acknowledge [ək`nolıdʒ] *v* 1. przyznać, uznać (**sb as...** kogoś za...) 2. (*confirm receipt*) potwierdzić (odbiór)

acknowledg(e)ment [ək`nolıdʒmənt] *s* 1. potwierdzenie *n* (odbioru) 2. **in** ~ **of** w dowód uznania

acorn [`eıkon] *s* żołądź *f*

acoustic(al) [ə`kustıkl] *adj* akustyczny

acoustics [ə`kustıks] *s* akustyka *f*

acquaint [ə'kweint] *v* zaznajomić **(sb with sb** kogoś z kimś); zapoznać **(sb with sth** kogoś z czymś); **to be ~ed with sb, sth** znać kogoś, coś
acquaintance [ə'kweintəns] *s* 1. znajomość *f*; **to make sb's ~** poznać kogoś 2. *(person)* znajomy *m*, znajoma *f*
acquire [ə'kwaiə(r)] *v* nabyć, zdobyć (wiedzę itd.)
acquisition ['ækwi'ziʃn] *s* 1. nabycie *n* 2. *(thing)* nabytek *m*
acquit [ə'kwit] *v prawn.* uniewinnić; *przen.* **to ~ oneself of sth** wywiązać się z czegoś
acre ['eikə(r)] *s* akr *m*
acrobat ['ækrəbæt] *s* akrobata *m*
across [ə'kros] I *adv* 1. *(crosswise)* na krzyż, w poprzek 2. *(from side to side)* w poprzek; wszerz II *praep* przez; na ⟨po⟩ drugiej stronie
act [ækt] I *v* 1. działać, spełniać funkcję **(as a chairman** etc. przewodniczącego itd.) 2. grać (w teatrze) II *s* 1. akt *m* 2. uczynek *m* 3. *(decree)* ustawa *f* 4. *(document)* dokument *m* || **in the ~ of ...** w trakcie ...; **~ of God** siła *f* wyższa
acting ['æktiŋ] I *s* 1. działanie *n* 2. gra *f* (artysty) II *adj* pełniący obowiązki; **~ manager** zastępca *m* kierownika
action ['ækʃn] *s* 1. działanie *n*; **joint ~** współdziałanie *n*; **to take ~** podjąć kroki; *prawn.* **to take ~ against sb** wytoczyć komuś proces 2. *(deed)* czyn *m* 3. *(motion)* ruch *m*; **to put in ~** wprawić w ruch; **out of ~** uszkodzony; nieczynny
active ['æktiv] *adj* czynny; aktywny; **~ tourism** turystyka czynna; *gram.* **~ voice** strona czynna

activity [æk'tivəti] *s* działalność *f*
actor ['æktə(r)] *s* aktor *m*
actress ['æktrəs] *s* aktorka *f*
actual ['æktʃuəl] *adj* 1. *(real)* rzeczywisty, faktyczny; **an ~ fact** fakt niezaprzeczalny; **in ~ fact** w rzeczywistości, faktycznie 2. *(present)* obecny, bieżący
actuality ['æktʃu'æləti] *s* rzeczywistość *f*
acute [ə'kjut] *adj* 1. ostry 2. *(of pain etc.)* dotkliwy 3. *(of hearing)* czuły 4. *(of mind)* bystry
adapt [ə'dæpt] *v* przystosować; *lit.* **~ed from ...** przeróbka z ⟨według⟩ ...
add [æd] *v* dodać, dołączyć; **to ~ up** zsumować
adder ['ædə(r)] *s* żmija *f*
addict [ə'dikt] I *v* **~ oneself** oddawać się **(to sth** czemuś); **to be ~ed to drink** pić nałogowo II *s* ['ædikt] nałogowiec *m*; **drug ~** narkoman *m*
addition [ə'diʃn] *s* 1. dodatek *m* **(to sth** do czegoś); **in ~** na dodatek, ponadto 2. *(adding)* dodawanie *n*
additional [ə'diʃnl] *adj* dodatkowy; dalszy
address [ə'dres] I *v* 1. adresować; **to ~ an envelope** zaadresować kopertę 2. *(make a request)* zwracać się (sb do kogoś) II *s* 1. adres *m*; **~ office** biuro adresowe; **accommodation ~** adres grzecznościowy; **code ~** adres kodowy; **exact ⟨full⟩ ~** dokładny adres; **home ~** adres domowy; **permanent ~** adres stały; **sender's ~** adres nadawcy; **telegraphic ~** adres telegraficzny; **temporary ~** adres tymczasowy; **wrong ~** niewłaściwy adres; **to change one's ~** zmienić adres 2. *(speech)* przemówienie *n*

27

advantage

addressee ['ædre`si] s adresat
m, adresatka f
adept ['ædept] adj biegły (in
sth w czymś)
adequate ['ædıkwət] adj odpowiedni; (sufficient) wystarczający
adhere [əd`hıə(r)] v 1. lgnąć,
przywierać (to sth do czegoś) 2. (belong) należeć (to
a party do partii)
adherent [əd`hıərnt] I adj na-
leżący (to sth do czegoś) II
s stronnik m
adhesive [əd`hisıv] adj lepki,
przylegający; ~ tape przylepiec m, plaster m
adjacent [ə`dʒeısnt] adj przy-
legły, sąsiadujący (to sth
z czymś)
adjective ['ædʒıktıv] s gram.
przymiotnik m
adjourn [ə`dʒ3n] v odroczyć;
(suspend proceedings) za-
wiesić ⟨przerwać⟩ (obrady)
adjust [ə`dʒʌst] v uporządko-
wać; uregulować; (make
suitable) dostosować (sth to
sth coś do czegoś)
administer [əd`mınıstə(r)] v
1. zarządzać (sth czymś) 2.
zastosować, zaaplikować; to
~ a medicine podawać le-
karstwo
administration [əd`mını`streı-
‚ʃn] s 1. zarząd m; (manag-
ing) kierowanie n (of sth
czymś) 2. am. rząd m
admirable ['ædmrəbl] adj
wspaniały; zachwycający
admiral ['ædmərəl] s admirał
m
admire [əd`maıə(r)] v podzi-
wiać, zachwycać się (sb, sth
kimś, czymś)
admirer [əd`maıərə(r)] s wiel-
biciel m, wielbicielka f
admissible [əd`mısəbl] adj do-
puszczalny
admission [əd`mıʃn] s 1. wstęp
m, dostęp m; ~ fee opłata
f za wstęp; ~ free wstęp
wolny 2. (being admitted)

przyjęcie n (na uczelnię itd.)
3. (acknowledgement) przy-
znanie się n (of one's guilt
do winy)
admit [əd`mıt] v 1. przyjąć,
dopuścić 2. (acknowledge)
przyznać się (sth do czegoś)
admittance [əd`mıtns] s do-
puszczenie n; dostęp m;
no ~ wstęp wzbroniony
admonish [əd`monıʃ] v upomi-
nać, strofować; (warn) przestrzegać (sb of sth kogoś
przed czymś)
ado [ə`du] s zamieszanie n
adolescent ['ædə`lesnt] I s mło-
dzieniec m, dziewczyna f II
adj młodociany
adopt [ə`dopt] v 1. adoptować;
~ed country przybrana oj-
czyzna 2. (choose) przyjąć
(zwyczaj itd.); obrać (linię
postępowania)
adoptive [ə`doptıv] adj przy-
brany, adoptowany; ~ child
adoptowane dziecko; ~ fa-
ther przybrany ojciec m;
~ mother przybrana matka;
~ parents przybrani rodzice
adore [ə`do(r)] v czcić; uwiel-
biać
adorn [ə`don] v ozdabiać,
przystrajać
adult ['ædʌlt] adj s dorosły
m
advance [əd`vɑns] I v 1. po-
suwać (się) naprzód 2. (promote) promować 3. (accelerate) przyśpieszać II s 1. postęp m 2. (promotion) awans
m 3. (payment beforehand)
zaliczka f; in ~ zawczasu,
z góry
advanced [əd`vɑnst] adj 1. wy-
sunięty naprzód 2. (of work
etc.) zaawansowany; ~ in
years posunięty w latach 3.
(civilized) cywilizowany
advantage [əd`vɑntıdʒ] s 1.
przewaga f (of ⟨over⟩ sb,
sth nad kimś, czymś); to
have the ~ of sb, sth górować nad kimś, czymś; to
take ~ of sb oszukać kogoś

2. *(benefit)* korzyść *f*; **to take ~ of** sth skorzystać z czegoś; **to the best ~** jak najkorzystniej

advantageous ['ædvən`teɪdʒəs] *adj* korzystny

adventure [əd`ventʃə(r)] *s* przygoda *f*; **a life of ~** życie *n* pełne przygód

adventurer [əd`ventʃərə(r)] *s* awanturnik *m*, poszukiwacz *m* przygód

adverb ['ædvɜb] *s gram.* przysłówek *m*

adversary ['ædvəsərɪ] *s* przeciwnik *m*

advertise ['ædvətaɪz] *v* reklamować ⟨ogłaszać⟩ (się)

advertisement [əd`vɜtɪsmənt] *s* reklama *f*, ogłoszenie *n*

advice [əd`vaɪs] *s* 1. (po)rada *f*; **to take** ⟨**to seek**⟩ **~** zasięgnąć rady, poradzić się; **at** ⟨**by, on, under**⟩ **sb's ~** za czyjąś poradą 2. **~ note** awizo *n*, zawiadomienie *n* o wysyłce

advisable [əd`vaɪzəbl] *adj* wskazany, celowy

advise [əd`vaɪz] *v* poradzić, doradzić; **to ~ sb against** sth odradzić komuś coś

adviser [əd`vaɪzə(r)] *s* doradca *m*; **legal ~** doradca prawny

advisory [əd`vaɪzərɪ] *adj* doradczy; **~ service** poradnictwo *n*; **to act in an ~ capacity** działać w charakterze doradczym

advocate ['ædvəkət] I *s* rzecznik *m*, adwokat *m* II *v* ['ædvəkeɪt] zalecać; popierać

aerial ['eərɪəl] I *s* antena *f*; **frame ~** antena pokojowa II *adj* (na)powietrzny

aerodrome ['eərədrəum] *s* lotnisko *n*; **alternate ~** lotnisko zapasowe

aeroplane ['eərəpleɪn] *s* samolot *m*

aerosol ['eərəsol] *s* aerozol

aesthete ['isƟit] *s* esteta *m*

afar [ə`fɑ(r)] *adv* **~ off** w oddali; **from ~** z daleka

affair [ə`feə(r)] *s* 1. sprawa *f*, interes *m* 2. afera *f*; **a love ~** romans *m*

affect 1 [ə`fekt] *v* przybrać postać (sth czegoś); udawać (kogoś, coś)

affect 2 [ə`fekt] *v* 1. oddziaływać (sb, sth na kogoś, coś); *(touch)* wzruszać 2. *med. (of a disease)* atakować

affection [ə`fekʃn] *s* uczucie *n*; sentyment *m*; przywiązanie *n* (for sb do kogoś)

affectionate [ə`fekʃnət] *adj* kochający; czuły

affiliate [ə`fɪlɪeɪt] *v* przyjmować jako członka (sb kogoś); **~d society** filia *f*

affirmative [ə`fɜmətɪv] *adj* twierdzący

afflict [ə`flɪkt] *v* obarczyć; dotknąć (nieszczęściem)

affliction [ə`flɪkʃn] *s* zmartwienie *n*; *(calamity)* nieszczęście *n*

afford [ə`fɔd] *v* 1. pozwolić sobie (sth na coś); **I can't ~** it nie stać mnie na to 2. *(supply)* dostarczać (przyjemności itd.)

affront [ə`frʌnt] I *v* znieważyć (sb kogoś); zrobić afront (sb komuś) II *s* afront *m*, zniewaga *f*

afloat [ə`fləut] *adv* na wodzie

afraid [ə`freɪd] *adj* przestraszony; **to be ~** bać się (of sth czegoś); **I am ~ so** ⟨**not**⟩ obawiam się, że tak ⟨że nie⟩

afresh [ə`freʃ] *adv* na nowo

African ['æfrɪkən] I *adj* afrykański II *s* Afrykanin *m*, Afrykanka *f*

after ['ɑftə(r)] I *praep* po (sth, sb czymś, kimś); za; **~ hours** po godzinach urzędowych; **~ all** ostatecznie; **time ~ time** raz za razem II *adv* potem, później; **the week ~** następnego tygodnia III *adj* późniejszy IV *conj* gdy

aftermath ['ɑftəmæƟ] *s roln.* potraw *m*; *przen.* wynik *m*, następstwa *pl*; **the ~ of war** pokłosie *n* wojny

afternoon ['aftə`nun] *s* popołudnie *n*; **in the ~** po południu; **this ~** dziś po południu; **good ~!** dzień dobry!

afterward(s) ['aftəwəd(z)] *adv* potem; następnie; później

again [ə`gen] *adv* znowu, jeszcze raz; **~ and ~** raz za razem; **now and ~** od czasu do czasu; **as much ~** drugie tyle; **never ~** nigdy więcej

against [ə`genst] *praep* przeciw (**sb, sth** komuś, czemuś); **~ a background of ... na tle ...** (czegoś); **to lean ~ sth** opierać się o coś

age [eɪdʒ] *s* 1. wiek *m*; **five years of ~** pięcioletni; **of ~** pełnoletni; **under ~** niepełnoletni; **what is your ~?** ile masz lat?; **at your ~** w twoim wieku 2. (*period*) epoka *f*; **for ~s** od wieków

aged ['eɪdʒd] *adj* w podeszłym wieku; sędziwy

agency ['eɪdʒənsɪ] *s* agencja *f*; filia *f*; **agentura** *f*; **advertisement ~** agencja ogłoszeniowa; **insurance ~** agencja ubezpieczeniowa; **news** ⟨**press**⟩ **~** agencja prasowa; **tourist** ⟨**travel, travelling**⟩ **~** agencja turystyczna; **through the ~ of ...** za pośrednictwem ...

agenda [ə`dʒendə] *s* porządek dzienny (zebrania)

agent ['eɪdʒənt] *s* 1. pośrednik *m*; agent *m* 2. *chem.* czynnik *m*

aggravate ['ægrəveɪt] *v* pogorszyć; (*annoy*) rozdrażnić

aggression [ə`greʃn] *s* agresja *f*

agility [ə`dʒɪlɪtɪ] *s* zwinność *f*, zręczność *f*

ago [ə`gəʊ] *adv* ... temu; **przed ...; a week ~** tydzień temu; przed tygodniem; **long ~** dawno temu

agonize ['ægənaɪz] *v* dręczyć, męczyć

agony ['ægənɪ] *s* 1. agonia *f* 2. (*suffering*) udręka *f*, męczarnia *f*; **an ~ of pain** potworny ból

agrarian [ə`greərɪən] *adj* agrarny, rolny

agree [ə`gri] *v* 1. zgodzić się (**to sth** na coś); **to ~ with sb's opinion** podzielać czyjeś zdanie 2. (*come to an agreement*) uzgodnić; porozumieć się (**upon** ⟨**as to**⟩ **sth** co do czegoś) 3. (*be good for*) służyć (**with sb** komuś)

agreeable [ə`grɪəbl] *adj* przyjemny; (*ready ,to agree*) zgodny

agreement [ə`grimənt] *s* porozumienie *n*; układ *m*; umowa *f*; **international ~** umowa międzynarodowa; **in ~ with ...** zgodnie z ...

agriculture ['ægrɪ`kʌltʃə(r)] *s* rolnictwo *n*

agronomy [ə`grɒnəmɪ] *s* agronomia *f*

ahead [ə`hed] *adv* 1. na przodzie, na czele 2. (*forward*) dalej; naprzód; **~ of schedule** przed terminem; **to get ~ of sb** wyprzedzić kogoś; **to look ~** patrzeć przed siebie

aid [eɪd] I *v* pomagać II *s* pomoc *f*; **with** ⟨**by**⟩ **the ~ of sth** za pomocą czegoś

aim [eɪm] I *v* 1. celować; skierować (**sth at sb, sth** coś do kogoś, czegoś) 2. (*intend*) dążyć (**at sth** do czegoś); mieć na celu (**at sth** coś) II *s* cel *m*; **to miss one's ~** chybić

aimless ['eɪmləs] *adj* bezcelowy

air [eə(r)] I *v* przewietrzyć II *s* powietrze *n*; **~ force** lotnictwo *n*; **~ terminal** dworzec lotniczy; **by ~** drogą powietrzną; **on the ~** przez radio; *przen.* **to clear the ~** oczyścić atmosferę

air² [eə(r)] s *muz.* aria *f*; melodia *f*
air³ [eə(r)] s mina *f*; wygląd *m*; **to put on** ⟨**to give oneself**⟩ ~s zadzierać nosa
air-cooling [`eəkulıŋ] s chłodzenie powietrzne
air-conditioning [`eəkən`dıʃnıŋ] s klimatyzacja *f*
aircraft [`eəkraft] s (*pl* **aircraft**) samolot *m*; ~ **carrier** lotniskowiec *m*
air-hostess [`eəhəustıs] s stewardesa *f*
airily [`eərılı] *adv* nonszalancko, niedbale
airing [`eərıŋ] s wietrzenie *n*; **to take an** ~ przewietrzyć się
airline [`eəlaın] s linia lotnicza
airmail [`eəmeıl] s poczta lotnicza
airman [`eəmən] s (*pl* **airmen**) lotnik *m*
airport [`eəpɔt] s lotnisko *n*
air-raid [`eəreıd] s nalot *m*; ~ **shelter** schron *m*; ~ **warning** alarm przeciwlotniczy
air-sickness [`eəsıknəs] s choroba powietrzna
airtight [`eətaıt] *adj* hermetyczny
airy [`eərı] *adj* 1. przewiewny, lekki 2. (*light-hearted*) beztroski, niedbały
ajar [ə`dʒa(r)] *adj* **the door was** ~ drzwi były uchylone
alarm [ə`lam] I *v* alarmować; **to be** ~**ed at sth** zaniepokoić się czymś II s alarm *m*; trwoga *f*; **fire** ~ alarm pożarowy; **trial** ⟨**test**⟩ ~ alarm próbny; **to give the** ~ zaalarmować; **to sound** ⟨**to ring**⟩ **the** ~ uderzać na alarm III *adj* alarmowy; ~ **device** urządzenie alarmowe; ~ **signal** sygnał alarmowy
alarm-clock [ə`lamklok] s budzik *m*; **to set the** ~ nastawić budzik

alas [ə`læs] *int* niestety!
album [`ælbəm] s album *m*; **postage** ⟨**stamp**⟩ ~ album na znaczki pocztowe ⟨filatelistyczny⟩; **photographic** ~ album fotograficzny
alcohol [`ælkəhol] s alkohol *m*
ale [eıl] s piwo angielskie (**pale** jasne, **brown** ciemne)
alert [ə`lɜt] I *adj* 1. żwawy 2. (*watchful*) czujny II s alarm *m*, pogotowie *n*; **flood** ~ alarm przeciwpowodziowy; **on the** ~ w pogotowiu
Algerian [æl`dʒıərıən] I *adj* algierski II s Algierczyk *m*, Algierka *f*
alibi [`ælıbaı] s alibi *n*
alien [`eılıən] *adj* cudzoziemski; obcy
alight¹ [ə`laıt] *v* wysiadać (z pociągu); lądować (z powietrza)
alight² [ə`laıt] *adj* zapalony; **to be** ~ palić się (w piecu); świecić (się)
alike [ə`laık] I *adj* podobny; **they are very much** ~ oni są do siebie bardzo podobni II *adv* podobnie; (*as well*) zarówno
alive [ə`laıv] *adj* żywy; żwawy, pełen życia; **to be** ~ żyć; **the best man** ~ najlepszy człowiek pod słońcem
all. [ɔl] I *adj* 1. wszystek, wszystko, wszyscy; **after** ~ mimo wszystko, ostatecznie; **most of** ~ najbardziej ze wszystkiego 2. (*whole*) cały; ~ **the way** całą drogę; **at** ~ wcale, w ogóle 3. (*every*) każdy; **at** ~ **hours** o każdej porze || **All Fools' Day** prima aprilis; **not at** ~ bynajmniej II *adv* cały, całkiem, zupełnie; ~ **alone** sam jeden; ~ **at once** nagle; ~ **right** dobrze; w porządku; **I am** ~ **right** nic mi nie jest; ~ **the better** tym lepiej; ~ **the same** wszystko jedno; niemniej jednak; ~

alternator

the time cały czas, wciąż; **to be ~ for sth** gorąco coś popierać; **to be ~ smiles** uśmiechać się od ucha do ucha

allay [əˈleɪ] *v* (*make less*) uśmierzać (ból); (*calm*) uspokajać (sb, sth kogoś, coś)

allege [əˈledʒ] *v* twierdzić (że ...)

alleged [əˈledʒd] *adj* rzekomy, domniemany

allegory [ˈælɪɡərɪ] *s* alegoria *f*

allergy [ˈælədʒɪ] *s* alergia *f*, uczulenie *n* (to sth na coś)

alley [ˈælɪ] *s* aleja *f*; *am.* uliczka *f*; zaułek *m*; **blind ~** ślepa ulica

alliance [əˈlaɪəns] *s* przymierze *n*, sojusz *m*

allied [ˈælaɪd] *adj* sprzymierzony; (*related*) pokrewny

all-important [ɔlɪmˈpɔtnt] *adj* wielkiej wagi, doniosły

allot [əˈlɒt] *v* przydzielać; asygnować (pieniądze)

allotment [əˈlɒtmənt] *s* 1. przydział *m* 2. (*of land*) działka *f*; **~s** *pl* ogródki *pl* działkowe

allow [əˈlaʊ] *v* 1. pozwolić (sb sth komuś na coś); dopuszczać (sth do czegoś); **no dogs ~ed** psów wprowadzać nie wolno 2. **to ~ for sth** uwzględniać ⟨przewidywać⟩ coś 3. (*admit*) przyznać 4. (*give*) przeznaczać; dawać

allowance [əˈlaʊəns] *s* 1. wyasygnowane fundusze; kieszonkowe *n*; **currency ~** przydział *m* dewiz; **travelling ~s** diety *pl* 2. (*reduction*) bonifikata *f*

all-purpose [ˈɔlˈpɜpəs] *adj* uniwersalny

allude [əˈlud] *v* napomknąć (to sb, sth o kimś, czymś)

allure [əˈljuə(r)] *v* wabić, nęcić

allusion [əˈluʒn] *s* aluzja *f*

ally [əˈlaɪ] I *v* połączyć, sprzymierzyć II *s* [ˈælaɪ] sprzymierzeniec *m*, sojusznik *m*

almighty [ɔlˈmaɪtɪ] *adj* wszechmocny

almond [ˈɑmənd] *s* migdał *m*

almost [ˈɔlməʊst] *adv* prawie (że); niemal; omal nie

alone [əˈləʊn] I *adj* sam, w pojedynkę, jedyny; **to leave ⟨to let⟩ sb, sth ~** dać komuś, czemuś spokój II *adv* tylko, jedynie

along [əˈlɒŋ] I *adv* naprzód, dalej II *praep* wzdłuż; **~ the road** wzdłuż całej drogi || **~ with ...** wraz z ... (kimś, czymś); **all ~** od samego początku

alongside [əˈlɒŋˈsaɪd] *adv* obok (sb, sth kogoś, czegoś); wzdłuż

aloof [əˈluf] *adv* z dala; na boku; **to hold oneself ~** stać na uboczu

aloud [əˈlaʊd] *adv* 1. na głos 2. (*loudly*) głośno

alphabet [ˈælfəbet] *s* alfabet *m*; **finger ~** alfabet głuchoniemych; **Latin ~** alfabet łaciński; **Morse ~** alfabet Morse'a; **Russian ~** cyrylica *f*

alphabetic(al) [ælfəˈbetɪk(l)] *adj* alfabetyczny; **in ~ order** w porządku alfabetycznym

already [ɔlˈredɪ] *adv* już

also [ˈɔlsəʊ] *adv* także, również, też

altar [ˈɔltə(r)] *s* ołtarz *m*

alter [ˈɔltə(r)] *v* zmienić (się); **that ~s everything** to zmienia postać rzeczy

alteration [ɔltəˈreɪʃn] *s* zmiana *f*; odmiana *f*

alternate [ˈɔltɜneɪt] I *v* zmieniać II *adj* [ɔlˈtɜnət] zmienny; kolejny; występujący na przemian

alternating [ˈɔltəneɪtɪŋ] *adj* = **alternate** *adj*; *elektr.* **~ current** prąd zmienny

alternative [ɔlˈtɜnətɪv] I *s* alternatywa *f* II *adj* alternatywny

alternator [ˈɔltəneɪtə(r)] *m*

elektr. prądnica *f* prądu
zmiennego, alternator *m*
although [ɔl'ðəu] *conj* chociaż;
mimo że...
altitude ['æltɪtjud] *s* wysokość
f (nad poziomem morza);
at high ~s na dużych wysokościach
alto ['æltəu] *s muz.* **alt** *m*;
(*instrument*) altówka *f*
altogether [ɔltə'geðə(r)] *adv*
zupełnie; (*on the whole*) razem; ogółem
always ['ɔlwɪz] *adv* zawsze,
stale
am *zob.* **be** *v*
amateur ['æmətə(r)] *s* amator
m
amaze [ə'meɪz] *v* zdumieć; **to
be** ~**d at sth** być zdumionym czymś
amazement [ə'meɪzmənt] *s*
zdumienie *n*
amazing [ə'meɪzɪŋ] *adj* zdumiewający, zadziwiający
ambassador [æm'bæsədə(r)] *s*
ambasador *m*; poseł *m* (**to
⟨in⟩ a country** w kraju)
amber ['æmbə(r)] *s* bursztyn
m
ambiguity ['æmbɪ'gjuətɪ] *s*
dwuznaczność *f*; niejasność
f
ambiguous [æm'bɪgjuəs] *adj*
dwuznaczny; niejasny
ambition [æm'bɪʃn] *s* ambicja
f; *pl* ~s aspiracje *pl*
ambitious [æm'bɪʃəs] *adj* ambitny
ambulance ['æmbjələns] *s* ambulans *m*; karetka *f* pogotowia ratunkowego, sanitarka *f*; ~ **plane** samolot sanitarny; **to call (in) an** ~
wezwać karetkę pogotowia
ambush ['æmbuʃ] **I** *v* wciągnąć w zasadzkę **II** *s* zasadzka *f*; **to lie in** ~ czatować; **in** ~ na czatach
amendment [ə'mendmənt] *s*
poprawa *f*; naprawa *f* (błędu)
American [ə'merɪkən] **I** *adj*

amerykański II *s* Amerykanin *m*, Amerykanka *f*
amiable ['eɪmɪəbl] *adj* uprzejmy, miły
amicable ['æmɪkəbl] *adj* przyjacielski, przyjazny
amiss [ə'mɪs] *adv* źle, błędnie;
to take sth ~ wziąć coś za
złe
ammonia [ə'məunɪə] *s chem.*
amoniak *m*
ammunition ['æmju'nɪʃn] *s*
amunicja *f*
amnesty ['æmnəstɪ] *s* amnestia *f*
among(st) [ə'mʌŋ(st)] *praep* pośród, (po)między
amount [ə'maunt] **I** *v* (*of
sums*) wynosić; **the bill** ~s
to 15 dollars rachunek wynosi 15 dolarów **II** *s* suma *f*;
ilość *f*; **a large** ~ **of...** dużo...; **to the** ~ **of...** do wysokości...
amphitheatre ['æmfɪθɪətə(r)] *s*
amfiteatr *m*
ample ['æmpl] *adj* obszerny;
(*abundant*) dostatni
ampoule ['æmpul] *s* ampułka *f*
amputate ['æmpjuteɪt] *v* amputować, odciąć
amulet ['æmjulɪt] *s* amulet *m*
amuse [ə'mjuz] *v* zabawiać; **to
be** ~**d at sth** ubawić się
czymś
amusement [ə'mjuzmənt] *s* zabawa *f*; rozrywka *f*; *pl* ~s
przyjemności *pl*; ~ **park**
wesołe miasteczko
an [ən, æn] *zob.* **a**
anaemia [ə'nimɪə] *s* anemia *f*
anaesthetic ['ænɪs'θetɪk] **I.** *adj*
znieczulający **II** *s* środek
znieczulający; narkoza *f*
analogy [ə'nælədʒɪ] *s* analogia *f*
analyse ['ænəlaɪz] *v* analizować, robić analizę (**sth** czegoś)
analysis [ə'næləsɪs] *s* (*pl* **analyses** [ə'næləsiz]) analiza *f*
anatomic ['ænə'tomɪk] *adj*
anatomiczny

anatomy [ə'nætəmɪ] s anatomia f
ancestor ['ænsɪstə(r)] s przodek m, antenat m
anchor ['æŋkə(r)] I v mor. zakotwiczyć II s kotwica f; at ~ na kotwicy; to drop the ~ zarzucić kotwicę; to hoist the ~ podnieść kotwicę
ancient ['eɪnʃnt] adj 1. starożytny; ~ history historia starożytna 2. (very old) starodawny; ~ monument zabytek m
and [ən, ænd] conj i; a
anecdote ['ænɪkdəʊt] s anegdota f
anemone [ə'nemənɪ] s bot. anemon m, zawilec m
anew [ə'nju] adv na nowo, jeszcze raz
angel ['eɪndʒl] s anioł m
anger ['æŋgə(r)] I v (roz)gniewać II s gniew m, złość f
angina [æn'dʒaɪnə] s angina f
angle¹ ['æŋgl] s 1. geom. kąt m; at an ~ pod kątem, pochylony 2. przen. punkt m widzenia; from all ~s ze wszystkich stron
angle² ['æŋgl] I v łowić ryby II s haczyk m (u wędki)
angler ['æŋglə(r)] s wędkarz m
Anglican ['æŋglɪkən] adj anglikański
angling ['æŋglɪŋ] s wędkarstwo n
Anglo-Saxon ['æŋgləʊ'sæksn] adj anglosaski
angry ['æŋgrɪ] adj zły, gniewny; to be ~ with sb ⟨at sth⟩ gniewać się na kogoś ⟨o coś⟩; to get ~ rozzłościć się; to make sb ~ rozgniewać kogoś
angular ['æŋgjʊlə(r)] adj kanciasty; (placed at angle) narożny
animal ['ænəml] s zwierzę n
animate ['ænɪmeɪt] v ożywiać; pobudzać (sb to sth kogoś do czegoś)

ankle ['æŋkl] s anat. kostka f; ~ deep po kostki
annex [ə'neks] v przyłączyć; zaanektować
annexation [ənek'seɪʃn] s przyłączenie n; aneksja f
annihilate [ə'naɪəleɪt] v zniszczyć, unicestwić
anniversary ['ænɪ'vɜsrɪ] s rocznica f
announce [ə'naʊns] v oznajmić, ogłosić
announcement [ə'naʊnsmənt] s zawiadomienie n; ogłoszenie n
announcer [ə'naʊnsə(r)] s spiker m, spikerka f; konferansjer m
annoy [ə'nɔɪ] v drażnić, dokuczać (sb komuś)
annoyance [ə'nɔɪəns] s kłopot m; strapienie n; (irritation) irytacja f
annoyed [ə'nɔɪd] adj zirytowany; to get ~ at sth zirytować się czymś; to be ~ with sb być złym na kogoś
annoying [ə'nɔɪɪŋ] adj przykry, nieznośny
annual ['ænjʊəl] adj roczny; coroczny, doroczny
annul [ə'nʌl] v anulować, unieważniać
anonymous [ə'nonɪməs] adj anonimowy; ~ author autor anonimowy; ~ letter list anonimowy, anonim m
another [ə'nʌðə(r)] adj pron inny; ~ glass jeszcze jeden kieliszek ⟨jedna szklanka⟩; ~ thing coś innego; in ~ way inaczej
answer ['ɑnsə(r)] I v 1. odpowiadać (a question, a letter na pytanie, na list) 2. (be responsible) ręczyć (for sb, sth za kogoś, coś) 3. odpowiadać (for one's actions za swoje czyny) II s odpowiedź f; prawn. replika f
ant [ænt] s mrówka f
antarctic [æn'taktɪk] adj antarktyczny

3 Słownik

antedate ['ænti'deit] v antydatować
antediluvian ['æntidi'luvian] adj przedpotopowy
antelope ['æntiləup] s antylopa f
antenna [æn'tenə] s antena f; car ~ antena samochodowa; outside ~ zewnętrzna antena; television ~ antena telewizyjna; drag <collapsible> ~ antena wysuwana
anthem ['ænθəm] s hymn m (narodowy)
ant-hill ['ænt hil] s mrowisko n
anthology [æn'θolədʒi] s antologia f
anthropology ['ænθrə'polədʒi] s antropologia f
antibiotic ['æntibai'otik] s antybiotyk m
anticipate [æn'tisəpeit] v 1. uprzedzać; wyprzedzać 2. (expect) oczekiwać; przewidywać
anticipation [æntisə'peiʃn] s oczekiwanie n; przewidywanie n; in ~ z góry
antidote ['æntidəut] s odtrutka f; antidotum n
antifreeze ['æntifriz] s płyn nie zamarzający; odmrażacz m
antiquated ['æntikweitid] adj przestarzały, staroświecki
antique [æn'tik] I adj starożytny, antyczny II s zabytek m; antyk m; ~ shop sklep m z antykami, antykwariat m; ~ dealer antykwariusz m
antiquity [æn'tikwəti] s starożytność f; pl antiquities zabytki pl, antyki pl
antiseptic ['ænti'septik] adj antyseptyczny
anxiety [æŋ'zaiəti] s niepokój m, lęk m
anxious ['æŋkʃəs] adj 1. niespokojny (about <for> sb, sth o kogoś, coś) 2. (strongly wishing) chętny; to

be ~ to do sth chcieć <mieć ochotę> coś zrobić
any ['eni] I pron 1. jaki, jakiś 2. (every) każdy, jakikolwiek; ~ day każdego dnia; at ~ time o każdej porze 3. (with negation) żaden II adv 1. nieco, trochę 2. (with negation) wcale; ani trochę
anybody ['enibodi] pron 1. ktoś, ktokolwiek 2. (no matter who) każdy; ~ will tell you każdy ci powie
anyhow ['enihau] I adv byle jak II conj w każdym razie, tak czy owak
anyone ['eniwʌn] pron = anybody
anything ['eniθiŋ] pron 1. coś; cokolwiek 2. (all) wszystko 3. (with negation) nic
anyway ['eniwei] adv = anyhow
anywhere ['eniweə(r)] adv 1. gdziekolwiek; byle gdzie 2. (with negation) nigdzie
apart [ə'pat] adv na boku; na osobności; to set ~ -odłożyć; wide ~ daleko od siebie; ~ from ... niezależnie <abstrahując> od ..., poza ...
apartment [ə'patmənt] s 1. pokój m; apartament m (hotelowy) 2. am. mieszkanie n; ~ house kamienica czynszowa
apathy ['æpəθi] s apatia f
ape [eip] I v małpować, naśladować II s zool. małpa f (bezogonowa)
aperitive [ə'perətiv] s aperitif m
apologetic [ə'polə'dʒetik] adj skruszony, pokorny
apologize [ə'polədʒaiz] v przeprosić (to sb for sth kogoś za coś); usprawiedliwiać się
apology [ə'polədʒi] s przeproszenie n
apostle [ə'posl] s apostoł m, orędownik m
apostrophe [ə'postrəfi] s apostrof m

apprentice

appal [ə'pɔl] v przerazić, za-
trwożyć
apparatus ['æpə'reɪtəs] s (pl
~, ~es ['æpə'reɪtəsɪz]) aparat m, przyrząd m; breathing ~ aparat tlenowy (do
oddychania)
apparent [ə'pærnt] adj 1. o-
czywisty, widoczny 2.
(seeming) pozorny
appeal [ə'piːl] I v 1. uciekać
się (to sth do czegoś); odwoływać się (to sb do ko-
goś); prawn. apelować 2.
(attract) pociągać, podobać
się II s 1. apel m, wezwanie n; Court of Appeal sąd
apelacyjny 2. (attraction)
urok m; sex ~ urok m,
powab m
appear [ə'pɪə(r)] v 1. ukazywać ⟨zjawiać⟩ się 2. (seem)
wydawać się
appearance [ə'pɪərns] s 1. u-
kazanie się n 2. (looks) wygląd m; powierzchowność f
3. pl ~s pozory pl; by all
~s sądząc po pozorach; to
keep up ~s podtrzymywać
pozory
appendicitis [ə'pendɪ'saɪtɪs] s
zapalenie n wyrostka ro-
baczkowego
appendix [ə'pendɪks] s (pl ~es,
appendices [ə'pendɪsiːz]) 1.
anat. wyrostek robaczkowy,
pot. ślepa kiszka 2. (supplement) dodatek m (do książki)
appetite ['æpətaɪt] s apetyt
m
applaud [ə'plɔd] v oklaskiwać;
to be ~ed zbierać oklaski
applause [ə'plɔz] s oklaski pl;
aprobata f
apple ['æpl] s jabłko n; the ~
of the eye źrenica f; przen.
oczko n w głowie
apple-pie ['æpl paɪ] s szarlotka f
appliance [ə'plaɪəns] s przyrząd m; urządzenie n; pl
~s przybory pl, akcesoria
pl

applicable ['æplɪkəbl] adj odpowiedni, dający się zastosować
applicant ['æplɪkənt] s reflektant m; kandydat m (for sth
na coś)
application ['æplɪ'keɪʃn] s 1.
zastosowanie n 2. (putting
on) smarowanie n (maścią)
3. (request) prośba f; podanie n (for a post o pracę);
~ form formularz zgłosze-
niowy, druk m; on ~ na
życzenie
apply [ə'plaɪ] v 1. zastosować
2. (put on) posmarować
(iodine etc. jodyną itd.) 3.
(of a rule etc.) mieć zastosowanie 4. (request) zwracać się (to sb for sth do
kogoś o coś); ~ within tu
udziela się informacji; to
~ for a post ubiegać się o
posadę
appoint [ə'pɔɪnt] v 1. obierać,
mianować (sb to be ... kogoś na stanowisko ...) 2. wyznaczyć (sb to do sth kogoś
do zrobienia czegoś) 3. (fix)
oznaczyć (termin)
appointment [ə'pɔɪntmənt] s
umówiony termin; spotka-
nie n; to make ⟨to fix⟩ an
~ umówić się; by ~ po
uprzednim uzgodnieniu; to
have an ~ być umówio-
nym
appreciate [ə'priːʃɪeɪt] v oce-
nić, oszacować (wartość);
uznać (doniosłość); (wysoko)
cenić (czyjąś grzeczność
itd.)
appreciation [ə'priːʃɪ'eɪʃn] s o-
cena f; wyrazy pl uznania
apprehend ['æprɪ'hend] v 1.
zrozumieć, uchwycić sens
(sth czegoś) 2. (fear) obawiać się (sth czegoś)
apprehension ['æprɪ'henʃn] s
1. zrozumienie n; quick of
~ bystry 2. (fear) obawa f,
lęk m
apprentice [ə'prentɪs] s uczeń
m, terminator m

approach [ə'prəutʃ] I v 1. przybliżyć; zbliżać się (sb, sth
do kogoś, czegoś); to ~ a
problem podejść do zagad-
nienia; (of a person) easy
to ~ przystępny 2. (speak
to) zwrócić się (sb do kogoś) II s 1. przybliżenie n,
zbliżanie się n 2. (passage)
dojście n, dojazd m
appropriate [ə'prəuprieit] I v
przywłaszczyć sobie II
adj [ə'prəupriət] odpowiedni
⟨właściwy⟩ (to ⟨for⟩ sb, sth
dla kogoś, czegoś)
approval [ə'pruvl] s aprobata f; pochwała f
approve [ə'pruv] v zatwier-
dzać; (praise) pochwalać
⟨aprobować⟩ (of sth coś)
approvingly [ə'pruviŋli] adv
z aprobatą
approximate [ə'proksimət] adj
zbliżony
apricot ['eiprikot] s morela f
(owoc)
April ['eiprl] s kwiecień m
apron ['eiprən] s fartuch m
apt [æpt] adj trafny; odpowiedni; (disposed) skłonny;
(clever) zdolny
aptitude ['æptitjud] s uzdolnienie n, zdolność f
aquarium [ə'kweəriəm] s akwarium m
aquatic [ə'kwætik] adj wodny; pl ~s sporty wodne
aqueduct ['ækwidʌkt] s akwe-
dukt m
Arab ['ærəb] s 1. Arab m,
Arabka f 2. (horse) arab m
arabesque ['ærə'besk] s ara-
beska f
Arabic ['ærəbik] I adj arabski II s język arabski
arbitration ['abi'treiʃn] s arbitraż m; ~ court sąd roz-
jemczy
arc [ak] s łuk m
arch 1 [atʃ] I v wyginać (się),
tworzyć łuk II s łuk m;
arch. sklepienie łukowe
arch 2 [atʃ] adj figlarny, łobu-
zerski

archaeology ['aki'olədʒi] s ar-
cheologia f
archaism [a'keiizm] s ar-
chaizm m
archer ['atʃə(r)] s łucznik m,
łuczniczka f
archery ['atʃəri] s łucznictwo
n
architect [akitekt] s architekt
m; budowniczy m; twórca
m
architecture ['aki'tektʃə(r)] s
architektura f
archives ['akaivz] pl archiwum n, archiwa pl
arctic ['aktik] adj arktyczny
ardent ['adnt] adj płonący;
przen. gorliwy
ardour ['adə(r)] s żar m; przen.
zapał m; gorliwość f
are zob. be
area ['eəriə] s obszar m; (region) rejon m; okręg m
arena [ə'rinə] s arena f; on
the international ~ na are-
nie międzynarodowej
aren't [ant] = are not
argue ['agju] v 1. argumento-
wać, udowadniać; to ~ with
sb spierać się z kimś (about
sth o coś) 2. (persuade) perswadować; przekonywać
argument ['agjumənt] s 1. argument m 2. (dispute) dyskusja f; spór m; a matter
of ~ kwestia sporna; to be
beyond ~ nie podlegać dyskusji
arise [ə'raiz] v (arose [ə'rəuz,
arisen [ə'rizn]) 1. powstawać
2. (result) wyniknąć; if the
occasion ~s jeśli nadarzy
się okazja
aristocracy ['æri'stokrəsi] s
arystokracja f
aristocrat ['æristəkræt] s ary-
stokrata m, arystokratka f
arithmetic [ə'riθmətik] s ary-
tmetyka f
arm 1 [am] s 1. ręka f; ramię
n; przen. to keep sb at ~'s
length trzymać kogoś na
dystans; ~ in ~ ręka w

rękę; pod rękę (z kimś) 2.
(*of a chair*) poręcz *f*
arm² [ɑm] **I** *v* uzbroić (się)
II *s* (*zw.* *pl*) broń *f*; **to take
up** ~s chwycić za broń;
under ~s pod bronią
armament [ˈɑməmənt] *s* uzbrojenie *n*; ~s **race** wyścig *m*
zbrojeń
arm-band [ˈɑmbænd] *s* opaska *f*
armchair [ˈɑmtʃeə(r)] *s* fotel
m
armistice [ˈɑmɪstɪs] *s* zawieszenie *n* broni; rozejm *m*
armour [ˈɑmə(r)] *s* zbroja *f*;
pancerz *m*
armoury [ˈɑmərɪ] *s* zbrojownia *f*; *am.* fabryka *f* broni
army [ˈɑmɪ] *s* armia *f*; **to go
into** ⟨**to enter, to join**⟩ **the**
~ iść do wojska; **Salvation
Army** Armia Zbawienia (organizacja religijna)
arose *zob.* **arise**
around [əˈraʊnd] **I** *praep* do-
(o)koła **II** *adv* wokoło, do-
(o)koła
arouse [əˈraʊz] *v* obudzić (ze
snu); (*incite*) pobudzać (**sb
to sth** kogoś do czegoś)
arrange [əˈreɪndʒ] *v* 1. rozmieszczać, układać 2. (*plan
beforehand*) planować 3.
(*settle*) załatwiać (**sth with
sb coś z** kimś)
arrangement [əˈreɪndʒmənt] *s*
1. ułożenie *n* 2. układ *m*;
porozumienie *n* 3. (*order*)
porządek *m*, uporządkowanie *n* 4. *pl* ~s przygotowania *pl*; **to make** ~s **to** ...
poczynić kroki, aby ...
arras [ˈærəs] *s* arras *m*, gobelin *m*
arrest [əˈrest] **I** *v* 1. aresztować 2. (*fix*) przykuwać
(*wzrok*) **II** *s* areszt *m*; aresztowanie *n*; **under** ~ aresztowany
arrival [əˈraɪvl] *s* przybycie
n, przyjazd *m*
arrive [əˈraɪv] *v* przybywać;

przyjeżdżać; *przen.* **to** ~ **at
a conclusion** dojść do wniosku
arrogance [ˈærəgəns] *s* arogancja *f*
arrogant [ˈærəgənt] *adj* arogancki
arrow [ˈærəʊ] *s* strzała *f*
art [ɑt] *s* 1. sztuka *f*; **fine** ~s
sztuki piękne; **the liberal**
~s nauki ⟨sztuki⟩ wyzwolone; **faculty of** ~s wydział
humanistyczny 2. umiejętność *f*
arterial [ɑˈtɪərɪəl] *adj* anat.
tętniczy; *przen.* ~ **road** magistrala *f*; droga przelotowa; ~ **line** magistrala kolejowa
artery [ˈɑtərɪ] *s* 1. *anat.* arteria *f*, tętnica *f* 2. arteria
f (*ruchu*); ~ **of traffic** ciąg
komunikacyjny
artful [ˈɑtfl] *adj* zręczny;
(*cunning*) przebiegły
arthritis [ɑˈθraɪtɪs] *s* artretyzm *m*
article [ˈɑtɪkl] *s* 1. przedmiot
m; *handl.* towar *m*, artykuł *m*; *pl* ~s artykuły *pl*,
towary *pl*; ~s **of common**
⟨**general**⟩ **use** artykuły *pl*
powszechnego użytku; ~s
of first ⟨**prime**⟩ **necessity**
artykuły *pl* pierwszej potrzeby; ~s **of daily use** artykuły *pl* codziennego użytku 2. *prawn.* paragraf *m*,
punkt *m* (*umowy*) 3. *dzien.*
artykuł *m*; **editorial** ⟨**leading**⟩ ~ artykuł wstępny 4.
gram. przedimek *m*, rodzajnik *m*
articulate [ɑˈtɪkjʊleɪt] **I** *v* artykułować, wyraźnie wymawiać **II** *adj* [ɑˈtɪkjʊlət] wyraźny; artykułowany
articulation [ɑˌtɪkjʊˈleɪʃn] *s*
jęz. artykulacja *f*
artificial [ˌɑtɪˈfɪʃl] *adj* sztuczny; ~ **limb** proteza *f*
kończyny
artillery [ɑˈtɪlərɪ] *s* artyleria *f*

artisan ['ɑtɪ`zæn] s rzemieślnik m
artist ['ɑtɪst] s artysta m, artystka f
artistic [ɑ`tɪstɪk] adj artystyczny
artless ['ɑtləs] adj naturalny; szczery
as [əz] I adv 1. równie; tak samo jak; (tak) jak; as usual jak` zwykle; as yet (jak) na razie; dotychczas 2. (in the character of) jako, w charakterze; as for, as to, as regards co do; co dotyczy; not so as nie tak jak II conj ponieważ, jako że; as if, as though jak gdyby; as it is i tak, w rzeczywistości
asbestos [æs`bestəs] s azbest m
ascend [ə`send] v iść w górę, wspinać się ⟨sth po czymś); przen. to ~ the throne wstąpić na tron
ascertain ['æsə`teɪn] v stwierdzać; (make sure) upewniać się (sth co do czegoś)
ascetic [ə`setɪk] I s asceta m II adj ascetyczny
ascribe [ə`skraɪb] v przypisywać (sth to sb coś komuś)
aseptic [ə`septɪk] adj aseptyczny
ash¹ [æʃ] s bot. jesion m
ash² [æʃ] s popiół m; Ash Wednesday Popielec m
ashamed [ə`ʃeɪmd] adj zawstydzony; to be ~ of sb, sth wstydzić się kogoś, czegoś
ash-bin ['æʃbɪn], ash-can ['æʃkæn] s skrzynia f na śmieci
ashore [ə`ʃɔ(r)] adv na ląd; na brzeg; to go ~ zejść na ląd ⟨brzeg⟩; to set passengers ~ wysadzić pasażerów na ląd ⟨brzeg⟩
ash-tray ['æʃtreɪ] s popielniczka f
Asiatic ['eɪʃɪ`ætɪk] I adj azja-

tycki II s Azjata m, Azjatka f
aside [ə`saɪd] adv na bok; na uboczu; to put sth ~ odłożyć coś na bok
ask [ɑsk] v 1. pytać; to ~ sb a question zadać komuś pytanie; to ~ about sth dowiadywać się o coś 2. (beg) poprosić (sb to do sth kogoś, aby coś zrobił); to ~ sb's pardon przeprosić kogoś 3. (invite) zaprosić (sb to dinner etc. kogoś na obiad itd.)
askance [ə`skæns] adv ukośnie; przen. to look ~ at sb patrzeć na kogoś spode łba
asleep [ə`slip] adv adj we śnie, śpiąc; to be ~ spać; to fall ~ zasnąć
asp [æsp] s bot. osika f
asparagus [əs`pærəgəs] s (pl asparagus) bot. szparag m
aspect ['æspekt] s 1. mina f; wygląd m 2. (view) aspekt m
asphalt ['æsfælt] I v asfaltować II s asfalt m
aspirant ['æspɪrənt] s aspirant m; kandydat m
aspiration ['æspə`reɪʃn] s 1. wdychanie n (powietrza) 2. (ambition) aspiracja f; dążenie n (after ⟨for⟩ sth do czegoś) 3. fonet. przydech m
aspire [ə`spaɪə(r)] v mieć aspiracje ⟨dążyć⟩ (to ⟨after, at⟩ sth do czegoś)
aspirin ['æsprɪn] s farm. aspiryna f; to take an ~ zażyć aspirynę
ass [æs] s osioł m; przen. a perfect ~ skończony osioł; to make an ~ of oneself zbłaźnić się
assail [ə`seɪl] v atakować, napadać (sb, sth na kogoś, coś)
assailant [ə`seɪlənt] s napastnik m
assassin [ə`sæsɪn] s morderca m; zamachowiec m

39

assassinate [əˈsæsıneıt] v zamordować; dokonać zamachu
assault [əˈsɔlt] I v napadać (sb na kogoś); przypuszczać szturm (sth do czegoś); (beat up) pobić, poturbować (sb kogoś) II s napaść f
assemble [əˈsembl] v 1. zbierać ⟨gromadzić⟩ (się) 2. techn. zmontować (maszynę itp.)
assembly [əˈsemblı] v 1. zebranie n; zgromadzenie n 2. techn. zmontowanie n (maszyny)
assent [əˈsent] I v wyrazić zgodę (to sth na coś) II s zatwierdzenie n; zgoda f
assert [əˈsɜt] v zapewniać (sth o czymś); dowodzić (sth czegoś)
assertion [əˈsɜʃn] s twierdzenie n, zapewnienie n (of sth o czymś)
assess [əˈses] v szacować; (fix the amount) wymierzać (podatek)
assets [ˈæsets] pl aktywa pl; mienie n
assign [əˈsaın] v wyznaczać; przydzielać; przeznaczać (sth to a purpose coś na jakiś cel)
assignation [ˈæsıgˈneıʃn] s wyznaczenie n; przydział m; (fixing) oznaczenie n ⟨ustalenie n⟩ (czasu, miejsca itp.); (appointment) wyznaczone spotkanie
assist [əˈsıst] v 1. pomagać (sb in sth komuś w czymś); wspierać (sb, sth kogoś, coś) 2. (attend) być obecnym (at a ceremony na uroczystości); brać udział
assistance [əˈsıstəns] s pomoc f; wsparcie n; medical ~ pomoc lekarska; of ~ pomocny; to come to sb's ~ przyjść komuś z pomocą
assistant [əˈsıstənt] I adj pomocniczy II s asystent m, pomocnik m; ~ professor

docent m; ~ manager wicedyrektor m; laboratory ~ laborant m, laborantka f; shop ~ ekspedient m, ekspedientka f
associate [əˈsəuʃıeıt] I v (po)łączyć (się), zrzeszyć (się) II adj [əˈsəuʃıət] towarzyszący; ~ member członek korespondent m III s [əˈsəuʃıət] współpracownik m; kolega m
association [əˈsəuʃıˈeıʃn] s 1. połączenie n, skojarzenie n; 2. (society) stowarzyszenie n, związek m
assortment [əˈsɔtmənt] s asortyment m, dobór m
assume [əˈsjum] v przyjmować, przybierać (pozę); (suppose) zakładać; przypuszczać (że ...)
assumption [əˈsʌmpʃn] s przypuszczenie n; założenie n
assurance [əˈʃuərns] s 1. zapewnienie n (of sth o czymś) 2. (self-confidence) pewność f siebie 3. (insurance) ubezpieczenie n
assure [əˈʃuə(r)] v zapewniać (sth to sb komuś coś; sb of sth kogoś o czymś); you may rest ~d that ... możesz być pewny, że ...
aster [ˈæstə(r)] s bot. aster m
asterisk [ˈæstərısk] s gwiazdka f, odsyłacz m
asthma [ˈæsmə] s astma f
astonish [əˈstonıʃ] v zadziwiać; to be ~ed at sb, sth dziwić się komuś, czemuś
astrakhan [ˈæstrəˈkæn] s karakuł m
astray [əˈstreı] I adj zabłąkany II adv to go ~ zabłądzić; to lead sb ~ sprowadzić kogoś na manowce
astrology [əˈstrolədʒı] s astrologia f
astronaut [ˈæstrənɔt] s astronauta m
astronomy [əˈstronomı] s astronomia f

asylum [ə'sɑiləm] s azyl m; schronienie n
at [ət, æt] praep 1. przy; at table przy stole; at work przy pracy 2. w; at home w domu; at war w stanie wojny; at best w najlepszym razie 3. u (sb, sth kogoś, czegoś); at the Browns' u Brownów || at last wreszcie; at least przynajmniej; at once od razu; at 9 a.m. o 9 rano
ate zob. eat v
atheist ['eiΘi-ist] s ateista m
athlete ['æΘlit] s atleta m, sportowiec m
athletic [æΘ'letik] I adj atletyczny; sportowy II s (pl) ~s (lekka) atletyka f; sporty pl
Atlantic [ət'læntik] adj atlantycki
atlas ['ætləs] s atlas m; geographical ~ atlas geograficzny; road ~ atlas drogowy; world ~ atlas świata
atmosphere ['ætməsfiə(r)] s atmosfera f; przen. nastrój m
atmospheric(al) ['ætməs'ferik(l)] I adj atmosferyczny II s (pl) atmospherics zakłócenia atmosferyczne
atom ['ætəm] s chem. fiz. atom m; ~ age era atomowa; ~ bomb bomba atomowa; przen. smashed to ~s rozbity na drobne kawałki
atomic [ə'tomik] adj atomowy; ~ pile reaktor atomowy
atomizer ['ætəmɑizə(r)] s rozpylacz m
atrocity [ə'trosəti] s okrucieństwo n; okropność f
attach [ə'tætʃ] v przywiązywać (sth to sth coś do czegoś); dołączyć (do listu) || to ~ importance to sth przywiązywać wagę do czegoś; to ~ oneself to sb przywiązać się do kogoś
attachment [ə'tætʃmənt] s przy-

wiązanie n (for sb do kogoś); (bond) więź f
attack [ə'tæk] I v atakować, napadać (sb na kogoś) II s natarcie n, atak m
attain [ə'tein] v osiągnąć (cel), zdobyć (sth coś)
attainment [ə'teinmənt] s osiągnięcie n, zdobycie n (of sth czegoś)
attempt [ə'tempt] I v usiłować, próbować II s próba f; to make an ~ at sth usiłować coś zrobić
attend [ə'tend] v 1. uczęszczać (sth na coś) 2. (accompany) towarzyszyć (sb, sth komuś, czemuś) 3. (wait upon) obsługiwać (sb ⟨to sb⟩ kogoś) 4. (take care of) zająć się (to sth czymś); uważać
attendance [ə'tendəns] s 1. obsługa f; medical ~ pomoc lekarska 2. (presence) obecność f; frekwencja f (at a lecture na wykładzie)
attendant [ə'tendənt] I adj obsługujący; (accompanying) towarzyszący II s: a museum ~ przewodnik m po muzeum
attention [ə'tenʃn] s 1. uwaga f; to pay ~ to sth uważać na coś; wojsk. ~! baczność! 2. (care) opieka f; troska f 3. pl ~s grzeczności pl, uprzejmości pl 4. (courting) zalecanie się n, zaloty pl
attentive [ə'tentiv] adj uważny; pilny; dbały (of sb, sth o kogoś, coś)
attic ['ætik] s strych m; poddasze n
attitude ['ætitjud] s poza f; postawa f; (także ~ of mind) nastawienie n; ustosunkowanie się n (to sth do czegoś)
attorney [ə'tɜni] s 1. pełnomocnik m; power of ~ pełnomocnictwo n 2. am. (lawyer) adwokat m 3. Attorney General prokurator królewski

attract [ə'trækt] *v* przyciągać; to ~ sb's attention skierować na siebie czyjąś uwagę

attractive [ə'træktıv] *adj* pociągający; atrakcyjny

attribute [ə'trıbjut] I *v* przypisywać (sth to sb, sth coś komuś, czemuś) II *s* ['ætrıbjut] atrybut *m*; cecha *f*; *gram.* przydawka *f*

auburn ['ɔbən] *adj* ciemnobrązowy; kasztanowaty

auction ['ɔkʃn] I *v* z/licytować II *s* licytacja *f*

auctioneer ['ɔkʃə'nıə(r)] *s* licytator *m*

audacious [ɔ'deıʃəs] *adj* śmiały, zuchwały

audacity [ɔ'dæsətı] *s* śmiałość *f*, zuchwałość *f*

audible ['ɔdəbl] *adj* słyszalny, uchwytny dla ucha

audience ['ɔdıəns] *s* 1. audiencja *f*; to give sb an ~ u-dzielić komuś audiencji 2. (*listeners*) audytorium *n*; widownia *f*

august¹ [ɔ'gʌst] *adj* czcigodny, dostojny

August² ['ɔgəst] *s* sierpień *m*

aunt [ɑnt] *s* ciotka *f*

auspices ['ɔspısız] *plt* auspicje *pl*; under the ~ of sb pod czyimś patronatem

austere [ɔ'stıə(r)] *adj* surowy, srogi

Australian [ɔ'streılıən] I *adj* australijski II *s* Australijczyk *m*, Australijka *f*

Austrian ['ɔstrıən] I *adj* austriacki II *s* Austriak *m*, Austriaczka *f*

authentic [ɔ'θentık] *adj* autentyczny

author ['ɔθə(r)] *s* autor *m*

authoress ['ɔθərəs] *s* autorka *f*

authoritative [ɔ'θorətətıv] *adj* autorytatywny, miarodajny

authority [ɔ'θorətı] *s* 1. autorytet *m*; on the ~y of ... opierając się na ... 2. (*power*) władza *f*; *pl* ~ies władze *pl*; customs ~ies władze

celne; local ~y władze miejscowe; state ⟨governmental⟩ ~y władze państwowe

authorization ['ɔθəraı'zeıʃn] *s* autoryzacja *f*; upoważnienie *n*

authorize ['ɔθəraız] *v* upoważniać (sb to do sth kogoś do zrobienia czegoś)

authorship ['ɔθəʃıp] *s* autorstwo *n*

autobiography ['ɔtəbaı'ogrəfı] *s* autobiografia *f*

autograph ['ɔtəgrɑf] *s* autograf *m*; (*author's manuscript*) rękopis autorski

automatic ['ɔtə'mætık] *adj* automatyczny; *am.* ~ baggage locker boks *m* do przechowywania bagażu; ~ left luggage locker przechowywalnia *f* bagażu

automation ['ɔtə'meıʃn] *s* automatyzacja *f*

automobile ['ɔtəmə'bil] *s am.* samochód *m*, auto *n*; ~ club klub automobilowy; Automobile Association Automobilklub *m*

autonomous [ɔ'tonəməs] *adj* autonomiczny

autonomy [ɔ'tonəmı] *s* autonomia *f*; samorząd *m*

autumn ['ɔtəm] *s* jesień *f*

auxiliary [ɔg'zılıərı] *adj* pomocniczy; *gram.* ~ verb czasownik posiłkowy

avail [ə'veıl] I *v* pomagać; przynosić pożytek (sb, sth komuś, czemuś); to ~ oneself of sth korzystać z czegoś II *s* pożytek *m*; korzyść *f*; it is of no ~ to na nic; to jest bezcelowe

available [ə'veıləbl] *adj* dostępny; do nabycia

avalanche ['ævəlɑnʃ] *s* lawina *f*

avenge [ə'vendʒ] *v* pomścić, wziąć odwet (sth za coś); to ~ oneself on sb zemścić się na kimś

avenue [`ævənju] *s* ulica *f*; aleja *f*
average [`ævrɪdʒ] I *s* przeciętna *f*, średnia *f*; on an ~ przeciętnie II *adj* przeciętny, średni
averse [ə`vɜs] *adj* przeciwny; niechętny (to sth czemuś)
aversion [ə`vɜʃn] *s* niechęć *f*; wstręt *m* (to ⟨for⟩ sb, sth do kogoś, czegoś)
avert [ə`vɜt] *v* 1. odwrócić (oczy itd.) 2. (*prevent*) zapobiec (sth czemuś)
aviation [ˌeɪvɪ`eɪʃn] *s* lotnictwo *n*
aviator [`eɪvɪ`eɪtə(r)] *s* lotnik *m*
avoid [ə`vɔɪd] *v* unikać (sth czegoś); stronić (sb, sth od kogoś, czegoś)
await [ə`weɪt] *v* czekać (sb, sth na kogoś, coś); oczekiwać (sb, sth kogoś, czegoś)
awake [ə`weɪk] I *v* (awoke, awoke [ə`wəuk] *także* awaked [ə`weɪkt]) zbudzić ⟨obudzić⟩ (się) II *adj* przebudzony; to keep sb ~ nie dawać komuś spać; wide ~ całkowicie przytomny; *przen.* bystry
award [ə`wɔd] I *v* przyznawać II *s* (przyznana) nagroda *f*; list of ~s lista *f* nagrodzonych
aware [ə`weə(r)] *adj* świadomy (of sth czegoś); to be ~ of sth zdawać sobie sprawę z czegoś
awareness [ə`weənəs] *s* świadomość *f* (of sth czegoś)
away [ə`weɪ] *adv* daleko; far ~ (bardzo) daleko; right ~ zaraz, natychmiast; to take sth ~ odłożyć coś
awe [ɔ] I *v* napawać trwogą II *s* groza *f*; strach *m*
awful [`ɔfl] *adj* straszny, straszliwy
awkward [`ɔkwəd] *adj* (of a person) niezgrabny, niezręczny; (of a thing) niewygodny
awning [`ɔnɪŋ] *s* markiza *f*; zasłona *f*
awoke *zob.* awake *v*
axe [æks] *s* siekiera *f*; topór *m*
axis [`æksɪs] *s* (*pl* axes [`æksiz]) *mat.* oś *f*
axle [`æksl] *s* oś *f* (koła); ~ base rozstaw *m* osi (pojazdu)
azalea [ə`zeɪlɪə] *s* azalia *f*
azure [`æʒə(r)] I *s* lazur *m*, błękit *m* II *adj* lazurowy, błękitny

B

babble [`bæbl] *v* paplać
babe [beɪb], **baby** [`beɪbɪ] *s* niemowlę *n*; dziecko *n*
babyhood [`beɪbɪhud] *s* niemowlęctwo *n*
baby-sitter [`beɪbɪ ˌsɪtə(r)] *s* osoba pilnująca dziecka
bachelor [`bætʃələ(r)] *s* kawaler *m*
bacillus [bə`sɪləs] *s* (*pl* bacilli [bə`sɪlaɪ]) bakcyl *m*, zarazek *m*
back [bæk] I *v* 1. popierać; *przen.* to ~ the wrong horse postawić na niewłaściwego konia; pomylić się w rachubach 2. (*go back*) cofać (się); to ~ out of sth wycofać się z czegoś II *s* 1. plecy *pl*; krzyż *m*; grzbiet *m* (of an animal, a book etc. zwierzęcia, książki itd.) 2. (*reverse*) odwrotna strona 3. (*rear*) tył *m*; at the very ~ na samym końcu 4. (*of a chair*) oparcie *n* 5. *sport.* (*także* pl ~s) obrona *f* III *adj* tylny IV *adv* w

ball

tył; (of time) wstecz; ~ and
forth tam i z powrotem
backbone ['bækbəun] s kręgosłup m, stos pacierzowy;
British to the ~ Brytyjczyk
m z krwi i kości
background ['bækgraund] s tło
n; dalszy plan (obrazu);
against a ~ of ... na tle ...;
przen. to keep in the ~ pozostawać w cieniu
backhand ['bækhænd] s tenis.
bekhend m
backing ['bækiŋ] s poparcie n
back-stage ['bæksteidʒ] I adj
zakulisowy II adv za kuli-
sami
backstairs ['bæksteəz] pl tylne schody
backward ['bækwəd] adj 1.
wsteczny 2. (late) spóźniony
(w czasie, nauce) 3. (of a
child) opóźniony w rozwoju,
niedorozwinięty
backwards ['bækwədz] adv
wstecz; w tył; ~ and for-
wards tam i z powrotem,
w jedną i drugą stronę
bacon ['beikən] s boczek wieprzowy, bekon m; ~ and
eggs jajka (smażone) na
boczku
bacterium [bæk'tiəriəm] s (pl
bacteria [bæk'tiəriə]) bakteria f, zarazek m
bad [bæd] I adj (worse [wɜs],
worst [wɜst]) 1. zły, kiepski,
niedobry; ~ fortune ⟨luck⟩
pech m; ~ weather niepo-
goda f; to be on ~ terms
with sb żyć z kimś w nie-
zgodzie; to call sb ~ names
przezywać kogoś; to feel ~
źle się czuć; to have a ~
cold być silnie przeziębio-
nym; to look ~ źle się zapowiadać; it's too ~! wielka szkoda! 2. (of food) zepsuty; to go ⟨to turn⟩ ~
zepsuć się II s zło n, złe n
bade zob. bid v
badge [bædʒ] s odznaka f;
numer m (bagażowego itd.)

badly ['bædli] adv źle; mar-
nie; ~ wounded poważnie
ranny; he is doing ~, he is
~ off źle mu się powodzi;
she took it rather ~ ona
się bardzo tym przejęła; we
need it ~ bardzo tego po-
trzebujemy
badminton ['bædmintən] s kometka f
bad-tempered ['bæd'tempəd]
adj przykry; skory do gniewu
bag [bæg] s worek m; torba
f; torebka f; shopping ~
torba na zakupy
baggage ['bægidʒ] s bagaż m;
~ room przechowalnia f bagażu; ~ insurance ubezpieczenie n bagażu
bail [beil] s kaucja f; gwarancja f; to go ⟨to stand⟩
~ for ... ręczyć za ...; on ~
za kaucją
bait [beit] I v założyć przy-
nętę (a hook na haczyk) II
s przynęta f; pokusa f
bake [beik] v piec, wypiekać;
(harden by heat) wypalać;
(sun-bathe) prażyć się (w
słońcu)
baker ['beikə(r)] s piekarz m;
~'s dozen trzynaście; ~'s
shop piekarnia f
bakery ['beikəri] s piekarnia f
balance ['bæləns] I s 1. waga
f 2. (equilibrium) równowaga f; ~ of power równowa-
ga sił 3. fin. saldo n; bilans
m; ~ in hand saldo kasowe;
~ of trade bilans handlo-
wy II v 1. zachować rów-
nowagę 2 (make up for) równoważyć 3. fin. wyprowa-
dzać saldo (an account rachunku)
balcony ['bælkəni] s balkon m
bald [bɔld] adj łysy; przen.
(of facts) nagi
baldly ['bɔldli] adv bez ogródek
ball¹ [bɔl] s piłka f; (sphere)

kula *f*; (*of wool etc.*) kłębek *m*
ball² [bɔl] *s* bal *m*; zabawa taneczna; **New Year's Eve** ~ bal sylwestrowy
ballad [ˈbæləd] *s* ballada *f*
ball-bearing [ˈbɔlˈbeərɪŋ] *s* łożysko kulkowe
ballerina [ˈbæləˈrinə] *s* balerina *f*
ballet [ˈbæleɪ] *s* balet *m*
balloon [bəˈlun] *s* balon *m*
ballot [ˈbælət] **I** *s* tajne głosowanie **II** *v* tajnie głosować (**for sb, sth** za kimś, czymś; **against sb, sth** przeciw komuś, czemuś)
ballot-box [ˈbælət boks] *s* urna wyborcza
ball-point [ˈbɔlpɔɪnt] *attr* ~ **pen** długopis *m*
balm [bam] *s* balsam *m*; środek łagodzący
balmy [ˈbamɪ] *adj* balsamiczny; kojący
balustrade [ˈbæləˈstreɪd] *s* balustrada *f*
bamboo [bæmˈbu] *s* bambus *m*
ban [bæn] **I** *v* zakazać, zabronić **II** *s* 1. wyjęcie *n* spod prawa; **the** ~ **of public opinion** pręgierz *m* opinii publicznej 2. (*banishment*) banicja *f* 3. (*prohibition*) zakaz *m*
banal [bəˈnal] *adj* banalny
banana [bəˈnanə] *s* banan *m*
band¹ [bænd] **I** *v* obwiązywać **II** *s* wstążka *f*, opaska *f*; (*strip*) taśma *f*
band² [bænd] *s* 1. banda *f*, (*group*) gromada *f* 2. (*society*) towarzystwo *n* 3. *muz.* orkiestra *f*; **brass** ~ orkiestra dęta; **string** ~ orkiestra smyczkowa
bandage [ˈbændɪdʒ] **I** *v* bandażować **II** *s* bandaż *m*; **elastic** ~ bandaż elastyczny
bandbox [ˈbændboks] *s* pudło *n* (na kapelusze)
bandit [ˈbændɪt] *s* bandyta *m*

bandmaster [ˈbændmɑstə(r)] *s* kapelmistrz *m*
bandsman [ˈbændzmən] *s* muzykant *m*
bandstand [ˈbændstænd] *s* estrada *f* (dla orkiestry)
bandy [ˈbændɪ] *adj* (*of legs*) krzywy, pałąkowaty
bang [bæŋ] **I** *v* trzasnąć; walić (**at** ⟨**on**⟩ **the door** w drzwi) **II** *s* huk *m*; trzask *m* **III** *int* buch!, bęc!
banish [ˈbænɪʃ] *v* wypędzać; skazywać na banicję
banjo [bænˈdʒəu] *s* *muz.* banjo *n*
bank¹ [bæŋk] *s* nasyp *m*; wał *m*; (*water edge*) brzeg *m* (rzeki)
bank² [bæŋk] **I** *v* składać w banku **II** *s* 1. bank *m*; ~ **holiday** święto zwyczajowe 2. (*in gaming*) pula *f* **III** *adj* bankowy; ~ **account** konto *n* w banku
banker [ˈbæŋkə(r)] *s* bankier *m*
bank-note [ˈbæŋknəut] *s* banknot *m*
bankrupt [ˈbæŋkrʌpt] *s* bankrut *m*; **to go** ~ zbankrutować
bankruptcy [ˈbæŋkrʌptsɪ] *s* bankructwo *n*; upadłość *f*
banner [ˈbænə(r)] *s* chorągiew *f*; sztandar *m*
banns [bænz] *plt* zapowiedzi ślubne; **to forbid the** ~ zgłosić przeszkodę do zawarcia małżeństwa
banquet [ˈbæŋkwɪt] *s* bankiet *m*; uczta *f*
baptism [ˈbæptɪzm] *s* chrzest *m*; chrzciny *pl*
baptize [bæpˈtaɪz] *v* (o)chrzcić
bar¹ [bɑ(r)] **I** *s* 1. sztaba *f* 2. (*stick*) laska *f* 3. (*of chocolate*) baton *m* 4. (*barrier*) przegroda *f*; bariera *f*; **the colour** ~ segregacja rasowa 5. *pl* ~**s** kraty *pl*; **behind the** ~**s** za kratami, w więzieniu 6. *mot.* **coupling** ~

cięgło n II v zagradzać, tarasować (drogę itd.)
bar² [ba(r)] s 1. sąd. ława oskarżonych; the prisoner at the ~ oskarżony m 2. prawn. adwokatura f
bar³ [ba(r)] s bar m; (buffet) bufet m; milk ~ bar mleczny; coffee ~ bar kawowy; hotel ~ bar hotelowy; night ~ bar nocny; refreshment ~ bar hotelowy; self-service ~ bar samoobsługowy ⟨szybkiej obsługi⟩; snack ~ bar m (z zakąskami)
barbarian [ba'bearɪən] s barbarzyńca m
barbarous ['babərəs] adj barbarzyński
barbecue ['babɪkju] s rożen m
barbed [babd] adj (of wire) kolczasty
barber ['babə(r)] s fryzjer m
barbican ['babɪkn] s barbakan m
bare [beə(r)] adj goły, obnażony; (of legs) bosy; (of a head) odkryty; przen. to lay ~ wyjawić (tajemnicę)
barefoot ['beəfut] I adj bosy II adv boso
bare-headed ['beə'hedɪd] adj z gołą ⟨odkrytą⟩ głową
barely ['beəlɪ] adv ledwo, zaledwie
bargain ['bagɪn] I v targować się II s interes m; to make a ~ zrobić korzystny interes; a ~ okazja f; ~ prices ceny okazyjne; into the ~ na dodatek
barge [badʒ] s barka f, łódź rzeczna
bark [bak] I v szczekać II s szczekanie n
barley ['balɪ] s jęczmień m; hulled ~ pęczak m; pearl ~ kasza perłowa
barmaid ['bameɪd] s bufetowa f; barmanka f
barman ['bamən] s (pl barmen) barman m; bufetowy m

barn [ban] s stodoła f
barometer [bə'romɪtə(r)] s barometr m
baroque [bə'rok] I s barok m II adj 1. barokowy; ~ architecture architektura barokowa; ~ style styl barokowy 2. przen. dziwaczny
barracks ['bærəks] pl koszary pl; baraki pl
barrel ['bærl] s beczka f; beczułka f; a gun ~ lufa f
barren ['bærən] adj jałowy; nieurodzajny
barricade ['bærəkeɪd] I s barykada f II v zabarykadować
barrier ['bærɪə(r)] s bariera f; przen. przeszkoda f
barrister ['bærɪstə(r)] s adwokat m; obrońca m
bartender ['batendə(r)] s barman m
barter ['batə(r)] v wymieniać (towary), prowadzić handel wymienny
base¹ [beɪs] I s 1. baza f, podstawa f; ~ of supply baza zaopatrzeniowa 2. chem. zasada f 3. wojsk. baza f; air ~ baza lotnicza; naval ~ baza f marynarki wojennej II v opierać; gruntować
base² [beɪs] adj podły, nikczemny
baseless ['beɪsləs] adj bezpodstawny
basement ['beɪsmənt] s suterena f
bashful ['bæʃfl] adj nieśmiały; lękliwy
basic ['beɪsɪk] adj podstawowy, zasadniczy; Basic English uproszczony język angielski do użytku międzynarodowego
basilica [bə'sɪlɪkə] s bazylika f
basin ['beɪsn] s 1. miednica f 2. geogr. basen m; (tract of country) dorzecze n 3. geol. zagłębie (węglowe) ‖ harbour ~ basen portowy
basis ['beɪsɪs] s (pl bases ['beɪsiz]) podstawa f; baza f;

accommodation ~ baza noclegowa; tourist ~ baza turystyczna
basket ['baskıt] s koszyk m; waste ~ kosz m na śmieci
basket-ball ['baskıt bɔl] s koszykówka f
basket-work ['baskıt wɜk] s wyroby koszykarskie
bass [beıs] s muz. bas m; (in a band) basista m
bas(s)-relief ['bæsrı'lif] s płaskorzeźba f
bat ¹ [bæt] s nietoperz m, gacek m
bat ² [bæt] s palant m, kij m (do gry w krykieta itp.)
bath [baΘ] s kąpiel f (w wannie); to have a ~ wykąpać się
bathe [beıð] I v (wy)kąpać (się); przemywać II s kąpiel (morska)
bathroom ['baΘrum] s łazienka f
bath-tub ['baΘtʌb] s wanna f
batiste [bæ'tist] s batyst m
baton ['bætõ] s batuta f; pałeczka f (dyrygenta); wojsk. buława f
battalion [bə'tælıən] s batalion m
battery ['bætrı] s bateria f; dry ~ bateryjka f; flash-light ~ bateryjka do latarki; long-life ~ (for transistors) bateryjka do tranzystorów; storage ~ akumulator m; to charge a ~ naładować akumulator; to replace a ~ wymienić akumulator
battle ['bætl] s bitwa f; walka f; bój m; ~ dress mundur polowy
battle-field ['bætl fild] s pole n bitwy
bay ¹ [beı] I v ujadać II s ujadanie n; przen. to be at ~ być osaczonym
bay ² [beı] s zatoka f
bayonet ['beıənıt] s bagnet m

bazaar [bə'zɑ(r)] s wschodni jarmark, bazar m
be [bi] v (was [woz], been [bin]; 1 pers sing am, 3 pers sing is, 2 pers sing i 1, 2, 3 pers pl are) 1. być; bezosobowo: it is not far from here to niedaleko stąd; how is it that ... jak to jest ⟨dzieje się⟩, że ...; it is cold jest zimno; it is five o'clock jest piąta; rozkazująco: be quiet! uspokój(cie) się!; don't be silly! nie bądź śmieszny! 2. przyzwalająco: be it so! niech tak będzie!; it may be może być 3. przed bezokolicznikiem oznacza powinność: I am to do it mam to zrobić; what was he to say? co on miał powiedzieć? 4. przed bezokolicznikiem w stronie biernej: what is to be done? co należy zrobić? 5. z przysłówkiem „there" oznacza: znajdować się, być; there is a cup on the table na stole jest ⟨znajduje się⟩ filiżanka 6. jako słowo posiłkowe przy formie ciągłej i stronie biernej: he is writing a letter on pisze list; he was wounded during the battle został ranny podczas bitwy 7. połączone z przymiotnikami lub przysłówkami tłumaczy się jako czasownik: be afraid bać się; be ashamed wstydzić się; be late spóźnić się; be quick spieszyć się; be off odjeżdżać, odchodzić; be over minąć; be about to ... właśnie mieć ... (coś zrobić) || I have been to Paris zwiedziłem Paryż; how much is it? ile to kosztuje?; it is he who must decide to właśnie on ma decydować; is it here that you live? czy to tutaj mieszkasz?
beach [bitʃ] s plaża f
bead [bid] s paciorek m; ko-

ralik *m*; *pl* ~s różaniec *m*
beak [bik] *s* dziób *m*
beam [bim] I *s* 1. belka *f*;
(*pole*) dyszel *m* 2. (*ray*) promień *m* (światła) II *v* promieniować; świecić; (*bright-
en*) rozpromieniać się
bean [bin] *s* ziarnko *n* (gro-
chu, kawy itd.); broad ~s
bób *m*; French ~s fasola *f*
bear¹ [beə(r)] *s* niedźwiedź *m*;
astr. the Great ⟨Little⟩ Bear
Wielka ⟨Mała⟩ Niedźwiedzi-
ca
bear² [beə(r)] *v* (bore [bɔ(r)],
borne [bɔn]) nosić; (*endure*)
znosić, cierpieć; (*pp* born)
(*bring forth*) rodzić; to ~
witness świadczyć
bearable ['beərəbl] *adj* (możliwy) do zniesienia; znośny
beard [biəd] *s* zarost *m*; bro-
da *f*; with a week's ~ nie
golony od tygodnia; to
shave off a ~ zgolić brodę;
to sport ⟨wear⟩ a ~ nosić
brodę
bearer ['beərə(r)] *s* okaziciel
m (czeku)
bearing ['beərɪŋ] I *s* 1. zachowanie *n*; postawa *f*; it's
beyond ~ to przechodzi
ludzką wytrzymałość 2. *pl*
~s (*position*) położenie geograficzne 3. *techn.* łożysko
n II *adj* dźwigający; *techn.*
nośny
bearskin ['beəskɪn] *s* skóra *f*
niedźwiedzia; (*cap*) futrzana
czapka żołnierzy gwardii
królewskiej
beast [bist] *s* bydlę *n*; bestia
f
beastly ['bistlɪ] *adj* zwierzęcy,
nieludzki; (*awful*) wstrętny
beat [bit] I *v* (beat [bit],
beaten ['bitn]) 1. bić; to ~ sb
black and blue zbić kogoś
na kwaśne jabłko 2. (*conquer*) pobić (wroga, rekord
itp.) 3. (*knock*) walić; *przen.*
to ~ about the bush owijać
(słowa) w bawełnę; that ~s
everything to szczyt wszy-

stkiego ‖ to ~ back ode-
pchnąć; opanować (płomie-
nie itd.); to ~ down obniżyć (cenę); to ~ up ubić
(pianę, żółtko) II *s* uderzenie *n* (serca); *muz.*
wybijanie *n* taktu
beaten ['bitn] *zob.* beat *v*;
adj 1. wydeptany; the ~
track utarty szlak 2. (*weary*) znużony
beautiful ['bjutəfl] *adj* piękny,
śliczny
beautify ['bjutəfaɪ] *v* upiększać
beauty ['bjutɪ] *s* 1. piękno *n*;
uroda *f*; ~ parlour salon
kosmetyczny 2. (*woman*)
piękność *f*
beaver ['bivə(r)] *s* bóbr *m*
became *zob.* become
because [bə'koz] *conj* ponieważ, dlatego że, gdyż; bowiem; ~ of sth z powodu
czegoś; ~ of you przez ciebie
beck [bek] *s* skinienie *n*; to
be at sb's ~ and call być
do czyichś usług ⟨na każde
zawołanie⟩
beckon ['bekən] *v* skinąć (to
sb na kogoś); przywołać gestem (to sb kogoś)
become [bɪ'kʌm] *v* (became
[bɪ'keɪm], become [bɪ'kʌm])
1. zostać (czymś), stać się;
what's ~ of him? co się z
nim stało?; to ~ thin schudnąć 2. (*suit*) być odpowied-
nim (sb dla kogoś); this
dress ~s you do twarzy ci
w tej sukni 3. (*befit*) wypadać; it doesn't ~ you to
do this nie wypada ci tego
robić
becoming [bɪ'kʌmɪŋ] *adj* stosowny; (*of a dress*) twa-
rzowy
bed [bed] *s* łóżko *n*; to make
the ~ pościelić łóżko; ~ and
breakfast nocleg *m* i śniadanie *n*
bed-bug ['bedbʌg] *s* pluskwa
f

bed-clothes [ˈbedkləuðz] *plt* pościel *f*
bed-linen [ˈbedlının] *s* bielizna pościelowa
bed-pan [ˈbedpæn] *s* basen *m* (dla chorego)
bed-ridden [ˈbedrıdn] *adj* złożony chorobą
bedroom [ˈbedrum] *s* sypialnia *f*
bedtime [ˈbedtaım] *s* pora *f* snu
bee [bi] *s* pszczoła *f*; *pot.* he has ~s in his bonnet on ma bzika
beech [biʧ] *s* buk *m*
beef [bif] *s* wołowina *f*; ~ tea bulion *m*; roast ~ rostbef *m*; boiled ~ sztuka *f* mięsa
beefsteak [ˈbifsteık] *s* befsztyk *m*
beefy [ˈbifı] *adj* silny; muskularny
bee-hive [ˈbihaıv] *s* ul *m*
been *zob.* **be** *v*
beer [bıə(r)] *s* piwo *n*
beer-house [ˈbıəhaus] *s* piwiarnia *f*
beeswax [ˈbizwæks] *s* wosk *m*
beet [bit] *s* burak *m*; red ~ burak ćwikłowy; white ~ burak cukrowy
beetle [ˈbitl] *s* chrząszcz *m*; żuk *m*; black ~ karaluch *m*
befall [bıˈfɔl] *v* (befell [bıˈfel], befallen [bıˈfɔlən]) zdarzyć ⟨wydarzyć⟩ się (sb komuś)
befit [bıˈfıt] *v* wypadać; być stosownym (sb dla kogoś)
before [bıˈfɔ(r)] I *praep* z przed; ~ my eyes na moich oczach; ~ now już przedtem; dawniej II *conj* zanim, nim III *adv* 1. na przedzie 2. (*earlier*) przedtem, poprzednio; the day ~ poprzedniego dnia
beforehand [bıˈfɔhænd] *adv* przedtem, uprzednio
beg [beg] *v* prosić; błagać; (*ask alms*) żebrać (for sth o coś) ‖ I ~ your pardon? słucham?; we ~ to inform

you ... mamy zaszczyt poinformować panów ...
began *zob.* **begin**
beget [bıˈget] *v* (begot [bıˈgot], begotten [bıˈgotn]) płodzić; (*cause*) tworzyć
beggar [ˈbegə(r)] *s* 1. żebrak *m*, żebraczka *f* 2. *pot.* gość *m*, facet *m*; a lucky ~ szczęściarz *m*; poor ~ biedaczek *m*
begin [bıˈgın] *v* (began [bıˈgæn], begun [bıˈgʌn]) zaczynać (się); mieć początek; to ~ with najpierw; przede wszystkim
beginner [bıˈgınə(r)] *s* początkujący *m*
beginning [bıˈgınıŋ] *s* początek *m*
begot, begotten *zob.* **beget**
begun *zob.* **begin**
behalf [bıˈhɑf] *s* on ~ of sb z czyjegoś ramienia; w czyimś. imieniu
behave [bıˈheıv] *v* zachowywać się (towards sb wobec kogoś); postępować; ~ yourself! bądź grzeczny!; zachowuj się przyzwoicie!
behaviour [bıˈheıvıə(r)] *s* zachowanie *n*; postępowanie *n*
behind [bıˈhaınd] I *praep* z tyłu; za (czymś); ~ one's back za czyimiś plecami; ~ time opóźniony; ~ the times zacofany II *adv* z tyłu; w tyle
being [ˈbiıŋ] I *s* istota *f*; a human ~ ludzka istota; to come into ~ zaistnieć, powstać II *adj* trwający; for the time ~ na razie; chwilowo
belated [bıˈleıtıd] *adj* spóźniony
belfry [ˈbelfrı] *s* dzwonnica *f*
Belgian [ˈbeldʒən] I *adj* belgijski II *s* Belg *m*, Belgijka *f*
belief [bıˈlif] *s* wiara *f* (in sb, sth w kogoś, coś); przekonanie *n*

believe [bɪ'liv] *v* 1. wierzyć (sb, sth komuś, czemuś); to make ~ udawać; pozorować 2. (*suppose*) przypuszczać
belittle [bɪ'lɪtl] *v* umniejszać
bell [bel] *s* dzwon(ek) *m*; to ring the ~ zadzwonić
bell-boy ['belbɔɪ] *s* goniec hotelowy
belly ['belɪ] *s* brzuch *m*
belong [bɪ'lɒŋ] *v* należeć (to sb, sth do kogoś, czegoś)
belongings [bɪ'lɒŋɪŋz] *plt* rzeczy *pl*; mienie *n*
beloved [bɪ'lʌvɪd] *adj* (u)kochany
below [bɪ'ləʊ] I *praep* pod, poniżej II *adv* poniżej, pod spodem
belt [belt] *s* 1. pas(ek) *m*; seat ~ pas *m* bezpieczeństwa 2. (*zone*) strefa *f*
bench [bentʃ] *s* 1. ław(k)a *f* 2. *zbior.* the ~ sąd *m*
bend [bend] I *v* (bent [bent], bent) zgiąć (się); ugiąć się II *s* zakręt *m*; wygięcie *n*
beneath [bɪ'niθ] I *adv* poniżej, pod spodem II *praep* pod (sth czymś)
benediction ['benɪ'dɪkʃn] *s* błogosławieństwo *n*
benefactor ['benɪfæktə(r)] *s* dobroczyńca *m*
benefit ['benɪfɪt] I *s* korzyść *f*; pożytek *m* II *v* przynosić korzyść (sb komuś); odnieść korzyść (by sth z czegoś)
bent [bent] *zob.* bend *v* I *s* skłonność *f* (for sth) do czegoś) II *adj* zgięty; wykrzywiony
benzine ['benzin] *s* benzyna *f* (czysta)
bequeath [bɪ'kwið] *v* zapisać w testamencie (sth to sb komuś coś)
bequest [bɪ'kwest] *s* legat *m*; zapis *m*
bereave [bɪ'riv] *v* (bereft [bɪ'reft], bereft *albo* bereaved [bɪ'rivd]) pozbawić (sb

4 Słownik

of sth kogoś, czegoś); osierocić (sb kogoś)
berry ['berɪ] *s* jagoda *f*
berth [bɜθ] *s* łóżko *n* (w kabinie, w wagonie sypialnym); *mor.* koja *f*
beside [bɪ'saɪd] *praep* obok, przy; (*moreover*) oprócz; he was ~ himself with joy nie posiadał się z radości
besides [bɪ'saɪdz] I *adv* prócz tego, poza tym; w dodatku II *praep* oprócz (sth czegoś); poza
besiege [bɪ'sidʒ] *v* oblegać
best [best] *zob.* good I *adj* najlepszy; ~ man drużba *m* II *s* to, co najlepsze; coś najlepszego; to make the ~ of sth zrobić najlepszy użytek z czegoś; she looks her ~ ona wygląda bardzo dobrze; I'll do my ~ dołożę wszelkich starań; zrobię, co tylko będę mógł III *adv* najlepiej; at ~ w najlepszym wypadku
bestow [bɪ'stəʊ] *v* nadawać (sth on ⟨upon⟩ sb coś komuś); obdarzyć
best-seller ['best'selə(r)] *s* bestseller *m*
bet [bet] I *s* zakład *m*; to make a ~ założyć się; to take up a ~ przyjąć zakład II *v* zakładać się; I ~ you sth założę się z tobą o coś
betray [bɪ'treɪ] *v* zdradzać (sb, sth kogoś, coś); oszukiwać
betrayal [bɪ'treɪəl] *s* zdrada *f*
better ['betə(r)] *zob.* good I *adj* lepszy; to get ⟨to be, to grow⟩ ~ poprawić się II *adv* lepiej; ~ and ~ coraz lepiej III *s* lepsze *n*; coś lepszego; for ~ for worse na dolę i niedolę IV *v* poprawić; to ~ oneself poprawić swoją sytuację materialną
betting ['betɪŋ] *s* zakładanie się *n* (on sth o coś); zakłady *pl*
between [bɪ'twin] I *praep* (po)-

między II *adv* pośrodku; ~ ourselves w zaufaniu
beverage [`bevṛidʒ] *s* napój *m*
beware [bı`weə(r)] *v* strzec się (of sb, sth kogoś, czegoś); ~ of the dog! uwaga, zły pies!
bewilder [bı`wıldə(r)] *v* oszałamiać
bewitch [bı`wıtʃ] *v* (za)czarować; oczarować
beyond [bı`jond] I *praep* poza; ponad; ~ belief nie do uwierzenia II *adv* dalej; the world ~ życie pozagrobowe
bias [`baıəs] I *s* skłonność *f*; uprzedzenie *n* II *v* uprzedzić, źle usposobić (towards sb, sth do kogoś, czegoś)
Bible [`baıbl] *s* Biblia *f*
bicycle [`baısəkl] *s* rower *m*; folding ~ rower składany; tourist ~ rower turystyczny
bid [bıd] I *v* (bade [beıd], bidden [`bıdn] albo bid) 1. kazać (sb do ⟨to do⟩ sth komuś coś zrobić) 2. *karc.* licytować 3. (offer) (za)ofiarować (cenę); to ~ sb farewell pożegnać kogoś II *s* 1. oferta *f*; cena ofiarowana (na licytacji) 2. *karc.* licytacja *f*; no ~ pas; whose ~ is it? kto licytuje?
bidder [`bıdə(r)] *s* licytujący *m*; the highest ~ osoba oferująca najwyższą stawkę (na licytacji)
big [bıg] *adj* wielki; duży; (thick) gruby; (important) ważny; *polit.* The Big Four Wielka Czwórka
bigamist [`bıgəmıst] *s* bigamista *m*
bike [baık] *s* pot. rower *m*
bikini [bı`kinı] *s* bikini *n*, damski kostium kąpielowy (dwuczęściowy)
bilateral [baı`lætrl] *adj* obustronny
bile [baıl] *s* żółć *f*

bilingual [`baı`lıŋgwl] *adj* dwujęzyczny
bill [bıl] *s* dziób *m* (ptaka)
bill² [bıl] I *s* 1. rachunek *m* 2. *fin.* weksel *m* 3. *parl.* projekt *m* ustawy 4. *am.* banknot *m* 5. *mor.* a ~ of lading konosament *m* ‖ the ~ of fare jadłospis *m*; a ~ of health świadectwo sanitarne II *v* 1. naklejać afisze (a wall etc. na murze itd.) 2. (announce) ogłaszać
bill-board [`bıl bɔd] *s* tablica *f* ogłoszeń
billet [`bılıt] I *s* nakaz kwaterunkowy; *wojsk.* kwatera *f* II *v* zakwaterować
billiards [`bılıədz] *plt* bilard *m*; to play ~ grać w bilard
billion [`bılıən] *s* (in Britain) bilion *m*; *am.* miliard *m*
billow [`bıləu] *s* fala *f*; bałwan *m*
bin [bın] *s* skrzynia *f* (na odpadki, węgiel)
bind [baınd] *v* (bound [baund], bound) 1. wiązać; ~ down przymocować; ~ up zawiązać (ranę, snop) 2. introl. oprawiać (książki) 3. (oblige) zobowiązywać; to ~ sb over to appear nakazać komuś stawiennictwo
binding [`baındıŋ] I *s* oprawa *f* (książki); wiązanie *n* (do nart) II *adj* wiążący, obowiązujący
binoculars [bı`nokjuləz] *plt* lornetka *f*
biochemistry [`baıəu`kemıstrı] *s* biochemia *f*
biography [baı`ogrəfı] *s* biografia *f*
biology [baı`olədʒı] *s* biologia *f*
birch [bɜtʃ] *s* brzoza *f*
bird [bɜd] *s* ptak *m*; ~'s eye view widok *m* z lotu ptaka; pot. an old ~ stary wyga
birth [bɜƟ] *s* 1. urodzenie *n*; to give ~ to a child urodzić dziecko 2. (descent) ród *m*; by ~ z pochodzenia

birth-certificate ['bɜθsə'tıfıkət] s metryka *f* urodzenia
birth-control ['bɜθkən'trəʊl] s regulacja *f* urodzeń; świadome macierzyństwo
birthday ['bɜθdeɪ] s urodziny *pl*
birth-mark ['bɜθmɑk] s znamię *n* (przyrodzone)
birth-rate ['bɜθreɪt] s przyrost naturalny •
biscuit ['bıskıt] s suchar *m*; herbatnik *m*
bishop ['bıʃəp] s biskup *m*; *szach.* goniec *m*, laufer *m*
bistro ['bıstrə] s bistro *n*
bit¹ [bıt] s kąsek *m*, kawałek *m*; *(a little)* odrobina *f*; a ~ of luck szczęście *n*; ~ by ~ po trochu, stopniowo; every ~ of it całkowicie
bit² [bıt] *zob.* bite *v*
bitch [bıtʃ] s suka *f*
bite [baɪt] I *v* (bit [bıt], bitten ['bıtn]) gryźć; kąsać; *(of frost)* szczypać II s ukąszenie *n*; *(mouthful)* kęs *m*
biting ['baɪtıŋ] *adj* gryzący, szczypiący; *przen.* ostry, cięty
bitter ['bıtə(r)] *adj* gorzki; *przen.* przykry
bivouac ['bıvʊæk] I *v* biwakować II s biwak *m*
biweekly [baɪ'wiklı] I s dwutygodnik *m* II *adj* dwutygodniowy
bizarre [bı'zɑ(r)] *adj* dziwaczny
black [blæk] I *adj* czarny; *(gloomy)* ponury; a ~ eye podbite oko II s 1. czerń *f* 2. *(Negro)* Murzyn *m*, Murzynka *f* III *v* to ~ out zaciemniać (dla obrony przeciwlotniczej)
blackboard ['blækbɔd] s tablica *f* (szkolna)
blacken ['blækən] *v* pomalować na czarno; *przen.* oczerniać (sb kogoś)
blackguard ['blægɑd] s szubrawiec *m*; łajdak *m*
blackleg ['blækleg] s szuler

m; *(strike-breaker)* łamistrajk *m*
blackmail ['blækmeɪl] I s szantaż *m* II *v* szantążować
blackmailer ['blækmeɪlə(r)] s szantażysta *m*
blacksmith ['blæksmıθ] s kowal *m*
blackthorn ['blækθɔn] s *bot.* tarnina *f*
bladder ['blædə(r)] s pęcherz *m*
blade [bleɪd] s 1. ostrze *n* (noża, brzytwy itd.); klinga *f* (szpady) 2. *(of grass)* źdźbło *n*
blame [bleɪm] I *v* winić, ganić, potępiać (sb for sth kogoś za coś) II s zarzut *m*; potępienie *n*; to lay ⟨to put, to cast⟩ the ~ for sth on sb winić kogoś za coś; to bear the ~ for ... ponosić winę za ...
blameless ['bleɪmləs] *adj* nienaganny, nieskazitelny
blank [blæŋk] I s puste miejsce, luka *f*; *am.* blankiet *m*, formularz *m* II *adj* czysty, nie zapisany (papier)
blanket ['blæŋkıt] s koc *m*
blast [blɑst] I s podmuch *m* powietrza; *(explosion)* wybuch *m* II *v* wysadzić w powietrze
blast-furnace ['blɑst fɜnıs] s *hut.* wielki piec
blaze [bleɪz] I s ogień *m*; płomień *m*; *(glare)* blask *m* II *v* płonąć
blazer ['bleɪzə(r)] s blezer *m*
bleach [blitʃ] *v* wybielić; rozjaśnić (włosy)
bleed [blid] *v* (bled [bled], bled) krwawić
blend [blend] I *v* połączyć; zmieszać II s mieszanka *f*
bless [bles] *v* błogosławić
blessed ['blesıd] *adj* błogosławiony; the whole ~ day cały boży dzień
blessing ['blesıŋ] s błogosławieństwo *n*

blew *zob.* blow²
blind [blaɪnd] I *adj* ślepy, niewidomy; the ~ niewidomi *pl*; ~ alley ślepa uliczka II *v* oślepić III *s* stora *f*
blindfold [ˈblaɪndfəʊld] I *v* zawiązywać oczy II *adj* z zawiązanymi oczami; po o- macku
blizzard [ˈblɪzəd] *s* zamieć *f*, zadymka *f*
bloater [ˈbləʊtə(r)] *s* śledź wędzony
block [blok] I *s* 1. kloc *m*, pniak *m*, pień *m* 2. (*of houses*) blok *m* (domów) || ~ of stamps blok filatelistyczny; writing ~ blok listowy; ~ letters litery drukowane II *v* zablokować; zatarasować
blockade [bloˈkeɪd] I *s* blokada *f* II *v* zablokować
blockhead [ˈblokhed] *s* tuman *m*; dureń *m*
blond [blond] I *s* blondyn *m* II *adj* jasny, blond
blonde [blond] *s* blondynka *f*
blood [blʌd] *s* krew *f*; ~ group grupa *f* krwi; ~ test badanie *n* (analiza *f*) krwi; ~ clot skrzep *m* krwi; *przen.* in cold ~ z zimną krwią
bloodcurdling [ˈblʌdkɜːdlɪŋ] *adj* mrożący krew w żyłach
blood-donor [ˈblʌd dəʊnə(r)] *s* krwiodawca *m*
bloodhound [ˈblʌdhaʊnd] *s* bloodhound *m*, pies *m* św. Huberta
bloodshed [ˈblʌdʃed] *s* rozlew *m* krwi
bloodshot [ˈblʌdʃot] *adj* (*of eyes*) nabiegły krwią
bloodthirsty [ˈblʌdθɜːstɪ] *adj* krwiożerczy
bloody [ˈblʌdɪ] *adj* krwawy; *wulg.* cholerny
bloom [bluːm] I *s* kwiat *m* II *v* kwitnąć
blossom [ˈblosəm] I *s* kwiecie *n* II *v* kwitnąć

blot [blot] I *s* plama *f*; kleks *m* II *v* plamić; to ~ out zamazywać
blotch [blotʃ] *s* krosta *f*; (*stain*) plama *f*
blotter [ˈblotə(r)] *s* suszka *f*
blotting-paper [ˈblotɪŋ peɪpə(r)] *s* bibuła *f*
blouse [blaʊz] *s* bluzka *f*
blow¹ [bləʊ] *s* uderzenie *n*; cios *m*; to strike ⟨to deal⟩ a ~ zadać cios
blow² [bləʊ] *v* (blew [bluː], blown [bləʊn]) dmuchać; dąć; to ~ down ⟨out⟩ zdmuchnąć; to ~ up wysadzić w powietrze
blue [bluː] I *adj* niebieski; błękitny; *przen.* once in a ~ moon od wielkiego święta; to feel ~ czuć się przygnębionym II *s* błękit *m*; kolor niebieski; navy ~ kolor granatowy
blue-jacket [ˈbluː dʒækɪt] *s* marynarz *m*
blueprint [ˈbluːprɪnt] *s* odbitka *f* na papierze światłoczułym; światłodruk *m*
bluff [blʌf] I *s* blaga *f*; bluff *m* II *v* blagować; bluffować
blunder [ˈblʌndə(r)] I *v* popełnić gafę II *s* (poważny) błąd *m*; (gruba) pomyłka *f*
blunt [blʌnt] I *adj* tępy; *przen.* przytępiony II *v* stępić
blush [blʌʃ] I *v* rumienić się; wstydzić się (at sth czegoś) II *s* rumieniec *m*
boar [bɔː(r)] *s* knur *m*; wild ~ dzik *m*, odyniec *m*
board [bɔːd] I *v* 1. stołować (się) 2. *mor.* wchodzić (a ship na statek) II *s* 1. deska *f*; mincing ⟨chopping⟩ ~ deska *f* do krajania; (*także* notice~) tablica *f* ogłoszeń 2. (*food*) wikt *m*, wyżywienie *n*; full ~ całkowite utrzymanie; ~ and lodging mieszkanie *n* z utrzymaniem || on ~ na pokładzie (statku); the Board

of Education Ministerstwo Oświaty

boarder ['bɔdə(r)] s stołownik *m*; pensjonariusz *m*

boarding card ['bɔdıŋ kad] s karta *f* wstępu na pokład

boarding-house ['bɔdıŋ haus] s pensjonat *m*

boarding-school ['bɔdıŋ skul] s internat *m*

boast [bəust] *v* chwalić ⟨chełpić⟩ się **(of sth czymś)**

boat [bəut] s łódź *f*; *(ship)* statek *m*; **to go by ~** popłynąć statkiem; *przen.* **to be in the same ~** być w jednakowej sytuacji; **to burn one's ~s** spalić za sobą mosty

boatman ['bəutmən] s przewoźnik *m* łodzią

boat-race ['bəutreıs] s regaty *pl*

boatswain ['bəusn] s bosman *m*

boat-train ['bəuttreın] s pociąg mający połączenie ze statkiem

bob [bob] *v* krótko o/strzyc

bobby ['bobı] s *pot.* policjant angielski

bobsleigh ['bobsleı] s bobslej *m*

bodice ['bodıs] s stanik *m*

bodily ['bodəlı] *adj* cielesny

body ['bodı] s 1. ciało *n*; *przen.* **to keep ~ and soul together** związać koniec z końcem; ledwo wyżyć 2. *(group)* grono *n*; grupa *f*; **in a ~** gremialnie, gromadą 3. *mot.* karoseria *f*

bogus ['bəugəs] *adj* zmyślony; fałszywy

boil [bɔıl] *v* gotować (się); wrzeć; **to ~water ⟨milk⟩** gotować wodę ⟨mleko⟩; **to bring to the ~** zagotować

boiler ['bɔılə(r)] s kocioł *m*; boiler *m*

bold [bəuld] *adj* śmiały; zuchwały

bolt ¹ [bəult] **I** *v* zamykać na

zasuwę **II** s rygiel *m*; zasuwa *f*; sworzeń *m*

bolt ² [bəult] **I** *v* czmychnąć, uciec **II** s ucieczka *f*

bomb [bom] **I** *v* bombardować **II** s bomba *f*

bombard [bom'bad] *v* bombardować

bomber ['bomə(r)] s bombowiec *m*

bomb-shelter ['bomʃeltə(r)] s schron *m*

bond [bond] s 1. więź *f* 2. *(obligation)* zobowiązanie *n*; *fin.* obligacja *f* 3. *pl* **~s** okowy *pl*; kajdany *pl*

bone [bəun] s kość *f*; *przen.* **a ~ of contention** kość niezgody

bone-shaker ['bəunʃeıkə(r)] s *sl. mot.* gruchot *m*

bonnet ['bonıt] s 1. czepek *m* 2. *mot.* maska *f* (samochodu)

bonus ['bəunəs] s premia *f*

bony ['bəunı] *adj* kościsty

book [buk] **I** s książka *f*; **a ~ of needles** kartonik *m* igieł; **the ~s** księgi rachunkowe; **to keep the ~s** prowadzić księgowość **II** *v* księgować; zapisywać; **to ~ a seat** zarezerwować miejsce

bookbinder ['bukbaındə(r)] s introligator *m*

bookbinding ['bukbaındıŋ] s introligatorstwo *n*

bookcase ['bukkeıs] s szafa *f* na książki, biblioteczka *f*

booking ['bukıŋ] s rezerwacja *f*, zarezerwowanie *n*; przedsprzedaż *f*; *kolej.* **~ office** kasa biletowa

book-keeper ['buk kipə(r)] s księgowy *m*

book-keeping ['buk kipıŋ] s księgowość *f*

booklet ['buklət] s broszura *f*

book-maker ['bukmeıkə(r)] s bukmacher *m*

bookmark ['bukmɑk] s zakładka *f*

bookplate ['bukpleıt] s ekslibris *m*

bookseller ['bukselə(r)] s księgarz m; a ~'s shop księgarnia f; second-hand ~ antykwariusz m
book-shop ['bukʃop] s księgarnia f
bookstall ['bukstol] s kiosk księgarski
boom [bum] I v 1. prosperować 2. (of prices etc.) nagle zwyżkować II s 1. grzmot m, huk m 2. (price rise) nagła zwyżka cen 3. handl. ożywienie n, koniunktura f
boot [but] s 1. (wysoki) but m; bucik m 2. mot. bagażnik m
bootblack ['butblæk] s czyścibut m
booth [buθ] s stragan m; telephone ~ kabina telefoniczna
bootlace ['butleıs] s sznurowadło n
bootlegger ['butlegə(r)] s przemytnik m alkoholu
boot-polish ['butpolıʃ] s pasta f do obuwia
border ['bɔdə(r)] I s brzeg m; skraj m; (of a country etc.) granica f II v graniczyć (on ... z ...)
bore 1 [bɔ(r)] v wiercić; drążyć
bore 2 [bɔ(r)] I v nudzić; to be ~d to death być śmiertelnie znudzonym II s (person) nudziarz m; (thing) nudziarstwo n
bore 3 zob. bear v
boredom ['bɔdəm] s nuda f, nudy pl
boring ['bɔrıŋ] adj nudny
born [bɔn] adj urodzony; where were you ~? gdzie się urodziłeś?
borne zob. bear v
borrow ['bɔrəu] v pożyczać (coś od kogoś)
borrower ['bɔrəuə(r)] s pożyczający m; dłużnik m
bosom ['buzəm] s pierś f, łono n; ~ friend serdeczny przyjaciel

boss [bos] I v rządzić ⟨kierować⟩ (sth czymś) II s pot. szef m, kierownik m
botany ['botənı] s botanika f
botch [botʃ] v sfuszerować, spartaczyć
both [bəuθ] I pron obaj, obie, oboje II adv conj zarówno ... (and ... jak (i) ...)
bother ['bɔðə(r)] I v niepokoić (się); kłopotać (się); (be a nuisance) naprzykrzać się (sb komuś) II s kłopot m
bottle ['botl] s butelka f
bottom ['botəm] s dno n; spód m; dolna część (przedmiotu); to go to the ~ pójść na dno; to sink to the ~ opaść na dno
bottomless ['botəmləs] adj bezdenny; niezgłębiony
bough [bau] s konar m; gałąź f
bought zob. buy
bound 1 [baund] I v ograniczyć II s granica f
bound 2 [baund] adj skierowany ⟨dążący, płynący⟩ (for a place dokądś)
bound 3 zob. bind; to be ~ to do sth być zobowiązanym ⟨zmuszonym⟩ do zrobienia czegoś; we are ~ to win na pewno wygramy
boundary ['baundrı] s granica f
bouquet [bu'keı] s bukiet m
bourgeois ['buəʒwɑ] adj burżuazyjny
bow 1 [bau] I v zginać się; (greet) kłaniać się II s ukłon m
bow 2 [bəu] s łuk m; muz. smyczek m
bowel [baul] s kiszka f; jelito n; pl ~s wnętrzności pl
bowl [bəul] s puchar m; czara f; miska f
bowler ['bəulə(r)] s melonik m
box 1 [boks] s 1. pudło n, pudełko n; skrzynka f; ~ of chocolates bombonierka f 2. (w teatrze) loża f

box ² [bɔks] v uderzać ⟨boksować⟩ (się)
boxer ['bɔksə(r)] s bokser m, pięściarz m
boxing ['bɔksɪŋ] s boks m, pięściarstwo n
Boxing Day ['bɔksɪŋ deɪ] ˙s drugi dzień świąt Bożego Narodzenia
boxing-match ['bɔksɪŋ mætʃ] s mecz bokserski
box-office ['bɔks ofɪs] s kasa teatralna
boy [bɔɪ] s chłopiec m
boycott ['bɔɪkɔt] I v bojkotować II s bojkot m
boyhood ['bɔɪhud] s wiek chłopięcy
boyish ['bɔɪɪʃ] adj chłopięcy
brace [breɪs] I s klamra f; pl ⁓s szelki pl II v spiąć; (z)wiązać; to ⁓ up wzmacniać (się)
bracelet ['breɪslət] s bransolet(k)a f
bracket ['brækɪt] s klamra f; pl ⁓s nawiasy pl
brain [breɪn] s 1. mózg m; umysł m; it turned his ⁓ to mu przewróciło w głowie 2. pl ⁓s rozum m 3. pl ⁓s kulin. móżdżek m
brainy ['breɪnɪ] adj rozgarnięty, mądry
brake [breɪk] I s hamulec m; fluid ⁓ hamulec hydrauliczny; disk ⁓ hamulec tarczowy; ⁓ drum bęben hamulcowy; automatic ⁓ hamulec automatyczny; foot ⁓ hamulec nożny; emergency ⁓ hamulec bezpieczeństwa; to apply the ⁓ nacisnąć hamulec; to release the ⁓ zwolnić hamulec II v hamować
branch [bræntʃ] I s 1. gałąź f 2. (subdivision of bank etc.) oddział m, filia f; ⁓ office agentura f II v rozwidlać ⟨rozgałęziać⟩ (się)
brand-new ['brænd'nju] adj nowiuteńki, jak z igły
brandy ['brændɪ] s wódka f

brass. [brɑs] s mosiądz m
bravado [brə'vɑdəu] s brawura f
brave [breɪv] adj odważny, śmiały
bravery ['breɪvərɪ] s dzielność f; odwaga f; śmiałość f
Brazilian [brə'zɪlɪən] I s Brazylijczyk m, Brazylijka f; II adj brazylijski
breach [briːtʃ] s naruszenie n, pogwałcenie n (przepisów itd.); zerwanie n (umowy itd.)
bread [bred] s chleb m; ⁓ and butter chleb m z masłem; loaf of ⁓ bochenek m chleba; slice of ⁓ kromka f chleba
breadth [bredθ] s szerokość f; in ⁓ na szerokość
break [breɪk] I v (broke [brəuk], broken ['brəukn]) 1. złamać ⟨rozbić⟩ (się); to ⁓ a record pobić rekord; to ⁓ free ⟨loose⟩ uwolnić się; to ⁓ the peace zakłócić pokój; to ⁓ the news oznajmić nowinę; to ⁓ an appointment nie dotrzymać terminu; to ⁓ away wyrwać się, uciec; to ⁓ down załamać się; to ⁓ in wtrącić się; to ⁓ into włamać się; to ⁓ off zerwać (stosunki, znajomość); (o wojnie) to ⁓ out wybuchnąć; to ⁓ through przedrzeć się; to ⁓ up rozebrać (coś) 2. (scatter) rozproszyć 3. przen. naruszyć (prawo, przepisy) II s 1. złamanie n; rozbicie n; stłuczenie n 2. szk. teatr. przerwa f 3. the ⁓ of day świt m; brzask m
breakdown ['breɪkdaun] s 1. niepowodzenie n 2. (collapse) upadek m; załamanie się n 3. awaria f; major ⟨minor⟩ ⁓ poważna ⟨drobna⟩ awaria; (motor-car) engine ⁓ awaria f silnika (samochodu)
breakfast ['brekfəst] I s śnia-

danie *n* II *v* z/jeść śniadanie

breast [brest] *s* pierś *f*; *przen.*
to make a clean ~ of sth przyznać się do czegoś

breast-stroke [`brest strəuk] *s sport.* styl klasyczny (pływania), *pot.* żabka *f*

breath [breθ] *s* oddech *m*; out of ~ bez tchu; *przen.* to waste one's ~ mówić na próżno

breathe [briδ] *v* odetchnąć; oddychać (air powietrzem)

breathless [`breθləs] *adj* bez tchu; zdyszany

bred *zob.* **breed**

breeches [`britʃiz] *plt* spodnie *pl*, bryczesy *pl*

breed [brid] *v* (bred [bred], bred) płodzić; (raise) hodować

breeze [briz] *s* wietrzyk *m*

brew [bru] *v* warzyć (piwo itd.); *przen.* there is sth brewing coś się święci

brewery [`bruəri] *s* browar *m*

bribe [braib] *s* łapówka *f*

bribery [`braibəri] *s* łapownictwo *n*; przekupstwo *n*; open to ~ przekupny

brick [brik] *s* cegła *f*

bricklayer [`brikleiə(r)] *s* murarz *m*

bride [braid] *s* panna młoda

bridegroom [`braidgrum] *s* pan młody

bridesmaid [`braidzmeid] *s* druhna *f*

bridesman [`braidzmən] *s* (*pl* bridesmen) drużba *m*

bridge [bridʒ] *s* most *m*

bridge [bridʒ] *s* brydż *m*; to play ~ grać w brydża

brief [brif] *adj* krótki, zwięzły; to be ~ streszczać się

brigade [bri`geid] *s* brygada *f*

bright [brait] *adj* 1. jasny; pogodny 2. (clever) bystry; inteligentny

brighten [`braitn] *v* rozjaśnić (się); (enliven) ożywić (się)

brilliant [`briliənt] I *adj* 1. błyszczący, lśniący 2. (clever) genialny II *s* brylant *m*

brim [brim] *s* krawędź *f*; brzeg *m*; rondo *n* (kapelusza)

brine [brain] *s* słona woda; solanka *f*

bring [briŋ] *v* (brought [brot], brought) przynosić; sprowadzać; to ~ back odnieść, zwrócić; to ~ oneself to do sth zmusić się do zrobienia czegoś; to ~ sth home to sb przekonać kogoś; to ~ about spowodować; to ~ down opuszczać ⟨powalić⟩ (sb, sth kogoś, coś); (of price etc.) obniżyć; *przen.* upokorzyć; to ~ forth urodzić; (cause) spowodować; to ~ in wprowadzić, zaprowadzić (modę itd.); to ~ out wykryć, wydobyć; to ~ through uratować (pacjenta); to ~ up wychowywać

brisk [brisk] *adj* rześki; energiczny

brisol [`brizl] *s kulin.* bryzol *m*

British [`britiʃ] *adj* brytyjski; *pl* the ~ Anglicy *pl*, Brytyjczycy *pl*

Britisher [`britiʃə(r)] *s am.* Anglik *m*, Brytyjczyk *m*

broad [brod] *adj* szeroki, obszerny

broadcast [`brodkast] I *v* nadawać, transmitować II *s* transmisja radiowa

broadcasting [`brodkastiŋ] *s* nadawanie *n* przez radio; ~ station stacja nadawcza

broaden [`brodn] *v* rozszerzać (się)

broad-minded [`brod`maindid] *adj* (of a person) o szerokich poglądach; tolerancyjny

broil [broil] *v* przypiekać (mięso na rożnie); smażyć (się)

broil [broil] *s* kłótnia *f*; awantura *f*

broke *zob.* **break** *v*; *adj pot.*
bez grosza; zrujnowany
broken *zob.* **break** *v*
brokenly [ˈbrəʊkənlɪ] *adv* nierówno; **to speak** ~ mówić załamującym się głosem
broker [ˈbrəʊkə(r)] *s* makler *m*; *handl.* pośrednik *m*
bronchitis [brɒŋˈkaɪtɪs] *s* bronchit *m*
bronze [brɒnz] *s* brąz *m*
brooch [brəʊtʃ] *s* broszka *f*
brook [bruk] *s* potok *m*, strumyk *m*
broom [brum] *s* miotła *f*
broth [brɒθ] *s* rosół *m*; bulion *m*
brother [ˈbrʌðə(r)] *s* brat *m*
brotherhood [ˈbrʌðəhʊd] *s* braterstwo *n*
brother-in-law [ˈbrʌðrɪnlɔ] *s* szwagier *m*
brotherly [ˈbrʌðəlɪ] *adj* braterski
brought *zob.* **bring**
brow [braʊ] *s* brew *f*; *anat.* czoło *n*
brown [braʊn] *adj* brązowy, brunatny
brownie [ˈbraʊnɪ] *s* krasnoludek *m*; (*Girl Guide*) harcerka *f*
bruise [bruz] **I** *v* potłuc; posiniaczyć **II** *s* stłuczenie *n*; siniak *m*
brunette [bruˈnet] *s* brunetka *f*
brush [brʌʃ] **I** *s* szczotka *f*; pędzel *m* **II** *v* oczyścić; szczotkować; **to** ~ **one's clothes** wyczyścić ubranie; **to** ~ **sth up** odświeżyć (wiadomości itd.)
brusque [brusk] *adj* obcesowy; szorstki
Brussels [ˈbrʌslz] *attr* ~ **sprouts** brukselka *f* (jarzyna)
brute [brut] **I** *s* bydlę *n*; (*of a person*) brutal *m* **II** *adj* brutalny
buck [bʌk] *s* 1. kozioł *m*; jeleń *m* 2. *am. sl.* dolar *m*

bucket [ˈbʌkɪt] *s* wiadro *n*; kubeł *m*
buckle [ˈbʌkl] **I** *s* sprzączka *f*; klamerka *f* **II** *v* spinać ⟨zapinać⟩ (się)
buckwheat [ˈbʌkwit] *s* gryka *f*, hreczka *f*
bud [bʌd] **I** *s* pąk *m*, pączek *m* **II** *v* puszczać pączki
budget [ˈbʌdʒɪt] **I** *s* budżet *m* **II** *v* preliminować; wyasygnować fundusze
buffer [ˈbʌfə(r)] *s* bufor *m*, zderzak *m*
buffet [ˈbʊfeɪ] *s* bufet *m*; dania barowe
bug [bʌg] *s* pluskwa *f*; *am.* robak *m*; *przen.* **a big** ~ gruba ryba
bugle [ˈbjugl] *s* trąbka *f*
build [bɪld] **I** *v* (**built** [bɪlt], **built**) budować **II** *s* konstrukcja *f*; budowa *f*
builder [ˈbɪldə(r)] *s* budowniczy *m*
building [ˈbɪldɪŋ] *s* budynek *m*; gmach *m*; ~ **society** spółdzielnia budowlano-mieszkaniowa
built *zob.* **build** *v*
bulb [bʌlb] *s* 1. cebul(k)a *f* (kwiatu, włosa) 2. *elektr.* żarówka *f*
Bulgarian [bʌlˈgeərɪən] **I** *adj* bułgarski **II** *s* Bułgar *m*; Bułgarka *f*
bulge [bʌldʒ] **I** *s* wybrzuszenie *n*; **demographic** ~ wyż demograficzny **II** *v* wydymać ⟨nadymać⟩ (się)
bulk [bʌlk] *s* wielkość *f*; masa *f*; **to sell in** ~ sprzedawać hurtem
bull [bul] *s* byk *m*; samiec *m*
bullet [ˈbulɪt] *s* kula *f*; pocisk *m*
bulletin [ˈbulətɪn] *s* biuletyn *m*; komunikat *m*
bully [ˈbulɪ] **I** *s* tyran *m*; brutal *m* **II** *v* terroryzować; znęcać się (sb nad kimś)
bumper [ˈbʌmpə(r)] *s* *mot.* zderzak *m*
bun [bʌn] *s* słodka bułka

bunch [bʌntʃ] s wiązanka f; pęk m; bukiet m
bundle [ˈbʌndl] s tobołek m; zawiniątko n; przen. a ~ of nerves kłębek m nerwów
bungalow [ˈbʌŋgələu] s domek parterowy, domek wypoczynkowy
buoy [bɔi] s boja f
burden [ˈbɜdn] I s ciężar m; a beast of ~ zwierzę pociągowe II v obciążyć, obładować
bureau [ˈbjuərəu] s (pl bureaux) 1. biuro n; tourist information ~ biuro informacji turystycznej; translation ~ biuro tłumaczeń 2. (piece of furniture) biurko n, sekretarzyk m
bureaucracy [bjuəˈrokrəsi] s biurokracja f
burglar [ˈbɜglə(r)] s włamywacz m
burglary [ˈbɜgləri] s włamanie n
burial [ˈberiəl] s pogrzeb m
burn [bɜn] v (burnt [bɜnt], burnt) palić; płonąć
burner [ˈbɜnə(r)] s palnik m; gas ~ palnik gazowy; spirit ~ palnik spirytusowy
burst [bɜst] I v (burst, burst) pęknąć; wybuchnąć; rozerwać (się); rozlecieć się; przen. to ~ into laughter wybuchnąć śmiechem; to ~ into the room wpaść do pokoju II s pęknięcie n; wybuch m
bury [ˈberi] v pogrzebać, pochować
bus [bʌs] s autobus m; articulated ~ przegubowiec m; double-deck ~ autobus piętrowy; to go by ~ jechać autobusem
bush [buʃ] s krzak m
bushel [ˈbuʃl] s buszel m (miara pojemności)
bushy [ˈbuʃi] adj krzaczasty; gęsty
business [ˈbiznəs] s 1. sprawa f; it's no ~ of yours to nie

twoja sprawa 2. interes m; big ~ wielki kapitał; ~ hours godziny urzędowe; show ~ przemysł rozrywkowy; to mean ~ traktować coś serio; on ~ urzędowo 3. (occupation) zajęcie n
businesslike [ˈbiznəslaik] adj praktyczny; rzeczowy
businessman [ˈbiznəsmən] s (pl businessmen) kupiec m; przemysłowiec m; człowiek m interesu
busy [ˈbizi] adj zajęty; czynny; to be ~ at sth ⟨doing sth⟩ być zajętym czymś; to keep oneself ~ nie tracić czasu
but [bʌt] I praep oprócz, poza; all ~ he wszyscy oprócz niego; anything ~ that wszystko, tylko nie to II conj ale, lecz, jednak(że); I can't ~ admire nie mogę nie podziwiać; ~ for ... gdyby nie ... III adv tylko, zaledwie; ~ now dopiero teraz; ~ once tylko (jeden) raz
butcher [ˈbutʃə(r)] I s rzeźnik m; ~'s shop wędliniarnia f; sklep mięsny II v mordować; wyrzynać
butchery [ˈbutʃəri] s rzeź f; masakra f
butter [ˈbʌtə(r)] I s masło n II v smarować masłem
butter-dish [ˈbʌtədiʃ] s maselniczka f
butterfly [ˈbʌtəflai] s motyl m
button [ˈbʌtn] I s guzik m II v zapinać (się)
buttress [ˈbʌtrəs] s skarpa f
buy [bai] v (bought [bɔt], bought) kupować; to ~ over przekupić (sb kogoś); to ~ up skupywać (towar itp.)
buyer [ˈbaiə(r)] s kupujący m, klient m
buzz [bʌz] v brzęczeć
by [bai] I praep przy; u; obok; przez; by bus ⟨air etc.⟩ autobusem ⟨samolotem

itp.); **by chance** przypadkiem; **by letter** listownie; **by night** nocą; **by profession** z zawodu; **by sight** z widzenia; **by tomorrow** do jutra; **by and by** niebawem; **all by myself** bez pomocy; **sam** jeden; **little by little** po trochu **II** *adv* obok, w pobliżu **bye bye** ['baɪ'baɪ] *int.* do widzenia!; pa!

bygone ['baɪgon] *adj* miniony, przeszły; **let ~s, be ~s co** było, to było

by-pass ['baɪpɑs] **I** *s* szosa omijająca miasto; objazd *m* miasta **II** *v* objeżdżać, omijać

by-path ['baɪpɑθ] *s* boczna ścieżka

by-product ['baɪprodʌkt] *s* produkt uboczny

by-stander ['baɪstændə(r)] *s* widz *m*; naoczny świadek

by-street ['baɪstrit] *s* boczna ulica

byword ['baɪwɜd] *s* powiedzenie *n*; przysłowie *n*

C

cab [kæb] *s* dorożka *f*; (*taxi*) taksówka *f*

cabbage ['kæbɪdʒ] *s* kapusta *f*

cabin ['kæbɪn] *s* kabina *f*; (*hut*) chata *f*

cabinet ['kæbɪnət] *s* **1.** gabinet *m*; pokoik *m*; *polit.* **~ council** posiedzenie *n* rady ministrów; **~ reshuffle** zmiana *f* gabinetu **2.** sekretarzyk *m*

cable ['keɪbl] **I** *s* **1.** lina *f*; kabel *m*; **~ car** kolejka linowa **2.** (*message*) depesza *f* **II** *v* depeszować

cablegram ['keɪblgræm] *s* kablogram *m*; depesza *f*

cable-lift ['keɪbllɪft] *s* wyciąg *m*

cactus ['kæktəs] *s* (*pl* ~es, **cacti** ['kæktaɪ]) kaktus *m*

café ['kæfeɪ] *s* kawiarnia *f*

cafeteria ['kæfə'tɪərɪə] *am.* bar samoobsługowy

caffeine ['kæfin] *s* kofeina *f*

cage [keɪdʒ] **I** *s* klatka *f* **II** *v* wsadzić do klatki

cake [keɪk] *s* placek *m*; ciastko *n*; tort *m*

calcium ['kælsɪəm] *s* *chem.* wapń *m*

calculate ['kælkjəleɪt] *v* obliczać; kalkulować

calculation ['kælkjə'leɪʃn] *s* obliczenie *n*; kalkulacja *f*

calendar ['kælɪndə(r)] *s* kalendarz *m*

calf [kɑf] *s* (*pl* **calves** [kɑvz]) cielę *n*

calf [kɑf] *s* (*pl* **calves** [kɑvz]) łydka *f*

calf's-teeth [kɑfs'tiθ] *pl* zęby mleczne

calico ['kælɪkəʊ] *s* (*pl* ~es) perkal *m*

call [kɔl] **I** *v* **1.** wołać, nazywać; **to ~ back** odwołać; **to ~ out** wywołać; **to ~ over** odczytywać (nazwiska z listy); **to ~ sb names** przezywać kogoś, wymyślać komuś; **to ~ sb up** zatelefonować do kogoś; **to ~ to mind** przypominać sobie **2.** (*visit*) odwiedzać (**on sb** kogoś) **II** *s* **1.** wołanie *n*; krzyk *m* **2.** (*visit*) odwiedziny *pl*, wizyta *f* **3.** (*talk*) rozmowa telefoniczna; **advised ~** rozmowa telefoniczna z przywołaniem; **to book a ~** zamówić rozmowę telefoniczną

caller ['kɔlə(r)] *s* odwiedzający *m*, gość *m*

calm [kɑm] **I** *v* uspokoić, uciszyć II *adj* cichy, spokojny; to keep ~ panować nad sobą

calorie, calory ['kælərı] *s* kaloria *f*

calves *zob.* **calf**[1,2]

came *zob.* **come**

camel ['kæml] *s* wielbłąd *m*

camellia [kə'mılıə] *s* kamelia *f*

cameo ['kæmıəʊ] *s* kamea *f*

camera ['kæmṛə] *s* aparat fotograficzny; **film** ~ aparat filmowy; **miniature** ~ aparat małoobrazkowy; **reflex** ~ aparat lustrzany

camouflage ['kæməflɑʒ] **I** *s* maskowanie *n* **II** *v* maskować

camp [kæmp] **I** *s* obóz *m*; **to pitch a** ~ rozbić obóz **II** *v* obozować

campaign [kæm'peın] *s* kampania *f*

camphor ['kæmfə(r)] *s* kamfora *f*

camping ['kæmpıŋ] *s* obozowanie *n*, kemping *m*; ~ **site** teren biwakowy ⟨kempingowy⟩

can[1] [kæn] **I** *s* puszka ⟨bańka⟩ blaszana; **petrol** ~ kanister *m* **II** *v* robić konserwy

can[2] [kən] *v* (**could** [kəd, kʊd]) móc, potrafić, zdołać; **it can't be done** tego się nie da zrobić

Canadian [kə'neıdıən] **I** *adj* kanadyjski **II** *s* Kanadyjczyk *m*; Kanadyjka *f*

canal [kə'næl] *s* kanał *m*; *anat.* przewód *m*

canary [kə'neərı] *s* kanarek *m*

canary-seed [kə'neərı sid] *s* siemię *n*

cancel ['kænsl] *v* skasować, skreślić; odwołać, anulować; **to** ~ **an appointment** odwołać umówione spotkanie; *mot.* **to** ~ **the indicator** wyłączyć kierunkowskaz

cancellation ['kænsə'leıʃn] *s*

odwołanie *n*; anulowanie *n*; unieważnienie *n*

cancer ['kænsə(r)] *s* *med.* rak *m*; *astr.* **Cancer** Rak *m*

candid ['kændıd] *adj* szczery, otwarty; **to be perfectly** ~ mówiąc szczerze

candidacy ['kændıdəsı], **candidature** ['kændıdeıtʃə(r)] *s* kandydatura *f*

candidate ['kændıdət] *s* kandydat *m*

candidature *zob.* **candidacy**

candle ['kændl] *s* świeczka *f*; świeca *f*

candlestick ['kændlstık] *s* lichtarz *m*

candle-wick ['kændlwık] *s* knot *m*

candy ['kændı] **I** *s* *am.* cukierek *m* **II** *v* kandyzować

cane [keın] *s* trzcina *f*; (*stick*) laska *f*

canned [kænd] *adj* ~ **meat** konserwa mięsna

cannon ['kænən] *s* działo *n*; armata *f*

cannot ['kænot] *forma przecząca od* **can**

canoe [kə'nu] *s* kajak *m*; czółno *n*; **folding** ⟨**collapsible**⟩ ~ składak *m*

canon[1] ['kænən] *s* kanon *m*; reguła *f*

canon[2] ['kænən] *s* kanonik *m*

can't [kɑnt] = **cannot**

canteen [kæn'tin] *s* kantyna *f*; stołówka *f*; bufet *m*

canvas ['kænvəs] *s* płótno *n* (materiał, obraz); brezent *m*; ~ **shoes** tenisówki *pl*, trampki *pl*

cap [kæp] *s* czapka *f*

capable ['keıpəbl] *adj* zdolny (**of sth** do czegoś); (*clever*) uzdolniony

capacitor [kə'pæsıtə(r)] *s* kondensator *m*

capacity [kə'pæsətı] *s* **1.** pojemność *f*, kubatura *f*; **filled to** ~ szczelnie wypełniony **2.** (*mental ability*) zdolność *f*; pojętność *f* **3.** charakter

m; in the ~ of ... w charakterze ...
cape¹ [keɪp] s peleryna f
cape² [keɪp] s geogr. przylądek m
capital ['kæpɪtl] I adj 1. kapitalny; znakomity 2. (main) główny; ~ letter duża litera; ~ punishment kara f śmierci II s 1. kapitał m 2. (town) stolica f 3. arch. głowica f kolumny, kapitel m
capitalism ['kæpɪtl̩ɪzm] s kapitalizm m
capitalist ['kæpɪtl̩ɪst] s kapitalista m
capitulate [kə'pɪtʃuleɪt] v s/kapitulować
capricious [kə'prɪʃəs] adj kapryśny
Capricorn ['kæprɪkɔn] s astr. Koziorożec m
capsule ['kæpsjul] s kapsułka f
captain ['kæptɪn] s kapitan m
caption ['kæpʃn] s podpis m (pod obrazkiem); napis m; nagłówek m
captivate ['kæptɪveɪt] v ująć (sobie), urzec
captive ['kæptɪv] I s jeniec m II adj pojmany; uwięziony
captivity [kæp'tɪvətɪ] s niewola f
capture ['kæptʃə(r)] I v pojmać; zawładnąć; to ~ a market opanować rynek (zbytu) II s zdobycz f, łup m
car [kɑ(r)] s samochód m, auto n; ~ park parking m; private ~ auto osobowe; racing ~ auto wyścigowe; sports ~ auto sportowe; to drive a ~ prowadzić auto; to buy ⟨sell⟩ a ~ kupić ⟨sprzedać⟩ auto; to hire a ~ wynająć auto; to crash a ~ rozbić auto
caravan ['kærəvæn] s przyczepa mieszkalna (do samochodu)
carbon ['kɑbən] s węgiel m; ~ páper kalka f (maszyno-

wa); ~ copy kopia f przez kalkę
carbuncle ['kɑbʌŋkl] s wrzód m
carburetter, carburettor ['kɑbjuˈretə(r)] s gaźnik m
card [kɑd] s karta f; bilet m; admission ~ karta wstępu; registration ~ karta rejestracyjna; identity ~ karta tożsamości; guarantee ~ karta gwarancyjna; swimming ~ karta pływacka; visiting ~ bilet wizytowy; to leave one's ~ on sb zostawić komuś swoją wizytówkę
cardboard ['kɑdbɔd] s tektura f; karton m
cardiac ['kɑdɪæk] adj sercowy
cardigan ['kɑdɪgən] s wełniana kamizelka, sweter zapinany
cardinal¹ ['kɑdnl] s kardynał m
cardinal² ['kɑdnl] adj kardynalny, zasadniczy; ~ numbers liczebniki główne; ~ points cztery strony świata
care [keə(r)] I v troszczyć się, dbać (for ⟨about⟩ sb, sth o kogoś, coś); to be well ~d for mieć dobrą opiekę; I don't ~! wszystko mi jedno!; who ~s? kogo to wzrusza? II s 1. troska f; opieka f; ~ of Mr X z listami pana X; to take ~ of sb, sth opiekować się kimś, czymś 2. (caution) ostrożność f; take ~! uważaj!
career [kə'rɪə(r)] s kariera f; (profession) zawód m
careful ['keəfl] adj troskliwy, dbały; (exact) skrupulatny; to be ~ of (sth) dbać o (coś); be ~! uwazaj!
careless ['keələs] adj niedbały; (imprudent) nieostrożny
caress [kə'res] I v pieścić II s pieszczota f
caretaker ['keəteɪkə(r)] s dozorca m, stróż m

cargo [ˈkagəu] *s* (*pl* **cargoes** [ˈkagəuz]) ładunek *m* (statku)

caricature [ˈkærɪkəˈtʃuə(r)] I *v* karykaturować II *s* karykatura *f*

caricaturist [ˈkærɪkəˈtʃuərɪst] *s* karykaturzysta *m*

caries [ˈkeəriz] *s dent.* próchnica *f*

carnation [kɑˈneɪʃn] *s bot.* goździk *m*

carnival [ˈkɑnəvl] *s* karnawał *m*

carol [ˈkærl] I *v* kolędować, śpiewać kolędy II *s* kolęda *f*

car-park [ˈkɑ pɑk] *s* parking *m*

carpenter [ˈkɑpɪntə(r)] *s* cieśla *m*; stolarz *m*

carpet [ˈkɑpɪt] *s* dywan *m*

carriage [ˈkærɪdʒ] *s* wóz *m*; powóz *m*, kareta *f*; *kolej.* wagon *m*; (*transport*) transport *m*

carrier [ˈkærɪə(r)] *s* roznosiciel *m* (ogłoszeń itd.); przewoźnik *m*; (*for luggage*) bagażnik *m* (przy rowerze itd.)

carrot [ˈkærət] *s* marchew(ka) *f*

carry [ˈkærɪ] *v* nosić; wozić; to ~ **away** zabrać, uprowadzić; to ~ **down** znieść (na ⟨w⟩ dół); to ~ **off** zabrać; zdobyć; to ~ **on** prowadzić dalej; kontynuować; to ~ **through** ⟨out⟩ przeprowadzić (plan itd.)

cartel [kɑˈtel] *s ekon.* kartel *m*

carton [kɑˈtun] *s* karykatura *f*; rysunek *m*

cartoon-film [kɑˈtun fɪlm] *s* film rysunkowy

cartoonist [kɑˈtunɪst] *s* rysownik *m*; karykaturzysta *m*

cartridge [ˈkɑ-trɪdʒ] *s* nabój *m*; **blank** ~ ślepy nabój; **ball** ~ ostry nabój

carve [kɑv] *v* 1. rzeźbić 2. *kulin.* krajać (mięso itp.)

case [keɪs] *s* 1. wypadek *m*; **in any** ~ w każdym wypadku ⟨razie⟩; **in no** ~ w żadnym wypadku ⟨razie⟩; **just in** ~ na wszelki wypadek; **that is not the** ~ tak nie jest; **as in my** ~ jak to było ⟨jest⟩ ze mną 2. *med.* przypadek (chorobowy) 3. *sąd.* sprawa *f*

case [keɪs] *s* skrzynia *f*; paka *f*; pudło *n*; futerał *m*, kasetka *f*; **dressing** ~ neseser *m*

cash [kæʃ] I *s* gotówka *f*; pieniądze *pl*; **to be out of** ~ nie mieć pieniędzy; ~ **on delivery** za pobraniem pocztowym II *v* spieniężyć ⟨zrealizować⟩ (czek)

cash-book [ˈkæʃ buk] *s* księga kasowa

cash-box [ˈkæʃ bɔks], **cash-desk** [ˈkæʃ desk] *s* kasa *f* (w sklepie itd.)

cashier [kəˈʃɪə(r)] *s* kasjer *m*

cask [kɑsk] *s* beczka *f*, beczułka *f*

casket [ˈkɑskɪt] *s* szkatułka *f*; kasetka *f*

cast [kɑst] I *v* (cast, cast) 1. rzucać; to ~ **sb into prison** wtrącić kogoś do więzienia; to ~ **aside** ⟨away⟩ odrzucić 2. *hutn.* odlewać II *s* 1. rzut *m* 2. *hutn.* odlew *m* 3. *teatr. film.* obsada *f*

castaway [ˈkɑstəweɪ] I *s* rozbitek *m*; wyrzutek *m* II *adj* wyrzucony

caste [kɑst] *s* kasta *f*

cast-iron [ˈkɑst aɪən] *s* lane żelazo, żeliwo *n*

castle [ˈkɑsl] *s* zamek *m*

castor-oil [ˈkɑstər ɔil] *s* olej rycynowy

casual [ˈkæʒuəl] *adj* przypadkowy; doraźny; (*of a remark etc.*) zdawkowy

casualty [ˈkæʒuəltɪ] *s* 1. katastrofa *f* 2. (*person*) ofiara *f* (wypadku itd.); *pl* **casualties** straty *pl* w ludziach

cat [kæt] s kot m; przen. it rains ~s and dogs leje jak z cebra
catamaran ['kætəmə`ræn] s katamaran m
catarrh [kə`tɑ(r)] s katar m
catastrophe [kə`tæstrəfı] s katastrofa f
catch [kætʃ] (caught [kɔt], caught) I v 1. chwytać, łapać; to ~ at sth chwytać się czegoś; to ~ cold zaziębić się; to ~ hold of sth chwycić coś; to ~ sb out złapać kogoś na czymś; to ~ up dogonić 2. med. zarazić się (a disease chorobą) II s połów m
catchword ['kætʃwɜd] s hasło n; slogan m; frazes m
category ['kætəgrı] s kategoria f
cater ['keıtə(r)] v dostarczać żywności (for sb komuś)
caterer ['keıtərə(r)] s dostawca m artykułów żywnościowych
cathedral [kə`θidrl] s katedra f
catholic ['kæθlık] I adj 1. katolicki 2. powszechny II s Catholic katolik m
cattle ['kætl] (pl cattle) s bydło n
caught zob. catch v
cauliflower ['kolıflauə(r)] s kalafior m
cause [kɔz] I v spowodować II s powód m, przyczyna f; sąd. sprawa f; proces m
caution ['kɔʃn] I s ostrożność f; (warning) ostrzeżenie n; ~ sign znak ostrzegawczy II v ostrzegać
cavalry ['kævlrı] s kawaleria f
cave [keıv] s jaskinia f; grota f
cavern ['kævən] s pieczara f, grota f
caviar(e) ['kævıɑ(r)] s kawior m
cease [sis] v przestawać, ustawać

cease-fire ['sis`faıə(r)] s zawieszenie n broni
ceaseless ['sisləs] adj nieustanny, ciągły
ceiling ['silıŋ] s sufit m, strop m; pułap m; cloud ~ pułap chmur
celebrate ['seləbreıt] v obchodzić, świętować
celebrity [sə`lebrıtı] s sława f, znakomitość f
celery ['selərı] s seler m
cell [sel] s 1. biol. komórka f 2. (in prison) cela f
cellar ['selə(r)] s piwnica f
cello ['tʃeləu] s wiolonczela f
cement [sı`ment] I s cement m II v cementować, spajać
cemetery ['semətrı] s cmentarz m
censorship ['sensəʃıp] s cenzura f
census ['sensəs] s spis m ludności
cent [sent] s cent m (1/100 dolara); per ~ od sta; at 3 per ~ na 3 procent
centenary ['sen`tinərı] s stulecie n; setna rocznica
centigrade ['sentıgreıd] adj stustopniowy; x degrees ~ x stopni Celsjusza
centimetre ['sentımitə(r)] s centymetr m
central ['sentrl] adj środkowy, centralny
centre ['sentə(r)] I s środek m, centrum n; cultural ~ centrum kulturalne, ośrodek kulturalny; information ~ ośrodek informacyjny; shopping ~ centrum handlowe II v ześrodkowywać (się), skupiać
centrifugal [sen`trıfjugl] adj odśrodkowy
centripetal [sen`trıpıtl] adj dośrodkowy
century ['sentʃərı] s stulecie n
ceramics [sə`ræmıks] s ceramika f
cereal ['sıərıəl] s zboże n; pl ~s kasze pl; wyroby mączne

ceremonial ['serə'məuniəl] I
adj ceremonialny, uroczysty II *s* ceremoniał *m*
ceremony ['serəmənı] *s* cere-
monia *f*, uroczystość *f*; marriage ⟨wedding⟩ ~ ceremo-
nia ślubna
certain ['sɜtn] *adj* 1. pewny;
to make ~ of sth upewnić
się o czymś; for ~ na pewno 2. pewien, niejaki, jakiś
certainly ['sɜtnlı] *adv* na pewno
certainty ['sɜtntı] *s* pewność
f; *pot.* on a ~ na pewnia-
ka, bez ryzyka
certificate [sə'tıfıkət] *s* świadectwo *n*; zaświadczenie *n*;
dyplom *m*; akt *m* (zgonu);
metryka *f*; birth ~ metryka urodzenia; death ~ akt
zgonu; marriage ~ akt małżeństwa
certify ['sɜtıfaı] *v* poświadczać, zaświadczać; this is
to ~ that ... niniejszym po-
świadcza się, że ...
certitude ['sɜtıtjud] *s* pewność
f
cessation [se'seıʃn] *s* zaprze-
stanie *n*; przerwa *f*
chafe [ʧeıf] *v* trzeć; wycierać (się); *przen.* drażnić;
irytować (się)
chain [ʧeın] I *s* łańcuch *m*;
pl ~s kajdany *pl* II *v* to ~
down zakuć (kogoś); przy-
mocować (coś) łańcuchem
chair [ʧeə(r)] *s* krzesło *n*; an
easy ~ fotel klubowy; ~
lift wyciąg krzesełkowy;
przen. to be in the ~ przewodniczyć
chairman ['ʧeəmən] (*pl* chair-
men) *s* przewodniczący *m*,
prezes *m*
chalk [ʧɔk] *s* kreda *f*
challenge ['ʧæləndʒ] I *v* rzucić wyzwanie (sb komuś) II
s wyzwanie *n*
chamber ['ʧeımbə(r)] *s* izba *f*
(of Commerce etc. Handlo-
wa itd.); sala *f*; pokój *m*

chamber-maid ['ʧeımbə meıd]
s pokojówka *f*
chamber-pot ['ʧeımbə pot] *s*
nocnik *m*
champagne [ʃæm'peın] *s* szampan *m*
champignon [ʧæm'pınjən] *s*
pieczarka *f*
champion ['ʧæmpıən] *s* mistrz
m; rekordzista *m*
chance [ʧɑns] I *s* 1. traf *m*,
przypadek *m*; by ~ przy-
padkiem 2. (*opportunity*) o-
kazja *f*; szansa *f*; ~ of a
life-time szansa życiowa; to
lose ⟨miss⟩ a ~ stracić
szansę II *v* próbować, ryzykować; (*find*) natrafić
(upon sth na coś)
chancellor ['ʧɑnslə(r)] *s* kanclerz *m*
chandelier [ʃændə'lıə(r)] *s*
świecznik *m*, żyrandol *m*
change [ʧeındʒ] I *v* 1. zmieniać (się); to ~ for the
worse pogorszyć się; to ~
one's address zmienić adres;
to ~ one's mind zmienić
zdanie; to ~ trains przesiadać się; to ~ one's clothes
przebierać się 2. (*exchange*)
wymienić (walutę) II *s* 1.
zmiana *f*, odmiana *f* 2. *kolej.*
przesiadka *f* 3. (*money*) drobne *pl* (pieniądze)
changeable ['ʧeındʒəbl] *adj*
zmienny
channel ['ʧænl] *s* kanał *m*
(naturalny)
chaos ['keıos] *s* chaos *m*
chaotic [keı'otık] *adj* chaotyczny, bezładny
chap [ʧæp] *s* *pot.* człowiek
m; facet *m*
chapel ['ʧæpl] *s* kaplica *f*
chaplain ['ʧæplın] *s* kapelan *m*
chapter ['ʧæptə(r)] *s* rozdział
m (książki)
character ['kærıktə(r)] *s* 1.
(*nature*) charakter *m* 2.
(*quality*) rodzaj *m* 3. (*of
writing*) charakter *m* pisma;
(*letter*) litera *f*
characteristic ['kærıktə'rıstık]

I s cecha charakterystyczna, właściwość *f* **II** *adj* charakterystyczny
characterize [ˋkærɪktəraɪz] *v* charakteryzować, cechować
charcoal [ˋʧɑkəul] s węgiel drzewny
charge [ˋʧɑdʒ] **I** *v* 1. naładować (akumulator itd.) 2. (*entrust*) powierzać (**sb with sth** komuś coś) 3. (*accuse*) obwiniać (**sb with sth** kogoś o coś) 4. *handl.* policzyć; **hòw much should he ~ me for that?** ile mi powinien policzyć za to? **II** s 1. koszt *m* 2. (*cargo*) ładunek *m* 3. *handl.* opłata *f*; **at a ~ of** za opłatą; **free of ~** bezpłatnie; **no ~ for admittance** wstęp wolny 4. (*care*) obowiązek *m*; opieka *f*; **to takè ~ of sth** zaopiekować się czymś; **the person in ~** kierownik *m*; szef *m*; referent *m* 5. *prawn.* oskarżenie *n*, zarzut *m*; **to lay a ~ against sb** oskarżyć kogoś; **on ~ of ...** pod zarzutem ... 6. *wojsk.* szarża *f*
charitable [ˋʧærɪtəbl] *adj* dobroczynny, miłosierny
charity [ˋʧærətɪ] s 1. miłosierdzie *n*, miłość *f* bliźniego; **out of ~** z dobrego serca, z litości 2. (*beneficence*) dobroczynność *f*; **to live on ~** żyć z dobroczynności
charm [ʧɑm] **I** s urok *m*, wdzięk *m*, czar *m*; (*amulet*) maskotka *f*, talizman *m* **II** *v* czarować, zachwycać
charming [ˋʧɑmɪŋ] *adj* uroczy, rozkoszny
chart [ʧɑt] **I** *v* sporządzać mapę ⟨wykres⟩ (**sth czegoś**) **II** s mapa morska; (*diagram*) wykres *m*
charter [ˋʧɑtə(r)] **I** s przywilej *m*; karta *f*; *mor.* czarter *m* **II** *v* nadawać przywilej ⟨patent⟩ (instytucji); *mor.* zafrachtować statek

charwoman [ˋʧɑwumən] s (*pl* **charwomen** [ˋʧɑwɪmɪn]) sprzątaczka *f*
chase [ʧeɪs] **I** *v* gonić, ścigać; *myśl.* polować **II** s pogoń *f*, pościg *m*; *myśl.* polowanie *n*
chasm [ˋkæzm] s otchłań *f*; próżnia *f*
chassis [ˋʃæsɪ] s (*pl* **~**) *mot.* podwozie *n*
chaste [ʧeɪst] *adj* cnotliwy
chastity [ˋʧæstətɪ] s czystość *f*; niewinność *f*
chat [ʧæt] **I** *v* pogadać **II** s rozmowa *f*; pogawędka *f*; **to have a ~** pogawędzić
chatter [ˋʧætə(r)] *v* szczebiotać; (*of a bird*) ćwierkać; *przen.* **our teeth were ~ing** szczękaliśmy zębami
chatterbox [ˋʧætəbɔks] s gaduła *m f*
chatty [ˋʧætɪ] *adj* gadatliwy; gawędziarski
chauvinism [ˋʃəuvɪnɪzm] s szowinizm *m*
chauvinist [ˋʃəuvɪnɪst] s szowinista *m*
cheap [ʧip] *adj* 1. tani; **dirt ~** za bezcen 2. (*poor in quality*) bezwartościowy
cheapen [ˋʧipən] *v* potanieć; obniżyć cenę (**sth czegoś**)
cheat [ʧit] **I** *v* oszukiwać (**at sth w czymś**); **to ~ at cards** oszukiwać w kartach **II** s oszustwo *n*; (*person*) oszust *m*
check [ʧek] **I** *v* 1. (*stop*) wstrzymywać 2. (*examine*) kontrolować; sprawdzać **II** s 1. (*in chess*) szach *m* (królowi) 2. (*stoppage*) zatrzymanie *n* 3. (*examine*) sprawdzanie *n* (**on sth czegoś**) 4. (*ticket*) bilet *m*, odcinek kontrolny; numerek *m* (w szatni); żeton *m*
check [ʧek] s kratka *f* (deseń materiału)
checker-board [ˋʧekə bɔd] s szachownica *f*

checkers ['tʃekəz] *plt* warcaby *pl*

checkmate ['tʃekmeɪt] I *v* dać mata (sb komuś) II *int* szach i mat!

cheek [tʃik] *s* 1. policzek *m* 2. (*impudence*) czelność *f*; tupet *m*

cheekbone ['tʃikbəun] *s* kość policzkowa

cheer [tʃɪə(r)] I *v* 1. dodawać otuchy; to ~ up rozchmurzyć się; ~ up! głowa do góry! 2. (*applaud*) wiwatować II *s* okrzyk *m* radości, aplauz *m*; *pl* ~s okrzyki *pl*; loud ~s burzliwe oklaski

cheerful ['tʃɪəfl] *adj* radosny, pogodny

cheerio ['tʃɪərɪ'əu] *int sl.* cześć!; czołem!; (*in toasts*) sto lat!

cheese [tʃiz] *s* ser *m*

chemical ['kemɪkl] I *adj* chemiczny; ~ agent odczynnik *m* II *s* (*pl*) ~s chemikalia *pl*; leki *pl*

chemise ['ʃə'miz] *s* koszula damska

chemist ['kemɪst] *s* aptekarz *m*; ~'s shop apteka *f*; at the ~'s w aptece

chemistry ['kemɪstrɪ] *s* chemia *f*

cheque [tʃek] *s* czek *m*; traveller's ~ czek podróżny; to cash a ~ zrealizować czek; to pay by ~ płacić czekiem

cheque-book ['tʃek buk] *s* książeczka czekowa

chequered ['tʃekəd] *adj* pokratkowany, w kratkę

cherish ['tʃerɪʃ] *v* miłować; *przen.* żywić (nadzieję itd.); to ~ illusions łudzić się

cherry ['tʃerɪ] *s* wiśnia *f*; czereśnia *f*

cherry-brandy ['tʃerɪ'brændɪ] *s* wiśniak *m*, wiśniówka *f*

chess [tʃes] *s* szachy *pl*

chessboard ['tʃesbɔd] *s* szachownica *f*

chessman ['tʃesmən] *s* (*pl* chessmen) figura szachowa

chest [tʃest] *s* 1. skrzynia *f*;

kufer *m*; ~ of drawers komoda *f* 2. *anat.* klatka piersiowa

chestnut ['tʃesnʌt] I *s* kasztan *m* II *adj* kasztanowaty, kasztanowy

chew [tʃu] *v* żuć, przeżuwać

chewing-gum ['tʃuɪŋ gʌm] *s* guma *f* do żucia

chic [ʃik] I *s* szyk *m*; elegancja *f* II *adj* elegancki, szykowny

chicken ['tʃɪkɪn] *s* kurczę *n*

chicken-pox ['tʃɪkɪn poks] *s med.* ospa wietrzna

chicory ['tʃɪkərɪ] *s* cykoria *f*

chide [tʃaɪd] *v* (chid [tʃɪd], chidden ['tʃɪdn]) karcić

chief [tʃif] I *s* szef *m*, dyrektor *m*; wódz *m* (plemienia) II *adj* główny, naczelny

chiefly ['tʃiflɪ] *adv* głównie, zwłaszcza

chieftain ['tʃiftən] *s* wódz *m*

chilblain ['tʃɪlbleɪn] *s* odmrożenie *n*

child [tʃaɪld] *s* (*pl* children ['tʃɪldrən]) dziecko *n*

childbirth ['tʃaɪldbɜθ] *s* poród *m*

childhood ['tʃaɪldhud] *s* dzieciństwo *n*

childish ['tʃaɪldɪʃ] *adj* dziecinny

childless ['tʃaɪldləs] *adj* bezdzietny

children zob. child

chill [tʃɪl] I *s* ziąb *m*, chłód *m*; to catch a ~ przeziębić się II *adj* chłodny III *v* oziębić, zamrażać

chimney ['tʃɪmnɪ] *s* komin *m*

chimney-sweeper ['tʃɪmnɪswipə(r)] *s* kominiarz *m*

chin [tʃɪn] *s* podbródek *m*

china ['tʃaɪnə] *s* porcelana *f*; *zbior.* naczynia porcelanowe

Chinaman ['tʃaɪnəmən] *s* (*pl* Chinamen) Chińczyk *m*

Chinese ['tʃaɪ'niz] I *s* Chińczyk *m*, Chinka *f* II *adj* chiński

chip [tʃɪp] I *v* strugać; łupać

⟨kruszyć⟩ (się) II s wiór m;
drzazga f; odłamek m
chisel [`ʧɪzl] I s dłuto n II v
rzeźbić; cyzelować
chivalrous [`ʃɪvlrəs] adj rycer-
ski
chivalry [`ʃɪvlrɪ] s rycerskość
f; (knights) rycerstwo n
chives [`ʧaɪvz] plt szczypiorek
m
chocolate [`ʧɒklət] I s czeko-
lada f; a ~ czekoladka f;
~ cream czekoladka nadzie-
wana; krem czekoladowy;
~ box bombonierka f II
adj czekoladowy
choice [ʧɔɪs] I s wybór m; to
make one's ~ wybrać II adj
wyborowy; w najlepszym
gatunku
choir [`kwaɪə(r)] s chór m
choke [ʧəʊk] v dusić ⟨dławić⟩
(się); (put down) tłumić
cholera [`kɒlərə] s med. cho-
lera f; ~ epidemic epidemia
f cholery
choose [ʧuz] v (chose [ʧəʊz],
chosen [`ʧəʊzn]) wybierać;
you can ~ masz wybór;
when you ~ kiedy zechcesz;
if I ~ jeśli będę chciał
⟨miał ochotę⟩
chop [ʧɒp] I v rąbać, siekać
II s cios m; kulin. kotlet m
(bity); zraz m
chord¹ [kɔd] s struna f
chord² [kɔd] s muz. akord m
chorus [`kɔrəs] s (pl choruses
[`kɔrəsɪz]) 1. chór m; in ~
chórem 2. (refrain) refren
m
chorus-singer [`kɔrəs sɪŋgə(r)]
s chórzysta m, chórzystka f
chose zob. choose
chosen zob. choose; the ~
wybrani pl; a ~ few garstka f wybranych
Christ [kraɪst] s Chrystus m
christen [`krɪsn] v ochrzcić
Christian [`krɪsʧən] I s chrze-
ścijanin m II adj chrześci-
jański
Christianity [ˌkrɪstɪ`ænətɪ] s
chrześcijaństwo n

Christmas [`krɪsməs] s Boże
Narodzenie; ~ eve wigilia f
Bożego Narodzenia; a merry
~ wesołych świąt (Bożego
Narodzenia)
Christmas-tree [`krɪsməs tri] s
choinka f
chronic [`krɒnɪk] adj chroni-
czny
chronicle [`krɒnɪkl] s kronika
f
chronological [ˌkrɒnə`lɒdʒɪkl]
adj chronologiczny
chronology [krə`nɒlədʒɪ] s
chronologia f
chrysanthemum [krɪ`sænθə-
məm] s chryzantema f
chubby [`ʧʌbɪ] adj pucołowa-
ty, pyzaty
chuck [ʧʌk] v ciskać, rzucać
chuckle [`ʧʌkl] v chichotać
chum [ʧʌm] s towarzysz m;
kolega m; pot. kumpel m
church [ʧɜʧ] s kościół m
churchyard [`ʧɜʧjad] s dzie-
dziniec kościelny; (cem-
etery) cmentarz m
cigar [sɪ`ga(r)] s cygaro n
cigarette [ˌsɪgə`ret] s papieros
m
cigarette-case [`sɪgə ret keɪs] s
papierośnica f
cigarette-holder [`sɪgə ret həʊl-
də(r)] s cygarniczka f
cinder [`sɪndə(r)] s żużel m
cinecamera [`sɪnɪkæmrə] s ka-
mera filmowa, aparat fil-
mowy
cinema [`sɪnəmə] s kino n;
~ programmes program ki-
nowy
cine-projector [`sɪnɪprə`dʒek-
tə(r)] s projektor m filmowy
cipher [`saɪfə(r)] s cyfra f;
(secret writing) szyfr m
circle [`sɜkl] s 1. krąg m, ob-
wód m; a vicious ~ błędne
koło; the family ~ kółko
rodzinne; teatr. the upper ~
drugi balkon 2. pl ~s koła
pl; sfery pl (naukowe itd.)
circuit [`sɜkɪt] s 1. obwód m;
elektr. a short ~ spięcie n;

zwarcie *n* 2. (*roundabout journey*) objazd *m*, okrążenie *n*; to make a ~ okrążać

circulate [ˈsɜkjəleit] *v* puszczać w obieg; krążyć

circumference [sɜˈkʌmfrəns] *s* obwód *m*

circumstance [ˈsɜkəmstəns] *s* 1. wypadek *m* 2. *pl* ~s okoliczności *pl*, warunki *pl*; in no ~s pod żadnym warunkiem; under the ~s w tych warunkach

circus [ˈsɜkəs] *s* 1. cyrk *m*; travelling ~ cyrk objazdowy 2. (*in town*) (okrągły) plac *m*

citadel [ˈsitədl] *s* cytadela *f*; twierdza *f*

cite [sait] *v* cytować

citizen [ˈsitizn] *s* obywatel *m*; obywatelka *f*; ~ of the world kosmopolita *m*

citizenship [ˈsitiznʃip] *s* obywatelstwo *n*

city [ˈsiti] *s* miasto *n*; the City centrum finansowe i handlowe Londynu

civic [ˈsivik] *adj* obywatelski; (*of authorities etc.*) miejski; ~ centre centrum administracyjne miasta

civil [ˈsivl] *adj* 1. obywatelski; ~ servant urzędnik państwowy; ~ war wojna domowa; the ~ service służba państwowa, administracja *f* 2. (*civilian*) cywilny (kodeks itd.); ~ engineer inżynier *m* budownictwa lądowego i wodnego 3. (*polite*) grzeczny

civilian [səˈviliən] I *s* cywil *m*; obywatel *m* II *adj* cywilny

civilization [ˌsivlaiˈzeiʃn] *s* cywilizacja *f*

civilize [ˈsivlaiz] *v* ucywilizować

claim [kleim] I *v* domagać się (sth czegoś); rościć sobie prawo ⟨pretensje⟩ (sth do

czegoś) II *s* żądanie *n*; pretensja *f*

claimant [ˈkleimənt] *s* pretendent *m*, roszczący pretensje (do czegoś)

clammy [ˈklæmi] *adj* wilgotny; lepki

clamour [ˈklæmə(r)] I *s* krzyk *m*, wrzask *m* II *v* podnieść wrzask

clang [klæŋ] I *v* brzęczeć; dzwonić II *s* brzęk *m*

clap [klæp] *v* 1. trzepotać (wings skrzydłami) 2. to ~ one's hands klaskać, oklaskiwać

claret [ˈklærət] *s* wino *n* (czerwone)

clarify [ˈklærəfai] *v* oczyszczać (się); wyklarować (się); *przen.* wyjaśniać (się)

clarinet [ˌklæriˈnet] *s* klarnet *m*

clarity [ˈklærəti] *s* klarowność *f*; czystość *f*; przejrzystość *f*

clary [ˈklæri] *s bot.* szałwia *f*

clash [klæʃ] I *s* 1. brzęk *m* 2. (*collision*) zderzenie *n* 3. (*divergence*) rozbieżność *f*; kolizja *f* 4. (*disturbance*) starcie *n* II *v* zderzyć się

clasp [klɑsp] I *s* 1. klamra *f*, zapinka *f*; zameczek *m* (naszyjnika itd.) 2. (*embrace*) uścisk *m*; objęcie *n* II *v* 1. spinać 2. (*embrace*) objąć, uścisnąć; to ~ one's hands załamywać ręce

class [klɑs] *s* 1. klasa *f*; the middle ~ burżuazja *f*; working ~ klasa robotnicza 2. (*lesson*) lekcja *f*; kurs *m*

classic [ˈklæsik] I *s* klasyk *m* II *adj* klasyczny

classify [ˈklæsifai] *v* sklasyfikować; posegregować

classmate [ˈklɑsmeit] *s* kolega szkolny

classroom [ˈklɑsrʊm] *s* klasa *f*

classy [ˈklɑsi] *adj sl.* wysokiej klasy, szykowny

clatter [ˈklætə(r)] I *s* stukot

m; łoskot *m*; brzęk *m* II *v* stukotać
clause [klɔz] *s* warunek *m*; klauzula *f*; *gram.* zdanie *n*
claw [klɔ] I *s* pazur *m*; szpon *m* II *v* chwycić w szpony
clay [kleɪ] *s* glina *f*
clean [klin] I *adj* czysty II *v* oczyścić; **to ~ up ⟨out⟩ one's shoes** czyścić buty
cleaner [ˈklinə(r)] *s* 1. sprzątaczka *f* 2. (*duster*) odkurzacz *m* 3. **dry ~** pralnia chemiczna
cleanliness [ˈklenlɪnəs] *s* czystość *f*
cleanse [klenz] *v* oczyścić, zmyć
clean-shaven [ˈklinˈʃeɪvn] *adj* gładko wygolony
clear [klɪə(r)] I *adj* jasny; wyraźny; czysty; **as ~ as day** jasne jak słońce II *v* 1. oczyścić, uprzątnąć; **to ~ one's throat** odchrząknąć; **~ the way!** z drogi!; **to ~ the table** sprzątnąć ze stołu; **to ~ away** usunąć (przeszkodę itd.); **to ~ up** wyświetlać (sprawę itd.) 2. *handl.* pozbywać się (towaru); wyprzedawać 3. *fin.* spłacać (dług); wyrównać (dług, saldo) 4. *meteor.* przejaśnić ⟨rozchmurzyć⟩ się III *adv* 1. jasno, wyraźnie 2. z daleka; **stand ~ of the door!** proszę odsunąć się od drzwi!
clearance [ˈklɪərns] *s* oczyszczenie *n*; **customs ~** oclenie *n*; **~ sale** wyprzedaż *f*
clearing [ˈklɪərɪŋ] *s* 1. rozrachunek *m*; *ekon.* kliring *m* 2. (*in a forest*) polana *f*
cleft [kleft] *s* rozpadlina *f*, szczelina *f*
clemency [ˈklemənsɪ] *s* łaska *f*; łagodność *f*
clement [ˈklemənt] *adj* łagodny; łaskawy
clench [klentʃ] *v* ściskać; zaciskać (zęby)

clergy [ˈklɜdʒɪ] *s* kler *m*; duchowieństwo *n*
clergyman [ˈklɜdʒɪmən] *s* (*pl* **clergymen**) duchowny *m*; ksiądz *m*; pastor *m*
clerical [ˈklerɪkl] *adj* 1. klerykalny, duchowny 2. (*office*) biurowy; **a ~ error** błąd maszynowy
clerk [klɑk] *s* urzędnik *m*; **chief ~** szef *m* biura; **junior ~** młodszy urzędnik; *am.* ekspedient sklepowy
clever [ˈklevə(r)] *adj* zdolny, inteligentny; **to be ~ at sth** mieć zdolności do czegoś
cliché [ˈkliʃeɪ] *s* komunał *m*; *druk.* klisza *f*
click [klɪk] *v* szczękać; trzaskać
client [ˈklaɪənt] *s* klient *m*
cliff [klɪf] *s* urwisko *n*
climate [ˈklaɪmɪt] *s* klimat *m*
climax [ˈklaɪmæks] *s* szczyt *m*; punkt kulminacyjny (w powieści)
climb [klaɪm] *v* wspinać ⟨piąć⟩ się
cling [klɪŋ] *v* (**clung** [klʌŋ], **clung**) lgnąć ⟨przylgnąć, przyczepiać się⟩ (**to sb, sth** do kogoś, czegoś); **to ~ together** trzymać się razem
clinic [ˈklɪnɪk] *s* klinika *f*
clip 1 [klɪp] *s* spinacz *m*; *med.* klamerka *f*
clip 2 [klɪp] *v* ostrzyc, obciąć
clipers [ˈklɪpəz] *plt* nożyce *pl*; maszynka *f* do strzyżenia
clique [klik] *s* klika *f*
cloak [kləʊk] *s* płaszcz *m*
cloak-room [ˈkləʊk rʊm] *s* garderoba *f* (w teatrze), szatnia *f*
clock [klok] *s* zegar *m*; **by the ~** z zegarkiem w ręce; **by my ~** na moim zegarze
clockwise [ˈklokwaɪz] *adv* w kierunku wskazówek zegara
clockwork [ˈklokwɜk] *s* me-

chanizm zegarowy; like ~ jak w zegarku

cloister [ˈklɔɪstə(r)] s klasztor m

close ¹ [kləus] I adj zamknięty; (near) bliski II adv blisko, obok; ~ by tuż obok; ~ at hand pod ręką

close ² [kləuz] I v zamykać (się); (end) kończyć (się) II s zamknięcie n; (end) koniec m

close-season [ˈkləusˈsizn] s myśl. czas ochronny

closet [ˈklozɪt] s 1. gabinet m 2. (water-closet) ustęp m 3. (cupboard) kredens m; szaf(k)a f

closing [ˈkləuzɪŋ] s zamknięcie n, zamykanie n; ~ time godzina f zamykania (sklepu, biura itp.)

clot [klot] s grudka f; med. skrzep m

cloth [kloθ] s materiał m; sukno n

clothe [kləuð] v ubrać; (cover) okryć

clothes [kləuðz] plt ubranie n; strój m; best ~ odświętne ubranie; in plain ~ po cywilnemu

clothing [ˈkləuðɪŋ] s odzież f; articles of ~ garderoba f

cloud [klaud] s chmura f

cloudy [ˈklaudɪ] adj pochmurny

clove [kləuv] s goździk m (korzenny)

clover [ˈkləuvə(r)] s koniczyna f

clown [klaun] s pajac m, klown m

club [klʌb] s 1. klub m 2. (in golf) kij m 3. pl ~s karc. trefle pl

club-room [ˈklʌb rum] s sala klubowa, świetlica f

clue [klu] s trop m, ślad m

clumsy [ˈklʌmzɪ] adj niezgrabny, niezręczny

clung zob. cling

clutch [klʌtʃ] I v ściskać kurczowo; chwytać (sth coś) II

s 1. chwyt m 2. mot. sprzęgło n; ~ plate tarcza sprzęgła

coach [kəutʃ] I s 1. (carriage) powóz m 2. (bus) autokar m; excursion ~ autokar wycieczkowy; funeral ~ autokar pogrzebowy; tourist ~ autokar turystyczny 3. kolej. wagon m 4. szk. korepetytor m 5. sport. trener m II v 1. szk. udzielać korepetycji 2. sport. trenować

coal [kəul] s węgiel m

coalition [ˈkəuəˈlɪʃn] s koalicja f; przymierze n

coal-mine [ˈkəul maɪn] s kopalnia f węgla

coarse [kɔs] adj ordynarny, prostacki; (rough) szorstki

coast [kəust] I s brzeg m morza; wybrzeże n II v płynąć wzdłuż wybrzeża

coastal [ˈkəustl] adj przybrzeżny; ~ navigation żegluga przybrzeżna

coat [kəut] I s 1. (for men) marynarka f; (for women) żakiet m 2. (layer) warstwa f II v pokrywać, powlekać

coated [ˈkəutɪd] adj pokryty; med. obłożony (język)

coating [ˈkəutɪŋ] s warstwa f (farby); powłoka f

cobble [ˈkobl] I s brukowiec m; pot. koci łeb II v wybrukować kamieniami

cobbler [ˈkoblə(r)] s szewc m; łatacz m obuwia

cobblestone [ˈkoblstəun] s = = cobble s

cobra [ˈkəubrə] s zool. kobra f

cobweb [ˈkobweb] s pajęczyna f

coca-cola [ˈkəukəˈkəulə] s coca-cola f

cocaine [kəuˈkeɪn] s kokaina f

cock [kok] I s kogut m; (tap) kurek m II v podnosić; podciągać ku górze

cockney [ˈkoknɪ] s rodowity londyńczyk; (dialect) gwara londyńska

cockpit [ˈkɔkpɪt] s 1. arena f do walki kogutów 2. pomieszczenie n dla pilota w samolocie 3. (na jachcie) kokpit

cocktail [ˈkɔkteɪl] s koktail m

coco(a) [ˈkəʊkəʊ] s kokos m

cocoa [ˈkəʊkəʊ] s kakao n

coco(a)nut [ˈkəʊkənʌt] s orzech kokosowy

cod [kɔd] s dorsz m; **dried** ~ sztokfisz m

code [kəʊd] I s 1. kodeks m; przepisy pl 2. (cipher) szyfr m; ~ **address** adres kodowy II v szyfrować

codeine [ˈkəʊdiːn] s farm. kodeina f

cod-liver-oil [ˈkɔd lɪvərˈɔɪl] s tran (leczniczy)

coexist [ˈkəʊɪgˈzɪst] v współistnieć

coexistence [ˈkəʊɪgˈzɪstəns] s współistnienie n; koegzystencja f

coffee [ˈkɔfɪ] s kawa f

coffee-bean [ˈkɔfɪ biːn] s ziarnko n kawy

coffee-grounds [ˈkɔfɪ graʊndz] plt fusy pl

coffin [ˈkɔfɪn] s trumna f

cognac [ˈkɔnjæk] s koniak m

cognizance [ˈkɔgnɪzns] s wiedza f; znajomość f; poznanie n

coherence [kəʊˈhɪərns] s łączność f; zwartość f; (consistency) konsekwencja f

coil [kɔɪl] I v zwijać, skręcać II s zwój m (liny itp.); krąg m

coin [kɔɪn] s moneta f

coincide [ˈkəʊɪnˈsaɪd] v (of circumstances) zbiegać sie; (of facts) zgadzać się

coincidence [kəʊˈɪnsɪdəns] s zbieg m okoliczności

coke [kəʊk] s koks m

cold [kəʊld] I adj zimny; med. ~ **spots** ⟨**sores**⟩ opryszczki wargowe; **I am** ⟨**feel**⟩ ~ zimno mi; **in** ~ **storage** zamrożony II s zimno n; **a** ~

katar m; zaziębienie n; **to catch a** ~ zaziębić się

cold-blooded [ˈkəʊldˈblʌdɪd] adj zimnokrwisty; przen. bezlitosny

collaborate [kəˈlæbəreɪt] v współpracować

collapse [kəˈlæps] I s upadek m; przen. nerwowe załamanie; med. zapaść f II v runąć, zawalić się; przen. doznać załamania nerwowego

collar [ˈkɔlə(r)] s kołnierz(yk) m; (dog's) obroża f

collar-bone [ˈkɔləbəʊn] s anat. obojczyk m

colleague [ˈkɔliːg] s kolega m, koleżanka f

collect [kəˈlekt] v gromadzić, kolekcjonować; (get money) inkasować (pieniądze)

collection [kəˈlekʃn] s zbiór m; kolekcja f; (of money) odbiór m (długu); inkaso n

collective [kəˈlektɪv] I adj kolektywny, zbiorowy; ~ **farm** spółdzielnia produkcyjna; ~ **passport** paszport zbiorowy II s kolektyw m

collector [kəˈlektə(r)] s 1. kolekcjoner m; **stamp** ~ filatelista m 2. (one who collects money) inkasent m; **ticket** ~ kontroler m biletów

college [ˈkɔlɪdʒ] s kolegium n; (university) szkoła wyższa; (school) szkoła średnia

collide [kəˈlaɪd] v zderzyć się; przen. kolidować

collier [ˈkɔliə(r)] s górnik m; med. ~**'s lung** pylica węglowa

colliery [ˈkɔljərɪ] s kopalnia f węgla

collision [kəˈlɪʒn] s zderzenie n; przen. kolizja f; **to come into** ~ zderzyć się

colloquial [kəˈləʊkwɪəl] adj potoczny

colon [ˈkəʊlən] s dwukropek m

colonel [ˈkɜnl] s pułkownik m

colonial [kəˈləʊnɪəl] I adj ko-

lonialny **II** s mieszkaniec *m* kolonii
colonialism [kə'ləuniəlizm] s kolonializm *m*
colonist ['kolənist] s kolonista *m*, osadnik *m*
colonize ['kolə'naiz] *v* kolonizować
colony ['koləni] s kolonia *f*
Colorado-beetle ['kolə'radəu bitl] s stonka ziemniaczana
colossal [kə'losl] *adj* kolosalny, olbrzymi
colour ['kalə(r)] **I** *v* barwić (się) **II** s 1. kolor *m*, barwa *f*; **what ~ is it?** jaki to kolor?; **the ~ bar** ⟨line⟩ dyskryminacja rasowa 2. (*dye*) farba *f*; **oil ~** farba olejna; **water ~** akwarela *f* 3. *pl* **~s** rumieńce *pl* 4. *pl* **~s** (*flaga*) sztandary *pl* 5. (*army*) wojsko *n*
colour-blindness ['kalə blaindnəs] s daltonizm *m*
coloured ['kaləd] *adj* barwny, kolorowy
colourful ['kaləfl] *adj* barwny, pstry
colourless ['kalələs] *adj* bezbarwny, blady
colt [kəult] s źrębię *n*, źrebak *m*
column ['koləm] s kolumna *f*; filar *m*; (*in a newspaper*) szpalta *f*, rubryka *f*
columnist ['koləmnist] s felietonista *m*
comb [kəum] **I** s grzebień *m* **II** *v* czesać
combination ['kombi'neiʃn] s kombinacja *f*; połączenie *n*; **in ~ with ...** w połączeniu z ...
combine [kəm'bain] *v* połączyć; *chem.* związać
combustion [kəm'bastʃən] s spalanie *n*; **~ engine** silnik spalinowy; **~ gases** spaliny *pl*
come [kam] *v* (**came** [keim], **come** [kam]) przyjść, przybyć; **to ~ about** zdarzyć się; **to ~ across** natknąć

się (sb, sth na kogoś, coś); **to ~ forth** wystąpić; **to ~ in** wejść; **to ~ off** odpaść, odlecieć; **to ~ on** posuwać się naprzód, zbliżać się; **to ~ out** wychodzić; (*of a secret*) wyjść na jaw; (*of a book etc.*) ukazać się (w druku); **to ~ true** sprawdzić się; **to ~ up to sb** podejść do kogoś; **to ~ up to the mark** stanąć na wysokości zadania
comedian [kə'midiən] s komediant *m*; (*actor*) komik *m*
comedy ['komədi] s komedia *f*
comely ['kamli] *adj* przystojny; miły
comet ['komit] s kometa *f*
comfort ['kamfət] **I** *v* pocieszać, przynosić ulgę **II** s pociecha *f*; (*convenience*) wygoda *f*; komfort *m*
comfortable ['kamftəbl] *adj* wygodny, komfortowy
comic ['komik] *adj* komiczny, humorystyczny
comical ['komikl] *adj* komiczny, zabawny
comma ['komə] s przecinek *m*; **inverted ~s** cudzysłów *m*
command [kə'mand] **I** *v* rozkazywać; (*have authority*) dowodzić; panować (sth nad czymś); rozporządzać (sb, sth kimś, czymś) **II** s nakaz *m*, rozkaz *m*; *wojsk.* dowództwo *n*
commandant ['komən'dænt] s dowódca *m*, komendant *m*
commander [kə'mandə(r)] s dowódca *m*
commander-in-chief [kə'mandərin'tʃif] s naczelny wódz, głównodowodzący *m*
commandment [kə'mandmənt] s przykazanie *n*; rozkaz *m*
commemorate [kə'meməreit] *v* uczcić (pamięć), obchodzić (rocznicę)
commence [kə'mens] *v* zaczynać (się)

commend [kə'mend] v polecać,
powierzać
comment ['koment] I s ko-
mentarz m, uwaga f II v
komentować (on sth coś)
commentary ['koməntrı] s komentarz m
commentator ['komənteıtə(r)]
s komentator m, sprawo-
zdawca radiowy
commerce ['komɜs] s handel
m
commercial [kə'mɜʃl] adj handlowy; ~ traveller podró-
żujący ajent
commissar ['komısα(r)] s komisarz m
commission [kə'mıʃn] I v zlecić; mianować II s 1. komisja f 2. wojsk. patent ofi-
cerski; to get one's ~ o-
trzymać rangę oficerską 3.
(of an officer) to resign
one's ~ wystąpić z wojska
4. (order) polecenie n 5. fin.
prowizja f 6. handl. komis
m; goods on ~ towar m w
komisie
commit [kə'mıt] v powierzyć;
(perpetrate) popełnić (czyn);
to ~ oneself zobowiązać się
committee [kə'mıti] s komitet
m; zarząd m; to be on the
~ zasiadać w komitecie;
należeć do zarządu
commodity [kə'modətı] s towar m
commodore ['komədɔ(r)] s
wojsk. komodor m; dowód-
ca m eskadry
common ['komən] adj 1. zwykły, pospolity 2. (belonging
to all) wspólny, ogólny, powszechny; by ~ consent je-
dnomyślnie; ~ law prawo
zwyczajowe; ~ sense zdro-
wy rozsądek
commonplace ['komənpleıs] I
s komunał m; frazes m II
adj banalny, oklepany
commons ['komənz] plt lud m;
the House of Commons Izba
f Gmin

commonwealth ['komənwelθ] s
wspólnota f
commotion [kə'məuʃn] s poruszenie n, wzburzenie n;
in a state of ~ wzburzony,
wstrząśnięty
communicate [kə'mjunıkeıt] v
zakomunikować; (of people
etc.) komunikować się ze
sobą
communication [kə'mjunı-
'keıʃn] s 1. zakomunikowa-
nie n 2. (information) wiadomość f 3. (connexion)
łączność f; komunikacja f;
air ~ komunikacja powie-
trzna; bus ~ komunikacja
autobusowa; telephone ~
komunikacja ⟨łączność⟩ telefoniczna; means of ~ środki transportu; ~ cord hamulec m (w wagonie kole-
jowym)
communicative [kə'mjunıkətıv]
adj rozmowny, towarzyski
communiqué [kə'mjunıkeı] s
komunikat m, oświadczenie
n
communism ['komjunızm] s
komunizm m
communist ['komjunıst] s komunista m
community [kə'mjunətı] s społeczeństwo n; rel. gmina f
compact¹ [kəm'pækt] adj gęsty, zwarty
compact² ['kompækt] s pu-
derniczka f
companion [kəm'pænıən] s towarzysz m
companionship [kəm'pænıən-
ʃıp] s towarzystwo n
company ['kʌmpənı] s 1. towarzystwo n; to keep sb ~
dotrzymywać komuś towa-
rzystwa 2. wojsk. kompania
f 3. handl. spółka akcyjna
comparative [kəm'pærətıv] I
adj porównawczy; (relative)
względny II s gram. stopień
wyższy (przymiotnika)
compare [kəm'peə(r)] v po-
równywać
comparison [kəm'pærısn] s po-

równanie n; in ~ with ...
w porównaniu
compartment [kəm'pɑtmənt] s
przedział m (w wagonie);
reserved ~ przedział zarezerwowany; **luggage** ~ przedział bagażowy; **non-smoking** ~ przedział dla niepalących; **smoking** ~ przedział dla palących; **water-
-tight** ~ komora wodo-
szczelna
compass ['kʌmpəs] s busola f,
kompas m; pl ~es (także
a pair of ~es) cyrkiel m
compassion [kəm'pæʃn] s
współczucie n; litość f; to
have ~ **on sb** zlitować się
nad kimś
compassionate [kəm'pæʃnət]
adj litościwy; współczujący
compatriot [kəm'pætrɪət] s rodak m, ziomek m
compel [kəm'pel] v zmuszać,
wymuszać
compensate ['kompənseɪt] v
kompensować, wyrównywać
compete [kəm'pit] v współzawodniczyć, konkurować (**for
sth** o coś); **non competing**
poza konkursem
competence ['kompətəns], **com-
petency** ['kompətənsɪ] s znajomość f rzeczy, fachowość
f; kompetencja f
competent ['kompətənt] adj
fachowy, kompetentny
competition ['kompə'tɪʃn] s
współzawodnictwo n (**for sth**
w czymś); zawody pl; handl.
konkurencja f; **to throw sth
open to** ~ ogłosić konkurs
⟨przetarg⟩ na coś; **by open**
~ drogą konkursową
competitive [kəm'petətɪv] adj
konkursowy; handl. konku-
rencyjny
competitor [kəm'petɪtə(r)] s
współzawodnik m, konku-
rent m
complain [kəm'pleɪn] v skarżyć ⟨żalić⟩ się, narzekać
(**of sth** na coś); prawn.
wnieść skargę (**against sb of**

⟨**about**⟩ **sth** na kogoś o coś);
handl. złożyć reklamację
complaint [kəm'pleɪnt] s skarga f; narzekanie n; zażalenie n; handl. reklamacja f;
to lodge a ~ złożyć reklamację; **to adjust a** ~ załatwić reklamację
complement ['komplɪmənt] s
uzupełnienie n; gram. do-
pełnienie n
complementary ['komplɪ'men-
trɪ] adj dopełniający, uzu-
pełniający
complete [kəm'plit] **I** v uzupełniać; kończyć; **to** ~
one's education ukończyć
szkołę **II** adj zupełny; całkowity
complex ['kompleks] adj złożony; skomplikowany
complexion [kəm'plekʃn] s cera f; karnacja f
compliance [kəm'plaɪəns] s
spełnienie n; zastosowanie
się n (**with a request** ⟨**wish**⟩
do prośby ⟨życzenia⟩); **in**
~ **with** ... stosownie do ...,
zgodnie z ...
complicate ['komplɪkeɪt] v
komplikować
compliment ['komplɪmənt] **I** s
1. komplement m; **to pay**
⟨**to make**⟩ **sb a** ~ powiedzieć komuś komplement 2.
pl ~s gratulacje pl; pozdrowienia pl; życzenia pl; **with**
~s z pozdrowieniami; (in a
letter) z wyrazami szacunku **II** v prawić komplemen-
ty (**sb** komuś); gratulować
(**sb on sth** komuś czegoś)
comply [kəm'plaɪ] v stosować
się (**with sth** do czegoś);
spełnić (**with a request**
prośbę)
compose [kəm'pəʊz] v 1. (także
druk.) składać 2. (constitute)
stanowić (całość); **to be** ~d
of sth składać się z czegoś;
to ~ **oneself** uspokoić się
composed [kəm'pəʊzd] adj spokojny, opanowany

composer [kəm`pəuzə(r)] s
kompozytor m
composition [`kompə`zıʃn] s
skład m; (arrangement) u-
kład m; muz. kompozycja
f; utwór m; szk. wypraco-
wanie n
compositor [kəm`pozıtə(r)] s
zecer m
composure [kəm`pəuʒə(r)] s
opanowanie n; zimna krew
compote [`kompəut] s kompot
m
compound [kəm`paund] I v
składać; mieszać; łączyć II
adj [`kompaund] złożony III
s [`kompaund] rzecz złożo-
na; chem. związek m; gram.
wyraz złożony
comprehend [`komprı`hend] v
1. rozumieć; pojmować 2.
(include) zawierać
comprehensible [`komprı`hen-
səbl] adj zrozumiały
comprehension [`komprı`hen-
ʃn] s zrozumienie n; pojęcie n; it is beyond my ~
to przechodzi moje pojęcie
comprehensive [`komprı`hen-
sıv] adj 1. rozumowy; the ~
faculty zdolność f pojmowa-
nia 2. (broad) rozległy, obszerny
compress ¹ [`kompres] s kom-
pres m; okład m; cold ~
zimny kompres; hot ~ go-
rący kompres; wet ~ wil-
gotny kompres
compress ² [kəm`pres] v ścis-
kać; (condense) skondenso-
wać
comprise [kəm`praız] v zawie-
rać, obejmować
compromise [`komprəmaız] I
v załatwić polubownie II s
kompromis m
compulsory [kəm`pʌlsrı] adj
przymusowy, obowiązkowy
computer [kəm`pjutə(r)] s
komputer m
comrade [`komreıd] s towa-
rzysz m
conceal [kən`sil] v ukrywać,
zataić

concealment [kən`silmənt] s
ukrywanie n, przemilczanie
n; a place of ~ kryjów-
ka f
concede [kən`sid] v ustąpić
conceit [kən`sit] s zarozumia-
łość f
conceited [kən`sitıd] adj zaro-
zumiały, próżny
conceivable [kən`sivəbl] adj
(możliwy) do pomyślenia
conceive [kən`siv] v 1. pojmo-
wać, wyobrażać sobie; to ~
an idea powziąć myśl 2.
biol. począć (dziecko)
concentrate [`konsntreıt] I v
koncentrować ⟨skupiać⟩ (się)
(on sth na czymś) II s koncentrat m
conception [kən`sepʃn] s 1. po-
częcie n; ~ control zapobieganie n ciąży 2. (idea) pojęcie n
concern [kən`sɜn] I v doty-
czyć (sb, sth kogoś, czegoś),
odnosić się (sb, sth do kogoś, czegoś); as ~s ... co się
tyczy ...; to be ~ed in
⟨with⟩ sth zajmować się
czymś; as far as I am
~ed ... o ile chodzi o mnie...
II s 1. niepokój m, troska
f 2. (matter) sprawa f 3.
(firm) koncern m
concert [`konsət] s 1. koncert
m 2. (agreement) zgoda f
concession [kən`seʃn] s 1. kon-
cesja f 2. ustępstwo n; to
make ~s iść na ustępstwa
conciliation [kən`sılı`eıʃn] s
pojednanie n; court of ~
sąd polubowny
concise [kən`saıs] adj zwięzły;
treściwy
conclude [kən`klud] v 1. za-
wierać (umowę) 2. (put an
end) zakończyć 3. (deduce)
wywnioskować
conclusion [kən`kluʒn] s 1. za-
warcie n (umowy) 2. (end-
ing) zakończenie n; in ~
na zakończenie 3. (motion)
wniosek m; to come to a ~
dojść do wniosku

concrete [kɔŋ`krit] I v beto-
nować II adj [`koŋkrit] kon-
kretny; bud. betonowy III
s beton m; reinforced ~
żelazobeton m
concussion [kən`kʌʃn] s
wstrząs m; cerebral ~
wstrząs mózgu
condemn [kən`dem] potępiać;
skazywać
condemnation [`kondem`neiʃn]
s potępienie n; ostra krytyka; (conviction) skazanie
n
condensation [`konden`seiʃn] s
zgęszczenie n
condense [kən`dens] v zgęsz-
czać (się)
condiment [`kondimənt] s
przyprawa f
condition [kən`diʃn] I s 1. wa-
runek m; zastrzeżenie n; on
~ that ... pod warunkiem,
że ... 2. (state) stan m; sanitary ~ stan sanitarny;
subfebrile ~ stan podgo-
rączkowy; technical ~ stan
techniczny; weather ~ stan
m pogody, warunki atmos-
feryczne; in ~ w dobrym
stanie; out of ~ w złym
stanie, uszkodzony II v warunkować; zastrzegać
condolence [kən`dəulans] s
współczucie n; wyrazy pl
współczucia
conduct [kən`dʌkt] v 1. pro-
wadzić, kierować; ~ed tour
wycieczka f z przewodni-
kiem 2. muz. dyrygować;
~ed by ... pod batutą ...
conductor [kən`dʌktə(r)] s kon-
duktor m; muz. dyrygent m
conductress [kən`dʌktrəs] s
konduktorka f
cone [kəun] s geom. stożek m;
bot. szyszka f
confectioner [kən`fekʃnə(r)] s
cukiernik m
confectionery [kən`fekʃnri] s
cukiernia f; wyroby cukier-
nicze
confederacy [kən`fedrəsı] s

konfederacja f; liga f;
sprzymierzenie n
confederate [kən`fedrət] I adj
sprzymierzony II s sprzy-
mierzeniec m
confer [kən`f3(r)] v 1. nada-
wać, przyznawać (tytuł) (on
sb komuś) 2. (discuss) kon-
ferować, dyskutować
conference [`konfrns] s na-
rada f, konferencja f, zebranie n; to hold a ~ od-
bywać konferencję ⟨naradę⟩
confess [kən`fes] v 1. przyzna-
wać (się) (sth do czegoś); to
~ oneself guilty przyzna-
wać się do winy 2. (tell
sins) wyspowiadać się
confession [kən`feʃn] s przy-
znanie się n (do czegoś);
wyznanie n; rel. spowiedź
f
confide [kən`faid] v zwierzać
się ⟨zaufać⟩ (in sb komuś);
powierzyć (sth to sb coś
komuś)
confidence [`konfidəns] s zau-
fanie n; ufność f; in strict
~ w najgłębszej tajemnicy
confident [`konfidənt] I s zau-
fany człowiek, powiernik m
II adj ufny
confidential [`konfi`denʃl] adj
poufny, zaufany
confine [kən`fain] v ograni-
czyć; (shut) więzić
confinement [kən`fainmənt] s
uwięzienie n; (childbirth)
poród m
confines [`konfainz] plt gra-
nice pl
confirm [kən`f3m] v potwier-
dzić; zatwierdzić
confirmation [`konfə`meiʃn] s
umocnienie n; (ratification)
zatwierdzenie n; rel. bierz-
mowanie n
confirmed [kən`f3md] adj na-
łogowy, niepoprawny; ~ bachelor zaprzysiężony kawaler
conflagration [`konflə`greiʃn] s
pożar m; pożoga f

conflict ['kɔnflɪkt] s konflikt *m*; starcie *n*
conformity [kənˈfɔmətɪ] s zgodność *f* (to ⟨with⟩ sth z czymś); in ~ with ... zgodnie z ...; podług ...
confront [kənˈfrʌnt] *v* konfrontować; (*face*) stanąć wobec czegoś
confuse [kənˈfjuz] *v* pomieszać, pogmatwać; *przen.* to get ~d zmieszać ⟨speszyć⟩ się
confusion [kənˈfjuʒn] s zamieszanie *n*; nieporządek *m*; bałagan *m*
congenial [kənˈdʒinɪəl] *adj* pokrewny, zbliżony, podobny (with sb, sth do kogoś, czegoś)
congratulate [kənˈgrætʃʊleɪt] *v* pogratulować (sb on sth komuś czegoś)
congratulations [kənˌgrætʃʊˈleɪʃnz] *pl* gratulacje *pl*
congregate ['kɔŋgrɪgeɪt] *v* zbierać ⟨gromadzić⟩ się
congress ['kɔŋgres] s kongres *m*, zjazd *m*
conic(al) ['kɔnɪk(l)] *adj* stożkowaty
coniferous [kəˈnɪfərəs] *adj* szpilkowy, iglasty
conjecture [kənˈdʒektʃə(r)] I *v* przypuszczać, mniemać II s przypuszczenie *n*, domniemanie *n*
conjugal ['kɔndʒʊgl] *adj* małżeński
conjugate ['kɔndʒʊgeɪt] *v* *gram.* odmieniać (czasownik)
conjunction [kənˈdʒʌŋkʃn] s 1. połączenie *n*; in ~ with ... łącznie z ... 2. *gram.* spójnik *m*
conjunctive [kənˈdʒʌŋktɪv] I *adj* łączący II s *gram.* tryb łączący
conjuncture [kənˈdʒʌŋktʃə(r)] s zbieg *m* okoliczności
conjurer ['kʌndʒərə(r)] s magik *m*, kuglarz *m*
connect [kəˈnekt] *v* połączyć

⟨związać⟩ (się); ~ed with ... związany z ...
connection, connexion [kəˈnekʃn] s połączenie *n* (np. kolejowe); związek *m*; kontakt *m*; in ~ with ... w związku ...
connoisseur ['kɔnəˈsɜ(r)] s znawca *m*, koneser *m*
conquer ['kɔŋkə(r)] *v* zdobyć; zwyciężyć; podbić
conqueror ['kɔŋkərə(r)] s zdobywca *m*; zwycięzca *m*
conquest ['kɔŋkwest] s zdobycie *n*, podbój *m*; to make a ~ of sb zdobyć czyjeś serce
conscience ['kɔnʃns] s sumienie *n*; a clear ~ czyste sumienie
conscientious [ˌkɔnʃɪˈenʃəs] *adj* sumienny; skrupulatny
conscious ['kɔnʃəs] *adj* świadomy (of sth czegoś); to be ~ of sth zdawać sobie sprawę z czegoś
consciousness ['kɔnʃəsnəs] s 1. świadomość *f* 2. *przytom-ność f*; to regain ~ odzyskać przytomność
conscript ['kɔnskrɪpt] s poborowy *m*, rekrut *m*
conscription [kənˈskrɪpʃn] s pobór *m* do wojska
consent [kənˈsent] I *v* zgadzać się II s zgoda *f*
consequence ['kɔnsɪkwəns] s skutek *m*; wynik *m*; rezultat *m*; to take the ~s ponosić konsekwencje; a person of no ~ ważna osobistość; of no ~ nieważny
consequent ['kɔnsɪkwənt] *adj* wynikający, będący następstwem (on ⟨upon⟩ sth czegoś); konsekwentny
conservation [ˌkɔnsəˈveɪʃn] s ochrona *f*, konserwacja *f*; wildlife ~ ochrona przyrody
conservative [kənˈsɜvətɪv] I *adj* konserwatywny II s konserwatysta *m*
conservatory [kənˈsɜvətrɪ] s

1. cieplarnia *f* 2. *muz.* konserwatorium *n*

conserve [kənˈsɜv] I *v* przechowywać; konserwować II *pl* ~s konserwy owocowe; przetwory owocowe

consider [kənˈsɪdə(r)] *v* rozważać; brać pod uwagę; all things ~ed zważywszy wszystko

considerable [kənˈsɪdrəbl] *adj* znaczny, poważny, spory

consideration [kənsɪdəˈreɪʃn] *s* rozwaga *f*; wzgląd *m*; to take sth into ~ brać coś pod uwagę

consign [kənˈsaɪn] *v* przekazywać; wysyłać

consignment [kənˈsaɪnmənt] *s* wysyłka *f* (towaru), ekspedycja *f*

consist [kənˈsɪst] *s* składać się (of sth z czegoś); (have as the chief element) polegać (in sth na czymś)

consolation [ˌkɒnsəˈleɪʃn] *s* pocieszenie *n*, pociecha *f*; ~ prize nagroda *f* pocieszenia

console [kənˈsəʊl] *v* pocieszać

consolidate [kənˈsɒlɪdeɪt] *v* wzmocnić

consommé [kənˈsɒmeɪ] *s* rosół *m*

consonant [ˈkɒnsənənt] I *adj* zgodny; harmonijny II *s* gram. spółgłoska *f*

conspicuous [kənˈspɪkjʊəs] *adj* widoczny, wyraźny; to be ~ rzucać się w oczy

conspiracy [kənˈspɪrəsɪ] *s* spisek *m*; konspiracja *f*

conspire [kənˈspaɪə(r)] *v* spiskować, konspirować

constable [ˈkʌnstəbl] *s* policjant *m*

constant [ˈkɒnstənt] *adj* stały, trwały; (faithful) wierny

consternation [ˌkɒnstəˈneɪʃn] *s* przerażenie *n*; osłupienie *n*

constipation [ˌkɒnstɪˈpeɪʃn] *s* med. zaparcie *n*, obstrukcja *f*

constitute [ˈkɒnstɪtjuːt] *v* (u)stanowić; mianować

constitution [ˌkɒnstɪˈtjuːʃn] *s* konstytucja *f*; (formation) ustanowienie *n*; (of health) kondycja *f*

constitutional [ˌkɒnstɪˈtjuːʃnl] I *adj* konstytucyjny, ustrojowy II *s* spacer *m* dla zdrowia; to take one's ~ przejść się dla zdrowia

construct [kənˈstrʌkt] *v* zbudować; skonstruować

construction [kənˈstrʌkʃn] *s* 1. budowa *f*; under ~ w budowie 2. (building) budynek *m*

constructive [kənˈstrʌktɪv] *adj* konstruktywny, twórczy

consul [ˈkɒnsl] *s* konsul *m*

consular [ˈkɒnsjʊlə(r)] *adj* konsularny; ~ service służba konsularna

consulate [ˈkɒnsjʊlət] *s* konsulat *m*

consult [kənˈsʌlt] *v* radzić się, zasięgać rady; to ~ a doctor poradzić się lekarza

consume [kənˈsjuːm] *v* 1. (use up) zużywać ⟨niszczyć⟩ (się) 2. (eat, drink) spożywać

consumer [kənˈsjuːmə(r)] *s* konsument *m*, odbiorca *m*; ~ goods towary konsumpcyjne

consummate [ˈkɒnsəmeɪt] *v* dokonywać; dopełniać

consumption [kənˈsʌmpʃn] *s* 1. konsumpcja *f*; spożycie *n*; (using up) zużycie *n* 2. med. gruźlica *f*

consumptive [kənˈsʌmptɪv] I *adj* gruźliczy II *s* gruźlik *m*

contact [ˈkɒntækt] I *s* 1. kontakt *m*; elektr. połączenie *n*; styczność *f*; ~ lens szkło kontaktowe (na gałkę oczną) 2. *pl* ~s stosunki *pl* (z ludźmi) II *v* zetknąć ⟨skontaktować⟩ się

contagion [kənˈteɪdʒən] *s* zakażenie *n*; dosł. i przen. zaraza *f*

contagious [kən'teidʒəs] adj
zaraźliwy, zakaźny
contain [kən'tein] v zawierać;
obejmować
container [kən'teinə(r)] s
zbiornik m, bak m; kani-
ster m
contaminate [kən'tæmineit] v
zanieczyszczać; zakazić
contemporary [kən'temprɪ] adj
współczesny
contempt [kən'tempt] s pogarda f; beneath ~ poniżej
wszelkiej krytyki
contemptuous [kən'temptʃuəs]
adj pogardliwy
content¹ ['kontent] s 1. zawartość f 2. (capacity) objętość f; pojemność f 3. pl
~s treść f (książki); table
of ~s spis m rzeczy ⟨treści⟩
content² [kən'tent] adj zadowolony; to be ~ with sth
zadowolić się czymś
contest [kən'test] I v ubiegać
się; (dispute) spierać się II
s ['kontest] konkurs m; zawody pl; (dispute) spór m
context ['kontekst] s kontekst
m; in this ~ w związku z
tym
continent ['kontinənt] s kontynent m; ląd m
continual [kən'tinjuəl] adj ciągły; stały
continuation [kən'tinju'eiʃn] s
dalszy ciąg, kontynuacja f
continue [kən'tinju] v kontynuować; trwać; to ~ to do
sth dalej coś robić; to be
~d ciąg dalszy nastąpi
continuous [kən'tinjuəs] adj
ciągły, nieprzerwany
contort [kən'tɔt] v wykrzywić,
skrzywić
contraband ['kontrəbænd] s
kontrabanda f; przemyt m
contrabandist ['kontrəbændist]
s przemytnik m
contract [kən'trækt] I v 1. za-
kontraktować, zawrzeć u-
mowę 2. (draw together)
ściągnąć; skurczyć 3. med.
nabawić się (choroby) 4. (in-

cur) zaciągnąć (dług itd.)
II s ['kontrækt] kontrakt m,
umowa f
contractor [kən'træktə(r)] s
kontrahent m; przedsiębiorca m (budowlany); dostaw-
ca m
contradict ['kontrə'dikt] v zaprzeczyć (sb, sth komuś,
czemuś)
contradictory ['kontrə'diktərɪ]
adj sprzeczny
contralto [kən'træltəu] s muz.
kontralt m
contrary ['kontrɪ] I s przeciwieństwo n; on the ~ przeciwnie; na odwrót II adj
przeciwny; odwrotny III
adv wbrew; w przeciwień-
stwie (to sth do czegoś)
contrast ['kontrɑst] I s kon-
trast m; przeciwieństwo n
II v [kən'trɑst] kontrastować
contribute [kən'tribjut] v przy-
czynić się; wnieść udział
contribution ['kontrɪ'bjuʃn] s
1. udział m; wkład m 2.
dzien. współpraca f (z pis-
mem) 3. (literary article)
artykuł m (w czasopiśmie)
4. wojsk. kontrybucja f
control [kən'trəul] I v kontrolować; regulować II s 1.
kontrola f 2. (command)
kierownictwo n 3. regulacja
f; ignition ~ regulacja zapłonu; carburettor ~ regulacja gaźnika; lights ~ kon-
trolka f świateł
controller [kən'trəulə(r)] s regulator m
controversial ['kontrə'vɜʃl] adj
sporny
controversy ['kontrəvɜsɪ] s
spór m, dysputa f, polemi-
ka f
convalescence ['konvə'lesns] s
rekonwalescencja f
convalescent ['konvə'lesnt] s
rekonwalescent m; ozdro-
wieniec m
convenience [kən'viniəns] s
wygoda f; at your earliest

~ w najdogodniejszym dla pana ⟨dla was⟩ czasie; all modern ~s pełny komfort; a public ~ ustęp publiczny; mariage of ~ małżeństwo z rozsądku

convenient [kən'viniənt] *adj* wygodny, dogodny; to be ~ to sb odpowiadać ⟨dogadzać⟩ komuś

convent ['kɔnvənt] *s* klasztor *m*

convention [kən'venʃn] *s* umowa *f*; konwencja *f*; *pl* ~s formy towarzyskie, konwenanse *pl*

conventional [kən'venʃnl] *adj* konwencjonalny, typowy

conversation ['kɔnvə'seiʃn] *s* rozmowa *f*, konwersacja *f*; to fall into ~ nawiązać rozmowę

conversational ['kɔnvə seiʃnl] *adj* konwersacyjny

convert [1] ['kɔnvɜt] *s* neofita *m*

convert [2] [kən'vɜt] *v* zmieniać; *rel.* nawracać

convertible [kən'vɜtəbl] **I** *adj* zamienny; odwracalny **II** *s* samochód *m* ze składanym dachem

convey [kən'vei] *v* przewozić; przesyłać; przekazywać

conveyance [kən'veiəns] *s* przewóz *m*; public means of ~ środki *pl* lokomocji

convict [1] ['kɔnvikt] *s* skazany *m*; więzień *m*

convict [2] [kən'vikt] *v* udowodnić (sb of sth komuś coś); *sąd.* skazać

conviction [kən'vikʃn] *s* przekonanie *n*; *sąd.* skazanie *n*

convince [kən'vins] *v* przekonywać

convoke [kən'vəuk] *v* zwoływać

convoy ['kɔnvɔi] **I** *v* konwojować **II** *s* konwój *m*

convulsion [kən'vʌlʃn] *s* konwulsja *f*; spazm *m*

cook [kuk] **I** *v* gotować (się) **II** *s* kucharz *m*, kucharka *f*

cooker ['kukə(r)] *s* kuchenka *f*; piecyk *m*

cookery ['kukəri] *s* sztuka kulinarna

cool [kul] **I** *adj* chłodny **II** *v* ochłodzić, ostudzić **III** *s* chłód *m*

cooler ['kulə(r)] *s* naczynie *n* do chłodzenia

cooling ['kuliŋ] *s* chłodzenie *n*, oziębianie *n*; air ~ chłodzenie powietrzem

coolness ['kulnəs] *s* chłód *m*; *przen.* opanowanie *n*

co-operate [kəu'ɔpəreit] *v* współpracować; współdziałać

co-operation [kəu'ɔpə'reiʃn] *s* współpraca *f*; współdziałanie *n*

co-operative [kəu'ɔprətiv] **I** *s* spółdzielnia *f* **II** *adj* spółdzielczy

co-ordinate [kəu'ɔdəneit] **I** *v* koordynować **II** *adj* ['kəu'ɔdnət] równorzędny, skoordynowany

cope [kəup] *v* borykać się; zwalczać (with difficulties trudności)

copper ['kɔpə(r)] *s* miedź *f*; (*coin*) miedziak *m*

copy ['kɔpi] **I** *s* 1. kopia *f*; rough ~ brudnopis *m*; fair ~ czystopis *m* 2. (*book etc.*) egzemplarz *m* **II** *v* przepisywać; kopiować; *przen.* naśladować

copyright ['kɔpirait] **I** *v* zastrzec sobie prawa autorskie **II** *s* prawo autorskie

coral ['kɔrl] *s* koral *m*

coral-reef ['kɔrl rif] *s* rafa koralowa

cord [kɔd] *s* powróz *m*, sznur(ek) *m*; vocal ~s struny głosowe

cordial ['kɔdiəl] *adj* serdeczny

corduroy ['kɔdərɔi] *s* sztruks *m*

core [kɔ(r)] *s* rdzeń *m*; jądro *n*; to the ~ do szpiku kości

cork [kɔk] I s korek m II v zakorkować
cork-screw [ˈkɔk skru] s kor kociąg m
corn ¹ [kɔn] s 1. zboże n; ziarno n; **Indian** ~ kukurydza f; **winter** ~ ozimina f 2. am. kukurydza f
corn ² [kɔn] s odcisk m, nagniotek m
corned-beef [ˈkɔnd ˈbif] s peklowana wołowina
corner [ˈkɔnə(r)] I s kąt m; róg m; **round the** ~ tuż za rogiem; przen. a **tight** ~ impas m II v przyprzeć do muru
corner-stone [ˈkɔnə stəun] s kamień węgielny
corn-flower [ˈkɔn flauə(r)] s bot. bławatek m, chaber m
corn-plaster [ˈkɔn plɑstə(r)] s plaster m na odciski
coronation [ˌkɔrəˈneiʃn] s koronacja f
coroner [ˈkɔrənə(r)] s koroner m (urzędnik dokonujacy oględzin zwłok w wypadku nagłej śmierci)
corporal ¹ [ˈkɔprl] s kapral m
corporal ² [ˈkɔprl] adj cielesny
corporation [ˌkɔpəˈreiʃn] s korporacja f; handl. spółka f
corps [kɔ(r)] s (pl corps [kɔz]) wojsk. dypl. korpus m
corpse [kɔps] s trup m; zwłoki pl
corpulent [ˈkɔpjulənt] adj otyły, tęgi
correct [kəˈrekt] I v poprawiać; (punish) karać II adj poprawny, prawidłowy
correction [kəˈrekʃn] s poprawka f; poprawa f; a **house of** ~ dom poprawczy
correspond [ˌkɔriˈspond] v 1. odpowiadać (to sth czemuś); zgadzać się (to ⟨with⟩ sth z czymś) 2. (communicate) korespondować (with sb z kimś)
correspondence [ˌkɔriˈspon-

dəns] s 1. zgodność f 2. (communication) korespondencja f; ~ **courses** kursy korespondencyjne
corridor [ˈkɔridɔ(r)] s korytarz m
corroborate [kəˈrɔbəreit] v potwierdzić
corrupt [kəˈrʌpt] I v skorumpować; zepsuć (się) II adj zepsuty; skorumpowany; ~ **practices** nadużycia pl
corruption [kəˈrʌpʃn] s zepsucie n; korupcja f
corset [ˈkɔsit] s gorset m
cosmetic [kozˈmetik] I adj kosmetyczny II s kosmetyk m
cosmic [ˈkozmik] adj kosmiczny
cosmonaut [ˈkozmənɔt] s kosmonauta m
cosmopolitan [ˌkozməˈpolitən] I adj kosmopolityczny II s kosmopolita m
cost [kost] I v (cost, cost) kosztować II s koszt m; ~ **of living** koszt utrzymania; **prime** ~ koszt własny; **at all** ~s za wszelką cenę; **to spare no** ~s nie szczędzić kosztów
costly [ˈkostli] adj kosztowny, cenny
costume [ˈkostʃum] s strój m, ubiór m; kostium (damski)
cosy [ˈkəuzi] adj przytulny, wygodny; ~ **nook** przytulny kącik
cot [kot] s łóżko dziecięce; mor. koja f
cottage [ˈkotidʒ] s domek m; chata f
cotton [ˈkotn] s bawełna f
cotton-mill [ˈkotn mil] s przędzalnia f
cotton-wool [ˈkotn ˈwul] s surowa bawełna; wata f
couch [kautʃ] s tapczan m; kanapa f
couchette [kuˈʃet] s kuszetka f
cough [kof] I v kaszleć II s kaszel m

6 Słownik

could [kəd, kud] *zob.* can
council ['kaunsl] *s* rada *f*; narada *f*
councillor ['kaunslə(r)] *s* radny *m*
counsel ['kaunsl] *s* (po)rada *f*; *sąd.* adwokat *m*; obrońca prawny
counsellor ['kaunslə(r)] *s* doradca *m*
count [kaunt] *s* hrabia *m*
count [kaunt] *v* 1. liczyć; to ~ on ⟨upon⟩ sb, sth liczyć na kogoś, coś 2. *przen.* zaliczać, uważać za (kogoś, coś) 3. (*mean*) znaczyć (for sth coś); it ~s for much to dużo znaczy
countenance ['kauntinəns] I *s* oblicze *n*; postawa *f*; mina *f* II *v* popierać, zachęcać (sb in sth kogoś do czegoś)
counter ['kauntə(r)] *s* lada *f*; kasa *f*; payable over the ~ płatny przy kasie
counter ['kauntə(r)] I *adj* przeciwny II *adv* przeciwnie
counteract ['kauntə'rækt] *v* przeciwdziałać
counter-attack ['kauntər ətæk] *s* przeciwuderzenie *n*, kontratak *m*
counter-espionage ['kauntər espiənaʒ] *s* kontrwywiad *m*
counterfeit ['kauntəfit] I *v* podrabiać, fałszować II *s* fałszowanie *n* III *adj* podrobiony, fałszywy
countermand ['kauntə'mand] I *v* odwołać; wycofać II *s* odwołanie *n* (nakazu)
counterpart ['kauntəpat] *s* duplikat *m*, kopia *f*; (*match*) odpowiednik *m*
counter-revolution ['kauntə'revə'lu∫n] *s* kontrrewolucja *f*
counterweight ['kauntəweit] *s* przeciwwaga *f*
countess ['kauntəs] *s* hrabina *f*

countless ['kauntləs] *adj* niezliczony
country ['kʌntri] *s* 1. kraj *m* 2. (*rural district*) wieś *f*; in the ~ na wsi
countryman ['kʌntrimən] *s* (*pl* countrymen) 1. rodak *m* 2. (*villager*) wieśniak *m*
countryside ['kʌntrisaid] *s* okolica *f*
county ['kaunti] *s* hrabstwo *n*
coup [ku] *s* śmiałe posunięcie; ~ d'état zamach *m* stanu
couple ['kʌpl] I *s* para *f*; the newly married ~ nowożeńcy *pl* II *v* łączyć (się); skojarzyć
coupling ['kʌpliŋ] *s* sprzęgło *n*; ~ bar cięgło *n*
coupon ['kupon] *s* kupon *m*; talon *m*; bon *m*; dollar ~ bon dolarowy; gas ⟨petrol⟩ ~ bon benzynowy
courage ['kʌridʒ] *s* odwaga *f*, męstwo *n*
courageous [kə'reidʒəs] *adj* odważny
course [kɔs] *s* 1. bieg *m*, kurs *m*; in ~ of time z biegiem czasu; in due ~ we właściwym czasie; in the ~ of ... w trakcie ...; to go through a ~ of ... przejść kurs ...; of ~ oczywiście; a matter of ~ rzecz naturalna 2. (*meal*) danie *n*; first ⟨second⟩ ~ pierwsze ⟨drugie⟩ danie; a two ~ meal posiłek dwudaniowy
court [kɔt] I *s* 1. dwór *m*; pałac *m* 2. (*yard*) plac *m* 3. (*tribunal*) sąd *m*; in open ~ na jawnej rozprawie II *v* zalecać ⟨umizgać⟩ się (sb do kogoś)
courtesy ['kɜtəsi] *s* grzeczność *f*; by ~ przez grzeczność
courtship ['kɔt∫ip] *s* zaloty *pl*
courtyard ['kɔt jad] *s* dziedziniec *m*, podwórze *n*
cousin ['kʌzn] *s* kuzyn *m*, kuzynka *f*
cover ['kʌvə(r)] I *v* 1. okry-

wać, pokrywać; powlekać
(farbą) 2. (protect) osłaniać
3. celować (sb with a pistol
do kogoś z rewolweru) II s
okrycie n; pokrycie n;
(binding) okładka f; (en-
velope) koperta f
covet [ˈkʌvɪt] v pożądać
covetous [ˈkʌvɪtəs] adj chciwy, pożądliwy
cow¹ [kaʊ] s krowa f.
cow² [kaʊ] v zastraszyć
coward [ˈkaʊəd] s tchórz m
cowardice [ˈkaʊədɪs] s tchórz-
liwość f
cowardly [ˈkaʊədlɪ] adj tchórzliwy
cowboy [ˈkaʊbɔɪ] s kowboj m
pastuch m
coxwain [ˈkoksn] s sternik m
coy [kɔɪ] adj nieśmiały,
skromny
crab [kræb] s krab m; techn.
dźwig m
crack [kræk] I v trzaskać,
pękać; łupać (orzechy itd.)
II s trzask m; (fissure) pęknięcie n; szczelina f III adj
pot. świetny, kapitalny
crack-brained [ˈkrækˈbreɪnd]
adj zwariowany
cracker [ˈkrækə(r)] s 1. dziadek m do orzechów 2. am.
suchar m; herbatnik m
crackle [ˈkrækl] I v trzeszczeć; trzaskać II s trzaska-
nie n
cradle [ˈkreɪdl] I v kołysać II
s kołyska f
craft [krɑft] s 1. zręczność f;
kunszt m; (trade) rzemiosło
n 2. mor. statek m 3. lotn.
samolot m
craftsman [ˈkrɑftsmən] s (pl
craftsmen) rzemieślnik m
cram [kræm] v napychać, na-
tłoczyć
crane [kreɪn] s 1. zool. żuraw
m 2. techn. dźwig m
crank¹ [kræŋk] I v nakręcać
korbą II s korba f
crank² [kræŋk] s dziwactwo
n; (person) dziwak m

crankshaft [ˈkræŋkʃɑft] s wał
korbowy
crash [kræʃ] I s trzask m, huk
m II v trzasnąć; roztrzaskać
(się); handl. fin. zbankrutować
crave [kreɪv] v pragnąć ⟨po-
żądać⟩ (for sth czegoś); (beg)
prosić ⟨błagać⟩ (sth o coś)
crawl [krɔl] I v pełzać, czołgać się II s czołganie się n;
sport. pływanie n kraulem
crayfish [ˈkreɪfɪʃ] s zool. rak
m
crayon [ˈkreɪən] s pastel m,
kredka f
craze [kreɪz] I v doprowadzić
do szału; oszaleć II s szał
m; mania f (for sth na
punkcie czegoś)
crazy [ˈkreɪzɪ] adj zwariowany, szalony; to go ~ zwa-
riować
creak [krik] I v skrzypieć,
trzeszczeć II s skrzypienie n
cream [krim] s 1. śmietan(k)a
f; przen. elita f (młodzieży itp.) 2. krem m (jadalny
i kosmetyczny); ~ for dry
skin krem tłusty; moisturiz-
ing ~ krem nawilżający;
nourishing ~ krem odżyw-
czy; suntan ~ krem do o-
palania; shaving ~ krem do
golenia
creamy [ˈkrimɪ] adj śmietankowy
crease [kris] I v marszczyć
⟨miąć⟩ (się); (iron) odpra-
sować na kant II s fałda f;
plisa f; kant m (u spodni)
create [krɪˈeɪt] v tworzyć, powołać do życia
creation [krɪˈeɪʃn] s stworzenie n; utworzenie n
creative [krɪˈeɪtɪv] adj twórczy
creator [krɪˈeɪtə(r)] s twórca
m
creature [ˈkritʃə(r)] s stworzenie n, istota f; poor ~! biedactwo!
créche [kreɪʃ] s żłobek m

credentials [krɪ'denʃlz] pl listy uwierzytelniające
credible ['kredəbl] adj wiarygodny
credit ['kredɪt] s 1. wiara f; zaufanie n 2. (honour) zaszczyt m; zasługa f; to be a ~ to sth przynosić zaszczyt czemuś; we must say to nis ~ ... musimy mu przyznać, że... 3. fin. kredyt m
creditable ['kredɪtəbl] adj zaszczytny, chlubny
creditor [kredɪtə(r)] s wierzyciel m
credulity [krə'djulətɪ] s łatwowierność f
credulous [kredjuləs] adj łatwowierny, naiwny
creed [krid] s kredo n, wiara f
creep [krip] I v (crept [krept], crept) pełzać, czołgać się; przen. wkradać się II s 1. pełzanie n 2. (unpleasant feeling) it gives me the ~s dostaję gęsiej skórki (na sam widok)
creeper ['kripə(r)] s pnącze n
cremation [krɪ'meɪʃn] s spalenie n zwłok
crept zob. creep
crescent ['kresnt] s półksiężyc m
crest [krest] s 1. grzebień m (koguta) 2. (top) czubek m 3. (mane) grzywa f
crew [kru] s załoga f; ekipa f; zespół m
cricket¹ ['krɪkɪt] s świerszcz m
cricket² ['krɪkɪt] s sport. krykiet m
crime [kraɪm] s zbrodnia f; przestępstwo n
criminal ['krɪmənl] I adj zbrodniczy, przestępczy II s przestępca m
crimson ['krɪmzn] I s szkarłat m; purpura f II adj szkarłatny; purpurowy
cripple ['krɪpl] I s kaleka m II v przyprawić o kalectwo

crisis ['kraɪsɪs] s (pl crises ['kraɪsiz]) kryzys m
crisp [krɪsp] adj 1. kruchy, chrupiący 2. (of air) świeży 3. (of hair) kędzierzawy
criterion [kraɪ'tɪərɪən] s (pl criteria [kraɪ'tɪərɪə]) kryterium n; sprawdzian m
critic ['krɪtɪk] s krytyk m, recenzent m
critical ['krɪtɪkl] adj krytyczny
criticism ['krɪtɪsɪzm] s krytyka f; ocena f
criticize ['krɪtɪsaɪz] v krytykować, ganić
critique [krɪ'tik] s recenzja f
crochet ['krəʊʃeɪ] I s robota szydełkowa II v szydełkować
crockery ['krokərɪ] s naczynia gliniane; porcelana (stołowa i kuchenna)
crocodile ['krokədaɪl] s krokodyl m
crony ['krəʊnɪ] s serdeczny przyjaciel
crook [kruk] I s 1. hak m, haczyk m 2. (bend) zagięcie n 3. sl. oszust m, kanciarz m; by hook or by ~ nie przebierając w środkach II v zakrzywić, zgiąć
crooked ['krukɪd] adj krzywy, zakrzywiony; przen. oszukańczy
crop [krop] I v ściąć; ostrzyc (włosy) II s plon m, zbiór m; (hair) krótko ostrzyżone włosy
cross [kros] I s krzyż m; bot. zool. krzyżówka f II v 1. krzyżować (się); to ~ oneself robić znak krzyża; to ~ off ⟨out⟩ wykreślić, przekreślić 2. (go across) przechodzić (a street przez ulicę)
cross-examine ['kros ɪg'zæmɪn] v wziąć w ogień krzyżowych pytań
crossing ['krosɪŋ] s 1. przejście n przez ulicę; pede-

strian ~ przejście dla pieszych; **zebra** ~ przejście na pasach 2. przejazd *m*; **border** ~ przejście graniczne; **guarded** ~ przejazd strzeżony; **unguarded** ~ przejazd nie strzeżony

cross-roads [ˈkros rəʊdz] *pl* rozdroże *n*; rozstajne drogi

cross-section [ˈkros ˈsekʃn] *s* przekrój *m*

crossword [ˈkroswɜd] *s (także* ~ **puzzle)** krzyżówka *f*

crow [krəʊ] *s* wrona *f*

crow [krəʊ] *v* (**crew** [kru], **crowed** [krəʊd]) piać

crowd [kraʊd] **I** *s* tłum *m* **II** *v* tłoczyć ⟨pchać⟩ (się)

crown [kraʊn] **I** *s* korona *f* **II** *v* koronować

crucial [ˈkruʃl] *adj* rozstrzygający, decydujący

crucifix [ˈkrusɪfɪks] *s* krucyfiks *m*

crucify [ˈkrusɪfaɪ] *v* ukrzyżować

crude [krud] *adj* surowy; (*rude*) szorstki, brutalny

cruel [kruəl] *adj* okrutny, srogi

cruelty [ˈkruəltɪ] *s* okrucieństwo *n*

cruise [kruz] **I** *v* krążyć (po morzu) **II** *s* rejs *m*; wycieczka morska

cruiser [ˈkruzə(r)] *s* 1. krążownik *m* 2. bokser *m* wagi półciężkiej

cruiser-weight [ˈkruzə weɪt] *s* waga półciężka (w boksie)

crumb [krʌm] **I** *s* okruszyna *f*; *pl* ~**s** bułka tarta **II** *v* kruszyć

crumple [ˈkrʌmpl] *v* miąć ⟨gnieść, marszczyć⟩ (się)

crunch [krʌntʃ] **I** *v* s/chrupać **II** *s* chrupanie *n*

crusade [kruˈseɪd] *s* wyprawa krzyżowa, krucjata *f*

crush [krʌʃ] **I** *v* zgnieść; zniszczyć **II** *s* tłok *m*, ścisk *m*

crust [krʌst] *s* skorupka *f*; skórka *f* (chleba)

crutch [krʌtʃ] *s* kula *f* (dla kulawego)

cry [kraɪ] **I** *v* krzyczeć, płakać; *przen.* **to** ~ **for the moon** żądać gwiazdki z nieba **II** *s* krzyk *m*, wrzask *m*

crystal [ˈkrɪstl] *s* kryształ *m*

crystallize [ˈkrɪstəlaɪz] *v* krystalizować (się)

cub [kʌb] *s* szczenię *n*, młode *n* (zwierząt)

cube [kjub] *s* sześcian *m*; (*block*) kostka *f*

cubic(al) [ˈkjubɪk(l)] *adj* sześcienny

cuckoo [ˈkʊku] *s* kukułka *f*

cucumber [ˈkjukʌmbə(r)] *s* ogórek *m*

cue [kju] *s* 1. kij bilardowy 2. (*hint*) wskazówka *f*

cuff [kʌf] *s* mankiet *m*

cuff-links [ˈkʌf lɪŋks] *pl* spinki *pl* do mankietów

culminate [ˈkʌlmɪneɪt] *v* osiągnąć szczyt

culprit [ˈkʌlprɪt] *s* oskarżony *m*; winowajca *m*

cult [kʌlt] *s* kult *m*

cultivate [ˈkʌltɪveɪt] *v* uprawiać; hodować

cultural [ˈkʌltʃərl] *adj* kulturalny

culture [ˈkʌltʃə(r)] *s* 1. uprawa *f* (roli) 2. (*intellectual*) kultura *f* (duchowa)

cunning [ˈkʌnɪŋ] **I** *adj* chytry, przebiegły **II** *s* chytrość *f*; spryt *m*

cup [kʌp] *s* filiżanka *f*; garnuszek *m*

cupboard [ˈkʌbəd] *s* kredens *m*; szafka *f*

cup-final [ˈkʌp ˈfaɪnl] *s sport.* finał *m* mistrzostw (ligi)

cupola [ˈkjupələ] *s* kopuła *f*

cur [kɜ(r)] *s* kundel *m*; (*of a person*) nikczemnik *m*

curable [ˈkjuərəbl] *adj* uleczalny

curate [ˈkjuərət] *s* wikary *m*

curator [kjuəˈreɪtə(r)] *s* kurator *m*, opiekun *m*; (*in a museum*) kustosz *m*

curdle [ˈkɜdl] *v* ścinać (się);

(of blood) krzepnąć; (of milk) zsiadać się

cure [kju̯ə(r)] **I** s leczenie n; kuracja f; **to take a** ~ poddać się kuracji **II** v leczyć; wyleczyć (**sb of sth** kogoś z czegoś)

curfew [ˈkɜfju] s godzina policyjna

curiosity [ˈkjuərɪˈosətɪ] s 1. ciekawość f 2. (rare object) rzadkość f; unikat m; ~ **shop** skład m starożytności

curious [ˈkjuərɪəs] adj ciekawy, osobliwy

curl [kɜl] **I** v zwijać (się), układać w loki **II** s lok m, pukiel m

curler [ˈkɜlə(r)] s lokówka f

curly [ˈkɜlɪ] adj kędzierzawy, falisty

currant [ˈkʌrənt] s 1. porzeczka f 2. (dried grape) rodzynek m

currency [ˈkʌrənsɪ] s 1. obieg m; ruch m 2. (money) waluta f; **foreign** ~ dewizy pl; ~ **allowance** przydział m dewiz; ~ **offence** przestępstwo walutowe

current [ˈkʌrənt] adj rozpowszechniony; (present) aktualny, bieżący

current² [ˈkʌrənt] s prąd m; nurt m; elektr. **direct** ⟨alternating⟩ ~ prąd stały ⟨zmienny⟩

curry-powder [ˈkʌrɪ pau̯də(r)] s curry, ostra przyprawa korzenna

curse [kɜs] **I** v przeklinać; ~ **it!** niech to diabli wezmą! **II** s przekleństwo n

cursory [ˈkɜsərɪ] adj pobieżny, powierzchowny

curt [kɜt] adj zwięzły; oschły

curtail [kɜˈtei̯l] v skracać, obcinać

curtain [ˈkɜtn] s zasłona f; firanka f; teatr. kurtyna f

curtsy [ˈkɜtsɪ] s dyg m, głęboki ukłon

curve [kɜv] **I** s krzywa f;

(bend) zagięcie n **II** v krzywić; zginać

cushion [ˈkuʃn] s poduszka f (na kanapę)

custody [ˈkʌstədɪ] s opieka f; (imprisonment) areszt m

custom [ˈkʌstəm] s 1. zwyczaj m, obyczaj m 2. pl ~s cło n, urząd celny; ~s **duty** opłata celna; ~s **examination** kontrola celna; ~s **officer** celnik m

customary [ˈkʌstəmərɪ] adj zwyczajny; zwyczajowy; it is ~ ... jest w zwyczaju, jest przyjęte ...

customer [ˈkʌstəmə(r)] s klient m

custom-house [ˈkʌstəm hau̯s] s komora celna; urząd celny

cut [kʌt] **I** v (**cut, cut**) krajać, ciąć, siekać; **to** ~ **one's finger** skaleczyć się w palec; **to** ~ **across** iść na przełaj; **to** ~ **into a conversation** wtrącić się do rozmowy; **to** ~ **sth short** ukrócić coś; **to** ~ **sb dead** zignorować kogoś **II** s cięcie n; (reduction) redukcja f (**in wages** płac); **a short** ~ skrót m drogi

cute [kjut] adj bystry; sprytny; am. śliczny

cuticle [ˈkjutɪkl] s naskórek m, skórka f

cutlery [ˈkʌtlərɪ] s sztućce pl, srebro stołowe

cutlet [ˈkʌtlət] s kotlet m

cut-out [ˈkʌtau̯t] s wyłącznik m; zawór m

cut-throat [ˈkʌt θrəu̯t] s zbój m, bandyta m

cyanide [ˈsai̯ənai̯d] s chem. cyjanek m

cycle [ˈsai̯kl] **I** s cykl m; (bicycle) rower m **II** v jeździć na rowerze

cycling [ˈsai̯klɪŋ] s kolarstwo n; ~ **race** wyścig kolarski

cyclist [ˈsai̯klɪst] s rowerzysta m; kolarz m

cyclone ['sɑɪkləʊn] s cyklon
m
cyclopaedia ['sɑɪkləʊ`pidɪə] s
encyklopedia f
cylinder ['sɪlɪndə(r)] s walec
m; wałek m; techn. cylin-
der m, butla f;gas ∾ butla
gazowa; oxygen ∾ butla tlenowa; spare ∾ butla zapa-

sowa; to (re)fill the ∾ with
gas napełnić butlę gazem
cynic ['sɪnɪk] s cynik m
cynical ['sɪnɪkl] adj cyniczny
cynicism ['sɪnɪsɪzm] s cynizm
m
cypress ['sɑɪprəs] s cyprys m
Czech [tʃek] I s Czech m II
adj czeski

D

dab [dæb] I v lekko uderzać,
dotykać II s lekkie uderzenie
dad(dy) ['dæd(ɪ)] s tatuś m,
ojciec m
daffodil ['dæfədɪl] s żonkil m,
żółty narcyz
dagger ['dægə(r)] s sztylet m
daily ['deɪlɪ] I adj dzienny;
(everyday) codzienny; po-
wszedni II s dziennik m
dainty ['deɪntɪ] I adj delikatny; zgrabny; (tasteful) wykwintny; gustowny II s
przysmak m
dairy ['deərɪ] s mleczarnia f
daisy ['deɪzɪ] s stokrotka f
dale [deɪl] s dolina górska
dam [dæm] s tama f, grobla f
damage ['dæmɪdʒ] I s szkoda
f, uszkodzenie n; awaria f;
∾s odszkodowanie n II v
uszkodzić, zniszczyć
damn [dæm] I v potępiać;
(curse) przeklinać; ∾ it!
psiakrew!; ∾ you! niech cię
diabli wezmą! II s przekleństwo n; I don't care a ∾
gwiżdżę na to
damnation [dæm`neɪʃn] s po-
tępienie n
damned [dæmd] I adj prze-
klęty, cholerny II adv dia-
belsko, cholernie
damp [dæmp] I s wilgoć f II
v zwilżyć III adj wilgotny
dance [dɑns] I v tańczyć II s
taniec m

dancer ['dɑnsə(r)] s tancerz
m, tancerka f
dancing ['dɑnsɪŋ] s taniec m;
zabawa taneczna; dansing
m; ∾ party przyjęcie n z
tańcami
dancing-hall ['dɑnsɪŋhɔl] s
dansing m (lokal)
dandruff ['dændrʌf] s łupież
m
dandy ['dændɪ] s dandys m,
elegant m
Dane [deɪn] s Duńczyk m,
Dunka f
danger ['deɪndʒə(r)] s niebezpieczeństwo n
dangerous ['deɪndʒərəs] adj
niebezpieczny
dangle ['dæŋgl] v zwisać, dyn-
dać
Danish ['deɪnɪʃ] I s język duński II adj duński
dapper ['dæpə(r)] adj elegancki, wytworny
dare [deə(r)] v ośmielić (od-
ważyć⟩ się; I ∾ say przy-
puszczam; zapewne
daring ['deərɪŋ] adj śmiały
dark [dɑk] I adj ciemny; it
is ∾ jest ciemno; it's getting ⟨growing⟩ ∾ robi się
ciemno; przen. to keep sth
in the ∾ trzymać coś w tajemnicy II s ciemność f
darken [dɑkən] v ciemnieć;
zaciemniać (się)
darling ['dɑlɪŋ] 1 s ukochana
osoba; (favourite) ulubie-

niec *m* II *adj* drogi, kochany
darn [dɑn] *v* cerować; *pot.*
~ it! do licha z tym!
dart [dɑt] I *v* ciskać, rzucać; rzucić się (at ⟨upon⟩ sth na coś) II *s* nagły ruch
dash [dæʃ] I *v* ciskać; rzucać; (*splash*) obryzgać II *s* 1. cios *m*, uderzenie *n* 2. (*także druk.*) kreska *f*
dashing [ˋdæʃɪŋ] *adj* dziarski, pełen werwy
data [ˋdeɪtə] *pl* dane *pl* (liczbowe itd.)
date¹ [deɪt] I *s* 1. data *f*; ~ of return, home-coming ~ data powrotu; up to ~ nowoczesny, modny; out of ~ staromodny, nieaktualny 2. (*appointment*) spotkanie *n*; to have a ~ with sb być umówionym z kimś II *v* datować się
date² [deɪt] *s* daktyl *m*
dative [ˋdeɪtɪv] *s gram.* celownik *m*
daughter [ˋdɔtə(r)] *s* córka *f*
daughter-in-law [ˋdɔtr ɪn lɔ] *s* (*pl* daughters-in-law [ˋdɔtəz ɪn lɔ]) synowa *f*
dawn [dɔn] I *v* świtać; *przen.* it ~ed upon me przyszło mi na myśl II *s* brzask *m*, świt *m*
day [deɪ] *s* 1. dzień *m*; doba *f*; all ~ long cały dzień; ~ off dzień wolny od pracy; the ~ after następnego dnia; nazajutrz; the ~ before poprzedniego dnia; the other ~ parę dni temu 2. *pl* ~s czasy *pl*; in those ~s w owych czasach, wówczas
daybreak [ˋdeɪbreɪk] *s* świt *m*, brzask *m*
daylight [ˋdeɪlɑɪt] *s* światło dzienne *n*
day-nursery [ˋdeɪ nɜsrɪ] *s* żłobek *m*
daytime [ˋdeɪtɑɪm] *s* dzień *m*; in the ~ za dnia
dazzle [ˋdæzl] *v* oślepiać, olśnić

dead [ded] I *adj* zmarły, martwy; to stop ~ stanąć jak wryty II *adv* całkowicie, zupełnie; ~ drunk pijany jak bela; ~ sure całkiem pewny III *s* the ~ umarli *pl*
deadlock [ˋdedlok] *s* martwy punkt; impas *m*; to come to a ~ stanąć na martwym punkcie
deadly [ˋdedlɪ] I *adj* śmiertelny II *adv* śmiertelnie
deaf [def] *adj* głuchy; ~ and dumb głuchoniemy
deafen [ˋdefn] *v* ogłuszyć
deaf-mute [ˋdef mjut] *s* głuchoniemy *m*
deafness [ˋdefnəs] *s* głuchota *f*
deal¹ [dil] I *s* 1. rozdanie *n* kart; whose ~ is it? kto rozdaje? 2. *handl.* transakcja *f*; to give sb a square ~ uczciwie postąpić z kimś; *pot.* it's a ~! zgoda!; załatwione! II *v* (dealt [delt], dealt) 1. dzielić; obdzielić 2. (*cards*) rozdawać karty 3. (*strike*) zadawać (cios) 4. (*occupy oneself*) zajmować się (with sth czymś); to ~ in sth handlować czymś; to ~ with sth dotyczyć czegoś; zajmować się czymś
deal² [dil] *s* ilość *f*; a great ⟨good⟩ ~ sporo
dealer [ˋdilə(r)] *s* 1. kupiec *m* 2. *karc.* rozdający karty
dealt *zob.* deal *v*
dean [din] *s* dziekan *m*
dear [dɪə(r)] I *adj* 1. drogi, kochany; (*in letters*) ~ Sir Szanowny Panie 2. (*expensive*) drogi, kosztowny; to get ~ podrożeć II *adv* drogo III *int* ~ me! Boże mój!
death [deθ] *s* śmierć *f*; zgon *m*; violent ~ gwałtowna śmierć; ~ notice nekrolog *m*; ~ duties podatek spadkowy; to put sb to ~ uśmiercić ⟨zabić⟩ kogoś
death-rate [ˋdeθ reɪt] *s* śmiertelność *f*
debark [dɪˋbɑk] *v* wysadzać

pasażerów na ląd; wylądować

debate [dɪ'beɪt] **I** s debata f **II** v debatować (**sth** nad czymś)

debris ['debrɪ] s gruzy pl, rumowisko n

debt [det] s dług m; **to be in ~** być zadłużonym; **to contract ⟨incur⟩ a ~** zaciągnąć dług; **to pay off a ~** spłacić dług; **to render a ~** oddać dług

debtor ['detə(r)] s dłużnik m

debut ['deɪbju] s debiut m (na scenie)

decade ['dekeɪd] s dziesięciolecie n

decadence ['dekədəns] s upadek m; schyłek m

decagramme ['dekəgræm] s dekagram m

decanter [dɪ'kæntə(r)] s karafka f

decay [dɪ'keɪ] **I** v podupadać, niszczeć; (rot) gnić **II** s upadek m, ruina f; (rot) gnicie n

deceased [dɪ'sist] **I** adj zmarły **II** s nieboszczyk m

deceit [dɪ'sit] s oszustwo n; fałsz m

deceitful [dɪ'sitfl] adj zakłamany; (misleading) oszukańczy

deceive [dɪ'siv] v zwodzić, oszukiwać

December [dɪ'sembə(r)] s grudzień m

decency ['disnsɪ] s przyzwoitość f

decent ['disnt] adj przyzwoity

decide [dɪ'saɪd] v decydować, rozstrzygać

decided [dɪ'saɪdɪd] adj zdecydowany, stanowczy

decimal ['desɪml] adj dziesiętny (system)

decipher [dɪ'saɪfə(r)] v odcyfrować

decision [dɪ'sɪʒn] s decyzja f; **a man of ~** człowiek zdecydowany

decisive [dɪ'saɪsɪv] adj decydujący, rozstrzygający

deck [dek] s pokład m; (in a bus) piętro n (autobusu)

deck-chair ['dektʃeə(r)] s leżak m

declamation ['deklə'meɪʃn] s deklamacja f

declaration ['deklə'reɪʃn] s deklaracja f; oświadczenie n; **to fill in ⟨out⟩ a ~** wypełnić deklarację

declare [dɪ'kleə(r)] v **1.** deklarować (się); **to ~ money** deklarować pieniądze; **(have you) anything to ~?** czy ma pan coś do zadeklarowania ⟨oclenia⟩? **2.** (announce) oświadczać; twierdzić **3.** karc. licytować kolor

declension [dɪ'klenʃn] s gram. deklinacja f

decline [dɪ'klaɪn] **I** v **1.** pochylać się **2.** (decrease) zanikać **3.** (go to ruin) upadać **4.** (refuse) odmówić **5.** gram. deklinować **II** s upadek m

décolleté(e) [deɪ'kolteɪ] adj wydekoltowany, wycięty

decorate ['dekəreɪt] v dekorować, ozdabiać

decoration ['dekə'reɪʃn] s ozdoba f, dekoracja f; (medal) order m; odznaczenie n

decorative ['dekərətɪv] adj dekoracyjny, ozdobny

decrease [dɪ'kris] **I** v zmniejszać (się); obniżać (się) **II** s ['dikris] obniżenie n; spadek m

decree [dɪ'kri] s dekret m, rozporządzenie n

dedicate ['dedɪkeɪt] v poświęcić; zadedykować

dedication ['dedɪ'keɪʃn] s dedykacja f

deduce [dɪ'djus] v wyprowadzić; wywnioskować

deduct [dɪ'dʌkt] v potrącać, odliczać

deduction [dɪ'dʌkʃn] s dedukcja f; wniosek m; (deducting) potrącenie n

deed [did] s 1. czyn *m*, uczynek *m* 2. *(document)* dokument *m*; akt *m*; ~ **of donation** akt darowizny; ~ **of sale** akt sprzedaży; **authenticated** ~ akt notarialny
deem [dim] *v* mniemać, sądzić
deep [dip] I *adj* głęboki II *adv* w głąb
deepen ['dipən] *v* pogłębiać (się)
deer [dɪə(r)] s *(pl* **deer)** jeleń *m*; sarna *f*; łania *f*
defamation ['defə'meɪʃn] s zniesławienie *n*, oszczerstwo *n*
default [dɪ'fɔlt] I s brak *m*; nieobecność *f*; **in** ~ **of** z braku (czegoś) II *v* nie wypełnić (czegoś); nie wywiązywać się (z czegoś)
defeat [dɪ'fit] I *v* pokonać; pobić II s porażka *f*; klęska *f*
defect ['difekt] s brak *m*; wada *f*; defekt *m*
defective [dɪ'fektɪv] *adj* wadliwy; *gram.* ułomny
defence [dɪ'fens] s obrona *f*
defenceless [dɪ'fensləs] *adj* bezbronny
defend [dɪ'fend] *v* bronić **(from ⟨against⟩ sb, sth** przed kimś, czymś)
defendant [dɪ'fendənt] s obrońca *m*; *prawn.* pozwany *m*
defensive [dɪ'fensɪv] I *adj* obronny II s defensywa *f*; **on the** ~ w defensywie
defiance [dɪ'faɪəns] s wyzwanie *n*; **in** ~ **of** ... wbrew ⟨na przekór⟩ ... (komuś, czemuś)
deficiency [dɪ'fɪʃnsɪ] s brak *m*, niedostatek *m*
deficient [dɪ'fɪʃnt] *adj* wadliwy; **to be** ~ **in sth** wykazywać brak czegoś; **mentally** ~ umysłowo niedorozwinięty
define [dɪ'faɪn] *v* określać; definiować; oznaczać (granice itp.)

definite ['defənɪt] *adj* określony; wyraźny
definition ['defə'nɪʃn] s definicja *f*; określenie *n*
definitive [dɪ'fɪnətɪv] *adj* ostateczny; rozstrzygający
deflation [dɪ'fleɪʃn] s wypuszczenie *n* powietrza; *ekon.* deflacja *f*
deform [dɪ'fɔm] *v* zniekształcić; okaleczyć
deformity [dɪ'fɔmətɪ] s kalectwo *n*; deformacja *f*
defraud [dɪ'frɔd] *v* oszukiwać; okradać **(sb of sth** kogoś z czegoś)
defy [dɪ'faɪ] *v* przeciwstawiać ⟨opierać⟩ się **(sb, sth** komuś, czemuś)
degenerate [dɪ'dʒenərət] I *adj* zdegenerowany II s zwyrodnialec *m*; degenerat *m* III *v* [dɪ'dʒenəreɪt] zwyrodnieć, z/degenerować się
degradation ['degrə'deɪʃn] s degradacja *f*; poniżenie *n*
degrade [dɪ'greɪd] *v* degradować
degree [dɪ'gri] s 1. stopień *m*; **to some** ~ do pewnego stopnia; **to what** ~? jak dalece?; **by** ~s stopniowo 2. *uniw.* stopień naukowy; **to take one's** ~ otrzymać stopień naukowy
deity ['deɪətɪ] s bóstwo *n*
deject [dɪ'dʒekt] *v* przygnębiać, zniechęcać
dejection [dɪ'dʒekʃn] s przygnębienie *n*, zniechęcenie *n*
delay [dɪ'leɪ] I *v* zwlekać, opóźniać II s zwłoka *f*; opóźnienie *n*; **without** ~ bezzwłocznie
delegate ['deləgeɪt] I *v* delegować II s ['delɪgət] delegat *m*, delegatka *f*
delegation ['delə'geɪʃn] s wydelegowanie *n*; *(a group)* delegacja *f*
deliberate [dɪ'lɪbəreɪt] I *v* zastanawiać się **(over ⟨on⟩ sth** nad czymś), naradzać się

II *adj* [dɪˈlɪbrət] umyślny, rozmyślny
delicacy [ˈdelɪkəsɪ] *s* delikatność *f*, subtelność *f*; (*dainty*) przysmak *m*; delikates *m*
delicate [ˈdelɪkət] *adj* delikatny, wątły; (*sensitive*) wrażliwy
delicatessen [ˈdelɪkəˈtesn] *s* delikatesy *pl*
delicious [dɪˈlɪʃəs] *adj* zachwycający, wyborny
delight [dɪˈlaɪt] I *v* radować ⟨rozkoszować⟩ się; to be ~ed with ⟨at⟩ sth zachwycać się czymś II *s* rozkosz *f*; radość *f*
delightful [dɪˈlaɪtfl] *adj* zachwycający, rozkoszny
delinquency [dɪˈlɪŋkwənsɪ] *s* przewinienie *n*, przestępstwo *n*; juvenile ~ przestępczość *f* młodocianych
delinquent [dɪˈlɪŋkwənt] *s* przestępca *m*, winowajca *m*
delirium [dɪˈlɪrɪəm] *s* bredzenie *n*; *przen.* szał *m*
deliver [dɪˈlɪvə(r)] *v* 1. dostarczyć, wręczyć 2. (*recite*) wygłosić (przemówienie itp.) 3. to ~ from sth uratować ⟨wyzwolić⟩ od czegoś
delivery [dɪˈlɪvrɪ] *s* 1. dostawa *f* (towaru); roznoszenie *n* (poczty); special ~ (letter) przesyłka ekspresowa; *am.* the General Delivery poste restante 2. (*childbirth*) poród *m*
delude [dɪˈlud] *v* łudzić, zwodzić
deluge [ˈdeljudʒ] *s* potop *m*; *przen.* zalew *m*
delusion [dɪˈluʒn] *s* złudzenie *n*, iluzja *f*; to be under a ~ ulegać złudzeniom
delusive [dɪˈlusɪv] *adj* zwodniczy, oszukańczy
demand [dɪˈmɑnd] I *v* żądać, domagać się (sth of ⟨from⟩ sb czegoś od kogoś) II *s* żądanie *n*, pretensja *f*; *handl.*

popyt *m*; (*of commodity*) in ~ poszukiwany
demeanour [dɪˈminə(r)] *s* zachowanie (się) *n*, postępowanie *n*
demobilize [dɪˈməublaɪz] *v* demobilizować
democracy [dɪˈmokrəsɪ] *s* demokracja *f*; People's Democracy Demokracja Ludowa
demolish [dɪˈmolɪʃ] *v* z/burzyć, rozwalić
demonstrate [ˈdemənstreɪt] *v* demonstrować
demonstrative [dɪˈmonstrətɪv] *adj* dowodzący; wykazujący (of sth coś); *gram.* wskazujący
demoralize [dɪˈmorlaɪz] *v* zdemoralizować, zdeprawować
den [den] *s* jaskinia *f*; *przen.* spelunka *f*
denial [dɪˈnaɪl] *s* zaprzeczenie *n*, wyrzeczenie się *n* (czegoś, kogoś); (*refusal*) odmowa *f*
denomination [dɪˈnomɪˈneɪʃn] *s* 1. nazwa *f*; określenie *n* 2. (*class*) klasa *f*, kategoria *f* 3. (*unit*) jednostka *f* (miary, wagi itd.); of small ~ w drobnych monetach ⟨banknotach⟩
denote [dɪˈnəut] *v* oznaczać
denounce [dɪˈnauns] *v* wydać (zbrodniarza), zadenuncjować; *handl.* wypowiedzieć (umowę)
dense [dens] *adj* gęsty, zwarty
density [ˈdensətɪ] *s* gęstość *f*
dentifrice [ˈdentɪfris] *s* pasta *f* ⟨proszek *m*⟩ (do zębów)
dentist [ˈdentɪst] *s* dentysta *m*, dentystka *f*
denture [ˈdentʃə(r)] *s* sztuczna szczęka
deny [dɪˈnaɪ] *v* zaprzeczyć (sth czemuś); (*refuse*) odmówić
deodorant [ˈdiˈəudərənt] *s* środek odwaniający, dezodorant

depart [dɪ'pɑt] v wyruszać, odjeżdżać
department [dɪ'pɑtmənt] s dział m, sekcja f; departament m; uniw. katedra f; am. ministerstwo n; ~ store dom towarowy
departure [dɪ'pɑtʃə(r)] s odjazd m, odejście n
depend [dɪ'pend] v 1. zależeć (on ⟨upon⟩ sb, sth od kogoś, czegoś) 2. (rely) liczyć (on ⟨upon⟩ sb, sth na kogoś, coś); polegać (na kimś, czymś)
dependence [dɪ'pendəns] s zależność f
deplorable [dɪ'plɔrəbl] adj opłakany, żałosny
deplore [dɪ'plɔ(r)] v opłakiwać; ubolewać (sth nad czymś)
deport [dɪ'pɔt] v deportować, zesłać
deposit [dɪ'pozɪt] I v deponować; złożyć depozyt; to ~ the luggage oddać bagaż do przechowalni ⟨na przechowanie⟩ II s zastaw m, kaucja f
depot ['depəʊ] s skład m (towarów); am. dworzec kolejowy
deprecate ['deprəkeɪt] v ganić, potępiać; odżegnywać się (sth od czegoś)
depreciate [dɪ'priʃɪeɪt] v obniżać wartość, deprecjonować (się)
depress [dɪ'pres] v gnębić, zmartwić; (lower) obniżyć
depression [dɪ'preʃn] s depresja f; przygnębienie n; handl. zastój m
deprive [dɪ'praɪv] v pozbawiać (of sth czegoś)
depth [depθ] s głębokość f; głębia f
deputize ['depjutaɪz] v zastępować (for sb kogoś)
deputy ['depjutɪ] s zastępca m; (delegate) delegat m
derail [dɪ'reɪl] v wykoleić (się)

derange [dɪ'reɪndʒ] v dezorganizować, psuć
derivation [ˌderɪ'veɪʃn] s pochodzenie n
derive [dɪ'raɪv] v wyprowadzać, wywodzić (ród itd.); (obtain) czerpać (zyski itd.); (come from) pochodzić
dermatology [ˌdɜmə'tolədʒɪ] s dermatologia f
descend [dɪ'send] v schodzić na dół; (fall) spadać; (come from) pochodzić
descendant [dɪ'sendənt] s potomek m
descent [dɪ'sent] s zejście n; lotn. lądowanie n; (slope) spadek m (terenu); (origin) pochodzenie n
describe [dɪ'skraɪb] v opisywać
description [dɪ'skrɪpʃn] s opis m; (kind) rodzaj m
descriptive [dɪ'skrɪptɪv] adj opisowy
desert¹ ['dezət] s pustynia f
desert² [dɪ'zɜt] v opuszczać; dezerterować
deserve [dɪ'zɜv] v zasługiwać (sth na coś)
design [dɪ'zaɪn] I v przeznaczać (sth, sb for sth coś, kogoś do czegoś); projektować; (intend) zamierzać II s zamiar m; (plan) plan m; projekt m; (model) wzór m, model m
designer [dɪ'zaɪnə(r)] s projektant m, kreślarz m
desirable [dɪ'zaɪərəbl] adj pożądany
desire [dɪ'zaɪə(r)] I v pragnąć, życzyć sobie (sth czegoś) II s 1. życzenie n; chęć f; a strong ~ gorące pragnienie; to one's heart's ~ do syta 2. (lust) pożądanie n
desk [desk] s pulpit m, biurko n; (zw. pay ~) kasa f
desolation [ˌdesə'leɪʃn] s spustoszenie n, zniszczenie n; pustka f, pustkowie n
despair [dɪ'speə(r)] I v rozpaczać II s rozpacz f

despatch [dɪˈspætʃ] s v = dispatch

desperate [ˈdeśprət] adj rozpaczliwy, beznadziejny; (of a fight) zaciekły

despise [dɪˈspaɪz] v gardzić ⟨pogardzać⟩ (sb, sth kimś, czymś)

despite [dɪˈspaɪt] praep wbrew, mimo

dessert [dɪˈzɜt] s deser m; am. legumina f

destination [ˌdestɪˈneɪʃn] s cel m (podróży); miejsce n przeznaczenia

destine [ˈdestɪn] v przeznaczać (for sth, to sth do czegoś, na coś)

destiny [ˈdestɪnɪ] s przeznaczenie n; los m

destitute [ˈdestɪtjut] adj pozbawiony (of sth czegoś); w nędzy

destitution [ˌdestɪˈtjuʃn] s ubóstwo n, nędza f

destroy [dɪˈstrɔɪ] v zniszczyć, zburzyć

destroyer [dɪˈstrɔɪə(r)] s niszczyciel m; mor. kontrtorpedowiec m

destruction [dɪˈstrʌkʃn] s zniszczenie n, zagłada f

destructive [dɪˈstrʌktɪv] adj niszczycielski, zgubny

desultory [ˈdesltrɪ] adj bezładny; chaotyczny; przypadkowy

detach [dɪˈtætʃ] v odłączać, oddzielać, odrywać

detail [ˈditeɪl] s szczegół m; in ~ szczegółowo

detailed [ˈditeɪld] adj szczegółowy, drobiazgowy

detain [dɪˈteɪn] v zatrzymywać; (arrest) aresztować

detective [dɪˈtektɪv] I adj detektywistyczny II s detektyw m

detergent [dɪˈtɜdʒənt] I adj czyszczący II s środek m do czyszczenia; detergent m

determination [dɪˌtɜmɪˈneɪʃn] s określenie n, oznaczenie n; (decidedness) determinacja f

determine [dɪˈtɜmɪn] v (decide) decydować się (na coś); powziąć decyzję; (define) określać, ustalać

detest [dɪˈtest] v nie cierpieć ⟨nie znosić⟩ (sth czegoś)

detestable [dɪˈtestəbl] adj wstrętny, obrzydliwy

dethrone [dɪˈθrəun] v zdetronizować

devaluate [ˈdiˈvæljueɪt] v dewaluować

devaluation [ˈdiˈvæljuˈeɪʃn] s dewaluacja f, zdewaluowanie n

devalue [ˈdiˈvælju] v dewaluować

devastate [ˈdevəsteɪt] v pustoszyć, dewastować

develop [dɪˈveləp] v 1. rozwijać (się) 2. (get) nabawić się (an illness choroby); to ~ a habit popaść w nałóg 3. fot. wywoływać

developer [dɪˈveləpə(r)] s fot. wywoływacz m

development [dɪˈveləpmənt] s rozwój m, postęp m

deviate [ˈdivieɪt] v zboczyć, odchylać się (od czegoś)

device [dɪˈvaɪs] s 1. pomysł m 2. (instrument) przyrząd m; urządzenie n

devil [ˈdevl] s diabeł m, szatan m; the ~! do diabła!

devilish [ˈdevlɪʃ] adj diabelski, szatański

devise [dɪˈvaɪz] v wymyślić, wynaleźć

devoid [dɪˈvɔɪd] adj pozbawiony (of sth czegoś)

devote [dɪˈvəut] s poświęcać, przeznaczać (sth to sth coś na coś)

devoted [dɪˈvəutɪd] adj oddany; poświęcający się

devotion [dɪˈvəuʃn] s poświęcenie n; oddanie n; przywiązanie n (to sb do kogoś)

devour [dɪˈvauə(r)] v pożerać, pochłaniać

dew [dju] s rosa f

dexterous [ˈdekstrəs] adj zręczny, sprawny (w ruchach)

diabetes ['daɪə'bitiz] s med.
cukrzyca f
diagnosis ['daɪəg'nəʊsɪs] s dia-
gnoza f
diagnostics ['daɪəg'nostɪks] s
diagnostyka f
diagram ['daɪəgræm] s wy-
kres m
dial ['daɪəl] I s tarcza f (telefonu, zegara) II v nakręcać numer (telefonu)
dialect ['daɪəlekt] s dialekt m,
narzecze n
dialectical ['daɪə'lektɪkl] adj
filoz. dialektyczny
dialectics ['daɪə'lektɪks] s filoz.
dialektyka f
dialogue ['daɪəlog] s dialog m
diameter [daɪ'æmɪtə(r)] s średnica f
diamond ['daɪəmənd] s 1. dia-
ment m; brylant m 2. pl
~s (cards) kara pl
diaphragm ['daɪəfræm] s fot.
przysłona f
diarrh(o)ea ['daɪə'rɪə] s med.
biegunka f
diary ['daɪərɪ] s pamiętnik m,
dziennik m
dice zob. die¹ s
dictate ['dɪkteɪt] I v dyktować; rozkazywać II s na-
kaz m
dictation [dɪk'teɪʃn] s dyktando n
dictator [dɪk'teɪtə(r)] s dykta-
tor m
dictatorship [dɪk'teɪtəʃɪp] s
dyktatura f
dictionary ['dɪkʃnrɪ] s słownik m
did zob. do v
die¹ [daɪ] s (pl dice [daɪs]
kostka f do gry
die² [daɪ] v (died [daɪd], died)
umierać (of an illness na
daną chorobę, from a wound
od rany); to ~ away wy-
mierać, zanikać; to ~ out
(of fire) wygasnąć; (of a
custom) wymrzeć
diet¹ ['daɪət] s sejm m
diet² ['daɪət] s 1. dieta f; fat
free ~ dieta beztłuszczowa;

meatless ~ dieta bezmięsna;
reduction ⟨slimming⟩ ~ dieta odchudzająca; saltfree ~
dieta bezsolna; strict ~ ścis-
ła dieta 2. (food) wyżywienie n
dietetic ['daɪə'tetɪk] adj die-
tetyczny
differ ['dɪfə(r)] v różnić się
(from sb, sth od kogoś, czegoś); nie zgadzać się (with
⟨from⟩ sb z kimś); mieć od-
mienne zdanie
difference ['dɪfrns] s różnica
f; ~ of opinions różnica f
zdań; to make a ~ stano-
wić różnicę
different ['dɪfrnt] adj różny,
odmienny (from od); (various) rozmaity
differentiate ['dɪfə'renʃieɪt] v
rozróżniać; różnić się
difficult ['dɪfɪklt] adj trudny
difficulty ['dɪfɪkltɪ] s trudność
f; kłopot m
dig [dɪg] v (dug [dʌg], dug)
kopać (ziemię)
digest¹ ['daɪdʒest] s zbiór m;
wybór m; (summary) stre-
szczenie n
digest² [daɪ'dʒest] v trawić,
przetrawiać; przen. prze-
myśleć
digestion [daɪ'dʒestʃən] s fizj.
trawienie n
dignified ['dɪgnɪfaɪd] adj godny, dostojny
dignity ['dɪgnətɪ] s godność f,
powaga f
digression [daɪ'greʃn] s dy-
gresja f
dilemma [dɪ'lemə] s dylemat
m
diligence ['dɪlɪdʒəns] s pilność
f, pracowitość f
diligent ['dɪlɪdʒənt] adj pracowity, pilny
dill [dɪl] s bot. koper m
dim [dɪm] adj przyćmiony;
zamglony; przytłumiony
dime [daɪm] s am. moneta
dziesięciocentowa; it costs
a ~ to kosztuje dziesięć
centów

dimension [dɪ'menʃn] s rozmiar m, wielkość f
diminish [dɪ'mɪnɪʃ] v zmniejszać (się), maleć
diminution ['dɪmɪ'njuʃn] s redukcja f, zmniejszenie n
diminutive [dɪ'mɪnjətɪv] I adj zdrobniały II s forma zdrobniała
dimple ['dɪmpl] s dołek m (na twarzy)
din [dɪn] s zgiełk m, wrzask m
dine [daɪŋ] v jeść obiad; to ~ out ⟨in⟩ zjeść obiad na mieście ⟨w domu⟩
dingey, dinghy ['dɪndʒɪ] s łódka f
dining-room ['daɪnɪŋ rʊm] s jadalnia f
dinner ['dɪnə(r)] s obiad m
dinner-jacket ['dɪnə dʒækɪt] s smoking m
dinner-party ['dɪnə pɑtɪ] s obiad proszony
dinner-time ['dɪnə taɪm] s pora obiadowa
dinner-wagon ['dɪnə wægən] s stolik m na kółkach
dip [dɪp] v 1. zanurzyć, zamoczyć; to have a ~ wykąpać się w morzu 2. (lower) obniżyć
diphtheria [dɪf'Ɵɪərɪə] s med. dyfteryt m, błonica f
diploma [dɪ'pləumə] s dyplom m
diplomacy [dɪ'pləuməsɪ] s dyplomacja f
diplomat ['dɪpləmæt], diplomatist [dɪ'pləumətɪst] s dyplomata m
direct [dɪ'rekt] I adj bezpośredni, szczery II adv bezpośrednio, wprost III v kierować, zarządzać
direction [dɪ'rekʃn] s kierunek m; (management) zarząd m; pl ~s instrukcje pl
director [dɪ'rektə(r)] s 1. kierownik m; dyrektor m 2. film. teatr. reżyser m
directory [dɪ'rektrɪ] s książka adresowa ⟨telefoniczna⟩

dirt [dɜt] s brud m; błoto n; pot. as cheap as ~ za bezcen
dirty ['dɜtɪ] adj brudny; ~ trick brzydki kawał
disable [dɪs'eɪbl] v uczynić niezdolnym (for sth do czegoś); unieszkodliwić; ~d soldier inwalida wojenny
disadvantage ['dɪsəd'vɑntɪdʒ] s wada f; niekorzyść f
disagree ['dɪsə'gri] v nie zgadzać się (z kimś); być innego zdania (with sb niż ktoś); (of a climate, food) nie służyć (with sb komuś)
disagreeable ['dɪsə'grɪəbl] adj nieprzyjemny, przykry
disagreement ['dɪsə'grɪmənt] s niezgodność f; (quarrel) sprzeczka f, nieporozumienie n
disappear ['dɪsə'pɪə(r)] v znikać
disappearance ['dɪsə'pɪərns] s zniknięcie n
disappoint ['dɪsə'pɔɪnt] v rozczarować ⟨zawieść⟩ (sb kogoś); to be ~ed in sb, sth zawieść się na kimś, czymś
disappointment ['dɪsə'pɔɪntmənt] s rozczarowanie n; zawód m
disapprove ['dɪsə'pruv] v nie pochwalać (of sth czegoś)
disarm [dɪs'ɑm] v rozbroić (się)
disarmament [dɪs'ɑməmənt] s rozbrojenie n
disarrange ['dɪsə'reɪndʒ] v z/dezorganizować
disaster [dɪ'zɑstə(r)] s nieszczęście n, katastrofa f, klęska f
disastrous [dɪ'zɑstrəs] adj nieszczęsny, zgubny
disc [dɪsk] s = disk
discard [dɪ'skɑd] v odrzucić, zaniechać (sth czegoś)
discerning [dɪ'sɜnɪŋ] adj bystry, wnikliwy
discharge [dɪs'tʃɑdʒ] v 1. wyładowywać 2. (dismiss)

zwalniać 3. (*of duty etc.*) spełniać (np. obowiązek)
discipline [ˈdɪsəplɪn] *s* dyscyplina *f*, karność *f*
disclose [dɪˈskləʊz] *v* odsłaniać, ujawniać
disclosure [dɪˈskləʊʒə(r)] *s* ujawnienie. *n*, odkrycie *n* (czegoś)
discolour [dɪˈskʌlə(r)] *v* odbarwić (się); wypłowieć
discomfort [dɪˈskʌmfət] *s* niewygoda *f*, skrępowanie *n*; *med.* dolegliwość *f*
disconnect [ˈdɪskəˈnekt] *v* rozłączać, odłączać
discord [ˈdɪskɔd] *s* niezgoda *f*
discotheque [ˈdɪskəˈtek] *s* dyskoteka *f*
discount [ˈdɪskaʊnt] **I** *s bank.* dyskonto *n*; *handl.* rabat *m* **II** *v* [dɪˈskaʊnt] dyskontować, potrącać
discourage [dɪˈskʌrɪdʒ] *v* zniechęcać
discover [dɪˈskʌvə(r)] *v* odkrywać, spostrzegać
discovery [dɪˈskʌvr̩ɪ] *s* odkrycie *n*
discredit [dɪˈskredɪt] **I** *s* powątpiewanie *n*; nieufność *f* **II** *v* dyskredytować; nie dowierzać (sb, sth komuś, czemuś)
discreditable [dɪˈskredɪtəbl] *adj* podły; niegodny
discreet [dɪˈskrit] *adj* dyskretny; rozsądny
discrepancy [dɪˈskrepənsɪ] *s* niezgodność *f*, rozbieżność *f*
discretion [dɪˈskreʃn] *s* dyskrecja *f*; roztropność *f*
discrimination [dɪˈskrɪmɪˈneɪʃn] *s* odróżnienie *n*; dyskryminacja *f*; **racial** ~ dyskryminacja rasowa
discus [ˈdɪskəs] *s ɛport.* dysk *m*
discuss [dɪˈskʌs] *v* dyskutować (sth o ⟨nad⟩ czymś)
discussion [dɪˈskʌʃn] *s* dyskusja *f*
disdain [dɪsˈdeɪn] **I** *v* pogar-

dzać (sb, sth kimś, czymś) **II** *s* pogarda *f*
disdainful [dɪsˈdeɪnfl] *adj* pogardliwy, lekceważący
disease [dɪˈziz] *s* choroba *f*; **infectious** ~ choroba zakaźna; **tropical** ~ choroba tropikalna
disembark [ˈdɪsɪmˈbɑk] *v* wysadzić na ląd; wyładować
disenchant [ˈdɪsɪnˈtʃɑnt] *v* rozczarować
disengage ; [ˈdɪsɪnˈgeɪdʒ] *v* uwolnić; odłączyć
disengagement [ˈdɪsɪnˈgeɪdʒmənt] *s* uwolnienie *n*; odłączenie *n*
disfigure [dɪsˈfɪgə(r)] *v* zniekształcać
disgrace [dɪsˈgreɪs] **I** *s* niełaska *f*; (*shame*) hańba *f* **II** *v* okryć hańbą
disguise [dɪsˈgaɪz] **I** *v* przebierać (się); zamaskować **II** *s* przebranie *n*; **in** ~ w przebraniu; **under the** ~ **of ...** pod płaszczykiem ...
disgust [dɪsˈgʌst] *s* wstręt *m*, odraza *f* (**at** ⟨**for, towards, against**⟩) sb, sth do kogoś, czegoś)
disgusting [dɪsˈgʌstɪŋ] *adj* obrzydliwy, wstrętny
dish [dɪʃ] *s* półmisek *m*; naczynie *n*; *kulin.* potrawa *f*; danie *n*; **cold** ~es zimne dania; **dietetic** ~es dania dietetyczne; **hot** ~es gorące dania; **national** ~es dania narodowe
dishful [ˈdɪʃfl] *s* (pełny) półmisek *n* (czegoś)
dishonest [dɪsˈonɪst] *adj* nieuczciwy
dishonour [dɪsˈonə(r)] **I** *v* hańbić, zniesławiać **II** *s* hańba *f*; **to bring** ~ **on sb** okryć kogoś hańbą
dishonourable [dɪsˈonərəbl] *adj* haniebny, niecny
disillusion [ˈdɪsɪˈluʒn] **I** *v* rozczarować; otworzyć (sb komuś) oczy **II** *s* rozczarowanie *n*

disinfect [ˈdɪsɪnˈfekt] v zdezynfekować, odkazić
disinfectant [ˈdɪsɪnˈfektənt] s adj (środek) dezynfekujący
disinherit [ˈdɪsɪnˈherɪt] v wydziedziczyć
disintegrate [dɪsˈɪntɪgreɪt] v rozdrabniać; rozkruszać (się)
disinterested [dɪsˈɪntrəstɪd] adj bezinteresowny, obiektywny
disjoin [dɪsˈdʒɔɪn] v rozłączać ⟨rozdzielać⟩ (się)
disjointed [dɪsˈdʒɔɪntəd] adj chaotyczny; ~ facts niepowiązane ⟨luźne⟩ fakty
disk [dɪsk] s krążek m; (of sun etc.) tarcza f; (record) płyta f (gramofonowa)
disk-jockey [ˈdɪsk dʒɔkeɪ] s prezenter m, dysk-dżokej m
dislike [dɪsˈlaɪk] I v nie lubić, czuć niechęć (sb, sth do kogoś, czegoś) II s niechęć f
dislocate [ˈdɪsləkeɪt] v przesunąć; med. zwichnąć
dislocation [ˈdɪsləˈkeɪʃn] s med. przemieszczenie n
disloyal [dɪsˈlɔɪḷ] adj nielojalny; wiarołomny
dismal [ˈdɪzml] adj straszny, ponury
dismantle [dɪsˈmæntl] v rozebrać, zdemontować (maszynę)
dismay [dɪsˈmeɪ] I s przerażenie n, konsternacja f II v przerazić, skonsternować
dismiss [dɪsˈmɪs] v odprawiać, zwalniać; to ~ a meeting rozwiązać zebranie
dismissal [dɪsˈmɪsl] s odprawa f, zwolnienie n
disobedient [ˈdɪsəˈbidɪənt] adj nieposłuszny
disobey [ˈdɪsəˈbeɪ] v nie słuchać (się); być nieposłusznym
disorder [dɪsˈɔdə(r)] s nieporządek m
dispatch [dɪˈspætʃ] I v wysyłać, ekspediować II s wysyłka f, ekspedycja f

dispel [dɪˈspel] v rozpraszać; rozpędzać
dispensary [dɪˈspensərɪ] s apteka f; (in a hospital, factory) ambulatorium n
dispense [dɪˈspens] v wydawać, rozdzielać
dispenser [dɪˈspensə(r)] s aptekarz m
dispensing [dɪˈspensɪŋ] adj ~ chemist aptekarz m
disperse [dɪˈspɜs] v rozsypywać ⟨rozpraszać⟩ się
displace [dɪˈspleɪs] v przesuwać; przemieszczać; ~d persons wysiedleńcy pl, uchodźcy pl
displacement [dɪˈspleɪsmənt] s med. przemieszczenie n
display [dɪˈspleɪ] I v manifestować, okazywać II s pokaz m; przen. manifestacja f (uczuć)
displease [dɪˈspliz] v nie podobać się; to be ~d at ⟨with⟩ sb, sth być niezadowolonym z kogoś, czegoś
disposal [dɪˈspəuzl] s 1. rozmieszczenie n 2. (getting rid) pozbycie się n 3. at sb's ~ do czyjejś dyspozycji; the means at my ~ środki pl, którymi dysponuję
dispose [dɪˈspəuz] v 1. rozmieszczać 2. (get rid) pozbywać się 3. (command) dysponować (of sth czymś)
disposed [dɪˈspəuzd] adj skłonny (to sth do czegoś)
dispossess [ˈdɪspəˈzes] v wywłaszczać
disputable [dɪˈspjutəbl] adj sporny
dispute [dɪˈspjut] I v dyskutować (sth nad ⟨o⟩ czymś); spierać się II s spór m; dysputa f
disqualify [dɪˈskwolɪfaɪ] v dyskwalifikować
disregard [ˈdɪsrɪˈgad] I v lekceważyć; pomijać II s lekceważenie n
disrespect [ˈdɪsrɪˈspekt] s brak m szacunku

7 **Słownik**

disrupt [dɪsˈrʌpt] v rozrywać; niszczyć
dissatisfaction [ˈdɪˈsætɪsˈfækʃn] s niezadowolenie n
dissatisfy [dɪˈsætɪsfaɪ] v budzić niezadowolenie, rozgniewać
dissociate [dɪˈsəuʃɪeɪt] v rozłączać ⟨rozdzielać⟩ się
dissolve [dɪˈzolv] v rozpuszczać ⟨rozkładać, rozwiązać⟩ (się)
distance [ˈdɪstəns] s odległość f; **at a** ~ w pewnej odległości
distant [ˈdɪstənt] adj odległy
distaste [dɪsˈteɪst] s niechęć f, awersja f
distinct [dɪˈstɪŋkt] adj różny; (clear) wyraźny; (separate) oddzielny
distinction [dɪˈstɪŋkʃn] s różnica f; odróżnienie n; (honour) odznaczenie n
distinguish [dɪˈstɪŋgwɪʃ] v odróżniać; wyróżniać
distinguished [dɪˈstɪŋgwɪʃt] adj znakomity; wybitny; (elegant) dystyngowany
distort [dɪˈstɔt] v wykrzywić, zniekształcić
distortion [dɪˈstɔʃn] s wypaczenie n; zniekształcenie n (faktów)
distract [dɪˈstrækt] v oderwać; **to** ~ **one's mind** odwrócić czyjąś uwagę
distraction [dɪˈstrækʃn] s 1. rozrywka f 2. (absence of mind) roztargnienie n
distress [dɪˈstres] I s strapienie n; nieszczęście n II v martwić
distribute [dɪˈstrɪbjut] v rozdzielać
distribution [ˈdɪstrɪˈbjuʃn] s podział m; dystrybucja f
district [ˈdɪstrɪkt] s okręg m, dzielnica f
distrust [dɪˈstrʌst] I v nie dowierzać (sb komuś) II s nieufność f
disturb [dɪˈstɜb] v przeszkadzać; niepokoić

disturbance [dɪˈstɜbəns] s zaburzenie n; zakłócenie n spokoju publicznego
disuse [dɪsˈjus] s zarzucenie n (czegoś); **to fall into** ~ wyjść z użycia
ditch [dɪtʃ] s rów m
dive [daɪv] I v nurkować; lotn. pikować II s skok m do wody; nurkowanie n
diver [ˈdaɪvə(r)] s nurek m
divergence [daɪˈvɜdʒəns] s rozbieżność f; odchylenie n
diversify [daɪˈvɜsɪfaɪ] v urozmaicać
diversity [daɪˈvɜsətɪ] s rozmaitość f, urozmaicenie n
divert [daɪˈvɜt] v zmieniać kierunek; (draw off attention) odwracać (uwagę)
divide [dɪˈvaɪd] v dzielić (się)
divine [dɪˈvaɪn] I adj boski II s duchowny m
diving-board [ˈdaɪvɪŋ bɔd] s trampolina f, skocznia f
divinity [dɪˈvɪnətɪ] s bóstwo n; (theology) teologia f
division [dɪˈvɪʒn] s podział m; (section) oddział m; wojsk. dywizja f
divorce [dɪˈvɔs] I s rozwód m; **to get** ⟨**be given**⟩ ~ otrzymać rozwód II v rozwieść się (one's husband ⟨wife⟩ z mężem ⟨żoną⟩)
dizzy [ˈdɪzɪ] adj zawrotny, oszołamiający; **I am** ~ kręci mi się w głowie
do [du] v (did [dɪd], done [dʌn]) 1. czasownik pomocniczy używany przy tworzeniu czasu teraźniejszego i przeszłego w formie pytajnej i przeczącej; 3-cia osoba czasu teraźniejszego **does** [dʌz] 2. czynić, robić, sprawiać, wywoływać; **to do one's best** ⟨**everything in one's power**⟩ zrobić wszystko, co można; **to do one's hair** uczesać się; **it will do** to wystarczy 3. (feel) mieć się, czuć się; **how do you do?** jak się miewasz?; **he**

is doing well dobrze się
miewa ⟨mu się wiedzie⟩ 4.
(*put in order*) porządkować;
sprzątać; to do away with
sth pozbyć się czegoś; usunąć coś; to do without sth
obchodzić się bez czegoś 5.
w zdaniu twierdzącym do
wyraża nacisk; I do understand it ależ ja to (naprawdę) rozumiem
dock [dok] *s* basen portowy;
dok *m*
docker [ˋdokə(r)] *s* doker *m*,
robotnik portowy
dockyard [ˋdokjɑd] *s* stocznia *f*
doctor [ˋdoktə(r)] *s* doktor *m*;
to go to the ∼ iść do le-
karza; to consult the ∼ poradzić się lekarza; to call
in the ∼ wezwać lekarza;
to send for the ∼ posłać
po lekarza
document [ˋdokjumənt] *s* dokument *m*; checking the
∼s kontrola *f* dokumentów;
necessary ∼s potrzebne
⟨niezbędne⟩ dokumenty
doer [ˋduə(r)] *s* sprawca *m*
dog [dog] *s* pies *m*; *przen.* to
go to the ∼s zejść na psy;
every ∼ has his day fortu-
na kołem się toczy; let
sleeping ∼s lie nie wywo-
łuj wilka z lasu
dogma [ˋdogmə] *s* dogmat *m*
dole [dəul] *s* zasiłek *m* dla
bezrobotnych; to be on the
∼ pobierać zasiłek; to go
on the ∼ przejść na zasi-
łek
doll [dol] *s* lalka *f*
dollar [ˋdolə(r)] *s* dolar *m*
dome [dəum] *s* kopuła *f*
domestic [dəˋmestik] I *adj* domowy; wewnętrzny II *s* służący *m*, służąca *f*
domicile [ˋdomisail] *s* miejsce
n (stałego) zamieszkania
dominate [ˋdomineit] *v* panować ⟨górować⟩ (sth nad
czymś)
dominion [dəˋminiən] *s* zwierz-

chnictwo *n*; (*territory*) do-
minium *n*
domino [ˋdominəu] *s* domino *n*
done *zob.* do; ∼! zrobione!;
zgoda!
donkey [ˋdoŋki] *s* osioł *m*; ∼'s
years kawał *m* czasu
donor [ˋdəunə(r)] *s* dawca *m*;
∼ of blood krwiodawca *m*
doom [dum] I *s* los *m*, przeznaczenie *n* II *v* skazywać
door [do(r)] *s* drzwi *pl*; next
∼ tuż obok; out of ∼s na
powietrzu, na dworze
door-keeper [ˋdo kipə(r)] *s* dozorca *m*; portier *m*; ∼'s
lodge portiernia *f*
doorway [ˋdowei] *s* wejście *n*
dope [dəup] I *s* narkotyk *m*;
sl. poufna wiadomość II *v*
narkotyzować (się)
dormitory [ˋdomitri] *s* wspól-
na sypialnia (w internacie
itp.); *am.* dom akademicki,
dom studencki
dose [dəus] I *s* dawka *f* II *v*
dawkować
dot [dot] I *s* kropka *f* II *v*
kropkować; to ∼ the „i”
postawić kropkę nad „i”
dote [dəut] *v* to ∼ on ⟨upon⟩
sb kochać kogoś do szaleństwa, być zaślepionym w
kimś
double [ˋdʌbl] I *v* podwajać;
teatr. dublować; (*in cards*)
kontrować II *adj* podwójny; zdwojony III *s* sobow-
tór *m*; *teatr.* dubler *m*
double-breasted [ˋdʌbl ˋbrestid]
adj (*of a coat*) dwurzędo-
wy
doubt [daut] I *v* wątpić (of sth
o czymś); nie dowierzać
(komuś, czemuś) II *s* wątpliwość *f*; niepewność *f*; to
be in ∼ mieć wątpliwość
doubtful [ˋdautfl] *adj* wątpliwy, niepewny
dough [dəu] *s* 1. ciasto *n* 2.
sl. forsa *f*, pieniądze *pl*
doughnut [ˋdəunʌt] *s* pączek
m
dove [dʌv] *s* gołąb *m*

dove-cot(e)   **100**

dove-cot(e) [ˈdʌv kəut] s go-
łębnik *m*
dowdy [ˈdaudɪ] *adj* bez gustu;
zaniedbany
down¹ [daun] s puch *m*, puszek *m*
down² [daun] I *adv* w dół;
niżej; w dole II *adj* dolny
III s spadek *m* (terenu); **the
ups and ~s** falistość *f* (terenu); *przen.* zmienne koleje (losu itd.)
downpour [ˈdaunpɔ(r)] s ulewa *f*
downstairs [ˈdaunˈsteəz] *adv*
w dół po schodach, na dół
downward(s) [ˈdaunwəd(z)] *adv*
ku dołowi, na ⟨w⟩ dół
dowry [ˈdauərɪ] s posag *m*,
wiano *m*
doze [dəuz] I s drzemka *f*; **to
have a ~** zdrzemnąć się II
v drzemać
dozen [ˈdʌzn] s tuzin *m*; **over
a ~** kilkanaście; **several ~**
kilkadziesiąt
drab [dræb] *adj* szary, bezbarwny; *przen.* monotonny,
nudny
draft [draft] I s 1. szkic *m*;
projekt *m* 2. *wojsk.* pobór
m 3. *fin.* weksel *m* II *v* 1.
szkicować 2. *wojsk.* odko-
menderować
draftsman [ˈdraftsmən] s (*pl*
draftsmen) kreślarz *m*, rysownik *m*
drag [dræg] *v* ciągnąć ⟨wlec⟩
(się)
dragon [ˈdrægən] s smok *m*
dragon-fly [ˈdrægənflaɪ] s
ważka *f*
drain [dreɪn] I *v* odwadniać;
drenować II s dren *m*; ściek
m; *pl* ~**s** kanały *pl*; kanalizacja *f*
drama [ˈdramə] s dramat *m*;
the ~ sztuka dramatyczna
dramatist [ˈdræmətɪst] s dra-
maturg *m*
dramatize [ˈdræmətaɪz] *v* dra-
matyzować
drank *zob.* **drink** *v*

drastic [ˈdræstɪk] *adj* dras-
tyczny
draught [draft] s 1. przeciąg
m; **there is a ~** wieje (od
okna itd.) 2. (*gulp*) haust
m, łyk *m* 3. *pl* ~**s** warcaby *pl*
draw [drɔ] *v* (**drew** [dru],
drawn [drɔn]) 1. ciągnąć:
wyciągać; *przen.* przyciągać
(uwagę); **to ~ aside** odciąg-
nąć (kogoś) na stronę; **to
~ back** cofnąć; **to ~ forth**
wywołać (śmiech); **to ~ on**
na(d)ciągać; **to ~ round**
zbierać się dokoła; **to ~ up**
wyciągnąć w górę; **to ~ lots
for sth** ciągnąć losy o coś:
to ~ a cheque wystawić
czek 2. (*make pictures*) rysować
drawback [ˈdrɔbæk] s wada
f; ujemna strona
draw-bridge [ˈdrɔbrɪdʒ] s most
zwodzony
drawer [drɔ(r)] s 1. szuflada
f; **chest of ~s** komoda *f* 2.
(*person*) rysownik *m* 3. *pl*
~**s** kalesony *pl*; reformy *pl*
drawing [ˈdrɔ-ɪŋ] s rysunek *m*
drawing-room [ˈdrɔ-ɪŋ rum] s
salon *m*
drawl [drɔl] *v* przeciągać ⟨ce-
dzić⟩ słowa
drawn *zob.* **draw**
dread [dred] I s strach *m*,
lęk *m* II *v* bać się (**sth**
czegoś)
dreadful [ˈdredfl] *adj* straszny, okropny
dream [drim] I s sen *m*, marzenie *n* II *v* (**dreamed**
[drimd], **dreamt** [dremt])
śnić, marzyć
dreary [ˈdrɪərɪ] *adj* ponury;
posępny
dregs [dregz] *plt* męty *pl*; fusy *pl*, osad *m*
drench [drentʃ] *v* przemoczyć
dress [dres] I *v* 1. ubierać
(się); przystroić; **to ~ up**
wystroić (się); **to ~ for
dinner** wkładać smoking do
kolacji 2. *med.* opatrzyć (ra-

nę) **II** *s* 1. strój *m*; szata *f*; ubranie *n*; **full** ~ strój wieczorowy; **evening** ~ *(man's)* smoking *m*; *(woman's)* suknia wieczorowa 2. *teatr.* ~ **circle** pierwszy balkon
dressing ['dresɪŋ] *s* 1. ubieranie się *n*, toaleta *f*; **hair** ~ uczesanie *n* 2. *(in a shop- -window)* dekoracja sklepowa 3. *med.* bandażowanie *n* rany; ~ **materials** środki opatrunkowe 4. *kulin.* sos *m* (np. do sałaty)
dressing-case ['dresɪŋ keɪs] *s* neseser *m*
dressing-gown ['dresɪŋ gaʊn] *s* szlafrok *m*
dressmaker ['dresmeɪkə(r)] *s* krawcowa *f*
drew *zob.* **draw**
drift [drɪft] **I** *s* unoszenie się *n* z prądem; *mor.* dryf *m*; *(tendency)* dążność *f* **II** *v* unosić się na wodzie; płynąć z prądem; sunąć; *mor.* dryfować; *(carry)* nieść
drill [drɪl] **I** *v* musztrować, ćwiczyć **II** *s* musztra *f*
drill [drɪl] **I** *v* świdrować **II** *s* świder *m*
driller ['drɪlə(r)] *s* wiertarka *f*
drink [drɪŋk], **drunk** [drʌŋk]) pić **II** *s* napój *m*; **soft** ~s bezalkoholowe napoje chłodzące; **strong** ~s trunki *pl*; **to have a** ~ napić się; **to take to** ~ rozpić się
drinkable ['drɪŋkəbl] *adj* nadający się do picia; pitny; ~ **water** woda *f* do picia
drinking ['drɪŋkɪŋ] **I** *s* picie *n*, pijaństwo *n* **II** *adj*: ~ **water** woda *f* do picia
drip [drɪp] *v* kapać; ściekać
drip-dry ['drɪp'draɪ] *adj* (materiał) nie wymagający prasowania
drive [draɪv] **I** *v* (**drove** [drəʊv], **driven** ['drɪvn]) jechać, pędzić; *mot.* kierować samochodem; *przen.* **to** ~ **at sth** zmierzać do cze-

goś; **to** ~ **sb to despair** doprowadzać kogoś do rozpaczy **II** *s* przejażdżka *f*; jazda *f*; *(tendency)* pęd *m*; *techn.* napęd *m*; *(road)* aleja *f*; podjazd *m*
drive-in ['draɪv ɪn] *adj* zajezdny; ~ **cinema** kino parkingowe
driver ['draɪvə(r)] *s* woźnica *m*; szofer *m*
driving ['draɪvɪŋ] *s* jazda *f*, przejażdżka *f*, prowadzenie *n* samochodu; **left** ⟨**right**⟩ ~ ruch lewostronny ⟨prawostronny⟩; **drunken** ~ prowadzenie *n* samochodu po pijanemu; ~ **licence** prawo *n* jazdy
drizzle ['drɪzl] **I** *v* mżyć **II** *s* mżawka *f*
drop [drop] **I** *s* 1. kropla *f* 2. *(slope)* spadek *m*; **pressure** ~ spadek ciśnienia; **temperature** ~ spadek temperatury 3. *pl* ~s cukierki *pl* **II** *v* 1. kapać 2. *(fall down)* spadać; **to** ~ **in** wpaść do kogoś; odwiedzić kogoś
dropper ['dropə(r)] *s* kroplomierz *m*, zakraplacz *m*
drought [draʊt] *s* susza *f*, posucha *f*
drove *zob.* **drive** *v*
drown [draʊn] *v* topić (się) tonąć; **to be** ~**ed** utopić się
drowse [draʊz] **I** *v* drzemać **II** *s* drzemka *f*
drowsy ['draʊzɪ] *adj* senny; ospały
drudge [drʌdʒ] *v* harować
drug [drʌg] *s* lekarstwo *n*, lek *m*; *(narcotic)* narkotyk *m*
druggist ['drʌgɪst] *s* aptekarz *m*
drug-store ['drʌg stɔ(r)] *s* *am.* drogeria *f* (z działem napojów chłodzących)
drum [drʌm] **I** *s* 1. bęben *m*; **brake** ~ bęben hamulcowy 2. *anat.* bębenek *m* **II** *v* bębnić
drunk *zob.* **drink** *v*

drunkard [ˈdrʌŋkəd] s pijak
m
dry [drai] **I** *adj* suchy; ~
wine wytrawne wino **II** *v*
suszyć; schnąć
dry-clean [ˈdraiˈklin] *v* czyścić chemicznie ⟨na sucho⟩
dryer [ˈdraiə(r)] s suszarka *f*;
suszarnia *f*
dual [ˈdjuļ] *adj* podwójny,
dwoisty
dub [dʌb] *v* dubbingować
(film)
dubious [ˈdjubiəs] *adj* wątpliwy, niepewny
duchess [ˈdʌtʃis] s księżna *f*
duchy [ˈdʌtʃi] s księstwo *n*
duck [dʌk] s kaczka *f*
duct [dʌkt] s kanał *m*; *anat.*
przewód *m*
due [dju] **I** *adj* **1.** płatny;
when ~ w terminie płatności **2.** (*owing*) należny; **what
is** ~ **to**, co się należy **3.**
(*proper*) odpowiedni, stosowny || **the train is** ~ **to
arrive at** ... pociąg planowo
przyjeżdża o ...; **the train
is** ~ **out at 8.15** pociąg odjedzie (wg planu) o godz. 8¹⁵;
in ~ **time** w porę **II** s należność *f*; opłata *f*; *pl* ~s
składki członkowskie
dug *zob.* **dig** *v*
duke [djuk] s książę *m*
dull [dʌl] **I** *adj* nudny; (*not
clever*) tępy; (*not bright*)
matowy; mętny **II** *v* przytępiać; (*lose clearness*) matowieć
duly [ˈdjuli] *adv* należycie,
słusznie
dumb [dʌm] *adj* niemy;
~ **show** pantomima *f*
dumbfound [dʌmˈfaund] *v* odebrać komuś mowę; wprawić w osłupienie
dummy [ˈdʌmi] s manekin *m*;
marionetka *f*; (*imitation*)
imitacja *f*; *teatr.* statysta *m*;
(*in cards*) dziadek *m*; baby's
~ smoczek *m*
dumpling [ˈdʌmpliŋ] s knedel

m, kluska *f*; **apple** ~ jabłko
n w cieście
dune [djun] s wydma piaszczysta
dupe [djup] **I** *v* oszukać **II** s
ofiara *f* oszustwa
duplicate [ˈdjuplikət] **I** *adj*
podwójny **II** s kopia *f*, duplikat *m*; **made in** ~ sporządzony w dwóch egzemplarzach **III** *v* [ˈdjuplikeit]
kopiować
duplicity [djuˈplisəti] s fałsz
m, obłuda *f*
durable [ˈdjuərəbl] *adj* trwały
duration [djuˈreiʃn] s trwanie
n; **of short** ~ krótkotrwały
during [ˈdjuəriŋ] *praep* podczas, w ciągu (czegoś)
dusk [dʌsk] s zmierzch *m*,
półmrok *m*
dusky [ˈdʌski] *adj* ciemny
dust [dʌst] **I** s kurz *m*, proch
m, pył *m* **II** *v* za/kurzyć;
(*clean*) wycierać ⟨ścierać⟩
kurz
dust-coat [ˈdʌst kəut] s prochowiec *m*
dustbin [ˈdʌstbin] s pojemnik
m na śmieci
dustman [ˈdʌstmən] s (*pl*
dustmen) śmieciarz *m*
dusty [ˈdʌsti] *adj* zakurzony
Dutch [dʌtʃ] **I** *adj* holenderski **II** s język holenderski;
the ~ Holendrzy *pl*
Dutchman [ˈdʌtʃmən] s (*pl*
Dutchmen) Holender *m*
dutiable [ˈdjutiəbl] *adj* podlegający ocleniu
dutiful [ˈdjutifl] *adj* obowiązkowy, sumienny
duty [ˈdjuti] s **1.** obowiązek
m; **to do one's** ~ spełniać
obowiązek; **on** ~ na służbie;
na dyżurze; **off** ~ po służbie **2.** (*custom*) cło *n*; opłata
celna; **entrance** ⟨**import**⟩ ~
opłata celna przywozowa;
export ~ cło wywozowe;
transit ~ cło tranzytowe;
to pay the ~ **(on sth)** płacić
cło (za coś)

duty-free [`djutıfri] *adj* wolny od opłaty celnej; ~ zone strefa wolnocłowa
dwarf [dwɔf] I *s* karzeł *m* II *adj* karłowaty
dwell [dwel] *v* (dwelt [dwelt], dwelt) mieszkać, przebywać
dweller [`dwelə(r)] *s* mieszkaniec *m*
dwelling [`dwelıŋ] *s* mieszkanie *n*; siedziba *f*
dwelt *zob.* dwell
dwindle [`dwındl] *v* zmniejszać ⟨kurczyć⟩ się

dye [daı] I *v* farbować (się) II *s* farba *f*
dyer [`daıə(r)] *s* farbiarz *m*
dye-stuff [`daıstʌf] *s* barwnik *m*
dye-works [`daıwɜks] *s* farbiarnia *f*
dynamic [daı`næmık] *adj* dynamiczny
dynamite [`daınəmaıt] *s* dynamit *m*
dynasty [`dınəstı] *s* dynastia *f*
dysentery [`dısntrı] *s* *med.* biegunka *f*, czerwonka *f*

E

each [itʃ] *adj pron* każdy; ~ other nawzajem
eager [`igə(r)] *adj* gorliwy, zapalony; żądny (for ⟨after⟩ sth czegoś); to be ~ to ... bardzo pragnąć ...
eagle [`igl] *s* orzeł *m*
ear¹ [ıə(r)] *s* kłos *m* (zboża)
ear² [ıə(r)] *s* ucho *n*; to play by ~ grać ze słuchu; *przen.* to be all ~s zamienić się w słuch
ear-ache [`ıəreık] *s* ból *m* ucha
early [`ɜlı] I *adj* wczesny; to keep ~ hours wcześnie kłaść się spać i wcześnie wstawać II *adv* wcześnie
earn [ɜn] *v* zarabiać; to ~ one's living by sth zarabiać czymś na życie; utrzymywać się z czegoś
earnest [`ɜnıst] I *adj* poważny; gorliwy II *s* 1. powaga *f*; in ~ poważnie, na serio 2. (*advance*) zadatek *m*; to give an ~ zadatkować, dać zadatek
earnings [`ɜnıŋz] *plt* zarobki *pl*, dochody *pl*
ear-ring [`ıərıŋ] *s* kolczyk *m*
earth [ɜθ] *s* ziemia *f*; świat *m*; *pot.* why on ~? dlaczego u licha?
earthen [`ɜθn] *adj* gliniany

earthenware [`ɜθnweə(r)] *s* wyroby garncarskie
earthly [`ɜθlı] *adj* ziemski
earthquake [`ɜθkweık] *s* trzęsienie *n* ziemi
ease [iz] I *s* wygoda *f*; swoboda *f*; beztroska *f*; to be at ~ być spokojnym; nie martwić się; to set sb at ~ stworzyć komuś swobodną atmosferę; rozwiać czyjeś obawy; to be ill at ~ czuć się nieswojo ⟨skrępowanym⟩ II *v* łagodzić, uspokajać
easel [`izl] *s* sztaluga *f*
east [ist] I *s* wschód *m* II *adj* wschodni III *adv* na wschód
Easter [`istə(r)] *s* Wielkanoc *f*; ~ egg pisanka *f*
eastern [`istən] *adj* wschodni
eastward [`istwəd] I *adv* ~s ku wschodowi II *adj* wschodni
easy [`ızı] I *adj* łatwy; (*light-hearted*) spokojny; beztroski; swobodny II *adv* łatwo; to take life ~ nie przejmować się
easy-chair [`ızı tʃeə(r)] *s* fotel klubowy
eat [it] *v* (ate [et, *am.* eıt], eaten [`itn]) jeść; to ~ sth raw jeść coś na surowo
eatable [`itəbl] I *adj* jadalny

II s (pl) ~s artykuły spożywcze; żywność f
eaten zob. eat
eavesdrop ['ivzdrop] v podsłuchiwać
ebb [eb] I s odpływ m (morza); (decline) upadek m (sił itd.) II v odpływać; (decline) słabnąć
ebony ['ebənɪ] s heban m
eccentric [ɪk'sentrɪk] I adj ekscentryczny, dziwaczny II s dziwak m
echo ['ekəʊ] I s (pl ~es) echo n II v odbijać się echem
éclair [ɪ'kleə(r)] s ekler m; ptyś m
economic ['ikə'nomɪk] adj ekonomiczny, gospodarczy
economics ['ikə'nomɪks] s ekonomika f; gospodarka f
economist [i'konəmɪst] s ekonomista m
economize [i'konəmaɪz] v oszczędzać; robić oszczędności
economy [i'konəmɪ] s ekonomia f; gospodarka f; to practise ~ wprowadzać oszczędności
ecstasy ['ekstəsɪ] s ekstaza f
eczema ['eksɪmə] s med. egzema f
Eden ['idn] s raj m
edge [edʒ] I s ostrze n; (border) krawędź f II v ostrzyć; (sew) obszyć
edible ['edəbl] I adj jadalny II s (pl) ~s artykuły spożywcze
edifice ['edɪfɪs] s gmach m, budynek m
edify ['edɪfaɪ] v pouczać, wpływać budująco
edit ['edɪt] v redagować; (publish) wydawać
edition [ɪ'dɪʃn] s wydanie n; cheap ~ tanie wydanie; pocket ~ wydanie kieszonkowe; popular ~ wydanie popularne; revised and enlarged ~ wydanie poprawione i uzupełnione

editor ['edɪtə(r)] s redaktor m; (publisher) wydawca f
editorial ['edɪ'tɔrɪəl] I adj redaktorski; (publisher's) wydawniczy; ~ office ⟨staff⟩ redakcja f II s artykuł wstępny
educate ['edʒʊkeɪt] v wychowywać, kształcić
education ['edʒʊ'keɪʃn] s wykształcenie n; nauka f; wychowanie n; university ~ wykształcenie wyższe ⟨uniwersyteckie⟩; to complete one's ~ ukończyć szkołę ⟨naukę⟩
eel [il] s węgorz m
effect [ɪ'fekt] I s 1. skutek m, rezultat m, wynik m; of no ~ bezskuteczny; in ~ w istocie; ściśle mówiąc 2. (of a bill) to have ⟨to take⟩ ~ wejść w' życie obowiązywać; to bring ⟨to carry⟩ into ~ wprowadzić w życie 3. (impression) wrażenie n 4. pl ~s ruchomości pl, dobytek m II v wykonywać, spełniać; to ~ an insurance ⟨a policy of insurance⟩ ubezpieczyć się
effective [ɪ'fektɪv] adj skuteczny; (attractive) efektowny
efficiency [ɪ'fɪʃnsɪ] s skuteczność f; sprawność f; wydajność f; ~ test próba f sprawności
efficient [ɪ'fɪʃnt] adj skuteczny; sprawny; zdolny
effort ['efət] s wysiłek m, próba f; to make ~s dokładać starań; to make an ~ spróbować
effusion [ɪ'fjuʒn] s med. wylew m
effusive [ɪ'fjusɪv] adj wylewny
egg [eg] s jajko n; fried ~s jajka smażone; scrambled ~s jajecznica f; hard boiled ~ jajko na twardo; soft boiled ~ jajko na miękko
egg-shell ['eg ʃel] s skorupka f od jajka

egoism [`egəuizm] s egoizm m
egoist [`egəuist] s egoista m
Egyptian [i`dʒipʃn] I s Egip-
cjanin m, Egipcjanka f II
adj egipski
eiderdown [`aidədɑun] s puch
m; (covering) kołdra pucho-
wa; pierzyna f
eight [eit] adj osiem
eighteen [ei`tin] adj osiemna-
ście
eighteenth [ei`tinθ] adj osiem-
nasty
eightfold [`eitfəuld] I adj oś-
miokrotny II adv ośmio-
krotnie
eighth [eitθ] adj ósmy
eightieth [`eitiəθ] adj osiem-
dziesiąty
eighty [`eiti] adj osiemdziesiąt
either [`aiðə(r)] I adj pron
obaj, obie, oboje; (one or
other) ten albo tamten; jeden z dwóch II conj ~ ...
or albo ... albo
elaborate [i`læbəreit] I v opra-
cowywać; badać szczegóło-
wo II adj [i`læbrət] wypra-
cowany
elapse [i`læps] v (of time) mi-
jać, upływać
elastic [i`læstik] I adj elas-
tyczny; ~ bandage bandaż
elastyczny; ~ stockings
pończochy elastyczne II s
guma f
elbow [`elbəu] I s łokieć m;
at one's ~ pod ręką II v
szturchać; popychać (się)
elder [`eldə(r)] s adj starszy
m (z dwóch)
elderly [`eldəli] adj starszy;
podstarzały
eldest [`eldist] adj najstarszy
(w rodzinie)
elect [i`lekt] I v wybierać II
adj wybrany
election [i`lekʃn] s wybór m
(przez głosowanie); general
~ wybory powszechne
elector [i`lektə(r)] s wyborca
m
electric(al) [i`lektrik(l)] adj

elektryczny; ~ discharge
wyładowanie elektryczne
electrician [i`lek`triʃn] s elek-
trotechnik m; elektryk m
electricity [i`lek`trisəti] s elektryczność f; ~ works elektrownia f
electrify [i`lektrifɑi] v elek-
tryfikować
electron [i`lektron] s elektron
m
elegance [`eligəns] s elegancja
f, wytworność f, szyk m
elegant [`eligənt] I adj ele-
gancki, wytworny, szykow-
ny II s elegant m
element [`eləmənt] s element
m; składnik m; chem. pierwiastek m; pl ~s podstawy
pl (nauki)
elementary [`elə`mentri] adj
elementarny, podstawowy;
chem. niepodzielny
elephant [`eləfnt] s słoń m
elevator [`eləveitə(r)] s elewa-
tor m; dźwig m; winda f
eleven [i`levn] adj jedenaście
eleventh [i`levnθ] adj jede-
nasty
eliminate [i`limineit] v elimi-
nować, usuwać, wykluczać
elk [elk] s zool. łoś m
elm [elm] s bot. wiąz m
eloquence [`eləkwəns] s elo-
kwencja f
else [els] adv 1. inaczej (bowiem); w przeciwnym ra-
zie 2. (besides) prócz tego,
ponadto; someone ~ ktoś
inny; what ~? co jeszcze?
elsewhere [els`weə(r)] adv
gdzie indziej
embankment [im`bæŋkmənt] s
nabrzeże n; grobla f; wał m
embark [im`bɑk] v ładować na
statek; (board) wsiadać na
statek
embarrass [im`bærəs] v zakło-
potać; zażenować
embassy [`embəsi] s ambasa-
da f
embezzle [im`bezl] v sprzenie-
wierzyć, zdefraudować

embitter [ım'bıtə(r)] v rozgo-
ryczać, rozjątrzać
emblem ['embləm] s emblemat m; godło n; symbol m
embody [ım'bodı] v wcielać,
ucieleśniać
embrace [ım'breıs] I v obejmować (się); zawierać II s
uścisk m
embroider [ım'brɔıdə(r)] v haftować, wyszywać
embryo ['embrıəu] s (pl ~s)
embrion m; zarodek m
emend [ı'mend] v poprawiać
(tekst); wnosić poprawki
emerald ['emərld] s szmaragd
m
emerge [ı'mɜdʒ] v wynurzać
się; pojawiać ⟨wyłaniać⟩ się
emergency [ı'mɜdʒənsı] s nagły wypadek; nagła potrzeba; **a state of** ~ stan wyjątkowy; ~ **brake** hamulec
bezpieczeństwa; ~ **exit**
wyjście zapasowe; ~ **repairs**
naprawa f na poczekaniu;
in case of ~ w nagłym wypadku
emigrate ['emıgreıt] v emigrować
emigré ['emıgreı] s emigrant
polityczny; pl ~s emigran-
ci pl
eminence ['emınəns] s wzniesienie n; (of a person) zna-
komitość f; kośc. eminen-
cja f
eminent ['emınənt] adj znakomity, wybitny
emit [ı'mıt] v wydzielać, wydawać; (of bank notes) puszczać w obieg (pieniądze)
emotion [ı'məuʃn] s wzruszenie n; (feeling) uczucie n
emotional [ı'məuʃnl] adj emo-
cjonalny, uczuciowy
emphasize ['emfəsaız] v podkreślać; kłaść nacisk (**sth na**
coś)
empire ['empaıə(r)] s impe-
rium n; cesarstwo n
employ [ım'plɔı] v stosować,
używać; (keep busy) za-
trudniać

employee ['emplɔı'i] s pracownik m
employer [ım'plɔıə(r)] s pra-
codawca m
employment [ım'plɔımənt] s
zajęcie n; praca f; ~ **agency**
biuro n zatrudnienia; **out**
of ~ bezrobotny m
empty ['emptı] I adj pusty,
próżny II v opróżniać
enable [ı'neıbl] v umożliwiać;
prawn. upoważniać
enamel [ı'næml] I s emalia f;
szkliwo n II v emaliować
enchant [ın'tʃant] v oczarować, zachwycić
enclose [ın'kləuz] v ogrodzić,
otoczyć; (attach) załączyć
(w liście)
enclosure [ın'kləuʒə(r)] s ogrodzenie n; (place) miejsce
ogrodzone; (thing enclosed)
załącznik m (w liście)
encore ['oŋkɔ(r)] s int bis
encourage [ın'kʌrıdʒ] v dodawać odwagi (**sb** komuś); zachęcać; popierać
encyclopaedia [ın'saıklə'pidıə]
s encyklopedia f
end [end] I s koniec m; (result) cel m; **to draw to an**
~ dobiegać końca; **to make**
an ~ **of**, **to put an** ~ **to** położyć (czemuś) kres; przen.
to make both ~**s meet** związać koniec z końcem; **three**
hours on ~ 3 godziny z rzędu ⟨bez przerwy⟩; **from** ~
to ~ od początku do końca; **in the** ~ wreszcie, w
końcu; **no** ~ **of** bez liku;
to no ~ na próżno; **to this**
~ w tym celu II v koń-
czyć (się)
endanger [ın'deındʒə(r)] v narażać na niebezpieczeństwo
endeavour [ın'devə(r)] I v u-
siłować; starać się; dążyć
II s dążenie n; staranie n
ending ['endıŋ] s zakończenie
n; gram. końcówka f
endorse [ın'dɔs] v żyrować
(weksel); indosować
endurance [ın'djuərəns] s wy-

trzymałość *f*; **beyond** ~ nie do wytrzymania
endure [ɪnˈdjʊə(r)] *v* znosić, wytrzymywać
enemy [ˈenəmɪ] *s* nieprzyjaciel *m*, wróg *m*
energetic [ˈenəˈdʒetɪk] *adj* energiczny
energy [ˈenədʒɪ] *s* energia *f*
engage [ɪnˈgeɪdʒ] *v* 1. angażować; (*of a telephone, taxi etc.*) ~d zajęty 2. (*book*) rezerwować (miejsce itd.) 3. to become ~d to sb zaręczyć się z kimś
engagement [ɪnˈgeɪdʒmənt] *s* zobowiązanie *n*; umowa *f*; (*employing*) zaangażowanie *n*; (*agreement to marry*) zaręczyny *pl*
engine [ˈendʒɪn] *s* 1. maszyna *f*; motor *m* 2. *mot.* silnik *m*; ~ **repair** remont *m* silnika; **jet** ~ silnik odrzutowy; **oil** ~ silnik wysokoprężny; **to start** ⟨**stop**⟩ **the** ~ włączyć ⟨wyłączyć⟩ silnik 3. lokomotywa *f*
engineer [ˈendʒɪˈnɪə(r)] I *s* inżynier *m*; **civil** ~ inżynier lądowy II *v* budować; zaprojektować
engineering [ˈendʒɪˈnɪərɪŋ] *s* mechanika *f*; technika *f*; inżynieria *f*; ~ **college** politechnika *f*
engine-room [ˈendʒɪn rʊm] *s* maszynownia *f*; hala *f* maszyn
English [ˈɪŋglɪʃ] I *adj* angielski II *s* język angielski; *pl* **the** ~ Anglicy *pl*; **the King's** ⟨**Queen's**⟩ ~ poprawna angielszczyzna; **in** ~ po angielsku; **into** ~ na język angielski
Englishman [ˈɪŋglɪʃmən] *s* (*pl* Englishmen) Anglik *m*
engrave [ɪnˈgreɪv] *v* wyryć
engraving [ɪnˈgreɪvɪŋ] *s* rytownictwo *n*; (*picture*) sztych *m*; ~ **on copper** miedzioryt *m*; **wood** ~ drzeworyt *m*
enigma [ɪˈnɪgmə] *s* zagadka *f*

enigmatic [ˈenɪgˈmætɪk] *adj* zagadkowy
enjoy [ɪnˈdʒɔɪ] *v* cieszyć się (**sth, doing sth** czymś); znajdować upodobanie (**w** czymś); **to** ~ **life** używać życia; **to** ~ **oneself** dobrze się bawić
enjoyment [ɪnˈdʒɔɪmənt] *s* przyjemność *f*; uciecha *f*
enlarge [ɪnˈlɑdʒ] *v* powiększać (się)
enlighten [ɪnˈlaɪtn] *v* oświecać; **to** ~ **sb on sth** objaśniać coś komuś
enlist [ɪnˈlɪst] *v* zaciągnąć (się) do wojska
enliven [ɪnˈlaɪvn] *v* ożywiać
enmity [ˈenmɪtɪ] *s* wrogość *f*; nienawiść *f*
enormous [ɪˈnɔməs] *adj* olbrzymi, ogromny
enough [ɪˈnʌf] I *adj* wystarczający II *adv* dosyć; wystarczająco; pod dostatkiem; **to be** ~ wystarczyć
enquire [ɪnˈkwaɪə(r)] *v* = **inquire**
enquiry [ɪnˈkwaɪərɪ] *s* = **inquiry**
enrage [ɪnˈreɪdʒ] *v* rozwścieczać
enrich [ɪnˈrɪtʃ] *v* wzbogacać; *roln.* użyźniać (glebę)
enroll [ɪnˈrəʊl] *v* rejestrować, wciągać (na listę, itd.); werbować; **to** ~ **oneself** zapisać się
ensue [ɪnˈsju] *v* następować (**on** ⟨**from**⟩ **sth** po czymś)
ensure [ɪnˈʃʊə(r)] *v* zapewniać, gwarantować; (*secure*) zabezpieczać (**sb, sth against** ⟨**from**⟩ **sth** kogoś, coś przed czymś)
enter [ˈentə(r)] *v* 1. wchodzić, wkraczać, wstępować; **to** ~ **into business relations** wejść w stosunki handlowe 2. wpisać (**sb on the list** kogoś na listę)
enteric [enˈterɪk] *adj* jelitowy; *med.* ~ **fever** dur brzuszny

enterprise ['entəpraiz] s przedsięwzięcie n; (initiative) przedsiębiorczość f; inicjatywa f; handl. przedsiębiorstwo n; firma f

entertain ['entə'tein] v zabawiać; (receive) podejmować (gości)

entertainer ['entə'teinə(r)] s artysta estradowy; konferansjer m

entertainment ['entə'teinmənt] s zabawa f, rozrywka f

enthusiasm [in'θju:ziæzm] s entuzjazm m (for ⟨about⟩ sb, sth dla kogoś, do czegoś); zapał m

entice [in'tais] s nęcić, wabić

entire [in'taiə(r)] adj cały, zupełny

entitle [in'taitl] v zatytułować (książkę itp.); (authorize) upoważniać

entrance ['entrns] s wejście n; wjazd m; dostęp m

entreat [in'trit] v błagać

entresol ['õtrəsol] s półpiętro n; antresola f

entrust [in'trʌst] v powierzać (sth to sb, sb with sth coś komuś)

entry ['entri] s 1. wejście n; "no ⁓" wjazd ⟨wstęp⟩ wzbroniony 2. (item) pozycja f (w księgach); zapis m

enumerate [i'nju:məreit] v wyliczać

envelop [in'veləp] v owijać ⟨okrywać⟩ (in sth czymś)

envelope ['envələup] s koperta f (na list)

enviable ['enviəbl] adj godny pozazdroszczenia

envious ['enviəs] adj zawistny, zazdrosny (of sb, sth o kogoś, coś)

environment [in'vaiərənmənt] s otoczenie n; środowisko n

environs [in'vaiərən(z)] plt okolica f; sąsiedztwo n

envoy ['envoi] s wysłannik m; dypl. poseł m

envy ['envi] I s zawiść f, za-

zdrość f (of ⟨at⟩ sth z powodu czegoś, o coś) II v zazdrościć

epidemic ['epi'demik] I adj epidemiczny II s epidemia f; cholera ⁓ epidemia cholery; flu ⁓ epidemia grypy

epilepsy ['epilepsi] s med. padaczka f

episcopal [i'piskəpl] adj biskupi, episkopalny

episode ['episəud] s epizod m

epoch ['i:pok] s epoka f

equal ['i:kwl] I adj równy (with sb, sth komuś, czemuś); to get ⁓ with sb odpłacić się komuś II v równać się, dorównywać

equality [i'kwoləti] s równość f

equalize ['i:kwəlaiz] v wyrównywać

equation [i'kweiʒn] s wyrównywanie n; mat. równanie n

equator [i'kweitə(r)] s równik m

equatorial ['ekwə'tɔ:riəl] adj równikowy; tropikalny

equilibrium ['i:kwi'libriəm] s równowaga f

equip [i'kwip] v zaopatrywać, wyposażać (with sth w coś)

equipment [i'kwipmənt] s wyposażenie n, sprzęt m; tourist ⁓ sprzęt turystyczny

equivalent [i'kwivlənt] I adj równoważny, równoznaczny II s równowartość f; ekwiwalent m

equivocal [i'kwivəkl] adj dwuznaczny, wymijający

era ['iərə] s era f

erase [i'reiz] v wycierać, wymazywać

eraser [i'reizə(r)] s guma f do wycierania

erect [i'rekt] I adj prosty, wyprostowany; stojący II v wznosić, budować

erotic [i'rotik] adj erotyczny

err [3:(r)] v błądzić; mylić się

errand ['erənd] s zlecenie n; sprawa f; sprawunek m

errand-boy [ˈerənd bɔɪ] s chłopiec *m* na posyłki; goniec *m*

error [ˈerə(r)] s błąd *m*; pomyłka *f*; **clerical** ~ błąd w przepisywaniu; (*of goods etc.*) **sent in** ~ mylnie skierowany

escalator [ˈeskəleɪtə(r)] s ruchome schody

escape [ɪˈskeɪp] **I** v uniknąć; (*run away*) uciec **II** s ucieczka *f*; **to have a narrow** ~ o włos uniknąć nieszczęścia

escort [ˈeskɔt] **I** s eskorta *f*; konwój *m*; (*person*) osoba towarzysząca **II** v [ɪˈskɔt] eskortować, konwojować; *przen.* towarzyszyć

especial [ɪˈspeʃl] *adj* specjalny, osobliwy

espionage [ˈespɪənaʒ] s szpiegostwo *n*

esplanade [ˈespləneɪd] s esplanada *f*

esprit [ˈespri] s dowcip *m*

essay [ˈeseɪ] s próba *f* (**at sth** czegoś); *lit.* esej *m*

essence [ˈesns] s istota *f*; treść *f*; **the** ~ **of the matter** sedno *n* sprawy

essential [ɪˈsenʃl] *adj* istotny, zasadniczy, podstawowy; **it is** ~ **that** ... jest rzeczą zasadniczą ⟨niezbędną⟩, aby ...

establish [ɪˈstæblɪʃ] v zakładać; ustalać

establishment [ɪˈstæblɪʃmənt] s założenie *n* (firmy itd.); (*institution*) przedsiębiorstwo *n*; zakład *m*

estate [ɪˈsteɪt] s 1. majątek *m* (ziemski), posiadłość *f*; *pl* **housing** ~s kolonie ⟨osiedla⟩ mieszkaniowe 2. (*property*) mienie *n*; **real** ~ nieruchomość *f* 3. ~ **car** kombi *n*

esteem [ɪˈstim] **I** v szanować, cenić **II** s szacunek *m*

estimate [ˈestɪmeɪt] **I** v oceniać, szacować **II** s [ˈestɪmət] ocena *f*; oszacowanie *n*; **rough** ~ obliczenie przybliżone

Estonian [eˈstəʊnɪən] **I** *adj* estoński **II** s Estończyk *m*; Estonka *f*

estuary [ˈestʃuərɪ] s ujście *n* (rzeki)

etching [ˈetʃɪŋ] s rytowanie *n*; (*picture*) akwaforta *f*

eternal [ɪˈtɜnl] *adj* wieczny; nieśmiertelny

eternity [ɪˈtɜnətɪ] s wieczność *f*

ether [ˈiθə(r)] s eter *m*

ethics [ˈeθɪks] s etyka *f*

ethnographic(al) [ˌeθnəˈgræfɪkl] *adj* etnograficzny

ethnology [eθˈnolədʒɪ] s etnologia *f*

etymology [ˌetɪˈmolədʒɪ] s etymologia *f*

European [ˌjuərəˈpɪən] **I** *adj* europejski **II** s Europejczyk *m*; Europejka *f*

evacuate [ɪˈvækjueɪt] v ewakuować; opróżniać

evade [ɪˈveɪd] v unikać; obchodzić (prawo itd.)

evaluate [ɪˈvæljueɪt] v oceniać, szacować

evasive [ɪˈveɪsɪv] *adj* wymijający, wykrętny

eve [iv] s wigilia *f*; **Christmas** ~ wigilia Bożego Narodzenia; **on the** ~ **of sth** w przededniu czegoś

even [ˈivn] **I** v wyrównać **II** *adj* równy; gładki; ~ **number** liczba parzysta; **to get** ~ **with sb** odpłacić się komuś (**za coś**) **III** *adv* równo; (*still*) nawet; właśnie

evening [ˈivnɪŋ] s wieczór *m*; ~ **dress** ubranie wieczorowe; **in the** ~ wieczorem; **this** ~ dziś wieczorem

event [ɪˈvent] s wypadek *m*; wydarzenie *n*; **current** ~s wydarzenia bieżące; **at all** ~s w każdym razie; **in the** ~ **of** ... w wypadku ⟨w razie⟩ ... (czegoś)

eventful [ɪˈventfl] *adj* (*of life etc.*) burzliwy; (*of a day etc.*) pamiętny

eventual [ɪˈventʃuəl] *adj* możliwy; ewentualny; (*final*) ostateczny

ever ['evə(r)] *adv* **1.** kiedykolwiek; **hardly** ~ rzadko kiedy **2.** (*in questions*) kiedyś; **have you** ~ **seen it?** czy widziałeś to kiedyś? **3.** (*always*) zawsze; **for** ~ na zawsze; ~ **after** od tego czasu; **as** ~ **you can** jak tylko możesz; **thanks** ~ **so much** bardzo dziękuję

everlasting ['evə'lastıŋ] *adj* wieczny; nieśmiertelny

every ['evrı] *adj* każdy; wszelki; ~ **five minutes** co 5 minut; ~ **now and then** co jakiś czas; ~ **other day** co drugi dzień

everybody ['evrıbodı] *pron* każdy; wszyscy

everyday ['evrı'deı] *adj* codzienny; powszedni

everyone ['evrıwʌn] *pron* = = everybody

everything ['evrıθıŋ] *pron* wszystko

everywhere ['evrıweə(r)] *adv* wszędzie; ~ **you go** gdziekolwiek pójdziesz

evidence ['evıdəns] *s* oczywistość *f*; (*proof*) dowód *m*; *prawn.* zeznanie *n*; **to bear** ⟨**to give**⟩ ~ **(of sth)** składać zeznania (o czymś); **to call sb in** ~ wezwać kogoś na świadka

evident ['evıdənt] *adj* oczywisty; jawny; widoczny

evil ['ivl] **I** *adj* zły **II** *s* zło *n*

evoke [ı'vəuk] *v* wywoływać

evolution ['ivə'luʃn] *s* ewolucja *f*

ewe [ju] *s* owca *f*

exact [ıg'zækt] *adj* ścisły; dokładny

exaggerate [ıg'zædʒəreıt] *v* przesadzać; wyolbrzymiać

exaggeration [ıg'zædʒə'reıʃn] *s* przesada *f*

exam [ıg'zæm] *s pot.* = examination

examination [ıg'zæmı'neıʃn] *s* **1.** egzamin *m*; **to sit for** ⟨**to take**⟩ **an** ~ przystąpić do egzaminu; **to pass an** ~ zdać egzamin **2.** (*checking*) badanie *n*, dociekanie *n*; **medical** ~ badanie lekarskie; **under** ~ badany, rozpatrywany; *sąd.* **to undergo** ~ być przesłuchiwanym

examine [ıg'zæmın] *v* egzaminować, badać

examiner [ıg'zæmınə(r)] *s* egzaminator *m*

example [ıg'zampl] *s* przykład *m*, wzór *m*; **for** ~ na przykład; **without** ~ bez precedensu

excavate ['ekskəveıt] *v* wykopywać

excavation ['ekskə'veıʃn] *s* wykopywanie *n*; *pl* ~s prace wykopaliskowe

exceed [ık'sid] *v* przewyższać, przekraczać; **to** ~ **speed limit** przekraczać dozwoloną szybkość

exceeding [ık'sidıŋ] *adj* niezmierzony; nadzwyczajny

excel [ık'sel] *v* przewyższać; celować **(in** ⟨**at**⟩ **sth** w czymś)

excellent ['eksələnt] *adj* doskonały; znakomity

except [ık'sept] **I** *v* wykluczyć, wyłączyć **II** *praep* poza; wyjąwszy; z wyjątkiem; ~ **for ...** poza ... (czymś); pomijając ... (coś) **III** *conj* chyba, że ...

exception [ık'sepʃn] *s* wyjątek *m* **(to a rule** od reguły); (*objection*) zastrzeżenie *n*

excess [ık'ses] *s* nadmiar *m*; przekroczenie *n*; ~ **fare** dopłata *f* (do biletu); ~ **luggage** nadwyżka *f* bagażu; **in** ~ **of** powyżej

excessive [ık'sesıv] *adj* nadmierny

exchange [ıks'tʃeındʒ] **I** *v* wymieniać; **to** ~ **greetings** pozdrawiać się wzajemnie **II** *s* **1.** zamiana *f*, wymiana *f*; **employment** ~ biuro *n* pośrednictwa pracy; ~ voucher bon turystyczny; bill of ~ weksel *m* 2. foreign ~ dewizy *pl*; rate of ~ kurs *m* (waluty); stock ~ giełda *f* 3. *telef.* centrala *f*; local ~ centrala miejska; trunk service ~ centrala międzymiastowa

exchequer [ɪksˈtʃekə(r)] *s* skarb *m* państwa; ministerstwo *n* skarbu; the Chancellor of the Exchequer minister *m* finansów (w Anglii)

excite [ɪkˈsaɪt] *v* pobudzać, podniecać; to get ~d denerwować się

excitement [ɪkˈsaɪtmənt] *s* podniecenie *n*, zdenerwowanie *n*

exclaim [ɪkˈskleɪm] *v* zawołać, wykrzyknąć

exclamation [ˌekskləˈmeɪʃn] *s* okrzyk *m*; ~. mark ⟨point⟩ wykrzyknik *m*

exclude [ɪksˈklud] *v* wykluczać; wyłączać

excursion [ɪkˈskɜːʃn] *s* wycieczka *f*; ~ cruise rejs wycieczkowy; ~ by car wycieczka samochodowa (organizowana); group ~ wycieczka zbiorowa; to go for an ~ iść ⟨udać się⟩ na wycieczkę

excuse [ɪkˈskjuz] I *v* usprawiedliwiać (się); wybaczać; ~ me przepraszam II *s* [ɪkˈskjus] wytłumaczenie *n*; usprawiedliwienie *n*; wymówka *f*; give them my ~s przeproś ich ode mnie; to make ~s przepraszać

execute [ˈeksɪkjut] *v* wykonywać; przeprowadzać (coś); (*put to death*) stracić (skazańca)

execution [ˌeksɪˈkjuʃn] *s* wykonanie *n*; przeprowadzenie *n*; *prawn.* egzekucja *f*

executive [ɪgˈzekjutɪv] I *s* egzekutywa *f*; władza wykonawcza; (*high official*) pracownik *m* na kierowniczym stanowisku I[r] *adj* wykonawczy

exemplary [ɪgˈzemplərɪ] *adj* wzorowy; przykładny

exercise [ˈeksəsaɪz] I *v* wykonywać, ćwiczyć (się); to ~ authority sprawować władzę II *s* 1. ćwiczenie *n*; to take ~ gimnastykować się 2. (*practice*) wykonywanie *n* (obowiązków) 3. *szk.* zadanie *n*

exercise-book [ˈeksəsaɪzbuk] *s* zeszyt (szkolny)

exhaust [ɪgˈzɔst] I *v* wyczerpywać; zużywać (of sth coś) II *s* wydech *m*; ~ gases spaliny *pl*; ~ pipe rura wydechowa

exhaustion [ɪgˈzɔstʃən] *s* wyczerpanie *n*

exhibit [ɪgˈzɪbɪt] I *v* wystawiać (na pokaz); (*manifest*) okazywać; dawać dowody (sth czegoś) II *s* eksponat *m*; (*proof*) dowód rzeczowy

exhibition [ˌeksɪˈbɪʃn] *s* wystawa *f*; pokaz *m*

exist [ɪgˈzɪst] *v* istnieć

existence [ɪgˈzɪstəns] *s* istnienie *n*; byt *m*; egzystencja *f*

exit [ˈeksɪt] *s* wyjście *n*; emergency ~ wyjście awaryjne; to make one's ~ wyjść

exorbitant [ɪgˈzɔbɪtənt] *adj* nadmierny; przesadny; wygórowany

exotic [ɪgˈzotɪk] *adj* egzotyczny

expand [ɪkˈspænd] *v* rozszerzać ⟨rozprzestrzeniać⟩ (się)

expect [ɪkˈspekt] *v* oczekiwać; spodziewać się (sth, sb czegoś, kogoś); to ~ a baby oczekiwać dziecka

expectation [ˌekspekˈteɪʃn] *s* oczekiwanie *n*; nadzieja *f*; beyond ~ nadspodziewanie

expectorant [ɪkˈspektərənt] *s* *adj* (środek) wykrztuśny

expedition [ˌekspɪˈdɪʃn] *s* wyprawa *f*; ekspedycja *f*

expel [ɪkˈspel] *v* wyganiać; wydalać

expend [ɪk'spend] v wydawać;
(use up) zużywać
expenditure [ɪk'spendɪtʃə(r)] s
wydatek m
expense [ɪk'spens] s wydatek
m; koszt m; at the ~ of ...
kosztem ...
expensive [ɪk'spensɪv] adj
kosztowny; drogi
experience [ɪk'spɪərɪəns] I s
przeżycie n; (knowledge)
doświadczenie n; praktyka
f (zawodowa) II v dozna-
wać; doświadczać; przeży-
wać
experiment [ɪk'sperɪmənt] I s
eksperyment m; próba f II
v [ɪk'sperɪment] ekspery-
mentować (on ⟨with⟩ sth na
czymś)
expert ['ekspɜt] I adj biegły
(in ⟨at⟩ sth w czymś) II s
znawca m, ekspert m
expiate ['ekspɪeɪt] v odpoku-
tować
expiration ['ekspɪ'reɪʃn] s u-
pływ m; końcowy termin;
wygaśnięcie n (umowy)
expire [ɪk'spaɪə(r)] v wydy-
chać; (of a term etc.) upływać
explain [ɪk'spleɪn] v wyjaśniać
explanation ['eksplə'neɪʃn] s
objaśnienie n; wytłumaczenie n
explanatory [ɪk'splænətrɪ] adj
objaśniający
explicit [ɪk'splɪsɪt] adj jasny;
wyraźny; to be ~ jasno się
wypowiedzieć
explode [ɪk'spləʊd] v wybuchać; eksplodować
exploit¹ ['eksplɔɪt] s czyn bohaterski; wyczyn m
exploit² [ɪk'splɔɪt] v eksploatować; wyzyskiwać
exploration ['eksplə'reɪʃn] s
badanie n (kraju); odkry-
wanie n, poszukiwanie n
explore [ɪk'splɔ(r)] v badać
explorer [ɪk'splɔrə(r)] s badacz m; odkrywca m

explosion [ɪk'spləʊʒn] s wybuch m; eksplozja f
export [ɪk'spɔt] I v eksportować II s ['ekspɔt] eksport m
expose [ɪk'spəʊz] v wystawiać;
narażać (to danger na niebezpieczeństwo); fot. na-
świetlać
exposition ['ekspə'zɪʃn] s
przedstawienie n (czegoś);
(exhibition) wystawa f; fot.
naświetlenie n
express [ɪk'spres] I v wyrażać; to ~ one's wishes składać życzenia; to ~ one's
gratitude składać wyrazy
wdzięczności II adj wyraźny; kolej. pośpieszny III s
ekspres m
expression [ɪk'spreʃn] s wyrażenie n; wysłowienie się
n; to give ~ to sth dać
czemuś wyraz
expressive [ɪk'spresɪv] adj
pełen wyrazu
express-way [ɪk'spres weɪ] s
trasa szybkiego ruchu
expropriate [eks'prəʊprɪeɪt] v
wywłaszczać
expulsion [ɪk'spʌlʃn] s wyda-
lenie n; wygnanie n
exquisite [ɪk'skwɪzɪt] adj znakomity, wyborny
extend [ɪk'stend] v rozciągać
⟨rozszerzać⟩ (się); przedłużać
extension [ɪk'stenʃn] s 1. rozciągnięcie n; rozszerzenie n;
przedłużenie n; ~ ladder
drabina wysuwana; ~ rod
przedłużacz m 2. telef. telefon ⟨numer⟩ wewnętrzny
extensive [ɪk'stensɪv] adj obszerny; rozległy
extent [ɪk'stent] s rozmiar m;
rozciągłość f; zasięg m; to
some ~ w pewnej mierze;
to what ~? do jakiego stopnia?
extenuate [ɪk'stenjʊeɪt] v
zmniejszać; łagodzić
exterior [ɪk'stɪərɪə(r)] I adj
zewnętrzny II s zewnętrzna

strona; **on the** ~ **na zewnątrz**
exterminate [ıkˋstɜmıneıt] *v*
(wy)tępić; (wy)niszczyć
extermination [ıkˋstɜmıˋneıʃn]
s wytępienie *n*; zagłada *f*
external [ekˋstɜnl] *adj* zewnętrzny
extinct [ıkˋstıŋkt] *adj* wyga-
sły; wymarły
extinguish [ıkˋstıŋgwıʃ] *v* gasić; tłumić; (*destroy*) zniszczyć
extinguisher [ıkˋstıŋgwıʃə(r)] *s*
gaśnica *f*
extra [ˋekstrə] I *adj* dodatkowy; nadzwyczajny; (*of superior quality*) luksusowy II
adv oddzielnie; dodatkowo
III *s* dodatek *m* (do programu); nadzwyczajne wyda-
nie (gazety)
extract [ıkˋstrækt] I *v* wyciągać; wydobywać; **to** ~ **a
tooth** wyrwać ząb II *s*
[ˋekstrækt] wyciąg *m*; ekstrakt *m*; (*of a book etc.*)
wyjątek *m*
extraction [ıkˋstrækʃn] *s* wydobycie *n*; wyjęcie *n*; *dent.*
wyrwanie *n* (zęba)
extramural [ˋekstrəˋmjuərl] *adj*
(*of a lecturer*) spoza uniwersytetu; (*of teaching*)
pozauniwersytecki, zaoczny;
~ **studies** studia zaoczne
extraordinary [ıkˋstrɔdnrı] *adj*
nadzwyczajny; niezwykły
extravagant [ıkˋstrævəgənt]

adj nadmierny; przesadny;
(*wasteful*) rozrzutny; lekkomyślny
extreme [ıkˋstrim] I *s* kraniec
m; ostateczność *f* II *adj*
krańcowy, ostateczny
extremely [ıkˋstrimlı] *adv*
nadzwyczajnie; niezwykle;
pot. szalenie
extremity [ıkˋstremətı] *s* koniec *m*; (*situation*) krytycz-
na sytuacja; ostateczność *f*
extricate [ˋekstrıkeıt] *v* wy-
plątać, wywikłać; **to** ~ **oneself from difficulties** wybrnąć z kłopotów
eye [aı] *s* 1. oko *n*; *przen.* **to
have an** ~ **for sth** znać się
na czymś; **I can see it with
half an** ~ to jest dla mnie
oczywiste 2. (*of a needle*)
ucho *n*
eyeball [ˋaıbɔl] *s* gałka oczna
eyebrow [ˋaıbrau] *s* brew *f*
eye-glass [ˋaıglɑs] *s* monokl
m; *pl* ~**es** binokle *pl*
eyelash [ˋaılæʃ] *s* rzęsa *f*
eyelid [ˋaılıd] *s* powieka *f*
eye-shade [ˋaı ʃeıd] *s* cień *m*
do powiek
eye-shield [ˋaıʃild] *s* daszek
m, osłona *f* oczu
eyeshot [ˋaıʃot] *s* pole *n* widzenia; **out of** ~ niewidoczny
eyewash [ˋaıwoʃ] *s* płyn *m* do
przemywania oczu
eye-witness [ˋaıwıtnəs] *s* naoczny świadek

F

fable [ˋfeıbl] *s* bajka *f*
fabric [ˋfæbrık] *s* tkanina *f*;
materiał *m*; *pl* ~**s** tekstylia
pl; **synthetic** ~**s** tkaniny
syntetyczne
fabulous [ˋfæbjuləs] *adj* legendarny; bajeczny
facade [fəˋsɑd] *s* fasada *f*
face [feıs] I *v* stawić czoło

(sth czemuś); stanąć wobec
(**sb, sth** kogoś, czegoś); **to**
~ **the facts** liczyć się z fak-
tami II *s* twarz *f*; oblicze *n*;
a long ~ smutna mina; ~
to ~ twarzą w twarz; **to
make** ⟨**to pull**⟩ ~**s** stroić
miny; **to have the** ~ **to ...**
być na tyle zuchwałym,

facilitate 114

by ...; **to save one's ~** uratować pozory; **to show one's ~** pokazać się (we właściwym świetle); **in the ~ of ...** wobec ... (czegoś); **on the ~ of it** na pozór
facilitate [fə'sılıteıt] *v* ułatwiać, udostępniać
facility [fə'sılıtı] *s* łatwość *f*; *pl* **facilities** udogodnienia *pl*
fact [fækt] *s* fakt *m*; okoliczność *f*; **a matter of ~** fakt niezbity; **as a matter of ~** prawdę powiedziawszy; w rzeczy samej; **in ~** faktycznie; **in the ~** na gorącym uczynku; **the fact that ... to, że ...**
factor ['fæktə(r)] *s* czynnik *m*; (*agent*) pośrednik *m*; agent *m*
factory ['fæktrı] *s* fabryka *f*
faculty ['fækltı] *s* 1. zdolność *f*; dar *m* 2. *uniw.* wydział *m*
fade [feıd] *v* zwiędnąć; (*lose colour*) zblaknąć; (*disappear*) zaniknąć
fail [feıl] *v* 1. zabraknąć 2. (*not succeed*) zawieść; nie udać się; *pot.* ściąć się (przy egzaminie); **don't ~ to ...** nie omieszkaj ...; **I ~ to understand** nie rozumiem
failure ['feıljə(r)] *s* 1. brak *m* 2. (*not succeeding*) niepowodzenie *n*; fiasko *n*; **to be ⟨to prove⟩ a ~** nie udać się; zawieść nadzieje 3. uszkodzenie *n*; awaria *f*; **electric network ~** uszkodzenie *n* sieci elektrycznej 4. (*bankruptcy*) bankructwo *n*
faint [feınt] I *adj* nieśmiały; (*feeble*) słaby II *v* zemdleć III *s* omdlenie *n*
fair¹ [feə(r)] *s* jarmark *m*; targ *m*; (*exhibition*) targi *pl* (międzynarodowe)
fair² [feə(r)] I *adj* 1. piękny 2. (*bright*) jasny 3. (*just*) prawy; słuszny; **~ play** uczciwa gra; **by ~ means or foul** nie przebierając w

środkach II *adv* grzecznie; (*justly*) uczciwie
fairy ['feərı] I *s* wróżka *f*, czarodziejka *f* II *adj* czarodziejski
fairy-tale ['feərı teıl] *s* bajka *f*
faith [feıθ] *s* 1. wiara *f* (in sb, sth w kogoś, coś); zaufanie *n*; **political ~** credo polityczne; **to keep ~ with sb** dotrzymać komuś słowa; **in all good ~** w najlepszej wierze 2. (*religious*) wyznanie *n*
faithful ['feıθfl] *adj* wierny; (*accurate*) dokładny
faithfully ['feıθflı] *adv* wiernie; (*in letters*) **yours ~** z poważaniem
faithless ['feıθləs] *adj* niewierny, zdradziecki
fake [feık] I *v* *pot.* sfałszować; podrobić II *s* fałszerstwo *n*; kant *m*
falcon ['fɔlkən] *s* sokół *m*
fall [fɔl] I *v* (fell [fel], fallen ['fɔlən]) spadać; opadać; zawalić (się); **to ~ into pieces** rozpaść się; **to ~ asleep** zasnąć; **to ~ ill** zachorować; **to ~ in love** zakochać się; **to ~ for sb** ulegać czyjemuś urokowi II *s* 1. upadek *m*; (*end*) schyłek *m* (dnia itd.); (*of prices etc.*) obniżka *f* 2. (*zw. pl*) wodospad *m* 3. *am.* jesień *f*
fallen ['fɔlən] *adj* opadły; upadły; (*dead*) poległy
false [fɔls] *adj* fałszywy; obłudny; **~ bottom** podwójne dno; **~ mirror** krzywe zwierciadło; **to be ~ to sb** zdradzić kogoś
falsehood ['fɔlshʊd] *s* fałsz *m*; kłamstwo *n*
falsify ['fɔlsıfaı] *v* sfałszować
fame [feım] *s* sława *f*; rozgłos *m*
famed [feımd] *adj* sławny; głośny
familiar [fə'mılıə(r)] *adj* 1. poufny; familiarny; rodzinny 2. (*well-known*) znajo-

my; **to be** ~ **with sth** być
obeznanym z czymś; znać
coś
family ['fæmlɪ] s rodzina f;
~ **man** człowiek żonaty;
(*domestic person*) domator
m
famine ['fæmɪn] s głód m
famish ['fæmɪʃ] v morzyć
głodem; głodować
famous ['feɪməs] *adj* sławny
(**for sth** z czegoś); znakomity
fan¹ [fæn] s *pot.* entuzjasta
m; *sport.* kibic m
fan² [fæn] **I** s wachlarz m;
(*for hair*) fen m, suszarka
f; **electric** ~ wentylator m
II v wachlować; owiewać
fanatic(al) [fə'nætɪkl] *adj* fa-
natyczny
fanciful ['fænsɪfl] *adj* kapryśny; dziwaczny
fancy ['fænsɪ] **I** s **1.** wyobraźnia f; fantazja f; polot m
2. (*liking*) upodobanie n; **to
take a** ~ **to sb, sth** upodobać sobie kogoś, coś **II** *adj*
fantazyjny; ozdobny; ~ **articles** galanteria f; ~ **cake**
tort m; ~ **dress** kostium
maskaradowy **III** v **1.** wyobrażać sobie; wymyślić;
just ~! popatrzcie! **2.** (*like*)
upodobać sobie (kogoś, coś);
I don't ~ **it** nie podoba mi
się to
fancy-ball ['fænsɪ bɔl], fancy-
-dress ball ['fænsɪ dres bɔl]
s bal maskowy
fang [fæŋ] s kieł m (psa itp.);
żądło n węża
fantastic [fæn'tæstɪk] *adj* dziwaczny; fantastyczny
fantasy ['fæntəsɪ] s fantazja f;
wyobraźnia f; (*whim*) kaprys m
far [fɑ(r)] (farther ['fɑðə(r)],
further ['fɜðə(r)]; farthest
['fɑðɪst], furthest ['fɜðɪst]) **I**
adj daleki, odległy **II** *adv*
daleko; **as** ~ **as** aż do; o ile;
by ~ o wiele; **so** ~ jak dotąd; dotychczas; ~ **off**

⟨away⟩ daleko stąd; ~ **from
it!** bynajmniej!; *pot.* broń
Boże!
fare [feə(r)] **I** v mieć się; czuć
się **II** s **1.** opłata f za przejazd; **your** ~s, **please!** proszę płacić za przejazd! **2.**
(*food*) jedzenie n; wikt m;
bill of ~ jadłospis m
farewell [feə'wel] **I** s pożegnanie n; **to bid** ~ **to sb** pożegnać się z kimś **II** *int* że-
gnajcie!
farm [fɑm] **I** s ferma f; gospodarstwo rolne **II** v gospodarować na roli; upra-
wiać ziemię
farmer ['fɑmə(r)] s rolnik m,
gospodarz m, farmer m
farm-hand ['fɑm hænd] s pa-
robek m; robotnik rolny
far-sighted ['fɑ saɪtɪd] *adj* dalekowzroczny; *przen.* przewidujący
farther, farthest *zob.* far *adj*
farthing ['fɑðɪŋ] s ćwierć f
pensa; *przen.* grosz m
fascinate ['fæsɪneɪt] v fascy-
nować; oczarować
fascist ['fæsɪst] **I** s faszysta m
II *adj* faszystowski
fashion ['fæʃn] **I** s **1.** fason m;
styl m; wzór m; **as is his** ~
swoim zwyczajem **2.** (*mode*)
moda f; ~ **show** pokaz m
mody; **in the** ~ modny; **out
of** ~ niemodny **II** v fasono-
wać; kształtować
fashionable ['fæʃnəbl] *adj*
modny, elegancki, wytwor-
ny
fast¹ [fɑst] **I** *adj* **1.** mocny,
silny; **to have a** ~ **hold of
sth** mocno coś trzymać; **to
make** ~ umocować **2.** (*rapid*)
szybki; **my watch is** ~ mój
zegarek się śpieszy **II** *adv*
1. mocno; **to be** ~ **asleep**
spać głębokim snem; ~ **dyed**
trwale farbowany **2.** (*rapid-
ly*) szybko; **to live** ~ hulać
fast² [fɑst] **I** v pościć **II** s
post m
fasten ['fɑsn] v przymoco-

wać; (shut) zamknąć; zapiąć; to ~ the belt zapiąć pas
fastener ['fɑsnə(r)] s zamknięcie n; spinacz m; zip ~ zamek błyskawiczny
fat [fæt] I adj tłusty; gruby; to grow ~ tyć II s tłuszcz m; sadło n
fatal ['feitl] adj nieuchronny; fatalny; (of accident) śmiertelny
fate [feit] s los m; przeznaczenie n
fateful ['feitfl] adj proroczy; (fatal) fatalny
father ['fɑðə(r)] s ojciec m
father-in-law ['fɑðr in lɔ] s (pl fathers-in-law ['fɑðəz in lɔ]) teść m
fatherland ['fɑðəlænd] s ojczyzna f
fathom ['fæðəm] I s sążeń m (miara głębokości) II v gruntować; sondować; przen. pojąć, zrozumieć
fatten ['fætn] v 1. tuczyć 2. (become fat) utyć
fault [fɔlt] s brak m; wada f; defekt m; (misdeed) błąd m, wina f
faultless ['fɔltləs] adj bezbłędny; nienaganny
faulty ['fɔlti] adj wadliwy; błędny
faun [fɔn] s faun m
favour ['feivə(r)] I s łaska f; przychylność f; względy pl; to ask a ~ of sb prosić kogoś o przysługę; (in letters) by ~ przez grzeczność; in ~ of sb na czyjąś korzyść II v faworyzować; sprzyjać; woleć
favourable ['feivrəbl] adj (of a person) życzliwy; (of a situation etc). pomyślny; korzystny (to sb, sth dla kogoś, czegoś)
favourite ['feivrit] I s ulubieniec m (with sb czyjś); sport. faworyt m II adj ulubiony
fear [fiə(r)] I s strach m; oba-

wa f; for ~ of ... z obawy przed ...; in ~ of sb, sth w strachu przed kimś, czymś II v bać się (sb, sth kogoś, czegoś)
fearful ['fiəfl] adj straszny; (timid) bojaźliwy
fearless ['fiələs] adj nieustraszony
feasible ['fizəbl] adj wykonalny; prawdopodobny
feast [fist] I v ucztować; obchodzić uroczyście; (treat) podejmować (gości); przen. to ~ one's eyes on sth napawać oczy czymś II s święto n; (meal) biesiada f
feat [fit] s wyczyn m
feather ['feðə(r)] I s piór(k)o n; opierzenie n; przen. birds of a ~ ludzie pl jednego pokroju II v pokryć piórami
feather-weight ['feðə weit] s sport. waga piórkowa
feature ['fitʃə(r)] I s cecha f; pl ~s rysy pl twarzy; ~ film film fabularny II v cechować; stanowić osobliwość ⟨wyróżniającą cechę⟩; (describe) opisywać; kin. teatr. przedstawiać (kogoś); odegrać (rolę); (of a newspaper) uwypuklić, uwydatnić
February ['februəri] s luty m fed zob. feed v
federal ['fedrl] adj federalny; związkowy
federation [fedə'reiʃn] s federacja f; związek m
fee [fi] s honorarium n; opłata f
feeble ['fibl] adj słaby
feed [fid] I v (fed [fed], fed) 1. karmić; żywić (się); (of cattle) paść się; przen. I am fed up with it mam tego dosyć 2. techn. zasilać (maszynę) II s pasza f; pokarm m
feeder ['fidə(r)] s zasilacz m, podajnik m; urządzenie zasilające; ~ cable zasilacz elektryczny
feel [fil] I v (felt [felt], felt)

1. czuć (się); odczuwać; **do you ~ well?** czy jesteś zdrów?; **I ~ cold** jest mi zimno; **to ~ like doing sth** mieć ochotę coś zrobić 2. *(touch)* dotykać (palcami); **to ~ one's way** iść po omacku; **to ~ the pulse** mierzyć puls II s dotyk *m*; czucie *n*

feeling [`filɪŋ] s 1. czucie *n*; dotyk *m* 2. *(emotion)* wrażenie *n*; uczucie *n*; **to hurt sb's ~s** urazić kogoś; **the general ~** ogólne nastawienie (zebranych)

feet *zob.* **foot** s

feign [feɪn] *v* udawać

fell [1] *zob.* **fall** *v*

fell [2] [fel] *v* ścinać (drzewo); powalić

fellow [`feləu] s 1. towarzysz *m*; kolega *m* 2. *(member)* członek *m* (towarzystwa naukowego) 3. *(man)* człowiek *m*, *pot.* facet *m*; **a good ~** porządny chłop; **lucky ~** szczęściarz *m*; **poor ~** biedaczysko *n*; **old ~!** bracie!

fellowship [`feləuʃɪp] s wspólnota *f*; solidarność *f*; *(corporation)* towarzystwo *n*; związek *n*; *(membership)* członkostwo *n* (towarzystwa naukowego); *(position)* stanowisko *n* stypendysty ⟨wykładowcy, prowadzącego ćwiczenia⟩

felt [1] [felt] s filc *m*; pilśń *f*; wojłok *m*

felt [2] *zob.* **feel**

female [`fimeɪl] I s zool. samica *f*; *(woman)* kobieta *f* II adj żeński, kobiecy

feminine [`femənɪn] adj kobiecy; *gram.* rodzaju żeńskiego

fence [fens] I s płot *m*; ogrodzenie *n* II *v* (za)grodzić

fencing [`fensɪŋ] s szermierka *f*

fender [`fendə(r)] s am. mot. błotnik *m*

fennel [`fenl] s bot. koper *m*

fermentation [ˌfɜmən`teɪʃn] s fermentacja *f*; *przen.* wzburzenie *n* (umysłów)

fern [fɜn] s bot. paproć *f*

ferocity [fə`rosətɪ] s dzikość *f*; okrucieństwo *n*

ferry [`ferɪ] I *v* przewozić; przejeżdżać promem ⟨statkiem⟩ II s prom *m*

ferry-boat [`ferɪ bəut] s prom *m*

ferryman [`ferɪmən] s (pl **ferrymen**) przewoźnik *m*

fertile [`fɜtaɪl] adj urodzajny, żyzny; płodny; obfitujący (in sth w coś)

fertility [fə`tɪlətɪ] s urodzajność *f*; płodność *f*

fertilize [`fɜtɪlaɪz] *v* użyźniać; nawozić

fertilizer [`fɜtɪlaɪzə(r)] s nawóz (sztuczny)

fervour [`fɜvə(r)] s żarliwość *f*; zapał *m*; gorliwość *f*

fester [`festə(r)] I *v* ropieć; jątrzyć się; gnić II s ropień *m*

festival [`festɪvl] I s święto *n*; festiwal *m* II adj świąteczny; odświętny

festivity [fe`stɪvətɪ] s święto *n*; uroczystość *f*

fetch [fetʃ] *v* pójść (sb, sth po kogoś, coś); przynieść

fetter [`fetə(r)] I s (pl) ~s kajdany pl; okowy pl II *v* zakuć w kajdany; skrępować

feudal [`fjudl] adj feudalny

fever [`fivə(r)] s gorączka *f*; **~ hospital** szpital zakaźny

feverish [`fivərɪʃ] adj gorączkowy; *(of a climate)* malaryczny

few [fju] adj pron mało, niewiele; kilka; **a ~** kilka, kilku, kilkoro; **a man of ~ words** człowiek małomówny

fibre [`faɪbə(r)] s włókno *n*

fiction [`fɪkʃn] s fikcja *f*; *lit.* beletrystyka *f*

fictitious [fɪk`tɪʃəs] adj zmyślony; fikcyjny

fiddle [`fɪdl] I s skrzypce pl

II *v* grać na skrzypcach; rzępolic

fidelity [fı`delətı] *s* wierność *f*; (*accuracy*) ścisłość *f* (tłumaczenia)

fidget [`fıdʒıt] I *v* denerwować ⟨niecierpliwić, wiercić⟩ się II *s* (*of a person*) niespokojny duch

fidgety [`fıdʒətı] *adj* niespokojny; nerwowy

field [tild] *s* pole *n*; teren *m*; *sport.* boisko *n*

fierce [fıəs] *adj* dziki; gwałtowny; zagorzały

fiery [`faıərı] *adj* ognisty; zapalczywy

fifteen [`fı`ftin] *adj* piętnaście

fifteenth [`fı`ftinʊ] *adj* piętnasty

fifth [fıfƟ] *adj* piąty

fiftieth [`fıftıəʊ] *adj* pięćdziesiąty

fifty [`fıftı] *adj* pięćdziesiąt; **to go** ∼ - ∼ płacić ⟨dzielić się⟩ po połowie

fig [fıg] *s* figa *f*; **I don't care a** ∼! nic mnie to nie obchodzi!

fight [faıt] I *v* (**fought** [fɔt], **fought**) bić się, walczyć II *s* walka *f*, bój *m*

fighter [`faıtə(r)] *s* bojownik *m*; szermierz *m* (sprawy); *lotn.* samolot myśliwski

figurative [`fıgrətıv] *adj* symboliczny; (*metaphorical*) przenośny

figure [`fıgə(r)] I *s* figura *f*; sylwetka *f*, postać *f*; *mat.* cyfra *f*; liczba *f* II *v* przedstawiać; wyobrażać; figurować; **to** ∼ **up** zliczać, sumować

file[1] [faıl] I *s* pilnik *m* II *v* piłować

file[2] [faıl] I *s* rejestr *m*; kartoteka *f*; akta *pl* II *v* wkładać do akt

file[3] [faıl] I *s* rząd *m*; **in** ∼ rzędem; gęsiego II *v* przechodzić rzędem

fill [fıl] *v* 1. napełniać (się); **to** ∼ **in** ⟨**out**⟩ wypełniać

(formularz); **to** ∼ **up** napełnić, zapełnić; **to** ∼ **up with petrol** ⟨**water**⟩ uzupełnić zapas benzyny ⟨wody⟩ 2. (*occupy*) zajmować (stanowisko) 3. *dent.* plombować (ząb)

filling [`fılıŋ] *s* materiał wypełniający; *dent.* plomba *f*; *am. kulin.* farsz *m*

filling-station [`fılıŋ steıʃn] *s* stacja benzynowa

film [fılm] I *s* 1. film *m*; **advertising** ∼ film reklamowy; **cartoon** ∼ film animowany; **crime-story** ∼ film kryminalny ⟨sensacyjny⟩; **TV** ∼ film telewizyjny 2. *fot.* błona *f*; **black and white** ∼ błona czarno-biała; **colour** ∼ błona barwna ⟨kolorowa⟩; **diapositive** ∼ błona diapozytywowa; **reversal** ⟨**reversible**⟩ ∼ błona odwracalna 3. *pl* ∼s kino *n*; kinematografia *f* II *v* 1. pokrywać (się) warstwą (**sth** czegoś) 2. *kin.* filmować

film-star [`fılm stɑ(r)] *s* gwiazda filmowa

filter [`fıltə(r)] I *s* filtr *m*; **air** ∼ filtr powietrza; **oil** ∼ filtr olejowy; **petrol** ∼ filtr benzyny II *v* filtrować; sączyć się

filter-screen [`fıltə skrin] *s* *fot.* filtr *m*

filth [fılƟ] *s* brud *m*; nieczystości *pl*

filthy [`fılʊı] *adj* brudny; plugawy; *przen.* sprośny

final [`faınl] I *adj* końcowy; ostateczny II *s* (*także pl* ∼s) *sport.* finał *m*

finance [`faınæns] I *s* (*także pl* ∼s) finanse *pl* II *v* finansować

financial [faı`nænʃl] *adj* finansowy; ∼ **year** rok budżetowy

financier [faı`nænsıə(r)] *s* finansista *m*

find [faınd] I *v* (**found** [faʊnd], **found**) 1. znajdować; **to** ∼

one's way trafić; **to ~ sb in ⟨out⟩** zastać ⟨nie zastać⟩ kogoś w domu 2. *(ascertain)* stwierdzać; **to ~ sb guilty** uznać kogoś winnym; **to ~ out** przekonać się **(sth o czymś)**; **to ~ sb out** poznać czyjś prawdziwy charakter 3. *(discover)* odkryć **II** *s* odkrycie *n*; coś znalezionego
finding ['fɑɪndɪŋ] *s* odkrycie *n*
fine ¹ [fɑɪn] **I** *adj* czysty; *(delicate)* delikatny; *(beautiful)* piękny; *pot.* świetny; **that's ~!** świetnie! **II** *adv* wspaniale
fine ² [fɑɪn] **I** *s* kara *f*; grzywna *f*; mandat *m* **II** *v* ukarać grzywną ⟨mandatem⟩
finger ['fɪŋgə(r)] **I** *s* palec *m* (u ręki) **II** *v* dotykać
finish ['fɪnɪʃ] **I** *v* kończyć (się) **II** *s* koniec *m*; *sport.* finisz *m*
Finn [fɪn] *s* Fin *m*, Finka *f*
Finnish ['fɪnɪʃ] **I** *adj* fiński **II** *s* język fiński
fir [fɜ(r)] *s bot.* jodła *f*
fire ['fɑɪə(r)] **I** *v* zapalić (się); płonąć; *(shoot)* strzelać; *pot.* wylać z posady **(sb kogoś) II** *s* ogień *m*; *(conflagration)* pożar *m*; **to make a ~** zapalić; **to set ~ to sth** podpalić coś; **on ~** w płomieniach
fire-alarm ['fɑɪər əlɑm] *s* sygnał *m* pożarowy
fire-brigade ['fɑɪə brɪɡeɪd] *s* straż pożarna ⟨ogniowa⟩
fire-escape ['fɑɪər ɪskeɪp] *s* wyjście zapasowe (na wypadek pożaru)
fireman ['fɑɪəmən] *s (pl* **firemen)** *s* strażak *m*; *(stoker)* palacz *m*
fireplace ['fɑɪəpleɪs] *s* kominek *m*; palenisko *n*
fireproof ['fɑɪə pruf] *adj* ogniotrwały
fire-side ['fɑɪə sɑɪd] *s* kominek *m*; *przen.* ognisko domowe

fire-station ['fɑɪə steɪʃn] *s* remiza *f* straży pożarnej
firework ['fɑɪəwɜk] *s* fajerwerk *m*; *pl* **~s** ognie sztuczne
firm ¹ [fɜm] *s* firma *f*; przedsiębiorstwo *n*
firm ² [fɜm] **I** *adj* mocny; twardy **II** *adv* mocno; silnie; twardo
first [fɜst] **I** *adj* pierwszy; **~ aid** pierwsza pomoc (lekarska); **~ name** imię *n*; **in the ~ place** najpierw **II** *s* początek *m*; **at ~** najpierw; z początku; **from the ~** od samego początku **III** *adv* najpierw; po pierwsze; **~ of all** przede wszystkim
firstly ['fɜstlɪ] *adv* po pierwsze
first-night ['fɜst 'nɑɪt] *s teatr.* premiera *f*
first-rate ['fɜst 'reɪt] *adj* znakomity; pierwszorzędny
fish [fɪʃ] **I** *s* ryba *f*; **~ and chips** *(place)* smażalnia *f* ryb i frytek; **boiled ⟨cooked⟩ ~** ryba gotowana; **fried ~** ryba smażona; **jellied ~** ryba w galarecie; **smoked ~** ryba wędzona; **stuffed ~** ryba faszerowana **II** *v* łowić ryby; *przen.* **to ~ for compliments** szukać pochwał; *pot.* **to ~ sth out (of one's pocket)** wyciągnąć coś (z kieszeni)
fish-bone ['fɪʃ bəʊn] *s* ość *f*
fisher ['fɪʃə(r)], **fisherman** ['fɪʃəmən] *s (pl* **fishermen)** rybak *m*
fishing ['fɪʃɪŋ] *s* rybołówstwo *n*
fisny ['fɪʃɪ] *adj* rybny; *(of a person)* podejrzany
fissure ['fɪʃə(r)] *s* szczelina *f*; pęknięcie *n*
fist [fɪst] *s* pięść *f*
fit ¹ [fɪt] *m* atak *m*; napad *m* (choroby itd.)
fit ² [fɪt] **I** *adj* nadający się; odpowiedni **II** *v* 1. nadawać się 2. *(adjust)* dopasować;

przystosować (sb for sth kogoś do czegoś); to ~ in zgadzać się; to ~ on przymierzać (ubranie) 3. (supply) zaopatrzyć (sb with sth kogoś w coś); to ~ out ⟨up⟩ wyekwipować (with sth w coś)
fitting [ˈfɪtɪŋ] I adj stosowny; (of clothes) (dobrze ⟨źle⟩) leżący ⟨uszyty⟩ II s 1. (at the tailor) przymiarka f; ~ room przymierzalnia f 2. pl ~s przybory pl, przyrządy pl, akcesoria pl 3. (installation) instalacje pl, armatura f
five [faɪv] adj pięć
fivefold [ˈfaɪffəʊld] I adj pięciokrotny II adv pięciokrotnie
fix¹ [fɪks] s kłopot m; to get into a ~ narobić sobie biedy
fix² [fɪks] v 1. przymocować 2. fot. utrwalić 3. (settle) ustalić; wyznaczyć (datę); pot. załatwić; to ~ sb up zająć się kimś; ulokować kogoś
flabby [ˈflæbɪ], flaccid [ˈflæksɪd] adj zwiotczały, obwisły
flag¹ [flæg] s flaga f
flag² [flæg] s (także ~ stone) płyta chodnikowa; kamień brukowy
flair [fleə(r)] s spryt m; pot. to have a ~ for sth mieć dryg do czegoś
flake [fleɪk] s płatek m; łuska f
flame [fleɪm] I s płomień m; przen. ogień m II v płonąć
flank [flæŋk] s bok m; flanka f
flannel [ˈflænl] s flanela f; pl ~s ubranie flanelowe
flap [flæp] I v klaskać; (flutter) trzepotać (skrzydłami) II s 1. lekkie uderzenie; (fluttering) trzepotanie n 2. (of a garment, table etc.) klapa, f

flash [flæʃ] I s błysk m; przen. in a ~ w jednej chwili; błyskawicznie II v błysnąć
flask [flɑsk] s (płaska) flaszka f; butla f; manierka f
flat¹ [flæt] s mieszkanie n
flat² [flæt] I adj płaski; to fall ~ upaść jak długi II s płaszczyzna f; (lowland) nizina f
flatter [ˈflætə(r)] v pochlebiać (sb komuś)
flattery [ˈflætrɪ] s pochlebstwo n
flavour [ˈfleɪvə(r)] I v przyprawiać (potrawę) II s smak m; (smell) zapach m; przen. posmak m
flavouring [ˈfleɪvərɪŋ] s przyprawa f
flaw [flɔ] s skaza f; wada f
flax [flæks] s len m
flaxen [ˈflæksn] adj lniany; (of a colour) płowy
flea [fli] s pchła f
fled zob. flee
fledged [fledʒd] adj opierzony; przen. newly ~ świeżo upieczony
flee [fli] v (fled [fled], fled) uciekać
fleece [flis] I s runo n II v strzyc (owcę)
fleet [flit] s flota f
flesh [fleʃ] s 1. ciało n; to put on ~ przybrać na wadze; to lose ~ schudnąć; in the ~ we własnej osobie 2. (meat) mięso n
fleshy [ˈfleʃɪ] adj mięsisty
flew zob. fly v
flexible [ˈfleksəbl] adj giętki; elastyczny
flicker [ˈflɪkə(r)] I v migotać; mrugać II s migotanie n
flight¹ [flaɪt] s 1. lot m 2. (series of stairs) kondygnacja f (schodów)
flight² [flaɪt] s ucieczka f
flimsy [ˈflɪmzɪ] adj słaby; kruchy; ~ paper papier przebitkowy, przebitka f
fling [flɪŋ] I v (flung [flʌŋ],

foam

flung) rzucać (się); ciskać II
s rzut m
flint [flɪnt] s kamień m do zapalniczki
flirt [flɜt] I v flirtować II s
flirciarz m, flirciarka f
flirtation [flɜˈteɪʃn] s flirt m;
to carry on a ~ poflirtować
float [fləʊt] I v płynąć; unosić się (na wodzie); (transport) spławiać (drzewo);
(launch) uruchomić, wprowadzić w życie (plan) II s
pływak m (wędki); (raft)
tratwa f
flock [flok] I s stado n; gromada f II v gromadzić się;
to ~ in ⟨out⟩ tłumnie wchodzić ⟨wychodzić⟩
floe [fleʊ] s kra f
flood [flʌd] I s powódź f; potop m II v zatopić; zalać
floor [flɔ(r)] s 1. podłoga f;
posadzka f; marble ~ posadzka marmurowa; parquet
~ posadzka z klepki, parkiet m; tile ~ posadzka kamienna; mezzanine ~ półpiętro n; ~ finish wykładzina podłogowa 2. (storey)
piętro n; ground ~ parter
m; to take the ~ zabrać
głos; przemówić
flop [flop] s upadek m; pot.
klapa f; fiasko n
florist [ˈflorɪst] s sprzedawca
m kwiatów; a ~'s shop
kwiaciarnia f
flounce [flaʊns] s falbanka f
flour [ˈflaʊə(r)] s mąka f;
~ mill młyn m
flourish [ˈflʌrɪʃ] I v 1. kwitnąć; rozwijać się 2. (wave)
wymachiwać (sth czymś) II
s 1. ozdoba f 2. (waving)
wymachiwanie n
flow [fləʊ] I v płynąć; przepływać II s przepływ m;
wylew m; prąd m; ~ of
spirits werwa f
flower [ˈflaʊə(r)] I s kwiat m;
przen. śmietanka f (towa-

rzystwa) II v kwitnąć;
przen. rozwijać się
flower-bed [ˈflaʊə bed] s kwietnik m; klomb m
flowery [ˈflaʊərɪ] adj kwiecisty
flown zob. fly v
flu [flu] s pot. grypa f;
having ⟨suffering from⟩ ~
chory na grypę
fluctuation [ˈflʌktʃʊˈeɪʃn] s wahanie się n; fluktuacja f
fluency [ˈfluənsɪ] s płynność
f; biegłość f; łatwość f wysławiania się
fluent [ˈfluənt] adj płynny;
biegły
fluid [ˈfluɪd] I adj płynny II
s płyn m; ciecz f
flung zob. fling v
flurry [ˈflʌrɪ] I s poruszenie
n; podniecenie n; in a ~
podniecony II v poruszyć,
zdenerwować
flush¹ [flʌʃ] I s strumień m
(wody); (rush of emotion)
przypływ m (uczucia);
(blush) zarumienienie się n;
wypieki pl II adj pełny; (of
a river) wezbrany III v tryskać; (blush) zarumienić
(się); (clean with water)
spłukiwać
flutter [ˈflʌtə(r)] I v trzepotać
skrzydłami; (of a person)
poruszać się nerwowo; niepokoić (się); (of a heart) kołatać II s trzepotanie n; bicie n (serca); (emotion) podniecenie n; to be in a ~
być podnieconym
fly¹ [flaɪ] s mucha f
fly² [flaɪ] I v (flew [flu],
flown [fləʊn]) latać, fruwać;
(flee) uciekać; to ~ into a
passion wpaść w pasję; to
~ into pieces rozlecieć się
w kawałki II s lot m
fly-paper [ˈflaɪ peɪpə(r)] s lep
m na muchy
foal [fəʊl] s źrebię n
foam [fəʊm] I s piana f II v
pienić się

foamy ['fǝumɪ] adj pienisty, spieniony

focus ['fǝukǝs] I v ogniskować (się) II s (pl foci ['fǝusaɪ]) fiz. opt. ognisko n

fodder ['fodǝ(r)] s pasza f

foe [fǝu] s wróg m, przeciwnik m

fog [fog] s mgła f; ~ lights światła przeciwmgielne

foggy ['fogɪ] adj mglisty; przen. niejasny

fold [fǝuld] I s fałda f; zakładka f II v składać (się); zginać

folder ['fǝuldǝ(r)] s teczka f; skoroszyt m; (booklet) broszurka f; prospekt m

folk [fǝuk] s 1. lud m; country ~ wieśniacy pl 2. pl ~s ludzie pl; my ~s moi krewni

folklore ['fǝuklɔ(r)] s folklor m

follow ['folǝu] v 1. następować po (sb, sth kimś, czymś); to ~ sb's example, to ~ suit pójść za czyimś przykładem 2. (pursue) śledzić 3. (understand) rozumieć 4. (be adherent) być zwolennikiem (sb czyimś) 5. (result) wynikać; as ~s jak następuje

follower ['folǝuǝ(r)] s stronnik m; zwolennik m

folly ['folɪ] s szaleństwo n

fond [fond] adj czuły; delikatny; to be ~ of sth mieć do czegoś zamiłowanie; bardzo coś lubić

fondle ['fondl] v pieścić

food [fud] s żywność f; jedzenie n; rich ~ ciężko strawne potrawy ⟨jedzenie⟩

food-stuff ['fud stʌf] s artykuły żywnościowe

fool [ful] I v błaznować, wygłupiać się II s głupiec m; to make a ~ of oneself robić z siebie durnia; zbłaźnić się; to make a ~ of sb wystrychnąć kogoś na dudka

foolish ['fulɪʃ] adj głupi; nierozsądny

foot [fut] (pl feet [fit]) s 1. stopa f; noga f; on ~ piechotą 2. (bottom) spód m; dół m

football ['futbɔl] s piłka nożna

foot-bridge ['fut brɪdʒ] s kładka f

foot-note ['futnǝut] s notatka f (u dołu stronicy)

footprint ['futprɪnt] s ślad m stopy

for [fǝ(r), fɔ(r)] I praep 1. dla; na; ~ ever ⟨good⟩ na dobre; na zawsze; ~ instance na przykład; as ~ co do; word ~ word słowo w słowo; dosłownie; ~ certain na pewno 2. (instead of) za; zamiast 3. (since) od; przez; ~ ages od wieków 4. (because) ponieważ II conj ponieważ, gdyż

forbid [fǝ'bɪd] v (forbade [fǝ'beɪd], forbidden [fǝ'bɪdn]) zakazywać; zabraniać (sb sth komuś czegoś)

force [fɔs] I s 1. siła f; moc f; by ~ siłą, przemocą; to be in ~ obowiązywać; być w mocy; to come into ~ wchodzić w życie 2. pl ~s siły zbrojne II v zmuszać; wymuszać; forsować; to ~ sth upon sb narzucać coś komuś

fore [fɔ(r)] I s przód m; to come to the ~ wysunąć się na czoło II adj przedni

forearm ['fɔram] s przedramię n

forecast [fǝ'kast] I v przewidywać; zapowiadać II s ['fɔkast] przewidywanie n; weather ~ prognoza f pogody

forefinger ['fɔfɪŋgǝ(r)] s palec wskazujący

forego [fɔ'gǝu] v (forewent [fɔ'went], foregone [fɔ'gon]) poprzedzać

123 **fortune**

foreground ['fɔgrɑund] s przedni plan (obrazu)
forehead ['fɔrɪd] s czoło n
foreign ['fɔrən] adj 1. obcy (to sb, sth komuś, czemuś) 2. (of another country) zagraniczny; cudzoziemski; Foreign Office ministerstwo n spraw zagranicznych
foreigner ['fɔrənə(r)] s cudzoziemiec m; obcokrajowiec m
foreman ['fɔmən] s (pl foremen) brygadzista m; majster m; górn. sztygar m
foremost ['fɔməust] I adj pierwszy; przedni; główny II adv first and ~ przede wszystkim
forename ['fɔneɪm] s imię n
foresee [fɔ'si] v (foresaw [fɔ'sɔ], foreseen [fɔ'sin]) przewidywać
foresight ['fɔsaɪt] s przewidywanie n; przezorność f
forest ['fɔrɪst] s las m
forester ['fɔrɪstə(r)] s leśniczy m
foretell [fɔ'tel] v (foretold [fɔ'təuld], foretold) przepowiadać; wróżyć
forewent zob. forego
foreword ['fɔwɜd] s przedmowa f
forfeit ['fɔfɪt] I s grzywna f; strata f (drogą konfiskaty) II v stracić
forgave zob. forgive
forge [fɔdʒ] I s kuźnia f II v 1. kuć 2. (counterfeit) fałszować; podrabiać
forger ['fɔdʒə(r)] s fałszerz m
forgery ['fɔdʒərɪ] s fałszerstwo n; podrobienie n (dokumentu); (document) podrobiony dokument
forget [fə'get] v (forgot [fə'gɔt], forgotten [fə'gɔtn]) zapominać
forgetful [fə'getfl] adj zapominalski; nie zważający (of sth na coś)
forget-me-not [fə'get mɪ nɔt] s niezapominajka f
forgive [fə'gɪv] v (forgave

[fə'geɪv], forgiven [fə'gɪvn]) przebaczać ⟨darować⟩ (sb for sth komuś coś)
forgot, forgotten zob. forget
fork [fɔk] I s widelec m II v rozwidlać sie
forlorn [fə'lɔn] adj beznadziejny; (forsaken) opuszczony; samotny
form [fɔm] I s 1. kształt m; postać f 2. (document) formularz m; printed ~ blankiet; telegraph ~ blankiet telegraficzny; to fill in ⟨up, out⟩ a ~ wypełnić blankiet 3. (mood) nastrój m 4. szk. klasa f II v formować ⟨kształtować, tworzyć⟩ (się)
formal ['fɔml] adj formalny; oficjalny; urzędowy
formality [fɔ'mælətɪ] s formalność f
former ['fɔmə(r)] adj poprzedni; dawny; były
formula ['fɔmjulə] s (pl formulae ['fɔmjuli], ~s) formułka f; przepis m; mat. chem. wzór m
forsake [fə'seɪk] v (forsook [fə'suk], forsaken [fə'seɪkən]) opuszczać; porzucać (sb kogoś); zaniechać (sth czegoś)
forth [fɔθ] adv naprzód; dalej; back and ~ tam i z powrotem; and so ~ i tak dalej
forthcoming [fɔθ'kʌmɪŋ] adj przyszły; nadchodzący
fortieth ['fɔtɪəθ] adj czterdziesty
fortnight ['fɔtnaɪt] s dwa tygodnie; a ~'s rest dwutygodniowy odpoczynek
fortnightly ['fɔtnaɪtlɪ] I adj dwutygodniowy II s dwutygodnik m
fortress ['fɔtrɪs] s forteca f; twierdza f
fortunate ['fɔtʃunət] adj szczęśliwy; pomyślny; to be ~ mieć szczęście
fortune ['fɔtʃun] s 1. traf m; szczęście n; by ~ przypadkiem; ill ⟨bad⟩ ~ pech m;

nieszczęście *n* 2. (*wealth*) majątek *m*; **a man of** ~ człowiek majętny

fortune-teller ['fɔtʃun telə(r)] *s* wróżbita *m*

forty ['fɔtɪ] **I** *adj* czterdzieści **II** *s* czterdziestka *f*

forward ['fɔwəd(z)] **I** *adj* przedni; (*progressive*) postępowy **II** *v* przesyłać; wysyłać **III** *s* napastnik *m* (w piłce nożnej); ~ **centre** środkowy napastnik **IV** *adv* (*także* ~s) naprzód; dalej; przed siebie; **from that day** ~ od tego czasu

forwards *zob.* **forward** *adv*

fossil ['fɔsl] **I** *s* skamieniałość *f*, skamielina *f* **II** *adj* skamieniały; *przen.* archaiczny, przedpotopowy

fought *zob.* **fight** *v*

foul [faʊl] **I** *s* *sport.* faul *m* **II** *adj* plugawy; wstrętny; (*of a deed etc.*) nieuczciwy; *sport.* nieprzepisowy; niedozwolony

found ¹ *zob.* **find** *v*

found ² [faʊnd] *v* ufundować: założyć; (*base*) opierać (coś na czymś)

found ³ [faʊnd] *v* odlewać; robić odlew

foundation [faʊn'deɪʃn] *s* założenie *n*; ufundowanie *n*; fundacja *f*; (*basis*) podstawa *f*

founder ¹ ['faʊndə(r)] *s* założyciel *m*; fundator *m*

founder ² ['faʊndə(r)] *s* odlewnik *m*; giser *m*

foundry ['faʊndrɪ] *s* odlewnia

fountain ['faʊntɪn] *s* fontanna *f*; wodotrysk *m*

fountain-pen ['faʊntɪn pen] *s* wieczne pióro

four [fɔ(r)] **I** *adj* cztery **II** *s* czwórka *f*; **on all** ~s na czworakach

fourfold ['fɔfəʊld] **I** *adj* czterokrotny **II** *adv* czterokrotnie

four-seater ['fɔ sitə(r)] *s* samochód czteroosobowy

fourteen ['fɔ'tin] *adj* czternaście

fourteenth ['fɔ'tinθ] *adj* czternasty

fourth [fɔθ] *adj* czwarty

fowl [faʊl] *s* ptak *m*; *zbior.* drób *m*

fox [fɔks] *s* lis *m*

fox-hunting ['fɔks hʌntɪŋ] *s* polowanie *n* na lisa

fraction ['frækʃn] *s* ułamek *m*; część *f*; *polit.* frakcja *f*

fracture ['fræktʃə(r)] **I** *s* złamanie *n* **II** *v* złamać (sie)

fragile ['frædʒaɪl] *adj* kruchy; delikatny

fragment ['frægmənt] *s* fragment *m*; urywek *m*

fragrance ['freɪgrəns] *s* zapach *m*

frail [freɪl] *adj* kruchy; słaby

frame [freɪm] **I** *s* 1. budowa *f*; konstrukcja *f*; ~ **of mind** nastrój *m* 2. (*of a picture*) oprawa *f*; rama *f* **II** *v* 1. oprawiać (w ramę) 2. (*shape*) kształtować; składać

framework ['freɪmwɜk] *s* zrąb *m*; szkielet *m*; **within the** ~ **of ...** w ramach ...

frank [fræŋk] *adj* szczery; **to be quite** ~ mówiąc szczerze

frantic ['fræntɪk] *adj* oszalały; *pot.* **to drive sb** ~ doprowadzić kogoś do szału

fraud [frɔd] *s* oszustwo *n*; (*person*) oszust *m*

freckle ['frekl] **I** *v* pokrywać (się) piegami **II** *s* plamka *f* (na skórze); pieg *m*

freckled ['frekld] *adj* piegowaty; nakrapiany

free [fri] **I** *adj* wolny, swobodny; (*without fee*) bezpłatny; **to be** ~ **with one's money** nie żałować pieniędzy; **to set** ~ uwolnić **II** *adv* wolno, swobodnie; (*without fee*) bezpłatnie

freedom ['fridəm] *s* 1. wolność

f 2. (*permission*) prawo *n* (of sth do czegoś); ~ of a city obywatelstwo *n* miasta
freeze [friz] *v* (**froze** [frəuz], **frozen** [ˈfrəuznl) marznąć; zamrażać
freezer [ˈfrizə(r)] *s* zamrażalnik *m*; zamrażarka *f*
freight [freit] I *s* fracht *m*; przewóz *m* II *v* zafrachtować (statek); ładować
freighter [ˈfreitə(r)] *s* frachtowiec *m*; *am.* wagon towarowy
French [frentʃ] I *adj* francuski; **to take** ~ **leave** wyjść po angielsku II *s* język francuski; **the** ~ Francuzi *pl*
Frenchman [ˈfrentʃmən] *s* (*pl* **Frenchmen**) Francuz *m*
frequency [ˈfrikwənsɪ] *s* częstość *f*; *fiz.* częstotliwość *f*
frequent [1](ˈfrikwənt] *adj* częsty; rozpowszechniony
frequent [2] [friˈkwent] *v* uczęszczać (**a place** dokądś — do teatru, na coś — na kurs itp.); odwiedzać, bywać u (**sb** kogoś)
fresh [freʃ] I *adj* 1. świeży; ~ **water** słodka woda; ”~ **paint**” „świeżo malowane” 2. (*new*) nowy II *adv* świeżo; niedawno
friar [ˈfraɪə(r)] *s* mnich *m*
friction [ˈfrikʃn] *s* tarcie *n*
Friday [ˈfraɪdɪ] *s* piątek *m*; **Good** ~ Wielki Piątek
fried zob. **fry** *v*; ~ **eggs** jajka sadzone; ~ **potatoes** frytki *pl*
friend [frend] *s* przyjaciel *m*, przyjaciółka *f*; **to make** ~s **with sb** zaprzyjaźnić się z kimś
friendship [ˈfrendʃip] *s* przyjaźń *f*
fright [fraɪt] *s* strach *m*
frighten [ˈfraɪtn] *v* przestraszyć, nastraszyć
frightful [ˈfraɪtfl] *adj* straszny
frigid [ˈfrɪdʒɪd] *adj* zimny; *przen.* oziębły

frill [fril] *s* falbanka *f*; *pl* ~s fochy *pl*
fringe [frindʒ] I *s* frędzla *f*; (*of hair*) grzywka *f*; (*border*) lamówka *f*; obrębek *m* II *v* przybrać frędzlami; (*border*) obrębiać
fro [frəu] *adv* **to and** ~ tam i z powrotem; **tu i tam**
frock [frok] *s* sukienka *f*
frog [frog] *s* żaba *f*
from [frəm] *praep* 1. z; ~ **here** stąd; ~ **above** z góry 2. (*of a distance*) od; ~ **school** ze szkoły; ~ **five to six** od 5-tej do 6-tej 3. (*because*) z powodu; **he did it** ~ **fright** zrobił to ze strachu 4. (*according to*) według; ~ **the original** według oryginału
front [frʌnt] I *s* przód *m*; czoło *n*; front *m*; **in** ~ na przedzie; **in** ~ **of** przed II *adj* przedni; frontowy; ~ **wheels** przednie koła; ~ **page** pierwsza stronica
frontier [ˈfrʌntɪə(r)] *s* granica *f*; ~ **check** ⟨**control**⟩ kontrola graniczna
frost [frost] *s* mróz *m*
frost-bite [ˈfrost baɪt] *s* odmrożenie *n*
frost-bitten [ˈfrost bitn] *adj* odmrożony
frosty [ˈfrostɪ] *adj* mroźny, lodowaty
frown [fraun] I *v* marszczyć brwi; krzywo patrzeć (**at** ⟨**on, upon**⟩ **sb** na kogoś) II *s* zmarszczenie *n* brwi; mars *m* na czole
froze, frozen zob. **freeze** *v*
fruit [frut] *s* owoc *m*, owoce *pl*; **stewed** ~ kompot owocowy
fruit-cake [ˈfrut keɪk] *s* placek *m* z owocami
fruitful [ˈfrutfl] *adj* owocujący; (*of soil*) żyzny; płodny
frustration [frʌˈstreɪʃn] *s* zawód *m*; (*counteraction*) zniweczenie *n*, udaremnie-

nie *n* (zamiarów); *(of mood)*
frustracja *f*
fry [frai] *v* (**fried** [fraid], **fried**)
smażyć (się)
frying-pan ['fraiiŋ pæn] *s* patelnia *f*
fuel ['fjul] *s* opał *m*; paliwo
n; ~ **pomp** pompa paliwowa; ~ **tank** bak *m* na paliwo
fugitive ['fjudʒitiv] I *adj* zbiegły; *(passing)* przelotny II *s*
zbieg *m*; dezerter *m*
fulfil [ful'fil] *v* spełnić; wykonać
full [ful] I *adj* 1. pełny; *teatr.*
a ~ **house** pełna widownia
2. *(complete)* całkowity;
kompletny; ~ **stop** kropka
f; at ~ **length** jak długi II
s pełnia *f* (sezonu, Księżyca
itd.); szczyt *m* (sławy itd.);
name in ~ pełne imię i nazwisko; **to the** ~ do syta
III *adv* w pełni; całkowicie
full-dress ['ful'dres] *adj* wieczorowy; galowy
full-time ['ful'taim] *adj* pełnoetatowy; ~ **job** praca *f*
na pełnym etacie
fumble ['fʌmbl] *v* gmerać;
grzebać; szperać (**for** ⟨**after**⟩
sth za czymś)
fun [fʌn] *s* zabawa *f*; uciecha
f; a bit of ~ żart *m*; **to
make** ~ **of sb, sth** żartować ⟨kpić⟩ z kogoś, czegoś;
to have ~ bawić się; ~ **fair**
wesołe miasteczko
function ['fʌŋkʃn] I *s* funkcja *f*; działanie *n* II *v* funkcjonować
fund [fʌnd] *s* fundusz *m*; kasa
f (zapomogowa); *pl* ~s kapitał *m*, fundusze *pl*
fundamental ['fʌndə'mentl] I
adj zasadniczy; podstawowy; istotny II *s* podstawowa zasada
funeral ['fjunrəl] I *adj* pogrzebowy II *s* pogrzeb *m*
funnel ['fʌnl] *s* komin *m* (ma-

szyny, na statku); *(diminishing tube)* lejek *m*
funny ['fʌni] *adj* zabawny,
śmieszny
fur [fɜ(r)] *s* futro *n*; ~ **coat**
futro *n* (płaszcz futrzany)
furcation [fə'keiʃn] *s* rozwidlenie *n*, rozgałęzienie *n*
furious ['fjuəriəs] *adj* wściekły; **to be** ~ **with sb** wściekać się na kogoś
furnace ['fɜnis] *s* piec *m*; **blast**
~ piec hutniczy
furnish ['fɜniʃ] *v* zaopatrywać
(**with sth** w coś); dostarczać
(czegoś); *(fit up with furniture)* meblować
furnishings ['fɜniʃiŋz] *plt* urządzenie *n*, umeblowanie *n*
furniture ['fɜnitʃə(r)] *s* meble
pl; **a piece of** ~ mebel *m*;
a set ⟨**suite**⟩ **of** ~ komplet
m mebli
furrier ['fʌriə(r)] *s* kuśnierz *m*
further ['fɜðə(r)] I *zob.* **far**
adj II *v* popierać; pomagać
furthermore ['fɜðəmɔ(r)] *adv*
ponadto; poza tym
furthest *zob.* **far** *adj*
furtive ['fɜtiv] *adj* ukradkowy
fury ['fjuəri] *s* furia *f*; pasja
f; szał *m*
fuse [fjuz] I *s elektr.* bezpiecznik topikowy, korek *m*
II *v* stapiać (się); spalać się;
elektr. zakładać bezpieczniki
fusion ['fjuʒn] *s techn.* stopienie (się) *n*; spawanie *n*;
ekon. fuzja *f*; zlanie się *n*
fuss [fʌs] I *s* zamieszanie *n*;
hałas *m*; krzątanina *f* II *v*
awanturować ⟨denerwować⟩
się
fussy ['fʌsi] *adj* kapryśny;
zrzędny
futile ['fjutail] *adj* daremny;
próżny; bezowocny
future ['fjutʃə(r)] I *adj* przyszły II *s* 1. przyszłość *f*;
for the ~ w przyszłości 2.
gram. czas przyszły

G

gaberdine [ˈgæbəˈdin] s gabardyna f
gable [ˈgeɪbl] s *bud.* ściana szczytowa
gag [gæg] I v zakneblować usta (**sb** komuś) II s knebel m
gaiety [ˈgeɪətɪ] s wesołość f
gaily [ˈgeɪlɪ] adv wesoło; z radością
gain [geɪn] I v zyskiwać (**by sth** na czymś); zarobić; wygrywać; osiągać; **to ~ time** zyskiwać na czasie; **to ~ one's cause** wygrać sprawę II s zysk m; zarobek m; (*benefit*) korzyść f
gait [geɪt] s chód m
gale [geɪl] s burza f; sztorm m; podmuch m wiatru
gall [gɔl] I s otarcie n skóry; oparzelina f II v otrzeć ⟨odparzyć⟩ skórę
gallantry [ˈgæləntrɪ] s dzielność f; rycerskość f; galanteria f
gallery [ˈgælərɪ] s galeria f; **art ~** galeria sztuki
gallop [ˈgæləp] I v galopować; jechać galopem II s galop m; cwał m
galoshes [gəˈlɔʃɪz] pl śniegowce pl; kalosze pl
gamble [ˈgæmbl] I v uprawiać hazard; spekulować (na giełdzie) II s hazard m
gambler [ˈgæmblə(r)] s gracz m; kanciarz m; *przen.* ryzykant m
gambling-den [ˈgæmblɪŋ den], **gambling-house** [ˈgæmblɪŋ haʊs] s jaskinia f ⟨dom m⟩ gry
game [geɪm] s 1. gra f (sportowa, w karty itd.); **to play a ~ of** (**cards**) rozegrać partię (kart) 2. pl **~s** zawody pl; **Olympic Games** Igrzyska Olimpijskie 3. pl **~s** (*tricks*) sztuczki pl; **none of**

your ~s! tylko bez sztuczek!; **the ~ is up** podstęp się nie udał 4. *myśl.* zwierzyna f; **big ~ shooting** polowanie n na grubego zwierza 5. *kulin.* dziczyzna f
gang [gæŋ] s grupa f (ludzi); szajka f, banda f
gangrene [ˈgæŋgrin] I v gangrenować, ulec gangrenie II s *med.* gangrena f
gangster [ˈgæŋstə(r)] s gangster m, bandyta m
gangway [ˈgæŋweɪ] s przejście n między rzędami krzeseł; *mor.* trap m; **~ ladder** schodki zaburtowe
gaol [dʒeɪl] I s więzienie n II v uwięzić
gap [gæp] s otwór m; luka f; odstęp m
gape [geɪp] v ziewać; (*stare*) gapić się (**at sb, sth** na kogoś, coś)
garage [ˈgæraʒ] I s garaż m II v garażować
garbage [ˈgɑbɪdʒ] s odpadki pl; śmieci(e) pl
garden [ˈgɑdn] I s ogród m II v uprawiać ogród
gardener [ˈgɑdnə(r)] s ogrodnik m
garden-party [ˈgɑdn pɑtɪ] s przyjęcie n na świeżym powietrzu
gargle [ˈgɑgl] v płukać (one's throat gardło)
garlic [ˈgɑlɪk] s czosnek m; **a clove of ~** ząbek m czosnku
garret [ˈgærət] s mansarda f; poddasze n
garrison [ˈgærɪsn] s garnizon m
garter [ˈgɑtə(r)] s podwiązka f
gas [gæs] I v zatruć gazem II s 1. gaz m 2. *am. pot.* benzyna f
gas-cooker [ˈgæs kʊkə(r)] s kuchenka gazowa

gas-fittings [ˈgæs fɪtɪŋz] *plt* instalacja gazowa.

gasket [ˈgæskɪt] *s* uszczelka *f*; **rubber ~** gumowa uszczelka

gasolene, gasoline [ˈgæsəlin] *s am.* benzyna *f*; **ethyl ~** benzyna etylizowana; **high-test ~** benzyna wysokooktanowa; **low-octane ~** benzyna niskooktanowa

gas-oven [ˈgæs ʌvn] *s* piekarnik gazowy

gasp [gɑsp] *v* ciężko oddychać; sapać (**with rage** ze złości)

gas-plant [ˈgæs plɑnt] *s* gazownia *f*

gas-ring [ˈgæs rɪŋ] *s* palnik gazowy (kuchenny)

gas-stove [ˈgæs stəuv] *s* kuchenka gazowa

gastric [ˈgæstrɪk] *adj* żołądkowy; gastryczny; *med.* **~ fever** tyfus brzuszny; **~ ulcer** wrzód *m* żołądka

gate [geɪt] *s* brama *f*; wrota *pl*; furtka *f*; **to open the ~** otworzyć bramę

gateway [ˈgeɪtweɪ] *s* brama wjazdowa; przejście *n*

gather [ˈgæðə(r)] *v* 1. zbierać ⟨gromadzić⟩ (się) 2. (*infer*) wnioskować (**from sth that...** z czegoś, że ...)

gathering [ˈgæðrɪŋ] *s* zebranie *n*; zgromadzenie *n*

gauge [geɪdʒ] I *s* miara *f*; wskaźnik *m*; **fuel ~** wskaźnik paliwa; **oil-pressure ~** wskaźnik ciśnienia oleju II *v* mierzyć; (*estimate*) oceniać, szacować

gauze [gɔz] *s* gaza *f*

gave *zob.* **give** *v*

gay [geɪ] *adj* wesoły; (*of a colour*) żywy

gaze [geɪz] I *v* przyglądać ⟨przypatrywać⟩ się (**at sb, sth** komuś, czemuś) II *s* spojrzenie *n*

gazette [gəˈzet] *s* gazeta *f* (urzędowa)

gear [glə(r)] *s* 1. przybory *pl*;

narzędzia *pl* 2. *techn.* mechanizm *m*; przekładnia *f*; **toothed ~** przekładnia zębata; **worm ~** przekładnia ślimakowa 3. *mot.* bieg *m*; **~ lever,** *am.* **~ shift** dźwignia *f* zmiany biegów; **~ reduction** redukcja *f* biegu; **back ⟨reverse⟩ ~** bieg wsteczny; **steering ~** układ kierowniczy; **to change the ~** zmienić bieg; **to throw into ~** włączyć ⟨*pot.* wrzucić⟩ bieg

gear-box [ˈgləboks] *s mot.* skrzynka *f* biegów

geese *zob.* **goose**

gem [dʒem] *s* klejnot *m*

gender [ˈdʒendə(r)] *s gram.* rodzaj *m*

general [ˈdʒenrl] *adj* ogólny; powszechny; generalny; **~ practitioner** lekarz ogólnie praktykujący; **in ~** zwykle; zazwyczaj; w ogóle

generalize [ˈdʒenrəlaɪz] *v* uogólniać

generate [ˈdʒenəreɪt] *v* rodzić; wytwarzać; wywoływać

generation [ˌdʒenəˈreɪʃn] *s* pokolenie *n*; ród *m*

generosity [ˌdʒenəˈrosətɪ] *s* hojność *f*; wspaniałomyślność *f*

generous [ˈdʒenrəs] *adj* hojny; wspaniałomyślny

genitive [ˈdʒenɪtɪv] *s gram.* dopełniacz *m*

genius [ˈdʒinɪəs] *s* (*pl* **~es**) geniusz *m*; talent *m* (**for sth** do czegoś); **a man of ~** człowiek genialny

gentle [ˈdʒentl] *adj* łagodny, delikatny; miły; **the ~ sex** piękna płeć

gentleman [ˈdʒentlmən] *s* (*pl* **gentlemen**) pan *m*; dżentelmen *m*; **a ~'s agreement** porozumienie oparte na zaufaniu; (*in letters*) **Gentlemen** Szanowni Panowie!

gents [dʒents] *pl* (*in an inscription*) dla panów

genuine [ˈdʒenjuin] *adj* prawdziwy; autentyczny; (of a person) szczery

geographer [dʒɪˈogrəfə(r)] s geograf m

geography [dʒɪˈogrəfɪ] s geografia f

geology [dʒɪˈolədʒɪ] s geologia f

geometry [dʒɪˈomɪtrɪ] s geometria f

geranium [dʒɪˈreɪnɪəm] s geranium n; pelargonia f

germ [gɜm] s zarodek m; (microbe) zarazek m

German [ˈdʒɜmən] I s 1. Niemiec m 2. (language) język niemiecki II adj niemiecki; med. ∼ measles różyczka f

gesticulate [dʒɪˈstɪkjʊleɪt] v gestykulować

gesture [ˈdʒestʃə(r)] s ruch m ręką; gest m

get [get] v (got [got], got, gotten [ˈgotn]) 1. dostać; otrzymać; zdobyć; have you got it? czy masz to?; to ∼ hold of sth chwycić coś; to ∼ wind of sth dowiedzieć się o czymś 2. (become) stać się; I never got to know him nigdy nie doszło do tego, abym go poznał; it's getting late ⟨dark, cold⟩ robi się późno ⟨ciemno, zimno⟩; to ∼ better wyzdrowieć; to ∼ one's feet wet przemoczyć sobie nogi; to ∼ ready przygotować; to ∼ rich ⟨tired⟩ wzbogacić ⟨zmęczyć⟩ się; to ∼ rid of sb, sth pozbyć się kogoś, czegoś 3. (induce) zmuszać; namawiać; wpływać; to ∼ sb to do sth zmusić kogoś do zrobienia czegoś; ∼ your hair cut każ sobie ostrzyc włosy; to have got to musieć ‖ to ∼ across przejść na drugą stronę; przedostać się; to ∼ along dawać sobie radę; to ∼ at sth dostać się do czegoś, osiągnąć coś; what are you getting at? do czego zmierzasz?; to ∼ back wracać;

to ∼ down schodzić; to ∼ in wejść ⟨dostać się⟩ (do tramwaju); to ∼ into a habit nabrać przyzwyczajenia; to ∼ off wychodzić ⟨wysiadać⟩ (z tramwaju); to ∼ on posuwać się naprzód; how are you getting on? jak ci się wiedzie?; they don't get on well together oni nie żyją ze sobą dobrze; to ∼ on sb's nerves działać komuś na nerwy; easy to ∼ on witn łatwy w pożyciu; to ∼ out wychodzić; wysiadać; to ∼ over sth przeboleć coś; to ∼ through przedostać się; to ∼ up wstawać; podnieść się

ghastly [ˈgɑstlɪ] I adj straszny, upiorny II adv strasznie

ghetto [ˈgetəʊ] s getto n

ghost [gəʊst] s duch m; upiór m; widmo n

giant [ˈdʒaɪənt] I s olbrzym m II adj olbrzymi, gigantyczny

giddy [ˈgɪdɪ] adj 1. (of height) zawrotny; to feel ⟨to be⟩ ∼ mieć zawrót głowy 2. (of a person) roztrzepany

gift [gɪft] s 1. dar m; prezent m, upominek m; to get sth as a ∼ dostać coś w prezencie 2. (talent) talent m (for sth do czegoś)

gifted [ˈgɪftɪd] adj utalentowany

gigantic [dʒaɪˈgæntɪk] adj olbrzymi, gigantyczny

giggle [ˈgɪgl] I v chichotać II s chichot m

gild [gɪld] v złocić, pozłacać

gilt [gɪlt] I adj pozłacany II s pozłota f

gin [dʒɪn] s dżin m; jałowcówka f

ginger [ˈdʒɪndʒə(r)] s imbir m

gingerly [ˈdʒɪndʒəlɪ] adv ostrożnie; delikatnie

gipsy [ˈdʒɪpsɪ] s Cygan m

girl [gɜl] s dziewczyna f

give [gɪv] v (gave [geɪv], given [ˈgɪvn]) dawać; wydawać (przyjęcie); to ~ the news podawać wiadomości; to ~ way ustąpić; to ~ sb's compliments to sb pozdrowić kogoś od kogoś; ~ him my love uściśnij ⟨pozdrów⟩ go ode mnie || to ~ sb away zdradzić kogoś; skompromitować; to ~ in poddać się; ustąpić (komuś); to ~ out rozdawać; (make known) ogłaszać; to ~ over przekazać; to ~ up zrezygnować; zaniechać

given zob. **give** v; adj ustalony; wiadomy

giver [ˈgɪvə(r)] s dawca m

glacier [ˈglæsɪə(r)] s lodowiec m

glad [glæd] adj zadowolony; wesoły; I am ~ to hear it cieszy mnie to; I shall be ~ to do it uczynię to z przyjemnością

glamour [ˈglæmə(r)] s urok m; blask m; splendor m; scene of ~ wspaniałe widowisko

glance [glɑns] I v spoglądać (at sb, sth na kogoś, coś); (gleam) błyszczeć II s spojrzenie n; rzut m oka; to cast a ~ rzucić okiem

gland [glænd] s gruczoł m

glare [gleə(r)] I s blask m II v świecić, jaśnieć

glass [glɑs] s 1. szkło n; stained ~ witraż m 2. (vessel) szklanka f; (for wine, brandy) kieliszek m 3. pl ~es okulary pl; szkła pl; corrective ~es szkła korekcyjne; sun ~es szkła przeciwsłoneczne; smoked ⟨tinted⟩ ~es szkła przydymione

glass-case [ˈglɑs keɪs] s gablotka f, witryna f

glassware [ˈglɑsweə(r)] s wyroby szklane

glaze [gleɪz] I v szklić; (pottery etc.) glazurować II s szkliwo n; glazura f

glazed [ˈgleɪzd] adj: ~ frost ślizgawica f

gleam [glim] I v połyskiwać II s blask m; lśnienie n

glide [glaɪd] I v ślizgać się; szybować II s ślizganie się n; lotn. szybowanie n

glider [ˈglaɪdə(r)] s szybowiec m

glimmer [ˈglɪmə(r)] I v migotać II s migotanie n

glimpse [glɪmps] I s przelotne spojrzenie II v zobaczyć w przelocie

glitter [ˈglɪtə(r)] I v błyszczeć; lśnić II s blask m; połysk m

globe [gləub] s kula ziemska; globus m

globe-trotter [ˈgləub trotə(r)] s obieżyświat m

gloom [glum] s ciemność f; ponurość f; przen. przygnębienie n

gloomy [ˈglumɪ] adj ciemny; ponury; przen. przygnębiony; to become ~ zasępić się

glorify [ˈglɔrɪfaɪ] v chwalić; gloryfikować

glorious [ˈglɔrɪəs] adj sławny, świetny, wspaniały; pot. to have a ~ time świetnie się bawić

glory [ˈglɔrɪ] s sława f, chwała f; cześć f

glossy [ˈglosɪ] adj lśniący, gładki

glove [glʌv] s rękawiczka f

glow [gləu] I v jarzyć się; promieniować (with joy radością) II s żar m

glue [glu] I v kleić II s klej m

glycerine [ˈglɪsəˈrin] s gliceryna f

gnaw [nɔ] v gryźć; przen. dręczyć

go [gəu] v (went [went], gone [gon]) 1. iść; pojechać; (disappear) zniknąć; to set sth going wprawić coś w ruch; to keep sth going utrzymywać coś w ruchu; let it go at that poprzestańmy na tym; that goes without saying to nie ulega kwestii; **as times go** jak na obecne czasy; **to go far wybić się**; **to go white** ⟨**red**⟩ zblednąć ⟨poczerwienieć⟩; **to go bad** zepsuć się; **to go after** sth gonić za czymś; tu go astray zabłąkać się; zejść na manowce ‖ **to go down** zmniejszać się; opadać; **to go in for** sth zajmować się czymś; przystąpić do czegoś; **to go into a profession** obrać zawód; **to go into details** wdać się w szczegóły (sprawy); **to go on** kontynuować; **to go over** przejrzeć; skontrolować; **to go to pieces** rozbić się; **to go through** sth zbadać coś; (*get through*) przebyć coś; **to go without** sth obejść się bez czegoś 2. użyte w present continuous oznacza zamierzenie oraz bardzo bliską przyszłość; **he is going to speak** on zaraz będzie mówić; **we are going to do it** zrobimy to

goal [gəul] s cel *m*; *sport.* gol *m*; bramka *f*; **to shoot** ⟨**score**⟩ **a ⁓ strzelić** gola
goal-keeper [ˈgəul kipə(r)] s bramkarz *m*
goat [gəut] s koza *f*
goblet [ˈgoblət] s puchar *m*; kielich *m*
God [god] s Bóg *m*; bóstwo *n*; **for ⁓'s sake!** na miły Bóg!
godchild [ˈgodtʃaild] s (*pl* **godchildren** [ˈgodtʃildrn]) chrześniak *m*, chrześniaczka *f*
goddess [ˈgodɪs] s bogini *f*
godfather [ˈgodfɑðə(r)] s ojciec chrzestny
god-forsaken [ˈgod fəseikən] *adj* opuszczony; zapadły
godmother [ˈgodmʌðə(r)] s matka chrzestna
goggle [ˈgogl] I s wytrzeszczać oczy II s (*pl*) ⁓s okulary ochronne, gogle *pl*

gold [gəuld] I s złoto *n* II *adj* złoty
golden [ˈgəuldn] *adj* złoty, złocisty
gold-field [ˈgəuld fild], **gold-mine** [ˈgəuld main] s kopalnia *f* złota
goldsmith [ˈgəuldsmɪθ] s złotnik *m*
golf [golf] s golf *m*
golf-course [ˈgolf kɔs], **golf-links** [ˈgolf liŋks] s teren *m* do gry w golfa
gong [goŋ] s gong *m*
good [gud] I *adj* (**better** [ˈbetə(r)], **best** [best]) 1. dobry; zdolny (**at** sth do czegoś); 2. (*of a child etc.*) grzeczny; **be a ⁓ boy!** bądź grzeczny! 3. (*proper*) właściwy; **in ⁓ time** we właściwym czasie II s dobro *n*; **for ⁓** na dobre; na stałe; **for sb's ⁓** dla czyjegoś dobra; **to do ⁓** dobrze czynić; **what's the ⁓ of it?** na co się to przyda?
good-bye [ˈgud bai] I s pożegnanie *n* II *int* do widzenia!
good-looking [ˈgud lukɪŋ] *adj* przystojny
goodly [ˈgudlɪ] *adj* spory; pokaźny
good-natured [ˈgud neitʃəd] *adj* dobroduszny, życzliwy
goodness [ˈgudnəs] s dobroć *f*; dobre serce; **my ⁓!** Boże mój!; **for ⁓'s sake!** na litość boską!
goods [gudz] *plt* towary *pl*, artykuły *pl*; **⁓ at reduced prices** towary z przeceny ⟨przecenione⟩; **consumer ⁓** artykuły konsumpcyjne; **household ⁓** artykuły gospodarstwa domowego; **manufactured ⁓** artykuły przemysłowe; **seasonal ⁓** artykuły sezonowe
goodwill [ˈgud wil] s życzliwość *f*; dobra wola
goose [gus] s (*pl* **geese** [gis]) gęś *f*

gooseberry [ˈguzbrɪ] *s* agrest *m*

gorgeous [ˈgɔdʒəs] *adj* wspaniały; okazały

gospel [ˈgospl] *s* ewangelia *f*

gossip [ˈgosɪp] I *s* plotka *f* II *v* plotkować

got *zob.* **get**

Gothic [ˈgoθɪk] I *adj* gotycki II *s* gotyk *m*

gotten *zob.* **get**

goulash [ˈgulæʃ] *s* gulasz *m*

gout [gaut] *s med.* podagra *f*

govern [ˈgʌvn] *v* rządzić ⟨kierować⟩ (**sb, sth** kimś, czymś)

government [ˈgʌvmənt] *s* rząd *m*; **form of ~** ustrój *m*

governor [ˈgʌvnə(r)] *s* gubernator *m*

gown [gaun] *s* suknia *f*; (*of a judge etc.*) toga *f*

grab [græb] *v* porywać; chwytać

grace [greɪs] *s* wdzięk *m*; gracja *f*; (*favour*) łaska *f*

graceful [ˈgreɪsfl] *adj* pełen wdzięku

gracious [ˈgreɪʃəs] *adj* łaskawy; **good ~!** na Boga!

grade [greɪd] *s* stopień *m*; ranga *f*; *handl.* jakość *f*; gatunek *m*

gradual [ˈgrædʒuəl] *adj* stopniowy

graduate [ˈgrædʒueɪt] I *v* stopniować; *uniw.* otrzymać stopień akademicki II *s* [ˈgrædʒuət] absolwent *m*

graduation [ˌgrædʒuˈeɪʃn] *s* stopniowanie *n*; *uniw.* ukończenie *n* wyższych studiów

grain [greɪn] *s* ziarno *n*; *zbior.* zboże *n*

grammar [ˈgræmə(r)] *s* gramatyka *f*; **to speak** ⟨**to write**⟩ **bad ~** mówić ⟨pisać⟩ niegramatycznie

grammar-school [ˈgræmə skul] *s* szkoła średnia ogólnokształcąca

gramophone [ˈgræməfəun] *s* gramofon *m*; patefon *m*

grand [grænd] *adj* wielki; (*excellent*) wspaniały; dostojny

grandchild [ˈgrændtʃaɪld] *s* (*pl* **grandchildren** [ˈgrændtʃɪldrən]) wnuk *m*, wnuczka *f*

granddaughter [ˈgrændɔtə(r)] *s* wnuczka *f*

grandeur [ˈgrændʒə(r)] *s* wielkość *f*; wspaniałość *f*

grandfather [ˈgrændfɑðə(r)] *s* dziadek *m*

grandma [ˈgrænmɑ] *s* babunia *f*

grandmother [ˈgrændmʌðə(r)] *s* babka *f*, babcia *f*

grandpa [ˈgrænpɑ] *s* dziadunio *m*

grandson [ˈgrændsʌn] *s* wnuk *m*

grant [grɑnt] I *v* przyznawać (**sb a prize** komuś nagrodę); użyczać; nadawać; **to take sth for ~ed** przesądzać coś; uważać coś za rzecz niewątpliwą II *s* dar *m*; darowizna *f*; (*money*) subwencja *f*

granulate [ˈgrænjuleɪt] *v* granulować; rozdrabniać; **~d sugar** miałki cukier

grape [greɪp] *s* winogrono *n*; *bot.* winorośl *f*, wino *n*

grape-fruit [ˈgreɪpfrut] *s* grejpfrut *m*

graphic [ˈgræfɪk] *adj* graficzny; **~ art** grafika *f*

grasp [grɑsp] I *v* 1. uchwycić; porwać; (*hold firmly*) ścisnąć; mocno trzymać 2. (*understand*) zrozumieć; pojąć II *s* uchwyt *m*; uścisk *m*

grass [grɑs] *s* trawa *f*; **keep off the ~!** nie deptać trawników!

grasshopper [ˈgrɑshopə(r)] *s* konik polny

grate [greɪt] *s* ruszt *m* (paleniska)

grate [greɪt] *v* trzeć, ucierać; zgrzytać (**the teeth** zębami)

grateful [ˈgreɪtfl] *adj* wdzięczny; zobowiązany

gratify [ˈgrætɪfaɪ] *v* zadowolić; zaspokoić; (*reward*) wynagrodzić

gratitude ['grætɪtjud] s wdzięczność f
gratuitous [grə'tjuɪtəs] adj bezpłatny; dobrowolny
gratuity [grə'tjuətɪ] s napiwek m; no gratuities uprasza się o niedawanie napiwków
grave [¹ [greɪv] s grób m; mogiła f
grave ² [greɪv] adj poważny; doniosły
gravel ['grævl] s żwir m
graveyard ['greɪvjɑd] s cmentarz m
gravitation ['grævɪ'teɪʃn] s fiz. ciążenie n; grawitacja f
gravity ['grævətɪ] s powaga f; fiz. ciężkość f
gravy ['greɪvɪ] s sos m (od pieczeni)
graze [greɪz] v paść (się)
grease [gris] I v smarować tłuszczem II s tłuszcz m; (lubricant) smar m
greasy ['grisɪ] adj tłusty, zatłuszczony
great [greɪt] adj wielki, duży
greatness ['greɪtnəs] s wielkość f; ogrom m
greed [grid] s chciwość f
greedy ['gridɪ] adj chciwy; żądny
Greek [grik] I adj grecki II s Grek m || it's all ~ to me to dla mnie chińszczyzna
green [grin] I s zieleń f; (grass) trawnik m; pl ~s warzywa pl II adj zielony; to grow ~ zazielenić się
greengrocer ['gringrəusə(r)] handlarz m jarzynami
greet [grit] v powitać; pozdrowić
greeting ['gritɪŋ] s powitanie n; pozdrowienie n; ~s from Warsaw pozdrowienia pl z Warszawy
grenade [grɪ'neɪd] s granat m
grew zob. **grow** v
grey [greɪ] adj szary; popielaty; siwy
greyhound ['greɪhɑund] s chart m

grief [grif] s smutek m; zmartwienie n; nieszczęście n
grievance ['grivns] s krzywda f; skarga f; to have a ~ against sb mieć powód do skargi na kogoś
grieve [griv] v krzywdzić; martwić się (at ⟨for, about, over⟩ sth czymś)
grievous ['grivəs] adj bolesny; ciężki
grill [grɪl] I v kulin. przypiekać na ruszcie; ~ed z rusztu II s ruszt m
grill-room ['grɪl rum] s restauracja, której specjalnością jest mięso z rusztu
grim [grɪm] adj srogi; ponury
grimace [grɪ'meɪs] I s grymas m II v grymasić
grime [grɑɪm] I s brud m II v brudzić
grimy ['grɑɪmɪ] adj brudny
grin [grɪn] I v szczerzyć zęby; śmiać się szyderczo II s szyderczy uśmiech
grind [grɑɪnd] v (ground [grɑund], ground) mleć; (sharpen) ostrzyć; to ~ one's teeth zgrzytać zębami
grip [grɪp] I s chwyt m; uścisk m II v mocno uchwycić; przen. opanować (sytuację itd.)
groan [grəun] I v jęczeć II s jęk m
groats [grəuts] plt kasza f, krupy pl
grocer ['grəusə(r)] s sprzedawca m w sklepie spożywczym
grocery ['grəusərɪ] s sklep spożywczy; pl groceries towary kolonialne; artykuły spożywcze
gross ¹ [grəus] adj 1. tłusty 2. (vulgar) ordynarny; sprośny 3. (of weight) brutto
gross ² [grəus] s (pl ~) gros m (12 tuzinów); in ⟨by⟩ the ~ hurtem
grotesque [grəu'tesk] I adj groteskowy II s groteska f
ground ¹ [grɑund] I s 1. ziemia

f; grunt *m*; teren *m*; plac *m* 2. (*bottom*) dno *n* 3. (*motive*) podstawa *f*; przyczyna *f*; on the ~s of na podstawie (czegoś) II *v* opierać (coś na czymś); gruntować; *elektr.* uziemić

groundfloor ['grɑund'flɔ(r)] *s* parter *m*

groundless ['grɑundləs] *adj* bezpodstawny; gołosłowny

group [grup] I *s* grupa *f* II *v* grupować (się)

grouse [grɑus] *s* (*pl* ~) pardwa szkocka; **black** ~ cietrzew *m*; **hazel** ~ jarząbek *m*; **white** ~ pardwa *f*; **wood** ~ głuszec *m*

grove [grəuv] *s* gaj *m*; lasek *m*

grow [grəu] *v* (**grew** [gru], **grown** [grəun]) 1. rosnąć; 2. (*cause to grow*) hodować, uprawiać 3. (*become*) stawać się; **to** ~ **old** ⟨**angry** etc.⟩ starzeć ⟨rozłościć itp.⟩ się; **to** ~ **up** dorastać

grown I *zob.* **grow** *v* II *adj* dorosły III *s* ~ **up** dorosły *m* (człowiek)

growth [grəuϴ] *s* wzrost *m*: rozwój *m*; **full** ~ pełnia *f* rozwoju

grudge [grʌdʒ] I *v* żałować ⟨zazdrościć⟩ (**sb sth** komuś czegoś) II *s* uraza *f*; niechęć *f*; **to bear** ⟨**to have**⟩ **a** ~ **against sb** żywić do kogoś urazę

gruel [grul] *s* kleik *m*; kaszka *f*

grumble ['grʌmbl] I *v* gderać; narzekać II *s* gderanie *n*; narzekanie *n*

grunt [grʌnt] I *v* chrząkać II *s* chrząkanie *n*

guarantee ['gærən'ti] I *s* gwarancja *f*: (*person*) poręczyciel *m* II *v* gwarantować

guaranty ['gærəntɪ] *s* *prawn.* gwarancja *f*; poręczenie *n*

guard [gɑd] I *v* chronić; strzec; zabezpieczać (**against sth** przed czymś) II *s* 1.

straż *f*; warta *f*; **to be on one's** ~ mieć się na baczności 2. *kolej.* konduktor *m* 3. *pl* ~s *wojsk.* gwardia *f*

guardian ['gɑdɪən] *s* opiekun *m*; obrońca *m*

guerilla [gə'rɪlə] *s* partyzantka *f*; (*partisan*) partyzant *m*

guess [ges] I *v* zgadywać; domyślać się; przypuszczać II *s* przypuszczenie *n*; domysł *m*; **at** ⟨**by**⟩ **a** ~ przypuszczalnie; na oko

guesswork ['gesw3k] *s* zgadywanie *n*; domysły *pl*

guest [gest] *s* gość *m*; **paying** ~ pensjonariusz *m*

guidance ['gɑɪdns] *s* kierowanie *n*; informacja *f*; **for your** ~ dla twojej informacji ⟨wiadomości⟩

guide [gɑɪd] I *v* kierować; być przewodnikiem II *s* przewodnik *m*; **Girl Guide** harcerka *f*; **railway** ~ rozkład *m* jazdy

guide-book ['gɑɪd buk] *s* przewodnik *m* (książka)

guide-post ['gɑɪd pəust] *s* drogowskaz *m*

guilt [gɪlt] *s* wina *f*

guilty ['gɪltɪ] *adj* winny

gulf [gʌlf] *s* zatoka *f*; (*deep hollow*) przepaść *f*

gull [gʌl] *s* mewa *f*

gulp [gʌlp] I *v* łykać II *s* łyk *m*; **at one** ~ jednym haustem

gum ¹ [gʌm] *s* dziąsło *n*

gum ² [gʌm] I *s* guma *f* II *v* kleić

gun [gʌn] *s* armata *f*; działo *n*; (*rifle*) karabin *m*; (*revolver*) rewolwer *m*

gush [gʌʃ] I *v* tryskać; lać się II *s* tryśnięcie *n*; wytrysk *m*

gust [gʌst] *s* poryw *m* (wiatru); wybuch *m* (gniewu)

gut [gʌt] I *s* jelito *n*; *pl* ~s wnętrzności *pl* II *v* patroszyć

gutter ['gʌtə(r)] *s* rynna *f*;

(*sewer*) ściek *m*; rynsztok
m
guttural [ˈgʌtərl] *adj* gardło-
wy
guy [gɑɪ] *s am. pot.* facet *m*;
gość *m*
gymnasium [dʒɪmˈneɪzɪəm] *s*
(*pl* ~s, **gymnasia** [dʒɪm-

ˈneɪzɪə]) sala gimnastyczna
gymnastic [dʒɪmˈnæstɪk] **I** *adj*
gimnastyczny **II** *plt* ~s
gimnastyka *f*
gynaecologist [ˈgaɪnɪˈkolədʒɪst]
s ginekolog *m*
gypsy [ˈdʒɪpsɪ] *s* = **gipsy**

H

haberdasher [ˈhæbədæʃə(r)] *s*
właściciel *m* sklepu z pas-
manterią; kupiec galante-
ryjny
habit [ˈhæbɪt] *s* zwyczaj *m*,
przyzwyczajenie *n*; **bad** ~
nałóg *m*; **to be in the** ~
of doing sth mieć zwyczaj
coś robić; **to form** ⟨**to fall
into, to get into**⟩ **the** ~ **of
doing sth** nabrać przyzwyczajenia róbienia czegoś; **to
get** ⟨**fall**⟩ **out of a** ~ od-
zwyczaić się
habitation [ˈhæbɪˈteɪʃn] *s* za-
mieszkiwanie *n*; (*place*)
miejsce *n* pobytu
habitual [həˈbɪtʃʊəl] *adj* zwykły; powszedni; (*of a person*) nałogowy (pijak itd.)
hackneyed [ˈhæknɪd] *adj* oklepany; banalny; szablonowy
had *zob.* **have** *v*
haemorrhage [ˈhemərɪdʒ] *s*
krwotok *m*; wylew *m*; **cerebral** ~ wylew do mózgu
haggard [ˈhægəd] *adj* (*of a
face*) wymizerowany; (*of a
look*) dziki
hail¹ [heɪl] **I** *s* grad *m* **II** *v*
it ~s pada grad
hail² [heɪl] **I** *s* pozdrowienie
n; powitanie *n* **II** *v* witać,
pozdrawiać; **to** ~ **a taxi**
przywołać taksówkę **III** *int*
witajcie!
hailstorm [ˈheɪl stɔm] *s* burza
gradowa
hair [heə(r)] *s* włos *m*; *zbior.*
włosy *pl*; **to do one's** ~
czesać się; *przen.* **not to**

turn a ~ ani mrugnąć; nic
po sobie nie pokazać
hair-cut [ˈheəkʌt] *s* ostrzyże-
nie *n*; **to have a** ~ dać się
ostrzyc
hair-do [ˈheə du] *s* fryzura *f*,
uczesanie *n*
hair-dresser [ˈheədresə(r)] *s*
fryzjer *m*, fryzjerka *f*
hairpin [ˈheəpɪn] *s* szpilka *f*
do włosów
hair-slide [ˈheəslaɪd] *s* wsuw-
ka *f*; spinka *f* do włosów
half [hɑf] **I** *s* (*pl* **halves**
[hɑvz]) połowa *f*; **by** ~ **o**
połowę (mniejszy itp.) **II** *adj*
pół **III** *adv* na pół; do po-
łowy; ~ **as much o** połowę więcej
half-back [ˈhɑf bæk] *s sport.*
obrońca *m* (w piłce nożnej);
the ~s obrona *f*
half-brother [ˈhɑf brʌðə(r)] *s*
przyrodni brat
half-hearted [ˈhɑf ˈhɑtɪd] *adj*
niezdecydowany; bez prze-
konania
half-holiday [ˈhɑf ˈholədɪ] *s*
wolne popołudnie
halfpenny [ˈheɪpnɪ] *s* (*pl* **half-
pence** [ˈheɪpəns]) pół *n* pensa
half-sister [ˈhɑf sɪstə(r)] *s*
przyrodnia siostra
half-way [ˈhɑf ˈweɪ] *adv* w
połowie drogi
hall [hɔl] *s* (*large room*) sala
f; (*entrance passage*) hall
m; (*building*) gmach *m*; (*residence*) dwór *m*

hallo [həˈləʊ] *int* cześć !; dzień dobry!; halo!

hallucination [həˈlusɪˈneɪʃn] *s* halucynacja *f*

halt [hɔlt] I *v* zatrzymywać (się) II *s* postój *m*; **to come to a** ~ stanąć

halves *zob.* **half** *s*

ham [hæm] *s* szynka *f*; ~ **and eggs** jajka smażone na szynce

hamburger [ˈhæmbɜgə(r)] *s* siekany kotlet wołowy, hamburger *m*; (*sandwich*) bułka *f* z hamburgerem

hammer [ˈhæmə(r)] I *s* młot(ek) *m*; **to come under the** ~ iść pod młotek; pójść na licytację II *v* bić młot(ki)em

hammock [ˈhæmək] *s* hamak *m*; ~ **chair** leżak *m*

hamper [ˈhæmpə(r)] *v* przeszkadzać ⟨zawadzać⟩ (*sb* komuś)

hand [hænd] I *s* 1. ręka *f*; dłoń *f*; **made by** ~ ręcznie zrobiony; **at first** ~ z pierwszej ręki; ~**s off!** (*sth*) ręce precz! (od czegoś); ~**s up!** ręce do góry!; **to be at** ~ być pod ręką; **out of** ~ z miejsca; **stock in** ~ towar *m* na składzie; **to be** ~ **in glove with sb** być z кimś w dobrej komitywie 2. (*in a watch*) wskazówka *f* (zegara) 3. (*direction*) strona *f*; kierunek *m*; **on the one** ~ z jednej strony 4. *pl* ~**s** siła robocza; ~**s wanted** poszukuje się rąk do pracy; **he is a good** ⟨**bad**⟩ ~ **at tennis** on dobrze ⟨źle⟩ gra w tenisa 5. (*handwriting*) charakter *m* pisma 6. (*cards*) karty *pl* (jednego partnera); **a good** ~ dobre karty 7. (*player*) partner *m* (w kartach); **a game for three** ~**s** gra *f* w trzy osoby II *v* wręczać; podawać; **to** ~ **in** wręczyć; **to** ~ **over** przekazać

hand-bag [ˈhændbæg] *s* torebka damska

hand-bill [ˈhændbɪl] *s* ulotka *f*

hand-book [ˈhændbʊk] *s* podręcznik *m*; poradnik *m*

hand-brake [ˈhændbreɪk] *s mot.* hamulec ręczny

handcuffs [ˈhændkʌfs] *pl* kajdany *pl*

handful [ˈhændfl] *s* (pełna) garść *f* (czegoś); (*of people etc.*) garstka *f*

handicap [ˈhændɪkæp] I *v* wyrównywać szanse (**sb, sth** czyjeś, czegoś); *przen.* przeszkadzać (**sb, sth** komuś, czemuś); być przeszkodą II *s* przeszkoda *f*, zawada *f*; *sport.* handicap *m*

handicraftsman [ˈhændɪkrɑftsmən] *s* (*pl* **handicraftsmen** [ˈhændɪkrɑftsmən]) rzemieślnik *m*; rękodzielnik *m*

handkerchief [ˈhæŋkətʃɪf] *s* chusteczka *f* do nosa

handle [ˈhændl] I *v* manipulować; obchodzić się (**sb, sth** z kimś, z czymś); (*treat*) traktować II *s* rączka *f*; trzonek *m*

handle-bar [ˈhændl bɑ(r)] *s* kierownica *f* (roweru)

hand-made [ˈhænd ˈmeɪd] *adj* ręcznie wykonany

hand-rail [ˈhænd reɪl] *s* poręcz *f*; bariera *f*

handshake [ˈhændʃeɪk] *s* uścisk *m* dłoni

handsome [ˈhænsəm] *adj* przystojny; (*considerable*) pokaźny; *pot.* ładny

handwriting [ˈhænd raɪtɪŋ] *s* pismo *n*; charakter *m* pisma

handy [ˈhændɪ] *adj* zręczny; (*convenient*) poręczny; dogodny; **that would come in** ~ to by się przydało

hang [hæŋ] *v* (**hung** [hʌŋ], **hung** *lub* (*o człowieku*) **hanged** [hæŋgd], **hanged**) powiesić; wisieć; ~ **it all!** do licha z tym wszystkim!; ~ **you!** żeby cię licho wzięło! || **to** ~ **about** wałęsać

się; to ~ back ociągać się;
to ~ down zwisać; to ~ on
kurczowo się trzymać (to
sth czegoś); to ~ out wy-
chylać się; to ~ together
trzymać się razem; (of an
information) pokrywać się;
to ~ up the receiver zawiesić słuchawkę; przerwać
połączenie telefoniczne
hangar ['hæŋə(r)] s lotn. hangar m
hanger ['hæŋə(r)] s wieszak
m
hanging ['hæŋɪŋ] s 1. wiesza-
nie n; powieszenie n (zbrodniarza); a ~ matter sprawa gardłowa 2. pl ~s obi-
cia pl; portiery pl; firanki
pl
hang-over ['hæŋəʊvə(r)] s kac
m
hank [hæŋk] s motek m (przędzy); kłębek m
hanker ['hæŋkə(r)] v wzdychać (after ⟨for⟩ sb, sth za
kimś, czymś, do kogoś, czegoś); tęsknić
haphazard [hæp'hæzəd] I s
przypadek m; at ⟨by⟩ ~ na
chybił trafił II adj przypadkowy, dorywczy III adv
przypadkowo; na los szczęścia
happen ['hæpn] v 1. zdarzyć
⟨wydarzyć, trafiać⟩ się; to
~ to do sth przypadkowo
coś zrobić 2. (meet) natrafić (on ⟨upon⟩ sth na coś)
happening ['hæpnɪŋ] s wydarzenie n
happiness ['hæpɪnəs] s szczęście n
happy ['hæpɪ] adj szczęśliwy;
radosny; I am ~ to see you
miło mi cię ⟨pana⟩ zoba-
czyć; to make sb ~ uradu-
wać kogoś
happy-go-lucky ['hæpɪ gəʊ 'lʌ-
kɪ] adj niefrasobliwy; beztroski
harbour ['hɑbə(r)] I s przystań f; port m; ~ basin basen portowy; ~ dock dok

portowy II v 1. (give shelter) udzielać schronienia 2.
przen. żywić (uczucie)
hard [hɑd] I adj twardy; ~
cash gotówka f; ~ labour
ciężkie roboty; as ~ as nails
bezlitosny; ~ and fast surowy; nienaruszalny (przepis itd.); to be ~ on sb być
surowym dla kogoś II adv
mocno; (with difficulty)
ciężko; z trudem; to be ~
up (for money) nie mieć
pieniędzy; być w trudnej
sytuacji finansowej ⟨bez
grosza⟩
hard-boiled ['hɑd bɔɪld] adj
1. ugotowany na twardo 2.
(of a person) uparty, bezwzględny
harden ['hɑdn] v wzmacniać;
hartować; (become hard)
twardnieć
hard-fisted ['hɑd fɪstɪd] adj
skąpy
hard-fought ['hɑd fɔt] adj (of
a fight) zawzięty; (of a victory) z trudem zdobyty
hardly ['hɑdlɪ] adv z trudem;
zaledwie; I ~ know nie bardzo wiem; ~ ever rzadko
kiedy
hardship ['hɑdʃɪp] s niewygoda f; trud m; (lack) niedostatek m
hardware ['hɑdweə(r)] s towary żelazne
hardy ['hɑdɪ] adj odważny;
śmiały
hare [heə(r)] s zając m
harm [hɑm] s szkoda f;
krzywda f; to do ~ zaszkodzić; no ~ was done nic złego się nie stało; there is
no ~ in ... nie ma nic złego w ...
harmful ['hɑmfl] adj szkodliwy
harmonious [hɑ'məʊnɪəs] adj
harmonijny; zgodny
harmony ['hɑmənɪ] s harmonia f; zgoda f
harp [hɑp] I s harfa f II v
grać na harfie

harpoon ['hɑpun] s harpun m
harsh [hɑʃ] adj szorstki; chropowaty; przykry; (of taste) cierpki; (of a voice) chrapliwy
harvest ['hɑvɪst] I s żniwa pl; zbiory pl; ~ festival dożynki pl II v zbierać zboże
harvester ['hɑvɪstə(r)] s żniwiarz m
hash [hæʃ] I v siekać (mięso) II s siekane mięso
hasheesh, hashish ['hæʃɪʃ] s haszysz m
haste [heɪst] s pośpiech m; **to make** ~ spieszyć się
hasten ['heɪsn] v śpieszyć się; przynaglać (kogoś)
hasty ['heɪstɪ] adj pośpieszny; (rash) pochopny; (of a person) popędliwy
hat [hæt] s kapelusz m
hatchet ['hætʃɪt] s siekiera f; topór m
hate [heɪt] I v nienawidzić; nie znosić (sb, sth kogoś, czegoś) II s nienawiść f
hateful ['heɪtfl] adj nienawistny
hatred ['heɪtrɪd] s nienawiść f (of sb do kogoś)
hatter ['hætə(r)] s kapelusznik m; **as mad as a** ~ zupełnie zwariowany
haughty ['hɔtɪ] adj hardy; dumny; wyniosły
haul [hɔl] I v ciągnąć; holować; (transport) transportować II s ciągnienie n; holowanie n
hauler ['hɔlə(r)] s holownik m
haunch [hɔntʃ] s biodro n
haunt [hɔnt] I v odwiedzać; zwiedzać; (of ghosts) straszyć; **this place is** ~ed tutaj straszy II s miejsce często odwiedzane
have [həv] v (had [həd], had) (3 pers sing has) 1. czasownik pomocniczy używany przy tworzeniu czasów present perfect i past perfect oraz bezokolicznika czasu przeszłego 2. mieć, posiadać;

to ~ a drink napić się (czegoś); **to** ~ **dinner** ⟨supper⟩ jeść obiad ⟨kolację⟩; ~ **a cigarette** poczęstuj się papierosem; **have you had your tea?** czy piłeś już herbatę?; **to** ~ **a good time** dobrze się bawić; **to** ~ **flu** przechodzić grypę; **to** ~ **sb in** mieć u siebie (gościa); **to** ~ **sth on** mieć coś na sobie; ~ **your hair cut** każ sobie ostrzyc włosy 3. (be obliged) musieć; **I** ~ **to go now** muszę już iść
haversack ['hævəsæk] s chlebak m
hawk [hɔk] s sokół m
hawthorn ['hɔθən] s głóg m
hay [heɪ] s siano n
hay-fever ['heɪ fivə(r)] s med. katar sienny
haystack ['heɪstæk] s stóg m siana
hazard ['hæzəd] I s hazard m II v za/ryzykować
hazardous ['hæzədəs] adj hazardowy; ryzykowny
haze [heɪz] s mgiełka f; lekka mgła
hazel ['heɪzl] s leszczyna f
hazel-nut ['heɪzl nʌt] s orzech laskowy
hazy ['heɪzɪ] adj mglisty; zamglony
he [hi] pron on
head [hed] I s 1. anat. głowa f; czoło n; **from** ~ **to foot** od stóp do głów; ~ **over heels in love** zakochany bez pamięci; **to get sth into one's** ~ wbić sobie coś do głowy; **to keep one's** ~ nie tracić głowy; **he is off his** ~ **on** zwariował; **to make** ~ **against sth** stawić czoło czemuś 2. (of cabbage, nail etc.) główka f 3. (top) góra f (stronicy, schodów itp.) 4. dzien. nagłówek m; rubryka f; **under the same** ~ pod tym samym tytułem 5. (front) czoło n (listy, pochodu itd.); **at the** ~ na czele;

~s or tails? orzeł czy reszka?; I can't make ~ or tail of it nie mogę się w tym połapać 6. (*person*) kierownik *m*; szef *m*; dyrektor *m*; głowa *f* (kościoła, rodziny itp.); ~ master ⟨mistress⟩ kierownik *m* ⟨kierowniczka *f*⟩ szkoły II *v* stać na czele; prowadzić; to ~ for ... wziąć kurs na ...; zdążać do ...

headache [ˈhedeɪk] *s* ból *m* głowy; sick ~ migrena *f*; I have a ~ boli mnie głowa

headlamp [ˈhedlæmp], **headlight** [ˈhed laɪt] *s* przednie światło (samochodu)

head-line [ˈhedlaɪn] *s* nagłówek *m* (w gazecie); *pl* ~s (radiowe) wiadomości w skrócie

headlong [ˈhedlɔŋ] *adv* głową naprzod; *przen.* na oślep

headphones [ˈhedfəʊnz] *pl* słuchawki *pl*

headquarters [ˈhedˈkwɔtəz] *s* główne biuro (firmy itd.); *wojsk.* główna kwatera; sztab *m*

heal [hil] *v* wy/leczyć się

health [helθ] *s* zdrowie *n*; ~ centre ośrodek *m* zdrowia; ~ certificate świadectwo lekarskie; ~ insurance ubezpieczenie chorobowe; ~ officer lekarz urzędowy; inspektor sanitarny; ~ resort miejscowość kuracyjna; ~ service służba *f* zdrowia

healthy [ˈhelθɪ] *adj* zdrowy

heap [hip] I *s* stos *m*; kupa *f*; wielka ilość II *v* gromadzić

hear [hɪə(r)] *v* (**heard** [hɜd], **heard**) 1. słyszeć, posłuchać; to ~ a record przesłuchać płytę 2. (*get to know*) dowiedzieć się (about sth o czymś)

hearer [ˈhɪərə(r)] *s* słuchający *m*; słuchacz *m*; *pl* ~s audytorium *n*

hearing [ˈhɪərɪŋ] *s* 1. słuch *m*; ~ aid aparat słuchowy; it came to my ~ ... doszło do mnie, że ...; in my ~ w mojej obecności 2. *sąd.* przesłuchanie *n* (świadka)

hearse [hɜs] *s* karawan *m*

heart [hɑt] *s* 1. serce *n*; my ~ sank serce we mnie zamarło; to be of good ~ być dobrej myśli; to take ~ nabrać otuchy; to one's ~'s content do syta; to set one's ~ on sth uprzeć się przy czymś; by ~ na pamięć 2. *pl* ~s *karc.* kiery *pl*

heart-breaking [ˈhɑt breɪkɪŋ] *adj* rozdzierający serce

heart-broken [ˈhɑt brəʊkən] *adj* ze złamanym sercem

heartburn [ˈhɑtbɜn] *s* zgaga *f*

heart-felt [ˈhɑtfelt] *adj* szczery

hearth [hɑθ] *s* palenisko *n*; *przen.* ognisko domowe

heartily [ˈhɑtɪlɪ] *adv* serdecznie; z ochotą; (*with appetite*) z apetytem

hearty [ˈhɑtɪ] *adj* serdeczny, szczery; (*of food*) obfity; to be a ~ eater cieszyć się dobrym apetytem

heat [hit] I *s* upał *m*; gorąco *n* II *v* grzać ⟨ogrzewać⟩ (się)

heated [ˈhitɪd] *adj* ożywiony; (*of a discussion*) gorący

heater [ˈhitə(r)] *s* ogrzewacz *m*; grzejnik *m*; grzałka *f*; piecyk *m*

heathen [ˈhiðn] I *s* poganin *m* II *adj* pogański

heather [ˈheðə(r)] *s* wrzos *m*

heaven [ˈhevn] *s* niebo *n*; niebiosa *pl*

heavenly [ˈhevnlɪ] *adj* niebiański; rajski

heavy [ˈhevɪ] *adj* ciężki; (*of a blow*) silny; (*of loss*) wielki; (*of sleep*) głęboki; (*of a sea*) burzliwy; (*of sky*) pochmurny; (*of a dish*) ciężko strawny

heavy-weight [ˈhevɪ weɪt] *s*

boks. waga ciężka; **light** ~
waga półciężka
Hebrew ['hibru] *adj* hebrajski
hectic ['hektık] *adj* gorączko-
wy
hedge ['hedʒ] **I** *s* żywopłot *m*;
ogrodzenie *n* **II** *v* ogrodzić
(żywopłotem)
hedgehog ['hedʒhog] *s* jeż *m*
heed [hid] **I** *v* uważać (**sb, sth**
na kogoś, coś) **II** *s* uwaga
f; **to pay** ~ **to sth** zwracać
uwagę na coś; **to take no** ~
nie'zwracać uwagi; nie dbać
heedful ['hidfl] *adj* uważny;
dbały
heedless ['hidləs] *adj* niedbały; nieuważny; **to be** ~ **of**
sth nie zważać na coś
heel [hil] *s* obcas *m*; pięta *f*;
(*of shoes*) **down at** ~s'zdar-
te ;*przen.* **to take to one's**
~s wziąć nogi za pas
height [haıt] *s* wysokość *f*;
(*top*) szczyt *m*; punkt kulminacyjny
heighten ['haıtn] *v* podnosić;
podwyższać; powiększać
heir [eə(r)] *s* spadkobierca *m*;
następca *m*; ~ **apparent**
prawowity spadkobierca
held *zob.* **hold** *v*
helicopter ['helıkoptə(r)] *s* helikopter *m*; śmigłowiec *m*
hell [hel] *s* piekło *n*; *pot.* **a**
~ **of a mess** piekielny ba-
łagan; **like** ~ piekielnie; **to**
give sb ~ zrobić komuś
piekło
he'll = **he will**
hellish ['helıʃ] *adj* diabelski;
piekielny
helm [helm] *s* ster *m*
helmet ['helmıt] *s* hełm *m*;
kask *m*
helmsman ['helmzmən] *s* (*pl*
helmsmen) sternik *m*
help [help] **I** *v* pomagać (**sb**
komuś); **can I** ~ **you?** czym
mogę służyć?; **that won't** ~
to nie pomoże; **to** ~ **sb off**
⟨**on**⟩ **with his coat** pomoc
komuś zdjąć ⟨włożyć⟩ pła-
szcz; **to** ~ **sb in** pomóc ko-

muś wejść (do pojazdu); **to**
~ **sb to sth** podać komuś
coś (przy stole); ~ **yourself!**
proszę się poczęstować!; **I**
can't ~ **it** nic na to nie po-
radzę; **I can't** ~ **thinking**
about it nie mogę o tym
nie myśleć; **it can't be** ~ed
nie ma na to rady **II** *s* pomoc *f*; **to be of great** ~
bardzo pomóc; **bardzo się**
przydać; **to come to sb's** ~
przyjść komuś z pomocą
helper ['helpə(r)] *s* pomocnik
m
helpful ['helpfl] *adj* pomocny;
użyteczny
helping ['helpıŋ] *s* porcja *f*;
three ~s **of icecream** trzy
porcje lodów; **may I have**
a second ~? czy mogę dostać jeszcze jedną porcję?
helpless ['helpləs] *adj* bezradny; bezbronny
hemisphere ['hemısfıə(r)] *s*
półkula *f*
hen [hen] *s* kura *f*
hence [hens] *adv* (*from here*)
stąd; (*from now*) odtąd; od
tego czasu
henceforth ['hens'fɔϴ], **hence-**
forward ['hens'fɔwəd] *adv*
odtąd; na przyszłość
henna ['henə] *s* henna *f*
her [ʒ(r), hʒ(r)] *adj pron* od
she; ją; jej
heraldry ['herldrı] *s* heraldy-
ka *f*
herb [hʒb] *s* zioło *n*
herbalist ['hʒblıst] *s* zielarz *m*
herd [hʒd] **I** *s* stado *n*; trzoda *f*; (*of people*) tłum *m*
II *v* gromadzić ⟨tłoczyć⟩ się
herdsman ['hʒdzmən] *s* (*pl*
herdsmen ['hʒdzmən]) pastuch *m*
here [hıə(r)] *adv* tutaj; tu; ~
I am oto jestem; ~ **it is**
proszę bardzo; **my friend** ~
mój przyjaciel tu obecny;
up to ~ potąd; ~! obecny!,
jestem!; (*toast*) ~'s **to you!**
twoje zdrowie!
heresy ['herəsı] *s* herezja *f*

heretic [`herətık] *s* heretyk *m*
heritage [`herıtıdʒ] *s* dziedzictwo *n*; spadek *m*
hermetic [hɜ`metık] *adj* hermetyczny; szczelny
hermit [`hɜmıt] ·*s* pustelnik *m*
hernia [`hɜnıə] *s med.* przepuklina *f*
hero [`hıərəu] *s* (*pl* ~es) bohater *m*
heroic [hı`rəuık] *adj* heroiczny, bohaterski
heroin [`herəuın] *s farm.* heroina *f*
heroine [`herəuın] *s* bohaterka *f*
heroism [`herəuızm] *s* bohaterstwo *n*
herring [`herıŋ] *s* śledź *m*; **red** ~ śledź wędzony
hers [hɜz] *adj pron od* **she**; jej
herself [hɜ`self] *pron* się, sobie, siebie; (*she in person*) sama; osobiście; **for** ~ dla siebie (samej); **to** ~ samej sobie; **by** ~ sama, samodzielnie
he's = **he is**
hesitate [`hezıteıt] *v* wahać się
hesitation [hezı`teıʃn] *s* wahanie *n*; niepewność *f*
hew [hju] *v* (**hewed** [hjud], **hewn** [hjun]) rąbać; ciosać
hiccough, hiccup [`hıkʌp] I *s* czkawka *f* II *v* mieć czkawkę
hide [¹] [haıd] *v* (**hid** [hıd], **hidden** [`hıdn]) ukrywać (się)
hide [²] [haıd] *s* skóra *f*
hide-and-seek [`haıd n `sik] *s* zabawa *f* w chowanego
hideous [`hıdıəs] *adj* ohydny; straszny
high [haı] I *adj* 1. wysoki; **in a** ~ **degree** w znacznej mierze; ~ **jump** skok *m* wzwyż; ~ **tide** przypływ *m*; **to be** ~ **in office** mieć wysokie stanowisko; ~ **life** życie *n* wyższych sfer 2. (*chief*) główny; ~ **street** główna ulica 3. (*of an opi-*

nion etc.) pochlebny 4. (*of a colour*) jaskrawy 5. (*full*) zupełny; pełny; ~ **day** biały dzień; ~ **noon** samo południe; ~ **summer** lato *n* w pełni; **it's** ~ **time** to do sth najwyższy czas, aby coś zrobić; **in** ~ **spirits** w doskonałym humorze; ~ **tea** podwieczorek *m* (i zarazem kolacja *f*) II *adv* wysoko; wzwyż
highball [`haıbɔl] *s* whisky *f* z wodą sodową
highly [`haılı] *adv* wysoko; wysoce; wielce; w dużym stopniu
highness [`haınəs] *s* wysokość *f*
highroad [`haırəud] *s* gościniec *m*; szosa *f*
highway [`haıweı] *s* szosa *f*, droga *f*; ~ **code** kodeks drogowy
hijack [`haıdʒæk] *v* porwać ⟨uprowadzić⟩ samolot
hijacker [`haıdʒækə(r)] *s* porywacz *m* samolotu
hike [haık] I *v* wędrować pieszo; chodzić na wycieczki II *s* piesza wycieczka
hiker [`haıkə(r)] *s* wycieczkowicz´ *m*; turysta *m*
hill [hıl] *s* pagórek *m*, wzgórze *n*
hilly [`hılı] *adj* pagórkowaty; górzysty
hilt [hılt] *s* rękojeść *f* (szpady itd.)
him [ım, hım] *pron od zaimka* **he**; jego, go; jemu, mu
himself [ım`self, hım`self] *pron* się; siebie; sobie; (*he in person*) sam; osobiście; **by** ~ sam, samodzielnie
hind [¹] [haınd] *s* łania *f*
hind [²] [haınd] *adj* tylny
hinder [`hındə(r)] *v* przeszkadzać (**sb** komuś); powstrzymywać (**sb from doing sth** kogoś od czegoś)
hindrance [`hındrns] *s* przeszkoda *f*; zawada *f*

Hindu ['hın`du] I s Hindus m,
Hinduska f II adj hinduski
hinge [hındʒ] I s zawias m
II v zawiesić na zawiasach;
(turn) obracać się
hint [hınt] I s aluzja f; przy-
cinek m; to give ⟨drop,
make⟩ a ~ napomknąć; dać
do zrozumienia; to take a
~ zrozumieć w lot II v na-
pomykać (sth o czymś);
uczynić aluzję (sth do czegoś
hip [hıp] s biodro n
hippopotamus ['hıpə`potəməs]
s (pl ~es, hippopotami
['hıpə`potəmaı]) hipopotam
m
hire ['haıə(r)] I s najem m;
dzierżawa f; (on a taxi)
"for ~" „wolny" II v wy-
najmować
his [ız, hız] adj pron od zaimka he; jego
hiss [hıs] I v syczeć II s syk
m
historian [hı`stɔrıən] s histo-
ryk m
historic(al) [hı`stɔrık(l)] adj
historyczny
history ['hıstrı] s historia f;
natural ~ przyroda f (nau-
ka)
hit [hıt] I v (hit, hit) uderzyć; trafić II s uderzenie
n; cios m; trafienie n; to
make a ~ odnieść sukces;
wywołać sensację; to ~ the
mark trafić w sedno; to ~
sb's fancy zainteresować kogoś
hitch [hıtʃ] I v szarpnąć; pociągnąć; (fasten) przycze-
pić II s szarpnięcie n; po-
ciągnięcie n; (obstacle)
przeszkoda f; without a ~
całkiem gładko
hitch-hike ['hıtʃ haık] v wędrować po kraju autosto-
pem
hitch-hiker ['hıtʃ haıkə(r)] s
autostopowicz m; ~'s book
książeczka f autostopu
hitch-hiking ['hıtʃ haıkıŋ] s

autostop; to go ~ jechać
⟨podróżować, wędrowac⟩
autostopem
hitherto ['hıðətʊ] adv dotychczas
hive [haıv] I s ul m II v
gromadzić ⟨zbierać⟩ się;
roić się
hoard [hɔd] I s zapas m;
skarb m II v gromadzić;
zbierać
hoar-frost ['hɔ frost] s szron
m
hoarse [hɔs] adj zachrypły;
ochrypły
hobby ['hobı] s ulubiona rozrywka; pasja f; „konik" m
hockey ['hokı] s hokej m;
field ~ hokej na trawie;
ice ~ hokej na lodzie
hoe [həʊ] I s motyka f II v
kopać motyką
hog [hog] s wieprz m; świnia f; road ~ pirat drogowy
hoist [hɔıst] v podnieść; wy-
wiesić (flagę)
hold ¹ [həʊld] I v (held [held],
held) 1. trzymać (się); to ~
together trzymać (się) razem; to ~ up podtrzymy-
wać; wstrzymywać; to ~ up
the traffic zrobić zator; to
~ a meeting odbywać .ze-
branie; to ~ a wager iść
o zakład; to ~ one's tongue
milczeć; to ~ sb responsible
czynić kogoś odpowiedzial-
nym (za coś); to ~ sth to
be ... uważać coś za ...; to
~ that ... być zdania, że ...;
to ~ to sth obstawać przy
czymś; to ~ down sth przy-
trzymać coś; dociskać coś
2. (contain) zawierać; pomieścić w sobie II s uchwyt
m; to have ~ of sth trzy-
mać coś; to have a ~ over
sb mieć władzę nad kimś;
to get ~ of sth chwycić
⟨złapać⟩ coś
hold ² [həʊld] s mor. ładow-
nia f (statku)
holder ['həʊldə(r)] s 1. posia-

dacz *m*; właściciel *m*; okaziciel *m* 2. (*handle*) rączka
f; oprawka *f*
holdfast ['həuldfɑst] *s* docisk
m, urządzenie przytrzymu-
jące
hole [həul] *s* dziura *f*
holiday ['holədi] *s* święto *n*;
pl ~s wakacje *pl*; to be on
~ być na urlopie
holiday-maker ['holədi mei-
kə(r)] *s* wczasowicz *m*; turysta *m*
hollow ['holəu] I *s* wydrąże-
nie *n*; dziura *f*; dół *m* II
adj pusty; wydrążony III *v*
wydrążyć IV *adv* komple-
tnie; całkowicie
holly ['holi] *s* ostrokrzew *m*
holy ['həuli] *adj* święty
homage ['homidʒ] *s* hołd *m*;
to pay ⟨to do⟩ ~ składać
hołd
home [həum] I *s* ognisko domowe; dom rodzinny; at ~
w domu; to feel at ~ czuć
się jak u siebie w domu;
to be at ~ on ⟨in, with⟩ sth
być obeznanym z czymś;
at ~ and abroad w kraju
i za granicą II *adj* domowy; rodzinny; krajowy; ~
address adres domowy; ~
news wiadomości z kraju;
Home Office Ministerstwo
n Spraw Wewnętrznych;
Home Secretary Minister *m*
Spraw Wewnętrznych III
adv do domu; do kraju;
przen. to bring sth ~ to sb
przekonać kogoś o czymś
home-baked ['həum beikt] *adj*
domowego wypieku
homeless ['həumləs] *adj* bezdomny
homelike ['həumlaik] *adj* miły; przytulny
home-made ['həum'meid] *adj*
domowego wyrobu
homesick ['həumsik] *adj* stęs-
kniony za domem ⟨za
ojczyzną⟩; to be ~ tęsknić;
mieć nostalgię
homestead ['həumsted] *s* za-

budowania gospodarskie;
(*farm*) gospodarstwo rolne
homeward(s) ['həumwəd(z)] *adv*
ku domowi
honest ['onist] *adj* uczciwy;
prawy; to be quite ~ mó-
wiąc szczerą prawdę
honesty ['onisti] *s* uczciwość
f
honey ['hʌni] *s* miód *m*; ~!
kochanie!
honeymoon ['hʌnimun] *s* miodowy miesiąc; ~ trip po-
dróż poślubna
honorary ['onri] *adj* honorowy; (*unpaid*) bezpłatny
honour ['onə(r)] I *s* 1. honor
m; cześć *f*; in ~ of ... na
cześć ...; upon my ~ daję
słowo honoru 2. *pl* ~s ho-
nory *pl*, zaszczyty *pl*; to
pay the last ~s to sb od-
dać komuś ostatnią posługę
II *v* zaszczycać; (*respect*)
poważać; szanować
honourable ['onrbl] *adj* honorowy; prawy; (*bringing honour*) zaszczytny; poważny
hood [hud] *s* kaptur *m*
hook [huk] I *s* hak *m*, haczyk
m II *v* zaczepić hakiem; za-
haczyć
hooked [hukt] *adj* haczykowa-
ty; zawieszony na hakach
hooligan ['huligən] *s* chuligan
m
hoop [hup] *s* obręcz *f*
hooping-cough ['hupiŋ kʌf] *s*
med. koklusz *m*
hoot [hut] *v* gwizdać; (*of a
siren*) wyć; *mot.* dawać sygnał klaksonem
hooter ['hutə(r)] *s* syrena *f*;
gwizdek *m*
hooves *zob.* **hoof**
hop [hop] *s* chmiel *m*
hop [hop] I *v* skakać; podskakiwać ~I *s* (pod)skok *m*
hope [həup] I *v* spodziewać
się; mieć nadzieję (for sth
na coś); to ~ for the best
być dobrej myśli II *s* nadzieja *f*

hopeless ['həupləs] adj beznadziejny
horizon [hə'raɪzn] s horyzont m
horizontal ['horɪ'zontl] adj poziomy; horyzontalny
horn [hon] s róg m; pl ~s różki pl; czułki pl; mot. klakson m
hornet ['honɪt] s szerszeń m
horn-rimmed ['hon'rɪmd] adj w rogowej oprawie
horny ['honɪ] adj rogowy; (hard as horn) zrogowaciały
horrible ['horəbl] adj straszny; okropny
horrid ['horɪd] adj straszny; odrażający
horrific [ho'rɪfɪk] adj straszliwy; przerażający
horrify ['horɪfaɪ] v przerażać
horror ['horə(r)] s przerażenie n; zgroza f; okropność f; ~ film makabryczny film
hors-d'oeuvre ['ɔ'dɜvr] s kulin. przystawka f, zakąska f
horse [hos] s koń m; to ride a ~ jeździć na koniu
horseback ['hosbæk] s grzbiet koński; on ~ konno
horsemanship ['hosmənʃɪp] s jazda konna
horse-power ['hos pauə(r)] s koń mechaniczny (jednostka mocy)
horse-race ['hos reɪs] s wyścigi konne
horse-radish ['hos rædɪʃ] s chrzan m
horse-shoe ['hoʃ ʃu] s podkowa f
horticulture ['hotɪkʌltʃə(r)] s ogrodnictwo n
hose [həuz] s wąż m (gumowy)
hosiery ['həuzɪərɪ] s trykotaże pl; artykuły trykotarskie
hospitable [hə'spɪtəbl] adj gościnny
hospital ['hospɪtl] s szpital m; ~ orderly sanitariusz m; to send to ~ skierować do szpitala; to bring to ~ zawieźć do szpitala
hospitality ['hospɪ'tælətɪ] s

gościnność f; to extend ~ udzielić gościny
host [həust] s zastęp m; orszak m
host [həust] s gospodarz m; pan m domu
hostage ['hostɪdʒ] s zakładnik m
hostel ['hostl] s dom studencki; excursion ~ dom wycieczkowy; riverside ~ stanica wodna; youth ~ młodzieżowe schronisko turystyczne
hostess ['həustɪs] s gospodyni f; pani f domu
hostile ['hostaɪl] adj wrogi
hostility [ho'stɪlətɪ] s wrogość f; pl hostilities działania wojenne
hot [hot] adj gorący; it is ~ jest gorąco; I am ~ gorąco mi; przen. ~ news ostatnie wiadomości; (of goods) to sell like ~ cakes mieć ogromny popyt
hotel [həu'tel] s hotel m; ~ capacity pojemność f bazy hotelowej; ~ night doba hotelowa; to stay at a ~ mieszkać w hotelu.
hothouse ['hothaus] s cieplarnia f; oranżeria f
hound [haund] s pies gończy; ogar m
hour ['auə(r)] s godzina f; dead ~s cisza nocna; office ~s godziny urzędowe; after ~s po godzinach urzędowych
hourly ['auəlɪ] I adj cogodzinny; powtarzający się co godzina II adv co godzina
house [haus] I s 1. dom m; detached ~ dom jednorodzinny; prefabricated wooden ~ domek m z prefabrykatów ⟨fiński⟩; semi-detached ~ dom-bliźniak m; summer ~ domek letni; to keep open ~ prowadzić dom otwarty 2. parl. izba f (Gmin, Lordów) 3. teatr. widownia f; a full ~ zapeł-

niona widownia II *v* dawać mieszkanie; zapewnić dach nad głową
household ['haʊshəʊld] *s* gospodarstwo domowe; (*persons*) domownicy *pl*
housekeeper ['haʊskipə(r)] *s* gospodyni *f*
housemaid ['haʊsmeɪd] *s* pokojówka *f*
housewarming ['haʊswɔmɪŋ] *s* (*także* ~ **party**) przyjęcie *n* w nowym mieszkaniu
housewife ['haʊswaɪf] *s* (*pl* **housewives** ['haʊswaɪvz]) gogospodyni *f*
hover ['hovə(r)] *v* unosić się; wisieć w powietrzu; *przen.* wahać się
hovercraft ['hovəkraft] *s* poduszkowiec *m*
how [haʊ] *adv* jak; jakim sposobem; ~ **much** ⟨**many**⟩? ile?; ~ **kind of you!** jak to miło z twojej strony!; ~ **are you?**, ~ **do you do?** jak się masz?
however [haʊ'evə(r)] *adv* jakkolwiek; w jakikolwiek sposób; (*nevertheless*) jednak
howl [haʊl] **I** *v* wyć **II** *s* wycie *n*
huddle ['hʌdl] *v* nagromadzić, zwalić na kupę
hue [hju] *s* barwa *f*; odcień *m*
huge [hjudʒ] *adj* ogromny; potężny
hull [hʌl] **I** *s* łuska *f*; łupina *f*; skorupa *f* **II** *v* łuskać
hum [hʌm] **I** *v* brzęczeć; szumieć; (*sing*) nucić **II** *s* brzęczenie *n*; szum *m*
human ['hjumən] *adj* ludzki; ~ **being** człowiek *m*
humane [hju'meɪn] *adj* humanitarny; ludzki
humanity [hju'mænətɪ] *s* ludzkość *f*; *pl* **the humanities** humanistyka *f*; studia humanistyczne
humble ['hʌmbl] **I** *adj* pokorny; (*modest*) skromny **II** *v* upokorzyć, poniżyć

humbug ['hʌmbʌg] **I** *s* oszustwo *n*; (*person*) oszust *m* **II** *v* oszukiwać
humidity [hju'mɪdətɪ] *s* wilgoć *f*; wilgotność *f*
humiliate [hju'mɪlɪeɪt] *v* upokorzyć, poniżyć
humiliation [hju'mɪlɪ'eɪʃn] *s* upokorzenie *n*
humorist ['hjumərɪst] *s* humorysta *m*
humorous ['hjumərəs] *adj* humorystyczny, zabawny
humour ['hjumə(r)] **I** *s* humor *m*; nastrój *m* (**for sth** do czegoś); **out of** ~ w złym humorze **II** *v* udobruchać (**sb** kogoś); dogadzać (**sb** komuś)
hump [hʌmp] **I** *s* garb *m* **II** *v* garbić
humpback ['hʌmp'bæk], **hunchback** ['hʌntʃbæk] *s* garbus *m*
hundred ['hʌndrəd] **I** *adj* sto **II** *s* setka *f*
hundredfold ['hʌndrədfəʊld] **I** *adj* stokrotny **II** *adv* stokrotnie
hundredth ['hʌndrədθ] **I** *adj* *num* setny **II** *s* setna (część)
hung *zob.* hang *v*
Hungarian [hʌn'geərɪən] **I** *adj* węgierski **II** *s* **1.** Węgier *m*, Węgierka *f* **2.** (*language*) język węgierski
hunger ['hʌngə(r)] **I** *s* głód *m*; żądza *f* (**for sth** czegoś) **II** *v* **1.** głodować **2.** (*desire*) pożądać (**for sth** czegoś)
hungry ['hʌngrɪ] *adj* głodny; **to go** ~ głodować
hunt [hʌnt] **I** *v* polować; (*pursue*) ścigać (**for sb, sth** kogoś, coś) **II** *s* polowanie *n*; łowy *pl*
hunter ['hʌntə(r)] *s* myśliwy *m*
hunting ['hʌntɪŋ] *s* polowanie *n*; **to go** ~ pojechać na polowanie
hunting-grounds ['hʌntɪŋ graʊndz] *pl* tereny łowieckie

hurdle-race [ˈhɜdl reɪs] s sport.
bieg m przez płotki
hurricane [ˈhʌrɪkən] s huragan m
hurry [ˈhʌrɪ] I v spieszyć (się);
to ~ up pospieszać II s pośpiech m; in a ~ pośpiesz-
nie, szybko; to be in a ~
spieszyć się; there is no ~
nie ma pośpiechu
hurt [hɜt] I v (hurt, hurt) 1.
skaleczyć; zranić 2. (pain
sb's feelings) urazić (sb kogoś), obrazić II s skaleczenie n; rana f
husband [ˈhʌzbənd] s mąż m,
małżonek m
hush [hʌʃ] I s spokój m; cisza f II v uciszyć; przen.
to ~ up zatuszować (skan-
dal itd.) III interj cicho!
husk [hʌsk] I s 1. łuska f; łupina f 2. pl ~s plewy pl II
v łuskać
hut [hʌt] s chata f; chałupa
hyacinth [ˈhaɪəsɪnθ] s hiacynt
m
hydraulic [haɪˈdrɔlɪk] adj hydrauliczny

hydrogen [ˈhaɪdrədʒən] s chem.
wodór m; ~ bomb bomba
wodorowa
hyena [haɪˈinə] s hiena f
hygiene [ˈhaɪdʒin] s higiena f
hygienic [haɪˈdʒinɪk] adj higieniczny
hymn [hɪm] s hymn m
hypertension [ˈhaɪpəˈtenʃn] s
med. nadciśnienie n
hyphen [ˈhaɪfən] s łącznik m
(znak pisarski)
hypnotize [ˈhɪpnətaɪz] v hip-
notyzować
hypocrisy [hɪˈpokrəsɪ] s obłuda f; hipokryzja f
hypocrite [ˈhɪpəkrɪt] s hipo-
kryta m
hypodermic [ˈhaɪpəˈdɜmɪk] adj
podskórny
hypothesis [haɪˈpoθəsɪs] s (pl
hypotheses [haɪˈpoθəsis)] hi-
poteza f
hysteria [hɪˈstɪərɪə] s histeria
f
hysterical [hɪˈsterɪkl] adj hi-
steryczny; to become ~ dostać ataku histerycznego

I

I [aɪ] pron ja
ice [aɪs] s lód m; lody pl;
floating ~ kra f; przen. to
break the ~ przełamać
pierwsze lody
iceberg [ˈaɪsbɜg] s góra lo-
dowa
ice-bound [ˈaɪs baʊnd] adj
ścięty lodami; w okowach
lodu
ice-box [ˈaɪs boks] s lodówka
f
ice-breaker [ˈaɪs breɪkə(r)] s
łamacz m lodów
ice-cream [ˈaɪsˈkrim] s lody
pl
Icelander [ˈaɪsləndə(r)] s Is-
landczyk m

ice-rink [ˈaɪs rɪŋk] s lodowisko n
icicle [ˈaɪsɪkl] s sopel m lodu
icing [ˈaɪsɪŋ] s kulin. lukier
m
icon [ˈaɪkon] s ikona f
icy [ˈaɪsɪ] adj lodowaty; ~
cold lodowato zimny
I'd = I had; I would; I should
idea [aɪˈdɪə] s idea f; myśl f;
(plan) pomysł m; what a
good ~! co za świetny po-
mysł!; I don't get the ~
nie rozumiem; I have the ~
that ... wydaje mi się, że ...
ideal [aɪˈdɪəl] I adj idealny;
doskonały II s ideał m

idealize [aɪ'dɪəlaɪz] *v* idealizować
identic(al) [aɪ'dentɪkl] *adj* identyczny
identification [aɪ'dentɪfɪ'keɪʃn] *s* zidentyfikowanie *n*
identify [aɪ'dentɪfaɪ] *v* utożsamiać; identyfikować
identity [aɪ'dentətɪ] *s* identyczność *f*; tożsamość *f*; ~ **card** dowód osobisty; legitymacja *f*; *wojsk.* ~ **disc** znaczek *m* tożsamości; **to establish sb's** ~ ustalić czyjąś tożsamość
ideology ['aɪdɪ'olədʒɪ] *s* ideologia *f*
idiocy ['ɪdɪəsɪ] *s* idiotyzm *m*
idiom ['ɪdɪəm] *s* idiom *m*
idiomatic(al) ['ɪdɪə'mætɪk(l)] *adj* idiomatyczny
idiosyncrasy ['ɪdɪəʊ'sɪŋkrəsɪ] *s* uczulenie *n*; idiosynkrazja *f*
idiot ['ɪdɪət] *s* idiota *m*
idiotic ['ɪdɪ'otɪk] *adj* idiotyczny
idle ['aɪdl] I *adj* 1. bezczynny; *(lazy)* leniwy 2. *(useless)* daremny II *v* marnować *(one's time* czas); próżnować; leniuchować
idleness ['aɪdlnəs] *s* 1. bezczynność *f*; *(laziness)* lenistwo *n* 2. *(uselessness)* daremność *f*
idler ['aɪdlə(r)] *s* próżniak *m*; leń *m*; wałkoń *m*
idol ['aɪdl] *s* bożek *m*; *przen.* bożyszcze *n*
idolatry [aɪ'dolətrɪ] *s* bałwochwalstwo *n*
idolize ['aɪdəlaɪz] *v* ubóstwiać; uwielbiać **(sb** kogoś)
idyllic [ɪ'dɪlɪk] *adj* idylliczny; sielankowy
if [ɪf] *conj* jeżeli, jeśli; c ile; **as if** jak gdyby; **if at all** jeśli w ogóle; **if necessary** w razie potrzeby; **if not** w przeciwnym razie; **if only ...** żeby ⟨gdyby⟩ tylko ...; **if so** w takim razie
ignition [ɪg'nɪʃn] *s techn.* zapłon *m*; ~ **cable** przewód

zapłonowy; ~ **coil** cewka zapłonowa; ~ **control** regulacja *f* zapłonu; ~ **distributor** rozdzielacz *m* zapłonu; ~ **key** kluczyk *m* zapłonu; ~ **switch** wyłącznik *m* zapłonu, stacyjka *f*
ignominy ['ɪgnəmɪnɪ] *s* niegodziwość *f*; podłość *f*
ignorance ['ɪgnərəns] *s* nieznajomość *f*; ignorancja *f*
ignorant ['ɪgnərənt] *adj* nieświadomy **(of sth** czegoś); nie powiadomiony **(of sth o** czymś)
ignore [ɪg'nɔ(r)] *v* ignorować
ill [ɪl] I *adj* **(worse** [wɜs], **worst** [wɜst])1. *(sick)* chory; **gravely** ⟨**seriously**⟩ ~ ciężko chory; **to be** ~ chorować **(with sth na** coś); **to fall** ⟨**to get**⟩ ~ zachorować II *adv* **(worse, worst)** źle; niedostatecznie; **we can** ~ **afford it** nie możemy sobie na to pozwolić; **to speak** ~ **of sb, sth** źle się wyrażać o kimś, czymś III *s* zło *n*
ill-bred ['ɪl'bred] *adj* źle wychowany
illegal [ɪ'ligl] *adj* nielegalny; bezprawny
illegible [ɪ'ledʒəbl] *adj* nieczytelny
illegitimate ['ɪlɪ'dʒɪtɪmət] *adj* nieprawny; *(of a child)* nieślubny
ill-feeling ['ɪl'filɪŋ] *s* uraza *f*; żal *m*
illicit [ɪ'lɪsɪt] *adj* bezprawny; zakazany; niedozwolony
illiteracy [ɪ'lɪtrəsɪ] *s* analfabetyzm *m*; nieuctwo *n*
illiterate [ɪ'lɪtrət] I *adj* nie umiejący czytać ani pisać II *s* analfabeta *m*
ill-luck ['ɪl'lʌk] *s* nieszczęście *n*; pech *m*
ill-mannered ['ɪl'mænəd] *adj* źle wychowany; grubiański
illness ['ɪlnəs] *s* choroba *f*
illogical [ɪ'lodʒɪkl] *adj* nielogiczny

ill-tempered ['ıl'tempəd] *adj*
zły; zirytowany; kłótliwy
ill-timed ['ıl'taımd] *adj* nie w
porę; niefortunny
ill-treat ['ıl'trit] *v* maltreto-
wać; źle się obchodzić (sb
z kimś)
illuminate [ı'lumıneıt] *v*
oświetlać, iluminować
illumination [ı'lumı'neıʃn] *s*
oświetlenie *n*; iluminacja *f*
illusion [ı'luʒn] *s* złudzenie *n*;
iluzja *f*
illusionist [ı'luʒnıst] *s* iluzjo-
nista *m*
illusive [ı'lusıv], **illusory** [ı'lu-
sərı] *adj* złudny, iluzorycz-
ny
illustrate ['ıləstreıt] *v* ilustrować
illustration ['ılə'streıʃn] *s* ilustracja *f*
illustrious [ı'lʌstrıəs] *adj* sławny; znakomity
I'm = I am
image ['ımıdʒ] *s* 1. wizerunek
m; podobizna *f* 2. (*conception*) wyobrażenie *n*
imaginary [ı'mædʒınrı] *adj*
urojony; wyimaginowany
imagination [ı'mædʒı'neıʃn] *s*
wyobraźnia *f*
imagine [ı'mædʒın] *v* wyobrażać sobie; myśleć
imbue [ım'bju] *v* nasycać
(with sth czymś); *przen.*
przepoić (with sth czymś);
wpajać
imitate ['ımıteıt] *v* naśladować; wzorować się (sb, sth
na kimś, czymś)
imitation ['ımı'teıʃn] *s* naśla-
downictwo *n*; imitacja *f*; in
~ of ... na wzór ...
immaculate [ı'mækjulət] *adj*
niepokalany; nieskazitelny
immaterial ['ımə'tıərıəl] *adj* 1.
niematerialny 2. (*unimpor-
tant*) nieistotny; błahy
immature ['ımə'tʃuə(r)] *adj* niedojrzały
immeasurable [ı'meʒrəbl] *adj*
niezmierzony; bezgraniczny
immediate [ı'midıət] *adj* 1.

bezpośredni 2. (*prompt*) natychmiastowy; bezzwłoczny;
(*of need etc.*) pilny
immemorial ['ımə'mɔrıəl] *adj*
odwieczny; from time ~ od
niepamiętnych czasów
immense [ı'mens] *adj* ogromny; niezmierny
immigrant ['ımıgrənt] I *adj*
imigrujący; (*of an office
etc.*) imigracyjny II *s* imi-
grant *m*
immigration ['ımı'greıʃn] *s*
imigracja *f*; ~ officer kontroler *m* paszportów
imminent ['ımınənt] *adj* bliski;
groźny; to be ~ zagrażać,
grozić
immodest [ı'modıst] *adj* nie-
skromny; bezwstydny
immoral [ı'morl] *adj* niemo-
ralny; rozpustny
immorality [ımə'rælətı] *s* nie-
moralność *f*; rozpusta *f*
immortal [ı'mɔtl] *adj* nieśmiertelny; wiekopomny
immortality ['ımɔ'tælətı] *s*
nieśmiertelność *f*
immortalize [ı'mɔtəlaız] *v* u-
nieśmiertelnić; uwiecznić
immovable [ı'muvəbl] *adj* nieruchomy; niewzruszony
immune [ı'mjun] *adj* 1. wolny (od czegoś) 2. (*secure*)
uodporniony (from ⟨against,
to⟩ sth na coś)
immunity [ı'mjunətı] *s* 1.
uwolnienie *n* (from sth, od
czegoś — podatku itp.) 2.
odporność *f* (from a disease
na chorobę); nietykalność *f*
imp [ımp] *s* diabełek *m*; du-
szek *m*; chochlik *m*
impact ['ımpækt] *s* uderzenie
n; (*collission*) zderzenie *n*
impart [ım'pat] *v* udzielać;
użyczać (sth to sb czegoś
komuś); (*news etc.*) przekazać
impartial [ım'paʃl] *adj* bezstronny
impartiality ['ım'paʃı'ælətı] *s*
bezstronność *f*
impasse ['æmpas] *s* impas *m*,

martwy punkt; sytuacja *f* bez wyjścia
impassible [ɪmˈpæsəbl] *adj* niewzruszony; nieczuły
impassive [ɪmˈpæsɪv] *adj* niewzruszony; beznamiętny
impatient [ɪmˈpeɪʃnt] *adj* niecierpliwy; **to get ⟨to grow⟩** zniecierpliwić się; **to be ~ of sth** zirytować się czymś
impede [ɪmˈpid] *v* przeszkadzać **(sb, sth** komuś, czemuś); utrudniać
impediment [ɪmˈpedɪmənt] *s* przeszkoda *f*; utrudnienie *n*; **an ~ of speech** wada *f* wymowy; jąkanie się *n*
impel [ɪmˈpel] *v* pobudzać; zmuszać
impend [ɪmˈpend] *v* (*of danger etc.*) zagrażać; wisieć **(over sb, sth** nad kimś, czymś)
imperative [ɪmˈperətɪv] **I** *adj* **1.** rozkazujący; władczy **2.** (*urgent*) naglący; konieczny; **it is ~ that ...** trzeba koniecznie... **II** *s gram.* tryb rozkazujący
imperceptible [ˈɪmpəˈseptəbl] *adj* niedostrzegalny; nieuchwytny
imperfect [ɪmˈpɜfɪkt] *adj* **1.** niedoskonały; wadliwy **2.** *gram.* niedokonany
imperfection [ˈɪmpəˈfekʃn] *s* niedoskonałość *f*; wada *f*
imperial [ɪmˈpɪərɪəl] *adj* cesarski; (*majestic*) majestatyczny
imperialism [ɪmˈpɪərɪəlɪzm] *s* imperializm *m*
imperialist [ɪmˈpɪərɪəlɪst] **I** *s* imperialista *m* **II** *adj* imperialistyczny
imperious [ɪmˈpɪərɪəs] *adj* **1.** władczy; rozkazujący **2.** (*urgent*) naglący
imperishable [ɪmˈperɪʃəbl] *adj* niezniszczalny; nieprzemijający
impersonal [ɪmˈpɜsnl] *adj* bezosobowy
impersonate [ɪmˈpɜsneɪt] *v* u-

osabiać; być personifikacją **(sth** czegoś); (*play the part*) odgrywać rolę **(sb** kogoś)
impertinence [ɪmˈpɜtɪnəns] *s* zuchwalstwo *n*; impertynencja *f*
impertinent [ɪmˈpɜtɪnənt] *adj* zuchwały, bezczelny; impertynencki
impetuous [ɪmˈpetʃuəs] *adj* zapalczywy; porywczy; gwałtowny
impetus [ˈɪmpɪtəs] *s* rozpęd *m*; impet *m*; *przen.* **to give an ~ to sth** nadać czemuś rozpęd; pobudzić do czegoś
impious [ˈɪmpɪəs] *adj* bezbożny
impish [ˈɪmpɪʃ] *adj* psotny; figlarny
implement ¹ [ˈɪmplɪmənt] *s* **1.** sprzęt *m*; narzędzie *n* **2.** *pl* **~s** przybory *pl*
implement ² [ˈɪmplɪment] *v* wykonywać; wprowadzać w życie
implicate [ˈɪmplɪkeɪt] *v* **1.** wplątywać **(sb in sth** kogoś w coś) **2.** (*imply*) dawać do zrozumienia; nasuwać myśl **(sth** o czymś)
implicit [ɪmˈplɪsɪt] *adj* **1.** domniemany; ukryty **2.** (*absolute*) absolutny; niezaprzeczalny
implore [ɪmˈplɔ(r)] *v* błagać
imply [ɪmˈplaɪ] *v* **1.** zakładać **2.** (*suggest*) nasuwać wniosek **(sth** o czymś); dawać do zrozumienia
impolite [ˈɪmpəˈlaɪt] *adj* niegrzeczny; nieuprzejmy
import [ɪmˈpɔt] **I** *v* **1.** importować; sprowadzać z zagranicy **2.** (*mean*) znaczyć **II** *s* [ˈɪmpɔt] **1.** znaczenie *n*; ważność *f*; **matters of ~** doniosłe sprawy **2.** *handl.* import *m*
importance [ɪmˈpɔtns] *s* znaczenie *n*; ważność *f*; **to be of ~** mieć znaczenie; **of no ~** bez znaczenia; **to attach**

~ to ... przywiązywać wagę do ...
important [ɪm'pɔtnt] adj ważny; doniosły; to look ~ mieć ważną minę
importunate [ɪm'pɔtjʊnət] adj natrętny; dokuczliwy
impose [ɪm'pəʊz] v 1. nakazywać; narzucać; nakładać (a tax on sb podatek na kogoś) 2. (humbug) naciągać ⟨nabierać⟩ (on ⟨upon⟩ sb kogoś)
imposing [ɪm'pəʊzɪŋ] adj imponujący; okazały
impossible [ɪm'posəbl] adj niemożliwy; niewykonalny
impostor [ɪm'postə(r)] s oszust m
imposture [ɪm'postʃə(r)] s oszustwo n
impotence, impotency ['ɪmpətəns, 'ɪmpətənsɪ] s 1. nieudolność f 2. med. impotencja f
impregnate [ɪm'pregneɪt] v impregnować
impresario [ˌɪmprɪ'zɑːrɪəʊ] s impresario m
impress [ɪm'pres] v 1. wyciskać; odciskać 2. (affect) robić wrażenie; to be ~ed by ... być pod wrażeniem ...
impression [ɪm'preʃn] s 1. odbicie n; piętno n 2. (effect) wrażenie n; to be under the ~ that ... mieć wrażenie, że ...
impressive [ɪm'presɪv] adj wywierający wrażenie; imponujący; frapujący
imprison [ɪm'prɪzn] v uwięzić
imprisonment [ɪm'prɪznmənt] s uwięzienie n
improbable [ɪm'probəbl] adj nieprawdopodobny
improper [ɪm'propə(r)] adj niewłaściwy; nieodpowiedni
improve [ɪm'pruv] v poprawiać; robić postępy (in sth w czymś); ulepszać (sth ⟨on, upon sth⟩ coś)
improvement [ɪm'pruvmənt] s ulepszenie n; udoskonalenie n; postęp m
improvise ['ɪmprəvaɪz] v improwizować
imprudent [ɪm'prudnt] adj nieostrożny; nieroztropny
impudence ['ɪmpjʊdəns] s zuchwalstwo n; bezczelność f; tupet m
impudent ['ɪmpjʊdənt] adj zuchwały; bezczelny; z tupetem
impulse ['ɪmpʌls] s impuls m; odruch m; on the ~ of the moment odruchowo; to act on ~ działać spontanicznie
impulsive [ɪm'pʌlsɪv] adj impulsywny; popędliwy
impunity [ɪm'pjunətɪ] s bezkarność f; with ~ bezkarnie
impure [ɪm'pjʊə(r)] adj nieczysty; zanieczyszczony
impute [ɪm'pjut] v przypisywać; zarzucać (komuś coś)
in [ɪn] I praep 1. w; na; in a car autem; in writing pisemnie 2. (during) w ciągu; in the afternoon po południu 3. (after) za; in a week za tydzień II adv w środku; w (domu itd.); she is in ona jest w domu II s the ins and outs szczegóły pl sprawy; tajniki pl
inability [ˌɪnə'bɪlətɪ] s niezdolność f (to do sth do zrobienia czegoś)
inaccessible [ˌɪnæk'sesəbl] adj niedostępny; (of a person) nieprzystępny
inaccurate [ɪn'ækjərət] adj nieścisły; niedokładny
inactive [ɪn'æktɪv] adj bezczynny; bierny
inadequate [ɪn'ædɪkwət] adj nieodpowiedni; niedostateczny
inasmuch [ˌɪnəz'mʌtʃ] adv 1. o tyle (as ... że ⟨o ile⟩ ...) 2. (because) ponieważ; wobec tego, że ...
inattentive [ˌɪnə'tentɪv] adj nieuważny; nie uważający

inaudible [ɪn'ɔdəbl] *adj* nieuchwytny dla ucha; niesłyszalny

inauguration [ˌɪnɔgjuˈreɪʃn] *s* inauguracja *f*

inborn ['ɪn'bɔn] *adj* wrodzony

incalculable [ɪn'kælkjuləbl] *adj* nieobliczalny

incapable [ɪn'keɪpəbl] *adj* niezdolny **(of sth do czegoś)**

incapacity ['ɪnkə'pæsətɪ] *s* niezdolność *f*

incertitude [ɪn'sɜtɪtjud] *s* niepewność *f*

incessant [ɪn'sesnt] *adj* nieustający; nieprzerwany

inch [ɪntʃ] *s* cal *m; przen.* to be every ~ a ... być w każdym calu ... (damą itp.); ~ by ~ stopniowo

incident ['ɪnsɪdənt] *s* incydent *m;* zajście *n*

incidental ['ɪnsɪ'dentl] *adj* przypadkowy; przygodny; uboczny; *(of a problem etc.)* wynikający **(to sth z czegoś)**

incisor [ɪn'saɪzə(r)] *s* siekacz *m* (ząb)

incite [ɪn'saɪt] *v* namówić; podburzyć; zachęcić **(to sth do czegoś)**

inclination ['ɪnklɪ'neɪʃn] *s* 1. nachylenie *n* 2. *(liking)* skłonność *f* **(to ⟨for⟩ sth do czegoś)**; pociąg *m* **(to sth do czegoś)**

incline [ɪn'klaɪn] *v* 1. nachylić (się) 2. *(be disposed)* mieć skłonność **(to sth do czegoś)**; być skłonnym **(to do sth do zrobienia czegoś)**

include [ɪn'klud] *v* zawierać; obejmować; włączyć; **packing ~d** łącznie z opakowaniem

inclusive [ɪn'klusɪv] *adj* obejmujący; zawierający; **to be ~** zawierać; obejmować; **~ of ...** łącznie z ...

income ['ɪnkʌm] *s* dochód *m*

income-tax ['ɪnkəm tæks] *s* podatek dochodowy

incomparable [ɪn'komprəbl] *adj* niezrównany; nie do porównania **(to ⟨with⟩ sb, sth z kimś, czymś)**

incompetent [ɪn'kompətənt] *adj* niekompetentny; niewłaściwy; nieudolny

incomplete ['ɪnkəm'plit] *adj* niezupełny; nie dokończony

incomprehensible ['ɪn'komprɪ'hensəbl] *adj* niezrozumiały; niepojęty

inconceivable ['ɪnkən'sivəbl] *adj* niepojęty; niezrozumiały

inconsequent [ɪn'konsɪkwənt] *adj* niekonsekwentny; nielogiczny

inconsiderate ['ɪnkən'sɪdrət] *adj* bezmyślny; nierozważny; nieuprzejmy; nie uważający

inconsistent ['ɪnkən'sɪstənt] *adj* niezgodny; sprzeczny

inconspicuous ['ɪnkən'spɪkjuəs] *adj* nie rzucający się w oczy; niepozorny

inconstant [ɪn'konstənt] *adj* niestały; zmienny

inconvenience ['ɪnkən'vinɪəns] **I** *v* sprawić kłopot **(sb komuś) II** *s* niewygoda *f;* kłopot *m*

inconvenient ['ɪnkən'vinɪənt] *adj* niewygodny; kłopotliwy

incorporate [ɪn'kɔpəreɪt] *v* 1. włączać; przyłączać 2. *admin. handl.* zarejestrować; zalegalizować

incorrect ['ɪnkə'rekt] *adj* niepoprawny; nieprawidłowy; błędny

incorrigible ['ɪnko'rɪdʒəbl] *adj* niepoprawny

increase [ɪn'kris] **I** *v* zwiększać ⟨powiększać⟩ (się); wzrastać **II** *s* ['ɪnkris] przyrost *m;* wzrost *m;* powiększenie *n;* **to get an ~** dostać podwyżkę (płacy)

incredible [ɪn'kredəbl] *adj* niewiarygodny; nieprawdopodobny

incredulous [ɪn'kredjʊləs] adj nie dowierzający
incur [ɪn'kɜ(r)] v 1. ponosić (ryzyko itd.); narazić się (sth na coś) 2. (contract) zaciągać (długi itd.)
incurable [ɪn'kjʊərəbl] adj nieuleczalny
indebted [ɪn'detɪd] adj zadłużony; przen. to be ~ to sb for sth zawdzięczać komuś coś
indecent [ɪn'disnt] adj nieprzyzwoity
indecision ['ɪndɪ'sɪʒn] s niezdecydowanie n; wahanie n
indeed [ɪn'did] adv naprawdę; istotnie; faktycznie
indefinite [ɪn'defnɪt] adj nieokreślony; nieograniczony
indelible [ɪn'deləbl] adj nie do starcia; nie dający się zmazać; (of a pencil) chemiczny
indemnity [ɪn'demnətɪ] s odszkodowanie n; (security) zabezpieczenie n (for ⟨against⟩ sth przed czymś)
independence ['ɪndɪ'pendəns] s niezależność f; niepodległość f
independent ['ɪndɪ'pendənt] adj niezależny; niepodległy; to become ~ uniezależnić się
indescribable ['ɪndɪ'skraɪbəbl] adj nieopisany; nie do opisania
index ['ɪndeks] (pl ~es, indices ['ɪndɪsiz]) wskaźnik m; (list) wykaz m; rejestr m; indeks m; spis alfabetyczny
Indian ['ɪndɪən] I adj indyjski; hinduski; (of America) indiański; ~ corn kukurydza f; ~ ink tusz m; ~ summer babie lato; in ~ file gęsiego; rzędem II s (native of America) Indianin m; (native of India) Hindus m
india-rubber ['ɪndɪə'rʌbə(r)] s guma f
indicate ['ɪndɪkeɪt] v wskazywać; pokazywać; to be ~ed

być wskazanym ⟨pożądanym⟩
indication ['ɪndɪ'keɪʃn] s wskazanie n; wskazówka f; znak m
indicative [ɪn'dɪkətɪv] adj s gram. (tryb) oznajmujący
indicator ['ɪndɪkeɪtə(r)] s informator m; tablica orientacyjna; mot. wskaźnik m; ~ light lampka kontrolna
indices zob. index s
indictment [ɪn'daɪtmənt] s akt m oskarżenia; oskarżenie n
indifference [ɪn'dɪfrns] s obojętność f (to ⟨towards⟩ sb, sth na coś, wobec kogoś, czegoś); a matter of ~ rzecz obojętna
indifferent [ɪn'dɪfrnt] adj obojętny (to sth, sb na coś, dla kogoś)
indigestion ['ɪndɪ'dʒestʃn] s niestrawność f
indignant [ɪn'dɪgnənt] adj oburzony (with sb na kogoś, at sth na coś)
indignation ['ɪndɪg'neɪʃn] s oburzenie n (with sb na kogoś, at sth na coś)
indirect ['ɪndɪ'rekt] adj pośredni; gram. zależny; ~ object dopełnienie dalsze
indiscreet ['ɪndɪ'skrit] adj niedyskretny; (injudicious) nierozważny
indiscriminate ['ɪndɪ'skrɪmɪnət] adj 1. niewybredny; nie wymagający 2. (confused) bezładny; bez wyboru
indispensable ['ɪndɪ'spensəbl] adj niezbędny; nieodzowny; konieczny
indisposed ['ɪndɪ'spəʊzd] adj 1. niedysponowany; niezdrów 2. (averse) niechętny; bez zapału
indisposition ['ɪn'dɪspə'zɪʃn] s 1. niedyspozycja f; dolegliwość f 2. (aversion) niechęć f (to ⟨towards⟩ sb, sth do kogoś, czegoś)
indisputable ['ɪndɪ'spjutəbl]

153

adj bezsporny; niezaprzeczalny
indistinct [ˈɪndɪˈstɪŋkt] *adj*
niewyraźny; niejasny
individual [ˈɪndɪˈvɪdʒʊəl] I *adj*
indywidualny; pojedynczy;
osobowy II *s* jednostka *f*;
osobnik *m*
individuality [ˈɪndɪˈvɪdʒʊˈælə-
tɪ] *s* indywidualność *f*
indolence [ˈɪndələns] *s* lenistwo *n*; opieszałość *f*
indoor [ɪnˈdɔ(r)] *adj* (*of life*)
domowy; (*of work*) chałup-
niczy; (*of games*) pokojowy
indoors [ɪnˈdɔz] *adv* wewnątrz
domu; to keep ~ nie wy-
chodzić z domu
indorse [ɪnˈdɔs] *v* = endorse
induce [ɪnˈdjus] *v* skłonić, na-
kłonić; pobudzić ⟨sprowo-
kować⟩ (to sth do czegoś)
indulge [ɪnˈdʌldʒ] *v* pobłażać
(**sb** komuś); psuć (kogoś);
ulegać ⟨dawać upust⟩ (**sth**
czemuś); to ~ oneself fol-
gować sobie
indulgence [ɪnˈdʌldʒəns] *s* 1.
pobłażanie *n*; folgowanie *n*;
słabość *f* (**for sb** do kogoś)
2. *rel.* odpust *m*
indulgent [ɪnˈdʌldʒənt] *adj*
pobłażliwy (**to sb** dla kogoś); ulegający (**to sb, sth**
komuś, czemuś)
industrial [ɪnˈdʌstrɪəl] *adj*
przemysłowy
industrialization [ɪnˈdʌstrɪə-
laɪˈzeɪʃn] *s* industrializacja
f, uprzemysłowienie *n*
industrialize [ɪnˈdʌstrɪəlaɪz] *v*
uprzemysłowić
industrious [ɪnˈdʌstrɪəs] *adj*
pilny; pracowity
industry [ˈɪndəstrɪ] *s* 1. przemysł *m*; **motor-car** ~ przemysł motoryzacyjny; tour-
ist ~ przemysł turystycz-
ny 2. (*diligence*) pilność *f*;
pracowitość *f*
inedible [ɪnˈedəbl] *adj* nieja-
dalny
inedited [ɪnˈedɪtɪd] *adj* nie
opublikowany

ineffective [ˈɪnɪˈfektɪv] *adj* 1.
bezskuteczny; daremny; to
be ~ nie działać 2. (*of a
person*) nieudolny
inefficient [ˈɪnɪˈfɪʃnt] *adj* nieudolny; nieefektywny; nie-
sprawny
inept [ɪnˈept] *adj* 1. niestosowny 2. (*silly*) niedorzeczny;
głupi
inequality [ˈɪnɪˈkwolətɪ] *s* nierówność *f*; niestałość *f*
inertia [ɪˈnɜʃə] *s* 1. bezwład-
ność *f*; inercja *f* 2. (*sloth*)
bezczynność *f*
inescapable [ˈɪnɪskeɪpəbl] *adj*
nieunikniony; nieuchronny
inessential [ˈɪnɪˈsenʃl] *adj* nieistotny; nieważny
inestimable [ɪnˈestɪməbl] *adj*
nieoceniony; bezcenny
inexact [ˈɪnɪgˈzækt] *adj* nieścisły, niedokładny
inexcusable [ˈɪnɪkˈskjuzəbl]
adj niewybaczalny
inexhaustible [ˈɪnɪgˈzɔstəbl]
adj niewyczerpany; nie-
przebrany
inexpensive [ˈɪnɪkˈspensɪv] *adj*
niedrogi; tani
inexperienced [ˈɪnɪkˈspɪərɪənst]
adj niedoświadczony
inexplicable [ˈɪnɪkˈsplɪkəbl] *adj*
niewytłumaczalny
inexpressible [ˈɪnɪkˈspresəbl]
adj niewypowiedziany; nie-
wysłowiony
infamous [ˈɪnfəməs] *adj* nie-
sławny; haniebny; podły
infamy [ˈɪnfəmɪ] *s* niesława *f*;
hańba *f*
infancy [ˈɪnfənsɪ] *s* 1. niemo-
wlęctwo *n* 2. *prawn.* niepełnoletność *f*
infant [ˈɪnfənt] *s* 1. noworodek *m*; niemowlę *n* 2.
prawn. niepełnoletni *m*
infantile [ˈɪnfəntaɪl] *adj* 1.
niemowlęcy; dziecięcy;
med. ~ paralysis choroba
Heine-Medina 2. (*immature*)
infantylny
infantry [ˈɪnfəntrɪ] *s* piecho-
ta *f*

infarct ['ɪnfɑkt], infarction
[ɪn'fɑkʃn] s *med.* zawał *m*;
cardiac ~ zawał serca
infatuate [ɪn'fætʃʋeɪt] *v* roz-
kochać (się); doprowadzić
(kogoś) do szaleństwa; to
become ~d with sb zako-
chać się w kimś; to be ~d
with sb szaleć za kimś
infatuation [ɪn'fætʃʋ'eɪʃn] s za-
kochanie (się) *n*; zaślepie-
nie *n*; szaleńcza miłość
infect [ɪn'fekt] *v* zarazić; zakazić
infection [ɪn'fekʃn] s zakażenie *n*; zarażenie *n*; infekcja *f*
infectious [ɪn'fekʃəs], infecti-
ve [ɪn'fektɪv] *adj* zakaźny;
zaraźliwy; infekcyjny
inferior [ɪn'fɪərɪə(r)] *adj* niższy; gorszy; to be ~ to ...
ustępować ... (komuś, czemuś)
inferiority ['ɪn'fɪərɪ'orətɪ] s
niższość *f*
infernal [ɪn'fɜnl] *adj* piekielny, diabelski
infest [ɪn'fest] *v* niepokoić;
(*of a disease*) nawiedzać;
trapić; to be ~ed with ...
roić się od ... (robactwa itp.)
infidelity [ɪnfɪ'delətɪ] s *rel.*
niewiara *f*; (*disloyalty*) nie-
wierność *f*; zdrada (małżeńska)
infinite ['ɪnfənɪt] *adj* bezkres-
ny; bezgraniczny; nieskończony
infinitive [ɪn'fɪnɪtɪv] *gram.* I.
adj nieokreślony II s bez-
okolicznik *m*
infirm [ɪn'fɜm] *adj* słaby; nie-
dołężny
infirmary [ɪn'fɜmərɪ] s izba *f*
chorych; (*hospital*) szpital
m; lecznica *f*
inflame [ɪn'fleɪm] *v* dosł. i
przen. zapalić (się)
inflammation ['ɪnflə'meɪʃn] s
zapalenie *n*
inflate [ɪn'fleɪt] *v* 1. nadymać 2. *handl.* podnosić (ceny)

inflation [ɪn'fleɪʃn] s 1. nady-
manie *n*; napompowanie *n*
2. *handl.* zwyżka *f* (cen);
ekon. inflacja *f*
inflexible [ɪn'fleksəbl] *adj*
nieelastyczny; sztywny
inflict [ɪn'flɪkt] *v* 1. zadać (ból
itp.) 2. (*impose*) narzucać
(sth upon sb coś komuś);
nałożyć (karę itp.); to ~
oneself upon sb narzucać się
komuś
infliction [ɪn'flɪkʃn] s 1. zada-
wanie *n* (ciosu itp.) 2. na-
łożenie *n* (kary itp.) 3. (*unpleasant experience*) przykrość *f*
influence ['ɪnflʋəns] I s wpływ
m II *v* wywierać wpływ;
działać (sb, sth na kogoś,
coś)
influential ['ɪnflʋ'enʃl] *adj*
wpływowy
influenza ['ɪnflʋ'enzə] s grypa *f*
inform [ɪn'fɔm] *v* zawiadomić;
poinformować (of sth o
czymś); to be ~ed of sth
dowiedzieć się o czymś
informal [ɪn'fɔml] *adj* niefor-
malny; nieprzepisowy; nie-
oficjalny
informant [ɪn'fɔmənt] s informator *m*
information ['ɪnfə'meɪʃn] s 1.
informacja *f*; ~ office informacja dworcowa; hotel
~ desk informacja hotelo-
wa; railway ~ informacja
kolejowa; telephone ~ in-
formacja telefoniczna; tourist ~ informacja turystyczna; to get ~ poinformować
się; to furnish sb with ~
udzielać informacji 2. (*news*)
wiadomości *pl*; a piece of
~ wiadomość *f*
infrequent [ɪn'frikwənt] *adj*
nieczęsty; rzadki
infringement [ɪn'frɪndʒmənt]
s pogwałcenie *n*; naruszenie *n*
infuriate [ɪn'fjʋərɪeɪt] *v* roz-
wścieczyć; rozjuszyć

infuse [ɪnˈfjuz] v 1. natchnąć (sb with sth kogoś czymś) 2. (make tea etc.) zaparzyć, naparzyć
infusion [ɪnˈfjuʒn] s 1. natchnienie n (of sth into sb kogoś czymś) 2. (making tea etc.) zaparzenie n 3. (liquid) napar m
ingenious [ɪnˈdʒiniəs] adj pomysłowy; dowcipny
ingratiate [ɪnˈgreɪʃieɪt] v ~ oneself wkradać się (with sb w czyjeś łaski); przymilać się (with sb komuś)
ingratiating [ɪnˈgreɪʃieɪtɪŋ] adj przymilny; ujmujący
ingratitude [ɪnˈgrætɪtjud] s niewdzięczność f
ingredient [ɪnˈgridiənt] s składnik m; ingrediencja f
inhabit [ɪnˈhæbɪt] v mieszkać (a house w domu); zamieszkiwać
inhabitant [ɪnˈhæbɪtənt] s mieszkaniec m
inhalation [ɪnhəˈleɪʃn] s wdychanie n; inhalacja f
inhale [ɪnˈheɪl] v wdychać
inherent [ɪnˈhɪərnt] adj wrodzony (in sb komuś); nieodłączny (in sb, sth od kogoś, czegoś); tkwiący (in sb, sth w kimś, czymś)
inherit [ɪnˈherɪt] v odziedziczyć; otrzymać w spadku
inheritance [ɪnˈherɪtəns] s spadek m; dziedzictwo n; to come into an ~ otrzymać spadek
inhospitable [ˈɪnhoˈspɪtəbl] adj niegościnny
inhuman [ɪnˈhjumən] adj nieludzki
inimical [ɪˈnɪmɪkl] adj nieprzyjazny; wrogi
initial [ɪˈnɪʃl] adj początkowy; wstępny; ~ letter inicjał m; pl ~s inicjały pl
initiate [ɪˈnɪʃieɪt] v zapoczątkować; (introduce) wprowadzić; wtajemniczyć (sb into sth kogoś w coś)
initiation [ɪˈnɪʃieɪʃn] s zapo-

czątkowanie n; zainicjowanie n; początek m
initiative [ɪˈnɪʃətɪv] I adj początkowy II s inicjatywa f; przedsiębiorczość f; to do sth on one's own ~ robić coś na własną rękę
inject [ɪnˈdʒekt] v wstrzyknąć; zrobić zastrzyk
injection [ɪnˈdʒekʃn] s zastrzyk m; iniekcja f
injudicious [ˈɪndʒuˈdɪʃəs] adj nierozsądny; nieroztropny
injure [ˈɪndʒə(r)] v skrzywdzić; (damage) uszkodzić; (wound) skaleczyć
injury [ˈɪndʒərɪ] s szkoda f; krzywda f
injustice [ɪnˈdʒʌstɪs] s niesprawiedliwość f
ink [ɪŋk] s atrament m
inkling [ˈɪŋklɪŋ] s podejrzenie n; domysł m; to have an ~ of sth podejrzewać coś
inkstand [ˈɪŋkstænd] s kałamarz m
inlaid zob. inlay v
inland [ˈɪnlənd] I s wnętrze n ⟨głąb f⟩ kraju II adj położony wewnątrz kraju; wewnętrzny; krajowy
in-laws [ˈɪnlɔz] pl rodzina f męża ⟨żony⟩
inlay [ˈɪnleɪ] I v (inlaid [ˈɪnleɪd], inlaid) inkrustować; wykładać (czymś) II s inkrustacja f; mozaika f
inlet [ˈɪnlet] s wlot m; otwór wlotowy
inmate [ˈɪnmeɪt] s domownik m; mieszkaniec m (domu itp.); (of a hospital) pacjent m; (at a hotel) gość m
inmost [ˈɪnməʊst] adj najgłębszy; najskrytszy
inn [ɪn] s zajazd m; karczma f; oberża f
inner [ˈɪnə(r)] adj wewnętrzny
innermost [ˈɪnəməʊst] adj = inmost
innkeeper [ˈɪnkipə(r)] s właściciel m gospody; oberżysta m

innocence ['ɪnəsns] s niewinność f; (simplicity) prostoduszność f
innocent ['ɪnəsnt] I adj 1. niewinny; to be ~ of sth nie być winnym czegoś 2. (simple) prostoduszny; naiwny II s niewiniątko n
innumerable [ɪ'njumrəbl] adj niezliczony
inoculate [ɪ'nokjuleɪt] v zaszczepić
inoculation [ɪ'nokju'leɪʃn] s szczepienie m
inoffensive ['ɪnə'fensɪv] adj nieszkodliwy
inordinate [ɪ'nɔdɪnət] adj nadmierny; nieumiarkowany (unsystematic) niesystematyczny
in-patient ['ɪn peɪʃnt] s pacjent (w szpitalu)
input ['ɪnput] s wkład m; wewnętrzna część przyrządu; techn. wejście n
inquest ['ɪŋkwest] s śledztwo n
inquire [ɪn'kwaɪə(r)] v dowiadywać się (about ⟨after, for⟩ sb, sth o kogoś, coś); zasięgać informacji
inquiry [ɪn'kwaɪərɪ] s 1. zapytanie n; dowiadywanie się n; to make inquiries dowiadywać się; (in an office) Inquiries Informacja f 2. (investigation) badanie n; ankieta f; personal ~ ankieta personalna; to conduct an ~ rozpisać ankietę; to fill in ⟨up, out⟩ an ~ wypełnić ankietę
inquisition ['ɪnkwɪ'zɪʃn] s badanie n; śledztwo n
inquisitive [ɪn'kwɪzətɪv] adj ciekawy; wścibski
insane [ɪn'seɪn] adj obłąkany, szalony; to become ~ postradać zmysły
insanitary [ɪn'sænɪtrɪ] adj niehigieniczny
insanity [ɪn'sænətɪ] s obłąkanie n; obłęd m; szaleństwo n

insatiable [ɪn'seɪʃəbl] adj nienasycony
inscribe [ɪn'skraɪb] v wpisać (na listę); napisać
inscription [ɪn'skrɪpʃn] s napis m
insect ['ɪnsekt] s owad m; insekt m
insecticide [ɪn sektɪsaɪd] s środek owadobójczy
insecure ['ɪnsɪ'kjuə(r)] adj niepewny; niezabezpieczony
insensible [ɪn'sensəbl] adj niedostrzegalny; (unconscious) nieprzytomny; (insensitive) niewrażliwy (to sth na coś)
insensitive ['ɪn'sensətɪv] adj nieczuły ⟨niewrażliwy⟩ (to sth na coś)
inseparable [ɪn'seprəbl] adj nierozłączny, nieodstępny
insert [ɪn'sɜt] v wstawić; umieścić (sth in ⟨into⟩ sth coś w czymś)
insertion [ɪn'sɜʃn] s 1. wstawka f; wkładka f; passport ~ wkładka paszportowa 2. (in a dress) wszywka f
inside [ɪn'saɪd] I s wnętrze n; on the ~ wewnątrz; ~ out podszewką na zewnątrz; na lewą stronę II adj wewnętrzny; (of an information) poufny III adv (within) wewnątrz; w domu; w pokoju; (to the inside) do środka; do wewnątrz IV praep w (czymś); wewnątrz (czegoś)
insight ['ɪnsaɪt] s wnikliwość f; (intuition) intuicja f
insignificant ['ɪnsɪg'nɪfɪkənt] adj nieznaczny; znikomy; nieistotny
insincere ['ɪnsɪn'sɪə(r)] adj nieszczery
insinuate [ɪn'sɪnjueɪt] v insynuować (sb komuś); napomknąć (złośliwie) (sth o czymś)
insinuation [ɪn'sɪnju'eɪʃn] s insynuacja f; aluzja f
insipid [ɪn'sɪpɪd] adj 1. bez

smaku; mdły 2. (*dull*) nudny; ckliwy
insist [ɪnˈsɪst] *v* upierać się ⟨obstawać⟩ **(on sth przy czymś)**; nalegać **(on sth na coś)**
insistent [ɪnˈsɪstənt] *adj* uporczywy; (*urgent*) naglący
insolence [ˈɪnsələns] *s* bezczelność *f*; zuchwalstwo *n*; buta *f*
insolent [ˈɪnsələnt] *adj* bezczelny; zuchwały; butny
insoluble [ɪnˈsɔljubl] *adj* nierozpuszczalny; *przen.* nie do rozwiązania
insolvent [ɪnˈsɔlvənt] **I** *adj* niewypłacalny **II** *s* bankrut *m*
insomnia [ɪnˈsomnɪə] *s* bezsenność *f*
insomuch [ˈɪnsəuˈmʌtʃ] *adv* o tyle ⟨tak dalece⟩ **(that ... że ...)**
inspect [ɪnˈspekt] *v* zbadać; skontrolować; nadzorować; przeprowadzać inspekcję **(sth czegoś)**
inspection [ɪnˈspekʃn] *s* zbadanie *n*; kontrola *f*; przegląd *m*; inspekcja *f*
inspector [ɪnˈspektə(r)] *s* inspektor *m*; kontroler *m*
inspiration [ˈɪnspəˈreɪʃn] *s* natchnienie *n*
inspire [ɪnˈspaɪə(r)] *v* 1. wdychać; wciągać do płuc 2. *przen.* natchnąć **(sb with sth kogoś czymś)**; inspirować (coś); to be ~d by ... czerpać natchnienie z ... 3. (*incite*) wzbudzać (strach itp.); nakazywać (szacunek)
inspiring [ɪnˈspaɪərɪŋ] *adj* budzący natchnienie; ożywczy; podnoszący na duchu
install [ɪnˈstɔl] *v* zakładać; instalować
installation [ˈɪnstəˈleɪʃn] *s* instalacja *f*; założenie *n*; zamontowanie *n*
instalment [ɪnˈstolmənt] *s* 1. rata *f*; ~ system system ratalny; to pay by ~s płacić

ratami 2. (*part of a book etc*) odcinek *m* (powieści w gazecie)
instance [ˈɪnstəns] *s* przykład *m*; for ~ na przykład; in this ~ w tym przypadku ⟨wypadku⟩
instant [ˈɪnstənt] **I** *s* chwila *f*; this ~ w tej chwili; natychmiast **II** *adj* 1. nagły; naglący 2. *handl.* bieżący (miesiąc)
instantaneous [ˈɪnstənˈteɪnɪəs] *adj* momentalny; natychmiastowy; *fot.* migawkowy
instantly [ˈɪnstəntlɪ] *adv* natychmiast
instead [ɪnˈsted] **I** *praep* zamiast **(of sth czegoś)** **II** *adv* natomiast
instigation [ˈɪnstɪˈgeɪʃn] *s* podżeganie *n*; podjudzanie *n*; at ⟨by⟩ sb's ~ z czyjejś namowy
instinct [ˈɪnstɪŋkt] *s* instynkt *m*; by ~ instynktownie
institute [ˈɪnstɪtjut] **I** *v* założyć; ustanowić **II** *s* instytut *m*; zakład *m* (naukowy)
institution [ˈɪnstɪˈtjuʃn] *s* 1. instytucja *f*; zakład *m* 2. (*establishing*) założenie *n*; ustanowienie *n*
instruct [ɪnˈstrʌkt] *v* uczyć; instruować; poinformować **(sb of sth kogoś o czymś)**
instruction [ɪnˈstrʌkʃn] *s* 1. nauka *f*; szkolenie *n* 2. *pl* ~s instrukcje *pl*; dyrektywy *pl*; przepisy *pl*; book of ~s regulamin *m*
instructive [ɪnˈstrʌktɪv] *adj* pouczający; kształcący
instrument [ˈɪnstrumənt] *s* instrument *m*; przyrząd *m*
insufficient [ˈɪnsəˈfɪʃnt] *adj* niedostateczny; (*inadequate*) nieodpowiedni
insular [ˈɪnsjulə(r)] *adj* wyspiarski
insulin [ˈɪnsjulɪn] *s* *farm.* insulina *f*
insult [ɪnˈsʌlt] **I** *v* obrazić;

znieważyć II s ['ɪnsʌlt] obraza f; zniewaga f
insuperable [ɪn'sjuprəbl] adj nie do pokonania
insurance [ɪn'ʃuərns] s ubezpieczenie n; asekuracja f
insure [ɪn'ʃuə(r)] v ubezpieczyć; asekurować (towar); to ~ one's life ubezpieczyć się na wypadek śmierci
insurgent [ɪn'sɜdʒənt] s powstaniec m.
insurrection ['ɪnsə'rekʃn] s insurekcja f; powstanie n
intact [ɪn'tækt] adj nietknięty; nienaruszony
integral ['ɪntɪgrəl] adj integralny; całkowity
integrity [ɪn'tegrətɪ] s 1. integralność f; całość f 2. (honesty) uczciwość f; a man of ~ człowiek prawy
intellect ['ɪntəlekt] s umysł m; intelekt m
intellectual ['ɪntə'lektʃuəl] I adj intelektualny; umysłowy II s intelektualista m; pl the ~s inteligencja f (kraju itp.)
intelligence [ɪn'telɪdʒəns] s 1. rozum m; inteligencja f; mądrość f 2. (information) informacja f 3. polit. wywiad m; ~ service służba wywiadowcza
intelligent [ɪn'telɪdʒənt] adj rozumny; pojętny; inteligentny
intelligentsia [ɪn'telɪ'dʒentsɪə] s inteligencja f (kraju); warstwa wykształcona
intelligible [ɪn'telɪdʒəbl] adj zrozumiały
intend [ɪn'tend] v zamierzać (sth, doing sth, to do sth coś zrobić); mieć zamiar; this was ~ed for us to było wymierzone w nas ⟨przeznaczone dla nas⟩
intended [ɪn'tendɪd] adj zamierzony; planowany; umyślny
intense [ɪn'tens] adj intensywny; mocny; (of a feel-

ing) żywy; (of pain) dotkliwy; (of heat) wielki
intensify [ɪn'tensɪfaɪ] v wzmocnić ⟨wzmóc, pogłębić⟩ (się)
intensive [ɪn'tensɪv] adj intensywny; silny; wytężony
intent [ɪn'tent] adj pochłonięty (on sth czymś); przejęty; (determined) zdecydowany; (attentive) uważny
intention [ɪn'tenʃn] s zamiar m; cel m; intencja f; for the ~ of ... na intencję ... (czegoś, czyjąś)
intercom ['ɪntəkom] s interkom m (system łączności wewnętrznej)
intercourse ['ɪntəkɔs] s stosunek wzajemny; obcowanie n; to have ⟨to hold⟩ ~ with sb mieć ⟨utrzymywać⟩ z kimś stosunki (handlowe, przyjazne itp.)
interest ['ɪntrəst] I s 1. zainteresowanie n; to have ⟨to take⟩ an ~ in sth zainteresować się czymś; it is in your ~ to leży w twoim interesie; of ~ ciekawy 2. (share) udział m (w zyskach); fin. odsetki pl; procent m; rate of ~ stopa procentowa; to lend at ~ pożyczać na procent II v zainteresować (sb in sth kogoś czymś); to ~ oneself ⟨to be ~ed⟩ in sth zainteresować się czymś; I am ~ed to know if ... chciałbym wiedzieć, czy ...
interested ['ɪntrɪstɪd] adj zainteresowany; zaciekawiony
interesting ['ɪntrɪstɪŋ] adj interesujący; ciekawy
interfere [ɪntə'fɪə(r)] v 1. mieszać się (with sth do czegoś); ingerować (in sth w coś) 2. (hamper) przeszkadzać (with sb, sth komuś, czemuś)
interference [ɪntə'fɪərns] s 1. mieszanie ⟨wtrącanie⟩ się n; ingerencja f 2. (obstacle) przeszkoda f

interim ['ɪntərɪm] I s okres
przejściowy II adj tymczasowy; przejściowy; (substitute) zastępczy
interior [ɪn'tɪərɪə(r)] I adj wewnętrzny II s wnętrze n;
środek m; geogr. głąb f
kraju
interjection ['ɪntə'dʒekʃn] s
wykrzyknik m
interlude ['ɪntəlud] s interlu-
dium n; (interval) przerwa
f
intermediary ['ɪntə'mɪdɪərɪ] I
adj pośredniczący II s pośrednik m
intermediate ['ɪntə'mɪdɪət] I
adj pośredni; przejściowy;
(medium) środkowy; (of
course etc.) dla średnio za-
awansowanych II s pośred-
nik m
interminable [ɪn'tɜmɪnəbl] adj
nie kończący się
intermittent ['ɪntə'mɪtnt] adj
przerywany; sporadyczny
internal [ɪn'tɜnl] adj wewnętrzny; krajowy
international ['ɪntə'næʃnl] I
adj międzynarodowy II s
the International Międzynarodówka f
Internationale ['ɪntə'næʃn'al]
s Międzynarodówka f (hymn)
internment [ɪn'tɜnmənt] s in-
ternowanie n
interpret [ɪn'tɜprɪt] v interpretować; tłumaczyć; (translate) być tłumaczem (na
konferencji itp.)
interpretation [ɪn'tɜprɪ'teɪʃn] s
interpretacja f; tłumaczenie
n
interpreter [ɪn'tɜprɪtə(r)] s tłumacz m
interrogation [ɪn'terə'geɪʃn] s
przesłuchanie n, badanie n
interrogative ['ɪntə'rogətɪv]
adj (także gram.) pytający
interrupt ['ɪntə'rʌpt] v przerywać (sth coś, sb komuś)
interruption ['ɪntə'rʌpʃn] s
przerwa f
interval ['ɪntəvl] s odstęp m;

przerwa f; teatr. antrakt m;
meteor. bright ~s przejaś-
nienia pl; at ~s z przerwami
intervene [ɪntə vin] v interweniować; mieszać się (do
czegoś); ingerować
intervention ['ɪntə'venʃn] s
interwencja f
interview ['ɪntəvju] v I widzieć się (sb z kimś); dzien.
przeprowadzić wywiad (sb z
kimś) II s widzenie się n;
dzien. wywiad m
intestinal [ɪn'testɪnl] adj jelitowy
intestine [ɪn'testɪn] s jelito n;
pl ~s trzewia pl; wnętrzności pl
intimacy ['ɪntɪməsɪ] s zażyłość
f; intymność f
intimate [1] ['ɪntɪmət] adj intymny; zażyły; serdeczny
intimate [2] ['ɪntɪmeɪt] v oznaj-
miać (sb komuś); zawiada-
miać (sb kogoś); podawać
do wiadomości
intimation ['ɪntɪ'meɪʃn] s zawiadomienie n; wiadomość
f
intimidate [ɪn tɪmɪdeɪt] v o-
nieśmielać; zastraszyć
into ['ɪntə] praep (of motion)
w; do; do środka
intolerable [ɪn'tolrəbl] adj nieznośny
intolerant [ɪn'tolərnt] adj nie-
tolerancyjny
intonation ['ɪntə'neɪʃn] s into-
nacja f
intoxicate [ɪn toksɪkeɪt] v upi-
jać (się); uderzyć do głowy
(sb komuś); to get ~d upić
się; to be ~d być w stanie
nietrzeźwym
intoxicating [ɪn'toksɪ'keɪtɪŋ]
adj wyskokowy; alkoholo-
wy; ~ liquor trunek m
intoxication [ɪn'toksɪ'keɪʃn] s
1. odurzenie n alkoholem
2. (excitation) upojenie n
(powodzeniem itd.)
intramuscular ['ɪntrə'mʌskju-
lə(r)] adj domięśniowy

intransitive [ın'trænsıtıv] adj
gram. (of a verb) nieprzechodni

intravenous ['ıntrə'vinəs] adj
dożylny

intricate ['ıntrıkət] adj zawi
ły; powikłany

intrigue [ın'trig] s intrygować; zaciekawiać

introduce ['ıntrə'djus] v wprowadzić (sth into sth coś do
czegoś); przedłożyć; przedstawić (sb to sb kogoś komuś); zapoznać (sb with sth
kogoś z czymś)

introduction ['ıntrə'dʌkʃn] s
1. wprowadzenie n; of recent ~ niedawno wprowadzony 2. (making known)
przedstawienie n ⟨polecenie
n⟩ (of sb to sb kogoś komuś); zaznajomienie n (of
sb with sth kogoś z czymś);
a letter of ~ list polecający
3. (preface) wstęp m do
książki

intrude [ın'trud] v niepokoić
(on ⟨upon⟩ sb kogoś); być
intruzem; wtrącać się (into
sth w coś); to ~ oneself narzucać się (on ⟨upon⟩ sb
komuś)

intruder [ın'trudə(r)] s intruz
m; nieproszony gość

intuition ['ıntju'ıʃn] s intuicja
f; by ~ intuicyjnie

invade [ın'veıd] v najechać;
wtargnąć; okupować (a
state kraj)

invader [ın'veıdə(r)] s najeźdźca m; okupant m

invalid [ın'vælıd] I adj słaby;
chory; ułomny II s człowiek
chory; kaleka m

invaluable [ın'væljubl] adj
bezcenny; nieoceniony

invariable [ın'veərıəbl] adj
niezmienny

invasion [ın'veıʒn] s najazd
m; inwazja f

invent [ın'vent] v wynaleźć;
wymyślić

invention [ın'venʃn] s 1. wy

nalazek m 2. (false story)
wymysł m

inventive [ın'ventıv] adj pomysłowy; wynalazczy

inventor [ın'ventə(r)] s wynalazca m

inventory ['ınventrı] s inwentarz m

inversion [ın'vɜʃn] s odwrócenie n; inwersja f

invert [ın'vɜt] v odwrócić;
przewrócić; ~ed commas
cudzysłów m

invest [ın'vest] v handl. fin.
zainwestować; ulokować
(pieniądze)

investigate [ın'vestıgeıt] v
zbadać; dociekać (sth czegoś); prowadzić śledztwo

investigation [ın'vestı'geıʃn] s
badanie n; dochodzenie n;
śledztwo n; the question
under ~ rozpatrywana sprawa; on further ~ przy bliższym zbadaniu

investment [ın'vestmənt] s lokata f (kapitału); inwestycja f

investor [ın'vestə(r)] s akcjonariusz m; inwestor m

invisible [ın'vızəbl] adj 1.
niewidzialny; niewidoczny;
~ mending cerowanie artystyczne 2. (of ink) sympatyczny

invitation ['ınvı'teıʃn] s zaproszenie n; ~ card zaproszenie (drukowane)

invite [ın'vaıt] v zaprosić; zachęcić

invoice ['ınvɔıs] handl. I s
faktura f; list przewozowy
II v zafakturować

involuntarily [ın'volən'tærılı]
adv mimowolnie; niechcący

involve [ın'volv] v uwikłać;
wplątać; pociągać za sobą
(koszty itp.)

involved [ın'volvd] adj zawi
ły; (entangled) wplątany;
~ in debt zadłużony

inward ['ınwəd] adj wewnętrzny; (mental) duchowy;

(of a motion) do wewnątrz;
w głąb
inwardly ['ɪnwədlɪ] adv wewnątrz; w duchu
iodine ['aɪədin] s jod m; pot.
jodyna f
iota [aɪ'əʊtə] s jota f; odrobina f
Iranian [ɪ'rɑnɪən] I adj irański II s Irańczyk m
iris ['aɪərɪs] s 1. anat. tęczówka f 2. bot. irys m, kosaciec m
Irish ['aɪərɪʃ] I adj irlandzki II s język irlandzki; pl the
~ Irlandczycy pl
Irishman ['aɪərɪʃmən] s (pl Irishmen) Irlandczyk m
iron ['aɪən] I s 1. żelazo n 2. (flat-iron) żelazko n (do prasowania) 3. pl ~s kajdany pl II adj żelazny
ironic(al) [aɪ'rɒnɪk(l)] adj ironiczny
ironing ['aɪənɪŋ] s prasowanie n; (things to iron) bielizna f do prasowania
ironmonger ['aɪənmʌŋɡə(r)] s właściciel m sklepu z towarami żelaznymi
ironware ['aɪənweə(r)] s towary żelazne
ironworks ['aɪənwɜks] s huta f
irony ['aɪərənɪ] s ironia f
irregular [ɪ'reɡjʊlə(r)] adj nieregularny; nieprawidłowy; (illegal) nielegalny
irrelevant [ɪ'reləvənt] adj nieistotny; od rzeczy; niestosowny
irresistible ['ɪrɪ'zɪstəbl] adj nieprzeparty; nieodparty
irresolute [ɪ'rezəlut] adj niezdecydowany; chwiejny
irrespective ['ɪrɪ'spektɪv] I adj niezależny (of sth od czegoś) II adv niezależnie (of ... od ...); bez względu (of ... na ...)
irresponsible ['ɪrɪ'spɒnsəbl] adj nieodpowiedzialny; lekkomyślny
irrigate ['ɪrɪɡeɪt] v roln. na-

wadniać; med. przepłukiwać
irritable ['ɪrətəbl] adj drażliwy; popędliwy
irritate ['ɪrɪteɪt] v irytować; gniewać
irritated ['ɪrɪteɪtɪd] adj zirytowany; podenerwowany; to be ~ at ⟨with, against⟩ sb, sth zirytować się na kogoś, coś
is zob. be
ischiatic ['ɪskɪ'ætɪk] adj med. kulszowy
island ['aɪlənd] s wyspa f; safety ⟨street⟩ ~ wysepka f (na ulicy)
islander ['aɪləndə(r)] s wyspiarz m
isle [aɪl] s wyspa f
isn't ['ɪznt] = is not
isolate ['aɪsəleɪt] v odizolować; wydzielić
isolation ['aɪsə'leɪʃn] s odosobnienie n; izolacja f; ~ hospital szpital m dla zakaźnie chorych
Israelite ['ɪzrəlaɪt] s Izraelita m
issue ['ɪʃu] I s 1. wyjście n 2. (result) wynik m; rezultat m; in the ~ ... w końcu ... 3. (problem) zagadnienie n 4. (emission) emisja f 5. (number of copies) nakład m (pisma); in course of ~ w druku II v 1. wychodzić 2. (result) pochodzić (from sth od czegoś) 3. (be published) ukazywać się; (publish) wypuszczać w obieg; wydawać (pismo)
isthmus ['ɪsməs] s przesmyk m
it [ɪt] pron ono
Italian [ɪ'tælɪən] I adj włoski II s 1. (language) język włoski 2. (native) Włoch m, Włoszka f
italics [ɪ'tælɪks] pl kursywa f; pismo pochyłe
itch [ɪtʃ] I s 1. swędzenie n; to have an ~ for sth palić się do czegoś 2. med. świerzb m II v świerzbić; swędzić

item [`aitəm] *s* pozycja *f* (w spisie itp.); punkt *m* programu; paragraf *m*
itinerant [ai`tinərənt] *adj* wędrowny
itinerary [ai`tinərəri] *s* plan *m* podróży, marszruta *f*; dziennik *m* podróży

its [its] *adj pron* jego
it's [its] = it is
itself [it`self] *pron* się; siebie; sobie; (*in person*) samo; osobiście; we własnej osobie
I've [aiv] = I have
ivory [`aivṛi] *s* kość słoniowa
ivy [`aivi] *s* bluszcz *m*

J

jack [dʒæk] *s* walet *m* (w kartach); *przen.* ~ of all trades majster *m* do wszystkiego
jackal [`dʒækɔl] *s* szakal *m*
jacket [`dʒækit] *s* marynarka *f*; kurtka *f*
jail [dʒeil] *s* = gaol
jam ¹ [dʒæm] I *v* 1. ścisnąć 2. (*block*) zablokować; to ~ the traffic zablokować ruch 3. (*of a mechanism*) zacinać się 4. *rad.* zagłuszać II *s* 1. ścisk *m* 2. (*stoppage*) zator *m* 3. *am.* trudna sytuacja
jam ² [dʒæm] *s* dżem *m*; konfitura *f*
janitor [`dʒænitə(r)] *s* odźwierny *m*; portier *m*; woźny *m*
January [`dʒænjuəri] *s* styczeń *m*
Japanese [ˌdʒæpə`niz] I *adj* japoński II *s* 1. (*native*) Japończyk *m*, Japonka *f* 2. (*language*) język japoński
jar [dʒɑ(r)] *s* słój *m*, słoik *m*
jargon [`dʒɑgən] *s* żargon *m*; gwara *f*
jasmine [`dʒæzmin] *s* jaśmin *m*
jaundice [`dʒɔndis] *s* 1. *med.* żółtaczka *f* 2. *przen.* zawiść *f*
javelin [`dʒævlin] *s* oszczep *m*; *sport.* ~ throw rzut *m* oszczepem
jaw [dʒɔ] *s* szczęka *f*
jazz [dʒæz] *s* jazz, muzyka jazzowa
jealous [`dʒeləs] *adj* zazdrosny (**of sb** o kogoś)

jealousy [`dʒeləsi] *s* zazdrość *f*; zawiść *f*
jean [dʒin] *s* drelich *m*; *pl* ~s spodnie drelichowe, dżinsy *pl*
jeep [dʒip] *s* łazik *m*, dżip *m*
jeer [dʒiə(r)] I *v* drwić ⟨szydzić⟩ (**at sb, sth** z kogoś, czegoś) II *s* drwina *f*; szyderstwo *n*
jelly [`dʒeli] *s* galareta *f*
jelly-fish [`dʒeli fiʃ] *s* zool. meduza *f*
jeopardize [`dʒepədaiz] *v* narazić na niebezpieczeństwo
jeopardy [`dʒepədi] *s* niebezpieczeństwo *n*; ryzyko *n*
jerk [dʒɜk] I *s* szarpnięcie *n* II *v* 1. szarpnąć (**sb, sth** kogoś, coś) 2. (*throw*) cisnąć (**sth** coś, czymś)
jersey [`dʒɜzi] *s* sweter *m*; (*kind of cloth*) tkanina dziana
jest [dʒest] I *s* żart *m*; dowcip *m*; in ~ żartem II *v* żartować
jester [`dʒestə(r)] *s* żartowniś *m*
jet [dʒet] I *s* 1. strumień *m*; wytrysk *m* 2. *pot.* odrzutowiec *m* II *v* tryskać
jet-black [`dʒet `blæk] *adj* czarny jak smoła
jet-plane [`dʒet `plein] *s* odrzutowiec *m*
jetty [`dʒeti] *s* molo *n*; nabrzeże *n*
Jew [dʒu] *s* Żyd *m*

jewel ['dʒuḷ] **I** s klejnot m; pl ~s kosztowności pl **II** v ozdabiać klejnotami

jeweller ['dʒulə(r)] s jubiler m

jewellery ['dʒuḷrı] s biżuteria f; klejnoty pl; artificial ⟨imitation⟩ ~ sztuczna biżuteria

Jewish ['dʒuıʃ] adj żydowski

jigsaw ['dʒıgsɔ] s laubzega f; pił(k)a f (do drewna); ~ puzzle układanka f

jingle ['dʒıŋgl] **I** s dźwięczenie n; brzęk m **II** v dzwonić; brzęczeć

jingoism ['dʒıŋgəuızm] s szowinizm m

job [dʒob] s 1. praca f; robota f; pot. posada f; zajęcie n; an odd ~ dorywcza robota; a good ~! dobra robota!; to know one's ~ być dobrym fachowcem; out of a ~ bezrobotny 2. (business) sprawa f; interes m

job-worker ['dʒob wɜkə(r)] s robotnik pracujący akordowo

jockey ['dʒokı] **I** s dżokej m **II** v oszukiwać

join [dʒoın] v połączyć (się) (sb, sth z kimś, z czymś); przyłączyć (się); wstąpić (the party do partii); to ~ sb's company przyłączyć ⟨przysiąść⟩ się do towarzystwa

joiner ['dʒoınə(r)] s stolarz m; a ~'s shop warsztat stolarski

joint ¹ [dʒoınt] s 1. połączenie n 2. anat. staw m; przegub m; out of ~ med. zwichnięty; przen. popsuty 3. kulin. pieczeń f; udziec m

joint ² [dʒoınt] adj wspólny; ~ authors współautorzy pl; ~ company towarzystwo akcyjne; ~ stock kapitał akcyjny; ~ tenants współlokatorzy pl

joint ³ [dʒoınt] v połączyć; powiązać

joke [dʒəuk] **I** s żart m; dowcip m; in ~ żartem **II** v żartować

joker ['dʒəukə(r)] s dowcipniś m; karc. joker m

jolly ['dʒolı] **I** adj wesoły; pot. byczy **II** adv pot. bardzo; strasznie

jostle ['dʒosl] **I** v rozpychać się; potrącić **II** s potrącenie n; popchnięcie n

journal ['dʒɜnl] s dziennik m; pamiętnik m; (magazine) żurnal m

journalism ['dʒɜnḷızm] s dziennikarstwo n

journalist ['dʒɜnḷıst] s dziennikarz m, dziennikarka f

journey ['dʒɜnı] **I** s podróż f; a pleasant ~! szczęśliwej podróży! **II** v podróżować

jovial ['dʒəuvıəl] adj jowialny

joy [dʒoı] s radość f; full of ~ uradowany; to give sb ~ sprawić komuś radość

joyful ['dʒoıfl] adj radosny; szczęśliwy

jubilee ['dʒubılı] s jubileusz m

judge [dʒʌdʒ] **I** v uważać; (także prawn.) sądzić **II** s sędzia m; (expert) znawca m

judgement ['dʒʌdʒmənt] s 1. sąd m; the last ~ sąd ostateczny 2. (sentence) orzeczenie n; wyrok m 3. (opinion) opinia f; in my ~ moim zdaniem

judicial [dʒu'dıʃl] adj sędziowski; sądowy; (just) sprawiedliwy; ~ fairness bezstronność f

judicious [dʒu'dıʃəs] adj rozsądny; rozumny

jug [dʒʌg] s dzbanek m; kubek m

juggle ['dʒʌgl] **I** v żonglować; manipulować **II** s żonglowanie n; przen. sztuczka f

juggler ['dʒʌglə(r)] s kuglarz m

Jugoslav, Yugoslav ['jugəuslɑv] **I** s Jugosłowianin m, Jugosłowianka *f* II *adj* jugosłowiański

juice [dʒus] *s* sok *m*

juicy ['dʒusɪ] *adj* soczysty

July [dʒu'laɪ] *s* lipiec *m*

jump [dʒʌmp] I *v* skakać; *przen.* (*of prices etc.*) podskoczyć; (*pass over*) przeskoczyć; *przen.* to ~ at ⟨to⟩ a conclusion pochopnie wyciągać wnioski II *s* skok *m*: *sport.* high ⟨long⟩ ~ skok wzwyż ⟨w dal⟩

jumper [¹] ['dʒʌmpə(r)] *s* skoczek *m*

jumper [²] ['dʒʌmpə(r)] *s* bluza *f*; sweter *m* z rękawami

jumpy ['dʒʌmpɪ] *adj* nerwowy

junction ['dʒʌŋkʃn] *s* połączenie *n*; *kolej.* węzeł (kolejowy); stacja węzłowa

June [dʒun] *s* czerwiec *m*

jungle ['dʒʌŋgl] *s* dżungla *f*; *med.* ~ fever malaria *f*

junior ['dʒunɪə(r)] I *adj* młodszy (wiekiem, rangą itp.); ~ clerk niższy urzędnik II *s* junior *m*; (*subordinate*) podwładny *m*

junk [dʒʌŋk] *s* odpadki *pl*; rupiecie *pl*; graty *pl*

jurisdiction ['dʒuərɪs'dɪkʃn] *s* jurysdykcja *f*; sądownictwo *n*

juror ['dʒuərə(r)] *s* członek *m* jury; juror *m*

jury ['dʒuərɪ] *s* **1.** sąd *m* przysięgłych; **member of the** ~ przysięgły *m* **2.** (*in a competition*) sąd konkursowy; jury *n*

just [¹] [dʒʌst] *adj* sprawiedliwy; słuszny

just [²] [dʒʌst] *adv* właśnie; dokładnie; ~ **now** właśnie w tej chwili; ~ **so!** właśnie!; ~ **then** w tym samym czasie

justice ['dʒʌstɪs] *s* sprawiedliwość *f*; **the Court of Justice** sąd *m*; trybunał *m*; **to administer** ~ wymierzać sprawiedliwość; **to do** ~ **to sb** oddać komuś sprawiedliwość; **Justice of the Peace** sędzia *m* pokoju

justification ['dʒʌstɪfɪ'keɪʃn] *s* usprawiedliwienie *n*

justify ['dʒʌstɪfaɪ] *v* usprawiedliwiać; tłumaczyć

jut [dʒʌt] *v* ~ **out** sterczeć; wystawać

jute [dʒut] *s* juta *f*

juvenile ['dʒuvənaɪl] I *adj* małoletni; nieletni; młodzieńczy; ~ **court** sąd *m* dla nieletnich II *s* wyrostek *m*; młodzieniec *m*

K

kaleidoscope [kə'laɪdəskəup] *s* kalejdoskop *m*

kangaroo ['kæŋgə'ru] *s* kangur *m*

keel [kil] *s* *mor.* kil *m*

keen [kin] *adj* **1.** (*eager*) pragnący czegoś; gorliwy; żywy; **to be** ~ **on sth** być miłośnikiem ⟨amatorem⟩ czegoś; przepadać za czymś; **to be** ~ **on sb** kochać się w kimś **2.** (*of sight, mind*) bystry **3.** (*of wit etc.*) cięty

4. (*of pain*) ostry, dotkliwy

keep [kip] *v* (**kept** [kept], **kept**) przestrzegać; podporządkowywać się (**sth** czemuś); (*stand by*) spełniać, dotrzymywać (**one's word** danego słowa); (*protect*) uchronić (**sb from sth** kogoś od czegoś ⟨przed czymś⟩); (*support*) utrzymywać (kogoś, siebie); **to** ~ **a good table** prowadzić dobrą ku-

chnię; **to ~ sb waiting** kazać komuś czekać; **to ~ sth dry** ⟨**cool** etc.⟩ trzymać coś w suchym ⟨w chłodnym itp.⟩ miejscu; **to ~ talking** w dalszym ciągu mówić; mówić dalej; **to ~ to one's room** ⟨**bed**⟩ pozostawać w domu ⟨w łóżku⟩; **~ left** ⟨**right**⟩! jedź lewą ⟨prawą⟩ stroną!; trzymaj się lewej ⟨prawej⟩ strony!; **~ smiling!** zachowuj pogodę ducha! ‖ **to ~ away** trzymać się z dala; **to ~ sb away from ...** odstraszać kogoś od ...; **to ~ back** powstrzymywać; zatajać (**sth** coś); **to ~ off** trzymać się na uboczu; **~ off!** nie zbliżać się!; **~ off the grass!** nie deptać trawy!; **to ~ on** podtrzymywać; dalej stosować, kontynuować; **to ~ out** nie wchodzić; nie wpuszczać; **to ~ together** trzymać się razem; jednoczyć się; **to ~ up** podtrzymywać (**appearances** etc. pozory itp.); utrzymywać (kogoś, personel, stosunki itp.); wytrwać (**sth** w czymś); dotrzymywać kroku (**with sb** komuś); nadążać (**with sb** za kimś)
keeper ['kipə(r)] s dozorca *m*; stróż *m*; opiekun *m*; (*in a museum*) kustosz *m*
keepsake ['kipseɪk] s pamiątka *f*; upominek *m*
keg [keg] s beczułka *f*
kept *zob.* **keep**
kerb [kɜb] s krawężnik *m* (chodnika ulicznego)
kerchief ['kɜtʃɪf] s chustka *f* (na głowę)
kermess ['kɜmes], **kermis** ['kɜmɪs] s kiermasz *m*
kernel ['kɜnl] s jądro *n* ⟨ziarno *n*⟩ (owocu)
kerosene ['kerəsin] s nafta *f*
kettle ['ketl] s kocioł(ek) *m*; czajnik *m*, imbryk *m*; **to put the ~ on** nastawić wodę (na herbatę)

key [ki] s klucz *m*; *muz.* klawisz *m*; *muz.* (*tone*) tonacja *f*
keyboard ['kibɔd] s klawiatura *f*
keyhole ['kihəul] s dziurka *f* od klucza
key-ring ['ki rɪŋ] s kółko *n* na klucze
khaki ['kɑkɪ] I *adj* (*of a colour*) khaki II *s* kolor khaki; *przen.* mundur wojskowy
kick [kɪk] I *v* kopać, kopnąć II *s* kopnięcie *n*; (*in football*) strzał *m*
kick-off ['kɪk of] s rozpoczęcie *n* meczu piłki nożnej
kid [kɪd] s 1. koźlę *n*; (*leather*) skóra koźla 2. *pot.* dziecko *n*; smyk *m*
kidnap ['kɪdnæp] *v* porwać (dziecko); uprowadzić (**sb** kogoś)
kidnapper ['kɪdnæpə(r)] s porywacz *m* (dziecka, osoby dorosłej itp.) ,
kidney ['kɪdnɪ] s nerka *f*
kill [kɪl] *v* zabijać
killer ['kɪlə(r)] s zabójca *m*, morderca *m*
kiln [kɪln] s piec *m* do wypalania (cegły, porcelany)
kilogram(me) ['kɪləgræm] s kilogram *m*
kilometre ['kɪləmitə(r)] s kilometr *m*
kilt [kɪlt] s (męska) spódniczka szkocka
kind [kaɪnd] s rodzaj *m*; gatunek *m*; **a ~ of ...** coś w rodzaju ...; **nothing of the ~** nic podobnego; **something of the ~** coś w tym rodzaju; **what ~ of ...?** jakiego rodzaju ...?
kind [kaɪnd] *adj* uprzejmy; miły; życzliwy; **be so ~ as to ...** bądź tak dobry i ...; **how ~ of you!** jak to miło z pana ⟨twojej⟩ strony!
kindergarten ['kɪndəgɑtn] s przedszkole *n*

kindliness ['kaindlinəs] s dobroć *f*; życzliwość *f*
kindly ['kaindli] I *adj* dobrotliwy; życzliwy; łagodny II *adv* uprzejmie; życzliwie; **will you ~ ...** zechciej łaskawie ...
kindness ['kaindnəs] s dobroć *f*; uprzejmość *f*
kindred ['kindrəd] I s pokrewieństwo *n*; (*relatives*) rodzina *f* II *adj* pokrewny
king [kiŋ] s król *m*
kingdom ['kiŋdəm] s królestwo *n*; **the United Kingdom** Zjednoczone Królestwo; Wielka Brytania
kinsman ['kinzmən] s (*pl* kinsmen) krewny *m*; powinowaty *m*
kiosk ['kiosk] s kiosk *m*
kipper ['kipə(r)] s śledź wędzony
kiss [kis] I *v* całować (się); **to ~ sb good-bye** pocałować kogoś na pożegnanie II s pocałunek *m*; całus *m*
kit [kit] s 1. *wojsk.* tornister *m* 2. (*equipment*) wyposażenie *n* 3. (*set*) komplet *m* (narzędzi)
kitchen ['kitʃin] s kuchnia *f*; **~ garden** ogród warzywny
kite [kait] s latawiec *m*; **to fly a ~** puszczać latawca
kitten ['kitn] s kocię *n*, kociak *m*
kittenish ['kitniʃ] *adj* zalotny; figlarny
kleptomania ['kleptə'meiniə] s kleptomania *f*
knack [næk] s talent *m*; zręczność *f*; *pot.* dryg *m*; **to have the ~ of doing sth** umieć coś zrobić; mieć dar robienia czegoś
knapsack ['næpsæk] s tornister *m* (żołnierza); plecak *m* (turysty)
knave [neiv] s 1. szelma *m f*; łotr *m* 2. *karc.* walet *m*
knead [nid] *v* miesić (ciasto); gnieść

kneading-trough ['nidiŋ trof] s dzieża *f*
knee [ni] s kolano *n*; **on one's ~s** na klęczkach
knee-deep ['ni'dip] *adj* (głęboki) po kolana
kneel [nil] *v* (knelt [nelt], knelt) klękać
knee-socks ['ni soks] *pl* podkolanówki *pl*; skarpetki *pl* do kolan
knee-stockings ['ni stokiŋz] *pl* podkolanówki
knew *zob.* **know**
knickerbockers ['nikəbokəz] *plt* krótkie spodnie
knickers ['nikəz] s 1. *pot.* = **knickerbockers** 2. (*woman's drawers*) reformy *pl* (po kolana)
knick-knack ['nik næk] s ozdóbka *f*; figurynka *f*; drobiazg *m*
knife [naif] s (*pl* knives [naivz]) nóż *m*; *przen.* **to go under the ~** iść na stół operacyjny
knight [nait] s 1. rycerz *m* 2. (*member of an order*) kawaler *m* orderu 3. (*in chess*) koń *m*
knit [nit] *v* (~ted ['nitid] albo knit [nit]) robić na drutach; dziać; *przen.* **to ~ one's eyebrows** zmarszczyć brwi
knives *zob.* **knife**
knob [nob] s wypukłość *f*; guz *m*; (*handle*) gałka *f* (u drzwi)
knock [nok] I *v* 1. stukać (**at the door** do drzwi) 2. uderzyć się (**against sth** o coś); *przen.* **to ~ against sb** natknąć się na kogoś przypadkiem 3. (*strike*) walnąć; uderzyć; zdzielić || **to ~ down** powalić; przejechać (**sb** kogoś); **to ~ off** strącić; **to ~ out one's pipe** wytrząsać popiół z fajki; **to ~ sb out** znokautować kogoś; **to ~ over** przewrócić; **to ~ up** sklecić coś (naprędce) II s uderzenie *n*; stuknięcie *n*;

(*także w silniku*) stuk, stukanie

knocker ['nokə(r)] *s* kołatka *f* (u drzwi)

knocking ['nokıŋ] *s* stukanie *n* (silnika)

knock-kneed ['nok'nid] *adj* koślawy; z krzywymi nogami

knock-out ['nok aut] *s* boks. nokaut *m*

knot [not] **I** *s* węzeł *m*; pętla *f*; *przen.* trudność *f* **II** *v* robić węzły (**sth** na czymś)

know [nəu] *v* (**knew** [nju], **known** [nəun]) 1. znać; umieć; wiedzieć; as far as I ~ o ile mi wiadomo; to let sb ~ sth poinformować kogoś o czymś 2. (*recognize*) poznać; odróżnić (**one thing from another** jedno od drugiego)

know-how ['nəu hau] *s* znajomość *f* rzeczy; umiejętność *f* postępowania; tajemnica *f* (produkcji itd.)

knowing [nəuıŋ] *adj* chytry; wprawny; bystry

knowingly ['nəuıŋlı] *adv* świadomie; ze znajomością rzeczy; zręcznie

knowledge ['nolıdʒ] *s* wiedza *f*; poznanie *n*; it came to my ~ ... doszło do mojej wiadomości ...; to get ~ of sth dowiedzieć się o czymś; to have a ~ of sth znać ⟨umieć⟩ coś

known [nəun] **I** *zob.* know **II** *adj* znany; wiadomy; to become ~ stać się sławnym; to make ~ ujawnić; podać do wiadomości

knuckle ['nʌkl] *s* kłykieć *m*; kostka *f* (u palca)

L

label ['leıbl] **I** *s* etykieta *f*, nalepka *f*, naklejka *f* **II** *v* nalepić etykietkę

laboratory [lə'borətrı] *s* pracownia *f*; laboratorium *n*

laborious [lə'bɔrıəs] *adj* pracowity; żmudny

labour ['leıbə(r)] **I** *s* 1. praca *f*; trud *m*; **manual** ~ praca ręczna ⟨fizyczna⟩ 2. (*class*) klasa pracująca 3. *med.* poród *m* **II** *v* pracować; trudzić się

labourer ['leıbrə(r)] *s* wyrobnik *m*; robotnik *m* (rolny)

labour-exchange ['leıbər ıkstʃeındʒ] *s* biuro *n* pośrednictwa pracy

labyrinth ['læbərınθ] *s* labirynt *m*

lace [leıs] **I** *s* 1. koronka *f* 2. (*shoe-lace*) sznurowadło *n* **II** *v* sznurować

lack [læk] **I** *s* brak *m*; niedostatek *m*; for ~ of ... z braku ... (czegoś) **II** *v* brakować; cierpieć na brak; we all ~ time wszystkim nam brakuje czasu

lad [læd] *s* chłopiec *m*, chłopak *m*

ladder ['lædə(r)] **I** *s* 1. drabina *f* 2. (*in a stocking*) spuszczone oczko (w pończosze) **II** *v* (*of a stocking*) puszczać oczko

ladder-mending ['lædə mendıŋ] *s* repasacja *f*; podnoszenie *n* oczek

laden ['leıdn] *adj* obciążony; naładowany

ladies ['leıdız] *pl* panie *pl*; (*w napisach*) „~" „dla pań"

ladle ['leıdl] **I** *s* chochla *f*; łyżka wazowa; czerpak *m* **II** *v* czerpać; nalewać (zupę)

lady ['leıdı] *s* (*pl* **ladies** ['leıdız]) dama *f*, pani *f*

ladylike [ˈleɪdɪlaɪk] *adj* dystyngowany; wytworny
lag [læg] *v* pozostawać w tyle; opóźniać się; to ~ behind nie nadążac; guzdrać się
laid *zob.* **lay**
lain *zob.* **lie** ²
lake [leɪk] *s* jezioro *n*
lamb [læm] *s* jagnię *n*
lame [leɪm] **I** *adj* kulawy; chromy; **to be** ~ kuleć **II** *v* okulawić; okaleczyć
lament [ləˈment] **I** *s* lament *m*; opłakiwanie *n* **II** *v* opłakiwać
lamentable [ˈlæməntəbl] *adj* opłakany; godny pożałowania
lamp [læmp] *s* lampa *f*
lamp-shade [ˈlæmpʃeɪd] *s* abażur *m*
land [lænd] **I** *s* ziemia *f*; ląd *m*; (*country*) kraj *m* **II** *v* lądować; wysadzić na ląd
landed [ˈlændɪd] *adj* ziemski; ~ **aristocracy** ziemiaństwo *n*; obszarnicy *pl*
landing [ˈlændɪŋ] *s* 1. zejście *n* (ze statku) na ląd; *lotn.* lądowanie *n*; ~ **ticket**, *am.* ~ **card** bilet kontrolny dla pasażerów statku lub samolotu; karta pokładowa 2. desant *m* 3. *arch.* podest *m*; **on the** ~ na schodach
landlady [ˈlændleɪdɪ] *s* 1. ziemianka *f* 2. (*owner of a hotel*) właścicielka *f* hotelu; (*woman who takes tenants*) gospodyni *f* (odnajmująca pokój)
landlord [ˈlændlɔd] *s* 1. ziemianin *m* 2. (*owner of a hotel*) właściciel *m* hotelu; (*man who takes tenants*) gospodarz *m* (odnajmujący pokój)
landmark [ˈlændmɑk] *s* słup graniczny; (*mark*) znak orientacyjny; (*important event etc.*) punkt zwrotny; wydarzenie przełomowe

landowner [ˈlændəʊnə(r)] *s* właściciel ziemski
landscape [ˈlændskeɪp] *s* krajobraz *m*
lane [leɪn] *s* uliczka *f*; dróżka *f*
language [ˈlæŋgwɪdʒ] *s* język *m*; mowa *f*; (*style*) styl *m*
languid [ˈlæŋgwɪd] *adj* omdlewający; (*of speech*) powolny; (*of a look*) tęskny
languish [ˈlæŋgwɪʃ] *v* omdlewać; (*grow weak*) marnieć; (*long for*) tęsknić
lanky [ˈlæŋkɪ] *adj* chudy; suchy
lanoline [ˈlænəlin] *s* *farm.* lanolina *f*
lantern [ˈlæntən] *s* latarnia *f*
lap [læp] *s* 1. poła *f* (surduta itd.) 2. (*part of the body*) łono *n*; **in** ⟨**on**⟩ **sb's** ~ na kolanach u kogoś
lapel [ləˈpel] *s* klapa *f* (marynarki)
lapse [læps] **I** *v* 1. opadać; odpadać 2. (*neglect*) zaniedbać (**from sth** czegoś) 3. (*of time*) minąć; upłynąć **II** *s* 1. błąd *m*; omyłka *f*; potknięcie *n* 2. (*elapsing*) upływ *m* (czasu)
larch [lɑtʃ] *s* modrzew *m*
lard [lɑd] **I** *s* słonina *f*; smalec *m* **II** *v* *kulin.* szpikować
larder [ˈlɑdə(r)] *s* spiżarnia *f*
large [lɑdʒ] *adj* duży; wielki; obszerny; **at** ~ na wolności; na swobodzie
largely [ˈlɑdʒlɪ] *adv* 1. w dużym stopniu; w wielkiej mierze 2. (*generously*) hojnie
lark [lɑk] *s* skowronek *m*
laryngitis [ˌlærɪnˈdʒaɪtɪs] *s* *med.* zapalenie *n* krtani
lash [læʃ] **I** *s* bicz *m*; bat *m* **II** *v* uderzać biczem; chłostać
lass [læs] *s* dziewczyna *f*, dziewczę *n*
last ¹ [lɑst] *adj* ostatni; ubiegły; ~ **but not least** rzecz nie mniej ważna; **the** ~

but two trzeci od końca; **to be on one's ~ legs** być bliskim wyczerpania; **at ~ wreszcie; na końcu**
last [last] *v* 1. trwać 2. *(be enough)* starczyć
lasting ['lastɪŋ] *adj* trwały
latch [lætʃ] *s* klamka *f*
latch-key ['lætʃ ki] *s* klucz *m* od zatrzasku
late [leɪt] I *adj* 1. późny; spóźniony; **to be ~ spóźniać się** 2. *(dead)* zmarły 3. *(of news etc.)* ostatni; **of ~ ostatnio** II *adv* późno
lately ['leɪtlɪ] *adv* ostatnio; w ostatnich czasach
latent ['leɪtnt] *adj* utajony; ukryty
later ['leɪtə(r)] *(od* **late)** I *adj* późniejszy II *adv* później; **~ on** potem; następnie
latest ['leɪtəst] *adj (od* **late)** 1. najpóźniejszy 2. *(recent)* najnowszy; najświeższy
lather ['laðə(r)] I *s* piana mydlana II *v* pienić ⟨mydlić⟩ się
Latin ['lætɪn] I *adj* łaciński II *s* łacina *f*
latitude ['lætɪtjud] *s* szerokość geograficzna
latter ['lætə(r)] *adj* ostatni (z dwóch); ten drugi
lattice ['lætɪs] *s* krata *f*; **~ window** okno weneckie
laugh [laf] *v* śmiać się; **to ~ at sb** wyśmiewać się z kogoś; *przen.* **to ~ in one's sleeve** śmiać się w kułak
laughter ['laftə(r)] *s* śmiech *m*; **to roar with ~** ryczeć ze śmiechu
launch [lɔntʃ] I *v* 1. spuścić (statek na wodę) 2. *wojsk.* rozpocząć (ofensywę) 3. *(engage)* zaangażować się **(into sth** w coś) II *s* spuszczenie *n* (statku na wodę)
laundress ['lɔndrəs] *s* praczka *f*
laundry ['lɔndrɪ] *s* pralnia *f*; *(linen)* bielizna *f* do prania
laureate ['lɔrɪət] *s* laureat *m*

laurel ['lorl] *s* laur *m*; wawrzyn *m*
lavatory ['lævətrɪ] *s* umywalnia *f*; *(w.c.)* ustęp *m*
lavender ['lævɪndə(r)] *s* lawenda *f*
lavish ['lævɪʃ] I *v* szafować ⟨obsypywać, obdarzać⟩ **(sth czymś)** II *adj* hojny; rozrzutny
law [lɔ] *s* 1. prawo *n*; **~ court** sąd *m*; **to go to ~** procesować się 2. *(decree)* ustawa *f*
law-abiding ['lɔ əbaɪdɪŋ] *adj* prawomyślny
lawful ['lɔfl] *adj* legalny; prawowity; *(righteous)* słuszny
lawless ['lɔləs] *adj* bezprawny; samowolny
lawn [lɔn] *s* trawnik *m*; **~ tennis** tenis *m* na trawie
lawn-mower ['lɔn məʊə(r)] *s* maszyna *f* do strzyżenia trawnika
lawsuit ['lɔsut] *s* proces *m*
lawyer ['lɔjə(r)] *s* prawnik *m*; adwokat *m*
lax [læks] *adj* luźny; swobodny; *(negligent)* niedbały
laxative ['læksətɪv] I *adj* rozwalniający II *s* środek *m* na przeczyszczenie
lay [leɪ] zob. **lie** [2]
lay [leɪ] *adj* świecki; laicki; *(amateur)* niefachowy
lay [leɪ] *v* **(laid** [leɪd], **laid)** kłaść; położyć; *(of a hen)* znosić (jaja); **to ~ bare** obnażyć; odsłonić; **to ~ the table** nakryć do stołu || **to ~ down** odłożyć (pieniądze); wyrzec się **(sth czegoś); to ~ in** robić zapas **(sth czegoś);** zmagazynować
layer ['leɪə(r)] *s* warstwa *f*; pokład *m*
layette [leɪ'et] *s* wyprawka *f* dla niemowlęcia
layman ['leɪmən] *s (pl* **laymen)** 1. człowiek świecki 2. *(not an expert)* laik *m*
lazy ['leɪzɪ] *adj* leniwy
lead [led] *s* ołów *m*

lead   170

lead² [lid] I v (led [led], led)
1. prowadzić; kierować; to
~ astray sprowadzać na złą
drogę 2. *karc.* zagrywać II
s 1. kierownictwo n; prym
m; to take the ~ objąć prowadzenie; stanąć na czele
2. *karc.* zagranie n; whose
~? kto zagrywa?; to return
the ~ odwrócić kolor 3.
teatr, główna rola
leaden ['ledn] *adj* ołowiany
leader ['lidə(r)] s prowadzący
m; przewodnik m; lider m;
dzien. artykuł wstępny
leadership ['lidəʃip] s prze-
wodnictwo n; kierownictwo
n
leading ['lidiŋ] *adj* przewo-
dzący; kierowniczy; (*of a
fashion*) panujący
leaf [lif] s (*pl* leaves [livz]) 1.
bot. liść m 2. (*sheet of paper*) kartka f
leaflet ['liflət] s 1. *bot.* listek
m 2. (*printed paper*) ulotka f
league¹ [lig] s mila f
league² [lig] s liga f
leak [lik] I s 1. przeciekanie
n; upływ m 2. (*hole*) szczelina f; dziura f II v przeciekać; przepuszczać wodę;
przen. (*of news*) to ~ out
rozchodzić się; przedosta-
wać sie do publicznej wiadomości
lean¹ [lin] *adj* chudy
lean² [lin] v (leant [lent],
leant) 1. opierać się (against
sth o coś) 2. (*bend*) pochylać
się; to ~ out wychylać się
3. (*tend*) skłaniać się (towards ⟨to⟩ sth ku czemuś)
leap [lip] I v (leapt [lept],
leapt) skakać; *przen.* to ~
at a proposal skwapliwie
przyjąć propozycję II s skok
m; podskok m; by ~s and
bounds szybko; wielkimi
krokami
leap-year ['lip jɜ(r)] s rok
przestepny
learn [lɜn] v (learnt [lɜnt],

learned [lɜnd]) uczyć się
(*find out*) dowiadywać się
learned ['lɜnid] *adj* uczony
learning ['lɜniŋ] s nauka f;
wiedza f
learnt *zob.* learn
lease [lis] I s dzierżawa f; to
take on ~ wziąć w dzier-
żawę II v dzierżawić
leash [liʃ] s smycz f
least [list] (*od* little) I *adj*
najmniejszy II *adv* naj-
mniej III s najmniejsza
rzecz; at ~ co najmniej;
przynajmniej; not in the ~
bynajmniej; wcale nie
leather ['leðə(r)] s skóra f
(wyprawiona)
leave¹ [liv] s 1. pozwolenie n;
to take ~ of sb pożegnać
się z kimś 2. (*holidays*) urlop
m; ~ with pay płatny urlop;
~ without pay bezpłatny
urlop; to be on ~ być na
urlopie
leave² [liv] v (left [left], left)
zostawiać; opuszczać; wy-
jeżdżać (for London do Londynu); to ~ sb alone zostawić kogoś w spokoju; to ~
sth behind zostawić coś za
sobą; zapomnieć czegoś
leaven ['levn] s drożdże *pl*;
zaczyn m
leaves *zob.* leaf s
lecture ['lektʃə(r)] I s wykład
m; to deliver a ~ wygłosić
wykład; *przen.* to read sb
a ~ robić komuś wymówki
II v 1. wykładać 2. (*admonish*) udzielać nagany
lecturer ['lektʃərə(r)] s wykładowca m
led *zob.* lead v
leech [litʃ] s pijawka f
leek [lik] s *bot.* por m
left¹ *zob.* leave²
left² [left] I *adj* lewy; on
(sb's) ~ hand po lewej stronie II s lewa strona; *polit.*
lewica f III *adv* na lewo;
to turn ~ skręcić na ⟨w⟩
lewo
left-handed ['left 'hændid] *adj*

leworęki; **to be** ~ być mańkutem
leg [leg] *s* noga *f; przen.* **to
be all** ~**s** być długim jak
tyczka; **to pull sb's** ~ naciągać kogoś; żartować sobie
z kogoś; **to take to one's**
~**s wziąć nogi za pas**
legacy ['legəsı] *s* zapis *m;* legat *m;* spadek *m*
legal ['ligl] *adj* prawny; prawniczy; ustawowy; legalny
legalize ['liglaız] *v* legalizować; uprawomocnić
legation [lı'geıʃn] *s* poselstwo
n
legend ['ledʒənd] *s* legenda *f*
legendary ['ledʒəndrı] *adj* legendarny
legible ['ledʒəbl] *adj* czytelny
legion ['lidʒən] *s* legia *f;* legion *m*
legislation ['ledʒıs'leıʃn] *s*
ustawodawstwo *n;* prawodawstwo *ń*
legitimate [lı'dʒıtımət] *adj*
ślubny; prawowity; **of** ~
birth z prawego łoża
leisure ['leʒə(r)] *s* wolny czas;
a man of ~ człowiek nie
pracujący; **to be at** ~ nie
być zajętym, **at** ~ bez pośpiechu; **at one's** ~ w dogodnej chwili
lemon ['lemən] *s* cytryna *f*
lemonade ['lemə'neıd] *s* lemoniada *f*
lend [lend] *v* (lent [lent], lent)
pożyczać; użyczać; **to** ~ **a
hand udzielić pomocy**
lending-library ['lendıŋ laıbrərı] *s* wypożyczalnia *f* książek
length [leŋθ] *s* długość *f;* dystans *m;* **at arm's** ~ na dystans; **at full** ~ w całej rozciągłości; **at** ~ na koniec,
wreszcie; *(in detail)* szczegółowo
lengthen ['leŋθn] *v* przedłużyć ⟨wydłużyć⟩ (się)
lengthy ['leŋθı] *adj* rozwlekły;
drobiazgowy

lenient ['linıənt] *adj* wyrozumiały; łagodny
Leninism ['lenınızm] *s* leninizm *m*
lens [lenz] *s* 1. *anat. opt.* soczewka *f;* **contact** ~**es szkła
kontaktowe** 2. *fot.* obiektyw
m
Lent [lent] *s rel.* Wielki
Post
lent *zob.* **lend**
lentil ['lentl] *s* soczewica *f*
leopard ['lepəd] *s zool.* lampart *m*
leper ['lepə(r)] *s* trędowaty *m*
leprosy ['leprəsı] *s med.* trąd
m
less [les] **I** *adj (od* little)
mniejszy **II** *adv* mniej; **none
the** ~ niemniej jednak; **mimo to**
lessen ['lesn] *v* zmniejszyć;
obniżyć
lesser ['lesə(r)] *adj* (po)mniejszy
lesson ['lesn] *s* lekcja *f;* **to
do one's** ~**s** odrabiać lekcje
lest [lest] *conj* żeby ⟨aby⟩ nie
let [let] **I** *v* (let, let) 1. pozwolić; sprawić; dopuścić;
to ~ **sb alone** zostawić kogoś w spokoju; **to** ~ **be** zostawić w spokoju; nie mieszać się **(sb, sth** do kogoś,
czegoś); **to** ~ **fall** upuścić
(na ziemię); **to** ~ **have** dawać; pożyczać; **to** ~ **know**
poinformować; **to** ~ **sb
down** opuścić kogoś; zostawić kogoś własnemu losowi; **to** ~ **in** wpuścić, wprowadzić; **to** ~ **off** wypuścić;
to ~ **out** wypuścić (skądś)
2. *(rent)* wynajmować;
rooms to ~ pokoje *pl* do
wynajęcia 3. *kraw.* podłużyć ⟨poszerzyć⟩ (suknię) 4.
(of a secret) wydać **II** *v
aux* niech; ~ **him** ⟨them
etc.⟩ **come** niech on ⟨oni
itd.⟩ przyjdzie ⟨przyjdą⟩; ~
me see! niech się chwilkę
zastanowie!; pozwól mi pomyśleć!

lethal ['liθl] *adj* śmiertelny; zgubny

lethargy ['leθədʒı] *s med. f* letarg *m; przen.* ospałość *f*

letter ['letə(r)] *s* 1. litera *f;* **to the ~** dosłownie; co do joty 2. *(written message)* list *m;* pismo *n;* **~ of attorney** pełnomocnictwo *n;* **~ of credit** akredytywa *f* 3. *pl* **~s** literatura *f;* piśmiennictwo *n;* **a man of ~s** autor *m;* pisarz *m*

letter-box ['letə boks] *s* skrzynka *f* na listy

lettered ['letəd] *adj* wykształcony; oczytany

lettuce ['letıs] *s* sałata (zielona)

level ['levl] I *s* poziom *m;* płaszczyzna *f;* **~ crossing** przejazd kolejowy II *adj* 1. poziomy 2. *(equal)* równy III *v* wyrównywać; niwelować

level-headed ['levl'hedıd] *adj* zrównoważony

lever ['levə(r)] *s* dźwignia *f;* lewar *m*

levy ['levı] I *s* pobór *m* (podatku); werbunek *m;* zaciąg *m* II *v* ściągać podatki

liability ['laıə'bılətı] *s* odpowiedzialność *f;* ciężar (finansowy); obowiązek *m* (to military service służby wojskowej); *pl* **liabilities** obciążenia *pl;* zadłużenia *pl*

liable ['laıbl] *adj* 1. odpowiedzialny 2. *(exposed to)* narażony; podatny (to sth na coś)

liaison [lı'eızn] *s* 1. stosunek *m;* romans *m* 2. *wojsk.* łączność *f;* **~ officer** oficer łącznikowy

liar ['laıə(r)] *s* kłamca *m*

libel ['laıbl] I *s* paszkwil *m;* zniesławienie *n;* oszczerstwo *n* II *v* zniesławić; napisać paszkwil (sb na kogoś)

liberal ['lıbrl] I *adj* liberalny; o szerokich poglądach II *s* liberał *m*

liberalism ['lıbrlızm] *s* liberalizm *m*

liberate ['lıbəreıt] *v* uwolnić; wyzwolić

liberation ['lıbə'reıʃn] *s* uwolnienie *n;* wyzwolenie *n*

liberty ['lıbətı] *s* wolność *f;* *pl* **liberties** przywileje *pl;* **at ~** na wolności; **to take the ~ of doing sth** pozwolić sobie na zrobienie czegoś; **to set sb at ~** uwolnić kogoś; *pot.* **to take liberties with sb** pozwalać sobie na nieodpowiednie zachowanie w stosunku do kogoś

librarian [laı'breərıən] *s* bibliotekarz *m,* bibliotekarka *f*

library ['laıbrı] *s* biblioteka *f*

lice zob. **louse**

licence ['laısns] I *s* zezwolenie *n;* licencja *f;* koncesja *f;* **driving ~** prawo *n* jazdy; **export ~** pozwolenie n wywozu; **import ~** pozwolenie *n* przywozu; **to grant a ~** udzielić zezwolenia II *v* udzielać zezwolenia; wydawać licencję ⟨patent, koncesję⟩; **to be ~d to do sth** mieć prawo robienia czegoś

lichen ['laıkən] *s med.* liszaj *m*

lick [lık] I *v* 1. lizać 2. *pot.* sprawić lanie (sb komuś); pobić przeciwnika II *s* polizanie *n;* *(small quantity)* odrobina *f*

lid [lıd] *s* wieko *n;* pokrywka *f*

lie [laı] I *s* kłamstwo *n;* fałsz *m;* **a pack of ~s** stek *m* kłamstw; **to give sb the ~** zarzucić kłamstwo komuś; **to tell ~s** kłamać II *v* kłamać

lie [laı] *v* (lay [leı], lain [leın]) 1. leżeć; **to ~ down** położyć się 2. *(be situated)* znajdować się

lieutenant ['lef'tenənt] *s* po-

rucznik *m*; **second** ~ podporucznik *m*
lieutenant-colonel [lef'tenənt-'kɜnl] *s* podpułkownik *m*
life [laɪf] *s* (*pl* **lives** [laɪvz]) życie *n*; ~ **insurance** ubezpieczenie *n* na życie; **high** ~ życie *n* wyższych sfer; zamożne sfery; **still** ~ martwa natura; **to bring to** ~ przywrócić do przytomności; **not on your** ~! nigdy w życiu!; **for** ~ dożywotnio; na całe życie; **true to** ~ naturalny; prawdziwy
life-belt ['laɪf belt] *s* pas ratunkowy
life-jacket ['laɪf dʒækɪt] *s* kamizelka ratownicza
lifelike ['laɪflaɪk] *adj* jak żywy
lifelong ['laɪfloŋ] *adj* trwający całe życie
life-saving ['laɪf seɪvɪŋ] *s* ratownictwo *n*
life-size ['laɪf saɪz] *adj* naturalnej wielkości
life-time ['laɪf taɪm] *s* życie *n* (człowieka); **the chance of a** ~ jedyna szansa w życiu; **in sb's** ~ za czyjegoś życia
lift [lɪft] I *v* podnieść; dźwignąć II *s* 1. podniesienie *n*; **to give sb a** ~ podwieźć kogoś 2. (*elevator*) winda *f*; ~ **attendant** windziarz *m* 3. podnośnik *m*
lift-boy ['lɪft bɔɪ], **lift-man** ['lɪft mæn] *s* windziarz *m*
light[1] [laɪt] I *s* 1. światło *n*; **brake** ~s światła *pl* stop; **blinker** ~ światło migowe; **dipped** ⟨**passing**⟩ ~s światła *pl* mijania; **parking** ~s światła postojowe; **reflecting** ~ światło odblaskowe; **tail** ~s światła tylne; **traffic** ~s światła *pl* regulacji ruchu; *przen.* **to come to** ~ wyjść na jaw; **to bring sth to** ~ wyjawić coś 2. (*flame*) ogień *m*; **to give sb a** ~ dać komuś ognia II *v* (lit

[lit], **lit**) świecić; oświetlać; zapalać
light[2] [laɪt] *adj* jasny; ~ **blue** jasnoniebieski
light[3] [laɪt] *adj* lekki; **I am a** ~ **sleeper** mam lekki sen; (*in a shop*) **to give** ~ **weight** nie doważyć
lighten ['laɪtn] *v* oświecać; rozjaśniać (się); *meteor.* błyskać się
lighter ['laɪtə(r)] *s* 1. (*person*) latarnik *m* 2. (*device*) zapalniczka *f*
light-hearted ['laɪt 'hɑtɪd] *adj* niefrasobliwy; wesoły
lighthouse ['laɪt haʊs] *s* latarnia morska; ~ **keeper** latarnik *m*
light-minded ['laɪt maɪndɪd] *adj* lekkomyślny
lightning ['laɪtnɪŋ] *s* błyskawica *f*; ~ **arrester** ⟨**protector**⟩ odgromnik *m*
lightning-conductor ['laɪtnɪŋ kən'dʌktə(r)] *s* piorunochron *m*
light-weight ['laɪt weɪt] I *adj boks.* lekkiej wagi II *s* bokser *m* lekkiej wagi
light-year ['laɪt jɜ(r)] *s* rok świetlny
likable ['laɪkəbl] *adj* sympatyczny; miły
like[1] [laɪk] I *adj* podobny; taki; **what is he** ~? jak on wygląda? II *s* coś podobnego; **and the** ~ i tym podobne (rzeczy); ~ **for** ~ piękne za nadobne III *adv* podobnie (jak) IV *conj* jak; tak jak
like[2] [laɪk] I *v* lubić; **how do you** ~ **it?** jak ci się to podoba?; **I** ~ **this** to mi smakuje; **to** ~ **better** woleć; **I'd** ~ **to have a smoke** chciałbym zapalić; **just as you** ~ jak chcesz II *s* sb's ~s **and dislikes** to, co komuś miłe i to, co niemiłe
likelihood ['laɪklɪhʊd] *s* prawdopodobieństwo *n*
likely ['laɪklɪ] I *adj* prawdo-

podobny; możliwy; **he is ~ to do it** on prawdopodobnie to zrobi II *adv* prawdopodobnie; **very ⟨most⟩ ~** najprawdopodobniej

likeness [ˈlaɪknəs] *s* podobieństwo *n*

likewise [ˈlaɪkwaɪz] *adv* podobnie; również; *(moreover)* także; ponadto

liking [ˈlaɪkɪŋ] *s* gust *m*; sympatia *f*; pociąg *m*; **to take a ~ to ⟨for⟩ sb** poczuć do kogoś sympatię

lilac [ˈlaɪlək] *s bot.* bez *m*

lily [ˈlɪlɪ] *s bot.* lilia *f*; **~ of the valley** konwalia *f*

limb [lɪm] *s* kończyna *f*; **artificial ~** proteza *f* kończyny

lime [laɪm] *s* wapno *n*

lime [laɪm] *s* gatunek *m* drzewa cytrusowego

lime [laɪm] *s bot.* lipa *f*

limelight [ˈlaɪmlaɪt] *s przen.* **in the ~** w świetle reflektorów

limit [ˈlɪmɪt] I *s* granica *f*; **to exceed the speed ~** przekroczyć dozwoloną szybkość; **to set a ~ to sth** ograniczać coś; **within ~s** w pewnych granicach; **that's the ~!** to przechodzi wszelkie granice! II *v* ograniczać

limp [lɪmp] I *v* utykać; kuleć II *s* utykanie *n* **na nogę**

limpid [ˈlɪmpɪd] *adj* przezroczysty; czysty

linden [ˈlɪndən] *s bot.* lipa *f*

line [laɪn] I *s* 1. lina *f*; sznur *m*; *elektr. telef.* przewód *m*; *przen.* połączenie telefoniczne; **hold the ~!** proszę zaczekać ⟨nie przerywać połączenia⟩! 2. *(mark)* kreska *f* 3. *(boundary)* granica *f*; **on the ~** na pograniczu; *przen.* **to draw the ~ at sth** nie pozwalać sobie na coś 4. *(a verse)* wiersz *m*; **to read between the ~s** czytać między wierszami 5.

(short letter) krótki list; **to drop sb a ~** napisać do kogoś parę słów 6. *(row)* szereg *m*; kolejka *f* 7. *(sphere)* zakres *m*; dziedzina *f*; specjalność *f*; *handl.* branża *f* II *v* liniować; kreślić; *(form a line)* ustawić w szeregu; **to ~ up** uszeregować

line [laɪn] *v* podszyć· podbić podszewką

lineage [ˈlɪnɪɪdʒ] *s* ród *m*; pochodzenie *n*

linen [ˈlɪnɪn] I *s* płótno *n*; *zbior.* bielizna damska ⟨męska⟩; **baby ~** bielizna niemowlęca; **clean ⟨dirty⟩ ~** czysta ⟨brudna⟩ bielizna II *adj* lniany; płócienny

liner [ˈlaɪnə(r)] *s mor.* statek ⟨*lotn.* samolot⟩ liniowy

linger [ˈlɪŋgə(r)] *v* zwlekać; ociągać się; wlec się

lingerie [ˈlɔ̃ʒərɪ] *s* bielizna damska

linguist [ˈlɪŋgwɪst] *s* lingwista *m*; językoznawca *m*

lining [ˈlaɪnɪŋ] *s* podszewka *f*; wykładzina *f*

link [lɪŋk] I *s* 1. ogniwo *n*; *przen.* więź *f* 2. *(fastener)* spinka *f* (do mankietu) II *v* łączyć ⟨wiązać⟩ się

links [lɪŋks] *pl* teren *m* do gry w golfa

linseed [ˈlɪnsiːd] *s* siemię lniane; **~ oil** olej lniany

lion [ˈlaɪən] *s* lew *m*

lioness [ˈlaɪənəs] *s* lwica *f*

lip [lɪp] *s* warga *f*

lipstick [ˈlɪpstɪk] *s* kredka *f* ⟨pomadka *f*⟩ do ust, szminka *f*

liqueur [lɪˈkjʊə(r)] *s* likier *m*

liquid [ˈlɪkwɪd] I *adj* płynny; ciekły II *s* płyn *m*

liquidate [ˈlɪkwɪdeɪt] *v* likwidować (się)

liquor [ˈlɪkə(r)] *s* napój alkoholowy; trunek *m*

lisp [lɪsp] I *v* seplenić II *s* seplenienie *n*

list [lɪst] I *s* wykaz *m*; lista

f; ~ **of streets** spis *m* ulic
II *v* spisywać; katalogować
listen ['lɪsn] *v* słuchać **(to sb
kogoś); przysłuchiwać się
(to sth czemuś);** ~ **to me!**
posłuchaj mnie!
listener ['lɪsnə(r)] *s* słuchacz
m; radiosłuchacz *m*
listless ['lɪstləs] *adj* apatycz-
ny; bierny; obojętny
lit zob. **light** *v*
literacy ['lɪtrəsɪ] *s* umiejętność
f czytania i pisania
literal ['lɪtṛl] *adj* 1. literowy;
~ **error** pomyłka *f* w dru-
ku 2. (*exact*) dosłowny
literary ['lɪtṛɪ] *adj* literacki;
~ **property** prawa wydaw-
nicze
literate ['lɪtərət] *adj* piśmien-
ny, umiejący czytać i pi-
sać
literature ['lɪtrətʃə(r)] *s* literatura *f*; piśmiennictwo *n*
lithe [laɪð] *adj* giętki; gibki
litre ['liːtə(r)] *s* litr *m*
litter ['lɪtə(r)] *s* śmieci(e) *pl*
little ['lɪtl] **I** *adj* **(less, least)**
mały; drobny; nieduży **II** *s*
mało; niewiele; **after a** ~
po chwili; **for a** ~ na
⟨przez⟩ chwilę; ~ **by** ~ po
trochu; stopniowo **III** *adv*
mało; niewiele; **a** ~ trochę
live ¹ [laɪv] *adj* 1. żywy; ~
fence żywopłot *m* 2. (*of a
cartridge*) ostry
live ² [lɪv] *v* 1. żyć; **to** ~ **on**
sth żyć z czegoś; żywić się
czymś; **to** ~ **on sb** żyć
czymś kosztem; **to** ~
through sth przeżyć coś
(wojnę itp.) 2. (*dwell*) mieszkać
livelihood ['laɪvlɪhʊd] *s* środki *pl* egzystencji; utrzymanie *n*; **to earn a** ~ zarabiać na życie
lively ['laɪvlɪ] *adj* ożywiony;
pełen życia; *muz.* skoczny;
(*of a colour*) żywy
liver ['lɪvə(r)] *s* wątroba *f*;
kulin. **calf's** ~ wątróbka

cielęca; **pig's** ~ wątróbka
wieprzowa
lives zob. **life**
live-stock ['laɪvstok] *s* żywy
inwentarz
livid ['lɪvɪd] *adj* siny
living ['lɪvɪŋ] **I** *adj* żyjący;
żywy **II** *s* życie *n*; (*means*)
utrzymanie *n*; **to make** ⟨**to
earn**⟩ **one's** ~ zarabiać na
życie
lizard ['lɪzəd] *s* jaszczurka *f*
load [ləʊd] **I** *s* ładunek *m*;
ciężar *m*; obciążenie *n* **II** *v*
ładować; obciążać
loaf [ləʊf] *s* (*pl* **loaves** [ləʊvz])
(*of bread*) bochenek *m*; (*of
sugar etc.*) głowa *f*
loan [ləʊn] *s* pożyczka *f*; **to
apply for a** ~ ubiegać się
o pożyczkę; **to raise a** ~
zaciągnąć pożyczkę; **to pay
off a** ~ spłacić pożyczkę
loath [ləʊθ] *adj* niechętny
loathe [ləʊð] *v* czuć wstręt;
brzydzić się (**sb, sth** kimś,
czymś); nienawidzić (**sb, sth**
kogoś, czegoś)
loathsome   ['ləʊðsəm]   *adj*
wstrętny; ohydny
loaves zob. **loaf**
lobby ['lobɪ] *s* hall *m*; kuluar
m sejmowy
lobster ['lobstə(r)] *s* homar *m*
local ['ləʊkl] *adj* miejscowy;
lokalny; ~ **government** samorząd *m*
locality [ləʊ'kælətɪ] *s* miejscowość *f*; okolica *f*
locate [ləʊ'keɪt] *v* umieścić;
zlokalizować; umiejscawiać
location [ləʊ'keɪʃn] *s* rozmieszczenie *n*; ulokowanie *n*;
położenie *n*
lock ¹ [lok] *s* lok *m*; kędzior
m
lock ² [lok] **I** *s* zamek *m*; zatrzask *m*; kłódka *f*; **under**
~ **and key** pod kluczem;
przen. ~, **stock and barrel**
cały kram **II** *v* zamykać na
klucz; (*fix*) zaciskać; zwie-
rać; (*także* ~ **up**) uwięzić;
zamknąć (kogoś)

locket [ˈlokɪt] s medalionik *m*
locksmith [ˈloksmɪθ] s ślusarz *m*
locomotion [ˌləʊkəˈməʊʃn] s lokomocja *f*
locomotive [ˈləʊkəˈməʊtɪv] s lokomotywa *f*, parowóz *m*
locust [ˈləʊkəst] s szarańcza *f*
lodge [lodʒ] **I** s 1. portiernia *f*; stróżówka *f* 2. *(secret society)* loża *f* (masońska) **II** v 1. udzielać **(sb** komuś) mieszkania; przenocować 2. *(put for safety)* deponować (coś u kogoś) 3. *admin. sąd.* wnieść (skargę itd.)
lodger [ˈlodʒə(r)] s lokator *m*; lokatorka *f*; **to take (in)** ~s przyjmować lokatorów; wynajmować pokoje
lodging [ˈlodʒɪŋ] s (wynajęte) mieszkanie *n*
lofty [ˈloftɪ] *adj* wysoki; *(haughty)* dumny; hardy; *(sublime)* podniosły
log [log] s kloc *m*; kłoda *f*
log-book [ˈlogbʊk] s *mor.* dziennik okrętowy; *lotn.* dziennik pokładowy
logic [ˈlodʒɪk] s logika *f*
logical [ˈlodʒɪkl] *adj* logiczny
loiter [ˈlɔɪtə(r)] v wałęsać ⟨włóczyć⟩ się
loiterer [ˈlɔɪtərə(r)] s łazik *m*; włóczęga *m*
lollipop [ˈlolɪpop] s lizak *m*
Londoner [ˈlʌndənə(r)] s londyńczyk *m*
lonely [ˈləʊnlɪ] *adj* samotny; *(of a place)* odludny
long [loŋ] **I** *adj* długi; rozwlekły **II** s długi czas; **for** ~ na długo; **it takes** ~ **to** ... trzeba dużo czasu aby ...; **the** ~ **and the short of it** krótko mówiąc **III** *adv* długo; dawno; **before** ~ niedługo; wkrótce; ~ **since** ⟨ago⟩ dawno temu; **so** ~! do widzenia!
long [loŋ] v tęsknić **(for sb, sth** za kimś, czymś); pragnąć mocno **(for sth** czegoś)
longing [ˈloŋɪŋ] **I** s tęsknota

f; pragnienie *n* **(for sth** czegoś) **II** *adj* pełen tęsknoty
longitude [ˈlondʒɪtjud] s długość geograficzna
long-range [ˈloŋ reɪndʒ] *adj* długofalowy; *(of a gun)* dalekosiężny
long-sighted [ˈloŋˈsaɪtɪd] *adj* 1. dalekowzroczny; **to be** ~ być dalekowidzem 2. *przen.* przewidujący
long-term [ˈloŋ tɜm] *adj* długoterminowy; długofalowy
look [lʊk] **I** v patrzeć **(at sb, sth** na kogoś, coś); spojrzeć; *(have appearance)* wyglądać **(young, pleased etc.** młodo, na zadowolonego itd.); **it** ~s **like rain** wygląda na to, że będzie padać; **what does it** ~ **like?** jak to wygląda?; **to** ~ **one's age** wyglądać na swoje lata; ~ **here!** słuchaj (no)!; || **to** ~ **about** rozglądać się; **to** ~ **after sb, sth** opiekować się kimś, czymś; **to** ~ **for sb, sth** szukać kogoś, czegoś; **to** ~ **forward** oczekiwać; **to** ~ **into sth** zajrzeć do czegoś; wejrzeć w jakąś sprawę; **to** ~ **out** wyglądać (z okna); mieć się na baczności; **to** ~ **over** przeglądać; **to** ~ **round** rozglądać się; **to** ~ **to sth** przypilnować czegoś; uważać na coś; **to** ~ **up** spojrzeć w górę; **to** ~ **sb up and down** zlustrować kogoś **II** s 1. spojrzenie *n*; **to have a** ~ **at sth** popatrzeć na coś; **to have a good** ~ **at sth** dokładnie się przyjrzeć czemuś 2. *(appearance)* wygląd *m*; **good** ~s uroda *f*
looker-on [ˈlʊkəron] s widz *m*; *pot.* kibic *m*
looking-glass [ˈlʊkɪŋ glɑs] s lustro *n*, lusterko *n*
loop [lup] **I** s pętla *f*; węzeł *m* **II** v zrobić pętlę
loose [lus] **I** *adj* luźny; wolny; rozwiązany; obwisły; **to let** ~ puszczać wolno; **to**

break ～ urwać się; *przen.*
(of a person) at a ～ **end**
bez zajęcia II *adv* luźno;
wolno III *v* rozluźnić; puścić
loosen ['lusn] *v* rozluźnić;
zwolnić; rozwiązać
loot [lut] I *s* łup *m*; zdobycz
f II *v* grabić; złupić
loquacious [ləu'kweɪʃəs] *adj*
gadatliwy
lord [lɔd] *s* pan *m*; władca
m; *(title)* lord *m*
lordly ['lɔdlɪ] *adj* dostojny;
wspaniały; wielkopański;
dumny
lorry ['lorɪ] *s* 1. *mot.* samochód ciężarowy; **light** ～
półciężarówka *f*; ～ **with a**
trailer ciężarówka *f* z przyczepą 2. *kolej.* platforma
kolejowa
lose [luz] *v* (lost [lost], lost)
1. stracić; **to** ～ **a chance**
stracić szansę; **to** ～ **con-**
sciousness stracić przytomność; **to** ～ **control of one-**
self ⟨of sth⟩ stracić panowanie nad sobą ⟨czymś⟩; **to**
～ **one's way** zabłądzić; **to**
～ **weight** schudnąć; **to** ～
heart upaść na duchu 2.
(suffer a loss) zgubić 3.
(waste) zmarnować 4. *(be*
defeated) przegrać
loss [los] *s* strata *f*; zguba *f*;
przen. **to be at a** ～ być w
kłopocie; **nie wiedzieć co**
zrobić
lost *zob.* lose
lot [lot] *s* 1. los *m*; **to draw**
⟨**to cast**⟩ ～s ciągnąć
losy o coś 2. *(plot of land)*
parcela *f*; działka *f* 3. *handl.*
partia *f* (towaru) 4. a ～ dużo; wiele; **such a** ～ aż tyle;
quite a ～ sporo 5. *pl* ～s
pot. dużo; wiele ‖ **the whole**
～ **of us** cała nasza paczka;
pot. **he is a bad** ～ **to** ło-
buz
lotion ['ləuʃn] *s* płyn *m* (do
zmywania twarzy itp.)
lottery ['lotərɪ] *s* loteria *f*

loud [laud] I *adj* głośny II *adv*
głośno
loud-speaker ['laud'spikə(r)] *s*
głośnik *m*; megafon *m*
louse [laus] *s* (*pl* lice [laɪs)]
wesz *f*
lousy ['lauzɪ] *adj* wszawy; za-
wszony; *pot.* wstrętny; a ～
trick świństwo *n*
love [lʌv] I *s* miłość *f* (**of**
⟨**for, towards**⟩ **sb** do kogoś); **to be in** ～ **with sb**
być w kimś zakochanym;
to fall in ～ **with sb** zakochać się w kimś; **to make**
～ **to sb** zalecać się do kogoś; *(in letters)* **give my** ～
to ... pozdrów ode mnie ...
II *v* kochać; lubić; **I should**
～ **to do it** bardzo chciałbym to zrobić; z przyjem-
nością bym to zrobił
love-affair ['lʌv əfeə(r)] *s* romans *m*
lovely ['lʌvlɪ] *adj* śliczny; u-
roczy
love-making ['lʌv meɪkɪŋ] *s* zaloty *pl*; umizgi *pl*
love-match ['lʌv mætʃ] *s* małżeństwo *n* z miłości
lover ['lʌvə(r)] *s* wielbiciel *m*;
kochanek *m*; *(fond of art*
etc.) amator *m*
loving ['lʌvɪŋ] *adj* kochany;
oddany
low [ləu] *adj* 1. niski; ～ **opi-**
nion niepochlebne zdanie;
～ **spirits** przygnębienie *n*;
depresja *f* 2. *(of voice etc.)*
cichy
lower ['ləuə(r)] *v* zniżyć ⟨obni-
żyć⟩ się
low-grade ['ləugreɪd] *adj* nis-
koprocentowy; *przen.* kiepski
loyal ['lɔɪl] *adj* lojalny; wierny
loyalty ['lɔɪltɪ] *s* lojalność *f*;
wierność *f*
lubricant ['lubrɪkənt] *s* smar
m
lubricate ['lubrɪkeɪt] *v* smarować; oliwić

lubricator ['lubrıkeıtə(r)] s
smarownica f; oliwiarka f
lucid ['lusıd] adj 1. świecący
2. (clear) jasny; przezroczysty
luck [lʌk] s traf m; los m;
bad ~ nieszczęście n; pech
m; good ~! życzę szczęścia!
luckily ['lʌklı] adv na szczęście; szczęśliwie
lucky ['lʌkı] adj szczęśliwy;
pomyślny; it's ~! to szczęście!
luggage ['lʌgıdʒ] s bagaż m;
~ compartment przedział
bagażowy; ~ insurance u-
bezpieczenie n bagażu; am.
~ rack bagażnik m na da-
chu; hand ~ bagaż ręczny
⟨podręczny⟩; personal ~ bagaż osobisty; ~ trolley wózek m do przewożenia ba-
gażu; to collect one's ~
odebrać bagaż; to have one's
~ registered nadać bagaż;
to deposit ⟨to leave⟩ one's
~ oddać ⟨złożyć⟩ bagaż do
przechowalni
luggage-carrier ['lʌgıdʒ'kær-
ıə(r)] s bagażnik m
luggage-van ['lʌgıdʒ væn] s
wagon bagażowy
lukewarm ['luk'wɔm] adj letni; przen. (of a person)
obojętny
lull [lʌl] v uciszać; uspokajać; ukołysać
lullaby ['lʌləbaı] s kołysan-
ka f
lumbago [lʌm'beıgəu] s med.
postrzał m, lumbago n
lumber-mill ['lʌmbəmıl] s tartak m
luminous ['lumınəs] adj świecący; lśniący

lump [lʌmp] s bryła f; kostka
f (cukru); kawałek m
lunacy ['lunəsı] s obłąkanie
n; obłęd m
lunatic ['lunətık] I adj obłąkany; szalony II s człowiek
umysłowo chory ⟨obłąkany⟩
lunch [lʌntʃ] I s posiłek południowy, lunch m; ~ time
przerwa obiadowa ⟨na
lunch⟩ II v jeść lunch
luncheon ['lʌntʃən] s = lunch
s
lung [lʌŋ] s płuco n
lure [luə(r)] I s wabik m;
przynęta f; pokusa f II v
nęcić, wabić; kusić
lurk [lɜk] v czaić się; czyhać
(for sb na kogoś)
lust [lʌst] I s żądza f; pożądanie n; (sensuality) zmy-
słowość f II v pożądać (for
⟨after⟩ sth czegoś)
lustre ['lʌstə(r)] s blask m;
połysk m
lusty ['lʌstı] adj silny; krzepki
lute [lut] s muz. lutnia f
luxuriate [lʌg'ʒuərıeıt] v 1. obficie rosnąć ⟨wyrastać⟩ 2.
(enjoy) rozkoszować się (on
⟨in⟩ sth czymś)
luxurious [lʌg'ʒuərıəs] adj luksusowy; zbytkowny
luxury ['lʌkʃərı] s luksus m;
przepych m; zbytek m
lying ['laııŋ] I zob. lie v II
adj kłamliwy; fałszywy III
s kłamanie n
lynch [lıntʃ] I v zlinczować II
s zlinczowanie n; lincz m
lynx [lıŋks] s zool. ryś m
lyric ['lırık] I adj liryczny II
s utwór liryczny
lyrical ['lırıkl] adj liryczny

M

ma'am [mæm] s = madam
macaroni ['mækə'rəunı] s makaron m (rurki)

machine [mə'ʃin] s maszyna f;
automat m; amusement ~
automat do gry; coin-oper-

ated ~ automat; drink ~ automat do sprzedaży napojów; *am.* nickel-in the slot ~ automat do gry; slot ~ automat; stamp (selling) ~ automat do sprzedaży znaczków pocztowych; ticket-issuing ~ automat do sprzedaży biletów; vending ~ automat do sprzedaży towarów (np. papierosów, słodyczy itp.)

machine-gun [mə'ʃin gʌn] s karabin maszynowy

machinery [mə'ʃinɽi] s maszyneria *f*; mechanizm *m*

mackerel ['mækrl] s makrela *f*

mackintosh ['mækintoʃ] s płaszcz nieprzemakalny

mad [mæd] *adj* obłąkany; szalony; wściekły; to go ~ zwariować, oszaleć; are you ~? czyś ty oszalał?

madam ['mædəm] s pani *f* (w zwrotach grzecznościowych)

madame ['mædəm] s pani *f* (przy nazwiskach obcokrajowców)

madden ['mædn] *v* doprowadzić do szału; zirytować

made *zob.* make *v*

madness ['mædnəs] s obłąkanie *n*; szał *m*

magazine ['mægə'zin] s 1. magazyn *m*; skład *m* 2. czasopismo *n*

magic ['mædʒik] I s magia *f*; czary *pl* II *adj* magiczny, zaczarowany

magician [mə'dʒiʃn] s magik *m*, czarodziej *m*

magnanimous [mæg'næniməs] *adj* wspaniałomyślny; wielkoduszny

magnet ['mægnit] s magnes *m*

magnetic [mæg'netik] *adj* magnetyczny; ~ tape taśma magnetofonowa; ~ needle igła magnetyczna

magnificent [mæg'nifisnt] *adj* wspaniały

magnify ['mægnifai] *v* po-

większać; ~ing glass szkło powiększające

magnitude ['mægnitjud] s wielkość *f*; ogrom *m*

magpie ['mægpai] s sroka *f*

mahogany [mə'hogəni] s mahoń *m*

maid [meid] s 1. dziewczyna *f*; panna *f*; old ~ stara panna 2. (*maid-servant*) służąca *f*

maiden ['meidn] I s panna *f*; dziewica *f* II *adj* panieński; dziewiczy; ~ name nazwisko panieńskie

maid-servant ['meid sɜvənt] s pokojówka *f*, służąca *f*

mail [meil] I s poczta *f* II *v* wysyłać pocztą

maim. [meim] *v* okaleczyć

main [mein] *adj* główny; najważniejszy; ~ road ⟨highway⟩ szosa *f*; ~ street główna ulica (miasta)

mainland ['meinlænd] s ląd (stały); kontynent *m*

mainstay ['mein-stei] s ostoja *f*; oparcie *n*

maintain [mein'tein] *v* 1. utrzymywać; zachowywać (stosunki, stanowisko itp.) 2. (*support*) mieć na utrzymaniu 3. (*assert*) twierdzić

maintenance ['meintinəns] s 1. oparcie *n* 2. (*means of support*) utrzymanie *n*; wyżywienie *n* 3. (*preserving*) konserwacja *f*

maize [meiz] s kukurydza *f*

majestic [mə'dʒestik] *adj* majestatyczny; królewski

majesty ['mædʒisti] s majestat *m*; Your Majesty Wasza Królewska Mość

major¹ ['meidʒə(r)] s *wojsk.* major *m*

major² ['meidʒə(r)] I *adj* 1. większy; the ~ part większość *f* 2. (*more important*) ważniejszy; ~ road droga *f* z prawem pierwszeństwa przejazdu 3. (*of age*) pełnoletni 4. (*senior*) starszy II s człowiek pełnoletni

majority 180

majority [mə'dʒorətı] s 1.
większość f. 2. (full age)
pełnoletność f
make [meık] I v (made [meıd],
made) 1. robić; what is it
made of? z czego to jest
zrobione? 2. (produce) produkować; wytwarzać; przen.
he will ~ a good doctor będzie z niego dobry lekarz 3.
(compel) zmusić (sb do sth
kogoś do zrobienia czegoś);
kazać; it made me think to
mi dało do myślenia || to
~ away uciec; to ~ away
with sth zaprzepaścić coś;
roztrwonić; to ~ away with
sb zgładzić ⟨pozbyć się⟩ kogoś; to ~ for udać się (w
jakimś kierunku); to ~ off
oddalić się, uciec; to ~ out
wypisać (czek); wywnioskować; domyślać się; to ~
over przerobić (ubranie);
zapisać (majątek itd. ko-
muś); to ~ up wypisać (receptę); uzupełnić ⟨odrobić⟩
coś; wymyślić; malować się,
szminkować; it's all a made
up story to wszystko jest
zmyślone; to ~ up for sth
naprawić ⟨nadgonić⟩ coś;
zrekompensować; to ~ up
one's mind zdecydować się
II s wyrób m; fabrykat m;
(shape) forma f; fason m;
marka f (samochodu, radia
itd.)
make-believe ['meık bıliv] I s
udawanie n; pozory pl II
adj pozorny
maker ['meıkə(r)] s producent
m; fabrykant m; (creator)
twórca m
makeshift ['meıkʃıft] s środek
zastępczy; namiastka f
make-up ['meık ʌp] s kosme-
tyki upiększające; szminki
pl; podkład m (pod puder);
malowanie się n; makijaż
m; teatr. charakteryzacja f;
she uses too much ~ ona
się za bardzo maluje
making ['meıkıŋ] s zrobienie

n; tworzenie n; (production)
produkcja f; wyrób m (of
sth czegoś); pl ~s zadatki
pl ⟨kwalifikacje pl⟩ (of sth
na coś)
malaria [mə'leərıə] s malaria
f
male [meıl] I adj płci męskieJ; męski II s zool. samiec
m
malice ['mælıs] s złośliwość f
malicious [mə'lıʃəs] adj złośliwy
malinger [mə'lıŋgə(r)] v symulować (chorobę)
malingerer [mə'lıŋgərə(r)] s
symulant m
mallow ['mæləu] s bot. mal-
wa f
malnutrition ['mælnju'trıʃn] s
niedożywienie n
malt [mɔlt] s słód m
maltreat [mæl'trit] v maltre-
tować
mammal ['mæml] s ssak m
mammoth ['mæməʊ] I s ma-
mut m II adj olbrzymi
mammy ['mæmı] s mamusia
f
man [mæn] s (pl men [men])
człowiek m, mężczyzna m;
best ~ drużba m; every ~
każdy; the ~ in the street
szary ⟨przeciętny⟩ człowiek
manacle ['mænəkl] I s (zw. pl
~s) kajdany pl II v zakuć
w kajdany
manage ['mænıdʒ] v 1. kierować ⟨zarządzać⟩ (sth czymś)
2. (contrive) poradzić sobie
(sth z czymś); potrafić ⟨zdo-
łać⟩ (to do sth zrobić coś)
management ['mænıdʒmənt] s
kierownictwo n; dyrekcja
f: zarząd m
manager ['mænıdʒə(r)] s dyrektor m; kierownik m; za-
rządzający m; impresario m
mandate ['mændeıt] s mandat
m
mane [meın] s grzywa f
manhood ['mænhud] s męs-
kość f; wiek męski

mania ['meɪnɪə] s mania f;
bzik m
maniac ['meɪnɪæk] I adj umysłowo chory II s maniak m
manicure ['mænɪkjuə(r)] s manicure m
manicurist ['mænɪkjuərɪst] s
manicurzystka f
manifest ['mænɪfest] I adj
oczywisty; jawny II v manifestować; ujawniać
manifesto ['mænɪ'festəu] s manifest m
manifold ['mænɪfəuld] I adj
wieloraki; różnorodny II v
powielać
manipulate [mə'nɪpjuleɪt] v
manipulować (sth czymś)
mankind [mæn'kaɪnd] s rodzaj ludzki; ludzkość f
manlike ['mænlaɪk] adj męski
manly ['mænlɪ] adj mężny;
dzielny; męski
mannequin ['mænəkɪn] s manekin m (osoba); modelka
f
manner ['mænə(r)] s sposób
m; rodzaj m; (custom) zwyczaj m; pl ~s zwyczaje pl;
obyczaje pl, maniery pl;
bad ~s brak m wychowania; good ~s ogłada f
mansion ['mænʃn] s dwór m;
rezydencja f; pl ~s dom
czynszowy
manslaughter ['mæn-slɔtə(r)]
s zabójstwo n
mantlepiece ['mæntlpɪs] s
gzyms m kominka
manual ['mænjuəl] I adj ręczny II s podręcznik m
manufacturer ['mænju'fæktʃərə(r)] s fabrykant m; wytwórca m
manure [mə'njuə(r)] I v nawozić II s nawóz m
manuscript ['mænjuskrɪpt] s
manuskrypt m; rękopis m
many ['menɪ] adj (more, most)
wielu; wiele; liczni; a great
~ bardzo wielu; bardzo
wiele; ~ a niejeden; ~ a
time nieraz

many-coloured ['menɪ'kʌləd]
(rożno)barwny
many-sided ['menɪ'saɪdɪd] adj
wszechstronny; wielostronny
map [mæp] s mapa f; motoring ~ mapa samochodowa
maple ['meɪpl] s klon m
mar [mɑ(r)] v zepsuć; zniekształcić; zniszczyć
marble ['mɑbl] s marmur m
March¹ [mɑtʃ] s marzec m
march² [mɑtʃ] I s marsz m;
~ past defilada f II v maszerować
marchpane ['mɑtʃpeɪn] s marcepan m
mare [meə(r)] s klacz f, kobyła f
margarine [mɑdʒə'rin] s margaryna f
margin ['mɑdʒɪn] s brzeg m;
krawędź f; (unprinted
space) margines m
marina [mə'rinə] s przystań f
dla jachtów i łodzi spacerowych
marinade ['mærɪ'neɪd] s marynata f
marinate ['mærɪneɪt] vt marynować
marine [mə'rin] I adj morski
II s marynarka f (handlowa)
mariner ['mærɪnə(r)] s marynarz m, żeglarz m
maritime ['mærɪtaɪm] adj
morski
marjoram ['mɑdʒərəm] s majeranek m
mark [mɑk] I s 1. cel m; to
hit the ~ trafić; to miss
the ~ spudłować 2. (sign)
znak m; krzyżyk m (zamiast podpisu itp.); znak
fabryczny; book ~ zakładka f do książki 3. stopień m
(w szkole); ocena f 4. (distinction) wyróżnienie n; a
man of ~ wybitny człowiek; to be up to the ~ być
na poziomie II v oznaczać;
znakować; wypisywać (zdo-

byte punkty); wytyczać (trasę)
marked [mɑkɪt] *adj* 1. wyraźny 2. (*remarkable*) wybitny 3. (*signed*) znaczony
market ['mɑkɪt] *s* targ *m*; rynek *m*; jarmark *m*; *handl.* zbyt *m*; in the ~ do nabycia; to come into the ~ ukazać się w sprzedaży; to put on the ~ wystawiać na sprzedaż
market-garden ['mɑkɪt'gɑdn] *s* przedsiębiorstwo ogrodnicze
market-gardener ['mɑkɪt'gɑdnə(r)] *s* badylarz *m*
market-gardening ['mɑkɪt'gɑdnɪŋ] *s* badylarstwo *n*
market-hall ['mɑkɪt hɔl] *s* hala targowa
market-place ['mɑkɪt pleɪs] *s* rynek *m*; plac targowy
market-price ['mɑkɪt prɑɪs] *s* cena rynkowa
marmalade ['mɑmǝleɪd] *s* dżem *m* (pomarańczowy)
marriage ['mærɪdʒ] *s* małżeństwo *n*; ~ lines metryka *f* ślubu; to give in ~ wydać za mąż; to take in ~ poślubić
married ['mærɪd] *adj* (*of a man*) żonaty; (*of a woman*) zamężna
marrow ['mærǝu] *s* szpik kostny; *przen.* treść *f*; istota *f* (rzeczy)
marry ['mærɪ] *v* poślubić (sb kogoś); ożenić się; wyjść za mąż; (*give in marriage*) wydawać za mąż
marsh [mɑʃ] *s* bagno *n*; moczary *pl*
marshal ['mɑʃl] *s* 1. marszałek *m* 2. *am.* urzędnik *m* o uprawnieniach szeryfa
martial ['mɑʃl] *adj* wojenny; wojskowy; court ~ sąd wojenny
martyr ['mɑtǝ(r)] *s* męczennik *m*
marvel ['mɑvl] I *s* cudo *n*; cud *m* II *v* podziwiać (at sb,

sth kogoś, coś); (*be surprised*) zdumiewać się (at sth czymś)
marvellous ['mɑvḷǝs] *adj* cudowny; zdumiewający
Marxian ['mɑksɪǝn] *adj* marksistowski; *s* = Marxist
Marxism ['mɑksɪzm] *s* marksizm *m*
Marxist ['mɑksɪst] *s* marksista *m*
mascara [mæ'skɑrǝ] *s* tusz *m* do rzęs
mascot ['mæskot] *s* maskotka *f*
masculine ['mæskjulɪn] I *adj* męski; *gram.* rodzaju męskiego II *s* *gram.* rodzaj męski
mash [mæʃ] *v* mieszać; tłuc; ~ed potatoes tłuczone ziemniaki; purée *n*
mask [mɑsk] I *s* maska *f*; *przen.* pozór *m* II *v* maskować się
mason ['meɪsn] I *s* 1. mason *m* 2. (*worker*) kamieniarz *m* II *v* murować
masonry ['meɪsnrɪ] *s* 1. masoneria *f* 2. (*work*) robota kamieniarska
masquerade ['mæskǝ'reɪd] *s* maskarada *f*; bal maskowy
mass¹ ['mæs] *s* *rel.* msza *f*; High Mass suma *f*; Low Mass cicha msza *f*
mass² [mæs] I *s* masa *f*; nagromadzenie *n* II *v* gromadzić (się) III *adj* masowy; ~ communications, ~ media środki *pl* masowego przekazu; ~ production produkcja masowa
massacre ['mæsǝkǝ(r)] I *s* masakra *f*; rzeź *f* II *v* masakrować
massage ['mæsɑʒ] I *s* masaż *m* II *v* masować
masseur [mæ'sɜ(r)] *s* masażysta *m*
masseuse [mæ sɜz] *s* masażystka *f*
massive ['mæsɪv] *adj* masywny; ciężki

mast [mɑst] *s* maszt *m*
master ['mɑstə(r)] **I** *s* pan *m* (domu); panicz *m*; gospodarz *m*; nauczyciel *m*; (*skilled artist*) mistrz *m* (w rzemiośle itd.) **II** *v* opanować (język); owładnąć (sth czymś); panować (sth nad czymś)
masterful ['mɑstəfl] *adj* władczy; rozkazujący
masterly ['mɑstəlɪ] *adj* mistrzowski
masterpiece ['mɑstəpis] *s* arcydzieło *n*
mastery ['mɑstərɪ] *s* 1. władza *f*; panowanie *n* 2. (*skill*) opanowanie *n* (sth czegoś); biegłość *f*
mastiff ['mæstɪf] *s* brytan *m*
mat [mæt] *s* mata *f*, słomianka *f*
match ¹ [mætʃ] *s* zapałka *f*
match ² [mætʃ] *s* mecz *m*
match ³ [mætʃ] **I** *v* 1. skojarzyć małżeństwo 2. (*be equal to*) dorównywać (sb komuś) 3. (*fit*) dopasować **II** *s* 1. rzecz dobrana; odpowiednik *m* 2. (*marriage*) małżeństwo *n*; **to make a good ~** dobrze się ożenić ⟨wyjść za mąż⟩
matchbox ['mætʃboks] *s* pudełko *n* od zapałek
matchless ['mætʃləs] *adj* niezrównany
mate [meɪt] *s* 1. towarzysz *m*, kolega *m* 2. *mor.* drugi oficer (na okręcie)
material [mə'tɪərɪəl] **I** *adj* materialny; (*essential*) istotny; ważny; **~ means** ⟨resources⟩ środki materialne **II** *s* materiał *m*; tworzywo *n*; raw **~** surowiec *m*
materialism [mə'tɪərɪəlɪzm] *s* materializm *m*
materialize [mə'tɪərɪəlaɪz] *v* 1. zmaterializować (się) 2. (*become real*) urzeczywistniać
maternity [mə'tɜːnətɪ] *s* macierzyństwo *n*; **~ hospital**

szpital położniczy; **~ ward** porodówka *f*
mathematical ['mæθə'mætɪkl] *adj* matematyczny
mathematician ['mæθəmə'tɪʃn] *s* matematyk *m*
mathematics ['mæθə'mætɪks] *s* matematyka *f*
matinée ['mætɪneɪ] *s* (*w kinie*) poranek *m*; *teatr.* popołudniówka *f*
matriculate [mə'trɪkjuleɪt] *v* immatrykulować (się)
matrimonial ['mætrɪ'məunɪəl] *adj* matrymonialny; małżeński
matrimony ['mætrɪmənɪ] *s* małżeństwo *n*; stan małżeński
matron ['meɪtrən] *s* 1. matrona *f* 2. (*in a hospital*) siostra przełożona
matter ['mætə(r)] **I** *s* 1. materia *f*; materiał *m* 2. (*object*) rzecz *f*; printed **~** druki *pl* 3. (*affair*) sprawa *f*; kwestia *f*; a **~ of** importance ważna sprawa; a **~ of** no importance drobna sprawa, sprawa bez znaczenia; official **~** sprawa służbowa; private **~** sprawa prywatna; money **~s** sprawy pieniężne; a **~ of** course rzecz sama przez się zrozumiała; for that **~** ... jeżeli o to chodzi ...; what is the **~?** o co chodzi?; what is the **~ with you?** co ci jest? **II** *v* znaczyć, mieć znaczenie; it doesn't **~** to nie ma znaczenia
matter-of-fact ['mætərəv'fækt] *adj* praktyczny; trzeźwy
mattress ['mætrəs] *s* materac *m*
mature [mə'tʃuə(r)] *adj* dojrzały
maturity [mə'tʃuərətɪ] *s* dojrzałość *f*
mausoleum ['mɔsə'lɪəm] *s* mauzoleum *n*
mauve [məuv] **I** *adj* (koloru) lila-róż **II** *s* lila-róż *m*

maxi ['mæksı] s adj maxi
maximum ['mæksıməm] I adj
maksymalny II s maksimum
n
maxi-skirt ['mæksı sk3t] s
spódnica f maxi
may[1] [meı] v aux (might
[maıt]) mogę; wolno mi; ~
I smoke? czy mogę zapalić?;
~ you be happy obyś był
szczęśliwy
May[2] [meı] s maj m
maybe ['meıbı] adv być może
May-Day ['meı deı] s 1 Maj m
mayonnaise ['meıə'neız] s majonez m
mayor [meə(r)] s burmistrz m;
mer m
maze [meız] s labirynt m
me [mi] pron 1. mnie; mi;
from me ode mnie; with
me ze mną; dear me! Boże
mój! 2. pot. ja; it's me to
ja
mead [mid] s miód m (pitny)
meadow ['medəu] s łąka f
meal [mil] s posiłek m; jedzenie n; hot ~ gorący posiłek; main ~ posiłek podstawowy; ~ ticket bon m
na posiłek
meal-time ['mil taım] s pora
f posiłku
mean[1] [min] adj 1. podły 2.
(ungenerous) skąpy 3. (poor)
marny
mean[2] [min] I adj średni; pośredni II s 1. środek m 2.
pl ~s (traktowany czasem
jako sing) (method) środki
pl; by ~s of za pomocą; ~s
of communication środki pl
lokomocji; by all ~s koniecznie; proszę bardzo; by
no ~s żadną miarą; bynajmniej 3. pl ~s (resources)
środki pl (do życia); a man
of ~s człowiek zamożny;
people of moderate ~s ludzie średnio zamożni; it is
beyond my ~s to przekracza moje możliwości finansowe; to live beyond one's
~s żyć ponad stan
mean[3] [min] v (meant [ment],
meant) mieć na myśli; mieć
zamiar; chcieć powiedzieć;
znaczyć; what do you ~ by
it? co pan chce przez to
powiedzieć?
meaning ['minıŋ] I s znaczenie n; sens m II adj znaczący
meant zob. mean[3]
meantime ['min-taım], **mean
while** ['min'waıl] s adv (in
the) ~ tymczasem
measles ['mizlz] plt odra f
measure ['meʒə(r)] I v mierzyć; mieć (dany) rozmiar
II s 1. miara f; wymiar m;
made to ~ zrobiony na
miarę; in a ~ do pewnego
stopnia 2. (proceeding) krok
m; środek zaradczy; legal
~s droga sądowa; to take
~s przedsięwziąć środki zaradcze; poczynić kroki
measurement ['meʒəmənt] s 1.
mierzenie n; pomiar m 2.
(dimension) wymiar m
measuring-tape ['meʒərıŋ teıp]
s centymetr m (krawiecki)
meat [mit] s mięso n
mechanic [mı'kænık] s mechanik m
mechanical [mı'kænıkl] adj
maszynowy; mechaniczny;
~ engineer inżynier m mechanik m
mechanics [mı'kænıks] s mechanika f
mechanism ['mekənızm] s mechanizm m; maszyneria f
medal ['medl] s medal m
medallist ['medlıst] s medalista m; medalistka f
meddle ['medl] v mieszać się;
wścibiać nos (with ⟨in⟩ sth
w coś, do czegoś); wtrącać
się
meddlesome ['medlsm] adj
wścibski
mediaeval ['medı'ivl] = medieval

mediate ['midɪeɪt] v~pośredniczyć
mediation ['midɪeɪʃn] s pośrednictwo n
mediator ['midɪeɪtə(r)] s rozjemca m; mediator m
medical ['medɪkl] adj medyczny; lekarski; ~ assistance pomoc lekarska
medicine ['medsn] s 1. medycyna f; to practise ~ praktykować; leczyć 2. (substance) lekarstwo n; to administer ~ (po)dawać lekarstwo; to take ~ zażywać lekarstwo
medieval ['medɪ'ivl] adj średniowieczny
mediocre ['midɪ'əukə(r)] adj średni; mierny, lichy
meditate ['medɪteɪt] v rozmyślać; rozważać; medytować
meditation ['medɪ'teɪʃn] s rozmyślanie n; medytacja f
medium ['midɪəm] I s (pl media ['midɪə]) środek m; (agency) pośrednictwo n; through ⟨by⟩ the ~ of ... za pośrednictwem ... II adj średni
meek [mik] adj łagodny; potulny
meet [mit] v (met [met], met) 1. spotykać (sb kogoś); przen. to ~ with an accident mieć wypadek 2. (gather) gromadzić się 3. (be introduced to) zapoznać się (sb z kimś); (when introducing) ~ my friend Mr Brown mój przyjaciel p. Brown; I am glad ⟨delighted⟩ to ~ you miło mi pana poznać 4. (satisfy) zaspokajać (the requirements wymagania)
meeting ['mitɪŋ] s spotkanie n; zebranie n; konferencja f
megalomaniac ['megələ'meɪnɪæk] s megaloman m
megaphone ['megəfəun] s megafon m
melancholy ['melənkolɪ] I s

melancholia f' II adj melancholijny; smutny
mellow ['meləu] I adj 1. dojrzały; to grow ~ dojrzewać 2. (juicy) soczysty; miękki II v dojrzewać
melodious [mə'ləudɪəs] adj melodyjny
melodrama ['melədrɑmə] s melodramat m
melodramatic ['melədrə'mætɪk] adj melodramatyczny
melody ['melədɪ] s melodia f
melon ['melən] s melon m
melt [melt] v topić ⟨roztapiać, rozpuszczać⟩ (się); to ~ down przetopić
member ['membə(r)] s członek m
membership ['membəʃɪp] s członkostwo n
membrane ['membreɪn] s błona f; membrana f
memorable ['memrəbl] adj pamiętny
memorial [mə'mɔrɪəl] I adj pamiątkowy II s memoriał m; (monument) pomnik m; pl ~s pamiętnik m; kronika f
memorize ['memərɑɪz] v nauczyć się na pamięć (sth czegoś); zapamiętać
memory ['memərɪ] s 1. pamięć f; in ~ of ... ku pamięci ... 2. (remembrance) wspomnienie n
men zob. **man**
menace ['menəs] I s groźba f II v zagrażać (sb komuś)
menagerie [mə'nædʒərɪ] s menażeria f
mend [mend] v 1. naprawiać; poprawiać (się); ~ your ways! popraw się! 2. (stocking etc.) cerować
mendacious [men'deɪʃəs] adj kłamliwy; fałszywy; zakłamany
meningitis ['menɪn'dʒɑɪtɪs] s med. zapalenie n opon mózgowych
menstruation ['menstru'eɪʃn] s menstruacja f

mental [mentl] *adj* umysłowy; ~ **hospital** szpital psychiatryczny

mentality [men'tælətɪ] *s* umysłowość *f*; mentalność *f*

mention ['menʃn] I *s* wzmianka *f* II *v* wspominać, nadmieniać; **not to ~ ...** nie mówiąc już o ...; **don't ~ it!** nie ma o czym mówić; nie ma za co dziękować

menu ['menju] *s* jadłospis *m*; menu *n*; ~ **à la carte** dania *pl* z karty ⟨à la carte⟩

mercantile ['m3kəntaıl] *adj* handlowy; kupiecki

mercenary ['m3snrı] *adj* interesowny; chytry; chciwy

merchandise ['m3tʃəndaız] *s* towar *m*

merchant ['m3tʃənt] I *s* kupiec *m*; ~ **service** marynarka handlowa II *adj* handlowy, kupiecki

merchantman ['m3tʃəntmən] *s* statek handlowy

merciful ['m3sıfl] *adj* miłosierny; litościwy

merciless ['m3sıləs] *adj* bezlitosny

mercury ['m3kjurı] *s* rtęć *f*

mercy ['m3sı] *s* litość *f*; miłosierdzie *n*; łaska *f*; **at the ~ of ...** na łasce ...

mere [mıə(r)] *adj* zwykły; zwyczajny; ~ **words** puste słowa; **he is a ~ boy** to jeszcze chłopiec

merely ['mıəlı] *adv* po prostu; tylko; jedynie; zaledwie

meridian [mə'rıdıən] I *adj* południowy II *s* 1. południk *m* 2. *astr.* zenit *m*; *przen.* szczyt *m*

meringue [mə'ræŋ] *s* beza *f*

merit ['merıt] I *s* zasługa *f*; (*goodness*) zaleta *f* II *v* zasłużyć (się)

mermaid ['m3meıd] *s* syrena *f*; rusałka *f*

merriment ['merımənt] *s* uciecha *f*; zabawa *f*; radość *f*

merry ['merı] *adj* wesoły; **to make ~** weselić się; ~

Christmas! Wesołych Świąt (Bożego Narodzenia)!

merry-go-round ['merı gəu raund] *s* karuzela *f*

mesh [meʃ] oczko *n* (sieci); ~ **stockings** pończochy siatkowe

mess [mes] I *s* 1. nieporządek *m*; bałagan *m*; nieład *m* 2. *wojsk.* kasyno *n*; *mor.* mesa *f* II *v* 1. robić zamieszanie; zabrudzić; zapaćkać 2. (*eat*) jadać w kasynie

message ['mesıdʒ] *s* wiadomość *f*; (*mission*) misja *f*; orędzie *n*

messenger ['mesındʒə(r)] *s* posłaniec *m*; kurier *m*; goniec *m*

met *zob.* **meet**

metabolism [mı'tæbəlızm] *s* przemiana *f* materii; metabolizm *m*

metal ['metl] *s* metal *m*

metallic [mə'tælık] *adj* metaliczny

metallurgy [mı'tælədʒı] *s* metalurgia *f*

metaphor ['metəfə(r)] *s* metafora *f*; przenośnia *f*

meteorological ['mitrə'lodʒıkl] *adj* meteorologiczny

meteorology ['mitıə'rolədʒı] *s* meteorologia *f*

meter ['mitə(r)] *s* licznik *m*; **gas** ⟨**electricity**⟩ ~ licznik gazowy ⟨elektryczny⟩; **parking** ~ licznik parkingowy; *fot.* **exposure** ~ światłomierz *m*

method ['meθəd] *s* metoda *f*

methodical [mə'θodıkl] *adj* metodyczny, systematyczny

methodist ['meθədıst] *s* *rel.* metodysta *m*

meticulous [mı'tıkjuləs] *adj* drobiazgowy; skrupulatny

metre ['mitə(r)] *s* metr *m*

metric ['metrık] *adj* metryczny

metropolis [mə'tropəlıs] *s* stolica *f*

metropolitan ['metrə'polıtən] I *adj* stołeczny II *s* 1. miesz-

kaniec *m* stolicy 2. *kośc.*
metropolita *m*
mew [mju] *s* mewa *f*
Mexican ['meksɪkən] I *adj*
meksykański II *s* Meksy-
kanin *m*, Meksykanka *f*
mice *zob.* **mouse**
microbe ['maɪkrəub] *s* mikrob
m; bakteria *f*
microbiology ['maɪkrəbaɪ'olə-
dʒɪ] *s* mikrobiologia *f*
microphone ['maɪkrəfəun] *s*
mikrofon *m*
microscope ['maɪkrəskəup] *s*
mikroskop *m*
midday [mɪd'deɪ] *s* południe *n*
middle ['mɪdl] I *adj* średni;
środkowy II *s* środek *m*; połowa *f*
middle-aged ['mɪdl'eɪdʒd] *adj*
w średnim wieku
middleman ['mɪdlmæn] *s* (*pl*
middlemen) pośrednik *m*
middle-weight ['mɪdl weɪt] *s*
boks. waga średnia
midge [mɪdʒ] *s* (*gnat*) komar
m; (*fly*) muszka *f*; ~ car
samochód małolitrażowy,
mikrus *m*
midland ['mɪdlənd] I *adj* śród-
kowy; centralny; śródlądo-
wy II *s* środkowa część kraju
midnight ['mɪdnaɪt] *s* północ
f; at ~ o północy; ~ mass
pasterka *f*
midshipman ['mɪdʃɪpmən] *s*
mor. asystent pokładowy;
mor. wojsk. podchorąży *m*
midst [mɪdst] *s* środek *m*; in
the ~ of ... w środku ⟨po-
śród⟩ ... (czegoś)
midsummer ['mɪd'sʌmə(r)] *s*
środek *m* lata
midway ['mɪd'weɪ] *adv* w połowie drogi
midwife ['mɪdwaɪf] *s* (*pl* mid-
wives ['mɪdwaɪvz]) akuszer-
ka *f*; położna *f*
midwinter ['mɪd'wɪntə(r)] *s*
połowa *f* zimy
might ¹ *zob.* **may** ¹
might ² [maɪt] *s* potęga *f*; siła *f*

mighty ['maɪtɪ] *adj* potężny;
silny
migrant ['maɪgrənt] I *s* wę-
drownik *m* II *adj* wędrowny, koczowniczy
migrate [maɪ'greɪt] *v* wędrować; koczować
migration [maɪ'greɪʃn] *s* wędrówka *f*
mild [maɪld] *adj* łagodny; delikatny
mildew ['mɪldju] *s* pleśń *f*
mile [maɪl] *s* mila *f* (=1609,31
m); mila morska (1853 m)
militarism ['mɪlɪtərɪzm] *s* militaryzm *m*
militarize ['mɪlɪtəraɪz] *v* z/mi-
litaryzować
military ['mɪlɪtrɪ] *adj* wojskowy; ~ age wiek poborowy;
~ man wojskowy *m*
militia [mɪ'lɪʃə] *s* milicja *f*
militiaman [mɪ'lɪʃəmən] *s* (*pl*
militiamen) milicjant *m*
milk [mɪlk] I *s* mleko *n*; ~
powder mleko *n* w proszku
II *v* doić
milk-bar ['mɪlk bɑ(r)] *s* bar
mleczny
milkman ['mɪlkmən] *s* (*pl*
milkmen) mleczarz *m*
milk-shake ['mɪlk ʃeɪk] *s* cocktail mleczny
milk-tooth ['mɪlk tuθ] *s* (*pl*
milk-teeth ['mɪlk tiθ]) ząb
mleczny
milky ['mɪlkɪ] *adj* mleczny
mill [mɪl] I *s* młyn *m*; (*factory*) fabryka *f* II *v* mleć
millennium [mɪ'lenɪəm] *s* tysiąclecie *n*; milenium *n*
miller ['mɪlə(r)] *s* młynarz *m*
millet ['mɪlɪt] *s* proso *n*
milliard ['mɪlɪɑd] *s* miliard *m*
milliner ['mɪlɪnə(r)] *s* mod-
niarka *f*, modystka *f*
millinery ['mɪlɪnərɪ] *s* wyroby
modniarskie; (*trade*) mod-
niarstwo *n*
million ['mɪlɪən] *s* milion *m*
millionaire ['mɪlɪə'neə(r)] *s*
milioner *m*, milionerka *f*
millionth ['mɪlɪənθ] *adj* milio-
nowy

mimic ['mɪmɪk] **I** s mimik m; naśladowca m **II** adj mimiczny; naśladowczy **III** v naśladować

mimosa [mɪ'məuzə] s mimoza f

minaret ['mɪnə`ret] s minaret m

mince [mɪns] **I** v zemleć (mięso); siekać **II** s siekane mięso

mincemeat ['mɪnsmit] s rodzaj m leguminy

mind [maɪnd] **I** s **1.** pamięć f; **to have ⟨to keep, to bear⟩ sb, sth in** ~ pamiętać o kimś, czymś **2.** (opinion) zdanie n; **to speak one's** ~ wyrazić swoje zdanie **3.** (decision) zamierzenie n; dążenie n; życzenie n; decyzja f; **to change one's** ~ zmienić zdanie; rozmyślić się; **to have a** ~ **to do sth** mieć ochotę coś zrobić; **to make up one's** ~ postanowić; zdecydować się; **to set one's** ~ **on doing sth** być zdecydowanym coś zrobić **4.** (mental ability) umysł m; rozum m; **absence of** ~ roztargnienie n; **frame of** ~ stan duchowy; nastawienie n; **peace of** ~ spokój m ducha; **presence of** ~ przytomność f umysłu; **sound in** ~ zdrowy na umyśle; **to have sb, sth in** ~ mieć kogoś, coś na myśli **5.** (soul) dusza f **II** v zważać; baczyć (sb, sth na kogoś, coś); przejmować się; pilnować; przykładać się (sth do czegoś); **I don't** ~ **sb, sth** nie mam nic przeciwko komuś, czemuś; **if you don't** ~ **I'll open that letter** jeśli pozwolisz, otworzę ten list; **would you** ~ **reading this?** czy nie zechciałby pan przeczytać tego?; **never** ~ **the expense** mniejsza o koszty; **never** ~! nie martw się!; mniejsza o to!; ~ **your business!** pilnuj swego no-

sa!; nie wtrącaj się w cudze sprawy!; ~ **the step!** uwaga, stopień!; ~ **the paint!** uwaga, świeżo malowane!

mindful ['maɪndfl] adj uważający (of sth na coś); troskliwy; dbały

mine [1] [maɪn] pron mój, moja, moje

mine [2] [maɪn] **I** s **1.** kopalnia f **2.** wojsk. mina f **II** v **1.** kopać; wydobywać (węgiel itd.) **2.** (lay mines) minować

miner ['maɪnə(r)] s górnik m

mineral ['mɪnrl] **I** s minerał m **II** adj mineralny; ~ **water** woda mineralna

mingle ['mɪŋgl] v mieszać (się)

mini ['mɪnɪ] s adj mini

miniature ['mɪnɪtʃə(r)] s miniatura f

minicar ['mɪnɪkɑ(r)] s mikrobus m

minimal ['mɪnɪml] adj minimalny

minimize ['mɪnɪmaɪz] v zmniejszać do minimum

minimum ['mɪnɪməm] s (pl **minima** ['mɪnɪmə]) minimum n

mining ['maɪnɪŋ] **I** s **1.** górnictwo n **2.** (laying of mines) minowanie n **II** adj górniczy

mini-skirt ['mɪnɪ skɜt] s spódniczka f mini

minister ['mɪnɪstə(r)] s **1.** minister m; **the Prime** ~ premier m **2.** kość. pastor m

ministry ['mɪnɪstrɪ] s **1.** ministerstwo n **2.** kość. duchowieństwo n

mink [mɪŋk] s zool. norka f; (fur) norki pl

minor ['maɪnə(r)] **I** adj mniejszy **II** s (człowiek) niepełnoletni m; nieletni m

minority [mɪ'norətɪ] s **1.** mniejszość f **2.** (being under age) niepełnoletność f

mint [1] [mɪnt] s mięta f

mint² [mɪnt] **I** *s* mennica *f*
II *v* bić (pieniądze)
minuet ['mɪnjuˈet] *s* menuet
m
minus ['maɪnəs] *adv* minus;
mniej
minute ¹ ['mɪnɪt] *s* 1. minuta
f; *przen.* chwila *f*; **just a** ~!
chwileczkę!; **on ⟨to⟩ the** ~
punktualnie; co do minuty
2. (*note*) notatka *f*; *pl* ~s
protokół *m* (zebrania); **to
make ⟨to take⟩** ~s proto-
kołować
minute ² [maɪˈnjut] *adj* 1.
drobny; znikomy 2. (*precise*)
drobiazgowy
minute-hand ['mɪnɪt hænd] *s*
wskazówka minutowa (ze-
gara)
miracle ['mɪrəkl] *s* cud *m*; **by
a** ~ cudem
miraculous [mɪˈrækjuləs] *adj*
cudowny
mire ['maɪə(r)] **I** *s* błoto *n*;
bagno *n* **II** *v* ubłocić, zabłocić
mirror ['mɪrə(r)] *s* zwierciadło *n*, lustro *n*; **driving** ~
lusterko wsteczne
mirth [mɜθ] *s* wesołość *f*
mis- [mɪs] przedrostek wyra-
żający brak czegoś lub złe
przeprowadzenie czegoś np.:
misunderstanding nieporozumienie
misadventure ['mɪsədˈventʃə(r)]
s zła przygoda; nieszczęśliwy wypadek
misapply ['mɪsəˈplaɪ] *v* źle zastosować
misapprehend ['mɪsˈæprɪˈhend]
v źle ⟨mylnie⟩ zrozumieć
misbehave ['mɪsbɪˈheɪv] *v* źle
się zachowywać; (*of a child*)
być niegrzecznym
miscalculation ['mɪsˈkælkju-
ˈleɪʃn] *s* złe obliczenie *n*;
przeliczenie się *n*
miscarriage [mɪsˈkærɪdʒ] *s* 1.
med. poronienie *n* 2. (*loss*)
zaginięcie *n* (listu itp.) || ~
of justice pomyłka sądowa

miscarry [mɪsˈkærɪ] *v* 1. nie
udać się 2. *med.* poronić
miscellanea ['mɪsəˈleɪnɪə] *plt*
rozmaitości *pl*
miscellaneous ['mɪsəˈleɪnɪəs]
adj różny; rozmaity
mischief ['mɪstʃɪf] *s* 1. psota *f*;
figiel *m*; **full of** ~ psotny
2. (*harm*) szkoda *f* 3. (*discord*) niezgoda *f*; **to make**
~ siać niezgodę
mischief-maker ['mɪstʃɪf
meɪkə(r)] *s* intrygant *m*, in-
trygantka *f*
mischievous ['mɪstʃɪvəs] *adj*
szkodliwy; (*of a person*) złośliwy; (*of a child*) psotny
misconception ['mɪskənˈsepʃn]
s błędne mniemanie; nieporozumienie *n*
misconduct [mɪsˈkondʌkt] **I** *s*
1. złe prowadzenie się 2.
(*bad management*) złe kierownictwo **II** *v* ['mɪskən-
ˈdʌkt] 1. źle się prowadzić
2. (*manage badly*) źle prowadzić (instytucję itd.)
miser ['maɪzə(r)] *s* skąpiec *m*;
sknera *m f*
miserable ['mɪzrəbl] *adj* nieszczęśliwy; nędzny
misfortune [mɪsˈfɔtʃun] *s* nieszczęście *n*; pech *m*
misgive [mɪsˈɡɪv] *v* (misgave
[mɪsˈɡeɪv], misgiven [mɪs-
ˈɡɪvn]) wzbudzać obawę; **my
mind** ~s **me out** mam obawy ⟨złe przeczucia⟩
misgiving [mɪsˈɡɪvɪŋ] *s* obawa
f; złe przeczucia
mishap ['mɪshæp] *s* nieszczęście *n*; niepowodzenie *n*
misinform ['mɪsɪnˈfɔm] *v* źle
poinformować
mislay [mɪsˈleɪ] *v* (mislaid
[mɪsˈleɪd], **mislaid**) zapo-
dziać; zagubić
mislead [mɪsˈlid] *v* (misled
[mɪsˈled], **misled**) wprowadzić w błąd
misleading [mɪsˈlidɪŋ] *adj* ba-
łamutny; zwodniczy
misplace [mɪsˈpleɪs] *v* poło-

żyć na niewłaściwym miejscu; źle ulokować (coś)
misprint [mɪs'prɪnt] **I** *v* błędnie wydrukować **II** *s* ['mɪsprɪnt] błąd drukarski
miss [mɪs] *s* panna *f* (przed nazwiskiem lub imieniem)
miss [mɪs] **I** *v* 1. chybić; nie trafić; **to ~ the train** spóźnić się na pociąg 2. (*lose the opportunity*) stracić sposobność (do zabawy itd.); **we've ~ed a lot!** dużo straciliśmy! 3. (*be absent*) opuścić (wykład itd.) 4. (*fail to hear etc.*) nie dosłyszeć (uwagi); nie zauważyć (czegoś) 5. (*lack*) odczuwać brak (sth czegoś); **we'll all ~ you very much** będzie nam ciebie bardzo brakowało **II** *s* chybienie *n*; spudłowanie *n*
missile ['mɪsaɪl] *s* pocisk *m*
missing ['mɪsɪŋ] *adj* brakujący; (*lost*) zaginiony
mission ['mɪʃn] *s* misja *f*; poselstwo *n*; posłannictwo *n*
missionary ['mɪʃɪnrɪ] *s* misjonarz *m*
mist [mɪst] *s* mgła *f*
mistake [mɪ'steɪk] **I** *v* (mistook [mɪ'stuk], mistaken [mɪ'steɪkən]) źle zrozumieć, pomylić się; **to ~ sb, sth for sb, sth else** wziąć kogoś, coś za kogoś, coś innego **II** *s* błąd *m*; pomyłka *f*; **by ~** przez pomyłkę; **to make a ~** popełnić błąd ⟨nietakt⟩
mistaken [mɪ'steɪkən] **I** zob. **mistake** *v* **II** *adj* mylny; błędny; **to be ~** mylić się
mister ['mɪstə(r)] *s zawsze w skrócie:* **Mr** pan *m* (przed nazwiskiem)
mistletoe ['mɪsltəu] *s* jemioła *f*
mistook zob. **mistake** *v*
mistress ['mɪstrəs] *s* 1. pani *f*; nauczycielka *f* 2. (*lover*) kochanka *f* 3. *przed nazwiskiem zawsze w skrócie:* **Mrs** pani *f*
mistrust ['mɪs'trʌst] **I** *s* nie-

dowierzanie *n*; nieufność *f* **II** *v* nie ufać (sb komuś)
misty ['mɪstɪ] *adj* mglisty; zamglony
misunderstand ['mɪsʌndə'stænd] *v* (**misunderstood** ['mɪsʌndə'stud], **misunderstood**) źle zrozumieć
misunderstanding ['mɪsʌndə'stændɪŋ] *s* nieporozumienie *n*
misuse [mɪs'jus] **I** *s* niewłaściwe użycie; złe obchodzenie się (**of sb, sth** z kimś, czymś) **II** *v* [mɪs'juz] niewłaściwie używać; źle się obchodzić (sth z czymś)
mitigate ['mɪtɪgeɪt] *v* łagodzić; uspokajać
mitre ['maɪtə(r)] *s* infuła *f*, mitra *f*
mitten ['mɪtn] *s* rękawica *f* z jednym palcem; mitenka *f*
mix [mɪks] *v* mieszać (się); *przen.* obcować (z kimś); **to be ~ed up in ⟨with⟩ sth** być wmieszanym w coś; **I got ~ed up** wszystko mi się pomieszało (w głowie)
mixer ['mɪksə(r)] *s* mikser *m*; *pot.* **a good ~** człowiek towarzyski ⟨łatwo zawierający znajomości⟩
mixture ['mɪkstʃə(r)] *s* mieszanina *f*; mieszanka *f*; mikstura *f*
moan [məun] **I** *s* jęk *m* **II** *v* jęczeć
moat [məut] *s* fosa *f*
mob [mob] *s* tłum *m*; *pej.* motłoch *m*; **~ law** samosąd *m*
mobile ['məubaɪl] *adj* ruchomy; **~ police** lotna brygada policji
mobilize ['məubɪlaɪz] *v* mobilizować (się)
moccasins ['mokəsɪnz] *pl* mokasyny *pl*
mock [mok] **I** *v* szydzić (**at sb, sth** z kogoś. czegoś); kpić **II** *s* pośmiewisko *n* **III** *adj*

sztuczny; pozorny; udawany
mockery ['mokəri] s wyśmiewanie (się) n; kpiny pl; szyderstwo n
mode [məud] s tryb m; sposób m; zwyczaj m
model ['modl] I s 1. wzór m; model m 2. (person) modelka f II v 1. modelować; kształtować 2. (practise as a model) pozować (malarzowi itd.); prezentować (suknie, kapelusze itd.)
moderate ['modəreit] I v powściągać (się); hamować; uspokajać II adj ['modrət] umiarkowany; wstrzemięźliwy; powściągliwy
moderation ['modə'reiʃn] s umiarkowanie n; umiar m; powściągliwość f
modern ['modn] adj nowoczesny; współczesny
modernize ['modnaiz] v modernizować; unowocześniać
modest ['modist] adj skromny
modesty ['modisti] s skromność f
modify ['modifai] v zmieniać; przekształcać; modyfikować
modish ['məudiʃ] adj modny
mohair ['məuheə(r)] I s moher m II adj moherowy
Mohammedan [mə'homidən] I adj mahometański II s mahometanin m, mahometanka f
moist [moist] adj wilgotny
moisten ['moisn] v zwilżać
moisture ['moistʃə(r)] s wilgoć f
moisturing ['moistʃəriŋ] adj nawilżający
molar ['məulə(r)] I adj trzonowy II s ząb trzonowy
mole¹ [məul] s pieprzyk m (na twarzy itp.)
mole² [məul] s kret m
mole³ [məul] s molo n; grobla f
molecule ['molikjul] s cząsteczka f; drobina f

mole-hill ['məul hil] s kretowisko n
molest [mə'lest] v molestować; naprzykrzać się
moment ['məumənt] s 1. chwila f; moment m; at any ~ lada chwila; for the ~ chwilowo; na razie; just a ~! chwileczkę!; this ~ w tej chwili 2. (importance) ważność f; of no ~ bez znaczenia
momentary ['məuməntri] adj chwilowy
momentous [məu'mentəs] adj ważny; doniosły
monarchy ['monəki] s monarchia f
monastery ['monəstri] s klasztor męski
monastic [mə'næstik] adj klasztorny
Monday ['mʌndi] s poniedziałek m
monetary ['mʌnitri] adj monetarny; walutowy
money ['mʌni] s pieniądze pl; waluta f; a piece of ~ moneta f; ready ~ gotówka f; to make ~ dużo zarabiać; robić majątek; przen. he is rolling in ~ on nie wie co robić z pieniędzmi
money-box ['mʌni boks] s skarbonka f
moneyed ['mʌnid] adj bogaty; the ~ classes klasy posiadające
money-order ['mʌni ɔdə(r)] s przekaz pieniężny
mongrel ['mʌngrəl] s mieszaniec m; (dog) kundel m
monk [mʌŋk] s mnich m
monkey ['mʌŋki] s małpa f
monkey-spanner ['mʌŋki spænə(r)], **monkey-wrench** ['mʌŋki rentʃ] s klucz francuski
monogram ['monəgræm] s monogram m
monograph ['monəgraf] s monografia f
monopolize [mə'nopəlaiz] v monopolizować

monopoly [mə'nopəlı] *s* monopol *m*

monotonous [mə'notənəs] *adj* monotonny; jednostajny

monoxide [mo'noksaid] *s* tlenek *m*

monster ['monstə(r)] *s* potwór *m*

monstrous ['monstrəs] *adj* potworny; ogromny; (*of a crime*) ohydny

month [mʌnꝶ] *s* miesiąc *m*

monthly ['mʌnꝶlı] I *adj* miesięczny II *s* miesięcznik *m* III *adv* miesięcznie; co miesiąc

monument ['monjumənt] *s* pomnik *m*; ancient ~ zabytek *m*

monumental ['monju'mentl] *adj* monumentalny

mood [mud] *s* gram. tryb *m*

mood [mud] *s* nastrój *m*; (chwilowe) usposobienie *n*; to have ~s mieć humory

moody ['mudı] *adj* kapryśny; markotny; w złym humorze

moon [mun] *s* księżyc *m*; full ~ pełnia *f*; new ~ nów *m*; przen. once in a blue ~ raz od wielkiego święta; to cry for the ~ żądać gwiazdki z nieba

moonlight ['munlaıt] *s* światło *n* księżyca

moonlit ['munlıt] *adj* oświetlony światłem księżyca

moor [muə(r)] *s* wrzosowisko *n*; torfowisko *n*

moor [muə(r)] *v* mor. (przy)cumować

moorland ['muələnd] *s* wrzosowisko *n*; torfowisko *n*

mop [mop] I *s* zmywak *m*; ścierka *f* II *v* wycierać

mope [məup] *v* być przygnębionym; smucić się

moped ['məu-ped] *s* motorower *m*

moral ['morl] I *adj* moralny II *s* morał *m*; sens moralny; *pl* ~s moralność *f*

morale [mə'ral] *s* duch *m* (panujący w wojsku itp.)

moralist ['morlıst] *s* moralista *m*

morality [mə'rælətı] *s* moralność *f*; etyka *f*

morass [mə'ræs] *s* bagno *n*; moczary *pl*

morbid ['mobıd] *adj* chorobliwy

more [mo(r)] I *adj* (*od much, many*) liczniejszy II *adv* bardziej; więcej; ~ and ~ coraz więcej; never ~ nigdy więcej; no ~ już nie; once ~ jeszcze raz; the ~ so as ... tym bardziej, że ...; the ~ the better im więcej, tym lepiej; ~ or less mniej więcej

moreover [mo'rəuvə(r)] *adv* (po)nadto; prócz tego

morgue [mog] *s* am. kostnica *f*

morning ['monıŋ] *s* rano *n*; poranek *m*; przedpołudnie *n*; in the ~ rano; good ~! dzień dobry!

morocco [mə'rokəu] *s* safian *m*

morphia ['mofıə], **morphine** ['mofin] *s* morfina *f*; ~ addict morfinista *m*

morse [mos] *s* zool. mors *m*

morsel ['mosl] *s* kęs *m*, kęsek *m*

mortal ['motl] I *adj* śmiertelny II *s* śmiertelnik *m*

mortality [mo'tælətı] *s* śmiertelność *f*

mortar ['motə(r)] *s* moździerz *m*

mortgage ['mogıdʒ] I *s* hipoteka *f*; zastaw *m* II *v* zastawić; obciążyć hipotecznie

mortify ['motıfaı] *v* 1. (*humiliate*) upokarzać 2. (*of flesh*) obumierać; martwieć

mortuary ['motʃuərı] *s* kostnica *f*

mosaic [məu'zeıık] *s* mozaika *f*

Moslem ['mozləm] I *adj* muzułmański II *s* muzułmanin *m*

mosque [mosk] *s* meczet *m*

mosquito [məˈskitəu] s moskit m; (gnat) komar m
mosquito-net [məˈskitəu net] s moskitiera f
moss [mos] s mech m
most [məust] I adj (od much, many) największy; in ᷉ cases w większości wypadków; przeważnie; for the ᷉ part przeważnie; ᷉ of the time najczęściej II adv najwięcej; najbardziej III s maksimum n; największa ilość; większość f; at ᷉, at the (very) ᷉ najwyżej, w najlepszym razie
mostly [ˈməustlɪ] adv przeważnie; najczęściej
motel [məuˈtel] s motel m
moth [moθ] s zool. 1. ćma f 2. (także cloth ᷉) mól m
moth-eaten [ˈmoθ itn] adj zniszczony przez mole; przen. przestarzały
mother [ˈmʌðə(r)] s matka f; ᷉ of pearl macica perłowa
motherhood [ˈmʌðəhud] s macierzyństwo n
mother-in-law [ˈmʌðr ɪn lɔ] s teściowa f
motherly [ˈmʌðəlɪ] adj macierzyński
motif [məuˈtif] s motyw m
motion [ˈməuʃn] I s 1. ruch m; techn. bieg m (silnika); in ᷉ w ruchu; uruchomiony; to set ᷉ (to put) in ᷉ uruchomić; ᷉ picture film m 2. (gesture) gest m 3. (proposal) wniosek m II v skinąć; zrobić ruch ręką
motionless [ˈməuʃnləs] adj bez ruchu; nieruchomy
motive [ˈməutɪv] I adj poruszający; napędowy II s motyw m; bodziec m
motor [ˈməutə(r)] I s motor m; silnik m; electric ᷉ silnik elektryczny II v jechać ⟨wieźć⟩ samochodem
motor-bike [ˈməutəbaɪk] s pot. motocykl m
motor-boat [ˈməutəbəut] s motorówka f

motor-car [ˈməutəkɑ(r)] s samochód m
motor-coach [ˈməutəkəutʃ] s autobus m (turystyczny, międzymiastowy); autokar m
motor-cycle [ˈməutəsaɪkl] s motocykl m
motoring [ˈməutərɪŋ] s jazda f samochodem; automobilizm m
motorist· [ˈməutərɪst] s automobilista m; (człowiek) zmotoryzowany
motorize [ˈməutəraɪz] v zmotoryzować
motorman [ˈməutəmən] s motorniczy, motorowy m
motorway [ˈməutəweɪ] s autostrada f
mould¹ [məuld] s czarnoziem m
mould² [məuld] I s forma odlewnicza; matryca f; model m II v hut. odlewać; (shape) modelować
mould³ [məuld] I s pleśń f II v spleśnieć
moulder [ˈməuldə(r)] v s/próchnieć; z/butwieć
mount¹ [maunt] v 1. wznosić się; podnosić; (of blood) napłynąć; to ᷉ a horse wsiadać na konia 2. (fit) montować
mount² [maunt] s geogr. góra f; szczyt m
mountain [ˈmauntɪn] I s geogr. góra f; ᷉ chalet ⟨hut⟩ schronisko górskie; ᷉ lift wyciąg m; ᷉ railway kolejka górska; to climb ᷉s chodzić w góry II adj górski; ᷉ chain ⟨range⟩ łańcuch górski
mountaineer [ˌmauntɪˈnɪə(r)] s 1. góral m 2. (climber) alpinista m; taternik m
mountaineering [ˌmauntɪˈnɪərɪŋ] s turystyka wysokogórska; wspinaczka f
mountainous [ˈmauntɪnəs] adj górzysty; (huge) olbrzymi; zawrotny

13 Słownik

mourn [mɔn] *v* płakać **(for ⟨over⟩** sb nad kimś); opłakiwać **(sb** kogoś); lamentować
mournful [ˈmɔnfl] *adj* żałobny; ponury
mourning [ˈmɔnɪŋ] *s* opłakiwanie *n*; żałoba *f*; **to go into ~** włożyć żałobę; **in ~** w żałobie
mourning-band [ˈmɔnɪŋ bænd] *s* opaska żałobna
mouse [maʊs] *s* (*pl* **mice** [maɪs]) mysz *f*
moustache [məˈstaʃ] *s* wąsy *pl*
mouth [maʊθ] *s* 1. usta *pl* 2. (*opening*) otwór *m* 3. (*of a river*) ujście *n*
mouthful [ˈmaʊθfl] *s* kęs *m*; **at one ~** na raz
mouthpiece [ˈmaʊθpis] *s* 1. ustnik *m* 2. (*person*) rzecznik *m*; wyraziciel *m*
movable [ˈmuvəbl] **I** *adj* ruchomy; **~ feast** ruchome święto **II** *pl* **~s** ruchomości *pl*
move [muv] **I** *v* 1. ruszać (się); posuwać (się); przeprowadzać się; **to ~ in** wnieść; wprowadzić się; **to ~ out** wynieść; wyprowadzić się; **to ~ up** dźwignąć; podnieść 2. (*arouse feelings*) wzruszać **II** *s* 1. ruch *m*; posunięcie *n*; (*in games*) **it is your ~** to twój ruch; **to be on the ~** być w ruchu 2. (*change of flat*) przeprowadzka *f*
movement [ˈmuvmənt] *s* ruch *m*; przesunięcie *n*; (*action for social end*) ruch społeczny; **the Labour ~** ruch robotniczy
movies [ˈmuvɪz] *pl pot.* kino *n*
moving [ˈmuvɪŋ] *adj* 1. wzruszający 2. (*mobile*) ruchomy
mow [məʊ] *v* (**mowed** [məʊd], **mown** [məʊn]) kosić
mower [ˈməʊə(r)] *s* kosiarz *m*; (*machine*) kosiarka *f*

mown *zob.* **mow**
much [mʌtʃ] *adj adv* (**more**, **most**) 1. dużo; wiele; **as ~** (aż) tyle; **as ~ as ...** tyle samo co i ...; **how ~?** ile?; **~ the same** mniej więcej taki sam; bardzo podobny; **to make ~ of sth** przywiązywać wielką wagę do czegoś 2. znacznie; **~ more** znacznie więcej; **~ less o** wiele mniej
muck [mʌk] *s* gnój *m*; (*dirt*) brud *m*
mud [mʌd] **I** *s* błoto *n*; muł *m* **II** *adj* błotny; **~ bath** kąpiel błotna
muddy [ˈmʌdɪ] *adj* błotnisty; zabłocony
mud-guard [ˈmʌd gad] *s mot.* błotnik *m*
muff [mʌf] *s* mufka *f*
muffle [ˈmʌfl] *v* otulić; owinąć
muffler [ˈmʌflə(r)] *s* 1. szalik *m* 2. *techn.* tłumik *m*
mug [mʌg] *s* kubek *m*; garnuszek *m*; kufel *m*
muggy [ˈmʌgɪ] *adj* parny
mulberry [ˈmʌlbrɪ] *s* morwa *f*
mule [mjul] *s* muł *m*
multi- [ˈmʌltɪ] *praef* wielo-
multicoloured [ˈmʌltɪˈkʌləd] *adj* wielobarwny
multiple [ˈmʌltɪpl] *adj* wieloraki; wielokrotny
multiplication [ˈmʌltɪplɪˈkeɪʃn] *s* mnożenie *n*; **~ table** tabliczka *f* mnożenia
multiply [ˈmʌltɪplaɪ] *v* mnożyć (się); **two multiplied by two is four** dwa razy dwa jest cztery
multipurpose [ˈmʌltɪpɜpəs] *adj* wieloczynnościowy
multi-storey [ˈmʌltɪˈstɔrɪ] *adj* wielopiętrowy
multitude [ˈmʌltɪtjud] *s* mnóstwo *n*; (*crowd*) tłum *m*
mumble [ˈmʌmbl] **I** *v* mamrotać; mruczeć **II** *s* mamrotanie *n*
mummy[1] [ˈmʌmɪ] *s* mumia *f*
mummy[2] [ˈmʌmɪ] *s* mamusia *f*

mumps [mʌmps] s *med.* świn-
ka *f*
munch [mʌntʃ] *v* chrupać
mundane [`mʌndeɪn] *adj* świa-
towy; (*earthly*) ziemski
municipal [mjʊ`nɪsɪpl] *adj*
miejski; samorządowy; ko-
munalny
municipality [mjʊ`nɪsɪ`pælətɪ]
s zarząd *m* miasta
munition [mjʊ`nɪʃn] s amuni-
cja *f*; uzbrojenie *n*
murder [`mɜːdə(r)] I s morder-
stwo *n* II *v* mordować;
przen. kaleczyć (język itp.)
murderer [`mɜːdərə(r)] s mor-
derca *m*
murmur [`mɜːmə(r)] I s mru-
czenie *n*; szept *m* II *v* mruczeć; szemrać; mówić pół-
głosem
muscle [`mʌsl] s mięsień *m*
muscle-man [`mʌsl mæn] s
kulturysta *m*
muscular [`mʌskjʊlə(r)] *adj*
muskularny; (*concerning
muscles*) mięśniowy
muse ¹ [mjuz] *v* zadumać się;
dumać (**on** ⟨**upon, about**⟩ sth
nad czymś)
muse ² [mjuz] s muza *f*
museum [mjuˈzɪəm] s muzeum
n
mushroom [`mʌʃrʊm] s grzyb
m
music [`mjuzɪk] s 1. muzyka
f; ~ theatre teatr muzyczny; chamber ~ muzyka ka-
meralna; pop(ular) ~ mu-
zyka popularna 2. (*tunes*)
nuty *pl*
musical [`mjuzɪkl] I *adj* mu-
zyczny; (*skilled in music*)
muzykalny II s komedia
muzyczna; musical *m*
music-hall [`mjuzɪk hɔl] s
teatr rewiowy
musician [mjuˈzɪʃn] s muzyk
m
muslin [`mʌzlɪn] s muślin *m*
must [mʌst] *v aux* I ~ not
nie wolno mi

mustard [`mʌstəd] s musztar-
da *f*; *bot.* gorczyca *f*
musty [`mʌstɪ] *adj* stęchły;
śmierdzący stęchlizną
mute [mjut] I *adj* niemy II s
niemowa *m f*
mutilate [`mjutɪleɪt] *v* o/kale-
czyć; skaleczyć
mutinous [`mjutɪnəs] *adj* bun-
towniczy
mutiny [`mjutɪnɪ] I s bunt *m*
II *v* zbuntować się
mutter [`mʌtə(r)] I *v* mamro-
tać; szemrać II s mamrotanie *n*
mutton [`mʌtn] s baranina *f*
mutton-chop [`mʌtn tʃop] s ko-
tlet barani
mutual [`mjutʃʊəl] *adj* wza-
jemny; obustronny; on ~
terms na warunkach wza-
jemności
muzzle [`mʌzl] I s pysk *m*;
morda *f*; (*gag*) kaganiec *m*;
(*of a gun*) lufa *f* II *v* nałożyć kaganiec
my [maɪ] *pron* mój, moja,
moje
myope [`maɪəʊp] s krótko-
widz *m*
myopia [maɪ`əʊpɪə] s *med.*
krótkowzroczność *f*
myrtle [`mɜːtl] s *bot.* mirt *m*
myself [maɪˈself] *pron* się, siebie, sobie; (*I in person*) (ja)
sam; osobiście; I did it ~
ja sam to zrobiłem
mysterious [mɪˈstɪərɪəs] *adj* tajemniczy; zagadkowy
mystery [`mɪstrɪ] s tajemni-
ca *f*
mystic [`mɪstɪk] I *adj* mistycz-
ny II s mistyk *m*
mystification [`mɪstɪfɪˈkeɪʃn] s
mistyfikacja *f*
mystify [`mɪstɪfaɪ] *v* mistyfi-
kować; zadziwiać
myth [mɪθ] s mit *m*
mythical [`mɪθɪkl] *adj* mitycz-
ny
mythology [mɪˈθolədʒɪ] s mi-
tologia *f*

N

nag [næg] v gderać (at sb na kogoś); nękać (kogoś); dokuczać (sb komuś)
nail [neɪl] I s paznokieć m; (spike of metal) gwóźdź m II v przybijać gwoździami
nail-file [`neɪlfɑɪl] s pilniczek m do paznokci
nail-varnish [`neɪl-vɑnɪʃ] s lakier m do paznokci
naive [nɑɪ`iv] adj naiwny; prostoduszny
naked [`neɪkɪd] adj goły, nagi; obnażony; stark ~ golusieńki
name [neɪm] I s 1. nazwisko n; full ~ imię i nazwisko; to mention sb by ~ wymienić kogoś po nazwisku; what is your ~? jak się nazywasz? 2. (także Christian ~) imię n; in the ~ of ... w imię... (czegoś); to call sb ~s przezywać kogoś; to have a bad ~ mieć złą opinię II v 1. nazywać; dawać imię 2. (specify) wymieniać (coś); wyznaczać (datę itp.)
name-day [`neɪm deɪ] s imieniny pl
nameless [`neɪmləs] adj bezimienny; nieznany; pej. niewypowiedziany; niesłychany
namely [`neɪmlɪ] adv mianowicie
name-plate [`neɪmpleɪt] s tabliczka f z nazwiskiem (na drzwiach)
namesake [`neɪmseɪk] s imiennik m
nanny [`nænɪ] s niania f; piastunka f
nap [næp] I v drzemać II s drzemka f; to take ⟨to have⟩ a ~ zdrzemnąć się
nape [neɪp] s kark m
napkin [`næpkɪn] s serwetka f; pieluszka f
nappy [`næpɪ] s pieluszka f

narcissus [nɑ`sɪsəs] s narcyz m
narcotic [nɑ`kotɪk] I adj narkotyczny II s narkotyk m
narrate [nə`reɪt] v opowiadać
narration [nə`reɪʃn] s opowiadanie n
narrative [`nærətɪv] I adv gawędziarski II s opowiadanie n
narrator [næ`reɪtə(r)] s narrator m
narrow [`nærəu] I adj wąski; przen. ograniczony; ~ circumstances ciężkie warunki materialne; to have a ~ escape ledwo uniknąć nieszczęścia II v zwężać ⟨zmniejszać⟩ (się)
narrow-minded [`nærəu`maɪndɪd] adj (of a person) ograniczony; małostkowy
nasal [`neɪzl] adj nosowy
nasty [`nɑstɪ] adj przykry; niemiły; wstrętny; (of a person) złośliwy
natal [`neɪtl] adj rodzinny
nation [`neɪʃn] s naród m; (state) państwo n
national [`næʃnl] adj narodowy; (of a state) państwowy; ~ service obowiązkowa służba wojskowa
nationalism [`næʃnlɪzm] s nacjonalizm m
nationality [`næʃn`ælətɪ] s narodowość f; obywatelstwo n; przynależność państwowa
nationalize [`næʃnəlaɪz] v upaństwowić; (z)nacjonalizować; (naturalize) naturalizować; nadać obywatelstwo (sb komuś)
nation-wide [`næʃn waɪd] adj ogólnokrajowy; ogólnopaństwowy
native [`neɪtɪv] I adj rodzimy; ojczysty; tubylczy; a ~ of ... rodowity ... (paryżanin itp.)

II s tubylec *m*; krajowiec *m*
natural [ˈnætʃərl] *adj* **1.** naturalny; *szk.* ~ **history** przyroda *f*; ~ **philosophy** fizyka *f*; ~ **science** nauki przyrodnicze; ~ **gas** gaz ziemny **2.** (*inherited*) wrodzony
naturalize [ˈnætʃrḷaɪz] *v* naturalizować (się)
naturally [ˈnætʃrḷɪ] *adj* naturalnie; oczywiście
nature [ˈneɪtʃə(r)] *s* **1.** natura *f*; przyroda *f*; **preservation ⟨protection⟩** *am.* conservation of ~ ochrona *f* przyrody; **monument of** ~ pomnik *m* przyrody **2.** (*temper*) charakter *m*; usposobienie *n*; **by** ~ z natury ⟨usposobienia⟩ **3.** (*sort*) rodzaj *m*; **it's something of that** ~ coś w tym rodzaju
naught [nɔt] *s* nic *n*; zero *n*; **to come to** ~ nie udać się; zawieść; **to bring to** ~ udaremnić
naughty [ˈnɔtɪ] *adj* niegrzeczny; nieposłuszny
nausea [ˈnɔsɪə] *s* nudności *pl*; mdłości *pl*
nauseate [ˈnɔsɪeɪt] *v* czuć wstręt; (*cause nausea*) przyprawiać o mdłości; (*cause aversion*) budzić wstręt
naval [ˈneɪvl] *adj* morski
navigable [ˈnævɪgəbl] *adj* żeglowny; spławny
navigate [ˈnævɪgeɪt] *v* żeglować; pływać (po morzu); sterować (**a ship** statkiem)
navigation [ˌnævɪˈgeɪʃn] *s* żegluga *f*; nawigacja *f*
navy [ˈneɪvɪ] *s* marynarka wojenna; flota *f*; ~ **blue** (kolor) granatowy; granat *m*
Nazi [ˈnɑtsɪ] **I** *s* hitlerowiec *m* **II** *adj* hitlerowski; nazistowski
near [nɪə(r)] **I** *adv* blisko; niedaleko; obok; ~ **at hand** tuż pod ręką; ~ **by** w pobliżu; ~ **to sb, sth** blisko

kogoś, czegoś **II** *adj* bliski; spokrewniony; (*of a friend*) serdeczny **III** *v* zbliżać się (**sth do czegoś**)
nearly [ˈnɪəlɪ] *adv* blisko; (*almost*) prawie (że); o mało nie
near-sighted [ˈnɪəˈsaɪtɪd] *adj* krótkowzroczny; **to be** ~ być krótkowidzem
neat [nit] *adj* czysty; schludny; (*in good taste*) gustowny
necessary [ˈnesəsrɪ] **I** *adj* potrzebny; konieczny; **if** ~ jeśli zajdzie potrzeba; **it is** ~ **that** ... trzeba, żeby ...; **it is** ~ **to** ... trzeba ... **II** *s* potrzeba (życiowa); *pl* **the necessaries of life** artykuły *pl* pierwszej potrzeby
necessitate [nɪˈsesɪteɪt] *v* wymagać (**sth czegoś**); narzucać potrzebę ⟨konieczność⟩ (**sth czegoś**)
necessity [nɪˈsesɪtɪ] *s* **1.** potrzeba *f*; konieczność *f*; **of** ~ z konieczności; **to be under the** ~ **of doing sth** być zmuszonym coś zrobić **2.** (*food etc.*) artykuł *m* pierwszej potrzeby
neck [nek] **I** *s* szyja *f*; kark *m* **II** *v* *am. pot.* pieścić się
necklace [ˈnekləs] *s* naszyjnik *m*
neck-tie [ˈnektaɪ] *s* krawat *m*
necrology [nɪˈkrolədʒɪ] *s* nekrolog *m*
née [neɪ] *adj* (*of a married woman*) z domu ...
need [nid] **I** *s* potrzeba *f*; **if** ~ **be** w razie potrzeby; (*poverty*) bieda *f*; ubóstwo *n* **II** *v* potrzebować (**sb, sth** kogoś, czegoś); wymagać; ~ **he go?** czy on musi iść? **you** ~ **not** ... nie ma potrzeby ⟨nie musisz⟩ ...; **you only** ~ **to** ... trzeba tylko aby ...
needed [ˈnidɪd] *adj* potrzebny

needful ['nidfl] *adj* potrzebny; konieczny
needle [nidl] *s* igła *f; (of a tree)* szpilka *f* (drzew szpilkowych)
needless ['nidləs] *adj* niepotrzebny, zbyteczny; ~ **to say that** ... nie trzeba dodawać, że ...
neddlework ['nidlwɜk] *s* robótka *f*
needy ['nidɪ] *adj* potrzebujący; będący w biedzie
negation [nɪ'geɪʃn] *s* zaprzeczenie *n (of sth czegoś);* negacja *f;* odmowa *f*
negative ['negətɪv] I *adj* przeczący; odmowny; negatywny; ujemny II *s* 1. przeczenie *n* 2. *gram.* forma przecząca; in the ~ przecząco, odmownie 3. *fot.* negatyw *m*
neglect [nɪ'glekt] I *v* zaniedbywać; lekceważyć II *s* zaniedbanie *n;* lekceważenie *n*
neglectful [nɪ'glektfl] *adj* niedbały; opieszały; **to be** ~ **of sb, sth** zaniedbywać kogoś, coś
négligé ['neglɪʒeɪ] *s* negliż *m; (dressing-gown)* szlafrok *m*
negligence ['neglɪdʒəns] *s* zaniedbanie *n;* zlekceważenie *n*
negligent ['neglɪdʒənt] *adj* niedbały; opieszały; **to be** ~ **of sth** zaniedbywać coś 〈cze­goś〉
negligible [nə'glɪdʒəbl] *adj* mało znaczący; nieistotny
negotiate [nɪ'gəuʃɪeɪt] *v* 1. pertraktować; prowadzić rokowania handlowe 2. *(sell)* sprzedawać 〈spieniężać〉 (papiery wartościowe) 3. *(overcome)* pokonywać (trudności)
negotiation [nɪ'gəuʃɪ'eɪʃn] *s* 1. pertraktacje *pl;* **to be in** ~ **with sb** prowadzić pertraktacje z kimś 2. *(selling)* sprzedaż *f* 3. *(overcoming)*

przezwyciężanie *n* (trudności)
Negress ['nigrəs] *s* Murzynka *f*
Negro ['nigrəu] I *s (pl* Negroes) Murzyn *m* II *adj* murzyński
neighbour ['neɪbə(r)] *s* sąsiad *m*
neighbourhood ['neɪbəhud] *s* sąsiedztwo *n;* okolica *f*
neither ['naɪðə(r)] I *pron* żaden z dwóch; ani jeden, ani drugi II *adv* też nie; **I didn't do it,** ~ **did my friend** ja tego nie zrobiłem, a mój przyjaciel też nie; ~ ... **nor** ... ani ... ani ...
neon ['nion] *s* neon *m;* ~ **sign** reklama neonowa
nephew ['nevju] *s* siostrzeniec *m;* bratanek *m*
nerve [nɜv] *s* 1. nerw *m;* **a fit of** ~**s** atak nerwowy; **to get on sb's** ~ działać komuś na nerwy 2. *(energy)* energia *f* 3. *(courage)* odwaga *f* 4. *(impudence)* tupet *m;* **what** ~! co za tupet!
nervous ['nɜvəs] *adj* nerwowy; zdenerwowany; niespokojny; **to be** 〈**to feel, to get, to grow, to become**〉 ~ zdenerwować się; ~ **breakdown** załamanie nerwowe
nervy ['nɜvɪ] *adj sl.* zdenerwowany, niespokojny
nest [nest] I *s* gniazd(k)o *n; przen.* siedlisko *n* II *v* budować gniazdo; gnieździć się
nestle ['nesl] *v* tulić się; gnieździć się; wygodnie się usadowić
net [net] *s* siatka *f;* sieć *f*
net [net] *adj* czysty; netto; ~ **cash** (płatny) w gotówce
nettle ['netl] *s* pokrzywa *f*
nettle-rash ['netl ræʃ] *s med.* pokrzywka *f*
network ['netwɜk] *s* sieć (kolejowa itp.)
neuralgia [njuə'rældʒə] *s* newralgia *f*

neuralgic [njuə'ræld31k] *adj* newralgiczny
neurology [njuə'roləd31] *s* neurologia *f*
neurosis [njuə'rəus1s] *s* nerwica *f*
neuter ['njutə(r)] *adj* gram. (*of a noun*) rodzaju nijakiego
neutral ['njutrl] *adj* neutralny; bezstronny
neutrality [nju'træləti] *s* neutralność *f*
neutralize ['njutrəlaiz] *v* zneutralizować
never ['nevə(r)] *adv* nigdy; ~ **before** nigdy przedtem; ~ **more** ⟨since, after⟩ nigdy więcej
nevertheless ['nevəðə'les] *adv* niemniej (jednak); tym niemniej
new [nju] *adj* 1. nowy; **new moon** nów *m*; księżyc *m* w nowiu; **New Year's Eve** Sylwester *m* 2. (*fresh*) świeży **new-** w złożeniach: świeżo-, nowo-
new-born ['nju bɔn] *adj* nowo narodzony; ~ **baby** noworodek *m*
new-coined ['nju kɔind] *adj* świeżo wprowadzony; ~ **word** neologizm *m*
newcomer ['njukʌmə(r)] *m* przybysz *m*
new-fangled ['nju'fæŋgld] *adj* świeżo wprowadzony; nowomodny
newly ['njuli] *adv* świeżo; niedawno; ostatnio; ~ **married couple** nowożeńcy *pl*
news [njuz] *s* nowiny *pl*; wiadomości *pl*; *dzien. kin.* kronika *f*; aktualności *pl*
news-dealer ['njuz dilə(r)], **news-agent** ['njuz eidʒənt] *s* sprzedawca *m* gazet i czasopism
newspaper ['njuspeipə(r)] *s* gazeta *f*; dziennik *m*
newsreel ['njuzril] *s* kronika filmowa

news-room ['njuzrum] *s* czytelnia *f* czasopism
news-stand ['njuz stænd] *s* kiosk *m* z gazetami, stoisko *n* z gazetami
next [nekst] I *adj* najbliższy; następny; ~ **day** nazajutrz; ~ **door** sąsiedni; w (najbliższym) sąsiedztwie; ~ **time** następnym razem; ~ **to nothing** prawie nic II *adv* następnie; obok, tuż przy
nib [nib] *s* stalówka *f*
nice [nais] *adj* przyjemny; miły; grzeczny; **it is** ~ **of you to** miło z twojej ⟨pana⟩ strony
nice-looking ['nais lukiŋ] *adj* przystojny; ładny
nicety ['naisəti] *s* 1. wybredność *f* 2. (*subtlety*) subtelność *f* 3. (*precision*) dokładność *f*; **it's done to a** ~ **to** jest zrobione po mistrzowsku
niche [nit͡ʃ] *s* nisza *f*; wnęka *f*
nickel ['nikl] I *s* nikiel *m*; niklowa moneta II *adj* niklowy
nickname ['nikneim] I *s* przezwisko *n*; przydomek *m* II *v* przezywać
nicotine ['nikətin] *s* nikotyna *f*
niece [nis] *s* siostrzenica *f*; bratanica *f*
niggard ['nigəd] *s* skąpiec *m*; kutwa *m*
nigger ['nigə(r)] *s* pej. Murzyn *m*, Murzynka *f*
night [nait] *s* 1. noc *f*; **all** ~ przez całą noc; **at** ⟨by⟩ ~ w nocy; **good** ~! dobranoc! 2. (*evening*) wieczór *m*; **last** ~ wczoraj wieczorem; ubiegłej nocy; **tomorrow** ~ jutro wieczorem; *teatr.* **first** ~ premiera *f*
night-blindness ['nait blaindnəs] *s* kurza ślepota
night-club ['nait klʌb] *s* nocny lokal

night-dress ['naɪt dres] s nocna koszula
nightfall ['naɪtfɔl] s zmrok *m*; at ~ o zmroku
nightgown ['naɪtgaʊn] *s* = = night-dress
nightingale ['naɪtɪŋgeɪl] s słowik *m*
nightly ['naɪtlɪ] I *adj* nocny; (*of evening*) wieczorny; (*of every night*) conocny II *adv* co wieczór; co noc
nightmare ['naɪtmeə(r)] s koszmar *m*
night-school ['naɪt skul] s szkoła wieczorowa
night-watchman ['naɪt wotʃmən] s stróż nocny
nimble ['nɪmbl] *adj* zwinny
nine [naɪn] *adj* dziewięć
ninefold ['naɪnfəuld] I *adj* dziewięciokrotny II *adv* dziewięciokrotnie
ninepins ['naɪnpɪnz] *plt* kręgle *pl*
nineteen ['naɪn'tin] *adj* dziewiętnaście
nineteenth ['naɪn'tinθ] *adj* dziewiętnasty
ninetieth ['naɪntɪəθ] *adj* dziewięćdziesiąty
ninety ['naɪntɪ] *adj* dziewięćdziesiąt
ninth [naɪnθ] *adj* dziewiąty
nip [nɪp] I *v* uszczypnąć; ścisnąć; *przen.* to ~ sth in the bud stłumić ⟨zdusić⟩ coś w zarodku II s uszczypnięcie *n*
nitrogen ['naɪtrədʒən] s azot *m*
no [nəʊ] I *adj* żaden; by no means w żaden sposób; no doubt niewątpliwie II *adv* nie; whether you like it or no czy ci się to podoba, czy nie; no less wcale nie mniej; no more (już) więcej nie; no sooner ... zaledwie ... III s odmowa *f*; sprzeciw *m*
nobility [nə'bɪlətɪ] s szlachetność *f*; *zbior.* magnateria *f*; arystokracja *f*

noble ['nəʊbl] *adj* szlachetny; wzniosły
nobody ['nəʊbədɪ] *pron* nikt
nocturnal [nok'tɜnl] *adj* nocny
nod [nod] I *v* skinąć ⟨kiwnąć⟩ głową II s kiwnięcie *n* ⟨skinienie *n*⟩ (głową)
noise [nɔɪz] s hałas *m*; zgiełk *m*; to make a ~ narobić hałasu
noiseless ['nɔɪsləs] *adj* cichy; *rad.* bez zakłóceń
noisy ['nɔɪzɪ] *adj* hałaśliwy; krzykliwy
nomad ['nəʊmæd] s koczownik *m*
nominal ['nomɪnl] *adj* nominalny; imienny; (*of a payment*) drobny
nominate ['nomɪneɪt] *v* mianować; (*propose a candidate*) wysunąć kandydaturę (sb czyjąś)
nomination [nomɪ'neɪʃn] s nominacja *f*; (*proposal*) wysunięcie *n* kandydatury
nominative ['nomnətɪv] s *gram.* mianownik *m*
non- [non] *praef* nie-, bez-
nonage ['nəʊneɪdʒ] s niepełnoletność *f*
nonchalant ['nonʃələnt] *adj* nonszalancki; niedbały
non-commissioned ['nonkə'mɪʃnd] *adj* bez rangi oficerskiej; ~ officer podoficer *m*
none [nʌn] I *pron* żaden; nikt; ~ of us nikt ⟨żaden⟩ z nas; ~ but ... nikt prócz ... II *adv* bynajmniej; (wcale) nie; ~ the less niemniej (jednak); tym niemniej; ~ too easy niełatwy; ~ too soon w ostatniej chwili; to be ~ the better for sth nic nie zyskać na czymś
nonentity [non'entətɪ] s niebyt *m*; nicość *f*; (*of a person*) zero *n*
non-flammable [non'flæməbl] *adj* niepalny

non-party ['non'pɑtɪ] *adj* bezpartyjny
nonplus [non'plʌs] **I** *s* zakłopotanie *n*; **at a** ～ w kłopotach **II** *v* zakłopotać; zażenować
nonsense ['nonsns] *s* nonsens *m*; absurd *m*; niedorzeczność *f*; **to talk** ～ mówić od rzeczy; *pot.* pleść głupstwa
non-smoker ['non'sməukə(r)] *s* człowiek nie palący; (*in a train*) przedział *m* dla niepalących
non-stop ['non'stop] **I** *adj* bezpośredni; *lotn.* bez lądowania **II** *adv* bezpośrednio; bez zatrzymywania się
noodle [¹] ['nudl] *s* głupiec *m*; tuman *m*
noodle [²] ['nudl] *s* makaron *m*; kluska *f*
nook [nuk] *s* kącik *m*; zakątek *m*; **a cosy** ～ przytulny kącik
noon [nun] *s* południe *n*
noose [nus] *s* pętla *f*
nor [no(r)] *conj* ani; też nie
norm [nom] *s* norma *f*; standard *m*
normal ['noml] *adj* normalny; prawidłowy; ～ **school** seminarium nauczycielskie; **a-bove** ⟨**below**⟩ ～ powyżej ⟨poniżej⟩ normy
normalize ['nomlaɪz] *v* znormalizować
north [noɵ] **I** *s* północ *f* **II** *adj* północny **III** *adv* na północ
northward(s) ['noɵwədz] *adv* ku północy
Norwegian [nə'widʒən] **I** *adj* norweski **II** *s* (*native*) Norweg *m*; Norweżka *f*; (*language*) język norweski
nose [nəuz] *s* **1.** nos *m*; *przen.* **a long** ～ kwaśna mina **2.** (*sense of smell*) węch *m*; *przen.* **to have a** ～ **for sth** mieć nosa do czegoś
nostalgia [no'stældʒə] *s* nostalgia *f*
nostril ['nostrɪl] *s* nozdrze *n*

not [not] *adv* nie; ～ **a bit ani trochę**; ～ **at all** wcale nie; ～ **a word ani** słowa; ～ **yet** jeszcze nie
notable ['nəutəbl] **I** *adj* znakomity; wybitny **II** *s* dostojnik *m*
notary ['nəutərɪ] *s* notariusz *m*; rejent *m*
note [nəut] **I** *s* **1.** nuta *f* **2.** (*mark*) znak *m*; ～ **of exclamation** wykrzyknik *m*; ～ **of interrogation** pytajnik *m* **3.** (*written remark*) notatka *f*; uwaga *f*; adnotacja *f*; **to take** ～s notować **4.** (*letter*) list *m*; bilecik *m*; **drop me a** ～ napisz mi parę słów **5.** *handl.* weksel *m*; rachunek *m* **6.** (*bank-note*) banknot *m* **7.** (*fame*) sława *f*; **a person of** ～ człowiek znany; **worthy of** ～ godny uwagi **II** *v* notować; (*notice*) zauważać
note-book ['nəut buk] *s* notatnik *m*; notes *m*
noted ['nəutɪd] *adj* znakomity; wybitny; znany
note-paper ['nəut peɪpə(r)] *s* papier listowy
nothing ['nʌɵɪŋ] **I** *pron* *s* nic; ～ **but** ... nic (jak) tylko ...; wyłącznie ...; ～ **of value** nic wartościowego; **there is** ～ **to be done** nie ma na to żadnej rady; **to have** ～ **to do with** ... nie mieć nic wspólnego z ...; **to make** ～ **of** lekceważyć; **for** ～ za darmo; niepotrzebnie **II** *adv* nie; ⟨bynajmniej, wcale⟩ nie; ～ **less than** ... co najmniej ...; skromnie licząc ...; ～ **doing!** nic z tego!
notice ['nəutɪs] **I** *s* **1.** zawiadomienie *n*; ostrzeżenie *n*; **to give sb** ～ **of sth** zawiadomić ⟨ostrzegać⟩ kogoś o czymś; **without** ～ bez uprzedzenia; nagle; **without a moment's** ～ z miejsca **2.** (*announcement*) obwieszczenie *n* **3.** (*term*) termin *m*;

at short ~ w krótkim terminie 4. *(dismissal)* wypowiedzenie *n* (posady itd.) 5. *(observation)* uwaga *f*; **to take ~ of sth** zwrócić uwagę na coś II *v* zauważyć; spostrzec

noticeable [ˈnəutɪsəbl] *adj* godny uwagi; *(perceptible)* dostrzegalny

notice-board [ˈnəutɪs bɔd] *s* tablica *f* ogłoszeń

notify [ˈnəutɪfaɪ] *v* zawiadamiać **(sb of sth kogoś o czymś)**; ogłaszać; meldować

notion [ˈnəuʃn] *s* pojęcie *n*; wyobrażenie *n*; **to have a ~ that ...** mieć wrażenie ⟨ubzdurać sobie⟩, że ...

notorious [nəuˈtɔrɪəs] *adj* głośny; znany

notwithstanding [ˈnotwɪðˈstændɪŋ] I *adv* jednakże; niemniej jednak; nie zważając na ... II *praep* pomimo (czegoś); nie zważając na ...

noun [naun] *s gram.* rzeczownik *m*

nourish [ˈnʌrɪʃ] *v* karmić, żywić

nourishing [ˈnʌrɪʃɪŋ] *adj* pożywny

nourishment [ˈnʌrɪʃmənt] *s* pożywienie *n*, pokarm *m*

novel [ˈnovl] *s* powieść *f*

novel [ˈnovl] *adj* nowy; oryginalny; nowatorski

novelette [ˈnovlˈet] *s* opowiadanie *n*; nowela *f*

novelist [ˈnovlɪst] *s* powieściopisarz *m*, powieściopisarka *f*

novelty [ˈnovltɪ] *s* nowość *f*; innowacja *f*

November [nəuˈvembə(r)] *s* listopad *m*

now [nau] I *adv* teraz; obecnie; **~ and again** ⟨and then⟩ co jakiś czas; od czasu do czasu; *am.* **right ~** w tej chwili II *s* chwila obecna; **between ~ and then** w międzyczasie; **by ~ do** tego

czasu; **from ~ on** odtąd (na przyszłość); **till ~** dotychczas III *conj* teraz gdy; skoro

nowadays [ˈnauədeɪz] *adv* w dzisiejszych czasach; teraz; obecnie

nowhere [ˈnəuweə(r)] *adv* nigdzie

noxious [ˈnokʃəs] *adj* szkodliwy; niezdrowy

nuclear [ˈnjuklɪə(r)] *adj* jądrowy; nuklearny

nucleus [ˈnjuklɪəs] *s* jądro *n*; *(germ)* zawiązek *m*

nude [njud] I *adj* nagi; goły II *s* akt malarski

nudist [ˈnjudɪst] *s* nudysta *m*; **~ camp** obóz *m* dla nudystów

nuisance [ˈnjusns] *s* rzecz przykra; **that's a ~!** to przykre!

numb [nʌm] *adj* zdrętwiały; ścierpnięty

number [ˈnʌmbə(r)] I *s* 1. liczba *f*; numer *m*; cyfra *f*; **a (large) ~** sporo; niemało; **without ~** bez liku 2. *gram.* liczba *f* II *v* policzyć; numerować

numbering [ˈnʌmbərɪŋ] *s* liczenie *n*; numeracja *f*

numberless [ˈnʌmbələs] *adj* niezliczony

number-plate [ˈnʌmbə pleɪt] *s* tabliczka rejestracyjna (samochodu); tabliczka *f* z numerem domu

numeral [ˈnjumərl] I *adj* liczbowy; cyfrowy II *s* 1. cyfra *f* 2. *gram.* liczebnik *m*

numerical [njuˈmerɪkl] *adj* liczbowy; cyfrowy

numerous [ˈnjumərəs] *adj* liczny

nun [nʌn] *s* zakonnica *f*, mniszka *f*

nurse [nɜs] I *s* niańka *f*; *(in a hospital)* pielęgniarka *f*, siostra *f* II *v* niańczyć; pielęgnować

nursery [ˈnɜsrɪ] *s* pokój dzie-

cinny; ~ **rhyme** wierszyk
dziecinny; ~ **school** przedszkole *n*; **day**.~ żłobek *m*;
sport. ~ **slope** ośla łączka
nut [nʌt] *s* 1. orzech *m* 2.
techn. nakrętka *f*
nut-brown ['nʌt'braun] *adj* orzechowy (kolor)
nut-cracker ['nʌt'krækə(r)] *s*
dziadek *m* do orzechów
nutmeg ['nʌtmeg] *s* gałka
muszkatołowa

nutriment ['njutrimənt] *s* środek odżywczy; odżywka *f*
nutrition [nju'trɪʃn] *s* odżywianie *n*, żywienie *n*
nutritious [nju'trɪʃəs] *adj* odżywczy; pożywny
nutshell ['nʌtʃel] *s* łupin(k)a
f od orzecha; *przen.* in a ~
w paru słowach
nylon ['naɪlon] *s* nylon *m*; *pl*
~s pończochy nylonowe
nymph [nɪmf] *s* nimfa *f*

O

oak [əuk] *s* dąb *m*
oar [ɔ(r)] **I** *s* wiosło *n*; **to pull
a good**.~ być dobrym wioślarzem **II** *v* wiosłować
oarsman ['ɔzmən] *s* (*pl* oarsmen) wioślarz *m*
oasis [əu'eɪsɪs] *s* (*pl* oases
[əu'eɪsiz]) oaza *f*
oath [əuθ] *s* przysięga *f*; **to
take ⟨to make, to swear⟩
an** ~ składać przysięgę; **on
⟨under⟩** ~ związany przysięgą
oatmeal ['əutmil] *s* płatki owsiane (surowe)
oats [əuts] *pl* owies *m*
obedience [ə'bidiəns] *s* posłuszeństwo *n*; **in** ~ **to** ... zgodnie **z** ...
obedient [ə'bidiənt] *adj* posłuszny
obelisk ['obəlisk] *s* obelisk *m*
obese [əu'bis] *adj* otyły; korpulentny
obesity [əu'bisəti] *s* otyłość *f*
obey [ə'beɪ] *v* usłuchać; być
posłusznym (sb komuś)
obituary [ə'bɪtʃuəri] *adj* pośmiertny; pogrzebowy; ~
column rubryka *f* zgonów;
~ **notice** klepsydra *f*; notatka pośmiertna
object[1] ['obdʒɪkt] *s* 1. przedmiot *m* 2. (*purpose*) cel *m*;
with the ~ **of** ... w celu 3.
gram. dopełnienie *n*

object[2] [əb'dʒəkt] *v* sprzeciwiać się; protestować; oponować; **to** ~ **to sb** mieć komuś coś do zarzucenia
objection [əb'dʒekʃn] *s* 1.
sprzeciw *m*; zarzut *m*; **there
is no** ~ nic nie stoi na
przeszkodzie; **to raise** ~s
sprzeciwiać się 2. (*defect*)
wada *f*
objectionable [əb'dʒekʃnəbl]
adj niewłaściwy; niepożądany
objective [əb'dʒektɪv] **I** *adj* obiektywny; bezstronny;
gram. ~ **case** biernik *m* **II**
s 1. cel *m* 2. *fot.* obiektyw
m
obligation ['oblɪ'geɪʃn] *s* zobowiązanie *n*; obowiązek *m*;
to undertake an ~ przyjąć
na siebie zobowiązanie; **to
be under an** ~ **to sb** być
zobowiązanym komuś
obligatory [ə'blɪgətrɪ] *adj* obowiązujący; obowiązkowy
oblige [ə'blaɪdʒ] *v* 1. obowiązywać 2. (*bind*) zobowiązywać (kogoś); **to be** ~**d to
do sth** być zmuszonym coś
zrobić 3. (*do a favour*) wyświadczyć komuś przysługę;
could you ~ **me with** ... czy
mógłbym pana prosić o ...;
I am much ~**d** bardzo dziękuję

obliging [ə'blaɪdʒɪŋ] *adj* u-przejmy; usłużny
oblique [ə'bliːk] *adj* skośny; ukośny; pochyły
obliterate [ə'blɪtəreɪt] *v* wymazać; zetrzeć
oblivion [ə'blɪvɪən] *s* zapomnienie *n*; niepamięć *f*; *prawn.* Act of Oblivion amnestia *f*
oblivious [ə'blɪvɪəs] *adj* niepomny (**of** sth czegoś); **to be ~ of** ... nie pamiętać o ...
oblong [ˈoblon] *adj* podłużny; **~ face** pociągła twarz
oboe [ˈəubəu] *s* obój *m*
obscene [əb'siːn] *adj* sprośny; nieprzyzwoity
obscenity [əb'senətɪ] *s* sprośność *f*; nieprzyzwoitość *f*
obscure [əb'skjuə(r)] *adj* ciemny; mroczny; (*not clear*) niezrozumiały
observation [ˌobzə'veɪʃn] *s* obserwacja *f*; (*comment*) uwaga *f*; spostrzeżenie *n*
observatory [əb'zɜːvətrɪ] *s* obserwatorium *n*
observe [əb'zɜːv] *v* obserwować; spostrzegać; (*keep*) przestrzegać (ustaw itp.); obchodzić (święta)
observer [əb'zɜːvə(r)] *s* obserwator *m*
obsess [əb'ses] *v* opętać; prześladować; **he is ~ed by** ⟨**with**⟩ **the idea of** ... on jest opętany myślą o ...
obsession [əb'seʃn] *s* obsesja *f*; opętanie *n*
obsolete [ˈobsəliːt] *adj* przestarzały; **it is ~ to** wyszło z użycia
obstacle [ˈobstəkl] *s* przeszkoda *f*; zawada *f*; *sport.* **~ race** bieg *m* z przeszkodami
obstetric [ob'stetrɪk] *adj* położniczy
obstetrician [ˌobstɪ'trɪʃn] *s* położnik *m*
obstinacy [ˈobstɪnəsɪ] *s* upór *m*

obstinate [ˈobstɪnət] *adj* uparty; zawzięty; uporczywy
obstruct [əb'strʌkt] *s* zawadzać, stać na przeszkodzie; zatkać; **to ~ the view** zasłaniać widok
obtain [əb'teɪn] *v* uzyskać; dostać; osiągnąć
obtainable [əb'teɪnəbl] *adj* do nabycia; **it is ~** można to dostać ⟨nabyć⟩
obtrude [əb'truːd] *v* narzucać (sth coś; **oneself** się)
obvious [ˈobvɪəs] *adj* oczywisty; jasny
occasion [ə'keɪʒn] I *s* sposobność *f*; okazja *f*; **on ~** od czasu do czasu; **on many ~s** w wielu wypadkach; **on this ~** w tym wypadku; tym razem II *v* spowodować; wywołać
occasional [ə'keɪʒnl] *adj* 1. okolicznościowy; przypadkowy; **~ showers** przelotne opady 2. (*of a worker*) sezonowy; dorywczy
occultism [o'kʌltɪzm] *s* okultyzm *m*
occupant [ˈokjupənt] *s* mieszkaniec *m*; lokator *m*; człowiek zajmujący (dom, lokal, miejsce itd.); *polit.* okupant *m*
occupation [ˌokju'peɪʃn] *s* 1. zajęcie *n*; zawód *m*; **by ~** z zawodu 2. *polit.* okupacja *f*
occupy [ˈokjupaɪ] *v* 1. zajmować 2. *polit.* okupować
occur [ə'kɜː(r)] *v* przytrafić ⟨zdarzyć⟩ się; **it ~s to me** ... przychodzi mi ⟨na⟩ myśl ...
occurrence [ə'kʌrns] *s* występowanie *n* (zjawiska itd.); (*event*) zdarzenie *n*; traf *m*
ocean [ˈəuʃn] *s* ocean *m*
o'clock [ə'klok] *przy oznaczaniu czasu:* godzina; **one** ⟨**two etc.**⟩ **~** pierwsza ⟨druga itd.⟩ godzina
octane [ˈokteɪn] *s* oktan *m*; **high ~** wysokooktanowy

October [ok'təubə(r)] s październik m
octopus ['oktəpəs] s ośmiornica f
ocular ['okjulə(r)] adj oczny
oculist ['okjulıst] s okulista m
odd [od] adj 1. (of a number) nieparzysty; **thirty** ~ trzydzieści kilka 2. (of a shoe etc.) nie do pary 3. (strange) dziwny; dziwaczny 4. (remaining) zbywający; pozostały; ~ **job** dorywcza praca
oddity ['odətı] s osobliwość f; niezwykłość f
oddly ['odlı] adv dziwnie; osobliwie; ~ **enough** ... rzecz zastanawiająca ⟨dziwna⟩ ...
oddments ['odmənts] pl resztki pl; drobiazgi pl; rupiecie pl
odds [odz] plt 1. nierówność f; różnica f; **to be at** ~ **with sb** być z kimś w niezgodzie; ~ **and ends** odpadki pl; resztki pl 2. (advantage) przewaga f; szanse pl
odious ['əudıəs] adj wstrętny; ohydny
odometer [o'domıtə(r)] s mot. hodometr (do mierzenia przebytej drogi)
odour ['əudə(r)] s zapach m; aromat m
of [əv, ov] praep 1. (from) od (czegoś) ; skądś; **a man of Warsaw** warszawianin m 2. (made from) z (czegoś); **made of wood** ⟨steel etc.⟩ zrobiony z drzewa ⟨ze stali itd.⟩ 3. (from among) spośród; **one of them** jeden z nich 4. (about) o (czymś) 5. oznacza drugi przypadek: **a cup of tea** szklanka f herbaty; **the works of Shaw** dzieła pl Shawa || **it's very nice of you** to bardzo miło z twojej strony; **of late** ostatnio; **of old** dawniej
off [of] I adv 1. opodal; **some distance** ~ w pewnym oddaleniu 2. (away) precz; **far**

~ daleko; **I must be** ~ **now** muszę już iść; **hats** ~ zdjąć kapelusze; ~ **and on** z przerwami; sporadycznie; **well** ⟨**badly**⟩ ~ dobrze ⟨źle⟩ sytuowany; **day** ~ dzień wolny od pracy II adj (farther) dalszy, odległy III praep (from) od; z (czegoś — stołu, talerza itd.); (away from) z dala; na boku
offence [ə'fens] s 1. obraza f; **no** ~ **was meant** nie chciałem nikogo urazić ⟨dotknąć⟩; **to commit an** ~ popełnić przestępstwo ⟨wykroczenie⟩; **to take** ~ obrazić się 2. prawn. przekroczenie n
offend [ə'fend] v 1. obrazić; dotknąć; **to be** ~ed **at** ⟨by⟩ **sth** obrazić się o coś; czuć się dotkniętym czymś 2. (be guilty) zawinić; popełnić wykroczenie
offender [ə'fendə(r)] s przestępca m; winowajca m; **first** ~ przestępca nie karany; **old** ~ recydywista m
offensive [ə'fensıv] I adj (of words etc.) obraźliwy; (attacking) agresywny; (of smell, sight etc.) przykry II s ofensywa f
offer ['ofə(r)] I v ofiarowywać; oferować; przedstawić; poczęstować; **to** ~ **an apology** przeprosić II s oferta f; propozycja f; **to make an** ~ zaoferować; zaproponować
offering ['ofərıŋ] s propozycja f; (thing offered) ofiara f
off-hand [of'hænd] I adv (zrobić coś) bez przygotowania ⟨na poczekaniu⟩ II adj nie przygotowany; zaimprowizowany
office ['ofıs] s 1. biuro n; wydział m; kancelaria f; ~ **of vital statistics** biuro n ewidencji ludności; **booking** ~ kasa biletowa; **cash** ~ kasa

f; consular ~ biuro konsularne; employment ~ biuro pośrednictwa pracy; biuro zatrudnienia; exchange ~ kantor *m* wymiany; money exchange ~ biuro wymiany walut; notary's ~ biuro notarialne; passport ~ biuro paszportowe; press ~ biuro prasowe; inquiry ~ informacja *f* 2. (*government department*) ministerstwo *n* 3. (*service*) przysługa *f*; usługa *f*; through the good ~s of ... za uprzejmym pośrednictwem ... (czyimś); dzięki uprzejmości ... (czyjejś) 4. (*duty*) funkcja *f*; urząd *m*; stanowisko *n*; to take ⟨to enter⟩ upon an ~ objąć urząd ⟨stanowisko⟩; (*of a person*) to hold ~ mieć stanowisko; (*of a party etc.*) być u władzy 5. *kośc.* nabożeństwo *n*; obrządek *m*
office-boy [`ofɪs bɔɪ] *s* goniec *m*
officer [`ofɪsə(r)] *s* urzędnik *m*; funkcjonariusz *m*; oficer *m*
official [ə`fɪʃl] I *adj* urzędowy; formalny II *s* urzędnik *m*
officious [ə`fɪʃəs] *adj* narzucający się; (*of a newspaper*) nieoficjalny; półurzędowy
offish [`ofɪʃ] *adj* pot. (*of behaviour*) sztywny; (*of a person*) pełen rezerwy
off-print [`of prɪnt] *s* odbitka *f* (artykułu z czasopisma)
off-season [`of sizn] I *adj* pozasezonowy II *adv* poza sezonem
often [`ofn] *adv* często
oil [ɔɪl] I *v* smarować; oliwić II *s* 1. olej *m*; *mot.* ~ level poziom *m* oleju; castor ~ rycyna *f*; cod-liver ~ tran *m* (leczniczy); crude ~ ropa naftowa 2. (*from olives*) oliwa *f*
oilcloth [`ɔɪkloθ] *s* cerata *f*

oil-colours [`ɔɪl kʌləz] *pl* farby olejne
oiler [`ɔɪlə(r)] *s* oliwiarka *f*
oil-painting [`ɔɪlpeɪntɪŋ] *s* malowanie *n* olejnymi farbami; (*picture*) obraz olejny
oilskin [`ɔɪlskɪn] *s* cerata *f*; *pl* ~s ubranie ⟨okrycie⟩ nieprzemakalne
oil-tanker [`ɔɪl tæŋkə(r)] *s* tankowiec *m*; samochód-cysterna *m*
ointment [`ɔɪntmənt] *s* maść *f*
OK, okay [`əʊ`keɪ] *pot.* I *adv* w porządku II *s* zgoda *f*
old [əʊld] *adj* stary; dawny; ~ age starość *f*; how ~ is he? ile on ma lat?; to be ... years ~ mieć ... lat; to grow ⟨to become, to get⟩ ~ starzeć się
old-fashioned [`əʊld`fæʃnd] *adj* staromodny; (*of a person*) zacofany
oldish [`əʊldɪʃ] *adj* starszawy; podstarzały
olive [`olɪv] I *s* oliwka *f* II *adj* oliwny; ~ oil oliwa *f* (jadalna)
Olympiad [əʊ`lɪmpɪæd] *s* olimpiada *f*
Olympic [ə`lɪmpɪk] *adj* olimpijski; ~ Games Olimpiada *f*; igrzyska olimpijskie
omen [`əʊmen] *s* omen *m*; znak *m*; wróżba *f*
omission [ə`mɪʃn] *s* opuszczenie *n* ⟨pominięcie *n*⟩ (czegoś)
omit [ə`mɪt] *v* pominąć; zaniedbać; przeoczyć
on [on] I *praep* 1. (*upon*) na (czymś, kimś) 2. (*at*) przy ⟨nad⟩ (czymś); have you any change on you? czy masz przy sobie drobne? 3. (*in*) w (czymś); w (dniu); on Friday w piątek; on that day tego dnia; on the first of the month pierwszego dnia w miesiącu 4. (*after*) po (czymś) 5. (*about*) o (czymś); na temat II *adv*

dalej; **on and off** z przerwami; **and so on** i tak dalej; **read on** czytaj dalej ||
what is on in this theatre? co grają w tym teatrze?; **with nothing on** nie mając nic na sobie; nago
once [wʌns] I *adv* (jeden) raz; **more than ~** nieraz; **~ a day** raz na dzień; **~ for all** raz na zawsze; **~ more** jeszcze raz; **~ or twice** parę razy; **(all) at ~** nagle; *(in stories)* **~ upon a time** ongiś; pewnego razu II *conj* skoro tylko
oncoming [ˈonkʌmɪŋ] I *adj* nadchodzący; następny II *s* nadejście *n*; zbliżanie się *n*
one [wʌn] I *adj* 1. jeden; **~ or two** parę; kilka 2. *(certain)* pewien; niejaki; **~ day** pewnego dnia II *s* jeden *m*; jedynka *f* III *pron* ten; **the large ⟨red⟩ ~** ten duży ⟨czerwony⟩; **which ~?** który?; **how can ~ tell?** skąd można wiedzieć?; **~ never knows** nigdy się nie wie
oneself [wʌnˈself] *pron* się, siebie, sobie; *(he in person)* sam; osobiście; **one must do it ~** trzeba to zrobić samemu
one-sided [ˈwʌnˈsaɪdɪd] *adj* jednostronny; *(of a person)* stronniczy
one-time [ˈwʌn taɪm] *adj* były (dyrektor itp.)
one-way [ˈwʌn weɪ] *adj (of a street, traffic)* jednokierunkowy
onion [ˈʌnɪən] *s* cebula *f*
onlooker [ˈonlʊkə(r)] *s* widz *m*; *pl* **~s** gapie *pl*
only [ˈəunlɪ] I *adj* jedyny; **~ son** jedynak *m* II *adv* tylko, jedynie; **~ too ...** aż nadto ... (szczęśliwy itd.); **~ just** dopiero co; ledwo; **if ~** gdyby tylko
onward [ˈonwəd] I *adj (of a movement)* naprzód; ku

przodowi II *adv* naprzód; dalej
opaque [əuˈpeɪk] *adj* nieprzezroczysty
open [ˈəupən] I *adj* 1. otwarty; *(of a parcel)* rozpakowany; *(of a letter)* rozpieczętowany; **~ country** szczera wieś; **~ sea** otwarte ⟨pełne⟩ morze; **to be ~ to ...** być podatnym na ... 2. *(not secret)* jawny; **~ secret** tajemnica *f* poliszynela 3. *(of post)* wolny 4. *(of a question)* otwarty, nierozstrzygnięty; **~ to doubt** wątpliwy II *v* 1. otwierać; rozpieczętować (list); odkorkować (butelkę); *przen.* **to ~ one's mind** wypowiedzieć się 2. *(of a performance etc.)* zaczynać się III *s* **the ~** (wolne) powietrze *n*; **in the ~** na wolnym ⟨otwartym⟩ powietrzu
opener [ˈəupnə(r)] *s* przyrząd *m* do otwierania (puszek itp.); otwieracz *m*; **bottle ~** otwieracz do butelek; **tin ~** otwieracz do puszek
opening [ˈəupnɪŋ] I *s* otwarcie *n*; *(gap)* otwór *m*; wylot *m*; *(beginning)* początek *m*; *(post)* wolna posada II *adj* początkowy; wstępny
openly [ˈəupənlɪ] *adv* otwarcie; bez ogródek, szczerze
opera [ˈoprə] *s* opera *f*
operate [ˈopəreɪt] *v* działać; pracować; *(of a medicine)* poskutkować; *(on a patient)* operować (pacjenta); *(set in motion)* wprawiać w ruch; obsługiwać (maszynę)
operating-table [ˈopreɪtɪŋ teɪbl] *s* stół operacyjny
operating-theatre [ˈopreɪtɪŋ Θɪətə(r)] *s* sala operacyjna
operation [ˈopəˈreɪʃn] *s* działanie *n*; *(working)* obsługiwanie *n* (maszyny); *chir. ekon. wojsk.* operacja *f*
operator [ˈopəreɪtə(r)] *s* *chir. kin.* operator *m*; telefonista *m*, telefonistka *f*

operetta ['opə'retə] s operetka
f
opinion [ə'pınıən] s zdanie n;
opinia f; pogląd m; a matter
of ~ kwestia f zapatrywa-
nia; I am of your ~ po-
dzielam twoje zdanie; in
my ~ moim zdaniem; to
have a high ~ of sb mieć
pochlebne zdanie o kimś
opium ['əupıəm] s opium n;
~ den palarnia f opium
opponent [ə'pəunənt] s przeciwnik m
opportune ['opətjun] adj właściwy, odpowiedni, sprzyjający; dogodny
opportunist ['opə'tjunıst] s
oportunista m
opportunity ['opə'tjunətı] s
(dogodna) sposobność ⟨oka-
zja⟩; to take the ~ of ...
skorzystać ze sposobności ...
oppose [ə'pəuz] v przeciwsta-
wić (sth to sth coś czemuś);
zwalczać (sth coś); sprzeciwiać się (sth czemuś)
opposite ['opəzıt] I adj prze-
ciwległy; (contrary) przeciwny (to sb, sth komuś,
czemuś) II adv naprzeciw-
ko; po przeciwnej stronie
III s przeciwieństwo n
opposition ['opə'zıʃn] s opozycja f; opór m; przeciwsta-
wienie n; in ~ to ...
wbrew ... (czemuś); w prze-
ciwieństwie do ... (czegoś)
oppress [ə'pres] v uciskać,
gnębić; przen. przygniatać;
męczyć
oppression [ə'preʃn] s ucisk m;
gnębienie n
oppressive [ə'presıv] adj uciąż-
liwy; przen. ciężki, przy-
gniatający
optic ['optık] adj wzrokowy;
optyczny
optician [op'tıʃn] s optyk m
optics ['optıks] s optyka f
optimist ['optımıst] s optymista m
optimistic ['optı'mıstık] adj
optymistyczny; to feel ~

być optymistycznie usposo-
bionym
option ['opʃn] s opcja f; (wolny) wybór m
optional ['opʃnl] adj dowolny; fakultatywny
or [ɔ(r)] conj albo; lub; czy;
or else inaczej (bowiem);
w przeciwnym (bowiem) ra-
zie
oracle ['orəkl] s wyrocznia f
oral ['orəl] adj ustny (egzamin itp.); (of a medicine)
doustny
orange ['orındʒ] I s pomarańcza f II adj pomarańczowy;
~ juice, ~ squash sok po-
marańczowy
oratorio ['orə'tɔrıəu] s orato-
rium n
orbit ['ɔbıt] s orbita f
orchard ['ɔtʃəd] s sad m
orchestra ['ɔkıstrə] s orkiestra
f; teatr. parter m; ~ stalls
fotele parterowe
orchid ['ɔkıd] s orchidea f
ordain [ɔ'deın] v wyświęcić
(sb a priest kogoś na księ-
dza); (decide) zarządzać
ordeal [ɔ'dil] s (ciężka) próba
f; doświadczenie n
order ['ɔdə(r)] I s 1. klasa f;
rodzaj m 2. (religious frater-
nity) Zakon m 3. (tidiness)
porządek m; ład m; to put
⟨to set⟩ sth in ~ uporządkować coś; in ~ w porząd-
ku; out of ~ w nieładzie;
zepsuty; uszkodzony 4. (succession) kolejność f; (agenda) porządek m obrad 5.
wojsk. rozkaz m 6. (instruction) zarządzenie n; instruk-
cja f; by ~ of ... z nakazu
⟨nakazem⟩ ... 7. handl. zamówienie n; zlecenie n;
money ~ przekaz pieniężny;
made to ~ wykonany na
zamówienie; to place an ~
for zamówić (coś); in order
to ⟨that⟩ ... aby ⟨ażeby, w
celu⟩ ... II v rozkazywać;
zarządzać; handl. zamawiać
orderly ['ɔdəlı] I adj uporząd-

kowany; systematyczny II *s* dyżurny *m*

ordinal ['ɔdɪnl] I *adj* porządkowy II *s* liczebnik porządkowy

ordinarily ['ɔdnrlɪ] *adv* zwykle; zazwyczaj

ordinary ['ɔdnrɪ] *adj* zwykły; normalny; codzienny; przeciętny

ore [ɔ(r)] *s* ruda *f*

organ ['ɔgən] *s* 1. organy *pl*; American ~ fisharmonia *f*; mouth ~ harmonijka ustna; street ~ katarynka *f* 2. *anat.* narząd *m*

organic [ɔ'gænɪk] *adj* organiczny

organism ['ɔgənɪzm] *s* organizm *m*

organization ['ɔgənɑɪ'zeɪʃn] *s* organizacja *f*; zrzeszenie *n*; (*structure*) struktura *f*

organize ['ɔgənɑɪz] *v* organizować

orgy ['ɔdʒɪ] *s* orgia *f*

orient ['ɔrɪənt] *s* wschód *m*

oriental [ɔrɪ'entl] *adj* orientalny; wschodni

origin ['ɔrədʒɪn] *s* początek *m*; geneza *f*; pochodzenie *n* (człowieka itp.)

original [ə'rɪdʒnl] I *adj* oryginalny; pierwotny II *s* oryginał *m* (obrazu itp.); (*of a person*) dziwak *m*; oryginał *m*

originate [ə'rɪdʒɪneɪt] *v* dawać początek (sth czemuś); zapoczątkować; (*come*) pochodzić (from sth od czegoś)

ornament ['ɔnəmənt] I *s* ozdoba *f*; ornament *m*; *pl* ~s ornamentacia *f*; zdobnictwo *n*; dekoracje *pl* II *v* ozdabiać; upiększać; przystrajać

orphan ['ɔfən] *s* sierota *f*

orthodox ['ɔθədɔks] *adj* ortodoksyjny; *rel.* prawosławny

orthography [ɔ'θɔgrəfɪ] *s* *gram.* pisownia *f*; ortografia *f*

oscillate ['ɔsɪleɪt] *v* drgać; *przen.* wahać się (pomię-

dzy ...); *elektr.* oscillating current prąd zmienny

osier ['əʊzɪə(r)] I *s* wiklina *f* II *adj* wiklinowy

ostentatious [ɔsten'teɪʃəs] *adj* wystawny; okazały; (*showing off*) ostentacyjny

ostrich ['ɔstrɪtʃ] *s* struś *m*

other ['ʌðə(r)] *adj pron* drugi; inny: every ~ day co drugi dzień; the ~ day onegdaj; some ~ day kiedy indziej; ~ than ... inny niż ...; odmienny od ...

otherwise ['ʌðəwɑɪz] *adv* inaczej; w inny sposób; (*else*) w przeciwnym razie; inaczej bowiem

otter ['ɔtə(r)] *s* wydra *f*

ought [ɔt] *v* należy (coś zrobić); you ⟨we etc.⟩ ~ to ... powinieneś ⟨powinniśmy itd.⟩ ... (coś zrobić)

ounce [ɑʊns] *s* uncja *f*

our [ɑʊə(r)] *adj* nasz

ours [ɑʊəz] *pron* nasz; a friend of ~ pewien nasz przyjaciel

ourselves [ɑ'selvz] *pron* się; siebie; sobie; (*unaccompanied*) (my) sami

out [ɑʊt] I *adv* na zewnątrz; poza domem; he is ~ nie ma go w domu; a day ~ dzień wolny od pracy; before the day is ~ zanim dzień się skończy; ~ and about zdrów; na nogach; ~ and ~ całkowicie; zupełnie; ~ for sth w poszukiwaniu czegoś; the book is ~ książka ukazała się; (*of workers*) to be ~ strajkować II *praep* ~ of poza; I am ~ of cigarettes skończyły mi się papierosy; ~ of curiosity z ciekawości; ~ of doubt bez wątpienia III *adj* zewnetrzny

outbreak ['ɑʊtbreɪk] *s* wybuch *m* (gniewu itp.)

outcast ['ɑʊtkɑst] I *adj* wygnany; wyrzucony II *s* wygnaniec *m*; wyrzutek *m*

outcome ['autkʌm] s wynik m;
rezultat m
outdated [aut'deitid] adj przestarzały; przedawniony
outdistance [aut'distəns] v zdystansować; prześcignąć
outdoors [aut'dɔz] adv na wolnym powietrzu; pod gołym
niebem
outer ['autə(r)] adj zewnętrzny
outfit ['autfit] s sprzęt m;
ekwipunek m; wyposażenie
n
outfitting ['autfitiŋ] s konfekcja f; ~ department
dział m konfekcji
outing ['autiŋ] s wycieczka f;
to go for an ~ pojechać na
wycieczkę
outlast [aut'last] v trwać dłu-
żej (sth niż coś); przetrwać
outlaw ['autlɔ] I s człowiek
wyjęty spod prawa II v wy-
jąć (człowieka) spod prawa;
(declare) ogłosić (coś) za
nielegalne
outline ['autlain] I s szkic m;
zarys m; in ~ w ogólnym
zarysie II v naszkicować;
nakreślić; przedstawić w o-
gólnym zarysie
outlive [aut'liv] v przeżyć (kogoś); przetrwać
outlook ['autluk] s widok m;
przen. perspektywa f ⟨wi-
doki pl⟩ (na przyszłość);
(viewpoint) pogląd m; zapa-
trywanie n; (observation
point) punkt obserwacyjny
outlying ['autlaiiŋ] adj odda-
lony; dalszy
outmoded [aut'məudid] adj niemodny
outmost ['autməust] adj najdalszy; ostateczny
outnumber ['aut'nʌmbə(r)] v
przewyższać liczebnie
out-of-date ['autəv'deit] adj
przestarzały; niemodny
out-of-the-way ['aut əv ðə
'wei] adj odległy; zapadły
out-patient ['autpeiʃnt] s pacjent dochodzący ⟨ambula-

toryjny⟩; ~ department
ambulatorium n
output ['autput] s wytwór-
czość f; produkcja f; wy-
dajność f; dorobek m (ar-
tystyczny, naukowy itd.);
górn. wydobycie n
outrage ['aut-reidʒ] s obraza f;
zniewaga f; prawn. prze-
stępstwo n
outrageous [aut'reidʒəs] adj
oburzający; skandaliczny
outright ['aut-rait] I adj bezpośredni; szczery; otwarty;
uczciwy; (complete) całkowity II adv [aut'rait] zupełnie; całkowicie; (openly)
wprost (powiedzieć, odmó-
wić); otwarcie; bez ogródek
outside [aut'said] I s 1. zewnętrzna strona; (in football) ~ left lewoskrzydłowy
m; from the ~ od zewnątrz;
z zagranicy 2. (appearance)
powierzchowność f 3. (of a
building) fasada f II adj
zewnętrzny; (of an opinion)
postronny III adv zewnątrz;
na ulicy IV praep ~ of ...
na zewnątrz ... (czegoś);
przed ... (czymś); poza ...
(miastem itp.)
outsider [aut'saidə(r)] s człowiek m z innego środo-
wiska; sport. niegroźny kon-
kurent
outsize [aut'saiz] adj ponad-
normalnej wielkości; ~
shop sklep dla nietypowych
outskirts ['autskɜts] plt krań-
ce pl ⟨peryferie pl⟩ (miasta itp.); skraj m (lasu)
outspoken [aut'spəukən] adj
otwarty; szczery
outstanding [aut'stændiŋ] adj
1. wybitny, znakomity 2.
(projecting) wystający 3. (of
a bill) zaległy
outstretched [aut'stretʃt] adj
rozpostarty; (of arms) o-
twarty
outvie [aut'vai] v prześcignąć
outvote [aut'vəut] v przegłosować

outward ['autwəd] I adj zewnętrzny; widoczny; powierzchowny II adv = outwards III s wygląd zewnętrzny
outwardly ['autwədlı] adv zewnętrznie; (seemingly) pozornie; na pozór
outwards ['autwədz] adv na zewnątrz
outweigh [aut'weı] v przeważyć
outwit [aut'wıt] v podejść (kogoś); przechytrzyć (kogoś)
oval ['əuvl] I adj owalny II s owal m
oven ['ʌvn] s piec m (piekarski); Dutch ~ piekarnik m
ovenware ['ʌvn weə(r)] s naczynia żaroodporne
over ['əuvə(r)] I praep 1. na (czymś); po (czymś); all ~ the world etc. po całym świecie itd. 2. (above) nad; ponad; powyżej 3. (during) w ciągu ⟨na przestrzeni⟩ (danego czasu); przez (niedzielę itp.) II adv 1. od początku do końca; (more) jeszcze raz; znowu; ~ again co jakiś czas; to be ~ minąć; skończyć się 2. (across) na drugą stronę
over- ['əuvə(r)] praef nad-, prze-
overact ['əuvər'ækt] v zgrywać się; szarżować
overall ['əuvərɔl] s kitel m (lekarza itp.); pl ~s kombinezon m
overate zob. overeat
overawe ['əuvər'ɔ] v onieśmielić; zastraszyć
overbalance ['əuvə'bæləns] I v przeważyć; (lose balance) tracić równowagę II s przewaga f
overbearing ['əuvə'beərıŋ] adj arogancki; wyniosły; apodyktyczny
overboard ['əuvəbɔd] adv (rzucić, spaść) za burtę; przen. to throw sth ~ pozbyć się czegoś; porzucić coś

overburden ['əuvə'bɜdn] v przeciążyć; przeładować
overcame zob. overcome
overcast ['əuvə'kast] I v (overcast, overcast) zaciemnić; zachmurzyć; przen. zasępić II adj pochmurny; zachmurzony; (of a person) posępny
overcharge ['əuvə'tʃadʒ] I v przeciążać; żądać zbyt wysokiej ceny; oszukiwać (na cenie) II s przeciążenie n; pot. zdzierstwo n; oszukiwanie ń (na cenie itp.)
overcoat ['əuvəkəut] s płaszcz m
overcome ['əuvə'kʌm] v (overcame ['əuvə'keım], overcome) pokonywać; przemóc; zwalczyć (przeszkody); to be ~ with ⟨by⟩ sth być przejętym ⟨opanowanym⟩ czymś; nie posiadać się (z wściekłości itp.)
overcrossing ['əuvə'krosıŋ] s przejazd m górą
overcrowd ['əuvə'kraud] v przepełniać; zatłoczyć
overdo ['əuvə'du] v (overdid ['əuvə'dıd], overdone ['əuvə'dʌn) przesadzać; za daleko się posunąć (sth w czymś); przekraczać granice (przyzwoitości); pot. zagalopować się; kulin. przesmażyć; rozgotować
overdone ['əuvə'dʌn] I zob. overdo II adj przesadny
overdose ['əuvə'dəuz] I v przedawkować II s za duża dawka
overdraft ['əuvədraft] s bank. przekroczenie n konta; (cheque) czek m bez pokrycia
overdraw ['əuvə'drɔ] v (overdrew ['əuvə'dru], overdrawn ['əuvə'drɔn]) przekraczać (konto ⟨kredyt⟩); to ~ one's account przekroczyć rachunek ⟨konto⟩ w banku
overdue ['əuvə'dju] adj (of a bill) zaległy; (of a train)

spóźniony; (*of a baby*) przenoszony

over-estimate ['əuvə'restımeıt] I *v* przeceniać wartość ⟨znaczenie⟩ (*sth* czegoś) II *s* ['əuvə'restımət] za wysoka ocena

over-expose ['əuvərıks'pəuz] *v fot.* prześwietlić (zdjęcia)

overflow ['əuvə'fləu] I *v* przelać się; przepełniać; (*of a river*) wystąpić z brzegów II *s* ['əuvəfləu] zalew *m*, wylew *m*; (*surplus*) nadmiar *m*

overgrowth ['əuvə'grəuθ] *s* wybujałość *f*; przerost *m*

overhaul ['əuvə'hɔl] I *v* 1. gruntownie zbadać (pacjenta); to get ~ed dać się zbadać (lekarzowi) 2. (*repair*) przeprowadzić kapitalny remont (a machine maszyny itp.) II *s* ['əuvəhɔl] gruntowne badanie; gruntowny przegląd; (*repair*) remont *m* (generalny)

overhead ['əuvə'hed] I *adv* w górze; nad głową; nad nami II *adj* napowietrzny; (*of light etc.*) górny

overhear ['əuvə'hıə(r)] *v* (**overheard** ['əuvə'hɜd], overheard) przypadkowo usłyszeć; podsłuchać

overheat ['əuvə'hit] *v* przegrzewać

overjoyed ['əuvə'dʒɔıd] *adj* rozradowany; to be ~ nie posiadać się z radości

overland ['əuvəlænd] I *adj* lądowy II *adv* ['əuvə'lænd] lądem

overleaf ['əuvə'lif] *adv* na odwrocie (stronicy)

overload ['əuvə'ləud] I *v* przeładować; przeciążyć II *s* ['əuvələud] przeciążenie *n*

overlook ['əuvə'luk] *v* 1. (*of a window*) wychodzić na ... 2. (*take no notice*) przeoczyć; pomijać (milczeniem); nie zwrócić uwagi (sth na coś) 3. (*supervise*) nadzorować

overnight ['əuvə'naıt] *adv* przez noc; w ciągu nocy

overpass ['əuvəpɑs] *s* wiadukt *m*; estakada *f*

overpay ['əuvə'peı] *v* (**overpaid** ['əuvə'peıd], overpaid) przepłacić

over-peopled ['əuvə'pıpld] *adj* przeludniony

over-population ['əuvə popju'leıʃn] *s* przeludnienie *n*

overpower ['əuvə'pauə(r)] *v* przemóc; przezwyciężyć; wziąć górę (sb, sth nad kimś, czymś)

overpowering ['əuvə'pauərıŋ] *adj* przemożny; nieprzezwyciężony; przytłaczający

over-production ['əuvəprə'dʌkʃn] *s* nadprodukcja *f*

overrate ['əuvə'reıt] *v* przeceniać, zbyt wysoko cenić

oversaw zob. oversee

oversea ['əuvə'si] I *adj* (*of trade etc.*) zamorski II *adv* = overseas

overseas ['əuvə'siz] *adv* za morze; do krajów zamorskich; (*beyond the sea*) za morzem; w krajach zamorskich; from ~ zza morza

oversee ['əuvə'si] *v* (**oversaw** ['əuvə'sɔ], **overseen** [əuvə'sin]) nadzorować; doglądać (sth czegoś)

oversight ['əuvəsaıt] *s* 1. przeoczenie *n*; niedopatrzenie *n* 2. (*supervision*) nadzór *m*

oversleep ['əuvə'slip] *v* (**overslept** [əuvə'slept], overslept) zaspać

overstep ['əuvə'step] *v* przekraczać

overstrain ['əuvə'streın] *v* przeciążyć, *dosł. i przen.* przeciągnąć (strunę itp.); ~ oneself przepracować ⟨sforsować⟩ się

overtake ['əuvə'teık] *v* (**overtook** ['əuvə'tuk], **overtaken** ['əuvə'teıkn]) 1. dopędzić; dogonić; *mot.* wyprzedzać; „No overtaking!" zakaz wy-

przędzania 2. (surprise) zaskoczyć
overthrow [ˈəuvəˈθrəu] I v
(**overthrew** [ˈəuvəˈθru], **over-
thrown** [ˈəuvəˈθrəun]) powalić (przeciwnika); zadać
klęskę (sb komuś); (cause
to fall) obalić (rząd itp.) II
s upadek m; polit. przewrót
m
overtime [ˈəuvətaim] s nadgo-
dziny pl; to work ~ pracować poza godzinami urzę-
dowymi
overtook zob. **overtake**
overture [ˈəuvətʃə(r)] s muz.
uwertura f
overturn [ˈəuvəˈtɜn] I v przewrócić ⟨wywrócić⟩ (się);
(overthrow) obalić II s [ˈəu-
vətɜn] obalenie n; przewrót
m
overweight [ˈəuvəweit] s nadwyżka f wagi; nadwaga f;
(fatness) otyłość f
overwhelm [ˈəuvəˈwelm] v zalać; (crush) zdruzgotać;
przemóc; to be ~ed (with
sth) uginać się pod cięża-
rem (czegoś); ~ed (embar-
rassed) onieśmielony; ~ed
with grief pogrążony w
smutku; ~ed with joy nie
posiadający się z radości
overwhelming [ˈəuvəˈwelmiŋ]
adj (of power) przytłaczający; (of defeat) druzgocą-
cy; (of a feeling) nieprzeparty
overwork [ˈəuvəˈwɜk] I v prze-

męczyć (się); przeciążyć
pracą II adj ~ed przepra-
cowany; s [ˈəuvəwɜk] przemęczenie n
overwrought [ˈəuvəˈrɔt] adj
nerwowo wyczerpany; (tired
out) przemęczony
owe [əu] v być winnym ⟨dłuż-
nym⟩; przen. zawdzięczać
(sth to sb coś komuś)
owing [ˈəuiŋ] I adj należny II
praep ~ to ... dzięki ... (czemuś); z powodu ⟨wskutek⟩ ...
(czegoś)
owl [əul] s sowa f
own [əun] I v posiadać; mieć
(na własność); być właścicielem (sth czegoś); pot. to
~ up przyznawać się II adj
własny; with one's ~ eyes
własnymi oczami; to be on
one's ~ być samodzielnym;
~ brother rodzony brat; ~
sister rodzona siostra; pot.
on one's ~ na własną rękę
owner [ˈəunə(r)] s właściciel
m; posiadacz m; joint ~
współwłaściciel m
ownership [ˈəunəʃip] s posiadanie n; własność f
ox [ɔks] s (pl **oxen** [ˈɔksən])
wół m
oxide [ˈɔksaid] s tlenek m;
iron ~ tlenek żelaza
oxygen [ˈɔksidʒən] s tlen m;
~ bottle ⟨cylinder⟩ butla
tlenowa; ~ mask maska tlenowa; ~ respirator aparat
tlenowy
oyster [ˈɔistə(r)] s ostryga f

P

pace [peis] I s krok m; chód
m; (speed) tempo n; szyb-
kość f; at a quick ⟨slow⟩
~ szybkim ⟨powolnym⟩ kro-
kiem; dosł. i przen. to keep
~ with sb dotrzymać komuś
kroku II v kroczyć; stąpać

pacific [pəˈsifik] adj spokojny; pokojowy
pacifist [ˈpæsifist] s pacyfista
m
pacify [ˈpæsifai] v pacyfiko-
wać; (calm) uspokajać; u-
śmierzać

pack [pæk] I s 1. pakiet m;
paczka f; przen. a ~ of lies
stek m kłamstw 2. (of dogs)
sfora f (psów) 3. (group)
gromada f; banda f (zło-
dziei) 4. (cards) talia f (kart
do gry) II v pakować; za-
pakować; to ~ in zapako-
wać; to ~ out wypakować;
to ~ up spakować się; (gather) stłoczyć
package ['pækɪdʒ] s pakunek
m; paczka f; opakowanie n;
~ holiday wczasy zorgani-
zowane; ~ tour wycieczka
zorganizowana przez biuro
podróży
packed [pækt] adj; ~ lunch
⟨meal⟩ suchy prowiant (na
wycieczkę)
packing ['pækɪŋ] s pakowanie
n; (material) opakowanie n
pact [pækt] s pakt m
pad [pæd] I s 1. blok m;
drawing ~ blok rysunkowy;
note-paper ~ blok listowy
2. wyściółka f; podkładka f;
med. tampon m II v wypy-
chać; wyścielać; wywato-
wać (płaszcz itd.)
paddle ['pædl] I s wiosło n II
v wiosłować; brodzić; paddl-
ing pool brodzik m
paddock ['pædək] s wybieg m
dla koni
padlock ['pædlok] s kłódka f
pagan ['peɪgən] I s poganin m
II adj pogański
page [peɪdʒ] s stronica f;
kartka f
pageant ['pædʒənt] s widowisko historyczne; pokaz m
pageantry ['pædʒəntrɪ] s pompa f; parada f
paid zob. pay v
pail [peɪl] s wiadro n
pain [peɪn] I s ból m; cierpienie n; to be in ~ cierpieć; to give ~ zadać ⟨spra-
wić⟩ ból II v zadawać ⟨spra-
wiać⟩ ból (sb komuś)
painful ['peɪnfl] adj bolesny;
przykry

pain-killer ['peɪn kɪlə(r)] s
środek przeciwbólowy
painless ['peɪnləs] adj bezbo-
lesny
pains [peɪnz] pl trud(y); wy-
siłki; to take ~ to do sth
dokładać starań, żeby coś
zrobić
painstaking ['peɪnzteɪkɪŋ] adj
staranny; pracowity
paint [peɪnt] I v malować; to
~ one's face umalować so-
bie twarz; to ~ with iodine
zajodynować II s 1. farba f;
wet ~! świeżo malowane!
2. szminka f
painter ['peɪntə(r)] s malarz m
painting ['peɪntɪŋ] s malarstwo n; (picture) obraz m;
płótno n
pair [peə(r)] I s para f (butów itd.); para małżeńska
II v dobierać do pary; kojarzyć
pal [pæl] I s sl. przyjaciel m;
kumpel m II v to ~ up za-
przyjaźnić się
palace ['pælɪs] s pałac m
palatable ['pælətəbl] adj smaczny; przyjemny (w smaku)
palate ['pælət] s podniebienie
n; (sense of taste) smak m
pale [peɪl] I adj blady; ~ blue
bladoniebieski; to become
⟨to grow, to turn⟩ ~ z/bled-
nąć II v zblednąć
pallet ['pælɪt] s siennik m
palliative ['pælɪətɪv] I adj łagodzący; uśmierzający II s
półśrodek m; środek łago-
dzący
palm¹ [pɑm] s dłoń f
palm² [pɑm] s palma f; Palm
Sunday Niedziela f Palmo-
wa
palm-house ['pɑm haʊs] s pal-
miarnia f
palpable ['pælpəbl] adj doty-
kalny; namacalny
palpitate ['pælpɪteɪt] v pulsować; (of heart) bić
palsy ['pɔlzɪ] I s paraliż m;
porażenie n II v paraliżować

paltry [ˈpɔːltrɪ] *adj* lichy; marny
pamphlet [ˈpæmflət] *s* broszura *f*; pamflet *m*
pan [pæn] *s* patelnia *f*; brytfanna *f*
pancake [ˈpænkeɪk] *s* naleśnik *m*
pancreas [ˈpænkrɪəs] *s* trzustka *f*
pane [peɪn] *s* szyba (okienna); (*in a design*) krata *f*
panel [ˈpænl] I *s* 1. kaseton *m* 2. (*list of doctors*) spis *m* (lekarzy ubezpieczalni itp.) 3. *prawn.* skład *m* sędziów przysięgłych 4. control ~ tablica rozdzielcza II *v* wykładać (ściany) boazerią
panelling [ˈpænlɪŋ] *s* boazeria *f*
pang [pæŋ] *s* (ostry) ból *m*; *przen.* ~s of conscience wyrzuty *pl* sumienia
panic [ˈpænɪk] I *s* panika *f*; popłoch *m* II *adj* paniczny III *v* siać ⟨szerzyć⟩ popłoch
panorama [ˌpænəˈrɑːmə] *s* panorama *f*
pansy [ˈpænsɪ] *s* *bot.* bratek *m*
pant [pænt] *v* sapać; dyszeć
panther [ˈpænθə(r)] *s* pantera *f*; lampart *m*
panties [ˈpæntɪz] *plt* *pot.* majtki *pl* (damskie); majteczki *pl* (dziecinne)
pantomime [ˈpæntəmaɪm] *s* pantomima *f*
pantry [ˈpæntrɪ] *s* spiżarnia *f*
pants [pænts] *pl* kalesony *pl*; *am.* spodnie *pl*
panty-hose [ˈpæntɪˌhəʊz] *s* rajstopy *pl*
papa [pəˈpɑː] *s* tatuś *m*; ojciec *m*
papacy [ˈpeɪpəsɪ] *s* papiestwo *n*
paper [ˈpeɪpə(r)] *s* papier *m*; (*newspaper*) gazeta *f*; *szk.* *uniw.* praca egzaminacyjna; *pl* ~s papiery ⟨dokumenty⟩ (osobiste)

paper-back [ˈpeɪpə bæk] *s* broszura *f*
paper-backed [ˈpeɪpə bækt] *adj* broszurowy
paprika [ˈpæprɪkə] *s* papryka *f* (słodka)
parachute [ˈpærəʃuːt] *s* spadochron *m*
parachutist [ˈpærəʃuːtɪst] *s* spadochroniarz *m*
parade [pəˈreɪd] I *s* parada *f*; popis *m*; pokaz *m*; rewia *f*; *wojsk.* inspekcja *f*; przegląd *m*; defilada *f* II *v* defilować; paradować
paradise [ˈpærədaɪs] *s* raj *m*; bird of ~ rajski ptak
paraffin [ˈpærəfɪn] *s* parafina *f*
paragon [ˈpærəgən] *s* wzór *m* (doskonałości)
paragraph [ˈpærəgrɑːf] *s* ustęp *m* (*w książce*); (*przy dyktowaniu*) nowy wiersz
parallel [ˈpærəlel] I *adj* równoległy (with ⟨to⟩ ... do ⟨z⟩ ...); (*analogous*) analogiczny II *s* 1. *geogr.* ~ of latitude równoleżnik *m* 2. *geom.* (linia) równoległa *f*; *elektr.* in ~ (połączenie) równoległe 3. (*analogy*) analogia *f*; paralela *f*
paralyse [ˈpærəlaɪz] *v* sparaliżować; porazić; *przen.* ~d with fear zdrętwiały ze strachu
paralysis [pəˈræləsɪs] *s* paraliż *m*; porażenie *n*
paramount [ˈpærəmaʊnt] *adj* główny; najważniejszy
parasite [ˈpærəsaɪt] *s* pasożyt *m*
paratroops [ˈpærətruːps] *pl* wojska spadochronowe
parcel [ˈpɑːsl] *s* 1. paczka *f*; pakunek *m*; przesyłka *f* (pocztowa itp.); air ~ przesyłka lotnicza; registered ~ przesyłka polecona 2. (*piece of land*) parcela *f*
parchment [ˈpɑːtʃmənt] *s* pergamin *m*
pardon [ˈpɑːdn] I *v* wybaczyć;

darować (sb komuś); ~ me przepraszam II s wybaczenie n; przeproszenie n; I beg your ~ przepraszam (bardzo); słucham?; proszę? **pardonable** [`pɑdnəbl] *adj* wybaczalny; it's ~ można (mu itd.) to wybaczyć

parent [`peərnt] s ojciec m; matka f; pl ~s rodzice pl

parentage [`peərntɪdʒ] s pochodzenie n; ród m

parenthesis [pə`renθəsɪs] s (pl **parentheses** [pə`renθəsiz]) nawias m

parish [`pærɪʃ] s parafia f; ~ register księga metrykalna

parity [`pærətɪ] s równość f; (analogy) analogia f; handl. parytet m

park [pɑk] I s park m; (for cars) parking m II v zaparkować samochód

parking [`pɑkɪŋ] s parkowanie n; parking m; ~ meter licznik parkingowy; paid ~, am. metered ~ parking płatny; guarded ~ parking strzeżony; "No ~!" zakaz m postoju ⟨parkowania⟩

parliament [`pɑləmənt] s parlament

parliamentary [ˌpɑlə`mentrɪ] adj parlamentarny

parlour [`pɑlə(r)] s salon(ik) m; am. zakład m ⟨salon m⟩ (fryzjerski, kosmetyczny itp.)

parody [`pærədɪ] I s parodia f II v parodiować

parquet [`pɑkɪ] s parkiet m; ~ floor podłoga f z klepki

parrot [`pærət] s papuga f

parsley [`pɑslɪ] s pietruszka f

parson [`pɑsn] s pastor m; pleban m

part [pɑt] I s 1. część f; gram. a ~ of speech część mowy; the greater ~ przeważająca część; in ~ po części; częściowo; in the most ~ przeważnie 2. (share) udział m; to take ~ in ... brać udział w ... (czymś); on my ~ z

mojej strony, co do mnie 3. (duty) obowiązek m; I have done my ~ zrobiłem swoje 4. teatr. kin. rola f; to play a ~ grać rolę; to sing in ~s śpiewać na głosy 5. pl ~s okolica f; strony pl 6. (side) strona f; on the one ~ z jednej strony; on the other ~ z drugiej strony; on my ~ z mojej strony; co do mnie II v rozdzielić; dzielić; rozstawać się (from ⟨with⟩ sb, sth z kimś, z czymś); rozłączać się; (of roads) rozdzielać ⟨rozchodzić⟩ się

partake [pɑ`teɪk] v (partook [pɑ`tuk], partaken [pɑ`teɪkn]) podzielać (los); (take part) wziąć udział (in sth w czymś)

partial [`pɑʃl] adj 1. częściowy; niecałkowity 2. (biased) stronniczy; to be ~ to sb mieć słabość do kogoś; to be ~ to sth nie stronić od czegoś; lubić coś

partiality [ˌpɑʃɪ`ælətɪ] s stronniczość f; (liking) słabość f (for sb, sth do kogoś, czegoś); upodobanie n (for sth do czegoś)

participant [pɑ`tɪsɪpənt] s uczestnik m, uczestniczka f

participate [pɑ`tɪsɪpeɪt] v brać udział; uczestniczyć (in sth w czymś); podzielać (in sb's sorrow etc. czyjś smutek itd.)

participle [`pɑtəspl] s gram. imiesłów m

particle [`pɑtɪkl] s cząstka f; cząsteczka f; odrobina f

particular [pə`tɪkjʊlə(r)] adj 1. szczególny; osobliwy; specjalny; określony; in ~ w szczególności; zwłaszcza 2. (exact) szczegółowy 3. (of a person) wymagający (about sth pod względem czegoś); wybredny II s szczegół m; detal m; pl ~s szczegółowe informacje; dokładne dane

particularity [pə'tıkju'lærətı] s
(*exactness*) dokładność *f*;
szczegółowość *f*
particularly [pə'tıkjuləlı] *adv*
szczególnie; zwłaszcza; (*in
detail*) szczegółowo
parting ['patıŋ] I *s* rozdział
m; (*departure*) rozstanie *n*;
odjazd *m* II *adj* dzielący
partisan ['patı'zæn] *s* stronnik
m; (*fighter*) partyzant *m*
partition [pa'tıʃn] I *s* podział
m; rozdział *m*; parcelacja *f*;
(*wall etc.*) przepierzenie *n*;
przegroda *f* II *v* dzielić;
rozbierać (między siebie)
partly ['patlı] *adv* częściowo;
poniekąd
partner ['patnə(r)] *s* towarzysz
m; (*in business*) wspólnik
m; partner *m*
partnership   ['patnəʃıp]   *s*
wspólnota *f*; *handl.* spółka
f; to give sb a ~ dopuścić
kogoś do spółki
partook *zob.* partake
partridge ['pa-trıdʒ] *s* kuropatwa *f*; *am.* przepiórka *f*
part-time ['pat taım] I *adj* (*of
a worker*) niepełnoetatowy
II *adv* w niepełnym wymia-
rze godzin
party ['patı] *s* 1. partia *f*; ~
member członek *m* partii;
communist ~ partia komu-
nistyczna; conservative ~
partia konserwatywna; la-
bour ~ partia pracy; liberal
~ partia liberalna; political
~ partia polityczna; socialist ~ partia socjalistyczna;
to belong to a ~ należeć do
partii 2. (*company*) grupa *f*;
zespół *m*; ekipa *f*; towarzystwo *n*; rescue ~ ekipa ratownicza 3. (*social gathering*) zebranie towarzyskie;
przyjęcie *n*; dinner ~ pro-
szona kolacja; housewarm-
ing ~ *pot.* oblewanie *n*
mieszkania 4. *prawn.* strona *f* (w sporze itd.)
party-line ['patı laın] *adj* ~

telephone telefon towarzyski ⟨wspólny⟩
pass [pas] I *v* 1. przechodzić;
przejeżdżać; mijać; (*of time
etc.*) przemijać; skończyć
się; to let ~ nie zwrócić
uwagi; pominąć milczeniem;
to ~ away umrzeć; to ~ for
uchodzić za (kogoś, coś) 2.
zdać (an exam egzamin) 3.
podać; ~ me the sugar,
please proszę mi podać cukier 4. (*take place*) dziać się
5. (*cards*) pasować 6. (*of a
bill*) przejść, być uchwalo-
nym II *s* 1. przejście *n* 2.
(*permission*) przepustka *f* 3.
zdanie *n* (egzaminu) 4. przełęcz *f*
passable   ['pasəbl]   *adj* (*of
roads*)   przejezdny;   (*of
knowledge etc.*) dostateczny
passage ['pæsıdʒ] *s* 1. przejście *n*; przejazd *m*; przelot
m; birds of ~ ptaki wę-
drowne 2. (*in a book*) ustęp
m (w książce); wyjątek *m*
(z dzieła)
passenger ['pæsndʒə(r)] *s* pasażer *m*, pasażerka *f*; ~ car
wagon osobowy; ~ train
pociąg osobowy
passer-by ['pasə'baı] *s* przechodzień *m*
passion ['pæʃn] *s* namiętność
f; pasja *f* (for sth do czegoś); to fly into a ~ unieść
się gniewem
passionate ['pæʃnət] *adj* namiętny; gwałtowny; żarli-
wy
passive ['pæsıv] *adj* bierny;
gram. ~ voice strona bier-
na
passport ['paspɔt] *s* paszport
m; ~ control ⟨examination⟩
kontrola   paszportowa;   ~
office biuro paszportowe;
to issue a ~ wydać pasz-
port; to get ⟨procure⟩ a ~
wyrobić sobie paszport
password ['paswзd] *s* hasło *n*
past [past] I *adj* przeszły; miniony; ubiegły II *s* prze-

szłość f III praep 1. obok
2. (after) po; a quarter ~
one kwadrans po pierwszej;
~ hope beznadziejny IV adv
mimo; obok
paste [peist] I s 1. ciasto n
2. (for teeth etc.) pasta f;
tomato ~ pasta pomidoro-
wa ⟨przecier pomidorowy⟩;
to rub sth into a ~ utrzeć
coś na papkę II v kleić; lepić; (cover with) posmarować pastą ⟨klejem⟩
pasteboard ['peistbɔd] s tektura f; karton m
pastel ['pæstl] s pastel m
(obraz)
pasteurize ['pæstʃəraiz] v pa-
steryzować
pastime ['pɑs-taim] s rozrywka f
pastry ['peistri] s wyroby cu-
kiernicze; ciasta pl
pasture ['pɑstʃə(r)] s pasza f;
(piece of land) pastwisko n
pat [pæt] I s klepanie n; głas-
kanie n II v poklepać; po-
głaskać
patch [pætʃ] I s łata f; skra-
wek m; (plot of ground)
zagon m II v łatać; to ~ up
załatać; to ~ together ze-
sztukować; zeszyć; zlepić;
pot. sklecić
patched [pætʃt] adj w plamy;
popstrzony
patch-pocket ['pætʃpokit] s
kraw. kieszeń naszywana
patchy ['pætʃi] adj połatany;
łaciaty
patent ['peitnt] I adj paten-
towy; opatentowany; (open)
otwarty; jawny; (of a fact
etc.) oczywisty II s patent
m; ~ agent rzecznik paten-
towy; ~ office biuro paten-
towe III v patentować
paternal [pə'tɜnl] adj ojcow-
ski
paternity [pə'tɜniti] s ojco-
stwo n
path [pɑθ] s ścieżka f; przen.
droga f

pathetic [pə'θetik] adj patety-
czny; wzruszający
pathological ['pæθə'lodʒikl]
adj patologiczny
pathway ['pɑθwei] s ścieżka
f; droga f; chodnik m
patience ['peiʃns] s 1. cierpli-
wość f; wytrwałość f; to be
out of ~ with sb (sth) nie
mieć do kogoś (czegoś) cier-
pliwości 2. (cards) pasjans
m; to play ~ stawiać pas-
jansa
patient ['peiʃnt] I adj cierpliwy II s pacjent m, pacjent-
ka f
patina ['pætinə] s patyna f
patriot ['peitriət] s patriota
m, patriotka f
patriotic ['pætri'otik] adj patriotyczny
patron ['peitrən] s opiekun
m; protektor m; handl. stały klient ⟨gość⟩
patronage ['pætrənidʒ] s pa-
tronat m
patronize ['pætrənaiz] v popierać; roztoczyć opiekę (sb,
sth nad kimś, czymś); handl.
popierać (przedsiębiorstwo);
być stałym klientem ⟨goś-
ciem⟩
pattern ['pætn] s 1. wzór m;
to take ~ by ... wzorować
się na ... 2. kraw. model m;
forma f; wykrój m; (design)
deseń m
pause [pɔz] I s pauza f; przerwa f II v zrobić przerwę;
zatrzymać się
pave [peiv] v brukować (ulicę); przen. to ~ the way
for sth utorować drogę do
czegoś
pavement ['peivmənt] s bruk
m; nawierzchnia f (drogi
itp.); chodnik m
pavilion [pə'viliən] s pawilon
m
paving-stone ['peiviŋ stəun] s
płyta f chodnika; brukowiec
m
paw [pɔ] s łapa f
pawn¹ [pɔn] s pionek m

pediatrics

pawn² [pɔn] I **s** zastaw *m*;
in ~ oddany w zastaw II *v*
oddać w zastaw; zastawić
pawnshop ['pɔnʃɔp] *s* lom-
bard *m*
pay [peɪ] I *v* (**paid** [peɪd],
paid) 1. płacić (sb for sth
komuś za coś); to ~ by
cheque płacić czekiem; to
~ in cash płacić gotówką;
to ~ back sb zwrócić ko-
muś pieniądze; to ~ off
spłacić (dług itp.); to ~ out
wypłacić 2. (*give recompen-
se*) opłacać się || to ~ a visit
złożyć wizytę; to ~ attention
uważać (na lekcji itd.); to
~ compliments prawić kom-
plementy II *s* płaca *f*; zapłata *f*; pobory *pl*
payable ['peɪəbl] *adj* (*of a
sum*) płatny; (*of business*)
opłacalny
pay-box ['peɪ bɔks] *s* kasa *f*
(teatralna itp.)
pay-day ['peɪ deɪ] *s* dzień *m*
wypłaty
pay-desk ['peɪ desk] *s* kasa *f*
(w sklepie itp.)
payment ['peɪmənt] *s* wpłata
f; zapłata *f*; płatność *f*;
~ in advance przedpłata *f*;
against ~ of ... za opłatą ...
pay-roll ['peɪ rəul], **pay-sheet**
['peɪ ʃɪt] *s* lista *f* płac
pea [pi] *s* groch *m*; green ~s
groszek zielony; sweet ~
groszek pachnący
peace [pis] *s* 1. pokój *m*; at ~
na stopie pokojowej; to
make ~ zawrzeć pokój 2.
(*quiet*) spokój *m* (ducha):
leave me in ~ dajcie mi
spokój
peaceful ['pisfl] *adj* spokojny;
pokojowy
peacemaker ['pismeɪkə(r)] *s*
pojednawca *m*; rozjemca *m*
peach [pitʃ] *s* brzoskwinia *f*
peacock ['pikɔk] *s* paw *m*
peak [pik] *s* wierzchołek *m*;
szczyt *m* (góry)
peal [pil] I *v* rozlegać się;
rozbrzmiewać II *s* odgłos *m*;

(*loud noise*) huk *m*; ~ of
laughter wybuch *m* śmie-
chu
peanut ['pinʌt] *s* orzech ziemny
pear [peə(r)] *s* gruszka *f*
pearl [pɜl] *s* perła *f*
pearl-barley ['pɜl`balɪ] *s* ka-
sza perłowa
pearl-diver ['pɜl daɪvə(r)] *s*
poławiacz *m* pereł
pearl-oyster ['pɜl ɔɪstə(r)] *s*
perłopław *m*
peasant ['peznt] *s* chłop *m*;
wieśniak *m*
peasantry ['pezntrɪ] *s* zbior.
chłopi *pl*; chłopstwo *n*
pea-soup ['pi`sup] *s* grochów-
ka *f*
peat-bog ['pit bog] *s* torfowisko *n*
pebble ['pebl] *s* kamyk *m*
peck [pek] I *v* dziobać II *s*
dziobanie *n*
peculiar [pɪ`kjulɪə(r)] *adj* spe-
cyficzny; szczególny; (*odd*)
osobliwy; dziwny
peculiarity [pɪ`kjulɪ`ærətɪ] *s*
właściwość *f*; cecha *f*; (*oddity*) osobliwość *f*
pedagogic(al) ['pedə`godʒɪk(l)]
adj pedagogiczny
pedagogics ['pedə`godʒɪks] *s*
pedagogika *f*
pedagogue ['pedəgog] *s* peda-
gog *m*
pedal ['pedl] *s* pedał *m*;
brake ~ pedał hamulca;
clutch ~ pedał sprzęgła; to
press ⟨release⟩ the ~ nacisnąć ⟨zwolnić⟩ pedał
pedant ['pednt] *s* pedant *m*
pedantry ['pedntrɪ] *s* pedan-
teria *f*
pedestal ['pedɪstl] *s* piedestał
m
pedestrian [pɪ`destrɪən] I *adj*
pieszy; przen. (*of a style*)
nudny II *s* (*człowiek*) pieszy *m*; ~ crossing przejście
n dla pieszych
pediatrics ['pidɪ`ætrɪks] *s* pe-
diatria *f*

pedigree ['pedıgrɪ] s rodowód
m; genealogia *f*
pedlar ['pedlə(r)] s domo-
krążca *m*; handlarz *m*
peel [pil] I *v* obierać (kartofle, owoce); (*get off*) łuszczyć się II s skórka *f* (owocu)
peep [pip] I *v* zerkać; pod-
glądać II s zerknięcie *n*;
spojrzenie *n*
peep-hole ['pip həʊl] s judasz
m; okienko *n* w drzwiach
peep-show ['pip ʃəʊ] s foto-
plastikon *m*
peer [plə(r)] s par *m*; lord
m; sb's ~ człowiek równy
komuś (rangą itd.)
peer [plə(r)] *v* przyglądać się
(at sb, sth komuś, czemuś);
(*appear*) wyglądać; wyzie-
rać
peerage ['plərɪdʒ] s godność *f*
para; *zbior.* parowie *pl*
peevish ['pivɪʃ] *adj* drażliwy;
skory do gniewu
peg [peg] I s kołek *m*; zatyczka *f*; śledź *m* (namiotowy);
clothes off the ~ gotowe
ubrania; konfekcja *f* II *v*
umocować kołkami; to ~ a
tent down umocować namiot
śledziami
pen [pen] s pióro *n*
penalty ['penltɪ] s 1. kara *f*;
grzywna *f*; under ~ of ...
pod karą ... 2. (*in football*)
rzut karny
pence [pens] *zob.* penny
pencil ['pensl] I s ołówek *m*
II *v* szkicować; (*write*) pisać ołówkiem
pendant ['pendənt] s wisiorek
m
pending ['pendɪŋ] I *adj* nierozstrzygnięty; to be ~ być
w toku II *praep* podczas;
w czasie (sth czegoś); do
czasu ⟨oczekując⟩ (*instruc-
tions* etc. instrukcji itp.)
pendulum ['pendjʊləm] s wahadło *n*
penetrate ['penɪtreɪt] *v* prze-

nikać; przebijać ⟨wdzierać⟩
się
penetration ['penɪ'treɪʃn] s
przenikanie *n*; wdarcie się
n; (*insight*) przenikliwość *f*
penguin ['peŋgwɪn] s pingwin
m
pen-holder ['pen həʊldə(r)] s
obsadka *f*
penicillin ['penɪ'sɪlɪn] s penicylina *f*
peninsula [pə'nɪnsjʊlə] s półwysep *m*
penitentiary ['penɪ'tenʃərɪ] I
adj poprawczy; (*penal*) karny II s dom poprawczy;
(*prison*) więzienie karne
penknife ['pennaɪf] (*pl* pen-
knives ['pennaɪvz]) s scyzoryk *m*
pen-name ['pen neɪm] s pseudonim literacki
pennant ['penənt] s proporzec
m
pennies ['penɪz] *zob.* penny
penniless ['penɪləs] *adj* (*of a
person*) bez grosza; w nę-
dzy
penny ['penɪ] s (*pl* pence
[pens]) 1. pens *m*, kwota
jednopensowa; a ~ for your
thoughts nad czym się za-
myśliłeś?; in for a ~ in for
a pound jak się powiedzia-
ło A trzeba powiedzieć B
2. (*pl* pennies ['penɪz]) moneta jednopensowa; *przen.*
grosz *m*
pension ['penʃn] I s emerytura *f*; renta *f* II *v* wyznaczać rentę ⟨emeryturę⟩; to
~ sb off przenieść kogoś na
emeryturę
pensioner ['penʃənə(r)] s emeryt *m*, emerytka *f*; renci-
sta *m*, rencistka *f*
peony ['plənɪ] s piwonia *f*
people ['pipl] s naród *m*; lud
m; ludzie *pl*; young ~ młodzież *f*; country ~ wieśniacy *pl*; ~'s rule władza ludowa
pepper ['pepə(r)] s pieprz *m*
pepper-and-salt ['pepər ən

səlt] *adj* (*of cloth*) marengo; w biało-czarne kropki; (*of hair*) szpakowaty
pepper-mill [`pepə mıl] *s* młynek *m* do pieprzu
peppermint [`pepəmınt] I *s* mięta pieprzowa; cukierek miętowy II *adj* miętowy
per [pɜ(r)] *praep* 1. przez; ~ **rail** koleją 2. (*according to*) według ⟨stosownie do⟩ (wzoru itp.); ~ **annum** rocznie; ~ **cent** od sta; procent *m*
perambulator [pə`ræmbjuleɪtə(r)] *s* wózek dziecinny
perceive [pə`siv] *v* spostrzegać; zauważać; uświadamiać sobie
percentage [pə`sentıdʒ] *s* odsetek *m*; procent *m*
perceptible [pə`septəbl] *adj* dostrzegalny; zauważalny
perception [pə`sepʃn] *s* postrzeganie *n*; percepcja *f*
perch [pɜtʃ] *s* okoń *m*
percolate [`pɜkəleɪt] *v* przesiąkać; **to** ~ **coffee** parzyć kawę
percolator [`pɜkəleɪtə(r)] *s* maszynka *f* do parzenia kawy
percussion [pɜ`kʌʃn] I *s* perkusja *f* II *adj* perkusyjny
peremptory [pə`remptərı] *adj* rozkazujący; stanowczy; nieodwołalny
perfect [`pɜfıkt] I *adj* 1. doskonały 2. (*learned*) wyuczony 3. (*complete*) zupełny; **a** ~ **stranger** zupełnie obcy człowiek; ~ **nonsense** czysta bzdura 4. *gram.* dokonany II *v* [pə`fekt] doskonalić; (*finish*) wykańczać
perfection [pə`fekʃn] *s* doskonałość *f*; perfekcja *f*; **to** ~ doskonale
perfectly [`pɜfıktlı] *adv* doskonale; (*quite*) zupełnie; całkowicie; **he is** ~ **right** on ma zupełną rację
perfidious [pə`fıdıəs] *adj* wiarołomny; perfidny
perforate [`pɜfəreɪt] *v* dziura-

wić; przebić; dziurkować; ~**d** dziurkowany
perform [pə`fɔm] *v* dokonywać; spełniać; wywiązywać się (**one's duty z obowiązku**); występować (**na scenie**); wykonywać (**utwór muzyczny**)
performance [pə`fɔməns] *s* 1. spełnienie *n*; wykonanie *n* 2. odegranie *n* (roli); *teatr.* przedstawienie *n*; *kin.* seans *m*; **no** ~ „teatr zamknięty"; „kino nieczynne"
performer [pə`fɔmə(r)] *s* wykonawca *m*; artysta *m*
perfume [`pɜfjum] I *s* perfumy *pl*; (*smell*) zapach *m* II *v* [pə`fjum] perfumować
perfumery [pə`fjumərı] *s* perfumeria *f*
perhaps [pə`hæps] *adv* być może; możliwe; **unless** ~ ... chyba, że ...
peril [`perıl] *s* niebezpieczeństwo *n*
perilous [`perləs] *adj* niebezpieczny
period [`pıərıəd] *s* 1. okres *m*; epoka *f* 2. (*full stop*) kropka *f*
periodical [`pıərı`odıkl] I *adj* okresowy; periodyczny II *s* czasopismo *n*; periodyk *m*
periscope [`perıskəup] *s* peryskop *m*
perish [`perıʃ] *v* ginąć; tracić życie; przepadać
perjury [`pɜdʒərı] *s* krzywoprzysięstwo *n*
perm [pɜm] *s* trwała ondulacja
permanence [`pɜmənəns] *s* trwałość *f*; niezmienność *f*; stałość *f*
permanent [`pɜmənənt] *adj* trwały; ciągły; nieustanny; ~ **wave** trwała ondulacja
permanganate [pə`mæŋgəneɪt] *s* nadmanganian *m*; ~ **of potash** nadmanganian potasu
permeate [`pɜmıeɪt] *v* przeni-

kać; przesiąkać (sth przez coś); przepajać
permissible [pə'mɪsəbl] *adj* dopuszczalny; dozwolony
permission [pə'mɪʃn] *s* pozwolenie *n*; zezwolenie *n*; to grant ⟨give⟩ a ~ udzielić zezwolenia
permit [pə'mɪt] I *v* pozwalać ⟨zezwalać⟩ (sth na coś); ~ me to say ... pozwólcie, że powiem ... II *s* ['pɜmɪt] pozwolenie *n*; przepustka *f*; ~ of export pozwolenie *n* wywozu; ~ of residence zezwolenie *n* na pobyt; am. entry ~ pozwolenie *n* przywozu; to issue ⟨grant⟩ a ~ wydać przepustkę
peroxide [pə'rɒksaɪd] *s* (także ~ of hydrogen) woda utleniona
perpendicular ['pɜpən'dɪkjulə(r)] I *adj* pionowy; prostopadły II *s* geom. linia prostopadła; (position) pion *m*
perpetual [pə'petʃuəl] *adj* wieczny; nieustający
perplex [pə'pleks] *v* zakłopotać; (puzzle) zdumiewać
persecute ['pɜsɪkjut] *v* prześladować; napastować
persecution ['pɜsɪ'kjuʃn] *s* prześladowanie *n*
perseverance ['pɜsɪ'vɪərəns] *s* wytrwałość *f*
persevere ['pɜsɪ'vɪə(r)] *v* wytrwać (in sth w czymś); to ~ in doing sth dalej ⟨wciąż⟩ coś robić
persevering ['pɜsɪ'vɪərɪŋ] *adj* wytrwały
Persian ['pɜʃn] I *adj* perski II *s* (native) Pers *m*, Persjanka *f*
persist [pə'sɪst] *v* wytrwać; obstawać (in sth przy czymś); trwać
persistent [pə'sɪstənt] *adj* wytrwały; uporczywy; stały
person ['pɜsn] *s* osoba *f*; in ~ osobiście
personage ['pɜsnɪdʒ] *s* osobi-

stość *f*; wielka figura; lit. teatr. postać *f*
personal ['pɜsnl] *adj* prywatny; osobisty; ~ remark osobista przymówka; gram. ~ pronouns zaimki osobowe
personality ['pɜsə'næləti] *s* osobistość *f*; (posture) postawa *f*; (person's character) indywidualność *f*; osobowość *f*
personify [pə'sɒnɪfaɪ] *v* uosabiać; wcielać
personnel ['pɜsə'nel] *s* personel *m*; pracownicy pl; ~ officer ⟨manager⟩ personalny *m*, personalna *f*
perspective [pə'spektɪv] I *s* perspektywa *f* II *adj* perspektywiczny
perspiration ['pɜspə'reɪʃn] *s* pocenie się *n*; (sweat) pot *m*
perspire [pə'spaɪə(r)] *v* pocić się
persuade [pə'sweɪd] *v* przekonywać się (of sth o czymś); to ~ sb out of sth wyperswadować komuś coś; to ~ sb into doing sth namówić ⟨nakłonić⟩ kogoś do zrobienia czegoś
persuasion [pə'sweɪʒn] *s* przekonywanie *n*; namawianie *n*; perswazja *f*
pertinent ['pɜtɪnənt] *adj* stosowny; (relating) odnoszący się (to sth do czegoś)
pervade [pə'veɪd] *v* szerzyć się; napełniać; przenikać; przepajać
perverse [pə'vɜs] *adj* przewrotny; (wicked) perwersyjny; zepsuty; zboczony
pervert [pə'vɜt] I *v* deprawować; gorszyć II *s* ['pɜvɜt] zboczeniec *m*
pessimism ['pesɪmɪzm] *s* pesymizm *m*
pessimist ['pesɪmɪst] *s* pesymista *m*, pesymistka *f*
pessimistic(al) ['pesɪ'mɪstɪk(l)] *adj* pesymistyczny
pest [pest] *s* plaga *f*; zaraza

f; szkodnik m; ~ control walka f ze szkodnikami
pester [`pestə(r)] v dokuczać; dręczyć
pesticide [`pestɪsaɪd] s środek owadobójczy; ~s środki pl do walki ze szkodnikami
pestilence [`pestɪləns] s zaraza f; epidemia f
pet¹ [pet] I s pieszczoch m; ulubieniec m; ulubione zwierzę; my ~! kochanie! II adj ulubiony; wypieszczony; ~ name pieszczotliwa ⟨zdrobniała⟩ nazwa III v pieścić; czulić się (sb do kogoś)
pet² [pet] s obraza f; gniew m; dąsy pl; to get into a ~ obrazić się
petition [pɪ`tɪʃn] s petycja f; prośba f
petitioner [pɪ`tɪʃnə(r)] s petent m
petrol [`petrl] s benzyna f; paliwo n; ~ card bon benzynowy; high-octane ~ benzyna wysokooktanowa; leader ~ benzyna etylizowana; low-octane ~ benzyna niskooktanowa; regular ~ benzyna zwykła; synthetic ~ benzyna syntetyczna; super ~ benzyna super; to fill up the tank with ~ nabrać benzyny; napełnić bak benzyną; I've run out of ~ zabrakło mi benzyny
petrol-can [`petrl kæn] s kanister m
petroleum [pɪ`trəʊlɪəm] s ropa naftowa
petrol-tank [`petrl tæŋk] s bak m; empty ~ pusty bak; full ~ pełny bak
petticoat [`petɪkəʊt] s halka f
petty [`petɪ] adj drobny; mało ważny; (mean) małostkowy
petulant [`petjulənt] adj rozdrażniony
petunia [pɪ`tjunɪə] s petunia f
pharmacy [`faməsɪ] s farmacja f; (drug-store) apteka f

phase [feɪz] s faza f; okres m
pheasant [`feznt] s bażant m
phenomenon [fɪ`nɒmɪnən] s (pl **phenomena** [fɪ`nɒmɪnə]) fenomen m; zjawisko n (of nature przyrody)
phial [`faɪəl] s słoiczek m; flakonik m; fiolka f
philander [fɪ`lændə(r)] v flirtować; romansować
philanthropy [fɪ`lænθrəpɪ] s filantropia f
philately [fɪ`lætəlɪ] s filatelistyka f
philharmonic [`filə`mɒnɪk] adj filharmoniczny; (of an orchestra) filharmonii (danej miejscowości); **Philharmonic society** filharmonia f
philologist [fɪ`lɒlədʒɪst] s filolog m; student m filologii
philology [fɪ`lɒlədʒɪ] s filologia f
philosopher [fɪ`lɒsəfə(r)] s filozof m
philosophy [fɪ`lɒsəfɪ] s filozofia f; moral ~ etyka f
phlegm [flegm] s flegma f
phlegmatic [fleg`mætɪk] adj flegmatyczny; spokojny
phone¹ [fəʊn] s głoska f
phone² [fəʊn] = skr. pot. telephone s; ~ booth budka telefoniczna; to be on the ~ mieć (w domu) telefon; być przy telefonie
phonetic [fə`netɪk] adj fonetyczny
phoney [`fəʊnɪ] adj sl. fałszywy; sztuczny; nieprawdziwy
photo [`fəʊtəʊ] = skr. pot. photograph s
photograph [`fəʊtəgraf] I s fotografia f; zdjęcie n II v fotografować; robić zdjęcia
photographer [fə`tɒgrəfə(r)] s fotograf m
photography [fə`tɒgrəfɪ] s fotografika f
photometer [fə`tɒmɪtə(r)] s światłomierz m
phrase [freɪz] s wyrażenie n; zwrot m; muz. fraza f

physical ['fızıkl] *adj* fizyczny; cielesny
physician [fı'zıʃn] *s* lekarz *m*
physicist ['fızısıst] *s* fizyk *m*
physics ['fızıks] *s* fizyka *f*
physiology [ˌfızı'olədʒı] *s* fizjologia *f*
pianist ['pıənıst] *s* pianista *m*, pianistka *f*
piano [pı'ænəu] *s* fortepian *m*; **cottage ~** pianino *n*
pick [pık] I *s* (*selection*) wybór *m*; elita *f* II *v* kopać; (*probe teeth* etc.) dłubać; (*of a bird*) dziobać; skubać; (*steal*) kraść; (*pluck*) wyrywać; zrywać; ·to ~ **and choose** grymasić; kręcić nosem; **to ~ a lock** otworzyć zamek wytrychem; **to ~ out** wybierać; **to ~ up** podnieść; zbierać (plotki itd.); (*of a taxi* etc.) zabierać pasażerów; *pot.* **to ~ up a boy** ⟨**girl**⟩ poderwać chłopaka ⟨dziewczynę⟩
pickle ['pıkl] I *s* marynata *f*; *pl* **~s** pikle *pl* II *v* marynować; konserwować (w occie)
pickpocket ['pıkpokıt] *s* złodziej kieszonkowy
picnic ['pıknık] *s* piknik *m*; majówka *f*
picture ['pıktʃə(r)] I *s* obraz(ek) *m*; (*drawing*) rycina *f*; (*portrait*) portret *m*; (*landscape*) widok *m*; **~ gallery** galeria *f* obrazów; **~ postcard** pocztówka *f*; widokówka *f*; **the ~ of health** okaz *m* zdrowia; **to take ~s** fotografować; **the ~s** kino *n* II *v* odmalować; przedstawić
picturesque [ˌpıktʃə'resk] *adj* malowniczy
pie [paı] *s* pasztet *m*; pasztecik *m*; babeczka *f*; placek *m*
piece [pis] *s* 1. kawałek *m*; (*part*) część *f*; **~ by ~** po kawałku; **to go to ~s** rozlecieć się w kawałki; (*of*

a person) załamać się; **to take to ~s** rozebrać na części; **a ~ of luck** szczęście *n* 2. *lit. muz.* utwór *m*; *teatr.* sztuka *f*
pier [pıə(r)] *s* molo *n*; przystań *f*
pierce [pıəs] *v* przebijać; przeszywać; przedziurawiać; przenikać
piety ['paıətı] *s* pobożność *f*
pig [pıg] *s* wieprz *m*; świnia *f*
pigeon ['pıdʒən] *s* gołąb *m*
piggish ['pıgıʃ] *adj* wstrętny; brudny
piggy ['pıgı] *s* prosię *n*
pigskin ['pıgskın] *s* świńska skóra
pigsty ['pıgstaı] *s* chlew *m*
pike [paık] *s* szczupak *m*
pile [paıl] I *s* stos *m*; sterta *f*; zwał *m* II *v* gromadzić
pilfer ['pılfə(r)] *v* ukraść; *pot.* zwędzić
pilgrim ['pılgrım] *s* pielgrzym *m*
pilgrimage ['pılgrımıdʒ] *s* pielgrzymka *f*; wędrówka *f*
pill [pıl] *s* pigułka *f*; **to take a ~** zażyć pigułkę
pillar ['pılə(r)] *s* kolumna *f*; filar *m*
pillar-box ['pılə boks] *s* skrzynka pocztowa
pillow ['pıləu] *s* poduszka *f*
pillow-case ['pıləu keıs], **pillow-slip** ['pıləu slıp] *s* poszewka *f* na poduszkę
pilot ['paılət] I *s* pilot *m*; *mor.* sternik *m*; (*guide*) przewodnik *m*, przewodniczka *f* II *v* pilotować; *mor.* sterować
pimple ['pımpl] *s* krosta *f*; pryszcz *m*
pin [pın] I *s* 1. szpilka *f*, szpileczka *f*; **I don't care a ~!** gwiżdżę na to! 2. (*peg of wood*) kołek *m*; (*peg of metal*) sztyft *m* II *v* przypinać, przymocować (kołkiem itp.)
pinafore ['pınəfɔ(r)] *s* fartuszek *m* (dziecinny)

pincers [`pɪnsəz] plt obcęgi pl; szczypce pl; kleszcze pl
pinch [pɪntʃ] I v szczypać; (tease) dokuczać (sb komuś); pot. buchnąć; ukraść II s uszczypnięcie n; (small amount) szczypta f
pine¹ [paɪn] s sosna f
pine² [paɪn] v marnieć; tęsknić; wzdychać (for sb, sth za kimś, czymś)
pineapple [`paɪnæpl] s ananas m
ping-pong [`pɪŋ poŋ] s ping-pong m
pink [pɪŋk] I s bot. g(w)oździk m; (colour) kolor różowy II adj różowy
pint [paɪnt] s miara pojemności (= 0,56 litra)
pioneer [`paɪə`nɪə(r)] I s pionier m II v być pionierem; torować drogę
pious [`paɪəs] adj pobożny
pipe [paɪp] s 1. rura f; przewód m; rynna f; to lay the ~s założyć instalację wodociągową ⟨gazową itp.⟩ 2. muz. piszczałka f; fujarka f 3. (smoker's) fajka f
pipeline [`paɪplaɪn] s rurociąg m
pirate [`paɪərət] I s pirat m; korsarz m II v uprawiać korsarstwo
pistol [`pɪstl] s pistolet m; rewolwer m
piston [`pɪstən] s tłok m (w silniku)
pit [pɪt] s dół m; górn. kopalnia f; szyb m; teatr. parter m
pitcher [`pɪtʃə(r)] s dzban m
piteous [`pɪtɪəs] adj żałosny; nędzny
pitfall [`pɪtfɔl] s pułapka f
pitiless [`pɪtɪləs] adj bezlitosny
pity [`pɪtɪ] I s 1. litość f; współczucie n 2. (cause for regret) szkoda f; it is a ~ that ... szkoda, że ...; what a ~! jaka szkoda! II v li-

towac się; żałować; współczuć (sb komuś)
place [pleɪs] I s 1. miejsce n; in all ~s wszędzie; in ~ of ... zamiast ...; in the first ~ przede wszystkim; najpierw; out of ~ nie na miejscu; niestosowny 2. (dwelling) mieszkanie n; dom m; siedziba f; at my ~ u mnie 3. (institution) lokal m (rozrywkowy itp.); zakład m (kąpielowy itp.) 4. sport. miejsce n (zajęte w zawodach) 5. (occupation) zajęcie n; posada f 6. (at a table) nakrycie n (przy stole) II v 1. umieszczać; lokować; to be ~d znajdować się 2. sprzedawać (towar); lokować (pieniądze) 3. sport. to be ~d ... zająć ... miejsce
plague [pleɪg] s plaga f; zaraza f; dżuma f; przen. utrapienie n
plaice [pleɪs] s płastuga f
plain [pleɪn] I adj 1. jasny; zrozumiały; oczywisty; ~ dealing uczciwe postępowanie; in ~ words po prostu; przen. it's ~ sailing to jest całkiem proste 2. (simple) prosty; zwyczajny; nieskomplikowany; in ~ clothes po cywilnemu 3. (of a person) niewykształcony 4. (of cloth) gładki II s równina f III adv jasno; otwarcie
plaintive [`pleɪntɪv] adj żałosny; płaczliwy
plait [plæt] I s warkocz m II v spleść, zapleść
plan [plæn] I s plan m; projekt m II v planować; projektować; (intend) zamierzać
plane¹ [pleɪn] s samolot m
plane² [pleɪn] I adj płaski, równy II s płaszczyzna f
planet [`plænɪt] s planeta f
plank [plæŋk] s deska f
plant [plɑnt] I s 1. roślina f 2. (implements) instalacja

f 3. *(factory)* fabryka *f* II
v sadzić; stać; *(fix)* wsadzać; umieszczać
plantation [plæn'teɪʃn] *s* plantacja *f*
plaster ['plɑstə(r)] I *s* 1. gips
m; tynk *m*; ~ of Paris gips
modelarski 2. *med.* plaster
m, przylepiec *m* II *v* tynkować
plastic ['plæstɪk] I *adj* plastyczny II *s* plastyk *m*
plate [pleɪt] I *s* 1. płyta *f*;
(on the door) tabliczka *f*
(na drzwiach) 2. *druk. fot.*
klisza *f* 3. *(cutlery)* srebro
stołowe; naczynia srebrne 4.
(for food) talerz *m* II *v* platerować; posrebrzać
plateau ['plætəʊ] *s* płaskowyż
m
plateful ['pleɪtfl] *s* (pełny) talerz (czegoś)
platform ['plætfɔm] *s* 1. estrada *f*; mównica *f* 2. *(on
a station)* peron *m*; ~ ticket
bilet peronowy 3. *(in tramway etc.)* platforma *f*; pomost *m*
platinum ['plætnəm] *s* platyna *f*; ~ blonde platynowa
blondynka
platitude ['plætɪtjud] *s* banał
m; frazes *m*
play [pleɪ] I *v* bawić się; grać
(cards, tennis etc. w karty,
w tenisa itp.; the piano,
the violin etc. na fortepianie, na skrzypcach itd.); to
~ fair grać przepisowo
⟨uczciwie⟩; to ~ on words
bawić się w dwuznaczniki;
to ~ a joke ⟨trick⟩ on sb
spłatać komuś figla II *s* 1.
gra *f*; zabawa *f*; fair ~
czysta ⟨uczciwa⟩ gra; foul
~ nieczysta gra 2. sztuka *f*
(teatralna)
play-boy ['pleɪ bɔɪ] *s* playboy *m*
player ['pleɪə(r)] *s* gracz *m*;
zawodnik *m*; *(actor)* aktor
m

playful ['pleɪfl] *adj* figlarny;
wesoły
playground ['pleɪgraʊnd] *s* boisko *n*
plaything ['pleɪθɪŋ] *s* zabawka
f
plead [plid] *v* 1. błagać; to ~
with sb for sb wstawiać się
u kogoś za kimś 2. *sąd.* bronić sprawy 3. *(excuse oneself)* usprawiedliwiać się
pleasant ['pleznt] *adj* sympatyczny; przyjemny; miły
please [pliz] *v* podobać się
⟨sprawiać przyjemność, dogadzać⟩ (sb komuś); you
can't ~ everybody wszystkim nie dogodzisz; to be
anxious to ~ chcieć się
przypodobać; ~ sit down
proszę usiąść; another cup?
— yes, ~ nalać ci jeszcze? —
proszę bardzo
pleased [plizd] *adj* zadowolony; to be ~ with sth być
zadowolonym z czegoś; to
be ~d to do sth z przyjemnością ⟨z chęcią⟩ coś
zrobić; (I am) ~d to meet
you miło mi pana poznać
pleasure ['pleʒə(r)] *s* przyjemność *f*; it's a ~ to ... to
prawdziwa przyjemność ...;
the ~ is mine cała przyjemność po mojej stronie; to
take ~ in doing sth znajdować przyjemność w
czymś; z upodobaniem coś
robić; with ~ z przyjemnością
pleasure-steamer ['pleʒə stimə(r)] *s* statek wycieczkowy
pleat [plit] I *s* kraw. fałda *f*
II *v* układać ⟨spódnicę itd.)
w fałdy
plebiscite ['plebɪsɪt] *s* plebiscyt *m*
pledge [pledʒ] I *s* zastaw *m*;
(security) poręka *f*; gwarancja *f* II *v* zastawiać;
(commit oneself) ślubować;
zobowiązywać się
plenary ['plinərɪ] *adj* 1. pełny;
~ power pełnomocnictwo *n*

poise

2. (*fully attended*) plenarny
plentiful ['plentɪfl] *adj* obfity; **to be ~** znajdować się
w obfitości
plenty ['plentɪ] *s* obfitość *f*;
~ of ... mnóstwo ⟨dużo⟩ ...
pleurisy ['pluərɪsɪ] *s* zapalenie
n opłucnej
pliable ['plaɪəbl] *adj* giętki;
podatny
pliers ['plaɪəz] *plt* kombinerki
pl
plot [plot] **I** *s* **1.** parcela *f*;
kawałek *m* gruntu **2.** *lit.*
intryga *f*; wątek *m*; (*conspiracy*) spisek *m* **II** *v* **1.**
sporządzać wykres ⟨plan⟩ **2.**
(*conspire*) spiskować; knuć;
robić intrygi
plough [plau] **I** *s* pług *m* **II** *v*
orać
plover ['plʌvə(r)] *s* przepiórka *f*
plucky ['plʌkɪ] *adj* odważny;
śmiały
plug [plʌg] **I** *s* zatyczka *f*;
szpunt *m*; kołek *m*; sztyft
m; *elektr.* wtyczka *f*; *techn.*
mot. świeca *f* (silnika spalinowego) **II** *v* zatykać
plum [plʌm] *s* śliwka *f*
plumber ['plʌmə(r)] *s* hydraulik *m*
plump [plʌmp] *adj* pulchny;
tłuściutki
plunder ['plʌndə(r)] **I** *v* plądrować; łupić **II** *s* grabież
f; rabunek *m*
plunge [plʌndʒ] *v* zanurzać;
wpychać; pogrążać; (*dive*)
nurkować; *przen.* zagłębiać
się
plunge-board ['plʌndʒ bɔd] *s*
trampolina *f*
plural ['pluərl] **I** *adj* *gram.*
mnogi **II** *s* liczba mnoga
plus [plʌs] **I** *praep* plus; i;
oraz **II** *adj* dodatni **III** *s*
plus *m*
plush [plʌʃ] *s* plusz *m*
plywood ['plaɪwud] *s* dykta *f*;
sklejka *f*
pneumonia [nju'məunɪə] *s* zapalenie *n* płuc

poacher ['pəutʃə(r)] *s* kłusownik *m*
pocket ['pokɪt] **I** *s* kieszeń *f* **II**
v wkładać do kieszeni
pocket-book ['pokɪt buk] *s*
notes *m*
pocket-money ['pokɪt mʌnɪ] *s*
kieszonkowe *n*
poem ['pəuɪm] *s* poemat *m*;
wiersz *m*
poet ['pəuɪt] *s* poeta *m*
poetic(al) [pəu'etɪk(l)] *adj* poetyczny
poetry ['pəuɪtrɪ] *s* poezja *f*
point [pɔɪnt] **I** *s* **1.** punkt *m*;
kropka *f*; **full ~** kropka *f*
(w interpunkcji); **a ~ of
honour** punkt *m* honoru; **at
all ~s** w każdym szczególe;
to be on the ~ of doing sth
mieć właśnie coś zrobić **2.**
cardinal ~s strony *pl* świata **3.** (*characteristic*) cecha
charakterystyczna **4.** (*essential thing*) istota *f* rzeczy;
sens *m*; **that's the ~** w tym
cała rzecz; o to właśnie chodzi; **in ~ of fact** istotnie;
(*of a remark*) **to the ~** trafny; do rzeczy; **to make a ~
of doing sth** uważać za konieczne ⟨postawić sobie za
cel⟩ zrobienie czegoś; **I see
your ~** rozumiem do czego
zmierzasz; **to carry one's
~** osiągnąć cel; postawić
na swoim **II** *v* **1.** ostrzyć **2.**
(*show*) wskazywać (**to sth**
na coś); dowodzić (**to sth**
czegoś); **to ~ out** wykazywać; uwydatniać; **to ~ out
that ...** zauważyć, że ...
point-blank ['pɔɪnt'blæŋk] **I**
adj bezpośredni; (na)
wprost; *przen.* bez ogródek
II *adv* bezpośrednio; wprost
pointed ['pɔɪntɪd] *adj* spiczasty; ostry; zaostrzony; (*of
a remark*) uszczypliwy
pointless ['pɔɪntləs] *adj* bezsensowny; bezcelowy
poise [pɔɪz] **I** *v* równoważyć;
utrzymywać równowagę **II**

s równowaga *f*; (*posture*)
postawa *f*; poza *f*
poison ['pɔɪzn] I *s* trucizna *f*
II *v* (o)truć
poisonous ['pɔɪznəs] *adj* trujący; *zool.* jadowity
poker ['pəukə(r)] *s karc.* poker *m*
polar ['pəulə(r)] *adj* polarny;
~ lights zorza polarna
Pole ¹ [pəul] *s* Polak *m*, Polka *f*
pole ² [pəul] *s* słup *m*; tyczka
f; *sport.* ~ jump skok *m* o tyczce
pole ³ [pəul] *s geogr.* biegun
m; negative ⟨positive⟩ ~
biegun ujemny ⟨dodatni⟩
police [pə'liːs] *s* policja *f*;
~ constable policjant *m*;
the military ~ żandarmeria
f
police-force [pə'liːsfɔːs] *s* policja *f*
policeman [pə'liːsmən] *s* (*pl*
policemen) policjant *m*
police-station [pə'liːs steɪʃn] *s*
komisariat *m*
policy ¹ ['pɔləsɪ] *s* polityka *f*;
taktyka *f*; dyplomacja *f*;
it's bad ~ to zła taktyka
policy ² ['pɔləsɪ] *s* polisa *f*
(ubezpieczeniowa); to take
out a ~ ubezpieczyć się
polio ['pəulɪəu] *s* = polio-myelitis
polio-myelitis ['pəulɪəu'maɪə-
'laɪtɪs] *s* paraliż dziecięcy;
choroba *f* Heine-Medina
Polish ¹ ['pəulɪʃ] I *adj* polski
II *s* język polski; to speak
broken ⟨correct⟩ ~ mówić
łamaną ⟨poprawną⟩ polszczyzną
polish ² ['pɔlɪʃ] I *v* polerować;
czyścić II *s* 1. blask *m*; połysk *m*; *przen.* polor *m*;
ogłada *f* 2. (*paste*) pasta *f*
(do czyszczenia) 3. lakier *m*
(do paznokci) 4. politura *f*
polite [pə'laɪt] *adj* grzeczny;
uprzejmy
politeness [pə'laɪtnəs] *s* grze-

czność *f*; uprzejmość *f*; dobre wychowanie
political [pə'lɪtɪkl] *adj* polityczny
politician [‚pɔlə'tɪʃn] *s* polityk *m*
politics ['pɔlətɪks] *s* polityka
f
poll [pəul] I *s* głosowanie *n*;
obliczenie *n* głosów w wyborach; (*inquiry*) *am.* ankieta *f* II *v* głosować; otrzymywać głosy
pollute [pə'luːt] *v* zanieczyszczać
pollution [pə'luːʃn] *s* zanieczyszczenie *n* (atmosfery, wód
itd.)
polo-neck ['pəuləu nek] *s kraw.*
golf *m*; ~ sweaters swetry
pl z golfem
pomegranate ['pɔmɪgrænət] *s*
bot. granat *m*
pompous ['pɔmpəs] *adj* paradny; okazały; (*bombastic*)
pompatyczny
pond [pɔnd] *s* staw *m*
ponder ['pɔndə(r)] *v* rozważać; to ~ over sth dumać
nad czymś
pontoon [pɔn'tuːn] I *s* ponton
m II *adj* pontonowy
pony ['pəunɪ] *s* kucyk *m*
pony-tail ['pəunɪteɪl] *s* koński
ogon (uczesanie)
poodle ['puːdl] *s* pudel *m*
pool ¹ [puːl] *s* kałuża *f*; (*for
swimming*) basen (pływacki
itp.)
pool ² [puːl] *s* stawka *f* (w
grze); pula *f*; football ~
totalizator piłkarski
poop [puːp] *s* rufa *f*
poor [puə(r)] I *adj* biedny;
ubogi; nędzny II *s* (*pl*) the ~
biedni *pl*
poorly ['puəlɪ] I *adv* ubogo;
licho; nędznie II *adj* niezdrów; cierpiący
pop [pɔp] = popular *adj*; popularny; ~ art sztuka popularna ⟨dla mas⟩; ~ music
muzyka popularna

pope [pəup] s papież m
poplar ['poplə(r)] s topola f
poplin ['poplin] s popelina f
poppy ['popi] s mak m
poppy-seed ['popi sid] s mak m (nasienie)
popular ['popjulə(r)] adj ludowy; (for everybody) popularny; (of a phrase) potoczny; (liked) lubiany; **to make oneself** ~ zyskać popularność
popularity ['popju'lærəti] s popularność f
population ['popju'leiʃn] s ludność f
porcelain ['poslin] s porcelana f
porch [potʃ] s ganek m; am. weranda f; arch. portyk m
pore [po(r)] v zagłębiać się (over sth w coś, w czymś); ślęczeć (over sth nad czymś)
pork [pok] s wieprzowina f; mięso wieprzowe
porridge ['poridʒ] s owsianka f; kasza owsiana
port [pot] s port m
portable ['potəbl] adj przenośny
portal ['potl] s arch. portal m
porter¹ ['potə(r)] s portier m; woźny m; ~'s lodge portiernia f
porter² ['potə(r)] s 1. bagażowy m; numerowy m 2. (beer) porter m
portion ['poʃn] s część f; udział m; porcja f; a ~ of icecream porcja f lodów; **additional** ~ dodatkowa porcja; **big** ~ duża porcja; **half a** ~ pół porcji; **small** ~ mała porcja
portrait ['potrit] s portret m
portray [po'trei] v portretować; przen. odtwarzać; opisywać
Portuguese ['potʃu'giz] I adj portugalski II s (native) Portugalczyk m, Portugalka f; (language) język portugalski

pose [pəuz] I s poza f II v pozować; przen. udawać
posh [poʃ] adj sl. szykowny; elegancki
position [pə'ziʃn] s pozycja f; położenie n; stanowisko n; people of ~ ludzie wysoko postawieni; **to be in a** ~ **to do sth** być w stanie coś zrobić
positive ['pozətiv] I adj pozytywny; (sure) przekonany; pewny; (definite) określony; (unquestionable) stanowczy; niezaprzeczony; (także elektr. mat.) dodatni II s fot. pozytyw m
possess [pə'zes] v posiadać; władać (sth czymś); **to be** ~ed **with an idea** być opętanym jakąś myślą
possession [pə'zeʃn] s 1. posiadanie n; władanie n (of sth czymś); **to be in** ~ **of sth** posiadać ⟨mieć⟩ coś; być właścicielem czegoś; **to take** ~ **of sth** zabrać coś 2. pl ~s dobytek m; zdobycze pl
possessive [pə'zesiv] adj własnościowy; gram. dzierżawczy; ~ **case** dopełniacz m
possessor [pə'zesə(r)] s właściciel m; posiadacz m
possibility ['posə'biləti] s możność f; ewentualność f; możliwość f; prawdopodobieństwo n
possible ['posəbl] adj możliwy; ewentualny
possibly ['posəbli] adv możliwie; **how can we** ~ **do that?** jakim cudem my to zrobimy?
post¹ [pəust] I s poczta f; korespondencja f; **to send by** ~ wysłać pocztą; **by registered** ~ przesyłką poleconą; **by return of** ~ odwrotną pocztą; ~ **office** urząd pocztowy; ~ **office box** skrytka pocztowa II v posyłać; wrzucać do skrzynki pocztowej
post² [pəust] s posterunek m,

placówka *f*; (*office*) stanowisko *n*; posada *f*
postage ['pəustɪdʒ] *s* opłata pocztowa;· porto *n*; ofrankowanie *n*; ~ **stamp** znaczek pocztowy
postal ['pəustl] *adj* pocztowy; ~ **order** przekaz pieniężny; ~ **packet** ⟨matter⟩ przesyłka *f* pocztowa
postcard ['pəustkɑd] *s* pocztówka *f*; **picture** ~ widokówka *f*
poster ['pəustə(r)] *s* afisz *m*, plakat *m*
poste restante ['pəust'restõt] *s* poste-restante; **to write to** ~ pisać na poste-restante
post-graduate [pəust'grædʒuət] *adj* odbywany po skończonych studiach; podyplomowy; a ~ **course** kurs podyplomowy; studium podyplomowe
postman ['pəustmən] *s* (*pl* postmen) listonosz *m*
postmark ['pəustmɑk] *s* stempel pocztowy
postpone [pə'spəun] *v* odkładać; odraczać; odwlekać
postponement [pə'spəunmənt] *s* odroczenie *n*
postscript ['pəusskrɪpt] *s* dopisek *m*; postscriptum *n*
posture ['postʃə(r)] I *s* postawa *f*; poza *f* II *v* upozować; ustawiać
post-war ['pəust'wɔ(r)] *adj* powojenny
pot [pot] *s* 1. garnek *m*; ~s **and pans** naczynia kuchenne 2. (*for liquids*) dzbanek *m*; (*for flowers*) doniczka *f*
potato [pə'teɪtəu] *s* (*pl* ~es) ziemniak *m*, kartofel *m*; ~ **beetle** stonka ziemniaczana; **mashed** ~s kartofle tłuczone; **fried** ~s kartofle smażone
potential [pə'tenʃl] I *adj* potencjalny; ukryty II *s* potencjał *m*
pot-hole ['pot həul] *s* wybój

m; (*in a rock*) grota *f*; jaskinia *f*
pot-holer ['pot həulə(r)] *s* grotołaz *m*
pottery ['potərɪ] *s* wyroby garncarskie
pouch [pautʃ] *s* torba *f*; woreczek *m*
poultry ['pəultrɪ] *s* drób *m*
pound [paund] *s* funt *m*
pour [pɔ(r)] *v* nalewać; rozlewać; (*of rain*) lać; **to** ~ **in** masowo napływać; **to** ~ **out** rozlewać (zupę itd.)
poverty ['povətɪ] *s* ubóstwo *n*; bieda *f*
powder ['paudə(r)] I *s* proch *m*; proszek *m*; pył *m*; **face** ~ puder *m* do twarzy; ~ **compact** puderniczka *f* II *v* posypywać (**with** sth czymś); pudrować
powdered ['paudəd] *adj* sproszkowany; w proszku
powder-puff ['paudə pʌf] *s* puszek *m* do pudru
power ['pauə(r)] *s* 1. potęga *f*; siła *f*; moc *f*; **electric** ~ energia elektryczna 2. (*authority*) władza *f*; polit. mocarstwo *n*
powerful ['pauəfl] *adj* potężny; mocny; silny
power-plant ['pauə plant], **power-station** ['pauə steɪʃn] *s* siłownia *f*; elektrownia *f*
power-point ['pauə pɔint] *s* kontakt elektryczny (w ścianie); gniazdko *n*
practical ['præktɪkl] *adj* praktyczny; możliwy; realny; (*real*) faktyczny
practically ['præktɪklɪ] *adv* praktycznie; (*really*) faktycznie; właściwie
practice ['præktɪs] *s* praktyka *f*; wprawa *f*; **to put into** ~ zastosować w praktyce; **I am out of** ~ wyszedłem z wprawy; **in** ~ w rzeczywistości; **it is the common** ~ **to** się powszechnie praktykuje
practise ['præktɪs] *v* stosować

w praktyce; praktykować; (*exercise*) ćwiczyć; uprawiać (sport)
practitioner [præk'tɪʃnə(r)] *s* praktyk *m*; praktykujący lekarz; **general** ~ lekarz ogólnie praktykujący
praise [preɪz] I *v* chwalić II *s* pochwała *f*
pram [præm] *s* pot. wózek dziecinny
pray [preɪ] *v* modlić się; (*beg*) błagać
prayer-book ['preə buk] *s* książ(ecz)ka *f* do nabożeństwa
preach [priːtʃ] *v* wygłaszać kazanie
precarious [prɪ'keərɪəs] *adj* niepewny; (*dangerous*) niebezpieczny
precaution [prɪ'kɔːʃn] *s* ostrożność *f*; środek *m* ostrożności
precede [prɪ'siːd] *v* poprzedzać
precedent ['presɪdənt] *s* precedens *m*
preceding [prɪ'siːdɪŋ] *adj* poprzedzający; poprzedni
precious ['preʃəs] *adj* (drogo)cenny; wartościowy
precipice ['presəpɪs] *s* przepaść *f*
precise [prɪ'saɪs] *adj* 1. dokładny; ścisły; **to be** ~ dla ścisłości 2. (*of a person*) skrupulatny
precisely [prɪ'saɪslɪ] *adv* dokładnie; ściśle; ~! właśnie!
precision [prɪ'sɪʒn] *s* precyzja *f*; ścisłość *f*; dokładność *f*
predecessor ['priːdɪsesə(r)] *s* poprzednik *m*; (*ancestor*) przodek *m*
predicate ['predɪkeɪt] I *v* orzekać; twierdzić II *s* ['predɪkət] *gram.* orzeczenie *n*
prediction [prɪ'dɪkʃn] *s* przepowiednia *f*
predominance [prɪ'dɔmɪnəns] *s* przewaga *f*; wyższość *f*; panowanie *n*
predominant [prɪ'dɔmɪnənt] *adj* dominujący; górujący;

to be ~ dominować; panować
prefab ['priːfæb] *s* dom *m* z prefabrykatów
prefabricate [priː'fæbrɪkeɪt] *v* prefabrykować
preface ['prefɪs] *s* przedmowa *f*; wstęp *m*
prefer [prɪ'fɜː(r)] *v* woleć (**sth to** ⟨**rather than**⟩ **sth** coś od czegoś); przedkładać
preferably ['prefrəblɪ] *adv* raczej; chętnie
preference ['prefrəns] *s* przedkładanie *n* (**of one thing to** ⟨**over**⟩ **another** jednej rzeczy nad inną); pierwszeństwo *n*
pregnancy ['pregnənsɪ] *s* brzemienność *f*; ciąża *f*
pregnant ['pregnənt] *adj* brzemienna; w ciąży
prehistoric ['priːhɪ'stɔrɪk] *adj* prehistoryczny
prejudice ['predʒədɪs] I *s* uprzedzenie *n* (**aginst sb, sth** do kogoś, czegoś); przesąd *m* II *v* uprzedzać (**sb against sb** kogoś do kogoś)
preliminary [prɪ'lɪmɪnərɪ] *adj* wstępny; przygotowawczy
prelude ['preljuːd] *s* wstęp *m*; *muz.* preludium *n*
premature ['premətʃə(r)] *adj* przedwczesny
premeditated [priː'medɪteɪtɪd] *adj* obmyślony; dokonany z premedytacją
premier ['premɪə(r)] I *adj* pierwszy; najważniejszy II *s* premier *m*
premise ['premɪs] *s* 1. przesłanka *f* 2. *pl* ~**s** (*building*) lokal *m*; obręb *m* ⟨obszar *m*⟩ posiadłości
premium ['priːmɪəm] *s* nagroda *f* (**on sth za** coś); (*bonus*) premia *f*
premonition ['premə'nɪʃn] *s* przeczucie *n*
preoccupy [priː'ɔkjupaɪ] *v* absorbować; pochłaniać uwagę

prepaid ['pri'peɪd] *adj* z gory
opłacony; (*of a letter*)
ofrankowany
preparation ['prepə'reɪʃn] *s*
przygotowanie *n*; przyrzą-
dzanie *n*; (*thing*) preparat
m
preparatory [prɪ'pærətrɪ] *adj*
przygotowawczy; ~ school
szkoła podstawowa
prepare [prɪ'peə(r)] *v* przygotować ⟨szykować⟩ (się)
preponderance [prɪ'pondrəns]
s przewaga *f*; wyższość *f*
preposition ['prepə'zɪʃn] *s*
gram. przyimek *m*
prescribe [prɪ'skraɪb] *v* przepisywać (lekarstwo); zale-
cać
prescription [prɪ'skrɪpʃn] *s*
nakaz *m*; przepis *m*; *med.*
recepta *f*; to make out a ~
wypisać receptę
presence ['prezns] *s* obecność
f; your ~ is requested uprasza się o (łaskawe) przybycie; ~ of mind przytomność
umysłu
present [1] ['preznt] I *adj* obecny; teraźniejszy; dzisiejszy;
bieżący II *s* 1. the ~ teraź-
niejszość *f*; at ~ teraz; o-
becnie; for the ~ na razie
2. *gram.* czas teraźniejszy
present [2] ['preznt] *s* prezent
m; dar *m*; upominek *m*
present [3] [prɪ'zent] *v* przedstawiać; prezentować; (*give*)
darować; (*appear*) ~ oneself
stawić się
present-day ['preznt deɪ] *adj*
dzisiejszy; współczesny
presentiment [prɪ'zentɪmənt] *s*
przeczucie *n*; to have a ~
of ... przeczuwać ...
presently ['prezntlɪ] *adv* niebawem; wkrótce; zaraz
preservation ['prezə'veɪʃn] *s*
ochrona *f*; ~ of nature o-
chrona *f* przyrody; ~ of
environment ochrona *f* środo-
dowiska; ~ of ancient mo-
numents ochrona *f* zaby-
tków

preservative [prɪ'zɜvətɪv] *s* środek konserwujący
preserve [prɪ'zɜv] I *v* ochraniać (*from* sth od czegoś);
zabezpieczać; przechowy-
wać; konserwować II *s* konserwa *f*; (*for game etc.*)
rezerwat *m*
preside [prɪ'zaɪd] *v* przewodniczyć (at ⟨over⟩ a meeting
na zebraniu)
president ['prezɪdənt] *s* prezydent *m*; (*chairman*) przewodniczący *m*
press [1] [pres] *v* prasować (u-
branie itp.); (*squeeze*) ściskać; (*insist*) wywierać nacisk; nalegać (sth na coś);
(*depress*) przygniatać; gnębić; (*demand*) wymuszać
(sth upon sb coś na kimś)
press [2] [pres] *s* 1. tłok *m* 2.
(*newspapers*) the ~ prasa *f*;
(*published opinion*) recenzje
prasowe
press-agent ['pres eɪdʒənt] *s*
agent prasowy
pressing ['presɪŋ] *adj* 1. pilny
2. (*insistent*) natarczywy; to
be ~ nalegać
pressman ['presmən] *s* (*pl*
pressmen) dziennikarz *m*
pressure ['preʃə(r)] *s* 1. napór
m; ciśnienie *n*; ~ drop spadek *m* ciśnienia; atmospheric ⟨barometric⟩ ~ ciśnienie
atmosferyczne; blood ~ ciśnienie krwi; high ⟨low⟩ ~
wysokie ⟨niskie⟩ ciśnienie;
oil ~ ciśnienie oleju; to
gauge the ~ zmierzyć ciś-
nienie 2. *przen.* presja *f*;
przymus *m*; to act under ~
działać pod przymusem
pressure-gauge ['preʃə geɪdʒ]
s manometr *m*, ciśnieniomierz *m*
prestige [pre'stiʒ] *s* prestiż *m*
presume [prɪ'zjum] *v* przypuszczać; sądzić; (*venture*)
ośmielać się
presumption [prɪ'zʌmpʃn] *s* 1.
przypuszczenie *n*; wniosek

m 2. (arrogance) zarozumiałość f
pretence [pri'tens] s udawanie n; false ~s pozory pl; to make a ~ of ... udawać, że ...
pretend [pri'tend] v udawać; symulować; stwarzać pozory (sth czegoś); (claim) rościć sobie pretensje (do czegoś)
pretext ['pritekst] s pretekst m; wymówka f
pretty ['priti] I adj ładny II adv dość; dosyć
prevail [pri'veil] v zwyciężać; (predominate) przeważać
prevailing [pri'veiliŋ] adj przeważający; powszechny
prevent [pri'vent] v przeszkadzać (sth czemuś); nie dopuszczać (sth do czegoś); zapobiegać; ochraniać (sth przed czymś); to ~ sb from doing sth nie dopuścić, by ktoś coś zrobił
prevention [pri'venʃn] s zapobieganie n (of sth czemuś); profilaktyka f
preventive [pri'ventiv] adj zapobiegawczy; ochronny; profilaktyczny
previous ['privias] adj poprzedni; dawniejszy
pre-war ['pri'wɔ(r)] adj przedwojenny
prey [prei] I s zdobycz f; łup m; a bird (an animal) of ~ ptak drapieżny (zwierzę drapieżne); to be a ~ to ... być ofiarą ... (czegoś) II v żerować (on sb, sth na kimś, czymś)
price [prais] I s cena f; koszt m; at any ~ za wszelką cenę II v wycenić
priceless ['praislas] adj bezcenny; nieoceniony
price-list ['prais list] s cennik m
prick [prik] I s ukłucie n; przen. ~s of conscience wyrzuty pl sumienia II v

kłuć; (make hole) przekłuwać
pride [praid] I s duma f; pycha f; wyniosłość f; to take ~ in sth szczycić się czymś II v to ~ oneself pysznić się; szczycić się (on (upon) sth czymś)
priest [prist] s duchowny m; ksiądz m
prig [prig] s zarozumialec m
prim [prim] adj afektowany; sztuczny; (formal) pedantyczny
primarily ['praimrli] adv pierwotnie; początkowo; (first of all) przede wszystkim
primary ['praimri] adj pierwszorzędny; podstawowy; główny
prime [praim] adj pierwszy; najwyższy; główny; Prime Minister premier m
primitive ['primitiv] adj pierwotny; podstawowy; (simple) prymitywny
primrose ['primrauz] s pierwiosnek m
primus ['praimas] s prymus m (maszynka)
prince [prins] s książę m
princess [prin'ses] s księżna f; księżniczka f
principal ['prinsapl] I adj główny II s szef m; dyrektor m
principle ['prinsapl] s podstawa f; (rule) zasada f; reguła f; in ~ w zasadzie; zasadniczo; on ~ ze względów zasadniczych
print [print] I s 1. druk m; in ~ wydrukowany 2. (of a book) będący w sprzedaży; out of ~ wyczerpany 3. (mark) odcisk m; odbicie n 4. (picture) sztych m II v drukować; ~ed matter (papers) druk(i)
printer ['printa(r)] s drukarz m
printing-ink ['printiŋ iŋk] s farba drukarska
prior ['praia(r)] I adj wcześ-

niejszy; uprzedni II *adv* ~
to sth przed czymś
priority [praɪ'orɪtɪ] *s* pierwszeństwo *n*; priorytet *m*
prison ['prɪzn] *s* więzienie *n*
prisoner ['prɪznə(r)] *s* więzień
m; ~ at the bar oskarżony
m; ~ of war jeniec wojenny
privacy ['prɪvəsɪ] *s* odosobnienie *n*; zacisze (domowe); to
do sth in strict ~ zrobić coś
bez rozgłosu
private ['praɪvɪt] I *adj* 1. prywatny; in ~ clothes po cywilnemu; (*in an inscription*)
„Private" wstęp wzbronio-
ny 2. (*personal*) osobisty;
własny II *s* 1. szeregowiec
m 2. in ~ prywatnie; w tajemnicy; (mówić) na osob-
ności
privation [praɪ'veɪʃn] *s* pozba-
wienie *n*; (*lack*) brak *m*;
niedostatek *m*
privilege ['prɪvlɪdʒ] I *s* przywilej *m*; zaszczyt *m* II *v*
uprzywilejować
prize [praɪz] I *s* nagroda *f* II
v cenić
prize-winner ['praɪz wɪnə(r)] *s*
zdobywca *m* nagrody; lau-
reat *m*
probability ['probə'bɪlətɪ] *s*
prawdopodobieństwo *n*
probable ['probəbl] *adj* prawdopodobny
problem ['probləm] *s* zagadnienie *n*; problem *m*; kwestia *f*; *szk.* tekstowe zadanie matematyczne; to solve
a ~ rozwiązać zadanie; a ~
child trudne dziecko
procedure [prə'siːdʒə(r)] *s* postępowanie *n*; procedura *f*
proceed [prə'siːd] *v* posuwać
się naprzód; (*continue*) prowadzić dalej; (*start*) przy-
stępować (do czegoś); (*in
court*) wytoczyć proces (a-
gainst sb komuś)
proceeding [prə'siːdɪŋ] *s* 1. postępowanie *n*; postępek *m*
2. *pl* ~s debaty *pl*; obrady

pl; legal ~s proces *m*; sprawa sądowa
proceeds ['prəʊsiːdz] *plt* przychód *m*; utarg *m*; zysk *m*
process ['prəʊses] *s* proces *m*;
przebieg *m*; to be in ~ odbywać się; in ~ of time z
biegiem czasu
procession [prə'seʃn] *s* proce-
sja *f*; pochód *m*
proclaim [prə'kleɪm] *v* pro-
klamować; ogłaszać
proclamation ['proklə'meɪʃn] *s*
proklamacja *f*; obwieszczenie *n*; odezwa *f*
produce [prə'djuːs] I *v* okazywać; przedkładać; wyjmo-
wać (z kieszeni); (*stage*)
wystawiać (sztukę); (*cause*)
wywoływać (sensację itp.);
(*manufacture*) produkować
(towary) II *s* ['prodjuːs] produkcja *f*; wydajność *f*; (*product*) produkty *pl*; płody
rolne
producer [prə'djuːsə(r)] *s* producent *m*; *kin.* kierownik
m produkcji
product ['prodʌkt] *s* produkt
m; wyrób *m*; (*result*) wynik *m* (pracy); wytwór *m*
production [prə'dʌkʃn] *s* 1.
produkcja *f*; wytwarzanie
n; wyrób *m*; mass ~ produkcja masowa 2. (*work of
art*) praca *f* ⟨twórczość *f*⟩
(literacka itp.); (*staging*) za-
produkowanie *n* ⟨wystawie-
nie *n*⟩ sztuki
productive [prə'dʌktɪv] *adj*
produktywny; wydajny; (*of
soil*) płodny; żyzny
profanation ['profə'neɪʃn] *s*
zabezczeszczenie *n*; profa-
nacja *f*
profession [prə'feʃn] *s* (*occupation*) zawód *m*; fach *m*;
by ~ z zawodu
professional [prə'feʃnl] I *adj*
zawodowy; fachowy II *s* fachowiec *m*; *sport.* zawodo-
wiec *m*; to turn ~ przejść
na zawodowstwo

professor [prə'fesə(r)] *s* profesor *m*

proficient [prə'fıʃnt] *adj* biegły; sprawny; to be ~ in a language biegle władać językiem

profile ['prəufaıl] *s* profil *m*; in ~ z profilu

profit ['profıt] I *s* zysk *m*; korzyść *f*; dochód *m*; to make ~s mieć zyski II *v* korzystać; zyskiwać (by sth na czymś); (be profitable) być korzystnym

profitable ['profıtəbl] *adj* pożyteczny; korzystny; zyskowny

profiteer ['profı'tıə(r)] I *s* spekulant *m*, pot. paskarz *m* II *v* spekulować, pot. paskować

profound [prə'faund] *adj* głęboki; gruntowny

profuse [prə'fjus] *adj* hojny; (abundant) obfity

profusion [prə'fju3n] *s* hojność *f*; (abundance) obfitość *f*

prognosis [prog'nəusıs] *s* (pl prognoses [prog'nəusiz]) prognoza *f*; przepowiednia *f*

program(me) ['prəugræm] I *s* program *m*; plan *m* II *v* programować

progress ['prəugres] I *s* postęp *m*; rozwój *m*; to make ~ robić postępy; awansować (w pracy); to be in ~ być w toku II *v* [prə'gres] robić postępy; iść naprzód; posuwać się dalej; (of a discussion etc.) trwać

progressive [prə'gresıv] *adj* postępowy; ~ movement ruch postępujący

prohibit [prə'hıbıt] *v* zakazywać ⟨zabraniać⟩ (sth czegoś)

prohibition ['prəuı'bıʃn] *s* zakaz *m*; prohibicja *f*

project ['prod3ekt] I *s* projekt *m*; plan *m* II *v* [prə'd3ekt] projektować; planować; wyświetlać (na ekra-

nie); (stick out) sterczeć; wystawać

projection [prə'd3ekʃn] *s* projekcja *f*

projector [prə'd3ektə(r)] *s* aparat projekcyjny

proletarian ['prəulı'teərıən] I *adj* proletariacki II *s* proletariusz *m*, proletariuszka *f*

proletariat ['prəulı'teərıət] *s* proletariat *m*

prolific [prə'lıfık] *adj* płodny

prologue ['prəulog] *s* prolog *m*

prolong [prə'loŋ] *v* przedłużać; prolongować (weksel)

promenade ['promə'nad] *s* przechadzka *f*; (public place) promenada *f*; miejsce *n* do spacerów; ~ deck pokład spacerowy

prominent ['promınənt] *adj* wystający; wydatny; (eminent) wybitny; głośny

promise ['promıs] I *s* 1. obietnica *f*; przyrzeczenie *n*; to make a ~ obiecywać 2. promesa *f*; visa ~ promesa wizy II *v* obiecywać; przyrzekać; (give hope) zapowiadać się

promising ['promısıŋ] *adj* obiecujący; rokujący nadzieje

promote [prə'məut] *v* 1. przesuwać na wyższe stanowisko; to be ~d awansować 2. (support) popierać; zachęcać

promotion [prə'məuʃn] *s* awans *m*; promowanie *n*; (support) popieranie *n*

prompt [prompt] I *adj* szybki; bystry II *v* nakłaniać; (suggest) podpowiadać

prompter ['promptə(r)] *s* teatr. sufler *m*

prone [prəun] *adj* skłonny (to sth do czegoś); podatny (to sth na coś)

pronoun ['prəunaun] *s* gram. zaimek *m*

pronounce [prə'nauns] *v* wymawiać; (deliver) orzekać; (declare) oświadczać

pronounceable [prə'naunsəbl]
adj możliwy do wymówie-
nia
pronunciation [prə'nʌnsı'eıʃn]
s wymowa *f*
proof [pruf] *s* dowód *m*;
druk. korekta *f*; odbitka *f*
proof² [pruf] *adj* szczelny;
odporny; nie przepuszczają-
cy
proof-reader ['pruf ridə(r)] *s*
korektor *m*, korektorka *f*
prop [prop] *s* podpórka *f*, tyczka *f*, pal *m*; podpora *f*
propaganda ['propə'gændə] *s*
propaganda *f*
propagate ['propəgeıt] *v* propagować; szerzyć
proper ['propə(r)] *adj* właściwy; odpowiedni; należyty;
gram. ~ **name** imię własne
properly ['propəlı] *adv* właściwie; odpowiednio; należycie; ~ **speaking** ściśle
mówiąc
property ['propətı] *s* 1. własność *f*; **a man of ~** posiadacz *m*; **personal ~** mienie
osobiste; **stage properties**
rekwizyty teatralne 2. *(quality)* cecha *f*; właściwość *f*
prophesy ['profısaı] *s* przepowiednia *f*, proroctwo *n*
prophylactic ['profı'læktık]
adj profilaktyczny; zapobiegawczy
proportion [prə'pɔʃn] *s* proporcja *f*; stosunek *m*; *(part)*
część *f*; *fin.* odsetek *m*; *pl*
~s rozmiary *pl*, wymiary
pl
proportional [prə'pɔʃnl] *adj*
proporcjonalny
proposal [prə'pəuzl] *s* propozycja *f*; oferta *f*; *(offer of
marriage)* oświadczyny *pl*
propose [prə'pəuz] *v* proponować; *(plan)* zamierzać; planować; *(offer marriage)* o-
świadczać się
proposition ['propə'zıʃn] *s*
twierdzenie *n*; zagadnienie
n; propozycja *f*

proprietor [prə'praɪətə(r)] *s*
właściciel *m*
propriety [prə'praɪətɪ] *s* właściwość *f*; odpowiedniość *f*;
(decency) przyzwoitość *f*
propulsion [prə'pʌlʃn] *s* napęd
m
prosaic [prə'zeıık] *adj* proza-
iczny; pospolity
prose [prəuz] *s* proza *f*
prosecute ['prosıkjut] *v* ścigać
(sądownie)
prosecution ['prosı'kjuʃn] *s*
wykonywanie *n* (obowiąz-
ków); prowadzenie *n* (sprawy); *sąd.* oskarżenie *n*
prosecutor ['prosıkjutə(r)] *s*
oskarżający *m*, oskarżyciel
m; **public ~** prokurator *m*
prospect ['prospekt] *s* 1. widok *m*, perspektywa *f* 2.
(sth expected) pl ~s nadzieje *pl*; możliwości *pl*;
pot. widoki *pl*; **to have sth
in ~** mieć coś na widoku
prospective [prə'spektıv] *adj*
przyszły; spodziewany; o-
czekiwany; ewentualny
prosper ['prospə(r)] *v* prosperować; *(pomyślnie)* rozwijać się; **he is ~ing** dobrze
mu się powodzi
prosperity [pro'sperıtı] *s* po-
myślność *f*; powodzenie *n*;
(wealth) dobrobyt *m*
prosperous ['prospərəs] *adj*
sprzyjający; pomyślny
protect [prə'tekt] *v* chronić;
bronić (**from** ⟨**against**⟩ **sb**,
sth przed kimś, czymś)
protection [prə'tekʃn] *s* ochrona *f*; obrona *f*; opieka *f*;
poparcie *n*; protekcja *f*
protective [prə'tektıv] *adj* o-
chronny; opiekuńczy
protector [prə'tektə(r)] *s* o-
brońca *m*; protektor *m*;
techn. ochraniacz *m*; **lightning ~** piorunochron *m*
protest [prə'test] **I** *v* protestować **II** *s* ['prəutest] protest
m
Protestant ['protıstənt] **I** *s*
protestant *m*; ewangelik *m*;

anglikanin *m* II *adj* protestancki; ewangelicki; anglikański
prototype [`prǝutǝtaip] *s* prototyp *m*
protrude [prǝ`trud] *v* wystawać; sterczeć
proud [praud] *adj* 1. dumny; to be ~ of sth być dumnym z czegoś 2. (*haughty*) wyniosły; hardy
prove [pruv] *v* dowodzić; udowadniać; (*także* ~ oneself) okazywać się; to ~ true sprawdzić się
proverb [`provзb] *s* przysłowie *n*
provide [prǝ`vaid] *v* dostarczać (*sb* with sth komuś czegoś); zaopatrywać; wyposażać (sth with sth coś w coś); (*take precautions*) zabezpieczać się (against sth przed czymś); (*support*) zapewniać byt (for sb komuś)
provided [prǝ`vaidid] I *adj* dostarczony; ~ for zaopatrzony; wyposażony; zabezpieczony II *conj* pod warunkiem (that ... że ...); o ile
providence [`providns] *s* przezorność *f*; opatrzność *f*
providential [`provi`denʃl] *adj* opatrznościowy
province [`provins] *s* prowincja *f*; (*sphere*) dziedzina *f*
provincial [prǝ`vinʃl] *adj* prowincjalny; zaściankowy
provision [prǝ`viзn] *s* 1. zaopatrzenie *n*; to make ~s zabezpieczyć się; to make ~s for sb zabezpieczyć kogoś 2. *prawn.* zastrzeżenie *n*; warunek *m*
provisional [prǝ`viзnl] *adj* prowizoryczny; tymczasowy
provocation [`provǝ`keiʃn] *s* prowokacja *f*; (*irritation*) podrażnienie *n*
provoke [prǝ`vǝuk] *v* 1. prowokować; podżegać; to ~ sb to ... doprowadzić kogoś do ... 2. (*irritate*) rozzłościć

proximity [prok`simǝti] *s* bliskość *f*; sąsiedztwo *n*; in the ~ of ... w pobliżu
proxy [`proksi] *s* pośrednictwo *n*; zastępstwo *n*; (*person*) pełnomocnik *m*; zastępca *m*; by ~ przez zastępcę
prudent [`prudnt] *adj* ostrożny; roztropny
prune [prun] *s* suszona śliwka
pry [prai] *v* węszyć; wścibiać nos (into other people's affairs w cudze sprawy)
pseudo [`sjudǝu] *adj* rzekomy; pozorny; fałszywy
pseudonym [`sjudǝnim] *s* pseudonim *m*
psychiatrist [sai`kaiǝtrist] *s* psychiatra *m*
psychic(al) [`saikikl] *adj* psychiczny
psychological [`saikǝ`lodзikl] *adj* psychologiczny
psychologist [sai`kolǝdзist] *s* psycholog *m*
psychology [sai`kolǝdзi] *s* psychologia *f*
pub [pʌb] *s* pub *m*; piwiarnia *f*; bar *m*; *pot.* knajpa *f*
public [`pʌblik] I *adj* publiczny; ogólny; ~ house pub *m*; piwiarnia *f*; ~ prosecutor prokurator *m*; ~ school średnia szkoła (z internatem); ~ spirit duch obywatelski; ~ assistance pomoc społeczna; to make ~ opublikować II *s* publiczność *f*; ogół *m*; in ~ publicznie
publication [`pʌbli`keiʃn] *s* opublikowanie *n*; ogłoszenie *n*; (*book* etc.) wydanie *n*; publikacja *f*
publicity [pʌb`lisǝti] *s* reklama *f*; rozgłos *m*; to give ~ to sth nadać czemuś rozgłos
publish [`pʌbliʃ] *v* ogłaszać; publikować; (*issue books*) wydawać drukiem
publisher [`pʌbliʃǝ(r)] *s* wydawca *m*

pudding [`pudɪŋ] *s* budyń *m*;
black ~ kaszanka *f*; peas ~
purée grochowe
puddle [`pʌdl] *s* kałuża *f*
pudgy [`pʌdʒɪ] *adj* niski i gru-
by
puff [pʌf] I *v* dyszeć; sapać;
pykać (at one's pipe z faj-
ki) II *s* podmuch *m*; puszek
m do pudru
pull [pul] I *v* ciągnąć; szarpać; to ~ sb's hair ciągnąć
kogoś za włosy; to ~ a face
skrzywić się; to ~ sb's leg
żartować ⟨pokpiwać⟩ sobie
z kogoś ‖ to ~ away od-
ciągnąć; to ~ back przy-
hamować; to ~ down ściąg-
nąć (coś); zburzyć (budy-
nek); to ~ in wciągnąć; (of
a train) wjechać na stację;
(of a vehicle) podjechać; to
~ through wyciągnąć (ko-
goś z kłopotu); postawić
(chorego) na nogi; to ~
oneself together przyjść do
siebie; opanować się; to ~
up wyciągnąć (do góry itd.);
podnieść; (halt) zatrzymać
(się); zahamować II *s* 1. po-
ciągnięcie *n*; szarpnięcie *n*;
to give a ~ pociągnąć;
szarpnąć 2. (advantage) przewaga *f* (nad kimś) 3.
(draught) łyk *m* (piwa); to
have a ~ at the bottle pociągnąć z butelki; *pot.* gol-
nąć sobie
pull-over [`pul əuvə(r)] *s* pulo-
wer *m*
pulse [pʌls] *s* tętno *n*; puls
m; to feel sb's ~ zbadać
komuś puls
pump [pʌmp] I *s* pompa *f*;
fuel ~ pompa paliwowa;
oil ~ pompa olejowa;
suction ~ pompa ssąca;
water ~ pompa wodna II *v*
pompować
pumpernickel [`pʌmpə-nɪkl] *s*
pumpernikiel *m*
pumpkin [`pʌmpkɪn] *s* dynia *f*
punch [pʌntʃ] I *v* dziurkować;
skasować (bilet itd.); (hit)

uderzyć pięścią; walnąć II
s uderzenie *n* pięścią
punch [2] [pʌntʃ] *s* poncz *m*
punctual [`pʌŋktʃuəl] *adj* punk-
tualny; dokładny
punctuation [`pʌŋktʃu`eɪʃn] *s*
interpunkcja *f*
puncture [`pʌŋktʃə(r)] I *s* prze-
kłucie *n*; defekt *m* (w opo-
nie); to get a ~ przebić
oponę; *pot.* złapać gumę II
v przekłuć
pungent [`pʌndʒənt] *adj* ostry
(smak, potrawa)
punish [`pʌnɪʃ] *v* karać; to be
~ed for sth być ukaranym
za coś
punishment [`pʌnɪʃmənt] *s* ka-
ra *f*
pup [pʌp] *s* szczenię *n*, szcze-
niak *m*
pupil [1] [`pjupl] *s* uczeń *m*, u-
czennica *f*
pupil [2] [`pjupl] *s* źrenica *f*
puppet [`pʌpɪt] *s* marionetka
f; kukiełka *f*
puppy [`pʌpɪ] *s* = pup
purchase [`pɜtʃəs] I *v* naby-
wać; kupować II *s* kupno
n; sprawunek *m*
purchaser [`pɜtʃəsə(r)] *s* na-
bywca *m*
pure [pjuə(r)] *adj* czysty; (simple) zwykły (przypadek); (of
truth) szczery
purgative [`pɜgətɪv] *s* środek
przeczyszczający
purge [pɜdʒ] *v* oczyścić; zrobić czystkę; *med.* przeczyś-
cić
purify [`pjuərɪfaɪ] *v* czyścić;
oczyszczać (się)
puritan [`pjuərɪtən] I *s* pury-
tanin *m*, purytanka *f* II *adj*
purytański
purple [`pɜpl] I *s* purpura *f*
II *adj* purpurowy
purpose [`pɜpəs] I *s* cel *m*;
zamiar *m*; for all ~s uniwersalny; on ~ celowo;
with the ~ of ... w zamiarze ⟨w celu⟩ ... II *v* zamierzać

purse [pɜs] s sakiewka f; portmonetka f

pursue [pə'sju] v ścigać; prześladować; (aim) dążyć (one's purpose do celu); (follow) wykonywać (plan, zawód itp.); (continue) kontynuować (studia, podróż itp.)

pursuit [pə'sjut] s gonitwa f (of sth za czymś); pościg m; pogoń f; dążenie n (of sth do czegoś)

pus [pʌs] s ropa f

push [puʃ] I v pchnąć; pchać; popychać; (support) popierać (kogoś); to ~ one's way przepychać się; to ~ aside zepchnąć na bok; to ~ forward wysunąć do przodu; to ~ in wepchnąć; to ~ on popychać naprzód; (go) jechać ⟨iść⟩ dalej; to ~ over przewrócić; to ~ through przepchać; doprowadzić do końca; to ~ up popchnąć do góry II s pchnięcie n; to give a ~ pchnąć

push-chair ['puʃ tʃeə(r)] s wózek spacerowy dla dziecka

pussy ['pusɪ] s kotek m, kiciuś m

put [put] v (put, put) kłaść; stawiać; (present) przedstawiać (sprawę); I don't know how to ~ it nie wiem, jak to wyrazić; to ~ sth right naprawić coś; to ~ sb at his ease ośmielić kogoś; stworzyć komuś swobodną atmosferę; to ~ sb in his place nauczyć kogoś moresu; to ~ a text into (English etc.) przełożyć tekst na (angielski itp.); to ~ money into sth zainwestować pieniądze w coś; to ~ into operation wprowadzić w życie; to ~ sb on his guard ostrzegać kogoś; to ~ sb through an exam poddać

kogoś egzaminowi ‖ to ~ aside odłożyć na bok; to ~ away schować; to ~ down wysadzić (pasażerów); (end); położyć kres (sth czemuś); (write) zapisywać; przypisywać (sth to sb, sth coś komuś, czemuś); to ~ forward wysunąć (wniosek itd.); przedstawić (kogoś do awansu); to ~ in wtrącić się; wnieść (skargę itp.); to ~ off odłożyć; odroczyć; odwieść (sb from sth kogoś od czegoś); to ~ on włożyć (na siebie); przybierać (weight na wadze); wystawiać (a play sztukę); nastawić (wodę, radio itp.); to ~ out wyeliminować; zgasić (światło itp.); to ~ through doprowadzić do skutku; telef. połączyć; to ~ together zmontować; złożyć; zebrać; zliczyć; to ~ up podnieść; zawiesić (słuchawkę); wystawić (for sale na sprzedaż); przenocować (at a hotel w hotelu); zatrzymać się (u kogoś, gdzieś); to ~ sb up przenocować kogoś; to ~ up with sth pogodzić się z czymś

putty ['pʌtɪ] s kit m

puzzle ['pʌzl] I v intrygować; wprawiać w zakłopotanie; to be ~ed być w kłopocie; głowić się ⟨łamać sobie głowę⟩ (over ⟨about⟩ sth nad czymś) II s zagadka f; łamigłówka f; rebus m; cross-word ~ krzyżówka f

pyjamas [pə'dʒɑməz] plt piżama f

pyramid ['pɪrəmɪd] s piramida f

pyrotechnics ['paɪərəu'teknɪks] plt pirotechnika f

Q

quack [kwæk] s znachor m;
szarlatan m
quadrangle ['kwo-dræŋgl] s
czworokąt m; czworobok m
quadrangular [kwo'dræŋg-
julə(r)] adj czworokątny
quadruple ['kwodrupl] adj
czterokrotny; poczwórny
quadruplets ['kwodruplıts] pl
(pot. quads) czworaczki
pl
quag [kwæg], quagmire ['kwæg-
maıə(r)] s bagno n; trzęsa-
wisko n
quail 1 [kweıl] s przepiórka f
quail 2 [kweıl] v wzdrygać
⟨zlęknąć, cofnąć⟩ się (before
sth przed czymś)
quaint [kweınt] adj osobliwy;
niezwykły; oryginalny
qualification ['kwolıfı'keıʃn] s
zastrzeżenie n; (competence)
kwalifikacja f
qualify ['kwolıfaı] v określać;
kwalifikować; upoważnić
kogoś (do objęcia stanowis-
ka itp.); (moderate) łagodzić; zmniejszać; ograni-
czać; (provide with conditions) warunkować
qualitative ['kwolıtətıv] adj
jakościowy
quality ['kwolətı] s 1. jakość
f; gatunek m 2. (merit) zaleta f; właściwość f; in the
~ of ... w charakterze ⟨ja-
ko⟩...
qualm [kwɑm] s skrupuły pl;
wyrzuty pl (sumienia);
(sickness) nudności
quantitative ['kwontıtətıv] adj
ilościowy
quantity ['kwontətı] s ilość f;
liczba f
quarantine ['kworəntin] s kwarantanna f
quarrel ['kworl] I s kłótnia f;
sprzeczka f II v kłócić
⟨sprzeczać⟩ się
quarrelsome ['kworlsəm] adj
kłótliwy

quarry ['kworı] s kamieniołom m; kopalnia odkryw-
kowa
quart [kwɔt] s kwarta f (1,14
litra)
quarter ['kwɔtə(r)] I v podzielić na cztery części; po-
ćwiartować; wojsk. zakwa-
terować; stacjonować II s
1. ćwierć f, ćwiartka f;
(measure) kwarta f; (three
months) kwartał m; a ~
of a century ćwierćwiecze
n; a ~ of an hour kwadrans
m 2. (direction) strona f
świata 3. (district) dzielnica f 4. pl ~s mieszkanie n;
wojsk. kwatery pl
quarterly ['kwɔtəlı] I adj
kwartalny II adv kwartal-
nie III s kwartalnik m
quartet [kwɔ'tet] s muz. kwartet m
quay [ki] s keja f; nabrzeże n
queen [kwin] s królowa f;
karc. dama f
queer [kwıə(r)] adj dziwny;
podejrzany; to feel ~ niedobrze się czuć
quench [kwentʃ] v ugasić;
stłumić; (cool) ostudzić
querulous ['kwerjələs] adj na-
rzekający; kłótliwy
query ['kwıərı] I s pytanie n;
wątpliwość f II v pytać;
kwestionować
question ['kwestʃən] I s 1. pytanie n 2. (matter) kwestia
f; sprawa f; zagadnienie n;
it's a ~ of time to kwestia
czasu; the ~ is whether ...
chodzi o to, czy ...; to come
into ~ wchodzić w rachu-
bę; it's out of the ~ to nie
wchodzi w rachubę; to wy-
kluczone; the goods in ~
towary pl, o których mo-
wa II v zadać pytanie; zadawać pytania; wypytywać;
(examine) przesłuchiwać;

(raise objections) zakwestionować
questioning ['kwestʃənɪŋ] I adj
(of a look) pytający; ba-
dawczy II s badanie n, wypytywanie n
question-mark ['kwestʃən mɑk]
s pytajnik m; znak m zapytania
questionnaire ['kwestʃə'neə(r)]
s kwestionariusz m; ankie-
ta f; to fill up ⟨out⟩ a ~
wypełnić   kwestionariusz
⟨ankietę⟩
queue [kju] I s ogonek m; kolejka f II v ~ up stać w
ogonku ⟨kolejce⟩ (for the
booking-office do kasy)
quick [kwɪk] I adj 1. szybki,
prędki; to be ~ pośpie-zyć
się; in ~ succession bezpośrednio jedno po drugim 2.
(of character) porywczy;
krewki; (lively) żywy II
adv szybko, prędko, żwawo
quicken ['kwɪkən] v ożywić;
(accelerate) przyśpieszyć
quicklime ['kwɪklaɪm] s wapno nie gaszone
quicksand ['kwɪksænd] s lo-
tne piaski
quicksilver ['kwɪksɪlvə(r)] s
rtęć f
quick-tempered   ['kwɪk-
'tempəd] adj porywczy; zapalczywy
quick-witted ['kwɪk'wɪtɪd] adj
bystry; rozgarnięty
quid [kwɪd] s sl. funt szterling m
quiet ['kwaɪət] I adj 1. spokojny; cichy; to grow ~
uciszyć się; to keep ~ cicho się zachowywać; mil-
czeć 2. (of character) łagodny, skromny II s spokój
m; cisza f; on the ~ po

cichu, w tajemnicy III v
uspokoić (się); cichnąć
quilt [kwɪlt] I s (pikowana)
kołdra II v pikować; wato-
wać
quince [kwɪns] s pigwa f
quinine [kwɪ'nin] s chinina f
quintuplets ['kwɪntjuplɪts] pl
pięcioraczki pl
quit [kwɪt] I v opuścić; odejść
(z posady); a note to ~
wypowiedzenie n (pracy,
mieszkania itd.) II adj wolny; zwolniony; to be ⟨to
get⟩ ~ of sth uwolnić się
od czegoś
quite [kwaɪt] adv zupełnie;
całkowicie; I don't ~ un-
derstand niezupełnie rozumiem; it's ~ good to jest
całkiem dobre ⟨niezłe⟩; this
is ~ a surprise to jest
prawdziwa   niespodzianka;
~ well doskonale; ~ so!
właśnie!
quiver ['kwɪvə(r)] I v zadrżeć
II s drżenie n
quiz [kwɪz] I s mistyfikacja
f; (riddle) zagadka f; rad.
tv. quiz m II v żartować
(sb z kogoś); zadawać py-
tania (sb komuś); bawić się
w zgaduj zgadulę
quizzical ['kwɪzɪkl] adj kpiar-
ski; figlarny
quota ['kwəutə] s udział m;
(granted amount) kontyn-
gent m
quotation [kwəu'teɪʃn] s cytat
m; handl. notowanie n kur-
su (na giełdzie)
quotation-marks [kwəu'teɪʃn
mɑks] pl cudzysłów m
quote [kwəut] v cytować; wymieniać (kogoś, coś); podawać (datę itp.)

16 Słownik

R

rabbit ['ræbɪt] *s* królik *m*;
Welsh ~ grzanki smażone
z serem
rabid ['ræbɪd] *adj med.* i
przen. wściekły
rabies ['reɪbiz] *s* wścieklizna
f
race ¹ [reɪs] *s* rasa *f*
race ² [reɪs] **I** *s* **1.** bieg *m*;
cross-country ~ bieg na
przełaj **2.** wyścig *m*; zawody ، *pl*; *pl* **~s** wyścigi *pl*;
canoeing ~ spływ *m* ⟨wy-
ścig *m*⟩ kajakowy **II** *v* ścigać; gonić się; pędzić; brać
udział w wyścigach
racecourse ['reɪskɔs] *s* tor
wyścigowy; bieżnia *f*
race-horse ['reɪs hɔs] *s* koń
wyścigowy
race-meeting ['reɪs mitɪŋ] *s*
wyścigi konne
racial ['reɪʃl] *adj* rasowy
racing ['reɪsɪŋ] *s* biegi *pl*;
wyścigi *pl* (konne itp.)
rack [ræk] *s* wieszak *m*; siatka *f* (na bagaż w wagonie);
roof ~ ⟨*am.* **luggage ~**⟩ bagażnik *m* na dachu
racket ¹ ['rækɪt] *s* rakieta *f*
racket ² ['rækɪt] *s* **1.** hałas *m*;
awantura *f* **2.** *sl.* machina-
cje *pl*; naciąganie *n*; kant
m
racketeer ['rækɪ'tɪə(r)] *s* kanciarz *m*; oszust *m*
radar ['reɪdɑ(r)] *s* radar *m*
radiant ['reɪdɪənt] *adj* promie-
niujący; *przen.* promienie-
jący, promienny
radiate ['reɪdɪeɪt] *v dosł.*
i *przen.* promieniować
radiator ['reɪdɪeɪtə(r)] *s* **1.** kaloryfer *m*; grzejnik *m* **2.**
mot. chłodnica *f*; **to drain
the ~** opróżnić chłodnicę
radio ['reɪdɪəʊ] *s* radio *n*; odbiornik *m* (radiowy); **~ play**
słuchowisko radiowe; **to listen to the ~** słuchać radia
radio-active ['reɪdɪəʊ'æktɪv]

adj radioaktywny; promieniotwórczy
radiocar ['reɪdɪəʊkɑ(r)], ra-
diocab ['reɪdɪəʊkæb] *s* radiowóz *m*
radio-controlled ['reɪdɪəʊkən-
'trəʊld] *adj* kierowany drogą
radiową
radiogram ['reɪdɪəʊgræm] *s*
depesza radiowa
radiograph ['reɪdɪəʊgrɑf] *s*
zdjęcie rentgenowskie
radiotelephone ['reɪdɪəʊ'telə-
fəʊn] *s* radiotelefon *m*
radish ['rædɪʃ] *s* rzodkiewka
f
radium ['reɪdɪəm] *s* rad *m*;
~ treatment leczenie *n* ra-
dem
raffia ['ræfɪə] *s* rafia *f*
raft [rɑft] *s* tratwa *f*
rag [ræg] *s* **1.** szmata *f*; łachman *m*; strzęp *m*; (*of a*
person) **in ~s** w łachma-
nach **2.** *pl* **~s** łachy *pl*; ciuchy *pl*; **~ fair** ciuchy *pl*,
tandeta *f*
rage [reɪdʒ] **I** *s* wściekłość *f*;
furia *f*; **to be in a ~** wściekać się; szaleć; **all the ~**
ostatni krzyk mody **II** *v*
szaleć; wściekać się (**at sb**
na kogoś)
ragged ['rægɪd] *adj* poszarpa-
ny; (*of a person*) obdarty
raglan ['ræglən] *s* raglan *m*
ragout ['rægu] *s kulin.* po-
trawka *f*; ragout *m*
raid [reɪd] **I** *v* dokonać nalo-
tu; (*of the police etc.*) przeprowadzić łapankę ⟨obławę⟩
II *s* najazd *m*; napad *m*; (*of*
the police etc.) obława *f*;
air ~ nalot *m*
rail [reɪl] *s* **1.** balustrada *f*;
poręcz *f* **2.** szyna *f*; **by ~**
koleja; **to get off the ~s**
wykoleić się
railing ['reɪlɪŋ] *s* sztachety
pl; ogrodzenie *n*; balustrada *f*

railroad ['reɪlrəʊd] s am. =
= railway
railway ['reɪlweɪ] s kolej f;
~ station stacja kolejowa
railwayman ['reɪlweɪmən] s
(pl railwaymen) kolejarz m
rain [reɪn] I s deszcz m; in
the ~ na deszczu; heavy ~
ulewny deszcz II v (of rain)
padać; it ~s deszcz pada
rainbow [reɪnbəʊ] s tęcza f
raincoat [reɪnkəʊt] s płaszcz
nieprzemakalny
rainfall [reɪnfɔl] s opad m
(deszczu)
rainproof ['reɪnpruf] adj nieprzemakalny; przeciwdesz-
czowy
rainwater ['reɪnwɔtə(r)]   s
deszczówka f
rainy [reɪnɪ] adj deszczowy;
słotny; ~ weather słota f;
to keep sth for a ~ day
chować coś na czarną go-
dzinę
raise [reɪz] I v 1. podnosić;
przen. to ~ claim wnieść
reklamację; zgłaszać pretensję; to ~ sb's spirits podnieść kogoś na duchu 2.
(make bigger) podwyższać
3. (build) budować 4. (cause)
wywoływać (oklaski, burzę
itp.) 5. (collect) zbierać (fundusze itd.) 6. (breed) hodować II s podwyżka f (płac)
raisin ['reɪzn] s rodzynek m
rake [reɪk] I s grabie pl; (for
fire) pogrzebacz m II v grabić; zgarniać; przen. grzebać; szperać
rally ['rælɪ] I v zbierać; skupiać (stronników); groma-
dzić (się) II s zjazd m; zlot
m; zbiórka f; mot. rajd m;
motor-car ~ rajd samocho-
dowy
ram [ræm] I v wbijać; (crash)
zderzać się (a car z samochodem) II s baran m; astr.
Ram Baran m
ramble ['ræmbl] I v 1. wędrować; iść na wycieczkę 2.
(write, talk) przeskakiwać

z tematu na temat 3. (of
plants) piąć się II s wę-
drówka f; włóczęga f
rambler ['ræmblə(r)] s 1. wy-
cieczkowicz m 2. (plant)
pnącze m; roślina pnąca
ramification [ˌræmɪfɪ'keɪʃn] s
rozgałęzienie n, rozwidlenie
n
ramshackle ['ræmʃækl] adj
zrujnowany; w ruinie; wa-
lący się
ran zob. run
ranch ['rɑntʃ] s am. ranczo n;
farma f
rancid ['rænsɪd] adj zjełczały
rancour ['ræŋkə(r)] s uraza f;
żal m
random ['rændəm] I s at ~
na chybił-trafił; na ślepo II
adj pierwszy lepszy; przypadkowy
rang zob. ring 2 v
range [reɪndʒ] I v 1. ustawiać;
szeregować; dobierać; zaliczać (się) (do danej klasy)
2. (extend) ciągnąć się; sięgać (from ... to ... od ...
do ...) II s 1. rząd m; szereg m; pasmo n (gór itp.)
2. (extent) granice pl; skala
f; zakres m; zasięg m; strefa f; ~ of vision zasięg
wzroku; pole n widzenia
rank [ræŋk] I s 1. rząd m;
szereg m; wojsk. the ~ and
file szeregowi pl; żołnierze
pl 2. wojsk. ranga f 3. (social position) stanowisko n
4. (class) klasa f; of the
first ~ pierwszorzędny; ~
and fashion wyższe sfery II
v 1. ustawiać w szeregu 2.
(put in a class) zaszeregowy-
wać; zaklasyfikować 3. nadawać rangę (sb komuś) 4.
(be considered) liczyć się
(as ... jako ...); zajmować
pozycję społeczną
ransack ['rænsæk] v prze-
trząsać; przeszukiwać; plądrować
ransom ['rænsəm] I s okup m

II *v* zapłacić okup (sb za kogoś)

rap [ræp] **I** *s* stuknięcie *n* **II** *v* stukać; kołatać

rape [reip] **I** *s* rabunek *m*; gwałt *m* **II** *v* z/rabować; z/gwałcić

rapid ['ræpid] *adj* szybki; prędki; (*of a train*) pośpieszny

rare [reə(r)] **I** *adj* rzadki; niezwykły **II** *adv* rzadko; niezwykle

rarity ['reərətı] *s* rzadkość *f*; niezwykłość *f*; rarytas *m*

rascal ['raskl] *s* łotr *m*; łajdak *m*

rash [1] [ræʃ] *s med.* pokrzywka *f*; wysypka *f*

rash [2] [ræʃ] *adj* lekkomyślny; nierozważny; brawurowy

raspberry ['razbrı] *s* malina *f*

rat [ræt] *s* szczur *m*; *przen.* to smell a ~ podejrzewać coś

rate [reit] **I** *s* **1.** tempo *n*; prędkość *f*; at the ~ of ... w tempie ⟨z szybkością⟩ ... **2.** (*standard*) norma *f*; birth ~ przyrost naturalny; death ~ śmiertelność *f* **3.** (*charge*) taryfa *f*; cena *f*; kurs *m* (wymiany) **4.** (*percentage*) stopa (podatkowa, procentowa itp.) **5.** (*class*) kategoria *f*; gatunek *m*; first ~ pierwszorzędny; at any ~ w każdym razie; przynajmniej **II** *v* szacować; oceniać; (*consider*) zaliczać (**sb, sth among** ... kogoś, coś do ...)

rather ['raðə(r)] *adv* raczej; (*more truly*) właściwie; (*quite*) dość; (*somehow*) nieco

ratify ['rætıfaı] *v* ratyfikować; zatwierdzić

ration ['ræʃn] **I** *s* racja *f* (żywnościowa itp.); przydział *m*; porcja *f*; ~ card karta żywnościowa **II** *v* racjonować; ograniczać; wydzielać

rational ['ræʃnl] *adj* rozumny; racjonalny

rationalism ['ræʃnlızm] *s* racjonalizm *m*

rationalization ['ræʃnəlaı'zeıʃn] *s* racjonalizacja *f*; usprawnienie *n*

rattle ['rætl] **I** *v* grzechotać; turkotać; szczękać; trzeszczeć; (*talk quickly*) paplać **II** *s* grzechot *m*; stukot *m*; trzask *m*; turkot *m*; szczękanie *n*; (*talking*) paplanina *f*

ravage ['rævıdʒ] **I** *v* zniszczyć; zdewastować; ogołocić (**of sth** z czegoś) **II** *s* dewastacja *f*; zniszczenie *n*

rave [reiv] *v* bredzić; majaczyć; (*of the sea, wind etc.*) szaleć; (*talk enthusiastically*) unosić się ⟨rozpływać się⟩ (**about sb, sth** nad kimś, czymś)

raven ['reivn] **I** *s* kruk *m* **II** *adj* kruczy

ravenous ['rævnəs] *adj* drapieżny; żarłoczny; zgłodniały

ravine [rə'vin] *s* wąwóz *m*; jar *m*

ravish ['rævıʃ] *v* zachwycać; oczarować

raw [rɔ] **I** *adj* **1.** surowy; to eat fruit ⟨vegetables⟩ ~ jeść owoce ⟨warzywa⟩ na surowo; ~ material surowiec *m* **2.** (*inexperienced*) niedoświadczony **II** *s* żywe ciało; *pot.* czułe miejsce; to touch sb on the ~ dotknąć kogoś do żywego

ray [rei] *s* promień *m*

rayon ['reion] *s* sztuczny jedwab

razor ['reizə(r)] *s* brzytwa *f*; ~ blade ostrze *n* brzytwy; safety ~ maszynka *f* do golenia; electric ~ elektryczna maszynka do golenia

reach [ritʃ] **I** *v* **1.** dosięgnąć **2.** (*arrive*) dojeżdżać; dopływać; dolatywać; przybywać (**a place** do miejscowości);

dotrzeć (a place dokądś); to
~ sb by phone połączyć się
z kimś te.efonicznie 3.
(attain) osiągać (cel itp.);
dożywać (a certain age pewnego wieku); (of a letter)
dojść (sb do czyichś rąk) II
s zasięg m; within ~ of ...
w zasięgu ...
react [ri ækt] v wywierać
wpływ; wpływać (upon sb,
sth na kogoś, coś); reagować (to sth na coś)
reaction [ri ækʃn] s reakcja f
reactionary [ri'ækʃnrı] I s re-
akcjonista m II adj prze-
ciwdziałający; ʻ(także polit.)
reakcyjny
read [rid] v (read [red], read)
1. (prze)czytać; przen. to ~
a lesson ⟨a lecture⟩ udzielić komuś nagany 2. (study)
studiować; ťo ~ for an examination przygotowywać
się do egzaminu 3. (of a
text) brzmieć
readable [ridəbl] adj możliwy do czytania; (legible)
czytelny
reader [ˈridə(r)] s 1. czytelnik
m; wykładowca m 2. (in a
book) czytanka f; lektura
szkolna
readily [ˈredılı] adv z goto-
wością; chętnie; (easily)
łatwo; bez trudu
readiness [ˈredınəs] s gotowość
f; chęć f; in ~ w pogoto-
wiu
reading [ˈridıŋ] s 1. czytanie
n; lektura f; ~ list spis m
lektury 2. (literary knowledge) oczytanie n; person
of wide ~ człowiek oczytany 3. (interpretation) interpretacja f
reading-room [ˈridıŋ rum] s
czytelnia f
ready [ˈredı] adj 1. gotowy;
to get ⟨to make⟩ ·~ przy-
gotowywać (się); ~ at hand
pod ręką; ~ money gotów-
ka 2. (willing) skłonny 3.
(quick) bystry; cięty

ready-made [ˈredıˈmeıd] adj
(of clothes) gotowy
reagent [riˈeıdʒənt] s chem.
odczynnik m
real [rıəl] adj prawdziwy;
rzeczywisty; faktyczny; ~
property ⟨estate⟩ nieruchomość f
realism [ˈrıəl-ızm] s realizm
m
reality [rıˈælətı] s rzeczywistość f; in ~ w rzeczywi-
stości; właściwie
realize [ˈrıəlaız] v realizować;
urzeczywistniać; (appre-
hend) zrozumieć; uświada-
miać sobie; zdawać sobie
sprawę (sth z czegoś)
really [rıəlı] adv naprawdę;
istotnie; rzeczywiście; (interrogative) czyżby?; not
~? czy to możliwe?
reappear [ˈrıəˈpıə(r)] v ponownie się ukazać ⟨pojawiać⟩
reanimate [ri ænımeıt] v re-
animować
reanimation [riˈænıˈmeıʃn] I s
reanimacja f II adj reani-
macyjny
rear ¹ [rıə(r)] I s wojsk. tyły
pl; in the ~ na tyłach; w
tyle II adj tylny
rear ² [rıə(r)] v (grow) hodować; (breed) wychowywać
rear-light [ˈrıə laıt]ₜ s tylne
światło (samochodu)
rearmament [riˈɑməmənt] s
remilitaryzacja f
rearrange [rıəˈreındʒ] v prze-
grupować; przestawiać; (adjust) poprawiać (fryzurę
itp.)
rear-view mirror [ˈrıə vju mı-
rə(r)] v mot. lusterko wsteczne
reason [ˈrizn] I s 1. powód m;
przyczyna f; motyw m; by
~ of ... z powodu ...; for
~s ... z przyczyn ...; with ~
nie bez powodu 2. (common
sense) rozum m; rozsądek
m II v rozumować; prze-
mawiać do rozsądku (with
sb komuś)

reasonable ['riznəbl] *adj* rozsądny; (*of a price etc.*) umiarkowany

reassure ['rɪə'ʃuə(r)] *v* uspokajać; rozpraszać obawy

rebel ['rebl] I *s* buntownik *m*; powstaniec *m* II *v* [rɪ'bel] buntować się, powstawać (against ... przeciw ...) III *adj* buntowniczy; zbuntowany

rebellion [rɪ'beliən] *s* bunt *m*; rewolta *f*; powstanie *n*

rebellious [rɪ'beliəs] *adj* buntowniczy; zbuntowany

rebuild ['ri'bɪld] *v* (rebuilt ['ri'bɪlt], rebuilt) odbudować; przebudować; odnawiać

recall [rɪ'kɔl] I *v* przypominać sobie; (*withdraw*) odwoływać (pracownika); cofać (obietnicę itp.); (*annul*) anulować II *s* odwołanie *n*; beyond ⟨past⟩ ~ nieodwołalnie

recede [rɪ'sid] *v* cofnąć się; odstąpić; wycofać się; (*of prices*) spadać

receipt [rɪ'sit] I *s* 1. przepis *m*; recepta *f* 2. (*written acknowledgement*) pokwitowanie *n*; bank ~ bankowy dowód wpłaty; postal ~ dowód pocztowy (wpłaty) II *v* kwitować; potwierdzać odbiór

receipt-book [rɪ'sit buk] *s* kwitariusz *m*

receive [rɪ'siv] *v* 1. otrzymywać; on receiving po otrzymaniu 2. (*accept*) przyjmować; to ~ (guests) przyjmować (gości)

receiver [rɪ'sivə(r)] *s* 1. odbiorca *m*; adresat *m* 2. *prawn.* poborca *m* 3. odbiornik *m*; słuchawka telefoniczna; to pick up the ~ podnieść słuchawkę; to put down the ~ odłożyć słuchawkę; to take up the ~ wziąć ⟨podnieść⟩ słuchawkę

recent ['risnt] *adj* świeży; niedawny; współczesny

recently ['risntlɪ] *adv* świeżo; niedawno; ostatnio

reception [rɪ'sepʃn] *s* przyjęcie *n*; przyjmowanie *n*; *rad. tv.* odbiór *m*; (*at a hotel*) ~ office recepcja *f*

receptionist [rɪ'sepʃənɪst] *s* recepcjonista *m*

recession [rɪ'seʃn] *s* cofnięcie się *n*; recesja *f*; *handl.* zastój *m*; *ekon.* kryzys *m*

recipe ['resəpɪ] *s* przepis *m*; *med.* recepta *f*

recipient [rɪ'sɪpɪənt] I *s* odbiorca *m* II *adj* odbierający; przyjmujący

reciprocal [rɪ'sɪprəkl] *adj* wzajemny; obustronny

reciprocate [rɪ'sɪprəkeɪt] *v* odwzajemniać; rewanżować (się) (sth czymś)

recital [rɪ'saɪtl] *s* opowiadanie *n*; recytowanie *n* (utworu); *muz.* recital *m*

recite [rɪ'saɪt] *v* recytować; deklamować

reckless ['rekləs] *adj* niebaczny; lekkomyślny

reckon ['rekən] *v* rachować; liczyć; obliczyć; (*consider*) uważać; sądzić; przypuszczać

reckoning ['rekənɪŋ] *s* rachunek *m*; obliczenie *n*

recline [rɪ'klaɪn] *v* spoczywać w pozycji leżącej; opierać się (on ... na ...)

recognition ['rekəg'nɪʃn] *s* 1. uznanie *n*; in ~ of ... w dowód uznania ... 2. (*identification*) rozpoznanie *n*

recognize ['rekəgnaɪz] *v* 1. uznawać (sb, sth kogoś za ... 2. (*identify*) rozpoznawać

recollect ['rekə'lekt] *v* przypomnieć ⟨przypominać⟩ sobie

recollection ['rekə'lekʃn] *s* pamięć *f*; (*remembrance*) wspominanie *n*; wspomnienie *n*

recommend ['rekə'mend] *v* polecać; zalecać; zarekomendować

recommendation ['rekəmen-'deɪʃn] s polecenie *n*; zalecenie *n*; rekomendacja *f*; letter of ~ list polecający; on the ~ of ... na polecenie ...

recompense ['rekəmpens] *v* wynagradzać (sb kogoś, sb for a loss komuś stratę); odwdzięczać się (sth to sb komuś za coś)

reconcile ['rekənsaɪl] *v* pogodzić; pojednać; ~ oneself pogodzić się (to sth z czymś); to become ~d with sb pogodzić się ⟨pojedhać się⟩ z kimś

reconciliation ['rekən'sɪlɪ'eɪʃn] s pojednanie *n*; zgoda *f*

recondition ['rikən'dɪʃn] *v* wyremontować

reconstruct ['rikən'strʌkt] *v* odbudowywać; rekonstruować; odtwarzać (fakty itp.)

record [rɪ'kɔd] I *v* zanotować; zapisywać; rejestrować; nagrywać na taśmie, płycie gramofonowej II s ['rekɔd] 1. zanotowanie *n*; zapis *m*; (document) protokół *m*; (note) notatka *f*; wzmianka *f*; to keep a ~ of sth notować ⟨spisywać, rejestrować⟩ coś 2. (register) rejestr *m*; archiwum *n*; (personal register) akta personalne 3. sport. rekord *m*; to set ⟨to break⟩ a ~ ustanowić ⟨pobić⟩ rekord 4. (gramophone disc) płyta gramofonowa; long-play ~ płyta długograjaca; monophone ~ płyta monofoniczna; stereophone ~ płyta stereofoniczna

recording [rɪ'kɔdɪŋ] s nagranie *n*

record-player ['rekɔd pleɪə(r)] s adapter *m*

recover [rɪ'kʌvə(r)] *v* odzyskiwać; odnajdować; (get better) powracać do zdrowia; (come round) odzyskiwać przytomność; przyjść do siebie

recovery [rɪ'kʌvrɪ] s 1. odzyskanie *n*; zwrot *m* (mienia itp.) 2. (getting better) powrót *m* do zdrowia; past ~ w beznadziejnym stanie

recreation ['rekrɪ'eɪʃn] s 1. rozrywka *f*; zabawa *f*; szk. przerwa *f*; ~ ground plac *m* zabaw 2. (relaxation) odpoczynek *m*

recruit [rɪ'krut] I s rekrut *m* II *v* rekrutować

rectangle ['rektæŋgl] s prostokąt *m*

rector ['rektə(r)] s rektor *m*; szk. dyrektor *m*; kośc. proboszcz *m*

rectory ['rektərɪ] s probostwo *n*

recur [rɪ'kɜ(r)] *v* powracać; ponawiać się

recurrent [rɪ'kʌrnt] adj powracający; powrotny; powtarzający się; okresowy

red [red] I adj 1. czerwony; przen. krwawy; to become ⟨to get, to go, to turn⟩ ~ zaczerwienić się 2. (red-haired) rudy II s czerwony kolor; czerwień *f*; przen. to see ~ wpaść we wściekłość

redden ['redn] *v* poczerwienieć; (dye) ufarbować na czerwono

reddish ['redɪʃ] adj czerwonawy

redouble [rɪ'dʌbl] *v* podwajać; podwyższać dwukrotnie; (cards) rekontrować (w brydżu)

red-tape ['red teɪp] s biurokratyzm *m*

reduce [rɪ'djus] *v* redukować; zmniejszać; obniżać; (grow thinner) odchudzać się; (bring) doprowadzać (sb to ... kogoś do ...)

reduced [rɪ'djust] adj zredukowany, obniżony; ~ prices przecena *f*; goods at ~ pri-

ces towary *pl* z przeceny
⟨przecenione⟩
reduction [rɪ'dʌkʃn] *s* 1. redukcja *f*; przecena *f* (towarów); zmniejszenie *n*; ~ of prices obniżka *f* cen 2. (*bringing to certain condition*) doprowadzenie *n* (do czegoś)
redundant [rɪ'dʌndənt] *adj* zbyteczny; niepotrzebny; zbędny
reed [rid] *s* trzcina *f*
reef [rif] *s* rafa *f*, skała podwodna
reek [rik] I *v* śmierdzieć; cuchnąć (of sth czymś) II *s* smród *m*; wyziewy *pl*; zaduch *m*
reel[1] [ril] *s* szpulka *f*
reel[2] [ril] *v* zataczać się; słaniać się
refer [rɪ'fɜ(r)] *v* odnosić się; dotyczyć; (*send*) odsyłać; (*of a person speaking etc.*) powoływać się (to ... na ...); czynić aluzje (to sb, sth do kogoś, czegoś)
referee ['refə'ri] *s sport.* sędzia *m*; *handl.* arbiter *m*
reference ['refrns] *s* 1. odwoływanie się *n* 2. (*relation*) związek *m*; with ⟨in⟩ ~ to ... w związku z ... 3. (*allusion*) aluzja *f*; wzmianka *f*; 4. (*note*) notatka *f*; adnotacja *f* 5. (*information*) informacja *f*; a book of ~ książka informacyjna; informator *m* (kolejowy, telefoniczny, adresowy) 6. (*recommendation*) polecenie *n*; referencje *pl*; świadectwo *n* z pracy 7. (*person*) osoba polecająca (kogoś); who are your ~? kto pana poleca?
refill [ri'fɪl] I *v* ponownie napełnić; nabrać zapas (benzyny itp.) II *s* ['rifɪl] (zapasowy) wkład *m* (do ołówka, puderniczki, długopisu itp.); zapas *m*
refined [rɪ'faɪnd] *adj* (*of a person*) wytworny; dystyn-

gowany; (*of sugar*) rafinowany
refinement [rɪ'faɪnmənt] *s techn.* rafinowanie *n*; oczyszczenie *n*; (*subtlety*) wyrafinowanie *n*; (*elegance*) subtelność *f*; wytworność *f*
refinery [rɪ'faɪnrɪ] *s* rafineria *f*; oil ~ rafineria ropy naftowej; sugar ~ rafineria cukru
reflect [rɪ'flekt] *v* 1. odbijać; ~ing lights światła odblaskowe 2. (*reproduce*) być odbiciem (sth czegoś) 3. (*consider*) rozważać (on sth coś)
reflection [rɪ'flekʃn] *s* 1. odbicie *n* (światła, obrazu) 2. (*thought*) myśl *f*; refleksja *f*; zastanowienie *n*; on ~ po namyśle
reflexive [rɪ'fleksɪv] *adj gram.* (*of a pronoun*) zwrotny
reform [rɪ'fɔm] I *v* reformować; zmieniać; usprawniać II *s* reforma *f*; poprawa *f*
refresh [rɪ'freʃ] *v* odświeżać ⟨pokrzepiać, wzmacniać⟩ (się)
refreshment [rɪ'freʃmənt] *s* 1. odświeżenie *n*; wypoczynek *m* 2. orzeźwienie *n*; (*drink*) pokrzepiający trunek 3. (*food*) zakąska *f*; *pl* ~s bufet *m*; ~ car wagon restauracyjny; ~ room bufet *m* (kolejowy); to have a ~ pokrzepiać ⟨posilać⟩ się
refrigerator [rɪ'frɪdʒəreɪtə(r)] *s* lodówka *f*; (*room*) chłodnia *f*
refuge ['refjudʒ] *s* schronienie *n*; azyl *m*; to take ~ schronić się
refugee ['refju'dʒi] *s* uciekinier *m*; uchodźca *m*
refusal [rɪ'fjuzl] *s* odmowa *f*
refuse[1] [rɪ'fjuz] *v* odmówić (sth czegoś); odrzucić
refuse[2] ['refjus] *s* śmieci(e) *pl*; odpadki *pl*; ~ dump wysypisko *n* śmieci
regain [rɪ'geɪn] *v* odzyskać
regard [rɪ'gɑd] I *v* 1. uważać

(sb, sth as ... kogos, coś za ...) 2. (concern) dotyczyć, odnosić się (sb, sth do kogoś, czegoś); as ~s ... co się tyczy ... II s 1. (consideration) wzgląd m; in this ~ pod tym względem; in ~ to ⟨of⟩ ... pod względem ... 2. (care) troska ƒ (to ⟨for⟩ sth o coś); to have ⟨to pay⟩ ~ to ... mieć wzgląd ⟨uważać na⟩ ...; without ~ to ⟨for⟩ ... nie bacząc na ... 3. (respect) względy pl; szacunek m 4. pl ~s pozdrowienia pl, ukłony pl
regarding [ri'gɑdıŋ] praep co do ...; odnośnie do ...; w sprawie ...
regardless [ri'gɑdləs] adj niestaranny; niedbały; to be ~ of ... nie zważać na ...
regiment ['redʒımənt] s pułk m
region ['ridʒən] s okolica ƒ; obszar m; strefa ƒ
regional ['ridʒənl] adj regionalny
register ['redʒıstə(r)] I s rejestr m; spis m; lista ƒ; public ~s księgi metrykalne II v 1. zapisywać; rejestrować; zgłaszać (się); ~ed building budynek zabytkowy 2. nadawać (list, paczkę itp.); ~ed letter list polecony
registrar ['redʒı'strɑ(r)] s urzędnik m stanu cywilnego; the ~'s office urząd m stanu cywilnego
registration ['redʒı'streıʃn] s rejestracja ƒ; wpis m; ~ book dowód rejestracyjny; ~ card karta rejestracyjna; ~ number numer rejestracyjny; ~ plate tabliczka rejestracyjna (samochodu)
registry ['redʒıstrı] s 1. rejestracja ƒ; wpis m 2. (office) urząd m stanu cywilnego; ~ marriage ślub cywilny
regret [ri'gret] I v żałować; we ~ to inform you ... z

przykrością powiadamiamy pana ... II s żal m (for sth z powodu czegoś); to feel ~ żałować
regrettable [ri'gretəbl] adj godny pożałowania
regular ['regjələ(r)] adj regularny; prawidłowy; rytmiczny; (of a person) punktualny; systematyczny; (of a cook) zawodowy, fachowy (of an artist) prawdziwy
regulate ['regjəleıt] v regulować; porządkować; kierować (sth czymś)
regulation ['regjə'leıʃn] s 1. regulacja ƒ; regulowanie n 2. (rule) przepis m; nakaz m; pl ~s regulamin m; przepisy pl; traffic ~s przepisy drogowe; against ⟨contrary to⟩ the ~s wbrew przepisom; to infringe ⟨transgress⟩ the ~s łamać ⟨naruszać⟩ przepisy
regulator ['regjəleıtə(r)] s regulator m
rehearsal [ri'hɜsl] s 1. (repetition) powtórka ƒ (lekcji itp.) 2. teatr. próba ƒ; dress ~ próba generalna
rehearse [ri'hɜs] v powtarzać; teatr. robić próbę
reign [reın] I s panowanie n; rządy pl; in ⟨under⟩ the ~ of ... za panowania ... II v panować; władać
reindeer ['reındıə(r)] s (pl reindeer) renifer m
reinforce ['riın'fɔs] v wzmacniać; podeprzeć; ~d concrete żelazobeton m
reject [ri'dʒekt] v odrzucić; nie przyjmować
rejoice [ri'dʒɔıs] v radować ⟨cieszyć⟩ (się); weselić się; to be ~d at ⟨by⟩ sth ucieszyć się czymś; to ~ to do st ı z radością coś zrobić
rejoin [ri'dʒɔın] v połączyć na nowo; (return) wrócić (a company do towarzystwa)
relapse [ri'læps] I v popaść znowu (into vice etc. w na-

łóg itp.); **to ~ into illness** ponownie zachorować **II** *s* nawrót *m* (**into sth** do czegoś)

relate [rɪ'leɪt] *v* opowiadać; zdawać sprawę; (*be connected*) odnosić się (**to sb, sth** do kogoś, czegoś)

related [rɪ'leɪtɪd] *adj* związany (**to sb, sth z** kimś, czymś); bliski; (*by birth, marriage*) spokrewniony (**to sb z** kimś)

relation [rɪ'leɪʃn] *s* **1.** opowiadanie *n*; relacja *f* **2.** (*connection*) związek *m*; **in ~ to ...** w stosunku ⟨odnośnie⟩ do ... **3.** *pl* **~s** stosunki *pl*; kontakty *pl* **4.** (*relative*) krewny *m*, krewna *f*

relationship [rɪ'leɪʃnʃɪp] *s* związek *m*; zależność *f*; (*kinship*) pokrewieństwo *n*

relative ['relətɪv] **I** *adj* **1.** względny; stosunkowy **2.** (*connected*) dotyczący (**to sb, sth** kogoś, czegoś); odnoszący się (**to sb, sth** do kogoś, czegoś) **II** *s* krewny *m*

relatively ['relətɪvlɪ] *adv* względnie; stosunkowo

relax [rɪ'læks] *v* odprężać (się); osłabiać; zmniejszać napięcie

relaxation ['riːlæk'seɪʃn] *s* relaks *m*; odprężenie *n*; odpoczynek *m*

relay ['riːleɪ] **I** *s* zmiana *f* (robotników); szychta *f*; **~ race** sztafeta *f*, bieg sztafetowy **II** *v* [rɪ'leɪ] z/luzować

release [rɪ'liːs] **I** *v* **1.** zwolnić; wypuścić na wolność **2.** (*unfasten*) otworzyć (spadochron); **to ~ the brake** zwolnić hamulec **II** *s* zwolnienie *n*; wyzwolenie *n*; (*issue*) wypuszczenie *n* (nowego filmu itp.)

releaser [rɪ'liːsə(r)] *s* wyzwalacz *m*; **time ~** samowyzwalacz *m*

relevant ['reləvənt] *adj* związany (**to sth z** czymś); (*of*

a remark etc.) stosowny; trafny

reliable [rɪ'laɪəbl] *adj* pewny; solidny; niezawodny; rzetelny; godny zaufania

relief [1] [rɪ'liːf] *s* **1.** ulga *f*; **to bring ~** sprawiać ulgę **2.** (*help*) pomoc *f*; odsiecz *f* **3.** **~ driver** zmiennik

relief [2] [rɪ'liːf] *s* płaskorzeźba *f*

relieve [rɪ'liːv] *v* ulżyć; przynieść ulgę; (*help*) pomóc; odciążyć; (*replace*) zluzować; zastąpić

religion [rɪ'lɪdʒən] *s* religia *f*; wyznanie *n*

religious [rɪ'lɪdʒəs] *adj* religijny; pobożny

relish ['relɪʃ] **I** *s* smak *m*; (*appetizer*) przyprawa *f*; (*tasty dish*) smakołyk *m*; **to do sth with ~** robić coś z upodobaniem ⟨z przyjemnością⟩ **II** *v* rozkoszować się (**sth** czymś); znajdować przyjemność (**sth w** czymś)

reluctance [rɪ'lʌktəns] *s* wstręt *m*; niechęć *f*

reluctant [rɪ'lʌktənt] *adj* niechętny; **to be ~ to do sth** robić coś niechętnie

rely [rɪ'laɪ] *v* polegać (**on sb, sth** na kimś, czymś); mieć zaufanie; liczyć (**on sb, sth** na kogoś, coś)

remain [rɪ'meɪn] **I** *v* pozostawać; **it ~s to be seen** to się okaże **II** *s* (*pl*) **~s** resztki *pl*, szczątki *pl*

remainder [rɪ'meɪndə(r)] *s* pozostałość *f*; reszta *f*

remark [rɪ'mɑːk] **I** *v* spostrzegać, zauważać; (*comment*) robić uwagę (**on** ⟨**upon**⟩ **sb, sth** o kimś, czymś) **II** *s* uwaga *f*; spostrzeżenie *n*

remarkable [rɪ'mɑːkəbl] *adj* znakomity; wybitny; godny uwagi

remedy ['remədɪ] **I** *s* lekarstwo *n*; środek *m* (**for sth** na coś); **~ with prescription** lek *m* na receptę; **to**

prescribe a ~ wypisać receptę, przepisać lek **II** v naprawić; zaradzić (**sth** czemuś)
remember [rı'membə(r)] v pamiętać; wspominać (**sb** kogoś); przypominać ⟨przypomnieć⟩ sobie; (*in a letter*) ~ **me to** ... kłaniaj się ⟨pozdrów⟩ ode mnie ...
remembrance [rı'membrns] s wspomnienie n; (*memory*) pamięć f; (*souvenir*) pamiątka f; **in** ~ na pamiatkę
remind [rı'maınd] v przypominać (**sb of sth** coś komuś)
reminder [rı'maındə(r)] s pamiątka f; *handl.* przypomnienie n; monit m
reminiscence ['remı'nısns] s wspomnienie n; reminiscencja f
remit [rı'mıt] v darować (karę itp.); umorzyć (dług itp.); *handl.* wpłacać; przekazać (pieniądze)
remittance [rı'mıtns] s wpłata f; przekaz m; przelew m
remnant ['remnənt] s pozostałość f; resztka f; ~ **sale** wyprzedaż f resztek
remorse [rı'mɔs] s wyrzut m sumienia
remote [rı'məut] adj odległy; daleki; ~ **control** zdalne sterowanie
removal [rı'muvl] s 1. usunięcie n; zniesienie n (zarządzenia) 2. (*moving*) przeprowadzka f; ~ **van** wóz meblowy
remove [rı'muv] v 1. usunać 2. (*move*) przeprowadzać się
remover [rı muvə(r)] s *chem.* zmywacz m; **paint** ~ zmywacz do farb; **varnish** ~ zmywacz do lakieru
remunerate [rı'mjunəreıt] v wynagrodzić
renaissance [rı'neısns] s renesans m; odrodzenie n
rend [rend] v (**rent** [rent], **rent**) rozrywać; (po)drzeć

render ['rendə(r)] v 1. odpłacić się; **to** ~ **thanks** z'ożyć podziękowania 2. (*give*) zwrócić; oddać (usługe) 3. *muz. teatr.* odtwarzać; interpretować 4. (*translate*) przetłumaczyć (na inny język)
renew [rı'nju] v odnawiać; wznawiać; podejmować na nowo; (*make new*) odświeżać
renounce [rı'nauns] v wyrzec ⟨wyrzekać⟩ się (kogoś, czegoś)
renovation ['renə'veıʃn] s odnowienie n; renowacja f; naprawa f
renown [rı'naun] s sława f; rozgłos m
rent[1] [rent] s rozdarcie n; *przen.* rozłam m
rent[2] [rent] **I** s dzierżawa f; najem m; (*payment*) czynsz m **II** v wynajmować; dzierżawić
repaid zob. **repay**
repair [rı'peə(r)] **I** v naprawić; (z)reperować; remontować; łatać **II** s naprawa f; remont m; **beyond** ~ nie do naprawienia; **engine** ~ remont silnika; **major** ~ remont generalny; **out of** ~ w złym stanie; **under** ~ w remoncie
repatriate [rı'pætrıeıt] v repatriować
repay [rı'peı] v (**repaid** [rı'peıd], **repaid**) spłacać; zwrócić ⟨oddać⟩ pieniądze; (*return*) odwzajemniać (się); odwdzieczać się
repeat [rı'pit] v powtarzać; ponawiać
repeated [rı'pitıd] adj powtarzający się; wielokrotny
repeatedly [rı'pitıdlı] adv wielokrotnie; wiele razy
repel [rı'pel] v odrzucać; odpychać; brzydzić; wzbudzać wstręt
repellent [rı'pelənt] adj odpychający; odstręczający

repent [rɪ'pent] *v* żałować
repertoire ['repətwɑ(r)] *s* repertuar *m*
repetition ['repə'tɪʃn] *s* powtórzenie *n*; powtórka *f*
replace [rɪ'pleɪs] *v* postawić z powrotem na miejscu; (*substitute*) zastępować
reply [rɪ'plaɪ] **I** *v* odpowiadać **II** *s* odpowiedź *f*; (*of a telegram*) ~ **paid** z zapłaconą odpowiedzią
report [rɪ'pɔt] **I** *v* donieść; informować; zdawać relację (st⁊ z czegoś); meldować; ~ **oneself** stawić się; zgłosić się (**to a place** gdzieś; **to sb** u kogoś; **for sth** po coś) **II** *s* sprawozdanie *n*; raport *m*; meldunek *m*; (*rumour*) pogłoska *f*; plotka *f*
reporter [rɪ'pɔtə(r)] *s* reporter *m*; sprawozdawca *m*; dziennikarz *m*; sąd. protokolant *m*
represent ['reprɪ'zent] *v* przedstawiać; opisywać; (*deputize*) reprezentować
representation ['reprɪzen'teɪʃn] *s* przedstawicielstwo *n*; reprezentacja *f*; (*depicting*) przedstawienie *n*; wyobrażenie *n*
representative ['reprɪ'zentətɪv] **I** *adj* przedstawiajacy; *handl.* (*of a specimen*) okazowy; typowy **II** *s* przedstawiciel *m*, reprezentant *m*
reprint [rɪ'prɪnt] **I** *v* przedrukowywać; wypuszczać nowe wydanie **II** *s* przedruk *m*; wznowienie *n*; odbitka *f*
reproach [rɪ'prəʊtʃ] **I** *v* robić wymówki (**sb about** ⟨**for**⟩ **sth** komuś z powodu czegoś) **II** *s* wyrzut *m*, zarzut *m*, wymówka *f*
reproduction ['riprə'dʌkʃn] *s* reprodukcja *f*; odtworzenie *n*; kopia *f*
reptile ['reptaɪl] *s* gad *m*
republic [rɪ'pʌblɪk] *s* republika *f*; **people's** ~ republika

ludowa; **socialist** ~ republika socjalistyczna
reputation ['repjʊ'teɪʃn] *s* reputacja *f*; opinia *f*
repute [rɪ'pjut] **I** *v* uważać (kogoś za coś); **to be** ~**d to be** ... być uważanym ⟨uchodzić⟩ za ... **II** *s* reputacja *f*; sława *f*; **of** ~ sławny
request [rɪ'kwest] **I** *s* pŕośba *f*; życzenie *n*; ~ **stop** przystanek *m* na żądanie; **by** ~ na życzenie **II** *v* prosić; **as** ~**ed** stosownie do życzenia; **the public is** ~**ed** ... uprasza się publiczność o ...
require [rɪ'kwaɪə(r)] *v* żądać (**sth of sb** czegoś od kogoś); wymagać; potrzebować; **if** ~**d** w razie potrzeby; **when** ~**d** kiedy zajdzie potrzeba
requirement [rɪ'kwaɪəmənt] *s* żądanie *n*; potrzeba *f*; wymaganie *n*; **to meet the** ~**s** spe⁊niać wymagania; zaspokaiać potrzeby
requisite ['rekwɪzɪt] **I** *adj* wymagany; konieczny **II** *s* rzecz niezbędna; *pl* ~**s** przybory *pl* (toaletowe, podróżne itp.)
requisition ['rekwɪ'zɪʃn] *s* zapotrzebowanie *n*; użycie *n*
rescue ['reskju] **I** *v* wybawiać; ratować; ocalić (**from sth** od czegoś) **II** *s* ratunek *m*; ocalenie *n*
rescuer ['reskjuə(r)] *s* ratownik *m*
research [rɪ's3tʃ] **I** *s* badania *pl*; poszukiwania *pl*; ~ **work** praca badawcza; ~ **worker** pracownik naukowy; badacz *m* **II** *v* badać; poszukiwać
resemblance [rɪ'zembləns] *s* podobieństwo *n*
resemble [rɪ'zembl] *v* być podobnym (**sb** do kogoś)
resent [rɪ'zent] *v* czuć się dotknietym ⟨urażonym⟩ (**sth** czymś); mieć za złe
resentment [rɪ'zentmənt] *s* uraza *f*; obraza *f*
reservation ['rezə'veɪʃn] *s* za-

strzeżenie *n*; rezerwacja *f*;
kolej. miejscówka *f*; **to make
~s** zarezerwować miejsce
⟨pokój itp.⟩
reserve [rı'zɜv] **I** *v* zachowywać; rezerwować; trzymać
w zapasie ⟨w rezerwie⟩; zastrzegać **II** *s* zapas *m*; rezerwa *f*; *(limitation)* zastrzeżenie *n*; *(of manner)* powściągliwość *f*; *(of nature)* rezerwat *m*
reserved [rı'zɜvd] *adj* zarezerwowany; *(of rights)* zastrze-
żony; *(of a person)* powściągliwy; zachowujący się z re-
zerwą
reset [rı'set] *v* ustawić (na
nowo); *(sharpen)* naostrzyć
(narzędzie)
residence ['rezıdəns] *s* miejsce
n zamieszkania; *(house)* rezydencja *f*; dom *m*
residential ['rezı'denʃl] *adj (of
a quarter etc.)* mieszkanio-
wy; willowy
resign [rı'zaın] *v* rezygnować
⟨wycofywać się⟩ (sth z czegoś); ustępować; podawać
się do dymisji
resignation ['rezıg'neıʃn] *s* 1.
dymisja *f*; rezygnacja *f*; **to
give ⟨to send in⟩ one's ~**
podawać się do dymisji 2.
(being resigned) pogodzenie
sie *n* (z losem)
resin ['rezın] *s* żywica *f*
resist [rı'zıst] *v* sprzeciwiać
⟨opierać, buntować⟩ sie; *(be
proof)* być wytrzymałym
⟨odpornym⟩ (sth na coś);
(abstain from) powstrzymywać się (sth od czegoś)
resistance [rı'zıstəns] *s* opór
m; sprzeciw *m*; *polit.* **~
movement** ruch *m* oporu;
to offer ~ stawiać opór
resistant [rı'zıstənt] *adj* odporny **(to sth na coś)**
resolute ['rezəlut] *adj* zdecydowany; śmiały
resolution ['rezə'luʃn] *s* decyzja *f*; uchwała *f*; postanowienie *n*; *(determination)*

zdecydowanie *n*; stanow-
czość *f*
resolve [rı'zolv] *v* rozkładać
⟨rozpuszczać⟩ (się); *(solve)*
rozwiązywać (zadanie, za-
gadkę); *(decide)* uchwalać;
postanawiać; decydować się
(upon sth na coś)
resolved [rı'zolvd] *adj* zdecydowany
resort [rı'zɔt] **I** *v* zwracać się;
uciekać się **(to tricks etc.**
⟨o forteli itp.); *(frequent)*
często odwiedzać; uczęsz-
czać **II** *s* 1. uciekanie się
n; ostateczny środek 2. *(a
place)* **health ~** uzdrowisko
n; **seaside ~** kąpielisko nadmorskie; **summer ~** letnisko *n*
resourceful [rı'sɔsfl] *adj* pomysłowy; zaradny
resources [rı'sɔsız] *pl* zasoby
pl, bogactwa *pl* (naturalne
itp.); środki *pl* (pieniężne
itd.)
respect [rı'spekt] **I** *v* poważać; szanować; mieć szacu-
nek (sb dla kogoś) **II** *s* 1.
poważanie *n*; szacunek *m*
2. *pl* **~s** pozdrowienia *pl*;
to pay one's ~s to sb złożyć swoje uszanowanie ko-
muś; **give my ~s to ... kłaniaj się ode mnie ... 3.** *(regard)* wzgląd *m*; **without ~
to ...** bez względu na ...; **in
~ of ...** pod względem ...
respectable [rı'spektəbl] *adj*
porządny; zacny; poważa-
ny; godny szacunku
respectful [rı'spektfl] *adj* pełen szacunku
respecting [rı'spektın] **I** *praep*
co do; odnośnie do; w spra-
wie **II** *adj* dotyczący
respective [rı'spektıv] *adj* poszczególny; indywidualny
respiration ['respə'reıʃn] *s* oddychanie *n*; **artificial ~**
sztuczne oddychanie
respire [rı'spaıə(r)] *v* oddychać
responsibility [rı'sponsə'bılətı]

s odpowiedzialność f; **without** ~ bez zobowiązania
responsible [rɪ'spɒnsəbl] *adj* odpowiedzialny (**for sth za coś); to be** ~ odpowiadać (**for sth za coś)**
rest [rest] I *v* odpoczywać; (*of sight*) spocząć; (*be supported*) opierać się (**on sth** na czymś); dać wypocząć (**sb, sth** komuś, czemuś); *przen.* polegać II s odpoczynek *m*; spoczynek *m*; **to take a** ~ odpocząć; wytchnać; **to have a good.** ~ dobrze wypoczywać; **at** ~ bez ruchu; w stanie spoczynku; **to set sb's mind at** ~ uspokoić kogoś
rest [rest] s **1.** reszta f; pozostałość f; **for the** ~ poza tym **2.** (*the others*) pozostali *pl*
restaurant ['restrɔ̃] s restauracja f
restaurant-car ['restrɔ̃ kɑ(r)] s wagon reestauracyjny
rested ['restɪd] *adj* wypoczęty
restful ['restfl] *adj* kojący; spokojny; uspokajający
rest-home ['rest həʊm] s dom wczasowy 〈wypoczynkowy〉
restless ['restləs] *adj* **1.** niespokojny; **to get** ~ niecierpliwić się **2.** (*of a night*) bezsenny
restoration ['restə'reɪʃn] s odrestaurowanie *n*; restauracja f; odbudowa f; rekonstrukcja f
restore [rɪ'stɔ'(r)] *v* przywracać; zwracać; (*build up*) odbudować; odnawiać; rekonstruować
restrain [rɪ'streɪn] *v* wstrzymywać; powściągać; panować (**one's feelings** nad uczuciami)
restraint [rɪ'streɪnt] s powściągliwość f; opanowanie *n*
restriction [rɪ'strɪkʃn] s ograniczenie *n*
result [rɪ'zʌlt] I *v* wynikać 〈wypływać, pochodzić〉 (**from sth z czegoś); być rezultatem 〈wynikiem〉 (from sth** czegoś); **to** ~ **in** ... doprowadzać do ...; dawać w rezultacie ... II s rezultat *m*; wynik *m*; **as a** ~ **of** ... wskutek ...; **without** ~ bezskutecznie; bez rezultatu
resume [rɪ'zjum] *v* podjąć na nowo; powrócić (**one's work** do swej pracy)
resurrection ['rezə'rekʃn] s zmartwychwstanie *n*
resuscitate [rɪ'sʌsɪteɪt] *v* ocucić; doprowadzić do przytomności
retail ['riteɪl] I s detal *m*; **to sell by** ~ sprzedawać detalicznie II *adj* detaliczny III *adv* detalicznie IV *v* [rɪ'teɪl] sprzedawać detalicznie
retailer [rɪ'teɪlə(r)] s detalista *m*
retain [rɪ'teɪn] *v* wstrzymywać; zachowywać; zatrzymywać
retire [rɪ'taɪə(r)] *v* **1.** odchodzić; cofać się **2.** (*go to bed*) udawać się na spoczynek **3.** (*leave office*) pójść na emeryturę; składać urząd; **to** ~ **from the army** przejść do cywila
retired [rɪ'taɪəd] *adj* **1.** samotny; odludny; **in a** ~ spot na uboczu; na odludziu **2.** (*no longer working*) zdymisjonowany; emerytowany; *wojsk.* **on the** ~ **list** w stanie spoczynku
return [rɪ'tɜn] I *v* wracać; (*give back*) zwracać; (*repay*) odwzajemniać się (**sth** czymś); oddawać II s **1.** powrót *m*; **by** ~ **of post** odwrotną pocztą; (*birthday greeting*) **many happy** ~s **of the day** wszystkiego najlepszego **2.** *kolej.* ~ **ticket** bilet w obie strony 〈powrotny〉 **3.** *pl* ~s dochody *pl*; zyski *pl* **4.** (*giving*

back) zwrot *m* (czegoś komuś); in ~ for sth w zamian za coś

reveal [rɪ'viːl] *v* wyjawiać; odkrywać

revel ['revl] I *v* zabawiać się; ucztować; *(take delight)* delektować się (in sth czymś) II *s* zabawa *f*; uczta *f*

revelation [‚revə'leɪʃn] *s* objawienie *n*; rewelacja *f*

revenge [rɪ'vendʒ] I *s* pomścić; *(także* ~ oneself) zemścić się II *s* zemsta *f*; odwet *m*; to have ⟨to take⟩ one's ~ (ze)mścić się; in ~ for sth w odwet za coś; to give sb his ~ dać komuś możność rewanżu

revengeful [rɪ'vendʒfl] *adj* mściwy

revenue ['revənjuː] *s* dochód *m* (państwowy); *(department)* urząd skarbowy

reverse [rɪ'vɜːs] I *v* odwracać (na drugą stronę) II *s* odwrotność *f*; przeciwieństwo *n*; druga ⟨odwrotna⟩ strona (płyty itd.); *mot.* wsteczny bieg III *adj* odwrotny; przeciwny

review [rɪ'vjuː] I *s* przegląd *m*; *(critique of a book etc.)* recenzja *f*; *(inspection)* rewia *f* (wojsk itd.) II *v* zrobić przegląd; poddać rewizji; *(write a critique)* napisać recenzję (a book etc. książki itp.)

reviewer [rɪ'vjuə(r)] *s* recenzent *m*

revise [rɪ'vaɪz] *v* rewidować; przejrzeć; skorygować; poprawić

revision [rɪ'vɪʒn] *s* rewizja *f*; przejrzenie *n*

revolt [rɪ'vəult] I *v* zbuntować się II *s* bunt *m*; powstanie *n*

revolution [‚revə'luːʃn] *s* rewolucja *f*; obrót *m* (koła itd.)

revolutionary [‚revə'luːʃnrɪ] I *adj* rewolucyjny II *s* rewolucjonista *m*

revolutionist [‚revə'luːʃnɪst] *s* rewolucjonista *m*, rewolucjonistka *f*

revolve [rɪ'vɒlv] *v* obracać (sth czymś); kręcić ⟨obracać⟩ się; krążyć; revolving stage scena obrotowa; revolving door drzwi obrotowe

revolver [rɪ'vɒlvə(r)] *s* rewolwer *m*

revue [rɪ'vjuː] *s teatr.* rewia *f*

reward [rɪ'wɔːd] I *s* nagroda *f* II *v* (wy)nagradzać

rheumatism ['ruːmətɪzm] *s* reumatyzm *m*

rhubarb ['ruːbɑːb] *s* rabarbar *m*

rhyme, rime [raɪm] I *s* rym *m*; nursery ~s wierszyki *pl* dla dzieci II *v* rymować

rhythm ['rɪðm] *s* rytm *m*

rhythmic(al) [rɪðmɪk(l)] *adj* rytmiczny

rib [rɪb] *s* żebro *n*

ribbon ['rɪbən] *s* wstążka *f*; tasiemka *f*; typewriter ~ taśma *f* do maszyny ⟨maszynowa⟩

rice [raɪs] *s* ryż *m*

rich [rɪtʃ] I *adj* 1. bogaty; zamożny; to grow ~ wzbogacić się; ~ in sth obfitujący ⟨bogaty⟩ w coś 2. *(of soil)* żyzny 3. *(of food)* pożywny; odżywczy II *s* the ~ bogaci *pl*

riches ['rɪtʃɪz] *plt* bogactwa *pl*

rick [rɪk] *s* sterta *f*; stóg *m*

rickets ['rɪkɪts] *plt* krzywica *f*

rickety ['rɪkɪtɪ] *adj* krzywiczny; *(shaky)* kiwający się; rozklekotany

rid [rɪd] *v* (rid, rid) uwalniać (sb of sth kogoś od czegoś); to get ~ of sb, sth pozbywać się ⟨uwalniać się od⟩ kogoś, czegoś

riddance ['rɪdns] *s* uwolnienie *n*; pozbycie się *n*

riddle ['rɪdl] *s* zagadka *f*

ride [raɪd] I *v* (rode [rəud],

ridden [ˈrɪdn])jechać; odbywać podróż (pociągiem, autobusem itd.); siedzieć (w wozie, pociągu itp.) II s podróż f; przejazd m; jazda f; przejażdżka f; **to go for a ~** przejechać się

rider [ˈraɪdə(r)] s jeździec m

ridge [rɪdʒ] s grzbiet m (górski); krawędź f; gran f

ridicule [ˈrɪdɪkjul] I s śmieszność f II v wyśmiewać; ośmieszać

ridiculous [rɪˈdɪkjələs] adj śmieszny; zabawny; **to make oneself ~** narazić się na śmiech; ośmieszyć się

rifle [ˈraɪfl] s karabin m; pl **~s** wojsk. strzelcy pl

right¹ [raɪt] I adj 1. słuszny; należyty; poprawny; dokładny; **to be on the ~ way** dobrze jechać ⟨iść⟩; **are we ~ for London?** czy dobrze jedziemy do Londynu?; **to come ⟨to turn⟩ (out) ~** dobrze się skończyć; **to put ⟨to set⟩ sth ~** naprawić ⟨poprawić⟩ coś; **to be ~** mieć rację; **all ~** dobrze; **quite ~!** całkiem słusznie! 2. (of a person) zdrów; **are you quite ~?** czy czujesz się całkiem dobrze? 3. **~ angle** kąt prosty II adv (straight) (jechać, iść) prosto; (exactly) dokładnie; ściśle; (correctly) słusznie; poprawnie; **it serves you ~!** dobrze ci tak! III s prawo n; słuszność f; **to be in the ~** mieć słuszność ⟨rację⟩

right² [raɪt] I adj prawy (o stronie) II adv w prawo III s prawa strona; polit. prawica f

righteous [ˈraɪtʃəs] adj prawy; słuszny

rigid [ˈrɪdʒɪd] adj sztywny; przen. surowy; nieugięty

rim [rɪm] s obwódka f; obręcz f; oprawa f (okularów)

rind [raɪnd] s skórka f; łupina f

ring¹ [rɪŋ] s 1. pierścionek m; **wedding ~** obrączka ślubna 2. (circle) krąg m 3. (in a circus) arena f; sport. ring m; **bull ~** arena f do walki byków

ring² [rɪŋ] I v (rang [ræŋ], rung [rʌŋ]) dzwonić; dźwięczeć; **to ~ the bell** (za)dzwonić; **to ~ off** odkładać słuchawkę; kończyć rozmowę telefoniczną; **to ~ up** telefonować (sb do kogoś) II s dzwonienie n; głos m dzwonka

ring-road [ˈrɪŋ rəud] s obwodnica f

rink [rɪŋk] s ślizgawka f

rinse [rɪns] I v płukać; spłukiwać II s wypłukanie n; płukanka f (do włosów)

riot [ˈraɪət] I s bunt m; (revelry) orgia f II v wszczynać rozruchy; (revel) hulać

rip [rɪp] I s rozprucie n; rozdarcie n II v rozedrzeć; rozpruwać

ripe [raɪp] adj dojrzały; gotowy (for sth do czegoś); **to become ⟨to grow⟩ ~** dojrzewać

ripen [ˈraɪpn] v dojrzewać

rise [raɪz] I v (rose [rəuz], risen [ˈrɪzn]) wschodzić; (ascend) podnosić się; (of a river) wzbierać; (of prices etc.) wzrastać; (stand up) wstawać; (revolt) powstawać; buntować się II s wschód m (słońca); (upward slope) wzniesienie n (terenu); (lifting) podniesienie n (kurtyny itp.); (increase) podwyżka f (płac); wzrost m; (promotion) awans m; **~ in status** awans społeczny

risk [rɪsk] I v ryzykować; ponieść ryzyko II s ryzyko n; niebezpieczeństwo n; **to run the ~** ryzykować, **to take no ~s** nie ryzyko-

wać; **at one's ~ na własne ryzyko; at the ~ of one's life** z narażeniem życia
risky ['rıskı] *adj* ryzykowny
rival ['raıvl] **I** *s* rywal *m*; współzawodnik *m* **II** *v* rywalizować ⟨współzawodniczyć⟩ **(sb, sth** z kimś, czymś**) III** *adj* konkurencyjny
rivalry ['raıvlrı] *s* rywalizacja *f*; współzawodnictwo *n*
river ['rıvə(r)] *s* rzeka *f*
riverside ['rıvəsaıd] **I** *s* brzeg *m* rzeki; **at the ~** nad rzeką **II** *adj* nadrzeczny
road [rəud] *s* droga *f*; szosa *f*; jezdnia *f*; **access ~** droga dojazdowa; **by-pass ~** droga okrężna; **exit ~** droga wylotowa; **loop ~** droga objazdowa; **main ⟨arterial⟩ ~** droga główna; **no through ~** ulica bez przejazdu; **primary ~** droga pierwszej klasy; **secondary ~** droga drugorzędna; **the rules of the ~** przepisy drogowe; **to take the ~** wyruszyć w drogę; **~ junction** skrzyżowanie *n* (dróg)
road-hog ['rəud hog] *s* pirat drogowy
roadside ['rəudsaıd] **I** *s* teren przydrożny; **by the ~** przy drodze **II** *adj* przydrożny
roadster ['rəudstə(r)] *s* samochód dwuosobowy (otwarty)
roadway ['rəudweı] *s* jezdnia *f*
roadworthy ['rəudwɜ̃ðı] *adj (of a car)* sprawny; zdatny do jazdy; *pot.* na chodzie
roam [rəum] **I** *v* wędrować; włóczyć się **II** *s* wędrówka *f*; włóczęga *f*
roar [ro(r)] **I** *v* ryczeć; wydzierać się; **to ~ sb down** zagłuszać kogoś wrzaskiem **II** *s* ryk *m*; wrzask *m*; *(thunder)* huk *m*; łoskot *m*; **~s of laughter** huragany *pl* śmiechu

roast [rəust] **I** *v* upiec (mięso); piec się **II** *adj* pieczony; **~ beef** rostbef *m*; **~ meat** pieczeń *f*
rob [rob] *v* okradać; obrabowywać
robbery ['robərı] *s* rozbój *m*; rabunek *m*; **armed ~** rabunek z bronią w ręku
robe [rəub] *s* szata *f*; toga *f* (sędziowska)
rock [rok] *s* skała *f*; urwisko *n*; **on the ~s** *przen.* na mieliźnie; *sl.* spłukany z pieniędzy
rock [rok] *v* kołysać (się)
rocket ['rokıt] *s* rakieta *f*
rocking-chair ['rokıŋ tʃeə(r)] *s* bujak *m*, fotel *m* na biegunach
rocky ['rokı] *adj* skalisty; *(shaky)* kiwający się
rod [rod] *s* pręt *m*; kij *m*; *pot.* wędka *f*; **brake pull ~** cięgło hamulcowe; drążek hamulcowy
rode *zob.* **ride** *v*
rogue [rəug] *s* łotr *m*; szelma *f*
role [rəul] *s* rola *f*
roll [rəul] *s* **1.** zwój *m*; rulon *m*; plik *m*; rolka *f* (filmu itp.) **2. French ~** bułka *f* **3.** *(register)* rejestr *m*; lista *f* (płac, obecności itp.)
roll [rəul] *v* toczyć ⟨obracać⟩ (się); **to ~ up** zwijać; zakasywać (rękawy)
roller ['rəulə(r)] *s* walec *m*; rolka *f*
roller-skates ['rəulə skeıts] *pl* wrotki *pl*
Roman ['rəumən] *adj* rzymski; **~ Catholic** rzymskokatolicki
romance [rə'mæns] *s* romans *m*; *lit.* romantyczność *f*
romantic [rə'mæntık] **I** *adj* romantyczny **II** *s* romantyk *m*
roof [ruf] *s* dach *m*; pułap *m*; strop *m*; **the ~ is leaking** dach przecieka
room [rum] *s* **1.** *(apartment)*

pokój *m*; izba *f*; *pl* ~s
mieszkanie *n*; pokoje ume-
blowane; ~s to let pokoje
pl do wynajęcia; to rent a
~ wynajmować pokój 2.
(place) miejsce *n* (na coś);
wolna przestrzeń; there is
little ~ here tu jest ciasno;
to make ~ for sb zrobić
miejsce dla kogoś; ustąpić
komuś miejsca
root [rut] I *v* zasadzać (rośliny); *dosł. i przen.* zako-
rzeniać (się) II *s* korzeń *m*;
(basis) podstawa *f*; źródło
n (zła itp.)
rope [rəup] *s* sznur *m*; lina
f
rosary ['rəuzəri] *s* różaniec
m; *(rose garden)* rozarium
n
rose¹ [rəuz] I *s* róża *f*; *arch.*
rozeta *f* II *adj* różowy
rose² [rəuz] *zob* rise *v*
rot [rot] I *v* gnić; butwieć
II *s* gnicie *n*; psucie się *n*;
rozkład *m*; *pot.* bzdury *pl,*
brednie *pl*
rotation [rəu'teɪʃn] *s* ruch o-
brotowy; by ~ na przemian,
kolejno
rotten ['rotn] *adj* zgniły;
zepsuty; *sl.* kiepski, marny; I feel ~ paskudnie ⟨fa-
talnie⟩ się czuję
rouge [ruʒ] I *s* róż *m*; szminka *f* II *v* malować ⟨szmin-
kować⟩ (się)
rough [rʌf] I *adj* szorstki;
chropowaty; *(of ground)*
nierówny; górzysty; *(of a
precious stone)* nie oszlifo-
wany; *(of a person)* ordynarny; brutalny; *(of the
sea)* wzburzony; *(of a climate)* ostry; *(approximate)*
przybliżony; pobieżny; a ~
sketch szkic *m* II *adv* z
grubsza; *(treat etc.)* szorst-
ko; ordynarnie III *s* nierówny teren; *(of a building
etc.)* in the ~ w stanie surowym
Roumanian [ru'meɪnɪən] I *adj*

rumuński II *s* 1. *(native)*
Rumun *m*, Rumunka *f* 2.
(language) język rumuński
round [raund] I *adj* okrągły;
kulisty; a ~ sum równa
kwota; to make ~ zaokrą-
glać II *adv* w koło; kołem;
to go ⟨to turn⟩ ~ obracać
się; all the year ~ cały rok
III *praep* dookoła; wokoło;
~ the corner za zakrętem
IV *s* koło *n*; *sport.* runda
f; obchód *m*; *(traffic circle)*
rondo *n* V *v* zaokrąglać;
mot. brać zakręt
roundabout ['raund ə'baut] *s*
karuzela *f*
round-the-clock ['raundðə
'klok] *adj* całodobowy; dwu-
dziestoczterogodzinny
rouse [rauz] *v* budzić (from
sleep ze snu); *przen.* pobudzać; wstrząsać (sb kimś)
route [rut] *s* trasa *f*; droga *f*
(lotnicza, lądowa itp.); szlak
m (turystyczny)
routine [ru'tin] *s* rutyna *f*;
zaprowadzony porządek; a
matter of ~ (zwykła) for-
malność; daily ~ codzien-
ny tok zajęć
row¹ [rəu] *s* rząd *m*; szereg
m; in a ~ w rzędzie; rzędem
row² [rəu] I *v* wiosłować II
s przejażdżka *f* łodzią
row³ [rau] *s* wrzawa *f*; har-
mider *m*; awantura *f*; to
have a ~ with sb pokłócić
się z kimś
rowan ['rəuən] *s* jarzębina *f*
rowing ['rəuɪŋ] *s* wiosłowanie
n; wioślarstwo *n*; ~ club
klub wioślarski
royal ['rɔɪəl] *adj* królewski;
(splendid) wspaniały
rub [rʌb] I *v* trzeć; pocierać;
zacierać (one's hands ręce);
(polish) czyścić; to ~ away
zetrzeć (plamę itp.); to ~
in wetrzeć (maść itp.); to ~
off ścierać się; zetrzeć
(one's skin sobie skórę); to
~ out wycierać (gumą itp.);

to ~ through poradzić sobie; to ~ up wypolerować; pot. wypucować; *przen.* odświeżyć w pamięci II s tarcie *n;* nacieranie *n*
rubber ¹ ['rʌbə(r)] I s guma *f; pl* ~s gumiaki *pl;* kalosze *pl* II *adj* gumowy; *kraw.* ~ band guma, gumka *f* (do majtek itd.)
rubber ² ['rʌbə(r)] s rober *m* (w brydżu)
rubbish ['rʌbɪʃ] I s śmiecie *n;* rupiecie *pl; (thrash)* tandeta *f; (nonsense)* głupstwa *pl;* bzdury *pl* II *int* nonsens!
ruby ['rubɪ] s rubin *m*
rucksack ['rʌksæk] s plecak *m*
rudder ['rʌdə(r)] s ster *m*
rude [rud] *adj* prosty; prymitywny; niegrzeczny; źle wychowany; to be ~ to sb być niegrzecznym wobec kogoś
ruffle ['rʌfl] *v* marszczyć (sie); *(crumple)* gnieść ⟨miąć⟩ (się); *(of hair)* mierzwić ⟨rozczochrać⟩ (się)
rug [rʌg] s dywanik *m;* kilim *m*
rugged ['rʌgɪd] *adj (of ground)* nierówny; skalisty; *(of features)* gruby; *(of a person)* szorstki; prosty
ruin [ruɪn] I s ruina *f;* upadek *m;* zagłada *f; (a place) pl* ~s ruiny *pl;* to bring to ~ rujnować; in ~s zniszczony; spustoszony II *v* (z)niszczyć; (z)rujnować; (z)gubić
rule [rul] I s 1. reguła *f;* zasada *f;* regulamin *m;* przepis *m;* ~s of the road przepisy drogowe; as a ~ z reguły; by ~ przepisowo; to make it a ~ to do sth robić coś z zasady 2. *(government)* rządy *pl;* panowanie *n* II *v* rządzić ⟨władać⟩ (krajem): panować
ruler ['rulə(r)] s władca *m; (for drawing)* linijka *f*

rum ¹ [rʌm] s rum *m*
rum ² [rʌm] *adj sl.* dziwny
rumour ['rumə(r)] s wieść *f;* pogłoska *f*
run [rʌn] I *v* (ran [ræn], run [rʌn]) *(of a person, animal)* biegać; biec; *(of a vehicle)* jechać; *(of a ship, river)* płynąć; *(of a train)* kursować; *(be operative)* działać; funkcjonować; prowadzić **(a shop, the house** sklep, dom); *(flee)* uciekać **(from sb, sth** przed kimś, czymś); to ~ away uciec; to ~ down zbiegać w dół; wyczerpać się; to ~ into debt popaść w długi; to ~ off uciec; *pot.* zwiać; to ~ out wybiegać; *(of a term)* upływać; wygasać; I have ~ out of sugar etc. skończył mi się zapas cukru itp.; to ~ up natknąć się **(against sb, sth** na kogoś, coś) II s bieg *m;* bieganie *n;* in the long ~ na dalszą metę
runaway ['rʌnəweɪ] s zbieg *m;* dezerter *m*
rung *zob.* ring ² *v*
runner ['rʌnə(r)] s biegacz *m; (carpet)* chodnik *m*
running ['rʌnɪŋ] *adj* bieżący
running-in ['rʌnɪn'ɪn] s docieranie *n* (silnika)
runway ['rʌnweɪ] s *sport.* bieżnia *f; lotn.* pas startowy
rural ¹ ['ruərl] *adj* wiejski
rush ¹ [rʌʃ] s sitowie *n*
rush ² [rʌʃ] I *v* pędzić; gonić; naglić II s pęd *m; handl.* popyt *m*
rush-hour [rʌʃ auə(r)] s godziny *pl* natężenia ruchu (na ulicy, w tramwajach itp.)
Russian ['rʌʃn] I *adj* rosyjski II s 1. *(native)* Rosjanin *m,* Rosjanka *f* 2. *(language)* język rosyjski
rust [rʌst] I s rdza *f* II *v* rdzewieć

rustic ['rʌstɪk] *adj* wiejski; *przen.* prostacki
rustle ['rʌsl] **I** *v* szeleścić; szumieć **II** *s* szelest *m*
rustless ['rʌstləs], **rustproof** ['rʌstpruf] *adj* nierdzewny

rusty ['rʌstɪ] *adj* zardzewiały; **to get** ~ (za)rdzewieć
ruthless ['ruθləs] *adj* bezwzględny; bezlitosny; okrutny
rye [raɪ] *s* żyto *n*

S

sable ['seɪbl] *s* soból *m*; *pl* ~s (*fur*) sobole *pl* (futro)
sabotage ['sæbətɑ:ʒ] **I** *s* sabotaż *m* **II** *v* sabotować, popełnić sabotaż
sabre ['seɪbə(r)] *s* szabla *f*
saccharin ['sækərɪn] *s* sacharyna *f*
sack [sæk] **I** *v* (*dismiss*) zwolnić ⟨*pot.* wylać⟩ z pracy **II** *s* worek *m*; (*dismissal*) zwolnienie *n* ⟨*pot.* wylanie *n*⟩ z pracy
sacred ['seɪkrəd] *adj* poświęcony; (*of a place etc.*) święty; (*of music etc.*) religijny
sacrifice ['sækrɪfaɪs] **I** *s* ofiara *f* (dla bóstwa); *przen.* poświęcenie *n* **II** *v* poświęcać
sad [sæd] *adj* **1.** smutny; żałosny; **to become** ~ zasmucić się; **to look** ~ mieć smutną minę **2.** (*of a loss*) bolesny **3.** (*of an error*) poważny
sadden ['sædn] *v* zasmucić (się) (**at sth** czymś)
saddle ['sædl] **I** *s* siodło *n*; siodełko *n*; **to be in the** ~ siedzieć w siodle; *przen.* rządzić **II** *v* siodłać (konia); (*burden*) obarczyć (**sb with sth** kogoś czymś)
safari [sə'fɑ:rɪ] *s* safari *n*, wyprawa myśliwska (w Afryce)
safe [seɪf] *s* kasa ogniotrwała; sejf *m*
safe [seɪf] *adj* **1.** bezpiecz-

ny; pewny; ~ **and sound** cało i zdrowo; **to feel** ~ czuć się bezpiecznym; **at a** ~ **distance** w bezpiecznej odległości; **to be on the** ~ **side** na wszelki wypadek; dla wszelkiej pewności **2.** (*cautious*) ostrożny
safeguard ['seɪfgɑd] **I** *v* ochraniać; zabezpieczać **II** *s* gwarancja *f*; (*protection*) ochrona *f*; zabezpieczenie *n*
safely ['seɪflɪ] *adv* bez szwanku; bezpiecznie; w bezpiecznym miejscu
safety ['seɪftɪ] *s* bezpieczeństwo *n*; ~ **catch** bezpiecznik *m*; ~ **first** bezpieczeństwo przede wszystkim
safety-belt ['seɪftɪ belt] *s* = seat-belt
safety-pin ['seɪftɪ pɪn] *s* agrafka *f*
said **I** *zob.* say **II** *s* the ~ wyżej wymieniony
sail [seɪl] **I** *s* żagiel *m* **II** *v* żeglować; płynąć
sailing ['seɪlɪŋ] **I** *s* żeglarstwo *n* **II** *adj* żaglowy
sailing-boat ['seɪlɪŋ bəʊt] *s* żaglówka *f*
sailing-ship ['seɪlɪŋ ˌʃɪp] *s* żaglowiec *m*
sailor ['seɪlə(r)] *s* marynarz *m*; **to be a bad** ⟨**a good**⟩ ~ źle ⟨dobrze⟩ znosić podróż morską
saint [seɪnt] *s* święty *m*
sake [seɪk] *s* **for the** ~ **of sb, sth** dla kogoś, czegoś; przez wzgląd na kogoś, coś; **for**

Heaven's ~! na miłość boską!

salad [`sæləd] *s* sałatka *f*; **fish** ~ sałatka rybna; **tomato** ~ sałatka z pomidorów; **vegetable** ~ sałatka jarzynowa

salad-dressing [`sæləd dresɪŋ] *s* przyprawy *pl* do sałaty ⟨sałatek⟩

salary [`sælərɪ] *s* pobory *pl*; pensja *f*; płaca *f*

sale [seɪl] *s* 1. sprzedaż *f*; **on** ⟨**for**⟩ ~ do sprzedania; na sprzedaż; ~ **contract** umowa *f* sprzedaży; **deed of** ~ akt *m* sprzedaży 2. (*at reduced prices*) wyprzedaż *f*; ~ **price** cena okazyjna; **clearance** ~ sprzedaż posezonowa

salesman [`seɪlzmən] *s* (*pl* **salesmen**) ekspedient *m*, sprzedawca *m*

saliva [sə`laɪvə] *s* ślina *f*

salmon [`sæmən] *s* łosoś *m*

saloon [sə`lun] *s* 1. sala *f*; salon *m* (na statku, w hotelu); *kolej.* ~ **car** salonka *f* 2. *am.* szynk *m*

salt [sɔlt] **I** *s* sól *f*; *przen.* **to take sth with a grain of** ~ przyjąć coś z zastrzeżeniem **II** *v* solić **III** *adj* słony

salt-cellar [`sɔlt selə(r)] *s* solniczka *f*

salted [`sɔltɪd] *adj* (po)solony

salt-free [`sɔlt fri] *adj* (*of a diet*) bez soli; bezsolny

salty [`sɔltɪ] *adj* słony

salute [sə`lut] **I** *v* pozdrawiać; witać; salutować **II** *s* pozdrowienie *n*; salutowanie *n*; (*of guns*) salut *m*; salwa *f* (powitalna)

salvation [sæl`veɪʃn] *s* zbawienie *n*; ratunek *m*; ocalenie *n*

salve [sav] **I** *s* maść *f*; *przen.* balsam *m* **II** *v* smarować maścią

same [seɪm] **I** *adj* ten sam; **the very** ~ właśnie ten; **at**

the ~ **time** w tym samym czasie; równocześnie; **it's all** ⟨**just**⟩ **the** ~ to nie robi różnicy; **much the** ~ bardzo podobny ⟨podobnie⟩ **II** *pron* to samo; **the** ~ **to you** nawzajem **III** *adv* tak samo; podobnie; **all the** ~ mimo wszystko; wszystko jedno

sample [`sampl] *s* próbka *f*; wzór *m*

sanatorium [ˌsænə`tɔrɪəm] *s* (*pl* **sanatoria** [ˌsænə`tɔrɪə] sanatorium *n*; ~ **treatment** leczenie sanatoryjne

sanction [`sæŋkʃn] *s* sankcja *f*; aprobata *f*

sanctuary [`sæŋktʃuərɪ] *s rel.* sanktuarium *n*; świątynia *f*

sand [sænd] *s* piasek *m*

sandal [`sændl] *s* sandał *m*

sandwich [`sænwɪdʒ] *s* kanapka *f*, sandwicz *m*

sandy [`sændɪ] *adj* piaszczysty

sane [seɪn] *adj* przy zdrowych zmysłach; rozsądny

sang *zob.* **sing**

sanitary [`sænɪtrɪ] *adj* higieniczny; sanitarny; ~ **towel** opaska higieniczna

sanitation [ˌsænɪ`teɪʃn] *s* urządzenia sanitarne; kanalizacja *f*

sank *zob.* **sink**

Santa Claus [ˌsæntə `klɔz] *s* święty Mikołaj

sapphire [`sæfaɪə(r)] *s* szafir *m*

sarcophagus [sa`kofəgəs] *s* sarkofag *m*

sardine [sa`din] *s* sardynka *f*; ~ **tin** pudełko *n* sardynek

sat *zob.* **sit**

satchel [`sætʃl] *s* teczka *f*; (*school-bag*) tornister *m*

satellite [`sætəlaɪt] *s* satelita *m*; **active** ⟨**passive**⟩ ~ aktywny ⟨pasywny⟩ satelita; **manned** ~ satelita załogowy

satin [`sætɪn] **I** *s* satyna *f*;

atłas *m* II *adj* atłasowy
satire ['sætaiǝ(r)] *s* satyra *f*
satiric(al) [sǝ'tirik(l)] *adj* satyryczny
satisfaction ['sætis'fækʃn] *s* satysfakcja *f*; zadowolenie *n*; zadośćuczynienie *n*; zaspokojenie *n* (pragnień itp.); to give ~ zadowolić; to my ~ ku memu zadowoleniu
satisfactory ['sætis'fæktṛi] *adj* zadowalający; (*of a mark*) dostateczny
satisfy ['sætisfai] *v* zadowolić; zaspokoić; spełnić (wymagania itp.)
Saturday ['sætǝdi] *s* sobota *f*
sauce [sɔs] *s* 1. sos *m*; przyprawa *f* 2. *pot.* impertynencja *f*; tupet *m*
sauce-boat ['sɔs bǝut] *s* sosjerka *f*
saucepan ['sɔspǝn] *s* rondel *m*
saucer ['sɔsǝ(r)] *s* spodek *m*; podstawka *f*
saucy ['sɔsi] *adj* impertynencki; zuchwały; *sl.* szykowny
sauerkraut ['sauǝkraut] *s* kiszona kapusta
saunter ['sɔntǝ(r)] I *v* przechadzać się II *s* przechadzka *f*
sausage ['sɔsidʒ] *s* kiełbas(k)a *f*
sauté ['sǝutei] *adj* smażony; przysmażany
savage ['sævidʒ] I *adj* dziki II *s* dzikus *m*
save [seiv] *v* uratować; ochraniać; (*put aside*) oszczędzać
saving ['seiviŋ] I *adj* zbawienny; (*economizing*) oszczędny II *s* oszczędność *f*; *pl* ~s oszczędności *pl*
savings-bank ['seivinz bæŋk] *s* kasa *f* oszczędności
saviour ['seiviǝ(r)] *s* zbawiciel *m*
savour ['seivǝ(r)] I *s* smak *m*; posmak *m* II *v* mieć smak (*of sth* czegoś); (*smell*) pachnieć (*of sth* czymś)

savourless ['seivǝlǝs] *adj* bez smaku
savoury ['seivǝri] I *adj* smakowity; (*aromatic*) aromatyczny II *s* przystawka *f*
saw[1] [sɔ] I *v* (sawed [sɔd], sawn [sɔn]) piłować II *s* piła *f*
saw[2] *zob.* see
sawmill ['sɔmil] *s* tartak *m*
sawn *zob.* saw[1] *v*
say [sei] *v* (said [sed], said) powiedzieć; mówić; odmawiać (one's prayers modlitwy); ~ five dollars słownie: pięć dolarów; so to ~ że tak powiem; jak gdyby; that is to ~... to jest ⟨to znaczy⟩...; they ~ podobno...; to ~ no odmówić; to ~ yes zgodzić się; to ~ nothing of ... pomijając już ...; that goes without ~ing to się samo przez się rozumie; you don't ~ so! nie może być!; I ~! słuchaj/cie!; wiesz, co?...
saying ['seiŋ] *s* powiedzenie *n*; *pot.* powiedzonko *n*
scaffold ['skæfǝld] *s* *bud.* rusztowanie *n*; (*for an execution*) szafot *m*
scald [skɔld] I *v* oparzyć; sparzyć II *s* oparzenie *n*
scale[1] [skeil] I *s* łuska *f*; *dent.* kamień nazebny II *v* łuskać; łuszczyć (się)
scale[2] [skeil] I *s* szalka *f* (wagi); *pl* ~s waga *f* II *v* ważyć
scale[3] [skeil] *s* 1. skala *f*; podziałka *f*; a map in the ~ of ... mapa w skali ... 2. *muz.* gama *f*
scandal ['skændl] *s* skandal *m*: obmowa *f*
scandalize ['skændǝlaiz] *v* zgorszyć; (*slander*) obmawiać
scandalous ['skændǝlǝs] *adj* skandaliczny; gorszący
Scandinavian ['skændi'neiviǝn] I *adj* skandynawski II *s*

(*native*) Skandynaw *m*, Skandynawka *f*
scant [skænt] I *adj* niedostateczny; niewystarczający; szczupły; skąpy II *v* skąpić (**sb** **sth** komuś czegoś)
scapegoat [`skeɪpgəut] *s przen.* kozioł ofiarny
scar [skɑ(r)] I *s* blizna *f*; szrama *f* II *v* zabliźnić się
scarce [skeəs] *adj* rzadki; niewystarczający; **money is ~** odczuwa się brak pieniędzy
scarcely [`skeəslɪ] *adv* ledwo; zaledwie; **I ~ know what to say** nie bardzo wiem co powiedzieć
scare [skeə(r)] *v* przestraszyć; **to be ~d** bać się
scarecrow [`skeəkrəu] *s* strach *m* na wróble; *przen.* straszydło *n*
scarf [skɑf] *s* szalik *m*; szal *m*; apaszka *f*
scarlet [`skɑlət] I *s* szkarłat *m*, purpura *f* II *adj* szkarłatny, purpurowy; *med.* **~ fever** szkarlatyna *f*
scatter [`skætə(r)] *v* rozrzucać; rozpryskiwać, rozpraszać (się)
scenario [sɪ`nɑrɪəu] *s* scenariusz *m*
scenarist [`sinərɪst] *s* scenarzysta *m*
scene [sin] *s* scena *f*; widownia *f*; (*incident*) awantura *f*; widowisko *n*; (*landscape*) widok *m*, krajobraz *m*; *teatr.* dekoracje *pl*
scenery [`sinərɪ] *s* sceneria *f*; *teatr.* dekoracje *pl*
scent [sent] I *v* zwietrzyć; *przen.* wyczuć instynktownie; (*emit smell*) rozsiewać zapach II *s* zapach *m*; (*sense of smell*) węch *m*; (*perfume*) perfumy *pl*
scented [`sentɪd] *adj* pachnący; naperfumowany
scent-spray [`sent spreɪ] *s* rozpylacz *m* do perfum

sceptic [`skeptɪk] I *adj* sceptyczny II *s* sceptyk *m*
scepticism [`skeptɪsɪzm] *s* sceptycyzm *m*
schedule [`ʃedjul] I *s* lista *f*; spis *m*; wykaz *m*; (*time-table*) plan *m*; rozkład *m* (zajęć, jazdy itp.); **on ~** planowo; według rozkładu II *v* spisać; sporządzić listę ⟨plan itp.⟩; zaplanować; sporządzić harmonogram; **~d flight** lot *m* według rozkładu ⟨planowy⟩; **~d departure** planowy odjazd
scheme [skim] I *v* spiskować; knuć II *s* (*design*) układ *m*; schemat *m*; plan *m*; projekt *m*; (*intrigue*) intryga *f*; knowanie *n*; spisek *m*
scholar [`skolə(r)] *s* stypendysta *m*; (*learned person*) uczony *m*
scholarship [`skoləʃɪp] *s* wiedza *f*; *uniw.* stypendium *n*
school [skul] I *s* szkoła *f*; (*lessons*) nauka szkolna II *v* uczyć; szkolić
schoolboy [`skulbɔɪ] *s* uczeń *m*
schoolgirl [`skulgɜl] *s* uczennica *f*
schoolmaster [`skulmɑstə(r)] *s* nauczyciel *m*
schoolmate [`skulmeɪt] *s* kolega szkolny
schoolmistress [`skulmɪstrəs] *s* nauczycielka *f*
school-teacher [`skul titʃə(r)] *s* nauczyciel *m*, nauczycielka *f*
schooner [`skunə(r)] *s mor.* szkuner *m*
sciatica [saɪ`ætɪkə] *s med.* rwa kulszowa, ischias *m*
science [`saɪəns] *s* nauka *f*; dyscyplina naukowa; **a man of ~** uczony *m*
science-fiction [`saɪəns`fɪkʃn] *s* literatura ⟨książka⟩ fantastycznonaukowa
scientific [saɪən`tɪfɪk] *adj* naukowy; (*skilful*) umiejętny
scientist [`saɪəntɪst] *s* uczony

m, naukowiec *m*
scissors [ˈsɪzəz] *plt* nożyczki
pl, nożyce *pl*
scold [skəuld] *v* (z)besztać;
(s)karcić
scooter [ˈskutə(r)] *s* hulajno-
ga *f*; **(motor)** ~ skuter *m*
scope [skəup] *s* zakres *m*;
dziedzina *f*; pole *n* (działania itp.)
score [skɔ(r)] **I** *s* 1. *sport.* wynik *m* (rozgrywki); ilość *f*
zdobytych punktów ⟨strze-
lonych bramek⟩ 2. *(cards)*
zapis *m*; **to keep** ~ notować wyniki 3. *(twenty)* dwadzieścia; **two** ⟨**three etc.**⟩ ~
czterdzieści ⟨sześćdziesiąt
itd.⟩; ~**s of people** dziesią-
tki *pl* ludzi **II** *v sport.* zdobywać punkty (w grze);
strzelić bramkę (w piłce
nożnej); *(cards)* wziąć lewę
score-board [ˈskɔbɔd] *s* tablica *f* wyników (rozgrywek)
scorn [skɔn] **I** *s* pogarda *f*,
lekceważenie *n* **II** *v* gardzić (**sb, sth** kimś, czymś)
scornful [ˈskɔnfl] *adj* pogardliwy
Scotch [skɔtʃ] **I** *adj* szkocki
II *s* *(pl)* **the** ~ Szkoci *pl*
Scotchman [ˈskɔtʃmən] *s* *(pl*
Scotchmen) Szkot *m*
scoundrel [ˈskaundrl] *s* łotr
m; łajdak *m*
scourer [ˈskauərə(r)] *s* szczotka *f* ⟨druciak *m*⟩ do szorowania
scout [skaut] *s* skaut *m*; harcerz *m*; zwiadowca *m*
scramble [ˈskræmbl] *v* 1. gra-
molić się, wspinać się 2.
(struggle) walczyć **(for a living** o byt) 3. ~**d eggs** jajecznica *f*
scrap [skræp] *s* kawałek *m*;
urywek *m*; świstek *m*; skra-
wek *m*; wycinek *m* z czasopisma; *pl* ~**s** resztki *pl*;
odpadki *pl*
scrape [skreɪp] *v* skrobać;
zeskrobać (**sth off** ⟨**from**⟩
sth coś z czegoś); zadras-

nąć (**one's knee etc.** sobie
kolano itp.)
scratch [skrætʃ] **I** *v* drapać;
zadrasnąć; **to** ~ **sth out**
wykreślić ⟨skreślić⟩ coś **II** *s*
zadraśnięcie *n*; zadrapanie
n; *sport.* start *m*
scrawl [skrɔl] **I** *v* bazgrać;
gryzmolić **II** *s* gryzmoły *pl*
scream [skrim] **I** *v* krzyczeć
II *s* krzyk *m*; wrzask *m*
screen [skrin] **I** *s* parawan
m; zasłona *f*; *kin.* ekran *m*
II *v* zasłaniać; *(show)* wyświetlać na ekranie
screw [skru] **I** *s* śruba *f* **II** *v*
(przy)śrubować; **to** ~ **home**
docisnąć (śrubę); **to** ~ **(sth)**
tight dokręcić coś
screw-driver [ˈskru draɪvə(r)]
s śrubokręt *m*
scribble [ˈskrɪbl] *v* (na)gryz-
molić; (na)bazgrać
script [skrɪpt] *s* rękopis *m*;
uniw. skrypt *m*; scenariusz
filmowy
Scripture [ˈskrɪptʃə(r)] *s* Pismo Święte; Biblia *f*
scrub [skrʌb] **I** *v* szorować;
czyścić **II** *s* szorowanie *n*
scruple [ˈskrupl] **I** *s* skrupuł
m **II** *v* mieć skrupuły
scrupulous [ˈskrupjələs] *adj*
skrupulatny; sumienny
sculptor [ˈskʌlptə(r)] *s* rzeźbiarz *m*
sculpture [ˈskʌlptʃə(r)] **I** *s* *(art)*
rzeźbiarstwo *n*; *(work)* rzeź-
ba *f* **II** *v* rzeźbić
sea [si] *s* morze *n*; **at** ~ na
morzu; **to go to** ~ wstąpić
do marynarki
sea-gull [ˈsi gʌl] *s* mewa *f*
seal[1] [sil] *s* foka *f*; *pl* ~**s**
(fur) foki *pl*
seal[2] [sil] **I** *s* pieczątka *f*;
pieczęć *f*; plomba *f* **II** *v*
pieczętować
sealing-wax [ˈsilɪŋ wæks] *s*
lak *m* (do pieczęci)
sealskin [ˈsilskɪn] *s* selskiny
pl; futro *n* z fok
seaman [ˈsimən] *s* *(pl* **seamen)**
marynarz *m*

seamless ['simləs] *adj (of stockings)* bez szwu
seaport ['sipɔt] *s* port morski
search [sɜtʃ] **I** *v* rewidować; przeszukiwać; poszukiwać *(for sth czegoś)* **II** *s* poszukiwanie *n; (inspection by police etc.)* rewizja *f;* in ~ of sth w poszukiwaniu czegoś; w pogoni za czymś
searching ['sɜtʃiŋ] *adj* badawczy; wnikliwy; drobiazgowy
searchlight ['sɜtʃlait] *s* reflektor *m*
search-warrant ['sɜtʃ worənt] *s* nakaz *m* rewizji
seashore ['siʃɔ(r)] *s* wybrzeże *n*
seasick ['sisik] *adj* chory na chorobę morską; to be ~ chorować na chorobę morską
seasickness ['sisiknəs] *s* choroba morska
seaside ['sisaid] *s* wybrzeże *n;* at the ~ nad morzem; ~ resort uzdrowisko nadmorskie
season ['sizn] **I** *s* pora *f* (roku); okres *m;* sezon *m;* ~ ticket bilet miesięczny ⟨okresowy⟩; tourist ~ sezon turystyczny; in ~ w porę; out of ~ nie w sezonie; strawberries are out of ~ (teraz) nie sezon na truskawki; the holiday ~ okres świąteczny; close ⟨open⟩ ~ okres zakazanego ⟨dozwolonego⟩ polowania ⟨łowienia ryb⟩ **II** *v kulin.* zaprawiać (potrawę)
seasoned ['siznd] *adj* zaprawiony; przyprawiony; pikantny
seasoning ['siznin] *s kulin.* przyprawa *f*
seat [sit] *s* **1.** siedzenie *n;* **folding** ~ siedzenie rozkładane; to take a ~ usiąść; siadać **2.** *(place)* siedziba *f* (uczelni itd.); miejsce *n* (czegoś)

seat-belt ['sit belt] *s* pas *m* bezpieczeństwa (w samochodzie, samolocie)
sea-voyage [si' vɔidʒ] *s* podróż morska
secluded [si'kludid] *adj* odosobniony; zaciszny
seclusion [si'kluʒn] *s* odosobnienie *n;* osamotnienie *n*
second [1] ['sekənd] **I** *adj* **1.** drugi; in the ~ place po drugie **2.** *(repeated)* powtórny **3.** *(additional)* zapasowy; sport. ~ team rezerwa *f* **II** *v (support)* popierać
second [2] ['sekənd] *s* sekunda *f*
secondary ['sekəndri] *adj* drugorzędny; dodatkowy; ~ education wykształcenie średnie; ~ road droga podporządkowana
second-class ['sekənd'klɑs] *adj (of a ticket etc.)* drugiej klasy; *(of a restaurant etc.)* drugiej kategorii; drugorzędny
second-hand ['sekənd'hænd] *adj (of goods)* używany; z drugiej ręki; ~ bookshop antykwariat *m* (książkowy); ~ shop sklep *m* z używanymi rzeczami
second-rate ['sekənd'reit] *adj* drugorzędny; kiepski
secrecy ['sikrəsi] *s* dyskrecja *f;* in ~ w tajemnicy
secret ['sikrət] **I** *adj* **1.** tajny; ~ service wywiad *m* **2.** *(of a person)* dyskretny; tajemniczy **II** *s* tajemnica *f;* sekret *m;* an open ~ tajemnica *f* poliszynela
secretary ['sekrətri] *s* sekretarz *m,* sekretarka *f;* *(minister)* minister *m*
section ['sekʃn] *s* **1.** sekcja *f;* odcinek *m;* dział *m* **2.** *(group)* oddział *m* **3.** *(cut through)* przekrój *m;* **vertical** ~ przekrój pionowy
sector ['sektɑ(r)] *s* sektor *m;* odcinek *m*
secular ['sekjulə(r)] *adj* świecki

secure [sɪˈkjuə(r)] I *adj* spokojny; pewny; bezpieczny II *v* zabezpieczać; zapewniać; (*obtain*) zdobywać; uzyskiwać
security [sɪˈkjuərətɪ] *s* 1. bezpieczeństwo *n* 2. (*trust*) pewność *f*; gwarancja *f* 3. (*money etc.*) kaucja *f*; zastaw *m*; to lend on ~ pożyczyć (komuś) pod zastaw 4. *pl* securities papiery wartościowe
sedative [ˈsedətɪv] *s adj* (środek) uspokajający
sediment [ˈsedɪmənt] *s* osad *m*
seduce [sɪˈdjus] *v* uwieść
seducer [sɪˈdjusə(r)] *s* uwodziciel *m*
see [si] *v* (saw [sɔ], seen [sin]) 1. zobaczyć; widzieć 2. (*take care*) dopilnować; to ~ about ⟨after, to⟩ sth zajmować się czymś; dopilnować czegoś; I'll ~ to it! dopilnuję tego!; załatwię to!; to ~ sb home odprowadzić kogoś do domu; to ~ sb off odprowadzić kogoś (na stację itp.); to ~ sb out odprowadzić kogoś do drzwi 3. (*visit*) zwiedzać 4. (*understand*) rozumieć; orientować się; *pot.* poˈapać się; as far as I can ~ o ile się orientuję; do you ~ what I mean? rozumiesz?; that remains to be seen to się okaże; let me ~! niech się zastanowię!; chwileczkę!; yes, I ~! tak!, aha! 5. (*call on*) odwiedzać; come and ~ me! wstąp ⟨przyjdź⟩ do mnie!; ~ you to-morrow! do jutra!
seed [sid] *s* nasienie *n*; ziarnko *n*
seek [sik] *v* (sought [sɔt], sought) szukać (sth czegoś); (*endeavour*) starać się; usiłować; (*aim*) dążyć (affer sth do czegoś)

seem [sim] *v* zdawać ⟨wydawać⟩ się; (*have an impression*) odnosić wrażenie; it ~s to me wydaje mi się; you ~ (to be) unwell wyglądasz na chorego; I ~ to have seen it before mam wrażenie, że to kiedyś już widziałem
seemingly [ˈsimɪŋlɪ] *adv* pozornie; (*apparently*) widocznie
seen *zob.* see
seesaw [ˈsi-sɔ] *s* huśtawka *f*
seize [siz] *v* chwycić; złapać; zawładnąć; (*of an engine*) zatrzeć się; to ~ the opportunity skorzystać ze sposobności; I was ~d with fear ogarnął mnie strach
seldom [ˈseldəm] *adv* rzadko; not ~ nierzadko
select [sɪˈlekt] I *v* wybierać II *adj* doborowy; (*exclusive*) ekskluzywny
selection [sɪˈlekʃn] *s* wybór *m*; selekcja *f*; *sport.* ~ match eliminacje *pl*
self [self] *s* (*pl* selves [selvz]) jaźń *f*; osobowość *f*; my better ~ lepsza część mojej natury
self- [2] (*in compounds*) samo-; automatycznie
self-acting [ˈselfˈæktɪŋ] *adj* samoczynny; automatyczny
self-command [ˈself kəˈmɑnd] *s* panowanie *n* nad sobą; opanowanie *n*
self-confidence [ˈselfˈkonfɪdəns] *s* pewność *f* siebie
self-control [ˈself kənˈtrəul] *s* opanowanie *n*; zimna krew; samokontrola *f*
self-defence [ˈself dɪˈfens] *s* obrona własna; samoobrona *f*
self-denial [ˈself dɪˈnaɪəl] *s* samozaparcie *n*
self-help [ˈselfˈhelp] *s* samopomoc *f*; ~ manual samouczek *m*
self-important [ˈself ɪmˈpɔtənt] *adj* posiadający wysokie

sentence

mniemanie o sobie; zarozumiały
selfish [ˈselfɪʃ] *adj* egoistyczny
selfishness [ˈselfɪʃnəs] *s* egoizm *m*
self-made [ˈself meɪd] *adj (of a person)* zawdzięczający życiowe sukcesy sobie samemu
self-portrait [ˈselfˈpɔtrɪt] *s* autoportret *m*
self-possessed [ˈself pəˈzest] *adj* spokojny; opanowany
self-recording [ˈself rɪ kɔdɪŋ] *adj (of an apparatus)* samopiszący
self-respect [ˈself rɪˈspekt] *s* ambicja *f*; poczucie *n* własnej godności
self-service [ˈself ˈsɜvɪs] *s* samoobsługa *f*; ~ **shop** ⟨**store**⟩ sk.ep samoobsługowy; ~ **restaurant** restauracja samoobsługowa
self-supporting [ˈself səˈpɔtɪŋ] *adj (of a person)* samowystarczalny; niezależny materialnie
self-timer [ˈself ˈtaɪmə(r)] *s* samowyzwalacz *m*
self-will [ˈself ˈwɪl] *s* samowola *f*
self-willed [ˈself ˈwɪld] *adj* samowolny
sell [sel] *v* (**sold** [səʊld], **sold**) sprzedawać; **to** ~ **off** ⟨**out**⟩ wyprzedawać
seller [ˈselə(r)] *s* sprzedawca *m*; **a best** ~ książka rozchwytywana, bestseller *m*
selves *zob.* **self** [1]
semiannual [ˈsemɪˈænjʊəl] *adj* półroczny
semicircle [ˈsemɪsɜkl] *s* półkole *n*
semicolon [ˈsemɪˈkəʊlən] *s* średnik *m*
semi-darkness [ˈsemɪˈdɑknəs] *s* półmrok *m*
semi-final [ˈsemɪˈfaɪnl] *s* *sport.* półfinał *m*
seminar [ˈsemɪnɑ(r)] *s* *uniw.* seminarium *n*

senate [ˈsenət] *s* senat *m*
send [send] *v* (**sent** [sent], **sent**) posyłać, ekspediować; **to** ~ **away** odsyłać
sender [ˈsendə(r)] *s* nadawca *m*; ~**'s address** adres *m* nadawcy
senior [ˈsinɪə(r)] **I** *adj* starszy **II** *s* człowiek *m* w starszym wieku ⟨wyższy rangą⟩
sensation [senˈseɪʃn] *s* **1.** uczucie *n* (czegoś) **2.** *(event)* sensacja *f*; ~ **novel** powieść sensacyjna
sensational [senˈseɪʃnl] *adj* sensacyjny
sense [sens] *s* **1.** zmysł *m* **2.** *pl* ~**s** rozum *m*; **in one's** ~**s** przytomny; **przy zdrowych zmysłach 3.** *(feeling)* uczucie *n* (czegoś); *(understanding)* poczucie *n* (humoru itp.) **4.** *(prudence)* rozsądek *m*; **common** ~ zdrowy rozsądek; **to talk** ~ mówić rozsądnie; **to make** ~ mieć sens; **it makes no** ~ to jest bezsensowne **5.** *(meaning)* znaczenie *n*; sens *m*; **figurative** ~ znaczenie przenośne; **in a** ~ w pewnym sensie; **in the strict** ~ w ścisłym (tego słowa) znaczeniu
senseless [ˈsensləs] *adj* nieprzytomny; *(foolish)* bezsensowny
sense-organ [ˈsensɔgən] *s* narząd *m* zmysłu
sensible [ˈsensəbl] *adj* dostrzegalny; wyczuwalny; *(aware)* świadomy **(of sth** czegoś); *(reasonable)* rozsądny; *pot.* sensowny
sensitive [ˈsensətɪv] *adj* zmysłowy; wrażliwy; czuły; uczulony **(to sth na coś)**; drażliwy
sensual [ˈsenʃʊəl] *adj* zmysłowy
sent *zob.* **send**
sentence [ˈsentəns] **I** *s* **1.** wyrok *m*; kara *f*; **to pass** ~ wydać wyrok **(on sb na ko-**

goś); **under** ~ **of** ... skazany na ... 2. *gram.* zdanie *n*
II *v* skazywać
sentiment ['sentɪmənt] *s* uczucie *n*; sentyment *m*
sentimental ['sentɪ'mentl] *adj* sentymentalny; uczuciowy
sentry ['sentrɪ] *s* warta *f*; (*person*) wartownik *m*
separate ['sepəreɪt] I *v* oddzielać ⟨rozłączać⟩ (się); *prawn.* wziąć separację II *adj* ['seprət] oddzielny; osobny; (*individual*) indywidualny
separation ['sepə'reɪʃn] *s* rozdzielenie *n*; rozłąka *f*; separacja *f*
sepsis ['sepsɪs] *s med.* zakażenie *n*
September [sep'tembə(r)] *s* wrzesień *m*
septic ['septɪk] *adj med.* septyczny, zakaźny
sequel ['siːkwl] *s* dalszy ciąg; następstwo *n*
sequence ['siːkwəns] *s* następstwo *n*; kolejność *f*; bieg *m* (wydarzeń); (*cards*) sekwens *m*
Serb [sɜb], **Serbian** ['sɜbɪən] I *s* Serb *m* II *adj* serbski
serenade ['serə'neɪd] *s* serenada *f*
sergeant ['sɑdʒənt] *s* sierżant *m*
serial ['sɪərɪəl] I *s* powieść *f* w odcinkach; *tv.* serial *m* II *adj* seryjny; kolejny; (*of a publication*) wydawany w odcinkach; ~ **writer** felietonista *m*
series ['sɪərɪz] *s* (*pl* ~) seria *f*; szereg *m*; ciąg *m*; **in** ~ seryjnie
serious ['sɪərɪəs] *adj* poważny; **are you** ~? czy mówisz poważnie ⟨serio⟩?
sermon ['sɜmən] *s* kazanie *n*
serpent ['sɜpənt] *s zool.* wąż *m*
serpentine ['sɜpəntaɪn] *s* serpentyna *f* (droga)

serum ['sɪərəm] *s biol.* surowica *f*; *med.* szczepionka *f*
servant ['sɜvənt] *s* 1. służący *m*, służąca *f*; *pl* ~s służba domowa 2. **civil** ~ urzędnik państwowy; (*in a letter*) **Your obedient** ~ proszę przyjąć wyrazy głębokiego poważania
servant-maid ['sɜvənt meɪd] *s* pokojówka *f*
serve [sɜv] *v* 1. służyć; oddawać usługi; **to** ~ **a sentence** odsiadywać karę 2. (*satisfy*) odpowiadać (a **purpose** celowi); nadawać się; **it** ~s **him right** dobrze mu tak! 3. (*set food on table*) podawać (do stołu) 4. *sport.* serwować
service ['sɜvɪs] *s* 1. służba *f*; usługi *pl*; **air** ~ komunikacja lotnicza; **broadcasting** ~ serwis radiowy; **active** ~ służba czynna; **consular** ~ służba konsularna; **customs** ~ służba celna; **enquiry** ~ biuro *n* numerów; **fault clearing** ~ biuro *n* napraw (telefonów); **information** ~ informacja *f*; **life-saving** ⟨**salvage**⟩ ~ służba ratownicza; **sanitation and public health** ~ służba sanitarno-epidemiologiczna; **traffic control** ~ służba ruchu 2. (*institution*) urząd *m*; **public** ~s instytucje *pl* użyteczności publicznej 3. obsługa *f*; ~ **station** stacja *f* obsługi samochodowej 4. (*favour*) przysługa *f*; usługa *f*; **to do sb a** ~ wyświadczyć komuś przysługę; **can I be of** ~? czy mogę w czymś pomóc?; **I am at your** ~ jestem do pańskiej dyspozycji; **it will be of** ~ **to** się przyda 5. *rel.* nabożeństwo *n* 6. (*set of dishes etc.*) serwis *m* (stołowy)
session ['seʃn] *s* 1. sesja *f*; **to be in** ~ obradować 2. *am.* rok akademicki

set¹ [set] I v (set, set) 1.
umieszczać; stawiać; układać; to ~ fire to podpalać
(coś); to ~ one's hair ułożyć sobie włosy; to ~ the
table nakryć do stołu 2. (put
right) naregulować; nastawić (zegar, aparat itp.);
to ~ right naprawić; to ~
in order uporządkować; to
~ in motion uruchamiać;
to ~ free uwolnić; to ~ to
do sth zabrać się do czegoś 3. (appoint) oznaczać
(cenę, datę itp.); to ~ the
fashion dyktować ⟨lansować⟩ modę 4. (of the sun)
zachodzić ‖ to ~ aside odłożyć na bok; to ~ back
cofnąć; to ~ forward popychać ⟨posuwać⟩ naprzód;
to ~ in (of weather) ustalić się; (of fashion) zapanować; to ~ out ⟨off⟩ wyruszyć; to ~ to zabrać się (do
czegoś); to ~ together zestawiać II s 1. zestaw m;
komplet m 2. (group) grupa
f; zespół m 3. rad. tv. odbiornik m (radiowy, telewizyjny) 4. tenis. set m 5.
(style) ułożenie n (włosów
itp.); postawa f
set² [set] adj ustawiony;
przygotowany; ustalony; ~
prices ceny stałe
settee [se'ti] s kanapa f; sofa
f
setting ['setɪŋ] s układ m;
(frame) oprawa f
settle ['setl] v 1. osiedlać;
instalować; to ~ oneself
usadawiać się; to ~ down
osiadać; ustatkować się 2.
(appoint) ustalać; załatwiać
(sprawę) 3. (pay) regulować
(rachunek); to ~ up regulować długi
settlement ['setlmənt] s osada
f; kolonia f; (agreement)
załatwianie n (spraw); (paying) rozrachunek m
settler ['setlə(r)] s osadnik m
seven ['sevn] adj siedem

seventeen ['sevn'tin] adj siedemnaście
seventeenth ['sevn'tinθ] adj
siedemnasty
seventh ['sevnθ] adj siódmy
seventieth ['sevntɪəθ] adj siedemdziesiąty
seventy ['sevntɪ] adj siedemdziesiąt
sever ['sevə(r)] v odrywać;
zrywać; oddzielać
several ['sevrl] I adj różny;
rozmaity; oddzielny II pron
kilka; kilkanaście
severe [sə'vɪə(r)] adj surowy;
srogi; (of pain etc.) ostry;
(of a disease etc.) poważny; (of fight etc.) uporczywy
sew [səu] v (sewed [səud],
sewn [səun]) szyć
sewage ['suɪdʒ] s kanalizacja
f; ścieki pl
sewer ['suə(r)] s kanał m
(ściekowy), ściek m; pl ~s
kanalizacja f
sewing ['səuɪŋ] s szycie n
sewing-machine ['səuɪŋ məʃin]
s maszyna f do szycia
sewn zob. sew
sex [seks] s płeć f
sexual ['sekʃuəl] adj płciowy;
seksualny
shabby ['ʃæbɪ] adj lichy; nędzny; zniszczony
shade [ʃeɪd] I s cień m; (degree) odcień m; (glass cover)
klosz m (lampy); (screen)
abażur m II v zasłaniać;
zacieniać
shadow ['ʃædəu] I s cień m;
(darkness) mrok m II v zaciemniać; (spy) szpiegować;
śledzić
shadowy ['ʃædəuɪ] adj cienisty
shaft [ʃɑft] s techn. wał m;
transmission ⟨propeller⟩ ~
wał napędowy
shaggy ['ʃægɪ] adj kudłaty;
kosmaty
shake [ʃeɪk] I v (shook [ʃuk],
shaken ['ʃeɪkn]) potrząsać;
trząść; drżeć; to ~ hands

with sb uścisnąć komuś rękę II s potrząsanie n
shaky ['ʃeɪkɪ] adj drżący; (unsteady) chwiejny; (weak) słaby
shall [ʃl, ʃæl] v aux służy do tworzenia czasu przyszłego; ~ we go to the pictures? czy pójdziemy do kina?; ~ I do it? czy mam to zrobić?
shallow ['ʃæləʊ] adj płytki; powierzchowny
sham [ʃæm] I s udawanie n; pozorowanie n; poza f II adj udawany; oszukańczy; fałszywy III v udawać; pozorować
shame [ʃeɪm] I s wstyd m; hańba f; it's a ~ to ... to wstyd, żeby ...; what a ~! co za skandal! II v zawstydzać; (be ashamed) wstydzić się
shameful ['ʃeɪmfl] adj haniebny; skandaliczny
shameless ['ʃeɪmləs] adj bezwstydny; bezczelny
shammy ['ʃæmɪ] I s zamsz m II adj zamszowy
shampoo [ʃæm'pu] I v umyć (one's hair włosy) szamponem II s szampon m; (washing) umycie n włosów (głowy) szamponem
shank [ʃæŋk] s anat. podudzie n
shan't [ʃɑnt] = shall not
shape [ʃeɪp] I v kształtować; formować; nadawać kształty II s 1. kształt m; forma f; to get into ⟨to take⟩ ~ przybrać kształt ⟨realną postać⟩ 2. (pattern) model m
shapely ['ʃeɪplɪ] adj kształtny; foremny
share [ʃeə(r)] I s część f (należna komuś); udział m; handl. akcja f II v rozdzielać; dzielić (sth with sb coś z kimś); wspólnie używać; partycypować (in sth w czymś); to ~ sb's secrets być czyimś powiernikiem

share-holder ['ʃeə həʊldə(r)] s akcjonariusz m
shark [ʃɑk] s rekin m; przen. oszust m
sharp [ʃɑp] I adj ostry; spiczasty; (of a person) chytry; (of a remark etc.) uszczypliwy; (of voice) piskliwy; (of sight) bystry II adv (punctually) punktualnie
sharpen ['ʃɑpən] v (na)ostrzyć
shatter ['ʃætə(r)] v roztrzaskiwać; (z)gruchotać
shave [ʃeɪv] I v golić II s golenie n; to have a ~ (o)golić się
shaven ['ʃeɪvn] adj ogolony
shaver ['ʃeɪvə(r)] s golarka f (elektryczna)
shaving ['ʃeɪvɪŋ] s golenie n
shaving-brush ['ʃeɪvɪŋ brʌʃ] s pędzel m do golenia
shaving-mirror ['ʃeɪv.ŋ mɪrə(r)] s lusterko n do golenia
shawl [ʃɔl] s szal m
she [ʃi] pron ona
she'd [ʃid] = she had, she would
shed [ʃed] v (shed, shed) tracić (włosy, zęby); ronić (łzy); (fight) przelewać (krew itp.); (spread) szerzyć; rozsiewać; wydawać (zapach)
shed [ʃed] s szopa f; buda f
sheep [ʃip] s (pl ~) owca f
sheepskin ['ʃipskɪn] s kożuch m
sheer [ʃɪə(r)] I adj zwykły; zwyczajny; by ~ force po prostu siłą II adv całkiem; zupełnie
sheet [ʃit] s 1. prześcieradło n; ~s and blankets pościel f 2. (of a paper) arkusz m (papieru)
shelf [ʃelf] s (pl shelves [ʃelvz]) półka f
shell [ʃel] s skorupka f (orzecha); muszelka f; wojsk. pocisk m
shelter ['ʃeltə(r)] I s schro-

nienie *n*; schronisko *n* II *v*
schronić; osłaniać
shepherd [`ʃepəd] *s* pastuch *m*
she's [ʃiz] = she has, she is
shield [ʃild] I *s* tarcza *f*; o-
słona *f* II *v* osłaniać; ochraniać
shift [ʃɪft] I *v* przesuwać;
przedstawiać; (*of decoration*
etc.) zmieniać (się) II *s*
przesunięcie *n*; (*change*)
zmiana *f* (bielizny itd.); (*in*
a factory) zmiana *f* ⟨szychta
f⟩ (robotników)
shilling [`ʃɪlɪŋ] *s* szyling *m*
shin [ʃɪn] *s* goleń *m*; podudzie *n*
shine [ʃaɪn] I *v* (**shone** [ʃəʊn],
shone) świecić (się); błyszczeć; jaśnieć II *s* blask
m
shiny [`ʃaɪnɪ] *adj* błyszczący
ship [ʃɪp] I *s* statek *m*; okręt
m II *v* załadowywać (na
statek); wysyłać (towary
statkiem)
shipbuilding [`ʃɪpbɪldɪŋ] *s* bu-
downictwo okrętowe
shipment [`ʃɪpmənt] *s* (za)ła-
dunek *m* (towarów na statek); wysyłka *f* (statkiem)
shipping [`ʃɪp ŋ] I *s* załadu-
nek *m*; (*transporting*) żegluga *f* II *adj* 1. (*of a line*
etc.) morski; okrętowy; **the**
~ **trade** żegluga *f* 2. (*of an*
office etc.) spedycyjny; ła-
dunkowy
shipwrek [`ʃɪprek] I *s* roz-
bicie *n* statku II *v* rozbić
(statek); (*of a ship*) **to be**
~**ed** rozbić się
shipyard [`ʃɪpjɑd] *s* stocznia
f
shirt [ʃɜt] *s* koszula męska
shiver [`ʃɪvə(r)] I *v* drżeć;
trząść się II *s* dreszcz *m*;
to have the ~**s** dygotać,
trząść się
shoal[1] [ʃəʊl] *s* stado *n*; ławica *f* (ryb)
shoal[2] [ʃəʊl] *s* płycizna *f*; mie-
lizna *f*
shock [ʃok] I *s* wstrząs *m*;

szok *m*; *wojsk.* uderzenie
n II *v* 1. wstrząsać (**sb**
kimś) 2. (*scandalize*) gor-
szyć; **to be** ~**ed at** ⟨**by**⟩ **sth**
oburzyć się na coś; zgor-
szyć się czymś
shock-absorber [`ʃok əbsɔbə(r)]
s amortyzator *m*
shocking [`ʃokɪŋ] *adj* oburza-
jący; skandaliczny; niestosowny
shoe [ʃu] *s* but *m*, bucik *m*;
canvas ~**s** tenisówki *pl*;
fabric ~**s** buty płócienne;
rubber ~**s** buty gumowe;
sports ~**s** buty sportowe
⟨turystyczne⟩
shoe-black [`ʃu blæk] *s* czy-
ścibut *m*
shoe-horn [`ʃu hɔn] *s* łyżka *f*
do butów
shoe-lace [`ʃu leɪs] *s* sznuro-
wadło *n*
shoemaker [`ʃumeɪkə(r)] *s*
szewc *m*
shone *zob.* shine *v*
shook *zob.* shake *v*
shoot [ʃut] I *v* (**shot** [ʃot],
shot) 1. strzelać; wystrze-
lić (**a missile** pocisk); **to** ~
sb dead zastrzelić kogoś 2.
kin. filmować 3. (*in foot-*
ball) strzelić (bramkę) 4.
(*of a plant*) kiełkować II *s*
bot. pęd *m*; kiełek *m*
shooting [`ʃutɪŋ] *s* strzelanie
n
shop [ʃop] *s* 1. sklep *m* 2.
(*place of manufacture*)
warsztat *m*; pracownia *f*;
repair ~ warsztat napraw-
czy
shop-assistant [`ʃop əsɪstənt] *s*
ekspedient *m*; ekspedien-
tka *f*
shopkeeper [`ʃopkipə(r)] *s* ku-
piec *m*; sklepikarz *m*
shopper [`ʃopə(r)] *s* klient *m*
shopping [`ʃopɪŋ] *s* sprawun-
ki *pl*; zakupy *pl*; ~ **centre**
centrum handlowe; ~ **bag**
torba *f* ⟨siatka *f*⟩ na sprawunki; **to go** ~ pójść ⟨iść⟩
po zakupy

shop-window ['ʃɔp wɪndəu] s
wystawa sklepowa
shore [ʃɔ(r)] s brzeg m (morza); to go on ~ wvlado-
wać; zejść na ląd; off ~
z dala od wybrzeża
short [ʃɔt] I adj 1. krótki;
a ~ cut skrót m (drogi
itp.); ~ story nowela f; to
get ⟨to become, to grow⟩
~ stawać się krótszym;
skracać się; to make ~
wòrk of sth szybko coś załatwiać; a ~ time ago niedawno temu; for a ~ time
na krótko; in a ~ time
wkrótce; of ~ duration
krótkotrwały; to give ~
weight niedoważać; to be
~ of sth odczuwać brak
czegoś 2. (of a person) niski
3. (of a remark etc.) lako-
niczny; suchy 4. (of cake)
kruchy II adv 1. krótko
(ubrany itd.) 2. (abruptly)
nagle; to stop ~ urwać nagle (przemówienie); ~ of z
wyjatkiem; oprócz III s 1.
skrót m; in ~ krótko mó-
wiac 2. pl ~s szorty pl
shortage ['ʃɔtɪdʒ] s brak m;
niedobór m; cash ~ manko
kasowe
shortcake ['ʃɔtkeɪk] s kruche
·ciasto
short-circuit ['ʃɔt 'sɜkɪt] s
elektr. zwarcie n; pot. krótkie spiecie
shortcoming ['ʃɔtkʌmɪŋ] s brak
m; wada f; niedociągnię-
cie n
shorten ['ʃɔtn] v skrócić
shorthand ['ʃɔthænd] s stenografia f; ~ writing steno-
grafowanie n
short-lived ['ʃɔt 'lɪvd] adj
krótkotrwały
shortly ['ʃɔtlɪ] adv niebawem;
wkrótce; (briefly) w kilku
słowach
short-sighted ['ʃɔt 'saɪtɪd] adj
krótkowzroczny
short-term ['ʃɔt tɜm] adj kró-
tkoterminowy

shot[1] zob. shoot v
shot[2] [ʃɔt] s 1. pocisk m 2.
(act of firing) strzał m; to
make a good ⟨a bad⟩ ~
trafić ⟨chybić⟩ 3. kin. zdjęcie filmowe 4. (person)
strzelec m; to be a good
⟨a bad⟩ ~ dobrze ⟨źle⟩
strzelać
should [ʃud] v aux 1. czas
przeszły od shall wyraża
warunek: I ~ do it zrobił-
bym to 2. wyraża powin-
ność; you ~ go there po-
winieneś tam pójść
shoulder ['ʃəuldə(r)] s 1. bark
m; pot. ramię n 2. pl ~s
plecy pl; przen. to give the
cold ~ to sb przyjąć kogoś
oziębłe 3. hard ~ utwardzone pobocze drogi
shout [ʃaut] I s krzyk m II
v krzyczeć: wrzeszczeć; to
~ at sb krzyczeć na kogoś;
to ~ with laughter ryczeć
ze śmiechu
shove [ʃʌv] I v pchać; to ~
one's way, to ~ by ⟨past,
through⟩ przepychać się II
s pchnięcie n
shovel ['ʃʌvl] I s szufla f; łopata f II v ładować szuflą
show [ʃəu] I v (showed [ʃəud],
shown [ʃəun]) 1. pokazvwać;
to ~ sb the door wypra-
szać kogoś za drzwi 2. (exhibit) wystawiać (na wystawie); kin. wyświetlać (film);
(demonstrate) okazywać (bilet itp.) 3. (guide) zaprowadzić (sb to ... kogoś do ...);
wprowadzać (sb into ... kogoś do ...); oprowadzać (sb
round a factory kogoś po
fabryce) 4. (prove) dowo-
dzić: zademonstrować; wy-
chodzić na jaw; it ~s how
little we know to dowodzi
jak mało wiemy 5. (of a
map, a picture) przedsta-
wiać; to ~ off popisywać
się (sth czymś); impono-
wać; to ~ up zdemaskować
6. (appear) zjawić się II s

1. widok *m* 2. *teatr.* przedstawienie *n*; pokaz *m*; wystawa *f*; ~ business przemysł rozrywkowy
show-case [`ʃəu keıs] *s* ga-
blot(k)a *f*
shower [`ʃauə(r)] I *s* 1. prze-
lotny deszcz; prysznic *m*;
to take a ~ wziąć prysznic
2. *przen.* lawina *f* (listów
itp.) II *v* (*of rain*) padać
przelotnie; *przen.* zasypy-
wać (darami)
shower-bath [`ʃauə baθ] *s* tusz
m, prysznic *m*
show-girl [`ʃəu gɜl] *s* *teatr.*
statystka *f*
showing [`ʃəuıŋ] *s* przedsta-
wienie *n*; *kin.* seans *m*
shown *zob.* show
show-window [`ʃəu wındəu] *s*
okno wystawowe
showy [`ʃəuı] *adj* krzykliwy;
pretensjonalny; wystawny
shrank *zob.* shrink
shred [ʃred] I *s* strzęp *m*; **to
tear to** ~s rozerwać na
strzępy II *v* wystrzępić;
targać ⟨ciąć⟩ na strzępy
shrewd [ʃrud] *adj* (*of a person*) bystry; sprytny; (*of
pain*) ostry; (*of a blow*)
dotkliwy
shriek [ʃrik] I *v* krzyczeć;
wrzeszczeć II *s* krzyk *m*;
wrzask *m*
shrill [ʃrıl] *adj* ostry; prze-
nikliwy
shrimp [ʃrımp] *s* krewetka *f*
shrine [ʃraın] *s* świątynia *f*;
a roadside ~ kapliczka *f*
shrink [ʃrıŋk] *v* (**shrank**
[ʃræŋk], **shrunk** [ʃrʌŋk]) kurczyć ⟨zbiegać⟩ się; (*flinch*)
wzdragać ⟨cofać⟩ się (**from
sth** przed czymś)
Shrovetide [`ʃrəuvtaıd] *s* osta-
tki *pl*
shrub [ʃrʌb] *s* krzak *m*, krzew
m
shrunk *zob.* shrink
shrunken [`ʃrʌŋkən] *adj* skur-
czony
shudder [`ʃʌdə(r)] I *v* wzdry-

gać się; drżeć II *s* dreszcz
m
shuffle [`ʃʌfl] I *v* szurać
(one's feet nogami); (*mix*)
mieszać; (*cards*) tasować
(karty) II *s* szuranie *n* (nogami); (*change of a position*) przemieszanie *n*;
(*cards*) tasowanie *n* (kart)
shut [ʃʌt] *v* (**shut, shut**) zamykać (się); zatkać (**sb's
mouth** komuś usta); **to** ~
down spuszczać zasłonę;
to ~ **off** zamknąć dopływ
(gazu itp.); odciąć; **to** ~
out wykluczyć; *pot.* ~ **up!**
cicho bądź!; przestań ga-
dać!
shutter [`ʃʌtə(r)] *s* żaluzja *f*;
okiennica *f*; *fot.* przesłona
f
shuttle [`ʃʌtl] *s* czółeńko
tkackie
shuttle-cock [`ʃʌtl kok] *s* lo-
tka *f* do gry w badminto-
na
shy [ʃaı] *adj* bojaźliwy; nieśmiały; **to be** ~ **of sb, sth**
unikać kogoś, czegoś
shyness [`ʃaınəs] *s* nieśmia-
łość *f*
Siberian [saı`bıərıən] *adj* sy-
beryjski
sick [sık] *adj* chory; **to be** ~
(z)wymiotować; **to feel** ~
mieć nudności; **to make sb**
~ przyprawić kogoś o mdłości; **to be** ~ **of sth** mieć
czegoś powyżej uszu
sick-allowance [`sık əlauəns] *s*
zasiłek chorobowy
sickening [`sıknıŋ] *adj* obrzy-
dliwy; przyprawiający o
mdłości
sick-leave [`sık liv] *s* urlop
chorobowy
sickly [`sıklı] *adj* chorowity;
słaby
sickness [`sıknəs] *s* choroba
f; (*nausea*) nudności *pl*;
wymioty *pl*
side [saıd] *s* bok *m*; strona *f*;
by the ~ **of ...** przy ...
(kimś); **from** ⟨on⟩ **all** ~s

18 Słownik

ze wszystkich stron ⟨na wszystkie strony⟩; on the ~ of ... po stronie ...; by ~ obok siebie; this ~ up tą stroną do góry; the far ~ of ... przeciwna ⟨druga⟩ strona ... (czegoś)

sideboard ['saɪdbɔd] s kredens m

side-car ['saɪd kɑ(r)] s przyczepa motocyklowa

side-effect ['saɪd ɪ'fekt] s działanie uboczne

side-line ['saɪd laɪn] s zajęcie uboczne

side-road ['saɪd rəʊd] s boczna droga

side-slip ['saɪd slɪp] s poślizg m (samochodu)

side-track ['saɪd træk] s bocznica kolejowa

sidewalk ['saɪdwɔk] s am. chodnik m

siding ['saɪdɪŋ] s bocznica f; boczny tor

sigh [saɪ] I v westchnąć; wzdychać (for ⟨after⟩ sth do czegoś, za czymś) II s westchnienie n

sight [saɪt] I s 1. wzrok m; a good ⟨a bad⟩ ~ dobry ⟨słaby⟩ wzrok m; to have a long ⟨a short⟩ ~ być dalekowidzem ⟨krótkowidzem⟩; to catch ~ of sth spostrzec ⟨zobaczyć⟩ coś; to lose ~ of stracić z oczu; at first ~ na pierwszy rzut oka; love at first ~ miłość f od pierwszego wejrzenia; by ~ z widzenia 2. (scene) widok m; a ~ to be seen widok godny zobaczenia; to come into ~ ukazać się; there was nobody in ~ nikogo nie było widać II v zobaczyć; dojrzeć

sightseer ['saɪtsiə(r)] s turysta m; zwiedzający m

sight-seeing ['saɪtsiɪŋ] s zwiedzanie n

sign [saɪn] I s 1. znak m; caution ~ znak ostrzegawczy; road ⟨traffic⟩ ~s zna-

ki drogowe; as a ~ of ... na znak ... (czegoś) 2. (symptom) objaw m; oznaka f; to give no ~ of ... nie zdradzać ... (czegoś) 3. (emblem) godło n; szyld m; reklama f (neonowa) II v 1. podpisywać 2. (gesture) skinąć (to sb na kogoś); dać znak (sb to ... komuś żeby ...)

signal ['sɪgnl] I s sygnał m; distress ⟨warning⟩ ~ sygnał alarmowy ⟨ostrzegawczy⟩; to give ~ dać sygnał II v sygnalizować

signalling ['sɪgnlɪŋ] s sygnalizacja f; ~ apparatus urządzenie sygnalizujące; ~ light sygnalizacja świetlna

signature ['sɪgnətʃə(r)] s podpis m

sign-board ['saɪn bɔd] s szyld m; wywieszka f

significance [sɪg'nɪfɪkəns] s znaczenie n; of no ~ bez znaczenia

significant [sɪg'nɪfɪkənt] adj znaczący; ważny; doniosły

signpost ['saɪnpəʊst] I s drogowskaz m II v oznakować; the roads are well ~ed drogi są dobrze oznakowane

silence ['saɪləns] I v uciszać; uspokajać; tłumić dźwięk II s milczenie n; cisza f; in ~ milcząco; to keep ~ zachować ciszę; to pass over in ~ przemilczeć III int proszę o ciszę!

silencer ['saɪlənsə(r)] s tłumik m

silent ['saɪlənt] adj milczący; cichy; a ~ film niemy film; to become ~ zamilknąć; to keep ~ milczeć

silhouette ['sɪlu'et] s sylwet(k)a f

silk [sɪlk] I s jedwab m II adj jedwabny

silken ['sɪlkən] adj jedwabisty

silkworm [ˈsɪlkwɜm] s jedwabnik m
sill [sɪl] s (of a door) próg m; (of a window) parapet m
silly [ˈsɪlɪ] I adj niemądry; głupi; a ~ thing głupstwo n; pot. ~ ass idiota m II s głuptas m
silver [ˈsɪlvə(r)] I s srebro n II adj srebrny
silver-plate [ˈsɪlvə pleɪt], **silver-ware** [ˈsɪlvə weə(r)] s zbiór. srebro stołowe
similar [ˈsɪmlə(r)] adj podobny
similarity [ˌsɪməˈlærətɪ] s podobieństwo n
simmer [ˈsɪmə(r)] v gotować ⟨dusić⟩ (się) na wolnym ogniu
simple [ˈsɪmpl] adj prosty; (single) pojedynczy; nieskomplikowany; (ordinary) zwykły; naturalny
simplicity [sɪmˈplɪsətɪ] s prostota f; (easiness) łatwość f; naturalność f
simplify [ˈsɪmplɪfaɪ] v upraszczać; ułatwiać
simply [ˈsɪmplɪ] adv prosto; łatwo; (just) po prostu
simulate [ˈsɪmjuleɪt] v udawać, symulować
simultaneous [ˌsɪmlˈteɪnɪəs] adj równoczesny
sin [sɪn] I s grzech m II v grzeszyć
since [sɪns] I adv od tego czasu; long ~ od dawna II praep od; ~ Monday od poniedziałku; ~ when? odkąd?; ~ then, ever ~ od tego czasu III conj odtąd; (as) ponieważ
sincere [sɪnˈsɪə(r)] adj szczery
sincerity [sɪnˈserətɪ] s szczerość f
sinewy [ˈsɪnjuɪ] adj (of meat) żylasty; (of a person) mocny; muskularny
sinful [ˈsɪnfl] adj grzeszny

sing [sɪŋ] v (sang [sæŋ], sung [sʌŋ]) śpiewać
singer [ˈsɪŋə(r)] s śpiewak m, śpiewaczka f
single [ˈsɪŋgl] adj 1. pojedynczy; jednoosobowy; not a ~ person ani żywej duszy 2. (unmarried) samotny; to be ~ być nieżonatym ⟨niezamężną⟩ 3. kolej. (of a ticket) w jedną stronę
single-breasted [ˈsɪŋgl brestɪd] adj (of a jacket) jednorzędowy
single-track [ˈsɪŋgl træk] adj kolej. jednotorowy
singular [ˈsɪŋgjulə(r)] I adj gram. (of number) pojedynczy; (individual) indywidualny; (odd) szczególny; dziwny II s gram. liczba pojedyncza
singularity [ˌsɪŋgjuˈlærətɪ] s osobliwość f; niezwykłość f
sinister [ˈsɪnɪstə(r)] adj ponury; groźny
sink [sɪŋk] I v (sank [sæŋk], sunken [ˈsʌŋkən]) zatonąć; pogrążać się; (send to the bottom) zatapiać; (lower) obniżać ⟨zapadać⟩ się; (weaken) słabnąć II s zlew m; ściek m
sinking [ˈsɪŋkɪŋ] s wykopanie n (studni, szybu); (amortization) amortyzacja f
sinner [ˈsɪnə(r)] s grzesznik m, grzesznica f
sinuous [ˈsɪnjuəs] adj kręty; falisty
sip [sɪp] I v popijać (małymi łykami) II s łyk m
siphon [ˈsaɪfən] s syfon m
sir [sɜ(r)] s 1. pan m (bez imienia i nazwiska); (in letters) Dear ~ Szanowny Panie 2. (title) tytuł szlachecki
siren [ˈsaɪərən] s syrena f
sirloin [ˈsɜlɔɪn] s kulin. polędwica wołowa
sister [ˈsɪstə(r)] s siostra f
sister-in-law [ˈsɪstr ɪn lɔ] s szwagierka f; bratowa f

sisterly [ˈsɪstəlɪ] *adj* siostrzany

sit [sɪt] *v* (sat [sæt], sat) **1.** siedzieć; siadać; **to ~ for an artist** pozować artyście; **to ~ down** usiąść; **to ~ for an examination** przystąpić do egzaminu; **to ~ up** siedzieć prosto; (*stay late*) czuwać (do późna) **2.** (*of clothes*) leżeć

sitting [ˈsɪtɪŋ] *s* posiedzenie *n*; sesja *f*; **at one ~** za jednym zamachem

sitting-room [ˈsɪtɪŋ rum] *s* bawialnia *f*; salon *m*

situated [ˈsɪtʃueɪtɪd] *adj* umieszczony, położony; (*of a person*) sytuowany

situation [ˌsɪtʃuˈeɪʃn] *s* położenie *n*; sytuacja *f*; (*post*) stanowisko *n*; posada *f*

six [sɪks] *adj* sześć

sixteen [sɪkˈstin] *adj* szesnaście

sixteenth [sɪkˈstinθ] *adj* szesnasty

sixth [sɪksθ] *adj* szósty

sixtieth [ˈsɪkstɪəθ] *adj* sześćdziesiąty

sixty [ˈsɪkstɪ] *adj* sześćdziesiąt

size [saɪz] *s* rozmiar *m*; wielkość *f*; format *m*; numer *m* (bucika itp.)

skate [skeɪt] **I** *s* łyżwa *f* **II** *v* jeździć na łyżwach

skater [ˈskeɪtə(r)] *s* łyżwiarz *m*, łyżwiarka *f*

skating-rink [ˈskeɪtɪŋ rɪŋk] *s* lodowisko *n*; tor łyżwiarski

skeleton [ˈskelɪtən] *s* szkielet *m*; **~ key** wytrych *m*

sketch [sketʃ] **I** *s* szkic *m*; *teatr.* skecz *m* **II** *v* kreślić; szkicować

ski [ski] **I** *s* narta *f* **II** *v* jeździć na nartach

skid [skɪd] *s* poślizg *m* (samochodu); **to go into a ~** wpaść w poślizg

skier [ˈskiə(r)] *s* narciarz *m*

skiing [ˈskiɪŋ] *s* narciarstwo *n*

skilful [ˈskɪlfl] *adj* zręczny

ski-lift [ˈski lɪft] *s* wyciąg narciarski

skill [skɪl] *s* zręczność *f*; wprawa *f*; biegłość *f*

skilled [skɪld] *adj* (*of worker*) wykwalifikowany; biegły; wprawny

skin [skɪn] **I** *s* skóra *f*; (*complexion*) cera *f*; (*of an animal*) futerko *n* (królicze itd.); (*of a fruit*) skórka *f* (owocu) **II** *v* obdzierać ze skóry; (*peel*) obierać (owoc)

skin-diving [ˈskɪn daɪvɪŋ] *s* nurkowanie *n*

skip [skɪp] *v* skakać; *przen.* przeskakiwać (z tematu na temat); pomijać; opuszczać

skipper [ˈskɪpə(r)] *s* kapitan *m* statku handlowego

skipping-rope [ˈskɪpɪŋ rəup] *s* skakanka *f*

skirt [skɜt] *s* spódnica *f*

skull [skʌl] *s* czaszka *f*

skunk [skʌŋk] *s* *zool.* skunks *m*

sky [skaɪ] *s* niebo *n*; *pl* **skies** niebiosa *pl*; **under the open ~** pod gołym niebem

sky-blue [ˈskaɪˈblu] **I** *s* błękit *m* **II** *adj* błękitny

skylark [ˈskaɪlɑk] *s* skowronek *m*

skyscraper [ˈskaɪskreɪpə(r)] *s* drapacz *m* chmur; wieżowiec *m*; wysokościowiec *m*

slack [slæk] **I** *adj* opieszały; (*loose*) luźny; słaby; **~ hours** godziny *pl* słabego ruchu; *handl.* **the ~ season** martwy sezon **II** *s* (*pl*) **~s** spodnie *pl* (męskie lub damskie)

slacken [ˈslækən] *v* rozluźniać; zmniejszać (tempo); **to ~ up** zwolnić

slam [slæm] **I** *v* trzaskać (**the door** drzwiami); gwałtownie zamknąć; zatrzasnąć **II** *s* trzask *m*; (*cards*) szlem *m*

slander [ˈslɑndə(r)] **I** *s* zniesławienie *n*; oszczerstwo *n*; obmowa *f* **II** *v* zniesławiać;

rzucać oszczerstwa (sb na kogoś); obmawiać
slang [slæŋ] **I** s gwara f; żargon m **II** adj gwarowy
slant [slɑnt] **I** v ukośnie padać; (direct obliquely) nadawać ukośne położenie **II** s skos m, ukos m **III** adj pochyły; ukośny, skośny
slap [slæp] **I** s klaps m; przen. ~ in the face policzek m **II** v klepać; dać klapsa (sb komuś); (offend) spoliczkować
slaughter [ˈslɔtə(r)] **I** s ubój m; przen. rzeź f; masowy mord **II** v zarzynać; przen. zrobić masakrę (people wśród ludzi); wymordować
Slav [slɑv] **I** s Słowianin m, Słowianka f **II** adj słowiański
slave [sleɪv] **I** s niewolnik m, niewolnica f **II** v pot. harować, tyrać
slavery [ˈsleɪvəri] s niewolnictwo n
Slavonic [sləˈvɒnɪk] **I** adj słowiański **II** s język słowiański
sled [sled], **sledge** [sledʒ] **I** s sanie pl; saneczki pl **II** v jechać sankami
sleek [slik] adj gładki; lśniący
sleep [slip] **I** v (slept [slept], slept) spać; to ~ like a log spać jak zabity **II** s sen m; to get some ~ przespać się; to get ⟨to go⟩ to ~ zasnąć; I had my ~ out wyspałem się
sleeper [ˈslipə(r)] s 1. człowiek pogrążony we śnie; to be a light ⟨a heavy⟩ ~ mieć czujny ⟨mocny⟩ sen 2. kolej. (berth) miejsce sypialne 3. (beam under the rails) podkład m (kolejowy)
sleeping-bag [ˈslipɪŋ bæg] s śpiwór m
sleeping-car [ˈslipɪŋ kɑ(r)] s wagon sypialny
sleeping-draught, sleeping-

-pill [ˈslipɪŋ drɑft, ˈslipɪŋ pɪl] s środek nasenny
sleepless [ˈslipləs] adj bezsenny
sleep-walker [ˈslip wɔkə(r)] s lunatyk m, lunatyczka f
sleepy [ˈslipɪ] adj senny; śpiący
sleet [slit] **I** s deszcz m ze śniegiem **II** v it ~s pada deszcz ze śniegiem
sleeve [sliv] s 1. rękaw m; to roll up one's ~s zakasywać rękawy; przen. to laugh in one's ~ śmiać się w kułak 2. okładka f ⟨koszulka f⟩ (na płytę gramofonową)
sleigh [sleɪ] s = sled, sledge
slender [ˈslendə(r)] adj wysmukły; szczupły; (slight) nikły; skromny
slept zob. sleep v
slice [slaɪs] **I** s kromka f (chleba); plasterek m **II** v (po)krajać
slide [slaɪd] **I** v (slid [slɪd], slid) ślizgać się; poślizgnąć się **II** s ślizgawka f; (sliding) poślizgnięcie (się) n; poślizg m; (picture) przeźrocze n; slajd m
slight [slaɪt] **I** adj drobny; lekki; (inconsiderable) nieznaczny **II** v zlekceważyć; zrobić afront (sb komuś) **III** s lekceważenie n
slim [slɪm] **I** adj szczupły; smukły **II** v wyszczupleć; (diet to reduce weight) odchudzać się
slimming [ˈslɪmɪŋ] **I** s odchudzanie się n **II** adj odchudzający; ~ diet dieta odchudzająca
sling [slɪŋ] **I** s med. temblak m **II** v (slung [slʌŋ], slung) ciskać; rzucać
slip [slɪp] **I** v poślizgnąć się; to ~ off sth ześliznąć się z czegoś; to ~ through one's fingers wyśliznąć się komuś z rąk; to ~ into sth wśliznąć się do czegoś **II** s

1. pośliźnięcie się *n*; a ~ of the tongue lapsus *m*; przejęzyczenie się *n*; to make a ~ powiedzieć głupstwo 2. (*petticoat*) halka *f* 3. *pl* ~s kąpielówki *pl*; slipy *pl*
slip-cover [`slɪp kʌvə(r)] *s* pokrowiec *m* (na meble)
slipper [`slɪpə(r)] *s* pantofel(ek) *m*
slippery [`slɪprɪ] *adj* śliski; *przen.* niepewny; ryzykowny; (*of topic etc.*) drażliwy
slogan [`sləʊgən] *s* hasło *n*; slogan *m*
slope [sləʊp] **I** *s* pochylenie *n*; pochyłość *f*; spadek *m*; zbocze *n*; stok *m* (góry) **II** *v* pochylać, nachylać
slot [slɒt] *s* szczelina *f*; otwór *m* na monetę (w automacie)
slot-machine [`slɒt mə`ʃin] *s* automat *m* (z czekoladą, papierosami itp.); amusement ~ automat do gry; drink ~ automat do sprzedaży napojów; stamp (selling) ~ automat do sprzedaży znaczków pocztowych; vending ~ automat do sprzedaży (towarów); ~ not working automat nieczynny
slow [sləʊ] **I** *adj* 1. powolny; ~ train pociąg osobowy; (*of watch*) to be ~ spóźniać się 2. (*reluctant*) opieszały; leniwy; to be ~ to do sth zwlekać ze zrobieniem czegoś **II** *adv* powoli; wolno **III** *v* zwalniać; zahamowywać
slowly [`sləʊlɪ] *adv* powoli, wolno
sluggish [`slʌgɪʃ] *adj* leniwy; ospały
sluice [slus] *m* śluza *f*
slum [slʌm] *s* (*także pl* ~s) dzielnica *f* ruder
slumber [`slʌmbə(r)] **I** *v* zdrzemnąć się **II** *s* drzemka *f*

slump [slʌmp] **I** *v* (*of prices*) gwałtownie spadać; *ekon.* załamywać się **II** *s ekon.* kryzys *m*; zastój *m*
slung zob. **sling** *v*
sly [slaɪ] *adj* chytry; przebiegły; on the ~ w tajemnicy; po cichu
small [smɔl] *adj* 1. mały; drobny; ~ change drobne *pl* (pieniądze); ~ hours pierwsze godziny po północy; ~ talk rozmowa towarzyska; in a ~ way na małą skalę 2. (*mean*) małostkowy; marny
small-pox [`smɔl pɒks] *s med.* ospa *f*
small-wares [`smɔl weəz] *s zbior.* pasmanteria *f*
smart [smɑt] *adj* zgrabny; elegancki; wytworny; (*clever*) bystry; dowcipny
smartness [`smɑtnəs] *s* szyk *m*; elegancja *f*; zgrabność *f*
smash [smæʃ] **I** *v* rozbijać (się); roztrzaskiwać (się); (*to go bankrupt*) bankrutować **II** *s* kolizja *f*; zderzenie *n*; (*bankruptcy*) bankructwo *n*
smashing [`smæʃɪŋ] *adj* druzgocący; miażdżący; *przen. pot.* świetny; wspaniały; szałowy
smear [smɪə(r)] **I** *s* plama *f*; zamazanie *n* **II** *v* (po)mazać; (po)smarować
smell [smel] **I** *s* węch *m*; (*aroma*) zapach *m* **II** *v* (smelt [smelt], smelt) 1. wąchać 2. (*feel an odour*) czuć zapach 3. (*have an odour*) pachnieć; to ~ nice przyjemnie pachnieć
smile [smaɪl] **I** *v* uśmiechać się (on ⟨upon, at⟩ sb do kogoś); keep smiling! nie trać pogody ducha! **II** *s* uśmiech *m*
smock [smok] *s* bluza *f*; kitel *m*
smoke [sməʊk] **I** *s* dym *m*; to have a ~ zapalić ⟨wy-

palić⟩ papierosa itp. **II** *v* 1.
dymić (się); **∼d bacon wędzonka** *f* 2. *(be a smoker)*
palić
smoke-dried [`sməuk drɑid] *adj*
wędzony
smokehouse [`sməukhaus] *s*
wędzarnia *f*; **fish ∼ wędzarnia ryb**
smoker [`sməukə(r)] *s* 1. (człowiek) palący *m*; **are you a
∼?** czy pan pali? 2. *(for
smokers)* przedział *m* dla
palących
smoke-room [`sməuk rum] *s* =
smoking-room
smoking-compartment [`sməukiŋ kəmpɑtmənt] *s* przedział
m dla palących (w pociągu)
smoking-room [`sməukiŋ rum]
s palarnia *f*
smooth [smuð] **I** *adj* gładki;
(of way) równy; *(of sea)*
spokojny **II** *v* wygładzać;
przen. uspokajać
smuggle [`smʌgl] *v* przemycać
smuggler [`smʌglə(r)] *s* przemytnik *m*
snack [snæk] *s* zakąska *f*; **∼
bar bufet** *m*; **to have a ∼**
przekąsić
snail [sneil] *s* ślimak *m*
snake [sneik] *s* wąż *m*
snap [snæp] **I** *v* chapnąć; ukąsić; *(make a noise)* trzasnąć; strzelać **(one's fingers**
palcami); *fot.* robić zdjęcie
migawkowe **(sb, sth** kogoś,
czegoś) **II** *s* trzask *m*;
trzaśnięcie *n*; *(fastening)* zameczek *m* (bransoletki itp.);
fot. zdjęcie *n* (migawkowe)
snappy [`snæpi] *adj (lively)*
żwawy; prędki; **make it ∼!**
żywo!; prędko!
snapshot [`snæpʃot] **I** *s* zdjęcie migawkowe **II** *v* robić
zdjęcie migawkowe
snare [sneə(r)] *s* pułapka *f*,
sidła *pl*
snarl [snɑl] **I** *v* *(of a dog)*
warczeć; *(of a person)* mó-

wić opryskliwie **II** *s* warczenie *n*; *(remark)* opryskliwe odezwanie się
snatch [snætʃ] **I** *v* porywać;
wyrywać; chwytać; *(eat
quickly)* zjeść naprędce **II**
s chwytanie *n*; **in ⟨by⟩ ∼es**
dorywczo; urywkami
sneer [sniə(r)] **I** *v* szydzić **(at
sb** z kogoś) **II** *s* szyderczy
uśmiech
sneeze [sniz] **I** *v* kichać **II** *s*
kichnięcie *n*
sniff [snif] *v* wąchać; pociągać nosem; węszyć
sniper [`snɑipə(r)] *s* strzelec
wyborowy
snob [snob] *s* snob *m*
snobbery [`snobəri] *s* snobizm
m
snobbish [`snobiʃ] *adj* snobistyczny
snore [snɔ(r)] **I** *v* chrapać **II**
s chrapanie *n*
snorkel [`snɔkl], **schnorkel**
[`ʃnɔkl] *s* *sport.* fajka *f*
(płetwonurka)
snow [snəu] **I** *s* śnieg *m* **II** *v*
(of snow) padać; sypać; **it
∼s** pada śnieg
snowball [`snəubɔl] *s* kula
śnieżna, śnieżka *f*
snow-bank [`snəu-bæŋk] *s* zaspa śnieżna
snow-bound [`snəu baund] *adj*
zasypany śniegiem
snow-drift [`snəu drift] *s* zaspa
śnieżna
snow-fall [`snəu fɔl] *s* opad *m*
śniegu
snow-flake [`snəu fleik] *s* płatek *m* śniegu
snowman [`snəu mən] *s* *(pl*
snowmen) bałwan śniegowy
snow-storm [`snəu stɔm] *s* śnieżyca *f*; zamieć *f*
snow-white [`snəu wɑit] *adj*
śnieżnobiały
snub [snʌb] **I** *v* traktować z
góry; zrobić afront **(sb** komuś); upokorzyć· **(sb** kogoś)
II *s* afront *m*
snug [snʌg] *adj* przytulny;

wygodny; przyjemny; **to make oneself** ~ wygodnie się usadowić
snuggle [`snʌgl] *v* przytulić (się) (**up to sb** do kogoś)
so [səʊ] **I** *adv* **1.** tak; w ten sposób; **and** ~ **forth** i tak dalej; ~ **many** tyle; **or** ~ mniej więcej; **quite** ⟨**just**⟩ ~! właśnie!; racja!; ~ **long!** do zobaczenia!; na razie! **2.** (*also*) także; też; również; **I like it and** ~ **does he** mnie się to podoba i jemu także **II** *conj* (a) więc **III** *pron* **I think** ~ myślę, że tak; **I don't think** ~ myślę, że nie
soak [səʊk] *v* namoczyć; zmoczyć; (*get wet*) przesiąknąć; przemoknąć
soaked [səʊkt] *adj* przemoczony; zmoknięty
so-and-so [`səʊ n səʊ] *s* ten a ten; taki a taki
soap [səʊp] **I** *s* mydło *n*; **soft** ~ płynne ⟨szare⟩ mydło **II** *v* namydlać
soar [sɔ(r)] *v* wznieść ⟨wzbić⟩ się (w powietrze); unosić się wysoko; szybować
soaring [`sɔrɪŋ] *adj* wysoki; strzelisty
sob [sob] **I** *v* szlochać; **to** ~ **one's heart out** zanosić się płaczem **II** *s* szloch *m*; *pl* ~s szlochanie *n*; łkanie *n*
sober [`səʊbə(r)] **I** *adj* **1.** trzeźwy **2.** (*thoughtful*) zrównoważony; rzeczowy **II** *v* **1.** wytrzeźwieć **2.** (*make thoughtful*) otrzeźwić
sober-minded [`səʊbə maɪndɪd] *adj* stateczny; rozważny; trzeźwo myślący
so-called [`səʊ kɔld] *adj* tak zwany
soccer [`sokə(r)] *s pot.* gra *f* w piłkę nożną
sociable [`səʊʃəbl] *adj* towarzyski; przyjacielski
social [`səʊʃl] *adj* **1.** towarzyski **2.** (*of a movement etc.*) socjalny; społeczny; ~

advancement awans społeczny
socialism [`səʊʃlɪzm] *s* socjalizm *m*
socialist [`səʊʃlɪst] **I** *s* socjalista *m* **II** *adj* socjalistyczny; ~ **countries** kraje socjalistyczne; ~ **republic** republika socjalistyczna; ~ **system** ustrój socjalistyczny
socialize [`səʊʃlaɪz] *v* uspołecznić; upaństwowić
society [sə`saɪətɪ] *s* społeczeństwo *n*; społeczność *f*; (*także handl.*) towarzystwo *n*
sociology [ˌsəʊsɪ`olədʒɪ] *s* socjologia *f*
sock [sok] *s* skarpetka *f*; **cotton** ⟨**woollen**⟩ ~**s** bawełniane ⟨wełniane⟩ skarpetki
socker [`sokə(r)] *s* = **soccer**
socket [`sokɪt] *s* oprawka *f* (żarówki)
soda [`səʊdə] *s* soda *f*
soda-fountain [`səʊdə faʊntɪn] *s* zbiornik *m* na wodę sodową; (*cart etc.*) budka *f* z wodą sodową
sofa [`səʊfə] *s* sofa *f*; ~ **bed** amerykanka *f*
soft [soft] *adj* **1.** miękki; delikatny; ~ **goods** tekstylia *pl* **2.** (*of a voice*) cichy **3.** (*of a climate*) łagodny **4.** (*of a drink*) bezalkoholowy
soft-boiled [`soft bɔɪld] *adj* (*of an egg*) ugotowany na miękko
soften [`sofn] *v* zmiękczyć; złagodzić
soil¹ [sɔɪl] **I** *s* plama *f*; brud *m* **II** *v* (za)brudzić; (po)plamić
soil² [sɔɪl] *s* gleba *f*; rola *f*
sold *zob.* **sell**
solder [`soldə(r)] **I** *v* lutować **II** *s* lut *m*
soldering [`soldrɪŋ] *s* lutowanie *s*; ~ **iron** lutownica *f*; ~ **tip** grot lutowniczy; ~ **tool** kolba lutownicza
soldier [`səʊldʒə(r)] *s* żołnierz *m*; **private** ⟨**common**⟩ ~ szeregowiec *m*

sole¹ [səʊl] **I** s zelówka f **II** v zelować
sole² [səʊl] adj jedyny; wyłączny
solemn [ˈsoləm] adj uroczysty; solenny; poważny
solemnity [səˈlemnətɪ] s (uroczysty) obrzęd m; uroczystość f
solicit [səˈlɪsɪt] v (usilnie) prosić; domagać się; nagabywać
solicitor [səˈlɪsɪtə(r)] s doradca prawny
solid [ˈsolɪd] **I** adj stały; twardy; solidny; mocny; masywny **II** s ciało stałe
solidarity [ˌsolɪˈdærətɪ] s solidarność f
solidity [səˈlɪdətɪ] s solidność f; trwałość f
solitary [ˈsolɪtrɪ] adj samotny; odosobniony; (of a place) ustronny; odludny
solitude [ˈsolɪtjud] s samotność f
soloist [ˈsəʊləʊɪst] s solista m
solution [səˈluʃn] s chem. roztwór m; (way out) rozwiązanie n (problemu); (result) wynik m (zadania rachunkowego)
solve [solv] v dosł. i przen. rozwiązywać (węzeł, zagadkę, kwestię itp.)
solvent [ˈsolvənt] **I** adj handl. wypłacalny; chem. rozpuszczający **II** s chem. rozpuszczalnik m
some [səm, sʌm] **I** pron gdy zastępuje rzeczownik w liczbie mnogiej: niektórzy; ~ don't like it niektórzy tego nie lubią; ~ of the audience left część audytorium wyszła **II** adj 1. jakiś; pewien; niejaki; **I need ~ money** potrzebuję pieniędzy 2. (several) kilka; kilkoro; ~ years ago kilka lat temu 3. (certain) któryś; jakiś; **I read it in ~ paper** czytałem to w jakiejś gazecie; ~ time kiedyś **III**

adv około; mniej więcej; **we went ~ twenty miles** przeszliśmy około ⟨jakieś⟩ 20 mil
somebody [ˈsʌmbədɪ] pron ktoś
somehow [ˈsʌmhaʊ] adv jakoś; w jakiś sposób; ~ or other tak czy inaczej
someone [ˈsʌmwʌn] pron = = somebody
something [ˈsʌmθɪŋ] **I** s coś n; ~ or other coś (tam); ~ else coś innego **II** adv nieco; trochę; ~ like ... jak gdyby ...; mniej więcej ...
sometime [ˈsʌmtaɪm] adv kiedyś
sometimes [ˈsʌmtaɪmz] adv czasami; niekiedy; od czasu do czasu
somewhat [ˈsʌmwot] adv nieco; trochę; poniekąd
somewhere [ˈsʌmweə(r)] adv gdzieś; ~ else gdzie indziej
son [sʌn] s syn m
song [soŋ] s pieśń f; (singing) śpiew m
son-in-law [ˈsʌn ɪn lɔ] s (pl sons-in-law) zięć m
soon [sun] adv niebawem; wkrótce; zaraz; as ~ as possible jak najwcześniej; no ~er than ledwo, zaledwie; ~er or later prędzej czy później; **I would ~er ...** wolałbym ...; raczej bym ...
soothe [suð] v uspokoić; (of a pain) uśmierzyć
sophisticated [səˈfɪstɪkeɪtɪd] adj przemądrzały; (of a style etc.) wyszukany; sztuczny; pot. udziwniony
soporific [ˌsopəˈrɪfɪk] s adj (środek) nasenny
soprano [səˈprɑːnəʊ] s muz. sopran m
sore [sɔ(r)] **I** s rana f; ból m; otarcie n; przen. przykre wspomnienie **II** adj bolący; otarty; **I had a ~ foot** otarłem sobie nogę; **I have a ~ throat** boli mnie gard-

ło; *przen.* sb's ~ spot czyjeś czułe czułe miejsce
sorrel ['sorl] *s bot.* szczaw *m*
sorrow ['sorəu] I *s* smutek *m*; żal *m* II *v* smucić się
sorrowful ['sorəufl] *adj* smutny; zasmucony; bolesny; żałosny
sorry ['sorı] *adj* zmartwiony; to be ~ about sth zmartwić się czymś; I am ~! przykro mi!; przepraszam; I am so ⟨awfully⟩ ~! bardzo przepraszam!; I am ~ to say that ... z przykrością muszę powiedzieć, że ...
sort [1] [sɔt] *s* gatunek *m*; rodzaj *m*; of all ~s wszelkiego rodzaju; what ~ of ...? jakiego rodzaju ...?; a ~ of ... jakiś tam ... (człowiek itp.); *pot.* he's not a bad ~ to jest porządny facet
sort [2] [sɔt] *v* sortować; porządkować
so-so ['səu səu] *adv* jako tako; znośnie
sought *zob.* seek
soul [səul] *s* dusza *f*; not a ~ ani żywej duszy; he is a good ~ to zacny człowiek; poor ~! biedaczysko!
sound [1] [saund] I *s* dźwięk *m*; głos *m*; odgłos *m*; brzmienie *n* II *v* brzmieć; wydawać głos; rozlegać się III *adj* dźwiękowy; ~ film film dźwiękowy
sound [2] [saund] I *adj* 1. zdrowy; *przysł.* a ~ mind in a ~ body w zdrowym ciele zdrowy duch 2. (*of a thing*) cały; nienaruszony 3. (*of sleep*) głęboki 4. (*solid*) solidny, tęgi II *adv* to be ~ asleep twardo spać
sound [3] [saund] *v* sondować; mierzyć głębokość
sound [4] [saund] *s* cieśnina *f*
sounding-line ['saundıŋ laın] *s* sonda *f*
sound-proof ['saund pruf] *adj* dźwiękoodporny; dźwiękoszczelny

soup [sup] *s* zupa *f*; onion ~ zupa cebulowa; potato ~ zupa kartoflana; tomato ~ zupa pomidorowa; vegetable ~ zupa jarzynowa; clear ~ rosół *m*; bulion *m*; ~ in cakes zupa *f* w kostkach
sour ['sauə(r)] I *adj* kwaśny; ~ milk kwaśne ⟨zsiadłe⟩ mleko; to turn ~ skwaśnieć II *v* kwasić; (*of milk*) zsiadać się
source [sɔs] *s* źródło *n*; (*origin*) początek *m*
south [sauθ] I *adv* na południe II *s geogr.* południe *n* III *adj* południowy
south-east ['sauθ ist] I *adj* południowo-wschodni II *s* południowy wschód
southern ['sʌðən] *adj* południowy
southerner ['sʌðənə(r)] *s* południowiec *m*
south-west ['sauθ west] I *adj* południowo-zachodni II *s* południowy zachód
souvenir ['suvə'nıə(r)] *s* pamiątka *f*
sovereign ['sovrın] I *s* monarcha *m*; władca *m*; (*coin*) suweren *m*; funt szterling *m* II *adj* suwerenny; monarszy
soviet ['səuvıət] I *s* rada *f* II *adj* radziecki
sow [səu] *v* (**sowed** [səud], **sown** [saun]) siać; obsiać
space [speıs] I *s* przestrzeń *f*; (*place*) miejsce *n*; teren *m*; odstęp *m*; przestrzeń kosmiczna II *adj* kosmiczny
spaceman ['speısmən] *s* astronauta *m*
spacious ['speıʃəs] *adj* obszerny; przestronny
spade [speıd] *s* łopata *f*; to call a ~ a ~ nazywać rzeczy po imieniu
spades [speıdz] *pl* (*cards*) piki *pl*
span *zob.* spin
Spaniard ['spænıəd] *s* Hiszpan *m*, Hiszpanka *f*

Spanish ['spæniʃ] **I** *adj* hiszpański **II** *s* język hiszpański

spanner ['spænə(r)] *s* klucz *m* (maszynowy)

spare [speə(r)] **I** *v* oszczędzać; robić oszczędności; (*go without*) obywać się (**sb, sth** bez kogoś, czegoś); mieć na zbyciu; (*devote*) poświęcać (**sb sth** komuś coś); (*save*) oszczędzić (**sb kogoś; sb sth** komuś czegoś) **II** *adj* 1. zapasowy; zbywający; wolny; ~ **parts** części zapasowe; ~ **time** wolny czas; ~ **wheel** koło zapasowe 2. (*scanty*) skąpy

spares [speəz] *pl* *pot.* części zapasowe

sparing ['speəriŋ] *adj* oszczędny; wstrzemięźliwy; **to be** ~ **of** ⟨**with**⟩ **sth** oszczędzać czegoś; nie szafować czymś

spark [spɑk] *s* iskra *f*; *przen.* iskierka *f*; odrobina *f*

sparkle ['spɑkl] **I** *s* iskierka *f*; (*of wine*) musowanie *n*; (*of wit etc.*) iskra *f* ⟨przebłysk *m*⟩ (dowcipu itp.) **II** *v* iskrzyć (się); (*of a precious stone*) rzucać ognie; (*of wine etc.*) musować

sparrow ['spærəu] *s* wróbel *m*

sparse [spɑs] *adj* rzadki

spasm ['spæzm] *s* spazm *m*; kurcz *m*; (*fit*) atak *m*

spat *zob.* **spit**

speak [spik] *v* (**spoke** [spəuk], **spoken** ['spəukn]) 1. mówić (**to sb do** kogoś; **with sb z** kimś; **about** ⟨**of**⟩ **sth o** czymś); odezwać się (**to sb do** kogoś); **to** ~ **out** wypowiedzieć swe myśli; **to** ~ **for sb** przemawiać za kimś; **nothing to** ~ **of** nic szczególnego ⟨godnego wzmianki⟩ 2. (*deliver a speech*) wygłaszać przemówienie; przemawiać 3. (*have a command of*) władać (**a language** językiem)

speaker ['spikə(r)] *s* mówca *m*

speaking ['spikiŋ] **I** *s* rozmawianie *n*; przemawianie *n* **II** *adj* mówiący

spear [spiə(r)] *s* włócznia *f*; pika *f*; ~ **gun** harpun *m* (do polowania podwodnego)

special ['speʃl] **I** *s* nadzwyczajne wydanie gazety **II** *adj* 1. specjalny; szczególny; wyjątkowy; ~ **delivery** ekspres *m* (*list*) 2. (*of the. edition of a newspaper*) nadzwyczajny 3. (*favourite*) ulubiony

specialist ['speʃlist] *s* specjalista *m*, specjalistka *f*

speciality ['speʃi'æləti] *s* specjalność *f*; (*feature*) cecha (szczególna)

specialize ['speʃlaiz] *v* ograniczać; (*become a specialist*) specjalizować się

specially ['speʃli] *adv* specjalnie; zwłaszcza

species ['spiʃiz] *s* (*pl* ~) gatunek *m*; rodzaj *m*

specific [spə'sifik] **I** *s* *farm.* specyfik *m* **II** *adj* wyraźny; określony; *biol.* *fiz.* gatunkowy; (*characteristic*) charakterystyczny

specification ['spesifi'keiʃn] *s* specyfikacja *f*; wykaz *m*; spis *m*

specify ['spesifai] *v* wyszczególniać; (s)precyzować; specyfikować

specimen ['spesimən] *s* okaz *m*; przykład *m*; wzór *m*; **unique** ⟨**rare**⟩ ~ unikat *m*

speck [spek], **speckle** ['spekl] **I** *s* plamka *f* **II** *v* (po)plamić; pokryć plamkami

spectacle ['spektəkl] *s* widowisko *n*; spektakl *m*; *pl* ~**s** (*glasses*) okulary *pl*

spectacle-case ['spektəkl keis] *s* futerał *m* ⟨etui *n*⟩ na okulary

spectacle-frame ['spektəkl freim] *s* oprawa *f* okularów

spectator [spek'teɪtə(r)] s widz
m
speculate ['spekjʊleɪt] v handl.
spekulować; (meditate) rozważać (on ⟨upon, about⟩
sth coś)
sped zob. speed v
speech [spiːʧ] s mowa f; manner of ∾ sposób m mówienia; slow of ∾ wolno mówiący; parts of ∾ części pl
mowy; to deliver ⟨to make⟩
a ∾ wygłosić przemówienie
speechless ['spiːʧləs] adj niemy; milczący
speed [spid] I s szybkość f;
prędkość f; ∾ limit szybkość maksymalna ⟨dozwolona⟩; average ∾ szybkość
przeciętna; at full ∾ z maksymalną szybkością II v
(sped [sped], sped) śpieszyć
(się), pędzić
speedily ['spidɪlɪ] adv szybko;
w wielkim pośpiechu
speed-limit ['spid lɪmɪt] s
maksymalna szybkość
speedometer [spi'dɒmɪtə(r)] s
techn. szybkościomierz m
speedway ['spidweɪ] s 1. tor
żużlowy 2. am. autostrada f
speedy ['spidɪ] adj pośpieszny;
szybki; bezzwłoczny
spell¹ [spel] s czary pl; urok
m; to cast a ∾ over ⟨on⟩
sb czarować ⟨urzekać⟩ kogoś; under a ∾ oczarowany; pod urokiem
spell² [spel] v (spelt [spelt],
spelt) 1. sylabizować; literować 2. (write correctly)
pisać ortograficznie; how do
you ∾ it? jak się to pisze?
spell³ [spel] s 1. okres m;
przeciąg m czasu; a ∾ of
rain okres m deszczu 2.
(period of duty) szychta f;
zmiana f; to take ∾s at
the wheel prowadzić samochód na zmianę
spell-bound ['spel baʊnd] adj
oczarowany; urzeczony
spelling ['spelɪŋ] s ortografia
f; pisownia f

spelt zob. spell²
spend [spend] v (spent [spent],
spent) spędzać (czas); (pay
out money) wydawać pieniądze (on sth na coś);
(waste) trwonić ⟨marnować⟩
(czas, pieniądze itp.)
spent zob. spend
sphere [sfɪə(r)] s kula f;
(field) sfera f; dziedzina f;
zakres m
spice [spaɪs] I s przyprawa f;
korzenie pl II v kulin. przyprawiać; przen. dodawać
pikantności
spiced [spaɪst] adj (of a dish)
ostry; pikantny
spick [spɪk] adj ∾ and span
nowiutki; czyściutki; jak
spod igły
spicy ['spaɪsɪ] adj (of a dish)
ostry; aromatyczny; (of a
story) pikantny
spider ['spaɪdə(r)] s pająk m
spider-web ['spaɪdə web] s
pajęczyna f
spike [spaɪk] s kolec m; szpic
m; ∾ heels szpilki pl (obcasy)
spill [spɪl] v (spilt [spɪlt],
spilt) rozlać ⟨rozsypać⟩się)
spin [spɪn] v (span [spæn],
spun [spʌn]) prząść; (whirl)
kręcić (się); wirować
spinach ['spɪnɪʤ] s szpinak
m
spinal ['spaɪnl] adj anat. rdzeniowy; pacierzowy; ∾ column kręgosłup m
spindle ['spɪndl] s wrzeciono n
spin-drier ['spɪn'draɪə(r)] s
wyżymaczka wirówkowa
spine [spaɪn] s anat. kręgosłup m; (of a book etc.)
grzbiet m
spinster ['spɪnstə(r)] s stara
panna
spiral ['spaɪərl] I adj spiralny;
kręty II s spirala f
spire ['spaɪə(r)] s arch. strzelisty szczyt wieży; iglica f
spirit ['spɪrɪt] s 1. duch m;
dusza f 2. pl ∾s duchy pl

3. (*mind*) umysł *m*; public ~ nastawienie obywatelskie 4. (*mood*) nastrój *m*, humor *m*; in high ~s w doskonałym humorze; in low ~s przygnębiony 5. *pl* ~s napój alkoholowy; alkohol *m* 6. (*alcohol*) spirytus *m*; ~ lamp maszynka spirytusowa; denaturated ⟨methylated⟩ ~ spirytus denaturowany; neutral ~ czysty spirytus; rectified ~ spirytus rektyfikowany

spirited [`spɪrɪtɪd] *adj* pełen werwy; ożywiony; porywający; natchniony

spiritual [`spɪrɪtʃʊəl] I *adj* duchowy; nadprzyrodzony II *s* (*także* **Negro** ~) pieśń nabożna Murzynów amerykańskich

spit 1 [spɪt] *s* rożen *m*

spit 2 [spɪt] *v* (**spat** [spæt], **spat**) pluć; wypluć; *sl.* ~ it out! no, gadaj!

spite [spaɪt] I *s* niechęć *f*; uraza *f*; złośliwość *f*; in ~ of ... pomimo ... (czegoś); wbrew ... (czemuś) II *v* zrobić na złość; dokuczać (**sb** komuś)

spiteful [`spaɪtfl] *adj* złośliwy; dokuczliwy

splash [splæʃ] I *v* bryzgać; chlapać; rozpryskiwać II *s* plusk *m*; pluskanie *n*

spleen [splin] *s anat.* śledziona *f*; (*ill temper*) chandra *f*; zły nastrój

splendid [`splendɪd] *adj* wspaniały; świetny; doskonały

splendour [`splendə(r)] *s* wspaniałość *f*; świetność *f*

split [splɪt] I *v* (**split, split**) rozszczepiać; rozłupać; rozdzielać; *przen.* to ~ hairs dzielić włos na czworo II *s* pęknięcie *n*; (*separation*) rozłam *m*; podział *m*

splitting [`splɪtɪŋ] *adj* a ~ headache ostry ⟨rozsadzający⟩ ból głowy

spoil [spɔɪl] I *s* łup *m*; zdobycz *f* II *v* (**spoilt** [spɔɪlt], **spoilt**) (ze)psuć; (z)marnować

spoke *zob.* **speak**

spokesman [`spəʊksmən] *s* (*pl* **spokesmen**) orędownik *m*; rzecznik *m*

sponge [spʌndʒ] *s* gąbka *f*

sponge-cake [`spʌndʒ-keɪk] *s* biszkopt *m*

spoon [spun] *s* łyżka *f*; *przen.* born with a silver ~ in one's mouth w czepku urodzony

spoonful [`spunfl] *s* (pełna) łyżka (czegoś)

sport [spɔt] I *v* bawić się; igrać; (*exhibit*) wystawiać na pokaz II *s* 1. sport *m*; water ⟨aquatic⟩ ~s sporty wodne; winter ~s sporty zimowe 2. (*amusement*) zabawa *f*; rozrywka *f*; in ~ żartem; dla zabawy; to make ~ of sb żartować z kogoś III *adj* ~s sportowy; ~s car samochód sportowy; ~s jacket marynarka sportowa; ~s timer stoper *m*

sporting [`spɔtɪŋ] I *s* uprawianie *n* sportu II *adj* 1. zamiłowany w sportach; a ~ man sportowiec *m* 2. (*of an offer etc.*) rzetelny

sportsman [`spɔtsmən] *s* (*pl* **sportsmen**) sportowiec *m*

sportsmanlike [`spɔtsmənlaɪk] *adj* (*of behaviour*) godny prawdziwego sportowca

spot [spot] *s* 1. miejsce *n*; on the ~ na miejscu; natychmiast 2. (*stain*) plama *f*; kropka *f*; *med.* krosta *f*

spotless [`spotləs] *adj* nieskazitelny

spotlight [`spotlaɪt] *s teatr.* światło *n* reflektorów; *przen.* to be in ⟨to hold⟩ the ~ być w centrum powszechnego zainteresowania

spotted [`spotɪd] *adj* cętkowany; nakrapiany; w kropki; w groszki

sprain [sprein] I *v* zwichnąć
II *s* zwichnięcie *n*
sprang *zob.* spring *v*
sprat [spræt] *s* szprot *m*
sprawl [sprɔl] I *v* rozwalić
⟨wyciągnąć⟩ się; leżeć jak
długi II *s* rozwalanie się
n; in a ~ rozwalony
spray [sprei] *v* rozpylać (się);
pryskać
sprayer [`spreiǝ(r)] *s* rozpy-
lacz *m;* opryskiwacz *m*
spread [spred] I *v* (spread,
spread) rozciągać; rozpo-
ścierać (się); (popularize)
rozpowszechniać ⟨szerzyć⟩
(się); (of bread) smarować
(masłem) II *s* rozprzestrze-
nianie (się) *n;* szerzenie
(się) *n;* (space) przestrzeń *f*
spring [spriŋ] I *v* (sprang
[spræŋ], sprung [sprʌŋ]) skakać; (arise) powstać; po-
chodzić II *s* 1. skok *m* 2.
(season) wiosna *f;* early ~
przedwiośnie *n* 3. (elastic
contrivance) sprężyna *f;*
sprężystość *f;* resor *m* 4.
(source) źródło *n;* medicinal ~ źródło lecznicze;
mineral ~ źródło mineralne
5. (origin) początek *m*
spring-board [`spriŋ bɔd] *s*
trampolina *f*
springer [`spriŋgǝ(r)] *s* sko-
czek *m*
sprinkle [`spriŋkl] I *v* (with
water etc.) s/kropić, s/prys-
kać; (with sand etc.) rozsypywać; posypać (cukrem
itd.) II *s* (of salt etc.) posy-
panie *n;* (of water) skro-
pienie *n*
sprinkler [`spriŋklǝ(r)] *s* pole-
waczka *f* (uliczna)
sprout [`spraut] *s* bot. kiełek
m; nowy pęd (rośliny);
Brussels ~s brukselka *f*
spruce¹ [sprus] *adj* wymus-
kany; schludny
spruce² [sprus] *s* świerk *m*
sprung *zob.* spring *v*
spun *zob.* spin
spur [spɜ(r)] *s* ostroga *f;*

przen. bodziec *m;* podnieta *f;* to give a ~ to sb dodawać bodźca komuś
spurt [spɜt] I *v* tryskać; bu-
chać II *s* wytrysk *m*
spy [spai] I *s* szpieg *m* II *v*
szpiegować (upon sb kogoś)
spy-hole [`spai hǝul] *s* wzier-
nik *m;* judasz *m* (w
drzwiach)
squabble [`skwobl] I *v* sprze-
czać się II *s* sprzeczka *f*
squadron [`skwodrǝn] *s* wojsk.
szwadron *m;* lotn. mor. eskadra *f*
squalid [`skwolid] *adj* nędz-
ny; brudny; niechlujny
squall [skwɔl] *s* mor. szkwał
m; nawałnica *f*
squander [`skwondǝ(r)] *v*
trwonić; marnować
square [skweǝ(r)] I *s* kwadrat
m; (in town) plac *m* II *adj*
1. kwadratowy; prostokątny
2. (in good order) uporządkowany; to be ~ with sb
być skwitowanym z kimś
3. (of a metal) solidny 4.
(fair) uczciwy; sprawiedliwy; to give sb a ~ deal
postąpić z kimś uczciwie
III *v* nadać kształt kwadra-
tu; (settle) załatwiać (sprawy); (pay) wyrównywać
(rachunki); (agree) zgadzać
się (with sb, sth z kimś,
czymś) IV *adv* pod kątem
prostym; (fairly) uczciwie
square-built [`skweǝ bilt] *adj*
barczysty; krępy
square-cut [`skweǝ kʌt] *adj*
(of a dress) z prostokątnym
dekoltem ⟨wycięciem⟩
squash [skwoʃ] I *v* zgniatać;
miażdżyć; wyciskać II *s*
wyciśnięta masa; lemon
⟨orange⟩ ~ napój *m* z soku
cytrynowego ⟨pomarańczo-
wego⟩
squeeze [skwiz] I *v* ściskać;
zgniatać; (shake) ściskać
⟨uściskać⟩ (sb's hand ko-
muś rękę); przecisnąć się
(through przez); wcisnąć się

(into a bus etc. do autobusu itd.) II s ściśnięcie n;
uścisk m
squint [skwınt] I adj zezo-
waty II v patrzeć zezem;
zezować III s zez m
squirrel [`skwırl] s wiewiór-
ka f
stab [stæb] I v pchnąć nożem ⟨sztyletem⟩; zakłuć II
s pchnięcie n nożem ⟨szty-
letem⟩
stabilize [`steıblaız] v (u)sta-
bilizować
stabilizer [`steıblaızə(r)] s sta-
bilizator m
stable [`steıbl] s stajnia f
stable [steıbl] adj stały; sta-
bilny
stack [stæk] s stóg m (siana
itp.); stos m
stadium [`steıdıəm] s (pl sta-
dia [`steıdıə]) sport. stadion
m
staff [staf] s 1. kij m; pałka
f 2. wojsk. sztab m 3. (body
of persons) personel m; to
be on the ~ of ... praco-
wać w ...
stag [stæg] s jeleń m
stage [steıdʒ] I s 1. estrada f;
scena f; ~ fright trema f;
~ manager reżyser m; ~
properties akcesoria teatralne 2. (period) faza f; okres
m II v wystawiać na sce-
nie; (arrange) inscenizować
stagger [`stægə(r)] I v zata-
czać ⟨słaniać⟩ się; iść
chwiejnym krokiem II s
chwiejny chód
staging [`steıdʒıŋ] s insceniza-
cja f
stain [steın] I v (po)plamić;
powalać; (colour) zabar-
wiać; (of dye) puszczać II
s plama f; kleks m; ~ re-
mover wywabiacz m plam
stained [steınd] adj zaplamio-
ny; ~ glass witraż m
stainless [`steınləs] adj nie-
splamiony; nieskazitelny;
(of steel) nierdzewny

stair [steə(r)] s schodek m;
pl ~s schody pl
staircase [`steəkeıs] s schody
pl; klatka schodowa
stake [steık] I v stawiać pieniądze; ryzykować; zakła-
dać się II s 1. słup m; pal
m 2. dosł. i przen. stawka
f; to be at ~ wchodzić w
grę; my life was at ~ cho-
dziło o moje życie 3. pl ~s
(in a game) pula f
stale [steıl] I adj nieświeży;
zleżały; (of bread) czerstwy
II v ⟨s⟩tracić świeżość; starzeć się
stalk [stɔk] s łodyga f; ba-
dyl m; źdźbło n
stall [stɔl] s stragan m; kram
m; stoisko n; kiosk m;
teatr. fotel parterowy
stammer [`stæmə(r)] I v jąkać
się II s jąkanie się n
stammerer [`stæmərə(r)] s ją-
kała m f
stamp [stæmp] v stemplować;
pieczętować; ofrankować
(list itp.); (emboss) wytłaczać II s pieczęć f; stempel m; (postage) znaczek
pocztowy; (mark) oznaka f
stamp-album [`stæmp ælbəm]
s klaser m
stamp-collecting [`stæmp kəlek-
ktıŋ] s filatelistyka f; zbie-
ranie n znaczków
stamp-collector [`stæmp kəlek-
tə(r)] s filatelista m
stampede [stæm`pid] s popłoch
m; panika f
stand [stænd] I v (stood [stʊd],
stood) 1. stać; I must know
where I ~ muszę wiedzieć
na czym stoję; to ~ firm
wytrzymywać; nie ustępo-
wać 2. (be in force) zostać
w mocy; to ~ good obo-
wiązywać 3. (support) po-
pierać; być zwolennikiem
(for sth czegoś) 4. (bear)
znosić; tolerować 5. pot.
zafundować; poczęstować;
stawiać ⟨postawić⟩ (sb a
dinner etc. komuś obiad

itd.) ·II s 1. unieruchomienie *n*; **to bring to a ~** zatrzymywać; **to come to a ~** stanąć; **to make a ~ against** sth stawiać czemuś opór; **to take a ~** zająć stanowisko 2. (*hanger*) wieszak *m*; stojak *m* 3. (*stall in the market*) stoisko *n* 4. (*standing--place for vehicles*) miejsce *n* postoju taksówek (dorożek· itp.) 5. *sport.* trybuna *f* (na stadionie itp.)
standard [`stændəd] I s 1. (*weight or measure*) norma *f*; miara *f* 2. (*quality*) standard *m*; **~ of living** stopa życiowa II *adj* wzorcowy; standardowy; znormalizowany
standardize [`stændədaɪz] *v* standaryzować; normalizować
stander-by [`stændə baɪ] *v* widz *m*; świadek *m*
standing [`stændɪŋ] I *adj* stojący; (*of a customer etc.*) stały; (*of rule etc.*) obowiązujący II s miejsce *n*; (*position*) stanowisko *n*; (*estimation*) powaga *f*; (*repute*) reputacja *f*; (*duration*) czas *m* trwania
standpoint [`stændpɔɪnt] s punkt *m* widzenia
standstill [`stændstɪl] s 1. unieruchomienie *n*; **at a ~** w martwym punkcie 2. *handl.* zastój *m*
star [stɑ(r)] s gwiazda *f*; **shooting ~** spadająca gwiazda
starch [stɑtʃ] I s krochmal *m*; skrobia *f* II *v* krochmalić
stare [steə(r)] I *v* wpatrywać się; wytrzeszczać oczy (**at sb, sth** na kogoś, coś); bezczelnie patrzeć (**at sb** na kogoś) II s utkwiony wzrok
stark [stɑk] I *adj* 1. sztywny 2. (*complete*) kompletny; **~ madness** czyste szaleństwo

II *adv* całkowicie; **~ naked** zupełnie goły; golusieńki
start [stɑt] I *v* 1. wzdrygnąć się; podskoczyć; zerwać się (**z miejsca**) 2. (*set*) wyruszać (**on a journey** w drogę) 3. (*begin*) zaczynać; rozpoczynać; zaczynać się (**with sth** czymś); **to ~ with** najpierw; przede wszystkim 4. *sport.* startować 5. (*found*) zakładać (firmę); uruchamiać II s 1. drgnięcie *n*; **to give sb a ~** przestraszyć kogoś; **to wake up with a ~** zerwać się ze snu 2. (*beginning*) początek *m*; **at the ~** na początku 3. *sport.* start *m*
starter [`stɑtə(r)] s *mot.* rozrusznik *m*
starting-point [`stɑtɪŋ pɔɪnt] s punkt *m* wyjścia
startle [`stɑtl] *v* przestraszyć; zaskakiwać
starvation [stɑ`veɪʃn] I s głód *m*; zagłodzenie *n* II *adj* głodowy (**wages** płace etc.)
starve [stɑv] *v* 1. głodować; morzyć głodem; **to ~ to death** umrzeć z głodu; zagłodzić (się) 2. (*crave*) być spragnionym (**for sth** czegoś)
state [steɪt] I s 1. stan *m*; **~ of account** stan konta; **~ of mind** nastrój *m*; stan *m* ducha 2. *polit.* państwo *n* 3. (*rank*) stanowisko *n* II *adj* państwowy; urzędowy III *v* stwierdzać; oświadczać; zeznać, zeznawać; ogłaszać; (*fix*) wyznaczać (datę itp.); ustalać
statement [`steɪtmənt] s oznajmienie *n*; wypowiedź *f*; komunikat *m*; oświadczenie *n*; exposé *n*; zeznanie *n*; **to make a ~** złożyć oświadczenie ⟨zeznanie⟩; **~ of account** wyciąg *m* z konta
state-room [`steɪt rum] s sala recepcyjna; (*on ship*) luksusowa kabina

station ['steɪʃn] **I** *s* **1.** stanowisko *n;* pozycja *f;* punkt *m* (opatrunkowy itp.); stacja *f;* **border** ⟨**frontier**⟩ ~ stacja graniczna; **service** ~ stacja obsługi; **underground** ~ stacja metra; **police** ~ komisariat *m;* **broadcasting** ~ radiostacja *f;* rozgłośnia *f* **2.** (*railway*) dworzec kolejowy; przystanek *m* (kolejowy, autobusowy itp.) **II** *v* umieścić; *wojsk.* stacjonować

stationer ['steɪʃnə(r)] *s* właściciel *m* sklepu z materiałami piśmiennymi; **at the** ~'s w sklepie papierniczym

stationery ['steɪʃnrɪ] *s* materiały piśmienne; artykuły biurowe

station-master ['steɪʃn mɑstə(r)] *s* naczelnik *m* ⟨zawiadowca *m*⟩ stacji

station-wagon ['steɪʃn wægən] *s* samochód *m* typu kombi

statistic(al) [stə'tɪstɪk(l)] *adj* statystyczny

statistics [stə'tɪstɪks] *s* statystyka *f*

statue ['stætʃu] *s* posąg *m;* statua *f*

stature ['stætʃə(r)] *s* wzrost *m;* postawa *f;* **of short** ~ niskiego wzrostu

status ['steɪtəs] *s* stan *m;* położenie *n;* pozycja społeczna

statute ['stætʃut] *s* ustawa *f;* nakaz *m; pl* ~s statut *m;* regulamin *m*

stay [steɪ] **I** *s* pobyt *m* **II** *v* zatrzymywać się; przebywać; mieszkać (**with sb** u kogoś w gościnie); **to** ~ **at home** siedzieć w domu; **to** ~ **in bed** leżeć w łóżku; **to** ~ **to dinner** zostać na obiedzie ‖ **to** ~ **away** być nieobecnym; **to** ~ **in** nie wychodzić z domu; **to** ~ **out** pozostawać poza domem; nie wracać; **to** ~ **up** czuwać; nie kłaść się spać

steadfast ['stedfɑst] *adj* mocny; solidny; wytrwały; niezmienny; wierny (zasadom itd.)

steady ['stedɪ] **I** *adj* mocny; silny; solidny; stały; trwały; zrównoważony **II** *v* ustalać ⟨umacniać⟩ (się)

steak [steɪk] *s* płat *m* mięsa; zraz *m;* stek *m*

steal [stil] *v* (**stole** [stəul], **stolen** ['stəulən]) **1.** kraść (**sth from sb** coś komuś); porywać; **to** ~ **a glance** spojrzeć ukradkiem **2.** (*move secretly*) skradać się; **to** ~ **away** wymykać się

stealthily ['stelθɪlɪ] *adv* ukradkiem; po kryjomu

stealthy ['stelθɪ] *adj* ukradkowy; potajemny

steam [stim] **I** *s* para *f* (wodna) **II** *v* (*cook*) gotować na parze; (*give out steam*) parować; dymić

steam-bath ['stim bɑθ] *s* kąpiel parowa; parówka *f*

steamboat ['stimbəut] *s,* **steamer** ['stimə(r)], **steamship** ['stimʃɪp] *s* parowiec *m,* statek parowy

steel [stil] **I** *s* stal *f* **II** *adj* stalowy; ~ **engraving** staloryt *m*

steelworks ['stilwɜks] *s* stalownia *f*

steep [stɪp] *adj* stromy; urwisty

steer ['stɪə(r)] *v* sterować

steering-wheel ['stɪərɪŋ wil] *s mot.* kierownica *f; mor.* koło sterowe

stem [stem] *s bot.* pień *m;* łodyga *f;* szypułka *f*

stenography [stə'nɒgrəfɪ] *s* stenografia *f*

step [step] **I** *s* **1.** krok *m;* **to keep** ~ **with sb** dotrzymywać kroku komuś; ~ **by** ~ stopniowo; **to take** ~s **to ...** przedsięwziąć kroki, aby ...; **mind** ⟨**watch**⟩ **your** ~! uważaj!; bądź ostrożny! **2.** (*in dancing*) takt *m;* tempo *n;*

in ⟨out of⟩ ~ w takt ⟨nie w takt⟩ muzyki **3.** (*in a staircase*) schodek *m*; stopień *m* **II** *v* kroczyć; stąpać; to ~ aside odsunąć się na bok; to ~ back cofnąć się; to ~ forward wystąpić naprzód; to ~ in wchodzić ⟨wstąpić⟩ (do sklepu itd.); to ~ off zejść
step-daughter [ˈstep dɔtə(r)] *s* pasierbica *f*
step-brother [ˈstep brʌðə(r)] *s* brat przyrodni
step-father [ˈstep faðə(r)] *s* ojczym *m*
step-ladder [ˈstep lædə(r)] *s* składana drabinka
step-mother [ˈstep mʌðə(r)] *s* macocha *f*
step-sister [ˈstep sɪstə(r)] *s* siostra *f* przyrodnia
step-son [step sʌn] *s* pasierb *m*
stereo [ˈstɪərɪəu], **stereophonic** [ˈstɪərɪəˈfɒnɪk] *adj* (*of an equipment, radio etc.*) stereofoniczny (zestaw, radio itd.)
sterile [ˈsteraɪl] *adj* bezpłodny; jałowy; sterylny
sterilize [ˈsterɪlaɪz] *v* sterylizować; wyjaławiać
stern [stɜn] *adj* surowy; srogi
stew [stju] **I** *s* *kulin.* rodzaj *m* potrawki z mięsa lub jarzyn **II** *v* dusić (potrawę); gotować
steward [ˈstjuəd] *s* zarządca *m*; (*on a ship, a plane*) steward *m*
stewardess [ˈstjuəˈdes] *s* stewardesa *f*
stick [stɪk] **I** *v* (**stuck** [stʌk], stuck) wetknąć; wbić; wsadzić; przylepić (się); u/tkwić; trzymać się (**to** sth przy czymś); ~ to it! bądź wytrwały!; nie zrażaj się!; to ~ out wystawać; sterczeć; to ~ together trzymać się razem; to get stuck u-

grzęznąć; utkwić **II** *s* pałka *f*; laska *f*; kij *m*; walking ~ laska *f*
sticking-plaster [ˈstɪkɪŋ plɑstə(r)] *s* przylepiec *m*
sticky [ˈstɪkɪ] *adj* lepki; kleisty
stiff [stɪf] *adj* **1.** sztywny; twardy; to get ⟨to grow, to become⟩ ~ zesztywnieć **2.** (*of behaviour*) oficjalny; zimny **3.** (*of a person*) uparty
stiffen [ˈstɪfn] *v* usztywniać; zesztywnieć
stifle [ˈstaɪfl] *v* dusić; gasić; tłumić
still [stɪl] **I** *adj* **1.** nieruchomy; to be ~ nie poruszać się; to stand ~ stanąć; ~-life martwa natura **2.** (*silent*) cichy; milczący **II** *v* uspokajać ⟨uciszać⟩ (się) **III** *adv* jeszcze; wciąż; do tej pory **IV** *conj* mimo to; jednak(że); przecież
stimulant [ˈstɪmjulənt] **I** *adj* pobudzający **II** *s* bodziec *m*; podnieta *f*; środek pobudzający
stimulate [ˈstɪmjuleɪt] *v* pobudzać; podniecać
sting [stɪŋ] **I** *s* żądło *n*; (*wound*) ukłucie *n*; *pot.* ukąszenie *n* (owada) **II** *v* (**stung** [stʌŋ], stung) (u)kłuć; (po)parzyć; (*of a person*) docinać (sb komuś)
stingy [ˈstɪŋgɪ] *adj* skąpy
stink [stɪŋk] *v* (**stunk** [stʌŋk], stunk) cuchnąć; śmierdzieć (of sth czymś)
stir [stɜ(r)] **I** *v* poruszać; zamieszać (herbatę itp.); (*excite*) podniecać **II** *s* podniecenie *n*; (*movement*) ruch *m*; krzątanina *f*
stitch [stɪtʃ] **I** *s* ścieg *m*; (*in knitting*) oczko *n*; (*acute pain*) ostry ból **II** *v* szyć
stoat [stəut] *v* (za)cerować artystycznie
stock [stok] **I** *s* **1.** pień *m* **2.** (*family*) ród *m* **3.** (*store*)

zapas *m* (towaru); zasób *m* (wiadomości); żywy inwentarz; **to have in** ∾ mieć na składzie; **out of** ∾ wyprzedany; **to take** ∾ spisywać ⟨robić⟩ inwentarz II *v* gromadzić; magazynować; robić zapasy

stock-breeder [ˈstok bridə(r)], **stock-farmer** [ˈstok fɑmə(r)] *s* hodowca *m* bydła

stock-cube [ˈstok kjub] *s kulin.* kostka rosołowa ⟨bulionowa⟩

stocking [ˈstokɪŋ] *s* pończocha *f*

stock-taking [ˈstok teɪkɪŋ] *s* sporządzenie *n* inwentarza; remanent *m*; ∾ **sale** wyprzedaż poremanentowa

stole, stolen *zob.* **steal**

stomach [ˈstʌmək] I *s* żołądek *m* II *v przen.* znieść ⟨przełknąć⟩ (obrazę itp.)

stomach-ache [ˈstʌmək eɪk] *s* ból *m* brzucha

stone [stəʊn] *s* kamień *m*; *bot.* pestka *f* (owocu); *(measure)* kamień *m* (6.348 kg)

stone-deaf [ˈstəʊnˈdef] *adj* zupełnie głuchy, głuchy jak pień

stony [ˈstəʊnɪ] *adj* kamienisty; *przen.* kamienny

stood *zob.* **stand** *v*

stool [stul] *s* taboret *m*; stołek *m*

stoop [stup] *v* schylać się; garbić (się); *przen.* poniżać ⟨zniżać⟩ się **(to sth** do czegoś)

stop [stop] I *v* 1. zatykać; zagradzać; tamować; wstrzymywać; zatrzymać (sie); przestać **(doing sth** robić coś); „**road** ∾**ped**" objazd *m*; **to** ∾ **payment** zawieszać wypłaty; **to** ∾ **dead** zatrzymać się w miejscu; ∾ **a moment!** zaczekaj chwilkę!; „**No** ∾**ping!**" zakaz *m* zatrzymywania się 2. *dent.* plombować 3. *(put an end)* kończyć (z czymś) II *s* 1.

zatrzymanie *n*; przerwa *f*; **to bring to a** ∾ zatrzymać, położyć kres **(sth** czemuś); **to come to a** ∾ stanąć **2.** *(for buses etc.)* przystanek *m*; **full** ∾ kropka *f* **3.** *(in camera)* blenda *f*; przesłona *f*

stop-light [ˈstop laɪt] *s mot.* światło *n* hamowania

stop-over [ˈstop əʊvə] *s* przerwa *f* w podróży

stopper [ˈstopə(r)] *s* zatyczka *f*; korek *m*

stopping [ˈstopɪŋ] *s* plomba *f*

stop-press [ˈstop pres] *attr* ∾ **news** wiadomości z ostatniej chwili

stop-watch [ˈstop wotʃ] *s* stoper *m* •

storage [ˈstorɪdʒ] *s* 1. przechowywanie *n*; magazynowanie *n*; **cold** ∾ trzymanie *n* w chłodni 2. *(cost)* składowe *n* (opłata)

store [sto(r)] I *s* 1. zapas *m*; **a good** ∾ **of sth** wielki zapas czegoś; **in** ∾ w zapasie; **to have sth in** ∾ **for sb** mieć coś (przygotowane) dla kogoś 2. *(store-house)* skład *m*; magazyn *m* 3. *am.* sklep *m*; magazyn *m*; *pl* ∾**s** dom towarowy; sklep wielobranżowy; **co-operative** ∾**s** spółdzielnia *f* II *v* gromadzić; magazynować; przechowywać

store-house [ˈsto haʊs] *s* magazyn *m*; skład *m*

store-keeper [ˈsto kipə(r)] *s* magazynier *m*; *am.* kupiec *m*

storey, story [ˈstorɪ] *s* piętro *n*

stork [stok] *s* bocian *m*

storm [stom] I *s* burza *f*; **a rain** ∾ ulewa *f*; **a wind** ∾ huragan *m*; *przen.* ∾**s of applause** huraganowe oklaski II *v (of rain)* szaleć; *(of a person)* awanturować ⟨wściekać⟩ się

stormy [ˈstomɪ] *adj* burzowy; ∾ **weather** słota *f*

story ¹ [`storı] s historia *f*; opowiadanie *n;* **short ~** nowela *f*
story ² *zob.* **storey**
stout [staut] *adj* (*robust*) solidnie zbudowany; tęgi; (*brave*) dzielny
stove [stəuv] s piec *m*
stow [stəu] *v* ładować; pakować
stowaway [`stəuəweı] s (*on a ship*) pasażer *m* na gapę
straight [streıt] I *adj* 1. prosty 2. (*of hair*) gładki 3. (*honest*) uczciwy; szczery; **to put ~** uporządkować; załagodzić (nieporozumienie); naprostować (coś) II *adv* 1. prosto; **~ away** natychmiast; **~ off** z miejsca; od razu; **to go ~ on** iść ⟨jechać⟩ prosto 2. (*honestly*) uczciwie; szczerze; **~ out** bez ogródek; prosto z mostu
straighten [`streıtn] *v* (wy)prostować (się); (*także to* **~ up**) (u)porządkować
straightforward [streıt`fɔwəd] *adj* prosty; bezpośredni; (*of a person*) prostolinijny; uczciwy; szczery
strain [streın] I *v* naprężać; napinać; natężać (one's eyes wzrok); wysilać (się); (*overtire*) przemęczać (się); wytężać się; (*endeavour*) silnie dążyć (**after sth** do czegoś); (*pass through*) prze/cedzić; od/cedzić II s napięcie *n*; wysiłek *m*
strainer [`streınə(r)] s sitko *n*; cedzak *m*
strait [streıt] I *adj* wąski II s (*także pl* **~s**) cieśnina *f*
strange [streındʒ] *adj* obcy; (*queer*) dziwny; osobliwy
stranger [`streındʒə(r)] s obcy człowiek; nieznajomy *m*; a perfect **~** człowiek zupełnie obcy
strangle [`stræŋgl] *v* u/dusić
strap [stræp] I s rzemień *m*; rzemyk *m*; pasek *m*; ra-

miączko *n* II *v* przymocować rzemieniem ⟨rzemykiem⟩; przepasać
strategic [strə`tidʒık} *adj* strategiczny
strategy [`strætıdʒı] s strategia *f*
straw [strɔ] s słoma *f*; słomka *f* (do picia); źdźbło *n*; **~ mattress** siennik *m*; *przen.* **I don't care a ~** nic mnie to nie obchodzi; wszystko mi jedno
strawberry [`strɔbrı] s truskawka *f*; **wild ~** poziomka *f*
stray [streı] I *v* błąkać się; za/błądzić II *adj* zabłąkany; oderwany
streak [strik] s pasek *m*; smuga *f*; pasmo *n*
stream [strim] I s 1. potok *m*; strumień *m*; struga *f* (wody); *przen.* **a ~ of people** potok ludzi; **in ~s** potokami 2. (*current*) prąd *m*; nurt *m* II *v* płynąć; (*of an umbrella etc.*) ociekać
streamline [`strimlaın] s linia opływowa
street [strit] I s ulica *f*; **in the ~** na ulicy; **the man in the ~** szary człowiek II *adj* uliczny
street-car [`strit kɑ(r)] s *am.* tramwaj *m*
street-guide [`strit gaıd] s spis *m* ulic
strength [streŋθ] s siła *f*; moc *f*; wytrzymałość *f*
strengthen [`streŋθn] *v* wzmacniać; dodawać sił (**sb** komuś
strenuous [`strenjuəs] *adj* męczący; (*of an effort*) wytężony
stress [stres] I s 1. nacisk *m*; siła *f*; **to lay ~ on sth** kłaść nacisk na coś 2. *fonet.* akcent *m* II *v* podkreślić; akcentować; kłaść nacisk
stretch [stretʃ] I *v* napinać; naprężać; (*extend*) rozciągać (się); rozprostować (no-

gi itp.) **II** s **1.** rozciągnięcie
n; (spread) rozpiętość f;
(elasticity) elastyczność f **2.**
(lapse of time) przeciąg m
(czasu); at a ⁓ bez prze-
rwy; jednym ciągiem **3.**
(extent of land) obszar m;
odcinek m (drogi)
stretcher [`stretʃə(r)] s nosze
pl
stretcher-bearer [`stretʃə beə-
rə(r)] s sanitariusz m
strew [stru] v (**strewed**
[strud], **strewn** [strun]) roz-
rzucać; rozsypywać
strict [`strıkt] adj ścisły; do-
kładny; (stern) surowy; wymagający
strike [straık] **I** v (**struck**
[strʌk], **struck**) **1.** uderzać;
zadawać (a blow at sb, sth
cioś komuś, czemuś); bić;
walić; to ⁓ down powalić;
to ⁓ sails zwinąć żagle; to
⁓ the tent zwinąć namiot
2. (of clock) wybijać (godziny) **3.** (a match) zapalać
(zapałkę) **II** s strajk m; to
be on ⁓ strajkować
striking [`straıkıŋ] adj ude-
rzający; zastanawiający;
imponujący
string [strıŋ] **I** s sznur(ek) m;
(ribbon) tasiemka f; żyłka
f; (lace) sznurowadło n;
muz. struna f **II** v (**strung**
[strʌŋ], **strung**) zawiązywać;
(thread) nawlekać **III** adj
smyczkowy (instrument)
string-bean [`strıŋ bin] s fa-
sola szparagowa
stringy [`strıŋgı] adj włókni-
sty; żylasty
strip [strıp] v obnażać; rozbierać; (deprive) pozbawiać
(sb, sth of sth kogoś, coś
czegoś); pot. obdzierać; złupić
stripe [straıp] s pas m; prę-
ga f
striped [straıpt] adj pasiasty;
w pasy
stripper [`strıpə(r)] s strip-
tizerka f

strip-tease [`strıp`tiz] s strip-
-tease m
strive [straıv] v (**strove**
[strəuv], **striven** [`strıvn]) u-
siłować; starać się; dążyć
(for ⟨after⟩ sth do czegoś)
stroke [strəuk] s **1.** uderzenie
n; at one ⁓ za jednym za-
machem **2.** (motion) styl
pływacki **3.** (flash) prze-
błysk m (geniuszu); a ⁓ of
luck uśmiech m szczęścia **4.**
(mark) dotknięcie n ⟨pocią-
gnięcie n⟩ (pędzlem) **5.**
(sound) uderzenie n (zegara); on the ⁓ punktualnie
6. med. atak m apopleksji
7. mot. suw m (tłoka)
stroll [strəul] **I** v przechadzać
się; spacerować **II** s przechadzka f; to go for a ⁓
przejść się
strong [strɒŋ] adj silny; mocny; (of a person) silnie zbudowany; (of a drink) alkoholowy; (of words) dosadny
strong-box [`strɒŋ boks] s sejf
m
strove zob. **strive**
struck zob. **strike** v
structure [`strʌktʃə(r)] s bu-
dowa f; struktura f; (building) budowla f
struggle [`strʌgl] **I** v walczyć;
borykać się; zmagać się;
usiłować (to do sth coś zrobić) **II** s walka f; zmaganie
n się
strung zob. **string** v
stubborn [`stʌbən] adj upar-
ty; oporny; (of a disease
etc.) uporczywy
stuck zob. **stick** v
stud [stʌd] s spinka f; reflector ⁓s światełka odblaskowe wzdłuż pobocza dro-
gi
stud [stʌd] s stadnina f
student [`stjudnt] s student
m, studentka f
studio [`stjudıəu] s studio n;
atelier n; pracownia f (artysty)

studious ['stjudɪəs] *adj* pilny;
pracowity
study ['stʌdɪ] **I** *v* studiować;
uczyć się; (*investigate*) badać **II** *s* nauka *f*; (*investigation*) badanie *n*; (*room*)
gabinet *m* (do pracy); studium *n* (malarskie); (*for
practice*) etiuda *f*; ćwiczenie *n*
stuff [stʌf] **I** *v* wypychać;
faszerować; *pot*. nabijać
głowę; zatykać (one's ears,
nose sobie uszy, nos); **to ~**
oneself obżerać się **II** *s* materiał *m*; tworzywo *n*; towar *m*; **food ~s** artykuły
żywnościowe; **green ~** warzywa *pl*; **~!** bzdury!
stuffing ['stʌfɪŋ] *s* wyściela-
nie *n* (mebli itp.); wypy-
chanie *n* (zwierzęcia); *kulin*.
nadzienie *n*; farsz *m*
stuffy ['stʌfɪ] *adj* nie wie-
trzony; duszny
stumble ['stʌmbl] **I** *v* poty-
kać się; (*stammer*) jąkać się
II *s* potknięcie *n*; błąd *m*
stung *zob*. **sting** *v*
stunk *zob*. **stink**
stupefy ['stjupɪfaɪ] *v* ogłu-
piać; oszałamiać; **to be stu-
pefied** zgłupieć
stupendous [stju'pendəs] *adj*
zdumiewający; niesłychany
stupid ['stjupɪd] *adj* (*of a
person*) głupi; tępy; (*of a
deed*) bezsensowny
stupidity [stju'pɪdətɪ] *s* głupota *f*; idiotyzm *m*; **it's sheer
~!** to jest kompletny nonsens!
sturdy ['stɜdɪ] *adj* silny, mocny; krzepki
sturgeon ['stɜdʒən] *s* jesiotr *m*
stutter ['stʌtə(r)] **I** *v* jąkać się
II *s* jąkanie się *n*
sty [staɪ] *s* chlew *m*
style [staɪl] *s* 1. styl *m*; ma-
niera *f*; fason *m* 2. (*good
taste*) wytworność; elegancja *f*; **in great ~** w wielkim stylu; **something in**

that ~ coś w tym guście 3.
(*pattern*) wzór *m*
stylish ['staɪlɪʃ] *adj* szykowny; wytworny; modny
subconsciousness ['sʌb'konʃə-
snəs] *s* podświadomość *f*
subcutaneous ['sʌbkju'teɪnɪəs]
adj podskórny (zastrzyk
itd.)
subdue [səb'dju] *v* podbijać;
(*fire etc*.) opanowywać (pożar itp.); (*mitigate*) osłabiać; przytłumiać
subject ['sʌbdʒɪkt] **I** *adj* podległy; **to be ~ to sth** podlegać czemuś; być skłon-
nym do czegoś ⟨podatnym
na coś⟩ **II** *adv* **~ to ...** pod
warunkiem ...; z zastrzeżeniem ... **III** *s* 1. podmiot *m*
2. (*person*) poddany *m* 3.
(*thing*) przedmiot *m* 4.
(*theme*) temat *m*; **on the ~
of ...** na temat ...
sublime [sə'blaɪm] *adj* wzniosły; podniosły
submarine ['sʌbmə'rin] **I** *adj*
podwodny **II** *s* łódź podwodna
submerge [səb'mɜdʒ] *v* zatapiać; zanurzać (się)
submissive [səb'mɪsɪv] *adj* u-
legły; posłuszny
submit [səb'mɪt] *v* przedłożyć;
poddawać pod rozwagę; **to
~ oneself to sb, sth** poddać się komuś, czemuś
subordinate [sə'bɔdɪnət] **I** *s*
podwładny *m* **II** *adj* podwładny; podległy; zależny;
(*of minor importance*) podrzędny **III** *v* [sə'bɔdɪneɪt]
podporządkowywać; uzależ-
niać
subscribe [səb'skraɪb] *v* 1.
podpisywać (dokument) 2.
(*contribute*) złożyć (a sum
to a charity pewną sumę
na cel dobroczynny) 3. (*take
in*) zaprenumerować (to a
magazine pismo); **~ for a
book** subskrybować książkę
subscriber [səb'skraɪbə(r)] *s*
prenumerator *m*; abonent

m; telephone ~ abonent m
telefonu
subscription [səb'skrɪpʃn] s 1.
podpis m 2. (fee) składka f
3. ~ to a newspaper pre-
numerata f gazety; ~ for
a book subskrypcja f książki
subside [səb'saɪd] v (of water)
opaść; (of land) zapaść się;
(of wind, passion etc.) o-
słabnąć; uciszyć się
subsidy ['sʌbsɪdɪ] s subwencja f
subsist [səb'sɪst] v istnieć;
egzystować; żyć (on sth z
czegoś)
substance ['sʌbstəns] s 1. istota f; treść f; in ~ w istocie 2. (property) majątek m;
a man of ~ człowiek za-
możny 3. (material) sub-
stancja f
substantial [səb'stænʃl] I adj
konkretny; istotny; ważny;
(well-to-do) zamożny; (actually existing) rzeczywisty;
(of meal) obfity II s (pl)
the ~s rzeczy istotne
substantive [səb'stæntɪv] s
gram. rzeczownik m
substitute ['sʌbstɪtjut] I s 1.
(person) zastępca m; as a
~ for sb w czyimś zastęp-
stwie 2. (thing) środek zastępczy; namiastka f II v
zastępować (sth for sth coś
czymś); pełnić funkcje w
zastępstwie
subtract [səb'trækt] v odejmować
suburb ['sʌbɜb] s przedmieście n; pl ~s peryferie pl
suburban [sə'bɜbən] adj podmiejski
subvention [sʌb'venʃn] s subwencja f
subway ['sʌbweɪ] s przejście
podziemne; am. kolej pod-
ziemna, metro n
succeed [sək'sid] v następować (sb, sth po kimś,
czymś); (inherit) odziedziczyć (to a title tytuł); (be

successful) doznać powodze-
nia ⟨odnieść sukces⟩ (in
doing sth w czymś); (of a
plan etc.) udać ⟨powieść⟩
się
succeeding [sək'sidɪŋ] adj na-
stępujący; kolejny
success [sək'ses] s powodzenie n; dobry wynik; po-
myślność f; szczęście n;
without ~ bezskutecznie;
to be a ~ mieć powodze-
nie; odnieść sukces
successful [sək'sesfl] adj pomyślny; szczęśliwy; uwień-
czony powodzeniem
succession [sək'seʃn] s następstwo n; kolejność f; ciąg
m; szereg m; in ~ z rzędu;
po kolei; in quick ~ raz za
razem
successive [sək'sesɪv] adj kolejny
successor [sək'sesə(r)] s następca m; spadkobierca m
such [sʌtʃ] I adj taki; podobny II pron taki; ten; as ~
jako taki
suck [sʌk] v ssać; (of a whirlpool) wciągać
suction ['sʌkʃn] s techn. ssanie n
sudden ['sʌdn] I adj nagły;
nieoczekiwany II s: all of a
~ nagle; wtem
suddenly ['sʌdnlɪ] adj nagle;
niespodziewanie;   naraz;
wtem
suede [sweɪd] I s zamsz m II
adj zamszowy
suffer ['sʌfə(r)] v cierpieć;
(bear) znosić; tolerować; (be
ill) cierpieć (from sth na
coś)
suffering ['sʌfrɪŋ] s cierpienie n; ból m
sufficient [sə'fɪʃnt] adj dostateczny; wystarczający
suffix ['sʌfɪks] s gram. przy-
rostek m
suffocate ['sʌfəkeɪt] v dusić;
udusić (się)
sugar ['ʃugə(r)] I s cukier m
II v pocukrzyć; (po)słodzić

sugar-bowl ['ʃugǝ bǝul] *s* cukierniczka *f*
suggest [sǝ`dʒest] *v* sugerować; podsuwać myśl; *(propose)* proponować
suggestion [sǝ`dʒestʃǝn] *s* propozycja *f*; sugestia *f*
suicide ['suɪsaɪd] *s* samobójstwo *n*; samobójca *m*
suit [sut] **I** *v* dostosowywać; *(satisfy)* odpowiadać **(sb, sth** komuś, czemuś); nadawać się; zadowalać; *(of a climate etc.)* służyć **(sb** komuś); *(match)* być dobranym; być do twarzy **(sb** komuś); pasować **(sth** do czegoś); być stosownym **(sb** dla kogoś) **II** *s* ubranie męskie; garnitur *m*; *(for a lady)* kostium damski; *(in sport)* kostium (kąpielowy, gimnastyczny *itd.*); *karc.* kolor *m*
suitable ['sutǝbl] *adj* odpowiedni; należyty; **it is not ⟨for me to ...** nie wypada mi ...
suitcase ['sutkeɪs] *s* walizka *f*
suite [swit] *s* **1.** orszak *m*, świta *f* **2.** *(apartment)* szereg *m* (pokoi); ⟨of rooms apartamenty *pl*; amfilada *f* pokoi ⟨sal⟩
suited ['sutɪd] *adj* odpowiedni; stosowny
suiting ['sutɪŋ] *s* materiał ubraniowy
sullen ['sʌlǝn] *adj* ponury
sulphur ['sʌlfǝ(r)] *s* siarka *f*
sultry ['sʌltrɪ] *adj* parny; duszny; **it is ⟨** jest duszno
sum [sʌm] **I** *s* suma *f*; *(amount of money)* kwota *f* **II** *v* dodawać; **to ⟨ up** sumować
summarize ['sʌmraɪz] *v* (z)reasumować; streszczać
summary ['sʌmrɪ] **I** *adj* krótki; pobieżny **II** *s* streszczenie *n*; wyciąg *m*
summer ['sʌmǝ(r)] *s* lato *n*; **in ⟨** latem; **Indian ⟨** babie lato; **⟨ school** kurs wakacyjny

summer-house ['sʌmǝ haus] *s* altana *f*
summertime ['sʌmǝtaɪm] *s* pora letnia
summit ['sʌmɪt] *s* wierzchołek *m*; szczyt *m*; **⟨ talks ⟨meeting⟩** konferencja *f* na szczycie ⟨szefów rządów⟩
summon ['sʌmǝn] *v* zawezwać; zwoływać
summons ['sʌmǝnz] *s* wezwanie *n*; nakaz *m* stawiennictwa
sump [sʌmp] *s* *mot.* miska olejowa
sumptuous ['sʌmptʃuǝs] *adj* wspaniały; okazały; urządzony z przepychem
sun [sʌn] *s* słońce *n*
sun-bath ['sʌn baϴ] *s* kąpiel słoneczna
sun-bathe ['sʌn beɪð] *v* zażywać kąpieli słonecznej
sunblind ['sʌnblaɪnd] *s* roleta ⟨stora⟩ przeciwsłoneczna
sunburnt ['sʌnbɜnt] *adj* opalony
Sunday ['sʌndɪ] *s* niedziela *f*; **⟨ driver** słaby kierowca; **⟨ best** odświętne ubranie
sun-dial ['sʌn daɪl] *s* zegar słoneczny
sunflower ['sʌnflauǝ(r)] *s* słonecznik *m*
sung *zob.* **sing**
sun-glasses ['sʌn glasɪz] *pl* okulary słoneczne
sunk *zob.* **sink** *v*
sunken *zob.* **sink** *v*; *adj* zatopiony; *(of eyes etc.)* zapadnięty
sun-lamp ['sʌn læmp] *s* lampa kwarcowa
sunlight ['sʌnlaɪt] *s* blask *m* słońca
sunlit ['sʌnlɪt] *adj* słoneczny; nasłoneczniony
sun-lounge ['sʌn laundʒ] =**sun-parlour** ['sʌn palǝ(r)] *s* weranda *f* (oszklona)
sunny ['sʌnɪ] *adj* słoneczny
sunrise ['sʌnraɪz] *s* wschód *m* słońca; świt *m*; **at ⟨** o świcie

sun-roof [ˈsʌnruf] s odsuwany dach samochodu
sunset [ˈsʌnset] s zachód m słońca; at ~ o zachodzie słońca
sunshade [ˈsʌnʃeɪd] s parasolka f
sunshine [ˈsʌnʃaɪn] s światło słoneczne
sunstroke [ˈsʌnstrəʊk] s porażenie słoneczne
sun-tan [ˈsʌn tæn] s opalenizna f
superb [suˈpɜb] adj wspaniały; doskonały
superficial [ˈsupəˈfɪʃl] adj powierzchowny; pobieżny
superfluous [suˈpɜfluəs] adj zbyteczny; zbędny; (będący) w nadmiarze
superhighway [ˈsupəˈhaɪweɪ] s autostrada f
superhuman [ˈsupəˈhjumən] adj nadludzki
superior [səˈpɪərɪə(r)] I adj wyższy; przewyższający; górujący; wojsk. starszy rangą; (better) lepszy; (of quality) pierwszorzędny II s zwierzchnik m; przełożony m
superiority [səˈpɪərɪˈorətɪ] s wyższość f; przewaga f; starszeństwo n
superlative [suˈpɜlətɪv] I adj najwyższy; wspaniały II s gram. stopień najwyższy; (expression of esteem) wyraz najwyższego uznania
supermarket [ˈsupəmɑkɪt] s samoobsługowy sklep z artykułami spożywczymi i gospodarstwa domowego
superstition [ˈsupəˈstɪʃn] s przesąd m; zabobon m
superstitious [ˈsupəˈstɪʃəs] adj przesądny; zabobonny
supervise [ˈsupəvaɪz] v dozorować; doglądać; kierować (sth czymś)
supervision [ˈsupəˈvɪʒn] s dozorowanie n; kontrola f
supper [ˈsʌpə(r)] s kolacja f
supplement [ˈsʌplɪmənt] I s

dodatek m; uzupełnienie n II v [ˈsʌplɪment] uzupełniać
supplier [səˈplaɪə(r)] s dostawca m
supply [səˈplaɪ] I v dostarczać; zaopatrywać (with sth w coś); (supplement) uzupełniać II s dostawa f; zaopatrzenie n; (store) zapas m; pl **supplies** handl. artykuły pl
support [səˈpɔt] I v podtrzymywać; wspierać; (encourage) dodawać otuchy; popierać; (keep up) utrzymywać (rodzinę itp.) II s podpora f; (protection) poparcie n; pomoc f; wsparcie n
supporter [səˈpɔtə(r)] s stronnik m
suppose [səˈpəʊz] v przypuszczać; zakładać (that ... że ...); sądzić; **he is ~d to be** ... przypuszcza się, że on jest ...; **who is ~d to do it?** kto ma to zrobić?; **you are ~d to know it** powinieneś to wiedzieć; **supposing he failed to come** ... przypuśćmy, że on nie przyjdzie ...
supposed [səˈpəʊzd] adj rzekomy; domniemany
supposition [ˈsʌpəˈzɪʃn] s przypuszczenie n; **on the ~ that** ... przypuszczając, że ...
suppository [səˈpozɪtrɪ] s farm. czopek m
surcharge [ˈsɜtʃɑdʒ] s dopłata f; elektr. przeciążenie n
sure [ʃʊə(r)] I adj 1. pewny; **to be ~ of sth** być pewnym czegoś; **to make ~ of sth** upewniać się o czymś; **he is ~ to come** on na pewno przyjdzie; **to be ~** wprawdzie; co prawda; **for ~** na pewno 2. (reliable) niezawodny 3. (safe) bezpieczny II adv pewnie; na pewno; **~ enough** z pewnością
surely [ˈʃʊəlɪ] adv pewnie; z pewnością; chyba
surf [sɜf] s fale przybrzeżne

surface ['s3fıs] s powierzchnia
f; on the ~ na zewnątrz;
pozornie
surfing ['s3fıŋ] s sport. surfing m
surgeon ['s3dʒən] s chirurg m
surgeon-dentist ['s3dʒən den-
tıst] s lekarz dentysta m
surgery ['s3dʒərı] s 1. chirurgia f 2. (a room) gabinet
lekarski ⟨dentystyczny⟩; ~
hours godziny pl przyjęć
(u lekarza, dentysty)
surgical ['s3dʒıkl] adj chirurgiczny
surly ['s3lı] adj gburowaty;
zgryźliwy
surname ['s3neım] s nazwisko
n; (nickname) przydomek
m
surpass [sə'pɑs] v przewyższać;
prześcigać
surplus ['s3pləs] s nadwyżka f;
~ production nadproduk-
cja f
surprise [sə'praız] I v zaskoczyć; zdziwić; to be ~ed at
sb, sth dziwić się komuś,
czemuś II s niespodzianka
f; zaskoczenie n; by ~ niespodziewanie; to give sb a
~ sprawić komuś niespo-
dziankę; to take sb by ~
zaskoczyć kogoś
surprising [sə'praızıŋ] adj zadziwiający; zaskakujący;
nieprawdopodobny
surrender [sə'rendə(r)] I v
poddać się; ustąpić II s
poddanie się n; ustąpienie
n
surround [sə'raund] I v otaczać; opasywać II s obra-
mowanie n; oparkanienie n
surroundings [sə'raundıŋz] plt
otoczenie n; okolica f; środowisko n
survey ['s3veı] I v obserwować; przeglądać; przepro-
wadzać inspekcję II s
['s3veı] przegląd m; inspekcja f; mot. guarantee ~
przegląd gwarancyjny ⟨w

ramach gwarancji⟩; perio-
dical ~ przegląd okresowy;
technical ~ przegląd te-
chniczny
survive [sə'vaıv] v przeżyć
(kogoś, coś); przetrwać; u-
trzymywać się przy życiu
susceptible [sə'septəbl] adj
wrażliwy; czuły (to sth na
coś)
suspect [sə'spekt] I v podejrzewać (kogoś, coś) II adj
['sʌspekt] podejrzany
suspend [sə'spend] v zawieszać; odraczać
suspender [sə'spendə(r)] s podwiązka f
suspension [sə'spenʃn] s zawieszenie n; odroczenie n;
~ bridge most wiszący; ~
of payment zawieszenie płatności; ~ of licence ode-
branie n prawa jazdy
suspicion [sə'spıʃn] s podejrzenie n; without ~ nic nie
podejrzewając
suspicious [sə'spıʃəs] adj podejrzany; (suspecting) po-
dejrzliwy; nieufny
suture ['sutʃə(r)] s szew m
(chirurgiczny)
swallow¹ ['swoləu] s jaskółka
f
swallow² ['swoləu] I v połykać; pochłaniać II s łyk m;
haust m
swam zob. swim v
swamp [swomp] s bagno n;
moczary pl
swan [swon] s łabędź m
swarm [swɔm] I v roić się;
tłoczyć się II s rój m
swarthy ['swɔðı] adj śniady;
smagły; ciemny
sway [sweı] I v chwiać się;
kołysać się; (exercise influence) wywierać wpływ II
s kołysanie n się; (rule)
władza f
swear [sweə(r)] v (swore
[swɔ(r)], sworn [swɔn]) przysięgać; (curse) kląć; przeklinać
swearing ['sweərıŋ] s przysię-

ga *f*; (*curse*) przekleństwo
n
sweat [swet] I *v* pocić się II
s pot *m*; wet with ⁓ zlany
potem
sweater ['swetə(r)] *s* sweter
m
Swede [swid] *s* Szwed *m*;
Szwedka *f*
Swedish ['swidıʃ] *adj* szwedzki
sweep ['swip] I *v* (swept
[swept], swept) zamiatać;
to ⁓ aside odsunąć II *s* 1.
zamaszysty ruch (*of the
hand* ręki) 2. (*cleaning*) zamiatanie *n*; to give a room
a ⁓ zamieść pokój
sweeper ['swipə(r)] *s* zamiatacz *m*
sweeping ['swipıŋ] *adj* (*of
view*) rozległy; (*of gesture*)
zamaszysty
sweet [swit] I *adj* 1. słodki;
(*of wine*) deserowy; I like
my tea ⁓ lubię słodką herbatę; to have a ⁓ tooth lubić słodycze; to taste ⁓ być
słodkim 2. (*of a smell*) wonny; przyjemny 3. (*of a
voice*) melodyjny; miły 4.
(*of temper*) łagodny; miły;
to be ⁓ on sb być zakochanym w kimś II *s* cukierek *m*; *pl* ⁓s słodycze *pl*;
desery pl
sweeten ['switn] *v* słodzić;
⁓ed tea osłodzona herbata
sweetheart ['swithɑt] *s* ukochany *m*; ukochana *f*;
(*fiancé*) narzeczony *m*;
(*fiancée*) narzeczona *f*
sweetmeats ['switmits] *pl* słodycze *pl*
sweet-shop ['swit ʃop] *s* sklep
m ze słodyczami
swell [swel] I *v* (swelled
[sweld], swollen ['swolən])
puchnąć; nabrzmiewać;
wzbierać; pęcznieć; wzdymać (się); wydymać (się) II
s obrzęk *m*; (*smartly dressed*) *pot.* elegant *m* III *adj*
pot. szykowny; elegancki;

am. pierwszorzędny; kapitalny
swerve [swɜv] *v* gwałtownie
skręcić
swim [swım] I *v* (swam
[swæm], swum [swʌm]) pływać; (*have a dizzy effect*)
zakręcić się przed oczami;
my head ⁓s w głowie mi
się kręci II *s* pływanie *n*;
to have ⟨to go for⟩ a ⁓ popływać sobie
swimmer ['swımə(r)] *s* pływak
m
swimming-trunks ['swımıŋ
trʌŋks] *s* kąpielówki *pl*
swimming-pool ['swımıŋ pul]
s basen pływacki
swimsuit ['swımsut] *s* kostium kąpielowy
swindle ['swındl] I *v* oszukiwać II *s* oszustwo *n*
swindler ['swındlə(r)] *s* oszust
m
swine [swɑın] *s* (*pl* swine)
świnia *f*
swing [swıŋ] I *v* (swung
[swʌŋ], swung) kołysać się;
huśtać (się) II *s* kołysanie
n; (*for children*) huśtawka
f; in full ⁓ w pełnym toku
swirl [swɜl] I *v* wirować;
obracać się II *s* wir *m*
Swiss [swıs] I *adj* szwajcarski II *s* Szwajcar *m*, Szwajcarka *f*; *pl* the ⁓ Szwajcarzy *pl*
switch [swıtʃ] I *v* (*direct*)
skierować (a train to a line
pociąg na jakiś tor; the
conversation to a subject
rozmowę na jakiś temat);
to ⁓ off wyłączyć (prąd,
radio itp.); to ⁓ on włączyć
(prąd); to ⁓ over przełączyć ⟨przerzucić⟩ na inną
falę (w radiu) II *s* *elektr.*
wyłącznik *m*; przełącznik
m; *mot.* ignition ⁓ wyłącznik *m* zapłonu, stacyjka *f*
switchboard ['swıtʃbɔd] *s* tablica rozdzielcza; pulpit
kontrolny
swollen ['swəulən] *zob.* swell

v; *adj* obrzmiały; spuchnięty
swoon [swun] **I** *v* mdleć **II** *s* zemdlenie *n*; omdlenie *n*; **to fall into a** ~ zemdleć
sword [sɔd] *s* miecz *m*; szabla *f*
swordsman ['sɔdzmən] *s sport.* szablista *m*
swore *zob.* **swear**
sworn [swɔn] *zob.* **swear** *adj* zaprzysiężony; przysięgły
swum *zob.* **swim** *v*
swung *zob.* **swing** *v*
syllable ['sıləbl] *s* zgłoska *f*; sylaba *f*
symbol ['sımbl] *s* symbol *m*; godło *n*
symbolic(al) [sım'bolık(l)] *adj* symboliczny
symbolize ['sımbļaız] *v* symbolizować
symmetry ['sımıtrı] *s* symetria *f*
sympathetic ['sımpə'θetık] *adj* współczujący; pełny zrozumienia
sympathize ['sımpəθaız] *v* współczuć **(with sb** komuś); (*unite*) solidaryzować się
sympathy ['sımpəθı] *s* **1.** wzajemne zrozumienie **2.** (*compassion*) współczucie *n*; a **letter of** ~ list kondolencyjny **3.** (*good will*) sympatia *f* **(for sb** do kogoś); **my sympathies are with you** jestem po twojej stronie

symphony ['sımfənı] *s* symfonia *f*
symptom ['sımptəm] *s* objaw *m*; symptom *m*
syndicate ['sındıkət] *s* syndykat *m*; (*consortium*) konsorcjum *m*
synonim ['sınənım] *s* synonim *m*
syntax ['sıntæks] *s* składnia *f*
Syrian ['sırıən] **I** *s* Syryjczyk *m*, Syryjka *f* **II** *adj* syryjski
syringe [sı'rındʒ] *s* strzykawka *f*
syrup ['sırəp] *s* syrop *m*
system ['sıstəm} *s* **1.** system *m*; **braking** ~ system ⟨układ⟩ hamulcowy; **decimal** ~ system dziesiętny; **monetary** ~ system pieniężny; **sanitary** ⟨sewerage⟩ ~ instalacja kanalizacyjna; **wiring** ~ instalacja elektryczna **2.** (*method*) metoda *f* **3.** (*the body as a functional whole*) organizm *m* (*of a man* człowieka) **4.** *polit.* ustrój *m* **5.** sieć *f* (kolejowa etc.)
systematic ['sıstə'mætık] *adj* systematyczny
system-building ['sıstəm bıldıŋ] *s* budowanie *n* domów z prefabrykatów
system-built ['sıstəm bılt] *adj* zbudowany z prefabrykatów

T

table [teıbl] *s* **1.** stół *m*; stolik *m*; **bed-side** ~ nocny stolik; **to book a** ~ zarezerwować stolik; **to take a** ~ zająć stolik; **to keep a good** ~ prowadzić dobrą kuchnię; **at** ~ przy stole **2.** (*list*) tablica *f*; tabela *f*; wykaz *m*; **information** ~ tablica

informacyjna; **tourist route** ~ tablica szlaku (turystycznego); ~ **of contents** spis *m* rzeczy ⟨treści⟩ (w książce)
table-cloth ['teıbl kloθ] *s* obrus *m*
table-linen ['teıbl lının] *s* bielizna stołowa

tablespoon ['teiblspun] *s* łyżka stołowa
tablet ['tæblət] *s* tabliczka *f*; *farm.* tabletka *f*; aspirin ⁓ tabletka aspiryny
table-tennis ['teibl tenis] *s* tenis stołowy, ping-pong *m*
table-ware ['teibl weə(r)] *s* zastawa *f*; nakrycie stołowe
taboo [tə'bu] I *s* tabu *n*; świętość *f* II *adj* zakazany; nietykalny
taciturn ['tæsitɜn] *adj* milczący; małomówny
tack [tæk] *s* pluskiewka *f*; pinezka *f*; (*loose stitch*) fastryga *f*
tackle ['tækl] I *v* obchodzić się (*sth* z czymś); (*set to*) zabrać się (*sth do* czegoś) II *s* sprzęt *m*; przybory *pl*
tact [tækt] *s* takt *m*; wyczucie *n*; **to use** ⁓ postępować taktownie
tactful ['tæktfl] *adj* taktowny
tactical ['tæktikl] *adj* taktyczny
tactless ['tæktləs] *adj* nietaktowny
tag [tæg] *s* etykietka *f*
tail [teil] *s* ogon *m*; poła *f* (of dress coat fraka); **heads or** ⁓**s?** orzeł *m* czy reszka *f*?
tailor ['teilə(r)] *s* krawiec *m*
tailor-made ['teilə meid] *adj* szyty na miarę; a ⁓ costume kostium *m* (damski)
taint [teint] I *v* plamić; (*infect*) skazić II *s* plama *f*; skaza *f*; (*spoiling*) zepsucie *n*; skażenie *n*
take [teik] *v* (took [tuk], taken ['teikn]) 1. brać; zabierać; **to** ⁓ **lessons** brać lekcje; uczyć się; **to** ⁓ **a seat** usiąść; **to** ⁓ **a picture** robić zdjęcie; **to** ⁓ **notes** notować; **to** ⁓ **a bath** kąpać się; **to** ⁓ **a tan** opalać się; **to** ⁓ **lodgings** zamieszkać; **to** ⁓ **a fancy to sb, sth** polubić kogoś, coś; **to** ⁓ **interest in...** zainteresować

się... (kimś, czymś); **to** ⁓ **notice** ⟨heed⟩ uważać ⟨zważać⟩ (of sth na coś); **to** ⁓ **offence** obrazić się; **to** ⁓ **pains** ⟨trouble⟩ zadawać sobie trud; **to** ⁓ **pleasure in sth** znajdować przyjemność w czymś; **z** przyjemnością coś robić; **to** ⁓ **advantage of sth** s/korzystać ⟨zrobić użytek⟩ z czegoś; **it** ⁓**s time to** wymaga czasu 2. (*book*) zarezerwować miejsce (in the theatre, plane etc. w teatrze, samolocie itp.) 3. (*get*) zasięgnąć (information, advice etc. informacji, rady itp.) 4. (*fetch*) zabierać ze sobą; zanosić; przyprowadzać kogoś ze sobą 5. (*ride*) pojechać (a taxi, the tram etc. taksówką, tramwajem itp.) || **to** ⁓ **after sb** być podobnym do kogoś; **to** ⁓ **to sports, writing etc.** zacząć uprawiać sporty, zacząć pisać itd.; **to** ⁓ **to drink** rozpić się; **to** ⁓ **it easy** nie przemęczać się; **to** ⁓ **to sb, sth** upodobać sobie kogoś, coś; **to** ⁓ **over** przejąć; **to** ⁓ **round** oprowadzać (kogoś po czymś)
taken ['teikn] *zob.* take *v*; *adj* wzięty; zdobyty; zajęty (np. stolik); **to be** ⁓ **ill** zachorować
take off ['teik of] *s* start (samolotu)
tale [teil] *s* opowiadanie *n*; opowieść *f*
talent ['tælənt] *s* talent *m*; dar *m*
talisman ['tælizmən] *s* amulet *m*, talizman *m*
talk [tɔk] I *v* mówić; rozmawiać (to ⟨with⟩ sb z kimś); **to** ⁓ **nonsense** pleść głupstwa; **to** ⁓ **over** omówić II *s* 1. rozmowa *f*; **to have a** ⁓ **with sb** porozmawiać sobie z kimś 2. (*lecture*) pogadanka *f*; prelekcja *f*

talkative ['tɔkətɪv] *adj* rozmowny; gadatliwy
tall [tɔl] *adj* wysoki
tame [teɪm] I *v* oswajać; ob-
łaskawiać; (*subdue*) poskra-
miać II *adj* oswojony; ob-
łaskawiony; uległy
tameless ['teɪmləs] *adj* dziki;
nieposkromiony
tan [tæn] I *v* 1. garbować
(leather skórę) 2. (*become
sunburnt*) opalać się II *s* 1.
garbnik *m* 2. (*sunburnt
skin*) ˎopalenizna *f*; to take
a ∼ opalić się
tandem ['tændəm] *s* tandem
m
tangerine ['tændʒəˈrin] *s* mandarynka *f*
tangle ['tæŋgl] I *v* plątać; wikłać; gmatwać II *s* plątani-
na *f*; (*complication*) powi-
kłanie *n*
tango ['tæŋgəʊ] I *v* tańczyć
tango II *s* tango *n*
tank [tæŋk] I *v* tankować II
s zbiornik *m*; bak *m* (samochodu); cysterna *f*; *wojsk.*
czołg *m*
tankard ['tæŋkəd] *s* kufel *m*
tanker ['tæŋkə(r)] *s* tanko-
wiec *m*; cysterna *f*
tap¹ [tæp] I *v* stukać (at the
door do drzwi) II *s* stukanie *n*
tap² [tæp] *s* kran *m*; kurek
m
tape [teɪp] *s* 1. taśma *f*; tasiemka *f*; adhesive ∼ przylepiec *m*; insulating ∼ taśma izolacyjna; magnetic ∼
taśma magnetofonowa; red
∼ biurokracja *f* 2. (*string*)
sznurek *m*
tape-measure ['teɪp meʒə(r)] *s*
centymetr *m* (krawiecki)
taper ['teɪpə(r)] *v* zwężać się
ku końcowi; kończyć się
spiczasto
tape-recorder ['teɪp rɪkɔdə(r)]
s magnetofon *m*
tape-recording ['teɪp rɪkɔdɪŋ]
s nagrywanie *n* na taśmę

tapering ['teɪprɪŋ] *adj* zwęża-
jący się; spiczasty
tapestry ['tæpɪstrɪ] *s* gobe-
lin(y)
tapeworm ['teɪpwɜm] *s med.*
tasiemiec *m*
tar [tɑ(r)] I *s* pokrywać smo-
łą II *s* smioła *f*
target ['tɑgɪt] *s* tarcza *f*
(strzelnicza); (*aim*) cel *m*
(do strzelania, dążeń itp.);
obiekt *m*
tariff ['tærɪf] *s* taryfa *f*; cennik *m*; (*customs dues*) taryfa celna
tarpaulin [tɑˈpɔlɪn] *s* brezent
m; płótno nieprzemakalne;
plandeka *f*
tart¹ [tɑt] *s* placek *m*; ciastko *n*
tart² [tɑt] *adj* (*of taste*) cierpki; (*of remark*) zgryźliwy
task [tɑsk] *s* zadanie *n*; *szk.*
zadana praca ⟨lekcja⟩
task-work ['tɑsk wɜk] *s* praca akordowa
taste [teɪst] I *v* smakować;
kosztować (sth czegoś); (*feel
the flavour*) czuć smak II *s*
1. smak *m* 2. (*liking*) zamiłowanie *n*; pociąg *m* (for
sth do czegoś) 3. (*judgement
in questions of beauty and
manners*) gust *m*; to be in
good ⟨bad⟩ ∼ być w do-
brym ⟨złym⟩ guście
tasteful ['teɪstfl] *adj* gustowny; w dobrym guście
tasteless ['teɪstləs] *adj* bez
smaku; (*lacking good taste*)
bez gustu; niegustowny
tasty ['teɪstɪ] *adj* smakowity;
smaczny
tattoo [təˈtu] I *v* tatuować II
s tatuaż *m*
taught *zob.* teach
tax [tæks] I *v* obciążać po-
datkiem; (*estimate*) szacować; (*put to the test*) wystawiać na próbę II *s* podatek *m*
taxation [tækˈseɪʃn] *s* nało-
żenie *n* podatków; (*taxes*)
podatki *pl*

tax-collector [`tæks kəlektə(r)] s poborca podatkowy; ~'s office urząd skarbowy
tax-free [`tæks`fri] adj wolny od podatków
taxi [`tæksɪ] s taksówka f; ~ rank postój m taksówek; ~ driver taksówkarz m; to hail a ~ przywołać taksówkę
taximeter [`tæksɪmitə(r)] s taksometr m
tax-payer [`tæks peɪə(r)] s podatnik m
tea [ti] s 1. herbata f 2. (light afternoon meal) (także plain ~) podwieczorek m; herbatka f; high ~ podwieczorek m i zarazem kolacja f
teach [titʃ] v (taught [tɔt], taught) uczyć; nauczać; udzielać lekcji
teacher [`titʃə(r)] s nauczyciel m; nauczycielka f
tea-cup [`ti kʌp] s filiżanka f do herbaty
tea-drinker [`ti drɪŋkə(r)] s amator m herbaty; przen. (abstainer) abstynent m
tea-kettle [`ti ketl] s imbryk m
team [tim] s zespół m; sport. drużyna f; ~ spirit duch zespołowy
team-work [`tim wɜk] s praca zespołowa
tea-pot [`ti pot] s czajniczek m
tear ¹ [teə(r)] I v (tore [tɔ(r)], torn [tɔn]) rwać; rozrywać; rozdzierać; szarpać; to ~ a hole in ... wydrzeć dziurę w ...; to ~ open an envelope rozedrzeć kopertę II s rozdarcie n; dziura f (w materiale)
tear ² [tɪə(r)] s łza f
tearful [`tɪəfl] adj płaczliwy; (sad) smutny; zalany łzami; załzawiony
tear-gas [`tɪə gæs] s gaz łzawiący
tease [tiz] I v dokuczać 〈do-

cinać, robić na złość〉 (sb komuś) II s człowiek dokuczliwy; to be a ~ dokuczać
tea-spoon [`ti spun] s łyżeczka f do herbaty
tea-things [`ti θɪŋz] pl zastawa f do podwieczorku
tea-time [`ti taɪm] s pora f podwieczorku
technical [`teknɪkl] adj techniczny; (professional) fachowy
technician [tek`nɪʃn] s rutynowany fachowiec; technik m
technique [tek`nik] s technika f (of doing sth czegoś)
technology [tek`nolədʒɪ] s technologia f
teddy-bear [`tedɪ beə(r)] s miś m (zabawka)
tedious [`tidɪəs] adj nudny
teenager [`tineɪdʒə(r)] s nastolatek m; wyrostek m; pl ~s młodzież dorastająca, nastolatki pl
tee-shirt [`ti ʃɜt] s trykotowa koszulka z krótkimi rękawami
teeth zob. tooth
teetotaller [ti`təutlə(r)] s abstynent m
telegram [`telɪgræm] s telegram m; urgent ~ pilny telegram
telegraph [`telɪgraf] I v telegrafować II s telegraf m III adj telegraficzny
telegraphic [telɪ`græfɪk] adj telegraficzny; ~ address adres telegraficzny (dla telegramów)
telephone [`teləfəun] I v telefonować II s telefon m; to be on the ~ mieć telefon w domu; (talk) rozmawiać przez telefon; to answer the ~ odebrać telefon; by ~ telefonicznie III adj telefoniczny; ~ booth 〈directory, exchange〉 budka 〈książka, centrala〉 telefoniczna

telephoto ['telɪ'fəʊtəʊ] *adj*: ~ **lens** teleobiektyw *m*
teleprinter ['telɪprɪntə(r)] *s* dalekopis *m*
telescope ['telɪskəʊp] *s* teleskop *m*
television ['telɪvɪʒn] I *s* telewizja *f* II *adj* telewizyjny; ~ **set** telewizor *m*
tell [tel] *v* (**told** [təʊld], **told**) 1. mówić; powiedzieć; **I was told that ...** powiedziano mi, że ...; **to** ~ **the time** powiedzieć, która jest godzina; podać czas; **to tell sb the way to ...** wskazać komuś drogę do ...; **I can't** ~ **the difference** nie widzę różnicy 2. (*report*) opowiadać 3. (*order*) kazać (**sb to do sth** komuś coś zrobić) 4. (*distinguish*) odróżniać (**one person** ⟨**thing**⟩ **from another** jedną osobę ⟨rzecz⟩ od drugiej) 5. (*know*) wiedzieć; **for all I can** ~ o ile mi wiadomo
teller ['telə(r)] *s* narrator *m*; (*in a bank*) kasjer *m*
temper ['tempə(r)] I *v* temperować; łagodzić; *metalurg.* hartować II *s* 1. usposobienie *n*; nastrój *m*; humor *m*; **to be out of** ~ złościć się; **to control one's** ~ panować nad sobą; **to lose one's** ~ zdenerwować się; rozzłościć się 2. (*irritation*) złość *f*; **a fit of** ~ wybuch *m* gniewu; **to be in a** ~ gniewać się; **to get into a** ~ zirytować się
temperament ['tempramənt] *s* temperament *m*; (*disposition*) usposobienie *n*
temperance ['temprəns] *s* wstrzemięźliwość *f*; umiar *m*; umiarkowanie *n*; powściągliwość *f*; abstynencja *f*; ~ **society** towarzystwo antyalkoholowe
temperate ['temprət] *adj* umiarkowany; powściągliwy; wstrzemięźliwy

temperature ['temprətʃə(r)] *s* temperatura *f*; gorączka *f*; **to have a** ~ mieć gorączkę
tempest ['tempɪst] *s* burza *f*; nawałnica *f*
temple [1] ['templ] *s* świątynia *f*
temple [2] ['templ] *s* skroń *f*
tempo ['tempəʊ] *s* tempo *n*
temporal ['tempərl] *adj* czasowy; (*of physical life*) doczesny
temporary ['temprɪ] *adj* tymczasowy; chwilowy; prowizoryczny; ~ **address** adres tymczasowy
tempt [tempt] *v* kusić; nęcić
temptation [temp'teɪʃn] *s* pokusa *f*
tempting ['temptɪŋ] *adj* kuszący; ponętny
ten [ten] *adj* dziesięć
tenacious [tə'neɪʃəs] *adj* wytrwały; uporczywy
tenancy ['tenənsɪ] *s* dzierżawa *f*
tenant ['tenənt] I *v* dzierżawić; najmować II *s* dzierżawca *m*; (*lodger*) lokator *m*
tend [1] [tend] *v* zmierzać ⟨dążyć⟩ (**dokądś**); (*be inclined*) skłaniać się (**to sth ku czemuś**)
tend [2] [tend] *v* opiekować się (**sb, sth kimś, czymś**); pilnować; dozorować; pielęgnować (**an invalid** chorego)
tendency ['tenənsɪ] *s* dążność *f*; tendencja *f*
tender ['tendə(r)] *adj* delikatny; wrażliwy; (*loving*) czuły; (*of meat*) miękki; kruchy
tendon ['tendən] *s* ścięgno *n*
tenfold ['tenfəʊld] I *adj* dziesięciokrotny II *adv* dziesięciokrotnie
tennis ['tenɪs] *s* tenis *m*
tennis-court ['tenɪs kɔt] *s* kort tenisowy
tenor ['tenə(r)] I *s* *muz.* tenor

m II *adj (of instrument)*
tenorowy
tense ¹ [tens] *s gram.* czas *m*
tense ² [tens] *adj* napięty; na-
prężony; pełen napięcia
tension [ˈtenʃn] *s* napięcie *n*;
naprężenie *n*
tent [tent] *s* namiot *m*
tentative [ˈtentətɪv] *adj* próbny; nieobowiązujący
tent-bed [ˈtent bed] *s* łóżko
obozowe
tent-peg [ˈtent peg] *s* kołek
namiotowy; *pot.* śledź *m*
tenth [tenθ] I *num* II *adj*
dziesiąty III *s* dziesiąta
(część)
tepid [ˈtepɪd] *adj* letni
term [tɜm] *s* 1. okres *m*; *(tri-
mester)* trymestr *m*; kwartał *m*; przeciąg *m* czasu;
czas *m* trwania; ~ of office kadencja *f* 2. *(date)*
termin *m (of payment* płatności) 3. *(expression)* termin (techniczny itp.) 4.
(definition) określenie *n*;
to think in ~s of ... myśleć
kategoriami ... 5. *pl* ~s warunki *pl* (umowy itd.); to
come to ~s dojść do po-
rozumienia 6. *(fee)* honorarium *n*; his ~s are a guinea a visit on bierze gwineę
za wizytę 7. *(inter-relations)*
wzajemne stosunki; to be
on good ⟨bad⟩ ~s with sb
dobrze ⟨źle⟩ żyć z kimś
terminal [ˈtɜmɪnl] I *s* zakończenie *n*; *gram.* końcówka
f; *kolej.* stacja końcowa;
air ~ dworzec lotniczy w
mieście II *adj* końcowy;
graniczny; *(ultimate)* ostateczny; *(of each term)* okresowy; kwartalny
terminus [ˈtɜmɪnəs] *s* końcowa stacja; końcowy przy-
stanek
terrible [ˈterəbl] *adj* straszny;
okropny
terrific [təˈrɪfɪk] *adj* straszliwy; przeraźliwy: okropny;
(splendid) wspaniały

terrify [ˈterɪfaɪ] *v* przerażać;
(terrorize) terroryzować; to
be terrified of sth panicz-
nie się czegoś bać
territorial [ˌterɪˈtɔrɪəl] *adj* terytorialny; *(of a council
etc.)* okręgowy
territory [ˈterɪtrɪ] *s* terytorium *n*; obszar *m*
terror [ˈterə(r)] *s* terror *m*;
paniczny strach; postrach
m; in ~ przerażony
terror-stricken [ˈterə strɪkən]
adj przerażony
test [test] I *v* próbować; badać II *s* 1. próba *f*; blood ~
analiza *f* krwi; routine ~
badanie okresowe; to put
to the ~ poddać próbie; to
stand the ~ wytrzymywać
próbę 2. *(experiment)* doświadczenie *n*; badanie *n*;
driving ~ egzamin *m* na
prawo jazdy; *szk.* class ~
klasówka III *adj* próbnv;
kontrolny; ~ drive jazda
próbna; ~ pilot oblatywacz
m
testament [ˈtestəmənt] *s* testament *m*
testify [ˈtestɪfaɪ] *v* świadczyć
(in favour of ⟨against⟩ sb
na czyjąś korzyść ⟨nieko-
rzyść⟩); *(give evidence)* dawać świadectwo (to sth czemuś)
testimonial [ˌtestɪˈməunɪəl] *s*
świadectwo *n* (z pracy); zaświadczenie *n*; *(gift)* (okolicznościowy) dar *m*; upominek *m*
tetanus [ˈtetnəs] *m med.* tężec
m
text [tekst] *s* tekst *m*
textbook [ˈtekstbuk] *s* pod-
recznik *m*
textile [ˈtekstaɪl] I *s* tkanina
f II *adj* tekstylny
texture [ˈtekstʃə(r)] *s* budowa
f; struktura *f*; *(of a textile
fabric)* faktura *f*
than [ðən, ðæn] *conj* aniżeli;
niż
thank [θæŋk] I *v* dziękować

(sb **for** sth komuś za coś);
~ **heaven** ⟨**goodness**⟩! dzięki Bogu!; ~ **you** (very
much) (bardzo) dziękuję II
s (pl) ~s dzięki pl; podziękowanie n; ~s to ... dzięki ... (komuś, czemuś); **to
express one's** ~s podziękować
thankful ['Θæŋkfl] adj wdzięczny
thankfulness ['Θæŋkflnəs] s
wdzięczność f
thanksgiving [Θæŋks'gɪvɪŋ] s
dziękczynienie·n
that [ðæt] I pron (pl those
[ðəuz]) 1. ów; tamten; to;
like ~ w ten sposób; tak
2. (relative) który; co II adv
1. tak; aż tak; do tego stopnia; ~ **much** (aż) tyle 2.
(such) taki III conj 1. że;
now ~ skoro 2. (in order
to) żeby; aby
thaw [Θɔ] I v tajać; topić się;
rozpuszczać się II s odwilż
f
the [ðə] (przed samogłoską
[ði]) rodzajnik określony:
ten; ta; to; ci; te
theatre ['Θɪətə(r)] s 1. teatr
m 2. (a room) sala f; po-
mieszczenie n; **operating** ~
sala operacyjna
theatre-goer ['Θɪətə gəuə(r)] s
amator m teatru; teatroman
m
theatrical [Θɪ'ætrɪkl] adj teatralny; sceniczny
theft [Θeft] s kradzież f; zło-
dziejstwo n
their [ðeə(r)] adj ich
theirs [ðeəz] pron ich
them [ðm, ðem] pron ich; je;
im
theme [Θim] s temat m
themselves [ðm'selvz] pron
oni sami; ich samych; so-
bie; siebie; się
then [ðen] I adv wtedy; wówczas; następnie; **before** ~
już przedtem; **by** ~ już;
uprzednio; **till** ~ do tego

czasu II conj w takim ra-
zie; a więc; zatem
theology [Θi'olədʒɪ] s teologia
f
theoretic(al) [Θɪə'retɪkl] adj
teoretyczny
theory ['Θɪərɪ] s teoria f; **in** ~
teoretycznie
therapeutic ['Θerə'pjutɪk] adj
terapeutyczny; leczniczy
therapy ['Θerəpɪ] s leczenie
n; lecznictwo n; terapia f
there [ðeə(r)] adv tam; w tym
miejscu; ~ **is** istnieje; znaj-
duje się; ~ **are** istnieją;
znajdują się; są
thereabouts ['ðeərəbauts] adv
w tej okolicy; (more or
less) mniej więcej; coś koło
tego
thereby [ðeə'baɪ] adv przez
to; skutkiem tego; w ten
sposób
therefore ['ðeəfɔ(r)] adv dlatego; więc; zatem
thermometer [Θə'momɪtə(r)] s
termometr m
thermos ['Θɜmos] s termos m
thermostat ['Θɜməstæt] s termostat m
these zob. **this** pron; ci, te
thesis ['Θisɪs] s teza f; (dissertation) praca dyplomowa
they [ðeɪ] pron oni; one
they'd = **they had**; **they
would** ⟨**should**⟩
they'll = **they will**
they're = **they are**
thick [Θɪk] I adj gruby; (compact) gęsty; zbity; (of the
rain) rzęsisty; (of a liquid)
mętny; (dull) tępy II s
gąszcz m
thicken ['Θɪkən] v zagęszczać;
(become dense) gęstnieć;
(become thick) grubieć
thicket ['Θɪkɪt] s zarośla pl;
gąszcz m; gęstwina f
thickness ['Θɪknəs] s grubość
f; gęstość f
thief [Θif] s (pl thieves [Θivz])
złodziej m
thieve [Θiv] v kraść
thieves zob. **thief**

thigh [Θaı] s udo n
thin [Θın] I v przerzedzić (się); to become ⟨to grow⟩ ∼ zeszczupleć; schudnąć II adj cienki; (slender) szczupły; wiotki; (diluted) rozrzedzony; rzadki
thing [Θıŋ] s 1. rzecz f; przedmiot m; **poor** ∼! biedactwo n 2. pl ∼s odzież f; ubranie n; my ∼s are all wet wszystko jest na mnie mokre 3. pl ∼s (belongings) rzeczy pl; przybory pl; to pack one's ∼s spakować się 4. (matters) sprawy pl; how are ∼s going? co słychać?; as ∼s are w obecnej sytuacji
think [Θıŋk] v (thought [Θɔt], thought) 1. myśleć 2. (consider) zastanawiać się; rozmyślać; I can't ∼ of a good word nie przychodzi mi na myśl żaden odpowiedni wyraz; you can't ∼ how ⟨what, where etc,⟩ ... nie wyobrażasz sobie, jak ⟨co, gdzie itd.⟩ ...; to have many things to ∼ of mieć wiele spraw na głowie; to ∼ highly of sb mieć o kimś jak najlepsze zdanie; to ∼ little ⟨much⟩ of sb mieć o kimś niepochlebne ⟨pochlebne⟩ zdanie; to ∼ nothing of sb mieć kogoś za nic 3. (suppose) przypuszczać; sądzić; I ∼ so ⟨not⟩ sądzę, że tak ⟨że nie⟩ 4. (regard) uważać (sb, sth to be ... że ktoś, coś jest ...); to ∼ fit ⟨proper⟩ to do sth uważać za stosowne coś zrobić || to ∼ out wymyślić; to ∼ over przemyśleć; to ∼ up wymyślić; pot. wykombinować
thinker [ˈΘıŋk3(r)] s myśliciel m
thinking [ˈΘıŋkıŋ] I s rozmyślanie n II adj myślący; rozumny
third [Θ3d] I adj trzeci II s trzecia (część)

third-class [ˈΘ3d ˈklɑs] adj trzeciej klasy
thirdly [ˈΘ3dlı] adv po trzecie
third-rate [ˈΘ3d ˈreıt] adj trzeciorzędny
thirst [Θ3st] I v pragnąć (for ⟨after⟩ sth czegoś) II s pragnienie n
thirsty [ˈΘ3stı] adj 1. spragniony; to be ⟨to feel⟩ ∼ być spragnionym; I'm ∼ chce mi się pić 2. (greedy) żądny (for sth czegoś)
thirteen [ˈΘ3ˈtin] adj trzynaście
thirteenth [ˈΘ3ˈtinΘ] adj trzynasty
thirtieth [ˈΘ3tıəΘ] adj trzydziesty
thirty [ˈΘ3tı] adj trzydzieści
this [ðıs] I pron (pl **these** [ðiz]) ten; ta; to; **by** ∼ **do** tego czasu; ∼ **way, please** proszę tędy; ∼ **morning** ⟨**evening, afternoon**⟩ dziś rano ⟨wieczorem, po południu⟩; ∼ **week** ⟨**month, year**⟩ w tym tygodniu ⟨miesiącu, roku⟩ II adv tak; ∼ **far** tak daleko; ∼ **much** tyle
thistle [ˈΘısəl] s oset m
tho' [ðəʊ] = **though**
thorn [Θɔn] s cierń m; kolec m
thorough [ˈΘʌrə] adj gruntowny; dokładny; (complete) całkowity
thoroughfare [ˈΘʌrəfeə(r)] s 1. ulica f; przejazd m; przejście n; **no** ∼ przejazd wzbroniony 2. (artery) arteria f ruchu
thoroughly [ˈΘʌrəlı] adv gruntownie; (completely) zupełnie; całkowicie
those zob. **that** pron; tamci; tamte; owi; owe
though [ðəʊ] I conj chociaż; mimo że; jakkolwiek; as ∼ jak gdyby; even ∼ choćby nawet II adv bądź co bądź; tym niemniej
thought[1] [Θɔt] s 1. myśl f 2. (idea) pomysł m 2. (inten-

tion) zamiar *m*; **with the ~ of ... w zamiarze ...**
thougnt ² *zob.* **think** *v*
thoughtful [ˈθɔtfl] *adj* zadumany; zamyślony; (*prudent*) rozważny; (*careful*) troskliwy
thoughtless [ˈθɔtləs] *adj* bezmyslny; (*imprudent*) nierozważny
thousand [ˈθauznd] *adj* tysiąc; **one in a ~ jeden na tysiąc; a ~ and one bez liku; nieskończone mnóstwo**
thousandfold [ˈθauzndfəuld] *adv* tysiąckrotnie
thousandth [ˈθauznθ] **I** *num* **II** *adj* tysięczny
thrash [θræʃ] *v* (*beat*) chłostać; zbić
thrashing [ˈθræʃɪŋ] *s* lanie *n*; **to give sb a ~ sprawić komus lanie**
thread [θred] **I** *s* nitka *f*; nić *f*; darning ~ przędza *f*; **to hang by a ~ wisieć na włosku; ~ gloves niciane rękawiczki II** *v* **nawlekac nitkę ⟨paciorki itd. na nitkę⟩; przewlekać**
threat [θret] *s* groźba *f*
threaten [ˈθretn] *v* grozić; zagrażać; **to ~ sb with sth grozić komuś czymś**
threatening [ˈθretnɪŋ] *adj* groźny; złowróżbny; złowrogi
three [θri] *adj* trzy
three-dimensional [ˈθri dɑɪˈmenʃnl] *adj* trójwymiarowy
three-figure [ˈθri fɪgə(r)] *adj* trzycyfrowy
threefold [ˈθrifəuld] *adv* trzykrotnie
three-lane [ˈθri leɪn] *adj* (*of a road*) trzypasmowy
threepence [ˈθrepəns] *s* trzy pensy
three-seater [ˈθri sitə(r)] *s* (wóz) trzyosobowy
three-storey(ed) [ˈθri ˈstɔrɪd] *adj* trzypiętrowy
thresh [θreʃ] *v* młócić (zboże)

threshing-machine [ˈθreʃɪŋ məʃin] *s* młocarnia *f*
thresnoid [ˈθreʃhəuld] *s* próg *m*
threw *zob.* **throw** *v*
tnrift [θrɪft] *s* oszczędność *f*
thrifty [ˈθrɪftɪ] *adj* oszczędny
thrill [θrɪl] **I** *v* przejmować; wstrząsać **II** *s* dreszcz *m*; wzruszenie *n*
thriller [ˈθrɪlə(r)] *s* sensacyjny film; sensacyjna powieść ⟨sztuka⟩; *pot.* dreszczowiec *m*
thrilling [ˈθrɪlɪŋ] *adj* porywający; wstrząsający
thrive [θraɪv] *v* (throve [θrəuv], thriven [ˈθrɪvən]) prosperować; kwitnąć; (*of a child, animal etc.*) dobrze się chować; rozwijać się
throat [θrəut] *s* gardło *n*; **a sore ~ ból *m* gardła; to gargle one's ~ wypłukać gardło**
throb [θrob] *v* pulsować; (*of heart*) bic; (*of a finger*) rwać
throne [θrəun] *s* tron *m*; **to come to the ~ wstąpić na tron**
throttle [ˈθrotl] **I** *v* udusić; zdusić; zadławić **II** *s* *techn.* przepustnica *f*
through [θru] **I** *praep* przez; na wylot; **~ the door przez drzwi; to be ~ with sb, sth skończyć z kimś, czymś; to get ~ połączyć się telefonicznie II** *adj* bezpośredni
through-train [ˈθru treɪn] *s* pociąg bezpośredni
throve *zob.* **thrive** *v*
throw [θrəu] **I** *v* (threw [θru], thrown [θrəun]) rzucać; **to ~ in dorzucać; to ~ off zrzucać; to ~ on narzucać; to ~ open szeroko otworzyć; to ~ over porzucać; wyrzekać się (sth czegoś); to ~ up podrzucać; to ~ sth up z/wymiotować II** *s* rzut *m*

thrust [θrʌst] **I** *v* (thrust, thrust) 1. pchnąć; wepchnąć; to ~ one's way przepychać się; to ~ oneself narzucać się 2. (*hurl*) ciskać 3. (*pierce*) przebijać **II** *s* pchnięcie *n*
thruway [ˈθruːweɪ] *s am.* autostrada *f*
thud [θʌd] *s* głuchy odgłos
thumb [θʌm] **I** *s* kciuk *m* **II** *v* to ~ a lift dawać znaki przejeżdżającym samochodom, że się prosi o podwiezienie
thump [θʌmp] **I** *v* uderzać; stukać **II** *s* uderzenie *n*
thunder [ˈθʌndə(r)] **I** *v* grzmieć **II** *s* grzmot *m*; (*thunderbolt*) piorun *m*
thunderbolt [ˈθʌndəbəʊlt] *s* piorun *m*
thunderous [ˈθʌndərəs] *adj* grzmiący
thunderstorm [ˈθʌndəstɔːm] *s* burza *f* z piorunami
Thursday [ˈθɜːzdɪ] *s* czwartek *m*; **Maundy** ~ Wielki Czwartek
thus [ðʌs] *adv* tak; w ten sposób; tak więc; ~ **far** aotąd
ticket [ˈtɪkɪt] *s* bilet *m*; karta *f* wstępu; *mot.* mandat *m*; (*tag*) etykietka *f*, metka *f*; kwit *m* (bagażowy itd.); znaczek ⟨numerek⟩ do garderoby; **admission** ~ bilet wstępu; **air** ~ bilet lotniczy; **berth** ~ bilet na miejsce sypialne (w pociągu, na statku); **cinema** ~ bilet do kina; **collective** ⟨*am.* party⟩ ~ bilet zbiorowy; **complimentary** ⟨free⟩ ~ bilet bezpłatny; **family** ~ bilet rodzinny; **full-fare** ~ bilet normalny; **group** ~ bilet grupowy ⟨zbiorowy⟩; **half-price** ~ bilet ulgowy; **lottery** ~ bilet loteryjny; **platform** ~ bilet peronowy; **railway** ~ bilet kolejowy; **reduced-fare** ~ bilet ulgowy ⟨ze zniżką⟩; **reserved-seat** ~ bilet z rezerwacją miejsca ⟨z miejscówką⟩; **return** ~ bilet powrotny; **season** ~ bilet miesięczny ⟨okresowy⟩; **Sunday excursion** ~ bilet niedzielny (wycieczkowy); **weekend** ~ bilet wycieczkowy; **tourist** ~ bilet turystyczny; **to book a** ~ zarezerwować ⟨kupić⟩ bilet; **to buy a** ~ kupić bilet; **to extend** (the validity of) the ~ przedłużyć ważność biletu; **to produce** ⟨show⟩ a ~ okazać bilet
ticket-inspector [ˈtɪkɪt ɪnspektə(r)] *s* kontroler *m* biletów
tickle [ˈtɪkl] *v* łaskotać; (*amuse*) zabawiać
tide [taɪd] *s* 1. pływ *m* (morski); **high** ~ przypływ *m*; **low** ~ odpływ *m* 2. (*current*) prąd *m*; **to go with the** ~ płynąć z prądem 3. (*course*) bieg *m* 4. (*time*) pora *f*
tidy [ˈtaɪdɪ] **I** *v* sprzątać; robić porządek **II** *adj* schludny; czysty
tie [taɪ] **I** *v* wiązać; (*join*) łączyć **II** *s* węzeł *m*; więź *f*; (*necktie*) krawat *m*
tiger [ˈtaɪgə(r)] *s* tygrys *m*
tight [taɪt] **I** *adj* 1. obcisły; ciasny 2. (*proof*) nieprzepuszczalny 3. (*tense*) napięty; **to be in a** ~ **corner** być w trudnej sytuacji 4. *pot.* pijany **II** *adv* mocno; (*closely*) ciasno
tighten [ˈtaɪtn] *v* ściągać; ściskać
tight-fisted [ˈtaɪtˈfɪstɪd] *adj* skąpy
tights [taɪts] *plt* trykoty *pl*; (*undergarment*) rajstopy *pl*
tigress [ˈtaɪgrəs] *s* tygrysica *f*
tile [taɪl] **I** *v* kryć dachówką; **II** *s* dachówka *f*; kafelek *m*; płytka *f* (do wykładania ścian)
till [tɪl] **I** *praep* do; aż do; dopóki **II** *conj* aż

tilt [tılt] **I** *v* nachylić; prze-
chylić (się) **II** *s* nachylenie
n; przechył *m*

time [taım] **I** *s* **1.** czas *m*;
high ~ czas najwyższy; ~
is up czas kończyć; **to gain**
~ zyskać na czasie; **to take**
one's ~ nie śpieszyć się;
all the ~ cały czas; a long
~ długo; **(at) any** ~ kiedykolwiek; **at the same** ~
równocześnie; **at** ~s czasem; niekiedy; **for the** ~
being na razie; chwilowo;
from ~ to ~ od czasu do
czasu; **in good** ~ w porę;
in my ~ za moich czasów;
in no ~ w mig; **in** ~ punktualnie; *(of a train)* **on** ~
punktualnie; **some** ~ **or**
otner kiedyś (w przyszłości)
2. *(occasion)* okazja *f* **3.**
(season) pora *f*; **dinner** ~
pora kolacji; **lunch** ~ pora
obiadowa; **to have a good**
~ dobrze się bawić **4.** *pl*
~s czasy *pl*; **hard** ~s ciężkie czasy; **behind the** ~s
zacofany **5.** *(once)* raz *m*;
every ~ za każdym razem;
many a ~ niejednokrotnie;
~ after ~ raz *m* za razem;
~ **and again** wielokrotnie
6. *(hour)* godzina *f*; czas *m*;
what's the ~? która godzi-
na? **7.** *muz.* takt *m*; **to beat**
~ wybijać takt; **in** ⟨**out of**⟩
~ w ⟨nie w⟩ takt **II** *v* od-
mierzać czas; *(regulate)* regulować (zegarek); *(choose*
the right moment) wybierać odpowiednią chwilę

time-bomb [`taım bom] *s* bom-
ba zegarowa

timeless [`taımləs] *adj* wiecz-
ny

time-limit [`taım lımıt] *s* ter-
min *m*

timely [`taımlı] *adj* (będący)
w porę; aktualny

time-table [`taım teıbl] *s* roz-
kład *m* jazdy; *szk.* rozkład
m zajęć

timid [`tımıd] *adj* nieśmiały

tin [tın] **I** *v* pakować do puszek; konserwować (w pusz-
kach) **II** *s* **1.** cyna *f*; *(plate)*
blacha *f* **2.** *(container)* puszka *f*; puszka *f* konserw; a
~ **of beef** wołowina kon-
serwowa; konserwa wołowa
wa **III** *adj* cynowy; blasza-
ny

tinge [tındʒ] **I** *v* zabarwiać; nadawać zabarwienie
⟨*przen.* posmak⟩ (sth · czemuś) **II** *s* zabarwienie *n*;
odcień *m*; *przen.* posmak

tinkle [`tıŋkl] **I** *v* dzwonić,
brzęczeć **II** *s* dzwonienie *n*;
brzęczenie *n*

tinned [`tınd] *adj* **1.** cynowa-
ny **2.** *(of food)* konserwo-
wany; ~ **goods** konserwy
pl

tinnery [`tınərı] *s* blacharstwo
n; blacharka *f*

tin-opener [`tın əupṇə(r)] *s*
przyrząd *m* do otwierania
puszek

tint [tınt] **I** *v* zabarwiać; ~ed
glasses ciemne okulary **II**
s odcień *m*; *(colour)* kolor
m

tiny [`taını] *adj* drobny; ma-
leńki

tip [tıp] *s* koniec *m*; koniu-
szek *m*; szczyt *m*; **on the** ~
of one's tongue na końcu
języka

tip [tıp] **I** *v* wywracać;
(jostle) trącać; *(give mo-*
ney) dawać napiwek (sb
komuś); *(give an advice)*
udzielać poufnej informa-
cji **II** *s* trącenie *n*; pchnięcie *n*; *(gratuity)* napiwek
m; *(useful advice)* poufna
informacja

tipsy [`tıpsı] *adj* pijany; *pot.*
na bańce

tiptoe [`tıptəu] **I** *adv*: **on** ~ na
paluszkach **II** *v* chodzić na
palcach

tiptop [`tıp`top] **I** *s* szczyt *m*
(doskonałości itp.) **II** *adj*
pierwszorzędny; doskonały

tire ¹ [ˈtaɪə(r)] v męczyć (się); nużyć (się)
tire ² [ˈtaɪə(r)] s obręcz f (koła); opona f
tired [ˈtaɪəd] adj zmęczony; to get ∾ zmęczyć się; ∾ out wyczerpany; znużony; to be ∾ of sth mieć czegoś dosyć ⟨powyżej uszu⟩
tiresome [ˈtaɪəsm] adj męczący; przen. nudny; nieznośny
tiring [ˈtaɪərɪŋ] adj męczący
tissue [ˈtɪʃu] s tkanina f; biol. tkanka f
tissue-paper [ˈtɪʃu peɪpə(r)] s bibułka f
tit [tɪt] s sikorka f
titbit [ˈtɪtbɪt] s smakołyk m; delikates m; przysmaczek m
title [ˈtaɪtl] s tytuł m; (heading) nagłówek m; (right) prawo n (to sth do czegoś)
to ¹ [tə, tʊ] praep 1. do; ku; na (miejsce itp.); z; to my surprise etc. ku memu zdziwieniu itd. 2. (up to) do; to the end do końca; to this day do dnia dzisiejszego; to perfection doskonale; to the minute co do minuty 3. (by) przy; face to face twarzą w twarz; shoulder to shoulder ramię przy ramieniu 4. (in proportion) w stosunku do ...; w porównaniu z ...; two to one dwóch na jednego 5. (according) według; stosownie do; to us ⟨you, them etc.⟩ nam ⟨wam, im itp.⟩ 6. (for) dla; wobec; to be kind to sb być uprzejmym dla kogoś 7. (in order to) aby, żeby; I work to earn my living pracuję, żeby zarobić na życie 8. (of time) za; ten to five za 10 minut piąta
to ² [tʊ] adv: the door is to drzwi są zamknięte; to and fro tu i tam; tam i z powrotem

toad [təʊd] s ropucha f
toast [təʊst] I v 1. przypiekać bułkę na grzanki; opiekać chleb 2. (drink sb's health) wznosić toast na cześć (sb czyjąś; sth czegoś) II s 1. grzanka f; chleb opiekany, tost m 2. (drink to sb's health) toast m
toaster [ˈtəʊstə(r)] s opiekacz m do chleba, toster m
tobacco [təˈbækəʊ] s tytoń m; pipe ∾ tytoń fajkowy
tobacconist [təˈbækənɪst] s właściciel m sklepu tytoniowego; at the ∾'s w sklepie tytoniowym
today [təˈdeɪ] I s dzień dzisiejszy II adv dzisiaj
toe [təʊ] s palec m u nogi
together [təˈgeðə(r)] adj razem; wspólnie
toil [tɔɪl] I v mozolić się; męczyć się; trudzić się; harować II s trud m; znój m
toilet [ˈtɔɪlət] s 1. toaleta f; ∾ soap mydło toaletowe 2. (w.c.) ustęp m
toilet-case [ˈtɔɪlət keɪs] s neseser m
toilet-paper [ˈtɔɪlət peɪpə(r)] s papier toaletowy ⟨higieniczny⟩
toilet-set [ˈtɔɪlət set] s komplet m przyborów toaletowych
token [ˈtəʊkən] s 1. znak m (czegoś); dowód m (przyjaźni); in ∾ of friendship w dowód przyjaźni 2. (keepsake) pamiątka f; upominek m 3. (chip) żeton m
told zob. tell v
tolerable [ˈtɔlrəbl] adj znośny
tolerance [ˈtɔlərəns] s tolerancja f; wyrozumiałość f
tolerate [ˈtɔləreɪt] v tolerować; znosić
tomato [təˈmɑtəʊ] s (pl tomatoes) pomidor m
tomb [tum] s grób m; grobowiec m
tombstone [ˈtumstəʊn] s nagrobek m

tomorrow [tə'morəu] **I** s dzień jutrzejszy **II** adv jutro; **the day after** ~ pojutrze; ~ **morning** jutro rano; ~ **night** jutro wieczór
ton [tʌn] s tona f
tone [təun] s dźwięk m; brzmienie n; ton m
tongs [toŋz] plt szczypce pl
tongue [tʌŋ] s 1. język m; (of an animal) ozór m; **to hold one's** ~ milczeć 2. (language) mowa f; **mother** ~ język ojczysty
tonic ['tonɪk] **I** s środek tonizujący **II** adj wzmacniający; muz. toniczny
tonight [tə'naɪt] **I** s dzisiejszy wieczór; dzisiejsza noc **II** adv dziś wieczorem; dzisiejszej nocy
tonnage ['tʌnɪdʒ] s tonaż m
tonsil ['tonsl] s anat. migdałek podniebienny
too [tu] adv 1. za; zbyt; zanadto; **all** ~ **good** aż nadto dobry; **I am only** ~ **glad** cała przyjemność po mojej stronie; **you are really** ~ **kind** to zbytek uprzejmości z pana strony; **that's** ~ **bad!** jaka szkoda! 2. (also) także; też 3. (moreover) ponadto
took zob. **take**
tool [tul] s narzędzie n; pl ~s (utensils) przybory pl; sprzęt m
toot [tut] v trąbić; huczeć; gwizdać
tooth [tuθ] s (pl teeth [tiθ]) ząb m; **to extract a** ~ wyrwać ząb; **to have a sweet** ~ lubić słodycze
toothache ['tuθeɪk] s ból m zęba
toothbrush ['tuθbrʌʃ] s szczoteczka f do zębów
toothpaste ['tuθpeɪst] s pasta f do zębów
toothpick ['tuθpɪk] s wykałaczka f
top [top] **I** v przewyższać; wznosić się; górować; (fill up) dolać (wody do akumu-

latora, wina do szklanki itd.) **II** s szczyt m; wierzchołek m; góra f (przedmiotu); **at the** ~ u szczytu; na górze; u góry; **on** ~ (położyć) na wierzch **III** adj górny; szczytowy; (maximum) maksymalny; najwyższego rzędu
topic ['topɪk] s temat m; kwestia f; ~s **of the day** aktualności pl
topography [tə'pogrəfɪ] s topografia f
topping ['topɪŋ] adj pot. świetny; kapitalny; fajny
topsy-turvy ['topsɪ'tɜvɪ] **I** adj wywrócony do góry nogami **II** adv do góry nogami
torch [tɔtʃ] s pochodnia f; (electric lamp) latarka elektryczna
tore zob. **tear** 1 v
torment [tɔ'ment] **I** v męczyć; dręczyć **II** s ['tɔment] męka f; tortury pl; cierpienie n
torn zob. **tear** 1 v
torpedo [tɔ'pidəu] s torpeda f
torrent ['torənt] s potok m
tortoise ['tɔtəs] s żółw m
tortoise-shell ['tɔtə ʃel] s szylkret m
torture ['tɔtʃə(r)] **I** v torturować; zamęczać; zadręczać **II** s męczarnie pl; hist. tortury pl
toss [tos] **I** v 1. podrzucać; sport. **to** ~ **for sides** wylosować boisko 2. (shake) potrząsać 3. (swing) kołysać (się) 4. (move nervously) rzucać się **II** s rzucanie n; (shock) wstrząs m
total ['təutl] **I** v sumować; obliczać **II** s suma f; kwota ogólna **III** adj całkowity; cały; ogólny; polit. totalny
touch [tʌtʃ] **I** v 1. dotykać (sth czegoś); **don't touch it!** nie ruszaj tego!; przen. **to** ~ **to the quick** dotknąć do żywego 2. (move) wzruszać; rozrzewniać 3. (discuss) po-

ruszyć **(on ⟨upon⟩ a subject
temat); wzmiankować (on
⟨upon⟩** sth o czymś) **4.**
(concern) dotyczyć **(sb, sth**
kogoś, czegoś) **II** s **1.** dotknięcie *n;* **soft to the ⁓**
miękki w dotknięciu **2.**
(sense) zmysł *m* dotyku;
dotyk *m* **3.** *(contact)* kontakt *m;* **to keep in ⁓** pozostawać w kontakcie; **to
get in touch with sb** skon-
taktować się z kimś
touching ['tʌtʃɪŋ] *adj* wzruszający; rozrzewniający
tough [tʌf] *adj* twardy; łyko-
waty; *(firm)* mocny; *(stubborn)* uparty; oporny
tour [tuə(r)] **I** *v* objeżdżać;
zwiedzać **II** s objazd *m;*
sightseeing ⁓ wycieczka tu-
rystyczno-krajoznawcza; **to
make a ⁓ of a country etc.**
objeżdżać kraj itp.
touring ['tuərɪŋ] *adj* turystyczny; krajoznawczy
tourism ['tuərɪzm] s turystyka
f; krajoznawstwo *n;* **⁓
abroad** turystyka zagraniczna; **domestic ⁓** turystyka
krajowa
tourist ['tuərɪst] s turysta *m;*
⁓ agency biuro turystyczne; **⁓ equipment** wyposażenie turystyczne; **⁓ exchange** wymiana turystyczna; **⁓ information bureau**
biuro *n* informacji turystycznej; **⁓ map** mapa turystyczna; **motorized ⁓** turysta zmotoryzowany; **⁓
shelter** schronisko turystyczne; **⁓ visa** wiza turystyczna; **⁓ ticket** ulgowy
bilet wycieczkowy; **⁓ class**
druga klasa (na statku, w
samolocie)
tournament ['tuənəmənt] s
turniej *m;* zawody *pl;* rozgrywki *pl*
tousle ['tauzl] *v* potargać;
rozczochrać
tow [təu] **I** *v* holować **II** s

holowanie; **to give sb a ⁓**
wziąć kogoś na hol
tow(ing)-rope ['təuɪŋ rəup] s lina holownicza
toward(s) [tu'wɔd(z)] *praep* **1.**
ku **(sb, sth** komuś, czemuś);
w kierunku; **⁓ the end (of
the week etc.)** pod koniec
(tygodnia itp.) **2.** *(concerning)* w odniesieniu do; pod
adresem **(sb** czyimś)
towel ['tauəl] s ręcznik *m*
towel-horse ['tauəl hɔs] s wieszak *m* na ręczniki
tower ['tauə(r)] **I** *v* górować;
wznosić się **II** s wieża *f;*
baszta *f*
tower-block ['tauə blok] s wieżowiec *m;* punktowiec *m*
town [taun] s miasto *n;* **⁓ hall**
ratusz *m;* **in ⁓** w mieście;
out of ⁓ poza miastem; **he
is out of ⁓** on wyjechał
townspeople ['taunzpipl] *pl*
ludność *f* miast ⟨miejska⟩
toxic ['toksɪk] *adj* toksyczny
toy [tɔɪ] s zabawka *f*
trace [treɪs] **I** *v* śledzić; *(find)*
odszukać; znaleźć ślady;
wy/tropić; *(sketch)* kreślić;
szkicować **II** s ślad *m;* trop
m; znak *m;* poszlaka *f*
trachea [trə'kɪə] s *anat.* tcha-
wica *f*
trachoma [trə'kəumə] s *med.*
jaglica *f*
track [træk] **I** *v* śledzić; tro-
pić **II** s **1.** ślad *m;* **to follow
sb's ⁓** iść czyimś śladem **2.**
(route) droga *f;* trasa *f;*
trakt *m;* szlak *m;* **⁓ suit**
dres *m;* **cycle ⁓** ścieżka rowerowa; **tourist ⁓** szlak
turystyczny; **the beaten ⁓**
bity trakt; utarta droga; **to
put sb on the right ⁓**
wskazać komuś właściwą
drogę **3.** *(course)* tor *m* **4.**
(racing-path) bieżnia *f*
tracker ['trækə(r)] s tropiciel;
⁓ dog pies gończy
tractor ['træktə(r)] s ciągnik
m; traktor *m*
trade [treɪd] **I** *v* handlować

(in sth czymś); dokonywać
transakcji; ~ union związek zawodowy; to be in ~
prowadzić ⟨mieć⟩ sklep II
s handel *m*; (*line*) branża *f*;
to be in the ~ należeć do
branży
tradesmen ['treɪdzmən] (*pl*
tradesmen) kupiec *m*;
(*craftsman*) rzemieślnik *m*
tradition [trə'dɪʃn] s tradycja
f
traditional [trə'dɪʃnl] *adj* tradycyjny
traffic ['træfɪk] s ruch *m* (uliczny, kolejowy itp.); ~
circle *am.* rondo *n*; ~ island
wysepka *f* bezpieczeństwa;
~ and road police policja
drogowa; ~ (control) lights
światła regulujące ruch
uliczny; ~ regulations przepisy drogowe; ~ sign znak
drogowy; one-way ~ ruch
jednokierunkowy; pedestrian ~ ruch pieszy; railway ~ ruch kolejowy; two-
-way ~ ruch dwukierunkowy; vehicular ~ ruch kolowy; to jam the ~ zablokować ruch; to hold up
the ~ wstrzymać ruch
trafficator ['træfɪkeɪtə(r)] s
mot. kierunkowskaz *m*
traffic-jam ['træfɪk dʒæm] s
korek *m* ⟨zator *m*⟩ (w ruchu)
tragedy ['trædʒədɪ] s tragedia *f*
tragic(al) ['trædʒɪk(l)] *adj* tragiczny
trail [treɪl] I s ślad *m*; trop
m II *v* ciągnąć; wlec (się);
(*of plants*) piąć się
trailer ['treɪlə(r)] s 1. przyczepa samochodowa 2. (*plant*)
pnącze *n*
train [treɪn] I *v* szkolić; ćwiczyć; przygotowywać (sb
for ... kogoś do ...); *sport.*
trenować II s pociąg *m*;
commuting ~ *am.* pociąg
podmiejski; direct ⟨through⟩
~ pociąg bezpośredni; ex-

press ~ pociąg ekspresowy;
fast ~ pociąg pośpieszny;
interurban ⟨local⟩ ~ pociąg
podmiejski ⟨lokalny⟩; passenger ~ pociąg osobowy;
slow ⟨ordinary⟩ ~ pociąg
zwykły; to change a ~
przesiąść się do innego pociągu; to catch one's ~ zdążyć na pociąg; to miss one's
~ spóźnić się na pociąg
trainer ['treɪnə(r)] s trener
m; instruktor *m*
training ['treɪnɪŋ] s 1. *sport.*
trening *m*; in ~ w (dobrej)
formie ⟨kondycji⟩; out of
~ w złej formie; bez kondycji 2. (*physical exercises*)
ćwiczenia *pl*
traitor ['treɪtə(r)] s zdrajca *m*
tram [træm] s tramwaj *m*
tramp [træmp] I *v* wędrować
(the country po kraju);
włóczyć się; wędrować pieszo II s wędrówka *f*; włóczęga *f*; (*wanderer*) wędrowiec *m*; włóczęga *m*
trample ['træmpl] *v* z/deptać
transaction [træn'zækʃn] s
przeprowadzenie *n* sprawy;
handl. transakcja *f*; operacja *f* (giełdowa itp.)
transatlantic ['trænzət'læntɪk]
adj transatlantycki
transfer [træns'fɜ(r)] I *v* przenosić (się); przewozić; przekazywać II s ['trænsfɜ(r)]
przeniesienie *n*; przewożenie *n*; przekazywanie *n*;
(*postal order*) przekaz *m*;
przelew *m*
transform [træns'fɔm] *v* przekształcać; zmieniać postać
(sth czegoś); (*remodel*) przerabiać
transformation ['trænsfə-
'meɪʃn] s przekształcenie *n*;
przeobrażenie *n*; transformacja *f*; (*transmutation*)
przemiana *f*
transgress [trænz'gres] *v* naruszyć; pogwałcić (prawo,
przepis itd.)
transgression [trænz'greʃn] s

naruszenie *n*, przekroczenie (of a law ustawy) **transistor** [træn'zɪstə(r)] *s* tranzystor *m*; ⸝~ **radio** radio tranzystorowe **transit** ['trænsɪt] **I** *s* przejazd *m*; przelot *m*; (*transport*) przewóz *m*; tranzyt *m* **II** *adj* ⸝~ **visa** wiza tranzytowa **transition** [træn'zɪʃn] *s* przejście *n* (od czegoś do czegoś); zmiana *f* **translate** [trænz'leɪt] *v* tłumaczyć; przekładać **translation** [trænz'leɪʃn] *s* tłumaczenie *n*; przekład *m* **translator** [trænz'leɪtə(r)] *s* tłumacz *m* **transmit** [trænz'mɪt] *v* przesyłać; przekazywać; podawać dalej; transmitować (przez radio) **transparent** [træn'speərnt] *adj* przeźroczysty; (*bright, clear*) jasny; zrozumiały **transpire** [træn'spaɪə(r)] *v* pocić się; (*vaporize*) parować; (*of secret*) wyjść na jaw **transplant** [træns'plɑnt] *v* przesadzać (roślinę); przeszczepiać (tkankę itd.) **transport** [træn'spɔt] **I** *v* przewozić; transportować **II** *s* ['trænspɔt] przewóz *m*; transport *m* **transportation** ['trænspɔ'teɪʃn] *s* przewóz *m*; transport *m* **trap** [træp] **I** *s* pułapka *f*; podstęp *m* **II** *v* złapać w pułapkę; zastawiać sidła **trash** [træʃ] *s* odpadki *pl*; śmiecie *pl*; (*of commodity*) tandeta *f*; (*rubbish*) bzdury *pl*; (*of people*) hołota *f*; (*of book*) szmira *f* **travel** ['trævl] **I** *v* podróżować **II** *s* podróż *f*; **books of** ⸝~ książki podróżnicze; ⸝~ **office** biuro *n* podróży; ⸝~ **requisites** artykuły podróżne **traveller** ['trævlə(r)] *s* podróżny *m*; ⸝~'s **cheque** czek podróżniczy

travelling ['trævlɪŋ] **I** *s* podróże *pl* **II** *adj* podróżujący; wędrowny; ⸝~ **expenses** wydatki *pl* na podróż **tray** [treɪ] *s* taca *f* **treacherous** ['tretʃərəs] *adj* zdradliwy; perfidny **treachery** ['tretʃərɪ] *s* zdrada *f* **tread** [tred] **I** *v* (**trod** [trod], **trodden** ['trodn]) stąpać; kroczyć **II** *s* chód *m*; krok *m*; *mot.* bieżnɪк *m*; protektor *m* **treasure** ['treʒə(r)] **I** *v* cenić; przywiązywać najwyższą wagę (**sth** do czegoś); (*keep in heart*) zachowywać w sercu ⟨pamięci⟩ **II** *s* skarb *m* **treasurer** ['treʒərə(r)] *s* skarbnik *m* **treasury** ['treʒərɪ] *s* skarbnica *f*; **the Treasury** Skarb *m* Państwa; Ministerstwo *n* Skarbu **treat** [trit] **I** *v* traktować; (*cure*) leczyć (**sb for ...** kogoś na ...); (*give to eat*) częstować (**sb to sth** kogoś czymś); (*discuss*) rozprawiać (**of sth** o czymś); omawiać **II** *s* uczta *f* (duchowa itp); (*great pleasure*) wielka przyjemność ⟨rozkosz⟩; (*fun*) zabawa *f* **treatment** ['tritmənt] *s* 1. traktowanie *n*; sposób *m* potraktowania (człowieka, tematu itp.); obchodzenie się *n* (**of sb, sth** z kimś, czymś) 2. (*medication*) leczenie *n*; **under** ⸝~ w trakcie leczenia; ⸝~ **room** gabinet zabiegowy (w szpitalu itd.) **treaty** ['tritɪ] *s* *polit.* traktat *m*; umowa *f* **tree** [tri] *s* drzewo *n*; **at the top of the** ⸝~ u szczytu kariery **tremble** ['trembl] **I** *v* drżeć; trząść się (**with cold etc.** z zimna itp). **II** *s* drżenie *n*; *pot.* all of a ~ rozdygotany

tremendous [tri'mendəs] *adj* straszliwy; przerażający; (*huge*) ogromny

tremor ['tremə(r)] *s* drżenie *n*; earth ~ wstrząs *m* ziemi

tremulous ['tremjuləs] *adj* drżący

trench [trentʃ] *s* rów *m*; *wojsk.* okop *m*; ~ coat trencz *m* (płaszcz)

trend [trend] I *v* dążyć (do czegoś) II *s* dążność *f*; kierunek *m*; tendencja *f*; orientacja *f*

trespass ['trespəs] I *v* wkraczać; przekraczać; przejeżdżać (on sb's land przez czyjś grunt); (*infringe*) naruszać (on sb's rights czyjeś prawa) II *s* naruszenie *n* (ustawy itp.); (*offence*) wykroczenie *n*; przejeżdżanie *n* (on sb's land przez czyjś grunt)

trespasser ['trespəsə(r)] *s* człowiek naruszający cudze prawa ⟨przechodzący przez cudzy grunt⟩; "trespassers will be prosecuted" „przejście wzbronione pod karą"

tress [tres] *s* warkocz *m*

trial ['traɪl] *s* 1. próba *f*; wypróbowanie *n*; to give sth a ~ wypróbować coś; to put to ~ poddać próbie; on ~ na próbę 2. *pl* ~s egzamin konkursowy 3. *sport.* ~ match rozgrywki eliminacyjne 4. (*experience*) doświadczenie *n* (życiowe); niedola *f* 5. (*law suit*) rozprawa sądowa; proces *m*; to stand ~ stanąć przed sądem; to undergo ~ być sądzonym

triangle ['traɪæŋgl] *s* trójkąt *m*; the eternal ~ trójkąt małżeński

triangular [traɪ'æŋgjulə(r)] *adj* trójkątny

tribe [traɪb] *s* szczep *m*; plemię *n*

tribune ['trɪbjun] *s* trybuna *f*

tribute ['trɪbjut] *s* 1. danina *f* 2. (*homage*) hołd *m*; to pay ~ składać hołd

trick [trɪk] I *v* oszukiwać; to ~ sb out of sth wyłudzić coś od kogoś II *s* 1. podstęp *m*; to play sb a ~ nabrać kogoś 2. (*skill*) sztuka *f*; to play ~s pokazywać sztuczki 3. (*prank*) psota *f*; figiel *m*; a dirty ~ świństwo *n* 4. *karc.* lewa *f*; to win the ~ wziąć lewę

trickle ['trɪkl] I *v* przeciekać; sączyć się; (*reveal*) wychodzić na jaw II *s* wyciek *m*; strużka *f*

tricycle ['traɪsɪkl] *s* trójkołowiec *m*

trifle ['traɪfl] I *v* żartować, nie brać poważnie (with sb, sth kogoś, czegoś); (*belittle*) bagatelizować (with sth coś); to ~ away trwonić ⟨marnować⟩ (czas itp.) II *s* drobnostka *f*; drobiazg *m*; bagatela *f*; głupstwo *n*; a ~ troszeczkę, odrobinę

trifling ['traɪflɪŋ] *adj* drobny; znikomy; błahy

trim [trɪm] I *v* porządkować; (*cut*) przystrzygać (włosy, brodę, żywopłot itp.); (*decorate*) przy/ozdobić; (*set*) zrównoważyć (łódź, samolot itd.) II *s* porządek *m*; (*good repair*) dobry stan III *adj* uporządkowany; schludny; starannie ubrany

trimmings ['trɪmɪŋz] *pl* ozdoby *pl*

trinket ['trɪŋkɪt] *s* błyskotka *f*; ozdoba *f*

trip [trɪp] I *s* wycieczka *f*; podróż *f*; ~ abroad wycieczka zagraniczna; cycling ~ wycieczka rowerowa; ~ for pleasure wyjazd prywatny ⟨dla przyjemności⟩; honeymoon ~ podróż poślubna; ~ on business wy-

jazd służbowy; **on the return** ~ w drodze powrotnej
II *v* potknąć się **(over sth
o coś)**
tripe [traip] *s* flaczki *pl* (potrawa)
triple ['tripl] *adj* potrójny;
trzykrotny
triplex ['tripleks] *s* szkło bez-
odpryskowe
tripod ['traipod] *s* trójnóg *m*
tripper ['tripə(r)] *s* wyciecz-
kowicz *m*
triumph ['traiʌmf] I *v* trium-
fować II *s* triumf *m*; sukces *m*
triumphal ['traiʌmfl] *adj*
triumfalny; zwycięski
trivial ['triviəl] *adj* błahy; nic
nie znaczący: *(unimportant)*
drobny; pospolity
trod, trodden *zob.* **tread** *v*
trolley ['troli] *s* wózek *m* ręczny; drezyna *f*
trolley-bus ['troli bʌs] *s* trolejbus *m*
troop [trup] *s* gromada *f*; *pl*
~s wojsko *n*
tropic ['tropik] I *s* 1. zwrotnik *m*: **Tropic of Capricorn**
Zwrotnik Koziorożca; **Tropic
of Cancer** Zwrotnik Raka
2. *pl* ~s kraje tropikalne
II *adj* tropikalny; podzwro-
tnikowy
tropical ['tropikl] *adj* pod-
zwrotnikowy; tropikalny; ~
helmet hełm tropikalny
trot [trot] I *v* kłusować;
(hurry) śpieszyć się II *s*
kłus *m*: **at a** ~ kłusem
trouble ['trʌbl] I *v* 1. martwić; dręczyć; **to be** ~**d
about sb, sth** martwić się
o kogoś, coś: **to be** ~**d
with ...** cierpieć na ... 2.
(disturb) niepokoić; trudzić;
przeszkadzać 3. *(worry)* kłopotać się **(about sth** o coś)
II *s* 1. zmartwienie *n*; kłopot *m*; **to get into** ~ popaść w tarapaty; **to put sb
to** ~ sprawiać komuś kłopot 2. *(affliction)* dolegli-

wość; **to take the** ~ **to ...**
zadawać sobie trud, aby ...
troublesome ['trʌblsəm] *adj*
kłopotliwy; przykry; **how**
~! jakie to przykre!
troupe [trup] *s teatr.* trupa
f (aktorów)
trousers ['trauzəz] *plt* spodnie
pl
trout [traut] *s* pstrąg *m*
truck [trʌk] *s* 1. wózek ręczny 2. *am.* samochód ciężą-
rowy; **light** ~ półciężarówka *f*
trudge [trʌdʒ] *v* wlec się;
posuwać się z trudem;
brnąć
true [tru] I *adj* 1. prawdziwy; **it's not** ~ to nieprawda; **quite** ~! to prawda!; **to
come** ~ urzeczywistnić się;
spełnić się; **out of** ~ skrzy-
wiony 2. *(of a copy)* wierny 3. *(of a wheel)* **not** ~
scentrowany 4. *(authentic)*
autentyczny; niefałszowa-
ny; szczery; lojalny; ~ **to
one's word** dotrzymujący
słowa II *adv* naprawdę;
(exactly) ściśle; dokładnie
truly ['truli] *adv* 1. naprawdę; rzeczywiście 2. *(in letters)* **yours** ~ z poważaniem 3. *(really)* prawdziwie
4. *(loyally)* lojalnie
trump [trʌmp] I *v karc.* zabić
atutem II *s karc.* atut *m*;
karta atutowa
trumpet ['trʌmpit] *s* trąbka *f*
trunk [trʌnk] *s* 1. pień *m*
(drzewa) 2. *anat.* tułów *m*;
(main body) kadłub *m* 3.
(large case) kufer *m*; *am.*
bagażnik *m* 4. *pl* ~s krótkie
spodnie; kąpielówki *pl*
trunk-call ['trʌnk kɔl] *s telef.*
rozmowa międzymiastowa
trust [trʌst] I *v* ufać **(sb** komuś): mieć zaufanie **(sb do**
kogoś); *(hope)* pokładać nadzieję II *s* 1. zaufanie *n*;
on ~ w dobrej wierze 2.
(belief) wiara *f* 3. *(hope)*
nadzieja *f* 4. *handl.* kredyt

m 5. (*responsibility*) odpowiedzialność *f* 6. *ekon.* trust *m*

trustee [trʌ'sti] *s* powiernik *m*; (*guardian*) kurator *m*; **board of ~s** zarząd *m*

trustworthy ['trʌst-wȝȯi] *adj* godny zaufania; pewny; zaufany

truth [truθ] *s* 1. prawdziwość *f*; prawda *f*; **to tell the ~** mówić ⟨powiedzieć⟩ prawdę 2. (*frankness*) szczerość *f*; lojalność *f*

truthful ['truθfl] *adj* prawdomówny; szczery; (*of statements*) prawdziwy

try [trɑɪ] **I** *v* 1. próbować; poddawać próbie; **to ~ on** przymierzać (ubranie); **to ~ out** wypróbowywać 2. (*experience*) doświadczać 3. (*taste*) kosztować (potrawy) 4. (*investigate*) badać (sprawę) 5. (*put to trial*) sądzić (**sb for ...** kogoś za ...) 6. (*make effort*) usiłować; ⟨starać się⟩ (**to do sth** coś zrobić) **II** *s* próba *f*; usiłowanie *n*; **to have a ~ at** sth spróbować czegoś

trying ['trɑɪŋ] *adj* (*of circumstances*) trudny; ciężki; męczący; (*of adversities*) przykry; dokuczliwy

tub [tʌb] *s* wanna *f*; **to have a ~** wykąpać się

tube [tjub] *s* 1. rura *f* 2. (*for ointment*) tubka *f* 3. (*duct*) przewód *m*; **inner ~ of a bicycle** ⟨**car**⟩ **tyre** dętka rowerowa ⟨samochodowa⟩ 4. (*underground*) kolej podziemna, metro *n*

tuberculosis [tjuˈbȝkjuˈləʊsɪs] *s med.* gruźlica *f*

tubing ['tjubɪŋ] *s* rury *pl*; system *m* rur

Tuesday ['tjuzdɪ] *s* wtorek *m*

tug [tʌg] *v* ciągnąć; (*tow*) holować

tug-boat ['tʌg bəʊt] *s* holownik *m*

tuition [tjuˈɪʃn] *s* nauka *f*;

nauczanie *n*; **~ fee** czesne *n*

tulip ['tjulɪp] *s* tulipan *m*

tumble ['tʌmbl] **I** *v* upadać; spadać; runąć; zawalić się **II** *s* upadek *m*

tumbler ['tʌmblə(r)] *s* kubek *m*

tummy ['tʌmɪ] *s pot.* brzuch *m*

tumour ['tjumə(r)] *s med.* guz *m*

tumult ['tjumʌlt] *s* zgiełk *m*; wrzawa *f*; (*ferment*) niepokój *m*

tune [tjun] **I** *v* nastroić (instrument) **II** *s* melodia *f*; **to sing in** ⟨**out of**⟩ **~** śpiewać czysto ⟨fałszywie⟩; **out of ~** rozstrojony

tunic ['tjunɪk] *s* tunika *f*; *wojsk.* bluza mundurowa

tunny ['tʌnɪ] *s* tuńczyk *m*

turf [tȝf] *s* darń *f*; murawa *f*; **the ~** wyścigi konne

Turk [tȝk] *s* Turek *m*, Turczynka *f*

turkey ['tȝkɪ] *s* indyk *m*

Turkish ['tȝkɪʃ] **I** *adj* turecki **II** *s* język turecki

turn [tȝn] **I** *v* 1. obracać; kręcić się 2. (*invert*) odwracać; przewracać 3. (*address*) zwracać się (**to sb** do kogoś — w rozmowie, z prośbą itp.); **to ~ to ...** skierować się ku ... (czemuś) 4. (*change*) przekształcać; zmieniać; **to ~ green** pozielenieć; **to ~ red** zaczerwienić się 5. (*become*) stawać się (**republican** etc. republikaninem itp.) 6. (*translate*) przetłumaczyć 7. (*cause*) wywoływać (coś u kogoś) ‖ **to ~ about** obracać się; zawracać; **to ~ aside** odchylać się; **to ~ away** odwracać (głowę, oczy itp.); **to ~ back** zawracać (kogoś) z drogi; **to ~ down** przekręcać (gaz); ściszyć (radio, adapter itd.); (*refuse*) odmawiać (**sb** komuś); to ~ off zamykać (gaz itp.); zakręcać (kurek); gasić (światło, radio itp.); to ~ on odkręcać (kurek); przygotowywać (kąpiel); za/świecić (**light** światło); nastawiać (**the wireless** radio); to ~ out wyrzucać; eksmitować; (*produce*) produkować; (*appear*) okazać się; to ~ over przewracać; obracać; odwracać; *handl.* mieć obrót; (*transmit*) przekazywać; (*think*) przemyśleć; to ~ round obracać się; odwracać; przewracać; (*change opinions*) zmienić przekonania; to ~ up (*appear*) przychodzić; pojawiać się; zgłaszać się II *s* 1. obrót *m* 2. (*turning-point*) punkt zwrotny 3. (*change of direction*) skręt *m*; to take a ~ to the right ⟨**left**⟩ skręcić na prawo ⟨**le**wo⟩; at every ~ na każdym kroku 4. (*sequence*) kolejność *f*; it's my ~ to moja kolej; in ~, by ~s (robić coś) kolejno; po kolei; out of ~ poza kolejką 5. (*service*) przysługa *f*; to do sb a good ~ wyświadczać komuś przysługę 6. *pot.* wstrząs *m*

turning [ˈtɜnɪŋ] *s* skręt *m*; zakręt *m*; przecznica *f*; take the second ~ to the left skręć w drugą przecznicę na lewo

turning-point [ˈtɜnɪŋ pɔɪnt] *s* punkt zwrotny

turnip [ˈtɜnɪp] *s* rzepa *f*

turnover [ˈtɜnəʊvə(r)] *s* obrót *m*

turn-screw [ˈtɜn skru] *s* śrubokręt *m*

turn-up [ˈtɜnʌp] *s* mankiet *m* (u spodni); ~ **trousers** spodnie *pl* z mankietem

turpentine [ˈtɜpəntaɪn] *s* terpentyna *f*

turquoise [ˈtɜkwɔɪz] *s* turkus *m*

turret [ˈtʌrət] *s* wieżyczka *f*

turtle [ˈtɜtl] *s* żółw morski; ~ **soup** zupa żółwiowa

tusk [tʌsk] *s* kieł *m* (słonia, dzika)

tutor [ˈtjutə(r)] *s* guwerner *m*; wychowawca *m*; (*at the university*) adiunkt kierujący pracą grupy studentów

tuxedo [tʌkˈsidəʊ] *s am.* smoking *m*

tweed [twid] *s* tweed *m* (materiał)

twelfth [twelfθ] I *num* II *adj* dwunasty III *s* dwunasta (część)

twelve [twelv] I *adj* dwanaście II *s* dwunastka *f*

twentieth [ˈtwentɪəθ] I *num* II *adj* dwudziesty III *s* dwudziesta (część)

twenty [ˈtwentɪ] I *adj* dwadzieścia II *s* dwudziestka *f*

twice [twaɪs] *adv* dwa razy; dwukrotnie

twilight [ˈtwaɪlaɪt] *s* brzask *m*; (*dusk*) zmierzch *m*; półmrok *m*

twin [twɪn] I *s* bliźniak *m*; ~ **children** bliźnięta *pl* II *adj* bliźniaczy

twinkle [ˈtwɪŋkl] I *v* migotać; (*blink*) mrugać II *s* migotanie *n*; (*winking*) mruganie *n*

twinkling [ˈtwɪŋklɪŋ] *s*: in the ~ of an eye w oka mgnieniu

twirl [twɜl] I *v* kręcić się; wirować II *s* kręcenie *n*; wirowanie *n*

twist [twɪst] I *v* kręcić (się); skręcać; splatać II *s* skręt *m*; (*yarn*) przędza *f*; (*roll*) zwitek *m*; splot *m*; zwój *m*

twitch [twɪtʃ] I *v* szarpać; (*move*) drgać; (*distort*) ściągać; wykrzywiać się II *s* skurcz *m*; drgawka *f*

twitter [ˈtwɪtə(r)] I *v* świergotać II *s* świergot *m*

two [tu] I *adj* dwa II *s* dwój-

ka *f*; para *f*; one or ⁓ parę
twofold ['tu-fəuld] I *adj* podwójny; dwojaki II *adv* po-
dwójnie; dwojako
twopence ['tʌpns] *s* dwa pensy
two-piece ['tu'pis] I *adj* dwu-
częściowy II *s* suknia dwu-
częściowa; garsonka *f*;
(*bathing suit*) dwuczęścio-
wy kostium kąpielowy
two-seater ['tu sitə(r)] *s* pojazd dwuosobowy
two-way ['tu 'weɪ] *adj* (*of a
road or street*) dwukierunkowy
type [taɪp] I *v* pisać na maszynie II *s* typ *m*; wzór *m*;

(*kind*) rodzaj *m*; *druk.*
czcionka *f*; druk *m*
typescript ['taɪpskrɪpt] *s* maszynopis *m*
typewriter ['taɪp-raɪtə(r)] *s*
maszyna *f* do pisania
typhoid ['taɪfɔɪd] *s med.* tyfus brzuszny
typhus ['taɪfəs] *s med.* tyfus
plamisty
typical ['tɪpɪkl] *adj* typowy
typist ['taɪpɪst] *s* maszynistka
f
tyranny ['tɪrənɪ] *s* tyrania *f*
tyrant ['taɪərənt] *s* tyran *m*
tyre ['taɪə(r)] *s* opona *f*; ⁓
tread bieżnik *m* opony

U

ugly ['ʌglɪ] *adj* brzydki
ulcer ['ʌlsə(r)] *s* wrzód *m*
ultimate ['ʌltɪmət] *adj* ostateczny; (*fundamental*) ‧pod-
stawowy
ultimatum ['ʌltɪ'meɪtəm] *s* ultimatum *n*
umbrella [ʌm'brelə] *s* parasol
m; parasolka *f*
umpire ['ʌmpaɪə(r)] *s sport.*
sędzia *m*; arbiter *m*
un- [ʌn] *praef* nie-; od-; roz-
unable [ʌn'eɪbl] *adj* niezdolny
unaccountable ['ʌnə'kauntəbl]
niewytłumaczalny; niepojęty
unanimous [ju'nænɪməs] *adj*
jednomyślny
unannounced ['ʌnə'naunst] *adj*
nie zapowiedziany
unasked [ʌn'ɑskt] *adj* nie proszony
unassuming ['ʌnə'sjumɪŋ] *adj*
skromny; bezpretensjonal-
ny
unattended ['ʌnə'tendɪd] *adj*
bez opieki
unavoidable ['ʌnə'vɔɪdəbl] *adj*
nieunikniony

unaware ['ʌnə'weə(r)] *adj* nieświadomy; nie zdający so-
bie sprawy
unbearable [ʌn'beərəbl] *adj*
nieznośny
unbiassed [ʌn'baɪəst] *adj* nieuprzedzony; bezstronny
unburden [ʌn'bɜdn] *v* odciążyć; zdjąć ciężar
unbutton [ʌn'bʌtn] *v* rozpiąć
uncanny [ʌn'kænɪ] *adj* niesamowity; (*mysterious*) tajemniczy
uncared-for [ʌn'keəd fɔ(r)] *adj*
zaniedbany; (*of a garden
etc.*) zapuszczony
uncertain [ʌn'sɜtn] *adj* niepewny; wątpliwy
uncivil [ʌn'sɪvl̩] *adj* niegrzeczny; grubiański
uncle ['ʌŋkl] *s* wuj *m*; stryj
m
uncomfortable [ʌn'kʌmftəbl]
adj niewygodny; nieprzy-
tulny
uncommon [ʌn'komən] *adj*
niezwykły
unconscious [ʌn'konʃəs] *adj*
nieprzytomny; (*not aware*)
nieświadomy

uncork [ʌn'kɔk] v odkorko-
(wy)wać
uncouple [ʌn'kʌpl] v odczepić
uncouth [ʌn'kuθ] adj nie-
okrzesany; (strange) dzi-
waczny
uncover [ʌn'kʌvə(r)] v odsłaniać; odkrywać
undated [ʌn'deɪtɪd] adj (of a
cheque, a letter etc.) nie
datowany; bez daty
undeniable [ʌndɪ'naɪəbl] adj
niezaprzeczony
under¹ ['ʌndə(r)] I praep pod;
poniżej; (indicating condition) przy; wobec II adv
poniżej; u dołu
under² ['ʌndə(r)] praef pod-
underclothes ['ʌndəkləʊðz] plt
bielizna f
undercrossing ['ʌndəkrosɪŋ] s
przejazd m dołem
undersone ['ʌndə'dʌn] adj nie
dosmażony; nie dopieczony
underestimate [ʌndər'estɪ-
meɪt] v nie doceniać
underexpose [ʌndərək'spəʊz] v
fot. nie doświetlić (zdjęcia)
underfed ['ʌndəfed] adj nie-
dożywiony
undergo ['ʌndəgəʊ] v (underwent ['ʌndəwent], under-
gone ['ʌndəgon]) poddawać
się (an operation operacji);
doświadczać ⟨doznać⟩ (sth
czegoś); przejść (sth przez
coś)
undergraduate ['ʌndə'græd-
ʒuət] s student m (bez dy-
plomu)
underground ['ʌndəgraʊnd] I s
1. podziemie n 2. kolej podziemna; metro n; ~ station
stacja f metra II adj podziemny III adv pod ziemią
underline ['ʌndəlaɪn] v podkreślać
underneath ['ʌndə'niθ] I adv
II praep pod; poniżej
underpass ['ʌndəpɑs] s tunel
m pod wiaduktem; am.
przejście n dołem ⟨pod-
ziemne⟩

undersecretary ['ʌndə'sekrɪtrɪ]
s podsekretarz m; wicemi-
nister m
undersigned ['ʌndə'saɪnd] adj
podpisany; the ~ niżej podpisany
understand ['ʌndə'stænd] v
(understood ['ʌndə'stʊd] understood) rozumieć; domy-
ślać się; to make oneself
understood porozumiewać
się
understanding ['ʌndə'stændɪŋ]
s porozumienie n; (intellect)
rozum m
understood zob. understand v
understudy ['ʌndəstʌdɪ] s teatr.
dubler m
undertake ['ʌndə'teɪk] v (undertook ['ʌndə'tʊk], under-
taken ['ʌndə'teɪkn]) przed-
siębrać; podejmować się
(czegoś); brać na siebie
undertaker ['ʌndəteɪkə(r)] s
właściciel m zakładu po-
grzebowego
undertaking ['ʌndəteɪkɪŋ] s
przedsięwzięcie n; (enterprise) przedsiębiorstwo n
undertook zob. undertake
underwear ['ʌndəweə(r)] s bielizna f
underwent zob. undergo
undid zob. undo
undies ['ʌndɪz] plt pot. damska bielizna
undo [ʌn'du] v (undid [ʌn'dɪd],
undone [ʌn'dʌn]) rozwiązywać; rozpinać; otwierać
undress [ʌn'dres] v rozbierać
(się)
undue [ʌn'dju] adj niewłaściwy; nie należący się;
zbyteczny
unearthly [ʌn'θlɪ] adj nie-
ziemski; (uncanny) niesa-
mowity
uneasy [ʌn'izɪ] adj 1. niełatwy 2. (fidgety) niespokojny; (inconvenient) niewy-
godny; to feel ~ być skrę-
powanym; czuć się nieswo-
jo

unemployed ['ʌnɪm'plɔɪd] *adj*
bezrobotny
unemployment ['ʌnɪm'plɔɪ-
mənt] *s* bezrobocie *n*
unequal [ʌn'ikwl] *adj* nierówny
unequalled [ʌn'ikwld] *adj* niezrównany
uneven [ʌn'ivn] *adj* nierówny
unexpected ['ʌnɪks'pektɪd] *adj*
niespodziewany
unfailing [ʌn'feɪlɪŋ] *adj* niezawodny
unfair [ʌn'feə(r)] *adj* nieuczciwy; *(unjust)* niesprawiedliwy
unfamiliar ['ʌnfə'mɪlɪə(r)] *adj*
nieznany; *(not acquainted)*
nie obeznany
unfasten [ʌn'fɑsn] *v* rozpinać;
odwiązywać
unfavourable [ʌn'feɪvrəbl] *adj*
nieprzychylny; niepomyśl-
ny; nieżyczliwy
unfit [ʌn'fɪt] *adj* niezdatny
unfold [ʌn'fəʊld] *v* rozwijać;
(uncover) odsłaniać; *(spread)*
rozpościerać
unfortunate [ʌn'fɔtʃʊnət] *adj*
nieszczęśliwy; *(regrettable)*
godny ubolewania
ungrateful [ʌn'greɪtfl] *adj* niewdzięczny
unhappy [ʌn'hæpɪ] *adj* nieszczęśliwy
unhealthy [ʌn'helθɪ] *adj* niezdrowy; niehigieniczny
unhook [ʌn'hʊk] *v* odczepić
unhurt [ʌn'hɜt] *adj* nie uszkodzony; cały; to come ∼
wyjść bez obrażeń
unidentified ['ʌnaɪ'dentɪfaɪd]
adj niezidentyfikowany; ∼
flying object latający talerz
uniform ['junɪfɔm] I *s* uniform *m*; mundur *m* II *adj*
jednolity
unify ['junɪfaɪ] *v* jednoczyć;
łączyć
union ['junɪən] *s* unia *f*; związek *m*; zjednoczenie *n*;

trade ∼s związki zawodo-
we
unique [ju'nik] *adj* jedyny w
swoim rodzaju; wyjątkowy
unit ['junɪt] *s* jednostka *f*;
(of a furniture etc.) komplet *m* (mebli itd.)
unite [ju'naɪt] *v* jednoczyć;
łączyć
unity ['junətɪ] *s* jedność *f*;
jednolitość *f*; zjednoczenie
n
universal ['junɪ'vɜsl] *adj* uniwersalny; *(common)* po-
wszechny; *(general)* ogólny;
wszechstronny
universe ['junɪvɜs] *s* wszechświat *m*
university ['junɪ'vɜsətɪ] I *s*
uniwersytet *m* II *adj* uni-
wersytecki
unjust [ʌn'dʒʌst] *adj* niesprawiedliwy
unkind [ʌn'kaɪnd] •*adj* nieuprzejmy; niegrzeczny; *(ill-
disposed)* nieżyczliwy
unknown [ʌn'nəʊn] *adj* nieznany
unless [ən'les] *conj* jeśli nie;
chyba że
unlike [ʌn'laɪk] I *adj* niepodobny II *adv* niepodobnie;
nie tak, jak
unlikely [ʌn'laɪklɪ] *adj* nieprawdopodobny; it is ∼ to
nie jest prawdopodobne
unlimited [ʌn'lɪmɪtɪd] *adj* nieograniczony
unload [ʌn'ləʊd] *v* wyładowywać; rozładowywać
unlock [ʌn'lok] *v* otwierać
unlucky [ʌn'lʌkɪ] *adj* nieszczęśliwy
unmanned [ʌn'mænd] *adj* bez-
załogowy
unmask [ʌn'mɑsk] *v* demaskować
unmistakable ['ʌnmɪ'steɪkəbl]
adj wyraźny; oczywisty;
niewątpliwy
unnecessary [ʌn'nesesrɪ] *adj*
niepotrzebny
unnoticed [ʌn'nəʊtɪst] *adj* nie
zauważony

unpack [ʌn'pæk] v rozpakowywać
unpardonable [ʌn'pɑdnəbl] adj niewybaczalny
unpleasant [ʌn'pleznt] adj niemiły; nieprzyjemny
unprecedented [ʌn'presidentid] adj bezprzykładny; bez precedensu
unprejudiced [ʌn'predʒədist] adj nieuprzedzony; obiektywny; bezstronny
unreasonable [ʌn'rizənəbl] adj nierozsądny; (of price) nadmierny
unreliable [ʌnrɪ'laɪəbl] adj niepewny; (człowiek) na którym nie można polegać
unrest [ʌn'rest] s niepokój m
unsafe [ʌn'seɪf] adj niebezpieczny; niepewny
unscrupulous [ʌn'skrupjələs] adj bez skrupułów
unselfish [ʌn'selfɪʃ] adj bezinteresowny
unsophisticated [ʌnsə'fɪstɪkeɪtɪd] adj bezpretensjonalny; prosty; naturalny
unsteady [ʌn'stedɪ] adj niestały; niepewny
unstop [ʌn'stop] v odetkać; przetykać (rurę, ujście itd.)
unsuccessful [ʌnsək'sesfl] adj nieudany; bezowocny
untidy [ʌn'taɪdɪ] adj nieporządny
untie [ʌn'taɪ] v rozwiązywać; odwiązywać
until [ʌn'tɪl] I praep do; aż do II conj aż; dopiero; I won't be back ~ tomorrow wrócę dopiero jutro
untold [ʌn'təʊld] adj niewypowiedziany
untrue [ʌn'tru] adj nieprawdziwy
untruth [ʌn'truθ] s nieprawda f
unused [ʌn'juzd] adj nie używany; ~ to sth nie przyzwyczajony do czegoś
unusual [ʌn'juʒʊəl] adj niezwykły

unveil [ʌn'veɪl] v odsłaniać; odkrywać; to ~ a monument odsłonić pomnik
unwelcome [ʌn'welkəm] adj niepożądany; niemile widziany
unwell [ʌn'wel] adj niezdrowy; chory; to be ~ źle się czuć; być niezdrowym
unwilling [ʌn'wɪlɪŋ] adj niechętny
unwise [ʌn'waɪz] adj niemądry
unwrap [ʌn'ræp] v rozwijać; rozpakowywać
up [ʌp] I adv w górze; do góry; wysoko; up and down do góry i na dół; ups and downs wzloty i upadki; it's up to you to zależy od ciebie; to twoja sprawa; the game is up gra się skończyła; to be up być na nogach; what are you up to? co ty wyrabiasz?; czego właściwie chcesz?; what's up? co się dzieje?; up to date w modzie; na czasie II praep w górę; to go up a hill wejść ⟨wspiać się⟩ na górę; iść pod górę; to sail up a river płynąć w górę rzeki
upbringing ['ʌpbrɪŋɪŋ] s wychowanie n
update ['ʌpdeɪt] v unowocześniać; uaktualniać
upheaval [ʌp'hivl] s przewrót m
uphold [ʌp'həʊld] v (upheld [ʌp'held], upheld) podtrzymywać; bronić; popierać
upholsterer [ʌp'həʊlstərə(r)] s tapicer m
upkeep ['ʌpkip] s utrzymanie n
upland ['ʌplənd] s wyżyna f
upon [ə'pon] praep na; przy
upper ['ʌpə(r)] adj górny
upright ['ʌp-raɪt] adj prosty; (erect) wyprostowany; (righteous) prawy
uprising ['ʌp'raɪzɪŋ] s powstanie n

uproar [ˈʌp-rɔ(r)] s wrzawa ʃ;
zgiełk m; zamieszanie n
upset [ʌpˈset] I v (upset,
upset) **1.** przewracać; wywracać **2.** (trouble) zmartwić II adj zgnębiony; zmartwiony
upside-down [ˈʌpsaɪd ˈdaʊn]
adv do góry nogami
upstairs [ˈʌpˈsteəz] adv (in a
house) na ⟨w⟩ górze; w
górę
upstream [ˈʌpˈstrim] adv pod
prąd
up-to-date [ˈʌp tə ˈdeɪt] adj
współczesny; modny; no-
woczesny
upturn [ˈʌptɜn] v przewracać
upwards [ˈʌpwɜd(z)] adv w
górę; do góry; (above) ponad; powyżej
urban [ˈɜbən] adj miejski
urge [ɜdʒ] v przynaglać; (insist) nalegać; (incite) pobudzać
urgent [ˈɜdʒənt] adj pilny; naglący; (pressing) usilny
urinate [ˈjuərɪneɪt] v oddawać
mocz
urine [ˈjuərɪn] s mocz m; to
pass ∼ oddać mocz
urn [ɜn] s urna ʃ
us [ʌs] pron nam; nas; nami
usage [ˈjuzɪdʒ] s użycie n;
zastosowanie n; (custom)
zwyczaj m
use [juz] I v używać; stosować; I ∼d to do the same
dawniej robiłem to samo
II s [jus] **1.** użytek m; zastosowanie n; in ∼ w uży-
ciu; out of ∼ nie używany;
it's no ∼ going there nie
ma po co tam chodzić;

przen. it's no ∼ weeping
over the spilt milk szkoda
łez; co się stało, to się nie
odstanie; to come into ∼
wejść w użycie; to fall out
of ∼ wyjść z użycia; what's
the use of it? na ⟨po⟩ co
to? **2.** (advantage) korzyść ʃ
used [just] adj przyzwyczajony; to get ∼ to ⟨to do⟩
sth przyzwyczaić się do
czegoś ⟨do robienia czegoś⟩
useful [ˈjusfl] adj pożyteczny; przydatny
useless [ˈjusləs] adj bezużyt-
teczny; (abortive) daremny
user [ˈjuzə(r)] s użytkownik
m
usher [ˈʌʃə(r)] I v wprowadzać II s odźwierny m; (in
a cinema etc.) bileter m
usherette [ˈʌʃəˈret] s bileter-
ka ʃ
usual [ˈjuʒuəl] adj zwykły;
zwyczajny
utensil [juˈtensl] s naczynie
n; narzędzie n; pl ∼s przybory pl
utility [juˈtɪlətɪ] s użytecz-
ność ʃ; pożytek m
utilize [ˈjutəlaɪz] v użytkować
utmost [ˈʌtməust] adj ostateczny; najwyższy; najdalszy;
to do one's ∼ zrobić wszystko, co możliwe
utter [ˈʌtə(r)] I v wydawać
(okrzyk, dźwięk itp.); (express) wyrażać II adj całkowity; zupełny
utterly [ˈʌtəlɪ] adv całkowicie; ostatecznie
U-turn [ˈjuˈtɜn] s skręt o 180°;
"No U-Turns!" zakaz m za-
wracania

V

vacancy [ˈveɪkənsɪ] s pustka
ʃ; wolne miejsce; wolny
pokój; wolna posada;
(thoughtlessness) bezmyśl-
ność ʃ

vacant [ˈveɪkənt] adj próżny;
wolny; (thoughtless) bez-
myślny
vacation [vəˈkeɪʃn] s urlop m;
pl ∼s wakacje pl; ferie pl

vaccinate ['væksineit] v szczepić (przeciw chorobom)
vaccination ['væksi'neifn] s szczepienie n; ~ certificate świadectwo n szczepienia
vacuum ['vækjuəm] s próżnia f; ~ cleaner odkurzacz m; ~ flask ⟨bottle⟩ termos m
vagabond ['vægəbond] s włóczęga m
vagrant ['veigrənt] adj wędrowny
vague [veig] adj niejasny; niewyraźny; (evasive) wymijający
vain [vein] adj próżny; pusty; daremny; in ~ na próżno; daremnie
valid ['vælid] adj ważny; prawny; your passport is no longer ~ pański paszport stracił ważność
validity [və'lidəti] s ważność f (dokumentu itd.); moc prawna
valise [və'liz] s torba podróżna
valley ['væli] s dolina f
valuable ['væljubl] adj cenny; wartościowy
value ['vælju] I v cenić; szacować II s wartość f; (meaning) znaczenie n
valve [vælv] s klapa f; zawór m; anat. zastawka f; elektr. lampa radiowa; lampa elektronowa
van [væn] s 1. samochód ciężarowy; delivery ~ furgonetka f 2. kolej. wagon m; luggage ~ wagon bagażowy
vanish ['vænif] v znikać
vanity ['væniti] s próżność f; marność f; ~ bag ⟨case⟩ kosmetyczka f
variable ['veəriəbl] adj zmienny
varicose vein ['værikəus vein] s żylak m
varied ['veərid] adj rozmaity
variety [və'raiəti] s 1. rozmaitość f; ~ theatre teatr

rozrywkowy ⟨rewiowy⟩ 2. (kind) odmiana f
various ['veəriəs] adj rozmaity; różny
varnish [vanif] I v lakierować II s lakier m
vary ['veəri] v zmieniać się; (differ) różnić się
vase [vaz] s flakon m; wazon m
vaseline ['væslin] s wazelina f
vast [vast] adj obszerny; ogromny; rozległy
vault [vɔlt] s 1. sklepienie n 2. bud. piwnica f; krypta f; (tomb) grobowiec m; family ~s grobowiec rodzinny
veal [vil] s cielęcina f
vegetable ['vedʒtəbl] I s jarzyna f; warzywo n II adj roślinny
vegetation ['vedʒi'teifn] s roślinność f
vehement ['viəmənt] adj gwałtowny
vehicle ['viikl] s pojazd m; one-track ~ pojazd jednośladowy; horse-drawn ~ pojazd konny
veil [veil] s welon m
vein [vein] s żyła f; (flair) żyłka f (for sth do czegoś)
velvet ['velvit] s aksamit m
vending ['vendiŋ] s sprzedaż f; street ~ sprzedaż uliczna
vendor ['vendə(r)] s sprzedawca m
venerable ['venrəbl] adj czcigodny
vengeance ['vendʒəns] s zemsta f
venison ['venisn] s dziczyzna f
venom ['venəm] I v zatruwać II s jad m; trucizna f
venomous ['venəməs] adj jadowity
ventilation ['venti'leifn] s wentylacja f
venture ['ventfə(r)] I v 1. przedsięwziąć 2. (risk) ryzykować; odważać się II s 1. przedsięwzięcie n 2. (risk)

ryzyko *n*; **at a** ⁓ **na chybił-
-trafił**
verandah [və'rændə] *s* **weranda** *f*
verb [v3b] *s* **czasownik** *m*
verdict ['v3dıkt] *s* **wyrok** *m*
verge [v3dʒ] **I** *v* **graniczyć (on
sth z czymś); być na kra-
wędzi II s krawędź** *f*; **brzeg**
m
verify ['verıfaı] *v* **sprawdzać;
(state) stwierdzać; weryfi-
kować**
vermicelli ['v3mı'selı] *s* **(makaron) wermiszel** *m*
vermin ['v3mın] *s* **robactwo** *n*
versatile ['v3sətaıl] *adj* **zwinny; bystry; wszechstronny**
verse [v3s] *s* **wiersz** *m*; **in** ⁓
wierszem
version ['v3ʃn] *s* **wersja** *f*;
(translation) przekład *m*
vertical ['v3tıkl] *adj* **pionowy**
very ['verı] **I** *adv* **bardzo II
adj prawdziwy; istotny;
sam; ten sam; the** ⁓ **idea
sama myśl; the** ⁓ **man
właśnie ten człowiek**
vest [vest] *s* **podkoszulek** *m*
veterinary ['vetrınərı] *adj*
weterynaryjny; ⁓ **surgeon
weterynarz** *m*
vex [veks] *v* **złościć: gniewać; irytować**
via ['vaıə] *praep* **przez**
vicar ['vıkə(r)] *s* **proboszcz** *m*
vice [1] [vaıs] *s* **nałóg** *m*; **wy-
stępek** *m*
vice [2] [vaıs] *s* **imadło** *n*
vice-president [vaıs'prezıdnt]
s **wiceprezes** *m*; **wiceprezy-
dent** *m*
vicinity [vı'sınətı] *s* **sąsiedztwo** *n*; **okolica** *f*
vicious ['vıʃəs] *adj* **złośliwy,
(incorrect) wadliwy; błęd-
ny; (of sb's life) grzeszny;
występny; (of a horse) na-
rowisty**
victim ['vıktım] *s* **ofiara** *f*
(zbrodni itp.)
victorious [vık'tɔrıəs] *adj* **zwycięski**

victory ['vıktrı] *s* **zwycięstwo**
n
video-tape ['vıdıəu teıp] *s* **taśma** *f* **magnetowidu**
vie [vaı] *s* **współzawodniczyć;
iść w zawody**
view [vju] **I** *v* **oglądać; przeglądać; rozpatrywać (a mat-
ter sprawę) II s 1. widok**
m; **bird's eye** ⁓ **widok z
z lotu ptaka; side** ⁓ **widok
z boku; front** ⁓ **widok z
przodu; rear** ⁓ **widok z tyłu; top** ⁓ **widok z góry 2.
(mental estimate) zapatry-
wanie** *n*; **pogląd** *m*; **point of**
⁓ **punkt** *m* **widzenia; to
come into** ⁓ **ukazać się; to
have in** ⁓ **mieć na myśli;
in** ⁓ **na widoku; in** ⁓ **of ...
wobec ...; with a** ⁓ **to ... w
celu ...**
vigil ['vıdʒıl] *s* **czuwanie** *n*
(nad chorym itd.)
vigilant ['vıdʒılənt] *adj* **czujny**
vigorous ['vıgərəs] *adj* **energiczny; silny**
vigour ['vıgə(r)] *s* **siła** *f*; **krzep-
kość** *f*
vile [vaıl] *adj* **podły; nikczemny**
village ['vılıdʒ] *s* **wieś** *f*
vindictive [vın'dıktıv] *adj*
mściwy
vine [vaın] *s* **winna latorośl;
roślina pnąca**
vinegar ['vınıgə(r)] *s* **ocet** *m*
vineyard ['vınjəd] *s* **winnica** *f*
vintage ['vıntıdʒ] *s* **winobranie** *n*; **rocznik** *m* **wina;** ⁓
wines wina *pl* **z dobrego
rocznika**
violate ['vaıəleıt] *v* **naruszać;
gwałcić**
violence ['vaıələns] *s* **gwałt** *m*;
przekroczenie *n*; **by** ⁓
gwałtem
violent ['vaıələnt] *adj* **gwałtowny**
violet ['vaıələt] **I** *s* **fiołek** *m*
II *adj* **fioletowy; fiołkowy**
violin ['vaıə'lın] *s* **skrzypce**

pl; **to play the** ~ grać na skrzypcach
violinist ['vaɪə'lɪnɪst] *s* skrzypek *m*, skrzypaczka *f*
viper ['vaɪpə(r)] *s* żmija *f*
virgin ['vɜdʒɪn] **I** *s* dziewica *f* **II** *adj* dziewiczy
virtue ['vɜtʃu] *s* cnota *f*; wartość *f*; zaleta *f*
virtuoso ['vɜtʃu'əʊzəʊ] **I** *s* wirtuoz *m* **II** *adj* wirtuozowski
virtuous ['vɜtʃuəs] *adj* cnotliwy; moralny
virus ['vaɪərəs] *s* wirus *m*
visa ['vizə] **I** *v* wizować **II** *s* wiza *f*; ~ **section** wydział wizowy; **entry** ~ wiza wjazdowa; **permanent** ⟨**residence**⟩ ~ wiza stała; **tourist** ~ wiza turystyczna; **visitor's** ~ wiza pobytowa ⟨czasowa⟩; **expiration of the** ~ wygaśnięcie *n* wizy
visible ['vɪzəbl] *adj* widoczny
vision ['vɪʒn] *s* wizja *f*; (*phantom*) zjawa *f*; (*range of sight*) zasięg *m* wzroku
visit ['vɪzɪt] **I** *v* odwiedzać; zwiedzać; ~**ing card** bilet wizytowy; ~**ing hours** godziny *pl* odwiedzin (w szpitalu) **II** *s* wizyta *f*; odwiedziny *pl*
visitor ['vɪzɪtə(r)] *s* gość *m*; zwiedzający *m*
visual ['vɪʒuəl] *adj* wzrokowy
vital ['vaɪtl] *adj* żywotny; życiowy; (*essential*) istotny
vitality [vaɪ'tælətɪ] *s* żywotność *f*; energia życiowa
vitamin ['vɪtəmɪn] *s* witamina *f*

vivacious [vɪ'veɪʃəs] *adj* żwawy; rześki; pełen życia
vivid ['vɪvɪd] *adj* żywy
vocabulary [və'kæbjʊlərɪ] *s* słowniczek *m*; (*amount of known words*) słownictwo *n*
vocal ['vəʊkl] *adj* głosowy; wokalny
vocalist ['vəʊklɪst] *s* wokalista *m*, wokalistka *f*
vogue [vəʊg] *s* moda *f*; (*popularity*) popularność *f*; **in** ~ **modny**
voice [vɔɪs] *s* głos *m*; *gram.* strona *f*
void [vɔɪd] *adj* pusty; *prawn.* nieważny; ~ **of ...** pozbawiony ...
volcano [vol'keɪnəʊ] *s* wulkan *m*
volley ['volɪ] *s* salwa *f*; grad *m* (pocisków); potok *m* (słów); ~ **ball** siatkówka *f*
volume ['voljum] *s* tom *m*; (*bulk*) objętość *f*
voluntary ['voləntrɪ] *adj* dobrowolny; ochotniczy
volunteer ['volən'tɪə(r)] **I** *v* zgłaszać się ochotniczo **II** *s* ochotnik *m*
vomit ['vomɪt] *v* wymiotować
vote [vəʊt] **I** *v* głosować; (*resolve*) uchwalać **II** *s* głosowanie *n*; (*voice*) głos *m*
voter ['vəʊtə(r)] *s* wyborca *m*
voucher ['vaʊtʃə(r)] *s* kwit *m*; bon *m*; voucher *m*
vowel ['vaʊl] *s* samogłoska *f*
voyage ['vɔɪdʒ] *s* podróż *f* (morzem, powietrzem)
vulgar ['vʌlgə(r)] *adj* wulgarny; ordynarny
vulture ['vʌltʃə(r)] *s* sęp *m*

W

wade [weɪd] *v* brnąć
wafer ['weɪfə(r)] *s* wafel *m*; opłatek *m*
wag [wæg] *v* poruszać; merdać (**its tail** ogonem)

wage [weɪdʒ] *s* zapłata *f*; płaca *f*
waggon ['wægən] *s* wagon *m*; fura *f*
waist [weɪst] *s* kibić *f*; talia

f; pas *m*; **stripped to the ~ rozebrany do pasa; round the ~** w pasie
waistcoat ['weɪstkəut] *s* kamizelka *f*
wait [weɪt] *v* 1. czekać (**for** sb na kogoś); *mot.* "**No waiting!**" zakaz *m* postoju 2. (*serve*) usługiwać (**on** sb komuś)
waiter ['weɪtə(r)] *s* kelner *m*
waiting-room ['weɪtɪŋ rum] *s* poczekalnia *f*
waitress ['weɪtrəs] *s* kelnerka *f*
wake [weɪk] *v* (**woke** [wəuk], **woke**) budzić; **to ~ up** obudzić ⟨zbudzić się⟩
wakeful ['weɪkfl] *adj* czujny
waken ['weɪkən] *v* budzić (się)
walk [wɔk] I *v* chodzić; iść; kroczyć; (*saunter*) przechadzać się II *s* 1. przechadzka *f*; **to go for a ~** iść na przechadzkę ⟨spacer⟩ 2. (*gait*) chód *m*
walking-boots ['wɔkɪŋ buts] *pl* buty turystyczne
walking-stick ['wɔkɪŋ stɪk] *s* laska *f*
walking-tour ['wɔkɪŋ tuə(r)] *s* piesza wycieczka
walk-over ['wɔk əuvə(r)] *s* łatwe zwycięstwo; *sport.* walkower *m*
wall [wɔl] I *v* otaczać murem II *s* ściana *f*; mur *m*
wallet ['wolɪt] *s* teczka *f*; (*for bank-notes etc.*) portfel *m*
wallpaper ['wolpeɪpə(r)] *s* tapeta *f*
walnut ['wolnʌt] *s* orzech włoski; **~ furniture** orzechowe meble *pl*
walrus ['wolrəs] *s* mors *m*
waltz [wols] I *v* tańczyć walca II *s* walc *m*
wander ['wondə(r)] *v* wędrować
want [wont] I *v* chcieć; (*need*) potrzebować; (*be short of*) odczuwać brak; brakować II *s* 1. potrzeba *f*; **to be in**

~ of ... potrzebować ... 2. (*lack*) brak *m*; **for ~ of ...** z braku ...
war [wɔ(r)] *s* wojna *f*; **War Office** Ministerstwo *n* Wojny; **at ~** w stanie wojny
ward [wɔd] *s* (*in a hospital*) sala *f*; oddział *m*; **isolation ~** separatka *f*; izolatka *f*
warden ['wɔdn] *s* opiekun *m*; osoba sprawująca nadzór
wardrobe ['wɔ-drəub] *s* garderoba *f*; (*cupboard*) szafa *f*
ware [weə(r)] *s* towar *m*, wyrób *m*; artykuły *pl*, wyroby *pl*; **domestic ~s** artykuły gospodarstwa domowego
warehouse ['weəhaus] *s* magazyn *m*; (*store*) skład hurtowy; dom towarowy
warm [wɔm] I *v* grzać; rozgrzewać II *adj* 1. ciepły; **to get ~** ogrzać (się) 2. (*friendly*) serdeczny; życzliwy
warmth [wɔmθ] *s* ciepło *n*
warn [wɔn] *v* ostrzegać; uprzedzać
warning ['wɔnɪŋ] I *s* ostrzeżenie *n* II *adj* ostrzegawczy
warrant ['worənt] I *v* gwarantować; uzasadniać; zaręczać II *s* rękojmia *f*; poręka *f*
was *zob.* **be**
wash [woʃ] I *v* myć się; (*launder*) prać; **to ~ off** zmywać; płukać; **to ~ out** wymywać; **to ~ up** zmywać (naczynia) II *s* mycie *n*; (*laundering*) pranie *n*
washable ['woʃəbl] *adj* do prania
wash-basin ['woʃ beɪsn] *s* miednica *f*; umywalka *f*
washing ['woʃɪŋ] *s* mycie *n*; (*laundering*) pranie *n*; (*clothes etc.*) bielizna *f* do prania
washing-machine ['woʃɪŋ məʃin] *s* pralka *f*
wasp [wosp] *s* osa *f*
waste [weɪst] I *v* marnować;

trwonić; *(ruin)* niszczyć;
pustoszyć **II** *s* marnotrawstwo *n*; strata *f*; *(wilderness)* pustkowie *n* **III** *adj*
pusty; *(worthless)* bezwartościowy; ~ products od-
pady *pl*
wasteful ['weɪstfl] *adj* marno-
trawny
watch [wotʃ] **I** *v* pilnować;
strzec; czuwać; *(observe)*
obserwować **II** *s* 1. zegarek
m 2. *(guard)* straż *f*; *(standing guard)* czuwanie *n*
watchmaker ['wotʃmeɪkə(r)] *s*
zegarmistrz *m*
watchman ['wotʃmən] *s* *(pl
watchmen)* stróż *m*
watch-tower ['wotʃ tauə(r)] *s*
strażnica *f* (graniczna)
water ['wɔtə(r)] **I** *v* 1. podle-
wać; polewać; poić (zwie-
rzęta) 2. *(drip)* ociekać; my
mouth ~s ślinka mi leci
II *s* woda *f*; **distilled** ~
woda destylowana; **drink-
ing** ~ woda do picia; **soda**
~ woda sodowa
water-closet ['wotə klozɪt] *s*
ustęp *m*; W.C. *n*
water-colour ['wotə kʌlə(r)] *s*
akwarela *f*
waterfall ['wɔtəfɔl] *s* wodospad *m*
watermark ['wɔtəmɑk] *s* znak
wodny
watermelon ['wɔtəmelən] *s*
arbuz *m*
waterproof ['wɔtəpruf] *adj*
nieprzemakalny
water-skiing ['wɔtə skiɪŋ] *s*
narciarstwo wodne
water-tight ['wotə taɪt] *adj*
wodoszczelny
waterworks ['wotəwɜks] *s* wo-
dociągi *pl*
watery ['wotərɪ] *adj* wodni-
sty
wave [weɪv] **I** *v* falować;
(make a gesture) machać
ręką; *(of a flag etc.)* po-
wiewać **II** *s* fala *f*; *(gesture)* skinienie *n*

wax [wæks] *s* wosk *m*; *(for
sealing)* lak *m*
way [weɪ] *s* 1. droga *f*; **the**
~ **in** wejście *n*; **the** ~ **out**
wyjście *n*; **to be** ⟨**to stand**⟩
in the ~ przeszkadzać; zawadzać; **to give** ~ ustępować; **to have one's** ~ postawić na swoim; **to keep
out of the** ~ trzymać się
na uboczu; **to lead the** ~
być w czołówce; **to bar the**
~ zablokować ⟨zagrodzić⟩
drogę; **to go the wrong** ~
zmylić drogę; **to get out of
sb's** ~ zejść komuś z drogi;
to pave the ~ utorować
drogę; **this** ~ tędy; **that** ~
tamtędy; **under** ~ w przygotowaniu; w trakcie 2.
(manner) sposób *m*; **by the**
~ à propos; nawiasem mó-
wiąc; **by** ~ **of ...** jako ...
(powitanie itp.); **in no** ~
w żaden sposób
we [wi] *pron* my
weak [wik] *adj* słaby; wątły
weaken ['wikən] *v* osłabiać;
osłabnąć
weakness ['wiknəs] *s* słabość
f
wealth [welθ] *s* bogactwo *n*
wealthy ['welθɪ] *adj* bogaty
weapon ['wepən] *s* broń *f*
wear [weə(r)] **I** *v* *(wore* [wɔ(r)],
worn [wɔn]) 1. nosić na so-
bie 2. *(use too much)* zużywać; niszczyć; wyczerpy-
wać; **to** ~ **out** ⟨**off**⟩ zużywać się; niszczeć **II** *s* no-
szenie *n*; ~ **and tear** zużycie *n*
weary ['wɪərɪ] *adj* znużony;
(tiring) męczący
weather ['weðə(r)] *s* pogoda
f; ~ **forecast** ⟨**report**⟩ prognoza *f* pogody; **bad** ⟨**rainy**⟩
~ słota *f*
weather-chart ['weðə tʃɑt],
weather-map ['weðə mæp]
s mapa synoptyczna
weave [wiv] *v* *(wove* [wəuv],
woven ['wəuvn]) tkać

web [web] *s* pajęczyna *f*;
przen. sieć *f* (intryg itd.)
we'd [wid] = **we had, we
should ⟨would⟩**
wedding ['wedɪŋ] **I** *s* ślub *m*;
wesele *n* **II** *adj* ślubny; weselny; ∼ **ring** obrączka
ślubna; ∼ **trip** podróż poślubna
wedge [wedʒ] *s* klin *m*; ∼
heel koturn *m* (obcas)
Wednesday ['wenzdɪ] *s* środa
f
weed [wid] **I** *v* plewić **II** *s*
chwast *m*
week [wik] *s* tydzień *m*; **by
the** ∼ tygodniowo; **this day**
∼ **od dziś za tydzień; once
a** ∼ **raz na tydzień**
weekday ['wikdeɪ] *s* dzień
powszedni (nie świąteczny)
weekend ['wik'end] *s* koniec
m tygodnia; weekend *m*
weekly ['wiklɪ] **I** *s* tygodnik
m **II** *adj* tygodniowy **III** *adv*
tygodniowo
weep [wip] *v* (wept [wept],
wept) opłakiwać; płakać
weigh [weɪ] *v* ważyć; *przen.*
ciążyć (**upon sb** komuś); **to**
∼ **anchor** podnieść kotwicę
weight [weɪt] *s* waga *f*; ciężar *m*; **to put on** ∼ tyć;
to lose ∼ tracić na wadze,
chudnąć
weight-lifting ['weɪt lɪftɪŋ] *s*
sport. podnoszenie *n* ciężarów
weird [wɪəd] *adj* niesamowity; *pot.* dziwny
welcome ['welkəm] **I** *v* witać;
∼! witajcie! **II** *s* przywitanie *n*; serdeczne przyjęcie
III *adj* mile widziany;
you're ∼ proszę bardzo!
(odpowiedź na podziękowanie)
weld [weld] *v* spawać
welder ['weldə(r)] *s* spawacz
m
welfare ['welfeə(r)] *s* powodzenie *n*; dobrobyt *m*; ∼
work praca społeczna
well¹ [wel] *adv* (**better, best**)

dobrze; a więc; otóż; zatem; **as** ∼ również; także;
to be ∼ czuć się dobrze;
to be ∼ **off** być dobrze sytuowanym
well² [wel] *s* studnia *f*
we'll [wil] = **we shall ⟨will⟩**
well-bred ['wel 'bred] *adj* dobrze wychowany
wellington ['welɪŋtən] *s* wysoki but gumowy; *pot.* gumiak *m*
well-off [wel 'of] *adj* dobrze
sytuowany; zamożny
well-to-do ['wel tə 'du] *adj*
zamożny
Welsh [welʃ] *adj* walijski
Welshman ['welʃmən] *s* (*pl*
Welshmen) Walijczyk *m*
went *zob.* **go**
wept *zob.* **weep**
were *zob.* **be**
we're [wɪə(r)] = **we are**
weren't [wɜnt] = **were not**
west [west] **I** *s* zachód *m* **II**
adj zachodni **III** *adv* na zachód
western ['westən] **I** *adj* zachodni **II** *s* film *m* z życia
Dzikiego Zachodu, western
m
wet [wet] **I** *v* zwilżać; moczyć **II** *adj* mokry; wilgotny; **I've got** ∼ **feet** przemoczyłem nogi
we've [wiv] = **we have**
whale [weɪl] *s* wieloryb *m*
whalebone ['weɪlbəun] *s* fiszbin *m*
wharf [wɔf] *s* przystań *f*; nabrzeże *n*
what [wot] *pron* co; jaki;
jak; **and** ∼ **not** i Bóg wie
co jeszcze; ∼ **about you?**
a co słychać u ciebie?; a co
z tobą?; a ty?; ∼ **an idea!**
co za pomysł!; ∼ **is it like?**
jak to wygląda?; ∼ **kind
of ...** jakiego rodzaju ...; ∼
next? i co dalej?; ∼'**s up?**
co się dzieje?; ∼ **use is it?**
jaki z tego pożytek?; ∼ **do
you call this?** jak się to
nazywa?

whatever |wot'evǝ(r)] I *pron*
cokolwiek II *adj* jakikolwiek
whatsoever ['wotsǝu'evǝ(r)] =
whatever
wheat [wit] *s* pszenica *f*
wheel [wil] *s* 1. koło *n*; spare
~ zapasowe koło; ~ track
rozstaw kół (pojazdu) 2.
mot. kierownica *f*; who is
at the ~ kto prowadzi
⟨jedzie⟩?
wheelbarrow ['wilbærǝu] *s*
taczka *f*
wheel-chair ['wil tʃeǝ(r)] *s* wózek inwalidzki
wheeze [wiz] I *s* świst *m*; sa-
panie *n*; poświst *m* II *v*
świstać; sapać
whelp [welp] *s* szczenię *n*;
przen. bachor *m*
when [wen] I *adv* kiedy II
conj gdy, kiedy; since ~
od kiedy; till ~? do kiedy?
whenever [wen'evǝ(r)] *adv*
conj kiedy tylko; ilekroć;
kiedykolwiek
where [weǝ(r)] *adv conj*
gdzie; dokąd; ~ from skąd
whereabout(s) ['weǝrǝ'bauts] I
s miejsce *n* pobytu II *adv*
gdzie
whereas ['weǝr'æz] *conj* podczas gdy
wherever ['weǝr'evǝ(r)] *adv*
gdziekolwiek; dokądkolwiek
whet [wet] *v* ostrzyć: (*stimulate*) podniecać
whether ['weðǝ(r)] *conj* czy;
~ ... or czy ... czy
which [wɪtʃ] *pron* który; jaki;
~ ever którykolwiek; ~
way którędy; w jaki spo-
sób
whichever [wɪtʃ'evǝ(r)] *pron*
którykolwiek; byle który;
każdy
while [waɪl] I *s* chwila *f* II
conj podczas gdy
whim [wɪm] *s* kaprys *m*; za-
chcianka *f*
whine [waɪn] I *v* wyć II *s*
wycie *n*
whip [wɪp] I *v* biczować;

(*beat*) bić, ubijać II *s* bicz
m
whirl [wɜl] I *v* wirować; kręcić się II *s* wir *m*
whirlpool ['wɜlpul] *s* wir *m*
(wodny)
whirlwind ['wɜlwɪnd] *s* trąba
powietrzna
whiskers ['wɪskǝz] *pl* boko-
brody *pl*; (*animal's*) wąsy
pl
whisky ['wɪskɪ] *s* whisky *f*
whisper ['wɪspǝ(r)] I *v* szeptać II *s* szept *m*
whistle ['wɪsl] I *v* gwizdać
II *s* gwizd *m*; (*instrument*)
gwizdek *m*
white [waɪt] I *v* bielić II *s*
biel *f*; białko *n* (jaja); (*part
of an eye*) białko *n* oka III
adj biały; to go ⟨to turn⟩ ~
blednąć; zbieleć
whitewash ['waɪtwoʃ] *v* bielić (wapnem)
Whitsunday ['wɪt'sʌndɪ] *s* niedziela *f* Zielonych Świąt
Whitsuntide ['wɪtsntaɪd] *s* Zie-
lone Świątki
who |hu] *pron* kto; (*relative*)
który; jaki
whoever |hu'evǝ(r)] *pron* kto-
kolwiek; każdy, kto
whole |hǝul] I *s* całość *f*; as
a ~ jako całość; on the ~
na ogół II *adj* cały; wszy-
stek; całkowity; ~ milk
pełne mleko
wholesale ['hǝulseɪl] *s* hurt
m
wholly ['hǝullɪ] *adv* całkowicie; w zupełności
whom |hum] *pron* kogo; ko-
mu; kim; którego; którą;
które; których
whose |huz] *pron* kogo; czyj;
którego; których
why |waɪ] *adv conj* dlaczego;
po co; na co; (*so*) więc;
otóż; that is ~ oto dlaczego; dlatego (właśnie)
wick [wɪk] *s* knot *m*
wicked ['wɪkɪd] *adj* zły; nikczemny
wicker ['wɪkǝ(r)] I *s* wiklina

f II *adj (of furniture etc.*)
pleciony; wyplatany
wide [waɪd] **I** *adj* szeroki;
(vast) rozległy **II** *adv* szeroko
widen [`waɪdn] *v* rozszerzać
widow [`wɪdəu] *s* wdowa *f*;
grass ⁓ słomiana wdowa
widower [`wɪdəuə(r)] *s* wdo-
wiec *m*
width [wɪtϴ] *s* szerokość *f*
wife [waɪf] *s (pl* **wives**
[waɪvz]) żona *f*
wig [wɪg] *s* peruka *f*
wild [waɪld] **I** *s* pustkowie *n*
II *adj* dziki; *(mad)* szalony; **to run** ⁓ szaleć
wilderness [`wɪldənəs] *s* pu-
stkowie *n*; *(desert)* pustynia *f*
wilful [`wɪlfl] *adj* samowolny;
uparty; rozmyślny; umyśl-
ny
will [wɪl] **I** *v* (**would** [wud])
1. *aux* do tworzenia czasu
przyszłego; **they** ⁓ **go there**
pójdą tam 2. wyraża proś-
bę: ⁓ **you come in?** może
pan wejdzie?; proszę wejść;
⁓ **you have a cup of tea?**
może się pan/i napije herbaty? **II** *s* wola *f*; *(testament)* testament *m*
willing [`wɪlɪŋ] *adj* chętny
willow [`wɪləu] *s* wierzba *f*
will-power [`wɪl pauə(r)] *s* si-
ła *f* woli
win [wɪn] **I** *v* (**won** [wʌn],
won) wygrywać; zdobywać;
(be victorious) zwyciężać;
(gain) pozyskiwać **II** *s* wygrana *f*
wind [wɪnd] *s* wiatr *m; pot.*
to get ⁓ **of ... zwietrzyć ...**
(niebezpieczeństwo itp.)
wind [waɪnd] *v* (**wound**
[waund], **wound**) wić; *(roll)*
zwijać; **to** ⁓ **up** nakręcać
(a watch zegarek)
windcheater [`wɪndtʃitə(r)] *s*
wiatrówka *f* (kurtka)
wind-instrument [`wɪnd-ɪns-
trumənt] *s* instrument dęty

windmill [`wɪndmɪl] *s* wiatrak
m
window [`wɪndəu] *s* okno *n*;
drop ⁓ szyba opuszczana;
rear ⁓ tylna szyba; **stained-
-glass** ⁓ witraż *m*
window-dressing [`wɪndəu dre-
sɪŋ] *s* urządzanie *n* wystaw
sklepowych
window-pane [`wɪndəu peɪn] *s*
szyba *f*; **to put in a** ⁓
wstawić szybę
window-shopping [`wɪndəu
ʃopɪŋ] *s* oglądanie *n* wystaw
sklepowych
window-sill [`wɪndəu sɪl] *s* pa-
rapet *m*
windpipe [`wɪndpaɪp] *v* tcha-
wica *f*
windscreen [`wɪndskrin] *s*
przednia szyba (samochodu)
windscreen-wiper [`wɪndskrin
waɪpə(r)] *s* wycieraczka *f*
przedniej szyby (samocho-
du)
windy [`wɪndɪ] *adj* wietrzny
wine [waɪn] *s* wino *n*; ⁓ **list**
karta *f* win
wing [wɪŋ] *s* skrzydło *n*
wink [wɪŋk] **I** *v* mrugać **II** *s*
mrugnięcie *n*
winker [`wɪŋkə(r)], **winking-
-light** [`wɪŋkɪŋlaɪt] *s mot.*
migacz *m*; kierunkowskaz
m
winter [`wɪntə(r)] *s* zima *f*
wipe [waɪp] *v* wycierać; wymazywać
wire [waɪə(r)] **I** *v* 1. druto-
wać 2. *(cable)* telegrafować
II *s* 1. drut *m* 2. *(telegram)*
telegram *m*; **by** ⁓ telegra-
ficznie
wireless [`waɪələs] *s* radio *n*
wisdom [`wɪzdəm] *s* mądrość
f
wise [waɪz] *adj* mądry
wish [wɪʃ] **I** *v* życzyć (sobie);
pragnąć; *(want)* chcieć **II** *s*
życzenie *n*
wit [wɪt] *s* rozum *m*; dowcip
m; **at one's** ⁓'s **end** w cięż-
kiej sytuacji
witch [wɪtʃ] *s* czarownica *f*

with [wið] *praep* z; to help
sb ~ his work pomóc ko-
muś przy pracy; ~ my own
eyes własnymi oczami
withdraw [wɪð`drɔ] *v* (with-
drew [wɪð`dru], withdrawn
[wɪð`drɔn]) cofać; (*cash*) po-
dejmować (**money** pieniądze); (*retire*) odchodzić; wy-
cofywać się
withdrawal [wɪð`drɔl] *s* wy-
cofanie *n*; (*cash*) podjęcie
n (pieniędzy)
withdrew *zob.* withdraw
wither [`wɪðə(r)] *v* więdnąć;
schnąć
within [wɪð`ɪn] *praep* we-
wnątrz; w środku; (*during*)
w ciągu; (*in the bounds of*)
w obrębie; w granicach
without [wɪð`aut] *praep* bez;
~ doubt niewątpliwie
witness [`wɪtnəs] I *v* być
świadkiem; świadczyć II *s*
świadek *m*; (*evidence*) zeznanie *n*
witty [`wɪtɪ] *adj* dowcipny
wolf [wulf] *s* (*pl* wolves
[wulvz]) *s* wilk *m*
woman [`wumən] *s* (*pl* women
[`wɪmɪn]) kobieta *f*
womanly [`wumənlɪ] *adj* ko-
biecy
womb [wum] *s* łono *n*
women *zob.* woman
won *zob.* win *v*
wonder [`wʌndə(r)] I *v* 1. dzi-
wić się (**at sth** czemuś); podziwiać 2. (*consider*) zastanawiać się; I ~ why he
didn't come zastanawiam
się ⟨ciekaw jestem⟩ czemu
on nie przyszedł II *s* 1. cud
m; **to do** ~s dokazywać cu-
dów; **to work** ~s czynić
cuda 2. (*surprise*) zdziwie-
nie *n*
wonderful [`wʌndəfl] *adj* cu-
downy; godny podziwu
won't [wəunt] = will not
wood [wud] I *s* drzewo *n*;
(*timber*) drewno *n*; (*forest*)
las *m* II *adj* drzewny; ~
alcohol spirytus drzewny

woodcut [`wudkʌt] *s* drzewo-
ryt *m*
wooden [`wudn] *adj* drewnia-
ny; ~ shoes drewniaki *pl*
woodpecker [`wudpekə(r)] *s*
dzięcioł *m*
woodwork [`wudwɜk] *s* 1. ro-
bota *f* w drzewie; ozdoby
drewniane 2. (*carpentry*)
stolarka *f*
woodworm [`wudwɜm] *s* kor-
nik *m*
wool [wul] *s* wełna *f*; all ~
z czystej wełny
woollen [`wulən] *adj* wełnia-
ny
woollens [`wulənz] *plt* tkani-
ny wełniane
word [wɜd] I *v* wyrażać; ująć
słowami II *s* słowo *n*; to
have a ~ with sb porozma-
wiać z kimś; ~ by ~ sło-
wo w słowo; by ~ of mouth
ustnie
wording [`wɜdɪŋ] *s* brzmienie
n; sformułowanie *n*
wore *zob.* wear *v*
work [wɜk] I *v* 1. pracować
2. (*operate*) działać 3. (*succeed*) udać się; your plan
won't ~ twój plan się nie
uda 4. (*do*) dokonywać; to
~ off pozbywać się; to ~
up przepracować 5. (*exploit*)
eksploatować II *s* 1. praca
f; at ~ przy robocie; out
of ~ bezrobotny; to set to
~ wziąć się do roboty 2.
(*piece of work*) dzieło *n*;
utwór *m* 3. *pl* ~s zakłady
pl; fabryka *f*; ~s council
⟨committee⟩ rada zakłado-
wa 4. *pl* ~s (*literary production*) dzieła *pl*
workday [`wɜkdeɪ] *s* dzień
powszedni ⟨roboczy⟩
worker [`wɜkə(r)] *s* robotnik
m; pracownik *m*; skilled ~
robotnik wykwalifikowany;
unskilled ~ robotnik nie-
wykwalifikowany; white-
-collar ~ urzędnik *m*
workman [`wɜkmən] *s* (*pl*

workmen) robotnik *m*; pracownik *m*
workmanship ['wɜkmənʃɪp] *s* wykonanie *n*; wyrób *m*
workshop ['wɜkʃop] *s* warsztat *m*
world [wɜld] *s* świat *m*; a ~ of ... mnostwo ...; **not for the** ~ za nic w świecie
worldly ['wɜldlɪ] *adj* światowy; (*earthly*) ziemski
worm [wɜm] *s* robak *m*
worn *zob.* wear *v*
worried ['wʌrɪd] *adj* zmartwiony; **to be** ~ martwić się
worry ['wʌrɪ] **I** *v* martwić się; (*torment*) dokuczać; dręczyć **II** *s* udręka *f*; (*trouble*) kłopot *m*
worse [wɜs] **I** *adj* (od bad, evil, ill) gorszy **II** *adv* gorzej; **to get** ~ pogorszyć się; **all the** ~, **so much tne** ~ tym gorzej; ~ **and** ~ coraz gorzej
worship ['wɜʃɪp] **I** *v* uwielbiać; czcić; ubóstwiać **II**. *s* cześć *f*; uwielbienie *n*; kult *m*
worst [wɜst] **I** *adj* (od bad, evil, ill) najgorszy **II** *adv* najgorzej; **at** ~ w najgorszym razie
worth [wɜθ] **I** *s* wartość *f* **II** *adj* wart; godny; zasługujący (**sth** na coś); **it's** ~ **while** warto
wortny ['wɜðɪ] *adj* godny; wart (**of sth** czegoś); godny szacunku
would [wʊd] *v aux* czas przeszły od will; służy do tworzenia trybu warunkowego; ~ **you like a cup of tea?** czy napiłbyś się ⟨napiłby się pan⟩ herbaty?
would-be ['wʊd bi] *adj* rzekomy; niedoszły
wound[1] *zob.* wind *v*
wound[2] [wund] **I** *v* ranić **II** *s* rana *f*; **to inflict a** ~ zadać ranę

wove, woven *zob.* weave
wrap [ræp] *v* owijać; pakować; **to** ~ **up** zawijać
wreath [riθ] *s* wieniec *m*; **to lay a** ~ złożyć wieniec
wreck [rek] **I** *v* (*of ship*) rozbić się; (*ruin*) niszczyć **II** *s* wrak *m*; (*destruction of the ship*) rozbicie *n* statku
wrestle ['resl] *v* uprawiać zapaśnictwo; (*grapple*) zmagać się
wrestler ['reslə(r)] *s* zapaśnik *m*
wretched ['retʃɪd] *adj* wstrętny; paskudny; niegodziwy; (*unhappy*) nędzny; nieszczęsny
wriggle ['rɪgl] *v* skręcać się; wić się; wywijać; wyginać; **to** ~ **out** wykręcać się
wring [rɪŋ] *v* wykręcać; ukręcić; wyżymać
wrinkle ['rɪŋkl] **I** *v* marszczyć (się) **II** *s* zmarszczka *f*
wrist [rɪst] *s* przegub *m* (dłoni)
wrist-watch ['rɪst wotʃ] *s* zegarek *m* na rękę
write [raɪt] *v* (wrote [rəʊt], written ['rɪtn]) pisać; **to** ~ **down** zapisywać
writer ['raɪtə(r)] *s* pisarz *m*
writing ['raɪtɪŋ] *s* 1. pismo *n*; **in** ~ na piśmie; pisemnie 2. (*piece of literary work*) utwór *m*
writing-desk ['raɪtɪŋ desk] *s* biurko *n*; pulpit *m*
writing-paper ['raɪtɪŋ peɪpə(r)] *s* papier listowy
written *zob.* write
wrong [roŋ] **I** *v* krzywdzić; szkodzić **II** *s* 1. krzywda *f*; (*injustice*) niesprawiedliwość *f*; **to do sb** ~ skrzywdzić kogoś 2. (*error*) błąd *m*; **to be in the** ~ nie miec racji; mylić się 3. (*evil*) zło *n*; **to do** ~ źle postępować **III** *adj* mylny; zły; nieprawidłowy; błędny; fałszywy; **to be** ~ nie mieć racji; **to**

go ~ zmylić drogę; pobłą-
dzić; (fail) nie udać się;
popsuć się **IV** *adv* niesłusz-
nie; źle; **what is** ~ **with
you?** co ci jest?
wrote *zob.* write

wrought [rɔt] *adj* obrobiony;
~ **iron** kute żelazo
wry [rɑɪ] *adj* krzywy; skrzy-
wiony; **to make a** ~ **face**
zrobić kwaśną minę; skrzywić się

X

X-ray ['eks-reɪ] **1** *v* prześwie-
tlać rentgenem **II** *s (pl)* ~s
promienie rentgenowskie **III**
adj rentgenowski; ~ **photograph** ⟨plate⟩ zdjęcie rentgenowskie ⟨klisza rentge-
nowska⟩; ~ **examination**
prześwietlenie *n*
xylophone ['zaɪləfəʊn] *s* ksy-
lofon *m*

Y

yacht [jɔt] **I** *s* jacht *m* **II** *v*
płynąć jachtem
yachting ['jɔtɪŋ] *s* żeglarstwo
n, sport żeglarski
Yankee ['jæŋkɪ] *s* Jankes *m*
yard [jɑd] *s* jard *m* (miara)
yard [jɑd] *s* dziedziniec *m*;
podwórze *n*
yarn [jɑn] *s* przędza *f*
yawn [jɔn] **I** *v* ziewać **II** *s*
ziewanie *n*
year [jɜ(r)], [jɪə(r)] *s* rok *m*;
~ **by** ~ rok za rokiem; **he
is growing in** ~s on się
starzeje
yearbook ['jɜbʊk] *s* rocznik *m*
yearly ['jɜlɪ] *adj* roczny; doroczny
yearn [jɜn] *v* tęsknić **(for**
⟨after⟩ sb, sth za kimś,
czymś)
yeast [jist] *s* drożdże *pl*
yell [jel] **I** *v* wyć; wrzeszczeć
II *s* wrzask *m*; wycie *n*
yellow ['jeləʊ] *adj* żółty; *pot.*
tchórzliwy; *przen.* zazdros-
ny
yes [jes] *adv* tak
yesterday ['jestədɪ] **I** *adv*
wczoraj **II** *s* dzień wczo-
rajszy; **the day before** ~
przedwczoraj
yet [jet] *adv* **1.** jeszcze; jednakże; nawet; a jednak; as
~ dotychczas, jak dotąd **2.**
(in interrogatives) już; **has
he come** ~? czy on już
przyszedł?
yew [ju] *s* cis *m*
yield [jild] **I** *v* wydawać z
siebie; *(give crop)* przynosić plon; *(give in)* ustępować **II** *s* plon *m*; wynik *m*;
żniwo *n*; wydajność *f*
yoke [jəʊk] **I** *v* ujarzmiać **II**
s jarzmo *n*
yolk [jəʊk] *s* żółtko *n*
you [ju] *pron* ty; wy; pan *m*;
pani *f*
young [jʌŋ] **I** *adj* młody; **the
~ people** młodzież *f* **II** *s*
młode *pl* (zwierzęcia); **the
~ młodzi** *pl*; młodzież *f*
youngster ['jʌŋstə(r)] *s* młodzieniec *m*; młodzik *m*
your [jɔ(r)] *adj* twój; wasz;
pański
yours [jɔz] *pron* twój; wasz;
pański; *(in letters)* ~ truly
szczerze oddany

yourself [jɔ'self] *pron* ty sam;
pan sam; siebie; sobie; się
yourselves [jɔ'selvz] *pron* wy
sami; panowie sami; siebie;
sobie; się
youth [juΘ] *s* 1. młodość *f*
2. *(young man)* młodzieniec

m 3. *(young people)* młodzież *f*; ~ hostel schronisko
młodzieżowe
youthful ['juΘfl] *adj* młodzieńczy
you've [juv] = you have

Z

zeal [zil] *s* gorliwość *f*; zapał *m*
zealous ['zeləs] *adj* gorliwy
zebra ['zibrə] *s* zebra *f*; ~
marking ⟨crossing⟩ przej-
ście *n* dla pieszych, zebra *f*
zenith ['zeniΘ] *s* zenit *m*
zero ['zɪərəu] I *s* zero *n* II *adj*
zerowy
zest [zest] *s* zapał *m*; ochota *f*; zamiłowanie *n*
zinc [zɪŋk] *s* cynk *m*
zip-code ['zɪp kəud] *s am.* kod
pocztowy
zip-fastener   ['zɪp fɑsnə(r)],
zipper ['zɪpə(r)] *s* suwak *m*;
zamek błyskawiczny

zither ['zɪΘə(r)] *s* cytra *f*
zodiak ['zəudɪək] *s* zodiak *m*
zone [zəun] *s* strefa *f*; pas *m*;
border ⟨frontier⟩ ~ strefa
przygraniczna; danger ~
strefa zagrożenia; free-trade
~ strefa wolnocłowa; torrid
~ strefa podzwrotnikowa
zoo [zu] *s* ogród zoologiczny
zoological ['zəuə'lodʒɪkl] *adj*
zoologiczny
zoologist [zəu'olədʒɪst] *s* zoolog
m
zoology [zəu'olədʒɪ] *s* zoolo-
gia *f*

CZASOWNIKI Z TZW. ODMIANĄ NIEREGULARNĄ
LIST OF IRREGULAR VERBS

Infinitive Bezokolicznik	Past Czas przeszły	Past Participle Imiesłów czasu przeszłego
abide [ə'baɪd]	abode [ə'bəʊd] abided [ə'baɪdɪd]	abode [ə'bəʊd] abided [ə'baɪdɪd]
arise [ə'raɪz]	arose [ə'rəʊz]	arisen [ə'rɪzn]
awake [ə'weɪk]	awoke [ə'wəʊk] awaked [ə'weɪkt]	awoke [ə'wəʊk] awaked [ə'weɪkt]
be [bi]	was [wɒz], were [weə(r)]	been [bin]
bear [beə(r)]	bore [bɔ(r)]	borne [bɔn] born [bɔn]
beat [bit]	beat [bit]	beaten ['bitn]
become [bɪ'kʌm]	became [bɪ'keɪm]	become [bɪ'kʌm]
befall [bɪ'fɔl]	befell [bɪ'fel]	befallen [bɪ'fɔlən]
beget [bɪ'get]	begot [bɪ'gɒt]	begotten [bɪ'gɒtn]
begin [bɪ'gɪn]	began [bɪ'gæn]	begun [bɪ'gʌn]
bend [bend]	bent [bent]	bent [bent]
bereave [bɪ'riv]	bereaved [bɪ'rivd] bereft [bɪ'reft]	bereaved [bɪ'rivd] bereft [bɪ'reft]
beseech [bɪ'siʧ]	besought [bɪ'sɔt]	besought [bɪ'sɔt]
bid [bɪd]	bade [beɪd] bid [bɪd]	bidden ['bɪdn] bid [bɪd]
bind [baɪnd]	bound [baʊnd]	bound [baʊnd]
bite [baɪt]	bit [bɪt]	bitten ['bɪtn]
bleed [blid]	bled [bled]	bled [bled]
blow [bləʊ]	blew [blu]	blown [bləʊn]
break [breɪk]	broke [brəʊk]	broken ['brəʊkən]
breed [brid]	bred [bred]	bred [bred]
bring [brɪŋ]	brought [brɔt]	brought [brɔt]
build [bɪld]	built [bɪlt]	built [bɪlt]
ɒurn [bɜn]	burnt [bɜnt]	burnt [bɜnt]
burst [bɜst]	burst [bɜst]	burst [bɜst]
buy [baɪ]	bought [bɔt]	bought [bɔt]
can [kæn]	could [kʊd]	

cast [kɑst]	cast [kɑst]	cast [kɑst]
catch [kætʃ]	caught [kɔt]	caught [kɔt]
chide [tʃaɪd]	chid [tʃɪd]	chidden ['tʃɪdn]
choose [tʃuz]	chose [tʃəʊz]	chosen ['tʃəʊzn]
cling [klɪŋ]	clung [klʌŋ]	clung [klʌŋ]
come [kʌm]	came [keɪm]	come [kʌm]
cost [kost]	cost [kost]	cost [kost]
creep [krip]	crept [krept]	crept [krept]
crow [krəʊ]	crew [kru]	crowed [krəʊd]
cut [kʌt]	cut [kʌt]	cut [kʌt]
deal [dil]	dealt [delt]	dealt [delt]
dig [dɪg]	dug [dʌg]	dug [dʌg]
do [du]	did [dɪd]	done [dʌn]
draw [drɔ]	drew [dru]	drawn [drɔn]
dream [drim]	dreamt [dremt]	dreamt [dremt]
	dreamed [drimd]	dreamed [drimd]
drink [drɪŋk]	drank [dræŋk]	drunk [drʌŋk]
drive [draɪv]	drove [drəʊv]	driven ['drɪvn]
dwell [dwel]	dwelt [dwelt]	dwelt [dwelt]
eat [it]	ate [et]	eaten ['itn]
fall [fɔl]	fell [fel]	fallen ['fɔlən]
feed [fid]	fed [fed]	fed [fed]
feel [fil]	felt [felt]	felt [felt]
fight [faɪt]	fought [fɔt]	fought [fɔt]
find [faɪnd]	found [faʊnd]	found [faʊnd]
flee [fli]	fled [fled]	fled [fled]
fling [flɪŋ]	flung [flʌŋ]	flung [flʌŋ]
fly [flaɪ]	flew [flu]	flown [fləʊn]
forbid [fə'bɪd]	forbade [fə'beɪd]	forbidden [fə'bɪdn]
foresee [fɔ'si]	foresaw [fɔ'sɔ]	foreseen [fɔ'sin]
foretell [fɔ'tel]	foretold [fɔ'təʊld]	foretold [fɔ'təʊld]
forget [fə'get]	forgot [fə'got]	forgotten [fə'gotn]
forgive [fə'gɪv]	forgave [fə'geɪv]	forgiven [fə'gɪvn]
forsake [fə'seɪk]	forsook [fə'suk]	forsaken [fə'seɪkn]
freeze [friz]	froze [frəʊz]	frozen ['frəʊzn]
get [get]	got [got]	got [got]
		am. gotten ['gotn]
give [gɪv]	gave [geɪv]	given ['gɪvn]
go [gəʊ]	went [went]	gone [gon]
grind [graɪnd]	ground [graʊnd]	ground [graʊnd]

grow [grəu]	grew [gru]	grown [grəun]
hang [hæŋ]	hung [hʌŋ]	hung [hʌŋ]
	hanged [hæŋd]	hanged [hæŋd]
have [hæv]	had [hæd]	had [hæd]
hear [hɪə(r)]	heard [h3d]	heard [h3d]
hew [hju]	hewed [hjud]	hewn [hjun]
hide [hɑɪd]	hid [hɪd]	hidden ['hɪdn]
hit [hɪt]	hit [hɪt]	hit [hɪt]
hold [həuld]	held [held]	held [held]
hurt [h3t]	hurt [h3t]	hurt [h3t]
inlay ['ɪnleɪ]	inlaid ['ɪnleɪd]	inlaid ['ɪnleɪd]
keep [kip]	kept [kept]	kept [kept]
kneel [nil]	knelt [nelt]	knelt [nelt]
knit [nɪt]	knit [nɪt]	knit [nɪt]
	knitted ['nɪtɪd]	knitted ['nɪtɪd]
know [nəu]	knew [nju]	known [nəun]
lay [leɪ]	laid [leɪd]	laid [leɪd]
lead [lid]	led [led]	led [led]
lean [lin]	leant [lent]	leant [lent]
leap [lip]	leapt [lept]	leapt [lept]
learn [l3n]	learnt [l3nt]	lernt [l3nt]
	learned [l3nd]	learned [l3nd]
leave [liv]	left [left]	left [left]
lend [lend]	lent [lent]	lent [lent]
let [let]	let [let]	let [let]
lie [lɑɪ]	lay [leɪ]	lain [leɪn]
light [lɑɪt]	lighted ['lɑɪtɪd]	lighted ['lɑɪtɪd]
	lit [lɪt]	lit [lɪt]
lose [luz]	lost [lost]	lost [lost]
make [meɪk]	made [meɪd]	made [meɪd]
may [meɪ]	might [mɑɪt]	
mean [min]	meant [ment]	meant [ment]
meet [mit]	met [met]	met [met]
misgive [mɪs'gɪv]	misgave [mɪs'geɪv]	misgiven [mɪs'gɪvn]
mislay [mɪs'leɪ]	mislaid [mɪs'leɪd]	mislaid [mɪs'leɪd]
mislead [mɪs'lid]	misled [mɪs'led]	misled [mɪs'led]
mistake [mɪs'teɪk]	mistook [mɪs'tuk]	mistaken [mɪs'teɪkn]
misunderstand ['mɪs'ʌndə'stænd]	misunderstood ['mɪs'ʌndə'stud]	misunderstood ['mɪs'ʌndə'stud]
mow [məu]	mowed [məud]	mown [məun]

overcast		
[ˈəuvəˈkɑst]	overcast [ˈəuvəˈkɑst]	overcast [ˈəuvəˈkɑst]
overcome	overcame	overcome
[ˈəuvəˈkʌm]	[ˈəuvəˈkeɪm]	[ˈəuvəˈkʌm]
overdo [ˈəuvəˈdu]	overdid [ˈəuvəˈdɪd]	overdone [ˈəuvəˈdʌn]
overeat [ˈəuvərˈit]	overate [ˈəuvərˈet]	overeaten
		[ˈəuvərˈitn]
overhear	overheard [ˈəuvəˈhɜd]	overheard [ˈəuvəˈhɜd]
[ˈəuvəˈhɪə(r)]		
overpay [ˈəuvəˈpeɪ]	overpaid [ˈəuvəˈpeɪd]	overpaid [ˈəuvəˈpeɪd]
oversee [ˈəuvəˈsi]	oversaw [ˈəuvəˈsɔ]	overseen [ˈəuvəˈsin]
oversleep [ˈəuvəˈslip]	overslept [ˈəuvəˈslept]	overslept [ˈəuvəˈslept]
overtake	overtook [ˈəuvəˈtuk]	overtaken
[ˈəuvəˈteɪk]		[ˈəuvəˈteɪkən]
overthrow	overthrew	overthrown
[ˈəuvəˈθrəu]	[ˈəuvəˈθru]	[ˈəuvəˈθrəun]
partake [pɑˈteɪk]	partook [pɑˈtuk]	partaken [pɑˈteɪkən]
pay [peɪ]	paid [peɪd]	paid [peɪd]
put [put]	put [put]	put [put]
read [rid]	read [red]	read [red]
rend [rend]	rent [rent]	rent [rent]
repay [ˈriˈpeɪ]	repaid [ˈriˈpeɪd]	repaid [ˈriˈpeɪd]
rid [rɪd]	rid [rɪd]	rid [rɪd]
ride [rɑɪd]	rode [rəud]	ridden [ˈrɪdn]
ring [rɪŋ]	rang [ræŋ]	rung [rʌŋ]
rise [rɑɪz]	rose [rəuz]	risen [ˈrɪzn]
run [rʌn]	ran [ræn]	run [rʌn]
saw [sɔ]	sawed [sɔd]	sawn [sɔn]
say [seɪ]	said [sed]	said [sed]
see [si]	saw [sɔ]	seen [sin]
seek [sik]	sought [sɔt]	sought [sɔt]
sell [sel]	sold [səuld]	sold [səuld]
send [send]	sent [sent]	sent [sent]
set [set]	set [set]	set [set]
sew [səu]	sewed [səud]	sewn [səun]
shake [ʃeɪk]	shook [ʃuk]	shaken [ˈʃeɪkn]
shed [ʃed]	shed [ʃed]	shed [ʃed]
shine [ʃɑɪn]	shone [ʃon]	shone [ʃon]
shoot [ʃut]	shot [ʃot]	shot [ʃot]
show [ʃəu]	showed [ʃəud]	shown [ʃəun]

shrink [ʃrɪŋk]	shrank [ʃræŋk]	shrunk [ʃrʌŋk]
shut [ʃʌt]	shut [ʃʌt]	shut [ʃʌt]
sing [sɪŋ]	sang [sæŋ]	sung [sʌŋ]
sink [sɪŋk]	sank [sæŋk]	sunk [sʌŋk]
sit [sɪt]	sat [sæt]	sat [sæt]
sleep [slip]	slept [slept]	slept [slept]
slide [slɑɪd]	slid [slɪd]	slid [slɪd]
sling [slɪŋ]	slung [slʌŋ]	slung [slʌŋ]
smell [smel]	smelt [smelt]	smelt [smelt]
sow [səʊ]	sowed [səʊd]	sown [səʊn]
speak [spik]	spoke [spəʊk]	spoken [ˈspəʊkən]
speed [spid]	sped [sped]	sped [sped]
spell [spel]	spelt [spelt]	spelt [spelt]
spend [spend]	spent [spent]	spent [spent]
spill [spɪl]	spilt [spɪlt]	spilt [spɪlt]
spin [spɪn]	spun [spʌn]	spun [spʌn]
spit [spɪt]	spat [spæt]	spat [spæt]
split [splɪt]	split [splɪt]	split [splɪt]
spoil [spɔɪl]	spoilt [spɔɪlt]	spoilt [spɔɪlt]
spread [spred]	spread [spred]	spread [spred]
spring [sprɪŋ]	sprang [spræŋ]	sprung [sprʌŋ]
stand [stænd]	stood [stʊd]	stood [stʊd]
steal [stil]	stole [stəʊl]	stolen [ˈstəʊlən]
stick [stɪk]	stuck [stʌk]	stuck [stʌk]
sting [stɪŋ]	stung [stʌŋ]	stung [stʌŋ]
stink [stɪŋk]	stank [stæŋk]	stunk [stʌŋk]
strew [stru]	strewed [strud]	strewn [strun]
strike [strɑɪk]	struck [strʌk]	struck [strʌk]
string [strɪŋ]	strung [strʌŋ]	strung [strʌŋ]
strive [strɑɪv]	strove [strəʊv]	striven [ˈstrɪvn]
swear [sweə(r)]	swore [swɔ(r)]	sworn [swɔn]
sweep [swip]	swept [swept]	swept [swept]
swell [swel]	swelled [sweld]	swollen [ˈswəʊlən]
swim [swɪm]	swam [swæm]	swum [swʌm]
swing [swɪŋ]	swung [swʌŋ]	swung [swʌŋ]
take [teɪk]	took [tʊk]	taken [ˈteɪkən]
teach [titʃ]	taught [tɔt]	taught [tɔt]
tear [teə(r)]	tore [tɔ(r)]	torn [tɔn]
tell [tel]	told [təʊld]	told [təʊld]
think [θɪŋk]	thought [θɔt]	thought [θɔt]

thrive [Θraɪv]	throve [Θrəuv]	thriven [ˈΘrɪvən]
throw [Θrəu]	threw [Θru]	thrown [Θrəun]
thrust [Θrʌst]	thrust [Θrʌst]	thrust [Θrʌst] '
tread [tred]	trod [trod]	trodden [ˈtrodn]
undergo [ˈʌndəˈgəu]	underwent [ˈʌndəˈwent]	undergone [ˈʌndəˈgon]
understand [ˈʌndəˈstænd]	understood [ˈʌndəˈstud]	understood [ˈʌndəˈstud]
undertake [ˈʌndəˈteɪk]	undertook [ˈʌndəˈtuk]	undertaken [ˈʌndəˈteɪkən]
undo [ˈʌnˈdu]	undid [ˈʌnˈdɪd]	undone [ˈʌnˈdʌn]
uphold [ʌpˈhəuld]	upheld [ʌpˈheld]	upheld [ʌpˈheld]
upset [ˈʌpˈset]	upset [ˈʌpˈset]	upset [ˈʌpˈset]
wake [weɪk]	woke [wəuk]	woke(n) [ˈwəukn]
wear [weə(r)]	wore [wɔ(r)]	worn [wɔn]
weave [wiv]	wove [wəuv]	woven [ˈwəuvn]
weep [wip]	wept [wept]	wept [wept]
win [wɪn]	won [wʌn]	won [wʌn]
wind [waɪnd]	wound [waund]	wound [waund]
withdraw [wɪðˈdrɔ]	withdrew [wɪðˈdru]	withdrawn [wɪðˈdrɔn]
write [raɪt]	wrote [rəut]	written [ˈrɪtn]

NAZWY GEOGRAFICZNE
GEOGRAPHICAL NAMES

Adelaide ['ædɪlɪd] Adelaida *f*
Adriatic (Sea) ['eɪdrɪ'ætɪk sɪ]
Adriatyk *m*, Morze Adriatyckie
Afghanistan [æf'gænɪ'stɑn]
Afganistan *m*
Africa ['æfrɪkə] Afryka *f*
Alabama ['ælə'bæmə] Alabama *f*
Alaska [ə'læskə] Alaska *f*
Albania [æl'beɪnɪə] Albania *f*;
(the) People's Socialist Republic of ~ Ludowa Socjalistyczna Republika Albanii
Algeria [æl'dʒɪərɪə] Algieria *f*
Alps [ælps] Alpy *pl*
Amazon ['æməzn] Amazonka *f*
America [ə'merɪkə] Ameryka *f*
Amsterdam ['æmstədæm] Amsterdam *m*
Andes ['ændɪz] Andy *pl*
Ankara ['æŋkərə] Ankara *f*
Antarctic Continent [æn'tɑktɪk kontɪnənt] Antarktyda *f*
Antilles [æn'tɪlɪz] Antyle *pl*
Appalachian Mountains [æpə-'lækɪən mauntɪnz] Appalachy *pl*
Arctic Ocean ['ɑktɪk əuʃn] Ocean Lodowaty Północny
Argentina ['ɑdʒən'tinə], the Argentine ['ɑdʒəntaɪn] Argentyna *f*

Arizona ['ærɪ'zəunə] Arizona *f*
Arkansas ['ɑkənsɔ] Arkansas *m*
Asia ['eɪʃə] Azja *f*
Athens ['æθɪnz] Ateny *pl*
Atlantic Ocean [ət'læntɪkəuʃn] Antlantyk *m*, Ocean Atlantycki
Australia [o'streɪlɪə] Australia *f*; the Commonwealth of ~ Związek Australijski
Austria ['ostrɪə] Austria *f*

Baghdad [bæg'dæd] Bagdad *m*
Bahamas, the [bə'hɑməz] Wyspy *pl* Bahama
Balkans ['bɔlkənz] Bałkany *pl*
Baltic (Sea) ['bɔltɪk (sɪ)] Bałtyk *m*, Morze Bałtyckie
Bangladesh ['bæŋglə'deʃ] Bangladesz *m*
Bath [bɑθ] Bath *n*
Belfast ['belfɑst] Belfast *m*
Belgium ['beldʒəm] Belgia *f*
Belgrade ['belgreɪd] Belgrad *m*
Benelux ['benɪlʌks] Beneluks *m*
Bering Sea (Strait) ['berɪŋ sɪ (streɪt)] Morze *n* (Cieśnina *f*) Beringa
Berlin [bɜ'lɪn] Berlin *m*
Bermuda [bɜ'mjudə] Bermudy *pl*
Bern [bɜn] Berno *n*

Birmingham ['bɜmɪŋəm] Birmingham *m*
Bolivia [bə'lɪvɪə] Boliwia *f*
Bombay ['bombeɪ] Bombaj *m*
Bonn [bon] Bonn *n*
Borneo ['bɔnɪəʊ] Borneo *n*
Bosphorus ['bosfərəs] Bosfor *m*
Brasilia [brə'zɪlɪə] Brasilia *f*
Brazil [brə'zɪl] Brazylia *f*
Brighton ['braɪtn] Brighton *n*
Brisbane ['brɪsbən] Brisbane *n*
Bristol ['brɪstl] Bristol *m*
Britain = **Great Britain**
British Columbia ['brɪtɪʃ kə'lʌmbɪə] Kolumbia Brytyjska
Brooklyn ['brʊklɪn] Brooklyn *m*
Brussels ['brʌsəlz] Bruksela *f*
Bucharest ['bjukə'rest] Bukareszt *m*
Buckingham ['bʌkɪŋəm] Buckingham *m*
Budapest ['bjudə'pest] Budapeszt *m*
Buenos Aires ['bweɪnəs 'eəriz] Buenos Aires *n*
Bulgaria [bʌl'geərɪə] Bułgaria *f*; **(the) People's Republic of** ~ Ludowa Republika Bułgarii
Burma ['bɜmə] Birma *f*

Cairo ['kaɪərəʊ] Kair *m*
Calcutta [kæl'kʌtə] Kalkuta *f*
Caledonian Canal ['kælɪ'dəʊnɪən kə'næl] Kanał Kaledoński
California ['kælə'fɔnɪə] Kalifornia *f*
Cambridge ['keɪmbrɪdʒ] Cambridge *m, n*
Canada ['kænədə] Kanada *f*
Canary Islands [kə'neərɪ aɪləndz] Wyspy Kanaryjskie
Canberra ['kænbərə] Canberra *f*
Canterbury ['kæntəbrɪ] Canterbury *n*
Cape Horn ['keɪp hɔn] Przylądek Horn *m*
Caribbean Sea ['kærɪ'bɪən si] Morze Karaibskie
Carpathians [kɑ'pɪθɪənz] Karpaty *pl*
Caucasus, the ['kɔkəsəs] Kaukaz *m*
Channel Islands ['tʃænl aɪləndz] Wyspy Normandzkie
Chelsea ['tʃelsɪ] Chelsea *n* (w Londynie)
Chicago [ʃɪ'kɑgəʊ] Chicago *n*
Chile ['tʃɪlɪ] Chile *n*
China ['tʃaɪnə] Chiny *pl*
Chinese People's Republic, the ['tʃaɪ'niz piplz rɪ'pʌblɪk] Chińska Republika Ludowa
Cleveland ['klivlənd] Cleveland *m n*
Colombia [kə'lombɪə] Kolumbia *f*
Colorado ['kolə'rɑdəʊ] Kolorado *n*
Congo ['koŋgəʊ] Kongo *n*
Connecticut [kə'netɪkət] Connecticut *n*

Copenhagen   ['kəupn'heigən]
Kopenhaga f
Cordilleras ['kɔdı'lıeərəz] Kor-
dyliery pl
Cornwall ['kɔnwəl] Kornwa-
lia f
Corsica ['kɔsıkə] Korsyka f
Costa Rica ['kɔstə 'rikə] Ko-
staryka f
Coventry ['kovntrı] Coven-
try n
Crete [krit] Kreta f
Crimea [kraı'mıə] Krym m
Cuba ['kjubə] Kuba f; (the)
Socialist Republic of ~ So-
cjalistyczna Republika Ku-
by
Cyprus ['saıprəs] Cypr m
Czechoslovakia   ['tʃekəu-slə-
'vækıə] Czechosłowacja f
Czechoslovak Socialist Repu-
blic,   the   ['tʃekəu'slovək-
'səuʃlıst rı'pʌblık] Czechosło-
wacka Republika Socjali-
styczna

Damascus [də'mæskəs] Dama-
szek m
Danube ['dænjub] Dunaj m
Dardanelles [dʌdə'nelz] Dar-
danele pl
Delaware ['deləweə(r)] Dela-
ware f
Delhi ['delı] Delhi n
Denmark ['denmɑk] Dania f
Derby ['dɑbı] Derby n
Detroit [dı'trɔıt] Detroit n
Djakarta [dʒə'kɑtə] Dżakarta f
Dover ['dəuvə(r)] Dover m n
Dublin ['dʌblın] Dublin m

Ecuador ['ekwədɔ(r)] Ekwa-
dor m
Edinburgh ['edınbrə] Edyn-
burg m
Egypt ['ıdʒıpt] Egipt m
Eire ['eərə] Republika Irlan-
dzka, Irlandia f
England ['ıŋglənd] Anglia f
English Channel ['ıŋglıʃ tʃænl]
Kanał m La Manche
Erie ['ıərı] jezioro n Erie
Ethiopia ['ıθı'əupıə] Etiopia f
Europe ['juərəp] Europa f
Everest, Mount ['evərıst] Eve-
rest m

Federal Republic of Germany
['fedrl rı'pʌblık əv dʒɜmənı]
Republika   Federalna   Nie-
miec
Finland ['fınlənd] Finlandia f
Florida ['florıdə] Floryda f
France [frɑns] Francja f

Geneva [dʒı'nıvə] Genewa f
Georgia ['dʒɔdʒə] Georgia f
German Democratic Republic
['dʒɜmən demə'krætık rı'pʌ-
blık] Niemiecka   Republika
Demokratyczna
Ghana ['gɑnə] Ghana f
Gibraltar [dʒı'brɔltə(r)] Gib-
raltar m
Glasgow ['glɑzgəu] Glasgow
n
Gloucester ['glostə(r)] Glouce-
ster n
Great Britain ['greıt 'brıtn]
Wielka Brytania; The Unit-
ed   Kingdom   of   ~   and

Northern Ireland Zjedno-
czone Królestwo Wielkiej
Brytanii i Północnej Irlan-
dii
Greece [gris] Grecja *f*
Greenland [ˈgrinlənd] Gren-
landia *f*
Greenwich [ˈgrɪnɪdʒ] Green-
wich *n*
Guatemala [ˈgwɑtɪˈmɑlə]
Gwatemala *f*
Guyana [gɑɪˈænə] Gujana *f*

Hague, the [heɪg] Haga *f*
Havana [həˈvænə] Hawana *f*
Hawaii [həˈwaɪɪ] Hawaje *pl*
Helsinki [ˈhelsɪŋkɪ] Helsinki *pl*
Himalayas, the [ˈhɪməˈleɪəz]
Himalaje *pl*
Hiroshima [ˈhɪroˈʃɪmə] Hiro-
szima *f*
Holland [ˈholənd] Holandia *f*
Hollywood [ˈholɪwud] Holly-
wood *n m*
Honduras [honˈdjuərəs] Hon-
duras *m*
Houston [ˈhjustn] Houston *n*
Hudson Bay [ˈhʌdsn beɪ] Za-
toka *f* Hudsona
Hungarian People's Republic,
the [hʌŋˈgeərɪən ˈpiplz rɪˈpʌ-
blɪk] Węgierska Republika
Ludowa
Hungary [ˈhʌŋgərɪ] Węgry *pl*

Iceland [ˈaɪslənd] Islandia *f*
Idaho [ˈaɪdəhəu] Idaho *n*
Illinois [ˈɪlɪˈnɔɪ] Illinois *n*
India [ˈɪndɪə] Indie *pl*
Indiana [ˈɪndɪˈænə] Indiana *f*

Indian Ocean [ˈɪndɪən əuʃn]
Ocean Indyjski
Iowa [ˈaɪəwə] Iowa *f*
Iran [ɪˈrɑn] Iran *m*
Iraq [ɪˈrɑk] Irak *m*
Ireland [ˈaɪələnd] Irlandia *f;*
(the) Republic of ~ Repu-
blika Irlandzka
Isle of Man [aɪl əv ˈmæn]
Wyspa *f* Man
Isle of Wight [aɪl əv ˈwaɪt]
Wyspa *f* Wight
Israel [ˈɪzreɪl] Izrael *m*
Italy [ˈɪtəlɪ] Włochy *pl*

Jamaica [dʒəˈmeɪkə] Jamajka *f*
Japan [dʒəˈpæn] Japonia *f*
Jersey [ˈdʒɜzɪ] Jersey *f*
Jordan [ˈdʒɔdn] Jordania *f*

Kampuchea [kəmˈputʃə] Kam-
pucza *f*
Kansas [ˈkænzəs] Kansas *n m*
Kensington [ˈkenzɪŋtən] Ken-
sington *m* (w Londynie)
Kent [kent] Kent *m*
Kentucky [kenˈtʌkɪ] Ken-
tucky *n*
Kenya [ˈkenjə] Kenia *f*
Korea [kəˈrɪə] Korea *f;* (the)
Democratic People's Repu-
blic of ~ Koreańska Repu-
blika Ludowo-Demokraty-
czna
Kuwait [kuˈweɪt] Kuwejt *m*

Labrador [ˈlæbrədɔ(r)] Labra-
dor *m*
Lebanon [ˈlebənən] Liban *m*
Leeds [lidz] Leeds *n*

Leicester ['lestə(r)] Leicester *m*

Libya ['lɪbɪə] Libia *f*

Lisbon ['lɪzbən] Lizbona *f*

Liverpool ['lɪvəpul] Liverpool *m*

London ['lʌndən] Londyn *m*

Los Angeles ['los 'ændʒəliz] Los Angeles *n*

Louisiana [lu'izɪ'ænə] Luizjana *f*

Luxemburg ['lʌksmbɜg] Luksemburg *m*

Madagascar ['mædə'gæskə(r)] Madagaskar *m*

Madrid [mə'drɪd] Madryt *m*

Maine [meɪn] Maine *m*

Malta ['mɔltə] Malta *f*

Manchester ['mæntʃɪstə(r)] Manchester *m*

Manhattan [mæn'hætn] Manhattan *m* (w Nowym Jorku)

Manitoba ['mænɪ'təubə] Manitoba *f*

Maryland ['meərɪlænd] Maryland *m*

Massachusetts ['mæsə'tʃusɪts] Massachusetts *n*

Mediterranean Sea ['medɪtə'reɪnɪən 'si] Morze Śródziemne

Melbourne ['melbən] Melbourne *n*

Mexico ['meksɪkəu] Meksyk *m*

Miami [maɪ'æmɪ] Miami *n*

Michigan ['mɪʃɪgən] Michigan *m*

Minnesota ['mɪnɪ'səutə] Minnesota *f*

Mississippi ['mɪsɪ'sɪpɪ] Missisipi *m*

Missouri [mɪ'zuərɪ] Missouri *m*

Monaco ['monəkəu] Monako *n*

Mongolia [moŋ'gəulɪə] Mongolia *f*

Mongolian People's Republic [moŋ'gəulɪən 'piplz rɪ'pʌblɪk] Mongolska Republika Ludowa

Montana [mon'tænə] Montana *f*

Mont Blanc ['mõ 'blõ] Mont Blanc *m*

Montreal ['montrɪ'ɔl] Montreal *m*

Morocco [mə'rokəu] Maroko *n*

Moscow ['moskəu] Moskwa *f*

Munich ['mjunɪk] Monachium *n*

Naples ['neɪplz] Neapol *m*

Nebraska [nɪ'bræskə] Nebraska *f*

Netherlands, the ['neðələndz] Holandia *f*

Nevada [nɪ'vɑdə] Nevada *f*

Newcastle ['njukɑsl] Newcastle *n*

Newfoundland ['njufənd'lænd] Nowa Fundlandia (w Kanadzie)

New Guinea [nju 'gɪnɪ] Nowa Gwinea *f*

New Hampshire [nju 'hæmpʃə(r)] New Hampshire *n*

New Jersey [nju ˈdӡɜːzɪ] New
Jersey *n*
New Mexico [nju ˈmeksɪkəu]
Nowy Meksyk *m*
New Orleans [ˈnju ɔˈlɪənz] No-
wy Orlean *m*
New York [ˈnju ˈjɔk] Nowy
Jork *m*
New Zealand [ˈnju ˈziːlənd]
Nowa Zelandia *f*
Niagara Falls [naɪˈægrə fɔlz]
Wodospady *pl* Niagary, Nia-
gara *f*
Nigeria [naɪˈdӡɪərɪə] Nigeria *f*
Nile [naɪl] Nil *m*
North America [ˈnɔθ-əˈmerɪkə]
Ameryka Północna
North Carolina [nɔθ ˈkærə-
ˈlaɪnə] Północna Karolina
North Dakota [ˈnɔθ-dəˈkəutə]
Północna Dakota
Northern Ireland [ˈnɔðən aɪ-
ələnd] Północna Irlandia
North Pole [ˈnɔθ ˈpəul] Biegun
Północny
North Sea [ˈnɔθ ˈsi] Morze
Północne
Norway [ˈnɔweɪ] Norwegia *f*
Nottingham [ˈnotɪŋəm] Not-
tingham *m n*
Nova Scotia [ˈnəuvəˈ ˈskəuʃə]
Nowa Szkocja (w Kanadzie)

Oder [ˈəudə(r)] Odra *f*
Ohio [əuˈhaɪəu] Ohio *n*
Oklahoma [ˈəukləˈhəumə] Okla-
homa *f*
Ontario [onˈteərɪəu] Ontario *n*
Oregon [ˈorɪgən] Oregon *m*
Oslo [ˈozləu] Oslo *n*

Ottawa [ˈotəwə] Ottawa *f*
Oxford [ˈoksfəd] Oksford *m*

Pacific Ocean [pəˈsɪfɪk əuʃn]
Ocean Spokojny, Pacyfik
m
Paddington [ˈpædɪŋtən] Pad-
dington *m* (w Londynie)
Pakistan [ˈpakɪˈstan] Paki-
stan *m*
Palestine [ˈpælɪstaɪn] Pales-
tyna *f*
Panama [ˈpænəˈma] Panama *f;*
~ Canal Kanał Panamski
Paraguay [ˈpærəgwaɪ] Para-
gwaj *m*
Paris [ˈpærɪs] Paryż *m*
Peking [ˈpiˈkɪŋ] Pekin *m*
Pennsylvania [ˈpenslˈveɪnɪə]
Pensylwania *f*
Peru [pəˈru] Peru *n*
Philadelphia [ˈfɪləˈdelfɪə] Fila-
delfia *f*
Philippines, the [ˈfɪlɪpinz] Fi-
lipiny *pl*
Plymouth [ˈplɪməθ] Plymouth
m n
Poland [ˈpəulənd] Polska *f*
Polish People's Republic, the
[ˈpəulɪʃ ˈpiplz rɪˈpʌblɪk] Pol-
ska Rzeczpospolita Ludowa
Portugal [ˈpotʃugl] Portugalia
f
Prague [prag] Praga *f*
Pyrenees [ˈpɪrəˈniz] Pireneje
pl

Quebec [kwɪˈbek] Quebec *m n*

Reading [ˈredɪŋ] Reading *n*

Red Sea ['red si] Morze Czervone

Reykjavik ['reɪkɪəvik] Reykjavik m

Rhine [raɪn] Ren m

Rhode Island ['rəud 'aɪlənd] Rhode Island

Rio de Janeiro ['rɪəu dɪ dʒə'neərəu] Rio de Janeiro n

Rockies ['rokɪz], **Rocky Mountains** ['rokɪ mauntɪnz] Góry Skaliste

Rome [rəum] Rzym m

Romania [rəu'meɪnɪə] Rumunia f; **(the) Socialist Republic of** ∼ Socjalistyczna Republika Rumunii

Sahara [sə'hɑrə] Sahara f

San Francisco ['sæn frən'sɪskəu] San Francisco n

Sardinia [sɑ'dɪnɪə] Sardynia f

Saskatchewan [səs'kætʃəwən] Saskatchewan m (w Kanadzie)

Saudi Arabia ['saudɪ ə'reɪbɪə] Arabia Saudyjska

Scandinavia ['skændɪ'neɪvɪə] Skandynawia f

Scotland ['skotlənd] Szkocja f

Seine [seɪn] Sekwana f

Sheffield ['ʃefɪld] Sheffield n

Sicily ['sɪslɪ] Sycylia f

Singapore ['sɪŋgə'pɔ(r)] Singapur m

Sofia ['səufɪə] Sofia f

Soho ['səuhəu] Soho n (w Londynie)

Somalia [sə'mɑlɪə] Somalia f

South America ['sauə-ə'merɪkə] Ameryka Południowa

Southampton [sau'θæmptən] Southampton n

South Carolina [sauθ kærə'laɪnə] Południowa Karolina

South Dakota ['sauθ-də'kəutə] Południowa Dakota

South Pole ['sauθ 'pəul] Biegun Południowy

Soviet Union, the ['səuvɪət 'junɪən] Związek Radziecki

Spain [speɪn] Hiszpania f

Sri Lanka ['srɪ 'læŋkə] Sri Lanka f

Stamboul [stæm'bul] Stambuł m

Stockholm ['stokhəum] Sztokholm m

Strait of Magellan ['streɪt əv mə'gelən] Cieśnina Magellana

Straits of Dover ['streɪts əv 'dəuvə(r)] Cieśnina Kaletańska

Stratford on Avon ['strætfəd on 'eɪvn] Stratford nad rzeką Avon

Sudan, the [su'dɑn] Sudan m

Suez ['suɪz] Suez m; ∼ **Canal** Kanał Sueski

Superior, Lake [sə'pɪərɪə(r) leɪk] Jezioro Górne

Sweden ['swidn] Szwecja f

Switzerland ['swɪtsələænd] Szwajcaria f

Sydney ['sɪdnɪ] Sydney n

Syria ['sɪrɪə] Syria f

Tahiti [tɑ'hitɪ] Tahiti *f*
Tasmania [tæz'meɪnɪə] Tasmania *f* (w Australii)
Tatra Mountains ['tɑtrə'mɑʊntɪnz] Tatry *pl*
Teheran [teə'rɑn] Teheran *m*
Tennessee ['tene'si] Tennessee *n*
Texas ['teksəs] Teksas *m*
Thailand ['taɪlænd] Tajlandia *f*
Thames [temz] Tamiza *f*
Tokyo ['təʊkɪəʊ] Tokio *n*
Toronto [tə'rontəʊ] Toronto *n*
Trafalgar [trə'fælgə(r)] Trafalgar *m*
Tunisia [tjʊ'nɪzɪə] Tunezja *f*
Turkey ['tɜkɪ] Turcja *f*

Uganda [jʊ'gændə] Uganda *f*
Ulster ['ʌlstə(r)] Ulster *m*
Union of Soviet Socialist Republics, the ['junɪən əv səʊvɪət 'səʊʃəlɪst rɪ'pʌblɪks] Związek *m* Socjalistycznych Republik Radzieckich
United States of America, the [jʊ'naɪtɪd 'steɪts əv ə'merɪkə] Stany Zjednoczone Ameryki
Ural Mountains ['jʊərəl maʊntɪnz] Ural *m*
Urugway ['jʊərəgwaɪ] Urugwaj *m*
Utah ['jutɔ] Utah *m*

Vancouver [væn'kuvə(r)] Vancouver *m*
Vermont [və'mont] Vermont *m*

Vesuvius [vɪ'suvɪəs] Wezuwiusz *m*
Victoria [vɪk'tɔrɪə] Wiktoria *f*
Vienna [vɪ'enə] Wiedeń *m*
Vietnam ['vɪət'næm] Wietnam *m*; (the) Socialist Republic of ~ Socjalistyczna Republika Wietnamu
Virginia [və'dʒɪnɪə] Wirginia *f*
Vistula ['vɪstjʊlə] Wisła *f*
Volga ['volgə] Wołga *f*

Wales [weɪlz] Walia *f*
Warsaw ['wɔsɔ] Warszawa *f*
Washington ['woʃɪŋtən] Waszyngton *m*
Waterloo ['wɔtə'lu] Waterloo *n*
Wellington ['welɪŋtən] Wellington *m*
Wembley ['wemblɪ] Wembley *n*
West Berlin ['west bɜ'lɪn] Berlin Zachodni
Westminster ['westmɪnstə(r)] Westminster *m* (w Londynie)
West Virginia ['west vɜ'dʒɪnɪə] Wirginia Zachodnia
Wimbledon ['wɪmbldən] Wimbledon *m*
Winchester ['wɪntʃɪstə(r)] Winchester *m*
Windsor ['wɪnzə(r)] Windsor *m*
Wisconsin [wɪs'konsn] Wisconsin *m*
Wyoming [waɪ'əʊmɪŋ] Wyoming *m*

York [jɔk] York *m*
Yugoslavia ['jugəu`slɑvɪə] Ju-
   gosławia *f*; (the) Socialist
   Federative Republic of ~
   Socjalistyczna Federacyjna
   Republika Jugosławii

Yukon [`jukon] Yukon *m*

Zaire [Zɑ`ɪə(r)] Zair *m*
Zambia [`zæmbɪə] Zambia
   f

POWSZECHNIE STOSOWANE SKRÓTY
ANGIELSKIE I AMERYKAŃSKIE
LIST OF COMMON ENGLISH AND AMERICAN
ABBREVIATIONS AND CONTRACTIONS

A.A. = Automobile Association Związek Automobilowy

abbr., abbrev. = 1. abbreviated skrócony 2. abbreviation skrót, skrócenie

A.B.C. = 1. abecadło 2. kolejowy rozkład jazdy (alfabetycznie ułożony) 3. American Broadcasting Company Amerykańskie Radio

abr. = 1. abridged skrócony 2. abridgment skrót, skrócenie

a/c = account/current rachunek bieżący, konto

acc. = account rachunek

A.D. = Anno Domini naszej ery

adv., advt. = advertisement ogłoszenie; reklama

A.F.A. = Amateur Football Association Amatorski Związek Piłkarski

afft = affidavit afidawit, oświadczenie pod przysięgą

A.F.L. = American Federation of Labour Amerykański Związek Pracy

Agt, agt = agent agent

Ala. = Alabama (stan) Alabama

Alas. = Alaska Alaska

alc. = alcohol alkohol

alt. = altitude wysokość nad poziomem morza

A.M. = Artium Magister magister nauk humanistycznych

Am. = 1. America Ameryka 2. American amerykański

a.m. = 1. ante meridiem (*before noon*) przed południem 2. above mentioned wyżej wspomniany ⟨wymieniony⟩

A.P. = Associated Press Zjednoczona Informacja Prasowa

APA = American Press Association Amerykańskie Stowarzyszenie Prasowe

app. = 1. appendix dodatek, załącznik 2. appointed wyznaczony; mianowany

approx. = approximately w przybliżeniu, około

Apr. = April kwiecień

A.R.C. = 1. American Radio Corporation Amerykańskie Radio 2. American Red Cross Amerykański Czerwony Krzyż

Ariz. = Arizona (stan) Arizona

Ark. = Arkansas (stan) Arkansas
art. = article artykuł; paragraf
Assoc, assoc. = association związek, stowarzyszenie
Asst = assistant asystent
A.S.T. = Atlantic Standard Time atlantycki czas urzędowy
Att. = attorney pełnomocnik, adwokat
Aug. = August sierpień
Austr. = Australia Australia
auto. = automatic automatyczny
av., avdp. = avoirdupois angielski system wagowy
av., ave. = avenue aleja; ulica
a/w = actual weight ciężar rzeczywisty

B.A. = 1. Baccalaureus Artium (Bachelor of Arts) bakalaureus;
absolwent uniwersytetu bez stopnia magisterskiego 2. British
Airways Brytyjskie Linie Lotnicze
B.B.C. = British Broadcasting Corporation Brytyjskie Radio
i Telewizja
B.C. = 1..before Christ przed Chrystusem, przed naszą erą
2. birth control regulacja urodzeń
BCA = British Continental Airways Brytyjskie Kontynentalne
Linie Lotnicze
B.E. = 1. Bachelor of Engineering bakalaureus; absolwent
politechniki bez stopnia magisterskiego 2. Bank of England
Bank Angielski
Beds. = Bedfordshire hrabstwo Bedfordshire
B.F.A.S. = British Fine Arts Society Brytyjskie Towarzystwo
Sztuk Pięknych
B/H. = Bill of Health świadectwo zdrowia
b.h.p. = break horse power moc użyteczna w koniach mecha-
nicznych
bldg = building budynek
Blvd, blvd = Boulevard bulwar
B.M. = Bachelor of Medicine bakalaureus; absolwent medy-
cyny bez stopnia magisterskiego
B.R. = British Rail Brytyjskie Koleje Państwowe
B.R.C.S. = British Red Cross Society Brytyjski Czerwony
Krzyż
Brit., Br. = 1. Britain, Britannia Wielka Brytania 2. British
brytyjski

23 Słownik

Bros = brothers bracia (w nazwach firm)

B.Sc. = Bachelor of Science bakalaureus; absolwent bez stopnia magisterskiego w dziedzinie nauk przyrodniczych

B.S.T. = British Summer Time brytyjski czas letni

Bucks. = Buckinghamshire hrabstwo Buckinghamshire

B.U.P. = British United Press Zjednoczona Prasa Brytyjska

bur. = bureau biuro

C. = Celsius, Centigrade stopień w skali Celsjusza

c. = cent cent

ca, ca. = circa, circiter około, mniej więcej

Cal. = California Kalifornia

Can. = Canada Kanada

C.D. = Corps Diplomatique korpus dyplomatyczny

c.d.v. = carte de visite (*visiting-card*) karta wizytowa, wizytówka

Cels. = Celsius (stopień) w skali Celsjusza

Cent. = Centigrade (stopień) w skali Celsjusza

cent. = century stulecie

cert. = certificate zaświadczenie

C.E.T., CET = Central European Time czas środkowoeuropejski

cf = confer (compare) zobacz, porównaj

cg = centigram centygram

c.h. = central heating centralne ogrzewanie

ch., chap. = chapter rozdział

Ches. = Cheshire hrabstwo Cheshire

CI = Counter-Intelligence kontrwywiad

C/I = Certificate of Insurance polisa ubezpieczeniowa

C.I.D. = Criminal Investigation Department Wydział Śledczy do spraw Kryminalnych

cir., circ. = circa, circiter około, mniej więcej

cit. = citation cytat

C.M. = Corresponding Member członek korespondent

cm = centimeter centymetr

CMEA = Council for Mutual Economic Assistance Rada Wzajemnej Pomocy Gospodarczej

C.N. = Commonwealth of Nations Wspólnota Narodów

Co. = Company kompania; spółka, towarzystwo

c/o = care of ... z listami ...

C.O.D. = cash on delivery płatne gotówką przy odbiorze
C. of E. = Church of England Kościół Anglikański
col. = column szpalta, rubryka
Coll. = College kolegium; szkoła
Colo. = Colorado (stan) Kolorado
Comecon = CMEA
Conn. = Connecticut (stan) Connecticut
contd = continued dalszy ciąg
contemp = contemporary współczesny
co-op. = 1. co-operative society spółdzielnia 2. co-operative stores spółdzielnia (sklep)
copr. = copyright, copyrighted prawa autorskie zastrzeżone
Corn. = Cornwall Kornwalia
C.P.G.B. = Communist Party of Great Britain Komunistyczna Partia Wielkiej Brytanii
C.P.S.U. = Communist Party of the Soviet Union Komunistyczna Partia Związku Radzieckiego
C.P.U.S. = Communist Party of the United States Komunistyczna Partia Stanów Zjednoczonych
CTV = colour television telewizja kolorowa
cu., cub. = cubic sześcienny, kubiczny
Cumb. = Cumberland hrabstwo Cumberland
cw = clockwise w kierunku zgodnym z ruchem wskazówek zegara
cwt = hundredweight cetnar angielski (112 funtów = 50 kg 802 g)

d. = denarius (penny) pens; denarii (pence) pensy
dag = decagram dekagram
Dak. = Dakota (stan) Dakota
dal = decalitre dekalitr
dbl. = double podwójny
D.C. = 1. decimal system układ dziesiętny (miar i wag) 2. Diplomatic Corps korpus dyplomatyczny 3. District of Colombia okręg Kolumbii (ze stolicą USA, Waszyngtonem)
D.D.D. = dat, dicat, dedicat (od autora) ofiarowuję ...
Dec. = December grudzień
deg. = degree stopień (temperatury)
Del. = Delaware (stan) Delaware
dep. = departure odjazd, godzina odjazdu

dept – department dział, wydział, oddział; departament
Derbs. – Derbyshire hrabstwo Derbyshire
Devon. – Devonshire hrabstwo Devonshire
dkg – decagram dekagram
D.L.O. – Dead-letter Office Dział Listów Niedoręczonych
D.M. – Doctor of Medicine doktor medycyny
dm – decimeter decymetr
do – ditto tak samo, tenże, wyżej wymieniony
doc. – doctor doktor
dol. – dollar dolar
Dors. – Dorsetshire hrabstwo Dorsetshire
doz. – dozen tuzin
D.P. – 1. Democratic Party Partia Demokratyczna (w USA)
2. displaced person osoba wysiedlona ⟨przesiedlona⟩, przesiedleniec
Dr – Doctor doktor
Dr Jur. – Doctor Juris doktor praw
Dr Phil. – Doctor of Philosophy doktor filozofii
dup. – duplicate duplikat

E. – East wschód
ECG, e.c.g. = electrocardiogram elektrokardiogram
Edin. – Edinburgh Edynburg
EEC, E.E.C. – European Economic Community Europejska Wspólnota Gospodarcza; Wspólny Rynek
EET – East European Time czas wschodnioeuropejski
E.F.T.A., Efta – European Free Trade Association Europejskie Zrzeszenie Wolnego Handlu
e.g. – exempli gratia (*for example*) na przykład
E.M.S. – emergency medical service pomoc lekarska w nagłych wypadkach
enc., encl. – 1. enclosed załączony 2. enclosure załącznik
eng. – engineer inżynier; technik
Eng., Engl. – 1. England Anglia 2. English angielski
EO – Emergency Office pogotowie
EP – extended play długogrająca (płyta)
Esq. – Esquire (w adresie) Wielmożny Pan
est. – established założony (w roku ...)
etc. – et caetera (*and so on*) i tak dalej
Ex – exchange giełda; kurs

exam. = **examination** badanie; egzamin
excl. = **exclusive** wyłączony; ekskluzywny
ex off. = **ex officio** z urzędu

F = **Fahrenheit** w skali Fahrenheita
f. = **franc** frank
F.A.O. = **Food and Agricultural Organization** Organizacja do Spraw Wyżywienia i Rolnictwa
F.A.P. = **First Aid Post** punkt opatrunkowy
F.B. = **Fire brigade** straż pożarna
FBI, F.B.I. = **Federal Bureau of Investigation** Federalne Biuro Śledcze
F.C. = **Football Club** Klub Piłki Nożnej
Feb. = **February** luty
fec. = **fecit** wykonał...
fig. = **figure** rycina, ilustracja, rysunek
Fla = **Florida** Floryda
Fr. = **French** francuski
Fri. = **Friday** piątek
Frisco = **San Francisco**
ft = **foot, feet** stopa, stopy

Ga = **Georgia** (stan) Georgia
gal. = **gallon** galon
GATT = **General Agreement on Tariffs and Trade** Układ Ogólny w Sprawie Ceł i Handlu
GB, G.B. = **Great Britain** Wielka Brytania
GC = **grade crossing** przejazd kolejowy; skrzyżowanie jednopoziomowe
GDR = **German Democratic Republic** Niemiecka Republika Demokratyczna
gent(s) = **gentlemen** panowie; mężczyźni
G.I. = **government issue** „emisja rządowa" (popularna nazwa żołnierza amerykańskiego)
gm = **gram(me)** gram
G.M.T. = **Greenwich Mean Time** średni czas zachodnioeuropejski
Gov., Govt = **Government** rząd
G.P. = **general practitioner** lekarz ogólnie praktykujący

G.P.O. = General Post Office Główny Urząd Pocztowy (w Londynie)
gr = gram(me) gram

h. = hours godzina, godziny
ha = hectare hektar
h. and c. = hot and cold (water) gorąca i zimna woda
Hamps. = Hampshire hrabstwo Hampshire
H.C. = House of Commons Izba Gmin
hf = half połowa
Hi-Fi, hi-fi = high fidelity wysoka jakość (odtwarzania)
H.L. = House of Lords Izba Lordów
hl = hectolitre hektolitr
h.p. = horse power koń mechaniczny

I. = Idaho (stan) Idaho
i. = island wyspa
Ia = Iowa (stan) Iowa
I.A.F. = International Automobile Federation Międzynarodowa Federacja Automobilowa
I.A.T.A. = International Air Transport Association Międzynarodowy Związek Transportu Powietrznego
I.C. = Interior Communication komunikacja ⟨łączność⟩ wewnętrzna; telefon wewnętrzny
i/c = in charge pod kierownictwem
ICRC = International Committee of the Red Cross Międzynarodowy Komitet Czerwonego Krzyża
Id. = Idaho (stan) Idaho
i.e. = id est (*that is*) to jest
Ill, Ill. = Illinois (stan) Illinois
ill. = 1. illustration rycina, ilustracja 2. illustrated ilustrowany
ILO = 1. International Labour Office Międzynarodowe Biuro Pracy 2. International Labour Organization Międzynarodowa Organizacja Pracy
IMF = International Monetary Fund Międzynarodowy Fundusz Walutowy
in. = inch cal
Inc. = incorporated zarejestrowany
incl. = including włącznie

Ind. = **Indiana** (stan) Indiana
Insp. = **inspector** inspektor
inst. = **instant** (of the present month) bieżącego miesiąca
intercom, intercomm = **intercommunication** telefon wewnętrzny, interkom
IOU = **I owe you** jestem winien (skrypt dłużny)
I.R.A. = **Irish Republican Army** Irlandzka Armia Republikańska
I.R.C. = **International Red Cross** Międzynarodowy Czerwony Krzyż
ITA = **International Touring Alliance** Międzynarodowy Związek Turystyczny
ITV = **Independent Television** Niezależna Telewizja (Brytyjska)
I.U.S. = **International Union of Students** Międzynarodowy Związek Studentów
I.U.S.Y. = **International Union of Socialist Youth** Międzynarodowy Związek Młodzieży Socjalistycznej

Jan. = **January** styczeń
Jr, jr = **junior** młodszy
Jul. = **July** lipiec
Jun. = **June** czerwiec
jun. = **Jr, jr**
juv. = **juvenile** młodzieńczy, młodociany

Kan. = **Kansas** (stan) Kansas
Ken. = **Kentucky** (stan) Kentucky
kg = **kilogramme** kilogram
km = **kilometre** kilometr
Kw., kw = **kilowatt** kilowat
Ky = **Kentucky** (stan) Kentucky

£ = **libra** funt szterling
L = **learner** nauka jazdy
l = **litre** litr
La = **Louisiana** (stan) Louisiana
Lancs. = **Lancashire** hrabstwo Lancashire
lat. = **latitude** szerokość geograficzna
lb = **libra** funt (wagi)

Ld = 1. **Lord** lord 2. **limited** ograniczony
Ldn = **London** Londyn
Leics. = **Leicestershire** hrabstwo Leicestershire
Lincs. = **Lincolnshire** hrabstwo Lincolnshire
L.M.T. = **local mean time** czas średni miejscowy
long. = **longitude** długość geograficzna
L.P. = **Long Play** nagranie długogrające
Ltd. = **Limited** (*company*) spółka z ograniczoną odpowiedzialnością

m, m. = 1. **metre** metr 2. **mile** mila angielska (1609 m 31 cm)
m. = **married** żonaty, zamężna
M.A. = **Magister Artium** (*master of Arts*) magister nauk humanistycznych
Ma = **Minnesota** (stan) Minnesota
manuf. = **manufactured** wyprodukowany
Mar. = **March** marzec
Mass. = **Massachusetts** (stan) Massachusetts
max. = **maximum** maksimum
M.D. = **Medicinae Doctor** doktor medycyny
Md = **Maryland** (stan) Maryland
Mddx = **Middlesex** hrabstwo Middlesex
Me = **Maine** (stan) Maine
memo. = **memorandum** memorandum
Messrs. = **Messieurs** Panowie (w nazwie firmy)
METEOR, Met.Serv. = **Meteorological Service** służba meteorologiczna
mg = **milligram(me)** miligram
Mi. = **Mississippi** (stan) Missisipi
mi. = **mile** mila
Mich. = **Michigan** (stan) Michigan
min. = **minute** minuta
mm. = **millimetre** milimetr
Mme. = **Madame** Pani
M.O. = **money order** przekaz pieniężny
Mo. = **Missouri** (stan) Missouri
Mon. = **Monday** poniedziałek
Mont. = **Montana** (stan) Montana
M.P. = 1. **Member of Parliament** członek Parlamentu 2. **Me-**

tropolitan Police Policja Stołeczna 3. Military Police Wojskowa Służba Wewnętrzna

m.p.h. = miles per hour mil na godzinę
Mr = Mister Pan
Mrs = Mistress Pani
Ms = Miss, Mistress Panna, Pani
M.S., M/S = Motor Ship statek motorowy, motorowiec
Mt = Mount góra; szczyt
mth = month miesiąc

N. = North północ
NASA = National Aeronautics and Space Administration Narodowa Agencja do Spraw Aeronautyki i Przestrzeni Kosmicznej
NATO, N.A.T.O. = North Atlantic Treaty Organization Organizacja Paktu Północnego Atlantyku
NBC = National Broadcasting Company Radio Amerykańskie
N.C. = North Carolina (stan) Północna Karolina
N.C.O. = non-commissioned officer podoficer
N.D. = North Dakota (stan) Północna Dakota
N.E. = New England Nowa Anglia
Neb. = Nebraska (stan) Nebraska
Nev. = Nevada (stan) Newada
N.H. = New Hampshire (stan) New Hampshire
N.H.S. = National Health Service Państwowa Służba Zdrowia
NM = nautical mile mila morska (1852,5 m)
N.M., N.Mex. = New Mexico (stan) Nowy Meksyk
No = number numer
Northmb. = Northumberland hrabstwo Northumberland
Notts. = Nottinghamshire hrabstwo Nottinghamshire
Nov. = November listopad
N.P. = notary public notariusz, rejent
N.U. = name unknown nazwisko nieznane
N.Y. = New York Nowy Jork (stan i miasto)
N.Y.C. = New York City miasto Nowy Jork
N.Z. = New Zealand Nowa Zelandia

O. = Ohio (stan) Ohio
ob. = obiit zmarł

Oct. = October październik
O.K. = all correct wszystko w porządku, bardzo dobrze
Okla. = Oklahoma (stan) Oklahoma
Ore(g). = Oregon (stan) Oregon
oz = ounce uncja

P. = 1. (car) park postój, parking 2. pedestrian (crossing) przejście dla pieszych
p. = 1. page stronica 2. pint (miara pojemności = 0,568 l)
Pa. = Pennsylvania (stan) Pensylwania
PAA, P.A.A., PANAM = Pan-American Airways Panamerykańskie Linie Lotnicze
P.C. = Police Constable komisarz policji; policjant
p.c. = postcard kartka pocztowa
pcs = pieces sztuki
p.d. = per day dziennie
Penn. = Pennsylvania (stan) Pensylwania
P.G. = paying guest płacący gość
p.h. = per hour na godzinę
Ph.D. = philosophiae doctor doktor filozofii ⟨nauk humanistycznych⟩
p.m. = post meridiem po południu
P.O. = 1. postal order przekaz pocztowy 2. Post Office Urząd Pocztowo-Telekomunikacyjny, Urząd Pocztowy
P.O.B. = post-office box skrzynka pocztowa
P.O.O. = post-office order przekaz pieniężny
P.O.W. = Prisoner of War jeniec wojenny
P.P., p.p. = 1. per procurationem z upoważnienia, w zastępstwie 2. post paid opłata pocztowa zapłacona
P.P.S. = post postscriptum dodatkowy dopisek (w liście)
Pres. = President prezydent
Prof., prof. = professor profesor
prox. = proximo przyszłego miesiąca
P.S. = 1. Petrol Station stacja benzynowa 2. postscriptum dopisek (w liście)
p.s. = per second na sekundę
pseud. = pseudonym pseudonim
P.T.O. = please turn over proszę odwrócić, verte

Q. = Queen królowa

qr = quarter kwartał
q.v. = quod vide zobacz, popatrz

R. = 1. radio radio 2. Railway kolej żelazna
R.C. = 1. Red Cross Czerwony Krzyż 2. Roman Catholic
  rzymski katolik
R.C.A. = Radio Corporation of America Radio Amerykańskie
Rd., rd = road droga; szosa; ulica
ref. = 1. reference opinia, referencje 2. referring to dotyczy,
  dotyczący
Ret., Retd, retd = retired emerytowany
Rev., Revd = Reverend Wielebny ...
R.R. = Right Reverend Przewielebny ...
R.S.V.P. = répondez s'il vous plaît (please reply) proszę od-
  powiedzieć (na zaproszenie)
R/W = right of way pierwszeństwo przejazdu
Ry = railway kolej żelazna
Ry Stn = Railway Station stacja kolejowa

$ = dollar dolar
S. = 1. Saint święty 2. South południe
s. = solidus (shilling) szyling
S.A. = Salvation Army Armia Zbawienia
SALT = Strategic Arms Limitation Talks Rokowania w Spra-
  wie Ograniczenia Zbrojeń Strategicznych
SAS = Scandinavian Airlines System Skandynawskie Linie
  Lotnicze
Sat. = Saturday sobota
S.C. = South Carolina (stan) Południowa Karolina
Sc. = Scotland Szkocja
S.Dak. = South Dakota (stan) Południowa Dakota
S.E.A.T.O., Seato = South-East Asia Treaty Organization
  Organizacja Paktu Azji Południowo-Wschodniej
sec. = second sekunda
Sen. = 1. senior senior 2. Senator senator
Sept. = September wrzesień
sh. = shilling szyling
Soc. = society towarzystwo; spółka handlowa
Sol., Solr = Solicitor doradca prawny
SOS, S.O.S. = save our souls sygnał SOS (wzywanie pomocy)
Sov. Un. = Soviet Union Związek Radziecki

S.P.G.B. = Socialist Party of Great Britain Socjalistyczna Partia Wielkiej Brytanii
Sq. = Square plac
S.S. = 1. Secret Service tajna służba 2. Secretary of State sekretarz stanu
S.S., S/S = steamship statek parowy, parowiec
S.T. = Summer time czas letni
St = 1. Saint święty 2. Street ulica
st. = stone (jednostka wagi = 6,348 kg)
St. Ex. = Stock Exchange Giełda
Stan = Station stacja, dworzec kolejowy
S.U. = Soviet Union Związek Radziecki
Sun. = Sunday niedziela
suppl. = supplement dodatek, uzupełnienie
Surg., surg. = 1. surgeon chirurg 2. surgery chirurgia; gabinet zabiegowy
Sy = Surrey hrabstwo Surrey

T. = 1. telegram telegram 2. telephone telefon
t. = ton tona (waga)
T.B. = tuberculosis gruźlica
tbs. = tablespoon łyżka stołowa
tel. = 1. telegram telegram 2. telegraph telegraf 3. telephone telefon
Tenn. = Tennessee (stan) Tennessee
Ter., ter., Terr., terr. = Terrace ulica (w nazwach)
Tex. = Texas (stan) Texas
Th. = Thursday czwartek
T.M.O. = telegraph money order przekaz pieniężny telegraficzny
TP = teleprinter dalekopis
transl. = translation tłumaczenie
Trs = Trustees członkowie zarządu
TT = teetotaller abstynent
T.U. = Trade Union Związek Zawodowy
Tu., Tues. = Tuesday wtorek
TUC = Trade Union Council Rada Związków Zawodowych
T.U.C. = Trade Union Congress Kongres Związków Zawodowych
T.V. = television telewizja

u. = unit jednostka

U.G., u/g = underground pod ziemią, podziemny

U.K. = United Kingdom (of Great Britain and Northern Ireland) Zjednoczone Królestwo (Wielkiej Brytanii i Północnej Irlandii)

ult. = ultimo zeszłego ‹ubiegłego› miesiąca

u.m. = under mentioned niżej podany

U.N. = United Nations Narody Zjednoczone

UNESCO, U.N.E.S.C.O. = United Nations Educational, Scientific and Cultural Organization Organizacja Narodów Zjednoczonych do Spraw Oświaty, Nauki i Kultury

UNICEF = United Nations Children's Fund Fundusz Narodów Zjednoczonych Pomocy Dzieciom

Univ. = University uniwersytet

UNO, U.N.O. = United Nations Organization Organizacja Narodów Zjednoczonych (ONZ)

U.S. = United States Stany Zjednoczone

US.A. = United States of America Stany Zjednoczone Ameryki

USSR, U.S.S.R. = Union of Soviet Socialist Republics Związek Socjalistycznych Republik Radzieckich

Ut. = Utah (stan) Utah

U.T. = universal time czas uniwersalny (przyjęty umownie)

v. = 1. versus przeciw 2. vide zobacz

Va = Virginia (stan) Virginia

V.D. = venereal disease choroba weneryczna

vet. = veterinary surgeon weterynarz

v.g. = very good bardzo dobry; bardzo dobrze

vid. = vide zobacz

vil. = village wieś

V.I.P. = Very Important Person bardzo ważna osobistość

viz. = videlicet mianowicie, a to ...

vol. = volume tom (książki)

Vt = Vermont (stan) Vermont

v.v. = vice versa na odwrót

W, W. = West zachód

w. = 1. week tydzień 2. wife żona 3. with (wraz) z 4. wide szeroki

War. — Warwickshire hrabstwo Warwickshire
Wash. — Washington Waszyngton
W.C. — Water Closet ubikacja
Wed. — Wednesday środa
W.F.D.Y. — World Federation of Democratic Youth Światowa Federacja Młodzieży Demokratycznej
W.F.T.U. — World Federation of Trade Unions Światowa Federacja Związków Zawodowych
W.H.O. — World Health Organization Światowa Organizacja Zdrowia
Wisc. — Wisconsin (stan) Wisconsin
Worcs. — Worcestershire hrabstwo Worcestershire
W.P. — weather permitting przy sprzyjających warunkach atmosferycznych
W.P.C. — World Peace Council Światowa Rada Pokoju
WS — Weather Station Stacja Meteorologiczna
wt — weight waga
Wyo. — Wyoming (stan) Wyoming

X = znak wskazujący, że film jest dozwolony dla młodzieży od lat 16
Xmas — Christmas Boże Narodzenie
Xrds — crossroads skrzyżowanie dróg

y. — year rok
y, yd — yard jard
Y.H.A. — Youth Hostels Association Stowarzyszenie Schronisk Młodzieżowych
Y.M.C.A. — Young Men's Christian Association Chrześcijańskie Stowarzyszenie Młodzieży Męskiej
Y.W.C.A. — Young Women's Christian Association Chrześcijańskie Stowarzyszenie Młodzieży Żeńskiej

z. — zero zero
Z.G. — Zoological Gardens Ogród Zoologiczny
ZL — zloty złoty polski

POLSKO-ANGIELSKI
POLISH-ENGLISH

WYKAZ ZNAKÓW FONETYCZNYCH
STOSOWANYCH W SŁOWNIKU
POLSKO-ANGIELSKIM
TABLE OF PHONETIC SYMBOLS USED IN THE
POLISH-ENGLISH DICTIONARY

symbol	objaśnienie explanation	przykład example
a	a	mak
ã	a nasalized	romans
b	b	brama
ḅ	b palatal	bitwa
ts	c	cyrk
ts	t+s	podskoczyć
tç	ć	szyć
tç	t+ś	odśnieżyć
tʃ	cz	czas
tʃ	t+sz	otrzymać
d	d	dar
dz	dz	dzwonić
dz	d+z	odzyskać
dʑ	dź	dziki
dʑ	d+ź	podziemny
dʐ	dż	drożdże
dʒ	d+ż	odżyć
ɛ	e	echo
ɛ̃	ę	pęk
f	f	fala
ḟ	f palatal	film
g	g	garnek
ġ	g palatal	giełda
x	h, ch	huk, chłodny
i	i	igła
j	j	jeść
k	k	kasza
ḳ	k palatal	kino
l	l	las
ʎ	l palatal	litera
ŭ	ł	łatwy, Europa
m	m	maj

ṁ	m palatal	miły
n	n	nawet
ɲ	ń	słoń, niebo
ɔ	o	ostry
ɔ̃	ą	mądry
p	p	park
ṗ	p palatal	pisać
r	r	ratunek
s	s	serce
ʃ	sz	szkoda, krzak
ç	ś	coś, siedem
t	t	tutaj
u	u	umowa
y	ju	stewardesa
v	w	warunek
v̇	w palatal	widelec
ɨ	y	ty
z	z	zero
ƶ	ź	zielony, źle
ʒ	ż, rz	żart, rzeka

ALFABET POLSKI
POLISH ALPHABET

A	a	[a]		M	m	[ɛm]
	ą	[ɔ̃]		N	n	[ɛn]
B	b	[bɛ]			ń	[ɛɲ]
C	c	[tsɛ]		O	o	[ɔ]
Ć	ć	[tɕɛ]		Ó	ó	[u]
D	d	[dɛ]		P	p	[pɛ]
E	e	[ɛ]		R	r	[ɛr]
	ę	[ɛ̃]		S	s	[ɛs]
F	f	[ɛf]		Ś	ś	[ɛɕ]
G	g	[ɡɛ]		T	t	[tɛ]
H	h	[xa]		U	u	[u]
I	i	[i]		W	w	[vu]
J	j	[jɔt]		Y	y	[igrɛk]
K	k	[ka]		Z	z	[zɛt]
L	l	[ɛl]		Ź	ź	[ʑɛt]
Ł	ł	[ɛŭ]		Ż	ż	[ʒɛt]

A

a [a] **I** *conj* and; *(ale)* but; **a jednak** and yet; **nevertheless; nic a nic** nothing at all; **od a do z** from start to finish **II** *int* **a więc tak!** it's like this!

abażur [a'baʒur] *m* lampshade

abdykować [abdɨ'kɔvatɕ] *vi* abdicate

abecadło [abɛ'tsaduo] *n* alphabet, ABC

abonament [abɔ'namɛnt] *m* subscription **(gazety, pisma to a paper, a magazine); ~ tramwajowy ⟨teatralny⟩** season ticket

abonent [a'bɔnɛnt] *m* subscriber **(gazety, pisma to a paper, a magazine); ~ teatralny ⟨kinowy etc.⟩** holder of a season ticket; **~ telefonu** telephone subscriber; **spis ~ów** directory

absolutny [apsɔ'lutnɨ] *adj* absolute, complete

absolwent [ap'sɔlvɛnt] *m* graduate

abstrakcyjny [apstra'ktsɨjnɨ] *adj* abstract

abstynent [ap'stɨnɛnt] *m* abstainer; teetotaller

absurdalny [apsur'dalnɨ] *adj* absurd, nonsensical

aby ['abɨ] *conj* to, in order to ⟨that⟩; **~ nie** lest

adaptacja [ada'ptatsja] *f* adaptation

adapter [a'daptɛr] *m* record player, radio-gramophone

adiunkt ['adjunkt] *m* lecturer, tutor, senior professor's assistant

administracja [admiɲi'stratsja] *f* management, administration

administrować [admiɲi'strɔ-** vatɕ] *vt* administer, manage **(czymś sth)**

adnotacja [adnɔ'tatsja] *f* annotation, note

adoptować [adɔ'ptɔvatɕ] *vt* adopt

adres ['adrɛs] *m* address; **~ domowy** home address; **~ grzecznościowy** accommodation address; **~ kodowy** code address; **~ nadawcy** sender's address; **~ telegraficzny** telegraphic address; **~ tymczasowy** temporary address; **~ zwrotny** *(napis na przesyłce)* "if not delivered, please return to ...''; **dokładny ~** exact ⟨full⟩ address; **stały ~** permanent ⟨fixed⟩ address; **zmienić ~** to change one's address; **pod ~em** at ⟨to⟩ the address

adresat [a'drɛsat] *m* addressee

adresować [adrɛ'sɔvatɕ] *vt* address; **~ kopertę** to address an envelope

adwokat [ad'vɔkat] *m* lawyer, barrister; *(nie występujący w sądzie)* solicitor

aerozol [aɛ'rɔzɔl] *m chem.* aerosol

afer|a [a'fɛra] *f* affair, racket; dirty business; **~a walutowa** currency offence; **zatuszować ~ę** to hush up an affair

aferzysta [afɛ'ʒɨsta] *m* swindler, speculator, crook

afisz ['afiʃ] *m* poster, bill

afiszować się [afi'ʃɔvatɕ ɕɛ] *vr* make a show **(czymś, z czymś of** sth), show off

afront ['afrɔnt] *m* affront, insult; **zrobić komuś ~** to insult ⟨snub⟩ sb

Afryka ['afrika] *f* Africa
afrykański [afri'kaɲski] *adj*
African
agencja [a'gɛntsja] *f* agency;
~ **prasowa** press ⟨news⟩
agency; ~ **reklamowa** advertising agency; ~ **turystyczna** tourist ⟨travel,
travelling⟩ agency; ~ **ubezpieczeniowa** insurance agency
agent ['agɛnt] *m* agent; ~
giełdowy stockbroker; ~ **ubezpieczeniowy** insurance
agent; ~ **policji** detective,
plain clothes man
agentura [agɛn'tura] *f* agency;
(*oddział*) branch office; ~
przedsiębiorstwa turystycznego tourist ⟨travel⟩ agency
agitacja [agi'tatsja] *f* agitation
agrafka [a'grafka] *f* safety-
-pin
agregat [a'grɛgat] *m* aggregate, set of machines
agresja [a'grɛsja] *f* aggression
agrest ['agrɛst] *m* gooseberry
agresywny [agrɛ'sivni] *adj*
aggressive
akacja [a'katsja] *f bot.* acacia
akademia [aka'dɛmja] *f* 1. (*uczelnia*) academy; **Polska
Akademia Nauk** Polish
Academy of Sciences 2. (*uroczystość*) solemnity, commemorative meeting
akademicki [akadɛ'mitski] *adj*
academic, university, student's; **dom** ~ students'
hostel; **rok** ~ academic
year, *am.* session
akcelerator [aktsɛlɛ'ratɔr] *m*
mot. fiz. accelerator
akcent ['aktsɛnt] *m* accent,
stress; **mówić z obcym** ~**em**
to speak with a foreign
accent
akceptować [aktsɛ'ptɔvatɕ] *vt*
accept
akcesoria [aktsɛ'sɔrja] *pl*
accessories, appliances, fittings; ~ **samochodowe** motor-car accessories; ~ **tea-**

tralne stage properties; ~
wędkarskie angling tackle
⟨accessories⟩
akcja ['aktsja] *f* action, activity; campaign; *handl.* share;
~ **ratunkowa** rescue work;
~ **powieści** ⟨książki itp.⟩
plot
aklimatyzacja [akɕimati'zatsja] acclimatization, *am.*
acclimation
aklimatyzować się [akɕimati-
'zɔvatɕ ɕɛ] *vr* acclimatize,
am. acclimate
akompaniament [akɔmpa'ɲjamɛnt] *m* accompaniment
akord ['akɔrt] *m muz.* accord,
harmony || **praca na** ~
piece-work; **pracować na** ~
to do piece-work; to work
by the job
aksamit [a'ksamit] *m* velvet
akt [akt] *m* act; (*czyn*) deed;
teatr. act; *pl* ~**a** files, records; ~ **darowizny** deed
of donation ⟨gift⟩; ~ **sprzedaży** deed of sale, sale contract; ~ **malarski** nude; ~
małżeństwa ⟨zgonu itp.⟩
marriage ⟨death etc.⟩ certificate; ~ **nabycia** ⟨kupna⟩
purchase deed; ~ **notarialny** notarial ⟨authenticated⟩
deed; ~ **oskarżenia** indictment
aktor ['aktɔr] *m* actor
aktorka [ak'tɔrka] *f* actress
aktówka [ak'tufka] *f* brief-
-case
aktualny [aktu'alni] *adj* (*o
czynie, posunięciu*) timely;
(*o kwestii*) topical
aktyw ['aktif] *m* active group
⟨body⟩ (of party members);
pl ~**a i pasywa** assets and
liabilities
aktywny [ak'tivni] *adj* active
akumulator [akumu'latɔr] *m*
accumulator, storage battery; **naładować** ~ to charge
a battery ⟨*am.* accumulator⟩; **wymienić** ~ to replace
a battery ⟨*am.* accumulator⟩

akurat [a'kurat] *adv* just, exactly, precisely
akustyczny [aku'stitʃni] *adj* acoustic
akuszerka [aku'ʃɛrka] *f* midwife
akwarela [akfa'rɛla] *f* water-colour
akwarium [ak'farium] *n* aquarium
alarm ['alarm] *m* alarm; ~ **lotniczy** alert; *(przed nalotem)* air-raid warning; ~ **pożarowy** fire alarm; ~ **przeciwpowodziowy** flood alert; **próbny** ~ trial ⟨test⟩ alarm; **podnosić** ~ **z powodu czegoś** to raise the alarm over sth
alarmować [alar'mɔvatç] *vt* alarm
alarmow|y [alar'mɔvi] *adj* alarm; **sygnał** ~**y** alarm signal; **urządzenie** ~**e** alarm device
albo ['albo] *conj* or, or else; ~ ... ~ either ... or
album ['album] *m* album; ~ **na znaczki pocztowe** stamp album; ~ **pamiątkowy** *(księga)* visitors' book; ~ **ze zdjęciami** photo album; ~ **z reprodukcjami** album with reproductions
ale ['alɛ] *conj* but, however, still, yet; *int* ~**!** there now!
aleja [a'lɛja] *f* avenue
alergia [a'lɛrgja] *f* allergy
alfabet [al'fabɛt] *m* alphabet; ~ **głuchoniemych** finger alphabet; ~ **łaciński** Latin alphabet; ~ **Morse'a** Morse alphabet ⟨code⟩; ~ **rosyjski** Russian alphabet; **według** ~**u** alphabetically, in alphabetical order
alian|t ['aljant] *m* ally; *pl* ~**ci** the allies
alibi [a'ɫibi] *n* alibi; **wykazać swoje** ~ to establish ⟨prove⟩ one's alibi
alimenty [aɫi'mɛnti] *spl* alimony
alkohol [al'kɔxɔl] *m* alcohol

alpinista [alpi'ɲista] *m* alpinist
altana [al'tana] *f.* bower, summerhouse
altówka [al'tufka] *f* viola
amator [a'matɔr] *m* amateur; *(dobrej muzyki itp.)* lover
amatorski [ama'tɔrski] *adj* amateurish, amateur
ambasada [amba'sada] *f* embassy
ambicj|a [am'bitsja] *f* ambition, pride; **bez** ~**i** unassuming, unambitious
ambitny [am'bitni] *adj* ambitious, proud
ambulatorium [ambula'tɔrjum] *n* dispensary; outpatients' department
Amerykanin [amɛri'kaɲin] *m* American
Amerykanka [1] [amɛri'kanka] *f* American
amerykanka [2] [amɛri'kanka] *f* patent bed-chair
amerykański [amɛri'kaɲski] *adj* American
amfiteatr [amfi'tɛatr] *m* amphitheatre
amnestia [am'nɛstja] *f* amnesty
amortyzacja [amɔrti'zatsja] *f* amortization; *(wstrząsów)* shock-absorption
amortyzator [amɔrti'zatɔr] *m* *techn.* shock-absorber, damper
amortyzować [amɔrti'zɔvatç] *vt* amortize; *(wstrząsy)* absorb (shocks)
ampułka [am'puɫka] *f* ampoule
amunicja [amu'ɲitsja] *f* munition, ammunition
analfabeta [analfa'bɛta] *m* illiterate
analiza [ana'ɫiza] *f* analysis; ~ **krwi** blood test
analizować [anaɫi'zɔvatç] *vt* analyse
ananas [a'nanas] *m bot.* pineapple
aneksja [a'nɛksja] *f* annexation

anemiczny [anɛ'mitʃnɨ] adj anaemic

angażować [anga'ʒɔvatɕ] I vt engage II vr ~ się be engaged, commit oneself

Angielka [an'ɡɛlka] f English-woman

angielsk|i [an'ɡɛlskʲi] I adj English II m (język) English; choroba ~a (krzywica) rickets; mówić po ~u to speak English; ulotnić się po ~u to take French leave

angina [an'ɡina] f angina

Anglik ['angʎik] m English-man

ani ['aɲi] conj neither, nor, not even; ~ jeden, ~ drugi neither; nie jest ~ dobry, ~ mądry he is neither good nor clever; ~ żywej duszy! not a living soul!

anioł ['aɲɔu̯] m angel

ankiet|a [an'kɛta] f inquiry, questionnaire; ~a personalna personal inquiry; rozpisać ~ę to conduct an inquiry; wypełnić ~ę to fill in an inquiry ⟨a questionnaire⟩

anonim [a'nɔɲim] m (autor) anonym; (list) anonymous letter

anonimowy [anɔɲi'mɔvɨ] adj anonymous

antena [an'tɛna] f antenna, aerial; ~ kierunkowa beam aerial; ~ radiowa antenna, (zewnętrzna) aerial; ~ samochodowa car antenna; ~ telewizyjna television aerial; ~ wewnętrzna ⟨wnętrzowa⟩ inside, ⟨indoor⟩ antenna; ~ zewnętrzna outside ⟨outdoor, open⟩ aerial

antrakt ['antrakt] m interval

anty- ['antɨ] praef anti-

antybiotyk [antɨ'bjɔtɨk] m antibiotic

antyczny [an'tɨtʃnɨ] adj antique

antyk ['antɨk] m antique, antiquity

antykoncepcyjny [antɨkɔntsɛp'tsɨjnɨ] adj contraceptive

antykwariat [antɨ'kfarjat] m antique ⟨curiosity⟩ shop; (z książkami) second-hand bookshop

antyseptyczny [antɨsɛp'tɨtʃnɨ] adj antiseptic; środek ~ antiseptic

anulować [anu'lɔvatɕ] vt annul, cancel

aparat [a'parat] m apparatus; ~ filmowy cine-camera; ~ fotograficzny camera; ~ lustrzany reflex camera; ~ małoobrazkowy miniature camera; ~ projekcyjny (cine-)projector; ~ radiowy radio (set), wireless (set); ~ telefoniczny telephone; ~ telewizyjny television set, pot. TV set; ~ tlenowy oxygen respirator; (do oddychania) breathing apparatus; ~ zapłonowy timer-distributor

aparatura [apara'tura] f apparatus, outfit

apartament [apar'tamɛnt] m apartment; (hotelowy) suite of rooms

apaszka [a'paʃka] f scarf

apel ['apɛl] m appeal (to the population etc.); wojsk. roll-call

apelacja [apɛ'latsja] f appeal

apelować [apɛ'lɔvatɕ] vi appeal (do kogoś to sb; w sprawie czegoś for sth)

aperitif [apɛ'ritif] m apperitive

apetyczny [apɛ'tɨtʃnɨ] adj appetizing, tasty

apetyt [a'pɛtɨt] m appetite; bez ~u with no appetite; jeść z wielkim ~em to eat heartily

apopleksja [apɔ'plɛksja] f apoplexy

aprobować [aprɔ'bɔvatɕ] vt approve (coś sth, of sth)

aprowizacja [aprɔvi'zatsja] f food supply

apteczka [ap'tɛtʃka] f medicine

chest; **podręczna** ~ first-
-aid kit
apteka [ap'tɛka] f chemist's
shop, pharmacy; *am.* drug-
store; *(w szpitalu)* dispensary
Arab ['arap] m Arab
arabski [a'rapsķi] I *adj* Ara-
bian, Arabic II m *(język)*
Arabic
arbitralny [arþi'tralnɨ] *adj*
arbitrary
arbitraż [ar'þitraʃ] m arbitration
arbuz ['arbus] m water-melon
archaiczny [arxa'itʃnɨ] *adj*
archaic
archipelag [arxi'pɛlak] m ar-
chipelago
architekt [ar'xitɛkt] m architect
architektura [arxitɛk'tura] f
architecture
archiwum [ar'xivum] n archives
arcy- ['artsɨ] *praef* arch-
arcybiskup [artsɨ'þiskup] m
archbishop
arcydzieło [artsɨ'dʑɛŭɔ] n
masterpiece
arena [a'rɛna] f arena; scene;
(w cyrku) ring; ~ **do walki
byków** bull-ring; ~ **do walki kogutów** cockpit; *przen.*
~ **międzynarodowa** international arena ⟨scene⟩
areszt ['arɛʃt] m arrest; de-
tention; *(więzienie)* prison;
~ **domowy** house arrest;
ścisły ~ close arrest; **nakaz** ~**u** warrant
aresztować [arɛʃ'tɔvatɕ] *vt*
arrest, imprison, detain
argument [ar'gumɛnt] m argument; ~ **nie do obalenia**
irrefutable argument
aria ['arja] f aria
arkusz ['arkuʃ] m sheet (of
paper etc.)
armata [ar'mata] f gun; cannon
armia ['armja] f army
arogancki [arɔ'gantsķi] *adj*
arrogant, insolent

arteria [ar'tɛrja] f artery; ~
komunikacyjna arterial
road, thoroughfare
artykuł [ar'tɨkuŭ] m article;
~ **wstępny** editorial, leading article; *(towar)* commodity; ~**y gospodarstwa domowego** household goods,
domestic ware; ~**y codziennego użytku** articles of
daily use; ~**y pierwszej
potrzeby** necessities, articles of first ⟨prime⟩ necessity; ~**y konsumpcyjne** con-
sumer(s') goods; ~**y przemysłowe** manufactured goods;
~**y spożywcze** food-stuffs
artysta [ar'tɨsta] m artist
artystyczny [artɨs'tɨtʃnɨ] *adj*
artistic
asekuracja [asɛku'ratsja] f
insurance; ~ **na życie** life
insurance
asekurować [asɛku'rɔvatɕ] I
vt insure, assure II *vr* ~
się insure one's life
asfalt ['asfalt] m asphalt
asortyment [asɔr'tɨmɛnt] m
assortment; **duży** ~ good
choice
aspiracj|a [aspi'ratsja] f aspir-
ation, ambition; **mieć wysokie** ~**e** to have high-flown
aspirations
aspiryn|a [aspi'rɨna] f aspirin;
zażyć ~**ę** to take an aspirin
astma ['astma] f asthma
astronauta [astrɔ'naŭta] m
astronaut, spaceman
asy|sta [a'sɨsta] f escort,
attendance; **w** ~**ście** accompanied by
asystować [asɨs'tɔvatɕ] I *vt*
assist ⟨escort⟩ (komuś sb),
accompany II *vi* ~ **przy**
czymś to assist at sth
atak ['atak] m attack; ~ **serca** heart attack; ~ **kaszlu**
⟨śmiechu itd.⟩ fit of cough-
ing ⟨laughter etc.⟩
atakować [ata'kɔvatɕ] *vt vi*
attack
ateista [atɛ'ista] m atheist

atlas ['atlas] *m* atlas; ~ **drogowy** road atlas; ~ **geograficzny** geographical atlas; ~ **samochodowy** car atlas; ~ **świata** world atlas
atletyka [at'lɛtɪka] *f* athletics; **lekka** ~ light athletics
atomow|y [atɔ'mɔvɪ] *adj* atomic; **bomba** ~**a** atom bomb, A-bomb; **broń** ~**a** nuclear weapon; **stos** ~**y** atomic pile
atrakcja [a'traktsja] *f* attraction
atrakcyjny [atrak'tsɪjnɪ] *adj* attractive
atrament [a'tramɛnt] *m* ink
atut ['atut] *m* trump
audiencj|a [aŭ'djɛntsja] *f* audience; **udzielić komuś** ~**i** to grant sb an audience
audycja [aŭ'dɪtsja] *f* broadcast, (broadcasting) programme; ~ **muzyczna** concert'
audytorium [aŭdɪ'tɔrjum] *n* (*sala*) auditorium; (*ludzie*) audience, listeners
autentyczny [aŭtɛn'tɪtʃnɪ] *adj* authentic, genuine
autentyk [aŭ'tɛntɪk] *m* original, authentic (genuine) object
auto ['aŭtɔ] *n* motor-car
autobus [aŭ'tɔbus] *m* bus; ~ **dalekobieżny** long-distance coach; ~ **międzymiastowy** motor-coach; ~ **piętrowy** double-decker, double-deck bus; ~ **pogrzebowy** funeral coach; ~ **przegubowy** articulated bus; ~ **turystyczny** tourist coach; ~ **wycieczkowy** excursion coach; **jechać** ~**em** to go by bus
autograf [aŭ'tɔgraf] *m* autograph
autokar [aŭ'tɔkar] *m* (motor-)coach
automat [aŭ'tɔmat] *m* (*robot*) automaton; (*maszyna*) automatic machine, slot-ma-

chine, coin-operated machine, automat; ~ **biletowy** ticket issuing machine; ~ **do znaczków pocztowych** stamp (selling) machine; ~ **hamulcowy** automatic brake; ~ **sprzedający** vending machine; ~ **telefoniczny** automatic (public) telephone, coin box
automatyczny [aŭtɔma'tɪtʃnɪ] *adj* automatic
automobilklub [aŭtɔ'mɔbil klup] *m* Automobile Association, automobile club
autonomiczny [aŭtɔnɔ'mitʃnɪ] *adj* autonomous
autor ['aŭtɔr] *m* author
autorytet [aŭtɔ'ritɛt] *m* authority; **być** ~**em w czymś** to be an authority on sth
autostop [aŭtɔ'stɔp] *m* hitch-hiking; **książeczka** ~**u** hitch-hiker's book; **jechać** (**podróżować**) ~**em** to hitch-hike; to go hitch-hiking
autostopowicz [aŭtɔstɔ'pɔvitʃ] *m* hitch-hiker
autostrada [aŭtɔ'strada] *f* motorway, *am*. speedway, super highway
awans ['avans] *m* 1. promotion; ~ **społeczny** social advancement 2. (*zaliczka*) advance
awansować [avan'sɔvatɕ] I *vt* promote II *vi* be promoted
awantur|a [avan'tura] *f* brawl, fuss, row; **robić** ~**ę** to make a row (a scene)
awanturować się [avantu'rɔ vatɕ ɕɛ] *vr* make a row, cause trouble, brawl; make a fuss (**o coś** about sth)
awaria [a'varja] *f* damage, injury, break-down, failure; ~ **sieci elektrycznej** electric network (power) failure; ~ **silnika** motor-car engine break-down; **drobna** ~ small (minor) damage; **groźna** ~ serious (major) damage

awizo [a'vizɔ] *n* advice note, notification, notice
awizować [avi'zovatɕ] *vt* advise, report
azbest ['azbɛst] *m* asbestos
azot ['azɔt] *m* chem. nitrogen
azyl ['azil] *m* asylum; **prosić**

o ~ to ask for (political) asylum
aż [aʃ] *conj* till, until; as many ⟨much⟩ as; aż do till until, up to, as far as; aż do końca to the vary end
ażeby [a'ʒɛbi] *conj* that, in order that ⟨to⟩

B

babka ['bapka] *f* grandmother; (*staruszka*) old woman; (*ciasto*) cake
baczność ['batʃnɔɕtɕ] *f* attention, caution; **mieć się na ~ci** look out, beware (**przed czymś** of sth); *wojsk.* ~ć! attention!
bać się ['batɕ ɕɛ] *vr* be afraid (**czegoś** of sth), fear (**czegoś** sth); ~ **o kogoś** to be worried about sb
badacz ['badatʃ] *m* (*podróżnik*) explorer; (*uczony*) scholar, research worker
badać ['badatɕ] *vt* (*sprawę*) investigate; (*kraj*) explore; (*pacjenta*) examine; ~ **puls** to feel one's pulse; ~ **naukowo** to do research work
badanie [ba'daɲɛ] *n* (*lekarskie*) examination; (*wypytywanie*) investigation; (*kraju*) exploration; (*próba*) test, testing; ~ **naukowe** scientific research; ~ **okresowe** routine test; ~ **przyczyn wypadku** investigation of the accident; **gruntowne ~ lekarskie** overhaul
bagaż ['bagaʃ] *m* luggage, *am.* baggage; ~ **osobisty** personal luggage; ~ **ręczny** hand luggage; **nadać ~** to register one's luggage; **oddać ~ do przechowalni** to deposit ⟨leave⟩ one's luggage; **odebrać ~** to collect one's luggage
bagażnik [ba'gaʒɲik] *m* mot.

luggage-carrier, boot, *am.* trunk; ~ **na dachu** roof-rack, *am.* luggage rack
bagażownia [baga'ʒɔvɲa] *f* left-luggage office, *am.* baggage room
bagażowy [baga'ʒɔvi] I *m* porter II *adj* **wagon ~** luggage van; **kwit ~** luggage ticket
bagażówka [baga'ʒufka] *f* luggage van
bagnisty [bag'ɲisti] *adj* swampy, marshy
bagno ['bagnɔ] *n* swamp, marsh
bajka ['bajka] *f* fable; (*dla dzieci*) fairy tale
bak [bak] *m* mot. petrol-tank, petrol-can; **pełny** ⟨**pusty**⟩ ~ full ⟨empty⟩ (petrol) tank; **napełnić ~** to fill up (the tank)
bakteria [bak'tɛrjá] *f* bacterium, bacillus
bakteriobójczy [baktɛrjɔ'bujtʃi] *adj* bactericidal
bal [bal] *m* ball; ~ **kostiumowy** fancy-dress ball; ~ **sylwestrowy** New Year's Eve ball; **wyprawić ~** to give a ball
balast ['balast] *m* ballast
baleron [ba'lɛrɔn] *m* ham in bladder
balet ['balɛt] *m* ballet
baletnica [balɛt'ɲitsa] *f* ballerina, ballet dancer
balkon ['balkɔn[*m* balcony; *teatr.* upper circle; **pierwszy ~** dress circle

ballada [bal'lada] *f* ballad
balon ['balɔn] *m* balloon
balsam ['balsam] *m* balm,
balsam
balustrada [balust'rada] *f* balustrade, railing
bałagan [ba'ŭagan] *m* chaos;
pot. mess, muddle
bałtycki [baŭ'titski̡] *adj* Baltic
bałwan ['baŭvan] *m* (*morski*)
wave, billow; (*głupiec*)
blockhead; (*ze śniegu*) snowman
banalny [ba'nalni̡] *adj* banal,
commonplace; (*o słowach*)
hackneyed
banan ['banan] *m* banana
banda ['banda] *f* gang, band;
(*ogrodzenie*) railing, barrier,
enclosure
bandaż ['bandaʃ] *m* bandage;
~ **elastyczny** elastic bandage
bandera [ban'dɛra] *f* flag,
banner
bandycki [ban'ditski̡] *adj* bandit
bandyta [ban'dita] *m* bandit,
gangster
bank [bank] *m* bank; ~ **pań-**
stwowy state bank; ~ **han-**
dlowy commercial bank;
karc. **rozbić** ~ to break the
bank
bankiet ['banki̡ɛt] *m* banquet;
wydać ~ to give a banquet
banknot ['banknɔt] *m* bank-
-note, *am.* bill
bankrutować [bankru'tɔvatç]
vi **go bankrupt, fail;** *pot.*
go ⟨be⟩ broke
bańka ['baŋka] *f* (*mydlana*)
soap bubble; (*szklana*) cup-
ping glass; (*blaszana*) can;
~ **na mleko** milk can
bar [bar] *m* bar, *am.* saloon;
~ **kawowy** coffee bar; ~
mleczny milk bar; ~ **samo-**
obsługowy self-service bar,
am. **cafeteria;** ~ **z zakąs-**
kami snack-bar
barak ['barak] *m* barrack

baran ['baran] *m* ram; *pl* ~**y**
sheep
baranina [bara'ɲina] *f* mutton
barbarzyński [barba'ʒiɲski̡]
adj barbarian, barbarous
barczysty [bar'tʃisti̡] *adj*
broad-shouldered, square-
-shouldered
bardziej ['bardʑɛj] *adv* more,
better; ~ **niż** more than;
tym ~ all the more; **tym**
~ **że ...** the more so that ...;
coraz ~ more and more
bardzo ['bardzɔ] *adv* very;
(*z czasownikiem*) much,
greatly; **dziękuję** ~ thank
you very much; ~ **chętnie**
with pleasure; **tak** ~ so
(very) much; ~ **mi miło** I
am very pleased ⟨glad⟩
bariera [bar'jɛra] *f* barrier,
railing
bark [bark] *m* shoulder
barka ['barka] *f* barge
barman ['barman] *m* barman,
bartender
barmanka [bar'manka] *f*
barmaid
barok ['barɔk] *m* baroque
barokow|y [barɔ'kɔvi̡] *adj*
baroque; **architektura** ~**a**
baroque architecture; **styl**
~**y** baroque style
barometr [ba'rɔmɛtr] *m* barometer
barszcz [barʃtʃ] *m* borsch,
beetroot soup; ~ **zabielany**
beetroot soup with cream
barw|a ['barva] *f* colour; *pl*
~**y** (*klubu*) colours
barwnik ['barvɲik] *m* dye,
dyestuff; (*skóry*) pigment
barwny ['barvni̡] *adj* coloured, colourful
barykad|a [bari̡'kada] *f* barri-
cade; **wznosić** ~**y** to erect
barricades
bas [bas] *m* bass
basen ['basɛn] *m* basin; (*dla*
chorego) bed-pan; ~ **jach-**
towy marina; ~ **kryty** indoor swimming-pool; ~ **pły-**
wacki swimming-pool; ~

portowy harbour basin ⟨dock⟩

baśń [baɕɲ] *f* fable, fairy tale

bat [bat] *m* whip; **sprawić komuś** ~**y** to give sb a thrashing

bateri|a [ba'tɛrja] *f* (storage) battery; ~**a wyczerpana** run-down battery; **wymienić** ~**ę** to replace a battery

bateryjka [batɛ'rɪjka] *f* dry battery; ~ **kieszonkowa** flash-light battery

baton ['batɔn] *m* bar; ~ **czekoladowy** chocolate bar

batut|a [ba'tuta] *f muz.* baton; **pod** ~**ą** under the direction

bawełna [ba'vɛuna] *f* cotton; (*do cerowania*) darning yarn

bawić ['baviʨ] I *vt* amuse, entertain II *vi* (*przebywać*) stay III *vr* ~ **się** play (w coś at sth; czymś with sth); amuse ⟨enjoy⟩ oneself; **dobrze się** ~ to have a good time

baza ['baza] *f* base, basis; ~ **lotnicza** air base; ~ **morska** naval base; ~ **noclegowa** accommodation basis; ~ **turystyczna** tourist basis; ~ **wypadowa** ⟨**wyjściowa**⟩ starting point

bazar ['bazar] *m* bazaar

bazylika [ba'zɪʎika] *f* basilica

bażant ['baʐant] *m* pheasant

bądź [bɔ͂ʨ] *imper od* być be; *conj* ~ **co** ~ at any rate, anyway; ~ ... ~ either ... or; **cokolwiek** ~ no matter what; **gdziekolwiek** ~ anywhere, wherever; **ktokolwiek** ~ whoever, anybody

beczeć ['bɛʧɛʨ] *vi* (o owcy) bleat; (o dziecku) blubber, whimper

beczk|a ['bɛʧka] *f* cask, barrel; *przen.* **zacząć z innej** ~**i** to try another subject

befsztyk ['bɛfʃtɪk] *m* beefsteak

bekon ['bɛkɔn] *m* bacon

bela ['bɛla] *f* bale; (*papieru*)

ten reams; *pot.* **pijany jak** ~ dead drunk

beletrystyka [bɛlɛ'trɪstɪka] *f* belles-lettres, fiction

Belg [bɛlg] *m* Belgian

belgijski [bɛl'ɡijski] *adj* Belgian

belka ['bɛlka] *f* beam, rafter

benzyn|a [bɛn'zɪna] *f* (*czysta*) benzine; *mot.* petrol, *am.* gasoline, gasolene, *am. pot.* gas; ~**a etylizowana** leaded petrol, ethyl gasoline; ~**a niskooktanowa** low-octane petrol; ~**a super** super petrol; ~**a syntetyczna** synthetic petrol; ~**a wysokogatunkowa** high-test gasoline; ~**a wysokooktanowa** high-octane petrol; ~**a zwykła** regular petrol; **nabrać** ~**y** to fill up (the tank); **zabrakło mi** ~**y** I've run out of petrol

benzynow|y [bɛnzɪ'nɔvɪ] *adj* petrol, *am.* gasoline; **stacja** ~**a** filling station

beret ['bɛrɛt] *m* beret; ~ **szkocki** tam-o'-shanter

bestseller [bɛst'sɛlɛr] *m* best-seller

beton ['bɛtɔn] *m* concrete

betoniarka [bɛtɔ'ɲarka] *f* concrete mixer

bez [bɛs] *m bot.* lilac; (*dziki*) elder

bez [bɛs] *praep* without; ~ **grosza** penniless; ~ **namysłu** straight off; off the bat; ~ **potrzeby** unnecessarily; ~ **zwłoki** immediately, without delay

bezapelacyjny [bɛzapɛla'tsɪjnɪ] *adj* beyond appeal, final

bezbarwny [bɛz'barvnɪ] *adj* colourless

bezbronny [bɛz'brɔnnɪ] *adj* defenceless, unarmed

bezcelowy [bɛstsɛ'lɔvɪ] *adj* aimless; (*bezużyteczny*) useless

bezcenny [bɛs'tsɛnnɪ] *adj* priceless

bezczelny [bɛs'ʧɛlnɪ] *adj* in-

solent, impudent; (o cenie)
outrageous
bezczynność [bɛs'ʧinnɔçtɕ] *f*
inactivity, inaction
bezdewizowy [bɛzdɛvi'zɔvi]
adj not involving foreign
currency
bezdomny [bɛz'dɔmni] *adj*
homeless
bezdroż|e [bɛz'drɔʒɛ] *n* un-
beaten track; *przen*. zejść
na ~a to go astray
bezdzietny [bɛz'dʑɛtni] *adj*
childless; (*w ogłoszeniach*)
no encumbrances
bezgotówkowy [bɛzgɔtuf'kɔvi]
adj not involving cash; by
transfer
bezgraniczny [bɛzgra'niʧni]
adj boundless, unlimited
bezinteresowny [bɛzíntɛrɛ-
'sɔvni] *adj* (o *człowieku*)
disinterested; (*bezpłatny*)
gratuitous
bezkarnie [bɛs'karɲɛ] *adv* with
impunity
bezklasowy [bɛskla'sɔvi] *adj*
classless
bezlitosny [bɛzʎi'tɔsni] *adj*
merciless, pitiless
bezludny [bɛz'ludni] *adj* un-
inhabited, desolate, deserted
bezład ['bɛzvat] *m* disorder,
confusion, chaos
bezmierny [bɛz'mɛrni] *adj*
immeasurable, immense,
infinite
bezmyślny [bɛz'miçlni] *adj*
thoughtless; (o *spojrzeniu*)
blank
beznadziejny [bɛzna'dʑɛjni]
adj hopeless, desperate
bezpartyjny [bɛspar'tijni] *adj*
m non-party (member)
bezpieczeństw|o [bɛspɛ'ʧɛnstfɔ]
n safety, security; **Rada
Bezpieczeństwa** Security
Council; **środki** ~a precau-
tions, measures of precaution; **hamulec** ~a emergency
brake
bezpiecznik [bɛs'pɛʧnik] *m*
safety-cock; *elektr*. fuse,
cut-out; ~ **topikowy** fuse,

fusible cut-out; **przepalił się**
~ the fuse burnt out; wy-
mienić ~ to replace a fuse
bezpieczny [bɛs'pɛʧni] *adj*
safe, secure, out of danger
bezplanowy [bɛspla'nɔvi] *adj*
planless, desultory
bezpłatn|y [bɛs'pŭatni] *adj*
free of charge; ~y bilet
free ticket; ~e wejście free
entrance
bezpodstawny [bɛspɔt'stavni]
adj groundless, baseless
bezpośredni [bɛspɔ'çrɛdɲi] *adj*
immediate, direct; (o *człowieku*) straightforward; **pociąg** ~ through train
bezprawny [bɛs'pravni] *adj*
illegal, illicit
bezradny [bɛz'radni] *adj* helpless
bezrobocie [bɛzrɔ'bɔtɕɛ] *n*
unemployment
bezrolny [bɛz'rɔlni] *adj* land-
less
bezsenność [bɛs'sɛnnɔçtɕ] *f*
insomnia, sleeplessness
bezsilny [bɛs'çilni] *adj* helpless, powerless
bezstronny [bɛs'strɔnni] *adj*
impartial, unbiased
bezterminowy [bɛstɛrmi'nɔvi]
adj termless
beztroski [bɛs'trɔski] *adj* carefree, lighthearted
bezustanny [bɛzu'stanni] *adj*
incessant, continuous
bezużyteczny [bɛzuʑi'tɛʧni]
adj useless
bezwartościowy [bɛzvartɔ-
'çtɕɔvi] *adj* worthless
bezwarunkowy [bɛzvarun'kɔ-
vi] *adj* unconditional
bezwład ['bɛzvŭat] *m* inertia;
(*kończyn*) paralysis
bezwstydny [bɛs'fstidni] *adj*
shameless, impudent
bezwzględnie [bɛz'vzglĕdɲɛ]
adv (*surowo*) ruthlessly;
(*bezwarunkowo*) certainly
bezwzględny [bɛz'vzglĕdni]
adj ruthless, inconsiderate
bezzwłocznie [bɛz'zvŭɔʧɲɛ]

adv without delay, immediately
bezzwrotny [bɛz'zvrɔtnɪ] *adj* unrepayable
beżowy [bɛ'ʒɔvɪ] *àdj* beige
bęben ['bɛ̃bɛn] *m* 1. drum; ~ hamulcowy brake drum 2. *pot.* (*dziecko*) kid, brat
bębnić ['bɛ̃bɲitɕ] *vi* drum, beat the drum; ~ **palcami** to drum one's fingers
białko ['baŭkɔ] *n* (*jajka*, *oka*) white (of an egg, eye); *chem.* albumen
biał|y ['baŭɪ] *adj* white; ~y tydzień white sale; ~y wiersz blank verse; ubrany na ~o dressed in white; do ~ego dnia till dawn; w ~y dzień in broad daylight
biblioteka [bibljɔ'tɛka] *f* library
bibuła [bi'buŭa] *f* (*do osuszania*) blotting-paper; (*nielegalna prasa*) illegal press
bibułka [bi'buŭka] *f* tissue (paper); (*do papierosów*) cigarette paper
bić [bitɕ] **I** *vt* (*o rekordzie itp.*) beat; (*zwyciężać*) defeat; ~ **brawo** to applaud; ~ **bydło** to slaughter cattle; ~ **monety** to coin; ~ **pianę** to beat up the egg; ~ **po twarzy** to slap the face; **bita śmietana** whipped cream **II** *vi* (*o sercu, deszczu itp.*) beat; ~ **w dzwony** to ring the bells; **to bije w oczy** it is evident; it strikes the eyes; **pioruny biją** it thunders **III** *vr* ~ **się** fight; ~ **się w piersi** to beat one's breast; ~ **się z myślami** to be in two minds; to hesitate
bidet ['bidɛt] *m* bidet
biec [bɛts], **biegnąć** ['bɛgnɔ̃tɕ] *vi* run; ~ **po kogoś** run and fetch sb
bied|a ['bɛda] *f* poverty, misery; (*kłopot*) trouble; *pot.* **klepać ~ę** to suffer want
biedny ['bɛdnɪ] *adj* poor

25 Słownik

biedronka [bɛ'drɔnka] *f* lady-bird
bieg [bɛk] *m* 1. run; *sport.* race; ~ **na przełaj** cross-country race; ~ **przez płotki** hurdle race; ~ **sztafetowy** relay race; ~ **z przeszkodami** obstacle race; ~iem at a run; **w pełnym ~u** at full speed 2. (*rzeki, życia itp.*) course; **z ~iem lat** in the course of years; **as years went by**; **zostawić sprawy własnemu ~owi** let things drift 3. *mech.* gear; ~ **jałowy** idle running, idling; ~ **niski** low gear; ~ **wsteczny** back ⟨reverse⟩ gear; **pierwszy** ~ first ⟨starting⟩ gear; **skrzynka ~ów** gearbox; **zmiana ~ów** gear change; **włączyć** ~ to engage the gear
biegacz ['bɛgatʃ] *m* runner
biegać ['bɛgatɕ] *vi imperf* zob. **biec**
biegle ['bɛglɛ] *adv* fluently
biegły ['bɛgŭɪ] **I** *adj* skilled, proficient (**w czymś** in sth) **II** *m* expert
biegun ['bɛgun] *m* pole; Biegun Południowy ⟨Północny⟩ South ⟨North⟩ Pole; *elektr.* ~ **dodatni** ⟨**ujemny**⟩ positive ⟨negative⟩ pole || **fotel na ~ach** rocking chair
biegunka [bɛ'gunka] *f med.* diarrhoea
bielizn|a [bɛ'ɲizna] *f* clothes, linen; (*w praniu*) washing; (*przygotowana do prania lub odebrania z pralni*) laundry; *handl.* lingerie; ~a damska ⟨męska⟩ linen for ladies ⟨gentlemen⟩; ~a dziecięca children's underwear; ~a niemowlęca baby linen; ~a nocna night-clothes; ~a osobista underwear, underclothes, undergarments, *pot.* undies; ~a pościelowa bed-linen, bed-clothes; **brudna** ⟨**czysta**⟩ ~a dirty ⟨clean⟩ linen; **komplet ~y** set of

linen; **zmiana** ~y change of clothes

bierny ['bɛrnɨ] *adj* passive

bieżąc|y [bɛ'ʒɔ̃tsɨ] *adj* current, running; ~y **rok** current year; **rachunek** ~y current account; **woda** ~a running water; (*w listach*) ~**ego miesiąca** instant

bieżnia ['bɛʒɲa] *f* (race) course, track; *lotn.* runway

bieżnik ['bɛʒɲik] *m* tread; ~ **opony** tyre tread

bigos ['bigɔs] *m* 1. dish of chopped meat and cabbage 2. *pot.* mess; **narobić** ~**u** to make a mess

bikini [bi'kiɲi] *n* bikini

bilans ['bilans] *m* balance; (*zestawienie bilansu*) balance-sheet; ~ **handlowy** balance of trade; ~ **płatniczy** balance of payments; ~ **strat** debit ⟨adverse⟩ balance; **sporządzić** ~ to strike a balance

bilard ['bilart] *m* billiards; **grać w** ~ to play billiards

bilet ['bilɛt] *m* ticket; ~ **bezpłatny** complimentary ⟨free⟩ ticket; ~ **do kina** cinema ticket; ~ **kolejowy** railway ticket; ~ **lotniczy** air(plane) ticket; ~ **miesięczny** season ticket; ~ **normalny** full-fare ticket; ~ **ulgowy** ⟨zniżkowy⟩ reduced-fare ticket, half-price ticket; ~ **peronowy** platform ticket; ~ **powrotny** return ticket; ~ **sypialny** sleeper, berth ticket; ~ **wizytowy** visiting card; ~ **w jedną stronę** single ticket; ~ **wstępu** admission ticket; ~ **wycieczkowy** excursion ticket; ~ **turystyczny** tourist ticket; ~ **zbiorowy** collective ⟨group⟩ ticket; *am.* party ticket; ~ **z rezerwacją miejsca** reserved-seat ticket; **cena** ~**u** (the) fare; **kupić** ~ to book ⟨to buy⟩ a ticket; **odstąpić** ~ to give up a

ticket; **okazać** ~ to produce a ticket; **przedłużyć ważność** ~**u** to extend (the validity of) the ticket; **wymienić** ~ to exchange a ticket; **zostawić komuś** ~ (*wizytowy*) to leave one's card on sb

bilon ['bilɔn] *m* specie; (small) change

biodro ['bɔdrɔ] *n* hip, haunch

biskup ['biskup] *m* bishop

biskwit ['biskfit] *m* biscuit; *am.* cracker

bisować [bi'sɔvatɕ] *vi* repeat

biszkopt ['biʃkɔpt] *m* sponge cake

bitw|a ['bitfa] *f* battle; **pole** ~y battle-field

biuletyn [bu'lɛtɨn] *m* bulletin, report

biurko ['burkɔ] *n* desk; writing-table

biuro ['burɔ] *n* office, bureau; ~ **adresowe** address office; ~ **ewidencji ludności** office of vital statistics; ~ **informacji turystycznej** tourist information bureau; ~ **konsularne** consular office; ~ **meldunkowe** registration office; *tel.* ~ **napraw** fault clearing service; ~ **numerów** directory, enquiry service; ~ **notarialne** notary's office; ~ **ogłoszeniowe** advertisement agency; ~ **paszportowe** passport office; ~ **prasowe** press office; ~ **rzeczy znalezionych** lost property office; ~ **tłumaczeń** translation bureau; ~ **wymiany walut** exchange office; (*w napisie*) exchange; ~ **zakwaterowań** accommodation bureau; *tel.* ~ **zleceń** special service

biurokracja [burɔ'kratsja] *f* bureaucracy, *pot.* red tape

biust [bust] *m* bust; (*piersi*) breast

biustonosz [bu'stɔnɔʃ] *m* brassiére, *pot.* bra

biwak ['bivak] *m* bivouac

biwakować [ḃiva'kɔvatɕ] *vi* bivouac
biżuteria [ḃiʒu'tɛrja] *f* jewel-(le)ry; sztuczna ~ artificial jewellery, paste
blacha ['blaxa] *f* (*biała*) tin plate; (*ciemna*) ironplate; ~ do pieczenia baking plate; ~ kuchenna (kitchen) range
blacharka [bla'xarka] *f* tinnery
blad|y ['bladi] *adj* pale; ~e światło dim light
blankiet ['blankɛt] *m* (printed) form, *am.* blank; ~ firmowy letterhead; ~ telegraficzny telegraph form; wypełnić ~ to fill in ⟨up⟩ a form
blask [blask] *m* lustre, glare; ~ księżyca moonlight
blednąć ['blednɔ̃tɕ] *vi* grow ⟨turn⟩ pale; (*o kolorach*) fade
blezer ['blɛzɛr] *m* blazer
blisk|i ['bfiiski] *adj* near, close; (*w czasie*) at hand; ~i przyjaciel close ⟨intimate⟩ friend; zawrzeć ~ą znajomość to get closely acquainted; z ~iej odległości at close range
blisko ['bfiiskɔ] *adv* near, near by, close; ~ rok about ⟨almost⟩ a year; ~ spokrewniony closely related; mieć ~ 40 lat to be almost forty
blizna ['bfiizna] *f* scar
bliźniak ['bfiiʑnak] *m* 1. twin 2. (*sweter*) twin-set
bliżej ['bfiiʒɛj] *adv* more closely, nearer
blok [blɔk] *m* block; *polit.* bloc; *mech.* pulley; ~ filatelistyczny block of stamps; ~ listowy writing block, note-paper pad; ~ rysunkowy drawing block ⟨pad⟩
blondyn ['blɔndin] *m* blond, fair-haired man
bluszcz [bluʃtʃ] *m* ivy
bluza ['bluza] *f* smock, blouse; (*mundurowa*) tunic

bluzka ['bluska] *f* blouse
błagać ['bŭagatɕ] *vt* implore, entreat
błahy ['bŭaxi] *adj* insignificant, trifling
bławatek [bŭa'vatɛk] *m* cornflower, blue-bottle
błazen ['bŭazɛn] *m* clown, fool, buffoon
błąd [bŭɔ̃t] *m* mistake, error, fault; (*w konstrukcji*) defect; poważny ~ blunder; ~ drukarski misprint; popełnić ~ to commit ⟨to make⟩ a mistake; wprowadzić w ~ to mislead; to misinform
błądzić ['bŭɔ̃dʑitɕ] *vi* err, blunder; (*o oczach*) wander; (*mylić się*) be wrong
błąkać się ['bŭɔ̃katɕ ɕɛ] *vr* wander, roam, ramble
błędn|y ['bŭɛ̃dni] *adj* faulty, defective; (*o myśli*) false, wrong; ~e koło vicious circle; ~e oczy haggard eyes; ~y rycerz knight errant
błękitny [bŭɛ̃'kitni] *adj* sky--blue
błogosławić [bŭɔgɔ'sŭaⱱitɕ] *vt* bless
błona ['bŭɔna] *f* membrane; *fot.* film; ~ kolorowa colour film; ~ czarno-biała black and white film; ~ odwracalna reversal ⟨reversible⟩ film
błotnik ['bŭɔtɲik] *m* mudguard, *am.* fender
błoto ['bŭɔtɔ] *n* mud, dirt
błyska|ć się ['bŭiskatɕ ɕɛ] *vi* flash; glitter; ~ się it lightens
błyskawica [bŭiska'ⱱitsa] *f* lightning
błyskawiczn|y [bŭiska'ⱱitʃni] *adj* quick as lightning; wojna ~a lightning war, blitz; zamek ~y zip fastener, zipper
błysn|ąć ['bŭisnɔ̃tɕ] *vi* flash; ~ęła mi myśl it flashed upon me

błyszczeć ['bŭiʃʧɛʧ] *vi* shine, glitter, sparkle
bo [bɔ] *conj* for, as, because, since
bochenek [bɔ'xɛnɛk] *m* loaf
bocian ['bɔʧan] *m* stork
boczek ['bɔʧɛk] *m* bacon
bocznica [bɔʧ'ɲitsa] *f* side--street, by-street; ~ kolejowa siding, side-track
boczn|y ['bɔʧni] *adj* lateral; side; ~a droga side road, by-road
bodaj ['bɔdaj] *part* 1. may ...; (*w zaklęciach*) I wish ...; ~ cię diabli wzięli! go to hell!; ~bym nigdy nie przyszedł! I wish I had never come! 2. (*choćby*) just; at least; ~ raz just once
bodziec ['bɔdʑets] *m* stimulus, incentive; dodawać bodźca to stimulate; to encourage
bogacić [bɔ'gaʨiʧ] I *vt* enrich II *vr* ~ się grow rich
bogactw|o [bɔ'gatstfɔ] *n* wealth; *pl* ~a riches; ~a naturalne natural resources
bogaty [bɔ'gati] *adj* rich, wealthy
bohater [bɔ'xatɛr] *m* hero
bohaterski [bɔxa'tɛrski] *adj* heroic
boisko [bɔ'iskɔ] *n* sports field; ~ do piłki nożnej football field
boja ['bɔja] *f* buoy
bojaźliwy [bɔjaʑ'ɲivi] *adj* shy, timid
bojer ['bɔjɛr] *m* iceboat
bojkot ['bɔjkɔt] *m* boycott
bojkotować [bɔjkɔ'tɔvaʧ] *vt* boycott
bojownik [bɔ'jɔvɲik] *m* fighter, champion
bojow|y [bɔ'jɔvi] *adj wojsk.* battle (array); fighting (plane); (*o człowieku*) combative; siły ~e striking force
bok [bɔk] *m* side, flank; kłucie w ~u stitch in the side; odłożyć na ~ to put aside;

stać z ~u to stand aloof; podparłszy się pod ~i with arms akimbo; na ~u on the side; pod ~iem at hand; near by; *przen.* to mi ~iem wyłazi I am fed up with it; *pot.* zarobić na ~u to make money on the side; na ~! clear the way!; stand clear!; żarty na ~ joking apart
boks [bɔks] *m* boxing
bokser ['bɔksɛr] *m* boxer
bol|eć ['bɔlɛʧ] *vi* ache, hurt; ~i mnie gardło I have a sore throat; ~i mnie głowa 〈ucho, ząb itd.〉 I have a headache 〈earache, toothache etc.〉; to ~i it hurts; co cię ~i? what is the matter with you?
bolesn|y [bɔ'lɛsni] *adj* painful, sore; *przen.* heart-breaking; to jest ~e it hurts
bomba ['bɔmba] *f* bomb; (*sensacja*) sensation; ~ atomowa atom bomb, A-bomb; ~ wodorowa hydrogen--bomb, H-bomb; ~ zegarowa time-bomb; wpaść jak ~ to rush in like a bombshell
bombardować [bɔmbar'dɔvaʧ] *vt* bombard
bombonierka [bɔmbɔ'ɲɛrka] *f* box of chocolates
bombowiec [bɔm'bɔvɛts] *m* bomber
bon [bɔn] *m* ticket, coupon; ~ benzynowy petrol card, *am.* gas coupon; ~ dolarowy dollar coupon; ~ turystyczny exchange voucher; wykupić ~y to buy coupons
bonifikata [bɔɲifi'kata] *f* reduction
borowik [bɔ'rɔvik] *m bot.* boletus
borówka [bɔ'rufka] *f* bilberry
borykać się [bɔ'rikaʧ ʨɛ̃] *vr* struggle; ~ się z trudnościami to cope with difficulties
boski ['bɔski] *adj* divine
bosy ['bɔsi] *adj* barefoot

bowiem ['bɔvɛm] *conj* for, because
bób [bup] *m* (broad) beans
bóbr [bubr] *m zool.* beaver
Bóg [buk] *m* God, Lord
bójka ['bujka] *f* scuffle, brawl
ból [bul] *m* pain, ache; ~ **gardła** sore throat; ~ **głowy** headache; *przen.* z ~em **serca** reluctantly; with a heavy heart
bór [bur] *m* forest, woods
brać [bratɕ] *imperf* **I** *vt* take; ~ **coś na siebie** to take sth upon oneself; ~ **do wojska** to call up; ~ **pod uwagę** to take into consideration; ~ **ślub** to get married; ~ **udział** to take part; ~ **za złe** to take amiss **II** *vi* **mróz bierze** it begins to freeze; **bierze mnie ochota ⟨chęć⟩ na coś** I feel like doing sth; I have a mind to do sth; **to mnie nie bierze** it does not appeal to me; **za kogo mnie bierzesz?** what do you take me for? **III** *vr* ~ **się do dzieła** to set to work; *pot.* (*opanować się*) ~ **się w garść** to pull oneself together *zob.* **wziąć**
brak [brak] *m* lack, want, scarcity, shortage; *pl* ~**i** shortcomings; ~ **pamięci** forgetfulness; **odczuwać** ~ **czegoś** to lack sth; **z** ~**u czasu** for lack of time
brakorób [bra'kɔrup] *m* poor worker, botcher
brak|ować [bra'kɔvatɕ] *vi* **be lacking, be missing**; ~**uje kilku książek** some books are missing; ~**uje mi pieniędzy** I am short of money; ~**uje mi słów** words fail me; **bardzo mi ciebie** ~**owało** I missed you very much; **czego ci** ~**uje?** what's wrong ⟨what's the matter⟩ with you?
bram|a ['brama] *f* gate; ~**a wjazdowa** gateway; **otworzyć** ~**ę** to open the gate

bramk|a ['bramka] *f sport.* goal; **zdobyć** ~**ę** to score a goal
bramkarz ['bramkaʃ] *m sport.* goalkeeper
bransoletka [bransɔ'lɛtka] *f* bracelet
branża ['branʒa] *f* branch, line of business
brat [brat] *m* brother; ~ **przyrodni** stepbrother; half--brother; ~ **cioteczny ⟨stryjeczny⟩** cousin; **młodszy ⟨starszy⟩** ~ younger ⟨elder⟩ brother; ~ **zakonny** friar
bratanek [bra'tanɛk] *m* nephew
bratanica [brata'ɲitsa] *f* niece
bratek ['bratɛk] *m* pansy
braterski [bra'tɛrski] *adj* brotherly; ~**e pozdrowienia** fraternal greetings
bratni ['bratɲi] *adj* brotherly; ~**a dusza** fellow soul
bratowa [bra'tɔva] *f* sister--in-law, brother's wife
brawo ['bravɔ] *n* applause; **bić (komuś)** ~ to applaud (sb)
brawura [bra'vura] *f* bravado
brązowy[1] [brɔ'zɔvi] *adj* (*z brązu*) bronze
brązowy[2] [brɔ'zɔvi] *adj* (*o kolorze*) brown; (*opalony*) bronzed; sunburnt; suntanned
brew [brɛf] *f* (eye)brow
brezent ['brɛzɛnt] *m* tarpaulin
brod|a ['brɔda] *f* **1.** (*zarost*) beard; **nosić** ~**ę** to wear ⟨to sport⟩ a beard; **zgolić** ~**ę** to shave off one's beard; **zapuścić** ~**ę** to grow a beard **2.** *anat.* chin
brodzić ['brɔdʑitɕ] *vi* wade, flounder
brona ['brɔna] *f* harrow
bronić ['brɔɲitɕ] **I** *vt* defend, protect, guard; (*zakazem*) prohibit, forbid; ~ **sprawy** to plead a cause **II** *vr* ~ **się** defend oneself; ~ **się nieświadomością** to plead ignorance

broń [broɲ] *f* weapon, arm, *zbior.* arms; ~ **jądrowa** nuclear weapon; ~ **palna** firearm; **zawieszenie broni** armistice; **pod bronią** in ⟨under⟩ arms; **do broni!** to arms!

broszka ['brɔʃka] *f* brooch

broszura [brɔ'ʃura] *f* pamphlet; *(prospekt)* folder, booklet

browar ['brɔvar] *m* brewery

bród [brut] *m* ford; **przechodzić przez rzekę w ~** to ford a river || **w ~** in profusion

brud [brut] *m* dirt, filth, grime; *pl* ~**y** *(bielizna)* dirty linen, laundry

brudnopis [brud'nɔpis] *m* rough copy

brudny ['brudni] *adj* dirty, filthy, soiled

brudzić ['brudʑitɕ] *vt* dirty, soil

bruk [bruk] *m* pavement; *przen.* **wyrzucić na ~** to turn out into the street

brukować [bru'kɔvatɕ] *vt* pave

brukselka [bruk'sɛlka] *f* Brussels sprouts

brulion ['bruljɔn] *m* rough copy; *(zeszyt)* exercise book

brunatny [bru'natni] *adj* brown; **węgiel ~** brown coal

brunet ['brunɛt] *m* dark-haired ⟨black-haired⟩ man

brutalny [bru'talni] *adj* brutal, rough

brutto ['bruttɔ] *adv* gross; **waga ~** gross weight

bruzda ['bruzda] *f* furrow

brydż [briʧ] *m* bridge; **grać w ~a** to play bridge

brygadzista [briga'dʑista] *m* foreman

brylant ['brilant] *m* diamond

brytyjski [bri'tijski] *adj* British

bryzol ['brizɔl] *m* *kulin.* brisol

brzeg [bʒɛk] *m* *(morza)* coast, seashore; *(rzeki)* bank; *(książki)* margin; *(lasu)* border, skirt; *(przepaści)* brink; *(kapelusza)* brim; *(krawędź)* edge, rim, verge; **na ~u** ashore; **wysadzić na ~ to** put ⟨to bring⟩ ashore; **pełny po ~i** brimful; **pierwszy z ~u** *(o człowieku)* anyone at random; *(o rzeczy)* any

brzemienn|a [bʒɛ'mɛnna] *adj* pregnant; *przen.* ~**y w skutki** eventful

brzęczeć ['bʒɛ̃ʧɛtɕ] *vi* *(o dzwonku)* ring, buzz; *(o pieniądzach)* jingle, clink, chink; *(o owadach)* hum, buzz

brzęk [bʒɛ̃k] *m* ring, clatter, jingle; **upaść z ~iem** to clatter down

brzmi|eć [bʒmɛtɕ] *vi* sound, ring; *(o tekście)* read; **list ~, jak następuje ...** the letter reads as follows ...

brzmieni|e ['bʒmɛɲɛ] *n* sound; *(tekstu)* tenor; **stosownie do ~a umowy** under the terms of the agreement

brzoskwinia [bʒɔsk'fiɲa] *f* peach

brzoza ['bʒɔza] *f* birch

brzuch [bʒux] *m* stomach; *(u zwierząt)* belly; *med.* abdomen; ~ **mnie boli** I have a stomachache; *pot.* **wiercić komuś dziurę w ~u** to plague ⟨to molest⟩ sb

brzydk|i ['bʒitki] *adj* ugly; ~**a pogoda** nasty weather; ~**a gra** *(nieuczciwa)* foul play; ~**i postępek** mean ⟨base⟩ act ⟨deed⟩

brzydzić się ['bʒidʑitɕ ɕɛ] *vr* loathe, abhor *(czymś* sth)

brzytwa ['bʒitfa] *f* razor

buble ['bublɛ] *pl* trash, unsaleable goods

buda ['buda] *f* shed, booth; **psia ~** kennel

budka ['butka] *f* shelter; *(sklepik)* booth, stall; ~

suflera prompter's box; ~
telefoniczna call box, telephone booth; ~ **wartowni-
cza** sentry box
budowa [bu'dɔva] ƒ construction; (ciała) constitution,
build; (budowla w trakcie
wznoszenia) building site
budować [bu'dɔvatɕ] vt build,
construct
budowla [bu'dɔvla] ƒ building,
edifice, structure
budownictwo [budɔ'vɲitstfɔ]
n architecture; ~ **mieszkaniowe** building of apartment
houses
budulec [bu'dulɛts] m (drewno) timber, am. lumber
budynek [bu'dinɛk] m building, edifice
budyń [‘budiɲ] m pudding
budzić [‘budʑitɕ] I vt awake,
wake; (uczucia) rouse; (ducha) raise; (sensację) cause,
create; ~ **zaufanie** to inspire confidence II vr ~
się awake, wake up
budzik [‘budʑik] m alarm-
-clock; **nastawić** ~ to set
the alarm-clock
budżet [‘budʒɛt] m budget
bufet [‘bufɛt] m 1. (mebel)
sideboard 2. (w restauracji)
bar; (w teatrze, na dworcu
kolejowym) refreshment
room; wojsk. canteen
bufetowa [bufɛ'tɔva] ƒ barmaid
bufetowy [bufɛ'tɔvi] m barman, bartender
bufor [‘bufɔr] m buffer
bujn|y [‘bujni] adj abundant,
exuberant; ~**a czupryna**
rich crop of hair; ~**a wyobraźnia** lively 〈fertile〉
imagination
buk [buk] m beech
bukiet [‘buḵɛt] m bouquet,
bunch of flowers
buks|ować [buk'sɔvatɕ] vi
surge; **koła** ~**ują** the wheels
surge
bulion [‘buljɔn| m beeftea,

broth; ~ **w kostce** beef-
-stock cube
bulwar [‘bulvar] m boulevard,
avenue
Bułgar [‘buŭgar] m Bulgarian
bułgarski [buŭ'garsḵi] adj
Bulgarian
bułka [‘buŭka] ƒ roll (of
bread)
bungalow [bun'galɔf] m bungalow
bunt [bunt] m rebellion,
mutiny, riot; **podnieść** ~ to
rise in revolt, to rebel
buntować [bun'tɔvatɕ] I vt
instigate, stir up II vr ~
się rebel, revolt
burak [‘burak] m beetroot;
~ **cukrowy** white beet; ~
ćwikłowy red beet; ~ **pastewny** mangold
bursztyn [‘burʃtin] m amber
burt|a [‘burta] ƒ ship's side;
wyrzucić za ~**ę** to throw
overboard; **człowiek za** ~**ą!**
man overboard!
burza [‘buʒa] ƒ storm, tempest; ~ **gradowa** hailstorm;
~ **morska** gale, storm; ~
śnieżna snowstorm, blizzard;
~ **z piorunami** thunderstorm
burzliw|y [buʒ'ʃivi] adj
stormy; (o morzu) rough;
~**e oklaski** stormy applause
burzyć [‘buʒitɕ] I vt demolish,
destroy, wreck; (dom) pull
down II vr ~ **się** 1. (o winie) ferment 2. (o człowieku) revolt, rage
burżuazja [burʒu'azja] ƒ bur-
geoisie
burżuazyjny [burʒua'zijni]
adj bourgeois
busola [bu'sɔla] ƒ compass
but [but] m boot, shoe; ~**y
gumowe** rubber shoes; ~**y
narciarskie** ski-boots; ~**y
płócienne** fabric 〈linen〉
shoes; ~**y sportowe** sports
shoes
butelk|a [bu'tɛlka] ƒ bottle;
pot. **nabić kogoś w** ~**ę** to
make a fool of sb

butl|a ['butla] *f* large bottle; (*szklana*) balloon; (*oplecio-na*) carboy; *techn.* cylinder; ~a gazowa gas cylinder; ~a tlenowa oxygen cylinder; ~a zapasowa spare cylinder, refill; **napełnić ~ę gazem** to fill the cylinder with gas
butwieć ['butʃɛtɕ] *vi* moulder, rot
buzi|a ['buʒa] *f* mouth, face; **dać** ~ to give a kiss; **dać komuś po** ~ to slap sb's face
by [bɨ] *conj* so that, in order to ⟨that⟩
być [bɨtɕ] *vi* be; ~ **u siebie** to be at home; ~ **w stanie** to be in a position to; to be able to; **to jest przyjemna lektura** this makes pleasant reading; **co będzie z nimi?** what will become of them?; **co ci jest?** what's wrong with you?; **niech będzie, co chce** come what may; **niech i tak będzie** let it be so; ~ **może** maybe; perhaps
bydło ['bɨdůɔ] *n* cattle

byk [bɨk] *m* **1.** bull **2.** *pot.* (*błąd*) mistake, blunder
byle ['bɨlɛ] *conj* ~ **co** anything; ~ **dzisiaj** provided it's today; ~ **gdzie** anywhere; ~ **jak** anyhow; ~ **jaki** any; ~ **tylko** provided (that); so long as
były ['bɨůɨ] *adj* former, one-time, late, ex-; ~ **minister** former minister; ex-minister
bynajmniej [bɨ'najmɲɛj] *adv* not at all, not in the least, by no means
bystry ['bɨstrɨ] *adj* **1.** (*szybki*) swift, rapid **2.** (*rozgarnięty*) clever, shrewd **3.** (*o wzroku*) keen, sharp
byt [bɨt] *m* existence; **walka o** ~ struggle for life
bywa|ć ['bɨvatɕ] *vi* be, happen; **tak** ~ it happens; ~**ć w towarzystwie** to go out; ~**j zdrów** farewell
bywalec [bɨ'valɛts] *m* habitué, old-stager
bzdur|a ['bzdura] *f* nonsense, rubbish; **pleść** ~**y** to talk nonsense
bzykać ['bzɨkatɕ] *vi* buzz, hiss

C

cal [tsal] *m* inch; ~ **za** ~**em** inch by inch; **w każdym** ~**u (dżentelmen)** every inch (a gentleman)
całkiem ['tsaůkɛm] *adv* altogether, entirely, completely
całokształt [tsa'ůɔkʃtaůt] *m* whole; ~ **sprawy** the whole problem; ~ **stosunków** the conditions in general
całoś|ć ['tsaůɔɕtɕ] *f* totality, whole, entirety; **w** ~**ci** on the whole
całować [tsa'ůɔvatɕ] *vt* (*także vr* ~ **się**) kiss; ~ **na pożegnanie** to kiss sb good-bye

cał|y ['tsaůɨ] *adj* whole, all, entire; ~**ymi godzinami** for hours and hours; **na** ~**ym świecie** all over the world; **przez** ~**y dzień** all day (long); **przez** ~**y miesiąc** a whole month; **zdrów i** ~**y** safe and sound
camping zob. **kemping**
cebula [tsɛ'bula] *f* onion
cecha ['tsɛxa] *f* feature; ~ **charakterystyczna** distinctive mark; characteristic feature; ~ **urzędu probierczego** hallmark
cechować [tsɛ'xɔvatɕ] *vt* mark,

be a feature (**kogoś, coś** of
sb, sth), characterize
ceduła [tsɛ'duŭa] *f* bill, list;
~ **giełdowa** exchange list
cedzić ['tsedʑitɕ] *vt* filter;
strain; *przen.* ~ **słowa** to
drawl one's words
cegielnia [tsɛ'ɡɛlɲa] *f* brick-
works
cegła ['tsɛɡŭa] *f* brick
cel [tsɛl] *m* aim, purpose,
goal; (*tarcza*) target; ~ **podróży** destination; **mieć na
~u coś** to aim at sth; **osiągnąć** ~ **to gain one's ends;
trafić do ~u** to hit the
mark; **nie trafić do ~u** to
miss the mark; **bez** ~**u**
aimlessly; ~**em** in order to;
dla ogólnych ~**ów** for general purpose; **w** ~**u** for
the purpose of; **w tym** ~**u**
to this effect
celnik ['tsɛlɲik] *m* customs
officer
celn|y [1] ['tsɛlnɨ] *adj* custom-;
deklaracja ~**a** custom-house
declaration; **rewizja** ~**a**
customs inspection; **urząd**
~**y** custom-house; **opłata**
~**a** customs duty
celny [2] ['tsɛlnɨ] *adj* (*trafny*)
accurate; ~ **strzał** ⟨**strzelec**⟩ good shot
celować [tsɛ'lɔvatɕ] *vi* aim (**do
czegoś** at sth); ~ **w czymś**
to excel in sth
celowy [tsɛ'lɔvɨ] *adj* appropriate, suitable, proper
celujący [tsɛlu'jɔtsɨ] *adj* excellent
cement ['tsɛmɛnt] *m* cement
cementować [tsɛmɛn'tɔvatɕ] *vt*
cement
cementownia [tsɛmɛn'tɔvɲa] *f*
cement works
cen|a ['tsɛna] *f* price; ~**a de-
taliczna** retail price; ~**a
hurtowa** wholesale price;
~**a rynkowa** market price;
~**y sezonowe** season prices;
~**y stałe** fixed prices; **obniżka** ~ price cut ⟨reduc-
tion⟩; **podwyżka** ~ price

increase; ~**y wzrastają**
prices go up; **ustalać** ~**y to
fix prices; po** ~**ie kosztu**
at cost price; **po** ~**ach zni-
żonych** at reduced prices;
za wszelką ~**ę** at any price;
at all costs
cenić ['tsɛɲitɕ] *vt* value, appreciate; **nisko** ~ **to hold
cheap; wysoko** ~ **kogoś, coś**
to hold sb, sth dear; to
think a lot of sb, sth; (*podawać cenę*) charge
cennik ['tsɛnɲik] *m* price-list
cenny ['tsɛnnɨ] *adj* precious,
valuable, costly
centrala [tsɛn'trala] *f* head-
-office, headquarters; ~
handlowa trading company;
~ **międzymiastowa** trunk
exchange; ~ **międzynarodowa** international exchange;
~ **miejska** local exchange;
~ **telefoniczna** telephone
exchange; (*mała*) switch-
board
centraln|y [tsɛn'tralnɨ] *adj*
central; ~ **ogrzewanie** central heating; **komitet** ~**y**
central committee
centrum ['tsɛntrum] *n* centre;
~ **handlowe** shopping centre; ~ **informacyjne** information centre; ~ **kulturalne** cultural centre; ~ **miasta** (the) City, centre; ~
rozrywkowe entertainment
centre
centymetr [tsɛn'tɨmɛtr] *m*
centimetre
cenzura [tsɛn'zura] *f* censorship; (*świadectwo*) school
report
cera [1] ['tsɛra] *f* (*na twarzy*)
complexion
cera [2] ['tsɛra] *f* (*na pończosze*)
darn
ceramika [tsɛ'raḿika] *f* ceramics, ceramic art
cerata [tsɛ'rata] *f* oilcloth
ceremoni|a [tsɛrɛ'mɔɲja] *f* ce-
remony; ~**a ślubna** wedding ⟨marriage⟩ ceremony;
bez ~**i** without ceremony

cerować [tsɛ'rɔvatɕ] *vt* darn
chałtura [xaǔ'tura] *f* pot.
hackwork, potboiler
chałupa [xa'ǔupa] *f* cottage,
hut
chałupnictwo [xaǔup'ɲitstfɔ]
n cottage work; out-work
chałwa ['xaǔva] *f* halva
charakte|r [xa'raktɛr] *m* character; ~r pisma handwriting; **człowiek bez** ~ru a
man with no backbone;
teatr. **czarny** ~r villain;
występować w ~rze ... act
in the capacity of ...
charakteryzować [xaraktɛrɨ-'zɔvatɕ] I *vt* characterize;
teatr. make up II *vr* ~ się
teatr. make oneself up
chata ['xata] *f* cottage, hut
chcieć [xtɕetɕ] *vt* want; intend; desire; wish, be willing; ~ coś zrobić to feel
like doing sth; ~ koniecznie to be bent on sth ⟨doing
sth⟩; chce mi się jeść ⟨pić
itp.⟩ I am hungry ⟨thirsty
etc.⟩; nie chce mi się I don't
feel like it; chciałbym to
zrobić I should like to do
it; chciałbyś spróbować?
would you care to try?; co
chcesz przez to powiedzieć?
what do you mean by it?;
jeśli chcesz if you care to;
zrób, jak chcesz do as you
please ⟨as you choose⟩;
chcąc nie chcąc willy-nilly
chciwy ['xtɕivɨ] *adj* greedy
chemia ['xɛmja] *f* chemistry
chemiczny [xɛ'mitʃnɨ] *adj*
chemical
chę|ć [xɛ̃tɕ] *f* wish, inclination; (*zamiar*) intention;
mieć ~ć coś zrobić to have
a mind to do sth; to feel
like doing sth; z miłą ~cią
willingly; gladly
chętnie ['xɛ̃tɲɛ] *adv* willingly,
gladly; ~ bym poszedł ⟨zobaczył to itd.⟩ I'd like to
go ⟨to see it etc.⟩
chętny ['xɛ̃tnɨ] *adj* willing,

ready; ~ **do nauki** eager
to learn
chinina [xi'ɲina] *f farm.*
quinine
Chińczyk ['xintʃɨk] *m* Chinese
chiński ['xiɲski] I *adj* Chinese II *m* (*język*) Chinese
chirurg ['xirurk] *m* surgeon
chlap|ać ['xlapatɕ] *imperf*,
~nąć ['xlapnɔ̃tɕ] *perf* I *vi*
splash II *vr* ~ać, ~nąć się
dabble, paddle
chleb [xlep] *m* bread; ~
pszenny white bread; ~ razowy brown bread; ~ świętojański carob, St. John's-
-bread; ~ z masłem bread
and butter; **bochenek** ~a
loaf of bread; **kromka** ~a
slice of bread; **zarabiać na**
~ to earn one's living
chlebak ['xlɛbak] *m* haversack
chlew [xlɛv] *m* pigsty
chlub|a ['xluba] *f* glory, pride;
być ~ą czegoś to be a
credit to sth; **to mu przynosi** ~ę it does him credit
chlubny ['xlubnɨ] *adj* glorious
chłodnia ['xǔɔdɲa] *f* refrigerator; (*przemysłowa*) cold
storage plant
chłodnic|a [xǔɔd'ɲitsa] *f mot.*
lotn. radiator, cooler; **opróżnić** ~ę to drain the radiator; **napełnić** ~ę to fill the
radiator
chłodno ['xǔɔdnɔ] *adv* coldly;
jest ~ it's cool; jest mi ~
I feel chilly
chłodny ['xǔɔdnɨ] *adj* 1. cool,
chilly 2. *przen.* (*o zachowaniu itd.*) frigid
chłodzenie [xǔɔ'dzɛɲɛ] *n* cooling; ~ (**silnika**) **powietrzem**
air-cooling; ~ **wodą** water-
-cooling
chłodzić ['xǔɔdʑitɕ] I *vt* chill;
refrigerate II *vr* ~ się cool
chłonąć ['xǔɔnɔ̃tɕ] *vt* absorb
chłop [xǔɔp] *m* peasant; *pot.*
to dobry ~ he is a good
chap
chłopiec ['xǔɔpɛts] *m* boy; ~
na posyłki errand boy

chłopstwo ['xŭɔpstfɔ] n peasantry
chłód [xŭut] m cold, chill; *dosł. i przen.* coolness
chmura ['xmura] f cloud; ~ burzowa thundercloud; storm-cloud; ~ deszczowa rain-cloud
chmurzyć się ['xmuʒitɕ ɕě] vr cloud over
chociaż ['xɔtɕaʃ], choć [xɔtɕ] *conj* though, although; ~ raz at least once; ~ trochę at least a trifle
chodliwy [xɔd'ɲivi] *adj pot.* saleable
chodnik ['xɔdɲik] m 1. pavement, *am.* sidewalk 2. (*dywan*) carpet, rug 3. (*w kopalni*) gallery
chodzi|ć ['xɔdʒitɕ] vi walk, go; (*o maszynie*) run, work; ~ć do szkoły to go to school; ~ć na wykłady to attend lectures; ~ć po pokoju to pace up and down the room; ~ć za czymś to go about sth; ~ć za kimś to follow sb; ~ć w czymś to wear sth; nie ~ć po trawie! keep off the grass!; zegar ~ dobrze ⟨źle⟩ the clock keeps good ⟨bad⟩ time; o co ~? what's the matter?; o ile o mnie ~ as far as I am concerned; właśnie o to ~ that's the point
choinka [xɔ'inka] f Christmas tree
choler|a [xɔ'lɛra] f *med.* cholera; epidemia ~y cholera epidemic
cholewa [xɔ'lɛva] f bootleg
chorągiew [xɔ'rõɡɛf] f banner, flag
chorob|a [xɔ'rɔba] f illness, disease, sickness; ~a morska seasickness; ~a umysłowa mental disease; ~a tropikalna tropical disease; ~a zakaźna infectious disease; nabawić się ~y to contract an illness ⟨a disease⟩, to fall ill

chorobliwy [xɔrɔb'ɲivi] *adj* morbid, sickly
chorować [xɔ'rɔvatɕ] vi be ill, suffer (na coś from sth); ~ na serce to have heart trouble
chorowity [xɔrɔ'viti] *adj* sickly
chory ['xɔri] *adj* ill (na coś of ⟨with⟩ sth); sick, unwell; ~ na grypę having flu, suffering from flu; ~ umysłowo insane; ciężko ~ seriously ⟨gravely⟩ ill
chować ['xɔvatɕ] I vt 1. hide, conceal; (*przechowywać*) keep; (*wkładać*) put 2. (*grzebać*) bury 3. (*hodować*) breed, rear; (*wychowywać*) bring up, educate II vr ~ się 1. hide (przed kimś from sb) 2. (*rosnąć — o dzieciach itp.*) grow
chód [xut] m pace, gait, walk; *pot.* mieć chody to have connexions; (*o samochodzie itp.*) na chodzie in working order
chór [xur] m chorus; (*zespół*) choir; (*część kościoła*) organ loft
chrapać ['xrapatɕ] vi snore
chrom [xrɔm] m *chem.* chromium
chronić ['xrɔɲitɕ] I vt protect (przed czymś against ⟨from⟩ sth), guard, preserve II vr ~ się protect oneself; (*chować się*) take shelter ⟨refuge⟩
chrust [xrust] m 1. (*suche gałęzie*) brushwood 2. (*ciasto*) kind of light sugared fritter
chrypk|a ['xripka] f hoarseness, hoarse voice; mieć ~ę to be hoarse
chryzantema [xrizan'tɛma] f chrysanthemum
chrzan [xʃan] m horse-radish
chrzcić [xʃtɕitɕ] vt baptize
chrz|est [xʃest] m baptism; ~est Polski christianization of Poland; trzymać kogoś

do ~tu to stand godfather
⟨godmother⟩ to sb
chrzestn|y ['xʃɛstnɨ] *adj*: ~y
ojciec godfather; ~a matka
godmother
chrześniaczka [xʃɛç'natʃka] *f*
goddaughter
chrześniak ['xʃɛçɲak] *m* godson
chudnąć ['xudnɔ̃tɕ] *vi* lose
weight, grow lean; reduce
chudy ['xudɨ] *adj* lean, thin
chuligan [xu'ɕigan] *m* hooligan
chustka ['xustka], chusteczka
[xu'stɛtʃka] *f* kerchief, scarf;
(*ciepła*) muffler; (*do nosa*)
handkerchief
chwalić ['xfaɕitɕ] I *vt* praise,
speak well (kogoś of sb) II
vr ~ się boast (czymś of
sth)
chwała ['xfaŭa] *f* glory; ~
Bogu! thank goodness!
chwast [xfast] *m* weed
chwiać [xɕatɕ] I *vt* shake II
vr ~ się sway, reel, shake,
totter; (*o cenach*) fluctuate
chwiejny ['xɕɛjnɨ] *adj* (*o kroku*) tottering, shaky; (*o
człowieku*) hesitating, unsteady
chwil|a ['xɕila] *f* moment,
instant; co ~a every now
and again; do tej ~i till
now; od tej ~i henceforth;
lada ~a any minute ⟨mo-
ment⟩; w odpowiedniej ~i
at the right time; w wol-
nych ~ach at leisure; za
~ę in a moment; zaczekaj
~ę! wait a moment!
chwilowo [xɕi'lɔvɔ] *adv* tem-
porarily, for the moment
⟨present⟩
chwycić *zob.* chwytać
chwyt [xfɨt] *m* grip, grasp;
(*sposób*) trick; (*w walce*)
catch
chwy|tać ['xfɨtatɕ] *imperf*,
chwy|cić ['xfɨtɕitɕ] *perf* I *vt*
catch, seize, grasp; *przen.*
~tać, ~cić za serce to go
to sb's heart; ~tać kogoś

za słowo to take sb at his
word II *vr* ~tać, ~cić się
catch hold (czegoś of sth)
chyba ['xɨba] I *part* probably;
maybe II *conj* ~ że unless,
provided that
chybi|ać ['xɨbatɕ] *imperf*, ~ć
['xɨbitɕ] *perf* *vi* *vt* miss,
fail; na ~ł trafił at random
chylić ['xɨɕitɕ] I *vt* bow,
incline; ~ czoło przed czymś
to bow to sth II *vr* ~ się
decline; ~ się do upadku
to be on the decline
chytry ['xɨtrɨ] *adj* cunning,
sly; (*chciwy*) eager (na coś
for sth)
ci [tɕi] *pron* these, those
ciało ['tɕaŭɔ] *n* body; (*mięso*)
flesh; ~ stałe solid; ~ płynne liquid; ~ i krew flesh
and blood; ~ pedagogiczne
teaching staff
ciasny ['tɕasnɨ] *adj* narrow;
(*o obuwiu*) tight; (*o mieszkaniu*) cramped; *przen.* (*o
człowieku*) o ~ch poglądach
narrowminded
ciastko ['tɕastkɔ] *n* cake;
(*owocowe*) tart; (*drożdżowe*)
bun
ciasto ['tɕastɔ] *n* dough; (*surowe*) paste; (*z tłuszczem*)
cake; (*pieczone*) pastry; ~
biszkoptowe sponge cake;
~ kruche shortcake
ciąć [tɕɔ̃tɕ] *vt* cut; ~ na kawałki cut into pieces
ciąg [tɕɔ̃k] *m* draw; (*powietrza*) draught; (*droga*) thoroughfare, pathway; ~ ko-
munikacyjny traffic artery;
~ pieszy footpath; ~ spa-
cerowy promenade; ~ dal-
szy continuation, sequel; ~
matematyczny sequence;
dalszy ~ nastąpi to be continued; jednym ~iem at a
stretch; w ~u dnia in the
course of the day; w ~u
2 miesięcy in two months
ciągle ['tɕɔ̃glɛ] *adv* continually
ciągły ['tɕɔ̃gŭɨ] *adj* continuous,
incessant

ciągnąć ['tɕɔ̃gnɔ̃tɕ] **I** *vt* draw, pull (**kogoś za włosy** sb's hair); haul (**statek** a ship); ~ **dalej** to continue; to go on; ~ **losy** to draw lots; ~ **zyski** to derive profit **II** *vr* ~ **się** (*o lesie itp.*) extend, stretch; (*o czasie*) last

ciągnienie [tɕɔ̃g'ɲɛɲɛ] *n* (*loterii*) drawing

ciągnik ['tɕɔ̃gɲik] *m* tractor; ~ **gąsienicowy** creeper-type tractor

ciąż|a ['tɕɔ̃ʒa] *f* pregnancy; **przerwanie** ~**y** termination of pregnancy; **w** ~**y** pregnant; **zajść w** ~**ę** to become pregnant

ciążenie [tɕɔ̃'ʒɛɲɛ] *n* gravitation

ciąży|ć ['tɕɔ̃ʒitɕ] *vi* gravitate; weigh, lie heavy; ~ **mi głowa** my head is heavy; ~**ć ku ...** be inclined to ...

cicho ['tɕixɔ] *adv* quietly, softly, silently; **mówić** ~ to speak in a low voice; ~ **bądź!** silence!; keep quiet!

cichy ['tɕixi] *adj* quiet, still; (*o głosie*) low; ~ **wspólnik** sleeping partner

ciec [tɕɛts], **cieknąć** ['tɕɛknɔ̃tɕ] *vi* flow; (*z czegoś*) drip; (*przeciekać*) leak

ciecz [tɕɛtʃ] *f* liquid, fluid

ciekawostka [tɕɛka'vɔstka] *f* a curiosity, interesting piece of news ⟨detail⟩

ciekawoś|ć [tɕɛ'kavɔɕtɕ] *f* curiosity; **z prostej** ~**ci** out of sheer curiosity

ciekawy [tɕɛ'kavi] *adj* curious, inquisitive; (*interesujący*) interesting

ciekły ['tɕɛkʊi] *adj* liquid, fluid

cielę ['tsɛlɛ̃] *n* calf

cielęcina [tɕɛlɛ̃'tɕina] *f* veal

ciemiężyć [tɕɛ'mɛ̃ʒitɕ] *vt* oppress

ciemnia ['tɕɛmɲa] *f fot.* dark room

ciemno ['tɕɛmnɔ] *adv* dark; jest ~ it is dark; **robi się** ~ it's getting dark

ciemnoś|ć ['tɕɛmnɔɕtɕ] *f* darkness; **w** ~**ci** in the dark

ciemn|y ['tɕɛmni] *adj* **1.** dark, obscure, dim; ~**e piwo** brown ale **2.** *przen.* ignorant

cienki ['tɕɛnki] *adj* thin, slender; ~**e wino** thin wine

cie|ń [tɕɛɲ] *m* shade; (*sylwetka osoby, przedmiotu*) shadow; **w** ~**niu** in the shade; **trzymać coś w** ~**niu** to keep sth dark; *przen. rzu-* **cać** ~**ń na kogoś** to throw discredit upon sb; **trzymać się w** ~**niu** to keep oneself in the background

cieplny ['tɕɛplni] *adj* thermic, thermal

ciep|ło ['tɕɛpʊɔ] **I** *n* warmth, heat; **trzymać coś w** ~**le** to keep sth warm **II** *adv* warm; jest ~**ło** it is warm; jest mi ~**ło** I am warm

ciepłownia [tɕɛ'pʊɔvɲa] *f* heating plant

ciepły ['tɕɛpʊi] *adj* warm; *przen.* cordial

cierpieć ['tɕɛrpɛtɕ] *vt vi* suffer (**na coś** from sth); (*znosić*) endure, bear; ~ **biedę** to be in want; ~ **na bóle głowy** to have headaches; **nie cierpię tego** I can't bear it; **rzecz nie cierpiąca zwłoki** an urgent matter

cierpliwy [tɕɛr'pɲivi] *adj* patient

cieszyć ['tɕɛʃitɕ] **I** *vt* gladden, give pleasure **II** *vr* ~ **się** be glad (**czymś** of sth); ~ **się na coś** to look forward to sth; ~ **się dobrym zdrowiem** to enjoy a good health

cieśnina [tɕɛɕ'ɲina] *f geogr.* strait

cietrzew ['tɕɛtʃɛf] *m* heathcock, black-cock

cięcie ['tɕɛ̃tɕɛ] *n* cut, cutting; *med.* **cesarskie** ~ Caesarean section; **jednym** ~**m miecza**

with one stroke of the sword

cięgło ['tɕɛ̃gŭɔ] *n techn.* coupling bar; pull rod; ~ **hamulcowe** brake rod ⟨bar⟩

ciężar ['tɕɛ̃ʒar] *m* weight, load, burden; *fiz.* ~ **właściwy** specific gravity; *przen.* **być komuś ~em** to be a burden to sb

ciężarna [tɕɛ̃'ʒarna] *adj* pregnant

ciężarówka [tɕɛ̃ʒa'rufka] *f* truck, lorry; ~ **z przyczepą** lorry with trailer

ciężki ['tɕɛ̃ʃķi] *adj* heavy; (*trudny*) hard, difficult; (*o chorobie*) serious, grave; (*o bólu*) acute; (*o dniu*) trying; (*o zniewadze*) outrageous; ~**e roboty** hard labour; **przechodzić ~e chwile** to have a rough time

ciężko ['tɕɛ̃ʃkɔ] *adv* heavily; (*trudno*) hard; ~ **strawny** heavy, indigestible; ~ **strawne potrawy** heavy dishes, rich food; ~ **ranny** badly wounded ⟨injured⟩

cios [tɕɔs] *m* blow, stroke, hit; **zadać** ~ to deal ⟨to strike⟩ a blow

ciotka ['tɕɔtka] *f* aunt

ciskać ['tɕiskatɕ] *vt imperf* hurl, fling, cast

cisnąć ['tɕisnɔ̃tɕ] **I** *vt* 1. *perf* (*nacisnąć*) press; (*rzucić*) hurl, fling 2. *imperf* (*uciskać*) oppress; (*o bucie*) pinch **II** *vr* ~ **się** crowd, flock

cisz|a ['tɕiʃa] *f* stillness, calm, quiet, silence; ~**a morska** calm, lull; ~**a nocna** (the) dead hours; **strefa** ⟨**pas**⟩ ~**y** doldrums

ciśnieni|e [tɕiɕ'ɲɛɲɛ] *n* pressure; ~**e atmosferyczne** ⟨**barometryczne**⟩ air-pressure, atmospheric ⟨barometric⟩ pressure; ~**e krwi** blood-pressure; ~**e niskie** ⟨**wysokie**⟩ low ⟨high⟩ pressure; ~**e oleju** oil pressure; **spadek** ~**a** pressure drop;

zmiana ~**a** variation of pressure; **zmierzyć** ~**e** to gauge the pressure; (*o krwi*) to measure blood-pressure

ciśnieniomierz [tɕiɕɲɛ'ɲɔmʲɛʃ] *m* pressure-gauge

cło [tsŭɔ] *n* customs duty; (*urząd*) customs; **cło przywozowe** import ⟨entrance⟩ duty; **cło tranzytowe** transit duty; **cło wywozowe** export duty; **wolny od cła** duty--free; **płacić cło** to pay the duty (on sth)

cmentarz ['tsmɛntaʃ] *m* cemetery, graveyard

cnota ['tsnɔta] *f* virtue

co [tsɔ] *pron* what; **co do grosza** to a penny; **co do mnie** for my part; as far as I am concerned; **co do reszty** for the rest; **co drugi tydzień** every other week; **co roku** every year; **co pewien czas** from time to time; **co będzie, jeśli ...?** what if ...?; **co najwyżej** at most; **tylko co a while ago; co mu jest?** what's wrong with him?; **co takiego?** what is it?; **co z tego?** what of that?; **co za pomysł!** what an idea!

coca-cola ['kɔka'kɔla] *f* coca--cola

codziennie [tsɔ'dʑɛnɲɛ] *adv* daily, everyday

codzienny [tsɔ'dʑɛnnɨ] *adj* daily, every-day

cofać ['tsɔfatɕ] *imperf,* ~**nąć** ['tsɔfnɔ̃tɕ] *perf* **I** *vt* withdraw; (*zegarek*) put back; (*odwoływać*) recall; (*zezwolenie*) revoke **II** *vr* ~**ać**, ~**nąć się** withdraw, retire; *wojsk.* retreat

cokolwiek [tsɔ'kɔlvɛk] *pron* anything; ~ **bądź** no matter what; ~ **się stanie** whatever may happen

coraz ['tsɔras] *adv:* ~ **gorzej** worse and worse; ~ **lepiej** better and better; ~ **więcej** more and more

coroczny [tsɔ'rotʃnɨ] *adj* annual, yearly

coś [tsɔç] *pron* something, anything; ~ ci powiem I'll tell you what; ~ niecoś a little; ~ w tym rodzaju something like that

córka ['tsurka] *f* daughter

cóż [tsuʃ] *pron* what; no i ~? what now?; więc ~ z tego? well, what of it?

cud [tsut] *m* miracle, wonder; czynić ~a to work wonders; ~em by a miracle

cudowny [tsu'dɔvnɨ] *adj* wonderful, marvellous; *rel.* miraculous

cudzoziemiec [tsudzɔ'ʑemets] *m* foreigner, alien

cudzy ['tsudzɨ] *adj* somebody else's; other people's

cudzysłów [tsu'dzɨsuuf] *m* inverted commas, quotation marks

cukier ['tsuḳer] *m* sugar; ~ puder castor sugar; ~ w kostkach lump sugar

cukier|ek [tsu'ḳerɛk] *m* bonbon, sweet, *am.* candy; *pl* ~ki sweets

cukiernia [tsu'ḳerɲa] *f* confectioner's shop

cukiernica [tsuḳer'ɲitsa] *f* sugar basin

cukrownia [tsu'krɔvɲa] *f* sugar plant

cukrowniczy [tsukrɔv'ɲitʃɨ] *adj* sugar; przemysł ~ sugar industry

cukrzyca [tsu'kʃɨtsa] *f med.* diabetes

cumować [tsu'mɔvatç] *vt mors.* moor

cyfr|a ['tsɨfra] *f* figure; ~y arabskie Arabic numbers; ~y rzymskie Roman numbers

Cygan ['tsɨgan] *m* Gypsy

cyganeria [tsɨga'nɛrja] *f* bohemia

cygański [tsɨ'gaɲski] *adj* Gipsy

cygarniczka [tsɨgar'ɲitʃka] *f* cigarette holder

cygaro [tsɨ'garɔ] *n* cigar

cykl [tsɨkl] *m* cycle

cyklon ['tsɨklɔn] *m* cyclone, tornado

cykoria [tsɨ'kɔrja] *f* chicory

cylind|er [tsɨ'ʎindɛr] *m* 1. (*walec*) cylinder; głowica ~ra cylinder head; pojemność ~ra cylinder capacity 2. (*kapelusz*) top hat

cyna ['tsɨna] *f* tin

cynamon [tsɨ'namɔn] *m* cinnamon

cynk [tsɨnk] *m* zinc

cypel ['tsɨpɛl] *m geogr.* promontory

cyrk [tsɨrk] *m* circus

cyrkiel ['tsɨrḳel] *m* compasses

cysterna [tsɨ'stɛrna] *f* cistern, tank; statek ~ tanker

cytat ['tsɨtat] *m* quotation, citation

cytować [tsɨ'tɔvatç] *vt* quote, cite

cytryna [tsɨ'trɨna] *f* lemon

cywilizacja [tsɨviʎi'zatsja] *f* civilization

cywiln|y [tsɨ'viʎnɨ] *adj* civil; odwaga ~a civil courage; urząd stanu ~ego registry; wziąć ślub ~y to marry at a registry

czajniczek [tʃaj'ɲitʃɛk] *m* tea-pot

czajnik ['tʃajɲik] *m* tea-kettle; nastaw ~ put the kettle on

czapka ['tʃapka] *f* cap

czapla ['tʃapla] *f* heron

czar [tʃar] *m* charm, spell; *pl* ~y witchcraft; rzucić ~ to cast a spell

czarnoziem [tʃar'nɔʑɛm] *m* humus, vegetable mould

czarn|y ['tʃarnɨ] *adj* black; ~y jak smoła coal-black; *med.* ~a ospa smallpox; *przen.* ~y rynek black market; odkładać na ~ą godzinę to put money aside for a rainy day

czarujący [tʃaru'jɔtsɨ] *adj* charming, fascinating

czas [tʃas] *m* time; *gram.* tense; wolny ~ leisure;

ciężkie ~y hard times; lepsze ~y better days; jakiś ~ for a time ⟨a while⟩; do ~u for the time being; na ~ie timely; od ~u do ~u from time to time; od dłuższego ~u for a long time; od tego ~u ever since; po jakimś ~ie after some time; przez cały ~ all the time; w ~ie konferencji during the conference; w krótkim ~ie soon; shortly; w obecnych ~ach these days; nowadays; at present; we właściwym ~ie in due time; za moich ~ów in my time; z ~em with time; najwyższy ~, abyśmy poszli spać it's high time we went to bed

czasem ['tʃasɛm] adv sometimes, now and then

czasopismo [tʃaso'pismɔ] n periodical, magazine

czasownik [tʃa'sovɲik] m gram. verb

czaszka ['tʃaʃka] f skull

cząsteczka [tʃɔ̃'stetʃka] f molecule

czcić [tʃt͡ɕit͡ɕ] vt worship, adore; (szanować) respect; ~ czyjąś pamięć to commemorate sb

czcigodny [tʃt͡ɕi'gɔdni] adj venerable, honourable

czczo [tʃt͡ʃɔ] adv na ~ on an empty stomach

czczy [tʃt͡ʃi] adj (o żołądku) empty; (daremny) vain, futile

Czech [tʃɛx] m Czech

czek [tʃɛk] m cheque; ~ bez pokrycia unsecured cheque; ~ kasowy open ⟨bar, counter⟩ cheque; ~ podróżny traveller's cheque; ~ na okaziciela cheque to the bearer; zrealizować ~ to cash a cheque

czekać ['tʃɛkat͡ɕ] vi wait (na kogoś for sb); expect (na coś sth); kazać ~ na siebie to keep sb waiting

czekolad|a [tʃɛkɔ'lada] f chocolate; ~a deserowa plain chocolate; ~ mleczna milk chocolate; ~a nadziewana chocolate cream; ~a z orzechami nut chocolate; tabliczka ~y bar of chocolate

czekolad|ka [tʃɛkɔ'latka] f chocolate, am. chocolate candy; pudełko ~ek chocolate box, box of chocolates

czep|ek ['tʃɛpɛk] m cap, bonnet; przen. urodzony w ~ku born with a silver spoon in one's mouth

czepiać się ['tʃɛpat͡ɕ t͡ɕɛ] vr 1. (zahaczać się) cling, hang on (czegoś to sth) 2. (występować agresywnie) try to pick up a quarrel

czereśnia [tʃɛ'rɛɕɲa] f cherry

czerpać ['tʃɛrpat͡ɕ] vt (wodę, natchnienie itp.) draw; (zysk, ~ przyjemność itp.) derive

czerstwy ['tʃɛrstfi] adj (o chlebie) stale; (o staruszku) hale and hearty; (o cerze) ruddy

czerwiec ['tʃɛrvɛts] m June

czerwonka [tʃɛr'vɔnka] f med. dysentery

czerwony [tʃɛr'vɔni] adj red

czesać ['tʃɛsat͡ɕ] I vt comb II vr ~ się to do ⟨comb⟩ one's hair

czeski ['tʃɛski] adj Czech

cześć [tʃɛɕt͡ɕ] f 1. rel. worship 2. (szacunek) respect; oddawać ~ to show respect: ku czci kogoś, czegoś in honour of sb, sth 3. (pozdrowienie) ~! hullo!

często ['tʃɛ̃stɔ] adv often, frequently

częstotliwość [tʃɛ̃stɔ'tflivɔɕt͡ɕ] f frequency; rad. wysoka ~ high frequency

częstować [tʃɛ̃'stɔvat͡ɕ] I vt treat (kogoś czymś sb to sth) II vr ~ się treat oneself (czymś to sth) częsty ['tʃɛ̃stɨ] *adj* frequent, common

częściow|y [tʃɛ̃'ɕtɕɔvɨ] *adj* partial; ~e zatrudnienie part-time job

częś|ć [tʃɛ̃ɕtɕ] *f* 1. (*wycinek całości*) part; ~ci świata the continents; ~ć składowa component; ~ci samochodowe car accessories; ~ci zamienne spare parts; komplet ~ci zamiennych spare parts set; po ~ci partly; in part; po większej ~ci for the most part 2. (*udział*) share

czkawka ['tʃkafka] *f* hiccup

człon [tʃŭɔn] *m* link, member; *mot.* element, unit

członek ['tʃŭɔnɛk] *m* 1. (*jednostka*) member; ~ korespondent corresponding member; ~ partii party member; ~ wycieczki participant in a trip; ~ zarządu executive, director 2. (*kończyna*) limb

człowiek ['tʃŭɔvɛk] *m* man; human being; ~ dorosły adult; a grown-up; szary ~ the man in the street

czołg [tʃɔŭk] *m* tank

czołgać się ['tʃɔŭgatɕ ɕɛ̃] *vr* crawl, creep

czoło ['tʃɔŭɔ] *n* forehead; *przen.* stać na czele (delegacji itp.) to head (a delegation etc.); stawiać komuś ~ to face ⟨to oppose⟩ sb; wysunąć się na ~ to come to the front; (*w biegu*) to take the head

czołowy [tʃɔ'ŭɔvɨ] *adj* (*przedni*) frontal; (*przodujący*) leading, chief

czop [tʃɔp] *m* (*zatyczka*) peg, plug; (*osiowy*) pivot, journal; (*u drzwi*) gudgeon; (*stalowy*) trunnion

czosnek ['tʃɔsnɛk] *m* garlic

czółno ['tʃuŭnɔ] *n* boat, canoe

czterdziesty [tʃtɛr'dʑɛstɨ] *num* fortieth

czterdzieści [tʃtɛr'dʑɛɕtɕi] *num* forty

czternasty [tʃtɛr'nastɨ] *num* fourteenth

czternaście [tʃtɛr'naɕtɕɛ] *num* fourteen

cztery ['tʃtɛrɨ] *num* four

czterysta [tʃtɛ'rɨsta] *num* four hundred

czuć [tʃutɕ] I *vt* feel; (*powonieniem*) smell; (*pachnieć*) smell (czymś of sth); ~ urazę do kogoś to bear sb a grudge II *vr* ~ się feel; jak się czujesz? how do you feel?; ~ się lepiej to be better

czujność ['tʃujnɔɕtɕ] *f* vigilance, watchfulness

czujny ['tʃujnɨ] *adj* vigilant, watchful

czuły ['tʃuŭɨ] *adj* tender; (*wrażliwy*) sensitive

czuwać ['tʃuvatɕ] *vi* 1. (*pilnować*) watch (nad kimś, czymś over sb, sth); take care (nad kimś, czymś of sb, sth) 2. (*nie spać*) sit up

czwartek ['tʃfartɛk] *m* Thursday

czwarty ['tʃfartɨ] *num* fourth

czworobok [tʃfɔ'rɔbɔk] *m* quadrangle

czworokąt [tʃfɔ'rɔkɔ̃t] *m* quadrangle

czy [tʃɨ] *conj* 1. (*w pytaniach nie tłumaczy się*) ~ przyjdziesz jutro? will you come tomorrow? 2. (*w mowie zależnej*) if, whether ‖ tak ~ nie yes or no

czyj [tʃɨj] *pron* whose

czyli ['tʃɨʎi] *conj* or

czyn [tʃɨn] *m* act, action; deed; człowiek ~u man of action; słowem i ~em in word and deed; wprowadzać w ~ to carry into effect

czynić ['tʃɨɲitɕ] *vt* act, do

czynnik ['tʃɨnɲik] *m* factor, agent; ~ miarodajny competent authority

czynność ['tʃɨnnɔɕtɕ] *f* activ-

ity, action, function, operation
czynny ['tʃinni] *adj* active; (*urzędujący*) acting; **urząd jest ~** the office is open
czynsz [tʃinʃ] *m* rent
czystoś|ć ['tʃistɔɕtɕ] *f* cleanliness, neatness; (*w pokoju*) tidiness; **nienagannej ~ci** spotless, speckless; **wątpliwej ~ci** far from clean; **zachować ~ć** to keep clean ⟨tidy⟩
czyst|y ['tʃisti] *adj* **1.** clean; **~y arkusz** blank sheet;

przepisać na ~o to make a fair copy **2.** (*bez domieszki*) pure; **~y dochód** net profit **3.** (*niewinny*) chaste; **~a prawda** plain truth; **~e sumienie** clear conscience
czyścić ['tʃiɕtɕitɕ] *vt* **1.** clean, cleanse; **~ szczotką** brush; **~ chemicznie** dry-clean **2.** *med.* purge
czytać ['tʃitatɕ] *vt* read
czytelnia [tʃi'tɛlɲa] *f* reading-room
czytelnik [tʃi'tɛlɲik] *m* reader
czyż [tʃiʃ] *conj* = **czy**

Ć

ćma [tɕma] *f* moth
ćwiartka ['tɕfartka] *f* quarter, one fourth; (*mięsa*) joint
ćwiczenie [tɕfi'tʃɛɲe] *n* (*zadanie*) exercise; (*wprawianie się*) practice, training; *wojsk.* drill
ćwiczyć ['tɕfitʃitɕ] **I** *vt* exercise; *sport.* train, practise; *wojsk.* drill; (*chłostać*) flog **II** *vr* **~ się** exercise, practise, train

ćwiek [tɕfɛk] *m* hobnail, nail; *pot.* **zabić komuś ~a** to puzzle sb
ćwierć [tɕfɛrtɕ] *f* quarter, one fourth; **~ kilograma** a quarter kilogram; **~ mili** quarter mile; **~ wieku** a quarter of a century
ćwierkać ['tɕfɛrkatɕ] *vi* twitter; chirp
ćwikła ['tɕfikua] *f* *kulin.* red beet with horse-radish

D

dach [dax] *m* roof; *przen.* **mieć ~ nad głową** to have a shelter; **pozbawić ~u nad głową** to make homeless; **pod ~em** indoors
dać *zob.* **dawać**
daktyl ['daktil] *m* date
dal [dal] *f* distance; *sport.* **skok w ~** long jump; **stać z ~a** to stand clear; **trzymać się z ~a** to keep off; **w ~i** in the distance; **z ~a** at a distance; from afar; **z ~a od drogi** back from the

road; **z ~a od oczu** out of sight
dalej ['dalɛj] *adv* further; **iść ~** to go ahead; **robić coś ~** to keep on doing sth; to continue to do sth; to carry on sth; **co ~?** what next?; **i tak ~** and so on
dalek|i [da'lɛki] *adj* distant, remote; **~a podróż** a long journey
dalek|o [da'lɛkɔ] *adv* far; **jak ~o jest stacja?** how far is it to the station?; **to jest**

~o it is a long way off; ~o
lepszy far better; z ~a from
afar
dalekobieżny [dalɛkɔ'bɛʒnɪ]
adj pociąg ~ long-distance
train
dalekopis [dalɛ'kɔpis] *m* tele-
type, teleprinter; (*dokument*) telex (message)
dalekowidz [dalɛ'kɔvits] *m*
far-sighted (person)
daltonista [daltɔ'ɲista] *m* dal-
tonist, colour-blind person
dama ['dama| *f* lady; (*w grach*)
queen
damski ['damsķi] *adj* ladies'
dane ['danɛ] *plt* data; particulars; ~ osobiste personal
data
dani|e ['daɲɛ] *n* dish, course;
~a barowe buffet; ~a go-
towe (the) set menu; ~a
firmowe specialities (of the
firm); ~a jarskie vegetable
⟨vegetarian⟩ dishes; ~a mię-
sne meat dishes; ~a na zamówienie dishes (to order)
à la carte; ~a rybne fish
dishes; ~a zimne cold buffet; ~e gorące hot dish;
pierwsze ⟨drugie⟩ ~e first
⟨second⟩ course; posiłek z
dwóch ⟨trzech⟩ dań a two-
-course ⟨three-course⟩ meal
dansing ['dansink] *m* dance,
dancing party; (*lokal*) dancing-hall
dar [dar] *m* 1. (*prezent*) gift,
present; w darze as a gift
2. (*talent*) gift, talent (do
czegoś for sth)
daremny [da'rɛmnɪ] *adj* futile,
useless
darmo ['darmɔ] *adv* (*także
za* ~) free, gratuitously;
for nothing
darować [da'rɔvatɕ] *vt* 1. make
a present (coś of sth); present (komuś coś sb with sth)
2. (*przebaczyć*) pardon,
forgive; ~ dług to remit a
debt; ~ komuś życie to
spare sb's life; nie do daro-

wania unpardonable; daruj
mi! forgive me!
daszek ['daʃɛk] *m* rooflet;
(*osłona*) screen; (*u czapki*)
peak
dat|a ['data] *f* date; *przen.*
starej ~y (*o człowieku*)
old-fashioned; (*o domu itp.*)
old world; być pod dobrą
~ą to be tipsy
datować [da'tɔvatɕ] *vt* (*także
vr* ~ się) date; ~ wstecz
antedate
dawać ['davatɕ] *imperf,* dać
[datɕ] *perf vt* give, grant,
afford (pleasure etc.), bear
(fruit); dać coś zrobić to
have sth done; dać do zrozumienia to give to understand; to intimate; to hint;
dać komuś spokój to let sb
alone; dać komuś w twarz
to slap sb in the face; dać
napiwek to give a tip, to tip
sb; dać pierwszeństwo przejazdu to give sb the right
of the way; dać prezent to
give a present ⟨gift⟩; dać
przykład to set an example;
dać za wygraną to give up;
dać znać (komuś) to let (sb)
know; co dają w kinie ⟨w
teatrze⟩? what's on at the
cinema ⟨theatre⟩?; daj Boże! would to God!; nie daj
Boże! God forbid!; dajmy
na to! suppose!; let us say!
dawka ['dafka] *f* dose; zbyt
duża ~ overdose
dawniej ['davɲɛj] *adv* formerly; in the past
dawn|o ['davnɔ] *adv* long ago;
jak ~o? how long?; od ~a
for a long time
dawn|y ['davnɪ] *adj* old, an-
cient, former; ~e czasy old
times; po ~emu as before;
as in the past
dąb [dɔp] *m* oak; chłop jak ~
a sturdy fellow; *przen.*
włosy mi stają dęba my
hair stands on end
dąć [dɔ̃tɕ] *vi* blow; wiatr
dmie the wind blows

dążenie [dɔ̃'ʒɛɲɛ] *n* aim, aspiration; (*np. mody*) trend, tendency; ~ do celu pursuit of an aim

dążyć ['dɔ̃ʒitɕ] *vi* 1. aspire (do czegoś to sth), strive (do czegoś after sb), tend (do czegoś to ⟨towards⟩ sth), .aim (do czegoś at sth) 2. (*kierować się*) make one's way, go (ku czemuś towards sth)

dba|ć [dbatɕ] *vi* take care (o coś of sth); nie ~m o to I don't care for ⟨about⟩ it

debatować [dɛba'tɔvatɕ] *vi* debate

debiutować [dɛbu'tɔvatɕ] *vi* make one's debut

dech [dɛx] *m* breath; bez tchu out of breath; breathless; co tchu in all haste; do ostatniego tchu to the last breath; jednym tchem in a breath; at a stretch

decydować [dɛtsɨ'dɔvatɕ] I *vt* decide II *vr* ~ się decide, make up one's mind

decydujący [dɛtsɨdu'jɔ̃tsɨ] *adj* decisive, conclusive

decyzja [dɛ'tsɨzja] *f* decision

dedykacja [dɛdɨ'katsja] *f* dedication

dedykować [dɛdɨ'kɔvatɕ] *vt* dedicate

defekt ['dɛfɛkt] *m* defect; *mech.* trouble, failure; drobny ~ small ⟨minor⟩ failure; poważny ~ serious ⟨major⟩ failure; usunąć ~ to repair ⟨to put right⟩ the defect ⟨failure⟩

defilad|a [dɛfi'lada] *f* march past, parade; przyjmować ~ę to review (the troops); to take the salute

dekada [dɛ'kada] *f* decade

dekagram [dɛ'kagram] *m* decagramme

dekatyzować [dɛkatɨ'zɔvatɕ] *vt* shrink, hotpress

deklamować [dɛkla'mɔvatɕ] *vt* recite

deklaracj|a [dɛkla'ratsja] *f* declaration; ~a celna customs declaration; wypełnić ~ę to fill in ⟨out⟩ a declaration

deklarować [dɛkla'rɔvatɕ] *vt* declare; ~ pieniądze to declare money

deklinacja [dɛkɕi'natsja] *f gram.* declension

dekolt ['dɛkɔlt] *m* low neck, décolletage

dekoracja [dɛkɔ'ratsja] *f* decoration, ornament; *teatr.* scenery; ~ wystaw sklepowych window dressing

dekować się [dɛ'kɔvatɕ ɕɛ̃] *vr pot.* hide in a funk-hole, shirk

delegacja [dɛlɛ'gatsja] *f* delegation; (*podróż*) business trip

delegat [dɛ'lɛgat] *m* delegate

delegować [dɛlɛ'gɔvatɕ] *vt* delegate; ~ jako zastępcę to deputize

delikatesy [dɛɕika'tɛsɨ] *pl* (*sklep*) delicatessen (shop)

delikatny [dɛɕi'katnɨ] *adj* delicate; (*o zadaniu*) tricky

demaskować [dɛmas'kɔvatɕ] *vt* unmask, expose

dementować [dɛmɛn'tɔvatɕ] *vt* deny

demobilizować [dɛmɔbiɕi'zɔvatɕ] *vt* demobilize

demograficzny [dɛmɔgra'fitʃnɨ] *adj* demographic; wyż ~ demographic bulge

demokracja [dɛmɔ'kratsja] *f* democracy; ~ ludowa people's democracy

demokratyczny [dɛmɔkra'tɨtʃnɨ] *adj* democratic

demonstracja [dɛmɔn'stratsja] *f* demonstration, manifestation

demonstrować [dɛmɔn'strɔvatɕ] I *vt* demonstrate II *vi* (*manifestować*) manifest

demontować [dɛmɔn'tɔvatɕ] *vt* dismantle, dismount

demoralizować [dɛmɔraɕi'zɔvatɕ] I *vt* demoralize II *vr* ~ się become demoralized

denerwować [dɛnɛr'vɔvatɕ] I *vt* irritate II *vr* ~ się be nervous, get excited (czymś about sth)
dentysta [dɛn'tista] *m*, **dentystka** [dɛn'tistka] *f* dentist
denuncjować [dɛnun'tsjɔvatɕ] *vt* denounce, inform (kogoś against sb)
depesz|a [dɛ'pɛʃa] *f* wire; telegram: cable; nadawać ~ę to wire; to send a telegram
depeszować [dɛpɛ'ʃɔvatɕ] *vt* wire, cable
depozy|t [dɛ'pɔzit] *m* deposit; w ~cie on deposit
depresja [dɛ'prɛsja] *f* 1. (apatia) dejection, low spirits 2. *geogr.* depression
deptać ['dɛptatɕ] *vt* tread, trample; nie ~ trawy! keep off the grass!; *pot.* ~ komuś po piętach to trample on sb's heels
deputat [dɛ'putat] *m* (przydział) allowance, ration
deputowany [dɛputɔ'vani] *m* deputy
desant ['dɛsant] *m* wojsk. landing
deseń ['dɛsɛɲ] *m* design, pattern
deser ['dɛsɛr] *m* dessert, sweets; na ~ for dessert, to finish (the meal) with
desk|a ['dɛska] *f* board, plank; ~a do krajania mincing ⟨chopping⟩ board; ~a do prasowania ironing board; *przen.* ostatnia ~a ratunku last resource; do grobowej ~i till death; *pot.* od ~i do ~i from beginning to end; czytać od ~i do ~i to read from cover to cover
deszcz [dɛʃtʃ] *m* rain; ~ pada it rains; ~ leje it pours; *przen.* z ~u pod rynnę out of the frying-pan into the fire
detal ['dɛtal] *m* detail; (handel) retail
detaliczny [dɛta'lit͡ʃni] *adj*

retail; **kupiec** ⟨handel⟩ ~ retail dealer ⟨trade⟩
detektyw [dɛ'tɛktif] *m* detective
dewaluacja [dɛvalu'atsja] *f* devaluation; (obniżenie wartości) depreciation
dewiz|a [dɛ'viza] *f* 1. (motto) device, motto 2. *pl* ~y foreign exchange ⟨currency⟩; wymiana ~ exchange
dezerter [dɛ'zɛrtɛr] *m* deserter
dezodorant [dɛzɔ'dɔrant] *m* (kosmetyk) deodorant
dezynfekcja [dɛzin'fɛktsja] *f* disinfection; (gazowa) fumigation
dezynsekcja [dɛzin'sɛktsja] *f* disinsectization, delousing
dębowy [dɛ̃'bɔvi] *adj* oak (table etc.)
dętk|a ['dɛ̃tka] *f* (rowerowa) air-chamber; (samochodowa) tube; przebić ~ę to get a puncture
diab|eł ['djabɛu̯] *m* devil; *pot.* do ~ła! the devil!; hell!; idź do ~ła! go to the devil!; niech to ~li wezmą! damn it!
diagnostyka [djag'nɔstika] *f* diagnostics .
diagnoz|a [djag'nɔza] *f* diagnosis; postawić ~ę to diagnose
dialekt ['djalɛkt] *m* dialect
dialektyka [dja'lɛktika] *f* dialectics
die|ta [^1] ['djɛta] *f* diet; ~ta bezmięsna meatless diet; ~ta bezsolna saltfree diet; ~ta beztłuszczowa fat free ⟨fatless⟩ diet; ~ta odchudzająca slimming ⟨reduction⟩ diet; ~ta zwykła regular diet; ścisła ~ta strict diet; być na ~cie to be on a diet; to diet (oneself); stosować ~tę to observe ⟨to keep⟩ diet
dieta [^2] ['djɛta] *f* expense ⟨travelling⟩ allowance

dla [dla] *praep* for, for the sake of

dlaczego [dla'tʃɛgɔ] *conj* why, what for

dlatego [dla'tɛgɔ] *conj* therefore, for that reason, that is why; ~ że ... because ...

dło|ń [důɔɲ] *f* palm; **jasne jak na ~ni** perfectly clear; *(w liście)* **łączę serdeczny uścisk ~ni** with cordial greetings

dług [důuk] *m* debt; **oddać ~** to settle the debt; **popaść w ~i** to get into debt; **spłacać ~i** to pay off debts; **zaciągać ~i** to contract debts

długi ['důuǵi] *adj* long; **upaść jak ~** to fall flat

długo ['důugɔ] *adv* long, for a long time; **jak ~?** how long?; **na ~** for long; **to nie potrwa ~** it will not take long

długodystansowy [důugɔdɨstan'sɔvɨ] *adj* long-distance (racer)

długofalowy [důugɔfa'lɔvɨ] *adj* 1. *(o planie)* long-range 2. *rad.* long-wave

długogrający [důugɔgra'jɔtsɨ] *adj (o płycie)* long-play(ing) (record)

długoletni [důugɔ'lɛtɲi] *adj* of long standing, of many years

długopis [důu'gɔpis] *m* ball--point pen

długość ['důugɔɕtɕ] *f* length; **~ geograficzna** longitude

długoterminowy [důugɔtɛr-mi'nɔvɨ] *adj* long-term

długotrwały [důugɔ'trfaůɨ] *adj* lasting

dłuto ['důutɔ] *n* chisel

dłużnik ['důuʒɲik] *m* debtor

dmuch|ać ['dmuxatɕ] *imperf*, **~nąć** ['dmuxnɔ̃tɕ] *perf vi* blow

dmuchawa [dmu'xava] *f* blower, blast machine

dn. *skr.* = **dnia** *zob.* **dzień**

dnie|ć [dɲɛtɕ] *vi* ~**je** it dawns; the day breaks

dniówk|a ['dɲufka] *f* 1. day-work; **pracować na ~ę** to work by the day 2. *(płaca)* daily wages

dno [dnɔ] *n* bottom; **opaść na dno** *(np. o fusach)* to settle, to sink to the bottom; **pójść na dno** to go to the bottom, to sink; **wypić do dna** to drink to the last drop

do [dɔ] *praep* to, into; *(o czasie)* till, until; **iść do domu** to go home; **iść do fryzjera** to go to the hairdresser's ⟨barber's⟩; **podawać do stołu** to serve dinner ⟨lunch etc.⟩; **wyjechać do Londynu** to leave for London; **do jutra** till ⟨by⟩ to-morrow; **do tego** in addition; **raz do roku** once a year

dob|a ['dɔba] *f* twenty-four hours, day and night; **~a hotelowa** hotel night; **czynny całą ~ę** open 24 hours; **w dzisiejszej ~ie** these days; nowadays

dobie|c ['dɔbɛts] *perf*, **~gać** [dɔ'bɛgatɕ] *imperf vi* approach, come near; **~gać końca** to be coming ⟨drawing⟩ to an end

dob|ierać [dɔ'bɛratɕ] *imperf*, **~rać** ['dɔbratɕ] *perf* I *vt (wybierać)* select, choose; **~ierać, ~rać do koloru** ⟨do pary⟩ to match; **~rać klucz** to fit the key (to the lock) || **~ierać, ~rać z półmiska** to take some more; to have a second helping II *vr* **~ierać, ~rać się** 1. match each other 2. *(dostać się)* try to get (**do czegoś** at sth)

dobitny [dɔ'bitnɨ] *adj* distinct, expressive

doborowy [dɔbɔ'rɔvɨ] *adj* select, choice

dobosz ['dɔbɔʃ] *m* drummer

dobór ['dɔbur] *m* selection;

～ **naturalny** natural selection
dobrać zob. **dobierać**
dobranoc [dɔ'branɔts] *int* good night!
dobr|o ['dɔbrɔ] *n* good; **dla mojego** ～**a** for my good; **in my behalf; dla wspólnego** ～**a** to the common benefit; *handl.* **na** ～**o** to the good; **na wasze** ～**o** in your favour
dobrobyt [dɔ'brɔbɨt] *m* well-being, prosperity, welfare
dobroć ['dɔbrɔtɕ] *f* goodness. good nature, kindness
dobrosąsiedzki [dɔbrɔsɔ'ɕɛtskʲi] *adj* good-neighbourly (relations)
dobrowolny [dɔbrɔ'vɔlnɨ] *adj* voluntary, spontaneous; ～ **datek** a good-will contribution
dobry ['dɔbrɨ] *adj* good, kind; **dość** ～ fairly good; **co dobrego?** what news?; **na dobre** for good; **dzień** ～! good morning!
dobrze ['dɔbʒɛ] *adv* well, all right; ～ **się czujesz?** are you all right now?; **mam się** ～ I am well; **źle czy** ～ right or wrong
dochodowy [dɔxɔ'dɔvɨ] *adj* profitable; **podatek** ～ income tax
dochodzenie [dɔxɔ'dzɛɲɛ] *n* (*policyjne*) investigation, inquiry; (*dociekanie*) research
dochodzić [dɔ'xɔdʑitɕ] *vi imperf* 1. approach, reach; ～ **do pełnoletności** to come of age; ～ **do skutku** to come into effect; ～ **do władzy** to come to power; ～ **do wniosku** to arrive at a conclusion 2. (*o sumie pieniędzy*) to amount to 3. (*dociekać*) investigate; ～ **swoich praw** to claim one's rights zob. **dojść**
dochować [dɔ'xɔvatɕ] I *vt* preserve; (*tajemnicy*) keep

II *vr* ～ **się** (*dzieci*) bring up; (*inwentarza*) rear, breed
dochód ['dɔxut] *m* income; (*państwowy*) revenue; **przynosić** ～ to bring income; to be profitable
docierać [dɔ'tɕɛratɕ] *imperf*, **dotrzeć** ['dɔtʃɛtɕ] *perf vt* 1. (*o samochodzie*) run in 2. reach (**do jakiegoś miejsca** to a place)
docisk ['dɔtɕisk] *m* holdfast; (*śruba*) press screw
do cna [dɔ 'tsna] *adv* utterly, completely
doczeka|ć (się) [dɔ'tʃɛkatɕ (ɕɛ̃)] *vi vr* live to see; **nie** ～**sz się tego** no use waiting for it; ～**ć (się) późnej starości** to live to an old age
dodać zob. **dodawać**
dodatek [dɔ'datɛk] *m* 1. addition; (*w książce*) supplement; ～ **filmowy** newsreel; (*o gazecie*) ～ **nadzwyczajny** special edition; ～ **rodzinny** family allowance; ～ **mieszkaniowy** housing allowance; **dodatki krawieckie** clothing accessories; **na** ～ in addition 2. (*premia*) bonus
dodatkowy [dɔdat'kɔvɨ] *adj* additional, extra (work, pay etc.)
dodatni [dɔ'datɲi] *adj* positive; **bilans** ～ active balance; ～ **wpływ** beneficial influence; **strony** ～**e i ujemne** good and bad sides; advantages and disadvantages
doda|wać [dɔ'davatɕ] *imperf*, ～**ć** ['dɔdatɕ] *perf vt* 1. add; ～**wać**, ～**ć odwagi** to encourage; *mot.* ～**wać**, ～**ć gazu** to accelerate 2. (*zliczyć*) to sum (up) ǁ **nie potrzeba** ～**wać, że ... needless to say that ...
dog|adzać [dɔ'gadzatɕ] *imperf*, ～**odzić** [dɔ'gɔdʑitɕ] *perf vt* gratify, satisfy; ～**adzać sobie** to indulge oneself;

jeśli ci to ~adza if it is convenient to you; **to mi ~adza** it suits me

dog|aniać [dɔ'gaɲatɕ] *imperf*, **~onić** [dɔ'gɔɲitɕ] *perf vt* catch up with (**kogoś** sb); overtake

doglądać [dɔ'glɔ̃datɕ] *vt* look (**kogoś, czegoś** after sb, sth); watch, supervise (**kogoś, czegoś** sb, sth); (*chorego*) nurse

dogodny [dɔ'gɔdnɨ] *adj* convenient; **na ~ch warunkach** on easy terms

dogodzić *zob.* **dogadzać**

dogonić *zob.* **doganiać**

doić ['dɔitɕ] *vt* milk

dojazd ['dɔjast] *m* approach, access; (*przed domem*) drive; **dogodny ~** easy access

dojechać [dɔ'jɛxatɕ] *vi* reach (**dokądś** a place), arrive (**dokądś** at a place)

dojeżdżać [dɔ'jɛʒdʑatɕ] *vi* arrive; (*jeździć stale*) travel regularly, take the train ⟨bus etc.⟩

dojrzałoś|ć [dɔj'ʒauɔɕtɕ] *f* maturity; **egzamin ~ci** secondary studies examination; **świadectwo ~ci** secondary school-leaving certificate, *am.* graduation certificate

dojrzały [dɔj'ʒauɨ] *adj* (*o owocu*) ripe; (*o człowieku*) adult, grown up

dojrzeć [¹] ['dɔjʒɛtɕ] *vt* catch sight (**kogoś, coś** of sb, sth)

dojrze|ć [²] ['dɔjʒɛtɕ] *perf*, **~wać** [dɔj'ʒɛvatɕ] *imperf vi* (*o człowieku*) grow up, mature; (*o owocu*) ripen, grow ripe

dojść [dɔjɕtɕ] *vi perf* arrive (**dokądś** at a place), reach (**dokądś** a place); **~ do doskonałości w czymś** to bring sth to perfection; **~ do skutku** to come off ⟨about⟩; **~ do sławy** to win fame; **doszło między nimi do bój-**

ki they came to blows; *zob.* **dochodzić**

dok [dɔk] *m* dock; **~ pływający** wet ⟨floating⟩ dock; **~ suchy** dry ⟨graving⟩ dock

dokąd ['dɔkɔ̃t] *pron* where; **~ to będzie trwało?** how long will it last?

dokądkolwiek [dɔkɔ̃t'kɔlvɛk] *pron* anywhere

dokładać [dɔ'kůadatɕ] *imperf*, **dołożyć** [dɔ'ůɔʒitɕ] *perf* I *vt* add; *przen.* **~ starań** to take pains; **~ wszelkich starań** to do one's best II *vr* **~ się** contribute

dokładny [dɔ'kůadnɨ] *adj* accurate, precise, exact; (*o szczegółach*) full

dokoła [dɔ'kɔůa] *adv praep* round, around

dokon|ać [dɔ'kɔnatɕ] *perf*, **~ywać** [dɔkɔ'nɨvatɕ] *imperf* I *vt* achieve, accomplish, bring to effect; **~ać zbrodni** to commit a crime II *vr* **~ać, ~ywać się** happen, take place, come off

dokończyć [dɔ'kɔɲtʃitɕ] *vt* end, finish

dokształc|ać [dɔ'kʃtaůtsatɕ] *imperf*, **~ić** [dɔ'kʃtaůtɕitɕ] *perf* I *vt* complete sb's education II *vr* **~ać, ~cić się** complete one's education

dokręc|ać [dɔ'krɛtsatɕ] *imperf*, **~ić** [dɔ'krɛtɕitɕ] *perf vt* tighten (a screw etc.); screw (sth) tight; **~ać, ~ić śrubę** to screw home

dokrętka [dɔ'krɛtka] *f* nut

doktor ['dɔktɔr] *m* doctor; **~ filozofii** Ph.D.; **~ medycyny** physician, M.D.; **pójść do ~a** to go to the doctor, to go to consult the doctor; **wezwać ~a** to call in the doctor, to send for the doctor

dokucz|ać [dɔ'kutʃatɕ] *imperf*, **~yć** [dɔ'kutʃitɕ] *perf vt* tease (**komuś** sb); (*o okoli-*

cznościach itp.) be a nuisance
dokument [dɔ'kumɛnt] *m* document; kontrola ⸞~ów
checking the documents;
niezbędne ⸞~y necessary documents
dolać *zob.* **dolewać**
dolar ['dɔlar] *m* dollar
dolega|ć [dɔ'lɛgatɕ] *vi* trouble,
give pain; co ci ⸞~! what's
wrong with you?; what's
troubling you?
dol|ewać [dɔ'lɛvatɕ] *imperf*,
⸞~ać ['dɔlatɕ] *perf vt* pour
out some more; add; ⸞~ewać,
⸞~ać do pełna to fill up;
przen. ⸞~ewać, ⸞~ać oliwy do
ognia to add fat to the
fire
dolewka [dɔ'lɛfka] *f* additional portion, *pot.* second helping
dolicz|ać [dɔ'ɲitʃatɕ] *imperf*,
⸞~yć [dɔ'ɲitʃitɕ] *perf vt* add,
include (in a sum)
dolina [dɔ'ɲina] *f* valley
dolny ['dɔlnɪ] *adj* lower, bottom (shelf, drawer etc.);
Dolny Śląsk Lower Silesia
dołącz|ać [dɔ'ŭɔtʃatɕ] *imperf*,
⸞~yć [dɔ'ŭɔtʃitɕ] *perf* I *vt*
add, enclose (in a letter
etc.) II *vr* ⸞~ać, ⸞~yć się
join (do czegoś sth)
dołożyć *zob.* **dokładać**
dom [dɔm] *m* house; (*rodzinny*) home; ⸞~ czynszowy
tenement ⟨*am.* apartment⟩
house; ⸞~ gry gambling
house; ⸞~ handlowy firm;
⸞~ studencki students' home,
students' hostel; ⸞~ starców
house for the aged; ⸞~ towarowy general stores, department store, warehouse;
⸞~ turysty tourist home;
⸞~ wypoczynkowy rest-home,
rest-house; być poza ⸞~em
to be out; być w ⸞~u to be
at home; to be in; iść do
⸞~u to go home; prowadzić
⸞~ to run the house; (*o kobiecie*) z ⸞~u née

domagać się [dɔ'magatɕ ɕɛ] *vr*
demand, claim (czegoś sth)
domek ['dɔmɛk] *m* cottage,
bungalow; ⸞~ jednorodzinny
detached house, cottage; ⸞~
kempingowy bungalow; ⸞~
letni summer house; ⸞~
weekendowy weekend house
domieszk|a [dɔ'mɛʃka] *f* ad-
mixture; z ⸞~ą ... with addition ...
domięśniowy [dɔmɛ̃'ɕɲɔvɪ] *adj*
med. intramuscular (injection)
domow|y [dɔ'mɔvɪ] *adj* (*o
zwierzętach*) domestic; (*o
cieście*) home-made; lekarz
⸞~y family doctor; pomoc
⸞~a domestic servant; sprawy ⸞~e domestic affairs;
wojna ⸞~a civil war
domysł ['dɔmɪsŭ] *m* conjecture, supposition; gubić się
w ⸞~ach to be lost in con-
jectures; to tylko ⸞~y it's
all guesswork
domyśl|ać się [dɔ'mɪɕlatɕ ɕɛ̃]
imperf, ⸞~ić się [dɔ'mɪɕɲitɕ
ɕɛ̃] *perf vr* guess, suppose,
understand (z czegoś from
sth)
doniczka [dɔ'ɲitʃka] *f* flower-
-pot
doniesienie [dɔɲɛ'ɕɛɲɛ] *n* 1.
(*wiadomość*) information,
report 2. (*donos*) denuncia-
tion; zrobić ⸞~ na kogoś to
inform against sb
donieść *zob.* **donosić**
doniosły [dɔ'ɲɔsŭɪ] *adj* important, significant
don|osić [dɔ'nɔɕitɕ] *imperf*,
⸞~ieść ['dɔɲɛɕtɕ] *perf* I *vt*
(*przynosić*) bring II *vi* (*zawiadamiać*) inform; ⸞~osić
komuś o czymś to inform
sb ⟨to let sb know⟩ about
sth; korespondenci ⸞~oszą
the correspondents report;
⸞~osić, ⸞~ieść na kogoś to
denounce sb
donośny [dɔ'nɔɕnɪ] *adj* sonor-
ous, resounding; (*o głosie*)
strong

dookoła [dɔɔ'kɔŭa] *adv* = **dokoła**

dopasow|ać [dɔpa'sɔvatç] *perf*, **~ywać** [dɔpasɔ'vĭvatç] *imperf vt* (*łączyć w całość*) fit ⟨adjust⟩ (*coś do czegoś* sth to sth); (*dobrać*) match; **~ać**, **~ywać części to** fit ⟨to adjust⟩ parts ⟨elements⟩; **~ać ubranie** (*w rozmiarze*) to fit, (*w kolorze*) to match

dopełni|ać [dɔ'pɛŭɲatç] *imperf*, **~ć** [dɔ'pɛŭɲitç] *perf vt* fill up, complete; **~ać**, **~ć zobowiązań to** meet one's obligations; **~ać**, **~ć formalności to** comply with formalities

dopiąć ['dɔpɔ̃tç] *vt* buckle ⟨button⟩ up; *przen.* **~ celu to** attain ⟨achieve⟩ one's object; **~ swego to** have one's will

dopiero [dɔ'pɛrɔ] *adv* only, just; **~ co** just now; **~ poszedł** he has just gone; **a co ~** let alone

dopilnować [dɔpil'nɔvatç] *vt* see (*czegoś* to sth); (*doglądać*) keep an eye upon (*czegoś* sth)

dopingować [dɔpin'gɔvatç] *vt* encourage, stimulate, cheer (a team) on

dopis|ać [dɔ'pisatç] *perf*, **~ywać** [dɔpi'sĭvatç] *imperf* I *vt* add (sth in writing) II *vi* **pamięć mi nie ~uje** my memory fails me; **szczęście mu ~uje** he is lucky; **zdrowie mu nie ~uje** he is not feeling well

dopisek [dɔ'pisɛk] *m* (*do listu*) postscript; (*adnotacja*) footnote, insertion

dopłac|ać [dɔ'pŭatsatç] *imperf*, **~ić** [dɔ'pŭatçitç] *perf vt* pay additionally ⟨extra⟩; meet additional ⟨extra⟩ charge; **~ać**, **~ić do czegoś to** lose in ⟨by⟩ sth

dopłat|a [dɔ'pŭata] *f* surcharge, extra charge; **~a do biletu** extra fare; **~a do listu** extra postage; **bez ~y** without additional ⟨extra⟩ charge; **pobierać ~ę od kogoś to** charge sb extra

dopłynąć *zob.* **dopływać**

dopływ ['dɔpŭĭf] *m* (*rzeki*) affluent; (*ludzi*) inflow; (*towarów*) supply

dopły|wać [dɔ'pŭĭvatç] *imperf*, **~nąć** [dɔ'pŭĭnɔ̃tç] *perf vi* flow in; **~wać**, **~nąć do czegoś to** reach sth

dopóki [dɔ'puķi] *conj* as long as; **będę czekać ~ nie przyjdziesz** I shall wait till you come

dopóty [dɔ'putĭ] *conj* **~ aż** till, until; **~, dopóki** as long as

doprowadz|ać [dɔprɔ'vadzatç] *imperf*, **~ić** [dɔprɔ'vadzitç] *perf vt* bring, conduct, lead; **~ić do końca to** bring to an end; **~ać**, **~ić do porządku to** put in order; **~ać**, **~ić do skutku to** bring ⟨to carry⟩ into effect; **~ać**, **~ić kogoś do szału to** drive sb mad; **to nie ~i do niczego** this will lead nowhere

dopu|szczać [dɔ'puʃʧatç] *imperf*, **~ścić** [dɔ'puçtçitç] *perf* I *vt* admit, permit; **~szczać**, **~ścić do egzaminu to** admit to an examination; **nie ~szczać**, **~ścić do czegoś to** prevent sth II *vr* **~szczać**, **~ścić się** commit (*czegoś* sth)

dopuszczalny [dɔpu'ʃʧalnĭ] *adj* admissible, permissible

doradca [dɔ'rattsa] *m* adviser, counsellor; **~ prawny** legal adviser

doradczy [dɔ'rattʃĭ] *adj* advisory

doraźn|y [dɔ'raźnĭ] *adj* immediate; **~a pomoc** relief, first aid; *prawn.* **zasądzenie w trybie ~ym** summary conviction

dorę|czać [dɔ'rɛ̃ʧatç] *imperf*, **~yć** [dɔ'rɛ̃ʧitç] *perf vt* deliv-

er, hand in; ~ać, ~yć
przesyłkę ⟨list⟩ to deliver a
parcel ⟨a letter⟩
dorobek [dɔ'rɔbɛk] *m* fortune,
acquisition; ~ naukowy ⟨li-
teracki⟩ scientific ⟨literary⟩
works ⟨output⟩
doroczny [dɔ'rɔtʃnɨ] *adj* yearly, annual
dorosły [dɔ'rɔsŭɨ] *adj m* adult,
grown up
dorożka [dɔ'rɔʃka] *f* cab
dorówn|ać [dɔ'ruvnatɕ] *perf*,
~ywać [dɔruv'nɨvatɕ] *imperf*
vt equal (**komuś** sb), be
equal, come up (**komuś** to
sb)
dorsz [dɔrʃ] *m* cod
dorywcz|y [dɔ'rɨftʃɨ] *adj* occa-
sional, improvised; ~e zajęcia odd jobs
dosi|adać się [dɔ'tɕadatɕ tɕɛ̃]
imperf, ~ąść się ['dɔɕɔ̃tɕtɕ
tɕɛ̃] *perf vr* sit (**do kogoś** by
sb); ~ąść się do stolika to
sit at sb's table; czy mogę
się ~ąść? may I join your
company (at table)?
doskonalić [dɔskɔ'naɕitɕ] I *vt*
perfect, improve II *vr* ~ się
perfect oneself
doskonały [dɔskɔ'naŭɨ] *adj*
perfect, excellent
dosłown|y [dɔ'sŭɔvnɨ] *adj* li-
teral; (*o cytacie*) verbatim;
tłumaczenie ~e word for
word translation
dostać zob. **dostawać**
dostarcz|ać [dɔ'startʃatɕ] *im-
perf*, ~yć [dɔ'startʃɨtɕ] *perf*
vt deliver, provide ⟨supply⟩
(**komuś czegoś** sb with sth);
(*przyjemności*) afford (pleasure)
dostateczny [dɔsta'tɛtʃnɨ] *adj*
sufficient, satisfactory, adequate
dostat|ek [dɔ'statɛk] *m* abun-
dance; **pod** ~kiem in profusion; in plenty; żyć w
~ku to be well off
dostaw|a [dɔ'stava] *f* supply,
delivery; termin ~y delivery term; date of delivery;

z ~ą do domu with home
delivery
dosta|wać [dɔ'stavatɕ] *imperf*,
~ć ['dɔstatɕ] *perf* I *vt* get,
receive, obtain; ~ć list to
obtain ⟨to get⟩ a letter;
~ć nagrodę to be awarded
a prize; to get a reward;
~ć odpowiedź odmowną to
get a negative answer; ~ć
zgodę to get permission ||
~ć kataru to catch (a) cold;
~ć lanie to get a thrashing
II *vi* reach; ~wać, ~ć do
sufitu to reach the ceiling
III *vr* ~wać, ~ć się get,
reach; ~ć się do niewoli to
be taken prisoner; *przen.*
~wać, ~ć się w czyjeś ręce
to fall into sb's hands
dostawca [dɔ'staftsa] *m* supplier, contractor, caterer
dostęp ['dɔstɛp] *m* access;
mieć ~ do czegoś to have
an access ⟨to be admitted⟩
to sth
dostępny [dɔ'stɛpnɨ] *adj*
accessible; (*o człowieku*)
approachable; łatwo ~ easy
of access; (*o towarze*) available
dostosować [dɔstɔ'sɔvatɕ] I
vt adapt, fit, adjust II *vr*
~ się adapt oneself
dostrze|c ['dɔstʃɛts] *perf*, ~gać
[dɔ'stʃɛgatɕ] *imperf vt* perceive, notice; nie ~głem
znaku I failed to notice the
(traffic) sign
dosyć ['dɔsɨtɕ], **dość** [dɔɕtɕ]
adv enough, sufficiently;
~ dobry good enough; ~
przyjemny pretty nice;
mam go ~ I am fed up
with him; ~ o tym! that's
enough!; ~ tego! that will
do!
do syta [dɔ 'sɨta] *adv* to one's
heart's content; najeść się
~ to eat one's fill; to eat
to the full
doszczętnie [dɔ'ʃtʃɛ̃tɲɛ] *adv*
completely, thoroughly, utterly

dość zob. **dosyć**

doświadczalny [dɔçfat'tʃalnɨ] *adj* experimental

doświadczeni|e [dɔçfat'tʃɛɲɛ] *n* 1. (*naukowe*) experiment, test; **robić ~a** to experiment 2. (*życiowe*) experience; **wiedzieć z ~a** to know by experience

doświadczony [dɔçfat'tʃɔnɨ] *adj* experienced, expert

dotąd ['dɔtɔt] *adv* (*w miejscu*) up to here; (*w czasie*) hitherto, thus far, up to now; **jak ~** as yet

dotkliw|y [dɔt'kʎivɨ] *adj* painful, sharp, acute; **~a strata** heavy loss; **~y ból** acute pain

dot|knąć ['dɔtknɔtɕ] *perf*, **~ykać** [dɔ'tɨkatɕ] *imperf vt* 1. touch; *przen.* **~knąć do żywego** to touch ⟨to cut⟩ sb to the quick 2. (*obrazić*) offend, hurt 3. (*o chorobie*) afflict

dotrzeć zob. **docierać**

dotrzym|ać [dɔ'tʃimatɕ] *perf*, **~ywać** [dɔtʃɨ'mivatɕ] *imperf vt* (*obietnicy, towarzystwa itp.*) keep; *przen.* **~ać**, **~ywać kroku** to keep up with sb

dotychczas [dɔ'tɨxtʃas] *adv* hitherto, as yet, thus far

dotyczy|ć [dɔ'tɨtʃitɕ] *vt* concern (**czegoś** sth), relate (**czegoś** to sth); **to mnie nie ~** it doesn't concern me; *handl.* (*w nagłówku listu*) **~ ...** referring ...

dotykać zob. **dotknąć**

doustnie [dɔ'ustɲɛ] *adv med.* orally

dowcip ['dɔftɕip] *m* (*zmysł*) wit; (*żart*) joke

dowcipny [dɔf'tɕipnɨ] *adj* witty; (*o pomyśle itd.*) ingenious

dowi|adywać się [dɔva'dɨvatɕ ɕɛ̃] *imperf*, **~edzieć się** [dɔ'vɛdzɛtɕ ɕɛ̃] *perf vt* ask, inquire (**o kogoś, coś** after

sb, sth); **~edziałem się, że ...** I learned that ...

do widzenia! [dɔ vi'dzɛɲa] *int* good-bye!, *pot.* bye-bye!, so long!

dowieść ['dɔvɛɕtɕ] *vt perf* 1. (*doprowadzić*) bring, lead 2. (*udowodnić*) prove zob. **dowodzić**

dowieźć zob. **dowozić**

dowodzi|ć [dɔ'vɔdzitɕ] *vt imperf* 1. (*udowadniać*) prove, demonstrate; **to niczego nie ~** that is no proof 2. (*kierować*) command; **~ć armią** to command an army

dowolny [dɔ'vɔlnɨ] *adj* optional; (*jakikolwiek*) any; **w ~m kolorze** of any colour

dow|ozić [dɔ'vɔzitɕ] *imperf*, **~ieźć** ['dɔvɛɕtɕ] *perf vt* bring, transport; **~ozić towary** to supply goods

dowód ['dɔvut] *m* proof; evidence; **~ kasowy** voucher; **~ nadania** (*pocztowy*) postal ⟨post, post-office⟩ receipt; (*paczki*) parcel postal receipt; **~ odbioru** receipt; **~ osobisty** identity card; **~ rejestracyjny** registration card; **~ sprzedaży** certificate of sale; **~ tożsamości** identity card; identification paper; **~ wpłaty** (*bankowy*) bank receipt, receipt for payment; **~ wydania** proof of delivery; *przen.* **dać ~ odwagi** to show oneself a man of courage; **na ~ zaufania** as a sign of confidence; **w ~ przyjaźni** in token of friendship

dowódca [dɔ'vuttsa] *m* commander; **naczelny ~** commander-in-chief

dowództwo [dɔ'vutstfɔ] *n* 1. command; **objąć ~ nad czymś** ⟨**czegoś**⟩ to take command of sth 2. (*siedziba*) headquarters

dowóz ['dɔvus] *m* supply, transport(ation)

dozna|ć ['dɔznatɕ] *perf,* ~**wać** [dɔ'znavatɕ] *imperf vt* experience; *(o emocji)* feel; ~**ć,** ~**wać wrażenia** to get an impression; ~**ć,** ~**wać straty** to suffer a loss; ~**ć,** ~**wać ulgi** to feel ⟨to be⟩ relieved

dozorca [dɔ'zɔrtsa] *m* guard, overseer; *(domu)* caretaker, doorkeeper, porter

dozorować [dɔzɔ'rɔvatɕ] *vt* oversee, supervise

dozór ['dɔzur] *m* supervision

dozwolony [dɔzvɔ'lɔni] *adj* allowed, permitted; ~ **dla młodzieży** permitted ⟨allowed⟩ for youth

dożyć ['dɔʒitɕ] *vi* live to see (czegoś sth); ~ **późnego wieku** to reach old age; to live to an old age

dożylny [dɔ'ʒilni] *adj med.* intravenous (injection)

dożywotni [dɔʒi'vɔtni] *adj* lifelong; ~**e więzienie** life imprisonment

dół [duŭ] *m (w ziemi)* pit, hole; *(dolna część)* bottom, foot *(of a mountain etc.)*; **na** ~, **w dole** below; underneath; *(schodów)* downstairs; **z dołu** from underneath ⟨below⟩

drabina [dra'bina] *f* ladder; ~ **sznurowa** rope-ladder

dramat ['dramat] *m* drama; ~ **psychologiczny** psychological drama

drapać ['drapatɕ] **I** *vt* scrape, scratch **II** *vr* ~ **się w głowę** to scratch one's head; ~ **się do góry** to climb

drapieżny [dra'pɛʒni] *adj* rapacious; **ptak** ~ bird of prey

draśnięcie [draɕ'ɲɛ̃tɕɛ] *n* scratch, graze

drażnić ['draʒnitɕ] **I** *vt* irritate, annoy **II** *vr* ~ **się z kimś** to tease sb

drąż|ek ['drɔʒɛk] *m* stick, perch, bar; *pl* ~**ki** *sport.* parallel bars

drążyć ['drɔʒitɕ] *vt* hollow out; *(studnię)* sink

drelich ['drɛɦix] *m* **1.** *(materiał)* denim, dungaree **2.** *(ubranie)* denim overalls, dungarees

dren [drɛn] *m* drain

drenowanie [drɛnɔ'vaɲɛ] *n* drainage

dres [drɛs] *m* track suit, training suit

dreszcz [drɛʃtʃ] *m* shudder, chill; ~ **emocji** thrill; ~**em mnie przejmuje** it gives me the shivers; **przeszedł mnie** ~ I shuddered

drewniaki [drɛv'ɲaki] *pl* wooden shoes; clogs

drewniany [drɛv'ɲani] *adj* wooden

drewno ['drɛvnɔ] *n* wood; *(budulcowe)* timber; *(polano)* log

dręczyć ['drɛ̃tʃitɕ] **I** *vt* torment, worry; *(torturować)* torture **II** *vr* ~ **się** worry, be vexed

drętwie|ć ['drɛ̃tʃɛtɕ] *vi* grow stiff, get numb; ~**je mi ręka** my hand gets numb

drganie ['drgaɲɛ] *n (serca)* palpitation; *(rysów twarzy)* twitching; *(struny)* vibration

drgawka ['drgafka] *f* spasm, convulsion

drobiazg ['drɔbask] *m* trifle, detail

drobne ['drɔbnɛ] *plt (pieniądze)* small change; **masz** ~? have you got any change?

drobnomieszczanin [drɔbnɔ'mɛʃtʃaɲin] *m* petit bourgeois

drobnostka [drɔb'nɔstka] *f* trifle

drobn|y ['drɔbni] *adj* small, little, tiny; ~**e szczegóły** minute details; ~**e wydatki** petty expenses; ~**y deszcz** drizzle

drog|a ['drɔga] *f* way, road, track; *(podróż)* journey;

~a **boczna** side road; ~a
dla pieszych footpath; ~a
dojazdowa access road; ~a
główna main road, arterial
road; ~a **objazdowa** detour,
relief road; ~a **okrężna**
(*omijająca miasto*) by-pass
road; ~a **pierwszorzędna**
⟨pierwszej klasy⟩ primary
road; ~a **płatna** toll road,
turnpike; ~a **wylotowa** exit
road; ~a **wodna** waterway;
~ą **wodną** by sea; ~ą **lą-
dową** by land; by rail; ~ą
powietrzną by air; **iść któ-
tszą** ~ą to take a short
cut; **nałożyć** ~i to take a
roundabout way; **pytać o**
~ę to ask one's way; **zboczyć z** ~i to go astray;
zejść ⟨usunąć się⟩ **z** ~i to
make way for sb, to get
out of sb's way; to stand
aside; **zmylić** ~ę to go the
wrong way, to mistake the
road; **nie po drodze** out of
the way; **po drodze** on the
way; **w pół** ~i half-way;
~a **wolna** the way is clear;
szczęśliwej ~i! farewell!,
pleasant journey!; **w** ~ę!
let's go!; ~ą **służbową** by
official channels
drogeria [drɔ'gɛrja] f druggist's (shop); *am.* drugstore
drogi ['drɔgi] *adj* 1. (*kochany*) dear 2. (*kosztowny*)
expensive, costly
drogo ['drɔgɔ] *adv* dear, at
a high price
drogowskaz [drɔ'gɔfskas] *m*
signpost
dropsy ['drɔpsɨ] *pl* drops;
sugar-plums
drożdże ['drɔʒdʒɛ] *plt* yeast
drożeć ['drɔʒɛtɕ] *vi* rise in
price, grow dear
drób [drup] *m* poultry
druczek ['drutʃɛk] *m* (*blankiet*) form, slip; ~ **na telegram** telegram form
drugi ['drugi] *num* second,
other; **daj mi** ~ą **filiżankę
kawy** give me another cup

of coffee; **jest** ~a **godzina**
it is two o'clock; **co** ~i **dzień**
every other day; ~ie **tyle**
twice as much; **jeden po**
~im one after the other;
na ~i **raz** next time; **po** ~ie
secondly; **z** ~iej **ręki** second-hand
drugorzędny [drugɔ'ʒɛdnɨ] *adj*
secondary, second-class;
second-rate
druk [druk] *m* 1. print; (*przesyłka pocztowa*) printed
matter; ~ **reklamowy** leaflet; ~ **urzędowy** form 2.
(*czynność*) printing; **tłusty**
⟨drobny⟩ ~ bold ⟨small⟩
type; **w** ~u in the press
drukarnia [dru'karɲa] f printing house
drukować [dru'kɔvatɕ] *vt*
print
drut [drut] *m* wire; ~ **kolczasty** barbed wire; ~y **do
robót ręcznych** knitting
needles; **robić na** ~ach to
knit
drużyna [dru'ʒɨna] f team,
group
drwić [drvitɕ] *vi* mock, jeer
(**z kogoś, czegoś** at sb, sth)
drzazga ['dʒazga] f splinter
drzeć [dʒɛtɕ] I *vt* (*rwać*) tear;
(*niszczyć*) wear out II *vr*
~ **się** 1. (*niszczyć się*) wear
out 2. (*krzyczeć*) scream
drzemać ['dʒɛmatɕ] *vi* doze,
nap
drzewo ['dʒɛvɔ] *n* tree; (*materiał*) wood; (*budulcowe*)
timber; **wpaść na** ~ to run
into ⟨against⟩ a tree
drzwi [dʒvi] *plt* door; ~ o-
brotowe revolving door; ~
rozsuwane sliding door; ~
wahadłowe swing-door; ~
wejściowe front door; **tylne** ~ back door; **otworzyć**
~ to open the door; **wyrzucić kogoś za** ~ to throw sb
out (of the house); **za-
mknąć** ~ to close the door;
zatrzasnąć ~ to slam the
door; **przy** ~ach **zamknię-**

tych behind closed doors
drzwiczki ['dʒvitʃḳi] plt door
drżeć [drʒetɕ] vi tremble,
shiver (**z zimna** itp. with
cold etc.)
duch [dux] m spirit; (upiór)
ghost; **zły** ⟨**dobry**⟩ ～ evil
⟨good⟩ genius; (diabeł) **zły**
～ the devil; **iść z** ～**em**
czasu to keep abreast of
the times; **podnieść na** ～**u**
to encourage; **upadać na**
～**u** to lose heart; **to become**
discouraged; **wyzionąć** ～**a**
to give up the ghost
duchowieństwo [duxɔ'vɛnstfɔ]
n clergy
duma ['duma] f pride
dumny ['dumnɨ] adj proud
(**z kogoś, czegoś** of sb, sth);
być ～**m z czegoś** to take
pride in sth
Duńczyk ['duɲtʃɨk] m Dane
duński ['duɲsḳi] adj Danish
duplikat [dup'ɕikat] m duplicate
dur [dur] m med. typhus; ～
brzuszny typhoid fever
dusić ['duɕitɕ] I vt strangle,
choke, stifle; kulin. stew II
vr ～ **się** choke, suffocate
dusz|a ['duʃa] f soul; przen.
być ～**ą towarzystwa** to be
the life (and soul) of the
party; **mieć** ～**ę na ramieniu** to have one's heart in
one's boots; **nie było widać
żywej** ～**y** not a soul was
in sight; **bez** ～**y** lifeless;
bez grosza przy ～**y** without
a penny to bless oneself
with
duszkiem ['duʃḳɛm] adv at
one gulp; **wypić** ～ to drink
off
duszno ['duʃnɔ] adv **jest** ～
it's sultry ⟨stuffy⟩; **jest mi**
～ I am suffocating
dużo ['duʒɔ] adv much; a
great deal; a lot; plenty;
za ～ too much; too many;
dość ～ quite a lot, quite
a few
duż|y ['duʒɨ] adj great, big,

large; ～**a litera** capital
letter; ～**y chłopak** big boy;
～**y rozmiar** large size; ～**y
ruch** heavy traffic
dwa [dva] num two
dwadzieścia [dva'dʑɛɕtɕa] num
twenty
dwanaście [dva'naɕtɕɛ] num
twelve
dwieście ['dvɛɕtɕɛ] num two
hundred
dwoje ['dvɔjɛ] num two; **po**
～ two by two
dworzec ['dvɔʒɛts] m station;
～ **autobusowy** bus station;
～ **kolejowy** railway-station;
～ **lotniczy** airport; (międzynarodowy) international
airport; ～ **morski** passenger terminal; ～ **towarowy**
goods station
dwójka ['dvujka] f 1. two 2.
(para) couple, pair 3. szk.
bad mark, insufficient
dwór [dvur] m (królewski)
court; (szlachecki, wiejski)
mansion; manor, country
house; **na dworze** out of
doors; **chodźmy na** ～ let's
go out
dwudziesty [dvu'dʑɛstɨ] num
twentieth
dwunast|y [dvu'nastɨ] num
twelfth; ～**a godzina** twelve
o'clock; (południe) noon;
(północ) midnight
dwuosobowy [dvuɔsɔ'bɔvɨ] adj
for two persons; ～ **pokój**
double bedroom
dyferencjał [dɨfɛ'rɛntsjaŭ] m
mot. differential (gear)
dyfteryt [dɨf'tɛrɨt] m med.
diphtheria
dygnitarz [dɨg'ɲitaʃ] m digni-
tary, official of high rank
dygotać [dɨ'gɔtatɕ] vi shiver,
shake
dykta ['dɨkta] f ply-wood
dyktando [dɨk'tandɔ] n dictation
dyktować [dɨk'tɔvatɕ] vt dictate
dym [dɨm] m smoke
dymisj|a [dɨ'miɕja] f resigna-

tion; **podać się do** ∼**i** to resign; to hand in one's resignation

dynamo [dɨ'namɔ] *n* dynamo

dynia ['dɨɲa] *f* pumpkin

dyplom ['dɨplɔm] *m* diploma; ∼ **honorowy** scroll

dyplomata [dɨplɔ'mata] *m* diplomat

dyplomatyczny [dɨplɔma'tɨʧnɨ] *adj* diplomatic

dyplomowany [dɨplɔmɔ'vanɨ] *adj* diplomaed; *wojsk.* commissioned

dyrekcj|a [dɨ'rɛktsja] *f* direction, management; **pod czyjąś** ∼**ą** under sb's direction

dyrygent [dɨ'rɨgɛnt] *m* conductor; *wojsk.* bandmaster; ∼ **chóru** choirmaster

dyrygować [dɨrɨ'gɔvaʧ] *vt* conduct (**czymś** sth)

dyscyplina [dɨstsɨ'pʎina] *f* discipline; (*gałąź nauki*) branch, line

dyscyplinarny [dɨstsɨpʎi'narnɨ] *adj* disciplinary

dysk [dɨsk] *m sport.* discus

dyskdżokej [dɨsk'dʒɔkɛj] *m* disc-jockey, disk-jockey

dyskoteka [dɨskɔ'tɛka] *f* discotheque

dyskrecj|a [dɨs'krɛtsja] *f* discretion; reserve; secrecy; **zachować** ∼**ę** to keep (sth) in secrecy

dyskretny [dɨs'krɛtnɨ] *adj* discreet

dyskryminacja [dɨskrɨmi'natsja] *f* discrimination; ∼ **rasowa** race discrimination

dyskusj|a [dɨs'kusja] *f* discussion, debate; **podlegać** ∼**i** to be open to discussion

dyskutować [dɨsku'tɔvaʧ] *vi vt* discuss, debate

dyskwalifikacja [dɨskfaʎifi-'katsja] *f* disqualification

dysponować [dɨspɔ'nɔvaʧ] *vt* have (**czymś** sth) at one's disposal; ∼ **obiad** to order a dinner

dystans ['dɨstans] *m* distance;

trzymać kogoś na ∼ to keep sb at arm's length; **zachować** ∼ to keep one's distance; to stand upon ceremony

dystrybutor [dɨstrɨ'butɔr] *m* **1.** (*osoba*) distributor **2.** (*na stacji benzynowej*) petrol ⟨*am.* gasoline⟩ pump

dysza ['dɨʃa] *f* nozzle, jet; *mot.* ∼ **paliwowa** fuel jet ⟨nozzle⟩

dyszel ['dɨʃɛl] *m* shaft, thill

dywan ['dɨvan] *m* carpet

dywersant [dɨ'vɛrsant] *m* saboteur, infiltrator

dywersja [dɨ'vɛrsja] *f* diversion

dyżu|r ['dɨʒur] *m* duty; ∼**r nocny** nightduty; **ostry** ∼**r** emergency service; **na** ∼**rze** on duty; **po** ∼**rze** off duty; **mieć** ⟨**pełnić**⟩ ∼ to be on duty

dyżurka [dɨ'ʒurka] *f* duty-room

dyżurny [dɨ'ʒurnɨ] *adj* on duty; ∼ **lekarz** physician on duty; ∼ **ruchu** (train) dispatcher

dzban(ek) ['dzban(ɛk)] *m* jug, pitcher

dziać się ['dʑaʨ ɕɛ̃] *vr* happen, go on, take place; **co się dzieje?** what's up?; **dobrze mu się dzieje** he fares well; **he is getting on; niech się dzieję, co chce** come what may; *teatr.* **rzecz się dzieje ... the scene is laid ...

dziad [dʑat] *m* grandfather; (*żebrak*) beggar; **zejść na** ∼**y** to go to the dogs

dziadek ['dʑadɛk] *m* grandfather; *karc.* dummy; ∼ **do orzechów** nutcracker

dział [dʑau̯] *m* section, division, department; (*dziennika*) column; ∼ **ogłoszeń** advertisement column; ∼ **sportowy** sport page; ∼ **wodny** watershed

działacz ['dʑau̯aʧ] *m* (*partyjny*) activist; ∼ **polityczny**

active politician; ~ społeczny social worker
działa|ć ['dʒaŭatç] *vi* act; work; (*o maszynie*) function, work; (*o leku*) be effective; dzwonek nie ~ the bell doesn't ⟨*pot.* won't⟩ work; telefon nie ~ the telephone is out of order, *pot.* the line is dead; ~ć cuda to work wonders; ~ć komuś na nerwy to get on sb's nerves
działanie [dʒa'ŭaɲɛ] *n* 1. (*praca*) activity, work 2. (*skuteczność np. leku*) efficacity, effectiveness; ~ uboczne side-effect
działalność [dʒa'ŭalnɔçtç] *f* activity
działka ['dʒaŭka] *f* lot, allotment
działo ['dʒaŭɔ] *n* cannon, gun
dzianiny [dʒa'ɲinɨ] *pl* (*wyroby dziane*) knitted goods; (*trykotaże*) hosiery
dziąsło ['dʒɔ̃sŭɔ] *n* gum
dziczyzna [dʒi'tʃɨzna] *f* (*mięso*) venison
dziecięcy [dʒɛ'tçɛ̃tsɨ] *adj* childish; (*o chorobach, ubraniach itp.*) children's; (*o paraliżu*) infantile; szpital ~ children's hospital
dziecinny [dʒɛ'tçinnɨ] *adj* childish; pokój ~ nursery
dzieciństwo [dʒɛ'tçiɲstfɔ] *n* childhood
dziecko ['dʒɛtskɔ] *n* child; *pl* dzieci children; małe ~ baby
dziedziczny [dʒɛ'dʒitʃnɨ] *adj* hereditary
dziedziczyć [dʒɛ'dʒitʃitç] *vt* inherit
dziedzina [dʒɛ'dʒina] *f* sphere, field, domain
dzieje ['dʒɛjɛ] *plt* history
dziekan ['dʒɛkan] *m* dean
dzielenie [dʒɛ'lɛɲɛ] *n* division
dzielić ['dʒɛɲitç] **I** *vt* divide (coś na dwie części sth in two); distribute; separate; share (z kimś pokój a room

with sb) **II** *vr* ~ się divide, share, be divided; ~ się na grupy to break into groups
dzielnica [dʒɛl'ɲitsa] *f* quarter, district; (*kraju*) province; ~ handlowa shopping centre; ~ mieszkaniowa residential district; ~ rozrywkowa entertainment centre, playground
dzielny ['dʒɛlnɨ] *adj* brave, courageous
dzieło ['dʒɛŭɔ] *n* work, achievement; ~ sztuki object of art
dziennik ['dʒɛnɲik] *m* newspaper; (*gazeta codzienna*) daily; ~ radiowy ⟨telewizyjny⟩ the news
dziennikarz [dʒɛn'ɲikaʃ] *m* journalist; *am.* pressman, newsman
dzienny ['dʒɛnnɨ] *adj* daily; porządek ~ agenda
dzień [dʒɛɲ] *m* day; ~ powszedni weekday; ~ świąteczny holiday; co drugi ~ every other day; do białego dnia till dawn; ~ po dniu day by day; przez cały ~ all day long; raz na ~ once a day; w biały ~ in broad daylight; z dnia na ~ from day to day; żyć z dnia na ~ to live from hand to mouth; ~ dobry! good morning!
dzierżawić [dʒɛr'ʒavitç] *vt* lease, rent
dziesiąt|y [dʒɛ'çɔ̃tɨ] *num* tenth; ~a godzina ten o'clock
dziesięć ['dʒɛçɛ̃tç] *num* ten
dziewczyna [dʒɛf'tʃina] *f* girl; (*służąca*) maid
dziewiąt|y [dʒɛ'vɔ̃tɨ] *num* ninth; ~a godzina nine o'clock
dziewięć ['dʒɛvɛ̃tç] *num* nine
dziewięćdziesiąt [dʒɛvɛ̃tç'dʒɛçɔ̃t] *num* ninety
dziewięćset ['dʒɛvɛ̃tçsɛt] *num* nine hundred
dziewiętnasty [dʒɛvɛ̃t'nastɨ] *num* nineteenth

dziewiętnaście [dʑɛvɛ̃t'naçtɕɛ] *num* nineteen

dzięki ['dʑɛ̃ḱi] *plt* thanks; ∼ Bogu! thank God!; (*przyimkowo*) ∼ czemuś owing ⟨thanks⟩ to sth

dziękjować [dʑɛ̃'kɔvatɕ] *vi* thank; ∼uję bardzo thank you very much; ∼uję ci thank you; thanks

dzik [dʑik] *m* wild boar

dziki ['dʑiḱi] *adj* wild, savage; ∼ pomysł foolish idea

dziobjać ['dʑɔbatɕ] *imperf*, ∼nąć ['dʑɔbnɔ̃tɕ] *perf vt* peck

dziób [dʑup] *m* beak; (*okrętu*) prow

dzisiaj ['dʑiçaj], dziś [dʑiç] *adv* 1. today; ∼ rano this morning; ∼ wieczór this evening; tonight; do ∼ to this day; od ∼ za tydzień this day week 2. (*w obecnych czasach*) nowadays, at present

dzisiejszy [dʑi'çɛjʃi] *adj* today's, present-day; ∼ zjazd the present congress

dziurja ['dʑura] *f* hole; (*w zębie*) cavity; (*w płocie*) gap; (*w dętce*) puncture; *przen.* szukać ∼y w całym to find fault with a fat goose

dziurawy [dʑu'ravi] *adj* full of holes; (*o beczce itp.*) leaky

dziwak ['dʑivak] *m* crank, eccentric (person)

dziwijć ['dʑivitɕ] I *vt* surprise, astonish II *vr* ∼ć się wonder, marvel (czemuś at sth); trudno się ∼ć, że ... no

wonder that ...; ∼ mnie to I am surprised

dziwny ['dʑivni] *adj* odd, strange, queer; (*zdumiewający*) astonishing

dzwon [dzvɔn] *m* bell; bić w ∼y to ring the bells

dzwonek ['dzvɔnɛk] *m* bell; (*przy drzwiach*) door-bell; (*dzwonienie*) ring; (*telefonu*) call

dzwonijć ['dzvɔɲitɕ] *vi* ring (the bell); (*dźwięczeć*) tinkle, jingle; (*telefonować*) ring (do kogoś sb) up; ∼łem zębami my teeth chattered; ∼ mi w uszach my ears are ringing

dźwięczeć ['dʑvɛ̃tʃɛtɕ] *vi* sound, resound

dźwięk [dʑvɛ̃k] *m* sound

dźwiękowy [dʑvɛ̃'kɔvi] *adj* sound; film ∼ sound film; tygodnik ∼ newsreel

dźwig [dʑvik] *m* lift, *am.* elevator; (*portowy*) crane

dźwigać ['dʑvigatɕ] I *vt* carry; heave; ∼ z ziemi to lift II *vr* ∼ się rise

dźwigarka [dʑvi'garka] *f techn.* (lifting) jack, hoisting crane

dźwignia ['dʑvigɲa] *f* lever; ∼ zmiany biegów gear (-change) lever

dżdżownica [dʒdʒɔv'ɲitsa] *f* earthworm, rainworm

dżdżysty [dʒ'dʑisti] *adj* rainy

dżem [dʒɛm] *m* jam

dżersej ['dʒɛrsɛj] *m tekst.* jersey

dżinsy ['dʒinsi] *plt* blue jeans

dżudo ['dʒudɔ] *n* judo

dżungla ['dʒungla] *f* jungle

E

echjo ['ɛxɔ] *n* echo; *przen.* (*oddźwięk*) repercussion; to odbiło się głośnym ∼em this had wide repercussions

efekt ['ɛfɛkt] *m* effect; (*skutek*) result

egipski [ɛ'ɡipsḱi] *adj* Egyptian

egzamin [ɛg'zamin] m examination; zdawać ~ to sit for an examination; zdać ~ to pass an examination; nie zdać ~u to fail at examination

egzaminować [ɛgzami'novatç] vt examine

egzekucja [ɛgzɛ'kutsja] f execution

egzekutywa [ɛgzɛku'tiva] f executive

egzemplarz [ɛg'zɛmplaʃ] m copy; ~ okazowy specimen; w dwóch ~ach in duplicate; w trzech ~ach in triplicate

egzystować [ɛgzis'tovatç] vi exist, live

ekipa [ɛ'kipa] f (sportowa) crew, team; (grupa fachowców) group, party; (zespół robotników) gang; ~ naprawcza repair gang; ~ ratownicza rescue party ⟨team⟩

ekler ['ɛklɛr] m 1. (zamek błyskawiczny) zip-fastener, zipper 2. kulin. éclair

ekonomia [ɛkɔ'nɔmja] f economy; (nauka) economics; ~ polityczna political economy

ekran ['ɛkran] m screen

eksmisja [ɛks'misja] f eviction, ejectment

ekspansja [ɛks'pansja] f expansion

ekspedient [ɛks'pɛdjɛnt] m shop-assistant, am. salesman, clerk

ekspedycja [ɛkspɛ'ditsja] f expedition; (biuro) forwarding department; kolej. ~ bagażu luggage registration

ekspert ['ɛkspɛrt] m expert (w czymś at ⟨in⟩ sth)

eksperyment [ɛkspɛ'rimɛnt] m experiment

eksploatacja [ɛksplɔa'tatsja] f exploitation

eksploatować [ɛksplɔa'tɔvatç] vt exploit

eksplodować [ɛksplɔ'dɔvatç] vt explode

eksplozja [ɛks'plɔzja] f explosion

eksponat [ɛks'pɔnat] m exhibit

eksportować [ɛkspɔr'tɔvatç] vt export

ekspres ['ɛksprɛs] m 1. (pociąg) express train 2. (list) express letter 3. (do kawy) expresso; kawa z ~u expresso coffee

ekstrakt ['ɛkstrakt] m extract

ekwipunek [ɛkfi'punɛk] m equipment, outfit

elana [ɛ'lana] f tekst. Polish terylene

elastyczny [ɛlas'titʃni] adj elastic

elegancja [ɛlɛ'gantsja] f elegance

elegancki [ɛlɛ'gantski] adj elegant, smart

elektrociepłownia [ɛlɛktrɔtçɛ'pŭɔvɲa] f thermoelectric power station

elektroda [ɛlɛk'trɔda] f electrode; ~ dodatnia positive electrode, anode; ~ ujemna negative electrode, cathode

elektrolit [ɛlɛk'trɔfiit] m chem. electrolyte; poziom ~u electrolyte level

elektromagnes [ɛlɛktrɔ'magnɛs] m electromagnet

elektromonter [ɛlɛktrɔ'mɔntɛr] m electrician

elektron [ɛ'lɛktrɔn] m fiz. electron

elektrownia [ɛlɛk'trɔvɲa] f power station; ~ wodna hydro-electric power station

elektrowóz [ɛlɛk'trɔvus] m electric locomotive

elektryczność [ɛlɛk'tritʃnɔçtç] f electricity

elektryczny [ɛlɛk'tritʃni] adj electric

elektryfikacja [ɛlɛktrifi'katsja] f electrification

element [ɛ'lɛmɛnt] m element

elementarz [ɛlɛ'mɛntaʃ] m primer

eliminacja [ɛʃimi'natsja] f elimination

eliminować [εɕiɫmi'nɔvatɕ] *vt* eliminate

emalia [ε'maɕija] *f* enamel

emblemat [εm'blεmat] *m* emblem

emeryt [ε'mεrɨt] *m* pensioner, retired teacher ⟨officer etc.⟩

emerytur|a [εmεrɨ'tura] *f* (old--age) pension; **przejść na ~ę** to retire; **przenieść na ~ę** to pension off

emigracja [εmi'gratsja] *f* emigration; *zbior.* emigrants, émigrés

emigrant [ε'rhigrant] *m* emigrant, émigré

emigrować [εmi'grɔvatɕ] *vt* emigrate

emisja [ε'rhisja] *f* emission, issue

emulsja [ε'mulsja] *f* emulsion

encyklopedia [εntsɨklɔ'pεdja] *f* encyclop(a)edia, *pot.* cyclop(a)edia

energetyka [εnεr'gεtika] *f* energetics, power engineering ⟨industry⟩

energia [ε'nεrgja] *f* energy; **~ jądrowa** nuclear energy

energiczny [εnεr'gitʃnɨ] *adj* energetic, vigorous, *pot.* snappy

entuzjazm [εn'tuzjazm] *m* enthusiasm

epidemia [εpi'dεmja] *f* epidemic

epizod [ε'pizɔt] *m* episode

epoka [ε'pɔka] *f* epoch

epokowy [εpɔ'kɔvɨ] *adj* epoch--making

epopeja [εpɔ'pεja] *f* epic, epos

era ['εra] *f* era; **era nowożytna** modern era; **naszej ery** of our era; A.D.; **przed naszą erą** before our era; B.C.

esencja [ε'sεntsja] *f* essence

eskadra [εs'kadra] *f lotn. mor.* squadron

esperanto [εspε'rantɔ] *n* Esperanto

estetyczny [εstε'tɨtʃnɨ] *adj* aesthetic

estrada [εs'trada] *f* platform, bandstand

etap ['εtap] *m* stage; **podróżować ~ami** to travel by stages

eta|t ['εtat] *m* permanent post; **na ~cie** employed on a permanent basis; **być na pełnym ~cie** to work full time; **być na pół ~tu** to work half-time ⟨part-time⟩

etatowy [εta'tɔvɨ] *adj* (*o pracowniku*) permanent, regular; full-time (employee)

eter ['εtεr] *m* ether

etiuda [ε'tjuda] *f ·muz.* étude

etyczny [ε'tɨtʃnɨ] *adj* ethic(al)

etykieta [εtɨ'kɛta] *f* etiquette; (*nalepka*) label

europejski [εurɔ'pεjski] *adj* European

ewakuacja [εvaku'atsja] *f* evacuation, removal

ewakuować [εvaku'ɔvatɕ] *vt* evacuate, remove

ewangelia [εvan'gεɕija] *f* gospel

ewangelik [εvan'gεɕik] *m* Protestant

ewentualnie [εvεntu'alɲε] *adv* possibly, perhaps

ewentualność [εvεntu'alnɔɕtɕ] *f* eventuality, contingency

ewidencj|a [εvi'dεntsja] *f* record, registry, register; **biuro ~i** register-office; registry; **prowadzić ~ę** to keep a record (**czegoś** of sth)

ewolucja [εvɔ'lutsja] *f* evolution

F

fabryczn|y [fa'britʃnɨ] adj (of
a) factory; miasto ~e in-
dustrial town; wyrób ~y
manufactured article; znak
~y trade mark
fabryka ['fabrɨka] f factory,
works, plant; (tekstylna)
mill
fabrykować [fabrɨ'kɔvatɕ] vt
manufacture, make, produce
fach [fax] m profession, occupation, calling
fachowiec [fa'xɔvɛts] m specialist, expert; (robotnik)
trained workman
fajans ['fajans] m faience
fajka ['fajka] f pipe
fakt [fakt] m fact; jest ~em,
że ... the fact is that ...
faktura [fak'tura] f invoice
faktycznie [fak'tɨtʃɲɛ] adv in
fact, actually
faktyczny [fak'tɨtʃnɨ] adj
actual, real, factual
fakultet [fa'kultɛt] m faculty
fala ['fala] f wave; (bałwan)
billow; rad. zakres fal wave
band
falbanka [fal'banka] f fur-
below, flounce
falist|y [fa'listɨ] adj wavy,
undulated; blacha ~a corru-
gated iron; ~e włosy wavy
hair
falochron [fa'lɔxrɔn] m break-
water
falsyfikat [falsɨ'fikat] m forgery, counterfeit
fałd|a ['faŭda] f fold, pleat;
przen. przysiąść ~ów to
study hard; to set to (do)
sth
fałsz [faŭʃ] m falsehood, false-
ness
fałszyw|y [faŭ'ʃivɨ] adj false;
(podrobiony) forged; (sztuczny) artificial, fake; ~a
moneta bad coin
fanatyk [fa'natɨk] m fanatic
fant [fant] m pawn; (w za-

bawie) forfeit; grać w ~y
to play forfeits
fantazja [fan'tazja] f 1. fancy,
fantasy, imagination; buj-
na ~ lively ⟨fertile⟩ imagination 2. (kaprys) whim
farba ['farba] f colour, paint;
(do włosów, materiału) dye;
~ drukarska printing ink;
~ olejna oil-paint; ~ wodna water-colour
farbiarnia [far'barɲa] f dyer's
(works, shop)
farbować [far'bɔvatɕ] vt dye
(na czarno black); (o ma-
teriale itp.) colour, stain;
~ włosy to dye one's hair
farmaceuta [farma'tsɛŭta] m
pharmacist
farmaceutyczny [farmatsɛŭ-
'tɨtʃnɨ] adj pharmaceutic(al)
farsz [farʃ] m kulin. stuffing
fartuch ['fartux] m apron
fasada [fa'sada] f façade,
front (of a building)
fasola [fa'sɔla] f bean; (potrawa) beans; ~ szparago-
wa French bean(s)
fason ['fasɔn] m shape, pattern, fashion; przen. trzymać ~ to keep up appea-
rances; (o ubraniu, butach
itp.) stracić ~ to lose shape
fastrygować [fastrɨ'gɔvatɕ] vt
tack
faszerowa|ć [faʃɛ'rɔvatɕ] vt
stuff; ryba ~na stuffed
fish
faszysta [fa'ʃista] m fascist
faszyzm ['faʃizm] m fascism
fatalny [fa'talnɨ] adj fatal,
disastrous
fatyg|a [fa'tɨga] f fatigue,
trouble; zadać sobie ~ę to
take the trouble
faul [faul] m sport. foul
faworyt [fa'vɔrɨt] m favourite
faza ['faza] f phase, stage
febra ['fɛbra] f med. fever,
ague

federacja [fɛdɛ'ratsja] *f* federation
federalny [fɛdɛ'ralnɨ] *adj* federal
felczer ['fɛltʃɛr] *m* army surgeon, surgeon's assistant
feler ['fɛlɛr] *m* defect, flaw,
drawback
felieton [fɛl'jɛtɔn] *m* feuille-
ton; paragraph, *pot.* par
fenig ['fɛɲik] *m* pfennig
fenomen [fɛ'nɔmɛn] *m* phenomenon
ferie ['fɛrjɛ] *plt* holidays,
vacation; *(parlamentarne)*
recess
ferma ['fɛrma] *f* farm
ferment ['fɛrmɛnt] *m* ferment;
przen. agitation, trouble
festiwal ['fɛstival] *m* festival
festyn ['fɛstɨn] *m* feast, garden-party
feudalny [fɛu'dalnɨ] *adj* feudal
fiasko ['fjaskɔ] *n* fiasco; failure; **zrobić** ~ to fall
through
figa ['figa] *f* fig
fig|iel ['figɛl] *m* joke, trick;
spłatać komuś ~la to play
a trick on sb
figlarny [fi'glarnɨ] *adj* frol-
icsome, playful
figura [fi'gura] *f* 1. *(postać)*
figure 2. *(posąg)* statue; ~
przydrożna roadside shrine
3. *(osoba)* person; *pot.* **ważna** ~ VIP; very important
person; **to** ~**!** it's a person
of importance; **to mała** ~
he's a small beer 4. *karc.*
picture ⟨court⟩ card 5. *szach.*
piece
figurka [fi'gurka] *f* figurine,
statuette
fikcja ['fiktsja] *f* fiction
fikcyjny [fik'tsɨjnɨ] *adj* fictitious
filar ['filar] *m* pillar
filatelistyka [filatɛ'listɨka] *f*
philately, stamp collect-
ing
filc [filts] *m* felt
filet ['filɛt] *m* filet; ~**y mię-**

sne ⟨rybne⟩ meat ⟨fish⟩
fillets
filharmonia [filxar'mɔɲja] *f*
Philharmonic; **Filharmonia
Narodowa** National Phil-
harmonic
filia ['filja] *f* branch (office)
filiżanka [fiɲi'ʒanka] *f* cup;
~ **kawy** cup of coffee
film [film] *m* film, picture,
moving-picture; ~ **animowany** ⟨**rysunkowy**⟩ animated cartoon, cartoon film;
~ **dokumentalny** documen-
tary film; ~ **fabularny**
feature film; ~ **kolorowy**
colour film, technicolour;
~ **krótkometrażowy** short-
-feature film; ~ **kryminalny** crime-story (film); ~
reklamowy advertising film;
~ **telewizyjny** TV film; **nakręcać** ~ to shoot a film;
wyświetlać ~ to project
⟨to show⟩ a film
filmować [fil'mɔvatɕ] *vt* film,
take ⟨make, *pot.* shoot⟩ a
film
filmow|y [fil'mɔvɨ] *adj* cine-
matographic; **artysta** ~**y**
film-star; **atelier** ~**e** film-
-studio; **kamera** ~**a** cine-
camera
filologia [filɔ'lɔgja] *f* philology
filozofia [filɔ'zɔfja] *f* philosophy
filtr [filtr] *m* filter; ~ **oleju**
oil filter; ~ **powietrza** air
filter, air cleaner
filtrować [fil'trɔvatɕ] *vt* filter
Fin [fin] *m* Finn
finał ['finau̯] *m* sport. final;
muz. finale
finanse [fi'nansɛ] *plt* finances
finansowy [finan'sɔvɨ] *adj*
financial
finisz ['finiʃ] *m* sport. finish
fiński ['fiɲski] *adj* Finnish
fioletowy [fjɔlɛ'tɔvɨ] *adj* violet
fiołek ['fjɔu̯ɛk] *m* violet
fiord [fjɔrt] *m* fiord
firanka [fi'ranka] *f* curtain

firma ['firma] *f* firm, house
fizjologia [fizjɔ'lɔgja] *f* physiology
fizyczny [fi'zitʃni] *adj* physical; **pracownik** ~ manual worker
fizyka ['fizika] *f* physics; ~ **jądrowa** nuclear physics
flag|a ['flaga] *f* flag; ~ **angielska** *pot.* Union Jack; ~**a amerykańska** *pot.* Stars and Stripes; **podnieść** ~ę to hoist flag; **spuścić** ~ę to lower the flag
flaki ['flaki] *plt kulin.* tripe
flakon ['flakɔn] *m* (*wazonik*) flower-vase, bowl; (*ozdobna flaszeczka*) case-bottle; (*fiolka*) phial; ~ **perfum** bottle of perfume
flamaster [fla'master] *m* flowmaster, painting stick
flanela [fla'nɛla] *f* flannel
flaszka ['flaʃka] *f* flask; bottle
flądra ['flɔdra] *f* sole, flounder
flek [flɛk] *m* heel-tap; **przybić** ~ **na obcas** to tap a heel
flesz [flɛʃ] *m* flash-light
fle|t [flɛt] *m* flute; **grać na** ~**cie** to play the flute
flirt [fḟirt] *m* flirt, flirtation; philandering
flirtować [fḟir'tɔvatʃ] *vi* flirt
floren ['flɔrɛn] *m* florin
floret ['flɔrɛt] *m* foil
flota ['flɔta] *f* fleet; ~ **handlowa** merchant marine; ~ **wojenna** navy; ~ **powietrzna** air force
foka ['fɔka] *f* seal
folder ['fɔldɛr] *m* folder, prospectus
folia ['fɔḟja] *f* foil; (*metalowa*) leaf
folklor ['fɔlklɔr] *m* folklore
fonetyka [fɔ'nɛtika] *f* phonetics
fonia ['fɔnja] *f* phonics; sound
fontanna [fɔn'tanna] *f* fountain
form|a ['fɔrma] *f* form, figure, shape; (*odlewnicza*) mould;

~**a do pieczenia** baking tin; *sport.* **być w dobrej** ~**ie** to be in form; to be in good condition
formalność [fɔr'malnɔʃtʃ] *f* formality
formaln|y [fɔr'malni] *adj* formal; **kwestia** ~**a** point of order
format ['fɔrmat] *m* size; (*książki*) format
formować [fɔr'mɔvatʃ] **I** *vt* form, shape, mould **II** *vr* ~ **się** form (into)
formularz [fɔr'mulaʃ] *m* form, printed form, sheet; *am.* blank; ~ **paszportowy** passport form; ~ **wizowy** visa(-application) form; **wypełniać** ~ to fill in ⟨out⟩ a form, to complete a form
forsa ['fɔrsa] *f pot.* dough
forsować [fɔr'sɔvatʃ] **I** *vt* force, push; (*męczyć*) fatique **II** *vr* ~ **się** overstrain, exert oneself
forsowny [fɔr'sɔvni] *adj* intence, strenuous, heavy
forteca [fɔr'tɛtsa] *f* fortress
fortepian [fɔr'tɛpan] *m* (grand) piano; **grać na** ~**ie** to play the piano
fosfor ['fɔsfɔr] *m* phosphorus
fotel ['fɔtɛl] *m* arm-chair; ~ **klubowy** club-chair; ~ **rozkładany** chair-bed; ~ **na kółkach** wheelchair
fotografia [fɔtɔ'grafja] *f* photography; (*zdjęcie*) photo, picture; ~ **migawkowa** snapshot
fotografować [fɔtɔgra'fɔvatʃ] *vt* photograph, take a picture; ~ **się** to have one's photograph ⟨picture⟩ taken
fotokomórka [fɔtɔkɔ'murka] *f* photocell
fotokopia [fɔtɔ'kɔpja] *f* photostatic copy
fotomontaż [fɔtɔ'mɔntaʃ] *m* photo-mounting
fotoreporter [fɔtɔrɛ'pɔrtɛr] *m* cameraman, camera-reporter

fracht [fraxt] m mor. freight
frachtowiec [frax'tɔvɛts] m
mor. freighter
fragment ['fragmɛnt] m fragment
frak [frak] m dress-coat; pot.
tails
francuski [fran'tsuski] I adj
French; ~e ciasto puff
paste; ~ klucz monkey
wrench II m (język) French
Francuz ['frantsus] m Frenchman
frank [frank] m franc
frazes ['frazɛs] m commonplace, platitude
frekwencja [frɛk'fɛntsja] f
frequency; (w szkole itp.)
attendance
fresk [frɛsk] m fresco
frezarka [frɛ'zarka] f milling
machine
front [front] m wojsk. front;
(budynku) façade, front
frontowy [fron'tɔvɨ] adj front;
(o ataku itp.) frontal; żołnierz ~ front-line soldier
froterka [frɔ'tɛrka] f polishing brush, floor-polisher
froterować [frɔtɛ'rɔvatç] vt
polish (floors), rub
fru|nąć ['frunɔtç] perf, ~wać
['fruvatç] imperf vi fly,
flitter, flutter
frytki ['frɨtki] plt chips
fryzjer ['frɨzjer] m hair-dresser, barber; ~ damski
ladies' hairdresser

fryzura [frɨ'zura] f hair-do,
coiffure; hairdress, hair-style
fujarka [fu'jarka] f pipe
fundacja [fun'datsja] f foundation
fundament [fun'damɛnt] m
foundation; przen. groundwork
fundować [fun'dɔvatç] vt 1.
(częstować) treat (komuś
coś sb to sth), pot. stand
(a drink) 2. (zakładać) found;
establish
fundusz ['funduʃ] m fund,
capital; ~ stypendialny
scholarship fund
funkcj|a ['funktsja] f function; pełnić ~ę ... to act
as ...
funkcjonariusz [funktsjɔ'narjuʃ] m official, functionary; (urzędnik państwowy)
civil servant
funkcjonować [funktsjɔ'nɔvatç] vi function, work
funt [funt] m pound; ~ szterling pound sterling
fura ['fura] f cart, waggon
furman ['furman] m carter,
driver
furtka ['furtka] f wicket, gate
fusy ['fusɨ] plt dregs; ~ z
kawy (coffee-)grounds
futerał [fu'tɛrau] m case,
cover; (mały) etui
futro ['futrɔ] n fur, fur-coat;
sztuczne ~ fur imitation

G

gabaryt [ga'barɨt] m overall
dimensions
gabinet [ga'binɛt] m 1. (pokój) study 2. (rząd) cabinet;
zmiana ~u cabinet reshuffle
gablota [ga'blɔta] f show-case,
glass-case, cabinet
gad [gat] m reptile

gadać ['gadatç] vi pot. talk,
prattle; ~ od rzeczy to talk
nonsense; przestań ~! shut
up!
gadatliwy [gadat'ɕivɨ] adj
talkative, chatty
gajowy [ga'jɔvɨ] m (game-)-keeper, forester
galanteria [galan'tɛrja] f fancy goods; ~ męska haber-

dashery; ~ skórzana fancy leather goods
galanteryjn|y [galantɛ'rɨjnɨ] adj sklep ~y haberdasher's ⟨outfitter's⟩ shop; towary ~e fancy goods ⟨articles⟩
galaret(k)a [gala'rɛt(k)a] f jelly
galeria [ga'lɛrja] f gallery; ~ sztuki art-gallery; ~ o-brazów picture-gallery
galon ['galɔn] m gallon; ~ a-merykański US gallon (= 3,785 l); ~ angielski imperial gallon (= 4,546 l)
galop ['galɔp] m gallop; ~em at a gallop
galowy [ga'lɔvɨ] adj gala (day, dress etc); strój ~ gala-suit; full dress
gałąź ['gaũɔç] f branch, bough; ~ przemysłu branch of industry
gałka ['gaũka] f ball, globe; (u drzwi) knob; ~ muszkatołowa nutmeg; ~ oczna eyeball
ganek ['ganɛk] m porch, balcony; górn. gallery
gangster ['gangstɛr] m gangster, bandit, rowdy
gapa ['gapa] f dupe, gull
garaż ['garaʃ] m garage
garbarnia [gar'barɲa] f tannery
garbaty [gar'batɨ] adj hunch-backed
garbić się ['garbitç çɛ] vr stoop
garbować [gar'bɔvatç] vt tan; pot. ~ komuś skórę to give sb a licking
garderoba [gardɛ'rɔba] f (u-brania) clothes, clothing; (szafa) wardrobe; (szatnia) cloakroom
gard|ło ['gardũɔ] n throat; ból ~ła sore throat; krzyczeć na całe ~ło to shout at the top of one's voice; przen. wąskie ~ło bottleneck; mieć nóż na ~le to have a knife at one's

throat; stać kością w ~le to be fed up with sth
gardzić ['gardʑitç] vt scorn ⟨despise, disdain⟩ (czymś sth)
garmażeria [garma'ʒɛrja] f delicatessen; shop selling ready-to-cook ⟨ready-to-serve⟩ foods
garnek ['garnɛk] m pot
garnitur [gar'ɲitur] m 1. (u-branie) suit (of clothes), clothes 2. (komplet) set, battery; (mebli) suite (of furniture)
garsoniera [garsɔ'ɲera] f bachelor's flat
garsonka [gar'sɔnka] f two-piece dress
garś|ć [garçtç] f hand; (ilość) handful; przen. pełną ~cią lavishly; pot. wziąć się w ~ć to pull oneself together
gasić ['gaçitç] vt (ogień) extinguish, put out; ~ pragnienie to quench one's thirst; ~ radio ⟨światło itp.⟩ to switch off the radio ⟨the light etc.⟩
gasnąć ['gasnɔtç] vi go out; przen. (umierać) expire, die away
gastronomiczny [gastrɔnɔ'miʧnɨ] adj gastronomic(al); zakład ~ restaurant
gaśnica [gaç'ɲitsa] f fire extinguisher; ~ pianowa froth extinguisher
gatun|ek [ga'tunɛk] m kind, sort, class; (przyrodniczy) species; (jakość) quality; pierwszy ~ek first-class, best quality; w dobrym ⟨złym⟩ ~ku of good ⟨bad⟩ quality
gatunkowy [gatun'kɔvɨ] adj specific; ciężar ~ specific weight ⟨gravity⟩
gawęda [ga'vɛda] f chat
gawędzić [ga'vɛdʑitç] vi chat
gawron ['gavrɔn] m rook
gaz [gas] m gas; ~ łzawiacy tear gas; ~ świetlny lighting ⟨illuminating⟩ gas; ~

trujący poison gas; ~ ziemny natural gas; *mot.* dodać ~u to step on the gas; to accelerate; **jechać na pełnym** ~ie to drive at top speed; **zmniejszyć** ~ to reduce speed; *pot.* być pod ~em to be tipsy; to be drunk

gaza ['gaza] *f* gauze

gazeta [ga'zɛta] *f* newspaper; ~ **codzienna** daily

gazociąg [ga'zɔtçɔ̃k] *m* gas pipeline

gazomierz [ga'zɔm̀ɛʃ] *m* gas--meter

gazownia [ga'zɔvɲa] *f* gasworks

gazow|y [ga'zɔvi] *adj* gas-, gaseous; **kuchenka** ~a gas--range; gas-cooker; **oświetlenie** ~e gas-light

gaźnik ['gaʒɲik] *m mot.* carburettor

gaża ['gaʒa] *f* salary, pay

gąbka ['gɔ̃pka] *f* sponge

gąsienica [gɔ̃çɛ'ɲitsa] *f* caterpillar

gąszcz [gɔ̃ʃtʃ] *m* 1. (*gęstwina*) thicket 2. (*osad*) sediment

gbur [gbur] *m* boor, churl

gdy [gdɨ] *conj* when, as; ~ **tylko** as soon as; **podczas** ~ while; **teraz** ~ now that

gdyby ['gdɨbɨ] *conj* if; ~ **tylko** if only; **jak** ~ as if

gdyż [gdɨʃ] *conj* for, because, as, since

gdzie [gdʑɛ] *adv conj* where; ~ **bądź** anywhere; ~ **indziej** elsewhere, somewhere else; ~ **tam!** nothing of the kind!

gdziekolwiek [gdʑɛ'kɔlvɛk] *adv* anywhere; wherever

gdzieniegdzie [gdʑɛ'ɲɛgdʑɛ] *adv* here and there

gejzer ['gɛjzɛr] *m* geyser

gencjana [gɛnts'jana] *f* gentian

generaln|y [gɛnɛ'ralnɨ] *adj* general; *teatr.* **próba** ~a dress rehearsal

generał [gɛ'nɛraŭ] *m* general

generator [gɛnɛ'ratɔr] *m* generator

genialny [gɛ'ɲjalnɨ] *adj* full of genius, gifted; (*o planie*) ingenious; **człowiek** ~ man of genius

geografia [gɛɔ'grafja] *f* geography

geologia [gɛɔ'lɔgja] *f* geology

geometria [gɛɔ'mɛtrja] *f* geometry

gest [gɛst] *m* gesture; **piękny** ~ beau geste; **mieć** ~ to be generous

gestykulacja [gɛstɨku'latsja] *f* gesticulation; (*spokojniejsza*) gesture

gęba ['gɛ̃ba] *f pot.* mug

gęsiego [gɛ̃'çɛgɔ] *adv* in single ⟨Indian⟩ file

gęstnieć ['gɛ̃stɲɛtç] *vi* thicken, grow thick, become dense

gęstość ['gɛ̃stɔçtç] *f* density, thickness; ~ **zaludnienia** density of population

gęsty ['gɛ̃stɨ] *adj* (*o zupie*) thick; (*o sicie*) fine; (*o zaludnieniu*) dense

gęś [gɛ̃ç] *f* goose

giąć [gɔ̃tç] **I** *vt* bend, curve, bow **II** *vr* ~ **się** bend, bow

giełda ['gɛŭda] *f* stock-exchange; **czarna** ~ black market

giętki ['gɛ̃tki] *adj* flexible, pliant, elastic

gimnastyczn|y [ɡimna'stɨtʃnɨ] *adj* gymnastic; **sala** ~a gymnasium

gimnastykować [ɡimnastɨ'kɔvatç] **I** *vt* exercise **II** *vr* ~ **się** do gymnastics, take exercise

ginąć ['ɡinɔ̃tç] *vi* (*tracić życie*) perish, die; (*zniknąć*) disappear; (*zaginąć*) be missing

ginekolog [ɡinɛ'kɔlɔk] *m* gynaecologist

gips [ɡips] *m* gypsum, plaster of Paris

gitara [ɡi'tara] *f* guitar

gleba ['ɡlɛba] *f* soil

gliceryna [gɲitsɛ'rina] *f* glycerine

glina ['gɲina] *f* clay

glinian|y [gɲi'ɲani] *adj* earthen; **naczynia** ~e earthenware

glista ['gɲista] *f* earthworm; *(ludzka)* ascaris

glob [glɔp] *m* globe

globaln|y [glɔ'balni] *adj* gross, total; ~**a produkcja** total production

globtroter [glɔp'trɔtɛr] *m* globe-trotter

gładki ['gǔatḱi] *adj* smooth, plain; *(o ścianie)* blank; *(o włosach)* sleek; *przen. (o manierach)* polished

gładzić ['gǔadʑitɕ] *vt* smooth, polish

głaskać ['gǔaskatɕ] *vt* caress, fondle, stroke

głaz [gǔas] *m* boulder, rock

głąb [gǔɔp] *f* depth, deep; **w głębi lasu** in the heart of the forest; **z głębi serca** from the bottom of one's heart

głębia ['gǔɛ̃ba] *f* depth, deep; *fot.* ~ **ostrości** depth of focus

głębok|i [gǔɛ̃'bɔḱi] *adj* deep; *(o uczuciach)* profound; ~**i talerz** soup plate; ~**ą nocą** in the dead of night

głębokość [gǔɛ̃'bɔkɔɕtɕ] *f* depth

głodny ['gǔɔdni] *adj* hungry; **jestem** ~ I am hungry

głodować [gǔɔ'dɔvatɕ] *vi* starve

głodówka [gǔɔ'dufka] *f* starvation; *(ostra dieta)* starving-cure, low diet

głos [gǔɔs] *m* voice; *(w głosowaniu)* vote; **prawo** ~**u** right of vote; **większość** ~**ów** majority of votes; **oddać** ~ **na kogoś** to give sb one's vote; to vote for sb; **udzielać komuś** ~**u** to give sb the floor; **zabrać** ~ to take the floor; **na** ~ aloud

głosować [gǔɔ'sɔvatɕ] *vi* vote;

(tajnie) ballot; ~ **nad czymś** to put sth to the vote; ~ **na kogoś** to vote for sb

głosowanie [gǔɔsɔ'vaɲɛ] *n* voting; *(tajne)* secret voting, ballot; ~ **powszechne** universal suffrage ⟨vote⟩; **poddać coś pod** ~ to put sth to the vote

głośnik ['gǔɔɕɲik] *m* loud-speaker, megaphone

głośno ['gǔɔɕnɔ] *adv* aloud, loudly, in a loud voice; **mówić** ~ to speak loud; ~ **o tym mówią** it's public knowledge

głośny ['gǔɔɕni] *adj* loud; *(sławny)* famous, known; ~ **proces** cause célèbre

głow|a ['gǔɔva] *f* head; ~**a państwa** head of state; **wyższy o** ~**ę** taller by a head; **z gołą** ~**ą** bareheaded; **na** ~**ę ludności** per capita; per head; *przen.* **łamać sobie** ~**ę** to rack one's brains; **mieć** ~**ę na karku** to have a head on one's shoulders; **przyszło mi do** ~**y** it occurred to me; it came to my mind; *pot.* **on ma źle w** ~**ie** he has bats in the belfry; **zachodzić w** ~**ę** to wonder, to be puzzled; ~**a do góry!** cheer up!

głowica [gǔɔ'vitsa] *f mech.* head; *wojsk.* ~ **rakiety** warhead

głód [gǔut] *m* hunger; *(klęska głodu)* famine; **cierpieć** ~ to starve; **odczuwać** ~ **czegoś** to hunger for ⟨after⟩ sth; ~ **mieszkaniowy** housing shortage; ~ **wiedzy** craving for knowledge

głóg [gǔuk] *m* hawthorn

główka ['gǔufka] *f* small head; ~ **kapusty** head of cabbage; ~ **maku** poppy-head; ~ **szpilki** pin-head

główn|y ['gǔuvni] *adj* main; principal; *(o liczebnikach)* cardinal; *(o stacji)* central;

~a **rola** leading part; ~a **wygrana** first prize; **poczta** ~a general post-office; **siedem grzechów** ~ych seven deadly sins

głuchoniemy [gŭuxɔ'ɲɛmi] *adj m* deaf and dumb, deaf-mute

głuch|y ['gŭuxi] *adj* deaf; (*o dźwięku*) dull, hollow; ~a **cisza** dead silence; ~y **odgłos** thud; ~y **jak pień** deaf as an adder; stone-deaf; **być** ~ym **na coś** to turn a deaf ear to sth

głupi ['gŭupi] *adj* silly, stupid; ~a **sprawa** awkward business; **być w** ~m **położeniu** be in a devil of a hole; ~ **jak but** as stupid as a donkey; **nie ma** ~ch! I am no fool!

głupota [gŭu'pɔta] *f* stupidity

głupstwo ['gŭupstfɔ] *n* nonsense, absurdity; (*drobiazg*) trifle

gmach [gmax] *m* building, edifice

gmina ['gmina] *f* community; (*wiejska*) parish; (*miejska*) municipality, borough; *parl.* **Izba Gmin** the House of Commons

gminny ['gminni] *adj* communal, municipal; (*wulgarny*) vulgar

gnać [gnatç] I *vt* drive, pursue II *vi* (*biec*) run

gnębi|ć ['gnɛbitç] *vt* oppress, pester, worry; ~ **mnie myśl, że ...** I am worried by the idea that ...

gniazdko ['gnastkɔ] *n* little nest; *elektr.* socket

gniazdo ['gnazdɔ] *n* nest

gnicie ['gnitçɛ] *n* rotting, decay, putrefaction

gnić [gnitç] *vi* rot, putrefy, decay

gnieść [gneçtç] I *vt* press; (*wyciskać*) squeeze; (*ciasto*) knead; (*kartofle*) mash; (*o bucie*) pinch II *vr* ~ **się** crush, press

gniew [gnef] *m* anger, wrath; **wpaść w** ~ to fly into a rage; to get angry

gniewać ['gnevatç] I *vt* anger, irritate II *vr* ~ **się** be angry (**na kogoś** with sb; **na coś** at sth)

gnój [gnuj] *m* dung, manure

go [gɔ] *zob.* **on; ono**

godło ['gɔdŭɔ] *n* symbol, emblem, sign; ~ **państwowe** national emblem

godność ['gɔdnɔçtç] *f* dignity; **jak pańska** ~? your name, please?

godny ['gɔdni] *adj* worthy (**czegoś** of sth); (*pełen godności*) dignified; ~ **pochwały** praiseworthy; ~ **podziwu** admirable; ~ **szacunku** respectable; ~ **pożałowania** deplorable; ~ **widzenia** worth seeing

godzić ['gɔdʑitç] I *vt* 1. (*coś z czymś*) make agree; (*kogoś z kimś*) reconcile 2. (*do pracy*) hire, engage 3. (*celować*) aim (**w coś** at sth) II *vr* ~ **się na coś** to agree to sth

godzin|a [gɔ'dʑina] *f* hour; ~a **odjazdu** ⟨przyjazdu⟩ time of departure ⟨arrival⟩; ~a **policyjna** curfew; ~y **nadliczbowe** overtime, over hours; (*u lekarza*) ~y **przyjęć** consultation hours; ~y **urzędowe** office hours; ~y **handlu** business hours; **pół** ~y half-an-hour; **która** ~a? what time is it?; **jest** ~a **czwarta** it is four o'clock; **o której** ~ie? at what time?; **całymi** ~ami for hours and hours; **co** ~ę every hour; hourly; *przen.* **na czarną** ~ę for a rainy day

goić ['gɔitç] I *vt* heal, cure II *vr* ~ **się** heal up, be cured

gol [gɔl] *m sport.* goal

goleń ['gɔlɛɲ] *m* shin

golf [gɔlf] *m* 1. *sport.* golf 2.

(*sweter*) turtle-necked pullover
golić ['gɔɲitɕ] **I** *vt* shave **II** *vr* ~ **się** shave, have a shave
golonka [gɔ'lɔnka] *f kulin.* hand of pork
gołąb ['gɔũɔp] *m* pigeon; ~ **pocztowy** carrier pigeon; ~ **pokoju** dove of peace
gołąbki [gɔ'ũɔpki] *pl kulin.* stuffed cabbage
gołoledź [gɔ'ũɔlɛtɕ] *f* glazed frost
goł|y ['gɔũi] *adj* naked, nude, bare; ~**ym okiem** with the naked eye; *przen.* with half an eye; **pod** ~**ym niebem** in the open air; **z** ~**ą głową** bare-headed; **przyjść z** ~**ymi rękami** to come empty-handed; ~**y jak święty turecki** penniless; as poor as a church mouse
gondola [gɔn'dɔla] *f* gondola
gonić ['gɔɲitɕ] **I** *vt* chase, pursue; ~ **za czymś** to be after sth **II** *vr* ~ **się** to race (each other)
goniec ['gɔɲɛts] *m* **1.** messenger; (*w biurze*) office-boy **2.** *szach.* bishop
gorąco [gɔ'rɔtsɔ] **I** *n* heat **II** *adv* hotly; **jest** ~ it is hot; **jest mi** ~ I am hot; **dziękować** ~ thank warmly; ~ **pragnąć czegoś** to be eager for ⟨after⟩ sth; to be keen on sth
gorąc|y [gɔ'rɔtsi] *adj* hot; *przen.* fervent, eager, ardent; **złapać kogoś na** ~**ym uczynku** to catch sb red-handed; **w** ~**ej wodzie kąpany** hot-blooded
gorączk|a [gɔ'rɔtʃka] *f* fever; **mierzyć komuś** ~**ę** to take sb's temperature; ~**a złota** gold rush
gorliwy [gɔr'ɲivi] *adj* zealous, fervent, eager
gorsz|y ['gɔrʃi] *adj* (*comp od zły*) worse; inferior (**od czegoś** to sth); ~**ej jakości** of

inferior quality; **zmiana na** ~**e** change for the worse
gorszyć ['gɔrʃitɕ] **I** *vt* scandalize, shock, demoralize **II** *vr* ~ **się** be shocked, be scandalized (**czymś** at sth)
gorycz ['gɔritʃ] *f* bitterness
goryl ['gɔril] *m* gorilla
gorzej ['gɔʒɛj] *adv* (*comp od źle*) worse; **coraz** ~ worse and worse; **jeszcze** ~ still worse; **tym** ~ so much the worse
gorzk|i ['gɔʃki] *adj* bitter; *farm.* **sól** ~**a** Epsom salts
gospoda [gɔ'spɔda] *f* inn, public-house, tavern
gospodarczy [gɔspɔ'dartʃi] *adj* economic
gospodarka [gɔspɔ'darka] *f* economy; (*zarządzanie*) administration; ~ **narodowa** national economy; ~ **planowa** planned economy; ~ **na roli** farming
gospodarny [gɔspɔ'darni] *adj* economical, thrifty
gospodarować [gɔspɔda'rɔvatɕ] *vi* (*na roli*) farm; (*w domu*) keep house; (*pieniędzmi itp.*) manage
gospodarstwo [gɔspɔ'darstfɔ] *n* (*domowe*) household; (*rolne*) farm; (*z budynkami*) farmstead; **Państwowe Gospodarstwo Rolne** State Farm
gospodarz [gɔs'pɔdaʃ] *m* (*pan domu*) master (of the house), host; (*domu czynszowego itp.*) landlord; (*na roli*) farmer; ~ **balu** ⟨**zabawy**⟩ director of a ball ⟨a dance⟩
gospodyni [gɔspɔ'diɲi] *f* (*pani domu*) mistress (of the house); hostess; (*domu czynszowego itp.*) landlady
gosposia [gɔs'pɔɕa] *f* housekeeper
gościć ['gɔɕtɕitɕ] **I** *vt* (*kogoś*) receive, entertain **II** *vi* stay (**u kogoś** with sb); be on a visit

gościec [ˈgɔɕtɕɛts] *m med.*
gout, rheumatism

gościn|a [gɔɕˈtɕina] *f* visit,
stay, sojourn; **być w ~ie ·u
kogoś** to be at sb's house
⟨with sb⟩ on a visit; **to be
sb's guest; korzystać z czyjejś ~y** to avail oneself of
sb's hospitality; to enjoy
sb's hospitality; **nadużyć
~y** to outstay one's welcome; **zaprosić kogoś w ~ę**
to extend hospitality to sb

gościnność [gɔɕˈtɕinnɔɕtɕ] *f*
hospitality

gościnny [gɔɕˈtɕinni] *adj* hospitable; **pokój ~** guest-room

goś|ć [gɔɕtɕ] *m* 1. guest, vi-
sitor; caller; (*w lokalu*) patron, customer; (*w pensjo-
nacie*) boarder; **~cie hote-
lowi** hotel guests; **stały ~ć**
(*kawiarni*) habitué; **nieproszony ~ć** intruder; **zaprosić ~ci** to invite guests 2.
pot. (*osobnik*) chap; fellow;
am. guy; **to dziwny ~ć**
that's a queer fellow

gotować [gɔˈtɔvatɕ] I *vt* cook,
boil; **~ wodę ⟨mleko⟩** to boil
water ⟨milk⟩; **~ obiad** to
cook dinner II *vr* **~ się** (*o
wodzie*) boil; (*o potrawach*)
be cooking

gotowany [gɔtɔˈvani] *adj* (*o
obiedzie*) cooked; (*o jajku*)
boiled

gotow|y [gɔˈtɔvi] *adj* ready
(**do czegoś** for sth); **~e u-
branie** ready-made suit

gotówk|a [gɔˈtufka] *f* cash,
ready money; **płacić ~ą** to
pay (**in**) cash; **za ~ę** cash
down

gotycki [gɔˈtitski] *adj* gothic

goździk [ˈgɔzdʑik] *m bot.*
carnation, pink

gór|a [ˈgura] *f* 1. mountain;
chodzić po ~ach to walk
in the mountains; to climb;
jechać w ~y to go to the
mountains; **pod ~ę** uphill;
z ~y downhill 2. (*stos*)
pile, heap 3. (*wierzch*) top;

do ~y upwards; **do ~y nogami** upside down; **patrzeć
do ~y** to look up; **ręce do
~y!** hands up!; **na górze**
at the top; above; (*na pię-
trze*) upstairs; **z ~y** from
above; *przen.* **patrzeć na
kogoś z ~y** to look down
at sb ‖ **z ~ą 300 osób** over
300 people; **dziękować z ~y**
to thank in anticipation;
płacić z ~y to pay in
advance

góral [ˈgural] *m* highlander

górnictwo [gurˈɲitstfɔ] *n*
mining (industry)

górniczy [gurˈɲitʂi] *adj* mining

górnik [ˈgurɲik] *m* miner;
(*w kopalni węgla*) collier;
inżynier ~ mining engineer

górn|y [ˈgurni] *adj* upper, top;
~e piętro upper floor

górować [guˈrɔvatɕ] *vi* dominate; excel (**w czymś** in
sth); tower (**nad tłumem
itp.** over the crowd etc.);
prevail (**nad kimś** over sb)

górzysty [guˈʐisti] *adj* mountainous, hilly

gra [gra] *f* play, game; *teatr.*
acting; **~ hazardowa** gambling, gamble; **~ towarzyska**
parlour game; **~ w karty**
card playing; card game;
~ słów pun, quibble; **wchodzić w grę** (*być branym
pod uwagę*) to be involved;
(*być stawką*) to be at stake

grabić [ˈgrabitɕ] *vt* 1. (*siano*)
rake 2. (*rabować*) rob,
plunder

gracz [gratʂ] *m* player; (*hazardowy*) gambler; **~ na
giełdzie** stock-exchange
speculator

grać [gratɕ] *vt* play; (*hazar-
dowo*) gamble; **~ w karty**
to play cards; **~ w tenisa**
⟨*szachy itd.*⟩ to play tennis
⟨chess etc.⟩; **~ na fortepianie ⟨skrzypcach itd.⟩** to
play the piano ⟨the violin
etc.⟩; **~ na scenie** to act;

co grają w teatrze ⟨**kinie itp.**⟩**?** what's on at the theatre ⟨the cinema⟩?
grad [grat] *m* hail; ~ **pada** it hails; *przen.* sypać ~**em kul** ⟨**strzał itp.**⟩ to shower bullets ⟨arrows etc.⟩
grafik ['grafik] *m* graphic artist
grafika ['grafika] *f* graphic art
gram [gram] *m* gram
gramatyka [gra'matika] *f* grammar
granat[1] ['granat] *m* **1.** (*kolor*) navy-blue **2.** (*owoc*) pomegranate
granat[2] ['granat] *m wojsk.* grenade; ~ **ręczny** hand-grenade
granatowy [grana'tɔvi] *adj* dark-blue, navy-blue
granic|a [gra'ɲitsa] *f* **1.** *geogr.* frontier, border, boundary; ~**a celna** customs frontier; ~**a lądowa** land frontier; ~**a morska** sea frontier; ~**a państwa** state ⟨national⟩ border ⟨frontier⟩; **być za** ~**ą** to be abroad; **jechać za** ~**ę** to go abroad; **przekroczyć** ~**ę** to cross the border ⟨frontier⟩ **2.** (*kres*) limit; **dolna** ⟨**górna**⟩ ~**a** bottom ⟨top⟩ limit; *przen.* **to przechodzi wszelkie** ~**e** that beats everything; that's the limit; **wszystko ma swoje** ~**e** there is a limit to everything; **wypełniony do ostatnich** ~ filled to capacity
graniczn|y [gra'ɲitʃni] *adj* border, bordering, frontier; **linia** ~**a** frontier line; **kontrola** ~**a** border ⟨frontier⟩ control; **punkt** ~**y** frontier station; **strefa** ~**a** frontier zone; **znak** ~**y** boundary mark
graniczyć [gra'ɲitʃitɕ] *vi* border (**z czymś** on sth)
granit ['graɲit] *m* granite

grat [grat] *m* (*o samochodzie*) bone-shaker
gratis ['gratis] *adv* free of charge
gratulacje [gratu'latsjɛ] *pl* congratulations; **składać** ~ to congratulate (**komuś z powodu czegoś** sb on sth)
gratulować [gratu'lɔvatɕ] *vi* congratulate (**komuś czegoś** sb on sth)
grawerować [gravɛ'rɔvatɕ] *vt* engrave
greck|i ['grɛtski] I *adj* Greek; ~**i nos** Grecian nose; ~**a urna** Grecian urn II *m* (*język*) Greek
grejpfrut ['grɛjpfrut] *m* grape-fruit
Grek [grɛk] *m* Greek
grobla ['grɔbla] *f* dam
groch [grɔx] *m* pea(s); (*potrawa*) peas; *przen.* ~ **z kapustą** hodge-podge; **rzucać** ~**em o ścianę** to talk to deaf ears
grochówka [grɔ'xufka] *f* pea-soup
grom [grɔm] *m* thunderbolt; ~ **z jasnego nieba** a bolt from the blue; *przen.* **ciskać** ~**y na kogoś** to thunder against sb; to storm at sb
gromada [grɔ'mada] *f* (*ludzi*) crowd, multitude; (*studentów*) group; (*żołnierzy*) troop
gromadzić [grɔ'madʑitɕ] I *vt* hoard, gather, collect, accumulate II *vr* ~ **się** gather, get together, flock, crowd
gron|o ['grɔnɔ] *n* **1.** (*winne*) bunch of grapes **2.** (*grupa*) bódy, company; bevy; ~**o nauczycielskie** teaching staff; **w** ~**ie rodzinnym** in the family circle
grosz [grɔʃ] *m* grosh; *przen.* **ładny** ~ a pretty penny; **bez** ~**a** penniless; **co do** ~**a** to a penny; **wtykać wszędzie swoje trzy** ~**e** to have a finger in every man's

pie; to poke one's nose everywhere

grosz|ek ['grɔʃɛk] *m bot.* pea; zielony ⁓ek green peas; pachnący ⁓ek sweet peas; *(o wzorze)* w ⁓ki spotted

grota ['grɔta] *f* grotto, cave

grotołaz [grɔ'tɔŭas] *m* speleologist

grozi|ć ['grɔʑitɕ] *vt* threaten (komuś czymś sb with sth), menace; ⁓ć palcem komuś to shake one's finger at sb; ⁓ mi niebezpieczeństwo I am in danger; ⁓ nam wojna we are threatened with war

groźb|a ['grɔʑba] *f* threat, menace; pod ⁓ą kary ⟨grzywny⟩ under penalty of imprisonment ⟨of a fine⟩

groźny ['grɔʑnɨ] *adj* threatening, terrible, dangerous

grób [grup] *m* grave; *(murowany)* tomb; Grób Nieznanego Żołnierza Tomb of the Unknown Warrior; *(w Anglii)* the Cenotaph; *przen.* być jedną nogą w grobie to have one foot in the grave

grubość ['grubɔɕtɕ] *f* thickness; *(otyłość)* stoutness

gruby ['grubɨ] *adj (o książce)* thick; *(o człowieku)* big, stout, fat; *(o głosie)* low, rough; *(o błędzie)* gross

gruczoł ['grutʃɔŭ] *m* gland

grudzień ['gruʥɛɲ] *m* December

grun|t [grunt] *m* ground, soil; czuć ⁓t pod nogami to feel oneself on solid ground; do ⁓tu to the core; thoroughly; throughout; w ⁓cie rzeczy at bottom, essentially, in fact; z ⁓tu fundamentally, thoroughly; z ⁓tu dobry good at heart; ⁓t to ... the essential thing is ...

gruntowny [grun'tɔvnɨ] *adj (o wiedzy)* thorough; *(o przygotowaniu)* solid

grupa ['grupa] *f* group; set;

med. ⁓ krwi blood group

gruszka ['gruʃka] *f (owoc)* pear; *(drzewo)* pear-tree

gruz [grus] *m* rubble, rubbish; rozpadać się w ⁓y to fall into ruin

gruźlica [gruʑ'ʎitsa] *f med.* tuberculosis, consumption; *pot.* TB

gryczan|y [grɨ'tʃanɨ] *adj* kasza ⁓a buckwheat groats

grymasić [grɨ'maɕitɕ] *vi* be fastidious, be particular (w jedzeniu about food)

grypa ['grɨpa] *f med.* influenza, *pot.* flu

gryźć [grɨɕtɕ] I *vt* 1. bite, gnaw; *(żuć)* chew 2. *przen. (o sumieniu)* prick II *vr* ⁓ się 1. bicker, wrangle 2. *przen. (martwić się)* worry, fret

grzać [gʒatɕ] I *vt vi* warm, heat; *(o odzieży)* keep warm; słońce grzeje the sun is warm; kaloryfery nie grzeją central heating doesn't work; żelazko nie grzeje iron doesn't get warm II *vr* ⁓ się get hot; ⁓ się w słońcu to bask in the sun; *mot.* silnik się grzeje the engine warms up

grzałka ['gʒaŭka] *f (nurkowa)* immersion heater

grzanka ['gʒanka] *f* toast

grządka ['gʒɔ̃tka] *f* (flower) bed

grzbiet [gʒbɛt] *m (książki, ręki, noża itp.)* back; ⁓ górski crest

grzebać ['gʒɛbatɕ] I *vi* 1. *(umarłych)* bury 2. *(szukać w kieszeni, torebce itp.)* fumble; *(w starych dokumentach)* rake; ⁓ w pamięci to search one's memory II *vr* ⁓ się *(działać powoli)* loiter, move slowly, dawdle

grzebień ['gʒɛbɛɲ] *m* comb; *(koguci)* (cock's) crest

grzech [gʒɛx] *m* sin

grzechotka [gʒɛ'xɔtka] *f* rattler

grzeczność ['gʒetʃnɔçtɕ] *f* politeness, kindness, courtesy; (*przysługa*) favour; wyświadczyć komuś ~ to render sb a service; to do sb a favour; przez ~ by courtesy

grzeczny ['gʒetʃnɪ] *adj* polite, kind, courteous; (*do dziecka*) bądź ~! be a good boy!

grzejnik ['gʒejɲik] *m* heater, radiator

grzęznąć ['gʒɛ̃znɔ̃tɕ] *vi* sink, get stuck, flounder; ~ w błocie to stick ⟨to get stuck⟩ in the mud

grzmieć [gʒmɛtɕ] *vi* thunder; ~ it thunders

grzmot [gʒmɔt] *m* thunder-clap

grzyb [gʒɨp] *m* fungus; (*jadalny*) mushroom; ~ jadalny ⟨trujący⟩ edible ⟨poisonous⟩ fungus; ~y marynowane pickled mushrooms; ~y suszone dried mushrooms; ~y świeże fresh mushrooms; rosnąć jak ~y po deszczu to mushroom; iść na ~y to go mushrooming

grzybica [gʒɨ'bitsa] *f med.* mycosis

grzywka ['gʒɨfka] *f* fringe, forelock; (*przyprawiana*) front, frisette

grzywn|a ['gʒɨvna] *f* fine; ukarać kogoś ~a to fine sb; podlegający ~ie subject to a fine

gubić ['gubitɕ] **I** *vt* **1.** lose **2.** (*niszczyć*) ruin, destroy **II** *vr* ~ się get lost, lose one's way

gulasz ['gulaʃ] *m kulin.* goulash

gulden ['gulden] *m* guilder, gulden

gum|a ['guma] *f* gum, rubber; ~a arabska gum arabic; ~a do wycierania eraser, india-rubber; ~a do żucia chewing gum; ~a na podwiąz-ki elastic; *pot. mot.* złapać ~ę to get a puncture

gumka ['gumka] *f* rubber; (*do ołówka*) rubber, india-rubber; (*do atramentu*) eraser; (*tasiemka*) elastic; (*do słoików aptekarskich*) elastic band

gumowy [gu'mɔvɨ] *adj* rubber; materac ~ air mattress

gust [gust] *m* taste; bez ~u tasteless; coś w tym guście something of that kind; nie w moim guście not to my liking; w dobrym guście in good taste; to rzecz ~u it's a matter of taste

gustowny [gu'stɔvnɨ] *adj* in good taste, elegant

guz [gus] *m* bump; *med.* tumour; *przen.* oberwać ~a to get a blow

guzik ['guʑik] *m* button; ~ przyciskowy press button; zapinać na ~i to button (up)

gwałcić ['gvaũtɕitɕ] *vt* violate; rape; ~ prawo to outrage ⟨to infringe⟩ the law

gwałt [gvaũt] *m* violence; rape; użyć ~u to use violence; ~em forcibly; na ~ in all haste; *przen.* robić ~ o coś to make a fuss about sth; *pot.* nie ma ~u no hurry

gwałtowny [gvaũ'tɔvnɨ] *adj* (*o śmierci, truciźnie*) violent; (*o potrzebie*) urgent; (*o mowie*) vehement

gwara ['gvara] *f* (*regionalna*) dialect, (*zawodowa*) jargon, lingo; (*żargon*) slang

gwarancj|a [gva'rantsja] *f* guarantee, security; *prawn.* guaranty, warranty; termin ~i term of guarantee

gwarantować [gvaran'tɔvatɕ] *vt* guarantee, warrant

gwardia ['gvardja] *f* guards; (*oddział doborowy*) guard; (*straż przyboczna*) bodyguard

gwarny ['gvarnɨ] *adj* noisy

gwiazda ['gv́azda] *f* star; ~
filmowa film-star
gwiazdk|a ['gv́astka] *f* little
star; (*filmowa*) starlet; (*odsyłacz w druku*) asterisk;
(*Boże Narodzenie*) Christmas; (*podarunek*) Christmas
gift; *przen.* domagać się ~i
z nieba to cry for the moon
gwiazdozbiór [gv́az'dɔzb̦ur] *m*
constellation

gwint [gv́int] *m* screwthread
gwizd|ać ['gv́izdatç] *imperf*,
~nąć ['gv́izdnɔ̃tç] *perf vi*
whistle, blow a whistle; (*w
teatrze*) catcall; *pot.* gwiżdżę na to! I don't care a
damn!
gwizdek ['gv́izdɛk] *m* (*przyrząd*) whistle; *mor.* pipe; ~
parowy hooter, buzzer
gwóźdź [gvuçtç] *m* nail

H

haczyk ['xatʃik] *m* hook; ~ na
ryby (fish) hook; (*u wędki*)
barb; ~ do wkręcania
screwhook
haft [xaft] *m* embroidery
haftka ['xaftka] *f* clasp
haftować [xaf'tɔvatç] *vt* embroider
hak [xak] *m* hook
hala [1] ['xala] *f* hall; ~ dworcowa hall of a railway
station; *am.* depot; ~ mon-
tażowa fitting shop; ~ sportowa sports hall; ~ targowa markethall; covered
market; ~ widowiskowa
show room
hala [2] ['xala] *f* (*pastwisko*)
mountain meadow, pasture
land
halka ['xalka] *f* petticoat;
(*spód*) slip
hałas ['xaŭas] *m* noise, din,
bustle; *przen.* narobić ~u
to make a fuss (o coś about
⟨over⟩ sth)
hałasować [xaŭa'sɔvatç] *vi*
make a noise
hamak ['xamak] *m* hammock
hamować [xa'mɔvatç] **I** *vt*
brake, hold up; (*powstrzy-
mać*) check, restrain; (*szybkość*) slacken **II** *vr* ~ się
restrain oneself
hamul|ec [xa'mulɛts] *m* brake;
~ec automatyczny autom-
atic brake; ~ec bezpieczeń-

stwa emergency brake; ~ec
bębnowy drum brake; ~ec
hydrauliczny fluid brake;
~ec pneumatyczny air-
-brake; ~ec ręczny hand-
-brake; ~ec szczękowy shoe
brake; ~ec tarczowy disk
brake; ~ec zwrotny reverse
brake; pedał ~ca brake
pedal; nacisnąć ~ec to
apply the brake; zwolnić
~ec to release the brake;
~ce nie działają the brakes
don't work
handel ['xandɛl] *m* trade,
commerce; ~ detaliczny
retail trade; ~ hurtowy
wholesale trade; ~ zagra-
niczny foreign trade; ~
uspołeczniony socialized
trade; ~ wewnętrzny home
trade
handlować [xan'dlɔvatç] *vt*
trade, deal (czymś in sth)
handlowiec [xan'dlɔv́ɛts] *m*
businessman
handlow|y [xan'dlɔv́i] *adj*
commercial, mercantile; izba ~a chamber of com-
merce; korespondencja ~a
commercial correspondence;
marynarka ~a merchant
marine; spółka ~a partnership; statek ~y merchant-
man; towarzystwo ~e trad-
ing company; układ ~y
commercial agreement

hangar ['xangar] *m* shed, hangar
hańba ['xaŋba] *f* disgrace, shame
harcerka [xar'tsɛrka] *f* girl guide; *am.* girl scout
harcerstwo [xar'tsɛrstfɔ] *n* scouting
harcerz ['xartsɛʃ] *m* boy scout
harfa ['xarfa] *f muz.* harp
harmonia [xar'mɔŋja] *f* harmony; (*instrument*) concertina
harmonizować [xarmɔŋi'zɔvatɕ] *vi* harmonize
harpun ['xarpun] *m* harpoon
hartować [xar'tɔvatɕ] I *vt* temper, harden II *vr* ~ się harden oneself
hasło ['xasŭɔ] *m* slogan, watchword; (*w słowniku*) entry; *wojsk.* password; **dać** ~ **do czegoś** to give the signal for sth
haszysz ['xaʃiʃ] *m* hashish, hasheesh
haust [xaŭst] *m* draught, pull; **jednym** ~**em** at a draught, in a gulp
hazard ['xazard] *m* hazard; (*w grze*) gamble
hebel ['xɛbɛl] *m* plane
hejnał ['xɛjnaŭ] *m* trumpet-call; flourish of a trumpet
hektar ['xɛktar] *m* hectare
helikopter [xɛʎi'kɔptɛr] *m* helicopter
hełm [xɛŭm] *m* helmet; (*dla motocyklistów*) crash helmet; ~ **tropikalny** sun helmet
herb [xɛrb] *m* coat of arms; crest
herbaciarnia [xɛrba'tɕarŋa] *f* tea-rooms; (*w Chinach, Japonii*) tea-house
herbat|a [xɛr'bata] *f* tea; **mocna** ⟨**słaba**⟩ ~**a** strong ⟨weak⟩ tea; ~**a w torebkach** tea bags; **nastawić** (**wodę na**) ~**ę** to put the kettle on; **zaparzyć** ~**ę** to make tea

herbatka [xɛr'batka] *f* tea-party
herbatnik [xɛr'batŋik] *m* biscuit
hiacynt ['xjatsint] *m* hyacinth
higiena [xi'gɛna] *f* hygiene
higieniczny [xigɛ'ŋitʃni] *adj* hygienic, sanitary; **papier** ~ toilet paper
Hindus ['xindus] *m* Hindu, Indian
hinduski [xin'duski] *adj* Hindu, Indian; **język** ~ Hindi
hipotek|a [xipɔ'tɛka] *f* mortgage; **pożyczać na** ~**ę to** lend on mortgage; **wejść komuś na** ~**ę** to place sb's property under mortgage
histeria [xis'tɛrja] *f* hysterics
histori|a [xis'tɔrja] *f* 1. history; ~**a nowożytna** ⟨**współczesna**⟩ modern history; ~**a starożytna** ancient history 2. (*opowiadanie*) story; **a to ładna** ~**a!** that's a pretty pass!; **mam dość tej całej** ~**i** I am sick of the whole business
historyczny [xistɔ'ritʃni] *adj* historical
Hiszpan ['xiʃpan] *m* Spaniard
hiszpański [xiʃ'paŋski] *adj* Spanish
hodować [xɔ'dɔvatɕ] *vt* (*zwierzęta*) rear, breed; (*rośliny*) grow; cultivate
hodowla [xɔ'dɔvla] *f* growing, rearing; ~ **drzew** arboriculture; ~ **ryb** pisciculture; ~ **zwierząt** animal husbandry
hojny ['xɔjni] *adj* generous, liberal, open-handed
hokej ['xɔkɛj] *m* hockey; ~ **na lodzie** ice hockey; ~ **na trawie** field hockey
hol [1] [xɔl] *m* (*lina*) tow-line
hol [2] [xɔl] *m* (*przedpokój*) hall; (*poczekalnia*) lobby; ~ **hotelowy** lounge; **czekać w** ~**u** to wait in the hall ⟨lounge⟩
Holender [xɔ'lɛndɛr] *m* Dutchman

holenderski [xɔlɛn'dɛrskֽi] *adj*
Dutch

holować [xɔ'lɔvatɕ] *vt* haul,
tow, tug; ~ **samochód** to
trail a car

hołd [xɔŭt] *m* homage; **składać** ~ to do ⟨to pay⟩ homage

homar ['xɔmar] *m* lobster

honor ['xɔnɔr] *m* honour;
punkt ~**u** point of honour;
słowo ~**u** word of honour;
czynić ~**y domu** to do the
honours of the house

honorarium [xɔnɔ'rarjum] *n*
fee; (*autorskie*) royalty,
royalties

honorować [xɔnɔ'rɔvatɕ] *vt*
honour, respect, remunerate

horoskop [xɔ'rɔskɔp] *m* horoscope

horyzont [xɔ'riʑɔnt] *m* horizon; **mieć szerokie** ~**y** to be
open-minded

hotel ['xɔtɛl] *m* hotel; ~ **robotniczy** worker's hotel; ~
studencki (*schronisko*) students' hostel; ~ **turystyczny** tourist hotel; **miejsce w**
~**u** place in a hotel; **pokój**
w ~**u** room in a hotel; **opuścić** ~ to leave the hotel;
am. to check out; **zamówić**
~ to book a room in a
hotel

hotelow|y [xɔtɛ'lɔvֽi] *adj* hotel; **doba** ~**a** hotel night;
kawiarnia ⟨**restauracja**⟩ ~**a**
hotel café ⟨restaurant⟩

hrabia ['xraba] *m* count; (*w
Anglii*) earl

hrabina [xra'bina] *f* countess

hrabstwo ['xrapstfɔ] *n* (*okręg*)
county

huk [xuk] *m* roar, bang, loud
noise

hulać ['xulatɕ] *vi* make merry,
run wild, revel

humanistyczn|y [xumanis'titʃnֽi] *adj* humanistic; **nauki**
~**e** liberal arts

humanitarny [xumani'tarnֽi]
adj humane, humanitarian

humanizm [xu'manizm] *m*
humanism

humo|r ['xumɔr] *m* 1. humour;
poczucie ~**ru** sense of
humour; **być w dobrym**
⟨**złym**⟩ ~**rze** to be in high
⟨low⟩ spirits; **w jakim on**
jest ~**rze?** what mood is he
in? 2. *pl* ~**ry** (*kaprysy*)
whims

huragan [xu'ragan] *m* hurricane

hurt [xurt] *m* wholesale
trade; ~**em** wholesale, in
gross, in bulk

hurtownia [xur'tɔvna] *f*
wholesale firm; (wholesale)
warehouse

huśtać ['xuɕtatɕ] *vt* (*także
vr* ~ **się**) rock, swing

huta ['xuta] *f* (*odlewnia*)
foundry; ~ **żelaza** ironworks; ~ **stali** steelworks;
~ **szklana** glass-works

hutnictwo [xut'nitstfɔ] *n* metallurgy

hydrant ['xֽidrant] *m* hydrant;
(*wąż gumowy*) hose

hydrofor [xֽi'drɔfɔr] *m* hydrophore

hymn [xֽimn] *m* hymn; ~ **narodowy** national anthem;
przen. **śpiewać** ~**y pochwalne na czyjąś cześć** to sing
sb's praises

I

i [i] *conj* and, also, too; **i tak**
dalej and so on ⟨forth⟩

ich [ix] *pron zob.* **oni, one**

idea [i'dɛa] *f* idea

idealny [idɛ'alnֽi] *adj* ideal,
perfect

identyczny [idɛn'titʃnֽi] *adj*
identical

identyfikować [idɛntifi'kɔvatç]
vt identify
ideologia [idɛɔ'lɔɡja] f ideology
ideologiczny [idɛɔlɔ'ɡiʧni] adj
ideological
idiota [id'jɔta] m idiot
idiotyczny [idjɔ'tiʧni] adj
idiotic
iglast|y [ig'lasti] adj conifer-
ous; drzewa ~e coniferous
trees
igł|a ['igůa] f needle; ~a gra-
mofonowa playing needle;
~a maszynowa (sewing-
-machine) needle; ~a z nit-
ką needle and thread;
przen. prosto z ~y brand-
-new, spick and span; ro-
bić z ~y widły to make
mountains out of molehills
ignorować [ignɔ'rɔvatç] vt
ignore, disregard
igrzyska [i'gʒiska] plt plays,
games; Igrzyska Olimpij-
skie Olympic Games
ikra ['ikra] f roe
ile ['ilɛ] adv how much
⟨many⟩; ~ masz lat? how
old are you?; ~ to kosztuje? how much is this?; what
does it cost?; o ~ nie
unless; o ~ (tylko) so ⟨as⟩
long as; provided (that);
o ~ wiem as far as I know
ilekroć [i'lɛkrɔtç] I adv how
many times II conj when-
ever
iloś|ć ['ilɔçtç] f quantity; du-
ża ~ć a great number (of);
a great many; pewna ~ć
a number; a certain amount
(of); w dużych ~ciach in
great numbers; in quanti-
ties; w małych ~ciach in
small numbers
ilustracja [ilu'stratsja] f
illustration
ilustrować [ilu'strɔvatç] vt
illustrate
im ¹ [im] conj ~ więcej, tym
lepiej the more the better
im ² [im] zob. oni, one

imbryk ['imbrik] m tea-pot,
tea-kettle
imieniny [imɛ'ɲini] plt name-
-day; obchodzić ~ to celebrate one's name-day
imiesłów [i'mɛsůuf] m participle
imi|ę ['imɛ̃] n (Christian)
name; jak ci na ~ę? what's
your first name?; mówić
do kogoś po ~eniu to call
sb by his Christian name;
przen. nazywać rzeczy po
~eniu to call a spade a
spade; stracić dobre ~ę to
lose one's reputation; w
~eniu ... in the name ⟨on
behalf⟩ (of) ...
imitacja [imi'tatsja] f imitation; ~ klejnotu paste; ~
skóry imitation leather,
leatherette
impas ['impas] m impasse,
deadlock
imperializm [impɛr'jaɲizm] m
imperialism
impon|ować [impɔ'nɔvatç] vi
impress (komuś sb); to mi
nie ~uje I am not impressed
import ['impɔrt] m import,
importation
importować [impɔr'tɔvatç] vt
import
impregnowany [imprɛgnɔ'va-
ni] adj impregnated
impreza [im'prɛza] f (wydarzenie) event; (przedsię-
wzięcie) enterprize, undertaking; (widowisko) show,
performance
inaczej [i'naʧɛj] adv otherwise; differently; tak czy
~ one way or another;
somehow or other
inauguracja [inaugu'ratsja] f
inauguration; opening ceremony
indeks ['indɛks] m 1. (spis)
list, index; ~ imion index
of Christian names; ~ nazw
geograficznych index of
geographical names; ~ na-
zwisk index of names; ~

wyrazów index of words 2. (*studencki*) student's book
Indianin [in'djaɲin] *m* (Red) Indian
indiański [in'djaɲski] *adj* Indian
indyjski [in'dijski] *adj* Hindu, Indian
indyk ['indik] *m* turkey
indywidualny [indiwidu'alni] *adj* individual, personal
infekcja [in'fɛktsja] *f* infection
inflacja [in'flatsja] *f* inflation
informacj|a [infor'matsja] *f* information; news; (*w napisie*) „inquiries"; ~a dworcowa (railway station) inquiry office; ~a notelowa hotel information desk; ~a kolejowa railway information; ~a telefoniczna telephone information; ~a turystyczna tourist information; biuro ~i inquiry-office; dla waszej ~i for your guidance; zasięgać ~i to inquire, to make inquiries
informator [infor'mator] *m* 1. (*osoba*) informant; man at the information desk 2. (*książka*) guide, guidebook, directory; ~ kolejowy railway guide; ~ turystyczny tourist guide (book)
informować [infor'movatɕ] I *vt* inform; instruct II *vr* ~ się inquire, get information ⟨particulars⟩ (o kimś, o czymś about sb, sth)
inhalacja [inxa'latsja] *f* inhalation
inicjatyw|a [iɲitsja'tiva] *f* initiative; z ~y ... at the suggestion (of) ...; z własnej ~y on one's own initiative
inkasować [inka'sovatɕ] *vt* cash, collect; ~ czek to cash a cheque
inn|y ['inni] *adj* other, another, different; coś ~ego something else; kto ~y somebody ⟨someone⟩ else;

~ym razem another time; między ~ymi among others; chciałbym coś ~ego I'd like something else; nie mam nic ~ego do roboty I have nothing else to do; .to co ~ego that's another matter
inscenizacja [instsɛɲi'zatsja] *f teatr.* staging, putting on the stage, mise-en-scene
insekty [in'sɛkti] *pl pot.* insects, vermin
inspektor [in'spɛktor] *m* inspector
inspekty [in'spɛkti] *plt* hotbed
instalacj|a [insta'latsja] *f* installation; plant; *pl* ~e. plumbing fixtures; ~e gazowe gas fittings; ~e kanalizacyjne plumbing; ~e elektryczne wiring; naprawić ~ę to repair the installation ⟨wiring, plumbing etc.⟩; sprawdzić ~ę to check the installation ⟨wiring, plumbing etc.⟩
instalować [insta'lovatɕ] *vt* install, put in; (*gaz, elektryczność itp.*) lay on, fit
instrukcj|a [ins'truktsja] *f* instruction, direction; zgodnie z ~ą acording to the instruction, following the instruction
instruktor [ins'truktor] *m* instructor, trainer
instrument [ins'trumɛnt] *m* instrument; ~ dęty wind-instrument; ~ smyczkowy stringed instrument
instruować [instru'ovatɕ] *vt* instruct
instynkt ['instinkt] *m* instinct
instytucja [insti'tutsja] *f* institution
instytut [ins'titut] *m* institute
intelektualista [intɛlɛktua'ʎista] *m* intellectualist
intelektualny [intɛlɛktu'alni] *adj* intellectual
inteligencja [intɛʎi'gɛntsja] *f* intelligence; (*warstwa społeczna*) intelligentsia

inteligent [inte'figent] *m* educated man, intellectual

inteligentny [intefii'gentni] *adj* intelligent

intensywny [inten'sivni] *adj* intensive, intense; strenuous

interes [in'teres] *m* interest; concern; affair; business; **dobry ~** good bargain; **mieć do kogoś ~** to have business with somebody; **w moim ~ie** on my behalf; in my own interest; **to nie twój ~!** it's none of your business!

interesant [inte'resant] *m* client; (*zgłaszający się*) applicant

interes|ować [intere'sovatç] I *vt* interest, concern; appeal to; **to mnie nie ~uje** this is of no interest to me II *vr* **~ować się** be interested ⟨take interest⟩ (*czymś* in sth); be concerned (*czymś* with sth); **nie ~ować się czymś** to take no interest in sth

interesujący [interesu'jõtsi] *adj* interesting

internacjonalizm [internatsjo-'nafizm] *m* internationalism

internat [in'ternat] *m* boarding-school

internista [inter'pista] *m* internist

interweniować [interve'pjovatç] *vi* intervene ⟨interfere⟩ (**w sprawie czegoś** in sth)

introligator [introfii'gatɔr] *m* bookbinder

intruz ['intrus] *m* intruder

intryg|a [in'triga] *f* 1. (*knowanie*) intrigue; **robić ~i** to scheme; to plot 2. (*powieści, sztuki*) plot

intrygować [intri'govatç] *vi* intrigue, scheme

intymny [in'timni] *adj* intimate

inwalida [inva'fiida] *m* inval-

id, cripple; (*wojenny*) disabled soldier

inwentarz [in'ventaʃ] *m* inventory, stock account; **żywy ~** live-stock

inwestować [inves'tɔvatç] *vt* invest

inwestycja [inves'titsja] *f* investment

inżynier [in'ʒiner] *m* engineer; **~ chemik** chemical engineer; **~ drogowy** ⟨wodny, lądowy⟩ civil engineer; **~ elektryk** electrical engineer; **~ górniczy** mining engineer; **~ mechanik** mechanical engineer

irański [i'rapski] *adj* Iranian, Persian

ircha ['irxa] *f* chamois-leather; wash-leather

irlandzki [ir'lantski] *adj* Irish

ironiczny [irɔ'pitʃni] *adj* ironical

irytować [iri'tɔvatç] I *vt* irritate; get on sb's nerves II *vr* **~ się** get irritated (*czymś* at sth)

iskra ['iskra] *f* spark

iskrzy|ć ['iskʃitç] *vi* spark; **silnik ~** the engine sparks

istnieć ['istpetç] *vi* exist, be, live

istniejąc|y [istpe'jõtsi] *adj* existing, in existence, extant; **~e prawa** laws in force

istnienie [ist'pɛpɛ] *n* existence

isto|ta [is'tɔta] *f* (*żywa*) being, creature; (*to, co jest zasadnicze*) essence, substance; **~ta rzeczy** the heart of the matter; the point; **w ~cie** in essence; as a matter of fact

istotny [is'tɔtni] *adj* (*zasadniczy*) essential, substantial; (*rzeczywisty*) real

iść [iɕtç] *vi* go; **~ dalej** to go on; **~ lewą stroną** to keep to the left; **~ naprzód** to go ahead; to advance;

~ pieszo to walk; ~ ulicą ⟨ścieżką itp.⟩ to walk along a street ⟨a path etc.⟩; ~ na spacer to go for a walk; ~ po coś to fetch sth; ~ przez most to cross a bridge; ~ za kimś to follow sb || ~ na emeryturę to retire; ~ na medycynę to take up medical studies; ceny idą w górę the prices rise ⟨go up⟩; sztuka szła 50 razy the play ran 50 nights; (o towarze) idzie jak woda sells like hot cakes; jak ci idzie? how are you getting on?; idzie mu dobrze he

fares well; tu idzie o nasze życie our life is at stake
izba ['izba] f room, chamber, apartment; ~ handlowa Chamber of Commerce; ~ porodowa maternity ward
izolacja [izɔ'latsja] f isolation; elektr. insulation
izolatka [izɔ'latka] f (w szpitalu) isolation ward; (w więzieniu) separate cell
izolator [izɔ'latɔr] m insulator
izotop [i'zɔtɔp] m isotope
Izraelczyk [izra'ɛltʃik] m Israeli
izraelski [izra'ɛlski] adj Israeli

J

ja [ja] pron I; (w przypadkach zależnych: mnie, mi, mną) me; tylko ~ only me; daj mi ołówek give me the pencil; mnie się to podoba I like it; nie ma mnie I am not in
jabłko ['japkɔ] n apple
jabłoń ['jabŭɔɲ] f bot. apple-tree
jacht [jaxt] m yacht
jad [jat] m med. toxin, poison, venom; ~ kiełbasiany botulinus toxin; botulism; pot. sausage-poisoning; ~ żmii poisonous snake venom, hematoxin
jadalnia [ja'dalɲa] f dining-room; wojsk. mess
jadalny [ja'dalni] adj eatable; edible; pokój ~ dining-room
jadłodajnia [jadŭɔ'dajɲa] f restaurant
jadłospis [ja'dŭɔspis] m bill of fare, menu
jadowity [jadɔ'vити] adj venomous, poisonous
jagoda [ja'gɔda] f berry; czarna ~ bilberry

jajecznica [jajɛtʃ'ɲitsa] f scrambled eggs
jajko ['jajkɔ] n egg; ~ na miękko soft-boiled egg; ~ na twardo hard-boiled egg; ~ sadzone fried egg; ~ świeże new-laid egg; ~ święcone Easter-egg
jak [jak] I adv how II conj like, as; ~ dotychczas so far, as yet; ~ najprędzej as soon as possible; ~ również as well as; ~ to? how so?; ~ to jest? how is that?; ~ tylko as soon as; rób ~ chcesz do as you like; tak ... ~ so ... as; nie tak ... ~ not so ... as
jaki ['jaki] pron what; ~ ojciec, taki syn like father like son; ~ś ty mądry! how clever you are!; ~ z niego głupiec! what a fool he is!; w ~ sposób? in what way?; ~ bądź any; w ~ bądź sposób in any way; ~ taki tolerable; passable
jakikolwiek [jaki'kɔlvɛk] pron

whatever, any; **w ~ spo- sób** in any way
jakiś ['jakiç] *pron* some, someone; **~ człowiek** a (certain) man
jakkolwiek [jak'kɔlvɛk] **I** *conj* though, although **II** *adv* in some ⟨any⟩ way
jako ['jakɔ] *conj* as; **~ przedstawiciel** as a representative; **~ tako** tolerably; **~ że** in that; inasmuch as
jakoby [ja'kɔbɨ] *conj* as if; allegedly
jakościowy [jakɔ'çtçɔvɨ] *adj* qualitative
jakość ['jakɔçtç] *f* quality
jakże ['jagʒɛ] *adv* how; **a ~!** of course!; *am.* sure!; **~ to?** how so?
jałowiec [ja'u̯ɔvɛts] *m bot.* juniper
jałowy [ja'u̯ɔvɨ] *adj* (*o ziemi, krowie itp.*) barren; sterile; (*o słowach, działaniu itp.*) idle, futile; *mech.* **~ bieg** idle run
jama ['jama] *f* pit, hole; **~ ustna** oral cavity
jamnik ['jamɲik] *m* dachshund
Japończyk [ja'pɔɲtʃɨk] *m* Japanese
japoński [ja'pɔɲskʲi] *adj* Japanese
jarmark ['jarmark] *m* fair
jarski ['jarskʲi] *adj* vegetarian
jarzeniowy [jaʒɛ'ɲɔvɨ] *adj* neon
jarzębina [jaʒɛ̃'bʲina] *f bot.* sorb, rowan
jarzmo ['jaʒmɔ] *n* yoke; **zrzucić ~ to** shake off the yoke
jarzyn|a [ja'ʒɨna] *f* vegetable; *pl* **~y** greens
jasiek ['jaçɛk] *m* small pillow
jaskinia [jas'kʲiɲa] *f* cave, cavern
jaskółka [ja'skuu̯ka] *f* swallow
jaskrawy [ja'skravɨ] *adj* glaring, striking

jasn|y ['jasnɨ] *adj* bright, clear; (*o kolorze*) light; (*o włosach, cerze*) fair; **~e piwo** ale; **w ~y dzień** in broad daylight
jaszczurka [jaʃ'tʃurka] *f zool.* lizard
jaśmin ['jaçmʲin] *m* jasmine
jawnie ['javɲɛ] *adv* openly, evidently
jazd|a ['jazda] *f* ride, journey; (*statkiem*) voyage; **~a konna** horsemanship; **nauka ~y** driving lessons; **prawo ~y** driving licence; **rozkład ~y** time-table
ją [jɔ̃] *zob.* **ona**
jądro ['jɔ̃drɔ] *n* kernel; *anat.* testicle; (*atomu*) nucleus
jądrow|y [jɔ̃'drɔvɨ] *adj* nuclear; **broń ~a** nuclear weapon
jąkać się ['jɔ̃katç çɛ] *vr* stammer, stutter
je [jɛ] *zob.* **one, oni**
jechać ['jɛxatç] *vi* go (*pociągiem, autobusem itp.* by train, bus etc.*); (*konno* on horseback*); drive (*samochodem* a car*); ride (*na rowerze* a bicycle*); (*statkiem*) sail; (*podróżować*) travel; **~ autostopem to** go hitch-hiking; **~ za granicę to** go abroad
jed|en ['jɛdɛn] *num* one, a; (*z dwu*) either; **ani ~en** not a single; **co do ~nego to** the last man; **~en po drugim** one after another; **~en raz** once; **~en tysiąc** one thousand; **~na druga** a half, one half; **sam ~en** alone; all by himself; **to na ~no wychodzi** it comes to the same thing; **wszystko ~no** all the same; no matter
jedenasty [jɛdɛ'nastɨ] *adj num* eleventh
jedenaście [jɛdɛ'naçtçɛ] *num* eleven
jednak ['jɛdnak] *conj* but, yet, still; **a ~ and** yet

jednakowy [jɛdna'kɔvɨ] *adj* the same, identical, equal

jednocześnie [jɛdnɔ'tʃɛɕɲɛ] *adv* simultaneously; at the same time

jednoczyć [jɛ'dnɔtʃɨtɕ] I *vt* unify, consolidate II *vr* ~ się unite

jednodniowy [jɛdnɔ'dɲɔvɨ] *adj* of a day; one day's (rest etc.)

jednogłośnie [jɛdnɔ'gu̯ɔɕɲɛ] *adv* unanimously

jednokierunkowy [jɛdnɔkɛ-run'kɔvɨ] *adj* ruch ~ one--way traffic

jednolity [jɛdnɔ'litɨ] *adj* uniform, homogeneous

jednoosobowy [jɛdnɔɔsɔ'bɔvɨ] *adj* one-man; (*o pokoju, łóżku*) single

jednopiętrowy [jɛdnɔpɛ̃'trɔvɨ] *adj* one-storied

jednorazow|y [jɛdnɔra'zɔvɨ] *adj* single, unrenewed, un-recurring; do ~ego użytku disposable

jednorodzinny [jɛdnɔrɔ'dʑinnɨ] *adj* one-family; domek ~ individual ⟨one-family⟩ house

jednostajny [jɛdnɔ'stajnɨ] *adj* monotonous, uniform; (*o je-dzeniu*) same

jednostka [jɛd'nɔstka] *f* unit; (*o człowieku*) individual

jednostronny [jɛdnɔ'stronnɨ] *adj* unilateral, one-sided; (*nieobiektywny*) partial

jedność ['jɛdnɔɕtɕ] *f* unity

jedwab ['jɛdvap] *m* silk; su-rowy ~ raw ⟨floss⟩ silk; sztuczny ~ rayon

jedynak [jɛ'dɨnak] *m* only son

jedyny [jɛ'dɨnɨ] *adj* only, sole; ~ raz only once; ~ w swoim rodzaju unique

jedzenie [jɛ'dzɛɲɛ] *n* food, meal; (*czynność*) eating

jego ['jɛgɔ] zob. on, ono

jej [jɛj] zob. ona

jeleń ['jɛlɛɲ] *m* stag

jelito [jɛ'ɕitɔ] *n* intestine, bowel

jemu ['jɛmu] zob. on, ono

jeniec ['jɛɲɛts] *m* prisoner, captive; ~ wojenny prison-er of war (P.O.W.)

jesień ['jɛɕɛɲ] *f* autumn, *am.* fall

jesionka [jɛ'ɕɔnka] *f* over-coat; winter coat; greatcoat

jesiotr ['jɛɕɔtr] *m* zool. stur-geon

jeszcze ['jɛʃtʃɛ] *adv* still, yet; besides; more; ~ do nie-dawna until quite lately; ~ dzisiaj this very day; ~ nie not yet; ~ raz once more; ~ trochę zupy? a little more soup?; co ~? what else?; Bóg wie co ~ and what not; kto ~? who else?; ~ jak! very much so!

jeść [jɛɕtɕ] *vt* eat; ~ śniada-nie to have breakfast; ~ obiad to have dinner; to dine; ~ kolację to have supper; to sup; chce mi się ~ I am hungry

jeśli zob. jeżeli

jezdni|a ['jɛzdɲa] *f* road, roadway; przejść przez ~ę to cross the road ⟨the street⟩

jezioro [jɛ'ʑɔrɔ] *n* lake

jeździć ['jɛʑdʑitɕ] *vi* travel, ride, drive; ~ po kraju to go about the country; ~ na łyżwach to skate; ~ na nartach to ski; zob. jechać

jeździec ['jɛʑdʑɛts] *m* rider, horseman

jeździectwo [jɛʑ'dʑɛtstfɔ] *n* horsemanship

jeż [jɛʃ] *m* zool. hedgehog; *przen.* włosy na ~a short hair-cut; *pot.* średnio na ~a so-so

jeżeli [jɛ'ʒɛɕi], jeśli ['jɛɕɕi] *conj* if; ~ nawet even if; ~ nie unless; if not; ~ w ogóle if at all

jeżyna [jɛ'ʒɨna] *f* blackberry-

-bush; bramble; (*jagoda*) blackberry
jęczeć ['jɛ̃tʃɛtɕ] *imperf*, **jęknąć** ['jɛ̃knɔ̃tɕ] *perf* *vi* groan, moan
jęczmień ['jɛ̃tʃmjɛɲ] *m* **1.** *bot.* barley **2.** (*na oku*) stye
jęknąć *zob.* **jęczeć**
język ['jɛ̃zɨk] *m* **1.** *anat.* tongue; *przen.* **mieć coś na końcu ~a** to have sth on the tip of one's tongue; **trzymać ~ za zębami** to hold one's tongue; **zapomnieć ~a w gębie** to lose one's tongue; to be tongue-tied **2.** (*mowa*) language; **~ ojczysty** mother tongue; **~ potoczny** everyday ⟨colloquial⟩ speech; **czytać ⟨mówić, pisać⟩ w obcym ~u** to read ⟨to speak, to write⟩ a foreign language; **tłumaczyć na obcy ~** to translate into a foreign language; **znać dobrze obcy ~** to know well ⟨to have a good command of⟩ a foreign language; **znać słabo obcy ~** to speak ⟨to know⟩ poorly a foreign language
jodła ['jɔdǔa] *f* *bot.* fir (tree)
jodyna [jɔ'dɨna] *f* *farm.* tincture of iodine, *pot.* iodine
jogurt ['jɔgurt] *m* yogurt, yoghurt
jubiler [ju'bilɛr] *m* jeweller; **u ~a** at the jeweller's
jubileusz [jubi'lɛuʃ] *m* jubilee
Jugosłowianin [jugɔsǔɔ'vaɲin] *m* Jugoslav, Yugoslav
jugosłowiański [jugɔsǔɔ'vaɲskʲi] *adj* Jugoslav, Yugoslav
jury [ʒy'ri] *n* jury
jutr|o ['jutrɔ] I *n* next day; **do ~a** till tomorrow II *adv* tomorrow; **~o rano** tomorrow morning
jutrzejszy [ju'tʃɛjʃi] *adj* tomorrow's
już [juʃ] *adv* already; **~ nie** no more; **~ nigdy** nevermore; **~ o 10-tej** as early as 10 o'clock; **~ po wszystkim** it's all over; **on ~ nie jest dyrektorem** he is no longer the manager

K

kabaret [ka'barɛt] *m* cabaret
kabel ['kabɛl] *m* cable
kabina [ka'bina] *f* cabin; **~ pilota** cockpit; **~ okrętowa** passenger cabin; **~ telefoniczna** telephone booth; **~ kosmiczna** capsule
kabriolet [ka'brjɔlɛt] *m* cabriolet
kac [kats] *m* hangover
kaczan ['katʃan] *m* (*kolba kukurydzy*) cob, corn-cob
kaczka ['katʃka] *f* duck; **chodzić jak ~** to waddle; *pot.* **~ dziennikarska** hoax, canard
kadłub ['kadǔup] *m* trunk; (*statku*) hull; (*samolotu*) fuselage
kadr [kadr] *m* frame (in a film)
kadra ['kadra] *f* staff; *wojsk.* cadre
kadź [katɕ] *f* tub, vat
kafel ['kafɛl] *m* tile
kaftan ['kaftan] *m* jerkin; **~ bezpieczeństwa** strait-jacket
kaganiec [ka'gaɲɛts] *m* muzzle
kajak ['kajak] *m* canoe; **~ składany** collapsible ⟨folding⟩ canoe
kajdanki [kaj'danki] *plt* handcuffs
kajuta [ka'juta] *f* cabin
kakao [ka'kaɔ] *n* cocoa
kalafior [ka'lafɔr] *m* cauliflower

kalarepa [kala'rɛpa] *f* turnip--cabbage, cole-rape
kaleczyć [ka'lɛtʃitɕ] *vt* maim, mutilate, injure; ~ **język** to murder a language
kaleka [ka'lɛka] *m f* cripple, invalid
kalendarz [ka'lɛndaʃ] *m* calendar
kalesony [kalɛ'sɔni] *plt* drawers, *pot.* pants
kalka ['kalka] *f* (*maszynowa*) carbon-paper; ~ **techniczna** tracing paper
kalkulacja [kalku'latsja] *f* calculation, computation
kalkulator [kalku'latɔr] *m* calculator, reckoner
kaloria [ka'lɔrja] *f* calorie
kaloryfer [kalɔ'rifɛr] *m* radiator, heater
kalosz ['kalɔʃ] *m* galosh, rubber overshoe
kałamarz [ka'ŭamaʃ] *m* inkstand
kałuża [ka'ŭuʒa] *f* puddle
kamera [ka'mɛra] *f* chamber; *fot.* camera
kameraln|y [kamɛ'ralni] *adj* **muzyka ~a** chamber music
kamforowy [kamfɔ'rɔvi] *adj* camphoric; **olejek** ⟨**spirytus**⟩ ~ camphorated oil ⟨**alcohol**⟩
kamienica [kamɛ'nitsa] *f* tenement house
kamieniołom [kamɛ'nɔŭɔm] *m* quarry
kamienny [ka'mɛnni] *adj* stone; **węgiel** ~ (black) coal
kamień ['kamɛn] *m* stone; ~ **do zapalniczek** flint; ~ **młyński** millstone; ~ **syntetyczny** synthetic stone; ~ **szlachetny** precious stone; gem; ~ **w zegarku** jewel; *przen.* **spać jak** ~ to sleep like a log
kamizelka [kami'zɛlka] *f* waistcoat; ~ **ratunkowa** life jacket
kampania [kam'panja] *f* cam-

paign; ~ **wyborcza** election campaign
Kanadyjczyk [kana'dijtʃik] *m* Canadian
kanadyjski [kana'dijski] *adj* Canadian
kanalizacja [kanaʃi'zatsja] *f* 1. (*budowa kanałów*) canalization 2. (*miejska*) sewage system, sewers
kanał ['kanaŭ] *m* 1. canal; ~ **ściekowy** sewer 2. *geogr.* channel
kanapka [ka'napka] *f* 1. *kulin.* sandwich 2. (*mebel*) couch, settee
kancelaria [kantsɛ'larja] *f* office; (*ambasady, kanclerza*) chancellery
kanclerz ['kantslɛʃ] *m* chancellor
kandydat [kan'didat] *m* candidate, applicant; **lista ~ów** waiting list
kandydować [kandi'dɔvatɕ] *vi* be a candidate ⟨**run**⟩ (**do czegoś** to sth); ~ **w wyborach** to stand for election
kanister [ka'nistɛr] *m* (petrol) can; **napełnić** ~ **benzyną** to fill (up) the (petrol) can
kant ['kant] *m* 1. (*stołu*) edge 2. (*spodni*) crease 3. *pot.* (*nieuczciwość*) swindle, cheat, fraud
kantor ['kantɔr] *m* counting--house; ~ **wymiany** (foreign) exchange office
kap|ać ['kapatɕ] *imperf*, ~**nąć** ['kapnɔtɕ] *perf* *vt* trickle, dribble, drip
kapary [ka'pari] *pl* capers, caper buds
kapela [ka'pɛla] *f* orchestra, band
kapelusz [ka'pɛluʃ] *m* hat; ~ **filcowy** felt hat; ~ **plażowy** beach hat; ~ **słomkowy** straw hat; **bez ~a** bare--headed; **w ~u** with one's hat on; **pudło na ~e** hat--box, band-box; **uchylić ~a** to raise one's hat; **zdjąć** ~ to remove one's hat

kapitalista [kapita'ʃiista] *m* capitalist

kapitalizm [kapi'taʃizm] *m* capitalism

kapitał [ka'pitaŭ] *m* capital; ~ **obrotowy** circulating capital; ~ **zakładowy** capital fund

kapitan [ka'pitan] *m* captain

kapitel [ka'pitel] *m* arch. capital (of a column)

kapitulacja [kapitu'latsja] *f* capitulation, surrender

kaplica [ka'pʃitsa] *f* chapel

kapnąć *zob.* **kapać**

kapok ['kapɔk] *m* 1. (*włókno*) kapok 2. (*kamizelka ratownicza*) life-jacket (with kapok filling)

kapral ['kapral] *m* corporal

kapryśny [ka'priçni] *adj* capricious, whimsical; (*wybredny*) fastidious

kapsel ['kapsel] *m* (*pokrywka butelki*) cap, (metallic) capsule, seal

kapsułka [kap'suŭka] *f* cachet, capsule

kaptur ['kaptur] *m* hood

kapusta [ka'pusta] *f* cabbage; ~ **czerwona** red cabbage; ~ **kwaszona** sauerkraut; ~ **włoska** savoy

kapuśniak [ka'puçnak] *m* sauerkraut soup

kar|a ['kara] *f* punishment; (*sądowa*) penalty; ~a **grzywny** fine; ~a **pieniężna** pecuniary penalty; fine; ~a **śmierci** capital punishment; ~a **więzienia** imprisonment; **podlegać karze** to be punishable; **ponieść** ~ę to undergo a punishment; **pod** ~ą ... **on** ⟨under⟩ **pain** ⟨penalty⟩ (of) ...; **za** ~ę **as** ⟨for⟩ punishment

karabin [ka'rabin] *m* rifle; ~ **maszynowy** machine-gun

karać ['karatç] *vt* punish, inflict punishment; ~ **grzywną** to fine

karafka [ka'rafka] *f* decanter, carafe

karakuły [kara'kuŭi] *pl* (*futro*) astrakhan (fur)

karalny [ka'ralni] *adj* punishable

karaluch [ka'ralux] *m* cockroach

karambol [ka'rambɔl] *m* collision

karawana [kara'vana] *f* caravan

karczma ['kartʃma] *f* (*gospoda*) inn; (*szynk*) *pot.* pub

karczować [kar'tʃɔvatç] *vt* root out, clear

kardan ['kardan] *m* mot. cardan print ⟨coupling⟩

kardynał [kar'dinaŭ] *m* cardinal

kareta [ka'rɛta] *f* carriage, coach

karetka [ka'rɛtka] *f* ~ **pogotowia** ambulance

kariera [kar'jera] *f* career

karierowicz [karjɛ'rɔvitʃ] *m* oportunist, careerist, *pot.* climber

kark [kark] *m* neck, nape; back of the neck; **skręcić sobie** ~ to break one's neck

karkołomny [karkɔ'ŭɔmni] *adj* breakneck

karmić ['karmitç] **I** *vt* feed, nourish **II** *vr* ~ **się** feed (*czymś* on sth)

karnawał [kar'navaŭ] *m* carnival

karnet ['karnet] *m* coupons book, ticket wallet; *am.* book of vouchers

karność ['karnɔçtç] *f* discipline

karny ['karni] *adj* well-disciplined, orderly; (*o prawie*) penal; (*o sądzie, sprawie*) criminal; **kodeks** ~ penal code; **rejestr** ~ criminal records; *sport.* **rzut** ~ penalty kick

karo ['karɔ] *n* karc. diamonds

karoseria [karɔ'serja] *f* mot. body (of a car)

karp [karp] *m* carp

kart|a ['karta] *f* (*do gry*) card; (*książki*) page; leaf;

(*papieru*) sheet of paper;
~a członkowska member-
ship card; ~a ewidencyjna
index card; (*dziurkowana*)
punched card; ~a gwaran-
cyjna guarantee card; ~a
kempingowa camping (reg-
istration) card; ~a pływacka swimming card; ~a
pocztowa postcard, *am.*
postal card; ~a rejestracyjna registration card; ~a
tożsamości identity card; ~a
win wine list; ~a wizytowa
visiting card; ~a wstępu
admission card; (*stała*) subscription card ⟨ticket⟩; (*ul-
gowa*) pass; grać w ~y to
play cards; *przen.* grać w
otwarte ~y to lay one's
cards on the table
karter ['karter] *m mot.* crank
case, crankshaft casing
kartk|a ['kartka] *f* card; (*ar-
kusik*) sheet of paper; (*notatka*) note; (*do przywiązy-
wania*) tag; ~a pocztowa
postcard; ~a z napisem
⟨ogłoszeniem⟩ notice; napisać ~ę to write a postcard;
wysłać ~ę to send a post-
card
kartof|el [kar'tofɛl] *m* potato;
~le smażone fried potatoes;
~le tłuczone mashed pota-
toes; ~le w mundurkach
potatoes boiled in their
jackets
kartoflanka [karto'flanka] *f*
potato soup
karton ['karton] *m* cardboard,
pasteboard; ~ papierosów
cigarette carton
kartoteka [karto'tɛka] *f* card-
-index, register
karuzela [karu'zɛla] *f* merry-
-go-round
karykatura [karɨka'tura] *f*
caricature
karzeł ['kaʒɛŭ] *m* dwarf
kas|a ['kasa] *f* cash-desk,
cashier's desk, cash (paying)
counter; (*napis informują-
cy*) „pay here"; ~a bileto-

wa ⟨teatralna⟩ booking office; ~ oszczędności savings-
-bank; ~a pancerna safe;
~a walutowa ⟨wymiany
pieniędzy⟩ exchange office;
proszę płacić przy ~ie pay
at the desk, please
kaseta [ka'sɛta] *f* 1. (*skrzynka*) casket 2. *fot.* backslide,
slideholder; plate holder 3.
(*magnetofonowa*) cassette
kasjer ['kasjɛr] *m* cashier;
(*bankowy*) teller
kask [kask] *m* helmet; ~ motocyklowy crash-helmet; ~
tropikalny sun-helmet
kasować [ka'sovatɕ] *vt* cancel,
annul; (*znaczek pocztowy*)
obliterate; (*bilet*) punch
kasyno [ka'sɨno] *n* casino,
club; ~ gry casino; ~ ofi-
cerskie (officers') mess
kasza ['kaʃa] *f* cereals, groats;
~ jaglana millet grits; ~
manna semolina; ~ perło-
wa pearl barley; ~ gry-
czana buckwheat, groats
kaszel ['kaʃɛl] *m* cough
kaszleć ['kaʃlɛtɕ] *vi* cough
kasztan ['kaʃtan] *m* 1. *bot.*
chestnut(-tree) 2. (*koń*)
brown horse
katalog [ka'talok] *m* catalogue, list
katar ['katar] *m* cold, catarrh;
~ sienny hay fever; dostać
~u to catch a cold; mieć ~
to have a cold
katarynka [kata'rɨnka] *f*
barrel-organ
katastrof|a [kata'strofa] *f* ca-
tastrophe; disaster, calami-
ty; (*lotnicza, kolejowa, samochodowa*) crash; (*żywic-
łowa*) disaster, cataclysm;
(*statku*) shipwreck; (*o samochodzie*) ulec ~ie to
crash
katedra [ka'tɛdra] *f* 1. (*budynek*) cathedral 2. (*na uczelni*) chair 3. (*mebel*) desk,
pulpit
kategoria [katɛ'gorja] *f* category; ~ turystyczna tourist

class; **pierwsza ⟨druga⟩** ~ first ⟨second⟩ class ⟨rate⟩
katoda [ka'tɔda] *f elektr.* cathode
katolicki [katɔ'ʎitsḳi] *adj* Catholic
kaucj|a ['kaŭtsʎa] *f* security, deposit; *(sądowa)* bail; **za** ~**ą** on bail
kauczuk ['kaŭtʃuk] *m* caoutchouc, india-rubber
kaw|a ['kava] *f* coffee; ~**a ziarnista** coffee beans; ~**a biała** coffee with milk ⟨cream⟩, *pot.* white coffee; ~**a czarna** black coffee; ~**a mielona** ground coffee; ~**a mrożona** iced coffee; ~**a palona** roasted coffee; ~**a po turecku** Turkish coffee; ~**a ze śmietanką** coffee with cream; **namiastka** ~**y** coffee substitute; **młynek do** ~**y** coffee-mill; **mleć** ~**ę** to grind coffee
kawaler [ka'valɛr] *m* 1. *(nieżonaty)* bachelor; **stary** ~ old bachelor 2. *(orderu)* knight; *(zakonu rycerskiego, Legii Honorowej)* chevalier; cavalier
kawalerka [kava'lɛrka] *f* bachelor's flat ⟨*am.* apartment⟩
kawał ['kavaŭ] *m* 1. bit, piece; lump; *przen.* ~ **czasu** a long time 2. *(dowcip)* joke 3. *(psota)* trick; **brzydki** ~ dirty trick; **zrobić komuś** ~ to play a trick on sb
kawał|ek [ka'vaŭɛk] *m* bit; *(chleba)* slice; *(mięsa)* morsel; *(ziemi)* plot; **krajać na** ~**ki** to slice; **rozbić na** ~**ki** to break to pieces; **rozbić się na** ~**ki** to go to pieces; **po** ~**ku** piece by piece
kawiarnia [ka'varɲa] *f* café, coffee-house
kawior ['kavɔr] *m* caviar
kawka ['kafka] *f zool.* jackdaw
kawon ['kavɔn] *m* watermelon

kawowy [ka'vɔvi] *adj* coffee-; **bar** ~ coffee-bar
kazać ['kazatɕ] *vt* order, bid; ~ **komuś coś zrobić** to make ⟨have⟩ sb do sth; to tell sb to do sth
kazanie [ka'zaɲɛ] *n* 1. sermon; **mówić** ~ to preach 2. *przen.* lecture; **palnąć komuś** ~ to read sb a lecture
każdy ['kaʒdi] *pron* every, each; ~ **człowiek** every man; ~ **z was** each of you; **w** ~**m razie** at any rate; anyhow; anyway; **za** ~**m razem** every time
kącik ['kɔtɕik] *m* nook
kąpać ['kɔpatɕ] I *vt* bathe II *vr* ~ **się** bathe, have a bath
kąpiel ['kɔpɛl] *f (w wannie)* bath; *(w morzu)* bathe; ~ **słoneczna** sun-bath; „~ **wzbroniona"** „no bathing"; **wziąć** ~ to have a bath
kąpielisko [kɔpɛ'ʎiskɔ] *n (nadmorskie)* seaside resort; *(zakład)* bath-house
kąpielow|y [kɔpɛ'lɔvi] *adj* **spodenki** ~**e** = **kąpielówki; strój** ~**y** bathing suit ⟨costume⟩
kąpielówki [kɔpɛ'lufḳi] *plt* swimming trunks
kąsać ['kɔsatɕ] *vt* bite; *(o owadach)* sting
kąt [kɔt] *m (pokoju)* corner; *mat.* angle; ~ **nachylenia** gradient; angle of inclination; **zapadły** ~ the deadest of dead ends
kciuk [ktɕuk] *m* thumb
kelner ['kɛlnɛr] *m* waiter
kelnerka [kɛl'nɛrka] *f* waitress
kemping ['kɛmpink] *m* camping; *(obozowisko)* camping-ground, camping-site
kędzierzawy [kɛ̃dʑɛ'ʒavi] *adj* curly, crisp
kęs [kɛ̃s] *m* bit, morsel, mouthful
kibic ['ḳiḅits] *m karc.* kibitzer; *sport.* fan

kich|ać [ˈk̦ixatç] *imperf,* ~nąć [ˈk̦ixnɔ̃tç] *perf vi* sneeze
kicz [k̦itʃ] *m* daub
kiedy [ˈk̦edɨ] *pron* when; as; ~ indziej another ⟨some other⟩ time
kiedykolwiek [k̦edɨˈkɔlvɛk] *adv* whenever, at any time
kiedyś [ˈk̦ediç] *adv* once, at one time; *(w przyszłości)* some day
kieliszek [k̦eˈɲiʃek] *m* glass; ~ do wina wine glass
kiełbasa [k̦eйˈbasa] *f* sausage
kiepski [ˈk̦epsk̦i] *adj* bad, poor
kiepsko [ˈk̦epskɔ] *adv* poorly; ~ ze mną *(źle się czuję)* I am not well; *(jestem w kłopocie)* I am in a fix
kier [k̦er] *m karc.* hearts
kiermasz [ˈk̦ermaʃ] *m* fair, kermess
kierować [k̦eˈrɔvatç] I *vt* lead, guide, direct; *(państwem)* govern; *(samochodem)* drive; *(firmą, sklepem)* run II *vr* ~ się *(zdążać)* make for (a place); ~ się czymś to be guided by sth
kierowca [k̦eˈrɔftsa] *m* driver
kierownica [k̦erɔvˈɲitsa] *f mot.* steering wheel; *(roweru)* handle bars
kierownictwo [k̦erɔvˈnitstfɔ] *n* management, direction
kierownik [k̦eˈrɔvɲik] *m* manager, director, chief; *pot.* boss; ~ techniczny chief engineer
kierun|ek [k̦eˈrunɛk] *m* direction, course; *(w literaturze sztuce, modzie)* trend, tendency; pod czyimś ~kiem under the guidance of sb; w dobrym ⟨złym⟩ ~ku in the right ⟨wrong⟩ direction; w ~ku czegoś in the direction of sth; w ~ku jazdy pociągu facing the engine
kierunkowskaz [k̦erunˈkɔfskas] *m mot.* traffic indicator; trafficator
kiesze|ń [ˈk̦eʃeɲ] *f* pocket; tylna ~ń hip-pocket; scho-

wać coś do ~ni to pocket sth; *przen.* to nie na moją ~ń it's beyond my means
kieszonkow|y [k̦eʃɔnˈkɔvɨ] I *adj* pocket II *n* ~e pocket money
kij [k̦ij] *m* stick; ~ bilardowy cue; ~ do golfa golf-club; ~ hokejowy hockey-stick
kij|ek [ˈk̦ijɛk] *m* stick; ~ki narciarskie ski-sticks
kilim [ˈk̦iɲim] *m* rug
kilka [ˈk̦ilka] *num* some, several, a few; dwadzieścia ~ lat twenty odd years
kilkadziesiąt [k̦ilkaˈdʒɛçɔt] *num* several dozen; ~ osób scores of people
kilkakrotnie [k̦ilkaˈkrɔtɲɛ] *adv* several times, repeatedly
kilkanaście [k̦ilkaˈnaçtçɛ] *num* over a dozen or so
kilkaset [k̦ilˈkaset] *num* several hundred
kilkudniowy [k̦ilkuˈdɲɔvɨ] *adj* several days'; of several days
kilkuletni [k̦ilkuˈlɛtɲi] *adj* several years'; several years old
kilkumiesięczny [k̦ilkuˈɱɛçɛ̃tʃnɨ] *adj* several months', several months old
kilkuminutowy [k̦ilkuɱinuˈtɔvɨ] *adj* several minutes', of several minutes
kilkuosobowy [k̦ilkuɔsɔˈbɔvɨ] *adj* of ⟨for⟩ several persons
kilogram [k̦iˈlɔgram] *m* kilogram(me)
kilometr [k̦iˈlɔmɛtr] *m* kilometre
kimono [k̦iˈmɔnɔ] *n* kimono
kin|o [ˈk̦inɔ] *n* cinema, pictures, *pot.* movies; ~o panoramiczne panorama; ~o letnie open-air ⟨summer⟩ cinema; co grają w ~ie? what's on (in the cinema)?
kiosk [kɔsk] *m* kiosk, booth; ~ z gazetami, pismami news stall, book-stall; ~ z

napojami refreshment stand ⟨stall⟩
kisiel [′kiɕɛl] *m* jelly
kiszka [′ḳiʃka] *f* 1. *anat.* intestine, bowel; **ślepa** ⌒ appendix 2. *kulin.* sausage; **krwawa** ⌒ blood ⟨black⟩ pudding; ⌒ **pasztetowa** liverwurst
kiszon|y [ḳi′ʃɔni] *adj* pickled; **⌒a kapusta** sauerkraut; **⌒y ogórek** pickled cucumber
kiść [ḳiɕtɕ] *f* tuft, bunch; ⌒ **winogron** bunch of grapes
kiw|ać [′ḳivatɕ] *imperf*, **⌒nąć** [′ḳivnɔ̃tɕ] *perf* I *vt* beckon (**na kogoś** to sb); (*głową*) nod; (*na pożegnanie*) wave (**ręką komuś** one's hand to sb) II *vr* **⌒ać**, **⌒nąć się** *pot.* totter, rock
klacz [klatʃ] *f* mare
klakson [′klaksɔn] *m* horn, hooter
klamka [′klamka] *f* door handle
klamra [′klamra] *f* clasp; buckle; (*w druku*) bracket
klap|a [′klapa] *f* 1. *techn.* valve; **⌒a bezpieczeństwa** safety valve 2. (*u marynarki*) lapel 3. *pot.* (*niepowodzenie*) failure, flop; **zrobić ⌒ę** to fall flat
klapki [′klapḳi] *plt* mules
klarnet [′klarnet] *m* clarinet
klas|a [′klasa] *f* 1. class; **⌒a pracująca** working class; **⌒a turystyczna** tourist class; **podróżować pierwszą ⌒ą** to travel first class 2. (*w szkole*) form; (*sala*) classroom
klaskać [′klaskatɕ] *vi* clap (one's hands); (*oklaskiwać*) applaud
klasow|y [kla′sɔvi] *adj* class; **walka ⌒a** class struggle
klasyczny [kla′siʧni] *adj* classic(al)
klasyfikacja [klasɨfi′katsja] *f* classification
klasztor [′klaʃtɔr] *m* cloister, monastery; ⌒ **żeński** convent

klatka [′klatka] *f* cage; ⌒ **schodowa** staircase; *anat.* ⌒ **piersiowa** chest
klauzula [klau′zula] *f* clause
kląć [klɔ̃tɕ] *vi* curse (**na kogoś, coś** sb, sth); swear (**na kogoś** at sb)
kleić [′klɛitɕ] I *vt* stick, glue, paste II *vr* ⌒ **się** stick
kleik [′klɛik] *m* gruel
klej [klɛj] *m* glue, paste; ⌒ **stolarski** joiner's glue
klejnot [′klɛjnɔt] *m* jewel, gem
kler [klɛr] *m* clergy
kleszcze [′klɛʃʧɛ] *plt* tongs, pincers
klęczeć [′klɛ̃ʧɛtɕ] *vi* kneel
klęknąć [′klɛ̃knɔ̃tɕ] *vi* kneel down
klęsk|a [′klɛ̃ska] *f* 1. (*porażka*) defeat; **ponieść ⌒ę** to be defeated; **zadać komuś ⌒ę** to defeat sb 2. (*żywiołowa*) disaster, calamity
klient [′kɲijɛnt] *m* customer, client, patron
klimat [′kɲimat] *m* climate; ⌒ **łagodny** ⟨**ostry, surowy**⟩ mild ⟨severe⟩ climate; ⌒ **umiarkowany** ⟨**tropikalny**⟩ temperate ⟨tropical⟩ climate
klimatyzacja [kɲimati′zatsja] *f* air-conditioning
klin [kɲin] *m* wedge; (*w spódnicy*) gusset, gore; **wstawić ⌒** to gore; *przen.* **zabić komuś ⌒a w głowę** to set sb thinking
klinika [′kɲinika] *f* clinic
klipsy [′kɲipsɨ] *pl* clips
klisza [′kɲiʃa] *f fot.* plate
kloc [klɔts] *m* log, block
klocek [′klɔtsɛk] *m* block; ⌒ **do zabawy** toy block; *mot.* ⌒ **hamulcowy** brake shoe ⟨block⟩
klomb [klɔmp] *m* flower-bed
klon [klɔn] *m bot.* maple
klops [klɔps] *m kulin.* meat-ball
klosz [klɔʃ] *m* (*lampy*) globe, lamp-shade; (*do przykrywania*) bell-glass

klozet ['klɔzɛt] *m* water-closet, W.C.
klub [klup] *m* club
klucz [kluʧ] *m* 1. key; ~ do nakrętek spanner; ~ do zatrzasku latchkey; ~ francuski wrench; zamykać na ~ to lock 2. *muz.* clef
kluczyk ['kluʧik] *m* key; ~ zapłonu ignition key; ~i od samochodu motorcar keys
klusk|a ['kluska] *f* dumpling, podge; ~i kładzione drop dumplings; lane ~i batter dumplings
kłamać ['kůamatɕ] *vi* lie
kłamstwo ['kůamstfɔ] *n* lie
kłania|ć się ['kůaɲatɕ ɕɛ̃] *vr* bow (**komuś to** sb), greet (**komuś** sb); ~j mu się ode mnie remember me to him; give him my regards
kłaść [kůaɕtɕ] I *vt* lay, put, set II *vr* ~ się lie down; ~ się do łóżka to go to bed
kłopo|t ['kůɔpɔt] *m* worry, trouble, bother; być w ~cie to be at a loss; to be in trouble; **sprawiać** ~t to (give) trouble
kłos [kůɔs] *m* ear (of corn)
kłócić się ['kůutɕitɕ ɕɛ̃] *vr* quarrel (**o coś** about sth)
kłódka ['kůutka] *f* padlock
kłótnia ['kůutɲa] *f* quarrel, argument
kłuć [kůutɕ] *vt* prick, sting; (*nożem*) stab; *przen.* ~ w oczy to strike the eye
kłusować [1] [kůu'sɔvatɕ] *vi* (*o koniu, jeźdźcu*) trot
kłusować [2] [kůu'sɔvatɕ] *vi* (*uprawiać kłusownictwo*) poach
knajpa ['knajpa] *f* pub, tavern
knedle ['knɛdlɛ] *pl* *kulin.* dumplings with fruits
knot [knɔt] *m* wick
knowania [knɔ'vaɲa] *pl* machinations, plotting, conspiracy
koalicja [kɔa'ʎitsja] *f* coalition

kobiecy [kɔ'bɛtsi] *adj* womanly, womanlike, feminine
kobiet|a [kɔ'bɛta] *f* woman; *pl* ~y women; **Dzień Kobiet** Women's Day; (*w napisie*) „dla ~" „Ladies"
kobyła [kɔ'biůa] *f* mare
koc [kɔts] *m* blanket, rug
kochać ['kɔxatɕ] I *vt* love II *vr* ~ się be in love (**w kimś** with sb); make love; ~ się w czymś to have a fancy for sth
kochanek [kɔ'xanɛk] *m* lover, love
kochanka [kɔ'xanka] *f* mistress, lover, love
kochany [kɔ'xani] *adj* beloved, dear, darling
kocher ['kɔxɛr] *m* cooker
kocioł ['kɔtɕɔů] *m* 1. kettle, cauldron; ~ parowy steam-boiler 2. *muz.* kettle-drum
koczować [kɔ'ʧɔvatɕ] *vi* rove, nomadize; (*obozować*) camp
kod [kɔt] *m* code; ~ pocztowy postal code, *am.* zip code; **numer** ~u code number
kodeks ['kɔdɛks] *m* code; ~ cywilny ⟨karny⟩ civil ⟨penal⟩ code; ~ drogowy highway code
koedukacyjn|y [kɔɛduka'tsijni] *adj* coeducational; **szkoła** ~a mixed school
koegzystencja [kɔɛgzi'stɛntsja] *f* co-existence
kogel-mogel ['kɔgɛl 'mɔgɛl] *m* (egg)yolk stirred with sugar
kogut ['kɔgut] *m* cock
koić ['kɔitɕ] *vt* soothe, calm, appease
koja ['kɔja] *f* berth, bunk
kojarzyć [kɔ'jaʒitɕ] I *vt* (*pojęcia*) associate; (*parę*) make a match, arrange (a marriage) II *vr* ~ się unite, associate
kok [kɔk] *m* chignon, bun
kokard|a [kɔ'karda] *f* bow; (*na kapeluszu*) cockade; **zawiązać na** ~ę to tie in a bow

koklusz ['kɔkluʃ] *m* whooping cough
koks [kɔks] *m* coke
koksownia [kɔk'sɔvɲa] *f* coking plant
koktail ['kɔktajl] *m* coctail; ~ **mleczny** milk coctail
koktail-bar ['kɔktajl 'bar] *m* coctail-bar
kolacj|a [kɔ'latsja] *f* supper; **jeść** ~**ę** to have supper
kolan|o [kɔ'lanɔ] *n* 1. knee; **po** ~**a** knee-deep; knee-high 2. (*rury*) joint 3. (*rzeki*) bend, turn
kolarstwo [kɔ'larstfɔ] *n* cycling
kolarz ['kɔlaʃ] *m* cyclist
kolba ['kɔlba] *f* flask, bulb; ~ **lutownicza** soldering tool
kolczyk ['kɔltʃɨk] *m* ear-ring
kolebka [kɔ'lɛpka] *f* cradle
kolec ['kɔlɛts] *m* bot. thorn; (*jeża*) prickle; (*sprzączki*) tongue
kolega [kɔ'lɛga] *m* mate, colleague, companion; (*szkolny*) schoolmate, classmate
kole|j ['kɔlɛj] *f* 1. (*żelazna*) railway; ~**j** linowa rope-way; cable railway; ~**j** podziemna underground; pot. (*w Londynie*) tube 2. (*następstwo*) turn, succession; **po** ~**i** by turns; **trzeci z** ~**i** third in turn; **twoja** ~**j** your turn
kolejarz [kɔ'lɛjaʃ] *m* railwayman
kolej|ka [kɔ'lɛjka] *f* 1. railway; ~**ka górska** (*zębata*) rack railway; ~**ka linowa** cable ⟨rope⟩ railway; ~**ka wąskotorowa** narrow-gauge railway 2. (*ogonek*) line, queue; **stać w** ~**ce** to stand in a line ⟨queue⟩, to queue 3. pot. (*kolejna porcja trunku*) round (of drinks)
kolejność [kɔ'lɛjnɔɕtɕ] *f* succession; ~ **alfabetyczna** alphabetical order

kolejny [kɔ'lɛjnɨ] *adj* successive, next
kolekcja [kɔ'lɛktsja] *f* collection
kolekcjoner [kɔlɛk'tsjɔnɛr] *m* collector
kolekcjonować [kɔlɛktsjɔ'nɔvatɕ] *vt* collect
kolektyw [kɔ'lɛktɨf] *m* collective body
kolektywny [kɔlɛk'tɨvnɨ] *adj* collective
koleżanka [kɔlɛ'ʒanka] *f* girl friend, colleague
koleżeński [kɔlɛ'ʒɛɲski] *adj* friendly; **stosunek** ~ comradeship
kolęda [kɔ'lɛnda] *f* Christmas carol
kolizj|a [kɔ'ʎizja] *f* conflict, clash, collision; **wchodzić w** ~**ę z prawem** to infringe the law
kolka ['kɔlka] *f* med. colic; ~ **nerkowa** renal colic; ~ **wątrobowa** hepatic colic
koloni|a [kɔ'lɔɲja] *f* colony; ~**e letnie** recreation ⟨summer⟩ camp
kolońsk|i [kɔ'lɔɲski] *adj* **woda** ~**a** eau de Cologne
kolor ['kɔlɔr] *m* colour; karc. suit; **dać do** ~**u** to follow suit
kolorowy [kɔlɔ'rɔvɨ] *adj* coloured, colourful
koloryt [kɔ'lɔrɨt] *m* colour, colouring, tone
koloryzować [kɔlɔrɨ'zɔvatɕ] *vt* colour; (*przesadzać*) exaggerate
kolportaż [kɔl'pɔrtaʃ] *m* hawking, distribution of books and newspapers
kolportować [kɔlpɔr'tɔvatɕ] *vt* distribute, hawk
kolumna [kɔ'lumna] *f* column, pillar; wojsk. column
kolumnada [kɔlum'nada] *f* colonnade
kołdra ['kɔŭdra] *f* counterpane, coverlet; (*pikowana*) quilt

kołek ['kɔŭɛk] *m* peg; (*do przytrzymywania*) cleat
kołnierz ['kɔŭɲɛʃ] *m* collar; ~ **stojący** high collar
kołnierzyk [kɔŭ'ɲɛʒɨk] *m* collar; **numer** ~**a** collar size
koło¹ ['kɔŭɔ] *n* **1.** circle; ring; ~ **ratunkowe** life-belt **2.** (*część pojazdu*) wheel; ~ **napędowe** driving wheel; ~ **kierownicy** steering wheel; ~ **zapasowe** spare ⟨rag⟩ wheel; **przednie** ⟨tylne⟩ ~ front ⟨rear⟩ wheel; **napompować** ~ to pump up the wheel; **zmienić** ~ to change ⟨to replace⟩ a wheel **3.** (*grupa*) circle; ~ **przyjaciół** a group of friends
koło² ['kɔŭɔ] *praep* by, near; (*około*) about
kołowy [kɔ'ŭɔvɨ] *adj* circular; **ruch** ~ vehicular traffic
kołysać [kɔ'ŭɨsatç] **I** *vt* rock, lull **II** *vr* ~ **się** rock, swing; (*o statku*) roll
komar ['kɔmar] *m* gnat, mosquito
kombajn ['kɔmbajn] *m* combine harvester
kombi ['kɔmbi] *n* estate car, *am.* station wagon
kombinat [kɔm'binat] *m* combined works
kombinerki [kɔmbi'nɛrki] *plt* (combination) pliers
kombinezon [kɔmbi'nɛzɔn] *m* overalls
kombinować [kɔmbi'nɔvatç] *vt* combine, speculate
komedia [kɔ'mɛdja] *f* comedy
komend|a [kɔ'mɛnda] *f* **1.** command; **na** ~**ę** on command; **at** sb's command **2.** (*biuro*) command post; ~**a milicji** militia headquarters
komendant [kɔ'mɛndant] *m* commander, commandant
komenderować [kɔmɛndɛ'rɔvatç] *vt* command
komentarz [kɔ'mɛntaʃ] *m* commentary, comment
komentator [kɔmɛn'tatɔr] *m* commentator

komentować [kɔmɛn'tɔvatç] *vt* comment (**coś on** ⟨**upon**⟩ **sth**)
kometa [kɔ'mɛta] *f* comet
kometka [kɔ'mɛtka] *f* badminton
komfortowy [kɔmfɔr'tɔvɨ] *adj* comfortable
komiczn|y [kɔ'mitʃnɨ] *adj* comic(al); **opera** ~**a** opera bouffe
komiks ['kɔmiks] *m* comic-strip
komin ['kɔmin] *m* ●chimney; (*statku*) funnel
kominek [kɔ'minɛk] *m* fire-place
komis ['kɔmis] *m* commission shop; **wziąć w** ~ to take on commission
komisariat [kɔmi'sarjat] *m* commissariat; ~ **policji** police station
komisja [kɔ'misja] *f* board, commission, committee
komitet [kɔ'mitɛt] *m* committee; **Komitet Centralny** Central Committee
komora [kɔ'mɔra] *f* chamber, cabin; ~ **celna** custom--house, customs; *mot.* ~ **spalania** combustion chamber
komorne [kɔ'mɔrnɛ] *n* rent
komórka [kɔ'murka] *f* (*mała komora*) closet; *biol.* cell
kompas ['kɔmpas] *m* compass
kompetencj|a [kɔmpɛ'tɛntsja] *f* competence; (*sądu*) cognizance; **w czyjejś** ~**i** within ⟨in⟩ sb's competence
kompetentny [kɔmpɛ'tɛntnɨ] *adj* competent
komplement [kɔm'plɛmɛnt] *m* compliment; **dopraszać się o** ~**y** to fish for compliments; **prawić** ~**y** to pay compliments
komple|t ['kɔmplɛt] *m* set, full number ⟨quota⟩; ~**t bielizny** set of linen; ~**t narzędzi** tool kit; set of instruments ⟨tools⟩
kompletować [kɔmplɛ'tɔvatç] *vt* complete

komplikacja [kɔmpʎi'katsja] f
complication, obstacle
komponować [kɔmpɔ'nɔvatç]
vt compose
kompot ['kɔmpɔt] m compote
kompozycja [kɔmpɔ'zitsja] f
composition
kompozytor [kɔmpɔ'zitɔr] m
composer
kompres ['kɔmprɛs] m poultice, compress; gorący
⟨zimny⟩ ~ hot ⟨cold⟩ com-
press; przyłożyć ⟨zmienić⟩
~ to apply ⟨to change⟩ a
compress (to sth)
kompresor [kɔm'prɛsɔr] m
techn. compressor
kompromis [kɔm'prɔmis] m
compromise; pójść na ~ to
compromise
kompromitować [kɔmprɔmi-
'tɔvatç] I vt compromise II
vr ~ się discredit oneself;
lose face
komputer [kɔm'putɛr] m computer
komuna [kɔ'muna] f commune
komunalny [kɔmu'nalni] adj
communal, municipal
komunał [kɔ'munaŭ] m com-
monplace, banality, platitude
komunikacj|a [kɔmuɲi'katsja]
f communication, traffic;
transport service; ~a autobusowa bus service; ~a kolejowa ⟨lotnicza, samocho-
dowa⟩ communication by
train ⟨by air, by bus⟩;
train ⟨air, bus⟩ service; ~a
miejska local traffic; ~a
międzynarodowa interna-
tional communication (service); ~a morska sea transport (service); ~a podmiej-
ska suburban transport
(service); ~a nocna night
communication (service);
przerwa w ~i break in
traffic ⟨communication⟩;
środki ~i means of trans-
port
komunikat [kɔmu'ɲikat] m
(radiowy) announcement,

bulletin; (urzędowy) com-
muniqué; ~ meteorologicz-
ny weather forecast ⟨re-
port⟩
komunikować [kɔmuɲi'kɔ-
vatç] I vt announce, com-
municate, inform II vr ~
się communicate, be in
touch
komunista [kɔmu'ɲista] m
communist
komunistyczny [kɔmuɲis'ti-
tʃni] adj communist
komunizm [kɔ'muɲizm] m
communism
komutator [kɔmu'tatɔr] m
mot. commutator
koncentracyjny [kɔntsɛntra-
'tsijni] adj concentrative;
obóz ~ concentration camp
koncentrat [kɔn'tsɛntrat] m
concentrate; ~ pomidorowy
tomato paste
koncentrować [kɔntsɛn'trɔ-
vatç] vt (także vr ~ się)
concentrate
koncepcja [kɔn'tsɛptsja] f
conception, idea
koncern ['kɔntsɛrn] m concern
koncert ['kɔntsɛrt] m concert;
~ fortepianowy ⟨skrzyp-
cowy⟩ piano ⟨violin⟩ con-
certo
kondensator [kɔndɛn'satɔr] m
condensor, capacitor
kondensować [kɔndɛn'sɔvatç]
vt condense
kondolencje [kɔndɔ'lɛntsjɛ] pl
condolence; składać komuś
~ z powodu czegoś to ex-
press one's condolences to
sb upon sth
konduktor [kɔn'duktɔr] m
(kolejowy) guard; (tramwajowy) conductor
kondycj|a [kɔn'ditsja] f con-
dition; sport. w dobrej
⟨złej⟩ ~i in ⟨out of⟩ form
konfekcja [kɔn'fɛktsja] f
ready-made clothes
konferansjer [kɔnfɛ'ransjɛr] m
announcer; (rewiowy, ka-
baretowy) compère, narra-
tor

konferencja [kɔnfɛ'rɛntsja] f
conference; ~ na szczycie
summit conference
konfetti [kɔn'fɛti] plt confetti
konfiskować [kɔnfis'kɔvatɕ]
vt confiscate
konflikt ['kɔnfʃikt] m conflict
kongres ['kɔngrɛs] m congress
koniak ['kɔɲak] m cognac
koniczyna [kɔɲi'tʃina] f clover
koniec ['kɔɲɛts] m end, finish;
close; ~ języka the tip of
the tongue; ~ urzędowania
closing time; dobiegać końca to come to an end; do
samego końca to the very
end; ~ końców finally; od
końca backwards; w końcu
in the end, finally; przen.
wiązać ~ z końcem to make
both ends meet
koniecznie [kɔ'ɲɛtʃnɛ] adv absolutely; necessarily; potrzebuję ~ tych pieniędzy
I need that money badly
konieczność|ć [kɔ'ɲɛtʃnɔɕtɕ] f
necessity; z ~ci out of necessity
konieczny [kɔ'ɲɛtʃni] adj necessary, indispensable
konik ['kɔɲik] m 1. pony 2.
(mania) hobby 3. pot. (sprze-
dawca biletów) scalper ||
zool. ~ polny grasshopper
koniunktura [kɔɲunk'tura] f
economic situation, business
conditions; dobra ~ boom,
prosperity; zła ~ slump,
recess
konkretny [kɔn'krɛtni] adj
actual, real, definite
konkurencj|a [kɔnku'rɛntsja]
f competition; robić komuś
~ę to compete with sb
konkurs ['kɔnkurs] m competition, contest; brać udział
w ~ie to compete; poza
~em non-competing
konn|y ['kɔnni] adj horse,
mounted; jazda ~a horse-
-riding; wyścigi ~e horse-
-race
konsekwencj|a [kɔnsɛ'kfɛntsja]

f consequence; ponosić ~e
to bear the consequences
konsekwentny [kɔnsɛ'kfɛntni]
adj consequent, consistent
konserwa [kɔn'sɛrva] f preserve; ~ mięsna tinned
⟨am. canned⟩ meat
konserwatorium [kɔnsɛrva-
'tɔrjum] n conservatory,
conservatoire
konserwatywny [kɔnsɛrva-
'tivni] adj conservative
konserwować [kɔnsɛr'vɔvatɕ]
vt preserve
konspiracja [kɔnspi'ratsja] f
conspiration, underground
movement
konstrukcja [kɔn'struktsja] f
construction
konstytucja [kɔnsti'tutsja] f
constitution
konsul ['kɔnsul] m consul
konsularny [kɔnsu'larni] adj
consular
konsulat [kɔn'sulat] m consulate
konsultacja [kɔnsul'tatsja] f
consultation; (u lekarza)
visit
konsumować [kɔnsu'mɔvatɕ]
vt consume
konsumpcja [kɔn'sumptsja] f
consumption
kontak|t ['kɔntakt] m 1. con-
tact; być w ~cie to be in
touch ⟨in contact⟩; wejść
w ~t z kimś to come into
contact with sb 2. elektr.
contact plug
kontaktować [kɔntak'tɔvatɕ] I
vi contact II vr ~ się to
be in contact ⟨touch⟩; to
communicate
kont|o ['kɔntɔ] n account;
numer ~a account number;
stan ~a statement of ac-
count; otworzyć ~o w ban-
ku to open an account with
a bank
kontrahent [kɔn'traxɛnt] m
contracting party
kontrakt ['kɔntrakt] m contract, agreement; strony
zawierające ~ the contract-

ing parties; **zawrzeć** ~ to conclude an agreement

kontrastować [kontra'stovatɕ] *vt* contrast

kontrola [kon'trola] *f* control, supervision, check; ~ **biletów** ticket control; ~ **celna** customs inspection <examination>; ~ **dokumentów** documents control; ~ **drogowa** traffic control; ~ **graniczna** frontier control; ~ **paszportowa** passport control; ~ **techniczna** technical control; ~ **radarowa** radar control

kontroler [kon'troler] *m* controller

kontrolować [kontro'lovatɕ] *vt* control, check

kontrrewolucja [kontrrevo'lutsja] *f* counter-revolution

kontrwywiad [kontr'vivat] *m* counter-espionage

kontuar [kon'tuar] *m* counter

kontuzja [kon'tuzja] *f* contusion, injury

kontynent [kon'tinent] *m* continent, mainland

kontynuować [kontinu'ovatɕ] *vt* continue, go on, keep (doing sth), carry on

konwalia [kon'valja] *f* lily of the valley

konwencja [kon'ventsja] *f* convention

konwencjonalny [konventsjo'nalni] *adj* conventional

konwersacja [konver'satsja] *f* conversation

konwojent [kon'wojent] *m* escort

konwojować [konvo'jovatɕ] *vt* convoy, escort

koń [koɲ] *m* 1. horse; ~ **gimnastyczny** vaulting-horse; ~ **mechaniczny** horse-power 2. *szach.* knight

końcow|y [koɲ'tsovi] *adj* final; **stacja** ~**a** terminus

kończyć ['koɲtɕitɕ] I *vt* end, finish, conclude, close; ~ **naukę** to graduate II *vr* ~ **się** end, come to an end

kończyna [koɲ'tʃina] *f* limb, extremity

kooperacja [koope'ratsja] *f* co-operation

koordynacja [koordi'natsja] *f* co-ordination

kopa ['kopa] *f* stack; ~ **siana** hayrick, haystack

kopać ['kopatɕ] *vt* (*ziemię*) dig; (*piłkę*) kick

kopalnia [ko'palɲa] *f* mine; ~ **węgla** coal-mine; ~ **soli** salt-mine; ~ **odkrywkowa** opencast mine

koparka [ko'parka] *f* excavator

koper ['koper] *m* dill

kopert|a [ko'perta] *f* envelope; **w oddzielnej** ~**cie** under separate cover; ~**ta od zegarka** watch-case

kopia [1] ['kopja] *f* copy

kopia [2] ['kopja] *f* (*broń*) spear

kopnąć ['kopnõtɕ] *vt* kick

koprodukcja [kopro'duktsja] *f* co-production

kopuła [ko'puŭa] *f* cupola, dome

kora ['kora] *f* bark

koral ['koral] *m* 1. *zool.* coral 2. *pl* ~**e** (*ozdoba*) beads

korba ['korba] *f* crank, handle

korbowód [kor'bovut] *m* connecting rod

korek ['korek] *m* cork; (*w bucie*) heel; *elektr.* fuse; *pot.* (*w ruchu ulicznym*) traffic--jam

korekta [ko'rekta] *f* proof

korepetycja [korepe'titsja] *f* private lesson

korespondencja [korespon'dentsja] *f* correspondence, mail

korespondent [kores'pondent] *m* correspondent

korespondować [korespon'dovatɕ] *vi* correspond

korkociąg [kor'kotɕõk] *m* corkscrew

korniszon [kor'ɲiʃon] *m* pickled cucumber

korona [ko'rona] *f* 1. crown 2. (*na zębie*) cap

koronka [kɔ'rɔnka] *f* lace
korpus ['kɔrpus] *m* (*tułów*) trunk, body; ~ dyplomatyczny diplomatic corps
kort [kɔrt] *m* *sport.* court
korygować [kɔri'gɔvatɕ] *vt* correct
korytarz [kɔ'ritaʃ] *m* corridor, lobby
korze|ń ['kɔʒɛɲ] *m* 1. root 2. *pl* ~nie (*przyprawy*) spices
korzystać [kɔ'ʒistatɕ] *vi* profit (z czegoś by sth); avail oneself ⟨take advantage⟩ (z czegoś of sth); (*używać*) use (z czegoś sth)
korzystn|y [kɔ'ʒistni] *adj* profitable, advantageous; ~e warunki favourable ⟨easy⟩ terms
korzyś|ć ['kɔʒiɕtɕ] *f* profit, advantage; benefit; **ciągnąć** ~ci z czegoś to profit by sth; **odnosić z czegoś** ~ć to derive profit from sth; to benefit by sth; **jaka z tego** ~ć? what's the good of that?; **na czyjąś** ~ć in favour of sb; for sb's benefit
kosa ['kɔsa] *f* scythe
kosiarka [kɔ'ɕarka] *f* mower; ~ do trawników lawn-mower
kosić ['kɔɕitɕ] *vt* mow
kosmetyczka [kɔsmɛ'tiʧka] *f* 1. (*torebka*) vanity-bag 2. (*kobieta*) beauty shop owner
kosmetyczny [kɔsmɛ'tiʧni] *adj* cosmetic; ~ beauty shop ⟨parlour⟩
kosmiczny [kɔs'miʧni] *adj* cosmic; ~ statek space craft
kosmonauta [kɔsmɔ'nauta] *m* cosmonaut, spaceman
kosmopolita [kɔsmɔpɔ'ʎita] *m* cosmopolite
kostium ['kɔstjum] *m* costume; ~ damski tailor-made costume; ~ kąpielowy bathing suit

kost|ka ['kɔstka] *f* 1. (*cukru*) lump; (*lodu*) cube; (*brukowa*) flagstone 2. (*do gry*) die 3. (*u nogi*) ankle; **skręcić nogę w** ~ce to wrench one's ankle
kosz [kɔʃ] *m* basket; ~ do śmieci waste-paper basket
koszt [kɔʃt] *m* cost; expense; ~ własny prime cost; ~y podróży travelling expenses; ~em... at the cost of...; **po cenie** ~u at cost price
kosztorys [kɔʃ'tɔris] *m.* (cost) estimate
koszt|ować [kɔʃ'tɔvatɕ] I *vi* cost; **ile to** ~uje? how much is this?; what does it cost? II *vt* (*próbować*) taste
kosztowny [kɔʃ'tɔvni] *adj* expensive, costly
koszula [kɔ'ʃula] *f* (*męska*) shirt; (*damska*) chemise; (*nocna*) nightgown
koszulka [kɔ'ʃulka] *f* shirt; ~ gimnastyczna zephyr; ~ sportowa sports shirt; ~ trykotowa singlet, *am.* undershirt, T-shirt
koszyk ['kɔʃik] *m* basket
koszykówka [kɔʃi'kufka] *f* *sport.* basket-ball
kościół ['kɔɕtɕuů] *m* church
koś|ć [kɔɕtɕ] *m* 1. bone; ~ć policzkowa cheekbone; ~ć słoniowa ivory; **złamanie** ~ci bone fracture 2. (*do gry*) die
kot [kɔt] *m* cat; *przen.* **kupować** ~a w worku to buy a pig in a poke
kotlet ['kɔtlɛt] *m* (*siekany*) cutlet; (*bity*) chop; ~ barani mutton chop; ~ cielęcy veal cutlet; ~ wieprzowy pork chop
kotlina [kɔt'ʎina] *f* dale, dell, valley
kotłownia [kɔt'ůɔvɲa] *f* engine-room
koturny [kɔ'turni] *pl* 1. (*obcasy*) buskins 2. (*obuwie*) wedge-heeled shoes
kotwic|a [kɔt'fitsa] *f* anchor;

podnieść ⟨**zarzucić**⟩ ∼ę to weigh ⟨to cast⟩ anchor
koza ['kɔza] *f* goat
kozetka [kɔ'zɛtka] *f* settee
kozioł ['kɔzɔŭ] *m* **1.** *zool.* buck; *przen.* ∼ **ofiarny** scapegoat **2.** *(miejsce woźnicy)* box
kożuch ['kɔʒux] *m* sheepskin; *(na mleku)* skin
kółko ['kuŭkɔ] *n* **1.** circle(t), wheel; *(do zabawy)* hoop; ∼ **do kluczy** key-ring **2.** *(towarzyskie)* circle
kpi|ć [kp̦itç] *vi* sneer ⟨mock⟩ *(z kogoś* at sb); ∼ę **sobie z tego!** I don't care a straw!
kra [kra] *f* floe, floating ice
krab [krap] *m* crab
kraciasty [kra'tçastɨ] *adj* chequered, checked
kradzież ['kradʒɛʃ] *f* theft; ∼ **z włamaniem** burglary
kraj [kraj] *m* country, land; ∼ **ojczysty** native land; homeland; ∼**e socjalistyczne** socialist countries; ∼**e kapitalistyczne** capitalist countries
kraj|ać ['krajatç] *vt* cut; *(pieczone mięso)* carve; *(w plastry)* slice; *przen.* **serce mi się** ∼**e** my heart bleeds
krajobraz |kra'jɔbras] *m* landscape
krajowy [kra'jɔvɨ] *adj* native, home, inland; **przemysł** ∼ home industry; **zjazd** ∼ national congress
krajoznawstwo [krajɔ'znafstfɔ] *n* touring, sightseeing
kraksa ['kraksa] *f* accident, crash; *(lotnicza)* crashlanding
kram [kram] *m* stall, booth; *pot. (zamieszanie)* mess, trouble
kran [kran] *m* cock, tap; *(kurek)* faucet; **odkręcić** ⟨**zakręcić**⟩ ∼ to turn on ⟨off⟩ a cock ⟨a tap⟩
kraniec ['kraɲɛts] *m* border;

edge; ∼ **miasta** outskirts of the town
krańcowy [kraɲ'tsɔvɨ] *adj* extreme
krasnoludek [krasnɔ'ludɛk] *m* brownie
kraść [kraçtç] *vt* steal
krat|a ['krata] *f* grate; bars; *(drewniana)* lattice; *(deseń)* chequer; **w** ∼ę chequered
krater ['kratɛr] *m* crater
kraul [kraŭl] *m* *sport.* crawl
krawat ['kravat] *m* (neck-)tie
krawcowa [kraf'tsɔva] *f* dressmaker
krawę|dź ['kravɛtç] *f* edge; brim; **na** ∼**dzi** on the verge
krawężnik [kra'vɛʒɲik] *m* kerb, *am.* curb
krawiec ['kraviɛts] *m* tailor; ∼ **damski** ladies' tailor
krąg [krɔ̃k] *m* circle, ring, disk; *przen.* ∼ **przyjaciół** circle of friends; **w** ∼ all round
krążek ['krɔ̃ʒɛk] *m* disk, ring; *mech.* pulley
krążyć ['krɔ̃ʒɨtç] *vi* circulate, revolve; *(w powietrzu)* hover
kreda ['krɛda] *f* chalk
kredens ['krɛdɛns] *m* sideboard, cupboard
kredka ['krɛtka] *f* crayon; ∼ **do ust** lipstick
kredyt ['krɛdɨt] *m* credit; ∼ **długoterminowy** long-term credit; **udzielać** ∼**u** to grant credit; **na** ∼ in credit
krem [krɛm] *m* **1.** *(kosmetyk)* cream; ∼ **do golenia** shaving cream; ∼ **do opalania** sun-tan cream; ∼ **do rąk** hand cream; ∼ **do twarzy** face-cream; **skin nourishing cream**; ∼ **nawilżający** deep moisture cream; ∼ **tłusty** rich cream **2.** *kulin.* custard, cream; ∼ **czekoladowy** chocolate cream
krematorium [krɛma'tɔrjum] *n* crematory, crematorium
kremowy [krɛ'mɔvɨ] *adj* cream-coloured

kres [krɛs] *m* end, term, limit; być u ~u wytrzymałości to be at the end of one's tether; *przen.* położyć ~ czemuś to put an end to sth

kreska ['krɛska] *f* (*linia*) line; (*myślnik*) dash

kret [krɛt] *m* mole

kreton ['krɛtɔn] *m* cretonne

krew [krɛf] *f* blood; **broczyć krwią** to bleed profusely; **oddać** ~ to give blood; **przetoczyć** ~ to transfuse blood; **zatamować** ~ to stanch blood; **zbadać** ~ to make a blood test; *przen.* rozlew krwi bloodshed; Polak z krwi i kości Polish to the backbone; **zachować zimną** ~ to keep cool; z zimną krwią in cold blood

krewetka [krɛ'vetka] *f* shrimp

krewny ['krɛvnɪ] *adj* relative, relation

kręci|ć ['krɛtɕitɕ] I *vt* 1. turn, twist; ~ć głową to shake one's head; ~ć film to shoot a film; ~ć włosy to curl one's hair; w nosie mnie ~ it tickles my nostrils; *pot.* ~ć nosem na coś to sniff at sth 2. (*oszukiwać*) cheat II *vr* ~ć się turn, whirl; (*o bąku*) spin; (*o włosach*) curl; ~ć się w kółko to turn round and round; ~ mi się w głowie I feel giddy

kręcon|y [krɛ'tsɔnɪ] *adj* twisted; ~e schody winding stairs; ~e włosy curly hair

kręgielnia [krɛ'ɡɛlɲa] *f* skittle--alley

kręgle ['krɛɡlɛ] *plt* skittles, ninepins

kręgosłup [krɛ'ɡɔsuup] *m* *anat.* backbone, spinal column

krępować [krɛ'pɔvatɕ] I *vt* 1. (*wiązać*) bind, tie 2. (*przeszkadzać*) hamper, hinder 3. (*kłopotać*) embarrass II *vr* ~ się feel embarrassed

krępy ['krɛmpɪ] *adj* thickset, stocky

kręt|y ['krɛntɪ] *adj* winding, twisting; ~e schody winding stairs

krochmal ['krɔxmal] *m* starch

kroczyć ['krɔtʃitɕ] *vi* stride, walk, pace

krok [krɔk] *m* step, pace; **dotrzymać komuś** ~u to keep pace with sb; **przyspieszyć** ⟨zwolnić⟩ ~u to quicken ⟨to slacken⟩ one's pace; ~ za ~iem step by step; na każdym ~u at every step; dwa ~i stąd almost next door, just round the corner; *przen.* ~i wojenne hostilities; poczynić ~i to take steps ⟨measures⟩

krokiety [krɔ'ketɪ] *pl* *kulin.* croquettes; ~ z mięsem meat croquettes

krokodyl [krɔ'kɔdɪl] *m* *zool.* crocodile

kromka ['krɔmka] *m* slice

kronika ['krɔɲika] *f* chronicle, annals; ~ filmowa newsreel

kropk|a ['krɔpka] *f* point, dot; (*znak pisarski*) full stop; w ~i spotted; *przen.* stawiać ~ę nad i to dot the i's

kropla ['krɔpla] *f* drop

kroplomierz [krɔ'plɔmʲeʃ] *m* dropper

kroplówka [krɔ'plufka] *f* drip

krosta ['krɔsta] *f* pimple

krowa ['krɔva] *f* cow

krój [kruj] *m* cut, fashion; kursy kroju cutting courses

król [krul] *m* king; *rel.* Trzej Królowie the Magi; Trzech Króli Epiphany, Twelfth--day

królestwo [kru'lɛstfɔ] *n* kingdom; realm; Zjednoczone Królestwo United Kingdom

królik ['kruʎik] *m* rabbit; *przen.* ~ doświadczalny guinea-pig

królowa [kru'lɔva] *f* queen

krótki ['krutki] *adj* short, brief; pożyczka na ~ ter-

min short-term loan; *elektr.*
~e spięcie short circuit
krótkofalówka [krutkɔfa'luf-ka] *f* short-wave set
krótkometrażowy [krutkɔme-tra'ʒɔvi] *adj* short, short--feature (film)
krótkotrwały [krutkɔ'trfaůi] *adj* short, short-lived
krótkowidz [krut'kɔvits] *m* short-sighted person; jestem ~em I am short-sighted
krtań [krtaɲ] *f anat.* larynx
kruch|y ['kruxi] *adj* fragile, frail; (*o mięsie*) tender; ~e ciasto shortcake
kruk [kruk] *m* raven; *przen.* biały ~ rarity
krupnik ['krupɲik] *m* 1. barley soup 2. (*wódka*) hot mead
kruszec ['kruʃɛts] *m* ore, metal
kruszyć ['kruʃitɕ] I *vt* crush, crumb, grind II *vr* ~ się crumble
krużganek [kruʒ'ganɛk] *m* gallery
krwawić ['krfavitɕ] *vi* bleed
krwiak [krfak] *m med.* haematoma
krwiobieg ['krfɔbɛk] *m* blood circulation
krwiodawca [krfɔ'daftsa] *m* blood-giver, blood-donor
krwotok ['krfɔtɔk] *m* haemorrhage; ~ wewnętrzny internal haemorrhage; ~ z nosa epistaxis, nose bleeding; zatamować ~ to arrest ⟨to check⟩ the haemorrhage
kry|ć [kritɕ] I *vt* 1. (*ukrywać*) hide, conceal 2. (*pokrywać*) cover; ~ć dachem to roof II *vr* ~ć się hide; coś się za tym ~je there is something behind it
kryminaln|y [krimi'nalni] *adj* criminal; powieść ~a detective story
kryształ ['kriʃtaů] *m* 1. crystal, cut-glass; *pl* ~y (*wy-*

roby) lead crystals 2. (*cukier*) granulated sugar
kryterium [kri'tɛrjum] *m* criterion
krytyk|a ['kritika] *f* 1. criticism, critique; poniżej wszelkiej ~i beneath criticism 2. (*recenzja*) review
krytykować [kriti'kɔvatɕ] *vt* criticize; find fault (coś with sth)
kryzys ['krizis] *m* crisis; ~ ekonomiczny recession
krzak [kʃak] *m* bush, shrub
krzątać się ['kʃɔtatɕ ɕɛ] *vr* be busy, bustle (koło czegoś about sth)
krzepnąć ['kʃɛpnɔtɕ] *vi* 1. (*o krwi*) coagulate, curdle 2. (*o charakterze*) set
krzesło ['kʃɛsůɔ] *n* chair; ~ składane camp chair
krzew [kʃɛf] *m* shrub
krztusić się ['kʃtuɕitɕ ɕɛ] *vr* choke, stifle
krzy|czeć ['kʃitʃɛtɕ] *imperf*, ~knąć ['kʃiknɔtɕ] *perf vi* shout, scream, shriek
krzyk [kʃik] *m* cry, shriek, scream; narobić wiele ~u o nic to make much ado about nothing; podnosić ~ to clamour
krzyknąć *zob.* krzyczeć
krzywd|a ['kʃivda] *f* harm, injury, wrong; doznać ~y to suffer injustice; zrobić komuś ~ę to wrong sb; to do wrong to sb; nikomu nie stała się ~a no harm was done; z czyjąś ~ą to sb's prejudice
krzywdzić ['kʃivdʑitɕ] *vt* wrong, harm
krzywić ['kʃivitɕ] I *vt* bend, curve; ~ usta to curve one's lips II *vr* ~ się scowl, frown (na coś at sth); (*grymasić*) make a wry face (na coś at sth)
krzywizna [kʃi'vizna] *f* curvature
krzywo ['kʃivɔ] *adv* awry,

krzywy

askew; *przen.* (*niechętnie*) disapprovingly

krzyw|y ['kʃivi] *adj* crooked, wry; (*o linii*) curved; *przen.* ~a mina wry mouth

krzyż [kʃiʃ] *m* 1. (*znak*) cross; na ~ crosswise; **Czerwony Krzyż** Red Cross 2. *anat.* back; *przen.* **przetrącić komuś** ~ to break sb's back

krzyżować [kʃi'ʒɔvatç] I *vt* (*udaremniać*) thwart; frustrate II *vr* ~ **się** cross

krzyżówka [kʃi'ʒufka] *f* 1. crossword puzzle 2. (*skrzyżowanie*) crossing, junction

ksiądz [kçɔ̃ts] *m* priest, clergyman

książeczka [kçɔ̃'ʒetʃka] *f* booklet; ~ **autostopu** hitchhiker's book; ~ **bankowa** bankbook; ~ **czekowa** cheque book; ~ **do nabożeństwa** prayer-book; ~ **oszczędnościowa** savings-bank book; ~ **walutowa** currency book

książę ['kçɔ̃ʒē] *m* duke, prince

książka ['kçɔ̃ʃka] *f* book; ~ **telefoniczna** (telephone) directory; ~ **kucharska** cookery ⟨cook⟩ book; ~ **adresowa** directory; ~ **meldunkowa** registration book; ~ **wozu** motor-car (registration) book; ~ **życzeń i zażaleń** book of suggestions and complaints

księga ['kçɛga] *f* book, register; (*w buchalterii*) ~ **główna** ledger; ~ **hotelowa** hotel (registration) book; ~ **pamiątkowa** visitors' book

księgarnia [kçɛ̃'garɲa] *f* bookshop, bookseller's (shop)

księgować [kçɛ̃'gɔvatç] *vt* enter, book

księgowość [kçɛ̃'gɔvɔçtç] *f* book-keeping

księgozbiór [kçɛ̃'gɔzbur] *m* library, collection of books

księstwo ['kçɛ̃stfɔ] *n* principality, duchy

księżna ['kçɛ̃ʒna], **księżniczka** [kçɛ̃ʒ'nitʃka] *f* duchess, princess

księżyc ['kçɛ̃ʒits] *m* moon; **przy świetle** ~a by moonlight

kształcić ['kʃtau̯tçitç] I *vt* educate, instruct (**w czymś** in sth) II *vr* ~ **się** be educated, study (**na nauczyciela, lekarza itd.** to be a teacher, a doctor etc.)

kształt [kʃtau̯t] *m* shape, form

kształt|ować [kʃtau̯'tɔvatç] I *vt* form, shape II *vr* ~**ować się** shape, form; **ceny** ~**ują się wysoko** prices run high

kto [ktɔ] *pron* who; (*w przypadkach zależnych: kogo, komu, kim*) whom; ~ **inny** somebody else; ~ **jak** ~ , **ale on** ... he of all people ... ; ~ **tam?** who is there?; ~ **to jest?** who is it?; ~ **mówi?** who is speaking?, who is on the phone?; **do kogo?** to whom? who(m) do you want to see?

ktokolwiek [ktɔ'kɔlvɛk] *pron* anybody, anyone; ~ **bądź** whoever

ktoś [ktɔç] *pron* somebody, ~ **czeka** somebody is waiting

którędy [ktu'rɛdi] *adv* which way; ~ **do** ...? which is the way to ...?

któr|y ['kturi] *pron* who, which, that; ~**ego mamy dzisiaj?** what is the date today?; ~**a godzina?** what time is it?; what's the time?; **o** ~**ej godzinie?** (at) what time?; **do** ~**ej?** till what time?; **od** ~**ej?** since what time?

którykolwiek [kturi'kɔlvɛk] *pron* any; whichever; whatever; ~ **z nas** any of us

któryś ['kturiç] *pron* a, some

ku [ku] *praep* towards, to; **zdążać ku** ... to go in the direction of ...; **ku mojemu zdziwieniu** to my surprise

kubek ['kubɛk] *m* cúp, mug; goblet
kubeł ['kubɛŭ] *m* bucket, pail
kucharz ['kuxaʃ] *m*, kucharka [ku'xarka] *f* cook
kuchenka [ku'xɛnka] *f* 1. (*wnęka*) kitchenette 2. (*piec*) kitchen stove ⟨range⟩; ~ gazowa gas-cooker, gas range ⟨stove⟩; ~ elektryczna electric cooker; ~ spirytusowa spirit-stove; ~ turystyczna tourist cooker
kuchnia ['kuxɲa] *f* 1. kitchen 2. (*sposób przyrządzania potraw*) cooking, cuisine; dobra ~ good cooking; ~ dietetyczna dietetic cooking; ~ francuska French cuisine; ~ jarska vegetable ⟨vegetarian⟩ diet 3. (*piec*) stove, range
kuć [kutɕ] *vt* 1. forge, hammer; (*konia*) shoe; *przen.* ~ żelazo póki gorące to make hay while the sun shines 2. *pot.* (*uczyć się*) cram
kufel ['kufɛl] *m* (beer-)mug, (beer-)glass
kufer ['kufɛr] *m* box, chest, trunk
kukiełka [ku'ḱɛŭka] *f* puppet
kukułka [ku'kuŭka] *f* cuckoo
kukurydza [kuku'rɨdza] *f* maize, *am.* Indian corn
kul|a¹ ['kula] *f* sphere; (*ziemska*) globe; (*pocisk*) bullet; (*śnieżna*) snowball; (*do gry*) ball; *sport.* shot; rzut ~ą shotput
kula² ['kula] *f* (*proteza*) crutch; chodzić o ~ch to walk with crutches
kulawy [ku'lavɨ] *adj* lame, limping
kuleć ['kulɛtɕ] *vi* limp, hobble
kulig ['kuʎik] *m* sledging cavalcade
kulisa [ku'ʎisa] *f teatr.* wing, side-scene; za ~mi behind the scenes
kulisty [ku'ʎistɨ] *adj* spherical, round

kulkow|y [kul'kɔvɨ] *adj* pióro ~e ball-point pen; łożysko ~e ball bearing
kultur|a [kul'tura] *f* culture; ~a fizyczna physical education ⟨culture⟩; ~a masowa mass culture; ~a narodowa national culture; brak ~y lack of manners
kulturalny [kultu'ralnɨ] *adj* cultural; człowiek ~ man of culture; refined ⟨well--mannered⟩ person
kunszt [kunʃt] *m* art
kup|a ['kupa] *f* heap, pile; składać na ~ę to heap up; *pot.* ~a pieniędzy a lot of money
kupić *zob.* kupować
kupiec ['kupɛts] *m* 1. merchant, dealer; (*właściciel sklepu*) shopkeeper, tradesman, *am.* store-keeper 2. (*nabywca*) buyer; (*reflektant*) prospective buyer
kupno ['kupnɔ] *n* purchase; okazyjne ~ bargain
kupon ['kupɔn] *m* coupon
kup|ować [ku'pɔvatɕ] *imperf*, ~ić ['kupitɕ] *perf vt* buy, purchase; ~ić drogo ⟨tanio⟩ to buy dear ⟨cheap⟩
kura ['kura] *f* hen; *kulin.* chicken
kuracja [ku'ratsja] *f* cure, treatment; ~ odchudzająca slimming diet
kuracjusz [ku'ratsjuʃ] *m* patient, person undergoing a cure
kuracyjn|y [kura'tsɨjnɨ] *adj* therapeutic, medicinal; miejscowość ~a health resort
kurcz [kurtʃ] *m* cramp; spasm; ~e żołądkowe gripes; gastrospasm; dostać ~u to be seized with cramp
kurczę ['kurtʃɛ̃] *n* chicken
kurczyć ['kurtʃitɕ] I *vt* contract, narrow II *vr* ~ się shrink, contract
kurek ['kurɛk] *m* cock; (*kran*)

tap; (*na wieży*) weather-
-cock
kurier ['kurjɛr] *m* courier;
(*pociąg*) express-train
kuropatwa [kurɔ'patfa] *f* zool.
partridge
kurs [kurs] *m* 1. course; ~
wymiany pieniędzy rate of
exchange 2. (*orientacja*)
orientation, tendency 3.
(*bieg*) course; puszczać w
~ to circulate || uczęszczać
na ~ to attend a course
kursować [kur'sɔvatɕ] *vi* circulate, run; (*o promie, łodzi*) ferry; **pociągi ⟨autobu-
sy itp.⟩ kursują co godzinę**
there is a train ⟨bus⟩ service every hour
kurtka ['kurtka] *f* jacket; (*od
munduru*) tunic; (*sportowa,
kolorowa*) blazer
kurtyna [kur'tɨna] *f* curtain
kurz [kuʃ] *m* dust
kurzyć ['kuʒɨtɕ] I *vi* raise
dust II *vr* ~ się smoke, get
dusty
kusić ['kuɕitɕ] *vt* tempt
kustosz ['kustɔʃ] *m* custodian,
curator
kuszetka [ku'ʃɛtka] *f* berth,
couchette
kuśnierz ['kuɕɲɛʃ] *m* furrier
kuter ['kutɛr] *m* cutter
kuzyn ['kuzɨn] *m* cousin
kuźnia ['kuʒɲa] *f* smithy,
forge
kwadrans ['kfadrans] *m* quarter of an hour; ~ po 9-tej
a quarter past 9; ~ przed
8-mą a quarter to 8; za ~
in a quarter (of an hour)
kwadrat ['kfadrat] *m* square
kwadratowy [kfadra'tɔvɨ] *adj*
square
kwalifikacj|a [kfaɲifi'katsja] *f*
1. qualification 2. *pl* ~e
(*uzdolnienie*) capacity
kwalifikować [kfaɲifi'kɔvatɕ]
I *vt* qualify II *vr* ~ się
be qualified, qualify (do
czegoś for sth); be fit (do
czegoś for sth)

kwarantanna [kfaran'tanna] *f*
quarantine
kwartał ['kfartaŭ] *m* quarter
kwartet ['kfartɛt] *m* quartet;
~ smyczkowy string quartet
kwas [kfas] *m* acid; ~ **borny**
boric acid; ~ **siarkowy**
sulphuric acid; ~ solny hy-
drochloric acid; (*zaczyn*) ~
do ciasta leaven; ~y żołądkowe acidity
kwaśn|y ['kfaɕnɨ] *adj* sour,
acid; ~e mleko sour milk;
przen. ~a mina a long face;
zrobić ~ą minę to pull a
long face; to make a wry
mouth; to scowl; zbić ko-
goś na ~e jabłko to beat
sb black and blue
kwatera [kfa'tɛra] *f* 1. lodging, accommodation; quar-
ters; ~ **prywatna** private
quarters, private room;
wolna ~ free room ⟨quar-
ters⟩ 2. *wojsk.* billet; ~
główna headquarters
kwaterować [kfatɛ'rɔvatɕ] I *vt*
billet, lodge II *vi* be billet-
ed
kwesti|a ['kfɛstja] *f* question,
matter || nie ulega ~i ...
there is no question ...; **to
jest ~a czasu** it's a question of time
kwestionariusz [kfɛstjɔ'narjuʃ]
m questionnaire, form; ~
paszportowy passport (application) form; ~ **wizowy**
visa (application) form; **wypełnić ~** to fill in ⟨out⟩ a
form, to complete a form
kwiaciarnia [kfa'tɕarɲa] *f*
florist's shop
kwiat [kfat] *m* flower; (*na
drzewach*) blossom; ~y cięte
cut flowers; ~y doniczko-
we pot plants; ~y sztucz-
ne artificial flowers; (*o
wzorze*) w ~y flowered;
przen. w kwiecie wieku in
the prime of life
kwiecień ['kfɛtɕɛɲ] *m* April
kwiecisty [kfɛ'tɕistɨ] *adj* flow-

kwietnik ['kfɛtɲik] *m* flower-bed

kwit [kfit] *m* receipt; ~ bagażowy check; ~ celny customs receipt; certificate of clearance; ~ zastawny pawn-ticket

kwitnąć ['kfitnɔ̃tɕ] *vi* bloom, blossom; *przen.* flourish, prosper

kwitować [kfi'tɔvatɕ] *vt* receipt; ~ odbiór czegoś to acknowledge the receipt of sth

kwota ['kfɔta] *f* sum, amount

L

laborant [la'bɔrant] *m* laboratory assistant

laboratorium [labɔra'tɔrjum] *n* laboratory

lać [latɕ] **I** *vt* **1.** (*nalewać*) pour **2.** (*odlewać metal*) cast **II** *vi* pour; deszcz leje it rains, it pours **III** *vr* ~ się flow, stream, gush; pot leje się z niego he is bathed in sweat

lada¹ ['lada] *part* any; ~ chwila any moment; ~ dzień any day

lada² ['lada] *f* (*w sklepie*) counter; ~ chłodnicza refrigerated counter

laguna [la'guna] *f* lagoon

laik ['laik] *m* layman

lak [lak] *m* sealing-wax

lakier ['lakɛr] *m* lacquer; (*do paznokci*) varnish; nail polish; (*do włosów*) hairspray; ~ samochodowy automotive lacquer

lakierki [la'kɛrki] *pl* patent leather shoes

lakierować [lakɛ'rɔvatɕ] *vt* lacquer, varnish; (*włosy*) spray

lakować [la'kɔvatɕ] *vt* seal

lala ['lala], **lalka** ['lalka] *f* doll

laminat [la'minat] *m* laminate, laminated plastic

lamp|a ['lampa] *f* lamp; ~a elektryczna electric lamp; ~a kwarcowa quartz lamp; ~a naftowa petroleum lamp; ~a radiowa valve; ~a stojąca ⟨wisząca⟩ standing ⟨hanging, wall⟩ lamp; zapalić ⟨zgasić⟩ ~ę to switch on ⟨off⟩ the lamp

lampka ['lampka] *f* (*mała lampa*) lamp; ~ kontrolna pilot, tell-tale lamp; ~ ciśnienia oleju oil pressure warning light; ~ nocna night-lamp || ~ wina glass of wine

landrynka [lan'drinka] *f* fruit drop

lanie ['laɲɛ] *n* beating, thrashing; sprawić komuś ~ to give sb a thrashing

lansować [lan'sɔvatɕ] *vt* launch

laryngolog [larin'gɔlɔk] *m* laryngologist

las [las] *m* wood, forest

laska ['laska] *f* stick, cane

lat|a ['lata] *plt* years; ile masz ~? how old are you?; on ma 13 ~ he is 13 (years old); co dwa ~a every two years; kilka ~ temu some years ago; od kilku ~ for several years; przed ~y years ago

latać ['latatɕ] *vi* **1.** fly **2.** *pot.* (*biegać*) run

latarka [la'tarka] *f* lantern; ~ elektryczna electric torch

latarnia [la'tarɲa] *f* lantern; ~ morska lighthouse; ~ uliczna lamp-post, street-lamp

latawiec [la'taV̇ɛts] *m* kite
lato ['latɔ] *n* summer; babie
~ Indian summer; w lecie
in summer
latorośl [la'tɔrɔçl] *f* (winna)
grape-vine
laureat [lau'rɛat] *m* laureate,
prize-winner
lawa ['lava] *f* lava
lawin|a [la'V̇ina] *f* avalanche;
~a kamienna avalanche of
stones; ~a śnieżna snow
avalanche; niebezpieczeń-
stwo ~ danger of avalanche
lawirować [laV̇i'rɔvatç] *vi*
tack, veer; *przen.* beat
about
ląd [lɔ̃t] *m* land, earth; ~ stały continent; ~em i mo-
rzem by land and sea; na
lądzie on land; wysadzić na
~ to put ashore; zejść na
~ to go ashore
lądować [lɔ̃'dɔvatç] *vi* (z morza) land; (z powietrza)
alight
lądowanie [lɔ̃dɔ'vaɲɛ] *n* landing; przymusowe ~ emer-
gency landing
leci|eć ['lɛtçɛtç] *vi* 1. fly 2.
pot. (biec) run; *przen.* jak
ten czas ~! how time does
fly!
lecz [lɛtʃ] *conj* but
leczeni|e [lɛ'tʃɛɲɛ] *n* treatment;
~e się cure; ~e szpitalne
hospitalization; hospital
treatment; poddać się ~u
to undergo a cure ⟨a treat-
ment⟩
lecznica [lɛtʃ'ɲitsa] *f* clinic,
hospital, nursing home
lecznicz|y [lɛtʃ'ɲitʃɨ] *adj* me-
dicinal, therapeutic; środki
~e medicines, remedies;
zioła ~e medicinal herbs
leczyć ['lɛtʃɨtç] I *vt* heal, cure,
treat II *vr* ~ się undergo
a treatment, be under
treatment; ~ się u kogoś
to be treated by sb
ledwie ['lɛdV̇ɛ], ledwo ['lɛdvɔ]
adv hardly, scarcely, barely;
~ ço wyszedł he has just

gone away; on ~ żyje he
is hardly alive
legalny [lɛ'galnɨ] *adj* legal
legenda [lɛ'gɛnda] *f* 1. (opowieść) legend 2. (na mone-
cie) legend ⟨inscription⟩
(on a coin) 3. (pod ilustracją
itp.) legend, caption
legitymacja [lɛg̊itɨ'matsja] *f*
identity card, identification;
certificate; (członkowska)
membership card
legitymować [lɛg̊itɨ'mɔvatç] I
vt identify II *vr* ~ się
prove one's identity; show
one's papers
legumina [lɛgu'm̊ina] *f* (deser)
dessert, sweet (dish)
lejek ['lɛjɛk] *m* funnel
lek [lɛk] *m* medicine, drug,
medicament; remedy; ~ u-
niwersalny panaceum
lekarsk|i [lɛ'karsk̊i] *adj* me-
dicinal, medical; (dotyczący lekarza) doctor's; pomoc
~a medical assistance; wydział ~i faculty of medi-
cine
lekarstwo [lɛ'karstfɔ] *n* medicine, remedy, drug
lekarz ['lɛkaʃ] *m* physician;
~ dyżurny doctor on duty;
~ naczelny doctor-in-chief
lekceważyć [lɛktsɛ'vaʒitç] *vt*
disrespect, slight, disregard; ~ niebezpieczeństwo
to defy ⟨to scorn⟩ danger;
~ obowiązki to neglect
one's duties; ~ przepisy to
disregard the regulations
lekcj|a ['lɛktsja] *f* lesson; brać
~e to take lessons; udzielać ~i to give lessons; odrabiać ~e to do one's lessons
lekk|i ['lɛkk̊i] *adj* light; (sła-
by) slight; ~i sen light
sleep; *sport.* waga ~a light-
-weight; *przen.* z ~im sercem light-heartedly
lekko ['lɛkkɔ] *adv* lightly;
(nieznacznie) slightly, somewhat; (delikatnie) gently;
(łatwo) easily

lekkoatleta [lɛkkɔat'lɛta] *m*
(light-weight) athlete
lekkomyślny [lɛkkɔ'miçlni]
adj light-minded, careless
lekkostrawny [lɛkkɔ'stravni]
adj light (dish)
lektura [lɛk'tura] *f* reading;
(*coś do czytania*) reading
matter
lemoniada [lɛmɔ'ɲada] *f* lemonade
len [lɛn] *m* flax
lenić się ['lɛɲitç çɛ] *vr* idle,
be idle ⟨lazy⟩
leniwy [lɛ'ɲiv̇i] *adj* idle, lazy
lep [lɛp] *m* glue; ~ na muchy fly-paper
lepić ['lɛṗitç] I *vt* 1. (*kleić*)
glue, stick 2. (*ulepiać*) model, fashion II *vr* ~ się stick,
be sticky
lepiej ['lɛṗɛj] *adv* (*comp od
dobrze*) better; **coraz** ~
better and better; **tym** ~
so much ⟨all⟩ the better;
~ **byś poszedł spać** you
had better go to bed; ~ ci?
do you feel better?; are you
better?
lepki ['lɛpḳi] *adj* sticky, clammy
lepsz|y ['lɛpʃi] *adj* (*comp od
dobry*) better; ~e **czasy**
better days; **zmiana na** ~e
change for the better;
przysł. kto pierwszy, ten
~y first come first served
leszcz [lɛʃtʃ] *m* bream
leśniczówka [lɛçɲi'tʃufka] *f*
forester's lodge
leśn|y ['lɛçni] *adj* forest-,
wood-; **gospodarstwo** ~e
forestry
letni ['lɛtɲi] *adj* 1. summer;
~a **sukienka** summer frock;
~e **wakacje** summer holidays 2. (*ciepły*) tepid, lukewarm
letnik ['lɛtɲik] *m* holiday-
-maker
letnisko [lɛt'ɲiskɔ] *n* summer
resort
leukoplast [lɛu'kɔplast] *m*

30 Słownik

(*przylepiec*) sticking-plaster
lew [lɛf] *m* lion
lewar ['lɛvar] *m* lever, jack
lewatywa [lɛva'tiva] *f* enema
lewica [lɛ'v̇itsa] *f* polit. the
left, left wing
lewicowy [lɛv̇i'tsɔv̇i] *adj* left-
ist, of the left wing
leworęczny [lɛvɔ'rɛ̃tʃni] *adj*
left-handed
lewostronny [lɛvɔ'strɔnni] *adj*
left-hand (side)
lew|y ['lɛv̇i] *adj* left; ~a
strona (*materiału*) wrong
side; (*monety itp.*) reverse;
na ~o on ⟨to⟩ the left;
przen. illicitly
leżak ['lɛʒak] *m* deck-chair;
wynająć ~ to hire a. deck-
-chair
leżakować [lɛʒa'kɔvatç] *vi* lie
in a deck-chair (in the open
air); take an open-air rest
cure; (*o winie*) mellow in
storage
leżanka [lɛ'ʒanka] *f* couch
leżeć ['lɛʒɛtç] *vi* 1. lie; ~ w
łóżku to stay in bed; to
keep one's bed 2. (*o miej-
scowościach*) be situated;
(*o przedmiotach*) be placed
3. (*o sukni, ubraniu*) fit,
sit well
lędźwie ['lɛ̃dʑv̇ɛ] *plt* loins
lęk [lɛ̃k] *m* fear, dread; **budzący** ~ awe-inspiring
lękać się ['lɛ̃katç çɛ] *vr* dread,
fear (**o kogoś, o coś** for sb,
sth); be afraid (**kogoś, czegoś** of sb, sth)
libacja [ɦi'batsja] *f* drinking
bout, revel
liberalny [ɦibɛ'ralni] *adj* liberal
licencj|a [ɦi'tsɛntsja] *f* licence;
na ~i under licence
liceum [ɦi'tsɛum] *n* lyceum;
secondary school
lichtarz ['ɦixtaʃ] *m* candlestick
lichy ['ɦixi] *adj* poor, shabby,
bad
licytacj|a [ɦitsi'tatsja] *f* 1.
auction; **kupić na** ~i to

buy by auction; **wystawić na ~ę** to put up to auction 2. (*w brydżu*) bid, bidding
liczba ['ɦitʃba] *f* number, figure; **~ porządkowa** ordinal number; **~ parzysta** even number; **~ nieparzysta** odd number; *gram.* **~ pojedyncza** singular (number); **~ mnoga** plural (number)
liczebnik [ɦi'tʃɛbɲik] *m* numeral
licznik ['ɦitʃɲik] *m* counter, meter; (*w taksówce*) taximeter; **fare register; ~ przebytej odległości** hodometer; **~ elektryczny** electrometer; **~ gazowy** gasmeter; **sprawdzić ⟨odczytać⟩ stan ~a** to read the meter
liczny ['ɦitʃni] *adj* numerous
licz|yć ['ɦitʃitɕ] I *vt* calculate, count; **~yć do 20-stu** to count up to 20; **~yć komuś za dużo** to overcharge sb; **~ąc od dnia ...** dating from ...; *przen.* **~yć na kogoś** to depend ⟨to rely, to count⟩ on ⟨upon⟩ sb II *vr* **~yć się** count, reckon; **~yć się z kimś, czymś** to take sb, sth into consideration; **to się nie ~y** it doesn't count; *przen.* **~yć się z każdym groszem** to count every penny; **on nie ~y się ze słowami** he does not mince his words
lider ['ɦidɛr] *m* leader
liga ['ɦiga] *f* league; alliance, confederacy
lignina [ɦig'ɲina] *f* lignin
likier ['ɦikɛr] *m* liqueur
likwidować [ɦikfi'dɔvatɕ] *vt* liquidate
lila ['ɦila] *adj* (*o kolorze*) lilac, pale violet
lilia ['ɦiɦja] *f* bot. lily
limit ['ɦimit] *m* limit; **~ prędkości** speed limit
limuzyna [ɦimu'zina] *f* limousine
lin [ɦin] *m* tench

lina ['ɦina] *f* rope, line, cord; **~ holownicza** tow-line, towing-line
lini|a ['ɦiɲja] *f* 1. line; **~a autobusowa ⟨trolejbusowa⟩** bus ⟨trolleybus⟩ line; **~a lotnicza** airway; **~e lotnicze** airlines; **~a kolejowa** railway ⟨*am.* railroad⟩ line; **~a okrętowa** shipping line; **~a tramwajowa** tram-line; **na całej ~i** all along the line; **w prostej ~i** in the direct line (**od kogoś** from sb); *pot.* **zachować ~ę** to keep one's figure 2. (*do liniowania*) ruler
liniowiec [ɦiɲ'jɔvɛts] *m* liner; **~ oceaniczny** ocean liner; **~ pasażerski** passenger liner
linka ['ɦinka] *f* cord, cable
linoleum [ɦinɔ'lɛum] *n* linoleum
linow|y [ɦi'nɔvi] *adj* rope-; **kolejka ~a** funicular ⟨cable⟩ railway
lipa ['ɦipa] *f* bot. linden; lime-tree; *pot.* humbug
lipiec ['ɦipɛts] *m* July
lis [ɦis] *m* fox
list [ɦist] *m* letter; **~ ekspresowy** express ⟨special delivery⟩ letter; **~ lotniczy** air ⟨air-mail⟩ letter; **~ polecony** registered letter; **~ przewozowy** bill of lading; **~ zagraniczny** overseas letter; **~ zwykły** unregistered letter; **~y uwierzytelniające** credentials; (*na kopercie*) **z ~ami p. Brown** c/o Mr. Brown; **dostać ~** to get a letter; **napisać ~** to write a letter; **wysłać ~** to post ⟨to mail⟩ a letter; **zaadresować ~** to address a letter; **wrzucić ~ do skrzynki** to drop a letter into a pillar-box
list|a ['ɦista] *f* list, register; **~a alfabetyczna** alphabetical list; list in alphabetical order; **~a honorowa** roll of

honour; ~a lokatorów te-
nants' ⟨lodgers'⟩ list; ~a o-
becności attendance record;
~a płacy pay-roll; ~a strat
(*wojennych*) casualty list;
wciągnąć ⟨zapisać⟩ na ~ę
to enter on a list; sporządzić ~ę to make a list;
skreślić z ~y to remove
from the list; to strike off
the list
listonosz [ɲi'stɔnɔʃ] *m* postman
listopad [ɲi'stɔpat] *m* November
listownie [ɲi'stɔvɲɛ] *adv* by
letter, in writing
listwa ['ɲistfa] *f* slat, batten
liszaj ['ɲiʃaj] *m* herpes, lichen
liść [ɲiɕtɕ] *m* leaf
litera [ɲi'tɛra] *f* letter; duża
~ capital letter; mała ~
small letter
literacki [ɲitɛ'ratski] *adj* literary
literat [ɲi'tɛrat] *m* man of
letters, literary man
literatura [ɲitɛra'tura] *f* literature, letters; ~ piękna
belles-lettres
literować [ɲitɛ'rɔvatɕ] *vt* spell;
~ nazwisko to spell one's
name
litość ['ɲitɔɕtɕ] *f* mercy, pity;
na ~ Boską! for heaven's
⟨God's⟩ sake!
litować się [ɲi'tɔvatɕ ɕɛ̃] *vr*
have pity (nad kimś on
sb)
litr [ɲitr] *m* litre; ćwierć ~a
a quarter of a litre; pół
~a half a litre
liz|ać ['ɲizatɕ] *imperf*, ~nąć
['ɲiznɔ̃tɕ] *perf vt* lick
·lizak [ˈɲizak] *m* (*cukierek*)
lollipop; *pot.* (*tarcza ręczna
milicjanta*) "stop" sign
lnian|y ['lɲani] *adj* linen; (*o
włosach*) flaxen; **płótno** ~e
linen; **siemię** ~e linseed
lodołamacz [lɔdɔ'u̯amatʃ] *m*
ice-breaker

lodowaty [lɔdɔ'vati] *adj* ice-
-cold, icy
lodowiec [lɔ'dɔvɛts] *m* glacier
lodowisko [lɔdɔ'viskɔ] *n* ice
field; (*sztuczne*) skating-
-rink
lodówka [lɔ'dufka] *f* refrigerator; *am.* ice-box, *pot.*
fridge; ~ turystyczna tourist fridge
lod|y ['lɔdi] *pl* ice-cream;
porcja ~ów an ice(-cream)
loggia ['lɔdʑja] *f* loggia
lojalny [lɔ'jalni] *adj* loyal
lok [lɔk] *m* lock, ringlet,
curl
lokal ['lɔkal] *m* place, apartment, spot; ~ rozrywko-
wy place of entertainment;
nocny ~ night-club
lokalny [lɔ'kalni] *adj* local
lokator [lɔ'katɔr] *m* lodger,
tenant
lokomotywa [lɔkɔmɔ'tiva] *f*
locomotive, engine
lokum ['lɔkum] *n* (*miejsce*)
room; (*pomieszczenie*) lodging, living quarters; (*nocleg*) accommodation
lornetka [lɔr'nɛtka] *f* field-
-glasses, binoculars; (*teatralna*) opera-glass(es)
los [lɔs] *m* lot, fate, fortune,
destiny; ~ na loterię lot-
tery-ticket; pusty ~ blank;
ciągnąć ~y to draw lots;
kusić ~ to tempt fortune;
pozostawić kogoś własnemu
~owi to abandon sb to his
fate; na ~ szczęścia at venture; at hazard
losować [lɔ'sɔvatɕ] *vt* draw
lots
lot [lɔt] *m* flight; numer ~u
flight number; rozkład ~ów
flights schedule; ~ odwoła-
ny flight cancelled; ~ o-
późniony flight delayed;
widok z ~u ptaka bird's
eye view
loteria [lɔ'tɛrja] *f* lottery
lotnictwo [lɔt'ɲitstfɔ] *n* aviation; *wojsk.* Air Force

lotnicz|y [lɔt'ɲitʃi] adj linia
~a airline; poczta ~a air
mail; port ~y airport
lotnik ['lɔtɲik] m aviator,
airman
lotnisko [lɔt'ɲiskɔ] n aerodrome, airport, airfield; ~
krajowe home airport; ~
międzynarodowe interna-
tional airport; ~ wojskowe
military airport; ~ zapasowe alternate airport
loża ['lɔʒa] f teatr. box
lód [lut] m ice; napoje z lodu iced drinks; zimny jak
~ ice-cold; przen. zamki na
lodzie castles in the air
⟨in Spain⟩; mieć pieniędzy
jak lodu to be rolling in
money
lśnić [lɕɲitɕ] vi shine, glitter,
glisten
lub [lup] conj or
lubić ['luɓitɕ] I vt like, be
fond of, have a liking for;
bardzo ~ to love (doing
sth); nie ~ to dislike II vr
~ się like each other ⟨one
another⟩
lud [lut] m people, folk
ludność ['ludnɔɕtɕ] f population
ludny ['ludni] adj populous
ludow|y [lu'dɔvi] adj 1. pop-
ular; Polska Ludowa
People's Poland 2. (wiejski)
rustic; pieśni ~e folk songs;
Stronnictwo Ludowe Peas-
ant Party
ludzie ['ludʑe] plt people; ~
pracy workpeople; ~ z miasta townspeople; ~ ze wsi
country people, country-

-folk; przy ludziach in public
ludzkość ['lutskɔɕtɕ] f mankind; (człowieczeństwo) humanity
lufa ['lufa] f barrel
lufcik ['luftɕik] m vent
luka ['luka] f gap, break
lukier ['luḱer] m sugar-icing
luksusowy [luksu'sɔvi] adj
luxurious, luxury
lunatyk [lu'natik] m sleep
walker
lura ['lura] f pot. slops, swill;
(o herbacie) cat-lap, husband's tea; (o napoju) wish-
-wash
lurowaty [lurɔ'vati] adj
wishy-washy
lusterko [lu'sterkɔ] n looking-
-glass, pocket-glass; mot. ~
boczne side mirror; ~ wsteczne rearview mirror
lustro ['lustrɔ] n looking-
-glass, mirror
lustrzanka [lu'stʃanka] f fot.
reflex camera
lutować [lu'tɔvatɕ] vt solder
lutownica [lutɔv'ɲitsa] f soldering iron ⟨tool⟩
luty ['luti] m February
luz [lus] m 1. (wolne miejsce)
margin; duży ~ wide mar-
gin 2. techn. play, clearance,
backlash; mot. neutral gear;
pot. chodzić na ~ie to tick
over ‖ ~em (bez opakowa-
nia) loose, in bulk
luźny ['luʑni] adj loose, inco-
herent
lżejszy ['lʒejʃi] adj (comp od
lekki) 1. lighter 2. (łatwiej-
szy) easier
lżyć [lʒitɕ] vi insult; abuse

Ł

łabędź ['u̯aБɛ̃tɕ] m swan
łach [u̯ax], łachman ['u̯axman]
m rag, tatter
łacina [u̯a'tɕina] f Latin

ładny ['u̯adni] adj nice-looking, good-looking, pretty,
handsome; (o pogodzie) fine,
fair; pot. (o pieniądzach)

handsome; (o sumie pieniędzy) tidy
ładować [ŭa'dɔvatɕ] vt load; (na statek) embark
ładowność [ŭa'dɔvnɔɕtɕ] f carrying ⟨loading⟩ capacity
ładunek [ŭa'dunɛk] m 1. load; (okrętowy) cargo, shipload; (kolejowy) freight 2. pot. (nabój) cartridge || ⁓ elektryczny charge; ⁓ wybuchowy blast
łagodny [ŭa'gɔdnɨ] adj 1. gentle; ⁓ głos soft voice; ⁓ klimat mild climate 2. (o człowieku) meek
łagodz|ić [ŭa'gɔdʑitɕ] vt (ból, rozpacz itd.) soothe, relieve; (gniew) appease, mitigate; (różnice) accommodate; okoliczności ⁓ące extenuating circumstances
łajdak ['ŭajdak] m villain
łakomy [ŭa'kɔmɨ] adj greedy (na coś of sth); przen. ⁓ kąsek tasty morsel ⟨bit⟩
łam|ać ['ŭamatɕ] I vt break; crush; (z trzaskiem) snap; przen. ⁓ać słowo to break one's word; ⁓ać przepisy to break ⟨to transgress, to infringe⟩ the regulations; ⁓ać sobie głowę nad czymś to rack one's brains ⟨to puzzle⟩ about ⟨over⟩ sth; pot. ⁓ie mnie w kościach I feel a pain in my bones II vr ⁓ać się break; (z trzaskiem) snap
łamigłówka [ŭaḿi'gŭufka] f riddle, puzzle
łańcuch ['ŭaɲtsux] m chain; ⁓ górski mountain-range
łańcuszek [ŭaɲ'tsuʃɛk] m little chain; ⁓ od zegarka watch-chain
łapa ['ŭapa] f paw
łapać ['ŭapatɕ] vi catch, seize; grab (za coś at sth); przen. (w radio) pick up; ⁓ ryby to fish; przen. ⁓ oddech to gasp; ⁓ kogoś za słowa to catch sb in his words

łapówk|a [ŭa'pufka] f bribe; dać ⁓ę to bribe
łask|a ['ŭaska] f favour, grace; prosić o ⁓ę to ask for mercy ⟨clemency⟩; zdać się na czyjąś ⁓ę to throw oneself on sb's mercy; żyć z czyjejś ⁓i to live at sb's expense; w drodze ⁓i as a favour
łaskaw|y [ŭas'kavɨ] adj kind, gracious; bądź ⁓ to zrobić be so kind as to do it
łatwo palny [ŭatfɔ'palnɨ] adj inflammable
łatwowierny [ŭatfɔ'vɛrnɨ] adj credulous
łatwy ['ŭatfɨ] adj easy; (o pracy) light; ⁓ w obsłudze easy to handle
ław|a ['ŭava] f bench; ⁓a oskarżonych dock; ⁓a przysięgłych jury; kolega ze szkolnej ⁓y schoolmate
ławica [ŭa'vitsa] f bank; ⁓ ryb shoal of fish
ławka ['ŭafka] f bench; (w kościele) pew; ⁓ szkolna form
łazienka [ŭa'ʑɛnka] f bathroom
łaźnia ['ŭaʑɲa] f bath; ⁓ parowa vapour-bath
łącznie ['ŭɔ̃tʃɲɛ] adv together; ⁓ z opakowaniem packing included
łącznoś|ć ['ŭɔ̃tʃnɔɕtɕ] f union, communication, contact; wojsk. liaison; ⁓ć radiowa radio communication; służba ⁓ci signal-service
łącz|yć ['ŭɔ̃tʃɨtɕ] I vt join, unite, link together; connect, associate; ⁓yć kogoś telefonicznie to put sb through; ⁓yć w całość integrate; (w liście) ⁓ę wyrazy szacunku very truly yours II vr ⁓yć się join, unite, combine, associate; ⁓yć się z kimś telefonicznie to get a connection with sb; to reach sb by phone;

telefon nie ~y I can't get the connection; I can't get through

łąka ['ǔɔ̃ka] *f* meadow

łeb [ǔɛp] *m* head

łgać [ǔgatɕ] *vi* lie, tell lies

łkać [ǔkatɕ] *vi* sob

łodyga [ǔɔ'dɨga] *f* stalk

łokieć ['ǔɔķɛtɕ] *m* elbow

łom [ǔɔm] *m* (*pręt*) crowbar

łopata [ǔɔ'pata] *f* spade

łoskot ['ǔɔskɔt] *m* crash, crack

łosoś ['ǔɔsɔɕ] *m zool.* salmon

łoś [ǔɔɕ] *m zool.* elk

łowić ['ǔɔ̇̀vitɕ] *vt* catch; ~ ryby to fish; ~ na wędkę to angle

łowiectwo [ǔɔ'vɛtstfɔ] *n* hunting

łożysko [ǔɔ'ʒɨskɔ] *n* 1. (*koryto*) bed; ~ rzeki river-bed 2. *techn.* bearing; ~ kulkowe ball-bearing

łódka ['ǔutka] *f* (small) boat

łódź [ǔutɕ] *f* boat; ~ motorowa motor-boat; ~ podwodna submarine; ~ ratunkowa life-boat; ~ rybacka fishing boat

łóżk|o ['ǔuʃkɔ] *n* bed; ~o polowe camp-bed; ~o składane folding bed; trundle-bed; dostawić ~o to add ⟨to put in⟩ an extra bed; kłaść się do ~a to go to bed; (*jako chory*) leżeć w ~u to keep one's bed; słać ~o to make a bed; wstać z ~a to get up ⟨to get out⟩ of bed

łucznictwo [ǔutʃ'ɲitstfɔ] *n* archery

łucznik ['ǔutʃɲik] *m* archer, bowman

łudzić ['ǔudʑitɕ] I *vt* delude,

deceive II *vr* ~ się delude ⟨deceive⟩ oneself

łuk [ǔuk] *m* (*do strzał*) bow; *arch.* (*sklepienie*) arch; *mat.* arc; zatoczyć ~ to describe a circle ⟨a curve⟩, to form a circle

łupież ['ǔupɛʃ] *m* dandruff, scurf

łupina [ǔu'pina] *f* (*kartofla*) peel; (*ziarna*) hull, husk; (*owocu, sera*) rind; (*orzecha*) nutshell

łuska ['ǔuska] *f* (*ryby*) scale; (*naboju*) shell

łuskać ['ǔuskatɕ] *vt* husk, peel, hull; (*orzechy*) shell

łuszczyć się ['ǔuʃtʃɨtɕ ɕɛ̃] *vr* desquamate, peel ⟨shell⟩ off

łydka ['ǔɨtka] *f* calf (of the leg)

łyk [ǔɨk] *m* draught, gulp, sip; duży ~ pull; jednym ~iem at one gulp

łyk|ać ['ǔɨkatɕ] *imperf*, ~nąć ['ǔɨknɔtɕ] *perf vt* swallow, gulp

łysieć ['ǔɨɕɛtɕ] *vi* grow bald

łysy ['ǔɨsɨ] *adj* bald

łyżeczka [ǔɨ'ʒɛtʃka] *f* (*do herbaty*) tea-spoon; ~ deserowa dessert-spoon; ~ do kawy coffee-spoon

łyżka ['ǔɨʃka] *f* spoon; (*pełna*) spoonful; ~ wazowa ladle; ~ do butów shoe-horn

łyżwa ['ǔɨʒva] *f* skate; jeździć na ~ch to skate

łyżwiarstwo [ǔɨʒ'varstfɔ] *n* skating

łyżwiarz ['ǔɨʒvaʃ] *m* skater

łza [ǔza] *f* tear; *przen.* czysty jak ~ clear as crystal; ronić gorzkie łzy shed bitter tears; zalewać się ~mi cry one's eyes out

M

macać ['matsatɕ] *vt* touch, feel; (*nie patrząc*) fumble

machać ['maxatɕ] *vt* wave (na kogoś to sb; ręką one's hand); ~ na pożegnanie to wave farewell; (o psie) ~ ogonem to wag its tail

macica [ma'tɕitsa] *f anat.* uterus || ~ perłowa mother--of-pearl

macierzyński [matɕɛ'ʒiɲskʲi] *adj* motherly, maternal

macierzyństwo [matɕɛ'ʒiɲstfɔ] *n* maternity, motherhood; świadome ~ birth control; planned parenthood

macocha [ma'tsɔxa] *f* stepmother

maczać ['matʃatɕ] *vt* dip, soak; *przen.* ~ w czymś palce to have one's finger in the pie

magazyn [ma'gazin] *m* 1. store, warehouse; ~ mód house of fashion 2. (*czasopismo*) magazine

magazynować [magazi'nɔvatɕ] *vt* store, keep in store

magister [ma'ɟistɛr] *m* master; ~ filozofii master of arts (M.A.)

magisterium [maɟis'tɛrjum] *n* master's degree

magistrala [maɟi'strala] *f* arterial road; ~ drogowa main thoroughfare; ~ kolejowa main line, trunk-line

magistrat [ma'ɟistrat] *m* (*władza*) municipality; (*budynek*) town-hall

magnes ['magnɛs] *m* magnet

magnetofon [magnɛ'tɔfɔn] *m* tape-recorder; ~ kasetowy casette recorder; ~ stereofoniczny stereo(phonic) recorder

mahoń ['maxɔn] *m* mahogany

maj [maj] *m* May

majaczyć [ma'jatʃitɕ] *vi* rave, talk deliriously; (*zarysowywać się niewyraźnie*) loom

majątek [ma'jɔ̃tɛk] *m* property, fortune; ~ nieruchomy real estate; ~ ruchomy personal property; ~ ziemski estate; roztrwonić ~ to waste one's substance; zrobić ~ to make a fortune

majonez [ma'jɔnɛs] *m kulin.* mayonnaise

major ['majɔr] *m* major; ~ lotnictwa squadron leader

majster ['majstɛr] *m* master, foreman, boss

majtki ['majtkʲi] *plt* drawers; (*reformy damskie*) knickers; (*dziecinne lub damskie*) panties

mak [mak] *m* (*kwiat*) poppy; (*ziarno*) poppy seed; *przen.* cicho jak ~iem zasiał you could hear a pin drop

makaron [ma'karɔn] *m* (*rurki*) macaroni; ~ do zupy noodles

makieta [ma'kɛta] *f* model; dummy

makijaż [ma'kʲijaʃ] *m* make--up

makler ['maklɛr] *m handl.* broker; ~ giełdowy stockbroker

makowiec [ma'kɔvɛts] *m kulin.* poppy-seed cake

makrela [ma'krɛla] *f* mackerel

maksimum ['maksimum] *n* maximum; do ~ to the highest limit ⟨degree⟩; wykorzystać coś do ~ to make the most of sth

maksymalny [maksi'malni] *adj* maximum, maximal

malarstwo [ma'larstfɔ] *n* painting, pictorial art; ~ abstrakcyjne ⟨realistyczne⟩ abstract ⟨realistic⟩ painting; ~ współczesne modern painting

malarz ['malaʃ] *m* painter; ~ pokojowy house painter; decorator

maleć ['malɛtɕ] *vi* grow small, lessen; decrease
malina [ma'ɟina] *f* raspberry
malować [ma'lɔvatɕ] I *vt* paint (na zielono itd. green etc.) II *vr* ~ się (*szminkować się*) make up
malowniczy [malɔ'vɲitʃi] *adj* picturesque
mal|o ['mauɔ] *adv* little, few; mieć ~o czegoś to be ⟨to run⟩ short of sth; o ~o co very nearly; o ~o nie nearly; all but; bez ~a almost; pretty nearly; za ~o too little
małoletni [mauɔ'lɛtɲi] *adj* under age, minor
małolitrażowy [mauɔɟitra'ʒɔvi] *adj* **samochód** ~ low-capacity car
małorolny [mauɔ'rɔlni] *adj* small farmer's
małpa ['maupa] *f* zool. monkey, ape
mały ['maui] *adj* small, little
małż [mauʃ] *m* mollusc
małżeński [mau'ʒɛɲski] *adj* conjugal, matrimonial, marital
małżeństwo [mau'ʒɛnstfɔ] *n* marriage, matrimony; (*para*) married couple
małżonek [mau'ʒɔnɛk] *m* husband, spouse
małżonka [mau'ʒɔnka] *f* wife, spouse
mama ['mama] *f* mamma, mummy
manatki [ma'natki] *plt pot.* traps; goods and chattels; **zwijać ⟨zwinąć⟩** ~ to pack up one's traps
mandarynka [mandɛ'rinka] *f* mandarin, tangerine
mandat ['mandat] *m* mandate; (*grzywna*) fine
mandolina [mandɔ'ɟina] *f* mandoline
manewr ['manɛvr] *m* manoeuvre; *mot.* ~ **wyprzedzania** overtaking manoeuvre

manewrować [manɛ'vrɔvatɕ] *vi* manoeuvre; ~ **pojazdem** to manoeuvre ⟨to handle, to steer⟩ the vehicle
mania ['maɲja] *f* mania, obsession; ~ **wielkości** megalomania
manicure [ma'ɲiķur] *m* manicure
manicurzystka [maɲiķu'ʒistka] *f* manicurist
manierka [ma'ɲerka] *f* flask, waterbottle; *wojsk.* canteen
manifest [ma'ɲifɛst] *m* manifesto
manifestacja [maɲifɛ'statsja] *f* manifestation, demonstration
manifestować [maɲifɛ'stɔvatɕ] *vi* manifest, demonstrate
manipulować [maɲipu'lɔvatɕ] *vi* manipulate, handle (**przy czymś** sth); tamper (**przy czymś** with sth)
mankiet ['manķet] *m* cuff; (*u koszuli*) wristband
manko ['mankɔ] *m* deficit; ~ **kasowe** cash shortage
manna ['manna] *f* semolina
manometr [ma'nɔmɛtr] *m* manometer, pressure gauge
map|a ['mapa] *f* map, chart; ~a **drogowa** road map; ~a **fizyczna** physical map; ~a **morska** nautical chart; ~a **samochodowa** motoring map; ~a **turystyczna** tourist map; **sprawdzić na** ~ie to check on the map
maraton [ma'ratɔn] *m sport.* (the) Marathon
marchew ['marxɛf] *f* carrot
margaryna [marga'rina] *f* margarine, *pot.* marge
margines [mar'ɡinɛs] *m* margin; **uwaga na** ~ie side-note
marihuana [marixu'ana] *f* marihuana, marijuana
marionetkowy [marjɔnɛt'kɔvi] *adj* **teatr** ~ puppet theatre; *przen.* **rząd** ~ puppet government
marka [[1]] ['marka] *f* (*samocho-*

du lub innego towaru)
make; ~ **fabryczna** trade
mark; *przen.* mieć dobrą
markę to have a good
name; to enjoy a good
reputation
marka[2] ['marka] *f* (*pieniądz*)
mark
markiza [mar'ķiza] *f* (*osłona
od słońca*) awning, markee,
canvas
marksistowski [markçis'tɔfs-
ķi] *adj* Marxist
marksizm ['markçizm] *m*
Marxism
marmolada [marmɔ'lada] *f*
marmalade; jam
marmur ['marmur] *m* marble
marnotrawstwo [marnɔ'traf-
stfɔ] *n* waste, prodigality
marnować [mar'nɔvatç] I *vt*
waste, dissipate II *vr* ~ **się**
waste, run to waste
marny ['marnɨ] *adj* miserable,
meagre, cheap
marsz [marʃ] *m* march; *wojsk.*
~! forward march! || ~
stąd! clear off ⟨out⟩!
marszałek [mar'ʃaŭɛk] *m*
marshal
marszczyć ['marʃtʃitç] I *vt*
wrinkle; ~ **brwi** to knit
one's brows; ~ **czoło** to
frown II *vr* ~ **się** wrinkle,
frown (**na coś** at sth); (*o
tkaninie*) crease, crumple
marszruta [marʃ'ruta] *f* route,
itinerary
martwić ['martfitç] I *vt* vex,
worry, trouble II *vr* ~ **się**
worry (**o coś** about ⟨over⟩
sth), trouble
martwy ['martfɨ] *adj* dead,
lifeless; *przen.* ~ **punkt**
deadlock; ~ **sezon** slack
season
marynarka [marɨ'narka] *f* 1.
(*handlowa*) marine; (*wojenna*) navy 2. (*część ubrania*)
coat; ~ **jednorzędowa** single-breasted coat; ~ **dwu-
rzędowa** double-breasted
coat
marynarz [ma'rɨnaʃ] *m* sailor,

seaman; **zostać** ~**em** to go
to sea
marynata [marɨ'nata] *f* pickle,
marinade
marynować [marɨ'nɔvatç] *vt*
pickle, marinate
marzec ['maʒɛts] *m* March
marzenie [ma'ʒɛɲɛ] *n* dream,
reverie; **piękna jak** ~ as
pretty as a picture
marznąć ['marznɔ̃tç] *vi* freeze,
be ⟨feel⟩ cold
marzyć ['maʒitç] *vi* dream (**o
czymś** of sth)
marża ['marʒa] *f* margin
mas|a ['masa] *f* mass, a lot;
~**a ludzi** a lot of people;
~**y pracujące** working mas-
ses, workers
masaż ['masaʃ] *m* massage
masażysta [masa'ʒista] *m*
masseur
masażystka [masa'ʒistka] *f*
masseuse
maselniczka [masɛl'ɲitʃka] *f*
butter-dish
mask|a ['maska] *f* mask; ~
samochodu ⟨**silnika**⟩ bonnet
(of a motor-car), *am.* hood;
przen. **pod** ~**ą** under the
guise (**of**)
maskotka [mas'kɔtka] *f* mascot
maskować [mas'kɔvatç] *vt*
mask, disguise; *wojsk.* camouflage
masł|o ['masŭɔ] *n* butter;
chleb z ~**em** bread and butter; **kostka** ~**a** cake of butter; **porcja** ~**a** a portion of
butter; **smarować** ~**em** to
butter (the bread); to spread
butter (on one's bread);
przen. **idzie jak po maśle** it
goes on swimmingly
masować [ma'sɔvatç] *vt* massage
masowy [ma'sɔvɨ] *adj* mass
maszerować [maʃɛ'rɔvatç] *vi*
march
maszt [maʃt] *m* mast
maszyn|a [ma'ʃina] *f* machine,
engine; ~**a cyfrowa** digital
computer; ~**a do liczenia**

calculating machine; ~a do szycia sewing-machine; ~a do pisania typewriter; pisać na ~ie to type

maszynista [maʃi'ɲista] *m* machinist; (*kolejowy*) engine-driver

maszynistka [maʃi'ɲistka] *f* typist

maszynka [ma'ʃinka] *f*: ~ do golenia safety-razor; (*elektryczna*) electric shaver; ~ do 'gotowania cooker; ~ do kawy coffee maker; percolator; ~ do mięsa (meat) mincing machine, meat mincer; ~ spirytusowa spirit lamp

maszynopis [maʃi'nɔpis] *m* typescript

maść [maɕtɕ] *f* 1. (*lek*) ointment 2. (*kolor*) colour

maślanka [maɕ'lanka] *f* buttermilk

mat [mat] *m* *szach*. mate; dać ~a to mate; to checkmate; szach ~! checkmate!

mata ['mata] *f* mat

matematyczny [matema'tɨtʃni] *adj* mathematical

matematyka [matɛ'matika] *f* mathematics

materac [ma'tɛrats] *m* mattress; ~ gumowy air-mattress

materi|a [ma'tɛrja] *f* matter

materialista [matɛrja'ʃista] *m* materialist

materializm [matɛr'jaʃizm] *m* materialism

materiał [ma'tɛrjaŭ] *m* 1. material; ~ wybuchowy explosive; ~y piśmienne stationery; writing materials; *przen*. on jest dobrym ~em na lekarza he will make a good doctor 2. (*tkanina*) stuff, fabric 3. (*dane*) subject, theme

matka ['matka] *f* mother; ~ chrzestna god-mother

matowy [ma'tɔvi] *adj* dull, mat; (*o szkle*) frosted; (*o farbie*) flat

matura [ma'tura] *f* 1. (*egzamin*) secondary studies examination 2. (*dokument*) secondary school-leaving certificate, *am*. graduation certificate

maturzysta [matu'ʒista] *m* secondary school graduate

mauzoleum [mauzɔ'lɛum] *n* mausoleum

mazać ['mazatɕ] *vt* smear, daub

mazak ['mazak] *m* flowmaster

mazurek [ma'zurɛk] *m* 1. (*utwór, taniec*) mazurka 2. (*ciasto*) sort of Easter cake

mączny ['mɔ̃tʃni] *adj* (of) flour; mealy

mądry ['mɔ̃dri] *adj* wise, sage, clever

mąka ['mɔ̃ka] *f* flour; ~ pszenna ⟨żytnia, kartoflana⟩ wheat ⟨rye, potato⟩ flour

mąż [mɔ̃ʃ] *m* husband; nazwisko męża husband's name; pierwszy ⟨drugi⟩ ~ first ⟨second⟩ husband; rodzina męża (her) in-laws; wyjść za ~ to marry; to get married; ~ stanu statesman; ~ zaufania shop-steward

mdleć [mdlɛtɕ] *vi* faint, swoon away

mdli|ć [mdʃitɕ] *vt* *imp* ~ mnie I feel sick

mdłości ['mdŭɔɕtɕi] *plt* nausea, sickness; wywoływać ~ to nauseate

mdły [mdŭi] *adj* (*o świetle*) faint; (*o jedzeniu*) insipid, dull

meb|el ['mɛbɛl] *m* piece of furniture; *pl* ~le furniture; ~le składane folding furniture; ~le turystyczne tourist ⟨camp⟩ furniture

meblować [mɛ'blɔvatɕ] *vt* furnish

mech [mɛx] *m* moss

mechaniczny [mɛxa'ɲitʃni] *adj* mechanical; (*o odruchu*) automatic

mechanik [mε'xaɲik] *m* mechanic, machinist; inżynier ⁓ mechanical engineer
mechanizacja [mεxaɲi'zatsja] *f* mechanisation
mechanizm [mε'xaɲizm] *m* mechanism, machinery, mechanical device
mecz [mεtʃ] *m sport.* match
medal ['mεdal] *m* medal; ⁓ brązowy ⟨srebrny, złoty⟩ bronze ⟨silver, gold⟩ medal; ⁓ olimpijski Olympic medal; ⁓ pamiątkowy commemorative medal; *przen.* odwrotna strona ⁓u the reverse of the medal
medalion [mε'daljɔn] *m* locket
medalista [mεda'ɕista] *m* medallist
meduza [mε'duza] *f zool.* jelly fish
medycyn|a [mεdɨ'tsɨna] *m* medicine; ⁓a sądowa forensic medicine
medyczny [mε'dɨtʃnɨ] *adj* medical
megafon [mε'gafɔn] *m* loud-speaker, megaphone
meksykański [mεksɨ'kaɲskʲi] *adj* Mexican
melancholia [mεlan'xɔɕja] *f* melancholy
melba ['mεlba] *f* ice-cream "Melba"
meldować [mεl'dɔvatɕ] **I** *vt* report, announce, advise **II** *vr* ⁓ się report oneself; (*w hotelu, urzędzie itp.*) register; check in
meldunek [mεl'dunεk] *m* report, message; (*w urzędzie meldunkowym*) registration; ⁓ czasowy temporary registration; ⁓ stały permanent registration
melodia [mε'lɔdja] *f* melody; air; tune
melon ['mεlɔn] *m* melon
melonik [mε'lɔɲik] *m* bowler, bowler-hat
memoriał [mε'mɔrjaŭ] *m* memorial

menażer [mε'naʒεr] *m* manager
menażka [mε'naʃka] *f* mess tin, dish
mennica [mεn'ɲitsa] *f* mint
menu [mε'nü] *n* menu, bill of fare
met|a ['mεta] *f* goal; *przen.* na dalszą ⁓ę in the long run
metal ['mεtal] *m* metal
metalowy [mεta'lɔvɨ] *adj* metal, metallic
meteorologia [mεtεɔrɔ'lɔgja] *f* meteorology
metoda [mε'tɔda] *f* method
metr [mεtr] *m* metre; ⁓ kwadratowy square metre; ⁓ sześcienny cubic metre
metraż ['mεtraʃ] *m* living area; (*powierzchnia*) metric area
metr|o ['mεtrɔ] *n* underground, *pot.* tube; *am.* subway; stacja ⁓a underground station
metropolia [mεtrɔ'pɔɕja] *f* metropolis
metryka ['mεtrɨka] *f* certificate; ⁓ urodzenia ⟨ślubu⟩ birth ⟨marriage⟩ certificate
mewa ['mεva] *f* sea-gull
męczyć ['mε̃tʃɨtɕ] **I** *vt* torment, torture; (*wywoływać zmęczenie*) tire, fatigue **II** *vr* ⁓ się 1. (*zadawać sobie trud*) take pains 2. (*cierpieć*) suffer 3. (*odczuwać zmęczenie*) get tired
męsk|i ['mε̃skʲi] *adj* male,, masculine, manly; ⁓a koszula man's shirt; ⁓a toaleta men's toilet; ⁓i fryzjer gentleman's hairdresser; ⁓i garnitur man's suit; *gram.* rodzaj ⁓i masculine gender; po ⁓u (*odważnie*) manfully; (*w sposób właściwy mężczyźnie*) like a man
męstwo ['mε̃stfɔ] *n* bravery, valour
mętny ['mε̃tnɨ] *adj* dull; (*o wodzie*) troubled; (*o kolo-*

rze) obscure; (*o myśli*) vague

mężatka [mɛ̃'ʒatka] *f* married woman

mężczyzn|a [mɛ̃ʃ'tʃizna] *m* man; (*w napisie*) „dla ~" "Gentlemen"

mężny ['mɛ̃ʒni] *adj* brave, valiant

mglisty ['mgɦisti] *adj* foggy, misty; *przen.* obscure, vague

mgła [mgŭa] *f* fog, mist

mi *zob.* **ja**

mianować [mia'novatç] *vt* name, appoint, nominate

mianowicie [miano'vitçɛ] *adv* namely

mianownik [mia'novɲik] *m* 1. *gram.* nominative 2. *mat.* denominator

miar|a ['miara] *f* measure; (*rozmiar*) size; **ubranie na ~ę** suit made to measure; **brać ~ę** to take sb's measure; *przen.* **przebrać ~ę** to overdo; **w ~ę** moderately; **w ~ę potrzeby** in case of need; **w pewnej mierze** to some extent; **żadną ~ą** on no account

miarodajn|y [miaro'dajni] *adj* authoritative, competent; **czynniki ~e** competent circles

miasteczko [mia'stetʃko] *n* small town, borough; **wesołe ~** amusement park

miast|o ['miasto] *n* town, city; **~o stołeczne** capital; **~o portowe** harbour town; **~o uniwersyteckie** university town; **Stare Miasto** Old Town; **idę do ~a** I go to town; **w mieście** in town

miąć się ['mɔ̃tç çɛ̃] *vr* crumple, crease, crush, wrinkle; **mnie się** it creases ⟨crumples⟩; **it gets creased** ⟨crumpled⟩

miąższ [mɔ̃ʃ] *m* pulp, flesh

miecz [mjɛtʃ] *m* sword

mieć [mjɛtç] I *vt* have; **mam to w domu** I've got it at home; **ile masz lat?** how old are you?; **~ chęć** (**zapalić, mówić itp.**) to feel like (smoking, talking etc.); **~ litość nad kimś** to have pity upon sb; **~ miejsce** to take place; to happen; **~ zamiar** to intend; **~ coś na sobie** to have sth on; *przen.* **co masz do mnie?** what do you hold against me?; **~ coś na celu** to aim at sth; **~ kogoś na oku** to keep an eye on sb; **~ kogoś, czegoś powyżej uszu** to be fed up with sb, sth; **~ kogoś za ...** to take sb for ⟨to consider sb⟩ ...; **za kogo mnie masz?** what do you take me for?; **~ do czynienia z kimś, czymś** to have sth to do with sb, sth; **~ przy sobie pieniądze** to have some money about one; **~ za złe** to take amiss; **on ma przemawiać** he is (going) to speak; he is about to speak II *vr* **~ się** feel; **jak się masz?** how are you?; **mam się dobrze** I am well ⟨all right⟩; *przen.* **~ się na baczności** to be on one's guard; **ma się na deszcz** it looks like rain; **ma się rozumieć!** of course!, sure enough!

miednica [mjɛd'ɲitsa] *f* 1. wash-basin 2. *anat.* pelvis

miedź [mjɛtç] *f* copper

miejsc|e ['mjɛjstsɛ] *n* place; (*do siedzenia*) seat; (*do stania*) room, space; (*położenie*) site; (*posada*) situation, post; **~e do leżenia** (*w pociągu*) couchette; **~e noclegowe** bed, sleeping accommodation; **~e pobytu** (temporary) residence; **~e stałego pobytu** permanent residence; **~e pracy** place of employment; **~e przeznaczenia** destination; **~e urodzenia** birthplace; **~e zbiórki** meeting place; **~e wolne** ⟨**zajęte**⟩ free ⟨engaged⟩ seat;

zrobić ~e dla kogoś to make room for sb; *(napis na kopercie)* **w ~u** local; **na ~u** on the spot; **na ~a!** take your places ⟨seats⟩!; **nie ma ~!** full up!; *przen.* **czułe ~e** tender spot; **na twoim ~u** if I were you; *(o uwadze)* **nie na ~u** out of place

miejscowość [mɛjs'tsɔvɔçtç] *f* place, locality; **~ górska** mountain resort; **~ letniskowa** summer resort; **~ kąpieliskowa** watering--place, spa; **~ nadmorska** seaside-resort; **~ uzdrowiskowa** health-resort

miejscowy [mɛjs'tsɔvɪ] *adj* local

miejscówka [mɛjs'tsufka] *f* reserved seat ticket

miejsk|i ['mɛjskɪ] *adj* municipal, town-, city-; *(o ludności)* urban; **rada ~a** city--council, town-council; **zarząd ~i** municipality

mieli|zna [mɛ'ɬizna] *f* shallow water, shoal; **osiąść na ~źnie** to run aground

mierzeja [mɛ'ʒɛja] *f* spit, sand-bar

mierzyć ['mɛʒɪtç] **I** *vt* measure; **~ temperaturę** to take sb's temperature **II** *vi* 1. *(celować)* aim (**do czegoś** at sth) 2. *(przymierzać)* to try on *(ubranie* a dress) **III** *vr* **~ się z kimś** to vie with sb

miesiąc ['mɛçɔts] *m* month; **miodowy ~** honeymoon; **co ~** every month; **od dziś za ~** a month from today

miesiączka [mɛ'çɔtʃka] *f* menstruation

miesięcznik [mɛ'çɛ̃tʃɲik] *m* monthly

mieszać ['mɛʃatç] **I** *vt* mix; *(np. herbatę)* stir; *(karty)* shuffle **II** *vr* **~ się** 1. mix, get mixed 2. *(wtrącać się)* meddle *(do czegoś* with sth)

3. *(być speszonym)* feel confused

mieszanka [mɛ'ʃanka] *f* 1. mixture, composition, blend; **~ czekoladowa** mixed chocolates 2. *(paliwo)* motor fuel; **~ benzynowa** petrol ⟨gasoline⟩ blend; **~ bogata** ⟨uboga⟩ rich ⟨weak⟩ mixture

mieszany [mɛ'ʃanɪ] *adj* mixed

mieszczanin [mɛʃ'tʃaɲin] *m* townsman; *(przedstawiciel klasy społecznej)* bourgeois

mieszczaństwo [mɛʃ'tʃaɲstfɔ] *n* middle class, bourgeoisie

mieszka|ć ['mɛʃkatç] *vi* live; *(stale)* reside, dwell; **gdzie ~sz?** where do you live?

mieszkalny [mɛʃ'kalnɪ] *adj* habitable; **dom ~** dwelling house; **pokój ~** living room

mieszkanie [mɛʃ'kaɲɛ] *n* flat, lodging, *am.* apartment; *(w hotelu)* accommodation; **przyjąć na ~** to lodge

mieszkaniec [mɛʃ'kaɲɛts] *m* inhabitant; **stały ~** resident

mieszkaniow|y [mɛʃka'ɲɔvɪ] *adj* **spółdzielnia ~a** housing cooperative; **problem ~y** housing problem

mieści|ć ['mɛçtçitç] **I** *vt (w sobie)* comprise, contain, hold **II** *vr* **~ć się** be contained, be comprised; **biuro ~ się w ... the** office is situated in...

miewa|ć ['mɛvatç] **I** *vt* have (sth) from time to time **II** *vr* **~ć się** be (**dobrze** all right, quite well); **jak się pan ~?** how are you?

między ['mɛ̃dzɪ] *praep (dwiema osobami, rzeczami)* between; *(większą ilością)* among, amid; **~ innymi** among others; **~ nami** between ourselves; between you and me

międzymiastow|y [mɛ̃dzimas'tɔvɪ] *adj* interurban; **rozmowa ~a** trunk call; **~a**

centrala telefoniczna exchange

międzynarodowy [m̃ēdzìnarɔ-'dɔvì] *adj* international

międzyplanetarny [m̃ēdzìplane'tarnì] *adj* interplanetary; **pojazd** ~ spacecraft

miękki ['m̃ēkķì] *adj* soft; (*o mięsie*) tender; *przen.* (*o człowieku*) soft-hearted

miękko ['m̃ēkkɔ] *adv* softly; (*łagodnie*) gently, tenderly; **jajko ugotowane na** ~ soft-boiled egg

mięknąć ['m̃ēknɔ̃tç] *vi* soften, mellow

mięsień ['m̃ēçɛɲ] *m* muscle

mięso ['m̃ēsɔ] *n* 1. meat; ~ **baranie** mutton; ~ **cielęce** veal; ~ **końskie** horse-meat; ~ **wieprzowe** pork; ~ **wołowe** beef 2. *pot.* (*miekkie części organizmu*) flesh; *przen.* ~ **armatnie** cannon-fodder

mięta ['m̃ēta] *f* mint

miętow|y [m̃ē'tɔvì] *adj* peppermint; mint; ~**a herbata** mint tea; ~**e cukierki** peppermints; ~**y likier** créme-de-menthe

mig [m̃ik] *m* twinkling; ~**iem** in no time; **rozmawiać na** ~**i** to speak by signs

migacz ['m̃igatʃ] *m* 1. *mot.* trafficator 2. (*do nadawania sygnałów świetlnych*) flasher

migać ['m̃igatç] *imperf*, **mignąć** ['m̃ignɔ̃tç] *perf vi* flash; (*świecić światłem przerywanym*) flicker

migawka [m̃i'gafka] *f fot.* shutter

migawkow|y [m̃igaf'kɔvì] *adj fot.* zdjęcie ~**e** snapshot

migdał ['m̃igdaũ] *m* 1. almond 2. *anat.* tonsil

migrena [m̃i'grɛna] *f* migraine. sick-headache

mijać ['m̃ijatç] *imperf*, **minać** ['m̃inɔ̃tç] *perf* I *vt* pass ⟨go⟩ by II *vi* (*o czasie*) pass, fly III *vr* **mijać, mi-**

nąć się cross, pass each other; *przen.* **mijać się z prawdą** to depart from the truth

mikrob ['m̃ikrɔp] *m* microbe

mikrofon [m̃i'krɔfɔn] *m* microphone

mikroklimat [m̃ikrɔ'kʃimat] *m* microclimate

mikroskop [m̃i'krɔskɔp] *m* microscope

mikser ['m̃iksɛr] *m* mixer

mila ['m̃ila] *f* mile

milczeć ['m̃iltʃɛtç] *vi* be silent, keep silent; ~! silence!; be quiet!

milczenie [m̃il'tʃɛɲɛ] *n* silence; **pominąć** ~**m** to pass over in silence

mile ['m̃ilɛ] *adv* agreeably; ~ **kogoś wspominać** to have a pleasant memory of sb; ~ **widziany** welcome

miliard ['m̃iʃijart] *m* milliard; *am.* billion

milicja [m̃i'ʃitsja] *f* militia

milicjant [m̃i'ʃitsjant] *m* militiaman

milimetr [m̃i'ʃimetr] *m* millimetre

milion ['m̃iʃijɔn] *m* million

militarny [m̃iʃii'tarnì] *adj* military

militaryzm [m̃iʃii'tarìzm] *m* militarism

militaryzować [m̃iʃiitarì'zɔvatç] *vt* militarise

milknąć ['m̃ilknɔ̃tç] *vi* fall silent, become quiet; (*o muzyce*) die away

miło ['m̃iũɔ] *adv* agreeably

miłosny [m̃i'ũɔsnì] *adj* love; (*o wierszach*) amatory; list ~ love letter

miłość ['m̃iũɔçtç] *f* love; ~ **własna** self-esteem; **na** ~ **Boska!** for goodness' sake!

miłośnik [m̃i'ũɔçɲik] *m* amateur, lover

miły ['m̃iũì] *adj* agreeable, pleasant, gentle; **mój** ~ my darling

mimo ['m̃imɔ] *praep* in spite of, despite; ~ **woli** invol-

untarily; ~ wszystko after all
mimochodem [mimɔ'xodɛm] *adv* by the way
mimowolny [mimɔ'vɔlnɨ] *adj* involuntary
min|a ¹ ['mina] *f (wyraz twarzy)* air, countenance; robić ~y to make <to pull> faces
mina ² ['mina] *f wojsk.* mine
minąć *zob.* **mijać**
mineralny [minɛ'ralnɨ] *adj* mineral
mini- ['mini-] *praef* mini; ~ -spódniczka mini skirt
miniatura [mina'tura] *f* miniature
minimalny [mini'malnɨ] *adj* minimal, minimum
minimum ['minimum] *n* minimum; zredukować do ~ to reduce sth to a minimum
minister [mi'ɲister] *m* minister; *am.* Secretary; były ~ ex-minister; ~ bez teki minister without portfolio
ministerstwo [mini'sterstfɔ] *n* ministry; ~ Handlu Zagranicznego Ministry of Foreign Trade; ~ Zdrowia i Opieki Społecznej Ministry of Health and Social Welfare; ~ Oświaty Board of Education; ~ Spraw Wewnętrznych Home Office; ~ Spraw Zagranicznych Foreign Office
minus ['minus] *m* minus; plus ~ more or less; plusy i ~y advantages and disadvantages; the cons and pros
minuta [mi'nuta] *f* minute
miotacz ['mɔtatʃ] *m sport.* thrower
miotła ['mɔtua] *f* broom
miód [mut] *m* honey; *(pitny)* mead
misja ['misja] *f* mission; ~ kulturalna cultural mission
miska ['miska] *f* bowl, dish, pan; *mot.* ~ olejowa oil sump

mistrz [mistʃ] *m* master; *sport.* champion
mistrzostwo [mi'stʃɔstfɔ] *n* mastery; *sport.* championship
miś [miɕ] *m* 1. *(niedźwiedź)* bear 2. *(zabawka)* Teddy bear
mit [mit] *m* myth
mizeria [mi'zɛrja] *f* cucumber salad
mizerny [mi'zɛrnɨ] *adj* meagre, wan; *(nędzny)* poor
mknąć [mknɔ̃tɕ] *vi* flit
mleczarnia [mlɛ'tʃarɲa] *f* dairy
mleczarz ['mlɛtʃaʃ] *m* dairyman, milkman
mleczn|y ['mlɛtʃnɨ] *adj* milky, milk; bar ~y milk-bar; ~y brat foster-brother; ~y ząb milk-tooth; ~e szkło milk-glass, frosted glass; *astr.* Mleczna Droga Milky Way
mleć [mlɛtɕ] *vt* grind; *(mięso)* mince
mleko ['mlɛkɔ] *n* milk; ~ pełne full-cream milk; ~ w proszku powdered milk; ~ zsiadłe sour milk
młodość ['mu̇ɔdɔɕtɕ] *f* youth
młodszy ['mu̇ɔtʃɨ] *adj* younger; ~ brat younger brother
młod|y ['mu̇ɔdɨ] *adj* young; ~e kartofle new potatoes; pan ~y bridegroom; panna ~a bride
młodzieniec [mu̇ɔ'dʑeɲɛts] *m* young man, youth
młodzież ['mu̇ɔdʑeʃ] *f* youth; *(młodzi ludzie)* young people
młot [mu̇ɔt] *m* hammer; *sport.* rzut ~em throwing the hammer
młotek ['mu̇ɔtɛk] *m* hammer
młócić ['mu̇utɕitɕ] *vt* thresh, thrash
młyn [mu̇ɨn] *m* mill
młynek ['mu̇ɨnɛk] *m* hand-mill; ~ do kawy coffee-mill; *(elektryczny)* coffee-grinder
mniej [mɲej] *adv* less, fewer; coraz ~ less and less; fewer and fewer; im ~,

tym lepiej the less the better; ~ więcej more or less; ni ~, ni więcej ... nothing less than ...

mniejszość ['mɲɛjʃɔçtç] f minority

mniejsz|y ['mɲɛjʃi] adj smaller, less, minor; ~a o to! never mind!

mnożyć ['mnɔʒitç] I vt multiply II vr ~ się multiply, increase

mnóstwo ['mnustfɔ] n multitude, plenty, a lot

mobilizacja [mɔbiɲi'zatsja] f mobilization

moc [mɔts] f power, might; force, strength; mot. ~ silnika engine power; przen. ~ ludzi a lot of people; nabierać ~y prawnej to come to legal force; to be valid; zrobię wszystko, co w mojej ~y I'll do all in my power; I'll do my best; na ~y by virtue of; on the strength of

mocarstwo [mɔ'tsarstfɔ] n (great) power

mocno ['mɔtsnɔ] adv firmly, fast; ~ spać to sleep fast; trzymać ~ to hold tight

mocny ['mɔtsni] adj strong, firm; (o śnie) sound; przen. ~ w matematyce good at mathematics

mocować się [mɔ'tsɔvatç çɛ̃] vr wrestle, struggle

mocz [mɔtʃ] m urine

moczyć ['mɔtʃitç] I vt wet, drench II vr ~ się soak, get wet

mod|a ['mɔda] f fashion; ostatni krzyk ~y the latest fashion; rewia ~y fashion show; być w modzie to be in fashion ⟨in vogue⟩; wejść w ~ę to come into fashion; wyjść z ~y to go out of fashion

model ['mɔdɛl] m model, pattern

modelka [mɔ'dɛlka] f model, mannequin

modlitwa [mɔd'ʃitfa] f prayer

modny ['mɔdni] adj fashionable, in vogue

mogiła [mɔ'giua] f tomb, grave; ~ zbiorowa common grave

moher ['mɔxɛr] m mohair

mokasyny [mɔka'sini] pl moccasins

moknąć ['mɔknɔ̃tç] vi get wet

mokry ['mɔkri] adj wet, moist

molo ['mɔlɔ] n jetty, pier

moment ['mɔmɛnt] m moment

momentalny [mɔmɛn'talni] adj instantaneous, instant

monarchia [mɔ'narxja] f monarchy

moneta [mɔ'nɛta] f coin; drobna ~ small coin; przen. brzęcząca ~ hard cash

monitor [mɔ'ɲitɔr] m monitor; ~ kontrolny monitor counter

monogram [mɔ'nɔgram] m monogram, cipher

monolog [mɔ'nɔlɔk] m soliloquy

monopol [mɔ'nɔpɔl] m monopoly

montaż ['mɔntaʃ] m mounting, fitting up, assembly

monter ['mɔntɛr] m fitter, mechanic

montować [mɔn'tɔvatç] vt mount, fit up, assemble

moralność [mɔ'ralnɔçtç] f morality

moralny [mɔ'ralni] adj moral

morderstwo [mɔr'dɛrstfɔ] n murder, assassination

mordować [mɔr'dɔvatç] I vt murder, assassinate II vr ~ się (trudzić się) toil, drudge

morela [mɔ'rɛla] f apricot

morfina [mɔr'fina] f morphine, morphia

morsk|i ['mɔrski] adj maritime, naval; choroba ~a sea-sickness; kąpiel ~a sea bath; podróż ~a voyage; szkoła ~a school of navigation; woda ~a salt water; drogą ~ą by sea

morze ['mɔʒɛ] *n* sea; pełne ~ the high seas; jechać nad ~ to go to the seaside; ~m by sea; nad ~m at the seaside; na morzu at sea

moskitiera [mɔsķi'tjɛra] *f* mosquito-net

most [mɔst] *m* bridge; ~ kolejowy railway bridge; ~ wiszący suspension bridge; ~ zwodzony draw-bridge; *przen.* spalić za sobą ~y to burn one's boats

motel ['mɔtɛl] *m* motel

motocykl [mɔ'tɔtsikl] *m* motor-cycle

motocyklista [mɔtɔtsi'kʃista] *m* motor-cyclist

motor ['mɔtɔr] *m* motor, engine

motorniczy [mɔtɔr'ɲitʃi] *m* tram driver, motor man

motorower [mɔtɔ'rɔvɛr] *m* motor-bicycle, motor-bike

motorówka [mɔtɔ'rufka] *f* motor-boat

motoryzacja [mɔtɔri'zatsja] *f* motorization, mechanization

motyl ['mɔtil] *m* butterfly

mow|a ['mɔva] *f* 1. language; ~a ojczysta mother-tongue; o czym ~a? what are you talking about?; nie ma o tym ~y it's out of question 2. (*przemówienie*) speech; wygłaszać ~ę to deliver a speech

mozaika [mɔ'zaika] *f* mosaic

może ['mɔʒɛ] *adv* maybe, perhaps; a ~ byśmy się przeszli? what about taking a walk?; ~ byś zamknął drzwi? would you mind closing the door?

możliwy [mɔʒ'ʃivi] *adj* possible

można ['mɔʒna] *v imp* it is possible; one can; czy ~? may I?; jeśli ~ if possible; jak ~ najlepiej as well as possible

możnoś|ć ['mɔʒnɔçtç] *f* possibility, chance; w miarę ~ci as far as possible

móc [muts] *vi* may, can, be able; czy mogę zapalić? may I smoke?; która może być godzina? what time can it be?; robię, co mogę I do my best

mój [muj] *pron* (moja, moje; *pl* moi, moje) my, mine; jeden z moich przyjaciół a friend of mine; moja rodzina my folks

mól [mul] *m* moth; *przen.* ~ książkowy bookworm

mówca ['muftsa] *m* orator, speaker

mówi|ć ['muvitç] *vt vi* speak (o czymś of ⟨about⟩ sth); talk (z kimś with sb); tell, say; ~ć głupstwa to talk nonsense; ~ć po angielsku to speak English; nie ~ąc już o ... let alone; not to mention; to say nothing of ...; ogólnie ~ąc generally speaking; to nic nie ~ it conveys nothing; (*zwrot grzecznościowy*) nie ma o czym ~ć! don't mention it!

mózg [musk] *m* brain; wstrząs ~u cerebral concussion

móżdżek ['muʒdʒɛk] *m kulin.* brains

mrok [mrɔk] *m* gloom, dusk

mrowisko [mrɔ'viskɔ] *n* ant-hill

mrożonki [mrɔ'ʒɔnķi] *pl* congealed meat ⟨fruit, vegetables⟩

mrówka ['mrufka] *f* ant

mróz [mrus] *m* frost; ~ bierze, jest ~ it freezes; dwa stopnie mrozu two degrees of frost

mrug|ać ['mrugatç] *imperf*, ~nąć ['mrugnɔtç] *perf vi* twinkle, blink, wink (na kogoś at sb)

mrużyć ['mruʒitç] *vt* ~ oczy to blink

msz|a [mʃa] *f* mass; odprawiać ~ę to say mass

mścić [mçtçitç] I *vt* avenge II

vr ~ **się** take revenge, revenge oneself
mucha ['muxa] *f* fly
Mulat ['mulat] *m*, **Mulatka** [mu'latka] *f* mulatto
muł [muů] *m zool.* mule
muł [muů] *m* mud, slime
mumia ['mumja] *f* mummy
mundur ['mundur] *m* uniform, dress; ~ **galowy** gala dress; ~ **polowy** battle dress
mur [mur] *m* wall
murarz ['muraʃ] *m* bricklayer, mason
murować [mu'rɔvatɕ] *vt* lay bricks, build in bricks ⟨in stone⟩
murowan|y [murɔ'vani] *adj* brick (wall etc.); **dom** ~**y** brick house; *pot.* ~**e** dead sure ⟨certain⟩
Murzyn ['muʒin] *m* Negro
Murzynka [mu'ʒinka] *f* Negress, Negro woman
mus [mus] *m kulin.* mousse, whipped cream; ~ **owocowy** fruit mousse
musieć ['muɕɛtɕ] *vi* must, be obliged; **muszę to zrobić** I must ⟨I have to⟩ do it; I am obliged ⟨I've got⟩ to do it; **nie musisz** you don't have to; you need not; **czy muszę to zrobić?** need I do it?
muskularny [musku'larni] *adj* muscular
muskuł ['muskuů] *m* muscle
musujący [musu'jɔtsi] *adj* effervescent, sparkling, bubbling
muszla ['muʃla] *f* shell; ~ **klozetowa** water-closet bowl
musztarda [muʃ'tarda] *f* mustard
muzeum [mu'zɛum] *n* museum
muzyczn|y [mu'ʒitʃni] *adj* musical; **szkoła** ~**a** school of music
muzyk ['muzik] *m* musician
muzyka ['muzika] *f* music

my [mi] *pron* we; *w przypadkach zależnych*: **nas, nam, nami** us
myć [mitɕ] I *vt* wash; ~ **naczynia** to wash up (dishes) II *vr* ~ **się** wash oneself
mydelniczka [midɛl'ɲitʃka] *f* soap-dish
mydło ['midůɔ] *n* soap; ~ **do golenia** shaving soap ⟨stick⟩; ~ **toaletowe** toilet soap
myjnia ['mijɲa] *f* ~ **samochodów** car-wash
myli|ć ['miɲitɕ] I *vt* mislead, deceive; **jeśli mnie pamięć nie** ~ if my memory doesn't fail me II *vr* ~**ć się** be mistaken, make mistakes, err, be wrong; **mogę się** ~**ć** I may be wrong
mylny ['milni] *adj* wrong, erroneous
mysz [miʃ] *f* mouse
myśl [miɕl] *f* thought, idea; **to dobra** ~! that's a bright idea!; *przen.* **być dobrej** ~**i** to be of good cheer; **mieć na** ~**i** to have in mind; to mean; **przychodzi mi na** ~ it occurs to me; **wpaść na** ~ to hit upon an idea
myśl|eć ['miɕlɛtɕ] *vi* 1. think (**o kimś, czymś** of ⟨about⟩ sb, sth); ~**eć źle o kimś** to think evil of sb; **mówię, co** ~**ę** I mean what I say; **co o tym** ~**isz?** how does it strike you?; ~**ę, że tak** I think so 2. (*zamierzać*) mean
myślistwo [mi'ɕɲistfɔ] *n* hunting, shooting
myśliwsk|i [mi'ɕɲifski] *adj* hunting-, shooting-; **karta** ~**a** hunting ⟨game⟩ licence; **pies** ~**i** hunting dog; **tereny** ~**ie** hunting-grounds; **torba** ~**a** game-bag
myśliwy [mi'ɕɲivi] *m* hunter, huntsman
mżawka ['mʒafka] *f* drizzle
mżyć [mʒitɕ] *vi* drizzle

N

na [na] praep on, upon; at; by; for; in; na lewo on the left; na rogu at the corner; na stole on the table; na ulicy in the street; na całym świecie all over the world; na chwilę for a moment; na czarno in black; na miarę by measure; na morzu i na lądzie at sea and on land; na mój koszt at my expense; na pamięć by heart; na pierwszy rzut oka at first sight; na piś-. mie in writing; na początek at the beginning; na sprzedaż for sale; na wiosnę in the spring; na zawsze for ever; jeden na stu ⟨sto⟩ one in a hundred; raz na dzień once a day; chodzić na prawo ⟨medycynę itp.⟩ to study law ⟨medicine etc.⟩; chodzić na wykłady to attend the lectures; chorować na grypę to be ill with flu; grać na pianinie to play the piano; iść na obiad to go to dinner; iść na spacer to go for a walk; kupować na wagę to buy by the weight; co ty na to? what do you say to it?

nabiał ['nabau] m dairy-goods, dairy-products

nab|ierać [na'beratɕ] imperf, ~rać ['nabratɕ] perf vt 1. (zaczerpnąć) take; ~ierać, ~rać benzyny to fill up (the tank with petrol); ~ierać, ~rać sobie czegoś (do jedzenia) to help oneself to sth; przen. ~ierać, ~rać odwagi to take courage; ~ierać, ~rać przekonania to become convinced; (o chorym) ~ierać, ~rać sił to gather strength; ~ierać, ~rać złych zwyczajów to take to bad habits || ~ierać, ~rać szybkości to gather

speed 2. pot. (okłamywać) pull sb's leg 3. pot. (oszukiwać) take in; cheat

nabity [na'biti] adj (o pistolecie) charged, loaded; (pełny) crowded, overcrowded; ~ po brzegi full to the brim

nabożeństw|o [nabɔ'ʒɛnstfɔ] n (divine) service; książ(ecz)-ka do ~a prayer-book

nabój ['nabuj] m (strzelby) cartridge; ślepy ~ blank cartridge

nabrać zob. nabierać

nabrzeże [na'bʒeʒɛ] n wharf, jetty, landing-pier

nabrzmiały [na'bʒmiau̯i] adj swollen

nabyć zob. nabywać

nabytek [na'bitɛk] m purchase, acquisition

naby|wać [na'bivatɕ] imperf, ~ć ['nabitɕ] perf vt (kupować) purchase; (wiedzę, bogactwo itp.) acquire

nabywca [na'biftsa] m purchaser, buyer

nachyl|ać [na'xilatɕ] imperf, ~ić [na'xiɲitɕ] perf I vt bend, bow, incline II vr ~ać, ~ić się stoop, lean forward, bow

naciąg|ać [na'tɕɔ̃gatɕ] imperf, ~nąć [na'tɕɔ̃gnɔ̃tɕ] perf I vt stretch, strain; (łuk) bend; pot. ~ać, ~nąć kogoś to take sb in II vt (o herbacie) draw

nacierać [na'tɕeratɕ] imperf, natrzeć ['natʃetɕ] perf I vt rub II vi attack (na kogoś sb)

nacisk ['natɕisk] m pressure; przen. kłaść ~ to stress; to emphasize; wywierać ~ to urge; to press

nacis|kać [na'tɕiskatɕ] imperf, ~nąć [na'tɕisnɔ̃tɕ] perf vt press (na coś sth, upon sth); mot. ~nąć hamulec to apply the brake; ~nąć sprzęgło to let in the clutch; ~nąć pedał gazu to push one's foot down on the accelerator

nacjonalista [natsjɔna'ʃista] m nationalist

nacjonalizować [natsjɔnaʃii'zɔvatç] vt nationalize

na czczo ['natʃtʃɔ] adv on an empty stomach

na czele [na'tʃɛlɛ] adv at the front ⟨head⟩ (of), in command (of); delegacja z premierem ~ delegation headed by the Prime Minister; stać ~ to head

naczelnik [na'tʃɛlɲik] m head, chief, manager; ~ stacji station-master

naczelny [na'tʃɛlni] adj chief, supreme; ~ dyrektor general manager; ~ wódz commander-in-chief

naczepa [na'tʃɛpa] f mot. semitrailer, articulated trailer

naczyni|e [na'tʃiɲe] n vessel; ~a gliniane earthenware, pottery; ~a kuchenne kitchen utensils; dishes; myć ~a to wash up; anat. ~a krwionośne blood-vessels

nad [nat] praep above, over, on, upon; ~ głową over the head; ~ morzem at the seaside; ~ rzeką on the river bank || mieć litość ~ kimś to have ⟨take⟩ pity on sb

nadać zob. nadawać

nadajnik [na'dajɲik] m (broadcast) transmitter, sender

nadal ['nadal] adv still; ~ coś robić to continue to do sth; to keep doing sth

nadaremnie [nada'rɛmɲɛ] adv in vain

nadarz|yć się [na'daʒitç çɛ̃] vr occur, present oneself; okazja się ~a an occasion arises ⟨presents itself⟩

nada|wać [na'davatç] imperf, ~ć ['nadatç] perf I vt 1. (przywileje, prawa itp.) bestow, confer, grant 2. (na poczcie) post, dispatch; ~wać bagaż to register one's luggage 3. (przez radio) broadcast; (przez telewizję) televise II vr ~wać się fit, suit

nadawca [na'daftsa] m sender, consigner

nadąć zob. nadymać

nadąż|ać [na'dɔ̃ʒatç] imperf, ~yć [na'dɔ̃ʒitç] perf vi keep pace (za kimś with sb); nie ~ać to lag behind

nadbudowa [nadbu'dɔva] f superstructure

nadbudować [nadbu'dɔvatç] vt raise a structure (above sth); build on

nad|chodzić [nat'xɔdʑitç] imperf, ~ejść ['nadɛjçtç] perf vi approach, come, arrive; noc ~chodzi night is falling; ~szedł pociąg the train is in ⟨arrived⟩

nadciąg|ać [nat'tçɔ̃gatç] imperf, ~nąć [nat'tçɔ̃gnɔ̃tç] perf vi draw near, approach

nadciśnienie [nattçiç'ɲɛɲɛ] n med. hypertension

nadejść zob. nadchodzić

nadepnąć [na'dɛpnɔ̃tç] vt tread, step (na coś on sth)

nade wszystko [nadɛ'fʃistkɔ] adv above all

nadje|chać [nad'jexatç] perf, ~żdżać [nad'jeʒdʑatç] imperf vi arrive, come driving

nadl|atywać [nadla'tivatç] imperf, ~ecieć [nad'lɛtçɛtç] perf vt arrive, come flying

nadliczbow|y [nadʃiitʃ'bɔvi] adj overtime, supernumerary; godziny ~e overtime (hours)

nadmierny [nad'mɛrni] adj excessive; (o cenie) exorbitant, unreasonable

nadmorski [nad'mɔrski] adj maritime, coastal, sea-side

nadmuchać [na'dmuxatç] vt inflate, blow (coś powietrzem air into sth); ~ materac to inflate ⟨to blow⟩ a mattress

nadprogramow|y [nadprogra-'mɔvi] *adj* extra, overtime; praca ~a overtime work
nadr|abiać [nad'raɓatɕ] *imperf*, ~obić [nad'rɔɓitɕ] *perf* *vt* make up (coś for sth); ~abiać, ~obić stracony czas to make up for lost time; *przen*. ~abiać miną to put a good face on a bad business; to make the best of a bad bargain
nadruk ['nadruk] *m* (*na obwolucie itp*.) surprint; (*na papierze listowym*) letterhead; (*na znaczku*) overprint, surcharge
nadrzędny [nad'ʒẽdni] *adj* superior, higher
nadto ['nattɔ] *adv* (*ponadto*) moreover, besides || aż ~ more than enough
nadużycie [nadu'ʒitɕɛ] *n* abuse, misuse, wrong-doing; (*w jedzeniu*) excess; (*finansowe*) malversation; *prawn*. ~ zaufania malpractice
naduży|ć [na'duʒitɕ] *perf*, ~wać [nadu'ʒivatɕ] *imperf* *vt* abuse, misuse; ~ć, ~wać gościnności to trespass upon sb's hospitality; ~ć, ~wać alkoholu to indulge oneself in alcohol
nadweręż]ać [nadvɛ'rẽʒatɕ] *imperf*, ~yć [nadvɛ'rẽʒitɕ] *perf* *vt* impair; (*oczy, głos, nogę itp*.) strain
nadwiślański [nadviɕ'laɲski] *adj* situated on the Vistula
nadwozie [nad'vɔʑɛ] *n mot*. car body, carriage
nadwyżka [nad'viʃka] *f* surplus; ~ bagażu excess luggage
nad|ymać [na'dimatɕ] *imperf*, ~ąć ['nadɔ̃tɕ] *perf* I *vt* blow up, inflate II *vr* ~ymać, ~ąć się swell
nadzie|ja [na'dʑɛja] *f* hope; mieć ~ję to hope; to trust; to feel confident
nadzienie [na'dʑɛɲɛ] *n kulin*. stuffing, filling

nadziewany [nadʑɛ'vani] *adj kulin*. stuffed, filled
nadzorować [nadzɔ'rɔvatɕ] *vt* superintend, supervise, oversee
nadzór ['nadzur] *m* superintendence, supervision
nadzwyczaj [nad'zviʧaj] *adv* extremely, unusually
nadzwyczajny [nadzvi'ʧajni] *adj* extraordinary, exquisite; poseł ~ envoy extraordinary
nafta ['nafta] *f* petroleum, rock oil
nagana [na'gana] *f* blame; (*urzędowa*) reprimand
nagi ['nagi] *adj* naked, bare
nagi|ąć ['nagɔ̃tɕ] *perf*, ~nać [na'ginatɕ] *imperf* *vt* bend
naglący [na'glɔ̃tsi] *adj* urgent, pressing
nagle ['naglɛ] *adv* suddenly; all of a sudden
nagłówek [na'guuvɛk] *m* heading; (*w gazecie*) headline
nagł|y ['nagui] *adj* urgent, sudden; umrzeć ~ą śmiercią to die a sudden death; w ~ym wypadku in case of emergency
nagniot|ek [na'gɲɔtɛk] *m* corn
nagrać *zob.* nagrywać
nagr|adzać [na'gradzatɕ] *imperf*, ~odzić [na'grɔdʑitɕ] *perf* reward, recompense
nagranie [na'graɲɛ] *n* recording
nagrobek [na'grɔbɛk] *m* tombstone, tomb
nagroda [na'grɔda] *f* reward, prize; pierwsza ~ first prize
nagrodzić *zob.* nagradzać
nagromadzić [nagrɔ'madʑitɕ] *vt* accumulate
nagr|ywać [na'grivatɕ] *imperf*, ~ać ['nagratɕ] *perf* *vt* record; ~ywać muzykę to record music
nagrz|ać ['nagʒatɕ] *perf*, ~ewać [na'gʒɛvatɕ] *imperf* *vt* warm, heat
naiwny [na'ivni] *adj* naive, simple-minded, ingenuous
najać *zob.* najmować

najbardziej [ńaj'bardẓej] *adv*
most; co ~ lubisz? what do
you like best?; jak ~! yes,
indeed!

najechać [na'jɛxatç] *vt* run
(na kogoś, coś into sb, sth);
~ na przechodnia to knock
a passer-by down; to run a
passer-by over

najem ['najɛm] *m* hire, lease;
oddawać w ~ to lease; to
rent

najemca [na'jɛmtsa] *m* tenant

najeść się ['najɛçtç çĕ] *vr* eat
one's fill, satisfy the appetite, have plenty (of sth) to
eat

najgorsz|y [naj'gɔrʃi] **I** *adj*
worst; w ~ym razie at (the)
worst **II** *n* ~e the worst;
być przygotowanym na ~e
to be prepared for the worst

najlepiej [naj'lɛpɛj| *adv* best;
jak umiem ~ as best I can

najlepsz|y [naj'lɛpʃi] *adj* best;
w ~ym razie at (the) best;
wszystkiego ~ego! many
happy returns!; the best of
luck!

najmniej ['najmɲɛj] *adv* least;
co ~ at least

naj|mować [naj'mɔvatç] *im-
perf*, ~ąć ['najɔ̃tç] *perf vt*
hire

najpierw ['najpɛrf] *adv* first,
at first; in the first place

najwyżej [naj'vɨʒɛj] *adv* at
most, at best

nakarmić [na'karmitç] *vt* feed

nakaz ['nakas] *m* order, command; (*płatniczy*) precept;
~ aresztowania warrant of
arrest

nakaz|ać [na'kazatç] *perf*,
~ywać [naka'zivatç] *imperf
vt* command, order

nakle|ić [na'klɛitç] *perf*, ~jać
[na'klɛjatç] *imperf vt* stick
(na coś on sth)

nakład ['nakŭat] *m* (*książki*)
edition, impression, issue;
(*koszt*) expense, expenditure; (*czasu, pracy*) cost

nakładać [na'kŭadatç] *imperf*,

nałożyć [na'ŭɔʒitç] *perf vt*
(*podatek*) impose; (*karę*)
inflict; (*opatrunek*) put on;
dress (a wound); (*przy stole*) ~ sobie to help oneself
(czegoś to sth).

nakł|aniać [na'kŭaɲatç] *im-
perf*, ~onić [na'kŭɔɲitç] *perf
vt* induce, persuade (to do
sth)

nakreśl|ać [na'krɛçlatç] *im-
perf*, ~ić [na'krɛçɲitç] *perf
vt* draw, trace

nakręc|ać [na'krĕtsatç] *imperf*,
~ić [na'krĕtçitç] *vt* (*zegarek*)
wind up; (*numer telefonu*)
dial; (*film*) make, shoot

nakrętka [na'krĕtka] *f* nut (of
a screw)

nakrochmalony [nakrɔxma'lɔ-
ni] *adj* starched

nakryci|e [na'kritçɛ] *n* **1.**
cover; covering; ~e głowy
(*męskie*) headgear, (*damskie*) head-dress; bez ~a
głowy bareheaded **2.** (*zastawa stołowa*) table-ware

nakry|ć ['nakritç] *perf*, ~wać
[na'krivatç] *imperf vt* cover;
~ć, ~wać stół ⟨do stołu⟩ to
lay ⟨to set⟩ the table

nalać *zob.* nalewać

nalegać [na'lɛgatç] *m* insist
(na coś on sth); urge ⟨press⟩
(na kogoś sb)

nalepi|ać [na'lɛpatç] *imperf*,
~ć [na'lɛpitç] *perf vt* stick
on; (*afisze*) post (bills)

nalepka [na'lɛpka] *f* label,
am. sticker

naleśnik [na'lɛçɲik] *m kulin.*
pancake

nal|ewać [na'lɛvatç] *imperf*,
~ać ['nalatç] *perf vt* pour
(out); ~ewać wino do kie-
liszków to pour wine into
glasses

należ|eć [na'lɛʒɛtç] **I** *vi* be-
long; ta książka ~y do mnie
that book belongs to me;
przen. decyzja ~y do ciebie
the decision rests with you;
to nie ~y do rzeczy it is
not to the point; ~y one

should ⟨ought to⟩; ~y tak
zrobić it is necessary to do
thus II *vr* ~eć się (*o pieniądzach*) be due; ile się ~y?
how much do I owe you?
należnoś|ć [na'leʒnɔçtç] *f* due,
the amount due; zaległe
~ci arrears
nalot ['nalɔt] *m* (*lotniczy*) air-
-raid
naładować [naŭa'dɔvatç] *vt*
load, charge; ~ akumulator
to charge a battery ⟨*am.*
accumulator⟩
nałogowiec [ṇaŭɔ'gɔvɛts] *m*
(*narkoman*) addict; (*pijak*)
inveterate drunkard; (*palacz*) chain-smoker
nałóg ['naŭuk] *m* addiction
(to drugs); bad habit; popaść w ~ (*picia, palenia*) ·
to drop into a habit (of
drinking, smoking); to take
to (drinking, smoking)
nam [nam] *zob.* my
namalować [nama'lɔvatç] *vt*
paint, picture
nam|awiać [na'mavatç] *imperf*,
~ówić [na'muvitç] *perf vt*
persuade (into), induce;
~awiać do złego to abet;
~ówiliśmy go, żeby to zrobił we made him do it; we
talked him into doing it
nami ['naṁi] *zob.* my
namiastka [na'ṁastka] *f* substitute, surrogate, ersatz
namiętność [na'ṁɛtnɔçtç] *f*
passion, infatuation; (*silne
zainteresowanie*) ardent
keenness (do czegoś on sth)
namiętny [na'ṁɛtnĩ] *adj* passionate; ~ palacz heavy
smoker
namio|t ['namɔt] *m* tent; ~
dwuosobowy ⟨jednoosobo-
wy⟩ two ⟨one⟩ person tent;
mieszkać w ~cie to camp;
rozbić ~t to pitch a tent;
zwinąć ~t to fold a tent
namoczyć [na'mɔtʃitç] *vt* soak,
drench
namówić *zob.* namawiać
namy|sł ['namisŭ] *m* consider-

ation, reflection; bez ~słu
offhand; po ~śle after due
consideration; on after-
thought; z ~słem with de-
liberation
namyśl|ać się [na'miçlatç çɛ̃]
imperf, ~ić się [na'miçɕiitç
çɛ̃] *perf vr* reflect, consider;
~iłeś się? have you made
up your mind?
na nowo [na 'nɔvɔ] *adv* anew,
once again
na odchodne [na ɔt'xɔdnɛ] *adv*
when parting; when taking
one's leave
na odwrót [na 'ɔdvrut] *adv*
inside out; vice versa; the
other way round
na ogół [na 'ɔguŭ] *adv* in general; on the whole'
naokoło [naɔ'kɔŭɔ] *adv* all
round, round about
naoliwić [naɔ'ɕivitç] *vt* oil,
grease
na oścież [na 'ɔçtçɛʃ] *adv* o-
twarty ~ wide open
na oślep [na 'ɔçlɛp] *adv* blind-
ly
napad ['napat] *m* 1. attack,
assault; ~ bandycki robbery
2. (*gniewu, śmiechu itp.*)
fit
napad|ać [na'padatç] *vt* attack,
assault; co go ~ło? what
has come over him?; what
is the matter with him?
napalić [na'paɕiitç] *vi* heat,
make a fire
napar ['napar] *m* infusion,
brew
naparstek [na'parstɛk] *m*
thimble
naparzyć [na'paʒitç] *vt* infuse
napastnik [na'pastɲik] *m* 1.
aggressor 2. *sport.* forward
napełni|ać [na'pɛŭɲatç] *im-
perf*, ~ć [na'pɛŭɲitç] *perf* I
vt fill; (*ponownie*) refill II
vr ~ać, ~ć się fill, become
filled
na pewno [na 'pɛvnɔ] *adv* certainly, sure; to be sure
napęd ['napɛt] *m* drive, propulsion; ~ elektryczny elec-

tric drive; ~ atomowy atomic drive; ~ **na przednie** ⟨**tylne**⟩ koła front-wheel ⟨rear-wheel⟩ drive; ~ spalinowy diesel drive
napędow|y [napɛ̃'dɔvɨ] *adj* propulsive, driving, motive; **koło ~e** driving wheel
napi|ć się ['napitç çɛ̃] *vr* drink, have a drink; **może się czegoś ~jesz?** what about a drink?
napięci|e [na'pɛ̃tçɛ] *n* tension, strain; *elektr.* voltage; *przen.* **trzymać w ~u** to hold in suspense
napis ['napis] *m* inscription; sign; ~ **filmowy** caption; ~ **nagrobkowy** epigraph
napisać [na'pisatç] *vt* write
napiwek [na'pivɛk] *m* tip, gratuity; **dać ~ kelnerowi** to tip the waiter; ~ **wliczony do rachunku** service ⟨tip⟩ included in the bill; **uprasza się o niedawanie napiwków** "no gratuities", "no tips"
napływ ['napłɨf] *m* inflow, influx
na poczekaniu [na pɔtʃɛ'kaɲu] *adv* out of hand; **naprawa ~ repair** made while you wait
napoić [na'pɔitç] *vt* give to drink
napomnienie [napɔm'ɲɛɲɛ] *n* admonition, admonishment
napój ['napuj] *m* drink, beverage; ~ **alkoholowy** strong ⟨alcoholic⟩ drink; ~ **bezalkoholowy** soft drink; ~ **orzeźwiający** refreshment
na pół [na 'puł] *adv* half-; (*np.* **podzielić**) in half; **pół ~ fifty-fifty**
napraw|a [na'prava] *f* repair; **dać coś do ~y** to have sth repaired; **w ~ie** under repair; **~a gwarancyjna** service, servicing; **drobna ~a** minor ⟨small⟩ repair; **~a ekspresowa** emergency repair

naprawdę [na'pravdɛ̃] *adv* indeed, really, truly
naprawi|ać [na'pravatç] *imperf*, **~ć** [na'pravitç] *perf vt* 1. repair; mend; (**pończochy**) darn 2. (*wynagradzać*) make good, make up for
naprędce [na'prɛ̃ttsɛ] *adv* hurriedly, quickly
naprężenie [naprɛ̃'ʒɛɲɛ] *n* strain, tension; **złagodzić ~** to ease the tension
na próżno [na 'pruʒnɔ] *adv* in vain
naprzeciw [na'pʃɛtçif], **~ko** [nap'ʃɛ'tçifkɔ] I *praep* opposite, against II *adv* opposite; **wyjść ~ kogoś** to go to meet sb; **znajdować się ~ kogoś** to face sb
na przełaj [na 'pʃɛũaj] *adv* **droga ~** short cut; **iść ~** to take a short cut; *sport.* **wyścig** ⟨**bieg**⟩ ~ steeplechase
na przemian [na'pʃɛman] *adv* alternately
naprzód ['napʃut] *adv* forward, on; **iść ~** to go ahead; **posłać ~** to send forward; **~! forward!**
narad|a [na'rada] *f* (*naradzanie się*) consultation; (*zebranie*) conference; **zwołać ~ę** to call up a conference
naradz|ać się [na'radzatç çɛ̃] *imperf*, **~ić się** [na'radʑitç çɛ̃] *perf vr* deliberate, confer
naraz ['naras] *adv* (*nagle*) suddenly, at once
narazić *zob.* **narażać**
na razie [na 'raʑɛ] *adv* for the time being, for the present
nara|żać [na'raʒatç] *imperf*, **~zić** [na'raʑitç] *perf* I *vt* expose (**na coś** to sth); **~żać, ~zić na niebezpieczeństwo** to endanger; **~żać, ~zić na niewygodę** to put to inconvenience II *vr* **~żać, ~zić się** risk, run a risk, expose oneself; **~żać, ~zić**

się komuś to antagonize; to incur sb's disfavour; **~żać, ~zić się na kłopot** to get oneself into trouble

narąbać [na'rõbatç] *vt* chop; **~ drzewa** to chop wood

narciarstwo [nar'tçarstfɔ] *n* skiing

narciarz ['nartçaʃ] *m* skier

nareszcie [na'rɛʃtçɛ] *adv* at last

narkoman [nar'kɔman] *m* drug addict

narkotyk [nar'kɔtɨk] *m* narcotic, drug; dope; **handel ~ami** drug traffic

narkoz|a [nar'kɔza] *f med.* narcosis, an(a)esthesia; **operować pod ~ą** to operate under an(a)esthesia

narodowoś|ć [narɔ'dɔvɔçtç] *f* nationality; **jakiej on jest ~ci?** what is his nationality?

narodowy [narɔ'dɔvɨ] *adj* national

narodzenie [narɔ'dzɛnɛ] *n* birth, nativity; **Boże Narodzenie** Christmas

narożny [na'rɔʒnɨ] *adj* corner; **dom ~** corner-house

naród ['narut] *m* nation

nart|a ['narta] *f* ski; **jeździć na ~ach** to ski; **wypożyczyć ~y** to hire skis; **złamać ~ę** to break a ski

nartostrada [nartɔ'strada] *f* ski trail

narusz|ać [na'ruʃatç] *imperf,* **~yć** [na'ruʃɨtç] *perf vt* injure, harm; *(prawo)* infringe, offend; *(pieczęć)* violate; *przen.* **~ać, ~yć czyjś spokój** to disturb sb; **~ać, ~yć kapitał** to touch the capital

narysować [narɨ'sɔvatç] *vt* draw; **~ plan czegoś** to design sth

narząd ['naʒɔt] *m anat.* organ; **~y wewnętrzne** internal organs

narzeczona [naʒɛ'tʃɔna] *f* fiancée

narzeczony [naʒɛ'tʃɔnɨ] *m* fiancé

narzekać [na'ʒɛkatç] *vi* complain (**na coś** of sth)

narzędzi|e [na'ʒɛdʑɛ] *n* instrument; *(rzemieślnicze)* tool; **komplet ~** tool kit

narzuc|ać [na'ʒutsatç] *imperf,* **~ić** [na'ʒutçitç] *perf* I *vt* 1. *(na siebie)* throw, put (on) 2. *(coś komuś)* impose, force (upon sb); **~ać, ~ić swoje towarzystwo** to inflict one's company II *vr* **~ać się** intrude (into company)

narzuta [na'ʒuta] *f* coverlet, bedspread

nas [nas] *zob.* **my**

nasenny [na'sɛnnɨ] *adj* soporific; **środek ~** sleeping drug

nasienie [na'çɛnɛ] *n* seed

nasileni|e [naçi'lɛnɛ] *n* intensity, intensification; **w godzinach ~a ruchu** in rush hours

naskórek [na'skurɛk] *m* epidermis, cuticle

nasmarować [nasma'rɔvatç] *vt* smear, grease, daub; **~ masłem** to butter

nastawi|ać [nas'taviatç] *imperf,* **~ć** [nas'tavitç] *perf* I *vt* put, set; **~ać, ~ć wodę na herbatę** to put the kettle on; **~ać, ~ć radio** to switch on; *(na falę)* to tune in; **~ać, ~ć zegar** to set the clock; *przen.* **~ać, ~ć karku** to risk one's life; **~ać, ~ć uszu** to prick one's ears II *vr* **~ać, ~ć się (na trudności)** to be prepared (for obstacles)

nastąpić *zob.* **następować**

następca [nas'tɛptsa] *m* successor, heir

następnie [nas'tɛpɲɛ] *adv* then, next, subsequently

następn|y [nas'tɛpnɨ] *adj* following, next, subsequent; **~ego dnia** next day

nast|ępować [nastɛ'pɔvatç] *imperf,* **~ąpić** [nas'tɔpitç] *perf* *vi* follow (po kimś, czymś sb, sth); (o *wypadkach*) take place, happen; jak ~ępuje as follows; ciąg dalszy ~ąpi to be continued następstw|o [nas'tɛ̃pstfɔ] *n* 1. (*kolejność*) succession; *gram.* ~o czasów sequence of tenses 2. (*skutek*) consequence, sequel; w ~ie czegoś in consequence of sth

nastolatki [nastɔ'latķi] *pl* teen-agers

nastr|ój ['nastruj] *m* mood; być w dobrym ~oju to be in high spirits; być w złym ~oju to be in low spirits; nie być w ~oju do czegoś to be in no mood for sth ⟨doing sth⟩

nasu|nąć [na'sunɔ̃tɕ] *perf*, ~wać [na'suvatɕ] *imperf* I *vt* 1. (*włożyć*) put on 2. (*na myśl*) suggest, give an idea II *vr* ~nąć, ~wać się occur, come (in)to one's head; ~wa się pytanie the question arises

nasyp ['nasɨp] *m* (*także kolej.*) embankment

nasypać [na'sɨpatɕ] *vt* put ⟨pour⟩ (in, on)

nasz [naʃ] *pron* our, ours

naszkicować [naʃķi'tsɔvatɕ] *vt* sketch, outline

naszyć ['naʃɨtɕ] *vt* (*przyszyć*) sew (coś na czymś sth on sth); (*ozdobić*) trim

naszyjnik [na'ʃɨjɲik] *m* necklace

naśladować [naɕla'dɔvatɕ] *vt* imitate, copy

naświetl|ać [na'ɕfɛtlatɕ] *imperf*, ~ić [na'ɕfɛtɕitɕ] *perf* *vt* 1. *fot.* expose 2. *med.* irradiate; *przen.* (*sprawę*) explain; throw ⟨cast⟩ light (coś upon sth)

naświetlani|e [naɕfɛt'laɲɛ] *n* 1. *fot.* exposure 2. *med.* irradiation; brać ~a to take lamps

natarcie [na'tartɕɛ] *n* 1. *wojsk.* *sport.* attack, charge 2. (*nacieranie*) friction, rubbing

natchnienie [natx'ɲɛɲɛ] *n* inspiration; czerpać ~ z czegoś to find inspiration in sth

natężenie [natɛ̃'ʒɛɲɛ] *n* tension, intensity

natłu|szczać [na'tɰuʃʧatɕ] *imperf*, ~ścić [na'tɰuɕtɕitɕ] *perf* *vt* grease, oil, lubricate

natomiast [na'tɔmast] *adv* however, yet, on the contrary

natrafi|ać [na'trafatɕ] *imperf*, ~ć [na'trafitɕ] *perf* *vi* 1. (*na kogoś*) come across ⟨encounter⟩ (sb) 2. (*na trudności*) meet with (obstacles)

natrętny [na'trɛtnɨ] *adj* importunate, intrusive

natrysk ['natrɨsk] *m* shower-bath; wziąć ~ to take a shower

natrzeć *zob.* nacierać

natu|ra [na'tura] *f* nature; character; martwa ~a still life; zapłata w ~rze payment in kind; z ~ry by nature; malować z ~ry to paint from nature

naturalnie [natu'ralɲɛ] *adv* of course, naturally

naturaln|y [natu'ralnɨ] *adj* natural; wielkość ~a full size; rzecz ~a a matter of course; uważać za rzecz ~ą to take for granted; umrzeć śmiercią ~ą to die a natural death

natychmiast [na'tɨxmast] *adv* at once, instantly, right away; płatny ~ for immediate payment

nauczać [na'uʧatɕ] *vt* teach

nauczyciel [nau'ʧitɕɛl] *m* teacher, schoolmaster

nauczycielka [nauʧi'tɕɛlka] *f* (woman) teacher, schoolmistress

nauczyć [na'uʧitɕ] I *vt* teach II *vr* ~ się learn (od kogoś from sb); **~ się palić** to take to smoking ·

nauk|a [ˈnaˈuka] *f* science, learning; (*uczenie się*) study; (*nauczanie*) teaching; *przen.* **wyciągać z czegoś ~ę** to draw a lesson ⟨a moral⟩ out of sth

naukow|y [nauˈkɔvɨ] *adj* scientific; **pomoce ~e** educational equipment ⟨aids⟩; **praca ~a** research work; **stopień ~y** academic ⟨university⟩ degree

naumyślnie [nauˈmɨɕlɲɛ] *adv* purposely, on purpose, deliberately

nauszniki [nauʃˈɲiḳi] *plt* (*opaska*) ear-protectors; (*klapki przy czapce*) ear-flaps

naw|adniać [naˈvadɲatɕ] *imperf*, **~odnić** [naˈvɔdɲitɕ] *perf vt* irrigate

nawet [ˈnavɛt] *adv* even, eventually; **jeśli ⟨gdyby⟩ ~** even if

nawias [ˈnavas] *m* parenthesis, bracket; *przen.* **czuć się poza ~em** to feel out of things; **~em mówiąc** by the way; incidentally

nawiąz|ać [naˈvɔ̃zatɕ] *perf*, **~ywać** [naˈvɔ̃ˈzɨvatɕ] *imperf vt* refer (**do czegoś** to sth); **~ując do ...** referring to ... || **~ać, ~ywać korespondencję** to enter into correspondence; **~ać, ~ywać rozmowę** to engage in conversation; **~ać, ~ywać stosunki** to enter into ⟨to establish⟩ relations

nawierzchnia [naˈvɛʃxɲa] *f* surface, pavement; **~ drogowa** road surface; **~ asfaltowa** asphalt pavement; **~ betonowa** concrete pavement; **mokra ~** wet pavement; **oblodzona ~** ice-covered pavement; **sucha ~** dry pavement; **śliska ~** slippery pavement

nawle|c [ˈnavlɛts] *perf*, **~kać**

[navˈlɛkatɕ] *imperf vt* (*korale*) string; (*igłę*) thread

nawodnić *zob.* **nawadniać**

nawóz [ˈnavus] *m* dung, manure; **~ sztuczny** fertilizer

na wprost [na ˈfprɔst] *adv* straight on ⟨ahead⟩; opposite (**czegoś** to sth)

nawracać [naˈvratsatɕ] *imperf*, **nawrócić** [naˈvrutɕitɕ] *perf vt* 1. (*wracać*) return, turn back 2. (*nakłaniać do zmiany poglądów*) convert

nawyk [ˈnavɨk] *m* habit

nawzajem [naˈvzajɛm] *adv* mutually; **pomagać sobie ~** to help each other ⟨one another⟩; (*odpowiedź na życzenia*) **dziękuję, ~!** thank you, the same to you!

na wznak [na ˈvznak] *adv* **leżeć ⟨pływać⟩ ~** to lie ⟨to swim⟩ on one's back

nazajutrz [naˈzajutʃ] *adv* on the next day

nazbierać [naˈzbɛratɕ] *vt* gather, amass

nazw|a [ˈnazva] *f* name, designation; **~a hotelu** name of the hotel; **~y geograficzne** geographical names

nazwać *zob.* **nazywać**

nazwisk|o [nazˈvɨskɔ] *n* name, surname, family name; **~o panieńskie** maiden name; **~o po mężu** married name; **wymieniać po ~u** to mention by name; **~iem by** name; **pod przybranym ~iem** under an assumed name

naz|ywać [naˈzɨvatɕ] *imperf*, **~wać** [ˈnazvatɕ] *perf* I *vt* call, name; *przen.* **~ywać, ~wać rzeczy po imieniu** to call a spade a spade II *vr* **~ywać się** to be called; **jak się pan ~ywa?** what is your name?; **~ywam się Brown** my name is Brown; **jak się to ~ywa?** what do you call it?; *przen.* **to się ~ywa**

szczęście! that's what you call good luck!

negatyw [nɛ'gatif] *m fot.* negative

nekrolog [nɛ'krɔlɔk] *m* obituary (notice)

nektar ['nɛktar] *m* nectar, juice, squash; ~ **owocowy** fruit nectar ⟨squash⟩

neonow|y [nɛɔ'nɔvɨ] *adj* neon; **lampa ~a** neon lamp

ner|ka ['nɛrka] *f anat.* kidney; *med.* **zapalenie ~ek** nephritis

nerw [nɛrf] *m* nerve; *przen.* **działać komuś na ~y** to get on sb's nerves

nerwica [nɛr'vitsa] *f med.* neurosis

nerwoból [nɛr'vɔbul] *m med.* neuralgia

nerwowy [nɛr'vɔvɨ] *adj* nervous; *przen.* jumpy, edgy

neseser [nɛ'sɛsɛr] *m* dressing--case

neska ['nɛska] *f* nescafe, instant coffee

netto ['nɛttɔ] *n* net; **waga ~** net weight

neutralny [nɛu'tralnɨ] *adj* neutral

nęcący [nɛ̃'tsɔ̃tsɨ] *adj* alluring, enticing

nędzny ['nɛ̃dznɨ] *adj* miserable, wretched; (*o ubraniu*) shabby

niby ['ɲibɨ] *adv conj* as if, apparently; **on ~ nie wie ...** he pretends not to know ...

nic [ɲits] *pron* nothing; **jakby nigdy ~** as if nothing had happened; **mieć kogoś za ~** to think little ⟨nothing⟩ of sb; **~ a ~** nothing whatever; absolutely nothing; **~ nie dbam o to!** I don't care a straw about it!; **~ nie szkodzi** never mind; **to na ~ it's** of no use; **to ~ it** doesn't matter; **to ~ złego** there is no harm in it

niczyj ['ɲitʃɨj] *adj* nobody's; **ziemia ~a** no man's land

nić [ɲitɕ] *f* thread

nie [ɲɛ] *adv* no; not; **jeszcze ~** not yet; **już ~** no more; **~ jesteś głodny?** aren't you hungry?; **~ ma czasu** there is no time; **on ~ mówi po angielsku** he doesn't speak English; **.wcale ~** not at all

nieagresja [ɲɛa'grɛsja] *f* non--aggression

niebawem [ɲɛ'bavɛm] *adv* shortly; soon, before long

niebezpieczeństwo [ɲɛbɛspɛ-'tʃɛnstfɔ] *n* danger; **narażać na ~ to** expose to danger

niebezpieczny [ɲɛbɛs'pɛtʃnɨ] *adj* dangerous, perilous, unsafe

niebieski [ɲɛ'bɛskɨ] *adj* blue

nieb|o ['ɲɛbɔ] *n* sky; *rel.* heaven; **na ~ie** in the sky; **pod gołym ~em** in the open air; *przen.* **poruszyć ~o i ziemię** to leave no stone unturned

niech [ɲɛx], **~aj** ['ɲɛxaj] *part* let; **~ będzie co chce!** come what may!; **~ pan siada!** sit down, please!; **~ przyjdzie** let him come; **~ żyje!** long live!

niechcący [ɲɛ'xtsɔ̃tsɨ] *adv* unwillingly, involuntarily, unintentionally; by accident

niechętny [ɲɛ'xɛ̃tnɨ] *adj* unwilling (to do sth), reluctant (to do sth), averse (czemuś to sth)

niecierpliwy [ɲɛtɕɛr'pʎivɨ] *adj* impatient

nieco ['ɲɛtsɔ] *adv* a little, somewhat

niecodzienny [ɲɛtsɔ'dʑɛnnɨ] *adj* uncommon

nieczynn|y [ɲɛ'tʃɨnnɨ] *adj* inactive, out of order; **biuro ~e** the office is closed

nieczytelny [ɲɛtʃɨ'tɛlnɨ] *adj* illegible

niedaleki [ɲɛda'lɛkɨ] *adj* near, not far ⟨distant⟩; **w ~ej przyszłości** in the near future

niedaleko [ɲɛda'lɛkɔ] *adv* not

far (away); ~ stąd a short
way off
niedawn|o [ɲɛ'davnɔ] adv re-
cently, not long ago; jeszcze
do ~a until recently ⟨quite
lately⟩
niedbały [ɲɛ'dbaŭi] adj negligent, careless
niedługo [ɲɛ'dŭugɔ] adv soon,
before ⟨not⟩ long; to potrwa
~ it won't last ⟨take⟩ long
niedobry [ɲɛ'dɔbri] adj not
good, bad; (o człowieku)
wicked, (o dziecku) naughty
niedobrze [ɲɛ'dɔbʒɛ] adv
badly, not well; to ~ that's
too bad; ~ mi I feel sick
niedojrzały [ɲɛdɔj'ʒaŭi] adj
(o człowieku) immature; (o
owocu) unripe
niedokładny [ɲɛdɔ'kŭadni] adj
inaccurate, inexact
niedopałek [ɲɛdɔ'paŭɛk] m
cigarette-end, butt, stump
niedopuszczalny [ɲɛdɔpuʃ'tʃal-
ni] adj inadmissible, intolerable
niedostateczny [ɲɛdɔsta'tɛtʃni]
adj insufficient, inadequate
niedostatek [ɲɛdɔ'statɛk] m 1.
(brak) deficiency, shortage
2. (nędza) misery, poverty
niedostępny [ɲɛdɔ'stɛpni] adj
inaccessible
niedoświadczony [ɲɛdɔɕfat'tʃɔ-
ni] adj inexperienced
niedotarty [ɲɛdɔ'tarti] adj
mot. running-in
niedozwolony [ɲɛdɔzvɔ'lɔni]
adj prohibited, illicit, unlawful
niedrogi [ɲɛ'drɔɡi] adj cheap,
inexpensive
niedużo [ɲɛ'duʒɔ] adv little,
few
nieduży [ɲɛ'duʒi] adj small
niedziela [ɲɛ'dʑɛla] f Sunday
niedźwiedź ['ɲɛdʑvɛtɕ] m bear
niefrasobliwy [ɲɛfrasɔ'bɲivi]
adj carefree, light-hearted
niegdyś ['ɲɛɡdiɕ] adv once, at
one time, formerly
niegodny [ɲɛ'ɡɔdni] adj un-

worthy; (o czynie) disgrace-
ful
niegrzeczny [ɲɛ'ɡʒɛtʃni] adj
unkind, impolite, rude; (o
dziecku) naughty
niegustowny [ɲɛɡus'tɔvni] adj
tasteless, in bad taste
niehigieniczny [ɲɛxiɡʲɛ'ɲitʃni]
unhygienic, unsanitary
nieistotny [ɲɛi'stɔtni] adj
inessential, immaterial
niejasny [ɲɛ'jasni] adj vague,
dim, obscure
niejeden [ɲɛ'jɛdɛn] pron more
than one; ~ człowiek many
a man
niejednokrotnie [ɲɛjɛdnɔ'krɔt-
ɲɛ] adv repeatedly, many
times
niekiedy [ɲɛ'kʲɛdi] adv now
and then, sometimes
niekompletny [ɲɛkɔm'plɛtni]
adj incomplete
niekorzystny [ɲɛkɔ'ʒistni] adj
unprofitable, unfavourable
nielegalny [ɲɛlɛ'ɡalni] adj
illegal, unlawful, illicit
nieletni [ɲɛ'lɛtɲi] adj minor,
under age
nieliczn|y [ɲɛ'litʃni] adj not
numerous; ~e wyjątki few
exceptions
nieład ['ɲɛŭat] m disorder,
confusion
nieładny [ɲɛ'ŭadni] adj plain,
ugly; (o grze) unfair, foul
niełatwy [ɲɛ'ŭatfi] adj not
easy, difficult
nie ma ['ɲɛ ma] zob. mieć;
nie ma czasu there is no
time; nie ma wyjścia there
is no way out ⟨solution⟩;
nie ma o czym mówić there
is nothing to talk about;
nie ma za co (dziękować)!
don't mention it!; na to nie
ma rady that can't be helped; there is nothing to be
done
niemal ['ɲɛmal] adv almost,
nearly
niemały [ɲɛ'maŭi] adj pretty
big ⟨great, large⟩
Niemiec ['ɲɛm̑ɛts] m German

niemiecki [ɲɛ'mɛtski] *adj* German

niemiły [ɲɛ'miŭi] *adj* unpleasant, disagreeable

niemniej ['ɲɛmɲɛj] *adv* ~ jednak nevertheless

niemodny [ɲɛ'mɔdni] *adj* out of fashion, outmoded, unfashionable

niemowa [ɲɛ'mɔva] *m* mute, dumb person ˏ

niemowlę [ɲɛ'mɔvlɛ̃] *n* baby, infant

niemożliwy [ɲɛmɔʒ'ʃivi] *adj* impossible

niemy ['ɲɛmi] *adj* dumb, mute; (*o filmie*) silent; (*oniemiały*) tongue-tied

nienaganny [ɲɛna'ganni] *adj* faultless, blameless, irreproachable

nie najgorszy [ɲɛ naj'gɔrʃi] *adj* not so bad, passable

nienaruszalność [ɲɛnaru'ʃalnɔɕtɕ] *f* inviolability; (*niezmienność*) integrity

nienawidzić [ɲɛna'vidʑitɕ] *vi* hate, detest

nienawiść [ɲɛ'naviɕtɕ] *f* hatred, hate

nieobecny [ɲɛɔ'bɛtsni] *adj* absent

nieoczekiwany [ɲɛɔtʃɛki'vani] *adj* unexpected

nieodpowiedni [ɲɛɔtpɔ'vɛdni] *adj* unfit (**do czegoś** for sth); (*niewystarczający*) inadequate; (*niegustowny*) unbecoming; (*w czasie*) untimely

nieodwołalny [ɲɛɔdvɔ'ŭalni] *adj* irrevocable

nieodzowny [ɲɛɔd'zɔvni] *adj* indispensable

nieograniczony [ɲɛɔgraɲi'tʃɔni] *adj* unlimited, boundless

nieokreślony [ɲɛɔkrɛɕ'lɔni] *adj* indefinite

nieomal [ɲɛ'ɔmal], niemal ['ɲɛmal] *adv* almost, nearly

nieostrożny [ɲɛɔ'strɔʒni] *adj* incautious; careless

nie oświetlony [ɲɛɔɕfɛt'lɔni] *adj* unlit, not illuminated

niepalący [ɲɛpa'lɔtsi] I *adj* not smoking II *m* non-smoker; **przedział dla ~ch** non-smoking compartment

nieparzysty [ɲɛpa'ʒisti] *adj* odd

niepełnoletni [ɲɛpɛŭnɔ'lɛtɲi] *adj* under age, minor

niepewny [ɲɛ'pɛvni] *adj* uncertain; (*o człowieku*) unreliable; (*o ręce*) unsteady

niepijący [ɲɛpi'jɔtsi] I *adj* abstinent II *m* abstainer, teetotaller

niepiśmienny [ɲɛpiɕ'mɛnni] *adj* illiterate

niepoczytalny [ɲɛpɔtʃi'talni] *adj* insane; lunatic; irresponsible

niepodległość [ɲɛpɔ'dlɛgŭɔɕtɕ] *f* independence

niepodległy [ɲɛpɔ'dlɛgŭi] *adj* independent

niepodobny [ɲɛpɔ'dɔbni] *adj* dissimilar (**do kogoś, czegoś** to sb, sth), unlike (**do kogoś, czegoś** sb, sth)

niepogoda [ɲɛpɔ'gɔda] *f* bad weather

niepokoić [ɲɛpɔ'kɔitɕ] I *vt* disturb, trouble; **przepraszam, że cię ~ję ...** I am sorry to disturb you ... II *vr* ~ić się trouble, worry (*o kogoś, coś* about sb, sth); feel uneasy

niepokój [ɲɛ'pɔkuj] *m* anxiety, trouble, uneasiness

nieporozumienie [ɲɛpɔrɔzu'mɛɲɛ] *n* misunderstanding

nieporządek [ɲɛpɔ'ʒɔdɛk] *m* disorder, mess

nieposłuszny [ɲɛpɔ'sŭuʃni] *adj* disobedient

niepospolity [ɲɛpɔspɔ'ʃiti] *adj* uncommon, unusual

niepotrzebny [ɲɛpɔ'tʃɛbni] *adj* unnecessary; (*zbędny*) superfluous

niepowodzenie [ɲɛpɔvɔ'dzɛɲɛ] *n* failure, misfortune, ill-success; **skończyć się ~m**

to end in failure, (*o pla-
nach itd.*) to fall flat
niepożądany [nɛpɔʒɔ̃'dani] *adj*
undesirable
niepraktyczny [nɛprak'titʃni]
adj unpractical
nieprawda [nɛ'pravda] *f* untruth; **to ~** it is not true
nieprawdziwy [nɛprav'dʑivi]
adj untrue; false
nieprawidłowy [nɛprav̇id'ůɔv̇i]
adj irregular
nieprawny [nɛ'pravni] *adj*
illegal
nieprędko [nɛ'prɛ̃tkɔ] *adv* not
very ⟨so⟩ soon
nieprzemakalny [nɛpʃema'kal-
ni] *adj* impermeable, waterproof; **płaszcz ~** raincoat, waterproof
nieprzerwany [nɛpʃer'vani]
adj continuous, uninterrupt-
ed
nieprzewidziany [nɛpʃev̇i'dʑa-
ni] *adj* unforeseen
nieprzychylny [nɛpʃi'xilni]
adj unfavourable
nieprzyjaciel [nɛpʃi'jatɕel] *m*
enemy
nieprzyjacielski [nɛpʃija'tɕɛl-
ski] *adj* enemy; **działania
~e** hostilities
nieprzyjemność|ć [nɛpʃi'jɛm-
nɔɕtɕ] *f* unpleasantness,
trouble; **mieć ~ci** to be in
⟨to get into⟩ trouble
nieprzyjemny [nɛpʃi'jɛmni]
adj unpleasant, disagreeable
nieprzystępny [nɛpʃi'stɛ̃pni]
adj inaccessible; (*o człowieku*) standoffish; (*o cenie*) excessive
nieprzytomny [nɛpʃi'tɔmni]
adj unconscious; (*roztargniony*) absent-minded
nieprzyzwoity [nɛpʃizvɔ'iti]
adj indecent, improper
nie przyzwyczajony [nɛpʃizvi-
tʃa'jɔni] *adj* unaccustomed
niepunktualny [nɛpuŋktu'al-
ni] *adj* unpunctual
nieraz ['nɛras] *adv* more than
once, many a time

nierdzewny [nɛr'dzɛvni] *adj*
rustless, stainless
nieregularny [nɛrɛgu'larni]
adj irregular
nierogacizna [nɛrɔga'tɕizna] *f*
zbior. swine, hogs
nierozsądny [nɛrɔs'sɔ̃dni] *adj*
imprudent, unreasonable
nie rozstrzygnięty [nɛ rɔsstʃi-
g'ɲɛ̃ti] *adj* undecided, un-
solved
nierówny [nɛ'ruvni] *adj* unequal, uneven; (*o terenie,
drodze*) rough; rugged
nieruchomy [nɛru'xɔmi] *adj*
immovable, fixed; motion-
less; **majątek ~** real estate
nieskończony [nɛskɔɲ'tʃɔni]
adj infinite
niesłuszny [nɛ'sůuʃni] *adj*
unjust, unfair
niesmaczny [nɛ'smatʃni] *adj*
tasteless; *przen.* **~ żart** joke
in bad taste
niespodzianka [nɛspɔ'dʑanka]
f surprise
niespodziewany [nɛspɔdʑɛ'va-
ni] *adj* unexpected
niespokojny [nɛspɔ'kɔjni] *adj*
unquiet, restless, uneasy;
anxious (**o kogoś** about sb)
niesprawiedliwy [nɛspraved-
'ɦiv̇i] *adj* unjust
niestały [nɛ'staůi] *adj* unstable, unsteady; (*o pogodzie*) unsettled
niestety [nɛ'stɛti] *adv* unfor-
tunately, alas
niestosowny [nɛstɔ'sɔvni] *adj*
unsuitable, improper; (*o
momencie*) inappropriate
niestrawność [nɛ'stravnɔɕtɕ] *f*
indigestion
niesumienny [nɛsu'mɛnni] *adj*
dishonest, unconscientious
nieswój ['nɛsfuj] *adj* uneasy,
ill at ease
nieszczególnie [nɛʃtʃɛ'gulɲɛ]
adv moderately; **czuć się ~**
to feel seedy; **to wypadło ~**
it wasn't a great success
nieszczęście [nɛ'ʃtʃɛ̃ɕtɕɛ] *n*
misfortune; **na ~** unfortu-
nately

nieszczęśliwy [ɲeʃtʃɛ̃ɕ'ɕ̃ivĩ] *adj* unhappy, unfortunate; ~ wypadek accident; ~ zbieg okoliczności fatal coincidence

nieszkodliwy [ɲeʃkɔd'ɕ̃ivĩ] *adj* harmless

nieścisłość [ɲe'ɕtɕisũɔɕtɕ] *f* inexactitude, inaccuracy

nieść [ɲeɕtɕ] *vt* carry, bring, bear; (*o kurze*) ~ jaja to lay eggs; ~ pomoc komuś to lend a hand to sb

nieśmiały [ɲe'ɕm̃aũĩ] *adj* timid, shy

nieśmiertelny [ɲeɕm̃er'telnĩ] *adj* immortal

nieświadomy [ɲeɕfa'dɔmĩ] *adj* unconscious, ignorant, unaware (czegoś of sth)

nieświeży [ɲe'ɕfeʒĩ] *adj* not fresh; (*o chlebie*) stale

nietakt ['ɲetakt] *m* tactlessness, lack of tact; popełnić ~ to make a slip ⟨a faux pas⟩

nietaktowny [ɲetak'tɔvnĩ] *adj* tactless

nietoperz [ɲe'tɔpeʃ] *m* bat

nietowarzyski [ɲetɔva'ʒiski] *adj* unsociable

nietrwały [ɲe'trfaũĩ] *adj* unstable, undurable

nietrzeźwy [ɲe'tʃezvĩ] *adj* tipsy, drunk; w stanie ~m under the influence of drink ⟨of alcohol⟩

nietykalny [ɲeti'kalnĩ] *adj* immune, inviolable

nieuczciwy [ɲeutʃ'tɕivĩ] *adj* dishonest, unfair

nieudany [ɲeu'danĩ] *adj* unsuccessful, abortive; ~a rzecz failure

nieuleczalny [ɲeule'tʃalnĩ] *adj* incurable

nieumyślnie [ɲeu'miɕlɲe] *adv* unwillingly, unintentionally

nieunikniony [ɲeuɲi'kɲɔnĩ] *adj* inevitable

nieuprzejmy [ɲeu'pʃejmĩ] *adj* impolite

nieurodzajny [ɲeurɔ'dzajnĩ] *adj* barren, sterile; ~ rok bad year (for crops)

nieustanny [ɲeu'stannĩ] *adj* ceaseless, incessant, unceasing; non stop

nieuwag|a [ɲeu'vaga] *f* inattention, absence of mind; przez ~ę by oversight, by mistake

nieuważny [ɲeu'vaʒnĩ] *adj* inattentive, careless

nieuzasadniony [ɲeuzasad'nɔnĩ] *adj* baseless, unfounded, groundless

nieużytki [ɲeu'ʒitķi] *pl* barrens

niewart ['ɲevart] *adj* worthless; unworthy (czegoś of sth)

nie warto [ɲe'vartɔ] *v imp* it is not worth while; ~ tego czytać it is not worth reading

nieważkość [ɲe'vaʃkɔɕtɕ] *f* weightlessness

nieważny [ɲe'vaʒnĩ] *adj* unimportant, invalid; *prawn.* null and void; ~ bilet ⟨czek⟩ invalid ticket ⟨cheque⟩

niewątpliwie [ɲevɔ̃t'pɕ̃ivɛ] *adv* undoubtedly; no doubt

niewątpliwy [ɲevɔ̃t'pɕ̃ivĩ] *adj* undoubted, doubtless

niewdzięczny [ɲe'vdʒɛ̃tʃnĩ] *adj* ungrateful

nie wiadomo [ɲe ṽa'dɔmɔ] *v imp* it is not known

niewidoczny [ɲeṽi'dɔtʃnĩ] *adj* invisible, out of sight

niewidomy [ɲeṽi'dɔmĩ] *adj m* blind

niewiele [ɲe'vɛlɛ] *adv* little, few, not much, not many; ~ więcej ⟨mniej⟩ little more ⟨less⟩

niewielk|i [ɲe'velki] *adj* small, little; ~a ilość a small quantity

niewierzacy [ɲeve'ʒɔ̃tsĩ] *m* non-believer, agnostic

niewinny [ɲe'ṽinnĩ] *adj* innocent; *prawn.* not guilty

niewłaściwy [ɲɛvŭa'ɕtɕivi] *adj* improper, inappropriate

niewol‖a [ɲɛ'vɔla] *f* slavery; captivity; **wziąć kogoś do ∼i** to take sb prisoner

niewolnik [ɲɛ'vɔlɲik] *m* slave

nie wolno [ɲɛ'vɔlnɔ] *v imp* it is forbidden, it is not allowed

niewydajny [ɲɛvi'dajni] *adj* inefficient, unproductive

niewygodny [ɲɛvi'gɔdni] *adj* uncomfortable, inconvenient

niewykonalny [ɲɛviko'nalni] *adj* unfeasible, inexecutable

niewypał [ɲɛ'vipaŭ] *m* blind shell, *pot.* dud

niewypłacalny [ɲɛvipŭa'tsalni] *adj* insolvent; bankrupt

niewyraźny [ɲɛvi'raɲi] *adj* indistinct, inexact

niewyrobiony [ɲɛvirɔ'bɔni] *adj* inexperienced; raw

niezadowolony [ɲɛzadɔvɔ'lɔni] *adj* dissatisfied, displeased (**z czegoś** with sth)

niezależnie [ɲɛza'lɛʒɲɛ] *adv* independently ⟨apart⟩ (**od czegoś** from sth), irrespective (**od czegoś** of sth)

niezależny [ɲɛza'lɛʒni] *adj* independent

niezamężna [ɲɛza'mɛʒna] *adj* unmarried, single

niezaprzeczalny [ɲɛzapʃɛ'tʃalni] *adj* undeniable, incontestable

niezaradny [ɲɛza'radni] *adj* helpless, unpractical

niezastąpiony [ɲɛzastɔ̃'pɔni] *adj* irreplaceable

niezawodny [ɲɛza'vɔdni] *adj* infallible, unfailing, unerring

niezbędnik [ɲɛ'zbɛ̃dɲik] *m* combination spoon and fork

niezbędny [ɲɛ'zbɛ̃dni] *adj* indispensable

niezbyt [ˈɲɛzbit] *adv* not very (much); **∼ rozmowny** not too talkative

niezdolny [ɲɛ'zdɔlni] *adj* incapable, unable, unfit

niezdrowy [ɲɛ'zdrɔvi] *adj* unhealthy, unwell; (**o jedzeniu**) unwholesome

niezgoda [ɲɛ'zgɔda] *f* discord, disagreement

niezgrabny [ɲɛ'zgrabni] *adj* clumsy, awkward

niezliczony [ɲɛzɦi'tʃɔni] *adj* innumerable, countless

niezmienny [ɲɛ'zmɛnni] *adj* unchanging, unchangeable, invariable

niezmiernie [ɲɛ'zmɛrɲɛ] *adv* immensely, extremely

nieznacznie [ɲɛ'znatʃɲɛ] *adv* slightly, imperceptibly

nieznajomość [ɲɛzna'jɔmɔɕtɕ] *f* ignorance (**czegoś** of sth), unacquaintance (**czegoś** with sth)

nieznajomy [ɲɛzna'jɔmi] **I** *adj* unknown **II** *m* stranger, unknown person

nieznany [ɲɛ'znani] *adj* unknown

niezręczny [ɲɛ'zrɛ̃tʃni] *adj* awkward; clumsy

niezrozumiały [ɲɛzrɔzu'mŭaŭi] *adj* incomprehensible, unintelligible

niezupełnie [ɲɛzu'pɛŭɲɛ] *adv* not quite, incompletely

niezwłocznie [ɲɛ'zvŭɔtʃɲɛ] *adv* without delay, immediately

niezwyciężony [ɲɛzvitɕɛ̃'ʒɔni] *adj* invincible

niezwykły [ɲɛ'zvikŭi] *adj* unusual, uncommon, extraordinary

nieźle [ˈɲɛʑlɛ] *adv* pretty well

nieżonaty [ɲɛʒɔ'nati] *adj* unmarried, single

nieżyczliwy [ɲɛʑitʃ'ɦivi] *adj* unfriendly, malevolent, ill-disposed (**dla kogoś** towards sb)

nieżyt [ˈɲɛʒit] *m med.* catarrh; **∼ żołądka** gastritis

nigdy [ˈɲigdi] *adv* never; **∼ więcej** never more; **jak gdyby ∼ nic** as if nothing had happened

nigdzie [ˈɲigdʑɛ] *adv* nowhere

nikczemny [nik'tʃɛmni] *adj* vile, mean, base

nikn|ąć ['niknɔ̃tç] *vi* vanish, disappear; (*o chorym*) ~ie w oczach he is visibly wasting away

nikt [nikt] *pron* nobody, none, no one; **nie ma nikogo** there is nobody (there); ~ **nie wie** nobody ⟨no one⟩ knows; ~ **nie odpowiada** nobody answers; ~ **z nas** none of us

niniejszy [ɲi'nejʃi] *adj* present; ~m zawiadamiam, że ... hereby I inform you ...

niski ['niski] *adv* 1. low 2. (*o człowieku*) short 3. (*o głosie*) deep 4. (*podły*) mean, base

niszczyć ['niʃtʃitç] I *vt* destroy, destruct, spoil; ~ kraj to devastate a country; ~ przyrodę to spoil ⟨to ruin⟩ nature; ~ ubranie to wear off ⟨out⟩ one's clothes; ~ zdrowie to ruin one's health II *vr* ~ się spoil, deteriorate, waste; (*o ubraniu*) ·wear off

nitk|a ['nitka] *f* thread; *przen.* przemoknąć do ~i to get wet to the skin

nitować [ɲi'tɔvatç] *vt* rivet

nizina [ɲi'ʑina] *f* plain, lowland

niż [niʃ] *conj* than; więcej ~ ... more than ...

niż [niʃ] *m* 1. *meteor.* depression, low 2. *geogr.* lowland

niżej ['niʒej] *adv* lower down, below; ~ podpisany the undersigned; ~ wymieniony mentioned below

niższy ['niʃʃi] *adj* lower, inferior

no [nɔ] *part* well, now, then; no i co? well?; no dobrze! that's good!

noc [nɔts] *f* night; ~ą at night; w ~y by night; dziś w ~y to-night; przez cała ~ all night (long); w dzień i w ~y day and night; dobrej ~y! good night!

nocleg ['nɔtslɛk] *m* night's lodging; accommodation; overnight stay; szukam ~u I am looking for (one night) accommodation; zatrzymać się na ~ to stop for the night

nocnik ['nɔtsɲik] *m* chamber-pot

nocn|y ['nɔtsni] *adj* nightly, night; ~e połączenie night communication ⟨connection⟩; pociąg ~y night train; koszula ~a nightgown; (*męska*) nightshirt

nocować [nɔ'tsɔvatç] *vi* spend the night; put up; ~ poza domem to sleep out

nog|a ['nɔga] *f* leg; (*stopa*) foot; bolą mnie ~i I have sore feet; podstawić komuś ~ę to trip sb up; złamać ~ę to break one's leg; (*o psie*) iść przy nodze to go at heel; *przen.* być na ~ach to be up; być na ostatnich ~ach to be on one's last legs; dać ~ę to take to one's heels; wybić do ~i to kill to a man; zerwać się na równe ~i to spring to one's feet; *pot.* wyciągnąć ~i to kick the bucket; do góry ~ami upside down, topsy-turvy; ~a za ~ą step by step

nogawka [nɔ'gafka] *f* trouser leg

non stop [nɔn 'stɔp] *adv* non-stop

nora ['nɔra] *f* burrow, hole

norm|a ['nɔrma] *f* standard, norm; quota; praca ponad ~ę extra work

normalny [nɔr'malni] *adj* normal; ~ bilet full-fare ticket; ~ kurs (wymiany) normal rate (of exchange); w ~ch warunkach under normal conditions

Norweg ['nɔrvɛk] *m* Norwegian

norweski [nɔr'veski] *adj* Norwegian

nos [nɔs] *m* nose; chusteczka do ~a handkerchief; wycierać ~ to blow one's nose;

przen. **mieć (dobrego)** ~**a do czegoś** to have a good nose ⟨a wonderful scent⟩ for sth; **mruczeć pod** ~**em** to mutter ⟨to grumble⟩ under one's nose; **wścibiać** ~ **do czegoś** to poke one's nose into sth; **zadzierać** ~**a** to put on airs; **zamknąć komuś drzwi przed** ~**em** to shut the door in sb's face; **pilnuj swego** ~**a!** mind your business!

nosić ['nɔɕitɕ] I *vt* bear, carry; *(na sobie)* wear; ~ **brodę** to sport a beard; ~ **okulary** to wear spectacles; *przen.* ~ **kogoś na rękach** to dote on sb II *vr* ~ **się** *(z czymś)* carry around; ~ **się z zamiarem zrobienia czegoś** to have a mind ⟨to intend⟩ to do sth

nostalgia [nɔs'talgja] *f* nostalgia, homesickness

nosze ['nɔʃɛ] *plt* stretcher

nośność ['nɔɕnɔɕtɕ] *f* 1. carrying capacity 2. *(broni palnej)* range

notariusz [nɔ'tarjuʃ] *m* (public) notary

notatk|a [nɔ'tatka] *f* note; **robić** ~**i** to take notes

notatnik [nɔ'tatɲik], **notes** ['nɔtɛs] *m* notebook, pocket-book

notować [nɔ'tɔvatɕ] *vt* note, take notes *(coś of* sth); put, take down; *giełd.* quote

nowalijka [nɔva'ɦijka] *f* early vegetable ⟨fruit⟩

nowator [nɔ'vatɔr] *m* innovator

nowela [nɔ'vɛla] *f* short-story

nowicjusz [nɔ'vitsjuʃ] *m* novice, apprentice, beginner

nowina [nɔ'vina] *f* news; **to nie** ~ it's no news

nowoczesny [nɔvɔ'tʃɛsnɨ] *adj* modern, up-to-date

noworoczn|y [nɔvɔ'rɔtʃnɨ] *adj* New Year's; **życzenia** ~**e** New Year's greetings

noworodek [nɔvɔ'rɔdɛk] *m* new born child

nowość ['nɔvɔɕtɕ] *f* novelty; *(w urządzeniu)* innovation

nowotwór [nɔ'vɔtfur] *m med.* neoplasm; tumour

nowożeńcy [nɔvɔ'ʒɛɲtsi] *plt (podczas ślubu)* bride and bridegroom; *(po ślubie)* the newly married couple; *pot.* the newly-weds

now|y ['nɔvɨ] *adj* new; **Nowy Rok** New Year; **Szczęśliwego Nowego Roku!** Happy (and prosperous) New Year!; **co** ~**ego?** what's new?; what is the news?

nozdrze ['nɔzdʒɛ] *n* nostril

nożyczki [nɔ'ʒitʃki] *plt* scissors

nów [nuf] *m* new moon

nóż [nuʃ] *m* knife; ~ **do krajania (mięsa)** carving knife; ~ **do otwierania puszek** tin-opener; ~ **sprężynowy** switchblade-knife, flick-knife; ~ **składany** clasp-knife

nucić ['nutɕitɕ] *vt* hum

nuda ['nuda] *f* boredom, tedium; monotony

nudny ['nudnɨ] *adj* boring, tedious

nudysta [nu'dista] *m* nudist

nudzić ['nudʑitɕ] I *vt* bore II *vr* ~ **się** be ⟨get⟩ bored; ~ **się czymś śmiertelnie** to be bored to death with sth

numer ['numɛr] *m* number; *(pisma)* issue; *(butów, rękawiczek)* size; ~ **telefonu** telephone number; **to jest o dwa** ~**y za duże** it is two sizes too big; **mieszkam pod** ~**em 4** I live *(w domu)* at number 4, *(w hotelu)* in number 4

numeracja [numɛ'ratsja] *f* numeration; numbering

numerek [nu'mɛrɛk] *m (np. do szatni)* check; ticket

numerować [numɛ'rɔvatɕ] *vt* number

nur|ek ['nurɛk] *m* 1. diver 2. (*skok do wody*) plunge; **dać ~ka** to dive; to take the plunge

nurkować [nur'kɔvatç] *vi* dive

nurt [nurt] *m* (*rzeki*) current; (*running*) stream

nurtować [nur'tɔvatç] *vt* penetrate, pervade, fret

nut|a ['nuta] *f* 1. note, tune; (*melodia*) melody; **~a smutku** tone of sadness 2. *plt* **~y** tunes

nużący [nu'ʒɔ̃tsɨ] *adj* tiring

nużyć ['nuʒɨtç] I *vt* tire, weary, fatigue II *vr* **~ się** grow weary ⟨tired⟩

nylon ['nilɔn] *m* nylon; *pl* **~y** nylon stockings

O

o [ɔ] *praep* of, about, on; for; at; by; against; **pisać o czymś** to write about ⟨of⟩ sth; **żyć o chlebie i wodzie** to live on bread and water; **prosić o pomoc** to ask for help; **o której godzinie?** (at) what time?; **o 4 godzinie** at 4 o'clock; **o zmroku** at dusk; **starszy o dwa lata** older by two years; **zmniejszyć o połowę** to diminish by half; **uderzyć o coś** to strike against sth; **o co chodzi?** what is the matter?

oaza [ɔ'aza] *f* oasis

obaj ['ɔbaj], obie ['ɔbɛ], oboje [ɔ'bɔjɛ] *pron* both

obarcz|ać [ɔ'bartʃatç] *imperf*, **~yć** [ɔ'bartʃitç] *perf vt* burden, load; *przen.* **~ać, ~yć odpowiedzialnością** ⟨zadaniem itp.⟩ to saddle ⟨to burden⟩ with responsibility ⟨a task etc.⟩

obaw|a [ɔ'bava] *f* fear, anxiety; **bez ~y** safely; **z ~y przed czymś** for fear of sth; **nie ma ~y!** no fear!

obawiać się [ɔ'bavatç çɛ] *vr* be afraid ⟨czegoś of sth), fear (czegoś sth)

obcas ['ɔptsas] *m* heel; **niskie** ⟨wysokie⟩ **~y** low ⟨high⟩ heels; **złamać ~** to break a heel

obcążki [ɔp'tsɔ̃ʃki], obcęgi [ɔp'tsɛ̃gi] *plt* tongs

obchodzić [ɔp'xɔdʑitç] *imperf*, obejść ['ɔbɛjçtç] *perf* I *vt* 1. go ⟨walk⟩ round; *przen.* **~ prawo** to evade the law 2. *imperf* (*święto, rocznicę itp.*) celebrate, keep, observe || **co cię to obchodzi?** what has it got to do with you?; **to mnie nie obchodzi** it is no concern of mine II *vr* obchodzić się handle ⟨treat⟩ (z kimś, czymś sb, sth); **~ się bez czegoś** to do ⟨to go⟩ without sth; **można się bez tego obejść** it can be spared

obchód ['ɔpxut] *m* 1. (*terenu*) round 2. (*święta, rocznicy*) celebration

obciąć *zob.* obcinać

obciąż|ać [ɔp'tçɔ̃ʒatç] *imperf*, **~yć** [ɔp'tçɔ̃ʒitç] *perf vt* 1. burden, charge 2. (*rachunek*) debit

obciążenie [ɔptçɔ̃'ʒɛnɛ] *n* load, loading; ballast; **~ maksymalne** ⟨dopuszczalne⟩ maximum ⟨permissible, admissible, safe⟩ load

obciążyć *zob.* obciążać

obci|nać [ɔp'tçinatç] *imperf*, **~ąć** ['ɔptçɔ̃tç] *perf vt* 1. cut, clip; **~ąć włosy na krótko** to bob one's hair 2. *przen.* (*zmniejszać*) cut down (expenses)

obcisły [ɔp'tçisuɨ] *adj* tight

obcokrajowiec [ɔptsɔkra'jɔ-
vɛts] m foreigner
obcy ['ɔptsɨ] I adj foreign,
alien II m stranger, foreigner; jestem tutaj ~ I am a
stranger here
obczy|zna [ɔp'tʃɨzna] f fore-
ign lands; na ~źnie (za granicą) abroad; (na wygna-
niu) in exile
obdarz|ać [ɔb'daʒatɕ] imperf,
~yć [ɔb'daʒɨtɕ] perf vt present (kogoś czymś sb with
sth); bestow (kogoś czymś
sth upon sb); ~ać, ~yć kogoś łaskami ⟨względami⟩ to
favour sb; to confer ⟨to
bestow⟩ favours on sb
obecnie [ɔ'bɛtsɲɛ] adv at present, now, nowadays
obecnoś|ć [ɔ'bɛtsnɔɕtɕ] f pre-
sence; (uczęszczanie) attendance; lista ~ci (na uczelni itp.) attendance record
⟨list⟩; (w pracy) time sheet;
w ~ci im the presence (of)
obecny [ɔ'bɛtsnɨ] adj present;
być ~m na wykładzie to
attend a lecture
obejmować [ɔbɛj'mɔvatɕ] imperf, objąć [ɔ'bjɔ̃tɕ] perf vt
1. (kogoś) embrace; ~ za
szyję to throw one's arms
round sb's neck 2. (zawierać) comprise, contain, in-
clude || ~ dowództwo to
take the command (of); ~
posadę to take over a post;
~ w posiadanie to take
possession (of)
obejrzeć [ɔ'bɛjʒɛtɕ] I vt to
have a glance ⟨a look⟩ (coś
at sth); ~ wystawę to see
an exhibition II vr ~ się
za siebie to look back zob.
oglądać
obejść zob. obchodzić
obelisk [ɔ'bɛʎisk] m obelisk,
needle
oberwać [ɔ'bɛrvatɕ] I vt tear
⟨pluck⟩ off II vi pot. ~
od kogoś to catch a scold-
ing ⟨a thrashing⟩; ~ po

głowie to get a knock on
the head
oberża [ɔ'bɛrʒa] f tavern, inn
obetrzeć [ɔ'bɛtʃɛtɕ] vt 1. (wytrzeć) wipe (away); ~ czoło
to mop one's brow 2. (skaleczyć) gall, chafe; ~ skórę
to rub sore
obeznany [ɔbɛz'nanɨ] adj familiar (z czymś with sth)
obezwładnić [ɔbɛz'vŭadɲitɕ] vt
overpower, subdue; render
(sb) helpless
obfitować [ɔpfi'tɔvatɕ] vi a-
bound (w coś with ⟨in⟩ sth)
obfity [ɔp'fitɨ] adj abundant,
plentiful; ~ posiłek sub-
stantial ⟨hearty⟩ meal
obiad [ɔbat] m dinner; jeść
~ to dine; to have dinner;
jeść ~ poza domem to dine
out; zamówić ~ to order a
dinner; proszony ~ dinner-
-party
obie zob. obaj
obiecać zob. obiecywać
obiecujący [ɔbɛtsu'jɔtsɨ] adj
promising, hopeful; ~ młody człowiek promising
young man
obiec|ywać [ɔbɛ'tsɨvatɕ] im-
perf, ~ać [ɔ'bɛtsatɕ] perf vt
promise
obieg ['ɔbɛk] m 1. (krwi, wody itp.) circulation 2. (słońca) circuit 3. (pieniądza)
currency || puszczać w ~ to
circulate; (pieniądze) to
issue; wycofać z ~u to
withdraw from circulation
obiekt ['ɔbɛkt] m object;
wojsk. target; (przemysłowy) construction, building;
~ turystyczny tourist ob-
ject; ~ zabytkowy monu-
mental ⟨ancient⟩ building
obiektyw [ɔ'bɛktɨf] m fot.
objective
obiektywny [ɔbɛk'tɨvnɨ] adj
objective, impartial
obierać [ɔ'bɛratɕ] imperf, o-
brać ['ɔbratɕ] perf vt 1. (ze
skórki) peel 2. (wybierać)
elect, choose; ~ zawód to

embrace ⟨to take up⟩ a profession

obietnic|a [ɔ̣b̦ɛt'ɲitsa] *f* promise; **dotrzymywać** ∼**y** to keep one's promise

objaśni|ać [ɔb'jaçɲatɕ] *imperf*, ∼**ć** [ɔb'jaçɲitɕ] *perf vt* explain, interpret; *(na przykładach)* illustrate

objaśnienie [ɔbjaç'ɲɛɲɛ] *n* explanation, comment, illustration

objaw ['ɔbjaf] *m* sign, symptom; ∼**y choroby** pathological symptoms

objazd ['ɔbjast] *m (kraju)* tour; *(okrążenie)* detour; round-about way, by-pass

objazdow|y [ɔbjaz'dɔvɨ] *adj* itinerant, ambulatory, travelling; **droga** ∼**a** by-pass; **teatr** ∼**y** itinerant theatre

objąć *zob.* **obejmować**

objętość [ɔb'jɛ̃tɔçtɕ] *f* volume; *(pojemność)* capacity

obl|ewać [ɔb'lɛvatɕ] *imperf*, ∼**ać** ['ɔblatɕ] *perf* I *vt* water, sprinkle; *przen.* ∼**ać egzamin** to fail (in) an examination II *vr przen.* ∼**ewać**, ∼**ać się rumieńcem** to blush; ∼**ewać się potem** to be bathed in perspiration; to sweat all over

oblewanie [ɔblɛ'vaɲɛ] *n pot. (opijanie)* celebration; ∼ **mieszkania** house-warming party

oblicz|ać [ɔ'bl̦itʃatɕ] *imperf*, ∼**yć** [ɔ'bl̦itʃitɕ] *perf* I *vt* calculate, count; ∼**ać**, ∼**yć w przybliżeniu** to estimate II *vr* ∼**ać**, ∼**yć się z kimś** to make ⟨to settle⟩ accounts with sb

oblicz|e [ɔ'bl̦itʃɛ] *n* w ∼**u** in the face of; **stanąć w** ∼**u niebezpieczeństwa** to face the danger

obliczenie [ɔbl̦i'tʃɛɲɛ] *n* calculation, account

obliczyć *zob.* **obliczać**

obluzować się [ɔblu'zɔvatɕ çɛ̃] *vr* work loose

obłęd ['ɔbŭɛt] *m* insanity, madness

obłok ['ɔbŭɔk] *m* cloud

obłudny [ɔ'bŭudnɨ] *adj* hypocritical

obm|awiać [ɔb'mavatɕ] *imperf*, ∼**ówić** [ɔb'muvitɕ] *perf vt* gossip **(kogoś about** sb), slander, blacken

obmyć *zob.* **obmywać**

obmyśl|ać [ɔb'mɨçlatɕ] *imperf*, ∼**ić** [ɔb'mɨçl̦itɕ] *perf vt* design, contrive, conspire

obmy|wać [ɔb'mɨvatɕ] *imperf*, ∼**ć** ['ɔbmɨtɕ] *perf* I *vt* wash, cleanse II *vr* ∼**wać**, ∼**ć się** wash oneself

obniż|ać [ɔb'ɲiʒatɕ] *imperf*, ∼**yć** [ɔb'ɲiʒitɕ] *perf* I *vt* lower; *(podatki)* abate; *(ceny)* reduce; *(zarobki)* cut down II *vr* ∼**ać**, ∼**yć się** go down, be reduced

obniżka [ɔb'ɲiʃka] *f* reduction, abatement; ∼ **cen** price reduction ⟨cut⟩

obniżyć *zob.* **obniżać**

obojczyk [ɔ'bɔjtʃɨk] *m anat.* collar-bone

oboje *zob.* **obaj**

obojętn|y [ɔbɔ'jɛtnɨ] *adj* 1. indifferent; **rzecz** ∼**a** a matter of indifference; **to mi jest** ∼**e** it's all the same to me; **to** ∼**e!** it doesn't matter!; **I don't care!** 2. *chem.* neutral

obok ['ɔbɔk] *adv* near, beside, next (to)

obora [ɔ'bɔra] *f* cow-shed, cow-barn

obowiąz|ek [ɔbɔ'vɔ̃zɛk] *m* duty; ∼**ek moralny** moral obligation; **spełnić** ∼**ek** to do one's duty; **pełniący** ∼**ki** on duty; *(w zastępstwie)* acting

obowiązkowy [ɔbɔvɔ̃'skɔvɨ] *adj (o człowieku)* dutiful, conscientious; *(obowiązujący)* obligatory, compulsory

obowiązując|y [ɔbɔvɔ̃zu'jɔ̃tsɨ] *adj* obliging, obligatory, binding; **mieć moc** ∼**ą to**

be in force; **nabrać mocy**
~ej to come into force
obowiązywać [ɔbɔvɔ̃'zivatɕ] *vt*
oblige, be in force, bind
obóz ['ɔbus] *m* camp; ~ szko-
leniowy instruction camp;
training centre; **rozbić ~**
to pitch a camp; **rozłożyć**
się obozem to encamp;
zwinąć ~ to break up camp
obrabiarka [ɔbra'barka] *f*
machine-tool
obr|acać [ɔ'bratsatɕ] *imperf,*
~ócić [ɔ'brutɕitɕ] *perf* I *vt*
turn; **~acać korbę** to turn
the handle; *przen.* **~acać**
kapitałem to turn over
one's capital; **~acać, ~ócić**
coś na korzyść to turn sth
to account; to make the
best of sth; **~acać, ~ócić**
coś w żart to turn sth into
a jest II *vr* **~acać, ~ócić**
się turn; **~acać, ~ócić się**
wokoło to circle; **~acać,**
~ócić się plecami do kogoś
to turn one's back to sb ||
gdzie on się teraz obraca?
where is he now?
obrachunek [ɔbra'xunɛk] *m*
calculation, accunt
obrać *zob.* **obierać**
obrady [ɔ'bradi] *plt* debates,
conference
obraz ['ɔbras] *m* picture,
painting, image; ~ olejny
oil-painting; **galeria ~ów**
picture gallery; **sztuka w 4**
~ach a play in 4 scenes
obra|zić [ɔ'braʑitɕ] *perf,* **~żać**
[ɔ'braʒatɕ] *imperf* I *vt*
offend, insult II *vr* **~zić,**
~żać się to take offence (o
coś at sth)
obrączka [ɔ'brɔ̃tʃka] *f* ring; ~
ślubna wedding ring
obręb ['ɔbrɛ̃p] *m (u sukni)*
hem || **w ~ie miasta** within
(the limits of) the city
obron|a [ɔ'brɔna] *f* 1. defence;
we własnej **~ie** in self-
-defence 2. *sport.* backs
obronić [ɔ'brɔɲitɕ] I *vt* de-

fend, protect II *vr* ~ się
defend ⟨protect⟩ oneself
obrońca [ɔ'brɔɲtsa] *m* 1. defender, protector; *prawn.*
barrister; *am.* counsel for
the defence; ~ z urzędu
public defender 2. *sport.*
back
obrotomierz [ɔbrɔ'tɔmʲɛʃ] *m*
tachometer
obrotow|y [ɔbrɔ'tɔvi] *adj* re-
volving; **drzwi ~e** revolv-
ing door || **kapitał ~y** work-
ing ⟨circulating⟩ capital;
podatek ~y turnover tax
obroża [ɔ'brɔʒa] *f* (dog-)collar
obróbka [ɔ'brupka] *f* treatment, working
obrócić *zob.* **obracać**
obr|ót ['ɔbrut] *m* 1. turn, ro-
tation; *techn.* revolution;
szybkie ⟨wolne⟩ ~oty quick
⟨slow⟩ revolutions; *przen.*
przybrać korzystny ~ót to
take a favourable turn 2.
ekon. turnover; **~ót gotów-**
kowy cash transactions ||
wycofać z ~otu to withdraw
from circulation
obrus ['ɔbrus] *m* table-cloth
obrywać [ɔ'brivatɕ] *vt* tear
off, pluck (off), strip (z
czegoś of sth); ~ owoce to
pluck ⟨to pick⟩ fruit
obrządek [ɔ'bʒɔ̃dɛk] *m* ceremony
obrzęd ['ɔbʒɛ̃t] *m* custom, ceremony; ~ ludowy folk
custom
obrzęk ['ɔbʒɛ̃k] *m* swelling
obrzydliwy [ɔbʒid'ɦivi] *adj*
hideous, disgusting, abominable
obsada [ɔp'sada] *f teatr.* cast
obserwatorium [ɔpsɛrva'tɔ-
rjum] *n* observatory
obserwować [ɔpsɛr'vɔvatɕ] *vt*
observe, watch
obsługa [ɔp'suuga] *f (czyn-*
ność) service; *(ludzie)* staff,
team, personnel; crew
obsłu|giwać [ɔpsuu'ɡivatɕ]
imperf, **~żyć** [ɔp'suuʒitɕ]
perf vt serve (kogoś sb),

wait ⟨attend⟩ (kogoś on ⟨upon⟩ sb)

obstalunek [ɔpsta'lunɛk] *m* order; **na ~ to** order

obstrukcj|a [ɔp'struktsja] *f* med. constipation; **cierpiący na ~ę** constipated

obszar ['ɔpʃar] *m* area, territory, space; **~ konwencyjny** convention area ⟨territory⟩

obszerny [ɔp'ʃɛrnɨ] *adj* spacious, extensive; (*o ubraniu*) loose; (*o temacie*) vast

obuć zob. **obuwać**

obudowa [ɔbu'dɔva] *f* casing

obudzić [ɔ'budʑitɕ] *vt* (*także vr ~ się*) wake (up), awake

oburącz [ɔ'burɔ̃tʃ] *adv* with both hands

oburz|ać [ɔ'buʒatɕ] *imperf*, **~yć** [ɔ'buʒɨtɕ] *perf* I *vt* shock, revolt, fill with indignation II *vr* **~ać, ~yć się** be ⟨become⟩ indignant ⟨shocked⟩ (**na coś** at sth); revolt (**na coś** against sth)

obustronny [ɔbu'strɔnnɨ] *adj* two-sided, bilateral; (*wzajemny*) mutual

obu|wać [ɔ'buvatɕ] *imperf*, **~ć** ['ɔbutɕ] *perf vt* shoe, put on shoes

obuwie [ɔ'buvɛ] *n* footwear; **~ sportowe** sports shoes

obwarzanek [ɔbva'ʒanɛk] *m* cracknel

obwieszczenie [ɔbvɛʃ'tʃɛɲɛ] *n* proclamation, announcement

obwiniać [ɔb'viɲatɕ] *vt* accuse (**o coś** of sth), charge (**o coś** with sth)

obwód ['ɔbvut] *m* 1. (*okrąg*) circumference; **~ bioder** hip measurement; **~ talii** waist measurement 2. (*okreg*) district 3. *elektr.* circuit

oby ['ɔbɨ] *part* **~m tego dożył!** may I live to see it!: **~ tylko tak było!** may it be so!; if only it were so!

obyczaj [ɔ'bɨtʃaj] *m* custom, manner, way

obyć się zob. **obywać się**

obyty [ɔ'bɨtɨ] *adj* worldly-wise, well-mannered; **~ z czymś** familiar with sth

oby|wać się [ɔ'bɨvatɕ ɕɛ] *imperf*, **~ć się** ['ɔbɨtɕ ɕɛ] *perf vr* **~wać, ~ć się bez czegoś** to go ⟨to do⟩ without sth

obywatel [ɔbɨ'vatɛl] *m* citizen

obywatelski [ɔbɨva'tɛlsk̮i] *adj* civic; (*o prawach*) civil

obywatelstwo [ɔbɨva'tɛlstfɔ] *n* citizenship, nationality

ocal|ać [ɔ'tsalatɕ] *imperf*, **~ić** [ɔ'tsaɫitɕ] *perf vt* save, rescue

ocaleć [ɔ'tsalɛtɕ] *vi* be saved, remain safe, survive

ocalić zob. **ocalać**

ocean [ɔ'tsɛan] *m* ocean

ocen|a [ɔ'tsɛna] *f* appreciation; estimation; **dać do ~y** to have sth estimated ⟨valued⟩

oceni|ać [ɔ'tsɛɲatɕ] *imperf*, **~ć** [ɔ'tsɛɲitɕ] *perf vt* estimate, appreciate, value

ocet ['ɔtsɛt] *m* vinegar; **~ winny** wine vinegar

ochłodzenie [ɔxuɔ'dzɛɲɛ] *n* cooling down

ochłodzić [ɔ'xuɔdʑitɕ] I *vt* cool (down), refrigerate II *vr* **~ się** cool (down)

ochot|a [ɔ'xɔta] *f* eagerness, willingness; **mieć na coś ~ę** to feel like ⟨to be keen on⟩ doing sth; **nie mam na to ~y** I have no fancy for it; **z ~ą** eagerly, willingly

ochotnik [ɔ'xɔtɲik] *m* volunteer; **zgłosić się na ~a do czegoś** to volunteer for sth

ochraniacz [ɔ'xraɲatʃ] *m* 1. (*ostona*) protector 2. *sport.* (*osłona na nogi*) pad 3. *mor.* fender, bumper

ochr|aniać [ɔ'xraɲatɕ] *imperf*, **~onić** [ɔ'xrɔɲitɕ] *perf vt* protect ⟨preserve, shelter⟩ (**przed czymś** from sth)

ochrona [ɔ'xrɔna] *f* protection, preservation, conservancy; **~ przyrody** preservation of nature; **~ środo-**

wiska protection of environment; ~ **zabytków** preservation of ancient monuments

ochronn|y [ɔ'xrɔnnɨ] *adj* protective, preventive; **czas ~y** close season; **marka ~a** trade-mark

ochrypnąć [ɔ'xrɨpnɔ̃tɕ] *vi* become hoarse

ociemniały [ɔtɕɛm'ɲaũɨ] *adj m* blind

ociepl|ać [ɔ'tɕɛplatɕ] *imperf*, **~ić** [ɔ'tɕɛpɲitɕ] *perf* I *vt* warm, make warm II *vr* **~ać**, **~ić się** grow warm; **~a się** it's getting warm

ocieplenie [ɔtɕɛ'plɛɲɛ] *n* warming up; *(cieplejsza pogoda)* warmer weather

ocierać [ɔ'tɕɛratɕ] *imperf*, **o-trzeć** [ɔ'tʃɛtɕ] *perf* I *vt* 1. *(wycierać)* wipe; **ocierać, otrzeć czoło** to mop one's brow 2. *(ścierać boleśnie)* gall, chafe; **ocierać o coś** to grind ⟨to rub⟩ against sth II *vr* **ocierać, otrzeć się** rub, grind, scrape *(o coś against sth)*

ocknąć się ['ɔtsknɔ̃tɕ ɕɛ̃] *vr* awake

ocl|ić ['ɔtsɲitɕ] *vt* impose a duty *(coś on sth)*; **czy ma pan ⟨pani⟩ coś do ~enia?** have you anything to declare?

ocucić [ɔ'tsutɕitɕ] *vt* revive, bring back to consciousness; bring (sb) round

oczekiwać [ɔtʃɛ'ķivatɕ] *vt* await **(kogoś** sb), wait **(kogoś** for sb); look forward *(czegoś* to sth), expect **(cze-goś** sth)

oczk|o ['ɔtʃkɔ] *n* eye; *(w sieci)* mesh; *(w pierścionku)* gem; *(w pończoszе)* **puszczo-ne ~o** ladder; *przen.* **ona jest jego ~iem w głowie** she is the apple of his eye

oczyścić [ɔ'tʃiɕtɕitɕ] *vt* 1. clean, cleanse; *(szczotką)* brush; *(odkurzyć)* dust; ~ **wodę**

to purify water 2. *(uwol-nić od winy)* free (from guilt)

oczywiście [ɔtʃɨ'viɕtɕɛ] *adv* naturally, obviously; ~! of course!, most certainly!

od [ɔt] *praep* from; since; for; **od dwóch tygodni** for two weeks; **od piątej go-dziny** since 5 o'clock; **od tamtego czasu** since then; **po 5 pensów od osoby** 5 pence per person; **słodszy od cukru** sweeter than sug-ar; **proszek od bólu głowy** headache wafer; **kasa czyn-na od ... do ...** cash-desk hours from ... to ...; **od cza-su do czasu** from time to time; **od stóp do głów** from top to toe

odbicie [ɔd'bitɕɛ] *n* 1. *(światła)* reflection 2. *(w lustrze)* image 3. *(piłki)* bound, bounce

odbić *zob.* **odbijać**

odbierać [ɔd'bɛratɕ] *imperf*, **odebrać** [ɔ'dɛbratɕ] *perf vt* take away ⟨back⟩; *(rzecz pożyczoną)* recover; *(bilety itp.)* collect; *(pieniądze z konta)* withdraw; ~ **telefon** to take a call; **odebrać so-bie życie** to commit suicide

odbi|jać [ɔd'bijatɕ] *imperf*, **~ć** ['ɔdbitɕ] *perf* I *vt* 1. *(obraz, światło)* reflect 2. *(piłkę)* return || **~jać**, **~ć od brze-gu** to put off II *vr* **~jać**, **~ć się** 1. *(w lustrze)* be reflected 2. *(o piłce)* bounce

odbiorca [ɔd'bɔrtsa] *m (listu)* addressee, receiver; *(sztuki, programu radiowego)* consumer; listener; ~ **masowy ⟨przeciętny⟩** average consumer

odbiornik [ɔd'bɔrɲik] *m* radio receiver ⟨set⟩; ~ **telewizyj-ny** television ⟨*pot.* TV⟩ set

odbiór ['ɔdbur] *m* receipt; **potwierdzić** ~ to acknowl-edge the receipt || *(dobry*

⟨zły⟩) ~ **programu** (good ⟨bad⟩) reception

odbitka [ɔd'bitka] *f* copy, print, reprint

odblaskow|y [ɔdblas'kɔvɨ] *adj* reflecting; *mot.* **światła** ~**e** reflecting lights

odbudowa [ɔdbu'dɔva] *f* reconstruction, rebuilding

odby|ć ['ɔdbɨtɕ] *perf*, ~**wać** [ɔd'bɨvatɕ] *imperf* **I** *vt* (*podróż*) make; (*posiedzenie*) hold; (*wyrok*) serve; (*studia*) study, go through **II** *vr* ~**ć**, ~**wać się** take place, be held

odcedzić [ɔt'tsɛdʑitɕ] *vt* strain (soup, vegetables, macaroni etc.)

odchodzić [ɔt'xɔdʑitɕ] *imperf*, **odejść** ['ɔdɛjɕtɕ] *perf vi* go away, leave; (*o pociągu*) start, depart; *przen.* **odchodzić od zmysłów** to be out of one's senses; to be beside oneself; **odejść z tego świata** to pass away

odchudzać się [ɔt'xudzatɕ ɕɛ̃] *vr* lose weight, slim

odciąć zob. **odcinać**

odcień ['ɔttɕɛŋ] *m* shade, tint

odci|nać [ɔt'tɕinatɕ] *imperf*, ~**ąć** ['ɔttɕɔ̃tɕ] *perf* **I** *vt* cut out ⟨off⟩; *med.* amputate **II** *vr* ~**nać**, ~**ąć się** (*słownie*) retort

odcin|ek [ɔt'tɕinɛk] *m* **1.** (*część*) section, sector **2.** (*kwitek*) coupon; ~**ek kontrolny** (*np. czeku*) counterfoil **3.** (*powieści*) instalment; **powieść w** ~**kach** serial

odcisk ['ɔttɕisk] *m* **1.** impression; ~ **palca** finger-print; ~ **stopy** foot-print **2.** (*nagniotek*) corn

odczepić [ɔt'tʃɛpitɕ] *vt* unhook, unfasten; detach; ~ **wagon** to uncouple a wagon

odczu|ć ['ɔttʃutɕ] *perf*, ~**wać** [ɔt'tʃuvatɕ] *imperf vt* feel; ~**wać pragnienie** to feel thirsty; *przen.* **dać komuś coś** ~**ć** to make sb feel sth;

dać się ~**ć** to make itself felt

odczyt ['ɔttʃɨt] *m* lecture; **wygłosić** ~ to give a lecture; **to lecture (o czymś on** sth)

odczyt|ać [ɔt'tʃɨtatɕ] *perf*, ~**ywać** [ɔttʃɨ'tɨvatɕ] *imperf vt* read (over); (*odcyfrować*) decipher, make out; ~**ać**, ~**ywać listę nazwisk** to call out names

oddać zob. **oddawać**

oddal|ać [ɔd'dalatɕ] *imperf*, ~**ić** [ɔd'daɫitɕ] *perf* **I** *vt* remove, send away; (*z pracy*) dismiss **II** *vr* ~**ać**, ~**ić się** withdraw, leave, retire

odda|wać [ɔd'davatɕ] *imperf*, ~**ć** ['ɔddatɕ] *perf.* **I** *vt* give (back); ~**wać**, ~**ć dług** to repay a debt; ~**wać**, ~**ć książkę** to return a book; ~**wać**, ~**ć list** to deliver a letter; ~**wać**, ~**ć dziecko do szkoły** to send a child to school; ~**wać**, ~**ć sprawę do sądu** to take ⟨to bring⟩ the matter into court; ~**wać**, ~**ć uderzenie** to strike ⟨to hit⟩ back; *przen.* ~**wać**, ~**ć hołd** to pay homage; ~**wać**, ~**ć przysługę** to render a service; to do a favour; ~**wać**, ~**ć sprawiedliwość** to do justice; ~**wać**, ~**ć do użytku** to put to use **II** *vr* ~**wać**, ~**ć się** surrender (oneself) (**czemuś** to sth); ~**wać się studiom** ⟨**nałogowi itp.**⟩ to be addicted ⟨to addict oneself⟩ to study ⟨vice etc.⟩

oddech ['ɔddɛx] *m* breath

oddychać [ɔd'dɨxatɕ] *imperf*, **odetchnąć** [ɔ'dɛtxnɔ̃tɕ] *perf vi* breathe, respire; **ciężko** ⟨**z trudem**⟩ **oddychać** to breathe heavily; to gasp for breath || **odetchnąć z ulgą** to heave a sigh of relief

oddychanie [ɔddɨ'xaɲɛ] *n* breathing, respiration; **sztuczne** ~ artificial respiration

oddział ['ɔddʑaŭ] m section, department; (firmy) branch; (szpitala) ward; wojsk. detachment
oddziaływać [ɔddʑa'ŭivatɕ] vt affect ⟨influence⟩ (na kogoś, coś sb, sth)
oddzielnie [ɔd'dʑɛlɲɛ] adv separately
oddzielny [ɔd'dʑɛlnɨ] adj separate
oddźwięk ['ɔddʑvɛ̃k] m repercussion, echo; znaleźć ~ u kogoś to get a response from sb
odebrać zob. odbierać
odejmować [ɔdɛj'mɔvatɕ] imperf, odjąć ['ɔdjɔ̃tɕ] perf vt take away; deduct; mat. subtract
odejmowanie [ɔdɛjmɔ'vaɲɛ] n deduction; mat. subtraction
odejść zob. odchodzić
odepchnąć zob. odpychać
oderwać zob. odrywać
oderwany [ɔdɛr'vanɨ] adj 1. torn off 2. (oddzielny) abstracted, detached (od czegoś from sth) 3. (abstrakcyjny) abstract
odesłać zob. odsyłać
odetchnąć zob. oddychać
odezwa [ɔ'dɛzva] f proclamation, address
odgad|nąć [ɔd'gadnɔ̃tɕ] perf, ~ywać [ɔdga'dɨvatɕ] imperf vt guess; ~nąć, ~ywać czyjeś myśli to read sb's thoughts
odgałęzienie [ɔdgaŭɛ̃'ʑɛɲɛ] n (side) branch; embranchment
odgłos ['ɔdgŭɔs] m echo; (strzału) report; ~ dzwonów sound of bells; ~ kroków footfalls
odgr|adzać [ɔd'gradzatɕ] imperf, ~odzić [ɔd'grɔdʑitɕ] perf vt separate, isolate; (parkanem itp.) fence off
odgrażać się [ɔd'graʒatɕ ɕɛ] vr threaten (komuś sb); utter threats
odgrodzić zob. odgradzać

odgromnik [ɔd'grɔmɲik] m lightning arrester ⟨protector⟩
odgrz|ać ['ɔdgʒatɕ] perf, ~ewać [ɔd'gʒɛvatɕ] imperf vt warm up
odjazd ['ɔdjast] m departure; termin ~u departure date ⟨time⟩; planowy ~ scheduled departure
odjąć zob. odejmować
odje|chać [ɔd'jɛxatɕ] perf, ~żdżać [ɔd'jɛʒdʑatɕ] imperf vi depart; leave (do Krakowa for Cracow)
odkażanie [ɔtka'ʒaɲɛ] n disinfection
odkąd ['ɔtkɔ̃t] I adv since when?; how long? II conj since
odkle|ić [ɔt'klɛitɕ] perf, ~jać [ɔt'klɛjatɕ] imperf I vt unglue, unstick II vr ~ić, ~jać się get unstuck
odkładać [ɔt'kŭadatɕ] imperf, odłożyć [ɔd'ŭɔʒɨtɕ] perf vt put aside, lay by; odkładać, odłożyć słuchawkę to hang up (the receiver), to ring off; proszę nie odkładać słuchawki please, hold on || odkładać, odłożyć na później to delay; to postpone; to put off; odkładać, odłożyć pieniądze to save money, to put money by
odkręc|ać [ɔt'kʁɛ̃tsatɕ] imperf, ~ić [ɔt'kʁɛ̃tɕitɕ] perf vt unwind; (śrubę) unscrew; ~ać, ~ić kran (z wodą) to turn on the water
odkrycie [ɔt'krɨtɕɛ] n discovery; (wykopaliskowe) excavation, find
odkry|ć ['ɔtkrɨtɕ] perf, ~wać [ɔt'krɨvatɕ] imperf vt 1. discover, find (out) 2. (ujawniać) disclose, uncover
odkurzacz [ɔt'kuʒatʃ] m vacuum-cleaner; (electric) duster; pot. hoover
odlać ['ɔdlatɕ] vt (wylać trochę) to pour off; (zlać) to pour out; ~ wodę z ziem-

niaków to drain the potatoes

odl|atywać [ɔdla'tɨvatɕ] *imperf*, ~ecieć [ɔd'lɛtɕɛiɕ] *perf* *vi* fly away; (*o ptakach*) migrate; **o której** ~atuje **samolot do** ... what time is the plane leaving for ...

odległoś|ć [ɔd'lɛgũɔɕtɕ] *f* distance; **sterowany na** ~ć remote-controlled

odległy [ɔd'lɛgũi] *adj* distant, far-away

odlot ['ɔdlɔt] *m* departure (of a plane); take-off

odludzie [ɔd'ludʑɛ] *n* seclusion; lonesome ⟨secluded⟩ place ⟨spot⟩

odłamek [ɔd'ũamɛk] *m* (*pocisku*) splinter

odłącz|ać [ɔd'ũɔ̃tʃatɕ] *imperf*, ~yć [ɔd'ũɔ̃tʃitɕ] *perf* I *vt* separate, set apart II *vr* ~ać, ~yć się separate, go apart

odłożyć *zob.* odkładać

odł|óg ['ɔdũuk] *m* fallow; **leżeć** ~ogiem to lie fallow

odmalować [ɔdma'lɔvatɕ] *vt* repaint; ~ **mieszkanie** to redecorate a flat

odm|awiać [ɔd'maʋatɕ] *imperf*, ~ówić [ɔd'muʋitɕ] *perf* *vt* refuse, deny; ~awiać, ~ówić **przyjęcia** **zaproszenia** to decline an invitation || ~awiać **modlitwy** to say one's prayers

odmian|a [ɔd'mana] *f* 1. change; **dla** ~y for a change 2. *bot. zool.* variety

odmienn|y [ɔd'mɛnnɨ] *adj* different (**od kogoś, czegoś** from sb, sth), dissimilar (**od kogoś, czegoś** to sb, sth); **płeć** ~a opposite sex; **być** ~ego zdania to be of different opinion

odmłodzić [ɔd'mũɔdʑitɕ] I *vt* make younger, rejuvenate II *vr* ~ się get younger

odmowa [ɔd'mɔva] *f* refusal, denial

odmown|y [ɔd'mɔvnɨ] *adj* negative; **odpowiedź** ~a refusal; denial; negative reply

odmówić *zob.* odmawiać

odmrożenie [ɔdmrɔ'ʒɛɲɛ] *n* 1. *med.* frost-bite 2. (*jarzyn, mięsa*) defrosting

odna|jdywać [ɔdnaj'dɨvatɕ] *imperf*, ~leźć [ɔd'nalɛɕtɕ] *perf* *vt* find, discover, recover

odn|awiać [ɔd'naʋatɕ] *imperf*, ~owić [ɔd'nɔʋitɕ] *perf* I *vt* 1. (*przyjaźń, stosunki*) renew 2. (*dom*) renovate, restore II *vr* ~awiać, ~owić się be renewed

odn|ieść ['ɔdɲɛɕtɕ] *perf*, ~osić [ɔd'nɔɕitɕ] *imperf* I *vt* carry, bring back || ~ieść, ~osić **korzyść z czegoś** to benefit by sth; ~ieść, ~osić **wrażenie** to have the feeling ⟨the impression⟩; ~ieść, ~osić **zwycięstwo** to win ⟨gain⟩ a victory II *vr* ~osić się refer (**do kogoś, czegoś** to sb, sth), concern (**do kogoś, czegoś** sb, sth) || ~osić się **dobrze do kogoś** to behave well towards sb; to treat sb well

odnoga [ɔd'nɔga] *f* (*odgałezienie*) branch; *bot.* offshoot; ~ **rzeki** arm of a river

odnośnie [ɔd'nɔɕɲɛ] *adv* ~ **do czegoś** concerning sth; as concerns ⟨regards⟩ sth

odnowa [ɔd'nɔva] *f* (*ubrań itp.*) renovation; (*stosunków*) restoration

od nowa [ɔd'nɔva] *adv* anew, once again; from the start

odnowić *zob.* odnawiać

odpadać [ɔt'padatɕ] *vi* fall off, break away

odpadki [ɔt'patḱi] *pl* waste, refuse

odpakować [ɔtpa'kɔvatɕ] *vt* unpack, unwrap

odparzenie [ɔtpa'ʒɛɲɛ] *n* scald, gall

odparzyć [ɔt'paʒitɕ] *vt* scald, blister, gall

odpi|ąć ['ɔtpɔ̃tɕ] *perf*, ~nać

[ɔt'p̦inatɕ] *imperf vt (guziki)*
unbutton; *(zameczek, haft-
kę)* undo; *(kołnierzyk)* unfasten

odpis ['ɔtp̦is] *m* copy; duplicate; ~ **metryki** a copy of
a (birth, marriage) certificate; **zrobić** ~ **czegoś** to
make a copy of sth; **zrobić**
~ **uwierzytelniony** to ex-
emplify

odpis|ać [ɔt'p̦isatɕ] *perf*,
~**ywać** [ɔtp̦i'sivatɕ] *imperf
vt* **1.** *(odpowiedzieć)* answer;
reply (to a letter); write
back **2.** *(przepisać)* copy

odpłatny [ɔt'pu̧atni] *adj* payable, refundable

odpłynąć *zob.* **odpływać**

odpływ ['ɔtpu̧if] *m (morza)*
ebb; **jest** ~ the tide is low;
przen. (gotówki) outflow

odpły|wać [ɔt'pu̧ivatɕ] *imperf*,
~**nąć** [ɔt'pu̧inɔ̃tɕ] *perf vi (o
wodzie)* flow away; *(o okręcie)* sail off; *(o człowieku)*
swim away

odpocząć *zob.* **odpoczywać**

odpoczynek [ɔtpɔ'tʃinɛk] *m*
rest, relaxation

odpocz|ywać [ɔtpɔ'tʃivatɕ] *im-
perf*, ~**ąć** [ɔt'pɔtʃɔ̃tɕ] *perf vi*
rest, have a rest

odporny [ɔt'pɔrni] *adj* resistant; immune (**na coś** from
⟨against⟩ sth); proof

odpowiada|ć [ɔtpɔ'vadatɕ] *vt
vi* **1.** answer (**na pytanie** a
question); reply (**na coś** to
sth); **telefon nie** ~ the
number doesn't reply; the
line is dead **2.** *(być stosownym)* suit (**czemuś** sth),
correspond (**czemuś** to sth);
~**ć celowi** to serve a purpose; ~**ć warunkom** to fulfil the conditions; **jedzenie
mi nie** ~ the food doesn't
agree with me ‖ ~**ć za kogoś, coś** to be responsible
for sb, sth

odpowiedni [ɔtpɔ'vɛdni] *adj*
right, satisfactory; appropriate, fit (for sth); *(o chwi-*

li) suitable; *(o napiwku)*
adequate; ~ **wydział** respective department; **w** ~**m
czasie** in due course

odpowiedzialnoś|ć [ɔtpɔvɛ-
'dʑalnɔɕtɕ] *f* responsibility;
ponosić ~**ć za coś** to bear
the responsibility for sth;
pociągnąć kogoś do ~**ci są-
dowej** to prosecute sb;'
wstęp wzbroniony pod ~**cią
sądową** trespassers will be
prosecuted

odpowiedzialnv [ɔtpɔvɛ'dʑalni]
adj responsible; ~ **za coś**
in charge of sth

odpowiedzieć [ɔtpɔ'vɛdʑɛtɕ] *vi*
answer (**na pytanie** a
question)

odpowie|dź [ɔt'pɔvɛtɕ] *f* an-
swer, reply (**na coś** to sth);
~**dź opłacona** reply paid; **w**
~**dzi na ...** in reply to ...

odprawa [ɔt'prava] *f* **1.** *(ostra
odpowiedź)* retort, rebuff **2.**
(pieniądze) separation ⟨sev-
erance⟩ pay ‖ ~ **celna**
customs examination ⟨clear-
ance⟩; ~ **paszportowa** passport examination

odprężenie [ɔtprɛ̃'ʒɛnɛ] *n* relaxation

odprowadz|ać [ɔtprɔ'vadzatɕ]
imperf, ~**ić** [ɔtprɔ'vadʑitɕ]
perf **1.** *(towarzyszyć)* accompany (**kogoś** sb); *(kogoś na
stację)* see (sb) off; ~**ać,**
~**ić kogoś do samochodu** to
see sb to the car **2.** *(wodę)*
drain off

odpruć ['ɔtprutɕ] *vt* rip, un-
seam, unsew

odpust ['ɔtpust] *m* church
fair; *(kiermasz)* kermes,
kermis

odpychać [ɔt'pixatɕ] *imperf*,
odepchnąć [ɔ'dɛpxnɔ̃tɕ] *perf
vt* repel, push away

odra ['ɔdra] *f med.* measles

odr|aczać [ɔd'ratʃatɕ] *imperf*,
~**oczyć** [ɔd'rɔtʃitɕ] *perf vt*
adjourn, postpone, delay;
(wyrok) respite; ~**aczać,**

~oczyć wykonanie wyroku na kimś to reprieve sb

od razu [ɔd'razu] *adv* at once, on the spot

odrębny [ɔd'rɛ̃bnɨ] *adj* separate, peculiar

odroczyć *zob.* **odraczać**

odrodzenie [ɔdrɔ'dzɛɲɛ] *n* Renaissance

odróżni|ać [ɔd'ruʒɲatɕ] *imperf*, **~ć** [ɔd'ruʒɲitɕ] *perf* I *vt* distinguish, differentiate; tell one from the other II *vr* **~ać**, **~ć** **się** differ

odruch ['ɔdrux] *m* reflex, impulse

odrywać [ɔd'rɨvatɕ] *imperf*, **oderwać** [ɔ'dɛrvatɕ] *perf* I *vt* tear off; *przen.* **odrywać** od nauki to distract from studies; **oderwać** **wzrok** **od** **czegoś** to turn one's eyes away from sth II *vr* **odrywać, oderwać się** **1.** (*o guziku itp.*) be ⟨come⟩ off **2.** (*o człowieku*) tear oneself (**od kogoś, czegoś** from sb, sth)

odrzuc|ać [ɔd'ʒutsatɕ] *imperf*, **~ić** [ɔd'ʒutɕitɕ] *perf* I *vt* **1.** throw away **2.** (*propozycję*) turn down; (*prośbę, dowód itp.*) reject; (*dar*) refuse; (*zaproszenie*) decline

odrzutowiec [ɔdʒu'tɔvɛts] *m* jet (plane)

odset|ek [ɔt'sɛtɛk] *m* percentage; *pl* **~ki** interest

odsł|aniać [ɔt'sŭaɲatɕ] *imperf*, **~onić** [ɔt'sŭɔɲitɕ] *perf* **vt** **1.** uncover; (*pomnik*) unveil; *przen.* **~aniać, ~onić** **swe** **karty** to show one's hand **2.** *przen.* (*wyjawiać*) reveal, disclose

odsłona [ɔt'sŭɔna] *f* *teatr.* scene

odstawić [ɔt'stavitɕ] *vt* put away, push aside; remove; **~** **samochód** **do** **warsztatu** to take the car to a workshop

odstąpić *zob.* **odstępować**

odstęp ['ɔtstɛ̃p] *m* distance;

(*w czasie*) interval; *druk.* space; **robić** **~y** to space; **w** **dużych** **~ach** **czasu** at wide intervals

odst|ępować [ɔtstɛ̃'pɔvatɕ] *imperf*, **~ąpić** [ɔt'stɔ̃pitɕ] *perf* *vi* step off; *przen.* **~ępować, ~ąpić** **od** **zamiaru** to abandon an idea; **~ępować** **od** **zasady** to depart ⟨desist⟩ from a principle

odsu|nąć [ɔt'sunɔ̃tɕ] *perf*, **~wać** [ɔt'suvatɕ] *imperf* I *vt* push away, draw aside; (*firankę*) draw; (*rękę*) withdraw II *vr* **~nąć, ~wać** **się** stand aside

odsyłać [ɔt'sɨŭatɕ] *imperf*, **o-desłać** [ɔ'dɛsŭatɕ] *perf* *vt* **1.** send back, return **2.** (*skierować*) refer (**do czegoś** to sth)

odszkodowani|e [ɔtʃkɔdɔ'vaɲɛ] *n* compensation, indemnity; **~a** **wojenne** reparations; **płacić** **~e** to pay damages

odświeżyć [ɔt'ɕfʲɛʒɨtɕ] I *vt* restore, renew, renovate; *przen.* **~** **znajomość** **języka** to brush up the language II *vr* **~** **się** refresh oneself; (*o powietrzu*) be refreshed

odtąd ['ɔttɔ̃t] *adv* from now on; (ever) since

odwag|a [ɔd'vaga] *f* courage; **dodać** **~i** to encourage; **na-brać** **~i** to pluck up heart; **stracić** **~ę** to lose courage ⟨heart⟩

odważny [ɔd'vaʒnɨ] *adj* courageous, brave

odważyć [ɔd'vaʒɨtɕ] *vt* weigh

odważyć **się** [ɔd'vaʒɨtɕ ɕɛ] *vr* dare, venture

odwet ['ɔdvɛt] *m* revenge, retaliation; **wziąć** **~** **za** **coś** to retaliate sth; **w** **~** **za** **coś** in reprisal for sth

odwetowiec [ɔdvɛ'tɔvɛts] *m* revanchist

odwiąz|ać [ɔd'vʲɔ̃zatɕ] *perf*, **~ywać** [ɔdvʲɔ̃'zɨvatɕ] *imperf* I *vt* untie, unbind, unstrap

II *vr* ~ać, ~ywać się come loose, get untied

odwiedz|ać [ɔd'vɛdzatɕ] *imperf*, ~ić [ɔd'vɛdʑitɕ] *perf vt* call (kogoś on sb); visit (kogoś sb), come ⟨go⟩ to see (kogoś sb)

odwiedziny [ɔdvɛ'dʑini] *plt* call, visit; przyjść w ~ do kogoś to make a call on sb

odwilż ['ɔdvilʃ] *f* thaw, thawing weather

odwlekać [ɔd'vlɛkatɕ] *vt* (*opóźniać*) put off, postpone, delay

odwoł|ać [ɔd'vɔu̯atɕ] *perf*, ~ywać [ɔdvɔ'u̯ivatɕ] *imperf* I *vt* recall; (*cofnąć*) cancel, withdraw; ~ać, ~ywać spotkanie to call off ⟨to cancel⟩ a meeting ⟨an appointment⟩ II *vr* ~ać, ~ywać się appeal (do ... to ...)

odwołanie [ɔdvɔ'u̯aɲɛ] *n* 1. (*usunięcie ze stanowiska*) removal, recall 2. (*unieważnienie*) cancellation, abnegation || napisać ~ to make an appeal, to appeal (od decyzji against a decision)

odwr|acać [ɔd'vratsatɕ] *imperf*, ~ócić [ɔd'vrutɕitɕ] *perf* I *vt* turn back, reverse; (*niebezpieczeństwo*) avert; ~acać, ~ócić do góry nogami to turn upside down II *vr* ~acać, ~ócić się to turn round; ~acać, ~ócić się plecami do kogoś to turn one's back upon sb

odwrotn|y [ɔd'vrɔtni] *adj* reverse, opposite; ~a strona reverse, back; ~ą pocztą by return of mail

odwrócić zob. odwracać

odwr|ót ['ɔdvrut] *m wojsk.* retreat, withdrawal || na ~ocie overleaf, at the back; na ~ót (*przeciwnie*) contrariwise, the other way round; (*do góry nogami*) upside down; (*zaprzeczenie*) na ~ót! on the contrary!

odzież ['ɔdʑɛʃ] *f* clothing, clothes, garments; ~ ochronna protective clothing; ~ sportowa sports clothes

odznacz|ać [ɔd'znatɕatɕ] *imperf*, ~yć [ɔd'znatɕitɕ] *perf* I *vt* mark out, distinguish; (*orderem*) decorate II *vr* ~ać, ~yć się distinguish oneself

odznaczenie [ɔdzna'tɕɛɲɛ] *n* distinction; (*orderem*) decoration

odznaczyć zob. odznaczać

odznaka [ɔd'znaka] *f* badge

odzwycza|ić [ɔdzvi'tɕaitɕ] *perf*, ~jać [ɔdzvi'tɕajatɕ] *imperf* I *vt* disaccustom (od czegoś to sth); break (sb of a habit) II *vr* ~ić, ~jać się (od czegoś) to lose the habit of; to give up; ~ić, ~jać się od palenia to give up smoking

odzysk|ać [ɔd'ziskatɕ] *perf*, ~iwać [ɔd-zis'ḱivatɕ] *imperf vt* regain, get back; (*głos*) find; (*zdrowie*) recover; ~ać, ~iwać przytomność to recover one's senses

odżywczy [ɔd'ʒivtɕi] *adj* nourishing

odżywi|ać [ɔd'ʒivatɕ] *imperf*, ~ć [ɔd'ʒivitɕ] *perf vt* nourish, feed; ~ać, ~ć się feed (czymś on sth); take food

ofert|a [ɔ'fɛrta] *f* (*również handlowa*) offer, proposal; złożyć ~ę to submit ⟨to make⟩ an offer; odrzucić ~ę to turn down an offer

ofiar|a [ɔ'fara] *f* 1. (*poświęcenie*) sacrifice 2. (*datek*) contribution, charity 3. (*w wypadku*) victim; *przen.* paść ~ą czegoś to fall a victim to sth

ofiarować [ɔfa'rɔvatɕ] *vt* 1. (*podarować*) present (coś komuś sb with sth), give (coś komuś sb sth), make a present (coś komuś of sth to sb) 2. (*zaproponować*) offer (coś komuś sb sth); ~ swe usługi to proffer one's services

oficer [ɔ'fitsɛr] *m* officer

oficjalny [ɔfi'tsjalnɪ] *adj* official

oficyna [ɔfi'tsɪna] *f* backhouse, outbuilding

ogień ['ɔgɛɲ] *m* fire; (*do zapalania*) light; sztuczny ~ firework; podłożyć ~ to set fire; zaprószyć ~ to start a fire; *przen.* słomiany ~ shortlived enthusiasm; wpaść jak po ~ to drop in in a hurry; czy ma pan ~? have you got a light?

oglądać [ɔ'glɔ̃datɕ] I *vt* look (coś at sth), inspect; (*starannie*) examine; (*zwiedzać*) visit II *vr* ~ się (*odwracać*) look back zob. obejrzeć

ogł|aszać [ɔg'ŭaʃatɕ] *imperf*, ~osić [ɔg'ŭɔɕitɕ] *perf* I *vt* publish, announce, proclaim; ~aszać, ~osić komunikat to publish a communique II *vr* ~aszać, ~osić się advertise

ogłoszenie [ɔgŭɔ'ʃɛɲɛ] *n* announcement; (*w gazecie*) advertisement

ogłuszyć [ɔg'ŭuʃitɕ] *vt* deafen, stun

ogniotrwał|y [ɔgɲɔ'trfaŭɪ] *adj* fireproof; kasa ~a safe

ognisko [ɔg'ɲiskɔ] *n* 1. fire; ~ obozowe camp fire; *przen.* ~ domowe hearth; home 2. (*centrum*) centre 3. *fiz.* focus

ogniwo [ɔg'ɲivɔ] *n* link

ogolić [ɔ'gɔɲitɕ] I *vt* shave II *vr* ~ się shave oneself, have a shave

ogon ['ɔgɔn] *m* tail; (*sukni*) train

ogon|ek [ɔ'gɔnɛk] *m* 1. (*zwierzęcia*) (small) tail 2. (*owocu*) stalk 3. (*kolejka*) queue, line; stać w ~ku to stand in a line ⟨in a queue⟩; to queue

ogólnokrajowy [ɔgulnɔkra'jɔvɪ] *adj* nation-wide

ogólnokształcący [ɔgulnɔ-

kʃtaŭ'tsɔ̃tsɪ] *adj* general ⟨comprehensive⟩ (school)

ogólnopolski [ɔgulnɔ'pɔlsķi] *adj* all-Polish, all-Poland

ogóln|y [ɔ'gulnɪ] *adj* general, universal, common; (*o sumie*) global, total; ~e wykształcenie general education

ogół ['ɔguŭ] *m* generality, totality; dobro ~u the public welfare; szeroki ~ people at large; ~em on the whole

ogórek [ɔ'gurɛk] *m* cucumber; ~ kiszony pickled cucumber

ogranicz|ać [ɔgra'ɲitʃatɕ] *imperf*, ~yć [ɔgra'ɲitʃitɕ] *perf* I *vt* limit, restrain, restrict; (*zmniejszać*) reduce II *vr* ~ać, ~yć się (do czegoś) limit ⟨confine⟩ oneself (to sth); ~ać, ~yć się w wydatkach to limit one's expenses

ograniczeni|e [ɔgraɲi'tʃɛɲɛ] *n* limitation, restriction; (*uszczuplenie*) reduction; ~a dewizowe foreign exchange ⟨currency⟩ restrictions; ~e szybkości speed limit; podlegać ~om to be subject to restrictions

ograniczon|y [ɔgraɲi'tʃɔnɪ] *adj* 1. limited; spółka z ~ą odpowiedzialnością limited (liability) company 2. (*o ciasnych poglądach*) narrow-minded

ograniczyć zob. ograniczać

ogrodnictwo [ɔgrɔd'ɲitstfɔ] *n* gardening; (*hodowla kwiatów*) horticulture

ogrodnik [ɔ'grɔdɲik] *m* gardener

ogrodzenie [ɔgrɔ'dzɛɲɛ] *n* fence, fencing; enclosure

ogromny [ɔ'grɔmnɪ] *adj* enormous, immense; *pot.* tremendous

ogród ['ɔgrut] *m* garden; ~ botaniczny botanical garden; ~ owocowy orchard;

~ **warzywny** kitchen-garden; ~ **zoologiczny** zoological gardens, zoo
ogrzać [ˈɔgʒatç] I vt heat, warm II vr ~ **się** get ⟨grow, become⟩ warm; (o człowieku) warm oneself, get warm
ojciec [ˈɔjtçɛts] m father; ~ **chrzestny** god-father
ojczym [ˈɔjtʃim] m stepfather
ojczyzna [ɔjˈtʃizna] f fatherland, motherland, (native) country
okaz [ˈɔkas] m specimen; ~ **wystawowy** exhibit
okazać zob. **okazywać**
okaziciel [ɔkaˈʑitçɛl] m bearer; **płatny na** ~a payable to the bearer
okazj|a [ɔˈkazja] f occasion; (sposobność) opportunity; z ~i ... on the occasion of ...
okaz|ywać [ɔkaˈzivatç] imperf, ~ać [ɔˈkazatç] perf I vt show, demonstrate; ~ywać, ~ać jasno to manifest; to display II vr ~ywać, ~ać się appear, prove, turn out; ~uje się, że ... it appears that ...; **to się jeszcze okaże** it remains to be seen
okienko [ɔˈkɛnkɔ] n window; (małe, okrągłe) bull's eye; (na światło, powietrze) eyelet; (u drzwi do patrzenia) eyehole; (dla interesantów) counter; ~ **do wydawania potraw** service hatch; ~ **kasowe** cashier's wicket; pay-desk
okiennica [ɔkɛnˈɲitsa] f shutter
oklaski [ɔˈklaski] plt applause
okład [ˈɔkŭat] m med. compress, poultice
okład|ka [ɔˈkŭatka] f cover; **książka w kartonowej** ~ce paper-back
okładzina [ɔkŭaˈdʑina] f facing, lining, cladding
okno [ˈɔknɔ] n window; ~ **wystawowe** show-window, shop window; **otworzyć**

⟨**zamknąć**⟩ ~ to open ⟨to close, to shut⟩ the window
oko [ˈɔkɔ] n 1. eye; **kolor oczu** the colour of one's eyes; przen. **kłamać w żywe oczy** to lie shamelessly; **rzucać się w oczy** to be evident; **rzucić okiem na coś** to cast a glance at sth; **stracić coś z oczu** to lose sight of sth; **wpaść komuś w** ~ to catch sb's eye; to appeal to sb; **na pierwszy rzut oka** at first sight; **na własne oczy** with one's own eyes; ~ **w** ~ face to face; ~ **za** ~ an eye for an eye 2. (w sieci) mesh 3. (w rosole) patch of fat
okolica [ɔkɔˈʎitsa] f neighbourhood, area; ~e **podmiejskie** environs; **w** ~y in the region
okoliczność|ć [ɔkɔˈʎitʃnɔçtç] f circumstance; **pomyślna** ~ć advantage; **zbieg** ~ci coincidence; prawn. ~ci **łagodzące** extenuating circumstances
około [ɔˈkɔŭɔ] praep near, about, round; ~ **15 lat** about 15 years
okołoziemsk|i [ɔkɔŭɔˈʑɛmski] adj circumterrestrial; **orbita** ~a the orbit of the earth
okostn|a [ɔˈkɔstna] f anat. periosteum; med. **zapalenie** ~ej periostitis
okra|dać [ɔˈkradatç] imperf, ~ść [ˈɔkraçtç] perf vt steal, rob
okrakiem [ɔˈkrakɛm] adv astraddle; astride (na czymś of sth); **siedzieć** ~ **na koniu** to straddle one's horse
okraść zob. **okradać**
okrąg [ˈɔkrɔ̃k], **okręg** [ˈɔkrɛ̃k] m circle
okrągły [ɔˈkrɔ̃gŭi] adj round; ~ **rok** a full year
okrążenie [ɔkrɔ̃ˈʒɛɲɛ] n 1. wojsk. encirclement 2. (na torze wyścigowym) lap
okres [ˈɔkrɛs] m period; szk.

term; ~ **powojenny** post-
-war period ⟨times⟩; ~
świąteczny holiday season;
~ **urlopowy** vacation period; ~ **ważności** validity
period
określ|ać [ɔ'krɛɕlatɕ] *imperf*,
~**ić** [ɔ'krɛɕɕitɕ] *perf vt*
define, determine
okręg ['ɔkrɛ̃k] *m* 1. (*teren*)
district, area 2. *zob.* **okrąg**
okręt ['ɔkrɛt] *m* ship, vessel;
~ **podwodny** submarine; ~
wojenny man-of-war;
wsiąść na ~ to embark; to
go on board (a ship); **wy-
siąść z** ~**u** to disembark;
~**em** by ship
okrętow|y [ɔkrɛ̃'tɔvɨ] *adj* biu-
ro ~**e** shipping office; **przemysł** ~**y** shipbuilding industry
okrężn|y [ɔ'krɛ̃ʒnɨ] *adj* circu-
itous, indirect, roundabout,
circular; ~**ą drogą** by a
roundabout way
okropny [ɔ'krɔpnɨ] *adj* terrible, dreadful, horrible;
pot. shocking
okrutny [ɔ'krutnɨ] *adj* cruel,
atrocious
okry|ć ['ɔkrɨtɕ] *perf*, ~**wać**
[ɔ'krɨvatɕ] *imperf* I *vt* cover; *przen.* ~**ć**, ~**wać wsty-
dem kogoś** to bring shame
upon sb II *vr* ~**ć**, ~**wać
się** cover oneself
okrzyk ['ɔkʃɨk] *m* shout, exclamation, outcry; **wydać** ~
to utter a cry; **wznosić** ~**i**
to cheer
okucie [ɔ'kutɕɛ] *n* (*metal*) fitting; ferrule
okulary [ɔku'larɨ] *pl* spectacles, eyeglasses, glasses; ~
ochronne protective glasses,
gogles; ~ **przeciwsłoneczne**
sun-glasses; ~ **przydymione**
tinted glasses; ~ **lecznicze**
corrective spectacles
okulista [ɔku'ɕista] *m* oculist
okup ['ɔkup] *m* ransom
okupacja [ɔku'patsja] *f* occu-

pation; ~ **hitlerowska** hit-
lerite occupation
olbrzymi [ɔl'bʒɨmi] *adj* enormous, immense
olej ['ɔlɛj] *m* oil; ~ **lniany**
linseed-oil; ~ **rycynowy**
castor-oil; ~ **rzepakowy**
rapeseed-oil; ~ **maszynowy**
engine-oil; ~ **skalny crude
oil;** *mot.* **zmienić** ~ **to**
change the oil; **sprawdzić
i uzupełnić poziom** ~**u** to
check and top up oil level
olejarka [ɔlɛ'jarka] *f* oiler
olejek [ɔ'lɛjɛk] *m* essence,
oil; ~ **do opalania** sun-tan
oil
Olimpiada [ɔʎim'pada] *f* O-
lympic Games; ~ **letnia**
Summer Olympic Games;
~ **zimowa** Winter Olympic
Games
olimpijski [ɔʎim'pijski] *adj*
Olympic, Olimpian
oliwa [ɔ'ʎiva] *f* olive oil
oliwiarka [ɔʎi'varka] *f* lubricator, oiler
oliwić [ɔ'ʎivitɕ] *vt* oil
oliwka [ɔ'ʎifka] *f bot.* olive
olszyna [ɔl'ʃina] *f* alder-wood
olśniewający [ɔlɕɲɛva'jɔ̃tsɨ] *adj*
dazzling
ołów ['ɔuuf] *m* lead
ołówek [ɔ'uuvɛk] *m* pencil; ~
do brwi brow pencil; ~ **kolorowy** coloured pencil,
ołtarz ['ɔutaʃ] *m* altar
omal ['ɔmal] *adv* nearly,
almost
omawiać [ɔ'mavatɕ] *imperf*,
omówić [ɔ'muvitɕ] *perf vt*
discuss, talk over
omdlenie [ɔm'dlɛɲɛ] *n* faint,
swoon
omi|jać [ɔ'mijatɕ] *imperf*, ~**nąć**
[ɔ'minɔ̃tɕ] *perf vt* pass by,
avoid, omit; *przen.* ~**nąć
dobrą okazję** to miss a good
occasion ⟨a chance⟩
omlet ['ɔmlɛt] *m* omelette
omówić *zob.* **omawiać**
omylić się [ɔ'mɨɕitɕ ɕɛ̃] *vr* be
mistaken, make a mistake
omyłk|a [ɔ'mɨuka] *f* mistake,

error; **~a drukarska** misprint; **przez ~ę** by mistake, in error
on [ɔn] *pron (w odniesieniu do rzeczowników osobowych)* he; *(w przypadkach zależnych:* **jego, go; jemu, mu; nim)** him; *(w odniesieniu do rzeczowników nieosobowych)* it
ona ['ɔna] *pron (w odniesieniu do rzeczowników osobowych)* she; *(w przypadkach zależnych:* **jej; ją, nią; niej)** her; *(w odniesieniu do rzeczowników nieosobowych)* it
ondulacj|a [ɔndu'latsja] *f* wave; **trwała ~** permanent wave; *pot.* perm; **zrobić sobie ~ę** to get one's hair waved
one ['ɔnɛ] *pron* they; *(w przypadkach zależnych:* **ich; im; je; nimi)** them
oni ['ɔɲi] *pron* they; *(w przypadkach zależnych:* **ich; im; nimi)** them
onieśmiel|ać [ɔɲɛɕ'mɛlatɕ] *imperf,* **~ić** [ɔɲɛɕ'mɛɕitɕ] *perf vt* intimidate, make (sb) feel uneasy
ono ['ɔnɔ] *pron (w przypadkach zależnych:* **jego, go; jemu, mu; je; nim)** it
opad ['ɔpat] *m* fall; **~ deszczowy** rainfall; **~ śnieżny** snowfall; **~ radioaktywny** radioactive fall-out; **~y ciągłe** permanent rainfall; **~y przelotne** occasional showers ⟨rains⟩
opa|dać [ɔ'padatɕ] *imperf,* **~ść** ['ɔpaɕtɕ] *perf vi* fall, sink; *(o wodzie, powodzi)* subside; *(o terenie)* slope, decline; *(o głosie)* drop; **~dać, ~ść z sił** to fail; to break down
opakować [ɔpa'kɔvatɕ] *vt* pack ⟨wrap⟩ up
opakowanie [ɔpakɔ'vaɲɛ] *n* packing, package; wrapping
opalacz [ɔ'palatʃ] *m* beach-suit

opal|ać [ɔ'palatɕ] *imperf,* **~ić** [ɔ'paɕitɕ] *perf* I *vt* 1. *(ogrzewać)* heat 2. *(na słońcu)* tan, brown II *vr* **~ać, ~ić się** get tanned ⟨sunburnt⟩
opalenizna [ɔpalɛ'ɲizna] *f* tan, sunburn
opalony [ɔpa'lɔɲi] *adj* sunburnt, tanned; **~ na brązowo** bronzed
opał ['ɔpaů] *m* fuel
opanować [ɔpa'nɔvatɕ] I *vt* subdue, control; **~ język** to master a language; **~ kraj** to conquer a country; **~ pożar** to subdue a fire; **~ strach** to overcome fear II *vr* **~ się** to pull oneself together, to compose oneself
opanowanie [ɔpanɔ'vaɲɛ] *n* 1. control, restraint 2. *(znajomość)* knowledge, command (języka of a language)
opanowany [ɔpanɔ'vaɲi] *adj (o głosie)* controlled; *(o człowieku)* composed, self-possessed
oparcie [ɔ'partɕɛ] *n (podpora)* support; prop; *(u krzesła)* back (of a chair); **~ dla głowy** head-rest
oparzenie [ɔpa'ʒɛɲɛ] *n* scald, burn
oparzyć [ɔ'paʒitɕ] *vt* scald, burn
opaska [ɔ'paska] *f (obwiązanie)* band; *(na włosy)* head--band; *(na oczy)* bandage; *(na rękę)* arm-band; **~ higieniczna** sanitary towel
opaść *zob.* **opadać**
opatrunek [ɔpa'trunɛk] *m* dressing, bandage; **nałożyć komuś ~** to dress sb
opatrzyć [ɔ'patʃitɕ] *vt (drzwi, okna)* list (the doors ⟨windows⟩); **~ ranę** to dress a wound
opera [ɔ'pɛra] *f* opera
operacj|a [ɔpɛ'ratsja] *f* operation; **~a plastyczna** plastic operation ⟨surgery⟩; **poddać się ~i** to undergo

an operation; to be operated on

operator [ɔpɛ'ratɔr] *m* operator; (*chirurg*) surgeon; (*w kinie*) projectionist; ~ **filmowy** movie camera-man

operatywny [ɔpɛra'tivnɨ] *adj* operative; efficient

operetka [ɔpɛ'rɛtka] *f* operetta

operować [ɔpɛ'rɔvatɕ] *vt* operate (kogoś on sb)

opiek|a [ɔ'pɛka] *f* protection, guard, patronage; ~**a sądowa** guardianship; ~**a społeczna** social welfare; **towarzystwo** ~**i nad zwierzętami** society for the prevention of cruelty to animals; **pod czyjąś** ~**ą** under sb's care

opiekacz [ɔ'pɛkatʃ] *m* (*do chleba*) toaster

opiekować się [ɔpɛ'kɔvatɕ ɕɛ̃] *vr* protect, take care (kimś, czymś of sb, sth); ~ **chorym** to nurse a patient

opiekun [ɔ'pɛkun] *m* protector; warden; (*prawny*) guardian

opiekunka [ɔpɛ'kunka] *f* guardian, tutoress; ~ **do dzieci** nurse

opierać [ɔ'pɛratɕ] *imperf*, **oprzeć** ['ɔpʃɛtɕ] *perf* **I** *vt* **1.** lean, rest (na czymś on sth) **2.** (*argumenty, zarzuty*) ground, found (na czymś on sth) **II** *vr* **opierać, oprzeć się 1.** lean (o coś against sth) **2.** (*w rozumowaniu*) base oneself (na czymś on sth) || ~ **się czemuś** to resist sth; **nie mogę oprzeć się wrażeniu, że ...** I can't help feeling that ...

opinia [ɔ'pinja] *f* **1.** opinion; ~ **publiczna** public opinion **2.** (*reputacja*) reputation

opis ['ɔpis] *m* description, account (czegoś of sth)

opis|ać [ɔ'pisatɕ] *perf*, ~**ywać** [ɔpi'sivatɕ] *imperf* *vt* describe, characterize

opium ['ɔpjum] *n* opium; **palarnia** ~ opium den

opłac|ać [ɔ'pwatsatɕ] *imperf*, ~**ić** [ɔ'pwatɕitɕ] *perf* **I** *vt* pay; (*przekupić*) bribe; ~**ać**, ~**ić z góry** to prepay **II** *vr* ~**ać**, ~**ić się** pay; be worth while

opłat|a [ɔ'pwata] *f* charge; (*urzędowa*) payment; ~**a pocztowa** postage; ~**a celna** (customs) duty; ~**a drogowa** toll; ~**a paszportowa** passport fee; ~**a stemplowa** stamp duty ⟨tax⟩; ~**a za egzamin** fee; ~**a za przejazd** fare; **wolny od** ~**y** free of charge; **no charge**

opłucn|a [ɔ'pwutsna] *f* *anat.* pleura; *med.* **zapalenie** ~**ej** pleurisy

opodal [ɔ'pɔdal] *adv* near by, at some distance

opodatkować [ɔpɔdat'kɔvatɕ] *vt* tax; (*na rzecz miasta*) rate

opon|a [ɔ'pɔna] *f* *mot.* tyre, tire; **zapasowa** ~**a** spare tyre; **przebić** ~**ę** to get a flat tyre; *pot.* to get ⟨to have⟩ a puncture || *anat.* ~**a mózgowa** meninx; *med.* **zapalenie** ~ **mózgowych** meningitis

oponować [ɔpɔ'nɔvatɕ] *vi* oppose (przeciwko czemuś sth), object (przeciwko czemuś to sth)

oporność [ɔ'pɔrnɔɕtɕ] *f* *elektr.* resistance

opowi|adać [ɔpɔ'vadatɕ] *imperf*, ~**edzieć** [ɔpɔ'vɛdʑetɕ] *perf* **I** *vt* relate, tell **II** *vr* ~**adać**, ~**edzieć się** take side, declare oneself (za czymś for sth; **przeciwko czemuś** against sth)

opowiadanie [ɔpɔva'danɛ] *n* narration, tale, story

opowiedzieć *zob.* **opowiadać**

opozycja [ɔpɔ'zitsja] *f* opposition

opór ['ɔpur] *m* resistance; **stawiać** ~ **czemuś** to resist sth; **pójść po linii najmniej-**

517

oryginał

opóźni|ać [ɔ'puʐnatç] *imperf*, ~**ć** [ɔ'puʐnitç] *perf* **I** *vt* delay, **II** *vr* ~**ać**, ~**ć się** be late; *(nie nadążać)* lag behind
opóźnienie [ɔpuʐ'nɛnɛ] *n* *(zwłoka)* delay; tardiness; **mieć** ~ to be late; **pociąg ma** ~ ... minutowe the train is ... minutes late
opracow|ać [ɔpra'tsɔvatç] *perf*, ~**ywać** [ɔpratsɔ'vivatç] *imperf* *vt* work out, elaborate
oprawa [ɔ'prava] *f* *(obrazu)* frame; *(klejnotu)* setting; *(książki)* binding, cover; ~ **płócienna** cloth binding
oprawka [ɔ'prafka] *f* *(do okularów)* rim; ~ **do lampy** lamp-holder; lamp socket
oprowadz|ać [ɔprɔ'vadzatç] *imperf*, ~**ić** [ɔprɔ'vadʑitç] *perf* *vt* take ⟨show⟩ sb round, (act as) guide
oprócz ['ɔpruʧ] *praep* except, save, apart from; ~ **tego** besides
opryskać [ɔ'priskatç] *vt* spray, sprinkle; ~ **błotem** to splash mud (kogoś on sb)
oprzeć *zob.* **opierać**
oprzytomnieć [ɔpʃi'tɔmnɛtç] *vi* recover consciousness; come round; come back to one's senses
optyk ['ɔptɨk] *m* optician
optymista [ɔptɨ'mista] *m* optimist
opuchlina [ɔpux'fiina] *f* swelling
opu|szczać [ɔ'puʃʧatç] *imperf*, ~**ścić** [ɔ'puçtçitç] *perf* **I** *vt* **1.** *(zniżać)* lower **2.** *(towarzystwo)* leave; *(porzucać)* abandon, desert **3.** *(literę, fragment itp.)* omit, leave out, drop **4.** *(cenę)* abate **II** *vr* ~**szczać**, ~**ścić się 1.** *(zniżać)* lower **2.** *(zaniedbywać się)* neglect oneself, let oneself go
orać ['ɔratç] *vt* plough, till

oranżada [ɔran'ʒada] *f* orangeade
oranżeria [ɔran'ʒɛrja] *f* hothouse
oraz ['ɔras] *conj* and, as well as
orbit|a [ɔr'bita] *f* orbit; ~**a okołoziemska** circum-earth orbit; **wprowadzić na** ~**ę** to put into orbit
order ['ɔrdɛr] *m* order, decoration
ordynarny [ɔrdɨ'narnɨ] *adj* vulgar, rude; coarse, rough
organ ['ɔrgan] *m* **1.** *(narząd)* organ; ~**y wewnętrzne** internal organs **2.** *(urząd, czasopismo)* organ
organizacja [ɔrgani'zatsja] *f* organization; *(partia)* organization; *(sposób zorganizowania)* system
organism [ɔr'ganizm] *m* organism
organizować [ɔrgani'zɔvatç] *vt* organize
organki [ɔr'gaŋki] *plt* mouth organ
organy [ɔr'ganɨ] *plt* *muz.* organ
orientacj|a [ɔrjɛn'tatsja] *f* *(w przestrzeni)* orientation; **zmysł** ~**i** sense of locality; **stracić** ~**ę** *(w terenie)* to lose the sense of direction
orientować się [ɔrjɛn'tɔvatç çɛ̃] *vr* orientate oneself; ~ **w czymś** to be familiar with sth; ~ **w sytuacji** to understand the situation
orkiestra [ɔr'kɛstra] *f* orchestra, band; ~ **kameralna** chamber orchestra; ~ **symfoniczna** symphony orchestra
ornament [ɔr'namɛnt] *m* ornament
oryginalny [ɔriɡi'nalnɨ] *adj* original, authentic, genuine; *(osobliwy)* peculiar, eccentric
oryginał [ɔrɨ'ɡinaṷ] *m* **1.** *(autentyk)* (the) original **2.** *(o*

człowieku) an eccentric; crank

orzech [ˈɔʒɛx] *m* nut; ~ **kokosowy** coconut; ~ **laskowy** hazel-nut; ~ **włoski** walnut; ~ **ziemny** peanut

orzeczenie [ɔʒɛˈt͡ʃɛɲɛ] *n* statement, pronouncement; *sąd.* judgment; ~ **lekarskie** diagnosis

orzeł [ˈɔʒɛu̯] *m* zool. eagle || ~ **czy reszka?** heads or tails?

orzeźwiający [ɔʒɛz̍vaˈjɔ̃tsɨ] *adj* refreshing; **napój** ~ refreshing drink

osa [ˈɔsa] *f* wasp

osad [ˈɔsat] *m* sediment; *chem.* residue

osamotniony [ɔsamɔtˈɲɔɲɨ] *adj* lonely; lonesome

oset [ˈɔsɛt] *m* bot. thistle

osiąg|ać [ɔˈt͡ɕɔ̃gat͡ɕ] *imperf,* ~**nąć** [ɔˈt͡ɕɔ̃gnɔ̃t͡ɕ] *perf vt* reach, attain, acquire; ~**ać,** ~**nąć cel** to reach one's aim

osiągnięci|e [ɔt͡ɕɔ̃ˈgɲɛ̃t͡ɕɛ] *n* achievement, attainment; **nie do** ~**a** unattainable

osiedle [ɔˈt͡ɕɛdlɛ] *n* settlement; ~ **mieszkaniowe** residential ⟨dwelling⟩ quarter ⟨district⟩; housing estate

osiem [ˈɔt͡ɕɛm] *num* eight

osiemdziesiąt [ɔt͡ɕɛmˈd͡ʑɛɕɔ̃t] *num* eighty

osiemnaście [ɔt͡ɕɛmˈnaɕt͡ɕɛ] *num* eighteen

osiemset [ɔˈt͡ɕɛmsɛt] *num* eight hundred

osioł [ˈɔt͡ɕɔu̯] *m* ass, donkey

oskarż|ać [ɔsˈkarʒat͡ɕ] *imperf,* ~**yć** [ɔsˈkarʒɨt͡ɕ] *perf vt* accuse (**o coś** of sth), charge (**o coś** with sth)

oskarżenie [ɔskarˈʒɛɲɛ] *n* accusation, charge

oskarżony [ɔskarˈʒɔnɨ] *m* (the) accused; defendant; prisoner at the bar; **ława** ~**ch** dock

oskarżyć zob. oskarżać

oskrzel|e [ɔˈskʃɛlɛ] *n* anat.

bronchus; *med.* **zapalenie** ~**i** bronchitis

osłabi|ać [ɔˈswabat͡ɕ] *imperf,* ~**ć** [ɔˈswabit͡ɕ] *perf vt* weaken

osłabienie [ɔswaˈbɛɲɛ] *n* weakness

osłodzić [ɔˈswɔd͡ʑit͡ɕ] *vt* sweeten; sugar; put (some) sugar (**kawę, herbatę** in one's coffee, tea)

osłodzony [ɔswɔˈd͡zɔnɨ] *adj* sweetened

osłona [ɔˈswɔna] *f* cover, protection; (*obudowa*) casing, housing

osob|a [ɔˈsɔba] *f* person, personage; **pojazd na 4** ~**y** four-seater; **co do mojej** ~**y** as for myself; **we własnej** ~**ie** in (one's own) person; **... złotych od** ~**y ...** zlotys per person ⟨per head⟩; **...** zlotys each; *pot.* **ważna** ~**a** big shot; **bardzo ważna** ~**a** VIP (Very Important Person)

osobistość [ɔsɔˈbistɔ͡ɕt͡ɕ] *f* personality; personage

osobist|y [ɔsɔˈbistɨ] *adj* personal; **dowód** ~**y** identity card; **rzeczy** ~**e** personal effects

osobiście [ɔsɔˈbiɕt͡ɕɛ] *adv* personally, in person

osobny [ɔˈsɔbnɨ] *adj* separate, isolated; ~ **pokój** detached room

osobowy [ɔsɔˈbɔvɨ] *adj* personal; **pociąg** ~ passenger train

osolić [ɔˈsɔlʲit͡ɕ] *vt* salt

osp|a [ˈɔspa] *f med.* smallpox; ~**a wietrzna** chicken-pox; **świadectwo szczepienia** ~**y** variolization certificate

ostatecznie [ɔstaˈtɛt͡ʃɲɛ] *adv* finally, in the end, eventually; ~ **mogę to zrobić** I can do it after all

ostateczny [ɔstaˈtɛt͡ʃnɨ] *adj* ultimate, final, last

ostatni [ɔˈstatɲi] *adj* last; (*o nędzy*) extreme; ~**a moda**

the latest fashion; ~e wiadomości the latest news; ~e wydarzenia recent events
ostemplować [ɔstɛm'plɔvatɕ] vt stamp
ostrość ['ɔstrɔɕtɕ] f (wyrazistość) sharpness; fot. ~ aparatu focus; nastawić na ~ to bring into focus
ostrożnoś|ć [ɔ'strɔʒnɔɕtɕ] f caution, care; środki ~ci precautions; mieć się na ~ci to be on one's guard
ostrożny [ɔ'strɔʒni] adj cautious, careful; być ~m to take care
ostry ['ɔstri] adj sharp; (o bólu) acute; (o głosie) shrill; (o zimie) hard; (o słowach) rough; (o klimacie) severe; (o walce) fierce; ~ zakręt sharp turn ⟨bend⟩; (w szpitalu) ~ dyżur emergency service
ostryga [ɔ'striga] f oyster
ostrze ['ɔstʃɛ] n blade
ostrze|c ['ɔstʃɛts] perf, ~gać [ɔ'stʃɛgatɕ] imperf vt warn (przed czymś of ⟨against⟩ sth)
ostrzeżenie [ɔstʃɛ'ʒɛɲɛ] n warning
ostrzyc ['ɔstʃits] I vt shear; (włosy) cut; ~ krótko to crop the hair close II vr ~ się have a haircut; have ⟨get⟩ one's hair cut
ostrzyć ['ɔstʃitɕ] vt sharpen; (na osełce) whet; (na kamieniu) hone
ostudzić [ɔ'studʑitɕ] vt cool
osw|ajać [ɔ'sfajatɕ] imperf, ~oić [ɔ'sfɔitɕ] perf I vt (zwierzęta) tame, domesticate II vr ~ajać, ~oić się accustom oneself (z czymś to sth), become familiar (z czymś with sth)
oswobodzić [ɔsfɔ'bɔdʑitɕ] vt free, liberate
oswoić zob. oswajać
oszacować [ɔʃa'tsɔvatɕ] vt estimate, evaluate

oszal|eć [ɔ'ʃalɛtɕ] vi go mad ⟨crazy⟩; to become insane; pot. ~eć z radości to go crazy with joy; czyś ~ał? are you mad?
oszałamiający [ɔʃaŭama'jɔtsi] adj stunning, bewildering
oszczep ['ɔʃtʃɛp] m spear; sport. javelin
oszczerstwo [ɔ'ʃtʃɛrstfɔ] n slander, calumny, libel
oszczędnoś|ć [ɔ'ʃtʃɛdnɔɕtɕ] f economy, thrift; pl ~ci savings; kasa ~ci savings bank; robić ~ci (prywatnie) to save up; (w administracji itp.) to cut down expenses
oszczędny [ɔ'ʃtʃɛdni] adj thrifty, economical
oszczędz|ać [ɔ'ʃtʃɛdzatɕ] imperf, ~ić [ɔ'ʃtʃɛdʑitɕ] perf I vt (czas, pieniądze) save; economize; (życie, uczucia) spare II vr ~ać się take care, of oneself
oszołomienie [ɔʃɔŭɔ'mɛɲɛ] n daze, bewilderment; (zamroczenie alkoholem) intoxication; (po wypadku) shock
oszuk|ać [ɔ'ʃukatɕ] perf, ~iwać [ɔʃu'kivatɕ] imperf I vt cheat, swindle II vr ~ać, ~iwać się be mistaken, be cheated
oszust ['ɔʃust] m swindler, impostor, cheat
oszustwo [ɔ'ʃustfɔ] n fraud, swindle, hoax, imposture
oś [ɔɕ] f axle; mat. axis
ość [ɔɕtɕ] f (fish) bone
oślepi|ać [ɔ'ɕlɛpatɕ] vt blind; (światłami samochodów) dazzle, daze; zostałem ~ony I was dazzled
oślepiający [ɔɕlɛpa'jɔtsi] adj dazzling; (o wściekłości) blinding
ośmiel|ać [ɔ'ɕmɛlatɕ] imperf, ~ić [ɔ'ɕmɛɲitɕ] perf I vt encourage, embolden, set at ease II vr ~ać, ~ić się dare, venture; ~am się przypom-

nieć, że ... I take the liberty to remind you that ...

ośmiesz|ać [ɔ'ɕmɛʃatɕ] *imperf,* **~yć** [ɔ'ɕmɛʃitɕ] *perf* I *vt* ridicule; make fun (**kogoś** of sb)) II *vr* ~**ać, ~yć się** make oneself ridiculous; make a fool of oneself

ośrodek [ɔ'ɕrɔdɛk] *m* centre; ~ **badawczy** research centre; ~ **zdrowia** health centre

oświadcz|ać [ɔ'ɕfatʃatɕ] *imperf,* **~yć** [ɔ'ɕfatʃitɕ] *perf* I *vt* declare, proclaim, announce II *vr* ~**ać, ~yć się** propose (**kobiecie** to a woman) || ~**ać, ~yć się za czymś** to declare oneself for sth

oświadczenie [ɔɕfat'ʃɛɲɛ] *n* declaration, utterance, pronouncement

oświadczyć *zob.* **oświadczać**

oświadczyny [ɔɕfat'ʃini] *plt* proposal, declaration (of love)

oświat|a [ɔ'ɕfata] *f* education, learning; **ministerstwo ~y** Ministry of Education, (*w Anglii*) Board of Education

oświetlenie [ɔɕfɛt'lɛɲɛ] *n* lighting, illumination

otaczać [ɔ'tatʃatɕ] *imperf,* **otoczyć** [ɔ'tɔtʃitɕ] *perf vt* surround; *przen.* ~ **tajemnicą** to cloak in secrecy

oto ['ɔtɔ] here, there; behold!; ~ **on** there he is; ~ **idzie** here he comes

otoczenie [ɔtɔ'tʃɛɲɛ] *n* surroundings, environment

otoczyć *zob.* **otaczać**

otóż ['ɔtuʃ] well, (well) now

otruć ['ɔtrutɕ] I *vt* poison II *vr* ~ **się** to poison oneself, to take poison; to get poisoned

otrzeć *zob.* **ocierać**

otrzym|ać [ɔ'tʃimatɕ] *perf,* **~ywać** [ɔtʃi'mivatɕ] *imperf vt* obtain, get, receive; ~**ać, ~ywać pozwolenie** to get

permission; ~**ać, ~ywać w spadku** to inherit

otuch|a [ɔ'tuxa] *f* courage, hope; **dodać ~y** to encourage; **nabrać ~y** to pluck up (one's) courage; **stracić ~ę** to lose heart

otwarcie [¹ [ɔ'tfartɕɛ] *n* opening, inauguration

otwarcie [² [ɔ'tfartɕɛ] *adv* openly, frankly, outright

otwarty [ɔ'tfarti] *adj* open; *przen.* (*o człowieku*) outspoken, straightforward

otwieracz [ɔ'tfɛratʃ] *m* opener; ~ **do puszek** tinopener, can-opener; ~ **do butelek** bottle opener

otw|ierać [ɔ'tfɛratɕ] *imperf,* **~orzyć** [ɔ'tfɔʒitɕ] *perf* I *vt* open; (*radio, wodę itp.*) turn on; (*szufladę*) pull open; (*zamek*) unlock; (*przemocą*) break open; (*nagle*) throw open; **o której ~ierają sklepy?** what time do they open the shops?; ~**orzyć sobie** to let oneself in II *vr* ~**ierać, ~orzyć się** open

otw|ór ['ɔtfur] *m* opening; aperture; (*na monetę*) slot; ~**ór w murze** loop-hole; **stać ~orem** to lie ⟨to be⟩ open

otyły [ɔ'tiłi] *adj* corpulent, obese, fat

owa ['ɔva] *zob.* **ów**

owacja [ɔ'vatsja] *f* ovation, applause

owad ['ɔvat] *m* insect

owadobójczy [ɔvadɔ'bujtʃi] *adj* **środek** ~ insecticide

owalny [ɔ'valni] *adj* oval

owca ['ɔftsa] *f* sheep

owczarek [ɔf'tʃarɛk] *m* sheepdog

owies ['ɔvɛs] *m* oats

owi|jać [ɔ'vijatɕ] *imperf,* **~nąć** [ɔ'vinɔ̃tɕ] *perf vt* wrap up ⟨fold, envelop⟩ (**w coś** in sth)

owłosienie [ɔvŭɔ'ɕɛɲɛ] *n* hair

owo ['ɔvɔ] *zob.* **ów**

owoc ['ɔvɔts] *m* fruit; ~ **płynny** fruit juice; ~**e suszone dried** ⟨dessicated⟩ fruit(s); ~**e kandyzowane** candied ⟨sugared⟩ fruit(s)
owocny [ɔ'vɔtsni] *adj* fruitful
owocow|y [ɔvɔ'tsɔvɪ] *adj* fruity, fruit-; **drzewo** ~**e** fruit tree; **ciastko** ~**e** fruit cake
owsianka [ɔf'çanka] *f* (*kasza*) oatmeal; (*zupa*) porridge
owszem ['ɔfʃɛm] *part adv* quite; yes; certainly; why, yes!
ozd|abiać [ɔ'zdabatç] *imperf*, ~**obić** [ɔ'zdɔbitç] *perf vt* decorate; adorn
ozdob|a [ɔ'zdɔba] *f* ornament, adornment, ornamentation; ~**y choinkowe** Christmas-tree trimmings
ozdobić *zob.* **ozdabiać**
oziębi|ać [ɔ'zɛbatç] *imperf*. ~**ć** [ɔ'zɛbitç] *perf* I *vt* chill,

refrigerate, cool II *vr* ~**ać**, ~**ć się** cool down, get cold
oznajmi|ać [ɔ'znajmatç] *imperf*, ~**ć** [ɔ'znajmitç] *perf vt* announce, make known
oznaka [ɔ'znaka] *f* sign, mark; (*znaczek*) badge; (*objaw*) symptom
ozór ['ɔzur] *m kulin.* tongue
ożenić [ɔ'ʒɛnitç] I *vt* marry II *vr* ~ **się z kimś** to marry sb; to get married to sb; ~ **się z miłości** to marry for love
ożywi|ać [ɔ'ʒivatç] *imperf*, ~**ć** [ɔ'ʒivitç] *perf* I *vt* enliven, animate; (*coś zapomnianego*) revive II *vr* ~**ać**, ~**ć się** become animated, liven up
ożywiony [ɔʒɪ'vɔnɪ] *adj* animated; (*o dyskusji*) heated; (*o człowieku*) alive, active

Ó

ósemka [u'sɛmka] *f* eight
ósm|y ['usmɪ] *adj num* eighth; ~**a godzina** eight o'clock
ów [uf] *pron* (*owa, owo*) that (one)

ówczesny [uf'tʃɛsnɪ] *adj* of the time, the then ...; ~ **prezydent** the then president

P

pach|a ['paxa] *f* armpit; **pod** ~**ą** under one's arm; **wziąć kogoś pod** ~**ę** to take sb's arm
pachnący [pa'xnɔtsɪ] *adj* fragrant, scented
pachn|ąć ['paxnɔtç], ~**ieć** ['paxnɛtç] *vi* smell (*czymś* of sth); *przen.* **to brzydko** ~**ie** I smell a rat
pachwina [pa'xfina] *f* groin
pacjent ['patsjɛnt] *m* patient

pacyfista [patsɪ'fista] *m* pacifist
paczk|a ['patʃka] *f* 1. packet, parcel; ~**a papierosów** packet of cigarettes; **nadać** ~**ę** to send a parcel 2. (*towarzystwo*) gang, the whole lot
padaczka [pa'datʃka] *f med.* epilepsy
padać ['padatç] *vi* fall (down);

(*o deszczu*) rain; (*o śniegu*) snow; (*o gradzie*) hail
pagórek [pa'gurɛk] *m* hill
pająk ['pajɔ̃k] *m* **1.** *zool.* spider **2.** (*żyrandol*) chandelier
pajęczyna [pajē'tʃɨna] *f* cobweb
pak|a ['paka] *f* **1.** pack, case; (*bela*) bale **2.** *pot.* (*więzienie*) jail; **wsadzać do** ~**i** to put in jail
pakiet ['pakɛt] *m* packet
pakować [pa'kɔvatɕ] **I** *vt* pack ⟨wrap⟩ up **II** *vr* ~ **się** pack one's things
pakt [pakt] *m* pact; ~ **o nieagresji** non-aggression pact
pakunek [pa'kunɛk] *m* package, parcel
palacz ['palatʃ] *m* **1.** stoker **2.** (*tytoniu*) smoker
palarnia [pa'larɲa] *f* smoking-room; ~ **opium** opium den ‖ ~ **kawy** coffee roasting room
palący [pa'lɔ̃tsɨ] **I** *adj* **1.** burning **2.** *przen.* (*o problemie*) urgent; immediate **II** *m* smoker; **przedział dla** ~**ch** smoking compartment; (*w napisie*) **dla** ~**ch** smoker
pal|ec ['palɛts] *m* finger; (*u nogi*) toe; **mały** ~**ec** little finger; ~**ec serdeczny** ring finger; ~**ec środkowy** middle finger; ~**ec wskazujący** forefinger; **chodzić na** ~**cach** to tiptoe; *przen.* **mieć coś w małym** ~**cu** to have sth at one's finger tips ⟨ends⟩; **nie ruszyć** ~**cem** not to stir a finger; **patrzeć przez** ~**ce** to shut one's eyes to sth; **z** ~**ca wyssany** fabricated; all made up
palenie [pa'lɛɲɛ] *n* burning, combustion; ~ **papierosów** smoking; ~ **zwłok** cremation; ~ **wzbronione** no smoking; **rzucić** ~ (**papierosów**) to give up smoking
pali|ć ['paʎitɕ] **I** *vt* burn; (*w piecu*) make a fire; (*opalać*) heat; (*papierosy*) smoke **II**

vi ~ **mnie w żołądku** I have heartburn **III** *vr* ~**ć się** burn; ~ **się!** fire!; *przen.* **nie** ~ **się** there is no hurry; ~**ć się do czegoś** to be eager to do sth; to be keen on doing sth
paliw|o [pa'ʎivɔ] *n* fuel, combustible; ~**o płynne** liquid fuel; ~**o stałe** solid fuel; **zużycie** ~**a** fuel consumption
palma ['palma] *f* *bot.* palm (-tree)
palnik ['palɲik] *m* burner; ~ **gazowy** gas burner; ~ **spirytusowy** spirit burner
palto ['paltɔ] *n* overcoat
pałac ['pauats] *m* palace
pałąk ['pauɔ̃k] *m* (*wygięty pręt*) arch, hoop; (*u kosza*) handle; *przen.* **zgięty w** ~ bent double; arched
pałka ['pauka] *f* stick, club, cudgel; (*policyjna*) truncheon
pamiątk|a [pa'mɔ̃tka] *f* keepsake, souvenir; ~**i przeszłości** relics of the past; **sklep z** ~**ami** souvenir shop; **na** ~**ę** in memory (of ....); **na** ~**ę przyjaźni** in token of friendship
pamię|ć ['pamɛ̃tɕ] *f* memory; ~**ć wzrokowa** eye memory, visual memory; **dziękuję ci za** ~**ć** thank you for thinking of me; **nauczyć się na** ~**ć** to learn by heart; **wyjść z** ~**ci** to go ⟨pass⟩ out of mind; **wyszło mi z** ~**ci** it has escaped my memory; **zachować w** ~**ci** to keep in mind
pamięta|ć [pa'mɛ̃tatɕ] *vt vi* remember, keep in mind; **nie** ~**m adresu** I don't remember the address
pamiętnik [pa'mɛ̃tɲik] *m* diary; *pl* ~**i** memoirs
pan [pan] *m* (*z nazwiskiem*) Mr; (*w zwrotach grzecznościowych*) you, Sir; (*władca*) lord; master (**domu** of

the house); ~ **Bóg** our Lord;
~ **młody** bridegroom; (*w
adresie*) ~**owie** Messieurs
(*skr.* Messrs); ~**owie!** Gentlemen!; „**dla** ~**ów**" (for)
gentlemen; ~**ie** doktorze!
Doctor!; ~**ie prezydencie!**
Mr President; proszę ~**a!**
Mr + nazwisko; Sir; (*w liście*) Szanowny Panie Dear
Sir
pancern|y [pan'tsɛrni] *adj* armoured; **kasa** ~**a** safe
panewka [pa'nɛfka] *f* bearing bush ⟨pillow⟩
pani ['paɲi] *f* (*przed nazwiskiem*) Mrs; (*w zwrotach
grzecznościowych*) you, madam; ~**e i panowie!** ladies
and gentlemen!; "**dla pań**"
(for) ladies; proszę ~! Mrs
+ nazwisko; Madam; (*w liście*) **Szanowna Pani!** Dear
Madam
panik|a ['paɲika] *f* panic; ogarnięty ~**ą** panic-stricken
panna ['panna] *f* maid; girl;
(*przed nazwiskiem*) Miss;
(*stan cywilny*) single; ~
młoda bride; **stara** ~ old
maid; spinster
panorama [panɔ'rama] *f* panorama
panoramiczny [panɔra'mitʃni]
adj panoramic; **ekran** ~
panoramic screen
panować [pa'nɔvatɕ] *vi* rule,
reign; (*o pogodzie, poglądach*) prevail; ~ **nad sobą**
to control oneself; to be
self-possessed; **panuje** epidemia there is an epidemic
pantof|el [pan'tɔfɛl] *m* shoe;
(*ranny*) slipper; *przen.* **być
pod** ~**lem** to be henpecked
pańsk|i ['paɲskɪ] *adj* 1. your;
~**i syn** your son 2. (*o stylu
życia itp.*) lordly, ladylike;
żyć po ~**u** to live like a
lord
państw|o ['paɲstfɔ] *n* 1. *polit.*
geogr. state; country; ~**o
socjalistyczne** ⟨**kapitalistyczne**⟩ socialist ⟨capitalist⟩

country; ~**o rozwijające się**
developing country; ~**o u-
przemysłowione** industrialised country; **głowa** ~**a**
head of state 2. (*małżeństwo*) Mr and Mrs (Smith
etc.); ~**o młodzi** bridal pair;
the newly married couple
3. (*w zwrotach grzecznościowych*) you; proszę ~**a!**
ladies and gentlemen!
państwowy [paɲ'stfɔvɪ] *adj*
state, governmental, public;
przemysł ~ state-owned industry; **urzędnik** ~ civil
servant
papeteria [papɛ'tɛrja] *f* (*koperty* + *papier*) note paper
and envelopes; (*sklep*) stationer's shop
papier ['papɛr] *m* paper; ~
listowy note ⟨writing⟩ paper; ~ **maszynowy** typewriting paper; ~ **pakowy**
wrapping paper; ~ **toaletowy** toilet paper; **arkusz**
~**u** sheet of paper; ~**y wartościowe** securities
papieros [pa'pɛrɔs] *m* cigarette; **paczka** ~**ów** pack of
cigarettes; ~**y z filtrem**
filter cigarettes; **palić** ~**y**
to smoke (cigarettes); **wyjść**
na ~**a** to leave for a smoke;
zapalić ~**a** to light a cigarette; **zgasić** ~**a** to stub
out a cigarette
papierośnica [papɛrɔɕ'ɲitsa] *f*
cigarette-case
papież ['papɛʃ] *m* pope
papiloty [papi'lɔtɪ] *pl* curl-
-papers
papryka ['paprɪka] *f* red
pepper, paprika
papuga [pa'puga] *f* *zool.* parrot
par|a[1] ['para] *f* (*wodna*) steam,
vapour; (*o oknie*) **pokrywać
się** ~**ą** to mist over; **całą**
~**ą naprzód!** full steam
⟨speed⟩ ahead!
par|a[2] ['para] *f* 1. pair; ~**a
pończoch** a pair of stockings; **skarpetka nie do** ~**y**
odd sock; **dobrać do** ~**y** to

match; ~ami two by two;
przen. **nieszczęścia chodzą
w parze** it never rains but
it pours 2. (*dwoje ludzi*)
couple; **młoda** ~a the newly
married couple; ~a **małżeńska** married couple
parada [pa'rada] *f* (*uroczystość*) ceremony; (*widowisko*) parade, pomp, pageantry
paradoks [pa'radɔks] *m* paradox
parafia [pa'rafja] *f* parish
parafować [para'fɔvatɕ] *vt*
initial
paragon [pa'ragɔn] *m* bill of
sale, paying-in slip; *am.*
saleslip
paragraf [pa'ragraf] *m* section; (*ustęp*) paragraph;
(*punkt umowy*) article, item
paraliż [pa'raʃiʃ] *m* paralysis;
~ **dziecięcy** infantile paralysis
paraliżować [paraʃii'ʒɔvatɕ] *vt*
paralyse
parapet [pa'rapɛt] *m* parapet;
(*okienny*) window-sill
parasol [pa'rasɔl] *m* umbrella;
(*na plaży*) parasol
parasolka [para'sɔlka] *f* umbrella; (*od słońca*) sunshade
parawan [pa'ravan] *m* screen
parę ['parɛ̃] *num* a couple;
one or two; ~ **dni** a couple
of days, several days; ~
miesięcy several months;
~ **osób** several persons; ~
razy once or twice; **za** ~
lat in a few years
park [park] *m* park; ~ **narodowy** national park
parkan ['parkan] *m* fence,
paling
parkiet ['parkɛt] *m* parquet
parking ['parkink] *m* parking;
parking place ⟨space⟩; car
park; ~ **wzbroniony** no
parking; ~ **płatny** paid
parking; *am.* metered parking; ~ **strzeżony** ⟨nie strzeżony⟩ guarded ⟨unguarded⟩
parking

parkować [par'kɔvatɕ] *vt*
park
parkowanie [parkɔ'vaɲɛ] *n*
parking; ~ **wzbronione** no
parking, no waiting
parlament [par'lament] *m*
Parliament
parokrotny [parɔ'krɔtnɪ] *adj*
repeated
parować [pa'rɔvatɕ] *vi* evaporate, steam
parowiec [pa'rɔvɛts] *m* steamer, steamship, steamboat
parowóz [pa'rɔvus] *m* locomotive, railway-engine
parow|y [pa'rɔvɪ] *adj* steam-;
kąpiel ~a steam bath; **koń**
~y horse-power; **maszyna**
~a steam-engine
parówka [pa'rufka] *f* sausage,
frankfurter
parter ['partɛr] *m* ground-floor; *teatr.* orchestra
circle
parti|a ['partja] *f* 1. (*stronnictwo*) party, group; ~a
komunistyczna communist
party; ~a **konserwatywna**
conservative party; ~a **liberalna** liberal party; ~a
polityczna political party;
~a **pracy** labour party;
~a **robotnicza** workers'
party; ~a **socjalistyczna** socialist party; **członek** ~i
party member; **należeć do**
~i to belong to a party 2.
(*rola*) part; role 3. (*towaru*)
lot, parcel; ~ami by lots
|| *karc.* **zagrać** ~ę to play
a game (of cards)
partner ['partnɛr] *m* partner
partyjny [par'tɪjnɪ] I *adj*
party- (*używane tylko z
rzeczownikiem*); **towarzysz**
~ comrade II *m* party
member
partyzant [par'tɪzant] *m*
guerilla; partisan
parytet [pa'rɪtɛt] *m* parity
parzyć ['paʒitɕ] I *vt* 1. burn,
scald 2. (*zalewać wrzątkiem*)
infuse 3. (*o pokrzywie*) sting

II *vr* ~ **się** (*o herbacie*) draw

parzysty [pa'ʒistɨ] *adj* even

pas [pas] *m* **1.** belt, girdle; ~ **bezpieczeństwa** safety-belt; (*w samochodzie*) seat belt; ~ **ratunkowy** life-belt; **zapiąć** ~ to fasten the belt **2.** (*ruchu*) traffic lane; ~ **drogowy** roadway; ~ **startowy** runway **3.** *pl* ~**y** (*na jezdni*) zebra crossing **4.** (*do podwiązek*) girdle **5.** (*talia*) waist; **cienka w** ~**ie** with a small waist; **po** ~ waist--deep **6.** (*strefa*) zone **7.** (*we wzorze*) stripe; (*o materiale*) **w** ~**y** striped ‖ *karc.* ~! no bid!; pass!

pasażer [pa'saʒɛr] *m* passenger; ~ **na gapę** stowaway

pas|ek ['pasɛk] *m* belt, girdle; (*naszywka*) bar, stripe; ~**ek do pończoch** girdle; ~**ek do zegarka** watch-bracelet, wristlet; *mot.* ~**ek klinowy** (wedge) belt; (*o materiale*) **w** ~**ki** striped

pasierb ['paçɛrp] *m* stepson

pasj|a ['pasja] *f* passion; **wpaść w** ~**ę** to fly into a passion; to go mad

pasjans ['pasjans] *m* patience; **kłaść** ~**a** to play patience

pasjonować się [pasjɔ'nɔvatç çɛ̃] *vr* be passionately fond (of); to be crazy (**kimś, czymś** about sb, sth)

pasmanteria [pasman'tɛrja] *f* (*towary*) haberdashery; small-wares; *am.* dry goods; (*sklep*) haberdasher's shop

pasmo ['pasmɔ] *n* **1.** (*włosów*) strand; (*przędzy*) skein **2.** (*górskie*) range, chain **3.** *rad.* band

pasować [pa'sɔvatç] *vi* (*harmonizować*) suit, go with, match; (*przylegać*) fit

pasować [pa'sɔvatç] *vi karc.* pass

pasożyt [pa'sɔʒɨt] *m* parasite

passa ['passa] *f* run; **dobra** ~ a run of luck; **zła** ~ a run of bad luck

pasta ['pasta] *f* **1.** paste; ~ **do butów** shoe-polish; ~ **do podłogi** floor-polish; ~ **do zębów** tooth-paste **2.** (*spożywcza*) paste; ~ **rybna** fish paste; ~ **pomidorowa** tomato paste

pasteryzowany [pastɛrɨzɔ'vanɨ] *adj* pasteurised

pasterz ['pastɛʃ] *m* shepherd

pastewny [pa'stɛvnɨ] *adj* pasture-, fodder- (*z rzeczownikiem*); **burak** ~ mangold

pastor ['pastɔr] *m* pastor; minister

pastwisko [pa'stfiskɔ] *n* pasture

pastylka [pa'stɨlka] *f* tablet, pill

paszport ['paʃpɔrt] *m* passport; **starać się o** ~ to apply for a passport; **wydać** ⟨**wystawić**⟩ ~ to issue a passport

paszteciarnia [paʃtɛ'tçarɲa] *f* pastrycook's ⟨pieman's⟩ shop

pasztecik [pa'ʃtɛtçik] *m kulin.* patty, pastry

pasztet ['paʃtɛt] *m* pie

paść [paçtç] *vi* fall down; *przen.* ~ **ofiarą** to fall a victim; ~ **trupem** to drop dead

paść [paçtç] **I** *vt* (*bydło*) pasture **II** *vr* ~ **się** graze

patelnia [pa'tɛlɲa] *f* frying--pan

patentowany [patɛntɔ'vanɨ] *adj* licensed, patented; *przen.* **osioł** ~ silly ass

patriota [pa'trjɔta] *m* patriot

patriotyzm [pa'trjɔtɨzm] *m* patriotism

patrol ['patrɔl] *m* patrol

patrzeć ['patʃɛtç] *vi* look (**na kogoś, coś** at sb, sth); **było na co** ~ it was a sight to be seen; *przen.* ~ **komuś na ręce** to watch sb closely; *pot.* **patrz swego nosa!** mind your own business!

patyk ['patɨk] m stick

pawilon [pa'vilɔn] m pavillion

paznok|ieć [paz'nɔkɛtɕ] m nail; obcinać ∼cie to pare nails; malować ∼cie to paint ⟨to varnish⟩ nails; złamać ∼ieć to break a nail

październik [paʑ'dʑɛrɲik] m October

pączek ['pɔ̃tʃɛk] m 1. bot. bud 2. kulin. doughnut

pąsowy [pɔ̃'sɔvɨ] adj poppy red

pchać [pxatɕ] I vt push, thrust II vr ∼ się push ⟨press⟩ forward

pchła [pxŭa] f flea

pchnąć [pxnɔ̃tɕ] vt push, thrust; (sztyletem) stab

pchnięcie ['pxɲɛ̃tɕɛ] n push, jerk, thrust

pech [pɛx] m bad luck; mieć ∼a to have (a run of) bad luck

pedał ['pɛdaŭ] m pedal, treadle; ∼ gazu accelerator; ∼ hamulca brake pedal; ∼ sprzęgła clutch pedal; nacisnąć ∼ to press the pedal; zwolnić ∼ to release the pedal

pedantyczny [pɛdan'tɨtʃnɨ] adj pedantic

pediatra [pɛd'jatra] m p(a)ediatrist, p(a)ediatrician

pedikiur [pɛ'dikur] m pedicure

pejzaż ['pɛjzaʃ] m landscape; ∼ morski seascape

peleryna [pɛlɛ'rɨna] f cloak, cape

pelisa [pɛ'ɕisa] f pelisse

pełnia ['pɛŭɲa] f (Księżyca) full moon

pełni|ć ['pɛŭɲitɕ] vt perform, fulfil; ∼ć służbę to do one's service ⟨duty⟩; ∼ący obowiązki acting

pełno ['pɛŭnɔ] adv plenty (czegoś of sth)

pełnoletni [pɛŭnɔ'lɛtɲi] adj of age, grown up, adult

pełnomocnictwo [pɛŭnɔmɔts-'ɲitstfɔ] n prawn. power of

attorney, full powers, authorization

pełnomocnik [pɛŭnɔ'mɔtsɲik] m plenipotentiary, attorney

pełnopłatny [pɛŭnɔ'pŭatnɨ] adj with full pay; ∼ urlop full-pay leave

peł|ny ['pɛŭnɨ], ∼en ['pɛŭɛn] adj full (czegoś of sth); na ∼nym morzu on the open sea

pełz|ać ['pɛŭzatɕ] imperf, ∼nąć [1] ['pɛŭznɔ̃tɕ] perf vi crawl, creep

pełznąć [2] ['pɛŭznɔ̃tɕ] vi (płowieć) fade, lose colour

penicylina [pɛɲitsɨ'ɕina] f penicillin

pens [pɛns] m penny

pensj|a ['pɛnsja] f (pobory) salary; (szkoła) boarding school

pensjonat [pɛn'sjɔnat] m boarding-house

pepitka [pɛ'pitka] f shepherd's plaid; dog's tooth check

perfumeria [pɛrfu'mɛrja] f perfumery

perfumy [pɛr'fumɨ] plt perfume, scent

pergamin [pɛr'gaɱin] m parchment

perkusyjny [pɛrku'sɨjnɨ] adj percussive; instrument ∼ percussion instrument

perliczka [pɛr'ɕitʃka] f zool. guinea-fowl

perła ['pɛrŭa] f pearl

perłow|y [pɛr'ŭɔvɨ] adj pearly, pearl; kasza ∼a pearl barley; masa ∼a mother-of-pearl

peron ['pɛrɔn] m platform

peronówka [pɛrɔ'nufka] f platform-ticket

perski ['pɛrski] adj Persian, Iranian

personalia [pɛrsɔ'naɕija] plt personal data

personel [pɛr'sɔnɛl] m staff, personnel

perspektyw|a [pɛrspɛk'tɨva] f perspective, prospect, view;

mieć coś w ~ie to have sth in prospect

perswadować [pɛrsfa'dɔvatç] vt persuade, argue

pertraktacje [pɛrtrak'tatsjɛ] plt negotiations; prowadzić ~ to negotiate

peruka [pɛ'ruka] f wig

peryferie [pɛrɨ'fɛrjɛ] plt outskirts ⟨suburbs⟩ (of the town)

pestk|a ['pɛstka] f stone, kernel; (w jabłku) pip; pot. zalany w ~ę dead drunk

pesymista [pɛsɨ'mista] m pessimist

peszyć ['pɛʃɨtç] I vt confuse, trouble II vr ~ się get confused

petent ['pɛtɛnt] m petitioner, applicant

petycj|a [pɛ'tɨtsja] f petition; złożyć ~ę to submit ⟨hand in⟩ a petition

pew|ien ['pɛv́ɛn] adj a, an; a certain; ~ien człowiek a man; a certain man; co ~ien czas from time to time; ~nego dnia one ⟨some⟩ day; ~nego razu once

pewnie ['pɛvɲɛ] adv surely, certainly; (prawdopodobnie) probably

pewnoś|ć ['pɛvnɔçtç] f certainty; ~ć siebie self-assurance; self-confidence; zbytnia ~ć siebie cocksureness; z ~cią certainly, surely; sure enough; on z ~cią to zrobi he is sure to do it

pewn|y ['pɛvnɨ] adj certain, sure

pęcherz ['pɛ̃xɛʃ] m bladder; anat. vesica

pęczek ['pɛ̃t͡ʃɛk] m bunch, tuft

pęd [pɛ̃t] m (szybkość) rush, impetus; (pociągu, samochodu itp.) speed; ~em at full speed

pędzel ['pɛ̃dzɛl] m brush; ~ do golenia shaving brush

pędzelek [pɛ̃'dzɛlɛk] m (brush-) pencil

pędzić ['pɛ̃dʑitç] I vt 1. (poganiać) drive, run 2. (czas) spend; (życie) lead 3. (spirytus) distil II vi run, rush, race

pęk|ać ['pɛ̃katç] imperf, ~nąć ['pɛ̃knɔ̃tç] perf vi burst, crack; split, break; głowa mi ~a z bólu I have a splitting headache; serce mi ~a my heart breaks; ~ać ze złości to burst with rage

pęknięcie [pɛ̃'kɲɛ̃t͡ɕɛ] n break, crack; (szczelina) crevice; (kości) fracture; (dętki) puncture

pępek ['pɛ̃pɛk] m navel

pęseta [pɛ̃'sɛta] f pincers, tweezers

pętelka [pɛ̃'tɛlka] f noose, loop, knot

pętla ['pɛ̃tla] f noose, loop; (tramwajowa) terminus

piana ['pana] f froth, foam; (z mydła) lather; (ubita) whipped whites

pianino [pa'ɲinɔ] n cottage piano

pianista [pa'ɲista] m pianist

piasek ['pasɛk] m sand; lotny ~ quicksand

piątek ['pɔ̃tɛk] m Friday; Wielki Piątek Good Friday

piątka ['pɔ̃tka] f five; szk. (ocena) very good

piąt|y ['pɔ̃tɨ] adj num fifth; ~a godzina five o'clock

pić [pitç] vt drink; chce mi się ~ I am thirsty; ~ dużo (alkoholu) to drink heavily; ~ za czyjeś zdrowie to drink sb's health; nie piję (alkoholu) I don't drink; woda do picia drinking water; woda nie do picia undrinkable water

piec¹ [pɛts] m stove, fireplace; (piekarski) oven; (fabryczny) kiln; furnace; wielki ~ blast-furnace

pie|c² [pɛts] I vt 1. (ciasto) bake; (mięso) roast; (na

ruszcie) grill **2.** (*o bólu*) bite; (*o pieprzu*) sting **II** *vi* burn; ~cze mnie w gardle my throat burns

piechot|a [pɛ'xɔta] *f wojsk.* infantry || iść ~ą to go on foot; to walk

piecyk ['pɛtsɪk] *m* (*kuchenny*) kitchen-stove; range; (*elektryczny*) heater, radiator

pieczarka [pɛ'tʃarka] *f* mushroom, champignon

pieczątka [pɛ'tʃɔ̃tka] *f* seal, stamp

pieczeń ['pɛtʃɛɲ] *f* roast-(meat); ~ cielęca ⟨wołowa⟩ roast veal ⟨beef⟩

pieczęć ['pɛtʃɛ̃tɕ] *f* seal, stamp

pieczywo [pɛ'tʃivɔ] *n* baker's goods; (*słodkie*) pastry

piegi ['pɛgi] *pl* freckles

piekarnia [pɛ'karɲa] *f* bakery; baker's shop

piekarnik [pɛ'karɲik] *m* baking oven; (*gazowy*) gas-oven

piekarz ['pɛkaʃ] *m* baker

piekło ['pɛkŭɔ] *n* hell

pielęgniarka [pɛlɛ̃'gɲarka] *f* nurse

pielęgnować [pɛlɛ̃'gnɔvatɕ] *vt* nurse, attend (**kogoś** sb); (*rośliny, przyjaźń itp.*) cultivate; ~ tradycję to observe ⟨to keep⟩ tradition; ~ ręce ⟨twarz itp.⟩ to take care of one's hands ⟨face etc.⟩

pielucha [pɛ'luxa] *f* swaddling cloth, napkin, *am.* diaper

pieni|ądz ['pɛɲɔ̃ts] *m* coin, money; *pl* ~ądze money; drobne ~ądze change; rozmienić ~ądze to change money; nie mam ~ędzy I have no money; zabrakło mi ~ędzy I am short of money

pieniężn|y [pɛ'ɲɛ̃ʒnɪ] *adj* money, pecuniary, financial; kara ~a fine; kłopoty ~e financial troubles; przekaz ~y money order

pień [pɛɲ] *m* trunk, stem; *przen.* głuchy jak ~ stone-deaf

pieprz [pɛpʃ] *m* pepper; *przen.* suchy jak ~ bone-dry

pieprzny ['pɛpʃnɪ] *adj* spicy, peppery

pieprzyk ['pɛpʃɪk] *m* (*na skórze*) mole; beauty spot

piernik ['pɛrɲik] *m* ginger-bread, honey-cake

pieróg ['pɛruk] *m* dumpling

pier|ś [pɛrɕ] *f* breast; (*klatka piersiowa*) chest, bosom; *pl* ~si (*biust*) breast, breasts, bust

pierścień ['pɛrɕtɕɛɲ] *m* ring; (*włosów*) ringlet

pierścionek [pɛr'ɕtɕɔnɛk] *m* ring

pierwiastek [pɛr'vastɛk] *m* element; *mat.* root

pierwiosnek [pɛr'vɔsnɛk] *m* *bot.* primrose

pierwotny [pɛr'vɔtnɪ] *adj* **1.** primitive, primeval, original **2.** (*pierwszy*) elementary

pierwszeństwo [pɛrf'ʃɛɲstfɔ] *n* priority; precedence; ~ przejazdu right of way; dać ~ to give sb the right of way; wymusić ~ to enforce the right of way (on sb)

pierwszorzędn|y [pɛrfʃɔ'ʒɛdnɪ] *adj* first-class, first-rate, tip-top; ~ej jakości of superior quality

pierwsz|y ['pɛrfʃɪ] *adj num* first; on przyszedł ~y he was the first to come; *przen.* kto ~y, ten lepszy first come, first served; na ~ym miejscu przy stole at the head of the table; na ~y rzut oka at first sight || po ~e firstly

pierzyna [pɛ'ʒɪna] *f* feather-bed

pies [pɛs] *m* dog; *przen.* żyć jak ~ z kotem to lead a cat-and-dog life; (*o pogodzie, warunkach itp.*) **pod**

psem rotten, lousy; **zejść na psy** to go to the dogs
pieszczotliwy [pɛʃtʃɔ'tʃivi] adj caressing, tender
pieszo ['pɛʃɔ] adv on foot; **iść ~ to walk**
pieszy ['pɛʃi] m walker; pedestrian
pieśniarz ['pɛɕɲaʃ] m songster; pop singer
pieśń [pɛɕɲ] f song
pietruszka [pɛ'truʃka] f parsley
pięciobój [pɛ̃'tɕɔbuj] m sport. pentathlon
pięciolatka [pɛ̃tɕɔ'latka] f five-year plan
pięcioraczki [pɛ̃tɕɔ'ratʃ̧ki] plt quintuplets
pięć [pɛ̃tɕ] num five
pięćdziesiąt [pɛ̃'dʑɛɕɔ̃t] num fifty
pięćdziesiąty [pɛ̃dʑɛ'ɕɔ̃ti] adj num fiftieth
pięćdziesięciolecie [pɛ̃dʑɛɕɛ̃tɕɔ'lɛtɕɛ] n fiftieth anniversary
pięćset ['pɛ̃tɕsɛt] num five hundred
pięknie ['pɛ̃kɲɛ] adv beautifully, jest ~ it is fine (weather); **wyglądać ~** to look fine
piękno ['pɛ̃knɔ] n beauty
piękność ['pɛ̃knɔɕtɕ] f beauty
piękn|y ['pɛ̃kni] adj beautiful, lovely; (o pogodzie) fine; (o mężczyźnie) handsome; **płeć ~a** fair sex; **sztuki ~e** fine arts
pięściarstwo [pɛ̃ɕ'tɕarstfɔ] n boxing
pięściarz ['pɛ̃ɕtɕaʃ] m boxer
pięść [pɛ̃ɕtɕ] f fist
pięta ['pɛ̃ta] f heel
piętnasty [pɛ̃t'nasti] adj num fifteenth
piętnaście [pɛ̃t'naɕtɕɛ] num fifteen
pięt|ro ['pɛ̃trɔ] n stor(e)y, floor; **na ~rze** upstairs
piętrowy [pɛ̃'trɔvi] adj (jednopiętrowy) one-storied; (wielopiętrowy) many-

-storied; **autobus ~** double-decker
pigułka [pi'guʊka] f pill
pijak ['pijak] m drunkard
pijalnia [pi'jalɲa] f (wód leczniczych) pump-room, well-room
pijan|y [pi'jani] adj drunk, drunken; **po ~emu** when drunk; **jazda po ~emu** drunken driving
pijaństw|o [pi'janstfɔ] n drunkenness, drinking; **oddawać się ~u** to be addicted to drink
pijawka [pi'jafka] f leech
pik [pik] m karc. spades; **dama ~** the queen of spades
pikantny [pi'kantni] adj spicy; (o sosie) piquant
pikling ['pikʃink] m kipper
pilnik ['pilɲik] m file
pilnować [pil'nɔvatɕ] I vt look after, guard; **~ swego interesu** to mind one's business II vr **~ się** be on one's guard; watch one's step
piln|y ['pilni] adj 1. (pracowity) dilligent, studious 2. (naglący) urgent; **nic ~ego** no hurry
pilot ['pilɔt] m (samolotu, statku) pilot; (wycieczki) guide
pilotować [pilɔ'tɔvatɕ] vt pilot
pilśniowy [pil'ɕɲɔvi] adj (of) felt; **kapelusz ~** felt hat
piła ['piʊa] f 1. (narzędzie) saw 2. pot. (nudziarz) bore
piłka ['piʊka] f 1. (narzędzie) saw 2. (do gry) ball; sport. **~ nożna** football, soccer; **~ ręczna** handball; **~ wodna** water-polo
piłkarz ['piʊkaʃ] m footballer
piłować [pi'ʊɔvatɕ] vt (pilnikiem) file; (piłą) saw
pinezka [pi'nɛska] f drawing pin; am. thumb-tack
pionek ['pɔnɛk] m pawn; (w warcabach) checker
pionier ['pɔɲɛr] m pioneer

34 Słownik

pionowy [pɔ'nɔvɨ] *adj* vertical
piorun ['pɔrun] *m* thunder-bolt, lightning
piorunochron [pɔru'nɔxrɔn] *m* lightning-conductor
piosenka [pɔ'sɛnka] *f* song; *przen.* **to stara** ~ it's an old tune
piosenkarka [pɔsɛn'karka] *f* songstress, pop singer
piosenkarz [pɔ'sɛnkaʃ] *m* song-ster, pop singer
piórnik ['purɲik] *m* pencase
pióro ['purɔ] *n* 1. (*ptasie*) feather 2. (*do pisania*) pen; ~ **kulkowe** ball-point pen; **wieczne** ~ fountain pen
pipetka [pi'pɛtka] *f* pipette
piramida [pira'mida] *f* pyramid
pirat ['pirat] *m* pirate; ~ **drogowy** *pot.* road-hog
pisać ['pisatɕ] I *vt* write; ~ **na maszynie** to type; to typewrite; ~ **testament** to make a will II *vr* ~ **się** spell; **jak się to pisze?** how do you spell it?
pisarz ['pisaʃ] *m* author, writer
pisemnie [pi'sɛmɲɛ] *adv* in writing
pisklę ['pisklɛ̃] *n* chickling, nestling
pism|o ['pismɔ] *n* 1. (*odręcz-ne*) handwriting; **na piśmie** in writing 2. (*list*) letter 3. **Pismo Święte** Holy Scripture 4. (*czasopismo*) news-paper, periodical; (*ilustro-wane*) magazine 5. *pl* ~**a** (*dzieła*) works; **wybór** ~ selected works
pistolet [pi'stɔlɛt] *m* pistol
pisuar [pi'suar] *m* urinal
piszczeć ['piʃtʃɛtɕ] *vi* squeal, squeak
piśmiennictwo [piɕmʲen'ɲits-tfɔ] *n* literature, letters
piśmienn|y [piɕ'mʲenɨ] *adj* 1. (*umiejący pisać*) literate 2. (*pisemny*) written, in writ-ing; **materiały** ~**e** writing-materials; stationery

pitny ['pitnɨ] *adj* (*miód itp.*) drinking (mead etc.)
piwiarnia [pi'varɲa] *f* public-house, beer-house, pub
piwnica [pi'vɲitsa] *f* cellar, vault
piwn|y ['pivnɨ] *adj* (*o kolorze*) brown; ~**e oczy** hazel eyes
piwo ['pivɔ] *n* beer; **ciemne** ⟨**jasne**⟩ ~ dark ⟨light⟩ beer; *przen.* **dać komuś na** ~ to tip sb; to give sb a tip
piżama [pi'ʒama] *f* pyjamas
plac [plats] *m* 1. ground, place; ~ **boju** battlefield; ~ **budowy** building ground ⟨site⟩ 2. (*kwadratowy*) square; (*okrągły*) circus
placek ['platsɛk] *m* cake
placówka [pla'tsufka] *f* 1. post; ~ **dyplomatyczna** dip-lomatic post 2. *wojsk.* out-post
plafon ['plafɔn] *m* plafond
plakat ['plakat] *m* poster, bill; **rozlepiać** ~**y** to bill
plakietka [pla'kɛtka] *f* pla-quette
plam|a ['plama] *f* spot, stain; **tłusta** ~**a** smear; **wywabić** ~**ę** to remove a stain; *przen.* ~**a na honorze** blemish
plan [plan] *m* 1. plan, scheme, design; **wykonać** ~ to im-plement a plan; **przekroczyć** ~ to surpass ⟨to exceed⟩ a plan 2. (*projekt*) project || *mal.* **pierwszy** ~ foreground; **drugi** ⟨**dalszy**⟩ ~ background
plandeka [plan'dɛka] *f* tarpau-lin, canvas
planeta [pla'nɛta] *f* planet
planetarny [planɛ'tarnɨ] *adj* planetary
planować [pla'nɔvatɕ] *vt* plan, design; (*spiskować*) scheme; ~ **na przyszłość** to make plans for the future
planowy [pla'nɔvɨ] *adj* planned, scheduled; ~ **od-jazd** scheduled departure
plaster ['plastɛr] *m* 1. *med.* plaster; adhesive tape 2.

(*szynki itp.*) slice || ~ miodu honey-comb

plastyk ['plastik] *m* 1. (*masa*) plastic 2. (*artysta*) artist

platyna [pla'tina] *f* platinum

plaża ['plaʒa] *f* beach; dzika ~ unguarded beach; ~ strzeżona guarded beach

plątać ['plɔ̃tatɕ] I *vt* entangle II *vr* ~ się tangle; ~ się w odpowiedziach to falter in one's answers; to contradict oneself

plebiscyt [plɛ'bistsit] *m* plebiscite

plecak ['plɛtsak] *m* knapsack, rucksack

plec|y ['plɛtsi] *plt* 1. back, shoulders; pokazać komuś ~y to show one's back to sb; za ~ami behind one's back 2. *przen.* (*poparcie*) backing, protection

pled [plɛt] *m* plaid, rug

plener ['plɛnɛr] *m* the open air; *teatr.* out-door scenery; *kin.* out-door scene

plenum ['plɛnum] *n* plenary session, plenum

pleśń [plɛɕɲ] *f* mould, mildew

plisować [pʎi'sɔvatɕ] *vt* pleat

plomba ['plɔmba] *f* 1. leaden seal 2. *dent.* filling, stopping

plombować [plɔm'bɔvatɕ] *vt* 1. seal 2. (*ząb*) fill, stop

plon [plɔn] *m* crop, yield

plotka ['plɔtka] *f* rumour; gossip

plucha ['pluxa] *f* bad ⟨foul, rainy⟩ weather

pluć [plutɕ] *vi* spit (**na coś** at sth)

plus [plus] *m* plus; *przen.* advantage; ~y i minusy the pros and cons

pluskwa ['pluskfa] *f* bed-bug

pluszowy [plu'ʃɔvi] *adj* plush

płac|a ['puatsa] *f* pay; (*zarobki*) wages; (*miesięczna*) salary; lista ~ pay-roll

płachta ['puaxta] *f* sheet, cover

płacić ['puatɕitɕ] *vt* pay; ~ gotówką ⟨czekiem⟩ to pay cash ⟨by cheque⟩; ~ z góry to prepay; to pay in advance

płacz [puatʃ] *m* cry, crying, weeping; wybuchnąć ~em to burst into tears

płakać ['puakatɕ] *vi* weep, cry (z radości for joy); (*narzekać*) complain (na coś of sth); nie ma o co ~ there is nothing to cry about; ~ po kimś to mourn for sb

płaski ['puaski] *adj* flat

płaskorzeźba [puaskɔ'ʒɛʐba] *f* (bas-)relief

płaskowzgórze [puaskɔ'vzguʒɛ] *n geogr.* plateau, tableland

płaszcz [puaʃtʃ] *m* overcoat, cloak; ~ nieprzemakalny raincoat, waterproof; ~ kąpielowy bathing-wrap

płat|ek ['puatɛk] *m* (*śniegu*) flake; (*kwiatu*) petal; ~ki owsiane porridge; ~ki mydlane soap flakes

płatnoś|ć ['puatnɔɕtɕ] *f* payment; ~ć natychmiastowa money-down; termin ~ci term of payment

płatny ['puatni] *adj* payable, due; (*opłacony*) paid; mercenary; ~ na okaziciela payable to the bearer

płeć [puɛtɕ] *f* sex; ~ męska ⟨żeńska⟩ male ⟨female⟩; ~ brzydka, the stronger sex; ~ piękna the fair sex; ~ słaba the gentle ⟨weaker⟩ sex

płetwa ['puɛtfa] *f* fin, paddle

płetwonurek [puɛtfɔ'nurɛk] *m* frogman

płodny ['puɔdni] *adj* fertile; (o pisarzu itp.) prolific

płomień ['puɔmɲɛɲ] *m* flame

płonąć ['puɔnɔ̃tɕ] *vi* burn, to be on fire; *przen.* ~ miłością to burn with love

płot [puɔt] *m* fence, hedge

płot|ek ['puɔtɛk] *m* (na wyścigach) hurdle; *sport.* bieg przez ~ki hurdle-race

płowieć ['pŭɔvɛtɕ] vi fade, discolour, lose colour
płoza ['pŭɔza] f runner; skid
płócienny [pŭu'tɕɛnni] adj linen
płód [pŭut] m 1. foetus 2. (owoc) fruit, product
płótno ['pŭutnɔ] n 1. linen, cloth 2. (obraz) canvas
płuc|o ['pŭutsɔ] n lung; gruźlica ~ pulmonary tuberculosis; tuberculosis of lungs; zapalenie ~ pneumonia
pług [pŭuk] m plough; ~ śnieżny snow-plough
płukać ['pŭukatɕ] vt rinse, wash; (gardło) gargle
płyn [pŭin] m liquid, wash; kosmet. lotion
płynąć ['pŭinɔ̃tɕ] vi 1. (o człowieku) swim; (o statku) sail; (o rzece) flow 2. (o czasie) run, fly
płynny ['pŭinni] adj 1. liquid 2. (o mowie) fluent
płyta ['pŭita] f plate, slab; ~ gramofonowa record; ~ długogrająca long-playing record; ~ mono(foniczna) monophonic record; ~ stereo(foniczna) stereophonic record
płytki ['pŭitki] adj 1. (o wodzie) shallow 2. (o talerzu) flat 3. przen. (o człowieku) superficial
płytoteka [pŭitɔ'tɛka] f record library
pływać ['pŭivatɕ] vi (o człowieku) swim; (o statku) sail; (po powierzchni) float
pływak ['pŭivak] m 1. (człowiek) swimmer 2. (u wędki) float
pływalnia [pŭi'valɲa] f swimming-pool
pływanie [pŭi'vaɲɛ] n swimming
po [pɔ] praep after; on; past; for; at; about; in; po kolacji after supper; po przybyciu on arrival; jest pięć po 6-tej it's five past six; posłać po lekarza to send

for the doctor; po raz pierwszy for the first time; po niskiej cenie at a low price; chodzić po pokoju to walk about the room; chodzić po słońcu to walk in the sun; wspinać się po drzewach to climb up the trees; iść po kogoś to go and fetch sb; mówić po angielsku to speak English; po szylingu a shilling each; po kolana knee-deep; po szyję up to the neck; po kolei by turns; po co? what for?; po czemu to? how much is this?
pobić ['pɔbitɕ] I vt (zadać klęskę) defeat; beat (w tenisie at tennis); ~ rekord to beat ⟨to break⟩ the record II vr ~ się come to blows
pob|ierać [pɔ'bɛratɕ] imperf, ~rać ['pɔbratɕ] perf I vt (pensję) receive, take; (podatki) collect; (naukę) study, take lessons II vr ~ierać, ~rać się get married
pobłażliwy [pɔbŭaʒ'ɕiivi] adj indulgent
pobocze [pɔ'bɔtʃɛ] n shoulder (of the road); ~ miękkie soft shoulder; ~ utwardzone hardened shoulder
pobory [pɔ'bɔri] plt salary, pay, wages
pobożn|y [pɔ'bɔʒni] adj pious, devout; ~e życzenie wishful thinking
pobrać zob. pobierać
pobrudzić [pɔ'brudzitɕ] I vt soil II vr ~ się get dirty
pobudka [pɔ'butka] f reveille, rouse
pobyt ['pɔbit] m stay, sojourn; ~ tymczasowy temporary stay; czas ~u residence
pocałować [pɔtsa'ŭɔvatɕ] vt kiss
pocałunek [pɔtsa'ŭunɛk] m kiss
pochlebiać [pɔ'xlɛbatɕ] vt flatter (komuś sb)

pochmurny [po'xmurnɨ] *adj* gloomy, dark, cloudy; overcast

pochodzenie [poxo'dzɛɲɛ] *n* origin, descent; *(słowa)* derivation

pochodzić [po'xodʑitɕ] *vi* descend, come (z dobrej rodziny of a good family; z Polski from Poland); *(w odniesieniu do czasu)* date from; *(o słowie)* derive, be derived from

pochować [po'xovatɕ] *vt* 1. *(pogrzebać)* bury 2. *(ukryć)* hide

pochód ['poxut] *m* procession; *wojsk.* parade, march; **zamykać** ~ to bring up ⟨close⟩ the rear

pochwa ['poxfa] *f* 1. sheath, scabbard 2. *anat.* vagina

pochwała [po'xfaɰa] *f* praise

pochyły [po'xiɰɨ] *adj* sloping, inclined; slanting

pociąg ['potɕɔ̃k] *m* 1. train; ~ **bezpośredni** through train; ~ **dalekobieżny** long-distance train; ~ **do Warszawy** train to Warsaw; ~ **ekspresowy** ⟨pośpieszny⟩ express train; ~ **elektryczny** electric train; ~ **międzynarodowy** international train; ~ **nocny** night train; ~ **podmiejski** suburban train; ~ **osobowy** passenger ⟨slow⟩ train; ~ **towarowy** goods train; ~ **przewidziany w rozkładzie** scheduled train; **jechać** ~**iem** to go by train; **spóźnić się na** ~ to miss a train; **zdążyć na** ~ to catch a train 2. *(słabość)* inclination, weakness (**do kogoś, czegoś** for sb, sth); **mieć** ~ **do złego** to be inclined to evil

pociąg|ać [po'tɕɔ̃gatɕ] *imperf*, ~**nąć** [po'tɕɔ̃gnɔ̃tɕ] *perf vt* 1. draw, pull (**za coś** at sth); *przen.* ~**ać**, ~**nąć nosem** to sniff; ~**ać**, ~**nąć do odpowiedzialności sądowej** to bring to justice; ~**ać koszty** to involve costs; ~**ać za sobą następstwa** to bear ⟨carry⟩ consequences 2. *(nęcić)* attract

pociągający [potɕɔ̃ga'jɔ̃tsɨ] *adj* attractive, alluring

pociągły [po'tɕɔ̃gɰɨ] *adj* oblong, oval

pociągnąć zob. **pociągać**

po cichu [po 'tɕixu] *adv* 1. in a low voice; softly 2. *(skrycie)* secretly

pocić się ['potɕitɕ ɕɛ] *vr* perspire, sweat

pociech|a [po'tɕɛxa] *f* consolation; **przynosić** ~**ę** to bring comfort

po ciemku [po'tɕɛmku] *adv* in the dark

pocisk ['potɕisk] *m* missile; *(kula)* bullet

po co? ['potso] what for?; why?; what's the use of it?

począt|ek [po'tʃɔ̃tɛk] *m* beginning; *(kariery)* opening; ~**ki** *(w nauce)* rudiments, first elements; **na** ~**ek to begin** ⟨to start⟩ with; **na** ~**ku at first, at the beginning**

poczciwy [potʃ'tɕivɨ] *adj* good, good-hearted; kind

poczekać [po'tʃɛkatɕ] *vi* wait (**na kogoś** for sb)

poczekalnia [potʃɛ'kalɲa] *f* waiting-room

poczęstować [potʃɛ̃'stovatɕ] *vt* treat (**kogoś czymś** sb to sth)

poczt|a ['potʃta] *f* *(budynek)* post-office; *(listy)* post, mail; ~**a lotnicza** air mail; ~**ą** by post; **przesłać coś** ~**ą** to mail sth; **odwrotną** ~**ą** by return (of) mail; **osobną** ~**ą** under separate cover

pocztow|y [potʃ'tovɨ] *adj* postal; **opłata** ~**a** postage; **przekaz** ~**y** money order; **skrytka** ~**a** post-office box; **skrzynka** ~**a** pillar-box;

letter-box; znaczek ~y stamp

pocztówka [pɔtʃ'tufka] *f* post-card

poczuwać się [pɔ'tʃuvatɕ ɕɛ̃] *vr* (*do winy*) to feel guilty; (*do obowiązku*) to consider ⟨to feel⟩ it one's duty

pod [pɔt] *praep* under, beneath, below; ~ parasolem under the umbrella; ~ spodem beneath ‖ bitwa ~ Warszawą battle of Warsaw; człowiek ~ czterdziestkę a man about forty; brać ~ uwagę to take into consideration; mieć ~ ręką to have at hand; ~ kluczem under lock and key; ~ koniec towards the end; ~ Londynem near London; ~ przybranym nazwiskiem under an assumed name; ~ tym względem in this respect; ~ warunkiem under ⟨on⟩ condition; provided

podać *zob.* **podawać**

podanie [pɔ'daɲɛ] *n* **1.** application; (*prośba*) petition; złożyć ~ to submit an application; to apply (*o coś* for sth) **2.** (*legenda*) legend **3.** *sport.* service, passing ‖ ~ do wiadomości announcement; making (sth) known

podarować [pɔda'rɔvatɕ] *vt* present (*komuś coś* sb with sth); make a present (*coś of* sth)

podarty [pɔ'dartɨ] *adj* torn, worn

podarunek [pɔda'runɛk] *m* gift, present

podatek [pɔ'datɛk] *m* tax; nakładać ~ to impose a tax; wyznaczyć ~ to assess a tax

poda|wać [pɔ'davatɕ] *imperf,* ~ć ['pɔdatɕ] *perf* I *vt* give, hand; (*do stołu*) serve; ~wać, ~ć komuś rękę to shake hands with sb; ~wać, ~ć leki to administer

medicines; (*przy stole*) ~wać, ~ć masło to pass the butter; ~wać, ~ć do wiadomości to make known; to publish II *vr* ~wać, ~ć się za kogoś to give oneself out as ⟨for⟩ sb

podaż ['pɔdaʃ] *f* supply; ~ i popyt supply and demand

podbicie [pɔd'bitɕɛ] *n* **1.** (*część stopy*) instep; arch (of the foot) **2.** (*podszycie*) lining

podbiegunowy [pɔdbɛgu'nɔvɨ] *adj* polar

podbój ['pɔdbuj] *m* conquest

podbródek [pɔd'brudɛk] *m* chin

pod|chodzić [pɔt'xɔdʑitɕ] *imperf,* ~ejść ['pɔdɛjɕtɕ] *perf vi* approach (**do kogoś** sb), come up (**do kogoś** to sb)

podciąć ['pɔttɕɔ̃tɕ] *vt* cut, make an incision; ~ włosy to clip ⟨to trim⟩ one's hair

podczas ['pɔtʃas] *praep* during, in the course of; ~ gdy while; ~ przechodzenia przez ulicę while crossing the street

poddać *zob.* **poddawać**

poddasze [pɔd'daʃɛ] *n* attic, garret

podda|wać [pɔd'davatɕ] *imperf,* ~ć ['pɔddatɕ] *perf* I *vt* **1.** (*myśl*) suggest **2.** (*próbie*) put to trial, test sth; ~wać, ~ć pod głosowanie to put to the vote II *vr* ~wać, ~ć się **1.** surrender **2.** (*żalowi*) give way (to grief) ‖ ~ć się operacji to undergo an operation

pod|ejmować [pɔdɛj'mɔvatɕ] *imperf,* ~jąć ['pɔdjɔ̃tɕ] *perf* I *vt* (*podnosić*) take ⟨pick⟩ up; *przen.* ~ejmować, ~jąć pieniądze to raise ⟨withdraw⟩ money ‖ ~ejmować, ~jąć gości to entertain guests; ~ejmować, ~jąć kroki to take the steps; ~ejmować, ~jąć na nowo to resume II *vr* ~ejmować,

~jąć się to undertake (czegoś sth, to do sth)
podejrzenie [pɔdɛj'ʒɛɲɛ] *n* suspicion
podejść *zob.* **podchodzić**
poderwać [pɔ'dɛrvatç] *vt pot.* pick up; ~ **chłopca** ⟨**dziewczynę**⟩ to pick up a boy ⟨a girl⟩
podeszły [pɔ'dɛʃůi] *adj (wiekiem)* aged; advanced in years
podeszwa [pɔ'dɛʃfa] *f* sole
podgłówek [pɔd'gůuvɛk] *m* bolster
podgrzać ['pɔdgʒatç] *vt* heat up, warm up; ~ **obiad** ⟨**kolację**⟩ to warm up the dinner ⟨supper⟩
podium ['pɔdjum] *n (scena)* stage; *(podwyższenie)* platform; ~ **dla orkiestry** bandstand
podjazd ['pɔdjast] *m* approach; *(droga)* drive (way); **stromy** ~ steep approach
podjąć *zob.* **podejmować**
podkładka [pɔt'kůatka] *f* prop, support; pad; *(uszczelka)* washer
podkolanówki [pɔtkɔla'nufki] *plt* knee-stockings, knee-socks
podliczać [pɔd'ʃitʃatç] *vt* add up, sum up
podlotek [pɔd'lɔtɛk] *m* flapper; girl in her teens
podkoszulek [pɔtkɔ'ʃulɛk] *m* undershirt, vest
podkreśl|ać [pɔt'krɛçlatç] *imperf,* ~**ić** [pɔt'krɛçɕitç] *perf vt* underline, stress; *przen. (słowa)* emphasize; *(urodę)* enhance
podlegać [pɔd'lɛgatç] *vi* be subject (czemuś to sth); be subordinate (komuś to sb); ~ **opodatkowaniu** ⟨**karze itp.**⟩ to be liable to a tax ⟨penalty etc.⟩
podległy [pɔd'lɛgůi] *adj* subject, subordinate
podłoga [pɔd'ůɔga] *f* floor

podłużny [pɔ'důuʒni] *adj* oblong
podły ['pɔdůi] *adj* mean
podmiejski [pɔd'mɛjski] *adj* suburban; **pociąg** ~ local passenger train
podmorski [pɔd'mɔrski] *adj* submarine, under-sea
podmuch ['pɔdmux] *m (gwałtowny)* blast, gust; ~ **wiatru** breeze
podniebienie [pɔdɲɛ'bɛɲɛ] *n* palate
podniecający [pɔdɲɛtsa'jɔtsi] *adj* stimulating, exciting; *(o książce)* thrilling; **środek** ~ stimulant
podn|ieść ['pɔdɲɛçtç] *perf,* ~**osić** [pɔd'nɔçitç] *imperf* I *vt* lift, raise, take up; *(z ziemi)* pick up; ~**ieść,** ~**osić kotwicę** to weigh the anchor; ~**ieść,** ~**osić słuchawkę** to lift up the receiver; *przen.* ~**ieść,** ~**osić na duchu** to encourage; ~**ieść,** ~**osić produkcję** to increase the production; ~**osić urok** to add to the charm II *vr* ~**ieść,** ~**osić się 1.** rise; *(wstać)* get up **2.** *(powiększać się)* increase
podnoszenie [pɔdnɔ'ʃɛɲɛ] *n* ~ **ciężarów** weight lifting; ~ **oczek** ladder-mending
podnośnik [pɔd'nɔçɲik] *m* lift, jack; *mot.* car lift
podnóże [pɔd'nuʒɛ] *n* base foot; ~ **góry** foot of the mountain
podnóżek [pɔd'nuʒɛk] *m (do leżaka)* leg-rest; *(stołek)* footstool
podoba|ć się [pɔ'dɔbatç çɛ̃] *vr* please, appeal; **jak ci się to** ~? how do you like it?; does it appeal to you?; *pot.* how does it strike you?; jeśli mi się będzie ~**ło** if I choose; **to mi się nie** ~ I don't like it; **to mi się** ~ I like it; **zrób, co ci się** ~ please yourself; do what you want

podobieństwo [pɔdɔ'bɛŋstfɔ] n resemblance, likeness, similarity

podobno [pɔ'dɔbnɔ] v imp they say; it appears ⟨it seems⟩ that

podobn|y [pɔ'dɔbnɨ] adj similar; resembling, like; on jest ~y do ojca he is like ⟨he takes after⟩ his father || coś ~ego! fancy!; imagine that!; nic ~ego! nothing of the kind!

podpierać [pɔt'pɛratɕ] I vt support, hold up, prop II vr ~ się lean (czymś on sth); ~ się pod boki to stand with one's arms akimbo

podpis ['pɔtpis] m signature; złożyć ~ to sign

podpis|ać [pɔt'pisatɕ] perf, ~ywać [pɔtpi'sivatɕ] imperf I vt sign, subscribe (pożyczkę to a loan) II vr ~ać, ~ywać się sign

podpisany [pɔtpi'sanɨ] adj signed; niżej ~ the undersigned

podrapać [pɔ'drapatɕ] vt (także vr ~ się) scratch

podrażnienie [pɔdraʒ'ɲɛɲɛ] n irritation, excitement

podręcznik [pɔ'drɛ̃tʃnik] m manual, handbook, text-book

podrobiony [pɔdrɔ'bɔnɨ] adj forged, counterfeit

podroby [pɔ'drɔbɨ] plt kulin. pluck; giblets

podrożeć [pɔ'drɔʒɛtɕ] vi grow dear, go up

podróż ['pɔdruʃ] f journey, travel; (morska) voyage; sea voyage; biuro ~y travel bureau ⟨office⟩; ~ poślubna wedding trip; ~ służbowa business trip; odbywać ~ to make a journey; szczęśliwej ~y! happy journey!

podróżnik [pɔ'druʒnik] m traveller; (badacz) explorer

podróżny [pɔ'druʒnɨ] I adj travelling II m traveller, passenger

podróżować [pɔdru'ʒɔvatɕ] vi travel

podrzeć ['pɔdʒɛtɕ] vt tear up

podrzędny [pɔd'ʒɛdnɨ] adj subordinate, secondary; (o hotelu, lokalu) second-rate

podrzuc|ać [pɔd'ʒutsatɕ] imperf, ~ić [pɔd'ʒutɕitɕ] perf vt toss, fling up

podskok ['pɔtskɔk] m jump, leap

podskórny [pɔt'skurnɨ] adj subcutaneous, hypodermic; (o wodzie) subsoil; med. ~ zastrzyk hypodermic injection

podstaw|a [pɔt'stava] f base, basis; (budowli) basement, foundation; przen. na ~ie on the ground of; istnieje wszelka ~a by przypuszczać ... there is every reason to suppose ...

podstawi|ać [pɔt'stavatɕ] imperf, ~ć [pɔt'stavitɕ] perf vt put ⟨place⟩ (coś pod coś sth under sth) || kiedy ~ają pociąg? when will they bring the train round?

podstawow|y [pɔt sta'vɔvɨ] adj fundamental, essential, basic; szkoła ~a primary ⟨elementary⟩ school

podstęp ['pɔt stɛp] m ruse, trick

podsu|nąć [pɔt'sunɔ̃tɕ] perf, ~wać [pɔt'suvatɕ] imperf (krzesło itp.) draw near; przen. ~nąć, ~wać myśl to suggest an idea

podszewka [pɔt'ʃɛfka] f lining

podtrzym|ać [pɔt'tʃimatɕ] perf, ~ywać [pɔttʃi'mivatɕ] imperf vt 1. support, sustain 2. (stosunki) maintain

podudzie [pɔd'udʑɛ] n anat. shank

poduszka [pɔ'duʃka] f pillow; (ozdobna) cushion; ~ do stempli ink-pad; ~ do szpilek pin-cushion

poduszkowiec [pɔduʃ'kɔvɛts] *m* hovercraft

podw|ajać [pɔ'dvajatɕ] *imperf*, **~oić** [pɔ'dvɔitɕ] *perf vt* double; **~ajać**, **~oić wysiłki** to redouble one's efforts

podwiązka [pɔd'võska] *f* suspender, garter

podwieczorek [pɔdvɛ'tʃɔrɛk] *m* afternoon tea; **jeść ~ to** have tea

podwinąć [pɔ'dvinɔ̃tɕ] *vt* tuck up, turn up, roll up; **~ nogawki** to turn up one's trouser legs; **~ rękawy** to roll up one's sleeves

podwładny [pɔd'vŭadni] *adj m* subordinate

podwodn|y [pɔd'vɔdni] *adj* submarine, underwater; **łódź ~a** submarine

podwoić *zob.* **podwajać**

podwozie [pɔd'vɔʑɛ] *n* chassis

podwójn|y [pɔd'vujni] *adj* double, twofold; **~e dno** false bottom; **~e drzwi** folding door; *przen.* **~a gra** double-dealing

podwórko [pɔ'dvurkɔ], **podwórze** [pɔ'dvuʒɛ] *n* backyard, courtyard

podwyżka [pɔd'viʃka] *f* rise, increase; **~ płac** rise; **~ cen** increase in prices; price rise; **nagła ~ cen** boom

podwyższ|ać [pɔd'viʃʃatɕ] *imperf*, **~yć** [pɔd'viʃʃitɕ] *perf vt* heighten, elevate, increase; *(zarobki)* raise

podyktować [pɔdik'tɔvatɕ] *vt* dictate

podzelować [pɔd-zɛ'lɔvatɕ] *vt* sole

podział ['pɔdʑaŭ] *m* division, partition, distribution; **~ godzin** timetable

podziałka [pɔ'dʑaŭka] *f (w przyrządach pomiarowych)* scale, graduation; *(na mapie)* scale

podziel|ać [pɔ'dʑɛlatɕ] *imperf*, **~ić** [pɔ'dʑɛʎitɕ] *perf* I *vt* **~ić** *(rozdzielić)* distribute ‖ **~ać zdanie** to share the

opinion; **to be of the same opinion** II *vr* **~ić się z kimś** to share with sb

podziemi|e [pɔd'ʑɛmɛ] *n (część budowli)* basement; cellar; *polit.* the Underground; **świat ~a** the underworld

podziemn|y [pɔd'ʑɛmni] *adj* underground, subterranean; **kolej ~a** underground, *am.* subway

podziękować [pɔdʑɛ̃'kɔvatɕ] *vt* thank

podziękowanie [pɔdʑɛ̃kɔ'vaɲɛ] *n* thanks

podziw ['pɔdʑif] *m* admiration; **wprawiać w ~** to fill with admiration; **z ~em** admiringly

podziwiać [pɔ'dʑiviatɕ] *vt* admire, marvel *(coś* at sth)

podżegacz [pɔd'ʒɛɡatʃ] *m* instigator; **~ wojenny** war-monger

poeta [pɔ'ɛta] *m* poet

poezja [pɔ'ɛzja] *f* poetry

pogadanka [pɔɡa'danka] *f (w radio)* talk, chat

pogardz|ać [pɔ'ɡardzatɕ] *imperf*, **~ić** [pɔ'ɡardʑitɕ] *perf vt* despise, disdain

pog|arszać [pɔ'ɡarʃatɕ] *imperf*, [pɔ'ɡɔrʃitɕ] *perf* I *vt* make worse; *(stosunki)* worsen, deteriorate; *(sytuację, zdrowie)* aggravate II *vr* **~arszać**, **~orszyć się** become worse, worsen, deteriorate

pogląd ['pɔɡlɔ̃t] *m* view, opinion; **~ na życie** outlook upon life; **wymiana ~ów** exchange of opinions ⟨views⟩

pogłębi|ać [pɔ'ɡŭɛ̃batɕ] *imperf*, **~ć** [pɔ'ɡŭɛ̃bitɕ] *perf vt* deepen

pogłębiarka [pɔɡŭɛ̃'barka] *f* drag, dredger

pogłębić *zob.* **pogłębiać**

pogłosk|a [pɔ'ɡŭoska] *f* rumour; **chodzą ~i, że ...** it is rumoured that ...

pognieść ['pɔɡɲɛɕtɕ] *vt* crumple, crush

pogniewać się [pɔ'gnɛvatɕ ɕɛ̃] *vr* get angry (**na kogoś** with sb)

pogoda [pɔ'gɔda] *f* 1. weather; **piękna** ⟨**paskudna**⟩ ~ fine ⟨beastly⟩ weather 2. (*ducha*) serenity

pogodzić [pɔ'gɔdʑitɕ] I *vt* reconcile II *vr* ~ się to be reconciled (**z czymś** to sth)

pogorszenie [pɔgɔr'ʃɛɲɛ] *n* worsening, deterioration, aggravation

pogorszyć *zob.* **pogarszać**

pogotowi|e [pɔgɔ'tɔvɛ] *n* (*gotowość*) readiness; **karetka** ~a ambulance; ~e **ratunkowe** medical emergency service; first aid station; ~e **górskie** mountain rescue service; ~e **techniczne** breakdown gang; ~e **milicyjne** ⟨**policyjne**⟩ emergency militia ⟨police⟩ squad; **być w** ~u to be on the alert; to be ready; **trzymać w** ~u to keep ready

pogranicze [pɔgra'ɲitʃɛ] *n* borderland

pogromca [pɔ'grɔmtsa] *m* (*zwierząt*) tamer

pogróżka [pɔ'gruʃka] *f* threat

pogryźć ['pɔgriɕtɕ] *vt* 1. bite, gnaw 2. (*żuć*) chew

pogrzeb ['pɔgʒɛp] *m* funeral, burial, interment; **być na** ~ie to attend a funeral

poić ['pɔitɕ] *vt* give to drink; (*konia*) water

poinformować [pɔinfɔr'mɔvatɕ] I *vt* inform; let know II *vr* ~ się inquire

pojazd ['pɔjast] *m* carriage, vehicle, car; ~ **jednośladowy** one-track vehicle; ~ **konny** horse-drawn vehicle; horse carriage; ~ **kosmiczny** space vehicle ⟨ship⟩; ~ **samochodowy** automotive vehicle; ~ **szynowy** rail-car

pojechać [pɔ'jɛxatɕ] *vi* go, leave (**do Krakowa** for Cracow); ~ **koleją** to go by train; ~ **konno** to ride on horseback; ~ **samochodem** to drive; to go by car

pojedynczo [pɔjɛ'dintʃɔ] *adv* individually, one after the other

pojemnik [pɔ'jɛmɲik] *m* container

pojemność [pɔ'jɛmnɔɕtɕ] *f* capacity; *mot.* ~ **silnika** cubic capacity

pojezierze [pɔjɛ'ʑɛʒɛ] *n* lake district

pojęci|e [pɔ'jɛ̃tɕɛ] *n* idea, notion; **nie mam** ~a **o tym** I have no idea about ⟨of⟩ it

pojmować [pɔj'mɔvatɕ] *vt* comprehend, understand

pojutrze [pɔ'jutʃɛ] *adv* the day after tomorrow

pokarm ['pɔkarm] *m* food, nourishment

pokarmowy [pɔkar'mɔvi] *adj* alimentary; *anat.* **przewód** ~ alimentary canal

pokaz ['pɔkas] *m* show, exhibition, display; ~ **mody** fashion show; **zrobić coś na** ~ to do sth for show

pokaz|ać [pɔ'kazatɕ] *perf*, ~**ywać** [pɔka'zivatɕ] *imperf* I *vt* show, exhibit, demonstrate; ~**ywać sztuki** to do tricks; *przen.* **ja wam pokażę!** I'll teach you a lesson! II *vr* ~**ać**, ~**ywać się** appear; ~**ywać się publicznie** to show oneself

pokła|d ['pɔkũat] *m* 1. (*warstwa*) layer; ~**d rudy** deposit of ore 2. *mor. lotn.* deck; ~**d dolny** ⟨**górny**⟩ lower ⟨upper⟩ deck; **na** ~**dzie** on board; aboard; **na deck**; **iść na** ~**d statku** to go on board a ship

pokłócić [pɔ'kũutɕitɕ] I *vt* embroil, set at variance II *vr* ~ **się** quarrel (**z kimś** with sb)

pokojowy[1] [pɔkɔ'jɔvi] *adj* chamber; **piesek** ~ pet dog

pokojow|y[2] [pɔkɔ'jɔvi] *adj*

peaceful, pacific; ~e współistnienie peaceful coexistence

pokojówka [pɔkɔ'jufka] f (w hotelu) chamber-maid; (w domu) maid

pokolenie [pɔkɔ'lɛɲɛ] n generation

pokon|ać [pɔ'kɔnatɕ] perf, ~ywać [pɔkɔ'nivatɕ] imperf vt conquer; (wroga) defeat; (trudności) overcome, surmount

pokój¹ ['pɔkuj] m room; ~ jednoosobowy single (room); ~ przy rodzinie room with a family; ~ stołowy dining-room; ~ sypialny bedroom; ~ do wynajęcia room to let; ~ samodzielny separate room; wolne pokoje free rooms; rooms to let; rooms available; vacancies; wynająć ~ to rent a room

pokój² ['pɔkuj] m peace; zawrzeć ~ to make peace; rel. niech spoczywa w pokoju! may he rest in peace!

pokrewieństwo [pɔkrɛ'vɛnstfɔ] n relationship, kinship; bliskie ⟨dalekie⟩ ~ close ⟨distant⟩ relationship

pokroić [pɔ'krɔitɕ] vt cut (na kawałki into pieces); (w plastry) slice

pokrowiec [pɔ'krɔvɛts] m cover; (na meble) slipcover

pokryci|e [pɔ'kritɕɛ] n cover, covering; bank. ~e walutowe ⟨w złocie⟩ currency ⟨gold⟩ cover; (na czeku) „bez ~a" no effects

pokry|ć ['pɔkritɕ] perf, ~wać [pɔ'krivatɕ] imperf I vt 1. cover 2. (koszty) defray; (deficyt) meet II vr ~ć, ~wać się (zbiegać się) coincide

pokrywa [pɔ'kriva] f cover, bonnet, lid; mot. ~ silnika bonnet, am. hood

pokrywka [pɔ'krifka] f lid; cover

pokrzywa [pɔ'kʃiva] f bot. nettle

pokrzywka [pɔ'kʃifka] f med. urticaria, nettle-rash

pokusa [pɔ'kusa] f temptation

pokuta [pɔ'kuta] f expiation; (kara) punishment

pokwitować [pɔkfi'tɔvatɕ] vt receipt, give a receipt

pokwitowanie [pɔkfitɔ'vaɲɛ] n receipt; za ~m in return for a receipt

Polak ['pɔlak] m Pole

polana [pɔ'lana] f glade, clearing

pol|e ['pɔlɛ] n 1. field; ~e biwakowe ⟨namiotowe⟩ camping site; ~e orne arable field; przen. ~e bitwy battlefield; ~e działalności field of activity; w ~u widzenia within the range of one's vision; na tym ~u in this field ⟨sphere⟩; wywieść w ~e to take in; to hoax 2. szach. square

polec|ać [pɔ'lɛtsatɕ] imperf, ~ić [pɔ'lɛtɕitɕ] perf vt 1. (dawać polecenia) command, order 2. (czymś względom) recommend

polecenie [pɔlɛ'tsɛɲɛ] n 1. (czyimś względom) recommendation 2. (rozkaz) order, commission; ~ wypłaty order of payment

polecić zob. polecać

polecon|y [pɔlɛ'tsɔni] adj recommended; list ~y registered letter; przesyłka ~a registered parcel

polegać [pɔ'lɛgatɕ] vi 1. (ufać) rely, depend (na kimś on ⟨upon⟩ sb); nie można na nim ~ he can't be relied on 2. (zawierać się) consist (na czymś in sth); na czym to polega? what does it consist in?; to na tym polega, że ... the point is that ...

polepszenie [pɔlɛp'ʃɛɲɛ] n improvement, amelioration

polewaczka [pɔlɛ'vatʃka] f

(*konewka*) watering-can; ~ uliczna sprinkler

polędwica [pɔlɛ̃d'vitsa] *f* fillet, sirloin

policj|a [pɔ'ʎitsja] *f* police; komenda ~i police headquarters; posterunek ~i police station; ~a drogowa traffic and road police

policjant [pɔ'ʎitsjant] *m* policeman

policzek [pɔ'ʎitʃɛk] *m* 1. cheek 2. (*uderzenie*) slap; wymierzyć komuś ~ to slap sb's face

policzyć [pɔ'ʎitʃɪtɕ] I *vt* count, number II *vr* ~ się z kimś to settle accounts with sb; *pot.* to get even with sb

poliklinika [pɔʎi'kʎiɲika] *f* polyclinic

polisa [pɔ'ʎisa] *f* policy; ~ ubezpieczeniowa insurance policy

politechnika [pɔʎi'tɛxɲika] *f* engineering college; polytechnic (school)

polityka [pɔ'ʎitɪka] *f* (*działalność*) policy; (*nauka*) politics; ~ ekonomiczna economic policy; ~ pokojowa peaceful policy; ~ wewnętrzna interior ⟨home⟩ policy; ~ zagraniczna foreign policy

Polka ['pɔlka] *f* Polish woman

polny ['pɔlnɪ] *adj* field-

polować [pɔ'lɔvatɕ] *vi* hunt, shoot; (*o zwierzęciu*) prey

polowani|e [pɔlɔ'vaɲɛ] *n* chase, hunting, shooting; okres ~a open season; iść na ~e to go hunting

polski ['pɔlski] *adj* Polish

polszczyzn|a [pɔlʃ'tʃɪzna] *f* Polish (language); mówić dobrą ⟨złą⟩ ~ą to speak correct ⟨broken⟩ Polish

polubić [pɔ'luʎitɕ] *vt* take a liking ⟨a fancy⟩ (kogoś to sb)

połączenie [pɔŭɔ̃'tʃɛɲɛ] *n* union, combination; (*kolejowe*) connection; ~ autobusowe bus communication (service); ~ lotnicze air communication (service); ~ telefoniczne telephone communication

połączyć [pɔ'ŭɔ̃tʃɪtɕ] I *vt* connect, unite, join; combine; ~ telefonicznie to put through; proszę mnie ~ z numerem ... please give ⟨get⟩ me the number ...; put me through to ... II *vr* ~ się unite, join; (*w sojuszu*) ally; (*telefonicznie*) to get ⟨put a call⟩ through

poł|knąć ['pɔŭknɔ̃tɕ] *perf*, ~ykać [pɔ'ŭɪkatɕ] *imperf vt* swallow, gulp

połow|a [pɔ'ŭɔva] *f* half; (*środek*) middle; na ~ę by half; w ~ie drogi half-way; za ~ę ceny at half price

położeni|e [pɔŭɔ'ʒɛɲɛ] *n* position, situation; trudne ~e plight; być w tym samym ~u to be in the same boat; wejdź w moje ~e put yourself in my place ⟨situation⟩

położna [pɔ'ŭɔʒna] *f* midwife

położnica [pɔŭɔʒ'ɲitsa] *f* woman in childbirth

położyć [pɔ'ŭɔʒɪtɕ] I *vt* lay, put, place; ~ słuchawkę to put down the receiver; *przen.* ~ kres czemuś to put an end to sth; ~ trupem to kill II *vr* ~ się lie down, go to bed

połóg ['pɔŭuk] *m* child-birth, confinement

połów ['pɔŭuf] *m* catch; (*ryb*) fishing; ~ pereł pearl-fishing

południ|e [pɔ'ŭudɲɛ] *n* 1. (*pora dnia*) noon, midday; po ~u in the afternoon; w ~e at noon 2. *geogr.* south; na ~e southwards; south (od czegoś of sth)

południk [pɔ'ŭudɲik] *m geogr.* meridian

południowo-wschodni [pɔŭud-

'ɲɔvɔ'fsxɔdɲi] *adj* south-
-easterly
południowo-zachodni [pɔŭud-
'ɲɔvɔ za'xɔdɲi] *adj* south-
-westerly
południowy [pɔŭud'ɲɔvi] *adj*
southern, south; meridional;
biegun ~ Antarctic ⟨South⟩
Pole
połykać *zob.* **połknąć**
pom|agać [pɔ'magatç] *imperf*,
~**óc** ['pɔmuts] *perf vt* help,
aid, assist; (*przydać się*) do
the trick; **be of avail; co to**
~**oże?** what is the use of
it?
pomału [pɔ'maŭu] **I** *adv*
slowly; without haste **II** *int*
~! hold on!, don't be in a
hurry!
pomarańcza [pɔma'raɲtʃa] *f*
orange
pomarańczowy [pɔmaraɲ'tʃɔvi]
adj orange
pomidor [pɔ'mïdɔr] *m* tomato
pomidorow|y [pɔmïdɔ'rɔvi]
adj tomato; **zupa** ~a tomato soup
pomieszczenie [pɔmɛʃ'tʃɛɲɛ] *n*
accommodation, room;
space, lodging; **znaleźć dla**
kogoś ~ to accommodate
sb; to put sb up; **znaleźć** ~
dla siebie to find accommodation
pomieścić [pɔ'mɛçtçitç] *vt* put
up, accommodate; (*towar*)
store; (*zawierać*) contain;
mogący ~ **20 osób** with
accommodation for 20 per-
sons
pomiędzy [pɔ'mɛ̃dzi] *praep*
between; (*wśród*) among
pomi|jać [pɔ'mïjatç] *imperf*,
~**nąć** [pɔ'mïnɔ̃tç] *perf vt*
omit, overlook, neglect;
~**jać**, ~**nąć milczeniem** to
pass over in silence; ~**jać**
okazję to miss an opportunity; ~**jając to, że** ... apart
from the fact that ...
pomimo [pɔ'mïmɔ] *praep* in
spite of, despite; ~, **że** ...
although ...

pominąć *zob.* **pomijać**
pomnik ['pɔmɲik] *m* monument
pomnożyć [pɔ'mnɔʒitç] *vt*
multiply, increase
pomoc ['pɔmɔts] *f* help, aid,
assistance, relief; ~ **domo-**
wa domestic servant; ~ **le-**
karska medical assistance;
pierwsza ~ first aid; **przy**
~**y czegoś** by means of sth;
spieszyć komuś z ~**ą** to
hasten to sb's assistance;
wołać o ~ to cry out for
help; **na** ~! help!
pomocnik [pɔ'mɔtsɲik] *m*
assistant, aid
pomost ['pɔmɔst] *m* platform;
~ **okrętowy** gangway
pomóc *zob.* **pomagać**
pompa ['pɔmpa] *f* 1. pump;
~ **benzynowa** petrol pump;
mot. ~ **olejowa** oil pump;
~ **paliwowa** fuel pump; ~
ssąca suction pump; ~ **wod-**
na water pump 2. *przen.*
(*wystawność*) pomp
pompka ['pɔmpka] *f* pump;
(*do roweru*) inflator
pompować [pɔm'pɔvatç] *vt*
pump
pomylić [pɔ'mïɫitç] **I** *vt* con-
found **II** *vr* ~ **się** to make
⟨commit⟩ a mistake
pomyłk|a [pɔ'mïŭka] *f* mis-
take; **przez** ~**ę** by mistake
pomysł ['pɔmïsŭ] *m* idea: **co**
za ~! what an idea!
pomysłowy [pɔmï'sŭɔvi] *adj*
ingenious, resourceful
pomyśl|eć [pɔ'mïçlɛtç] *vi*
think; ~ **tylko!** just fancy
that!
pomyślnie [pɔ'mïçlɲɛ] *adv*
successfully, favourably
pomyśln|y [pɔ'mïçlɲi] *adv*
successful, favourable; ~**a**
wiadomość good news; ~**e**
lądowanie safe landing; ~**y**
skutek good effect; ~**y**
wiatr fair wind
ponad ['pɔnat] *praep* above,
over; ~ **wszelką wątpli-**
wość beyond any doubt; ~

30 złotych more than ⟨over⟩ 30 zlotys

ponadto [pɔ'nattɔ] *adv* moreover; **nic ~** nothing more

pon|awiać [pɔ'navatç] *imperf*, **~owić** [pɔ'nɔvitç] *perf vt* renew (wysiłki the efforts); **~awiać, ~owić prośbę** to repeat a request

poniedziałek [pɔɲe'dʑaŭɛk] *m* Monday; **w ubiegły ~** last Monday

ponieść *zob.* **ponosić**

ponieważ [pɔ'ɲɛvaʃ] *conj* because, as, since

poniżej [pɔ'ɲiʒɛj] *adv praep* underneath, beneath, below

pon|osić [pɔ'nɔçitç] *imperf*, **~ieść** ['pɔɲɛçtç] *perf vt* 1. carry, bear, wear; *przen.* **~osić, ~ieść straty** to suffer rosses; **~osić, ~ieść koszty** to bear the expenses; **~osić, ~ieść porażkę** to sustain ⟨suffer⟩ a defeat; **~osić odpowiedzialność za coś** to bear the responsibility for sth 2. (*o koniu*) carry away

ponowić *zob.* **ponawiać**

ponownie [pɔ'nɔvɲe] *adv* again, anew

ponowny [pɔ'nɔvni] *adj* renewed, repeated

ponury [pɔ'nurł] *adj* gloomy, dreary

pończoch|a [pɔɲ'tʃɔxa] *f* stocking; **~y nylonowe** ⟨wełniane⟩ nylon ⟨woollen⟩ stockings

poparci|e [pɔ'partçɛ] *n* support, backing, **udzielić komuś ~a** to back sb

popatrz|eć [pɔ'patʃɛtç], **~yć** [pɔ'patʃitç] *vi* look, glance

popełni|ać [pɔ'pɛŭnatç] *imperf*, **~ć** [pɔ'pɛŭnitç] *perf vt* commit; **~ać, ~ć błąd** to commit ⟨make⟩ a mistake; **~ć samobójstwo** to commit suicide

popielaty [pɔpɛ'latł] *adj* ashen, pale grey, ash-coloured

popielec [pɔ'pɛlɛts] *m* Ash-Wednesday

popielice [pɔpɛ'ʃitsɛ] *plt* (*futro*) calaber

popielniczka [pɔpɛl'ɲitʃka] *f* ash-tray

pop|ierać [pɔ'pɛratç] *imperf*, **~rzeć** ['pɔpʃɛtç] *perf vt* support, back; (*sztukę*) patronise; (*finansowo*) sponsor; encourage

popiersie [pɔ'pɛrçɛ] *n* bust

popiół ['pɔpuŭ] *m* ashes, cinders; **obrócić w ~** to reduce to ashes

popis ['pɔpis] *m* show, display, exhibition

popis|ać się [pɔ'pisatç çɛ] *perf*, **~ywać się** [pɔpi'sivatç çɛ] *imperf vr* display (*czymś* sth), show off, stage a show; **nie ma się czym ~ywać** there is nothing to boast of

poplamić [pɔ'plamitç] *vt* stain, spot, blot

popływać [pɔ'puŭvatç] *vi* have a swim; **chodźmy sobie ~** let's have a swim; let's go for a swim

popołudnie [pɔpɔ'ŭudɲe] *n* afternoon

popraw|a [pɔ'prava] *f* improvement, amendment; **~ ekonomiczna** economic improvement ⟨betterment⟩; **przyrzekać ~ę** to promise to mend one's ways

poprawi|ać [pɔ'pravatç] *perf* I *vt* correct, improve, better; (*okulary, makijaż itp.*) adjust; *kraw.* alter II *vr* **~ać, ~ć się** improve, reform

poprawny [pɔ'pravnł] *adj* correct; (*przyzwoity*) decent

poprosić [pɔ'prɔçitç] *vt* 1. ask; **mogę ~ o to?** may I have it? 2. (*zaprosić*) invite

po prostu [pɔ 'prɔstu] *adv* simply

poprzeczka [pɔ'pʃɛtʃka] *f sport.* (*u bramki*) cross-bar

poprzeczny [pɔ'pʃɛtʃnł] *adj* transversal

poprzeć *zob.* **popierać**

poprzedni [pɔ'pʃɛdɲi] *adj*

former, previous; ~ego dnia the day before

poprzednik [pɔ'pʃednik] *m* predecessor; (*o pisarzu*) precursor

poprzedz|ać [pɔ'pʃedzatɕ] *imperf*, ~ić [pɔ'pʃedʑitɕ] *perf vt* precede, go before; ~ać, ~ić przedmową to introduce with a preface

poprzesta|ć [pɔ'pʃɛstatɕ] *perf*, ~wać [pɔ'pʃɛstavatɕ] *imperf vi* cease, stop; ~ć, ~wać na czymś to content oneself ⟨be satisfied⟩ with sth

poprzez ['pɔpʃɛs] *praep* over, across, through, down

popsuć ['pɔpsutɕ] I *vt* 1. spoil 2. *przen.* corrupt, deprave II *vr* ~ się get spoiled, turn ⟨go⟩ bad; *przen.* deprave, currupt

popsuty [pɔ'psuti] *adj* 1. (*rozpuszczony*) spoiled; (*moralnie*) corrupt 2. (*o konserwie*) bad

popularn|y [pɔpu'larni] *adj* popular; muzyka ~a popular music; *pot.* pop music

popyt ['pɔpit] *m* demand (na coś for sth)

por [pɔr] *m bot.* leek

por² [pɔr] *m (w skórze)* pore

por|a ['pɔra] *f* time; (*roku*) season; ~a dnia the time of the day; ~a obiadowa dinner time; ~a zimowa winter-time; ~a, abyś poszedł spać it's time you went to bed; nie w ~ę out of season; untimely; o każdej porze at any time; w ~ę in time; w samą ~ę just in time

porad|a [pɔ'rada] *f* 1. advice; za czyjąś ~ą on sb's advice 2. (*prawna, lekarska*) consultation

poradnia [pɔ'radɲa] *f* (*lekarska*) dispensary; ~ przeciwgruźlicza anti-tuberculosis clinic

poradnik [pɔ'radɲik] *m* guide, guide-book, vade-mecum

poradz|ić [pɔ'radʑitɕ] I *vt* advise, give advice; nic na to nie ~ę I can't help it; ~ić sobie bez czegoś to get on without sth; ~ić sobie z czymś to manage ⟨get along, get on⟩ with sth II *vr* ~ić się consult (lekarza a doctor); ~ić się adwokata to see a lawyer

poranek [pɔ'ranɛk] *m* morning

poranny [pɔ'ranni] *adj* morning

porażenie [pɔra'ʒɛɲɛ] *n* stroke, paralysis; ~ elektryczne electric shock; ~ słoneczne sunstroke

porażka [pɔ'raʃka] *f* defeat

porcelana [pɔrtsɛ'lana] *f* china, porcelain

porcj|a ['pɔrtsja] *f* portion; helping; ration; duża ⟨mała⟩ ~a big ⟨small⟩ portion; pół ~i half a portion; ~a lodów a portion ⟨helping⟩ of icecream; czy mogę dostać drugą ~ę? may I have a second helping?

poręcz ['pɔrɛ̃tʃ] *f* 1. banister; (*krzesła*) arm; (*na okręcie*) railing 2. *pl* ~e *sport.* parallel bars

poręczyć [pɔ'rɛ̃tʃitɕ] *vt* guarantee

pornografia [pɔrnɔ'grafja] *f* pornography

poronienie [pɔrɔ'ɲɛɲɛ] *n* abortion, miscarriage

porozmawiać [pɔrɔz'mavjatɕ] *vi* have a talk, chat

porozumieć się [pɔrɔ'zumjetɕ ɕɛ̃] *vr* make oneself understood (z kimś by sb); get in touch, come to terms

porozumieni|e [pɔrɔzu'mjɛɲɛ] *n* agreement, understanding; dojść do ~a to come to terms ⟨to an agreement⟩; na skutek ~a by arrangement

poród ['pɔrut] *m* childbirth, delivery

porówn|ać [pɔ'ruvnatɕ] *perf*,

~ywać [pɔruv'nivatɕ] *imperf* I *vt* compare; check (z czymś with sth) II *vr* ~ać, ~ywać się compare, be compared

port [pɔrt] *m* port, harbour; ~ lotniczy airport; ~ morski seaport

portfel ['pɔrtfɛl] *m* pocket-book, wallet

portier ['pɔrtjɛr] *m* porter, door-keeper

portiernia [pɔrt'jɛrɲa] *f* door-keeper's lodge; porter's lodge

portmonetka [pɔrtmɔ'nɛtka] *f* purse

porto ['pɔrtɔ] *n* (*opłata*) postage; (*wino*) port

portret ['pɔrtrɛt] *m* portrait

Portugalczyk [pɔrtu'galtʃik] *m* Portuguese

portugalski [pɔrtu'galski] *adj* Portuguese

porucznik [pɔ'rutʃɲik] *m* wojsk. lieutenant

porusz|ać [pɔ'ruʃatɕ] *imperf*, ~yć [pɔ'ruʃitɕ] *perf* I *vt* 1. move; (o maszynie) work, drive; *przen.* ~ać, ~yć temat to raise a subject; to touch upon a subject; ~yć niebo i ziemię to leave no stone unturned 2. (*wzruszać*) move, affect, rouse II *vr* ~ać, ~yć się move, stir

porwać ['pɔrvatɕ] *vt* 1. (*człowieka*) abduct; (*dziecko*) kidnap 2. (*zabrać*) snatch, carry away 3. *przen.* (*zachwycić*) enrapture, ravish || ~ na kawałki to tear to pieces

porwanie [pɔr'vaɲɛ] *n* abduction; (*dziecka*) kidnapping

porywacz [pɔ'rivatʃ] *m* kidnapper; ~ samolotu hijacker

porywać [pɔ'rivatɕ] I *vt* seize; (*człowieka*) abduct; (*dziecko*) kidnap, carry away; (*samolot*) hijack || ~ za broń to rush to arms II *vr* . ~

się 1. (z miejsca) start up 2. (na coś) attempt (sth)

porząd|ek [pɔ'ʒɔdɛk] *m* order; ~ek dzienny (zebrania) agenda; ~ki wiosenne spring cleaning; zamiłowanie do ~ku love of order; coś jest nie w ~ku z moim samochodem there is something wrong with my car; doprowadzić do ~ku to put in order; doprowadzić się do ~ku to tidy oneself; nie w ~ku out of order; w ~ku in (good) order

porządkować [pɔʒɔt'kɔvatɕ] *vt* put in order

porzeczka [pɔ'ʒɛtʃka] *f* currant

porzuc|ać [pɔ'ʒutsatɕ] *imperf*, ~ić [pɔ'ʒutɕitɕ] *perf* *vt* abandon, leave, drop; (*służbę*) desert; ~ić palenie to give up smoking

posada [pɔ'sada] *f* situation, post, position; wolna ~ vacancy, opening

posadzka [pɔ'satska] *f* (z klepki) parquet floor; (marmurowa) marble floor; (kamienna) tile floor

posądz|ać [pɔ'sɔdzatɕ] *imperf*, ~ić [pɔ'sɔdʑitɕ] *perf* *vt* suspect· (kogoś o coś sb of sth)

posąg ['pɔsɔk] *m* statue

poselski [pɔ'sɛlski] *adj* deputy; Izba Poselska Chamber of Deputies

poselstwo [pɔ'sɛlstfɔ] *n* legation, mission

poseł ['pɔsɛu] *m* (pełnomocny) envoy; (członek delegacji) deputy; ~ do parlamentu Member of Parliament; am. Congressman

posezonow|y [pɔsɛzɔ'nɔvi] *adj* handl. sprzedaż ~a clearance sale

posiadać [pɔ'ɕadatɕ] *vt* possess, own, be in possession (coś of sth); *przen.* nie ~ się z radości to be beside oneself with joy

posiadłość [pɔ'ɕadŭɔɕtɕ] *f*

property, possession; (*ziemska*) estate

posiedzenie [pɔɕɛ'dzɛɲɛ] *n* session, meeting; **zrobić coś za jednym ~m** to do sth at one sitting

posiłek [pɔ'ɕiŭɛk] *m* meal, refreshment; **gorący ~** hot meal

poskutkować [pɔskut'kɔvatɕ] *vi* work (well), have effect; (*o lekarstwie*) take effect

posłać [1] *zob.* **posyłać**

posłać [2] ['pɔsŭatɕ] *vt* **~ łóżko** to make the bed

posłanie [pɔ'sŭaɲɛ] *n* bed, bedding; (*pościel*) bed clothes

posłaniec [pɔ'sŭaɲɛts] *m* messenger

posłuchać [pɔ'sŭuxatɕ] *vt* listen (**czegoś** to sth); (*być posłusznym*) obey (**kogoś sb**); **~ rady** to take sb's advice

posługaczka [pɔsŭu'gatʃka] *f* charwoman, servant

posługiwać się [pɔsŭu'ɡivatɕ ɕɛ] *vr* make use (**czymś** of sth), use (**czymś** sth)

posłuszny [pɔ'sŭuʃnĭ] *adj* obedient; **być ~m** to obey

posmarować [pɔsma'rɔvatɕ] *vt* smear, grease; **~ chleb masłem** to spread butter on bread

posolić [pɔ'sɔɦitɕ] *vt* salt

pospolity [pɔspɔ'ɦitĭ] *adj* common, vulgar

posprzątać [pɔ'spʃɔ̃tatɕ] *vt* clean up, make order; (*ze stołu*) clear up

posprzeczać się [pɔ'spʃɛtʃatɕ ɕɛ] *vr* quarrel

post [pɔst] *m* fast; **Wielki Post** Lent

posta|ć ['pɔstatɕ] *f* (*sylwetka*) figure; (*w powieści*) character, person; (*aspekt*) form; shape; **przybrać ~ć** to take the form of; **to zmienia ~ć rzeczy** it changes matters; **w ~ci czegoś** in the form of sth

postan|awiać [pɔsta'na ̌vatɕ] *imperf,* **~owić** [pɔsta'nɔ ̌vitɕ] *perf vt* decide, make up one's mind, resolvt

postanowienie [pɔstanɔ'vɛɲɛ] *n* decision, resolution

postarać się [pɔ'staratɕ ɕɛ] *vr* 1. try (**o coś** to do ⟨to get⟩ sth); make efforts (**to do** sth) 2. (*wykonać jak najlepiej*) do one's best

postawić [pɔ'sta ̌vitɕ] *vt* 1. put, place; *przen.* **~ pytanie** to ask a question; **~ świadka** to produce a witness; *szk.* **~ stopień** to give a mark; **~ na swoim** to have one's own way 2. (*wznieść*) build, erect

poste-restante ['pɔst rɛ'stãt] *n* 1. poste restante; **pisać na ~** to write to poste restante 2. (*przesyłka*) "to be called for", "to be left till called for"

posterunek [pɔstɛ'runɛk] *m* post, outpost; **~ milicji** militia station

postęp ['pɔstɛ̃p] *m* progress, advance

postępować [pɔstɛ̃'pɔvatɕ] *vi* (*iść*) move, proceed, advance; (*zachowywać się*) behave, act; **źle z kimś ~** to ill-treat sb

postępowy [pɔstɛ̃'pɔvĭ] *adj* progressive

postój ['pɔstuj] *m* halt, stand, stop; **~ taksówek** taxi-rank, taxi-stand

postscriptum [pɔst'skriptum] *n* postscript

postulat [pɔ'stulat] *m* postulate, claim, demand

posunąć *zob.* **posuwać**

posunięcie [pɔsu'ɲɛ̃tɕɛ] *n* move

posu|wać [pɔ'suvatɕ] *imperf,* **~nąć** [pɔ'sunɔ̃tɕ] *perf* I *vt* move, shift, advance; *przen.* **~wać, ~nąć sprawę za daleko** to carry things too far II *vr* **~wać, ~nąć się** move forward, advance, progress; *przen.* **~wać, ~nąć się w**

latach to be getting on in years

pos|yłać [pɔ'sɨuatɕ] *imperf*, **~łać** ['pɔsɨuatɕ] *perf vt* send; (*pocztą*) mail, post

poszanowanie [pɔʃanɔ'vaɲɛ] *n* respect, esteem, consideration

poszczególny [pɔʃtʃe'gulnɨ] *adj* individual, particular, respective

poszerz|ać [pɔ'ʃɛʒatɕ] *imperf*, **~yć** [pɔ'ʃɛʒɨtɕ] *perf vt* widen, broaden

poszewka [pɔ'ʃɛfka] *f* pillow--case

poszkodowany [pɔʃkɔdɔ'vanɨ] *adj* injured, harmed

poszukać [pɔ'ʃukatɕ] *vt* search ⟨look⟩ (**czegoś** for sth)

poszukiwacz [pɔʃu'kivatʃ] *m* searcher, researcher; **~ minerałów** prospector; **~ złota** gold-digger

poszukiwać [pɔʃu'kivatɕ] *vt* search (**czegoś** for sth); seek (**czegoś** sth)

poszukiwanie [pɔʃuki'vaɲɛ] *n* search; (*naukowe*) research; **~ winnego** investigation

poszwa ['pɔʃfa] *f* pillow-case

pościel ['pɔɕtɕɛl] *f* bed--clothes

pościg ['pɔɕtɕik] *m* chase, pursuit

pośladek [pɔ'ɕladɛk] *m* buttock

poślizgnąć się [pɔ'ɕliznɔtɕ ɕɛ̃] *vr* slip

poślubi|ać [pɔ'ɕlubatɕ] *imperf*, **~ć** [pɔ'ɕlubitɕ] *perf vt* marry

poślubn|y [pɔ'ɕlubnɨ] *adj* post--nuptial; **podróż ~a** wed-ding-trip: honeymoon trip

pośpiech ['pɔɕpɛx] *m* haste, hurry; **bez ~u** at leisure, leisurely; **w ~u** in a hurry

pośpieszny [pɔ'ɕpɛʃnɨ] *adj* hurried, hasty; **pociąg ~** fast ⟨express⟩ train

pośrednictw|o [pɔɕred'ɲitstfɔ] *n* mediation, intervention, intermediary; **biuro ~a pra-cy** Labour Exchange; (*dla*

służby domowej) Domestic Servant Registry; **za ~em** through the mediation of; by the agency of

pośredniczyć [pɔɕred'ɲitʃitɕ] *vi* mediate, be an agent

pośrednik [pɔ'ɕredɲik] *m* me-diator, intermediary; **~ handlu nieruchomościami** house agent, *am.* real es-tate agent

pośród ['pɔɕrut] *praep* amid, among

poświadczać [pɔ'ɕfattʃatɕ] *vt* testify, certify, confirm

poświadczenie [pɔɕfat'tʃɛɲɛ] *n* certificate, attestation, con-firmation

poświęc|ać [pɔ'ɕfɛ̃tsatɕ] *imperf*, **~ić** [pɔ'ɕfɛ̃tɕitɕ] *perf* I *vt* ↓. (*wyświęcać*) consecrate, sanctify 2. (*czynić ofiarę*) sacrifice, devote, dedicate; *przen.* **~ać**, **~ić więcej u-wagi czemuś** to give more time to sth II *vr* **~ać**, **~ić się** sacrifice ⟨devote⟩ one-self

pot [pɔt] *m* sweat, perspira-tion; **zlany ~em** sweating all over; bathed in per-spiration

potajemny [pɔta'jemnɨ] *adj* secret, clandestine

potańczyć [pɔ'tantʃitɕ] *vi* have a dance

potem ['pɔtɛm] *adv* then, afterwards; **na ~** for the future; for later on

potencjometr [pɔtɛn'tsjɔmetr] *m* potentiometer

potęg|a [pɔ'tɛ̃ga] *f* power, might; *mat.* power; **podno-sić do drugiej ~i** to raise to the square

potęgować [pɔtɛ̃'gɔvatɕ] I *vt* heighten, raise, intensify, increase II *vr* **~ się** inten-sify, increase

potęp|iać [pɔ'tɛ̃patɕ] *imperf*. **~ć** [pɔ'tɛ̃pitɕ] *perf vt* blame, condemn, disapprove

potężny [pɔ'tɛ̃ʒnɨ] *adj* mighty, powerful

potknięcie [pɔ'tkɲɛ̃tɕɛ] *n* (*nogą*) stumble; *przen.* slip

potłuc ['pɔtŭuts] *vt* (*talerz*) break; (*nogę*) bruise; hurt

potoczny [pɔ'tɔtʃnɪ] *adj* current, familiar, colloquial; ˙język ~ colloquial speech

potok ['pɔtɔk] *m* stream, torrent

potomek [pɔ'tɔmɛk] *m* offspring, descendant

potrafi|ć [pɔ'trafitɕ] *vt* know how to ..., manage; czy ty to ~sz? can you do it?

potraktować [pɔtrak'tɔvatɕ] *vt* treat

potraw|a [pɔ'trava] *f* dish; ~y dietetyczne dietetic dishes; ~y gorące hot dishes; ~y narodowe national ⟨traditional⟩ dishes; ~y zimne cold dishes ⟨buffet dishes⟩; spis ~ bill of fare, menu

potrąc|ać [pɔ'trɔ̃tsatɕ] *imperf*, ~ić [pɔ'trɔ̃tɕitɕ] *perf vt* (*kogoś*) push, jostle; (*z sumy pieniędzy*) deduct

po trochu [pɔ 'trɔxu] *adv* little by little, bit by bit, a little

potrwa|ć ['pɔtrfatɕ] *vi* last; to nie ~ długo it will not last ⟨take⟩ long

potrzeb|a [pɔ'tʃɛba] I *f* need, want, necessity; artykuły pierwszej ~y the necessaries of life; nagła ~a emergency; być w ~ie to be in need; nie ma ~y there is no need; w razie ~y in case of need II *v imp* ~a it is necessary; nie ~a dodawać ... needless to say ...; tego nam ~a that's what we need

potrzebny [pɔ'tʃɛbnɪ] *adj* necessary, wanted, needed

potrzebować [pɔtʃɛ'bɔvatɕ] *vt* need, want

potwierdz|ać [pɔ'tfɛrdzatɕ] *imperf*, ~ić [pɔ'tfɛrdʑitɕ] *perf vt* (*poświadczać*) confirm; (*potakiwać*) approve, attest; ~ać, ~ić odbiór to acknowledge the receipt

potworny [pɔ'tfɔrnɪ] *adj* monstrous

poufały [pɔu'faŭɪ] *adj* intimate, familiar

poufny [pɔ'ufnɪ] *adj* confidential

powaga [pɔ'vaga] *f* earnestness, seriousness, gravity; (*autorytet*) authority

poważanie [pɔva'ʒaɲɛ] *n* respect, esteem; (*w liście*) z ~m yours faithfully ⟨sincerely⟩

poważny [pɔ'vaʒnɪ] *adj* serious, grave, earnest; (*ważny*) important; (*znaczny*) considerable; (*o kobiecie*) być w ~m stanie to be in the family way

powąchać [pɔ'võxatɕ] *vt* smell, sniff (coś at sth)

powiadomić [pɔva'dɔmitɕ] *vt* inform, let know, advise

powiat ['pɔvat] *m* district, (*w Anglii*) county

powiatow|y [pɔva'tɔvɪ] *adj* district, county; miasto ~e county ⟨district⟩ town

powidła [pɔ'vidŭa] *plt* plum jam

powiedzieć [pɔ'vɛdʑɛtɕ] *vt* say; proszę mi ~ tell me, please

powieka [pɔ'vɛka] *f* eye-lid

powiel|ać [pɔ'vɛlatɕ] *imperf*, ~ić [pɔ'vɛɲitɕ] *perf vt* mimeograph, duplicate

powierzać [pɔ'vɛʒatɕ] *vt* (*czyjejś opiece*) charge with, entrust, confide

powierzchnia [pɔ'vɛʃxɲa] *f* surface, area

powierzchowny [pɔvɛʃ'xɔvnɪ] *adj* superficial, skin-deep

powiesić [pɔ'vɛɕitɕ] I *vt* hang II *vr* ~ się hang oneself

powieściopisarz [pɔvɛɕtɕɔ'pisaʃ] *m* novelist

powieść ['pɔvɛɕtɕ] *f* novel

powietrz|e [pɔ'vɛtʃɛ] *n* air; świeże ~e fresh air; na świeżym ~u in the open air; gry na świeżym ~u outdoor games

powiększ|ać [pɔ'vɛ̃kʃatɕ] *im-*

perf, ~yć [pɔ'vĕkʃitɕ] *perf*
I *vt* enlarge, augment,
increase; (*o szkle*) magnify;
fot. blow up II *vr* ~ać, ~yć
się increase
powiększalnik [pɔvĕk'ʃalɲik]
m fot. enlarger
powiększenie [pɔvĕk'ʃɛɲɛ] *n*
enlargement, increase; *fot.*
blow up
powiększyć *zob.* **powiększać**
powinien [pɔ'viɲɛn] he ⟨it⟩
sould; he ⟨it⟩ ought to;
~em to zrozumieć I should
⟨I ought to⟩ understand it
powinowaty [pɔvinɔ'vati] I *adj*
related, akin II *m* relative,
kinsman ⟨kinswoman⟩
powinszować [pɔvin'ʃɔvatɕ] *vt*
congratulate (komuś czegoś
sb on sth)
powinszowanie [pɔvinʃɔ'vaɲɛ]
n congratulation
powitać [pɔ'vitatɕ] *vt* greet,
welcome, salute
powitanie [pɔvi'taɲɛ] *n* welcome, salutation
powłoczka [pɔ'vŭɔtʃka] *f*
pillow-case
powłoka [pɔ'vŭɔka] *f* cover,
casing
powodować [pɔvɔ'dɔvatɕ] I *vt*
cause, bring about, provoke,
induce II *vr* ~ się be ruled
by ....; give oneself up to ..
powodzeni|e [pɔvɔ'dzɛɲɛ] *n*
success, prosperity; mieć
~e u kobiet to be a success
with women; mieć ~e w
życiu to succeed in life;
~a! good luck!
powodzi|ć się [pɔ'vɔdʑitɕ ɕɛ] *v
imp* jak ci się ~? how are
you faring ⟨getting on⟩?
dobrze mu się ~ he pros-
pers; he is getting on well;
he is well off; nieźle mu
się ~ he is not doing badly;
he is doing quite well
powoli [pɔ'vɔɫi] *adv* slowly;
(*stopniowo*) step by step
powolny [pɔ'vɔlni] *adj* slow,
sluggish
powołać *zob.* **powoływać**

powołani|e [pɔvɔ'ŭaɲɛ] *n* 1.
call; (*do zawodu*) vocation;
lekarz z ~a born physician
2. ~e się (*na coś*) reference
(to sth)
powoł|ywać [pɔvɔ'ŭivatɕ] *im-
perf*, ~ać [pɔ'vɔŭatɕ] *perf* I
vt call; (*na stanowisko*)
appoint; ~ywać, ~ać do
wojska to call up; to draft;
~ywać, ~ać na świadka to
call (to) witness II *vr*
~ywać, ~ać się refer (na
coś to sth)
powonienie [pɔvɔ'ɲɛɲɛ] *n*
(sense of) smell
pow|ód ['pɔvut] *m* cause, rea-
son, occasion; dać ~ód do
czegoś to give rise to sth;
dać ~ód do obaw to cause
anxiety; bez ~odu for no
reason; z ~odu because of;
by reason of; on account
of
powódź ['pɔvutɕ] *f* flood,
deluge
powr|acać [pɔ'vratsatɕ] *imperf*,
~ócić [pɔ'vrutɕitɕ] *perf vi*
return, come back; (*o bólu*)
recur; ~acać, ~ócić do zdrowia to recover
powrotny [pɔ'vrɔtni] *adj* return; bilet ~ return ticket
powrócić *zob.* **powracać**
powrót ['pɔvrut] *m* return;
~ do zdrowia recovery; termin powrotu date of return;
home-coming date
powstać *zob.* **powstawać**
powstanie [pɔ'fstaɲɛ] *n* 1.
(*zbrojne*) rising, uprising,
insurrection 2. (*zaczęcie ist-
nienia*) origin
powsta|wać [pɔ'fstavatɕ] *im-
perf*, ~ć ['pɔfstatɕ] *perf vi*
1. get ⟨stand⟩ up, rise;
przen. (*z upadku*) recover
2. (*buntować się*) rise up in
arms; revolt 3. (*wynikać*)
arise, start up; (*tworzyć się*)
come into being
powszechny [pɔ'fʃɛxni] *adj*
general, universal
powszedni [pɔ'fʃɛdɲi] *adj*

everyday, daily, common; chleb ~ daily bread; dzień ⧢ weekday, working-day
powt|arzać [pɔ'fta3atɕ] *imperf*, ⧢órzyć [pɔ'ftuʒitɕ] *perf* I *vt* repeat; (*w teatrze*) rehearse; (*opowiadać*) report II *vr* ⧢arzać, ⧢órzyć się recur
powtórnie [pɔ'fturɲɛ] *adv* again, anew, for the second time
powtórzyć *zob*. powtarzać
powyższy [pɔ'viʃʃi] *adj* above (mentioned)
powziąć ['pɔvʒɔtɕ] *vt* take (up); ⧢ decyzję to arrive at a decision; to take up a decision; ~ myśl to form an idea; ~ uchwałę to pass a resolution
poza ¹ ['pɔza] *f* pose; attitude
poza ² ['pɔza] *praep* behind, beyond; ⧢ służbą off duty; ~ tym apart from; besides; czy jeszcze coś ~ tym? anything else?
pozbawi|ać [pɔz'bavatɕ] *imperf*, ⧢ć [pɔz'bavitɕ] *perf* I *vt* deprive ⟨strip, dispossess⟩ (czegoś of sth); ~ć czci to dishonour II *vr* ~ać, ~ć się życia to take one's own life; to commit suicide
pozby|ć się ['pɔzbitɕ ɕẽ] *perf*, ~wać się [pɔ'zbivatɕ ɕẽ] *imperf vr* get rid (czegoś of sth); (*nałogu*) abandon
pozdr|awiać [pɔ'zdravatɕ] *imperf*, ⧢owić [pɔ'zdrovitɕ] *perf vt* greet, salute; ~ów go ode mnie remember me to him; give him my ⟨best ⟨kind⟩⟩ regards; serdecznie ~awiam ... I send ⟨I give⟩ my love to ...
pozdrowieni|e [pɔzdrɔ'vɛɲɛ] *n* greeting, salutation; ⧢a dla was wszystkich kind regards to you all; przesłać serdeczne ~a komuś to send one's love to sb
poziom ['pɔʒɔm] *m* level; ~ umysłowy intellectual level;

osiągnąć wysoki ⧢ to reach a high standard; nad ~em morza above sea level; poniżej ⧢u below the mark; na ~ie up to the mark; *mot*. ~ oleju oil level
poziomka [pɔ'ʒɔmka] *f* wild strawberry
poziomy [pɔ'ʒɔmi] *adj* horizontal, level; *przen*. low
pozna|ć ['pɔznatɕ] *perf*, ~wać [pɔ'znavatɕ] *imperf* I *vt* 1. (*kogoś*) make the acquaintance (of sb); get to know (coś sth); learn to know 2. (*rozpoznać*) recognize II *vr* ⧢ć, ~wać się to make each other's acquaintance; to get acquainted with sb; ~ć się na kimś to see through sb
pozornie [pɔ'zɔrɲɛ] *adv* apparently, to all appearances
pozostać *zob*. pozostawać
pozostały [pɔzɔ'staʉi] *adj* remaining, left; ~ przy życiu surviving
pozosta|wać [pɔzɔ'stavatɕ] *imperf*, ⧢ć [pɔ'zɔstatɕ] *perf vi* remain, stay; ⧢wać, ~ć w tyle to stay behind
pozostawi|ać [pɔzɔ'stavatɕ] *imperf*, ~ć [pɔzɔ'stavitɕ] *perf vt* leave; ⧢ać (wiele) do życzenia to leave much to be desired
poz|ór ['pɔzur] *m* appearance, pretence, pretext; na ~ór seemingly, apparently; pod ~orem under the pretence ⟨the pretext⟩ of; pod żadnym ⧢orem on no account; według wszelkich ⧢orów to all appearances; *przen*. zachować ~ory to keep up appearances
pozw|alać [pɔ'zvalatɕ] *imperf*, ⧢olić [pɔ'zvɔɲitɕ] *perf vt* allow, permit, let; jeśli pan ~oli if you don't mind; mogę sobie na to ~olić I can afford it; nie ~alać to forbid; to prevent; ~alać sobie na coś to indulge in sth; ~alać sobie na poufa-

łość z kimś to take liberties with sb
pozwoleni|e [pɔzvɔ'lɛɲɛ] *n* permission, consent; (*dokument*) licence; ∼e na pobyt permit of residence; ∼e przywozu import licence; *am.* entry permit; ∼e wywozu export licence; permit of export; udzielić ∼a to grant a permission ⟨licence⟩
pozwolić *zob.* pozwalać
pozycja [pɔ'zitsja] *f* position; ∼ prawna status; ∼ społeczna social standing; (*na liście, w rachunku*) item, entry
pozysk|ać [pɔ'ziskatɕ] *perf,* ∼iwać [pɔzis'kivatɕ] *imperf vt* gain, win; ∼ać, ∼iwać sobie czyjeś względy to win the favours of sb; ∼ać zgodę to win sb's consent
pozytyw [pɔ'zitif] *m fot.* positive
pozytywny [pɔzi'tivni] *adj* positive
pożar [pɔʒar] *m* fire
pożądany [pɔʒɔ'dani] *adj* desirable; (*o gościu*) welcome
pożegnać [pɔ'ʒɛgnatɕ] **I** *vt* take leave (kogoś of sb) **II** *vr* ∼ się say good-bye (z kimś to sb); take leave (z kimś of sb)
pożegnanie [pɔʒɛ'gnaɲɛ] *n* farewell, leave-taking, good-bye
pożycz|ać [pɔ'ʒitʃatɕ] *imperf,* ∼yć [pɔ'ʒitʃitɕ] *perf vt* (*komuś*) lend; (*od kogoś*) borrow
pożyczk|a [pɔ'ʒitʃka] *f* loan; udzielić ∼i to grant a loan; ubiegać się o ∼ę to apply for a loan; spłacić ∼ę to pay off a loan; zaciągnąć ∼ę to take a loan; tytułem ∼i on loan
pożyczyć *zob.* pożyczać
pożyteczny [pɔʒi'tɛtʃni] *adj* useful
pożyt|ek [pɔ'ʒitɛk] *m* use,

advantage, profit; dla naszego wspólnego ∼ku to our common advantage; jaki z tego ∼ek? what's the use of it?
pożywienie [pɔʒi'vɛɲɛ] *n* food, nourishment
pożywny [pɔ'ʒivni] *adj* nourishing, nutritious
pójść [pujɕtɕ] *vi* go; ∼ na spacer to go for a walk; ∼ po kogoś, coś to go and fetch sb, sth; to go to get sb, sth; ∼ w górę ⟨w dół⟩ to go up ⟨down⟩; ∼ za kimś to follow sb; *przen.* ∼ dobrze ⟨źle⟩ to turn out well ⟨badly⟩
póki ['puki] *conj* till, until; ∼ życia as long as I live
pół [puɫ] *indecl* half; semi; demi; dwa i ∼ two and a half; ∼ do piątej half past four; ∼ funta half a pound; ∼ na ∼ half-and-half, *pot.* fifty-fifty
półbucik [puɫ'butɕik] *m* low shoe
półcień ['puɫtɕɛɲ] *m* semi-darkness, twilight
półciężarówka [puɫtɕɛ̃ʒa'rufka] *f* light lorry ⟨truck⟩
półfabrykat [puɫfa'brikat] *m* half-product
półfinał [puɫ'finaɫ] *m sport.* semi-final
półka ['puɫka] *f* shelf, rack
półkula [puɫ'kula] *f* hemisphere
półmisek [puɫ'misɛk] *m* dish
półmrok ['puɫmrɔk] *m* dusk; semi-darkness
północ ['puɫnɔts] *f* 1. *geogr.* north; na ∼ od ... north of ... 2. (*pora*) midnight; o ∼y at midnight
północno-wschodni [puɫ'nɔtsnɔ'fsxɔdɲi] *adj* north-eastern
północno-zachodni [puɫ'nɔtsnɔza'xɔdɲi] *adj* north-western
północny [puɫ'nɔtsni] *adj* (*o biegunie*) north; (*o wietrze*)

northern; (*o pozycji*) northward

półprodukt [puŭ'prɔdukt] *m* = **półfabrykat**

półpiętro [puŭ'pḛtrɔ] *n* (*na schodach*) landing; (*między piętrami*) mezzanine (floor); entresol

półrocze [puŭ'rɔtʃɛ] *n* half-year; *uniw.* semester

półtora [puŭ'tɔra] *num* one and a half

półwysep [puŭ'vi̇sɛp] *m geogr.* peninsula

później ['puʐnɛj] *adv* later (on), afterwards; **dwa dni ~** two days later; **wcześniej czy ~** sooner or later

późn|o ['puʐnɔ] *adv* late; **do ~a** till late; **za ~o** too late

późny ['puʐni̇] *adj* late

prac|a ['pratsa] *f* work; job; (*trud*) labour; **~a akordowa** piece-work; **~a na dniówkę** time-work; **~e domowe** house-work; **postarać się o ~ę** to find employment; **bez ~y** out of work

pracochłonny [pratsɔ'xŭɔnni̇] *adj* labour-consuming, labour-taking

pracować [pra'tsɔvatɕ] *vi* work; **~ na chleb** to earn one's bread

pracowity [pratsɔ'viti̇] *adj* laborious, industrious

pracownia [pra'tsɔvɲa] *f* laboratory, workshop, study; (*artysty*) studio

pracownik [pra'tsɔvɲik] *m* worker, employee; **~ fizyczny** manual worker; **~ umysłowy** brain-worker, white-collar worker; **~ administracyjny** civil servant; **~ państwowy** government official, public servant

praczka ['pratʃka] *f* washerwoman

prać [pratɕ] *vt* wash

pragnąć ['pragnɔtɕ] *vt* desire (*czegoś* sth), wish (*czegoś* for sth)

pragnienie [pra'gɲɛɲɛ] *n* thirst; **mieć ~** to be thirsty; (*życzenie*) desire

praktyczny [prak'titʃni̇] *adj* practical; (*o człowieku*) businesslike

prakty|ka [prak'tika] *f* practice, apprenticeship, training; **zastosować w ~ce** to put in practice

pralka ['pralka] *f* washing machine, washer

pralnia ['pralɲa] *f* laundry; **~ chemiczna** dry cleaning shop; dry cleaner's (shop)

prani|e ['praɲɛ] *n* washing; **~e chemiczne** dry cleaning; **bielizna do ~a** laundry; **posłać bieliznę do ~a** to send linen to the wash ⟨laundry⟩

prasa ['prasa] *f* press; (*dzienniki*) the press

prasować [pra'sɔvatɕ] *vt* press; (*żelazkiem*) iron

prasow|y [pra'sɔvi̇] *adj* press; **agencja ~a** press agency; **konferencja ~a** press conference

prawd|a ['pravda] *f* truth; **powiedzieć komuś ~ę w oczy** to give sb a piece of one's mind; **~ę mówiąc ...** to tell the truth ...; **to ~a** it is true; **to święta ~!** it's gospel truth!

prawdopodobny [pravdɔpɔ'dɔbni̇] *adj* probable, likely

prawdziwy [prav'dʑivi̇] *adj* true, real, genuine

prawidło [pra'vi̇dŭɔ] *n* (*reguła*) rule; (*do butów*) boot-tree, shoe-tree

prawidłowy [pravi̇'dŭɔvi̇] *adj* correct, regular

prawie ['praviɛ] *adv* almost, nearly; **~ go nie znam** I hardly know him; **~ nigdy** scarcely ⟨hardly⟩ ever

prawnik ['pravɲik] *m* lawyer; (*student*) law student

prawny ['pravni̇] *adj* legal, lawful, legitimate

prawo [1] ['pravɔ] *n* 1. law; **~ cywilne** civil law; **~ karne** criminal law; **ustanowić ~**

to make ⟨to enact⟩ a law; znieść ~ to repeal a law 2. (*do czegoś*) right; (*zezwolenie*) licence; ~ autorskie copyright; ~ głosowania voting right; ~ jazdy driving licence; ~ własności right of property; mieć ~ do czegoś to have a right ⟨to be entitled⟩ to sth

prawo² ['pravɔ] *n* the right; the right-hand side; na ~ to the right; skręt w ~ right turn

prawosławny [pravɔ'sŭavnɨ] *adj* Orthodox

prawostronny [pravɔ'strɔnnɨ] *adj* right-hand (ruch traffic)

praw|y ['pravɨ] *adj* right, honest; (*o stronie*) right; po ~ej stronie on the right

prąd [prɔt] *m* current, flow, stream; (*literacki*) trend; pod ~ against the stream; z ~em with the stream; *przen.* iść z ~em to go with the tide; *elektr.* ~ stały direct current; ~ zmienny alternating current

prądnica [prɔd'ɲitsa] *f elektr.* generator

prążkowany [prɔʃkɔ'vanɨ] *adj* striped, streaked

precyzyjn|y [pretsɨ'zɨjnɨ] *adj* precision; mechanika ~a fine ⟨precision⟩ mechanics

precz [pretʃ] *int* away!; off (z tym with it)!; idź ~! go away!; begone!; ~ z anarchią! down with the anarchy!

prelegent [prɛ'lɛgɛnt] *m* lecturer

prelekcja [prɛ'lɛktsja] *f* lecture

preliminarz [prɛɲi'minaʃ] *m* preliminary; ~ budżetowy budget estimates

premia ['prɛmja] *f* premium, bonus

premier ['prɛmɛr] *m* prime minister, premier

premiera [prɛ'mɛra] *f* first ⟨opening⟩ night

premiować [prɛm'jɔvatɕ] *vt* pay a bonus (kogoś to sb); pay a premium (coś on sth)

prenumerata [prɛnumɛ'rata] *f* subscription

prenumerować [prɛnumɛ'rɔvatɕ] *vt* subscribe (coś to sth)

pretekst ['prɛtɛkst] *m* pretext, excuse; pod ~em czegoś under ⟨on⟩ the pretext ⟨pretence⟩ of sth

pretensj|a [prɛ'tɛnsja] *f* pretension, claim; mieć ~e do kogoś to have a grudge against sb; nie miej do mnie o to ~i don't blame me for it; rościć ~e to lay claims; to claim (o coś sth)

prezencj|a [prɛ'zɛntsja] *f* presence, bearing; on ma dobrą ~ę he has good looks

prezen|t ['prɛzɛnt] *m* present, gift; dać w ~cie to make a gift ⟨a present⟩ (coś of sth); ~t dla rodziny gift ⟨present⟩ for the family; dostać w ~cie to get sth as a gift

prezes ['prɛzɛs] *m* chairman, president

prezydent ['prɛzɨdɛnt] *m* president

prędki ['prɛtki] *adj* quick, swift, fast

prędzej ['prɛdzɛj] *adj* 1. quicker, more quickly; czym ~ as soon as possible; ~ czy później sooner or later 2. (*raczej*) sooner, rather

pręt [prɛt] *m* rod, stick, bar

problem ['prɔblɛm] *m* problem, issue

procent ['prɔtsɛnt] *m* percentage, interest; na 5 ~ at 5 per cent; przynosić ~ to bear interest; z ~em with interest

proces ['prɔtsɛs] *m* 1. process; *sąd.* trial, lawsuit, case; ~ rozwodowy divorce case; wytoczyć komuś ~ to bring an action against sb 2. (*przebieg*) course

procesować się [prɔtsɛ'sɔvatɕ
ɕɛ̃] *vr* be engaged in a lawsuit, prosecute at law
prochowiec [prɔ'xɔvɛts] *m*
dust-coat
producent [prɔ'dutsɛnt] *m*
producer
produkcj|a [prɔ'duktsja] *f*
production, output; ~a se-
ryjna standard production;
środki ~i means of pro-
duction
produkować [prɔdu'kɔvatɕ] *vt*
produce, make, manufacture
produkt ['prɔdukt] *m* product,
produce; ~y spożywcze
provisions, food-stuffs; ~
uboczny by-product
produktywny [prɔduk'tivni]
adj productive
profesor [prɔ'fɛsɔr] *m* professor
profil ['prɔfil] *m* profile; z ~u
in profile
profilaktyczny [prɔfilak'titʃni]
adj prophylactic
prognoza [prɔ'gnɔza] *f* prognosis; ~ pogody weather forecast
program ['prɔgram] *m* programme; ~ studiów curric-
ulum; ~ kin ⟨teatrów⟩
cinema ⟨theatre⟩ pro-
grammes
projekcja [prɔ'jɛktsja] *f* projection
projek|t ['prɔjɛkt] *m* scheme,
design, plan, draft; układać
~ty na przyszłość to make
plans for the future; w ~cie
in draft ⟨design⟩
projektor [prɔ'jɛktɔr] *m* projector
projektować [prɔjɛk'tɔvatɕ] *vt*
(*zamierzać*) plan, make
plans; (*rysować*) design,
project
prokurator [prɔku'ratɔr] *m*
public prosecutor
proletariat [prɔlɛ'tarjat] *m*
proletariat
prolog ['prɔlɔk] *m* prologue
prolongować [prɔlɔn'gɔvatɕ] *vt*
prolong, extend

prom [prɔm] *m* ferry, ferry-
-boat
promesa [prɔ'mɛsa] *f* promise;
~ wizy visa promise
promieniotwórczy [prɔmiɛnɔ-
'tfurtʃi] *adj* radioactive
promieniować [prɔmiɛ'nɔvatɕ]
vi radiate
promie|ń ['prɔmiɛɲ] *m* 1.
beam, ray; ~ń słoneczny
sunbeam; ~nie Roentgena
X-rays 2. *geom.* radius
promil ['prɔmil] *m* promille;
per mille; pół ~a half a
promille
promocja [prɔ'mɔtsja] *f*. promotion
propagować [prɔpa'gɔvatɕ] *vt*
propagate
proponować [prɔpɔ'nɔvatɕ] *vt*
propose, offer
proporcja [prɔ'pɔrtsja] *f* proportion
proporzec [prɔ'pɔʒɛts] *m* pen-
non
propozycja [prɔpɔ'zitsja] *f* proposal, offer, suggestion
prosić ['prɔɕitɕ] *vt vi* ask, beg,
request; ~ na obiad to in-
vite to dinner; ~ o coś to
ask for sth; ~ o pozwole-
nie to request permission;
~ o rękę (dziewczyny) to
ask for a girl's hand (in
marriage); czy mogę ~ o
coś? may I ask you for sth?;
proszę państwa! ladies and
gentlemen!; proszę wejść!
come in, please!
prosiak ['prɔɕak] *m, prosię
['prɔɕɛ̃] *n* pigling, piglet
prospekt ['prɔspɛkt] *m* prospect; (*broszura*) leaflet,
prospectus
prost|o ['prɔstɔ] *adv* straight,
directly; iść ~o przed sie-
bie to go straight ahead;
siedzieć ~o to sit upright;
po ~u simply
prostokąt [prɔs'tɔkɔ̃t] *m mat.*
rectangle
prostopadły [prɔstɔ'padui] *adj*
perpendicular

prostota [prɔ'stɔta] *f* simplicity, homeliness

prostować [prɔ'stɔvatɕ] **I** *vt* straighten, make straight; (*błąd*) rectify, correct **II** *vr* ~ się straighten

prosty ['prɔsti] *adj* straight, direct; (*nieskomplikowany*) simple, plain, common

proszek ['prɔʃɛk] *m* powder; ~ do pieczenia baking powder; ~ do zębów tooth-powder

prośb|a ['prɔʑba] *f* request; (*do urzędu*) application; (*podanie*) petition; mam do ciebie ~ę I have a favour to ask of you; I have a request to make; na waszą ~ę at your request

protekcja [prɔ'tɛktsja] *f* patronage, protection; backing

protest ['prɔtɛst] *m* protest, protestation; założyć ~ to lodge a protest

protestować [prɔtɛ'stɔvatɕ] *vt* protest

proteza [prɔ'tɛza] *f* 1. prosthesis; ~ kończyny artificial limb; ~ oka ocular prosthesis 2. (*sztuczna szczęka*) denture; ~ zębowa (*częściowa*) dental prosthesis

protokół [prɔ'tɔkuů] *m* 1. record, report; spisać ~ komuś to make a report ⟨take down evidence⟩ on sb 2. (*dyplomatyczny*) protocol 3. (*z posiedzenia*) minutes

prototyp [prɔ'tɔtip] *m* prototype

prowadzić [prɔ'vadʑitɕ] **I** *vt* lead, guide; (*koncert*) conduct; (*samochód*) drive; (*sklep*) run, keep; (*instytucję*) manage; (*księgi*) keep; (*rozmowę*) carry on; (*zebranie*) preside; (*wojnę*) wage; ~ dalej to continue; proszę ~ please lead the way **II** *vr* ~ się pod rękę to walk arm in arm

prowiant ['prɔvant] *m* provisions; suchy ~ packed (lunch etc.)

prowincj|a [prɔ'vintsja] *f* province; (*kraj poza stolicą*) provinces; na ~i in the country ⟨provinces⟩

prowizja [prɔ'vizja] *f* commission, percentage

proz|a ['prɔza] *f* prose; ~ą in prose

prób|a ['pruba] *f* 1. trial, test; na ~ę on trial; poddawać ~ie to put to trial ⟨to the test⟩; *przen.* ciężka ~a ordeal 2. *teatr.* rehearsal; ~a generalna dress rehearsal

próbka ['prupka] *f* sample, pattern

próbować [pru'bɔvatɕ] *vt* 1. try, test; ~ szczęścia to take a chance; to try one's luck 2. (*kosztować*) taste

prócz [prutʃ] *praep* except, save; ~ tego besides

próg [pruk] *m* threshold

próżn|y ['pruʒni] *adj* empty, void, vacant; (*daremny*) vain, futile; (*zarozumiały*) conceited; *pot.* ~e gadanie idle talk

prycza ['pritʃa] *f* plank-bed

prymus ['primus] *m* (*maszynka*) primus (stove); spirit lamp

pryszcz [priʃtʃ] *m* pimple, boil

prysznic ['priʃnits] *m* shower-bath; wziąć ~ to take a shower

prywatny [pri'vatni] *adj* private

przebacz|ać [pʃɛ'batʃatɕ] *imperf*, ~yć [pʃɛ'batʃitɕ] *perf vt* pardon, forgive

przebaczenie [pʃɛba'tʃɛɲɛ] *n* pardon, forgiveness; prosić kogoś o ~ to beg sb's pardon

przebaczyć *zob.* **przebaczać**

przebieg ['pʃɛbɛk] *m* course, run

przebicie [pʃɛ'bitɕɛ] *n* puncture; *elektr.* breakdown

przebić ['pʃɛbit͡ɕ] *vt* puncture; pierce; *elektr.* break down

przeb|ierać [pʃɛ'bɛrat͡ɕ] *imperf*, ~**rać** ['pʃɛbrat͡ɕ] *perf* I *vt* (*wybierać*) sort; ~**ierać starannie** to pick and choose; ~**ierać nogami** to fidget; ~**ierać palcami po czymś** to fiddle about with sth; ~**ierać palcami po instrumencie** to finger an instrument; *przen.* ~**ierać**, ~**rać miarę w jedzeniu** ⟨**piciu**⟩ to eat ⟨drink⟩ to excess II *vr* ~**ierać**, ~**rać się** change (one's clothes); (*za coś, za kogoś*) disguise oneself; to dress up

przebój ['pʃɛbuj] *m* hit

przebrać *zob.* **przebierać**

przebrani|e [pʃɛ'branɛ] *n* disguise; **w** ~**u** in disguise

przebudowa [pʃɛbu'dɔva] *f* reconstruction, rebuilding

przebywać [pʃɛ'bivat͡ɕ] *vi* stay, live; ~ **stale** to reside

przecen|a [pʃɛ'tsɛna] *f* reduction of prices; reduced prices; **towary z** ~**y** goods at reduced prices

przechadzk|a [pʃɛ'xatska] *f* walk, stroll; ~**a dla zdrowia** constitutional; **iść na** ~**ę** to go for a walk

przechodni [pʃɛ'xɔdɲi] *adj* transitional, transitory; *gram.* transitive; **puchar** ~ challenge cup

prze|chodzić [pʃɛ'xɔd͡ʑit͡ɕ] *imperf*, ~**jść** ['pʃɛjɕt͡ɕ] *perf vt* pass, go over; ~**chodzić**, ~**jść przez ulicę** to cross the street ‖ ~**chodzić**, ~**jść operację** to undergo an operation; ~**chodzić**, ~**jść wiele kłopotów** to go through much trouble; to mu ~**jdzie** he will get over it; **ustawa** ~**chodzi większością głosów** the bill is voted ⟨carried⟩ by the majority

przechodzień [pʃɛ'xɔd͡ʑɛɲ] *m* passer-by

przechować *zob.* **przechowywać**

przechowalnia [pʃɛxɔ'valɲa] *f* left-luggage office; cloakroom; *am.* baggage room

przechow|ywać [pʃɛxɔ'vivat͡ɕ] *imperf*, ~**ać** [pʃɛ'xɔvat͡ɕ] *perf vt* keep, preserve

przeciąć *zob.* **przecinać**

przeciąg ['pʃɛt͡ɕɔ̃k] *m* draught, current of air; (*czasu*) period, space of time; **na** ~ **miesiąca** for a month; **w** ~**u dnia** during ⟨in the course of⟩ the day; **w** ~**u tygodnia** within ⟨in the course of⟩ a week

przeciążony [pʃɛt͡ɕɔ̃'ʒɔɲi] *adj* overloaded, overworked

przecieka|ć [pʃɛ't͡ɕɛkat͡ɕ] *vi* leak; **dach** ~ the roof is leaking; **zbiornik** ~ the tank is leaking

przecier ['pʃɛt͡ɕɛr] *m* pomace, paste; ~ **owocowy** fruit pomace; ~ **pomidorowy** tomato paste

przecież ['pʃɛt͡ɕɛʃ] *conj* yet, still; **a** ~ and yet; after all

przeciętny [pʃɛ't͡ɕɛ̃tɲi] *adj* average, mediocre

przeci|nać [pʃɛ't͡ɕinat͡ɕ] *imperf*, ~**ąć** ['pʃɛt͡ɕɔ̃t͡ɕ] *perf vt* cut (through); ~**nać**, ~**ąć rozmowę** to cut short ⟨to end⟩ a conversation

przecinek [pʃɛ't͡ɕinɛk] *m* comma

przeciw ['pʃɛt͡ɕif] *praep* against; **nie mam nic** ~ **temu** I don't mind it; I have no objection to it; **za i** ~ the pros and cons

przeciwbólowy [pʃɛt͡ɕivbu'lɔvi] *adj med.* analgesic

przeciwdziałać [pʃɛt͡ɕiv'd͡ʑaṷat͡ɕ] *vt* counteract, counterwork (*czemuś* sth)

przeciwieństw|o [pʃɛt͡ɕi'vɛ̃nstfɔ] *n* opposition, contrast, the opposite; **w** ~**ie do czegoś** in contrast with sth; unlike sth

przeciwnie [pʃɛ't͡ɕivɲɛ] *adv* on

⟨just⟩ the contrary; **wprost** ~ the other way

przeciwnik [pʃɛ'tɕivɲik] *m* adversary, opponent

przeciwny [pʃɛ'tɕivnɨ] *adj* opposite, adverse, contrary; **być** ~**m czemuś** to object to sth; **w** ~**m razie** otherwise

przeciwstawi|ać [pʃɛtɕif'stavatɕ] *imperf*, ~**ć** [pʃɛtɕif'staviitɕ] *perf* I *vt* oppose (**komuś, czemuś** to sb, sth), set against II *vr* ~**ać**, ~**ć się** oppose (**komuś, czemuś** sb, sth), be opposed (**czemuś** to sth)

przeczący [pʃɛ'tʃɔtsɨ] *adj* negative

przecznica [pʃɛtʃ'ɲitsa] *f* cross-street, cross-line

przeczu|ć ['pʃɛtʃutɕ] *perf*, ~**wać** [pʃɛ'tʃuvatɕ] *imperf vt* have a feeling (**coś** of sth); (*zło*) forebode; have a suspicion ⟨a presentiment⟩

przeczyć ['pʃɛtʃɨtɕ] *vt* deny (**czemuś** sth); contradict (**komuś** sb); ~ **istnieniu czegoś** to negate the existence of sth

przeczyszczający [pʃɛtʃɨʃtʃa-'jɔtsɨ] *adj* (*także* **środek** ~) *med.* purgative, laxative

przeczytać [pʃɛ'tʃɨtatɕ] *vt* read over; (*uważnie*) peruse; ~ **głośno** to read out loud

przed [pʃɛt] *praep* before, in front of, ahead of; **iść** ~ **siebie** to go ahead; ~ **domem** in front of the house; ~ **miesiącem** a month ago; ~ **południem** before noon

przedawniony [pʃɛda'vɲonɨ] *adj* prescribed, superannuated, outdated

przed|dzień ['pʃɛddʑɛɲ] *m* **w** ~**edniu ...** on the eve of ...

przede wszystkim [pʃɛdɛ'fʃɨstkim] *adv* above all, first of all

przedłużacz [pʃɛ'duuʒatʃ] *m* extension rod; lengthening bar

przedłuż|ać [pʃɛ'duuʒatɕ] *imperf*, ~**yć** [pʃɛ'duuʒɨtɕ] *perf vt* (*pobyt*) prolong; (*wizę*) extend; (*suknię*) lengthen

przedmieście ['pʃɛd'mɛɕtɕɛ] *n* suburb

przedmiot ['pʃɛdmiɔt] *m* object; (*temat*) subject; matter, subject-matter

przedmowa [pʃɛd'mɔva] *f* preface, foreword

przedni ['pʃɛdɲi] *adj* front; foremost; ~**a noga** foreleg, forefoot; ~**e koła** front wheels

przedosta|ć się [pʃɛ'dɔstatɕ ɕɛ] *perf*, ~**wać się** [pʃɛdɔ'stavatɕ ɕɛ] *imperf vr* get through; push one's way; penetrate (**do czegoś** into sth); *przen.* ~**ć**, ~**wać się do wiadomości publicznej** to become public knowledge

przedostatni [pʃɛdɔ'statɲi] *adj* last but one; ~**a noc** the night before last

przedpłata [pʃɛt'puata] *f* prepayment; payment in advance; (*czasopisma*) subscription

przedpokój [pʃɛt'pɔkuj] *m* antechamber, lobby

przedpołudnie [pʃɛtpɔ'uudɲɛ] *n* forenoon

przedramię [pʃɛd'ramɛ̃] *n* forearm

przedruk ['pʃɛdruk] *m* reprint; ~ **wzbroniony** copyright

przedsiębiorca [pʃɛt-ɕɛ̃'bɔrtsa] *m* contractor; (*budowlany*) builder

przedsiębiorczy [pʃɛt-ɕɛ̃'bɔrtʃi] *adj* enterprising, full of initiative

przedsiębiorstwo [pʃɛt-ɕɛ̃'bɔrstfɔ] *n* enterprise, concern, business; ~ **państwowe** state(-owned) enterprise

przedsię|brać [pʃɛt'ɕɛ̃bratɕ] *imperf*, ~**wziąć** [pʃɛt'ɕɛ̃vzɔ̃tɕ] *perf vt* undertake; ~**brać**, ~**wziąć kroki** to take steps

przedsięwzięcie [pʃɛtɕɛ̃'vzɛ̃-

tçɛ] *n* undertaking, enterprise

przedsprzedaż [pʃɛt'spʃɛdaʃ] *f* advance sale; **kupić bilety w ~y to** book seats ⟨tickets⟩ in advance; **biuro ~y** booking office

przedstawi|ać [pʃɛt'staṿatç] *imperf*, **~ć** [pʃɛt'staṿitç] *perf* I *vt* present, represent; (*przedłożyć*) submit; (*osobę*) introduce; **~ać, ~ć sobie** to imagine; **jak się sprawy ~ają?** how do matters stand? II *vr* **~ać, ~ć się** introduce oneself

przedstawiciel [pʃɛt-sta'ṿitçɛl] *m* representative; (*handlowy*) agent

przedstawicielstwo [pʃɛt-staṿi'tçɛlstfɔ] *n* agency, delegation

przedstawić *zob.* **przedstawiać**

przedstawienie [pʃɛt-sta'ṿɛɲɛ] *n* 1. (*osób*) presentation, introduction 2. *teatr.* performance, show, spectacle; **~ przedpołudniowe** matinée

przedszkole [pʃɛt'ʃkɔlɛ] *n* kindergarten

przedtem ['pʃɛttɛm] *adv* before, formerly; **na krótko ~** shortly before

przedwczoraj [pʃɛt'ftʃɔraj] *adv* the day before yesterday

przedwiośnie [pʃɛd'ṿɔçɲɛ] *n* early spring

przedział ['pʃɛdʒaṷ] *m* 1. partition 2. (*w wagonie*) compartment; **~ bagażowy** luggage compartment; **~ dla palących** ⟨niepalących⟩ smoking ⟨non smoking⟩ compartment; **~ zarezerwowany** reserved compartment 3. (*we włosach*) parting

przedziel|ać [pʃɛ'dʒɛlatç] *imperf*, **~ić** [pʃɛ'dʒɛɲitç] *perf vt* divide, part

przegi|ąć ['pʃɛɡɔ̃tç] *perf*, **~nać** [pʃɛ'ɡinatç] *imperf vt* bend, bow

przegląd ['pʃɛɡlɔ̃t] *m* review, inspection, revision, survey; **~ lekarski** medical examination; *mot.* **~ gwarancyjny** guarantee survey; **~ okresowy** periodical survey; **~ techniczny** technical survey

prze|glądać [pʃɛ'ɡlɔ̃datç] *imperf*, **~jrzeć** ['pʃɛjʒɛtç] *perf vt* review, look over ⟨through⟩, examine; revise

przegłosować [pʃɛɡṷɔ'sɔvatç] *vt* carry by vote, outvote

przegonić [pʃɛ'ɡɔɲitç] *vt* (*w biegu*) outrun, overtake; (*przewyższyć*) outdistance

przegotować [pʃɛɡɔ'tɔvatç] *vt* (*zagotować*) boil, bring to the boil; (*zbyt długo gotować*) overboil; **~ wodę** ⟨mleko⟩ to boil water ⟨milk⟩

przegrać *zob.* **przegrywać**

przegrana [pʃɛ'ɡrana] *f* defeat, loss; lost game

przegr|ywać [pʃɛ'ɡrivatç] *imperf*, **~ać** ['pʃɛɡratç] *perf vt* lose

przegrz|ać ['pʃɛɡʒatç] *perf*, **~ewać** [pʃɛ'ɡʒɛvatç] *imperf vt* overheat; (*o silniku*) become overheated

przegub ['pʃɛɡup] *m* (*ręki*) wrist, joint

przejaw ['pʃɛjaf] *m* symptom, sign

przejawi|ać [pʃɛ'javatç] *imperf*, **~ć** [pʃɛ'javitç] *perf* I *vt* manifest, display II *vr* **~ać, ~ć się** manifest oneself, be revealed

przejazd ['pʃɛjast] *m* passage; (*kolejowy*) crossing; **~ wzbroniony** no thoroughfare; **~ górą** overcrossing; **~ dołem** undercrossing, *am.* underpass; **~ nie strzeżony** unguarded crossing; **~ strzeżony** guarded crossing

przejażdżka [pʃɛ'jaʃtʃka] *f* ride, trip; (*samochodem*) drive

przeje|chać [pʃɛ'jɛxatç] *perf*, **~żdżać** [pʃɛ'jɛdʒatç] *imperf* I *vt vi* pass, ride; travel; (*minąć, np. stację*) miss;

przejezdny

~chać, ~żdżać, przez mia-
sto to pass through the
city; ~chać, ~żdżać na drugą stronę mostu to ride ⟨to
drive⟩ across a bridge;
~chać cały świat to travel
all over the world; (najechać) to run over sb; to
knock sb down II vr ~chać
się to make a trip, to take
a drive ⟨a ride⟩; (po morzu)
to sail across
przejezdny [pʃɛ'jɛzdnɪ] m
passenger, traveller; stranger; am. (w hotelu) tran-
sient
przejeżdżać zob. **przejechać**
przejmować [pʃɛj'mɔvatɕ] I vt
take over II vr ~ się be
impressed, be moved (czymś
by sth)
przejrzeć zob. **przeglądać**
przejście ['pʃɛjɕtɕɛ] n 1. passage, transition; gangway;
~ dla pieszych pedestrian
crossing; ~ graniczne border crossing; ~ podziemne
dla pieszych (pedestrian)
subway; am. underpass; ~
uliczne na pasach zebra
crossing 2. (przeżycie) experience; (przykre) trial, ordeal
przejściowy [pʃɛj'ɕtɕɔvɪ] adj
temporary, transitory
przejść zob. **przechodzić**
przekaz ['pʃɛkas] m draft,
order; ~ pieniężny money
order
przekąsić [pʃɛ'kɔɕitɕ] vt vi
have a snack
przekąska [pʃɛ'kɔska] f snack,
refreshment
przekleństwo [pʃɛ'klɛɲstfɔ] n
curse
przekład ['pʃɛkŭat] m translation, version
prze|kładać [pʃɛ'kŭadatɕ] im-
perf, ~łożyć [pʃɛ'ŭɔʑitɕ] perf
vt 1. (z miejsca na miejsce)
transfer; move, shift; (z
kieszeni itp.) empty (do ko-
szyka into a basket); (kłaść
na zmianę) interlay 2. (tłu-

maczyć) translate (na an-
gielski into English) 3. (karty) cut
przekładnia [pʃɛ'kŭadɲa] f
techn. gear, switch; mot.
~ ślimakowa worm gear;
~ zębata toothed gear
przekłu|ć ['pʃɛkŭutɕ] perf,
~wać [pʃɛ'kŭuvatɕ] imperf
vt pierce
przekonać zob. **przekonywać**
przekonani|e [pʃɛkɔ'naɲɛ] n
conviction; ~a polityczne
political convictions; dochodzić do ~a to conclude;
to come to a conclusion;
mam ~e, że... I am con-
vinced, that...; według mego najgłębszego ~a to the
best of my belief
przekon|ywać [pʃɛkɔ'nivatɕ]
imperf, ~ać [pʃɛ'kɔnatɕ]
perf I vt convince, per-
suade II vr ~ywać, ~ać się
ascertain, convince oneself
przekonywający [pʃɛkɔniva-
'jɔtsɪ] adj convincing, per-
suasive, conclusive
przekraczać zob. **przekroczyć**
przekreśl|ać [pʃɛ'krɛɕlatɕ]
imperf, ~ić [pʃɛ'krɛɕlitɕ]
perf vt cross out, cancel,
annul
przekręc|ać [pʃɛ'krɛntsatɕ] im-
perf, ~ić [pʃɛ'krɛntɕitɕ] perf
vt twist, turn; (słowa itp.)
distort
przekroczenie [pʃɛkrɔ'tʃɛɲɛ] n
(wykroczenie) offence;
(przepisów) transgression;
(planu itp.) exceeding; ~
granicy crossing the frontier; ~ dozwolonej szybko-
ści exceeding the speed
limit; ~ konta w banku
overdraft; ~ przepisów prawa transgression of the bar
przekr|oczyć [pʃɛ'krɔtʃitɕ] vt
(przejść) cross; (przewyższyć) exceed, surpass, overstep; (liczebnie przewyż-
szać) outnumber; (prawo)
transgress; ~oczyć granice
przyzwoitości to overstep

the bounds of decency; ~oczyć rachunek (bankowy) to overdraw one's account; ~oczyć dozwoloną szybkość to exceed the speed limit; to ~acza moje środki *(finansowe)* this is beyond my means

przekroić [pʃɛ'krɔitɕ] *vt* cut (in two)

przekrój ['pʃɛkruj] *m* section; ~ **pionowy** vertical section; ~ **poziomy** horizontal ⟨level⟩ crossing; ~ **poprzeczny** cross-section; *przen.* w **przekroju** in profile

przekształc|ać [pʃɛ'kʃtaůtsatɕ] *imperf*, ~ić [pʃɛ'kʃtaůtɕitɕ] *perf* I *vt* transmute, transform II *vr* ~ać, ~ić się transform, change (w coś into sth)

przekupić [pʃɛ'kupitɕ] *vt* bribe

przekupywać [pʃɛku'pivatɕ] *vt* bribe, corrupt

przekwit|ać [pʃɛ'kfitatɕ] *imperf*, ~nąć [pʃɛ'kfitnɔtɕ] *perf* *vi* cease blooming, wither, fade; to be out of bloom

przelew ['pʃɛlɛf] *m (pieniężny)* transfer || ~ **krwi** bloodshed

przelęknąć się [pʃɛ'lɛknɔtɕ ɕɛ] *vr* be frightened, take fright (czegoś at sth)

przeliczyć [pʃɛ'ɬitʃitɕ] I *vt* count over II *vr* ~ się miscalculate

przelot ['pʃɛlɔt] *m* passage, flight

przeludnienie [pʃɛlud'ɲɛɲɛ] *n* overpopulation

przeludniony [pʃɛlud'ɲɔɲi] *adj* overpopulated

przeładow|ać [pʃɛůa'dɔvatɕ] *perf*, ~ywać [pʃɛůadɔ'vivatɕ] *imperf* *vt* 1. *(przenieść ładunek)* reload, trans-ship 2. *(przeciążać)* overload; *(ludźmi)* overcrowd

przeładunek [pʃɛůa'dunɛk] *m* reloading, trans-shipment

przełaj ['pʃɛůaj] *m* na ~

across country; **pójść na** ~ to take a short cut; *sport.* **bieg na** ~ cross-country race

przełącz|ać [pʃɛ'ůɔtʃatɕ] *imperf*, ~yć [pʃɛ'ůɔtʃitɕ] *perf* *vt elektr.* switch; *telef.* put through

przełącznik [pʃɛ'ůɔtʃɲik] *m elektr.* switch, commutator

przełączyć *zob.* przełączać

przełęcz ['pʃɛůɛtʃ] *f* pass

przełom ['pʃɛůɔm] *m* breach, fracture; *przen.* crisis, turning point; ~ **wieku** turn of the century

przełożony [pʃɛůɔ'ʒɔɲi] *m* superior, principal

przełożyć *zob.* przekładać

przełyk ['pʃɛůik] *m* gullet; *anat.* oesophagus

przem|akać [pʃɛ'makatɕ] *imperf*, ~oknąć [pʃɛ'mɔknɔtɕ] *perf* *vi* be drenched, be soaked; ~oknąć do nitki to get wet to the skin

przemaszerować [pʃɛmaʃɛ'rɔvatɕ] *vi* march by ⟨past⟩, parade

przem|awiać [pʃɛ'mavatɕ] *imperf*, ~ówić [pʃɛ'muvitɕ] *perf* *vi* speak, deliver a speech; address (do kogoś sb); ~awiać; ~ówić za kimś to speak for sb; to say a good word for sb

przemęcz|ać [pʃɛ'mɛtʃatɕ] *imperf*, ~yć [pʃɛ'mɛtʃitɕ] *perf* I *vt* overstrain, overwork II *vr* ~ać, ~yć się work too much, overwork

przemęczenie [pʃɛmɛ̃'tʃɛɲɛ] *n* overstrain, overwork

przemieszczenie [pʃɛmɛʃ'tʃɛɲɛ] *n med.* dislocation, displacement

przemi|jać [pʃɛ'mijatɕ] *imperf*, ~nąć [pʃɛ'minɔtɕ] *perf* *vi* pass, go by; ~nęlo it's all over

przemoczy|ć [pʃɛ'mɔtʃitɕ] *vt* wet, drench; ~lem nogi I've got wet feet

przemoknąć *zob.* przemąkać

przemówić *zob.* przemawiać
przemówienie [pʃɛmu'vɛɲɛ] *n* speech, address; wygłosić ~ to deliver a speech
przemyc|ać [pʃɛ'mitsatç] *imperf*, ~ić [pʃɛ'mitçitç] *perf vt* smuggle
przemysł ['pʃɛmisŭ] *m* industry; ~ lekki ⟨ciężki⟩ light ⟨heavy⟩ industry; ~ motoryzacyjny motor ⟨automotive⟩ industry; ~ turystyczny tourist industry; ~ węglowy coal industry
przemysłowiec [pʃɛmɨ'sŭɔvɛts] *m* industrialist
przemysłowy [pʃɛmɨ'sŭɔvɨ] *adj* industrial
przemyt ['pʃɛmit] *m* smuggling, contraband
przemytnik [pʃɛ'mitɲik] *m* smuggler, contrabandist; *(alkoholu)* bootlegger
przenicować [pʃɛɲi'tsɔvatç] *vt kraw.* turn
przenieść *zob.* przenosić
przenik|ać [pʃɛ'ɲikatç] *imperf*, ~nąć [pʃɛ'ɲiknɔ̃tç] *perf vt* 1. penetrate; *(o wieści, tajemnicy)* transpire, infiltrate 2. *fiz.* filter, diffuse
przenocować [pʃɛnɔ'tsɔvatç] I *vi* pass the night II *vt (kogoś)* put up for the night
przen|osić [pʃɛ'nɔçitç] *imperf*, ~ieść ['pʃɛnɛçtç] *perf* I *vt* transport, transfer, remove; *(w rachunkach)* carry over ⟨forward⟩ || ~osić, ~ieść na emeryturę to pension II *vr* ~osić, ~ieść się move
przenośny [pʃɛ'nɔçnɨ] *adj (o maszynie itp.)* portable; *(o znaczeniu)* metaphorical; w ~m znaczeniu in a figurative sense
przeoczyć [pʃɛ'ɔtʃitç] *vt* overlook, miss
przepadać [pʃɛ'padatç] *vi* 1. *(ginąć)* be ⟨get⟩ lost 2. *(przy egzaminie)* fail 3. *(bardzo lubić)* to be very fond (za czymś of sth); ~ za kimś to dote on sb

przepaść ['pʃɛpaçtç] *f* precipice, abyss
przepełniony [pʃɛpɛŭ'ɲɔɲi] *adj (o naczyniu)* overflowing, brimful; *(ludźmi)* overcrowded
przepis ['pʃɛpis] *m* receipt; *kulin.* recipe; *med.* prescription; *(reguła)* regulation; ~y ruchu traffic regulations; highway code; wbrew ~om against ⟨contrary to⟩ the regulations; łamać ~y to break ⟨infringe⟩ the regulations
przepisać *zob.* przepisywać
przepisowy [pʃɛpi'sɔvɨ] *adj* regular, approved, obligatory
przepis|ywać [pʃɛpi'sivatç] *imperf*, ~ać [pʃɛ'pisatç] *perf vt* 1. copy, rewrite; ~ywać, ~ać coś na czysto to make a clean copy of sth 2. *(zalecać)* order; ~ywać, ~ać lek to prescribe a medicine 3. *prawn. (własność)* sign away
przepłac|ać [pʃɛ'pŭatsatç] *imperf*, ~ić [pʃɛ'pŭatçitç] *perf vt* overpay
przepły|wać [pʃɛ'pŭivatç] *imperf*, ~nąć [pʃɛ'pŭinɔ̃tç] *perf vt (o człowieku)* swim (across); *(o okręcie)* sail, cross; *(o rzece)* flow
przepocić [pʃɛ'pɔtçitç] *vt* sweat through, saturate with sweat
przepona [pʃɛ'pɔna] *f* diaphragm, midriff
przepowi|adać [pʃɛpɔ'vadatç] *imperf*, ~edzieć [pʃɛpɔ'vɛdzɛtç] *perf vt* foretell, predict, prophesy
przepowiednia [pʃɛpɔ'vɛdɲa] *f* prophecy; prediction; forecast, prognosis
przepracowany [pʃɛpratsɔ'vaɲi] *adj* overworked, run-down
przeprać ['pʃɛpratç] *vt* wash
przeprasować [pʃɛpra'sɔvatç] *vt* press, iron

przepr|aszać [pʃɛ'praʃatɕ] *imperf*, ~osić [pʃɛ'prɔɕitɕ] *perf vt* beg (kogoś sb's) pardon; apologize (za coś for sth); ~szam! excuse me!; I am sorry!; sorry!; ~aszam, która godzina? excuse me, what time is it?

przeprawa [pʃɛ'prava] *f* 1. (*pгzejście*) passage; crossing 2. (*transport*) transport ⟨conveyance⟩ 3. *przen.* (*przykre zajście*) incident, scene

przeprowadz|ać [pʃɛprɔ'vadzatɕ] *imperf*, ~ić [pʃɛprɔ'vadʑitɕ] *perf* I *vt* lead, get through; (*plan*) carry out; (*reformę*) put in force; carry into effect II *vr* ~ać, ~ić się move

przeprowadzka [pʃɛprɔ'vatska] *f* removal

przepuklina [pʃɛpu'kʎina] *f* hernia, rupture

przepustk|a [pʃɛ'pustka] *f* pass, permit; wydać ~ę to issue ⟨grant⟩ a permit

przepu|szczać [pʃɛ'puʃtʃatɕ] *imperf*, ~ścić [pʃɛ'putɕɕitɕ] *perf vt* 1. let pass ⟨through⟩ 2. (*przeciekać, np. o naczyniu*) leak || ~ścić okazję to miss the opportunity

przepych ['pʃɛpɨx] *m* luxury, splendour, pomp

przer|abiać [pʃɛ'rabatɕ] *imperf*, ~obić [pʃɛ'rɔbitɕ] *perf vt* 1. (*lekcję*) get through; ~abiać z kimś gramatykę to drill sb in grammar 2. (*sztukę, książkę itp.*) revise, remodel, rewrite 3. (*suknię*) alter, remake

przera|zić [pʃɛ'raʑitɕ] *perf*, ~żać [pʃɛ'raʒatɕ] *imperf* I *vt* terrify, appal, frighten II *vr* ~zić się be frightened, be terrified

przerażający [pʃɛraʒa'jɔtsɨ] *adj* appalling, terrifying

przerobić *zob.* przerabiać

przeróbka [pʃɛ'rupka] *f* 1. recast, revision, adaptation;

~ filmowa film version 2. *kraw.* alteration

przerw|a ['pʃɛrva] *f* 1. break, pause; ~a obiadowa lunch time; ~a w obradach adjournment; bez ~y without intermission; non-stop 2. *teatr.* interval, intermission 3. (*w piłce nożnej*) half--time

przer|wać ['pʃɛrvatɕ] *perf*, ~ywać [pʃɛ'rɨvatɕ] *imperf vt* interrupt, break off, pause

przesada [pʃɛ'sada] *f* exaggeration

przesadz|ać [pʃɛ'sadzatɕ] *imperf*, ~ić [pʃɛ'sadʑitɕ] *perf vt* 1. (*roślinę*) transplant 2. (*wyolbrzymiać*) exaggerate, overdo

przesąd ['pʃɛsɔt] *m* prejudice, superstition

przesądny [pʃɛ'sɔdnɨ] *adj* superstitious

przesiać *zob.* przesiewać

przesi|adać się [pʃɛ'tɕadatɕ tɕɛ] *imperf*, ~ąść się ['pʃɛtɕɔɕtɕ tɕɛ] *perf vr* (*z miejsca na miejsce*) change places; (*z pociągu na pociąg*) change trains

przesiadka [pʃɛ'tɕatka] *f* change (of trains)

przesiąknięty [pʃɛtɕɔk'ɲɛ̃tɨ] *adj* imbued, soaked, permeated

przesiąść się *zob.* przesiadać się

przesiedlenie [pʃɛtɕɛ'dlɛɲɛ] *n* displacement, migration; (*przymusowe*) deportation

przesi|ewać [pʃɛ'tɕevatɕ] *imperf*, ~ać ['pʃɛtɕatɕ] *perf vt* sift, sieve

przesilenie [pʃɛtɕi'lɛɲɛ] *n* crisis; *astr.* ~ dnia z nocą solstice

przesłać *zob.* przesyłać

przesłona [pʃɛ'sũɔna] *f* screen; *fot.* diaphragm

przesłuchać [pʃɛ'sũuxatɕ] *vt* hear; ~ płytę to hear a record

36 Słownik

przesmyk ['pʃesmɨk] m pass, neck; *geogr.* isthmus

przespać ['pʃɛspatɕ] I *vt* drowse away, sleep away ⟨off⟩ II *vr* ~ się take ⟨have⟩ a nap

przestać *zob.* przestawać

przestarzały [pʃesta'ʒaŭɨ] *adj* out of date, obsolete; (o *dowcipie*) stale

przesta|wać [pʃe'stavatɕ] *imperf*, ~ć ['pʃestatɕ] *perf vt* stop, cease; ~wać z kimś to associate with sb

przestawi|ać [pʃe'stavatɕ] *imperf*, ~ć [pʃe'stavitɕ] *perf vt* displace, switch; (*zmieniać porządek*) transpose

przestępca [pʃe'stɛptsa] m criminal, offender

przestępstwo [pʃe'stɛpstfɔ] n crime, offence

przestrach ['pʃestrax] m fright, alarm

przestraszyć [pʃe'straʃitɕ] I *vt* frighten, scare II *vr* ~ się be frightened. be scared

przestroga [pʃe'strɔga] f warning, caution

przestrze|c ['pʃestʃets] *perf*, ~gać [pʃe'stʃegatɕ] *imperf vt* warn (przed czymś of sth), caution (przed czymś against sth); (*stosować się*) to observe (the laws etc.); ~gać przepisów itd. to abide by rules ⟨regulations⟩ etc.

przestrzeń ['pʃestʃeɲ] f space, room

przestudiować [pʃestu'djovatɕ] *vt* study, examine

przesu|wać [pʃe'suvatɕ] *imperf*, ~nąć na później to postpone; to put off

przes|yłać [pʃe'sɨŭatɕ] *imperf*, ~łać ['pʃesɨŭatɕ] *perf vt* send, forward

przesyłka [pʃe'sɨŭka] f consignment, dispatch; (*statkiem*) shipment; (*paczka*) parcel; ~ pocztowa postal packet ⟨matter⟩; ~ pieniężna money order; ~ ekspresowa express ⟨special deliv-

ery⟩ matter, letter etc.; ~ lotnicza air parcel ⟨letter⟩; ~ polecona registered parcel ⟨letter⟩

przeszczep ['pʃeʃtʃep] m transplant, graft,transplantation

przeszk|adzać [pʃe'ʃkadzatɕ] *imperf*, ~odzić [pʃe'ʃkɔdzitɕ] *perf vt* hinder, hamper; disturb, trouble; be a nuisance (komuś to sb); ~adzać, ~odzić komuś w zrobieniu czegoś to keep sb from doing sth; proszę mi nie ~adzać don't disturb me, please

przeszko|da [pʃe'ʃkɔda] f obstacle, hindrance; handicap; stać na ~dzie to stand in the way; stanowić ~dę to be an obstacle

przeszkodzić *zob.* przeszkadzać

przeszło ['pʃeʃŭɔ] *adv* more than, above

przeszłość ['pʃeʃŭɔɕtɕ] f past

przeszły ['pʃeʃŭɨ] *adj* past; *gram.* czas ~ past tense

prześcieradło [pʃeɕtɕe'radŭɔ] n sheet

prześcig|ać [pʃe'ɕtɕigatɕ] *imperf*, ~nąć [pʃe'ɕtɕignɔ̃tɕ] *perf vt* outdistance, outrun, outdo; *przen.* surpass

prześwietl|ać [pʃe'ɕfetlatɕ] *imperf*, ~ić [pʃe'ɕfetɕitɕ] *perf* I *vt med.* X-ray II *vr* ~ać, ~ić się *med.* be X-rayed

prześwietlenie [pʃeɕfet'leɲe] n *med.* X-ray examination

przet|apiać [pʃe'tapatɕ] *imperf*, ~opić [pʃe'tɔpitɕ] *perf vt* melt, smelt, recast

przetarg ['pʃetark] m auction

przeterminowany [pʃetermino'vanɨ] *adj* overdue

przetłumaczyć [pʃetŭu'matʃitɕ] *vt* translate, interpret

przetopić *zob.* przetapiać

przetrzym|ać [pʃe'tʃɨmatɕ] *perf*, ~ywać [pʃetʃɨ'mivatɕ] *imperf vt* 1. keep, (sth) too long 2. (*znosić*) endure, stand

przetwarzać [pʃɛ'tfaʒatɕ] *vt* transform, manufacture, process

przetwór ['pʃɛtfur] *m* produce, product, manufacture

przetwórnia [pʃɛ'tfurɲa] *f* factory, manufacture

przewaga [pʃɛ'vaga] *f* superiority, predominance; *sport.* advantage

przeważając|y [pʃɛvaʒa'jɔ̃tsi] *adj* prevailing, prevalent; ~a większość overwhelming majority

przeważnie [pʃɛ'vaʒɲɛ] *adv* mostly, mainly; for the most part

przewidujący [pʃɛvidu'jɔ̃tsi] *adj* foreseeing, far-seeing, farsighted

przewi|dywać [pʃɛvi'divatɕ] *imperf*, ~dzieć [pʃɛ'vidzɛtɕ] *perf vt* foresee, anticipate; *(pogodę)* forecast

przewietrzyć [pʃɛ'vɛt-ʃitɕ] I *vt* ventilate, air II *vr* ~ się *pot.* to take the air

przewieźć *zob.* przewozić

przewinienie [pʃɛvi'ɲɛɲɛ] *n* offence

przewlekły [pʃɛ'vlɛkwi] *adj* lasting, prolonged; *(o chorobie)* chronic

przewodniczący [pʃɛvɔdɲi'tʃɔ̃tsi] *m* chairman

przewodniczyć [pʃɛvɔd'ɲitʃitɕ] *vt* preside *(zebraniu* over the meeting)

przewodnik [pʃɛ'vɔdɲik] *m* 1. guide 2. *(książka)* guide-book 3. *fiz.* conductor

przew|ozić [pʃɛ'vɔʑitɕ] *imperf*, ~ieźć ['pʃɛvɛ̇ɕtɕ] *perf vt* transport, carry, convey; *(okrętem)* ship

przewozow|y [pʃɛvɔ'zɔvi] *adj* transport, freight; list ~y bill of consignment; środki ~e means of conveyance ⟨transport⟩

przewoźnik [pʃɛ'vɔʑɲik] *m* carrier, transport agent; *(łodzią)* boatman; *(promem)* ferryman

przew|ód ['pʃɛvut] *m* 1. *anat.* canal, duct 2. *techn.* conduit, channel; *elektr.* wire; *(gazowy)* pipe 3. ~ód sądowy trial, procedure ‖ *przen.* pod ~odem under the conduct ⟨the command⟩ of

przewóz ['pʃɛvus] *m* transport, carriage

przewr|acać [pʃɛ'vratsatɕ] *imperf*, ~ócić [pʃɛ'vrutɕitɕ] *perf* I *vt* turn, upturn, upset, overturn; *przen.* ~acać do góry nogami to turn upside down; ~acać komuś w głowie to put ideas into ⟨to turn⟩ sb's head; ~acać oczami to roll one's eyes II *vr* ~acać ~ócić się overturn; *(na łóżku itp.)* toss; ~ócić się na bok to turn on one's side

przewrót ['pʃɛvrut] *m* revolution; subversion, upheaval

przewyższ|ać [pʃɛ'viʃʃatɕ] *imperf*, ~yć [pʃɛ'viʃʃitɕ] *perf vt* surpass, exceed; *(liczebnie)* outnumber

przez [pʃɛs] *praep* across, by, over, through; *(o czasie)* during, in, within, for; ~ cały czas all the time; ~ cały dzień all day long; ~ ciekawość out of curiosity; ~ telefon over the phone; by phone; to ~ ciebie it is because of you; ~ grzeczność by courtesy; as an act of politeness

przeziębić się [pʃɛ'ʑɛ̃bitɕ ɕɛ] *vr* catch cold ⟨a chill⟩

przeziębienie [pʃɛʑɛ̃'bɛɲɛ] *n* cold, chill

przeznacz|ać [pʃɛ'znatʃatɕ] *imperf*, ~yć [pʃɛ'znatʃitɕ] *perf vt* intend, destine, mean *(na coś, dla kogoś* for sth, sb)

przeznaczenie [pʃɛzna'tʃɛɲɛ] *n* destination; *(los)* destiny

przezrocz|e [pʃɛ'zrɔtʃɛ] *n* slide; kolorowe ~a colour slides

przezroczysty [pʃɛzrɔ'tʃisti] *adj* transparent; *(o wodzie)* clear

przezwisko [pʃɛ'zviskɔ] *n* nickname

przezwycięż|ać [pʃɛzvi'tɕɛ̃ʒatɕ] *imperf*, **~yć** [pʃɛzvi'tɕɛ̃ʒitɕ] *perf vt* surmount, overcome; (*uczucie*) get over

przeżycie [pʃɛ'ʒitɕɛ] *n* 1. (*doświadczenie*) experience 2. (*przetrwanie*) survival

przeży|ć ['pʃɛʒitɕ] *perf*, **~wać** [pʃɛ'ʒivatɕ] *imperf vt* 1. (*kogoś*) outlive, survive; *przen.* on tego nigdy nie ~je he will never get over it 2. (*doznać*) experience, go through

przęsło ['pʃɛ̃suɔ] *n* (*mostu*) bay

przodek ['pʃɔdɛk] *m* 1. ancestor 2. (*przednia część*) forepart

przodownik [pʃɔ'dɔvɲik] *m* head-worker, foreman; **~** pracy labour champion

przodujący [pʃɔdu'jɔ̃tsi] *adj* leading

prz|ód [pʃut] *m* front, forepart; na ~edzie in the front; at the head; z ~odu in front; iść ~odem to go first; to lead the way

przy [pʃi] *praep* near, close to; at; by; ~ pracy at work; ~ stole at table; ~ świetle dziennym by daylight; być ~ zdrowych zmysłach to be sane; nie mam ~ sobie pieniędzy I have no money on me

przybi|ć ['pʃibitɕ] *perf*, **~jać** [pʃi'bijatɕ] *imperf* I *vt* (*młotkiem*) nail II *vi* (*do brzegu*) come to shore

przybliżać się [pʃi'bʎiʒatɕ ɕɛ] *vr* come ⟨move, draw⟩ near (do kogoś, czegoś sb, sth); approach (do kogoś, czegoś sb, sth); (*nadchodzić*) draw near

przybliżeni|e [pʃibʎi'ʒɛɲɛ] *n* approach, approximation; w ~u approximately

przybory [pʃi'bɔri] *plt* outfit, equipment, accessories, utensils, kit; **~** do mycia washing equipment; **~** piśmienne stationery, writing materials; **~** toaletowe toilet things

przybran|y [pʃi'braɲi] *adj* adoptive; **~e** dziecko adoptive child; **~a** matka adoptive mother; **~y** ojciec adoptive father; **~i** rodzice adoptive parents; **~e** nazwisko assumed name; pseudonym

przybrzeżn|y [pʃi'bʒɛʒɲi] *adj* coastal, riverside; **straż ~a** coast guard; **żegluga ~a** cabotage

przybudówka [pʃibu'dufka] *f* annex, outhouse

przyby|ć ['pʃibitɕ] *perf*, **~wać** [pʃi'bivatɕ] *imperf vi* 1. reach (**na miejsce** one's destination); come (**do Warszawy** to Warsaw), arrive (**do Londynu** in London) 2. (*powiększać się*) be added; increase; (*o wodzie w rzece*) rise; **~ło mi na wadze** I put on weight; **~ło nam pracy** we have more work now

przychodnia [pʃi'xɔdɲa] *f* out-patients' department, dispensary, clinic

przy|chodzić [pʃi'xɔdʑitɕ] *imperf*, **~jść** ['pʃijɕtɕ] *perf vi* come; **~chodzić**, **~jść z interesem** to come on business; *przen.* łatwo **~chodzić**, **~jść** to come easy; **~chodzić**, **~jść do siebie** to come round; to come to one's senses; **~chodzić**, **~jść do zdrowia** to recover; **~chodzi mi do głowy ...** it occurs to me ...

przychód ['pʃixut] *m* income

przychylny [pʃi'xilni] *adj* favourable, friendly

przyciąg|ać [pʃi'tɕɔ̃gatɕ] *imperf*, **~nąć** [pʃi'tɕɔ̃gnɔ̃tɕ] *perf vt* draw near; (*oko itp.*) catch; (*uwagę*) call; (*pociągać*) attract przyciąganie [pʃitɕɔ'gaɲɛ] *n* attraction; ~ ziemskie gravitation

przyciągnąć *zob.* przyciągać

przycis|kać [pʃi'tɕiskatɕ] *imperf,* ~nąć [pʃi'tɕisnɔ̃tɕ] *perf vt* press; (*ciężarkiem*) keep down; (*o głodzie*) pinch

przycumować [pʃitsu'mɔvatɕ] *vt mor.* moor

przyczepa [pʃi'tʃɛpa] *f* trailer, supplementary car; ~ motocykla side-car; ~ kempingowa caravan

przyczepi|ać [pʃi'tʃɛpatɕ] *imperf,* ~ć [pʃi'tʃɛpitɕ] *perf* I *vt* attach, fasten II *vr* ~ać, ~ć się hang on, cling to

przyczyn|a [pʃi'tʃina] *f* reason, cause, ground; dla tej ~y for that reason

przyczyni|ać się [pʃi'tʃinatɕ ɕɛ] *imperf,* ~ć się [pʃi'tʃinitɕ ɕɛ] *perf vr* contribute (do czegoś to sth)

przydać się *zob.* przydawać się

przydatny [pʃi'datni] *adj* useful, suitable; być ~m to be useful

'przyda|wać się [pʃi'davatɕ ɕɛ] *imperf,* ~ć się ['pʃidatɕ ɕɛ] *perf vr* (na coś) be of use, be helpful; na co się to ~? what's the use of it?; to się na nic nie ~ it's of no avail

przydział ['pʃidʒaʊ] *m* allotment, allowance, allocation; ~ dewiz currency allowance; ~ paliwa fuel allotment; ~ żywności food ration

przydziel|ać [pʃi'dʒɛlatɕ] *imperf,* ~ić [pʃi'dʒɛɲitɕ] *perf vt* assign, allot

przy|glądać się [pʃi'glɔdatɕ ɕɛ] *imperf,* ~jrzeć się ['pʃijʒɛtɕ ɕɛ] *perf vr* observe (komuś sb); (*uważnie*) examine (czemuś sth); look (czemuś at sth); ~glądać, ~jrzeć się

dobrze czemuś to have a good look at sth

przygnębiony [pʃignɛ̃'bɔni] *adj* depressed, dejected, upset, in low spirits

przygoda [pʃi'gɔda] *f* adventure

przygotować *zob.* przygotowywać

przygotowani|e [pʃigɔtɔ'vaɲɛ] *n* preparation, arrangement; czynić ~a do czegoś to make arrangements for sth

przygotow|ywać [pʃigɔtɔ'vivatɕ] *imperf,* ~ać [pʃigɔ'tɔvatɕ] *perf* I *vt* prepare, make ready; (*trenować*) coach II *vr* ~ywać, ~ać się make ready, prepare (do egzaminu for the examination)

przyholować [pʃixɔ'lɔvatɕ] *vt* tow up

przyjaciel [pʃi'jatɕɛl] *m* friend; ~ od serca bosom friend

przyjacielski [pʃija'tɕɛlsḱi] *adj* friendly, amicable

przyjaciółka [pʃija'tɕuũka] *f* (girl-)friend

przyjazd ['pʃijast] *m* arrival

przyjaźnić się [pʃi'jaʑnitɕ ɕɛ] *vr* be on friendly terms

przyjaźń ['pʃijaʑɲ] *f* friendship

przyjąć *zob.* przyjmować

przyjechać *zob.* przyjeżdżać

przyjemnie [pʃi jɛmɲɛ] *adv* agreeably; jest mi ~ I am pleased

przyjemnoś|ć [pʃi'jɛmnɔɕtɕ] *f* pleasure; mieć ~ć w czymś, z czegoś to enjoy sth; to get pleasure from sth; z wielką ~cią with great pleasure

przyjemny [pʃi'jɛmni] *adj* pleasant, agreeable; nice

przyje|żdżać [pʃi'jɛdʒatɕ] *imperf,* ~chać [pʃi'jɛxatɕ] *perf vt* come, arrive

przyję|cie [pʃi'jɛtɕɛ] *n* (*zaproszenia itp.*) acceptation; (do szkoły) admission; (gości) reception, party; (powita-

nie) welcome; **zgotować komuś gorące ~cie** to give sb a warm welcome; **~cie do pracy** engagement; *(u lekarza)* **godziny ~ć** consulting hours

przyj|mować [pʃij'mɔvatɕ] *imperf,* **~ąć** ['pʃijɔ̃tɕ] *perf* I *vt (zaproszenie)* accept; *(gości, sztukę w teatrze itp.)* receive; *(z radością powitać)* welcome; *(do szkoły)* admit; *(do pracy)* engage; **~mować, ~ąć do wiadomości** to take note ⟨cognizance⟩ of II *vr* **~mować, ~ąć się** *(o roślinach)* take; *(o modzie)* catch on

przyjrzeć się *zob.* **przyglądać się**

przyjście ['pʃijɕtɕɛ] *n* arrival **(do jakiegoś miejsca** at some place)

przyjść *zob.* **przychodzić**

przykle|jać [pʃi'klejatɕ] *imperf,* **~ić** [pʃi'kleitɕ] *perf vt* stick, glue

przykład ['pʃikŭat] *m* example, instance; **dać dobry ~ to give ⟨set⟩ a good example; idź za moim ~em** follow my example; **na ~ for instance; for example

przykręc|ać [pʃi'krɛtsatɕ] *imperf,* **~ić** [pʃi'krɛ̃tɕitɕ] *perf vt* screw on; *(lampę)* turn down

przykro ['pʃikrɔ] *adv* **bardzo mi ~** I am very sorry

przykroś|ć ['pʃikrɔɕtɕ] *f* annoyance, pain; **mieć ~ci** to get into trouble; **wyrządzić komuś ~ć** to hurt sb; to hurt sb's feelings; **z ~cią donosimy ...** we regret to inform you ...

przykry|ć ['pʃikritɕ] *perf,* **~wać** [pʃi'krivatɕ] *imperf vt (także vr ~ć, ~wać się)* cover

przyl|atywać [pʃila'tivatɕ] *imperf,* **~ecieć** [pʃi'letɕɛtɕ] *perf vi* 1. come flying 2.

pot. (przybiec) run up, arrive

przylądek [pʃi'lɔ̃dɛk] *m* cape, promontory

przylecieć *zob.* **przylatywać**

przylegać [pʃi'lɛgatɕ] *vi* be contiguous ⟨cling⟩ **(do czegoś** to sth); *(o stroju)* fit tightly; *(o pokoju)* adjoin

przylepić [pʃi'lɛpitɕ] I *vt* stick; glue II *vr* **~ się** stick

przylepiec [pʃi'lɛpɛts] *m* adhesive tape; court plaster; (sticking-)plaster

przylot ['pʃilɔt] *m* arrival

przylutować [pʃilu'tɔvatɕ] *vt* solder on, sweat on

przymiarka [pʃi'marka] *f kraw.* trying on, fit-on

przymierz|ać [pʃi'mɛʒatɕ] *imperf,* **~yć** [pʃi'mɛʒitɕ] *perf vi (ubranie)* try ⟨fit⟩ on

przymierzalnia [pʃimɛ'ʒalɲa] *f* fitting room

przymiotnik [pʃi'mɔtɲik] *m gram.* adjective

przymocować [pʃimɔ'tsɔvatɕ] *vt* fasten **(do czegoś** to sth), fix **(do czegoś** on ⟨to⟩ sth), attach

przymrozek [pʃi'mrɔzɛk] *m* slight ⟨light⟩ frost

przymus ['pʃimus] *m* compulsion, constraint; **~ prawny** obligation; **~ szkolny** compulsory education; **pod ~em** under ⟨upon⟩ compulsion

przymusowy [pʃimu'sɔvi] *adj* compulsory, obligatory; *(o pracy)* forced

przynajmniej [pʃi'najmɲej] *adv* at least

przynależnoś|ć [pʃina'lɛʒnɔɕtɕ] *f* appurtenance; *(do partii, organizacji)* membership **(do czegoś** of ⟨in⟩ sth); **~ć państwowa** nationality

przynęt|a [pʃi'nɛta] *f* bait; **założyć ~ę na wędkę** to bait a fish-hook

przyn|ieść ['pʃinɛɕtɕ] *perf,* **~osić** [pʃi'nɔɕitɕ] *imperf vt* bring, fetch; *(owoce)* bear; *(plon)* yield; *przen.* **~osić**

szkodę to do harm; to cause damage ⟨loss⟩; ~osić ujmę komuś to discredit sb; ~osić zaszczyt komuś to do sb credit

przypadać [pʃi'padatɕ] *vi* 1. fall; ~ do ·ziemi to fall to the ground; *przen.* ~ komuś do gustu to suit sb's taste; to be much to sb's liking 2. (*o spadku itd.*) come ⟨be due⟩ (komuś to sb) 3. (*o rocznicy*) fall (w maju in May)

przypad|ek [pʃi'padɛk] *m* accident, event, incident; chance; *gram. med.* case; przez ~ek by chance; w ~ku gdyby ... in case ...; w żadnym ~ku in no case; by no means

przypadkiem [pʃi'patkɛm] *adv* by chance; ~ go znam I happen to know him

przypadkowy [pʃipat'kɔvi] *adj* accidental, casual; (*o pracy*) odd

przypal|ać [pʃi'palatɕ] *imperf*, ~ić [pʃi'paɲitɕ] *perf vt* singe, burn; mięso jest ~one the meat has burnt

przypi|ać ['pʃipɔ̃tɕ] *perf*, ~nać [pʃi'pinatɕ] *imperf vt* pin, fasten

przypisywać [pʃipi'sivatɕ] *vt* attribute, ascribe; put it down to (sth); ~ komuś winę to hold sb responsible (for sth); to set the blame down to sb; ~ sobie całą zasługę to claim all the credit (for sth)

przypłynąć *zob.* przypływać

przypływ ['pʃipwif] *m* flow, high tide; ~ i odpływ ebb and flow; ~ energii access of energy

przypły|wać [pʃi'pwivatɕ] *imperf*, ~nąć [pʃi'pwinɔ̃tɕ] *perf vi* swim (do brzegu to the coast); *mor.* ~wać, ~nać do brzegu to sail ⟨come⟩ to the shore

przypom|inać [pʃipɔ'minatɕ] *imperf*, ~nieć [pʃi'pɔmɲɛtɕ] *perf vt* remind (komuś coś sb of sth); ~inać kogoś to resemble sb; ~inać, ~nieć sobie o czymś to recollect ⟨remember, recall⟩ sth

przyprawa [pʃi'prava] *f kulin.* seasoning, condiment

przyprowadz|ać [pʃipro'vadzatɕ] *imperf*, ~ić [pʃipro'vadʑitɕ] *perf vt* bring; fetch

przypu|szczać [pʃi'puʃt͡ʃatɕ] *imperf*, ~ścić [pʃi'putɕitɕ] *perf vt* suppose, presume; admit; dlaczego tak ~szczasz? what makes you think so?; ~śćmy, że ... suppose ...

przypuszczalnie [pʃipuʃ't͡ʃalɲɛ] *adv* presumably, supposedly

przypuszczenie [pʃipuʃ't͡ʃɛɲɛ] *n* supposition, guess, presumption

przypuścić *zob.* przypuszczać

przyrod|a [pʃi'rɔda] *f* nature; ochrona ~y wildlife conservation ⟨preservation⟩; pomnik ~y monument of nature; *przen.* na łonie ~y in the open

przyrodni [pʃi'rɔdɲi] *adj* ~ brat half-brother; ~a siostra half-sister

przyrost ['pʃirɔst] *m* increment; (*majątku*) accretion; ~ naturalny birth-rate

przyrząd ['pʃiʒɔ̃t] *m* instrument, device

przyrzeczenie [pʃiʒɛ't͡ʃɛɲɛ] *n* promise

przyrzekać [pʃi'ʒɛkatɕ] *vt* promise

przysi|adać się [pʃi'ɕadatɕ ɕɛ] *imperf*, ~ąść się ['pʃiɕɔ̃tɕ ɕɛ] *perf vr* sit (do kogoś next to sb, by sb's side); ~ąść się (do towarzystwa) join (sb's company); czy mogę się ~ąść do pańskiego stolika? may I join you at your table?

przysięgać [pʃi'ɕɛgatɕ] *vi*

swear, take an oath; ~ na
coś to swear by sth
przysłać zob. przysyłać
przysłona [pʃi'sŭona] f fot.
diaphragm
przysłowie [pʃi'sŭoṽε] n proverb
przysłówek [pʃi'sŭuvεk] m
gram. adverb
przysług|a [pʃi'sŭuga] f serv-
ice, turn; wyświadczyć ~ę
to render a service; to do
a good turn; oddać komuś
ostatnią ~ę to perform the
last offices for sb
przysług|iwać [pʃisŭu'givatç]
vt ~uje mi prawo I have
a right; I am entitled (do
czegoś to sth)
przysłużyć się [pʃi'sŭuʒitç çē]
vr render a good service
(komuś to sb)
przysmak ['pʃismak] m dainty,
titbit, delicacy
przyspiesz|ać [pʃi'spεʃatç] im-
perf, ~yć [pʃi'spεʃitç] perf
vt 1. (o samochodzie) accelerate, speed up 2. (bieg
wypadków) precipitate;
(pracę) hasten
przyspieszenie [pʃispε'ʃεɲε] n
acceleration
przyspieszyć zob. przyspie-
szać
przysta|nąć [pʃi'stanõtç] perf,
~wać [pʃi'stavatç] vi stop,
pause, halt
przystanek [pʃi'stanεk] m
stop, halt; (kolejowy) station; ~ autobusowy bus
stop; ~ na żądanie request
stop
przystań ['pʃistaɲ] f harbour;
~ dla łodzi boat-house
przystawać zob. przystanąć
przystawka [pʃi'stafka] f
kulin. hors-d'oeuvre, snack
przystęp ['pʃistēp] m access;
w ~ie złości in a fit of
anger
przystępny [pʃi'stēpnɨ] adj
accessible, approachable; (o
cenie) moderate

przystojny [pʃi'stojnɨ] adj
handsome, good-looking
przystosować [pʃistɔ'sɔvatç]
I vt adapt (do czegoś for
⟨to⟩ sth) II vr ~ się adapt
⟨accommodate⟩ oneself
przysu|nąć [pʃi'sunõtç] perf,
~wać [pʃi'suvatç] imperf I
vt move ⟨draw⟩ near; (krzesło) pull up II vr ~nąć,
~wać się advance, move
near
przys|yłać [pʃi'sɨŭatç] imperf,
~łać ['pʃisŭatç] perf vt send
przyszłość|ć ['pʃiʃŭɔçtɔ] f fu-
ture, futurity; na ~ć for
the future; w ~ci in the
future
przyszły ['pʃiʃŭɨ] adj future,
forthcoming, next; (o mę-
żu) prospective; w ~m ty-
godniu next week; w ~ch
latach in the years to come
przyszy|ć ['pʃiʃitç] perf, ~wać
[pʃi'ʃivatç] imperf vt sew
(on)
przyśni|ć się ['pʃiçnitç çē] vr
appear in a dream; ~ło mi
się, że ... I dreamt that ...
przyt|aczać [pʃi'tatʃatç] im-
perf, ~oczyć [pʃi'tɔtʃitç] perf
vt 1. (beczkę itp.) roll 2.
(cytować) quote, cite;
~aczać, ~oczyć błędnie to
misquote
przytłumić [pʃi'tŭumitç] vt
(ogień, nadzieję) damp;
(głos) subdue, muffle
przytoczyć zob. przytaczać
przytomność [pʃi'tɔmnɔçtç] f
consciousness; ~ umysłu
presence of mind; odzy-
skać ~ to come to one's
senses; to come round; to
regain consciousness; stracić ~ to lose consciousness;
to become unconscious
przytomny [pʃi'tɔmnɨ] adj
conscious; na pół ~ half-
-conscious; zupełnie ~
wide-awake
przytul|ać [pʃi'tulatç] imperf,
~ić [pʃi'tuʃitç] perf I vt
snuggle, cuddle II vr ~ać,

~ić się cling close (**do kogoś** to sb), huddle together
przytulny [pʃi'tulni] *adj* cosy, snug; **~ kącik** cosy nook
przytułek [pʃi'tuůek] *m* asylum, hospice; (*dla biednych*) workhouse; (*dla zwierząt*) shelter
przytykać [pʃi'tɨkatɕ] *vi* border (**do czegoś** on sth); adjoin (**do czegoś** sth)
przywiązać *zob.* **przywiązywać**
przywiązany [pʃiṽɔ̃'zani] *adj* fastened, tied; (*o człowieku*) attached, devoted
przywiąz|ywać [pʃiṽɔ̃'zɨvatɕ] *imperf*, **~ać** [pʃi'ṽɔ̃zatɕ] *perf* I *vt* tie, bind, fasten; *przen.* **~ywać wagę do czegoś** to attach importance to sth II *vr* **~ywać, ~ać się** attach oneself; get attached (**do kogoś, czegoś** to sb, sth)
przywitać [pʃi'ṽitatɕ] I *vt* welcome, greet II *vr* **~ się** greet ⟨welcome⟩ (**z kimś** sb)
przywitanie [pʃiṽi'tanɛ] *n* welcome, greeting
przywołać [pʃi'voůatɕ] *vt* call; (*nakazem*) summon; (*znakiem, gestem*) beckon, signal; **~ taksówkę** to hail a taxi; **~ tragarza** to call for a porter
przyw|ozić [pʃi'vozitɕ] *imperf*, **~ieźć** ['pʃiveɕtɕ] *perf vt* bring;(*do kraju*) import
przywódca [pʃi'vuttsa] *m* leader, chief
przywóz ['pʃivus] *m* import, importation
przywykać *zob.* **przywyknąć**
przywyknąć [pʃi'vɨknɔtɕ] *vi* get accustomed ⟨used⟩ (**do czegoś** to sth); accustom oneself (**do czegoś** to sth)
przyzna|ć ['pʃiznatɕ] *perf*, **~wać** [pʃi'znavatɕ] *imperf* I *vt* 1. (*pożyczkę*) grant; (*nagrodę*) award; (*sumę pieniężną*) allow, assign 2. (*uznać rację*) admit II *vr* **~ć, ~wać się** avow, confess

(**do błędu** one's fault); acknowledge (**do klęski** one's defeat); **~ć, ~wać się do winy** to plead guilty
przyzwoity [pʃizvo'iti] *adj* decent, respectable, seemly
przyzwycza|ić [pʃizvɨ'tɕaitɕ] *perf*, **~jać** [pʃizvɨ'tɕajatɕ] *imperf* I *vt* accustom (**do czegoś** to sth) II *vr* **~ić, ~jać się** get used (**do czegoś** to sth)
przyzwyczajeni|e [pʃizvɨtɕa'jɛɲɛ] *n* habit; **nabrać ~a** to take to a habit; **z ~a** from force of habit
pseudonim [psɛůdɔɲim] *m* pseudonym; **~ literacki** pen-name
psocić ['psɔtɕitɕ] *vi* play tricks
pstrąg [pstrɔ̃k] *m* trout
psuć [psutɕ] I *vt* spoil, deteriorate, damage, decay; (*moralnie*) corrupt, demoralize, deprave; *przen.* **~ komuś krew** to vex ⟨irritate⟩ sb II *vr* **~ się** spoil, get spoiled, go bad; (*moralnie*) corrupt, deteriorate
psychiatra [psi'xjatra] *m* psychiatrist
psychologia [psixɔ'lɔgja] *f* psychology
pszczelarstwo [pʃtʃɛ'larstfɔ] *n* apiculture; bee-keeping
pszczelarz ['pʃtʃɛlaʃ] *m* apiarist; bee-keeper
pszczoła ['pʃtʃoůa] *f* bee
pszenica [pʃɛ'ɲitsa] *f* wheat
pszenny ['pʃɛnni] *adj* of wheat; **chleb ~** wheat ⟨white⟩ bread
ptactwo ['ptatstfɔ] *n* birds; **~ domowe** poultry; **~ dzikie** wild fowl; **~ wodne** water fowl
ptak [ptak] *m* bird; *pot.* **niebieski ~** crook
publicysta [pubɕii'tsista] *m* columnist, publicist, journalist
publicystyka [pubɕii'tsistɨka] *f* journalism

publiczność [pub'ɦitʃnɔçtç] f
public; (w teatrze itp.)
audience
publiczny [pub'ɦitʃni] adj
public, common
publikować [pubɦi'kɔvatç] vt
publish
puch [pux] m down
puchacz ['puxatʃ] m eagle-owl
puchar ['puxar] m cup,
beaker; ~ przechodni challenge cup; wyścig o ~ cup-
-race
puchnąć ['puxnɔ̃tç] vi swell
pucybut [pu'tsibut] m bootblack; shoe-shine boy
pudełko [pu'dɛu̯kɔ] n box; ~
od zapałek match-box; ~
czekoladek box of choc-
olates
puder ['pudɛr] m (face-)pow-
der; cukier ~ caster-sugar
puderniczka [pudɛr'ɲitʃka] f
compact, powder-box
pudło ['pudu̯ɔ] n 1. box; (pojazdu) body; (statku) hulk
2. przen. (strzał) miss
pudrować [pu'drɔvatç] I vt
powder II vr ~ się powder
one's face
pukać ['pukatç] vi rap, knock
(do drzwi at the door)
pula ['pula] f pool
pulchny ['pulxni] adj (o człowieku) plump; (o cieście)
soft; (o ziemi) friable
pulower [pu'lɔvɛr] m pull-
-over
pulpet ['pulpɛt] m kulin.
forcemeat ball
puls [puls] m pulse; badać ~
to feel the pulse
pulsować [pul'sɔvatç] vi pul-
sate; (o sercu) throb
pułap ['puu̯ap] m ceiling; ~
chmur cloud ceiling
pułapk|a [pu'u̯apka] f trap;
wpadłem w ~ę I was
trapped
pułk [puu̯k] m regiment
pułkownik [puu̯'kɔvɲik] m
colonel
pumeks ['pumɛks] m pumice-
-stone

pumpernikiel [pumpɛr'ɲikɛl]
m pumpernickel
pumpy ['pumpi] plt knickerbockers; plus-fours
punkt [punkt] m point; ~
programu item; ~ sanitar-
ny dressing ⟨first-aid⟩ station; ~ usługowy servicing
station; fiz. ~ ciężkości
centre of gravity; ~ wrze-
nia boiling point; sport.
zdobyć ~ to win ⟨to score⟩
a point; przen. ~ honoru
point of honour; ~ widze-
nia point of view; stand-
point; z naszego ~u widzenia from our angle; ~ wyjścia starting point; utknąć
na martwym punkcie to end
in a deadlock
punktacja [punk'tatsja] f
sport. point counting; (rezultat) score
punktualnie [punktu'alɲɛ] adv
punctually; ~ o czwartej at
four o'clock sharp
punktualny [punktu'alni] adj
punctual
pureé [pu'rɛ] n mashed potatoes; ~ grochowe pease-
-pudding
pustk|a ['pustka] f (pustko-
wie) desert, wilderness,
waste; miałem ~ę w głowie
my mind was a blank;
świecić ~ami to be empty;
mieć ~i w kieszeni to be
out of pocket
pustkowie [pust'kɔvɛ] n wilderness; desolation
pustoszyć [pu'stɔʃitç] vt devastate, ravage
pust|y ['pusti] adj empty;
(niezamieszkały) abandoned,
deserted; (o dźwięku)
hollow; (o przestrzeni)
blank; pot. ~e gadanie
⟨słowa⟩ idle talk; przelewać
z ~ego w próżne to talk
idly
pustynia [pus'tiɲa] f desert,
wilderness
puszcza ['puʃtʃa] f virgin
forest

puszczać ['puʃʧaʨ] *imperf*, **puścić** ['puɕʨiʨ] *perf* I *vt* 1. let, let fall ⟨go⟩; ~ **krew** to bleed; ~ **latawca** to fly a kite; ~ **na wolność** to set free ‖ ~ **korzenie** to take root; ~ **pączki** to bud; ~ **płytę** ⟨**wodę, gaz**⟩ to turn on a record ⟨the water, gas⟩; ~ **pogłoskę** to spread a rumour; ~ **w dzierżawę** to lease; to rent out; ~ **w niepamięć** to forget; to commit to oblivion; ~ **w obieg** to put into circulation; to emit; to issue; ~ **w ruch** to set in motion 2. (*o tkaninie w praniu*) fade (in the wash); (*o farbie*) come off 3. (*o ściegu*) drop II *vr* **puszczać, puścić się w drogę** to set off; ~ **się w pogoń za kimś** to run after sb

puszek ['puʃɛk] *m* (*na owocach*) down; (*na twarzy*) fluff; ~ **do pudru** powder-puff

puszka ['puʃka] *f* box; (*konserw*) tin, can; ~ **sardynek** sardine tin; ~ **na pieniądze** money-box

puszysty [pu'ʃisti] *adj* downy, fluffy; (*o ogonie*) bushy

puścić *zob.* puszczać

puzon ['puzɔn] *m muz.* trombone

pył [pɨu̯] *m* dust, powder; ~ **radioaktywny** radioactive dust

pysk [pɨsk] *m* muzzle, snout

pyszny ['pɨʃnɨ] *adj* 1. (*dumny*) proud 2. (*smaczny*) delicious

pytać ['pɨtaʨ] *vt* ask, question, inquire; ~ **kogoś o nazwisko** to ask sb's name; ~ **o drogę** to ask one's way; ~ **o radę** to ask for advice; ~ **ucznia** to examine a pupil

pytanie [pɨ'taɲɛ] *n* question, inquiry; **zadać** ~ to ask a question

pyza ['pɨza] *f kulin.* kind of dumpling

R

rabarbar [ra'barbar] *m* rhubarb

rabat ['rabat] *m* discount; **udzielać** ~**u** to grant a discount

rabować [ra'bɔvaʨ] *vt* rob (*komuś coś* sb of sth)

rabunek [ra'bunɛk] *m* robbery; ~ **z bronią w ręku** armed robbery

rachować [ra'xɔvaʨ] *vt* count, calculate, reckon; **dobrze** ~ to be quick at figures

rachunek [ra'xunɛk] *m* calculation; account; (*w restauracji, sklepie*) bill; ~ **bieżący** current account; ~ **w banku** bank account; **robić rachunki** to make accounts; **na własny** ~ on one's own

account; ~ **wynosi** ... the bill amounts to ...

racj|a ['ratsja] *f* reason, argument; **mieć** ~**ę** to be right; **nie mieć** ~**i** to be wrong; ~**a stanu** reason of state; (*żywnościowa*) ration

racjonalizacja [ratsjɔnaʎi'zatsja] *f* rationalization

raczej ['raʧɛj] *adv* rather, sooner

rad [rat] *adj* glad (*z czegoś* of sth), pleased (*z czegoś* with sth); ~ **bym wiedzieć** I should like to know; ~ **nie** ~ willy-nilly

rad|a ['rada] *f* 1. (*grupa ludzi*) council; ~**a miejska** town ⟨city⟩ council; ~**a powiatowa** district council;

~a zakładowa works council 2. (*porada*) counsel, advice; **posłuchać czyjejś** ~y to follow sb's advice; **zasięgać czyjejś** ~y to consult sb; to ask sb's advice; **dać sobie** ~ę to manage (z czvmś sth); **to get along** (z kimś, czymś with sb, sth); to cope (z czymś with sth); **nie ma na to** ~y it can't be helped; there is no help for it

radar ['radar] *m* radar

radca ['rattsa] *m* councillor; (*prawny*) counsel; legal adviser; ~ **handlowy** commercial attaché ⟨counsellor⟩

radi|o ['radjɔ] *n* radio; (*aparat*) wireless set; **przez** ~**o** on the air; **nadawać przez** ~**o** to broadcast; **słuchać** ~**a** to listen to the radio

radioaktywność [radjɔak'tɪvnɔctɕ] *f* radioactivity

radiofonia [radjɔ'fɔnja] *f* broadcasting

radioodbiornik [radjɔɔd'bɔrɲik] *m* wireless set, radio

radiosłuchacz [radjɔ'sǔuxatʃ] *m* (radio)listener

radiostacja [radjɔ'statsja] *f* broadcasting station

radiotelefon [radjɔtɛ'lɛfɔn] *m* radiotelephone; walkie-talkie

radiowęzeł [radjɔ'vɛ̃zɛǔ] *m* radio selection centre; radio-relay centre

radiowóz [ra'djɔvus] *m* radiocar, radiocab

radosny [ra'dɔsnɪ] *adj* cheerful, merry, gay

radoś|ć ['radɔctɕ] *f* joy; ~**ć życia** joy of living; **nie posiadać się z** ~**ci** to be transported with joy; **sprawić komuś** ~**ć** to give sb joy

radzić ['radʑitɕ] I *vt* deliberate (nad czymś on ⟨about⟩ sth); advise; suggest (sth to sb) II *vr* ~ **się** seek advice (kogoś from sb); consult (kogoś with sb) || ~ **sobie z**

czymś to get along with sth

radziecki [ra'dʑɛtski] *adj* Soviet; **Związek Radziecki** Soviet Union

rafa ['rafa] *f* reef; shoal; ~ **koralowa** coral-reef

rafia ['rafja] *f* raffia

rafineria [rafi'nɛrja] *f* refinery; ~ **nafty** oil distillery ⟨refinery⟩; ~ **cukru** sugar-refinery

rajd ['rajt] *m* rally; ~ **motocyklowy** motor-cycle race; ~ **samochodowy** motor-car rally

rajstopy [raj'stɔpɪ] *plt* panty-hose

rak [rak] *m* 1. *zool.* crab, crayfish 2. *med.* cancer

rakieta [ra'kɛta] *f* missile; (*także sport.*) racket

ram|a ['rama] *f* frame; ~**a okienna** sash, window-frame; **oprawić w** ~**y** to frame; **w** ~**ach** within the framework (of)

ramiączko [ra'mɔ̃tʃkɔ] *n* shoulder strap

rami|ę ['ramɛ̃] *n* 1. arm, shoulder; **wzruszać** ~**onami** to shrug one's shoulders 2. (*rzeki*) branch 3. *geom.* side

rana ['rana] *f* wound; (*cięta*) cut; (*tłuczona*) bruise

randk|a ['rantka] *f* appointment, date, *pot.* rendez-vous; **umówić się na** ~**ę** to make an appointment; to date

ran|ek ['ranɛk] *m* morning; **wczesnym** ~**kiem** early in the morning

ranić ['raɲitɕ] *vt* wound; *przen.* hurt

ranny[1] ['rannɪ] *adj* (*zraniony*) wounded, injured

ranny[2] ['rannɪ] *adj* (*poranny*) morning, matinal; ~ **ptaszek** early riser

ran|o ['ranɔ] I *n* morning; **z** ~**a** in the morning II *adv* in the morning; **dziś** ~**o** this morning; **jutro** ~**o** to-

morrow morning; wcześnie
~o early in the morning
raport ['rapɔrt] *m* report; złożyć ~ to make a report
raptem ['raptɛm] *adv* all of
a sudden, suddenly
raptowny [rap'tɔvnɨ] *adj*
abrupt
rasa ['rasa] *f* race; *zool.* breed
rasizm ['raçizm] *m* racialism
rat|a ['rata] *f* instalment; na
~y by instalments
ratować [ra'tɔvatç] I *vt* save,
rescue; ~ **opinię** to save
one's face; ~ **pozory** to
save appearances; ~ **toną-
cego** to rescue a drowning
person II *vr* ~ **się** save
oneself; ~ **się ucieczką** to
take to flight
ratownik [ra'tɔvɲik] *m* life
guard; life-saver; rescuer
ratunek [ra'tunɛk] *m* salvation, rescue; **wołać o** ~ to
call for help
ratunkow|y [ratun'kɔvɨ] *adj*
saving, life saving; **ekipa**
~a rescue party; **kamizelka**
~a life-jacket; **łódź** ~a life-
-boat; **pas** ~y life-belt
ratusz ['ratuʃ] *m* town hall
raz [1](#) [ras] *adv* once, at one
time; **dwa** ~y twice, doubly;
innym ~em some other
time; **na** ~ie for the time
being; as yet; **od** ~u at
once; **pewnego** ~u once;
once upon a time; ~ **na
tydzień** once a week; ~ **na
zawsze** once for all; ~ **po**
~, ~ **za** ~em again and
again; every now and again,
time after time; **tym** ~em
this time; **w** ~ie in case
(of); **w każdym** ~ie in any
case; at any rate; anyway;
w najgorszym ~ie at worst;
w najlepszym ~ie at best;
w przeciwnym ~ie otherwise; or else; **w żadnym**
~ie in no case; **za każdym**
~em every time
raz [2](#) [ras] *m* (*cios*) blow, hit
razem ['razɛm] *adv* together;

~ **z kimś** in company with
sb
razić ['raʑitç] *vt* 1. (*uderzać*)
strike; offend; shock 2.
(*oślepiać*) dazzle
razowy [ra'zɔvɨ] *adj* (*o chlebie*) brown
raźny ['raʑnɨ] *adj* brisk
rąbać ['rɔ̃batç] *vt* chop, hew;
(*rozłupywać*) split
rączka ['rɔ̃tʃka] *f* (*uchwyt*)
handle
rdza [rdza] *f* 1. rust 2. (*zbo-
żowa*) smut
rdzeń [rdzɛɲ] *m* core
rdzewieć ['rdzɛvʲɛtç] *vi* grow
rusty
reagować [rɛa'gɔvatç] *vt* react
⟨respond⟩ (na coś to sth)
reakcja [rɛ'aktsja] *f* reaction
realizować [rɛaʎi'zɔvatç] *vt*
realise, make real; (*czek*)
cash
realny [rɛ'alnɨ] *adj* real, concrete; (*o wynikach*) effective
recenzja [rɛ'tsɛnzja] *f* review,
criticism, critique
recepcja [rɛ'tsɛptsja] *f* reception
recept|a [rɛ'tsɛpta] *f* prescrip-
tion; **lek na** ~ę remedy
with prescription; **wypisać**
~ę to make out a prescription; to prescribe (a remedy)
redagować [rɛda'gɔvatç] *vt*
compose; draw up; (*gazetę*)
edit
redakcja [rɛ'daktsja] *f* (*biuro*) editor's office; (*personel*) editorial staff; (*opra-
cowanie*) editing, composing
redaktor [rɛ'daktɔr] *m* editor;
~ **naczelny** editor in chief
redukcja [rɛ'duktsja] *f* reduction, diminution; *mot.* ~
biegu gear reduction
redukować [rɛdu'kɔvatç] *vt* 1.
(*ograniczać*) reduce, cut
down 2. (*zwalniać z pracy*)
dismiss, discharge
referat [rɛ'fɛrat] *m* report;
wygłosić ~ to make ⟨give⟩
a report

reflektor [rɛ'flɛktɔr] *m* reflector, projector, search-light; **~y przeciwmgielne** fog lights
reflektować [rɛflɛ'ktɔvatɕ] *vi* (*na coś*) be inclined, be willing to; **~ na posadę** to be an applicant ⟨a candidate⟩ for a post
reforma [rɛ'fɔrma] *f* reform; **~ rolna** land reform
regał ['rɛgaů] *m* book-shelf
regaty [rɛ'gati] *plt* regatta, boat-race
region ['rɛgjɔn] *m* region
regulacja [rɛgu'latsja] *f* regulation, control; adjustment; **~ urodzin** birth-control; *mot.* **~ gaźnika** carburettor control; **~ świateł** lights control; **~ zapłonu** ignition control
regulamin [rɛgu'lamin] *m* regulations; **~ obrad** orders of debates
regularny [rɛgu'larni] *adj* regular; **prowadzić ~ tryb życia** to keep regular hours
regulator [rɛgu'latɔr] *m* regulator, controller; timer
regulować [rɛgu'lɔvatɕ] *vt* regulate; (*mikroskop*) adjust; (*ruch uliczny*) control; (*rachunek*) settle; (*zegarek*) put right
reguł|a [rɛ'guůa] *f* rule; **~y gry** rules of the game; **z ~y** as a rule
rehabilitacja [rɛxabiɲi'tatsja] *f* rehabilitation; vindication
rejestr ['rɛjɛstr] *m* register, record; **~ stanu cywilnego** registers of births, marriages and deaths
rejestracyjn|y [rɛjɛstra'tsijni] *adj* **dowód ~y** registration book; **karta ~a** registration card; **numer ~y** registration number
rejestrować [rɛjɛ'strɔvatɕ] *vt* record, register
rejon ['rɛjɔn] *m* region, zone
rejs [rɛjs] *m* cruise, voyage;

~ wycieczkowy excursion cruise
rekin ['rɛkin] *m* shark
reklam|a [rɛ'klama] *f* publicity, advertising; **dla ~y** for show
reklamować [rɛkla'mɔvatɕ] **I** *vt* 1. (*ogłaszać*) advertise 2. (*zgłosić pretensje*) to claim **II** *vr* **~ się** make publicity; advertise
rekonwalescent [rɛkɔnva'lɛstsɛnt] *m* convalescent
rekord ['rɛkɔrt] *m* record; **pobić ~ to** beat ⟨break⟩ a record
rekordzista [rɛkɔr'dʑista] *m* champion
rekrutować [rɛkru'tɔvatɕ] **I** *vt* recruit **II** *vr* **~ się** be recruited, come (from)
rektor ['rɛktɔr] *m* rector, president
rekwirować [rɛkɕi'rɔvatɕ] *vt* (put in) requisition; impress (*coś* sth)
rekwizyt [rɛ'kɕizit] *m* requisite; *pl* **~y** *teatr.* stage properties; accessories
religia [rɛ'ɕiɡja] *f* religion
remanent [rɛ'manɛnt] *m* remainder, stock-taking; **robić ~** to take stock
remis ['rɛmis] *m* *sport.* tie
remont ['rɛmɔnt] *m* renovation, restoration, repair; **~ kapitalny** overhaul, major repair; **~ silnika** engine repair
renta ['rɛnta] *f* income; (*emerytura*) old age pension; **~ inwalidzka** disability payment; **~ roczna** annuity
rentgen ['rɛntgɛn] *m* *pot.* 1. (*aparat*) X-ray apparatus 2. (*prześwietlenie*) X-ray examination
reorganizować [rɛɔrgaɲi'zɔvatɕ] *vt* reorganize
repatriant [rɛ'patrjant] *m* repatriate, repatriated person
reperować [rɛpɛ'rɔvatɕ] *vt* repair, mend

repertuar [rɛpɛr'tuar] *m* repertory

reportaż [rɛ'pɔrtaʃ] *m* (newspaper) report; coverage; ∼ **radiowy** commentary

reporter [rɛ'pɔrtɛr] *m* reporter; commentator

reprezentacja [rɛprɛzɛn'tatsja] *f* representation

reprezentować [rɛprɛzɛn'tɔvatɕ] *vt* represent

reprodukcja [rɛprɔ'duktsja] *f* reproduction

republika [rɛ'pubʃika] *f* republic; ∼ **ludowa** people's republic; ∼ **socjalistyczna** socialist republic

resor ['rɛsɔr] *m* spring

resort ['rɛsɔrt] *m* **1.** department **2.** *pot.* (*zakres kompetencji*) competence

restauracja [rɛstau'ratsja] *f* **1.** restaurant **2.** (*odnowienie*) restoration

reszt|a ['rɛʃta] *f* rest; residue; *mat.* remainder; (*pieniędzy*) change; **wydawać ∼ę z czegoś** to give change for sth; **proszę zatrzymać ∼ę** keep the change, please || **do ∼y** to the last, utterly

reumatyzm [rɛu̇'matĭzm] *m* rheumatism

rewanż ['rɛvanʃ] *m* revenge, requital; *sport.* return; **dać komuś możliwość ∼u** to give sb his revenge

rewanżować się [rɛvan'ʒɔvatɕ ɕɛ] *vr* (*za przysługę*) reciprocate, requite; (*za grzeczność, komplement*) return

rewia ['rɛvja] *f wojsk.* review, parade; *teatr.* revue; ∼ **mody** fashion show

rewidować [rɛvi'dɔvatɕ] *vt* (*mieszkanie*) search; (*bagaż*) examine; (*rachunki*) audit; *sąd.* revise

rewizj|a [rɛ'vizja] *f* revision; examination, search; ∼**a celna** custom inspection; ∼**a osobista** body search; *sąd.* ∼**a procesu** retrial; **nakaz ∼i** search-warrant; do-

konać ∼i czegoś to revise sth; **przeprowadzić ∼ę w domu** to search the house

rewizytować [rɛvizi'tɔvatɕ] *vt* revisit; return (**kogoś** sb's) visit

rewolucja [rɛvɔ'lutsja] *f* revolution

rewolucjonista [rɛvɔlutsjɔ'nista] *m* revolutionary

rewolucyjny [rɛvɔlu'tsĭjnĭ] *adj* revolutionary

rezerw|a [rɛ'zɛrva] *f* reserve; **pełen ∼y** reserved; **mieć w ∼ie** to have in store

rezerwacj|a [rɛzɛr'vatsja] *f* reservation; (*np. miejsc*) booking; **załatwić ∼ę** to book (seats, tickets etc.)

rezerwat [rɛ'zɛrvat] *m* reserve; (*w Ameryce*) reservation

rezerwować [rɛzɛr'vɔvatɕ] *vt* reserve; (*miejsce w pociągu, teatrze itp.*) book

rezolucj|a [rɛzɔ'lutsja] *f* resolution; **podjąć ∼ę** to take up a resolution; **uchwalić ∼ę** to vote ⟨pass⟩ a resolution

rezulta|t [rɛ'zultat] *m* result; **w ∼cie** in result, in effect

rezygnować [rɛzĭ'gnɔvatɕ] *vi* resign (**z czegoś** sth); give up; *prawn.* renounce

reżyser [rɛ'ʒisɛr] *m* stage-manager; director

reżyserować [rɛʒisɛ'rɔvatɕ] *vt* stage-manage; direct

ręcznik ['rɛ̃tʃnik] *m* towel

ręczn|y ['rɛ̃tʃnĭ] *adj* manual, hand-made; **hamulec ∼y** hand-brake; **praca ∼a** handiwork; **bagaż ∼y** personal luggage, portable luggage

ręczyć ['rɛ̃tʃitɕ] *vi* guarantee, warrant; ∼ **za kogoś** to give one's word for sb; **to answer for sb**

ręk|a ['rɛka] *f* hand; **iść pod ∼ę** to go arm in arm; **podać komuś ∼ę** to shake hands with sb; **trzymać kogoś za ∼ę** to hold sb by the hand; *przen.* jeść komuś z ~i to eat out of sb's hand; być komuś na ~ę to suit sb's purpose well; dać wolną ~ę to give a free hand; podnieść ~ę na kogoś to raise one's hand against sb; przyłożyć ~ę do czegoś to have ⟨bear⟩ a hand in sth; prosić o czyjąś ~ę to propose to sb; od ~i offhand; at once; pod ~ą within reach; at hand; będący pod ~ą handy; near at hand; na własną ~ę by oneself; on one's own; ~a w ~ę hand in hand

rękaw [rēkaf] *m* sleeve

rękawiczka [rēka'vitʃka] *f* glove

rękodzieło [rēkɔ'dʒɛŭɔ] *n* handicraft

rękopis [rē'kɔpis] *n* manuscript

ring [rink] *m sport.* ring

robak ['rɔbak] *m* worm

robi|ć ['rɔbitɕ] I *vt* make, do; ~ć na drutach to knit; ~ć swoje to do one's duty; to mind one's business; **mało ⟨dużo⟩ sobie ~ć z czegoś** to make little ⟨much⟩ of sth; **nic sobie nie ~ć z czegoś** not to care about sth; to treat sth lightly; to disregard sth; ~ć **wrażenie** to make the impression II *vr* ~ć się to get done || ~ się późno ⟨ciemno⟩ it's getting late ⟨dark⟩

robocz|y [rɔ'bɔtʃi] *adj* working; **dzień** ~y working-day; **siła** ~a man-power; **ubranie** ~e working clothes

robot ['rɔbɔt] *m* robot; ~ **kuchenny** kitchen combine

robot|a [rɔ'bɔta] *f* work, labour, job; **ciężkie** ~y hard labour; ~y **przymusowe** forced labour; **nie mieć nic do** ~y to have nothing to do; **czy to twoja własna** ~a? is this your own make?; *przen.* **nie masz tu**

nic do ~y you have no business here

robotnicz|y [rɔbɔt'nitʃi] *adj* working, workman's; **klasa** ~a working class; **ruch** ~y labour movement; **partia** ~a workers' party

robotnik [rɔ'bɔtɲik] *m* worker, workman; ~ **dniówkowy** daily worker; ~ **niewykwalifikowany** labourer; ~ **wykwalifikowany** skilled worker

rocznica [rɔtʃ'ɲitsa] *f* anniversary; **setna** ~ centenary

rocznik ['rɔtʃɲik] *m* year-book; yearly; *pl* ~i annuals

rodak ['rɔdak] *m* (fellow-) countryman, compatriot

rodzaj ['rɔdzaj] *m* kind; *gram.* gender; *(gatunek)* species; ~ **ludzki** human kind; **coś w tym** ~u something of the kind; **ludzie wszelkiego** ~u all sorts of people; **jedyny w swoim** ~u unique

rodzeństwo [rɔ'dzɛnstfɔ] *n* brother(s) and sister(s)

rodzice [rɔ'dʑitsɛ] *pl* parents

rodzić ['rɔdʑitɕ] I *vt vi* bear; give birth to; beget II *vr* ~ się be born

rodzin|a [rɔ'dʑina] *f* family; **zakładać** ~ę to found a family

rodzynek [rɔ'dʑinɛk] *m* raisin

rogalik [rɔ'galik] *m* crescent-shaped roll

rok [rɔk] *m* (*pl* **lata**) year; ~ **bieżący** the current year; ~ **przeszły** last year; **w przyszłym** ~u next year; ~ **przestępny** leap-year; ~ **szkolny** school-year; **Nowy Rok** New Year; **co drugi** ~ every other year; ~ **temu** a year ago; **w tym** ~u this year; **za** ~ in a year

rokowania [rɔkɔ'vaɲa] *pl* negotiations

rola[1] ['rɔla] *(pole)* field, soil

rol|a[2] ['rɔla] *teatr.* part, role; **grać** ~ę to play a part

roleta [rɔ'lɛta] ƒ shutter, (window-)blind
rolniczy [rɔl'ɲitʃi] adj agricultural
rolnik ['rɔlɲik] m farmer
roln|y ['rɔlni] adj agrarian, agricultural; land-; **reforma ~a** land reform
romans ['rɔmans] m 1. (książka) romance, love story 2. (miłość) love-affair
rondel ['rɔndɛl] m stew-pan; saucepan
rondo ['rɔndɔ] n (plac) circus; traffic circle; roundabout; **~ kapelusza** brim
ropa ['rɔpa] ƒ med. pus, suppurative matter; (naftowa) crude oil, rock-oil, petroleum
ropieć ['rɔpɛtɕ] vi suppurate
rosa ['rɔsa] ƒ dew
Rosjanin [rɔs'jaɲin] m Russian
rosnąć ['rɔsnɔ̃tɕ] vi grow
rosół ['rɔsuu] m broth, beef-soup, bouillon
rostbef ['rɔstbɛf] m roast beef
rosyjski [rɔ'sijski] adj Russian
roszczenie [rɔʃ'tʃɛɲɛ] n claim (o coś to sth, w stosunku do kogoś on sb)
rościć ['rɔɕtɕitɕ] (pretensję) lay claim (do czegoś to sth)
roślina [rɔɕ'ɕiina] ƒ plant; vegetable; **~ pastewna** fodder plant
roślinność [rɔɕ'ɕiinnɔɕtɕ] ƒ flora, vegetation
roślinny [rɔɕ'ɕiinni] adj vegetable, vegetal
rowe|r ['rɔvɛr] m bicycle, pot. bike; **~r składany** folding bicycle; **~r turystyczny** tourist bicycle; **jechać na ~rze** to ride (on) a bicycle
rowerzysta [rɔvɛ'ʑista] m cyclist
rozbi|ć ['rɔzbitɕ] perf, **~jać** [rɔz'bijatɕ] imperf I vt break, shatter, smash; (okręt) wreck; (wroga) defeat; (skałę) split || **~ć komuś głowę** to knock sb on the head; **~ć, ~jać na grupy**

to break into groups; **~ć, ~jać namiot** to pitch ⟨put up⟩ a tent II vr **~ć, ~jać się** be smashed; (o skałę) strike (on rock); (o statku) be shipwrecked
roz|bierać [rɔz'bɛratɕ] imperf, **~ebrać** [rɔ'zɛbratɕ] perf I vt undress; (maszynę) dismantle II vr **~bierać, ~ebrać się** undress; (z płaszcza itp.) take off (one's overcoat)
rozbijać zob. **rozbić**
rozbitek [rɔz'bitɛk] m shipwrecked man ⟨person⟩
rozbr|ajać [rɔz'brajatɕ] imperf, **~oić** [rɔz'brɔitɕ] perf vt (także vr **~ajać, ~oić się**) disarm
rozbrojenie [rɔzbrɔ'jɛɲɛ] n disarmament
rozbrzmiewać [rɔz'bʒmʲɛvatɕ] vi resound
rozbudowa [rɔzbu'dɔva] ƒ enlargement, extension; development
rozbudow|ać [rɔzbu'dɔvatɕ] perf, **~ywać** [rɔzbudɔ'vivatɕ] imperf vt (także vr **~ać, ~ywać się**) enlarge; develop
roz|chodzić się [rɔs'xɔdʑitɕ ɕɛ] imperf, **~ejść się** ['rɔzɛjɕtɕ ɕɛ] perf vr (o wieści) spread, get about; (o książkach) circulate; (o towarze) sell well; (o ludziach) part, separate; (o małżeństwie) divorce
rozchorować się [rɔsxɔ'rɔvatɕ ɕɛ] vr fall ill
rozchód ['rɔsxut] m expense, expenditure
rozciąć zob. **rozcinać**
rozciąg|ać [rɔs'tɕɔ̃gatɕ] imperf, **~nąć** [rɔs'tɕɔ̃gnɔ̃tɕ] perf vt (także vr **~ać, ~nąć się**) extend, stretch
roz|cierać [rɔs'tɕɛratɕ] imperf, **~etrzeć** [rɔ'zɛt-ʃɛtɕ] perf vt crush, grind
rozci|nać [rɔs'tɕinatɕ] imperf, **~ąć** ['rɔstɕɔ̃tɕ] perf vt cut
rozczarować [rɔstʃa'rɔvatɕ] I

vt disappoint, disillusion II
vr ~ **się** be disappointed,
become disillusioned
rozczarowanie [rostʃaro'vaɲɛ]
n disappointment, disillusionment, disenchantment
rozda|ć ['rozdatɕ] *perf,* ~**wać**
[roz'davatɕ] *imperf vt* distribute, give
rozdział ['rozdʑaŭ] *m* 1. (*podział*) distribution, division
2. (*oddzielenie*) separation
3. (*w książce*) chapter
rozdziel|ać [roz'dʑɛlatɕ] *imperf,* ~**ić** [roz'dʑɛɲitɕ] *perf* I
vt (*oddzielać*) separate;
(*dzielić*) divide; (*rozdawać*)
distribute II *vr* ~**ać,** ~**ić się**
part, separate
rozdzielcz|y [roz'dʑɛltʃi] *adj*
distributive; **skrzynka** ~**a**
distributing box; **stacja** ~**a**
dispatching station; *elektr.*
tablica ~**a** switch-board
rozdzielić *zob.* **rozdzielać**
rozdzierać *zob.* **rozedrzeć**
rozebrać *zob.* **rozbierać**
roz|edrzeć [ro'zɛdʑɛtɕ] *perf,*
~**dzierać** [roz'dʑɛratɕ] *imperf*
I *vt* tear (**na kawałki** to
pieces), rend, rip open II *vr*
~**edrzeć,** ~**dzierać się** tear,
get rent
rozegrać [ro'zɛgratɕ] *vt* play;
~ **partię** to play a game (of
cards)
rozejm ['rozɛjm] *m* truce,
armistice
rozejrzeć się *zob.* **rozglądać
się**
rozejść się *zob.* **rozchodzić
się**
rozerwać [ro'zɛrvatɕ] *vt* 1.
tear, rend 2. (*rozłączyć*)
separate, part II *vr* ~ **się**
1. tear, rend 2. (*zabawić się*)
divert oneself; *zob.* **rozrywać**
roześmiać się [ro'zɛɕmjatɕ ɕɛ̃]
vr burst into laughter,
laugh
rozetrzeć *zob.* **rozcierać**
rozgałęzienie [rozgaŭɛ̃'ʑɛɲɛ] *n*

branching, furcation; ramification
roz|glądać się [roz'glɔ̃datɕ ɕɛ̃]
imperf, ~**ejrzeć się** [ro'zɛj
ʑɛtɕ ɕɛ̃] *perf vr* look around;
glance round; ~**glądać się
za pracą** to be on the look
-out for a job
rozgł|aszać [roz'gŭaʃatɕ] *imperf,* ~**osić** [roz'gŭɔɕitɕ] *perf
vt* divulge, give out, spread
(**wieści** the news)
rozgłośnia [roz'gŭɔɕɲa] *f*
broadcasting station
rozgniewać [roz'gɲɛvatɕ] I *vt*
make angry, anger II *vr* ~
się become angry (**na kogoś**
with sb, **na coś** at ⟨about⟩
sth)
rozgrywka [roz'grifka] *f* contest, match; *przen.* intrigue
rozgrz|ać ['rozgʒatɕ] *perf,*
~**ewać** [roz'gʒɛvatɕ] *imperf*
I *vt* heat, warm up II· *vr*
~**ać,** ~**ewać się** get warm,
warm up
rozjazd ['rozjast] *m* junction;
turnout
rozkaz ['roskas] *m* order,
command; **z** ~**u** by order,
at sb's command
rozkład ['roskŭat] *m* 1. disposition; ~ **jazdy** time-table;
~ **zajęć** schedule 2. (*psucie
się*) corruption, decay
rozkładać [ros'kŭadatɕ] I *vt*
place apart; (*na części*) take
to pieces; (*wystawiać*) display; *chem.* decompose II
vr ~ **się** 1. lay out; (*wyciągać się*) stretch out 2. (*gnić*)
decompose, decay
rozkosz ['roskɔʃ] *f* delight,
treat; **z** ~**ą** with pleasure
rozkręc|ać [ros'krɛtsatɕ] *imperf,* ~**ić** [ros'krɛtɕitɕ] *perf
vt* unscrew, unwind
rozkwit ['roskfit] *m* flowering,
blossoming; **w pełni** ~**u** in
full bloom; **być w pełni** ~**u**
to flourish
rozlać *zob.* **rozlewać**
rozlegać się [roz'lɛgatɕ ɕɛ̃] *vr*
(*o głosie*) resound, ring

rozległy [rɔz'legɥi] *adj* vast, extensive, broad
rozl|ewać [rɔz'lɛvatɕ] *imperf*, ~**ać** ['rɔzlatɕ] *perf* I *vt* spill, shed, pour II *vr* ~**ewać**, ~**ać się** overflow, spill
rozlicz|ać [rɔz'ɫit͡ʃatɕ] *imperf*, ~**yć** [rɔz'ɫit͡ʃit͡ɕ] *perf* I *vt* count, settle accounts II *vr* ~**ać**, ~**yć się** settle accounts
rozluźni|ać [rɔz'luʑnatɕ] *imperf*, ~**ć** [rɔz'luʑnit͡ɕ] *perf* *vt* loosen, relax
rozładow|ać [rɔzŭa'dɔvatɕ] *perf*, ~**ywać** [rɔzŭadɔ'vivatɕ] *imperf* *vt* unload, discharge
rozłam ['rɔzŭam] *m* breach, split, disruption
rozłącz|ać [rɔz'ŭɔt͡ʃatɕ] *imperf*, ~**yć** [rɔz'ŭɔt͡ʃit͡ɕ] *perf* I *vt* separate, disconnect, disjoin II *vr* ~**ać**, ~**yć się** 1. (*o ludziach*) separate, part 2. (*o telefonie*) cut ⟨switch⟩ off; proszę się nie ~**ać**! hold the line!
rozłąka [rɔz'ŭɔka] *f* separation
rozłożyć *zob.* rozkładać
rozmach ['rɔzmax] *m* impetus, dash, swing; pełen ~**u** dashing
rozmaity [rɔzma'iti] *adj* various, manifold
rozmawiać [rɔz'mavatɕ] *vi* speak, talk, chat; ~ **przez telefon** to speak on the phone; **nie** ~ **z kimś** not to be on speaking terms with sb
rozmiar ['rɔzmar] *m* dimension, size, extent; **to twój** ~ it's your size
rozmieni|ać [rɔz'mɛnatɕ] *imperf*, ~**ć** [rɔz'mɛnit͡ɕ] *perf* *vt* change
rozmie|szczać [rɔz'mɛʃt͡ʃatɕ] *imperf*, ~**ścić** [rɔz'mɛɕt͡ɕit͡ɕ] *perf* *vt* dispose, locate
rozmn|ażać [rɔz'mnaʒatɕ] *imperf*, ~**ożyć** [rɔz'mnɔʒit͡ɕ] *perf* I *vt* multiply, increase, breed II *vr* ~**ażać**, ~**ożyć się** multiply, breed
rozmow|a [rɔz'mɔva] *f* conversation, talk; (*telefoniczna*) (telephone) call; ~**a telefoniczna z przywołaniem** advised call; ~**a towarzyska** small talk; **prowadzić** ~**ę** to carry on ⟨make⟩ a conversation; **zamówić** ~**ę telefoniczną** to book a call
rozmówca [rɔz'muftsa] *m* interlocutor
rozmówić się [rɔz'muvit͡ɕ t͡ɕɛ̃] *vr* have a talk, speak (z kimś with sb); (*telefonicznie*) put through a call, take one's call
rozmównica [rɔzmuv'nitsa] *f* (*telefoniczna*) telephone booth, telephone-box
rozmyślić się [rɔz'miɕl͡ɕit͡ɕ t͡ɕɛ̃] *vr* change one's mind
roznosić [rɔz'nɔɕit͡ɕ] *vt* carry about, spread, distribute; (*przy stole*) serve round
rozpacz ['rɔspat͡ʃ] *f* despair; **doprowadzić do** ~**y** to drive to despair; **wpaść w** ~ to fall into despair
rozpaczać [rɔs'pat͡ʃatɕ] *vi* despair
rozpakow|ać [rɔspa'kɔvatɕ] *perf*, ~**ywać** [rɔspakɔ'vivatɕ] *imperf* I *vt* unpack II *vr* ~**ać**, ~**ywać się** unpack one's things
rozpal|ać [rɔs'palatɕ] *imperf*, ~**ić** [rɔs'pafiit͡ɕ] *perf* *vt* light, set fire (coś to sth); ~**ać**, ~**ić ogień** to make the ⟨a⟩ fire
rozpat|rywać [rɔspa'trivatɕ] *imperf*, ~**rzeć** [rɔs'pat͡ʃɛt͡ɕ] *perf* *vt* examine, consider
rozpęd ['rɔspɛ̃t] *m* impetus, start
rozpędz|ać [rɔs'pɛ̃dzatɕ] *imperf*, ~**ić** [rɔs'pɛ̃dʑit͡ɕ] *perf* I *vt* 1. disperse, scatter; (*tłum*) break up 2. (*rozruszać*) set in motion, start II *vr* ~**ać**, ~**ić się** break into a run; gather speed
rozpi|ać ['rɔspɔt͡ɕ] *perf*, ~**nać** [rɔs'pinatɕ] *imperf* I *vt* 1. (*ubranie*) unbutton, undo 2.

(*rozciągać*) stretch; ∼ąć, ∼nać się unbutton one's coat

rozpocz|ąć [rɔs'pɔtʃɔ̃tɕ] *perf*, ∼ynać [rɔspɔ'tʃinatɕ] *imperf* I *vt* begin, start, initiate II *vr* ∼ąć, ∼ynać się start, begin

rozpog|adzać się [rɔspɔ'gadzatɕ ɕɛ̃] *imperf*, ∼odzić się [rɔspɔ'gɔdʑitɕ ɕɛ̃] *perf vr* 1. clear up 2. *przen.* brighten up

rozporządz|ać [rɔspɔ'ʒɔ̃dzatɕ] *imperf*, ∼ić [rɔspɔ'ʒɔ̃dʑitɕ] *perf vt* dispose (czymś of sth); (*rozkazywać*) order, command

rozporządzenie [rɔspɔʒɔ̃'dzɛɲɛ] *n* decree, order; (*majątkiem itd.*) disposal

rozpowszechni|ać [rɔspɔ'fʃɛxɲatɕ] *imperf*, ∼ć [rɔspɔ'fʃɛxɲitɕ] *perf vt* propagate, spread; ∼ać, ∼ć wiadomość to spread news; ∼ać, ∼ć książki to popularize books

rozpozna|ć [rɔs'pɔznatɕ] *perf*, ∼wać [rɔspɔ'znavatɕ] *imperf vt* recognize, distinguish; *med.* diagnose

rozprawa [rɔs'prava] *f* discussion, debate; ∼ naukowa dissertation, scientific paper; ∼ sądowa trial

rozpru|ć ['rɔsprutɕ] *perf*, ∼wać [rɔs'pruvatɕ] *imperf vt* rip open, unsew, unstitch

rozpu|szczać [rɔs'puʃtʃatɕ] *imperf*, ∼ścić [rɔs'putɕtɕitɕ] *perf* I *vt* 1. (*zgromadzenie*) dismiss 2. (*płyn*) dissolve, solve 3. (*wieści*) spread II *vr* ∼szczać, ∼ścić się dissolve, melt

rozpuszczalnik [rɔspuʃ'tʃalɲik] *m* solvent

rozpylacz [rɔs'pilatʃ] *m* sprayer, pulverizer

rozpyl|ać [rɔs'pilatɕ] *imperf*, ∼ić [rɔs'piɕitɕ] *perf vt* pulverize, spray

rozrachunek [rɔzra'xunɛk] *m* reckoning, settlement

rozróżni|ać [rɔz'ruʒnatɕ] *imperf*, ∼ić [rɔz'ruʒnitɕ] *perf vt* distinguish, differentiate, tell (od czegoś from sth)

rozruch ['rɔzrux] *m* 1. setting in motion, start 2. *pl* ∼y (*zamieszki*) riot, trouble, disorders

rozrusznik [rɔz'ruʃnik] *m* starter; *elektr.* self-starter

rozrywać [rɔz'rivatɕ] I *vt* break, disrupt II *vr* ∼ się amuse, distract oneself

rozrywk|a [rɔz'rifka] *f* amusement; pastime; sport; distraction; dla ∼i for pleasure

rozrzuc|ać [rɔz'ʒutsatɕ] *imperf*, ∼ić [rɔz'ʒutɕitɕ] *perf vt* scatter, disperse; *przen.* (*pieniądze*) throw away

rozrzutny [rɔz'ʒutni] *adj* prodigal, thriftless, extravagant

rozsądek [rɔs'sɔ̃dɛk] *m* sense; zdrowy ∼ common sense

rozsądny [rɔs'sɔ̃dni] *adj* sensible, reasonable, wise

rozsi|adać się [rɔs'ɕadatɕ ɕɛ̃] *imperf*, ∼ąść się ['rɔsɕɔ̃ɕtɕ ɕɛ̃] *perf vt* sit (comfortably), sprawl

rozstać się zob. rozstawać się

rozstanie [rɔs'staɲɛ] *n* separation, parting

rozstaw ['rɔsstaf] *m* spacing; ∼ kół (*pojazdu*) wheel track; ∼ osi (*pojazdu*) axle base; ∼ szyn track ⟨gauge⟩

rozsta|wać się [rɔs'stavatɕ ɕɛ̃] *imperf*, ∼ć się ['rɔsstatɕ ɕɛ̃] *perf vr* part (z kimś, czymś from ⟨with⟩ sb, sth)

rozstr|ajać [rɔs'strajatɕ] *imperf*, ∼oić [rɔs'strɔitɕ] *perf vt* 1. *muz.* put out of tune 2. (*nerwy*) unsettle, shatter 3. (*żołądek*) upset

rozstrój ['rɔsstruj] *m* 1. disharmony 2. (*żołądka*) diarrhoea 3. (*psychiczny*) mental derangement; ∼ nerwowy depression

rozstrzelać [rɔs'stʃɛlatɕ] *vt* shoot

rozstrzyg|ać [rɔs'stʃigatɕ] *imperf*, **~nąć** [rɔs'stʃignɔ̃tɕ] *perf vt* decide, determine; (*spór*) settle; (*problem*) solve **rozsyp|ać** [rɔs'sɨpatɕ] *perf*, **~ywać** [rɔssɨ'pɨvatɕ] *imperf* I *vt* scatter, strew II *vr* ~ać, ~ywać się disperse, be scattered; **~ać, ~ywać się** w proch to crumble ⟨to fall⟩ into dust **rozszerz|ać** [rɔs'ʃɛʒatɕ] *imperf*, **~yć** [rɔs'ʃɛʒitɕ] *perf* I *vt* enlarge, expand, extend II *vr* ~ać, ~yć się extend, widen, broaden, spread **rozśmiesz|ać** [rɔs'ɕmɛʃatɕ] *imperf*, **~yć** [rɔs'ɕmɛʃitɕ] *perf vt* make laugh, amuse **rozt|aczać** [rɔs'tatʃatɕ] *imperf*, **~oczyć** [rɔs'tɔtʃitɕ] *perf* I *vt* (*przepych itp.*) display; extend, spread; **~aczać, ~oczyć** opiekę to take care ⟨to keep guard⟩ (nad kimś of ⟨over⟩ sb) II *vr* ~aczać, **~oczyć się** (*o widoku*) spread, extend **rozt|apiać** [rɔs'tapatɕ] *imperf*, **~opić** [rɔs'tɔpitɕ] *perf vt* (*także vr* ~apiać, ~opić się) melt, smelt **roztargniony** [rɔstarg'ɲɔni] *adj* absent-minded, distracted; (*o spojrzeniu*) far-away **rozterka** [rɔs'tɛrka] *f* perplexity **roztoczyć** *zob.* **roztaczać** **roztopić** *zob.* **roztapiać** **roztropny** [rɔs'trɔpni] *adj* prudent, thoughtful **roztrzepaniec** [rɔstʃɛ'paɲɛts] *m* 1. (*człowiek*) scatter-brain 2. (*potrawa*) whipped sour milk **roztrzepany** [rɔstʃɛ'paɲi] *adj* scatter-brained **roztwór** ['rɔstfur] *m* solution **rozum** ['rɔzum] *m* mind, reason, intellect, wit, understanding; *przen.* **postradać ~** to lose one's reason; to take leave of one's senses;

czyś ty postradał **~**? are you crazy? **rozumie|ć** [rɔ'zumɛtɕ] I *vt* understand; źle **~ć** misunderstand; **co przez to ~sz?** what do you mean by it?; **czy mnie ~sz?** do you follow me?; **~sz?** do you see what I mean?; **~m,** o co ci chodzi I see what you mean; I see your point II *vr* **~ć** się be understood; understand (nawzajem each other); **ma się ~ć** of course; **to się samo przez się ~** it's obvious; it goes without saying **rozumny** [rɔ'zumni] *adj* sensible, reasonable, clever **rozwag|a** [rɔz'vaga] *f* 1. prudence 2. (*rozważanie*) consideration; **wziąć pod ~ę** to take into consideration **rozważ|ać** [rɔz'vaʒatɕ] *imperf*, **~yć** [rɔz'vaʒitɕ] *perf vt* 1. consider, contemplate; **~ywszy wszystko** all things considered 2. (*ważyć częściami*) weigh out **rozwiązać** *zob.* **rozwiązywać** **rozwiązanie** [rɔzvjɔ̃'zaɲɛ] *n* 1. (*zagadki, problemu*) solution 2. (*umowy, małżeństwa*) dissolution; **~ kontraktu** cancellation of the contract 3. (*poród*) delivery **rozwiąz|ywać** [rɔzvjɔ̃'zɨvatɕ] *imperf*, **~ać** [rɔz'vjɔ̃zatɕ] *perf* I *vt* 1. undo, untie 2. (*zagadkę, problem*) solve, resolve 3. (*spółkę, umowę*) dissolve: **~ać** kontrakt to cancel ⟨to annul⟩ the contract; **~ać** parlament to dissolve the parliament II *vr* **~ywać, ~ać się** 1. (*o sznurowadle itd.*) to come loose ⟨untied⟩ 2. (*o organizacji*) be ⟨become⟩ resolved, dissolve **rozwidni|ć** się [rɔz'vidɲitɕ ɕɛ̃] *vr* dawn; brighten; **~a się** it dawns

rozwiedziony [rɔzv̇e'dʒɔnị] *adj* divorced

rozwijać [rɔz'vijatɕ] *imperf*, **~nąć** [rɔz'viɲɔ̃tɕ] *perf* **I** *vt* (*papier*) unwrap, unfold; (*działalność*) display; (*skrzydła*) spread; (*flagę*) unfurl **II** *vr* **~jać, ~nąć się** develop; **~jać się** pomyślnie to flourish; to thrive

rozwlekły [rɔz'vlɛkữị] *adj* prolific, lengthy

rozwodzić się [rɔz'vɔdʑitɕ ɕě] *vr* divorce || **~** się nad czymś to enlarge upon sth

rozwolnienie [rɔzvɔl'ɲɛɲɛ] *n* diarrhoea

rozwozić [rɔz'vɔʑitɕ] *vt* transport, deliver, convey

rozwód ['rɔzvut] *m* divorce; **wnieść o ~** to sue for divorce; **dostać ~** to get ⟨to be given⟩ divorce; **wziąć ~ z mężem ⟨żoną⟩** to divorce one's husband ⟨wife⟩

rozwój ['rɔzvuj] *m* development, evolution, progress

rożen ['rɔʒɛn] *m* roasting-spit, broach

ród [rut] *m* family, stock, breed, origin; **~ ludzki** mankind; **rodem z Warszawy** native of Warsaw

róg [ruk] *m* **1.** (*zwierzęcia*) horn; **rogi jelenie** antlers; *przen.* **~ obfitości** horn of plenty **2.** *muz.* horn; **~ myśliwski** hunting horn; bugle **3.** (*pokoju, ulicy*) corner, angle; **na rogu** at the corner; **za rogiem** round the corner

rów [ruf] *m* ditch; **~ strzelecki** trench

rówieśnik [ru'v̇eɕɲik] *m* contemporary; **on jest moim ~iem** he is of my age

również ['ruvɲɛʃ] *conj* also, too, as well, likewise

równik ['ruvɲik] *m* equator

równina [ruv'ɲina] *f* plain, flat country

równo ['ruvnɔ] *adv* even (z czymś with sth); **dzielić się ~** to share alike ⟨*pot.* fifty-fifty⟩

równoległy [ruvnɔ'lɛgữị] *adj* parallel

równoleżnik [ruvnɔ'lɛʒɲik] *m* parallel

równomierny [ruvnɔ'm̊ɛrnị] *adj* equal, even, uniform

równorzędny [ruvnɔ'ʒĕdnị] *adj* equivalent, of equal rank, corresponding

równość ['ruvnɔɕtɕ] *f* equality

równouprawnienie [ruvnɔuprav'ɲɛɲɛ] *n* equality of rights

równowag|a [ruvnɔ'vaga] *f* balance; **~a sił** balance of power; **stracić ~ę** to lose one's balance

równowartość [ruvnɔ'vartɔɕtɕ] *f* equivalence, equivalent

równoważnia [ruvnɔ'vaʒna] *f* horizontal beam

równoważyć [ruvnɔ'vaʒitɕ] *vt* balance; compensate (coś for sth)

równ|y ['ruvnị] *adj* (*o zębach*) even; (*o przestrzeni*) flat; (*o kroku*) steady; (*o prawach*) equal; **nie mieć ~ego** sobie to have no equal; **nie mający ~ego** sobie unparalleled; **z ~ą** łatwością with equal ease

róż [ruʃ] *m* rouge

róża ['ruʒa] *f* **1.** *bot.* rose; (*polna*) hawthorn **2.** *med.* erysipelas

różnica [ruʒ'ɲitsa] *f* difference; **~** zdań dissent; difference of opinions

różnorodność [ruʒnɔ'rɔdnɔɕtɕ] *f* variety

różny ['ruʒnị] *adj* different (od czegoś from sth); various

różowy [ru'ʒɔvị] *adj* pink, rosy

rtęć [rtɛ̃tɕ] *f* mercury, quicksilver

rubel ['rubɛl] *m* rouble

rubin ['rubin] *m* ruby

rubryka ['rubrịka] *f* column, section

ruch [rux] *m* movement, motion; (*posunięcie*) move; ~ ręki gesture; ~ uliczny traffic; ~ jednokierunkowy ⟨dwukierunkowy⟩ one-way ⟨two-way⟩ traffic; ~ kolejowy railway traffic; ~ kołowy vehicular traffic; ~ pieszy pedestrian traffic; ~ prawostronny ⟨lewostronny⟩ right ⟨left⟩ driving; godziny największego ~u rush hours; *polit.* ~y wolnościowe liberation movements; puszczać w ~ to put in motion; *pot.* robić ~ koło czegoś to make a fuss about sth; w ~u on the move; *pot.* on the go; w pełnym ~u in full swing

ruchliwy [rux'ʃiivi] *adj* active, mobile; (*o ulicy*) busy

ruchom|y [ru'xɔmi] *adj* mobile; majątek ~y movables; ~e schody escalator

ruda ['ruda] *f* ore; ~ żelaza iron ore

rudy ['rudi] *adj* brownish--red, rusty; (*rudowłosy*) red-haired

rufa ['rufa] *f* stern, poop

ruina [ru'ina] *f* ruin

rum [rum] *m* rum

rumianek [ru'maɛk] *m* camomile

rumian|y [ru'mani] *adj* rosy, florid; ~a cera high colour

rumienić się [ru'mɛitɕ ɕɛ] *vr* blush

rumie|niec [ru'mɛɛts] *m* blush; oblewać się ~ńcem to blush

rumsztyk ['rumʃtik] *m* rump--steak

rumuński [ru'muɲski] *adj* Rumanian

runąć ['runɔtɕ] *vi* collapse, fall ⟨tumble⟩ down

runda ['runda] *f* round; ~ honorowa round of honour

rura ['rura] *f* tube, pipe; ~ gazowa gas pipe; ~ wydechowa exhaust pipe

rurka ['rurka] *f* tube, pipe

rurociąg [ru'rɔtɕɔk] *m* pipeline

rusz|ać ['ruʃatɕ] *imperf*, ~yć ['ruʃitɕ] *perf* **I** *vt* move, stir, touch; nie ~aj tego! don't touch it!; *przen.* ~ać, ~yć w drogę to set forth ⟨off⟩; ~ać, ~yć z miejsca to start; nie ~ać, ~yć palcem not to stir a finger; ~j! go on!; forward! **II** *vr* ~ać, ~yć się move, stir; *przen.* ~aj się! be quick!

ruszt [ruʃt] *m* grill; gridiron; mięso z ~u grill

rusztowanie [ruʃtɔ'vaɲɛ] *n* scaffolding

ruszyć *zob.* ruszać

rutynowany [rutinɔ'vani] *adj* experienced, practised

rwać [rvatɕ] **I** *vt* **1.** (*kwiaty*) pluck **2.** (*drzeć*) tear; ~ na kawałki to tear to pieces ‖ ~ ząb to draw ⟨extract, pull out⟩ a tooth **II** *vr* ~ się (*o ubraniu*) tear ‖ *przen.* ~ się do czegoś to be eager to do sth; *pot.* to be keen on sth

ryb|a ['riba] *f* fish; ~a faszerowana stuffed fish; ~a gotowana cooked ⟨boiled⟩ fish; ~a smażona fried fish; ~a w galarecie jellied fish; ~a wędzona smoked fish; łowić ~y to fish; (*na wędkę*) to angle; zdrów jak ~a as fit as a fiddle; *pot.* gruba ~a big shot

rybak ['ribak] *m* fisherman, angler

rybn|y ['ribni] *adj* fish; konserwy ~e canned ⟨tinned⟩ fish; gospodarstwo ~e fish breeding, pisciculture

rybołówstwo [ribɔ'ŭustfɔ] *n* fishing, fishery; ~ dalekomorskie deep-sea fishing; ~ przybrzeżne inshore fishery

rycerski [ri'tsɛrski] *adj* chivalrous

rycerz ['ritsɛʃ] *m* knight

rycina [rɨ'tɕina] f illustration, picture; print; engraving

rycyna [rɨ'tɕina] f castor-oil

ryczałt ['rɨtʃaŭt] m lump sum, flat rate; ~em in a lump

ryć [rɨtɕ] vt 1. (rylcem) engrave; (w drzewie) carve 2. (kopać) dig; (o świni) root

rydz [rɨts]˙ m orange milk lactar; przen. zdrów jak ~ as fit as a fiddle

rygor ['rɨgɔr] m rigour; pod ~em prawa under penalty of the law

rym [rɨm] m rime, rhyme; do ~u rhyming

rymować [rɨ'mɔvatɕ] vt rhyme

rynek ['rɨnɛk] m market, market-place; handl. ~ zbytu market; outlet; zdobyć ~ to capture a market

rynna ['rɨnna] f gutterpipe, drainpipe, rainpipe

rynsztok ['rɨnʃtɔk] m gutter, sewer

ryps [rɨps] m rep, reps

rys [rɨs] m feature; (charakteru) trait; ~y twarzy features of the face

rysopis [rɨ'sɔpis] m description

rysować [rɨ'sɔvatɕ] I vt draw; (szkicować) sketch II vr ~ się 1. appear, become visible 2. (pękać) crack

rysunek [rɨ'sunɛk] m drawing; (w książce) illustration; (szkic) sketch

ryś [rɨɕ] m zool. lynx

rytm [rɨtm] m rhythm

rytmiczny [rɨt'mitʃnɨ] adj rhythmic

rywal ['rɨval] m rival, competitor

rywalizacja [rɨvaɲi'zatsja] f rivalry, competition

ryzyko ['rɨzɨkɔ] n risk; narażać się na ~ to run a risk; na twoje ~ at your risk

ryzykować [rɨzɨ'kɔvatɕ] vt vi risk, venture, hazard

ryzykowny [rɨzɨ'kɔvnɨ] adj risky

ryż [rɨʃ] m rice

rzadki ['ʒatki] adj rare; (nieliczny) scarce; (o włosach) thin; (o płynie) clear, thin

rzadko ['ʒatkɔ] adv seldom, rarely

rząd¹ [ʒɔ̃t] m (organ zarządzania) government, rule; am. administration; objąć ~y to come to power

rząd² [ʒɔ̃t] m (szereg) row, file; (żołnierzy) rank; 3 godziny z rzędu 3 hours consecutively ⟨successively⟩; 3 hours at a stretch; rzędem in a row; stać rzędem to be lined up

rządowy [ʒɔ̃'dɔvɨ] adj governmental, government, state

rządząc|y [ʒɔ̃'dzɔ̃tsɨ] adj ruling, governing; partia ~a the party in power

rządzić ['ʒɔ̃dʑitɕ] I vt govern, rule (krajem over the country); (panować) reign II vr ~ się govern oneself

rzecz [ʒɛtʃ] f thing; (sprawa) matter, affair; mówić od ~y to talk nonsense; to moja ~ it's my business; to nie twoja ~ it's none of your business; nie w tym ~, że … it is not a question of …; w tym ~, że … the thing is that …; co to ma do ~y? what does that have to do with it?; do ~y come to the point; na czyjąś ~ in favour ⟨on behalf⟩ of sb; w samej ~y indeed; (in point) of fact

rzecznik ['ʒɛtʃɲik] m spokesman; mouthpiece, advocate

rzeczn|y ['ʒɛtʃnɨ] adj river, fluvial; żegluga ~a river navigation

rzeczownik [ʒɛ'tʃɔvɲik] m gram. noun, substantive

rzeczowy [ʒɛ'tʃɔvɨ] adj real, essential; (o człowieku) matter-of-fact, businesslike; dowód ~ proof, evidence

rzeczoznawca [ʒɛtʃɔ'znaftsa] m expert

rzeczpospolita [ʒetʃpɔs'pɔʃita] f republic

rzeczywistoś|ć [ʒetʃi'vistɔçtç] f reality; w ~ci in reality; in fact; as a matter of fact

rzeczywiście [ʒetʃi'viçtçɛ] adv really, actually, indeed

rzek|a ['ʒɛka] f river; w górę ⟨w dół⟩ ~i up ⟨down⟩ stream

rzekomy [ʒɛ'kɔmi] adj pretended, alleged, supposed

rzemień ['ʒɛmɛɲ] m strap, belt

rzemieślnicz|y [ʒɛmɛçl'ɲitʃi] adj trade, handicraft; izba ~a chamber of handicrafts; spółdzielnia ~a school of arts and crafts

rzemieślnik [ʒɛ'mɛçlɲik] m artisan, craftsman

rzemiosło [ʒɛ'mɔsůɔ] n craft, craftsmanship, handicraft

rzepa ['ʒɛpa] f turnip

rześki ['ʒɛçki] adj brisk, hale

rzetelnie [ʒɛ'tɛlɲɛ] adv honestly, straightforwardly

rzeźba ['ʒɛʒba] f sculpture; (dzieło) piece of sculpture

rzeźbiarstwo [ʒɛʒ'barstfɔ] n sculpture

rzeźbiarz ['ʒɛʒbaʃ] m sculptor

rzeźbić ['ʒɛʒbitç] vt sculpture, carve, cut

rzeźnia ['ʒɛʒɲa] f slaughter-house

rzeźnik ['ʒɛʒɲik] m butcher; iść do ~a to go to the butcher's

rzędem ['ʒɛdɛm] adv in a row, in a line

rzęsa ['ʒɛsa] f eye-lash

rzęsist|y [ʒɛ'çisti] adj abundant; ~e oklaski warm ⟨great⟩ applause; ~e światła bright lights; ~y deszcz heavy rain

rzodkiewka [ʒɔt'kɛfka] f radish

rzuc|ać ['ʒutsatç] imperf, ~ić ['ʒutçitç] perf I vt 1. throw, fling, cast; ~ać, ~ić kości to cast dice; ~ać, ~ić myśl to make a suggestion; ~ać, ~ić okiem to cast a glance; to have a look 2. (porzucać) leave, abandon 3. (poniechać) give up II vr ~ać, ~ić się (w wodę) plunge; (na kogoś) rush ⟨dash⟩ (at sb); przen. ~ać się w oczy to strike the eye

rzut [ʒut] m throw, cast; ~ oka glance; na pierwszy ~ oka at first sight

rzymski ['ʒimski] adj Roman

rżnąć [rʒnɔtç] vt cut, carve; (piłą) saw

S

sabotaż [sa'bɔtaʃ] m sabotage

sad [sat] m orchard

sadownictwo [sadɔv'ɲitstfɔ] n fruit-growing, orcharding

sadza ['sadza] f soot

sadzawka [sa'dzafka] f pool

sadzić ['sadzitç] vt plant, set

saksofon [sak'sɔfɔn] m saxophone

sala ['sala] f hall, room; ~ balowa ball-room; ~ teatralna auditorium; ~ taneczna dancing-hall

salami [sa'lami] n salami

salaterka [sala'tɛrka] f salad-bowl, salad-plate

salceson [sal'tsɛsɔn] m brawn

saldo ['saldɔ] n balance

salon ['salɔn] m drawing-room; (na okręcie) saloon; ~ kosmetyczny beauty parlour ⟨shop⟩; ~ fryzjerski barber's shop

salw|a ['salva] f volley, burst; oddać ~ę honorową to fire a salute

sałata [sa'ůata] f 1. (potrawa) salad 2. (zielona) lettuce

sałatka [sa'ŭatka] f salad; ~ jarzynowa vegetable salad; ~ pomidorowa tomato salad
sam [sam] pron (sama, samo) alone; ~ jeden all alone; ~ fakt the very fact; taki ~ just like; ten ⟨taki⟩ ~ the same; identical (with); tak ~o likewise, as well; tym ~ym consequently; all the same; w ~ czas just in time; w ~ środek right in the middle; być ~ na ~ z kimś to be alone with sb; to się ~o przez się rozumie of course; zrobię to ~ I shall do it myself
samica [sa'ṁitsa] f female
samiec ['saṁets] m male
samobójstwo [samɔ'bujstfɔ] n suicide
samochód [sa'mɔxut] m motor-car, car; ~ ciężarowy lorry, delivery van; ~ małolitrażowy low-capacity car; ~ osobowy passenger car; ~ dwuosobowy otwarty roadster; ~ sportowy sports car; naprawić ~ to repair a car; kupić ~ to buy a car; sprzedać ~ to sell a car; rozbić ~ to crash a car; umyć ~ to wash the car; wynająć ~ to hire ⟨to rent⟩ a car
samodział [sa'mɔdʑaŭ] m homespun
samodzielny [samɔ'dʑelni] adj independent
samogłoska [samɔ'gŭɔska] f vowel
samokrytyka [samɔ'kritika] f self-criticism
samolot [sa'mɔlɔt] m airplane, aeroplane; pot. plane; ~ bombowy bomber; ~ myśliwski fighter; ~ naddźwiękowy supersonic airplane; ~ odrzutowy jet-plane; ~ pasażerski passenger plane; ~ turbośmigłowy turbo-prop plane
samoobsługowy [samɔɔpsŭu-'gɔvi] adj self-service; bar

~ self-service bar; sklep ~ self-service shop ⟨store⟩
samopoczucie [samɔpɔ'tʃutɕɛ] n frame of mind; mieć dobre ⟨złe⟩ ~ to feel well ⟨depressed⟩
samopomoc [samɔ'pɔmɔts] f self-help; Samopomoc Chłopska Peasants' Mutual Aid Association
samorząd [sa'mɔʒɔ̃t] m autonomy, self-government; ~ gminny local government
samotny [sa'mɔtni] adj lonely, solitary
samouczek [samɔ'utʃek] m handbook ⟨manual⟩ for self-instruction; ~ języka angielskiego English self-taught
samouk [sa'mɔuk] m autodidact, self-taught person
samowola [samɔ'vɔla] f lawlessness
samowystarczalny [samɔvi-star'tʃalni] adj self-sufficient
samowyzwalacz [samɔvi'zva-latʃ] m fot. time releaser, self-timer
sanatorium [sana'tɔrjum] n sanatorium
sandacz ['sandatʃ] m perch
sandał ['sandaŭ] m sandal
sandwicz ['sandvitʃ] m sandwich
saneczkarstwo [sanɛtʃ'karstfɔ] n sleighing
sanie ['saɲɛ] pl sledge, sleigh
sanitaria [saɲi'tarja] pl sanitary arrangements
sanitariusz [saɲi'tarjuʃ] m (szpitalny) hospital orderly; wojsk. stretcher-bearer
sanitariuszka [saɲitar'juʃka] f nurse
sanitarka [saɲi'tarka] f (samochód) ambulance; (samolot) ambulance plane
sanitarny [saɲi'tarni] adj sanitary; punkt ~ first-aid ⟨dressing⟩ station
sankcja ['sanktsja] f sanction
sank|i ['sanki] pl sleigh,

sledge; jechać ~ami to
sledge
sardynka [sar'dinka] *f* sardine
sarkać ['sarkatç] *vi* grumble
(na coś at sth)
sarkofag [sar'kɔfak] *m* sarcophagus
sarna ['sarna] ~*f* roe, deer;
(*samica*) doe
satelita [satɛ'ɭita] *m* satellite;
sztuczny ~ artificial satellite
saturator [satu'ratɔr] *m* saturator
satyra [sa'tira] *f* satire
satyryczny [sati'ritʃni] *adj*
satirical
satysfakcja [satis'faktsja] *f*
satisfaction
sauna ['saŭna] *f* sauna
sąd [sɔt] *m* judgement, opinion; (*instytucja*) court (of
law), tribunal; Sąd Najwyższy Supreme Court; Sąd
Ostateczny Last Judgement;
~ przysięgłych jury; ~
wojskowy court-martial; oddać sprawę do ~u to put
the matter into court; stanąć przed ~em to go on
trial; bez ~u without trial
sądz|ić ['sɔdʑitç] *vt* judge; sąd.
try || ~ić dobrze ⟨źle⟩ o
kimś to have a good ⟨a bad⟩
opinion of sb; ~ić, że ... to
think ⟨to believe⟩ that ...,
nie ~ę I don't think so
sąsiad ['sɔɕat] *m* neighbour
sąsiedni [sɔ'ɕedɲi] *adj* 1.
neighbouring 2. (*bliski*)
adjacent
scen|a ['stsɛna] *f* (*odgrywana*)
scene; *teatr.* stage; *przen.*
zrobić ~ę to make a scene
scenariusz [stsɛ'narjuʃ] *m* scenario, script; ~ filmowy
screen play
schab [sxap] *m* joint of pork
schadzka ['sxatska] *f* appointment, assignation; *am.* date
scharakteryzować [sxaraktɛriˈzɔvatç] *vt* charakterize
schemat ['sxɛmat] *m* scheme,
plan

schludny ['sxludni] *adj* neat,
tidy
schnąć [sxnɔtç] *vi* 1. dry 2.
(*marnieć*) waste, wane
schodek ['sxɔdɛk] *m* step
schody ['sxɔdi] *pl* stairs; ~
kuchenne backstairs; ~ ruchome escalator
schodzić ['sxɔdʑitç] *imperf*,
zejść [zɛjçtç] *perf* I *vi* 1.
descend, go down (po schodach the stairs); (*z drzewa*)
climb. down; schodzić, zejść
z drogi to get out of ⟨to
clear⟩ the way; to stand
aside 2. (*o czasie*) pass
(away) II *vr* schodzić, zejść
się meet, come together
schować ['sxɔvatç] I *vt* hide,
conceal; ~ coś do kieszeni
to pocket sth II *vr* ~ się
hide
schronić ['sxrɔɲitç] I *vt* shelter II *vr* ~ się shelter, find
⟨take⟩ shelter
schronisko [sxrɔ'ɲiskɔ] *n* refuge; (*turystyczne*) shelterhouse
schudnąć ['sxudnɔtç] *vi* reduce; lose in weight
schwycić ['sxfitçitç] *vt* catch
schyl|ać ['sxilatç] *imperf*, ~ić
['sxiɭitç] *perf* I *vt* bend,
bow II *vr* ~ać, ~ić się
bend, stoop
scyzoryk [stsi'zɔrik] *m* penknife
seans ['sɛans] *m* (*w kinie*)
performance, show; (*spirytystyczny*) séance
sedno ['sɛdnɔ] *n* core; ~ sprawy ⟨rzeczy⟩ heart of the
matter; trafić w ~ to hit
the mark
segment ['sɛgmɛnt] *m* segment, section
segregować [sɛgrɛ'gɔvatç] *vt*
classify, sort, segregate
sejf [sɛjf] *m* safe, strong-box
sejm [sɛjm] *m* diet, parliament; (*w Polsce*) Seym
sekcja ['sɛktsja] *f* 1. section;
wojsk. squad 2. (*zwłok*)
dissection, autopsy

sekret ['sɛkrɛt] *m* secret; **za-chować** ~ to keep a secret; **pod** ~**em** in secret
sekretariat [sɛkrɛ'tarjat] *m* secretariat
sekretarka [sɛkrɛ'tarka] *f*, **sekretarz** [sɛ'krɛtaʃ] *m* secretary
sekunda [sɛ'kunda] *f* second
sekundnik [sɛ'kundɲik] *n* second hand
seler ['sɛlɛr] *m* bot. celery
sen [sɛn] *m* **1.** sleep; **brać lekarstwo** ⟨pastylki⟩ **na** ~ to take sleeping pills; **zapaść w** ~ to fall asleep **2.** (*marzenia senne*) dream; **mieć** ~ to dream a dream ‖ **we śnie** in a dream; in one's sleep
sens [sɛns] *m* sense, significance, meaning; ~ **moralny** moral; **mieć** ~ to make sense; **w pewnym** ~**ie** in a sense; in a way
separacja [sɛpa'ratsja] *f* (*małżonków*) separation
separatka [sɛpa'ratka] *f* (*w szpitalu*) isolation ward; single-bed ward
ser [sɛr] *m* cheese; ~ **biały** cottage cheese; ~ **szwajcarski** gruyère; ~ **śmietankowy** cream cheese
serc|e ['sɛrtsɛ] *n* heart; **atak** ~**a** heart attack; *przen.* **przyjaciel od** ~**a** bosom friend; **złote** ~**e** heart of gold; **całym** ~**em** with all one's heart; ~**e mi się kraje** my heart bleeds; **wziąć sobie do** ~**a** to take to heart; **z** ~**a** from one's heart
serdeczność [sɛr'dɛtʃnɔçtɕ] *f* cordiality, open-heartedness
serdeczny [sɛr'dɛtʃni] *adj* cordial; (*o pozdrowieniach*) heart-felt; (*o przywitaniu*) warm; ~ **przyjaciel** bosom friend
serdelek [sɛr'dɛlɛk] *m* sausage
seria ['sɛrja] *f* series; (*wykładów itp.*) set; *filat.* issue

serial ['sɛrjal] *m* (*radiowy, telewizyjny*) serial
serio ['sɛrjɔ] *adv* (*także na* ~) earnestly; seriously; **brać (na)** ~ to take seriously; **czy mówisz (na)** ~? are you serious?; **do you really mean it?**; **are you in earnest?**
sernik ['sɛrɲik] *m* cheese cake
serpentyna [sɛrpen'tina] *f* **1.** (*droga*) serpentine **2.** (*taśma papierowa*) streamer
serw [sɛrf] *m* sport. **serve**, service
serweta [sɛr'vɛta] *f* table-cloth
serwetka [sɛr'vɛtka] *f* (table) napkin
serwis ['sɛrvis] *m* **1.** (*do obiadu*) dinner-set; (*do herbaty*) tea-set; (*do kawy*) coffee-set **2.** sport. service **3.** (*informacja*) information service; ~ **radiowy** broadcasting service
serwować [sɛr'vɔvatɕ] *vt sport.* **serve**
sesja ['sɛsja] *f* session
setka ['sɛtka] *f* **1.** hundred; ~**mi** in hundreds **2.** pot. (*o wełnie*) pure wool
sezon ['sɛzɔn] *m* season; **martwy** ~ dull ⟨dead⟩ season; ~ **turystyczny** tourist season
sędzia ['sɛ̃dʑa] *m* judge; *sport.* umpire, referee; ~ **pokoju** justice of the peace; ~ **polubowny** arbiter; ~ **śledczy** examining magistrate
sęk [sɛ̃k] *m* knot
sfałszować [sfaũ'ʃɔvatɕ] *vt* forge, falsify; (*podrobić*) counterfeit
sfastrygować [sfastri'gɔvatɕ] *vt kraw.* tack, baste
sfe|ra ['sfɛra] *f* sphere; **niższe** ~**ry** lower circles; **wyższe** ~**ry** upper circles, high life; **osoby z wyższej** ~**ry** persons of rank ‖ **to nie leży w** ~**rze moich zainteresowań** it's not in my line

sfilmować [sfil'mɔvatɕ] *vt* film, take a film (coś of sth), shoot

sfotografować [sfɔtɔgra'fɔvatɕ] *vt* photograph, take a picture (coś of sth)

siać [ɕatɕ] *vt* 1. sow 2. *(strach)* spread

siadać ['ɕadatɕ] *imperf*, **siąść** [ɕɔ̃ɕtɕ] *perf vi* sit (down); take a seat; ～ **do pociągu** ⟨**na statek**⟩ to take a train ⟨a boat⟩; ～ **do stołu** to sit down to a meal; ～ **na konia** to mount a horse; **proszę** ～! sit down ⟨be seated⟩, please!

sian|o ['ɕanɔ] *n* hay; *przen.* **szukać igły w stogu** ～**a** to look for a needle in a haystack

siarka ['ɕarka] *f chem.* sulphur

siatka ['ɕatka] *f* net; ～ **do włosów** hair net; ～ **na piłkę** ball net

siatkówka [ɕat'kufka] *f* 1. *anat.* retina 2. *sport.* volleyball

siąść *zob.* **siadać**

sieć [ɕɛtɕ] *f* net, network; ～ **kolejowa** railway network system; ～ **wodociągowa** piping; **chwytać w** ～ to enmesh

siedem ['ɕɛdɛm] *num* seven

siedemdziesiąt [ɕɛdɛm'dʑɛɕɔt] *num* seventy

siedemdziesiąty [ɕɛdɛmdʑɛ'ɕɔtɨ] *adj num* seventieth

siedemnasty [ɕɛdɛm'nastɨ] *adj num* seventeenth

siedemnaście [ɕɛdɛm'naɕtɕɛ] *num* seventeen

siedemset ['ɕɛdɛmsɛt] *num* seven hundred

siedzenie [ɕɛ'dzɛɲɛ] *n* 1. seat; ～ **przednie** ⟨**tylne**⟩ front- ⟨back-⟩seat; ～ **rozkładane** folding seat 2. *anat.* buttocks

siedziba [ɕɛ'dʑiba] *f* seat, residence

siedzieć ['ɕɛdʑɛtɕ] *vi* sit; ～ **na koniu** to ride on a horse;

～ **przy stole** to sit at table; ～ **w domu** to stay at home; **nie siedź tam długo!** don't be long there!; ～ **cicho** to keep quiet; to hold one's tongue; ～ **nad czymś** to pore over sth; ～ **w więzieniu** to be in prison; *przen.* ～ **na pieniądzach** to be rolling in money

siekać ['ɕɛkatɕ] *vt* chop, hash; *(drobno)* mince

siekiera [ɕɛ'kɛra] *f* axe

siennik ['ɕɛɲɲik] *m* straw mattress, strawbed

sierota [ɕɛ'rɔta] *f m* orphan

sierp [ɕɛrp] *m* sickle

sierpień ['ɕɛrpɛɲ] *m* August

sierść [ɕɛrɕtɕ] *f* hair, bristles

siew [ɕɛf] *m* sowing

siewnik ['ɕɛvɲik] *m* sowing-machine

sięg|ać ['ɕɛ̃gatɕ] *imperf*, ～**nąć** ['ɕɛ̃gnɔ̃tɕ] *perf vi* reach (out); *(przy stole)* make a long arm; **woda** ～**a do kolan** water comes up to the knees; *przen.* ～**ać**, ～**nąć do cudzej kieszeni** to put one's hand into other people's pockets; **jak okiem** ～**nąć** within sight; all around

sikawka [ɕi'kafka] *f* fire-hose, fire-engine; ～ **ogrodowa** garden water sprinkler

silić się ['ɕiɕitɕ ɕɛ̃] *vr* make efforts, exert oneself, strive (na coś for sth)

silnik ['ɕilɲik] *m* motor, engine; ～ **spalinowy** internal combustion engine; ～ **na ropę** oil ⟨Diesel⟩ engine; ～ **elektryczny** electric motor; ～ **odrzutowy** jet engine; **włączyć** ⟨**wyłączyć**⟩ ～ to start ⟨to stop⟩ the engine

silny ['ɕilnɨ] *adj* strong, vigorous, powerful; *(o wrażeniu)* deep; *(o wierze)* firm; *(o bólu)* acute

sił|a ['ɕiwa] *f* force, strength, power; ～**a bojowa** striking force; ～**a nabywcza** purchasing power; ～**a pomoc-**

nicza assistant; ~ robocza manpower; ~y zbrojne armed forces; ~ą by force; ~ą rzeczy necessarily; w sile wieku in the prime of one's life; to jest ponad ludzkie ~y that is beyond human strength; it's more than flesh and blood can stand

siłownia [ɕi'ǔɔvɲa] f power--station

siniec ['ɕiɲɛts] m bruise; ~ pod okiem black eye

siny ['ɕini] adj livid, blue (nose)

siodełko [ɕɔ'dɛǔkɔ] n (motocykla, roweru) saddle

siodł|o ['ɕɔdǔɔ] n saddle; wysadzić z ~a to unsaddle

siostra ['ɕɔstra] f 1. (krewna) sister; ~ stryjeczna ⟨cioteczna⟩ cousin; ~ przyrodnia step sister 2. (zakonnica) sister; ~ zakonna nun 3. (pielęgniarka) nurse

siostrzenica [ɕɔstʃɛ'ɲitsa] f niece

siostrzeniec [ɕɔst'ʃɛɲɛts] m nephew

siódm|y ['ɕudmi] adj num seventh; ~a godzina seven o'clock

sito ['ɕitɔ] n sieve

sitowie [ɕi'tɔvɛ] n bulrush

siwy ['ɕivi] adj grey

sjesta ['sjɛsta] f siesta

skafander [ska'fandɛr] m diving-suit; diving-dress

skaj [skaj] m artificial leather

skakać ['skakatɕ] vi jump, leap (z radości for joy); (podskakiwać) skip

skal|a ['skala] f 1. scale; na małą ~ę in a small way; na wielką ~ę in ⟨on⟩ a large scale 2. (w kartografii) scale; mapa w ~i ... map in the scale of ...

skaleczenie [skalɛ'tʃɛɲɛ] n hurt, cut, wound

skaleczyć [ska'lɛtʃitɕ] I vt wound, injure, hurt II vr

~ się w palec to cut one's finger

skała ['skaǔa] f rock; (nadmorska) cliff

skamielina [skaɱɛ'ʄina] f fossil

skandal ['skandal] m scandal; to ~! it's a shame!

skansen ['skansɛn] m Scansen museum

skarb [skarp] m treasure; (nagromadzony) hoard; (państwowy) Treasury; Exchequer

skarbiec ['skarbɛts] m treasury; treasure-house; (bankowy) safe

skarbnik ['skarbɲik] m treasurer, cashier

skarbonka [skar'bɔnka] f money-box

skarg|a ['skarga] f complaint; sąd. suit, charge; wnieść ~ę to lodge a complaint

skarpa ['skarpa] f (podpora) buttress; (spadzista płaszczyzna) slope; escarp

skarpetk|a [skar'pɛtka] f sock; ~i wełniane ⟨bawełniane⟩ woollen ⟨cotton⟩ socks; ~i do kolan knee-socks

skarżyć ['skarʒitɕ] I vt accuse (kogoś o coś sb of sth); ~ kogoś do sądu to bring a suit against sb; ~ na kogoś to report ⟨denounce⟩ sb II vr ~ się complain (na coś of sth)

skasować [ska'sɔvatɕ] vt (prawo, dekret) abrogate; (bilet) cancel; (znaczek) postmark

skaza ['skaza] f 1. (rysa) flaw, defect; spot; (w kamieniu szlachetnym) feather 2. med. diathesis

skaz|ać ['skazatɕ] perf, ~ywać [ska'ʑivatɕ] imperf vt condemn, sentence; ~ać, ~ywać na karę pieniężną to fine

skazaniec [ska'zaɲɛts] m convict

skazywać [ska'ʑivatɕ] zob. skazać

skąd [skɔt] adv from where;

whence; ~ pochodzisz?
where do you come from?;
~ to wiesz? how do you
know it?; (*zaprzeczenie*)
~że znowu! since when!
skąpy ['skɔ̃pi] *adj* avaricious,
mean; (*o posiłku*) meagre,
scanty
skecz [skɛtʃ] *m* sketch
skierować [skɛ'rɔvatɕ] I *vt*
(*kroki itp.*) direct; (*palec*)
point; (*prośbę*) address; ~
do szpitala ⟨sanatorium itp.⟩
to send to hospital ⟨a sanatorium etc.⟩; ~ niewłaściwie to misdirect II *vr* ~ się
direct oneself, turn
skinąć ['skinɔ̃tɕ] *vi vt* (*głową*)
nod; (*gestem*) beckon
skleić ['sklɛitɕ] I *vt* glue,
stick II *vr* ~ się stick together
sklep [sklɛp] *m* shop; *am.*
store; ~ kolonialny gro-
cer's (shop); grocery; ~ samoobsługowy self-service
shop; duży ~ spożywczy
supermarket
sklepienie [sklɛ'pɛɲɛ] *n* vault,
vaulting
sklepikarz [sklɛ'pikaʃ] *m*
shopkeeper; tradesman
skład [skŭat] *m* 1. composition; ~ osobowy personnel;
wchodzący w ~ composing;
making up 2. (*magazyn*)
store; depot; ~ apteczny
chemist's (shop), *am.* drug-
store || ~ pociągu draft of
cars ⟨waggons⟩; mieć na
składzie to have ⟨to keep⟩
in stock; oddać na ~ to
give in deposit
składać ['skŭadatɕ] I *vt* put
together, store; (*kartkę, list*)
fold; (*o kurze*) ~ jaja to
lay eggs; ~ na stos to pile;
to accumulate || ~ doku-
menty to submit documents;
~ egzamin to pass an ex-
amination; ~ ofiarę to make
a sacrifice; ~ oświadczenie
to make a statement; ~
pieniądze to put aside; to

save; to collect money; ~
pieniądze do banku to de-
posit money; ~ podzięko-
wanie to give ⟨render⟩
thanks; ~ protest ⟨zażale-
nie⟩ to lodge a protest
⟨complaint⟩; ~ przysięgę
to take an oath; ~ rachunki to render accounts; ~
sprawozdanie to give ⟨make⟩
a report; ~ uszanowanie
⟨wyrazy uszanowania⟩ to
pay one's respect; to present
one's compliments; ~ winę
na kogoś to put the blame
on sb; ~ wizytę to pay a
visit; *sąd.* ~ zeznania to
give evidence; ~ życzenia
to express one's wishes II
vr ~ się consist (z czegoś
of sth); be composed of || ~
się do strzału to level the
gun; to się dobrze składa!
what a happy coincidence!
składak ['skŭadak] *m* (*kajak*)
collapsible ⟨folding⟩ canoe
składka ['skŭatka] *f* (*kwota*)
contribution; (*zbiórka*) collection; ~ członkowska
membership fee
składnik ['skŭadɲik] *m* ingredient, component, element
skłamać ['skŭamatɕ] *vi* lie
skł|aniać ['skŭaɲatɕ] *imperf*,
~onić ['skŭɔɲitɕ] *perf* I *vt*
incline, induce (kogoś do
czegoś sb to sth) II *vr*
~aniać się do czegoś to
lean to ⟨towards⟩ sth; to
tend to sth ⟨to do sth⟩
skłonny ['skŭɔnni] *adj* inclined, disposed
skoczek ['skɔtʃɛk] *m* 1. *sport.*
jumper, leaper; ~ spadoch-
ronowy parachutist 2. *szach.*
knight
skocznia ['skɔtʃɲa] *f* (*narciar-
ka*) ski jump
skoczyć ['skɔtʃitɕ] *vi* spring,
jump, leap
skok [skɔk] *m* 1. leap, jump;
sport. ~ o tyczce pole-jump;
~ w dal long jump;

~ wzwyż high jump 2. mech. stroke

skomplikowany [skompɲikɔ'vanɨ] *adj* complicated, intricate, complex

skompromitować [skɔmprɔmi'tɔvatɕ] *vt* compromise, discredit

skoncentrowany [skɔntsɛntrɔ'vanɨ] *adj* intensive

skondensowany [skɔndɛnsɔ'vanɨ] *adj* condensed

skończy|ć ['skɔɲtʃitɕ] I *vt* finish, end II *vr* ~ć się come to an end, be over, be finished; ~ły mi się papierosy I have run out of cigarettes

skoro ['skɔrɔ] *conj* when; (*ponieważ*) since; ~ **tylko** as soon as

skorowidz [skɔ'rɔvits] *m* index

skorpion ['skɔrpɔn] *m* 1. *zool.* scorpion 2. (*znak Zodiaku*) Scorpio

skorupa [skɔ'rupa] *f* (*powłoka*) crust, shell, hull; ~ **jaja** egg-shell; ~ **orzecha** nutshell

skorzystać [skɔ'ʒistatɕ] *vi* take advantage (**z czegoś** of sth); profit (**z czegoś** by sth)

skos [skɔs] *m* (*powierzchnia ukośna*) slant, bevel; **kroić ze** ~**u** to cut on the bias; **na** ~ aslant, obliquely

skosztować [skɔʃ'tɔvatɕ] *vi* taste

skośny ['skɔɕnɨ] *adj* oblique; (*o oczach*) slanting

skowronek [skɔ'vrɔnɛk] *m* lark

skór|a ['skura] *f* (*na ciele*) skin; (*zwierzęca surowa*) hide; (*wyprawiona*) leather; (*zwierzęca z włosami*) fell; **sztuczna** ~**a** artificial leather; *przen.* **dostać w** ~**ę** to get a hiding; **obedrzeć ze** ~**y** to skin

skórka ['skurka] *f* skin; (*chleba*) crust; (*sera, boczku*) rind; ~ **od kiełbasy** sausage

skin; ~ **pomarańczowa** orange peel

skórkowy [skur'kɔvɨ] *adj* = **skórzany**

skórn|y ['skurnɨ] *adj* dermatic, cutaneous; **choroby** ~**e skin diseases**

skórzany [sku'ʒanɨ] *adj* leather

skr|acać ['skratsatɕ] *imperf*, ~**ócić** ['skrutɕitɕ] *perf vt* shorten, cut short, curtail; ~**acać**, ~**ócić drogę** to take a short cut; ~**acać**, ~**ócić suknię** to shorten a dress; ~**acać**, ~**ócić tekst** to abbreviate ⟨to abridge⟩ a text

skraj [skraj] *m* border, edge, fringe, rand; ~ **miasta** outskirts of the town; **na** ~**u przepaści** on the brink of a precipice

skrajn|y ['skrajnɨ] *adj* 1. extreme, utmost; ~**a nędza** utter misery 2. *polit.* radical; ~**a lewica** extreme left

skreśl|ać ['skrɛɕlatɕ] *imperf*, ~**ić** ['skrɛɕlitɕ] *perf vt* 1. (*skasować*) cancel, erase; strike (**z listy** off the list) 2. (*napisać*) outline, sketch

skręc|ać ['skrɛntsatɕ] *imperf*, ~**ić** ['skrɛntɕitɕ] *perf* I *vt* (*nici*) twist; (*linę*) coil up; (*włosy*) curl; ~**ić nogę w kostce** to wrench one's ankle; ~**ić sobie kark** to break one's neck II *vi* (*o drodze*) bend (**na prawo** to the right); ~**ać**, ~**ić w lewo** to turn to the left III *vr* ~**ać**, ~**ić się** twist, wriggle

skrępowany [skrɛmpɔ'vanɨ] *adj przen.* embarrassed; ~ **przepisami** restricted by rules

skręt [skrɛt] *m* 1. twist, torsion; ~ **kiszek** twisting of the bowels 2. (*zakręt*) turning

skromny ['skrɔmnɨ] *adj* modest; ~ **posiłek** a light ⟨a scanty, a spare⟩ meal; **pro-**

wadzić ~ żywot to live modestly

skroń [skrɔn] f temple

skrócić zob. skracać

skrót [skrut] m abbreviation; (książki) abridgement; (drogi) short cut

skrytka ['skritka] f secret receptacle; ~ pocztowa post-office box

skrytykować [skriti'kɔvatɕ] vt criticise

skrzep [skʃɛp] m med. clot, coagulum; ~ krwi blood clot

skrzydło ['skʃiduɔ] n wing; (drzwi) leaf; (kapelusza) brim

skrzydłowy [skʃi'duɔvi] m sport. wing

skrzynia ['skʃiɲa] f chest, box

skrzynka ['skʃinka] f box, case; ~ na kwiaty window box; ~ pocztowa mail- ⟨letter-, pillar-⟩ box; mot. ~ biegów gear-box

skrzypce ['skʃiptsɛ] plt violin, fiddle; grać na ~ach to play the violin; pot. grać pierwsze ~e to play first violin

skrzypek ['skʃipɛk] m violinist, fiddler

skrzywdzić ['skʃivdzitɕ] vt (do) harm. (do) wrong

skrzywić ['skʃivitɕ] vt bend, twist; distort, contort; ~ usta to make a wry face ⟨mouth⟩

skrzyżowanie [skʃiʒɔ'vaɲɛ] n 1. (dróg) cross-roads; crossing 2. zool. cross-breeding

skumbria ['skumbrja] f mackerel

skup [skup] m purchase

skupi|ać ['skupatɕ] imperf, ~ć ['skupitɕ] perf I vt (uwagę) concentrate; (myśli) collect; (gromadzić) accumulate, bring together, crowd II vr ~ać, ~ć się 1. come together, crowd 2. przen. (wewnętrznie) collect oneself, concentrate

skurcz [skurtʃ] m convulsion, contraction; med. (serca) systole

skurczyć ['skurtʃitɕ] I vt contract II vr ~ się shrink

skuteczny [sku'tetʃni] adj effective, efficacious

skut|ek ['skutɛk] m effect, result; bez ~ku to no purpose; doprowadzić do ~ku to bring about; na ~ek in consequence of; as a result of; owing to

skuter ['skutɛr] m scooter

skutkować [skut'kɔvatɕ] vi have effect; work (well); (o leku) take effect; pot. do the trick

skwarki ['skfarki] pl cracklings, greaves

skwarny ['skfarni] adj scorching, hot

skwer [skfɛr] m square

slajdy ['slajdi] pl fot. slides

slalom ['slalɔm] m sport. slalom

sliping ['sʎipink] m (wagon) sleeping-car

slipy ['sʎipi] pl slips, bathing-drawers

slumsy ['slumsi] pl slums

słabo ['suabɔ] adv weakly, feebly; ~ mi I feel faint ⟨ill, sick⟩

słab|y ['suabi] adj weak, feeble; (o zdrowiu) poor, delicate; ~a strona weak point; ~e pojęcie remote idea; ~a herbata ⟨kawa⟩ weak tea ⟨coffee⟩

sław|a ['suava] f 1. glory, fame, renown 2. (o człowieku) celebrity. authority || cieszyć się dobrą ~ą to enjoy an excellent reputation

sławny ['suavni] adj famous, renowned, famed (z czegoś for sth)

słodk|i ['suɔtki] adj sweet; ~a woda fresh water

słodycz ['suɔditʃ] f sweetness; pl ~e sweets, sweetmeats, candies

słodzić ['sŭɔdʑitɕ] *vt* sweeten, sugar

słoik ['sŭɔik] *m* jar, pot, glass

słoma ['sŭɔma] *f* straw

słomk|a ['sŭɔmka] *f* straw; **pić lemoniadę przez ~ę** to sip lemonade through the straw

słonecznik [sŭɔ'nɛtʃɲik] *m bot.* sunflower

słoneczn|y [sŭɔ'nɛtʃni] *adj* sunny; **kąpiel ~a** sun bath; **promień ~y** sunbeam; **zegar ~y** sundial

słony ['sŭɔni] *adj* salty; *przen.* (*o cenie*) exorbitant

słoń [sŭɔɲ] *m* elephant

słońc|e ['sŭɔɲtsɛ] *n* sun; **wschód ~a** sunrise; **zachód ~a** sunset; *przen.* **najlepszy człowiek pod ~em** the best man alive

słota ['sŭɔta] *f* bad ⟨rainy⟩ weather

słotny ['sŭɔtni] *adj* rainy

Słowianin [sŭɔ'vaɲin] *m* Slav

słowiański [sŭɔ'vaɲski] *adj* Slav, Slavonic

słowik ['sŭɔvik] *m* nightingale

słownie ['sŭɔvɲɛ] *adv* verbally; by word of mouth; **~ 10 dolarów** say ten dollars

słownik ['sŭɔvɲik] *m* dictionary; **~ kieszonkowy** pocket dictionary

słow|o ['sŭɔvɔ] *n* word; *gram.* **~o honoru** word of honour; **daję ci ~o na to** I give you my word for it; upon my word; **dotrzymać ~a** to keep one's word; **nie dotrzymać ~a** to break one's word; **wierz mi na ~o** take my word for it; **już są po ~ie** they are engaged; **innymi ~y** in other words; **~em** in a ⟨one⟩ word, in short; **~o w ~o** word for word; verbatim

słój [sŭuj] *m* jar, pot; (*drzewa*) grain

słuch [sŭux] *m* hearing; **grać ze ~u** to play by ear; **mieć dobry ~** to have a good ear; *przen.* **zamieniam się w ~** I am all ears

słuchacz ['sŭuxatʃ] *m* 1. listener, hearer; (*na uniwersytecie*) student 2. *pl* **~e** audience

słucha|ć ['sŭuxatɕ] *vi* 1. listen to; **~ć radia** to listen in (to the radio); **~ć wykładów** to attend lectures; **~j!** look here!; **~m?** beg pardon? 2. (*być posłusznym*) obey; **~ć rozkazu** to obey the order; **nie ~ć lekarza** to disobey the doctor

słuchawk|a [sŭu'xafka] *f* 1. *telef.* receiver; **podnieść ~ę** to take up ⟨to pick up⟩ the receiver; **odłożyć ~ę** to put down the receiver; to ring off; **proszę nie odkładać ~i!** hold the line, please! 2. *rad.* earphone, headphone 3. *med.* stethoscope

słuchowisko [sŭuxɔ'viskɔ] *n* radio play

słup [sŭup] *m* pillar, column, post; **~ graniczny** landmark, frontier-post; **~ latarni** lamp-post; **~ milowy** mile-post; **~ telegraficzny** telegraph-pole

słupek ['sŭupɛk] *m* post, stave, pile; (*w balustradzie*) rail; (*w termometrze*) **~ rtęci** mercury thread

słuszność ['sŭuʃnɔɕtɕ] *f* the right, justness; **mieć ~ć** to be right; **nie mieć ~ci** to be wrong; **~ć jest po twojej stronie** you are in the right

słuszn|y ['sŭuʃni] *adj* right, just, fair, reasonable

służb|a ['sŭuʒba] *f* 1. service; **~a celna** customs service; **~a czynna** active service; **~a konsularna** consular service; **~a ruchu** traffic control service; **~a sanitarno-epidemiologiczna** sanitation and public health service; **~a ratownicza** salvage service, life-saving service; ~a wojskowa military service; ~a zdrowia medical ⟨health⟩ service; pełnić ~ę to be on duty; poza ~ą, po ~ie off duty 2. (*personel*) servants służbow|y [suuʒ'bɔvi] *adj* official, service-; podróż ~a business trip; drogą ~ą through official channels służ|yć ['suuʒitɕ] *vt vi* 1. serve (komuś sb), be in the service (komuś of sb); (*być użytecznym*) be of service (komuś to sb); ~yć jako przewodnik to act ⟨to serve⟩ as guide; ~yć w wojsku to serve in the army; czym mogę ~yć? how can I serve you?; may I help you?; what can I do for you?; ~ę pani! I am at your service! 2. (*o klimacie, jedzeniu*) suit, agree with

słychać ['suixatɕ] I *vt* be heard, be audible II *vi* (*mówi się o czymś*) they say ⟨it is rumoured⟩ that ...; co ~? what's the news?; co ~ z tą sprawą? what about this matter?

słynny ['suinni] *adj* famous, renowned

słysz|eć ['suiʃetɕ] *vt vi* hear; co ja ~ę? is it possible?; źle ~eć to be hard of hearing

smaczn|y ['smatʃni] *adj* tasty, savoury; to jest ~e it tastes good; to nie jest ~e it doesn't taste good; ~ego! good appetite!; I hope you will enjoy your dinner ⟨lunch etc.⟩

smak [smak] *m* (*zmysł*) taste; (*właściwość potrawy*) flavour; dodać soli do ~u to add salt to taste; jeść ze ~iem to eat with relish; bez ~u insipid; tasteless; *przen.* zły ~ bad taste; ze ~iem in good taste

smak|ować [sma'kɔvatɕ] *vi*

taste, relish; jak to ~uje? how does it taste?; how do you like it?; to mi nie ~uje I don't enjoy ⟨like⟩ it

smalec ['smalɛts] *m* fat, lard, grease

smar [smar] *m* grease, lubricant

smarować [sma'rɔvatɕ] *vt* smear; (*olejem*) oil; (*masłem*) butter; (*maszynę*) lubricate, grease

smarownica [smarɔv'nitsa] *f* greaser, oil feeder, oiler

smażalnia [sma'ʒalɲa] *f* (*ryb i frytek*) fish and chips (place)

smażyć ['smaʒitɕ] *vt* (*także vr* ~ się) fry, roast

smoczek ['smɔtʃɛk] *m* dummy

smoking ['smɔkink] *m* evening dress; *am.* tuxedo

smoła ['smɔua] *f* pitch

smród [smrut] *m* stench

smucić ['smutɕitɕ] I *vt* sadden, make sad II *vr* ~ się to be sad (*z powodu czegoś* about sth)

smukły ['smukui] *adj* slim, slender

smutek ['smutɛk] *m* sorrow, sadness

smutn|y ['smutni] *adj* sad, sorrowful; ~a wiadomość bad news

smycz [smitʃ] *f* leash, lead

smyczek ['smitʃɛk] *m* bow, fiddlestick

smyczkowy [smitʃ'kɔvi] *adj* instrument ~ stringed instrument

snop [snɔp] *m* (*zboża*) sheaf; *przen.* ~ światła shaft of light

sobota [sɔ'bɔta] *f* Saturday

socjalista [sɔtsja'ʃista] *m* socialist

socjalistyczn|y [sɔtsjaʃis'titʃni] *adj* socialist; kraje ~e socialist countries; ustrój ~y socialist system

socjalizm [sɔts'jaʃizm] *m* socialism

socjaln|y [sɔts'jalni] *adj* social;

świadczenia ~e social welfare ⟨services⟩
soczysty [sɔ'tʃistɨ] *adj* juicy, succulent
soda ['sɔda] *f* soda
sojusz ['sɔjuʃ] *m* alliance
sojusznik [sɔ'juʃɲik] *m* ally
sok [sɔk] *m* juice; (*gotowany z cukrem*) syrup
sokół ['sɔkuŭ] *m* zool. falcon
solanka [sɔ'lanka] *f* 1. (*źródło*) salt-spring; (*woda*) brine, saline; (*kąpiel*) salt-bath 2. (*bułka*) salt roll
solarium [sɔ'larjum] *n* solarium
solenizant [sɔlɛ'ɲizant] *m* person celebrating his ⟨her⟩ nameday ⟨birthday⟩
solić ['sɔɲitʃ] *vt* salɨ
solidaryzować się [sɔɲidarɨ'zɔvatʃ ɕɛ] *vr* unite, act in ⟨display⟩ solidarity
solidny [sɔ'ɲidnɨ] *adj* solid, reliable
solista [sɔ'ɲista] *m* soloist
solniczka [sɔl'ɲitʃka] *f* salt-cellar
solo ['sɔlɔ] *adv* alone; *muz.* solo
solony [sɔ'lɔnɨ] *adj* salted
sondowanie [sɔndɔ'vaɲɛ] *n* sounding, fathoming
sopran ['sɔpran] *m* soprano
sos [sɔs] *m* (*zaprawiany*) sauce; (*z mięsa*) gravy; ~ pomidorowy tomato sauce
sosna ['sɔsna] *f* pine
sowa ['sɔva] *f* owl
sól [sul] *f* salt; ~ kamienna rock salt; ~ kuchenna common salt; ~ stołowa table salt; ~ gorzka Epsom salt
spacer ['spatsɛr] *m* walk; ~ dla zdrowia constitutional; iść na ~ to go for a walk
spacerować [spatsɛ'rɔvatʃ] *vt* take a walk, stroll, saunter
spać [spatʃ] *vi* sleep; chce mi się ~ I am sleepy; iść ~ to go to bed; ~ jak kamień to sleep like a log
spa|dać ['spadatʃ] *imperf*, ~ść

['spaɕtʃ] *perf* *vi* fall, drop, sink; ceny ~dają prices fall ⟨go down⟩
spadek ['spadɛk] *m* 1. fall, decrease 2. (*pochyłość*) descent, slope 3. (*zmniejszenie się*) drop, fall; ~ ciśnienia pressure drop; ~ temperatury temperature drop 4. (*dziedzictwo*) inheritance, legacy, heritage
spadkobierca [spatkɔ'bɛrtsa] *m* heir
spadochron [spa'dɔxrɔn] *m* parachute
spadochroniarz [spadɔ'xrɔɲaʃ] *m* parachutist, paratrooper
spadzisty [spa'dʑistɨ] *adj* steep
spaghetti [spa'gɛti] *n* spaghetti
spakować się [spa'kɔvatʃ ɕɛ] *vr* pack one's things, pack up
spal|ać ['spalatʃ] *imperf*, ~ić ['spaɲitʃ] *perf* I *vt* burn (out, up); (*zużyć jako paliwo*) use up, burn, consume; (*zwłoki*) cremate; ~ać, ~ić na popiół to burn to ashes; *przen.* ~ić mosty za sobą to burn one's boats II *vi przen.* ~ić na panewce to flash in the pan III *vr* ~ać, ~ić się burn (away, out)
spalenizna [spalɛ'ɲizna] *f* (*woń*) smell of burning; (*dym*) smoke of sth burnt
spalinow|y [spaɲi'nɔvɨ] *adj* gazy ~e combustion gases; silnik ~y internal combustion engine
spaliny [spa'ɲinɨ] *plt* combustion gases; exhaust gases
spalony [spa'lɔnɨ] *adj* burnt; *sport.* off-side
spanie ['spaɲɛ] *n* (*posłanie*) berth, a place to sleep
sparzyć ['spaʒitʃ] I *vt* burn, scald; (*pokrzywą*) sting; *przen.* ~ sobie palce na czymś to burn one's fingers on sth II *vr* ~ się scald ⟨burn⟩ oneself
spaść zob. spadać

spawać ['spavatɕ] vt weld, solder
specjalista [spɛtsja'ʄista] m specialist, expert
specjalność [spɛts'jalnɔɕtɕ] f speciality, peculiarity
specjalny [spɛts'jalnɨ] adj special
spektakl ['spɛktakl] m spectacle; performance; show
spełni|ać ['spɛũɲatɕ] imperf, ~ć ['spɛũɲitɕ] perf I vt (obowiązek) perform, fulfil; (życzenie) meet, satisfy, comply with; ~ać, ~ć marzenie to make a dream come true II vr ~ać, ~ć się be accomplished, come true
speszony [spɛ'ʃɔɲi] adj confused, crestfallen
spedz|ać ['spɛdzatɕ] imperf, ~ić ['spɛdʑitɕ] perf vt 1. (bydło) drive 2. (czas) spend, pass
spiąć zob. spinać
spiczasty [spi'tʃastɨ] adj pointed
spierać się ['spɛratɕ ɕɛ] vr argue (z kimś with sb); contest, dispute
spieszy|ć ['spɛɕitɕ] I vi hurry, hasten II vr ~ć się hurry, be in a hurry, make haste; ~ mi się I am in a hurry; I am pressed for time; zegarek się ~ the watch is fast
spięcie ['spɛntɕɛ] n clasp, buckle; elektr. krótkie ~ short-circuit
spiker ['spikɛr] m (radiowy, telewizyjny) announcer
spinacz ['spinatʃ] m clip, fastener
spi|nać ['spinatɕ] imperf, ~ąć [spɔntɕ] perf vt (klamrą) buckle, clasp, fasten; (szpilką) pin up ⟨on⟩
spinka ['spinka] f (do włosów) hair-pin; (do mankietów) cuff-link; (do kołnierzyka) stud
spirytus [spi'rʲitus] m spirit, alcohol; czysty ~ neutral spirit; ~ denaturowany methylated ⟨denaturated⟩ spirit; ~ rektyfikowany rectified spirit
spis [spis] m list, catalogue, register; ~ ludności census; ~ potraw bill of fare, menu; (w książce) ~ rzeczy table of contents; ~ adresów directory; ~ telefonów telephone book ⟨directory⟩; ~ ulic list ⟨index⟩ of streets
spisać zob. spisywać
spisek ['spisɛk] m plot, conspiracy
spis|ywać [spi'sɨvatɕ] imperf, ~ać ['spisatɕ] perf I vt list, register, write down II vr (dobrze) ~ywać, ~ać się distinguish oneself
spiżarnia [spi'ʒarɲa] f pantry, larder
splamić ['splamitɕ] vt stain, spot; przen. ~ honor to blemish one's honour
splunąć zob. spluwać
spluwaczka [splu'vatʃka] f spittoon
splu|wać ['spluvatɕ] imperf, ~nąć ['splunɔntɕ] perf vi spit
spłac|ać ['spũatsatɕ] imperf, ~ić ['spũatɕitɕ] perf vt pay off, repay, reimburse; ~ić dług to pay off a debt; ~ać, ~ić ratami to pay by instalments
spłata ['spũata] f payment, reimbursement
spławik ['spũaʋik] m float
spławny ['spũavnɨ] adj navigable
spłonąć ['spũɔnɔntɕ] vi burn down; ~ rumieńcem to flush; to blush
spłowiały [spũɔ'vaũɨ] adj faded, discoloured
spływ [spũɨf] m (wodniacki) canoeing rally ⟨race⟩
spływać ['spũɨvatɕ] vi flow down; (o łzach) fall down
spocić się ['spɔtɕitɕ ɕɛ] vr sweat

598

spocz|ąć ['spɔtʃɔtɕ] *vi* rest, take a rest; **proszę ~ąć** take a seat ⟨be seated⟩, please; (*w napisie*) **tu ~ywa ...** here lies ...; *wojsk.* **~nij!** stand at ease!

spod [spɔt] *praep* from under

spodek ['spɔdɛk] *m* saucer

spodenki [spɔ'dɛnki] *plt* (*sportowe*) breeches; (*krótkie*) shorts; **~ kąpielowe** swimming-trunks

spodnie ['spɔdɲɛ] *plt* trousers; (*do konnej jazdy*) breeches; (*pumpy*) knickerbockers; plus-fours

spodobać się [spɔ'dɔbatɕ ɕɛ̃] *vr* take sb's fancy

spodziewać się [spɔ'dʑɛvatɕ ɕɛ̃] *vr* hope (**czegoś** for sth); expect (**czegoś** sth); look forward (**czegoś** to sth); **~ się listu** to expect ⟨to look forward to⟩ a letter; **~ się dziecka** to expect a baby

spoglądać [spɔ'glɔ̃datɕ] *vi* look (**na coś** at sth); glance (**na kogoś** sb); *przen.* **~ z góry na kogoś** to look down on sb

spojów|ka [spɔ'jufka] *f anat.* conjunctiva; *med.* **zapalenie ~ek** conjunctivitis

spojrzeć ['spɔjʒɛtɕ] *vi* glance, have a glance (**na kogoś, coś** at sb, sth)

spojrzenie [spɔj'ʒɛɲɛ] *n* glance, look; **jednym ~m** at a glance

spokojny [spɔ'kɔjni] *adj* quiet, calm, peaceful; **możesz być ~, że ...** rest assured that ...

spokój ['spɔkuj] *m* peace, calm; **~ ducha** ⟨**umysłu**⟩ serenity; composure; peace of mind; **zachować ~ to** keep calm ⟨one's head⟩; **daj mi ~!** leave me alone!

społeczeństwo [spɔŭɛ'tʃɛnstfɔ] *n* society, community

społeczn|y [spɔ'ŭɛtʃni] *adj* social; **opieka ~a** social welfare; **praca ~a** social work

sporny ['spɔrni] *adj* disputable, questionable, controversial; **punkt ~** debatable point

sporo ['spɔrɔ] *adv* a great deal ⟨many⟩, pretty much; **to zabierze ~ czasu** it will take some time

sport [spɔrt] *m* sports; **~y wodne** aquatics; water sports; **~y zimowe** winter sports; **uprawiać ~ to** practise sports

sportowiec [spɔr'tɔvɛts] *m* sportsman, athlete

sportow|y [spɔr'tɔvi] *adj* sport-, sports-; **zawody ~e** sports ⟨athletic⟩ competition

sporządz|ać [spɔ'ʒɔ̃dzatɕ] *imperf*, **~ić** [spɔ'ʒɔ̃dʑitɕ] *perf vt* make, prepare, draw

sposób ['spɔsup] *m* manner, way; means; **~ użycia** directions for use; **~ życia** the way of living; **na ~ angielski** (in) the English way; **w jaki ~?** in what way?; **w taki czy inny ~** one way or another; somehow or other; **w ten ~** in this manner; thus; like this; **w żaden ~** by no means

spostrze|c ['spɔstʃɛts] *perf*, **~gać** [spɔst'ʃɛgatɕ] *imperf vt* notice, catch sight (**kogoś** of sb); perceive

spostrzegawczy [spɔstʃɛ'gaftʃi] *adj* observant, keen, perceptive

spostrzeżenie [spɔstʃɛ'ʒɛɲɛ] *n* perception; (*uwaga*) observation, remark

spotkać *zob.* **spotykać**

spotkanie [spɔt'kaɲɛ] *n* meeting; encounter; (*umówione*) appointment; **przyjść** ⟨**nie przyjść**⟩ **na ~** to keep ⟨to break⟩ an appointment; **umówić się na ~** to make an appointment

spot|ykać [spɔ'tikatɕ] *imperf*, **~kać** ['spɔtkatɕ] *perf* **I** *vt*

meet, come across; *przen.*
~kało mnie rozczarowanie
I was disappointed II *vr*
~ykać, ~kać się meet (z
kimś sb)
spowodować [spɔvɔ'dɔvatç] *vt*
cause, bring about; give
rise to; ~ wypadek to cause
an accident
spoza [̍spɔza] *praep* from
behind; from beyond; ~
rzeki from across the river
spożycie [spɔ'ʒitçɛ] *n* consumption
spożywcz|y [spɔ'ʒiftʃi] *adj*
artykuły ~e groceries, food-
-stuffs; przemysł ~y food
industry; sklep ~y grocer's
(shop)
spód [sput] *m* 1. (*dno*) bottom;
foot; pod spodem below; u
spodu at the bottom 2.
(*halka damska*) slip
spódni|ca [spud'ɲitsa], ~czka
[spud'ɲitʃka] *f* skirt
spółdzielczość [spuů'dʑɛltʃɔçtç]
f co-operative movement
spółdzielnia [spuů'dʑɛlɲa] *f*
co-operative society; *pot.*
co-op; ~ mieszkaniowa
housing co-operative; building
society; ~ produkcyjna
collective farm
spółk|a [̍spuůka] *f* company,
partnership; ~a z ograniczoną
odpowiedzialnością
limited liability company;
do ~i in common
spór [spur] *m* controversy,
dispute, debate
spóźni|ć się [̍spuʑɲitç çɛ̃] *perf*,
~ać się [̍spuʑɲatç çɛ̃] *imperf*
vr be late; (*o zegarku*) be
slow; ~ć się na pociąg to
miss a train
spóźnienie [spu'ʑɲɛɲɛ] *n* delay
spóźnion|y [spuʑ'ɲɔɲi] *adj*
late, delayed; belated; ~a
pora late hour; (*o dziecku*)
~y w rozwoju backward
(child)
spragniony [sprag'ɲɔɲi] *adj*
(*picia*) thirsty

spraw|a [̍sprava] *f* affair,
matter, question; business;
drobna ~a a petty cause, a
matter of no importance;
~a osobista private matter
⟨business⟩; ~a sądowa law-
-suit; ~y pieniężne money
matters; ~y służbowe official
matters; ważna ~a
important matter, matter of
importance; Ministerstwo
Spraw Wewnętrznych Home
Office; Ministry of Internal
Affairs; Ministerstwo Spraw
Zagranicznych Foreign Office;
Ministry of Foreign
Affairs; załatwić ~ę to
settle a matter; zdać sobie
~ę z czegoś to be aware of
⟨realise⟩ sth; zdawać ~ę z
czegoś to give an account
of sth; to nie moja ~a it's
no business of mine; na
dobrą ~ę after all; w ~ie ...
in the matter of ...
sprawca [̍spraftsa] *m* doer,
author; delinquent, perpetrator
(of a crime); ~ wypadku
guilty of an accident
sprawdz|ać [̍spravdzatç] *imperf*,
~ić [̍spravdʑitç] *perf*
vt check, examine, inspect,
test; ~ać, ~ić rachunek to
check the bill
sprawi|ać [̍spraѵatç] *imperf*,
~ć [̍spraѵitç] *perf* *vt* 1.
cause, effect; bring about;
~ać, ~ć ból to give pain;
~ć przyjemność to afford
pleasure; ~ać, ~ć przykrość
to cause sorrow; ~ać, ~ć
wrażenie to make an impression;
~ać, ~ć zawód to
disappoint (komuś sb); ~ać,
że ... to result in ... 2. (*kupować*)
buy, procure, purchase
sprawiedliwie [spraѵɛd'ɦiѵɛ]
adj rightly, righteously
sprawiedliwoś|ć [spraѵɛd'ɦi- vɔçtç] *f* justice; oddać komuś
~ć to do justice to sb;
oddać się w ręce ~ci to
surrender; wymierzać ~ć

to administer justice; **wymierzyć sobie samemu ~ć** to take the law into one's own hands; **~ci stało się zadość** justice has been done

sprawiedliwy ['spraved'ʃiivi] *adj* just, righteous

sprawnie ['spravɲɛ] *adv* efficiently, skilfully

sprawnoś|ć ['spravnɔçtç] *f* 1. efficiency, competence, proficiency; **~ć maszyny** itp. performance of a machine ⟨motor⟩ etc.; **próba ~ci** efficiency test 2. (*zręczność*) dexterity

sprawny ['spravni] *adj* (*zręczny w ruchach*) proficient, dexterous; (*dobrze działający*) efficient, competent

sprawować [spra'vɔvatç] **I** *vt* (*urząd*) hold, fill; (*obowiązki*) perform, do; (*funkcję*) exercise; **~ władzę** to be in power; **to exercise power**; to rule (**nad kimś** over sb) **II** *vr* **~ się** behave, conduct oneself

sprawozdanie [spravɔ'zdaɲɛ] *n* report, account (**z czegoś** of sth); **~ radiowe** running commentary; **składać ~ z czegoś** to report ⟨render an account⟩ of sth

sprawozdawca [spravɔ'zdaftsa] *m* reporter, reviewer; **~ radiowy** commentator

sprawun|ek [spra'vunɛk] *m* purchase; **robić ~ki** to go shopping

sprężon|y [sprɛ̃'ʒɔni] *adj* compressed; **~e powietrze** compressed air

sprężyn|a [sprɛ̃'ʒina] *f* spring; *przen.* **poruszyć wszystkie ~y** to move heaven and earth

sprężysty [sprɛ̃'ʒisti] *adj* elastic; (*o człowieku*) efficient

sprostowanie [sprɔstɔ'vaɲɛ] *n* rectification; *dypl.* denial

sprowadz|ać [sprɔ'vadzatç] *imperf*, **~ić** [sprɔ'vadʑitç] *perf*

I *vt* bring, (go and) fetch; **~ać, ~ić doktora** to send for ⟨to call in⟩ a doctor; **~ać, ~ić pomoc** to bring ⟨to fetch⟩ help; **~ać, ~ić taksówkę** to call in a taxi; **~ać, ~ić z zagranicy** to import; *przen.* **~ać, ~ić na bezdroża** to lead astray; **~ać do roli ...** to reduce to the role of ...; **co cię tu ~a?** what brings you here? **II** *vr* **~ać, ~ić się** (*do mieszkania*) move in

spróbować [spru'bɔvatç] *vt* (have a) try, attempt; (*skosztować*) taste

spryt [sprit] *m* cleverness, cunning; *pot.* knack (**do czegoś** for sth)

sprytny ['spritni] *adj* clever, cunning, sly

sprzączka ['spʃɔ̃tʃka] *f* buckle

sprzątaczka [spʃɔ̃'tatʃka] *f* charwoman

sprząt|ać ['spʃɔ̃tatç] *imperf*, **~nąć** ['spʃɔ̃tnɔ̃tç] *perf vt* 1. (*porządkować*) tidy, clean up, set in order 2. (*usuwać*) remove; **~ać ze stołu** to clear the table

sprzeciwi|ać się [spʃɛ'tçivatç çɛ̃] *imperf*, **~ć się** [spʃɛ'tçivitç çɛ̃] *perf vr* object (**czemuś** to sth); oppose (**czemuś** sth)

sprzeczać się ['spʃɛtʃatç çɛ̃] *vr* quarrel ⟨argue⟩ (**o coś** about sth); dispute (**o coś** sth)

sprzeczka ['spʃɛtʃka] *f* quarrel, squabble

sprzeczność ['spʃɛtʃnɔçtç] *f* contradiction, discrepancy

sprzed [spʃɛt] *praep* from before

sprzeda|ć ['spʃɛdatç] *perf*, **~wać** [spʃɛ'davatç] *imperf vt* sell; **~wać detalicznie** ⟨**hurtem**⟩ to sell by retail ⟨by wholesale⟩

sprzedawca [spʃɛ'daftsa] *m* seller; (*w sklepie*) shop--assistant

sprzedaż ['spʃɛdaʃ] f sale; ~ detaliczna ⟨hurtowa⟩ retail ⟨wholesale⟩ trade; ~ posezonowa clearance sale; ~ uliczna street vending; na ~ for ⟨on⟩ sale
sprzęgać ['spʃɛ̃gatɕ] vt couple, join
sprzęgło ['spʃɛ̃gŭɔ] n mech. coupling; mot. clutch; włączyć ~ to push the clutch in; wyłączyć ~ to let the clutch out
sprzęt [spʃɛ̃t] m (mebel) piece of furniture || ~ malarski painting tackle; ~ sportowy sports accessories; ~ samochodowy motor-car accessories; ~ turystyczny tourist equipment; ~ wojenny war material; ~y kuchenne kitchen utensils
sprzyjać ['spʃijatɕ] vi 1. favour (komuś sb) 2. (dopisywać) be favourable; zdrowie mu ~ he enjoys a good health
sprzymierzeniec [spʃiˈmʲɛʒɛɲɛts] m ally
sprzymierzyć się [spʃiˈmʲɛʒɨtɕ ɕɛ̃] vr make an alliance
spuchnąć ['spuxnɔ̃tɕ] vi swell
spuszczać ['spuʃtʃatɕ] imperf, ~ścić ['spuɕtɕitɕ] perf I vt let down, lower; (oczy) drop, cast down; ~szczać, ~ścić psa (ze smyczy) to unleash a dog; ~szczać, ~ścić okręt na wodę to launch a ship; ~szczać, ~ścić wodę to let off the water II vr ~szczać, ~ścić się go down; przen. ~ścić się na kogoś to rely on sb
sputnik ['sputɲik] m sputnik, satellite
spychacz ['spɨxatʃ] m bulldozer
spychać ['spɨxatɕ] vt push down
spytać (się) ['spɨtatɕ (ɕɛ̃)] vt vr ask, question, inquire; ~ o kogoś to ask about sb; ~ o radę to ask for advice

srebrny ['srɛbrnɨ] adj silver
srebro ['srɛbrɔ] n silver; ~ stołowe silver plate; silverware; żywe ~ mercury, quicksilver
srogi ['srɔɡi] adj cruel, severe, terrible
sroka ['srɔka] f magpie, pie
ssać [ssatɕ] vt suck
ssanie ['ssaɲɛ] n techn. suction
stabilizacja [staˈbʲiʃiˈzatsja] f stabilization
stabilizator [staˈbʲiʃiˈzatɔr] m stabilizer; elektr. constant-voltage regulator, equilizer
stabilizować [staˈbʲiʃiˈzɔvatɕ] vt stabilize
stacja ['statsja] f station; ~ benzynowa (re)filling station; ~ kolejowa railway-station; ~ końcowa terminus; ~ nadawcza transmitter; ~ metra underground station; ~ nadgraniczna border ⟨frontier⟩ station; ~ obsługi (technicznej) service station
stacyjka [staˈtsɨjka] f mot. ignition switch
stać [statɕ] I vi stand; (o fabryce) be stopped; przen. ~ na czele to be at the head; ~ w miejscu not to budge; ~ wobec faktu to face the fact; ~ mnie na to I can afford it; zegarek stoi the watch has stopped II vr ~ się happen, occur; co się stało? what has happened?; co się z nim stało? what has become of him?
stadion ['stadjɔn] m stadium
stajnia ['stajɲa] f stable
stal [stal] f steel; ~ nierdzewna stainless steel
stale ['stalɛ] adv constantly, continually
stalówka [staˈlufka] f nib
stały ['staŭɨ] adj steady, permanent, stable; (o cenie) fixed; (o uwadze) constant; (o gościu, bywalcu) regular; ~y ląd continent; elektr.

~y prąd direct current; *ekon.* koszty ~e standing expenses

stamtąd ['stamtɔt] *adv* from there, thence

stan [stan] *m* 1. state, rank, condition; ~ cywilny legal status; ~ finansowy financial state; ~ konta state of an account; ~ kawalerski bachelorhood; ~ małżeński wedded state; wedlock; ~ oblężenia state of siege; *med.* ~ podgorączkowy subfebrile condition; ~ pogody weather conditions; poważny ~ pregnancy; ~ prawny status; ~ społeczny social standing; ~ spraw state of affairs; ~ sanitarny sanitary condition; ~ techniczny technical condition; ogłosić ~ wojenny to declare ⟨to proclaim⟩ a state of war; ~ zdrowia health; mąż ~u statesman; urząd ~u cywilnego registry office; zamach ~u coup d'état; zdrada ~u high treason; być w dobrym ~ie to be in good condition; być w złym ~ie to be in bad repair; *przen.* być w ~ie zrobić coś to be able ⟨to be in a position⟩ to do sth; być w ~ie wojny to be at war; być w poważnym ~ie to be pregnant; żyć ponad ~ to live beyond one's means; w tym ~ie rzeczy as things stand 2. *(talia)* waist

stanąć ['stanɔtɕ] *vi (powstać)* stand up; *(zatrzymać się)* stop; ~ w miejscu to stop short; to come to a stop; *przen.* ~ do konkursu to enter a contest; ~ na czele to stand at the head; ~ na przeszkodzie to stand ⟨to get⟩ in the way; ~ przed sądem to appear before the court; to be tried; ~ wobec

trudności to face difficulties

standard ['standart] *m* standard; norm; pattern

stanica [sta'ɲitsa] *f (schronisko)* riverside hostel; *(strażnica graniczna)* watch-tower

stanieć ['staɲɛtɕ] *vi* grow cheaper

stanik ['staɲik] *m* bodice; *(biustonosz)* brassière, *pot.* bra

stanowczy [sta'nɔftʃi] *adj* firm, peremptory

stanowić [sta'nɔvitɕ] I *vi* ~ o czymś to determine ⟨to decide⟩ sth II *vt* establish, set, make; *(tworzyć)* represent, constitute; ~ miłą lekturę to make pleasant reading

stanowisko [stanɔ'viskɔ] *n* post, place, position; *(opinia)* point of view, opinion, attitude; ~ społeczne status, social position

starać się ['staratɕ ɕɛ] *vr* make efforts, endeavour, try, take pains; *(troszczyć się)* take care (o kogoś of sb), look after (o kogoś sb); ~ się o posadę to apply for a position; ~ się o czyjąś rękę to court sb

starcz|ać ['startʃatɕ] *imperf*, ~yć ['startʃitɕ] *perf vi* suffice; be sufficient; be enough; tyle ~y that much will do; nie ~y czasu ⟨benzyny, pieniędzy⟩ there won't be enough time ⟨petrol, money⟩

starość ['starɔɕtɕ] *f* old age

starożytny [starɔ'ʒitni] *adj* ancient, antique; świat ~ antiquity

starszy ['starʃi] *adj* older, elder; *(urzędem)* senior, superior; ~ brat elder brother; ~ pan elderly gentleman

start [start] *m sport.* start; *(miejsce)* starting post

starter ['startɛr] m techn.
starter
startować [star'tɔvatɕ] vi
start; lotn. take off
stary ['stari] adj old, aged;
(dawny) ancient; (o firmie,
przyjaźni itp.) of long-
-standing; (o dowcipie)
stale; (o butach itp. — zu-
żyty) worn
starzeć się ['staʒetɕ ɕɛ̃] vr
grow old, advance in years
starzyzn|a [sta'ʒizna] f (ru-
piecie) junk, rubbish; handlarz ~ą junkdealer; old-
-clothesman
statek ['statɛk] m ship, vessel;
~ handlowy merchantman;
~ parowy steamship; ~ pa-
sażerski passenger ship; ~
rybacki fishing-boat; ~ wojenny man-of-war; ~ kos-
miczny space craft; stat-
kiem by ship
statut ['statut] m statute
statysta [sta'tista] m teatr.
mute
statystyka [sta'tistika] f statistics
statyw ['statif] m fot. tripod
staw [staf] m pond; anat.
joint; zapalenie ~ów ar-
thritis; inflammation of the
joints
stawać ['stavatɕ] I vi (powstać) get up, stand up; (zatrzymywać się) stop, halt II
vr ~ się become, get, grow
stawiać ['staviatɕ] I vt 1. set,
put; ~ opór to resist; ~
pytania to ask questions;
przen. ~ wszystko na jed-
ną kartę to stake everything
on one card 2. (budować)
build, erect II vt ~ na coś
to stake (to bet) on sth;
~ na konia to back a horse
III vr ~ się (w sądzie itp.)
appear
stawka ['stafka] f (w grze)
stake; (taryfa) rate
staż [staʃ] m training period
stąd [stɔt] adv from here,
hence; blisko ~ near here ||

~ wynika, że ... hence it
appears (follows) that ...:
pot. ni ~, ni zowąd all of
a sudden; without reason
stek [stɛk] m steak
stempel ['stɛmpɛl] m stamp;
~ pocztowy postmark
stemplować [stɛm'plɔvatɕ] vt
stamp; filat. obliterate
stenografia [stɛnɔ'grafja] f
shorthand, shorthand-writ-
ing
stenografować [stɛnɔgra'fɔ-
vatɕ] vt write (take down)
in shorthand
stenogram [stɛ'nɔgram] m
stenograph
ster [stɛr] m (koło) helm,
rudder; lotn. control
sterczeć ['stɛrtʃɛtɕ] vi protrude,
stick out, be prominent
stereofonia [stɛrɛɔ'fɔnja] f
stereophony
stereofoniczn|y [stɛrɛɔfɔ'nitʃ-
ni] adj stereophonic; nagrv-
wanie ~e stereophonic
sound recording
sterować [stɛ'rɔvatɕ] vt vi
steer; mech. govern, control
sterta ['stɛrta] f stack; przen.
heap, pile (of books)
sterylizować [stɛriɲi'zɔvatɕ] vt
sterilize
stewardesa [styuar'dɛsa] f
stewardess, hostess
stęchły ['stɛ̃xłi] adj fusty,
stale
stłuc [stłuts] I vt smash,
break; (rękę itp.) bruise II
vr ~ się break, bruise
stłuczenie [stłu'tʃɛɲɛ] n (talerza) breaking; (ręki itp.)
contusion, bruise
stłumić ['stłumitɕ] vt (głos)
subdue; (westchnienie) stifle; (bunt) suppress
sto [stɔ] num one hundred
stocznia ['stɔtʃna] f shipyard
stodoła [stɔ'dɔła] f barn
stoisko [stɔ'iskɔ] n stand
stojak ['stɔjak] m stand; ~
na parasole umbrella stand
stok [stɔk] m slope

stokrotka [stɔ'krɔtka] *f bot.*
daisy

stolarz ['stɔlaʃ] *m* joiner

stolica [stɔ'ɲitsa] *f* capital,
metropolis; **Stolica Apostol-
ska** Holy See

stolik ['stɔɲik] *m* table; ~
nocny bedside table; ~ **do
gry** card-table; ~ **na kółkach** dinner-wagon; **zarezerwować** ~ to book a table;
zająć ~ to take a table

stołeczn|y [stɔ'ŭetʃɲi] *adj*
metropolitan; **miasto** ~e
capital

stołek ['stɔŭɛk] *m* stool

stołować [stɔ'ŭɔvatɕ] *vt (także
vr* ~ **się)** board

stołow|y [stɔ'ŭɔvi] *adj (o wi-
nie itp.)* table-; **bielizna** ~**a**
table-linen; **pokój** ~**y** dining-room

stołówka [stɔ'ŭufka] *f* canteen

stop [stɔp] *int* stop!; *wojsk.*
halt!

stop|a ['stɔpa] *f* 1. foot 2.
(procentowa) rate || ~**a ży-
ciowa** living standard; **być
⟨żyć⟩ na przyjacielskiej** ~**ie**
to be on good terms; **żyć
na wielkiej** ~**ie** to live high

stoper ['stɔpɛr] *m (sekundo-
mierz)* stop-watch; ~ **sportowy** sports timer

stop|ień ['stɔpɛɲ] *m* 1. *(u scho-
dów)* step 2. *(na termome-
trze)* degree 3. *szk.* mark
4. *(naukowy)* degree; **posiadający** ~**ień akademicki**
graduate; **uzyskać** ~**ień a-
kademicki** to graduate || **do
pewnego** ~**nia** to some
extent; **w wysokim** ~**niu**
to a high degree

stopniowo [stɔp'ɲɔvɔ] *adv*
gradually, little by little

storczyk ['stɔrtʃik] *m bot.*
orchid

stos [stɔs] *m* pile; heap; *fiz.*
~ **atomowy** atomic pile || ~
pogrzebowy pyre

stosować [stɔ'sɔvatɕ] I *vt*
apply, adapt, use; ~ **lekar-
stwa** to administer medi-

cines II *vr* ~ **się** 1. comply
(do czegoś with sth), follow
(do czegoś sth) 2. *(odnosić
się)* refer **(do czegoś** to
sth)

stosownie [stɔ'sɔvɲɛ] *adv*
accordingly; ~ **do** ... according to ...; in accordance
with ...; ~ **do tego** accordingly; correspondingly

stosun|ek [stɔ'sunɛk] *m* 1.
relation, proportion, rate;
mat. ratio; ~**ki handlowe
⟨dyplomatyczne⟩** commer-
cial ⟨diplomatic⟩ relations;
być w dobrych ~**kach z
kimś** to be on good terms
with sb; **w** ~**ku do czegoś**
towards sth; in relation to
sth 2. *(związek)* connection;
~**ki finansowe** financial
conditions

stowarzyszenie [stɔvaʒɨ'ʃɛɲɛ]
n association, society

stóg [stuk] *m* stack, rick

stół [stuŭ] *m* table; **nakrywać
do stołu** to lay the table;
podawać do stołu to serve
at table; **sprzątać ze stołu**
to clear the table; **przy stole** at table; **proszę do stołu!**
dinner ⟨supper etc.⟩ is
served!

strach [strax] *m* fright, fear;
ze ~**u** for fear

stracić ['stratɕitɕ] *vt (życie,
majątek itp.)* lose; *(zmarnować)* waste; ~ **przytomność**
to lose consciousness; ~
**panowanie nad sobą ⟨nad
czymś⟩** to lose control of
oneself ⟨of sth⟩; ~ **okazję**
to miss the opportunity; ~
z oczu to lose from sight

stragan ['stragan] *m* stand,
stall; ~ **z książkami** book-
stall; ~ **z owocami** fruit
stall

strajk [strajk] *m* strike; ~
powszechny general strike;
~ **włoski** sit-down strike

strajkować [straj'kɔvatɕ] *vi*
strike, go on strike

straszny ['straʃni] adj terrible, awful
strat|a ['strata] f loss; ponieść ~ę to suffer a loss; sprzedać ze ~ą to sell at a loss strawić ['straviʨ] vt digest; nie mogę tego ~ I can't get over ⟨stomach⟩ it
strawny ['stravni] adj digestible; przen. palatable
straż [straʃ] f guard; ~ graniczna border guard; ~ honorowa guard of honour; ~ ogniowa fire-brigade; stać na ~y to be on ⟨stand⟩ guard
strażak ['straʒak] m fireman
strażnik ['straʒɲik] m guard, watchman
strąc|ać ['strɔ̃tsaʨ] imperf, ~ić ['strɔ̃tʨiʨ] perf vt hurl (down), throw down; (sumę) deduct (z czegoś from sth)
strefa ['strɛfa] f zone; ~ podzwrotnikowa torrid zone; ~ przygraniczna border ⟨frontier⟩ zone; ~ umiarkowana temperate zone; ~ wolnocłowa free trade zone; ~ zagrożenia danger zone; ~ zimna frigid zone
streszczenie [strɛʃ'tʃɛɲɛ] n summary, summing up, resumé
stroić ['strɔiʨ] I vt (ubierać) dress (up); muz. tune; ~ żarty z kogoś, czegoś to make fun of sb, sth; ~ miny to pull ⟨make⟩ faces II vr ~ się dress up
strojny ['strɔjni] adj smart, elegant
stromy ['strɔmi] adj steep; (o dachu) high-pitched
stron|a ['strɔna] f 1. side; cztery ~y świata the four cardinal points; rozrzucić na cztery ~y świata to scatter to the four winds; krewni ze ~y matki relatives on mother's side; stanąć po czyjejś ~ie to take sides with sb; jestem po twojej

~ie I am on your side; to ładnie z twojej ~y it's kind ⟨nice⟩ of you; po mojej lewej ~ie on my left; w obie ~y both ways; each way; z jednej ~y on the one hand; z drugiej ~y on the other hand; przejść na drugą ~ę (ulicy) to pass to the other side (of the street); to cross (the street); z mojej ~y on my part; z prawej ~y on the right hand 2. (stronica) page 3. (w dyskusji) part 4. prawn. party; ~a zawierająca umowę the contracting party 5. (okolica) region, part
stronnictwo [strɔn'ɲitstfɔ] n party
stronnik ['strɔnɲik] m follower, adherent, partisan
strój [struj] m dress, garb, attire; ~ narodowy national costume; ~ balowy ball dress; ~ wieczorowy evening dress
stróż [struʃ] m (dozorca) caretaker; doorkeeper; (strażnik) watchman, guard
strumień ['strumɛɲ] m stream, torrent
struna ['struna] f string, cord; ~ głosowa vocal cord
strup [strup] m scab, crust
strych [strix] m loft, garret, attic
stryj [strij] m uncle
strzał [stʃaŭ] m shot
strzałka ['stʃaŭka] f arrow; (kierunkowa) indicator
strzec [stʃɛts] I vt guard, keep, protect II vr ~ się be on one's guard (czegoś of sth); take care ⟨beware⟩ (kogoś, czegoś of sb, sth)
strzel|ać ['stʃɛlaʨ] imperf, ~ić ['stʃɛɦiʨ] perf vi shoot, fire (do kogoś at sb); ~ać, ~ić z rewolweru to fire a revolver; ~ać, ~ić z łuku to draw the bow; sport. ~ić bramkę to shoot ⟨to score⟩ a goal

strzelec ['stʃɛlɛts] *m* rifleman;
dobry ~ a good shot; ~
wyborowy sniper, marks-
man
strzelectwo [stʃɛ'lɛtstfɔ] *n*
shooting, target practice
strzelić *zob.* strzelać
strzelnica [stʃɛl'ɲitsa] *f*
shooting-box
strzyc [stʃits] *vt* (*owce*) hear;
(*włosy*) cut; clip; ~ krótko
to crop ‖ ~ uszami to prick
one's ears
strzykawka [stʃi'kafka] *f*
syringe
strzyżenie [stʃi'ʒɛɲɛ] *n* shear-
ing, clip; ~ włosów hair-cut
studencki [stu'dɛntski] *adj*
student('s); dom ~ students'
hostel
student ['studɛnt] *m* student;
~ historii student of history; ~ medycyny medical
student
studia ['studja] *pl* studies
studiować [stud'jɔvatɕ] *vt*
study; make a study of ...
studnia ['studɲa] *f* well
studzić ['studʑitɕ] *vt* cool,
chill
stuk [stuk] *m* (*do drzwi*)
knock; (*czymś o coś*) tap;
~i w silniku knocking;
knocks, rattle
stukać ['stukatɕ] *vi* knock (do
drzwi at the door); tap,
rap; (*o deszczu*) rattle
stuknąć ['stuknɔtɕ] *vt* *pot.*
(*uderzyć*) hit; whack
stulecie [stu'lɛtɕɛ] *n* (*wiek*)
century; (*rocznica*) centenary
stwierdz|ać ['stfɛrdzatɕ] *im-
perf*, ~ić ['stfɛrdʑitɕ] *perf*
vt ascertain; (*powiedzieć*)
state; (*zaświadczyć*) certify;
~ić tożsamość to establish
the identity; to identify
stworzenie [stfɔ'ʒɛɲɛ] *n* (*czyn*)
creation; (*istota*) creature;
żywe ~ living animal
stworzyć ['stfɔʒitɕ] *vt* create,
form
styczeń ['stitʃɛɲ] *m* January

stygnąć ['stignɔtɕ] *vi* cool
(down)
stykać się ['stikatɕ ɕɛ] *vr*
contact (z kimś, czymś with
sb, sth); be in contact (z
kimś with sb); meet (z kimś,
czymś sb, sth)
styl [stil] *m* (*w sztuce, archi-
tekturze itp.*) style; ~ pływacki stroke; ~ życia way
of life ⟨living⟩
stypendium [sti'pɛndjum] *n*
scholarship, fellowship; ~
zagraniczne scholarship abroad
stypendysta [stipɛn'dista] *m*
bursar, fellowship-holder
sublokator [sublɔ'katɔr] *m*
lodger, sub-tenant
subskrypcja [sup'skriptsja] *f*
subscription
subtelny [sup'tɛlni] *adj* sub-
tle, fine, refined
suchar ['suxar], ~ek [su'xa-
rɛk] *m* biscuit, cracker;
(*słodki*) rusk
sucho ['suxɔ] *adv* dryly; pranie na ~ dry-cleaning;
przen. nie ujdzie ci to na ~
you shan't get away with
it; you shall smart for it
suchy ['suxi] *adj* dry·
sufit ['sufit] *m* ceiling
sukces ['suktsɛs] *m* success;
odnieść ~ to score a suc-
cess
suk|ienka [su'kɛnka], ~nia
['sukɲa] *f* frock, gown,
dress
sukno ['suknɔ] *n* cloth
suma ['suma] *f* 1. sum; ~ o-
gólna sum total 2. *kośc.*
High Mass
sumieni|e [su'mɛɲɛ] *n* con-
science; czyste ~e good
⟨clear⟩ conscience; nieczy-
ste ~e bad ⟨guilty⟩ con-
science; wyrzuty ~a re-
morse; mieć wyrzuty ~a
to be conscience-stricken;
to feel remorse
sumienny [su'mɛnni] *adj*
conscientious, scrupulous

sumować [su'movatç] vt sum up

supeł ['supeŭ] m knot

supersam ['super'sam] m supermarket

surowica [suro'vitsa] f med. serum

surowiec [su'rovɛts] m raw material

surowo [su'rovo] adv (bez pobłażania) severely, strictly; ~ wzbronione strictly prohibited || na ~ in the raw state; in the rough; jeść owoce ⟨jarzyny⟩ na ~ to eat fruit ⟨vegetables⟩ raw

surowy [su'rovɨ] adj 1. raw, crude; severe; (o człowieku, dyscyplinie itp.) strict; ~ klimat harsh climate; ~ zakaz formal ⟨express⟩ prohibition 2. (nie przegotowany) unboiled, uncooked

surówka [su'rufka] f 1. kulin. raw vegetable salad 2. (żelazo) pig-iron

susza ['suʃa] f drought, dryness

suszarka [su'ʃarka] f drying apparatus, desiccator; (do włosów) hair-dryer

suszarnia [su'ʃarɲa] f drying-shed

suszony [su'ʃonɨ] adj dried, dehydrated, desiccated

suszyć ['suʃitç] I vt dry, dehydrate; (bieliznę) air; przen. ~ komuś głowę to pester sb II vi (pościć) fast

suterena [sute'rɛna] f basement

suty ['sutɨ] adj copious, abundant

suwak ['suvak] m pot. (zamek błyskawiczny) zip-fastener, zipper

sweter ['sfɛtɛr] m sweater, jersey

swędzić ['sfɛ̃dʑitç] vi itch

swobod|a [sfo'boda] f freedom, liberty; (wygoda) ease; ~a towarzyska poise; ~a w ruchach ease; ~y obywatelskie civil liberties

swobodny [sfo'bodnɨ] adj free; (wygodny) easy; (o stroju) informal

swoisty [sfo'istɨ] adj specific

swojski ['sfojski] adj homely, domestic

sworzeń ['sfoʒɛɲ] m techn. pin, bolt

swój [sfuj] pron his, her, its; my, our, your, their; dalej robić swoje to go on with one's work; jesteśmy tu sami swoi we are all friends here; na ~ koszt at one's own expense; na swoją rękę on one's own; po swojemu after one's own mind ⟨fashion⟩; nie mam nic swojego I have nothing of my own; postawić na swoim to have one's way; swego czasu at one time; w swoim czasie at the proper time

syfon ['sifon] m siphon bottle; ~ do wody sodowej soda fountain

sygnalizacja [sɨgna'ʎizatsja] f 1. (czynność) signalling; ~ świetlna light signalling 2. (urządzenie) signalling apparatus

sygnalizować [sɨgna'ʎizovatç] vt vi signalize, signal; (światłem) flash

sygnał ['sɨgnaŭ] m signal; ~ brzęczykowy signal buzzer; ~ świetlny flash signal; ~ alarmowy ⟨ostrzegawczy⟩ distress ⟨warning⟩ signal; ~ pożarowy fire-alarm; dawać ~ klaksonem to hoot, to toot

sygnatariusz [sɨgna'tarjuʃ] m signatory

Sylwester [sɨl'vɛstɛr] m Silvester, New Year's Eve

sylwetka [sɨl'vɛtka] f silhouette

symbol ['sɨmbol] m symbol

symfonia [sɨm'fonja] f symphony

symfoniczny [sɨmfo'ɲitʃnɨ] adj symphonic

sympati|a [sim'patja] f 1. liking, sympathy; **czuć** ~ę **do kogoś** to have a liking for sb; **nabrać** ~i **do kogoś** to take a fancy to sb; **zyskać czyjąś** ~ę to endear oneself to sb 2. (osoba) flame
sympatyczny [simpa'titʃni] adj nice, likable
sympatyk [sim'patik] m sympathizer, well-wisher
syn [sin] m son; ~ **chrzestny** godson
synonim [si'nɔɲim] m synonym
synowa [si'nɔva] f daughter-in-law
syp|ać ['sipatɕ] imperf, ~nąć ['sipnɔ̃tɕ] perf I vt vi strew, scatter, pour; przen. ~ać, ~nąć **pieniędzmi** to squander money; ~ać, ~nąć **żartami** to crack jokes II vi **śnieg** ~ie it snows III vr ~ać, ~nąć **się** pour, scatter; (o iskrach) fly
sypialnia [si'palɲa] f bedroom
sypialny [si'palni] adj sleeping-; **bilet** ~ sleeper; **wagon** ~ sleeping-car
sypnąć zob. sypać
syrena [si'rena] f (mitologiczna) siren, mermaid || ~ **fabryczna** hooter, siren; ~ **okrętowa** fog-horn
syrop ['sirɔp] m syrup; ~ **leczniczy** medicated syrup
system ['sistem] m system; (zasady organizacji) form (of government); ~ **dziesiętny** decimal system; ~ **hamulcowy** braking system; ~ **monetarny** monetary system; ~ **planetarny** planetary system; ~ **nerwowy** nervous system; ~ **społeczny** social system ⟨structure⟩
sytuacja [situ'atsja] f situation, position
syty ['siti] adj satiated, well-fed, full
szabla ['ʃabla] f sword, sabre
szachista [ʃa'xista] m chess-player

szachownica [ʃaxɔv'ɲitsa] f chess-board
szachy ['ʃaxi] pl chess; **grać w** ~ to play chess
szacować [ʃa'tsɔvatɕ] vt estimate, value
szacunek [ʃa'tsunɛk] m (ocena) valuation, estimate; (respekt) esteem, respect; **należny** ~ due respect; **mieć wielki** ~ **dla kogoś** to have great regard for sb
szafa ['ʃafa] f chest; ~ **grająca** music box; ~ **na ubranie** wardrobe; ~ **na książki** bookcase; ~ **pancerna** ⟨ogniotrwała⟩ safe
szafir ['ʃafir] m sapphire
szafka ['ʃafka] f cupboard; (oszklona) case; locker; ~ **nocna** night-table
szajka ['ʃajka] f gang, band
szal [ʃal] m shawl, scarf
szaleć ['ʃalɛtɕ] vi rage, be mad with rage; (o deszczu) storm; ~ **za czymś** to be crazy about sth; ~ **za kimś** to be madly in love with sb
szaleństwo [ʃa'lɛnstfɔ] n madness, folly; (ze złości) fury
szalik ['ʃaɲik] m scarf; (ciepły) muffler, wrap
szalony [ʃa'lɔni] adj mad, furious, frantic
szalupa [ʃa'lupa] f shallop; **mała** ~ cockboat
szał [ʃaŭ] m fury, frenzy, madness
szałas ['ʃaŭas] m shack, shed, shanty
szampan ['ʃampan] m champagne
szampon ['ʃampɔn] m shampoo
szanować [ʃa'nɔvatɕ] I vt respect, honour; ~ **książki** to be careful with books; ~ **zdrowie** to take care of one's health II vr ~ **się** respect oneself; (oszczędzać się) take care of oneself
szanowny [ʃa'nɔvni] adj respectable, honourable; (w

korespondencji) ~ panie!
Dear Sir,
szans|a [ˈʃansa] f chance; ~a
życiowa the chance of a
lifetime; stracić ~ę to lose
⟨to miss⟩ a chance
szantaż [ˈʃantaʃ] m blackmail
szarfa [ˈʃarfa] f sash
szarlotka [ʃarˈlɔtka] f apple-
-pie ⟨-tart⟩
szarotkə [ʃaˈrɔtka] f bot.
edelweiss
szarp|ać [ˈʃarpatɕ] imperf,
~nąć [ˈʃarpnɔtɕ] perf (rozrywać) tear (coś at sth);
(ciągnąć) pull (za coś at
sth), jerk
szaruga [ʃaˈruga] f foul weather; grey skies
szary [ˈʃari] adj grey; przen.
drab, dull; ~ człowiek the
man in the street; na ~m
końcu at the far end
szaszłyk [ˈʃaʃŭik] m kulin.
shashlik
szatnia [ˈʃatɲa] f cloak-room
szatyn [ˈʃatin] m auburn-
-haired man
szczaw [ʃtʃaf] m bot. sorrel
szcząt|ek [ˈʃtʃɔtɛk] m remnant,
rest
szczeb|el [ˈʃtʃɛbɛl] m 1. (dra-
biny) rung, spoke; (na słu-
pie) cleat 2. przen. grade,
step, degree; rozmowy na
najwyższym ~lu summit
talks
szczególn|y [ʃtʃɛˈgulni] adj pe-
culiar, particular, special;
(u człowieka) znaki ~e
outstanding features; nic
~ego nothing special
szczegół [ˈʃtʃɛguŭ] m detail,
particular; bliższe ~y full
particulars; wchodzić w ~y
to go into details
szczegółowy [ʃtʃɛguˈŭɔvi] adj
detailed, particular; (o opo-
wiadaniu, opisie) circum-
stantial
szczek|ać [ˈʃtʃɛkatɕ] imperf,
~nąć [ˈʃtʃɛknɔtɕ] perf vi
bark

szczelny [ˈʃtʃɛlni] adj close,
hermetic, tight
szczepić [ˈʃtʃɛpitɕ] I vt bot.
graft; med. inoculate, vaccinate II vr ~ się to get
vaccinated
szczepieni|e [ʃtʃɛˈpɛɲɛ] n bot.
grafting; med. inoculation,
vaccination; świadectwo ~a
vaccination certificate
szczepionka [ʃtʃɛˈpɔnka] f
vaccine
szczerość [ˈʃtʃɛrɔɕtɕ] f sincerity, frankness
szczery [ˈʃtʃɛri] adj sincere,
frank; (o złocie) pure, genuine; być ~m wobec kogoś
to be plain with sb; w ~m
polu in the open field
szczęka [ˈʃtʃɛ̃ka] f jaw; sztuczna ~ denture
szczęściarz [ˈʃtʃɛ̃tɕtɕaʃ] m pot.
lucky dog
szczęści|e [ˈʃtʃɛ̃tɕtɕɛ] n (stan)
happiness; (zdarzenie) luck,
good luck ⟨fortune⟩; mieć
~e do ludzi to be successful
with people; mieć ~e w
kartach to be lucky at
cards; próbować ~a to try
one's luck ⟨fortune⟩; to take
one's chance; przynosić ~e
to bring (good) luck; na los
~a at random; ~em for-
tunately; happily; życzę ~a!
good luck!
szczęśliw|y [ʃtʃɛ̃ɕˈʎivi] adj
happy, fortunate, lucky;
~ego Nowego Roku! Happy
New Year!; ~ej podróży!
happy journey!
szczotka [ˈʃtʃɔtka] f brush; ~
do szorowania hard brush;
~ do ubrania clothes-brush;
~ do włosów hair-brush;
~ do zębów toothbrush
szczotkować [ʃtʃɔtˈkɔvatɕ] vt
brush
szczupak [ˈʃtʃupak] m pike
szczupły [ˈʃtʃupŭi] adj slim,
slender; (niewielki) meagre,
scanty, spare
szczur [ʃtʃur] m rat
szczycić się [ˈʃtʃitɕitɕ ɕɛ̃] vr

39 Słownik

boast (czymś of sth); be proud (z czegoś of sth) szczypać [ˈʃtʃipatɕ] vt pinch; (o bólu) bite; (o pieprzu) sting
szczypce [ˈʃtʃiptsɛ] pl (obcęgi) tongs; (kleszcze) pincers
szczypiorek [ʃtʃiˈpɔrɛk] m bot. chive
szczypta [ˈʃtʃipta] f pinch
szczy|t [ˈʃtʃit] m top, summit, peak; przen. climax, perfection; przen. konferencja na ~cie top ⟨summit⟩ conference; (o kryzysie itp.) dojść do ~tu to come to a head; stanowić ~t czegoś to top sth; to ~t wszystkiego it's the limit; u ~tu at its height; u ~tu potęgi at the summit of power; godziny ~tu rush hours
szef [ʃɛf] m chief, master; pot. boss
szelki [ˈʃɛlki] pl braces, am. suspenders; ~ dla dzieci leading strings
szepnąć zob. szeptać
szept [ʃɛpt] m whisper, murmur; ~em in a whisper
szep|tać [ˈʃɛptatɕ] imperf, ~nąć [ˈʃɛpnɔtɕ] perf vt whisper, breathe, murmur
szereg [ˈʃɛrɛk] m row, file, series; podwójny ~ double line; ~ kłamstw string of lies; ~ listów a number of letters; ~ wydarzeń course of events; stać w ~u to stand in a row; w pierwszym ~u in the first row ⟨linie⟩
szermierka [ʃɛrˈmɛrka] f fencing
szermierz [ˈʃɛrmɛʃ] m fencer; przen. champion
szerok|i [ʃɛˈrɔki] adj 1. wide, broad 2. przen. (duży) large, comprehensive; człowiek o ~ich poglądach broad-⟨open-⟩minded man; ~a natura expansive nature; ~a publiczność people at large; ~ie pole działania

vast field of activity; na ~ą skalę on a large scale
szerokość [ʃɛˈrɔkɔɕtɕ] f width, breadth; ~ geograficzna latitude
szerzyć [ˈʃɛʒitɕ] I vt spread; (wiedzę) diffuse, propagate; ~ plotki to spread rumours II vr ~ się spread
szesnasty [ʃɛsˈnasti] adj num sixteenth
szesnaście [ʃɛsˈnaɕtɕɛ] num sixteen
sześcian [ˈʃɛɕtɕan] m geom. cube; podnosić do ~u to cube
sześcienny [ʃɛɕˈtɕɛnni] adj cubic
sześć [ʃɛɕtɕ] num six
sześćdziesiąt [ʃɛɕtɕˈdʑɛɕɔt] num sixty
sześćdziesiąty [ʃɛɕtɕˈdʑɛˈɕɔti] adj num sixtieth
sześćset [ˈʃɛɕtɕsɛt] num six hundred
szew [ʃɛf] m seam; anat. suture; med. stitch, raphe, suture; (o pończochach) bez szwu seamless
szewc [ʃɛfts] m shoemaker; (naprawiający obuwie) cobbler
szkarlatyna [ʃkarlaˈtina] f med. scarlet fever
szkatułka [ʃkaˈtuʊka] f casket
szkic [ʃkits] m sketch, outline; (malarski) design; draft
szkicować [ʃkiˈtsɔvatɕ] vt sketch, outline, draft
szkielet [ˈʃkɛlɛt] m skeleton, frame, framework; (statku) carcass
szklanka [ˈʃklanka] f glass
szklany [ˈʃklani] adj glass
szkł|o [ʃkʊɔ] n 1. glass; (wyroby szklane) glassware; ~o nietłukące safety glass; ~o ogniotrwałe refractory glass; ~o powiększające magnifying-glass; ~o optyczne optical glass 2. pl ~a (okulary) glasses; ~a kontaktowe contact lenses

szkocki ['ʃkɔtsk̑i] *adj.* Scotch,
Scottish
szkod|a ['ʃkɔda] *f* damage,
detriment; wyrządzić ⟨przy-
nieść⟩ ~ę to do harm; na
czyjąś ~ę to the detriment
of sb; ~a, że ... pity that ...;
~a! it's a pity!; co za ~a!
what a pity!
szkodliwy [ʃkɔ'dɟivi̥] *adj* in-
jurious, detrimental, noxious, bad
szkodzi|ć ['ʃkɔdʑitɕ] *vi* injure,
hurt, harm, do harm; *(o po-
trawie, klimacie)* disagree
(komuś with sb); be bad
(komuś for sb; na żołądek,
wątrobę itd. for the stomach,
liver etc.); cóż to ~? what
does it matter?; nie ~ never
mind; don't mention it; it
doesn't matter
szkolenie [ʃkɔ'lɛɲɛ] *n* training,
instructing
szkolić ['ʃkɔɟitɕ] *vt* school,
train, instruct (w czymś in
sth)
szkolnictwo [ʃkɔl'ɲitstfɔ] *n*
education, school-system
szkoln|y ['ʃkɔlni̥] *adj* scholas-
tic, school-; kolega ~y
school-mate; młodzież ~a
school children; program
~y school-programme; rok
~y school-year; w wieku
~ym of school age
szkoła ['ʃkɔu̯a] *f* school; ~
podstawowa primary school;
~ średnia secondary school;
~ wyższa high school; ~
wieczorowa night-school;
~ rzemieślnicza school of
arts and crafts; ~ techniczna school of engineering;
technical school
Szkot [ʃkɔt] *m* Scotchman,
Scotsman
szlaban ['ʃlaban] *m* turnpike,
barrier, bar
szlachetn|y [ʃla'xɛtni̥] *adj* no-
ble, generous, gentle; ~e
kamienie ⟨metale⟩ precious
stones ⟨metals⟩

szlafrok ['ʃlafrɔk] *m* dressing-
-gown
szlak [ʃlak] *m (droga)* route;
track, trail; ~ turystyczny
tourist route ⟨track⟩; *przen.*
utarty ~ beaten track; iść
utartym ~iem to follow the
beaten path
szlifować [ʃɟi'fɔvatɕ] *vt* polish; *(diamenty)* cut
szlochać ['ʃlɔxatɕ] *vi* sob
szmaragd ['ʃmarakt] *m* emerald
szmata ['ʃmata] *f* rag, clout
szmer [ʃmɛr] *m* rustle, murmur
szminka ['ʃmi̇nka] *f* paint;
teatr. grease paint; ~ do
powiek eye-shade; ~ do
ust lipstick
sznur [ʃnur] *m* rope, cord; ~
pereł string of pearls
sznurek ['ʃnurɛk] *m* string
sznurować [ʃnu'rɔvatɕ] *vt*
lace, lace up (one's shoes)
sznurowadło [ʃnurɔ'vadu̯ɔ] *n*
shoe-lace, shoe-string
sznycel ['ʃnitsɛl] *m kulin.*
cutlet, chop
szofer ['ʃɔfɛr] *m* driver,
chauffeur
szoferka [ʃɔ'fɛrka] *f (w cię-
żarówce)* cab
szok [ʃɔk] *m (wstrząs)* nervous shock; *med.* shock
szopa ['ʃɔpa] *f* shed
szopka ['ʃɔpka] *f* puppet
theatre ⟨show⟩
szorować [ʃɔ'rɔvatɕ] *vt (po-
dłogę)* scrub; *(metal)* scour
szorstki ['ʃɔrstkȋ] *adj (o rękach)* rough, coarse; *(o człowieku)* rude, brusque
szorty ['ʃɔrti̥] *plt* shorts
szosa ['ʃɔsa] *f* highroad,
highway
szóst|y ['ʃusti̥] *adj num* sixth;
~a godzina six o'clock
szpada ['ʃpada] *f* sword
szpagat ['ʃpagat] *m* 1. string
2. *(akrobatyczny)* splits
szpak [ʃpak] *m* starling
szpakowaty [ʃpakɔ'vati̥] *adj*
grizzled, greying

szpalta ['ʃpalta] f column
szpara ['ʃpara] f slit; slot;
cleft
szparag ['ʃparak] m asparagus
szpic [ʃpits] m point; (kolec)
spike
szpieg [ʃpɛk] m spy
szpiegostwo [ʃpɛ'gostfo] n
espionage
szpilk|a ['ʃpilka] f 1. pin; ~a
do włosów hair-pin 2. bot.
needle 3. pl ~i (pantofle,
obcasy) stiletto heels
szpinak ['ʃpinak] m spinach
szpital ['ʃpital] m hospital
szprot(k)a ['ʃprotka] f sprat
szprycha ['ʃprixa] f spoke
szpulka ['ʃpulka] f bobbin
szron [ʃron] m hoar-frost,
white frost
sztab [ʃtap] m staff; ~ główny general staff
sztaba ['ʃtaba] f bar; (złota)
ingot
sztafeta [ʃta'fɛta] f courier,
estafette; sport. relay; (bieg)
relay-race
sztalugi [ʃta'lugi] plt easel
sztandar ['ʃtandar] m banner,
flag
sztorm [ʃtorm] m storm, gale
sztruks [ʃtruks] m corduroy
sztuczn|y ['ʃtutʃni] adj artificial; false; (o zachowaniu)
affected; ~e ognie fireworks; ~e włókno artificial
fibre; ~e zęby dentures; ~e
oddychanie artificial respiration; ~a biżuteria imitation jewellery; paste
sztuk|a ['ʃtuka] f 1. art; ~a
stosowana applied art; ~i
piękne fine arts 2. (utwór)
play 3. (kawałek, jednostka)
piece; (bydła) head; pięć
pensów ~a 5 pence a piece
4. (sztuczka) trick; dokonać
~i to do the trick; w tym
cała ~a that's the whole
trick || kulin. ~a mięsa
boiled beef
sztukamięs [ʃtu'kamɛ̃s] m
kulin. pot. boiled beef

sztukować [ʃtu'kovatɕ] vt
piece out, patch
szturm [ʃturm] m attack,
assault, storm
sztych [ʃtix] m engraving
sztywny ['ʃtivni] adj stiff,
rigid
szuflada [ʃuf'lada] f drawer
szukać ['ʃukatɕ] vi look (kogoś, czegoś for sb, sth);
seek (czegoś sth); (w słowniku, encyklopedii itp.) look
up (czegoś sth); ~ lekarza
to look for ⟨to seek⟩ a
doctor; ~ noclegu to look
for accommodation (for the
night)
szum [ʃum] m noise; (morza)
roar; ~ w uszach buzzing
in the ears
szumi|eć ['ʃumɛtɕ] vi (o towarzystwie) buzz; (o morzu)
roar; ~ mi w głowie I have
a buzzing in my head
szwagier ['ʃfagɛr] m brother-
-in-law
szwagierka [ʃfa'gɛrka] f sister-
-in-law
Szwajcar ['ʃfajtsar] m Swiss
szwajcarski [ʃfaj'tsarski] adj
Swiss; ser ~ gruyère
Szwed [ʃfɛt] m Swede
szwedzki ['ʃfɛtski] adj Swedish
szyb [ʃip] m shaft, pit
szyba ['ʃiba] f pane; mot. ~
przednia windscreen, am.
windshield; ~ tylna rear
window; ~ okienna opuszczana drop window
szybki ['ʃipki] adj quick,
swift, speedy, prompt
szybkościomierz [ʃibkoɕ'tɕomɛʃ] m speedometer
szybkoś|ć ['ʃipkoɕtɕ] f speed,
rapidity; ~ć maksymalna
⟨dozwolona⟩ speed limit;
~ć przeciętna average
speed; nabierać ~ci to
gather speed
szybowiec [ʃi'bovɛts] m lotn.
glider
szyć [ʃitɕ] vt vi sew
szydełko [ʃi'dɛu̯ko] n crochet-
-needle

szyderczy [ʃi'dɛrtʃi] adj scoffing, sneering, railing
szy|ja ['ʃija] f neck; nosić na ~i to wear round one's neck; rzucić się komuś na ~ję to fall on sb's neck; pot. na łeb, na ~ję headlong
szykować [ʃi'kɔvatɕ] I vt prepare, get ready, arrange II vr ~ się prepare, get ready

szykowny [ʃi'kɔvni] adj chic, smart, elegant
szyld [ʃilt] m sign-board
szympans ['ʃimpans] m chimpanzee
szyna ['ʃina] f kolej. rail; med. splint
szynka ['ʃinka] f ham
szyszka ['ʃiʃka] f 1. cone 2. (o człowieku) big shot

Ś

ściana ['ɕtɕana] f (domu) wall; (skalna) cliff
ściąć zob. ścinać
ściąg|ać ['ɕtɕɔ̃gatɕ] imperf, ['ɕtɕɔ̃gnɔ̃tɕ] perf vt 1. draw ⟨pull⟩ down 2. (zaciskać) draw together, tighten, contract 3. (zbierać ludzi itp.) assemble, gather 4. (zdejmować ubranie) take off 5. (podatki) raise, levy, exact 6. (odpisywać) crib
ścieg [ɕtɕɛk] m stitch
ściek [ɕtɕɛk] m gutter, sewer
ściemnia|ć się ['ɕtɕɛmɲatɕ ɕɛ] vr get dark, grow dark; ~ się it is getting dark
ścienn|y ['ɕtɕɛnni] adj mural; gazetka ~a news sheet; malarstwo ~e wall painting; zegar ~y wall clock
ścierać [ɕ'tɕɛratɕ] vt rub off, wipe away; ~ gumką erase; ~ kurz dust
ścierka ['ɕtɕɛrka] f duster, clout
ścieżka ['ɕtɕɛʃka] f path; ~ dla pieszych foot-path; ~ rowerowa cycle track
ścięgno ['ɕtɕɛ̃gnɔ] n anat. sinew, tendon
ścigać ['ɕtɕigatɕ] I vt pursue, chase; ~ sądownie prosecute II vr ~ się race, run a race
ści|nać ['ɕtɕinatɕ] imperf, ~ąć [ɕtɕɔ̃tɕ] perf I vt cut off

⟨down⟩; (drzewo) fell; ~ąć komuś głowę to behead sb; ~nać, ~ąć przy egzaminie to plough; to pluck; am. to flunk II vr ~nać, ~ąć się (o mleku, krwi) coagulate; curdle; (o jajkach) set; pot. ~nać, ~ąć się przy egzaminie to get ⟨to be⟩ ploughed
ścis|kać ['ɕtɕiskatɕ] imperf, ~nąć ['ɕtɕisnɔ̃tɕ] perf I vt compress, press; squeeze; (pięść itp.) clench; (obejmować) embrace; ~kać, ~nąć komuś dłoń to shake sb's hand; (w liście) ~kam cię serdecznie affectionately II vr ~kać, ~nąć się press, embrace; przen. serce się ~ka it makes one's heart bleed
ścisł|y ['ɕtɕisui] adj 1. (zwarty) compact 2. (dokładny) exact, accurate; nauki ~e exact sciences; w ~ym znaczeniu in the strict sense 3. (o przyjaźni itp. — bliski) close
ścisnąć zob. ściskać
ślad [ɕlat] m trace, track, trail; (pozostałość) remnant; (w śledztwie) clue; ~ palca fingermark; ~ stopy footprint; footmark; bez ~u without trace
śledzić ['ɕlɛdʑitɕ] vt watch, spy (kogoś on sb); follow,

shadow (kogoś sb); ~ postępy to watch progress
śledztwo ['clɛtstfɔ] n examination, inquiry, investigation; prowadzić ~ to make investigations
śledź [ɕlɛtɕ] m herring; wędzony ~ bloater
ślepota [ɕlɛ'pɔta] f blindness; ~ całkowita na barwy colour-blindness. daltonism; kurza ~ night-blindness
ślep|y ['ɕlɛpi] adj blind; (zabawa) ~a babka blindman's buff; anat. ~a kiszka appendix; przen. ~y zaułek blind alley
śliczny ['ɕɫitʃni] adj lovely, beautiful
ślimak ['ɕɫimak] m snail
ślina ['ɕɫina] f spittle, saliva
śliski ['ɕɫiski] adj slippery
śliwa ['ɕɫiva] f plum-tree
śliwka ['ɕɫifka] f plum; ~ suszona prune
śliwowica [ɕɫivɔ'vitsa] f plum-brandy
ślizgacz ['ɕɫizgatʃ] m sport. slipper
ślizgać sie ['ɕɫizgatɕ ɕɛ] vr slide, glide; slip; (na łyżwach) skate
ślizgawica [ɕɫizga'vitsa] f glazed frost; icesheeted ground; jest ~ it is slippery; the streets are sheeted with ice
ślizgawka [ɕɫiz'gafka] f skating-rink
ślub [ɕlup] m 1. marriage. wedding; ~ cywilnv civil marriage; ~ kościelny church wedding; brać ~ to get married; dawać ~ to marry 2. (ślubowanie) vow
ślusarz ['ɕlusaʃ] m lock-smith
śluza ['ɕluza] f sluice
śmiać się ['ɕmʲatɕ ɕɛ] vr 1. laugh (z kogoś, czegoś at sb, sth); chce mi się z tego ~ that makes me laugh; pot. ~ się w kułak to laugh in ⟨up⟩ one's sleeve 2.

(kpić) mock (z kogoś, czegoś at sb, sth)
śmiały ['ɕmʲaui] adj bold, courageous, daring
śmiech [ɕmʲɛx] m laughter; pobudzać kogoś do ~u to make sb laugh; wybuchać ~em to burst out laughing
śmieci ['ɕmʲɛtɕi], śmiecie ['ɕmʲɛtɕɛ] pl litter, garbage, rubbish
śmieć [ɕmʲɛtɕ] vi dare, venture
śmier|ć [ɕmʲɛrtɕ] f death; gwałtowna ~ć violent death; kara ~ci capital punishment; wyrok ~ci death sentence; do ~ci till death. till one's dying day; ponieść ~ć to die
śmierdzący [ɕmʲɛr'dzɔtsi] adj stinking, fetid, rank
śmierdzieć ['ɕmʲɛrdzɛtɕ] vi stink, reek (czymś of sth)
śmiertelność [ɕmʲɛr'tɛlnɔɕtɕ] f mortality, death rate
śmiertelny [ɕmʲɛr'tɛlni] adj (powodujący śmierć) mortal, deadly, lethal; ~ wypadek fatal accident
śmieszny ['ɕmʲɛʃni] adj ridiculous, funnv; comical
śmietana [ɕmʲɛ'tana] f sour cream
śmietanka [ɕmʲɛ'tanka] f cream; przen. ~ towarzyska cream of society; the élite
śmietnik ['ɕmʲɛtɲik] m dust-bin, dust-heap
śmigło ['ɕmʲiguɔ] n propeller, airscrew
śmigłowiec [ɕmʲi'gŭɔvɛts] m helicopter
śniadanie [ɕɲa'danɛ] n breakfast; jeść ~ to have breakfast, to breakfast
śni|ć [ɕɲitɕ] vi dream, have a dream; ~ło mi się ... I had a dream ...; I dreamt ...
śnieg [ɕɲɛk] m snow; ~ pada it snows
śniegowce [ɕɲɛ'goftsɛ] pl overshoes, snowboots

śnieżyca [ɕɲɛ'ʒɨtsa] f snow-
-storm
śpiący ['ɕpɔ̃tsi] adj sleeping,
sleepy, drowsy; być ~m to
be sleepy
śpieszyć ['ɕpɛʃɨtɕ] I vi hasten,
hurry II vr ~ się make
haste, be in a hurry, hurry
up; (o zegarku) to be fast
śpiew ['ɕpɛf] m song, singing;
~ kościelny chant
śpiewaczka [ɕpɛ'vatʃka] f
singer; (operowa) cantatrice,
opera singer
śpiewać ['ɕpɛvatɕ] vt vi sing
śpiewak ['ɕpɛvak] m singer;
(operowy) opera singer
śpiwór ['ɕpivur] m sleeping-
-bag
średni ['ɕrɛdɲi] adj 1. middle;
~ego wzrostu of medium
height; w ~m wieku
middle-aged; Wieki Średnie
Middle Ages 2. (o kursie)
intermediary; ~e wykształcenie secondary education
3. (przeciętny) average 4.
(mierny) mediocre
średnica [ɕrɛd'ɲitsa] f diameter
średnik ['ɕrɛdɲik] m semicolon
średniodystansowiec [ɕrɛdɲɔ-
distan'sɔvɛts] m sport. mil-
er
średniowiecze [ɕrɛdɲɔ'vɛtʃɛ] n
Middle Ages
średniowieczny [ɕrɛdɲɔ'vɛtʃɲi]
adj mediaeval
środa ['ɕrɔda] f Wednesday
środ|ek ['ɕrɔdɛk] m 1. middle,
centre; ~ek ciężkości centre of gravity; wejść do
~ka to come ⟨to walk⟩ in;
w ~ku in the middle; w
~ku drogi midway 2. (spo-
sób) means; ~ki ostrożności
measures of precaution;
~ki transportowe means of
transport 3. (preparat) ~ek
dezynfekujący disinfecting
agent; ~ek leczniczy rem-
edy; medicament; medicine;
drug; ~ek nasenny hypno-
tic; ~ek przeczyszczający

laxative; ~ek przeciwbólowy analgesic; ~ek uspoka-
jający sedative; ~ki opa-
trunkowe dressing mate-
rials 4. pl ~ki (materialne)
(material) means; resources;
żyć z własnych ~ków to
live on one's own means
środkowy [ɕrɔt'kɔvi] adj central, middle
środowisko [ɕrɔdɔ'viskɔ] n
environment, milieu
śródmieście [ɕrud'mɛɕtɕɛ] n
town centre, city
śruba ['ɕruba] f screw
śrubokręt [ɕru'bɔkrɛt] m
screw-driver
świadectwo [ɕfa'dɛtstfɔ] n
testimonial, testimony, certificate; prawn. evidence;
~ szkolne report card;
certificate; ~ urodzenia
birth certificate
świad|ek ['ɕfadɛk] m witness;
naoczny ~ek eye-witness;
być ~kiem czegoś to wit-
ness sth; wezwać na ~ka
to call in evidence
świadomość [ɕfa'dɔmɔɕtɕ] f
consciousness, awareness;
stracić ⟨odzyskać⟩ ~ to
lose ⟨to regain⟩ consciousness
świadom|y [ɕfa'dɔmi] adj
conscious ⟨aware⟩ (czegoś of
sth); ~e macierzyństwo
birth control; planned parenthood
świat [ɕfat] m world; ~ bajki
fairyland; ~ pracy working
people; przen. elegancki ~
fashionable society; wielki
~ highlife; przyjść na ~ to
come into the world; wy-
dać na ~ to give birth to
(sb); to bring (sb) into the
world; stary jak ~ as old
as the hills; age-long
światł|o ['ɕfatŭɔ] n light; ~o
dzienne daylight; ~a na
skrzyżowaniach traffic-
-lights; mot. ~a mijania
dipped ⟨passing⟩ lights; ~a
postojowe parking lights;

światopogląd 616

~a stop brake lights; ~a
tylne tail lights; ~a główne head lights; ~o migowe
blinker light; ~o hamowa-
nia stop light; ~o odblaskowe reflecting light
światopogląd [ɕfatɔ'pɔɡlɔt] *m*
philosophy ⟨conception⟩ of
life; world outlook
światow|y [ɕfa'tɔvɨ] *adj* world-,
wordly; **kobieta ~a** woman
of the world
świąteczny [ɕfɔ̃'tetʃnɨ] *adj*
festive, holiday-; **dzień ~**
holiday; **strój ~** holiday
clothes
świątynia [ɕfɔ̃'tɨɲa] *f* temple
świder ['ɕfider] *m* drill, bore
świec|a ['ɕfetsa] *f* 1. candle;
przy ~y by candlelight 2.
mot. sparking plug
świeci|ć ['ɕfetɕitɕ] I *vt* (zapa-
lać) light II *vi* shine III *vr*
~ć się (*o oczach*) lighten;
(*w pokoju itp.*) ~ się the
light is on
świecznik ['ɕfetʃɲik] *m* candlestick, chandelier
świergot ['ɕferɡɔt] *m* chirp
świerk [ɕferk] *m* fir
świerszcz [ɕferʃtʃ] *m* cricket
świetlica [ɕfet'ɕitsa] *f* club,
club-room, common room
świetln|y ['ɕfetlnɨ] *adj* light-
ing, light-; **gaz ~y** lighting

gas; **reklama** ~a illuminated advertising ⟨sign⟩
świetnie ['ɕfetɲe] *adv* splen-
didly; excellently; ~! splendid!; fine!; well done!
świetny ['ɕfetnɨ] *adj* splendid,
excellent, fine, grand
świeżo ['ɕfeʒɔ] *adv* (*niedawno*)
recently; lately; freshly,
newly; „~ **malowane**" "wet
⟨fresh⟩ paint"
świeży ['ɕfeʒɨ] *adj* fresh; (*niedawny*) recent; (*nowy*) new
święto ['ɕfɛ̃tɔ] *n* holiday, festival, feast; **Wesołych
Świąt!** (*o Bożym Narodze-
niu*) Merry Christmas!; (*o
Wielkanocy*) Happy Easter!
święty ['ɕfɛ̃tɨ] I *adj* saint,
holy; (*nietykalny*) sacred;
~ **obowiązek** sacred duty;
kośc. **Wszystkich Świętych
All Saints' Day** II *m* saint
świnia ['ɕfiɲa] *f* pig, swine
świństwo ['ɕfiɲstfɔ] *n* 1. (*postępek*) meanness; **zrobić
komuś ~** to play a dirty
trick on sb 2. *pot.* (*pasku-
dztwo*) nasty stuff
świst [ɕfist] *m* whistle, whis-
tling, whiz
świt [ɕfit] *m* dawn, daybreak; **o ~cie** at daybreak,
at dawn
świta|ć ['ɕfitatɕ] *vi* dawn; ~
it dawns

T

ta [ta] *zob.* **ten**
tabela [ta'bela] *f* table, list,
index
tabletka [ta'bletka] *f* tablet;
~ **aspiryny** aspirin tablet
tablica [tab'ɕitsa] *f* (*w szkole*) blackboard; (*do ogłoszeń*) notice-board; ~ **obli-
czeniowa** ready reckoner;
~ **pamiątkowa** commemo-
rative ⟨commemoration⟩
plaque; *techn.* ~ **rozdziel-**

cza switchboard; ~ **informacyjna** information table;
~ **szlaku (turystycznego)**
tourist route table; *mot.* ~
rejestracyjna number ⟨*am.*
licence⟩ plate
tabliczka [tab'ɕitʃka] *f* plate,
tablet; (*do pisania*) slate; ~
czekolady chocolate bar; ~
mnożenia multiplication table; ~ **na drzwiach** door-
-plate

taboret [ta'bɔrɛt] *m* stool

taca ['tatsa] *f* tray

taczki ['tatʃḳi] *plt* wheel-barrow

tajemnic|a [tajɛm'ɲitsa] *f* secret, secrecy, mystery; **publiczna ~a** open secret; **~a państwowa** state secret; **dochować ~y** to keep a secret; **nie robić z czegoś ~y** to make no secret of sth; **w ~y** in secret; secretly

tajemniczy [tajɛm'ɲitʃi] *adj* mysterious

tajny ['tajni] *adj* secret, clandestine; **~ agent** plain-clothes agent

tak [tak] **I** *part* yes **II** *adv* like this, this way, so; **ach ~** I see; **i ~ dalej** and so on; **~ a ~** so and so; **~ czy owak ⟨inaczej⟩** anyhow; one way or the other; **~ (nie) jest** it is (not) the case; **~ jak ... as ... as; nie ~ ... jak ...** not so ... as; **~ samo** the same; **~ sobie** so-so; **niech ~ będzie** so be it; **czy ~?** is that so?; **a więc to ~!** that's how it is, is it!?

taki ['taḳi] *pron* (**taka, takie**) such, so; **~ a ~** so-and-so; **~ bogaty** so rich; **człowiek ~ jak ty** a man like you; **~ jakiś** kind of; **~ sam** just the same; the very same; **~ sobie** mediocre; **co ~ego?** what's the matter?; what do you say?; **nic ~ego** nothing of the sort; **w ~m razie** in such case

taksa ['taksa] *f* rate, fee, charge

taksometr [tak'sɔmɛtr] *m* taximeter

taksować [tak'sɔvatɕ] *vt* estimate, rate

taksówk|a [tak'sufka] *f* taxi; **przwwołać ~ę** to hail a taxi

taksówkarz [tak'sufkaʃ] *m* taxi-driver, cabman

takt [takt] *m* **1.** *muz.* time, measure, cadence; **wybijać ~ to** beat time **2.** *mech.* stroke **3.** (*cecha człowieka*) tact; **brak ~u** tactlessness

taktowny [tak'tɔvni] *adj* tactful

także ['tagʒɛ] *conj* also, too, as well

talent ['talɛnt] *m* talent, gift

talerz ['talɛʃ] *m* plate; **~ głęboki** soup-plate; **~ płytki** flat plate

talia ['taɕja] *f* **1.** (*kibić*) waist **2.** *karc.* pack (of cards)

talizman [ta'ɕizman] *m* talisman

talk ['talk] *m* talcum (powder)

talon ['talɔn] *m* coupon; **~ benzynowy** petrol coupon

tam [tam] *adv* there, over there; **~ i z powrotem** to and fro; this way and that; **co ~!** never mind!; **co mi ~!** I don't care

tam|a ['tama] *f* dam; *przen.* **położyć ~ę czemuś** to put a stop to sth

tamować [ta'mɔvatɕ] *vt* dam; **~ drogę** to block ⟨to bar⟩ the way; **~ ruch** to obstruct the traffic; **~ krew** to staunch blood

tamten ['tamtɛn] *pron* that

tancerka [tan'tsɛrka] *f* dancer

tancerz ['tantsɛʃ] *m* dancer, partner

tandeta [tan'dɛta] *f* rubbish, thrash

tani ['taɲi] *adj* cheap

taniec ['taɲɛts] *m* dance

tanio ['taɲɔ] *adv* cheaply; **bardzo ~** dirt-cheap

tańczyć ['tantʃitɕ] *vt vi* dance

tapczan ['taptʃan] *m* couch

tapeta [ta'pɛta] *f* wallpaper

tapicerka [taɕi'tsɛrka] *f* upholstery

taras ['taras] *m* terrace

tarasować [tara'sɔvatɕ] *vt* block, barricade

tarcza ['tartʃa] f shield; (do
strzelania) target; ~ telefoniczna dial; techn. ~
sprzęgła clutch plate

targ [tark] m market place;
fair; ~i międzynarodowe
international fair || dobić
~u to strike a bargain; bez
~u without haggling

targować się [tar'govatɕ ɕɛ̃] vr
bargain, haggle (o coś for
⟨about⟩ sth)

targow|y [tar'govɨ] adj mar-
ket; dzień ~y market day;
hala ~a market-hall

tartak ['tartak] m sawmill

taryfa [ta'rɨfa] f tariff; ~ biletowa list of fares; ~ celna customs tariff; ~ pocztowa postal rates

tasiemka [ta'ɕɛmka] f tape,
ribbon

taśm|a ['taɕma] f band; techn.
tape; ~a filmowa film; ~a
izolacyjna insulating tape;
~a klejąca adhesive tape;
~a miernicza measuring
tape; nagrywanie na ~ie
tape-recording; sport.
przerwać ~ę to breast the
tape

taternictwo [tatɛr'ɲitstfɔ] n
mountaineering, mountain-
-climbing

tatuś ['tatuɕ] m pieszcz. dad,
daddy

tchórz [txuʃ] m 1. zool. pole-
cat 2. (człowiek) coward

tchórzliwy [txuʒ'ɕivɨ] adj
cowardly

teatr ['tɛatr] m theatre; ~
kukiełkowy puppet theatre;
~ muzyczny music theatre;
music-hall; ~ objazdowy
itinerant ⟨travelling⟩ theatre

teatraln|y [tɛat'ralnɨ] adj
theatrical; sztuka ~a play

techniczny [tɛx'ɲitʃnɨ] adj
technical; kierownik ~ chief
engineer

technik ['tɛxɲik] m technician

technikum ['tɛxɲikum] n technical school

teczka ['tɛtʃka] f briefcase;

(papierowa) folder, binder

tegoroczny [tɛgɔ'rɔtʃnɨ] adj
this year's, of this year

tekst [tɛkst] m text

tekstylny [tɛks'tɨlnɨ] adj
textile

tektur|a [tɛk'tura] f card-
board, pasteboard; z ~y
(of) cardboard

telefon [tɛ'lɛfɔn] m telephone,
pot. phone; (rozmowa) call;
~ wewnętrzny extension;
~ z miasta incoming call;
jestem przy ~ie speaking;
kto przy ~ie? who's speaking?

telefoniczn|y [tɛlɛfɔ'ɲitʃnɨ] adj
telephonic, telephone; budka ~a telephone booth
⟨box⟩; książka ~a directory;
telephone book; rozmowa
~a telephone call; międzymiastowa rozmowa ~a
trunk-call

telefonistka [tɛlɛfɔ'ɲistka] f
operator, telephonist

telefonować [tɛlɛfɔ'nɔvatɕ] vi
telephone, pot. phone; ~ do
kogoś to ring sb up

telegraf [tɛ'lɛgraf] m telegraph

telegrafować [tɛlɛgra'fɔvatɕ]
vt telegraph, wire, cable

telegram [tɛ'lɛgram] m wire,
cable; pilny ~ urgent telegram; nadać ~ to send a
wire; to cable

teleobiektyw [tɛlɛɔ'bɛktɨf] m
fot. telephoto lens

telewidz [tɛ'lɛvits] m teleview-
er

telewizja [tɛlɛ'vizja] f television; pot. TV, telly

telewizor [tɛlɛ'vizɔr] m tele-
visor, television-set

temat ['tɛmat] m theme, subject, subject-matter, topic;
na ~ czegoś on the subject
of sth

temblak ['tɛmblak] m sling

temperament [tɛmpɛ'ramɛnt]
m temperament; nature

temperatur|a [tɛmpɛra'tura] f
temperature; mieć ~ę to

have fever ⟨a temperature⟩;
mierzyć ~ę to take the
temperature; *fiz.* ~a wrze-
nia boiling point; ~ zamar-
zania freezing point
temperówka [tempɛ'rufka] *f*
pencil-sharpener
temp|o ['tɛmpɔ] *n muz.*
measure, tempo, time; (*szybkość*) speed; rate; w szybkim ~ie at a fast rate; w
zwolnionym ~ie at a slow
speed; (*o filmie*) slow-mo-
tion (picture)
temu ['tɛmu] dawno ~ long
ago; rok ~ a year ago
ten [tɛn] *pron* (ta, to) this,
to this, it; *pl* ci, te these;
~ a ~ so and so; such-
-and-such; ~ sam the same;
tego roku this year
tendencja [tɛn'dɛntsja] *f* tendency
tenis ['tɛɲis] *m* tennis; ~ stołowy ping-pong; ~ na tra-
wie lawn tennis
tenisówki [tɛɲi'sufki] *pl* tennis ⟨canvas⟩ shoes; plimsolls
teoretyczny [tɛɔrɛ'tɨtʃnɨ] *adj*
theoretical
teraz ['tɛras] *adv* now; at
present; na ~ for now ⟨the
time being⟩; for the present
teraźniejszy [tɛraʑ'ɲɛjʃi] *adj*
present, present-day; *gram.*
czas ~ present
teren ['tɛrɛn] *m* ground, area,
territory; ~ biwakowy
camping site; ~ działalności field of activity; na ~ie
międzynarodowym in the
international field
termin ['tɛrmin] *m* 1. term;
przed ~em ahead of time;
w ~ie when due, on time
2. (*wyrażenie*) term, expression 3. (*rzemieślniczy*) ap-
prenticeship
termofor [tɛr'mɔfɔr] *m* hot-
-water bottle
termometr [tɛr'mɔmɛtr] *m*
thermometer
termos ['tɛrmɔs] *m* thermos

termostat [tɛr'mɔstat] *m techn.*
thermostat
terpentyna [tɛrpɛn'tɨna] *f*
turpentine
terytorialny [tɛritɔr'jalnɨ] *adj*
territorial
terytorium [tɛri'tɔrjum] *n*
territory
testamen|t [tɛs'tamɛnt] *m* tes-
tament, will; zapisać w
~cie to bequeath; zmarły
bez ~tu intestate
teściowa [tɛɕ'tɕɔva] *f* mother-
-in-law
teść [tɛɕtɕ] *m* father-in-law
też [tɛʃ] *conj* also, too; dlatego ~ ... that is why ...
tęcza ['tɛtʃa] *f* rainbow
tęczówka [tɛ̃'tʃufka] *f anat.*
iris
tędy ['tɛndɨ] *adv* this way; czy
~ idzie się do ...? is this
the way to ...?
tęgi ['tɛ̃gi] *adj* stout; (*silny*)
sturdy, robust
tępy ['tɛ̃pɨ] *adj* (*o narzędziu*)
blunt; (*o człowieku*) dull;
(*o spojrzeniu*) vacant
tęsknić ['tɛskɲitɕ] *vi* long
⟨yearn⟩ (za kimś for sb);
pine (za kimś after sb)
tęsknota [tɛs'knɔta] *f* longing,
yearning, nostalgia
tętnica [tɛt'ɲitsa] *f* artery
tętno ['tɛtnɔ] *n* pulse; (*bicie
tętna*) pulsation
tężec ['tɛ̃ʒɛts] *m med.* tetanus,
lockjaw
tkać [tkatɕ] *vt* weave
tkanin|a [tka'ɲina] *f* tissue,
fabric; ~y syntetyczne
synthetic fabrics
tkanka ['tkanka] *f anat. biol.*
tissue
tlen [tlɛn] *m chem.* oxygen
tło [tuɔ] *n* background
tłoczyć ['tuɔtʃitɕ] I *vt* press;
(*wino*) tread; (*wytłaczać np.
znaki*) impress, indent II *vr*
~ się crowd, press, push
tłok [tuɔk] *m* (*ścisk*) crowd,
crush; *techn.* piston
tłuc [tuuts] I *vt* 1. (*gnieść*)
crush, grind; (*orzechy*)

crack 2. *pot.* *(bić)* break, smash II *vr* ~ się get broken, be smashed; *pot.* ~ się po świecie to ramble ⟨to wander⟩ about the world

tłum [tŭum] *m* crowd, throng, mob

tłumacz ['tŭumatʃ] *m* translator; *(ustny)* interpreter; ~ przysięgły sworn translator

tłumaczenie [tŭuma'tʃɛɲɛ] *n* 1. translation, interpretation 2. *(wyjaśnienie)* explanation; *(usprawiedliwienie)* excuse

tłumaczyć [tŭu'matʃitɕ] I *vt* 1. translate, interpret; ~ z... na ... translate from ... into ... 2. *(wyjaśniać)* explain; *(usprawiedliwiać)* justify II *vr* ~ się excuse ⟨justify⟩ oneself

tłumić ['tŭumitɕ] *vt* stifle, muffle; *(zapał)* damp; ~ bunt to suppress ⟨to put down⟩ a rebellion

tłumik ['tŭumik] *m muz.* mute, damper; *mech.* silencer; muffler

tłusty ['tŭusti] *adj* fat; *(opasły)* obese; *(o plamie)* greasy

tłuszcz [tŭuʃtʃ] *m* fat, grease

to [tɔ] *pron* this, that; to, że... the fact that ...; co to jest? what is this?

toalet|a [tɔa'lɛta] *f* 1. *(suknia)* toilet 2. *(mebel)* toilet, (dressing) table 3. *(pomieszczenie)* lavatory || robić ~ę to make one's toilet

toaletow|y [tɔalɛ'tɔvi] *adj* toilet; papier ~y toilet paper; przybory ~e toilet things

toast ['tɔast] *m* toast; wznosić ~ za czyjeś zdrowie to toast sb; to propose sb's health

tobogan [tɔ'bɔgan] *m* toboggan

toczyć ['tɔtʃitɕ] I *vt* roll || ~ krew to shed blood; ~ wojnę to wage a war II *vr* ~

się 1. roll 2. *(o płynie)* flow, run, gush 3. *(o rozmowie, akcji)* be in progress; take place

tok [tɔk] *m* course, progress; w ~u in course, in progress; w pełnym ~u in full swing

tokarka [tɔ'karka] *f* turning-lathe

tokarz ['tɔkaʃ] *m* turner

toksyczny [tɔk'sitʃni] *adj* toxic; *(trujący)* poisonous

tolerancja [tɔlɛ'rantsja] *f* tolerance; *(wyrozumiałość)* indulgence

tolerować [tɔlɛ'rɔvatɕ] *vt* tolerate

tom [tɔm] *m* volume

ton [tɔn] *m* tone, sound; ~ głosu expression of voice; nie jest w dobrym ~ie, by ... it is not good form to ...

tona ['tɔna] *f* ton

tonaż ['tɔnaʃ] *m* tonnage; ~ statku dead-weight, capacity

tonąć ['tɔnɔ̃tɕ] *vi* drown, be drowned; *(o statku)* sink

topić ['tɔpitɕ] I *vt* drown; *(roztapiać)* melt II *vr* ~ się drown, be drowned; melt

topnieć ['tɔpɲɛtɕ] *vi* 1. melt (away) 2. *pot. (o majątku)* dwindle away

topola [tɔ'pɔla] *f* poplar

toporek [tɔ'pɔrɛk] *m* hatchet

topór ['tɔpur] *m* axe, chopper

tor [tɔr] *m* track; path, line; ~ kolejowy (railway-)track; ~ wyścigowy race-course

torba ['tɔrba] *f* bag; *(damska)* hand-bag; ~ na sprawunki shopping bag; shopper; ~ podróżna travelling-bag

torebka [tɔ'rɛpka] *f (damska)* hand-bag; ~ papierowa paper-bag

torf [tɔrf] *m* peat

torowisko [tɔrɔ'viskɔ] *n* (railway, tramway) line; track-way

torpeda [tɔr'pɛda] *f* torpedo
torsje ['tɔrsjɛ] *pl* vomition; nausea
tort [tɔrt] *m* cake, tart
torturować [tɔrtu'rɔvatɕ] *vt* torture
tost [tɔst] *m* kulin. toast
totalizator [tɔtaɲi'zatɔr] *m* totalizator; (*system gry*) (football etc.) pool
towar ['tɔvar] *m* article, commodity, merchandise; *pl* ~y goods; ~y codziennego użytku consumers' goods
towarowy [tɔva'rɔvɨ] *adj* dom ~ department store; dworzec ~ goods-station; pociąg ~ goods-train
towarzysk|i [tɔva'ʒiskʲi] *adj* (*o człowieku*) sociable; (*o życiu, stosunkach*) social; rozmowa ~a small talk
towarzystw|o [tɔva'ʒistfɔ] *n* 1. society, company; dotrzymywać ~a to keep company; w ~ie in (the) company (of); accompanied (by). 2. (*stowarzyszenie, organizacja*) association; ~o akcyjne joint-stock company
towarzysz [tɔ'vaʒiʃ] *m* companion; (*partyjny*) comrade; ~ niedoli fellow sufferer
towarzyszyć [tɔva'ʒiʃitɕ] *vi* accompany (komuś sb); follow
tożsamoś|ć [tɔʃ'samɔɕtɕ] *f* identity; dowód ~ci identity card; wojsk. znak ~ci identity ⟨identification⟩ disk
tracić ['tratɕitɕ] I *vt* 1. lose; (*czas*) waste; *przen.* ~ głowę to lose one's head 2. (*zadawać śmierć*) execute II *vi* ~ na wadze to lose weight
tradycja [tra'dɨtsja] *f* tradition
tradycyjny [tradɨ'tsɨjnɨ] *adj* traditional
traf [traf] *m* accident, chance; szczęśliwy ~ happy coincidence; ~em by chance, accidentally
trafi|ać ['trafatɕ] *imperf*, ~ć ['trafitɕ] *perf* I *vt* hit; nie ~ać, ~ć to miss; to fail; ~ać, ~ć do celu to hit the mark; ~ć do domu to find one's way home; ~ać, ~ć do przekonania to convince; na chybił ~ł at random II *vr* ~ać, ~ć się happen, occur
trafny ['trafnɨ] *adj* right, accurate, correct; (*o strzale*) well aimed, accurate
tragarz ['tragaʃ] *m* porter
tragedia [tra'gɛdja] *f* (*utwór dramatyczny*) tragedy; (*nieszczęście*) tragedy, misfortune
tragiczny [tra'ɡitʃnɨ] *adj* tragic
trakcja ['traktsja] *f* traction; ~ elektryczna electric traction
traktat ['traktat] *m* (*układ*) treaty; (*rozprawa*) treatise; ~ pokojowy peace treaty; zawrzeć ~ to make ⟨to conclude⟩ a treaty
traktor ['traktɔr] *m* tractor
traktorzysta [traktɔ'ʒista] *m* tractor-driver
traktować [trak'tɔvatɕ] *vt* (*odnosić się do kogoś*) treat; (*przedmiot itp.*) handle, deal with
trampki ['trampkʲi] *pl* rubber-soled sports canvas shoes
trampolina [trampɔ'ɲina] *f* diving board
tramwaj ['tramvaj] *m* tramway, *pot.* tram; jechać ~em to go by tram
tran [tran] *m* cod-liver oil
transakcja [tran'saktsja] *f* transaction
transfuzja [trans'fuzja] *f* transfusion
transmisja [trans'misja] *f* transmission
transport ['transpɔrt] *m* transport, transportation; ~ drogowy transport by land;

~ **kolejowy** transport by rail; railway transport; ~ **lotniczy** air transport; ~ **morski** sea transport; ~ **rzeczny** inland water transport

transportować [transpɔr'tɔvatɕ] *vt* transport, convey

tranzystor [tran'zistɔr] *m* (*radioodbiornik*) transistor radio

tranzystorowy [tranzistɔ'rɔvɨ] *adj* transistor

tranzyt ['tranzit] *m* transit

trap [trap] *m* accommodation ladder, gangway-ladder

trasa ['trasa] *f* route, track; ~ **podróży** itinerary

tratować [tra'tɔvatɕ] *vt* trample

tratwa ['tratfa] *f* raft

trawa ['trava] *f* grass

trawić ['travitɕ] *vt* digest; (*o ogniu*) consume; *chem.* corrode

trawienie [tra'vɛɲɛ] *n* digestion; *chem.* corrosion

trawnik ['travɲik] *m* lawn

trąba ['trɔ̃ba] *f* 1. *muz.* trumpet 2. (*słonia*) trunk || ~ **powietrzna** whirlwind

trąbić ['trɔ̃bitɕ] *vi* trumpet; blow the horn

trąc|ać ['trɔ̃tsatɕ] *imperf,* ~**ić** ['trɔ̃tɕitɕ] *perf* I *vt* push, jostle; ~**ać**, ~**ić łokciem** to elbow, to nudge II *vr* ~**ać**, ~**ić się** knock, jostle; ~**ać**, ~**ić się kieliszkiem** to clink ⟨to click⟩ glasses

trefle ['trɛflɛ] *pl karc.* clubs

trema ['trɛma] *f* stage-fright

trener ['trɛnɛr] *m* trainer, coach

trening ['trɛɲiŋk] *m* training, coaching

trenować [trɛ'nɔvatɕ] I *vt* train, coach II *vi* practise

trepki ['trɛpki] *pl* sandals, slippers

tresura [trɛ'sura] *f* training, drill

treściwy [trɛɕ'tɕivɨ] *adj* con-

cise; succinct; (*o jedzeniu*) substantial

treść [trɛɕtɕ] *f* contents; substance

trochę ['trɔxɛ̃] *adv* a little, a bit, somewhat; **ani** ~ not a bit; ~ **ludzi** a few people; ~ **zagniewany** a trifle angry

trofea [trɔ'fɛa] *pl* trophies

trojaczki [trɔ'jatʃki] *pl* triplets

troje ['trɔjɛ] *num* three

trolejbus [trɔ'lɛjbus] *m* trolley-bus

tropik ['trɔpik] *m* (*klimat*) tropic

tropikaln|y [trɔpi'kalnɨ] *adj* tropical; **hełm** ~**y** tropical helmet; **kraje** ~**e** the tropics

troska ['trɔska] *f* 1. (*dbałość*) care, solicitude 2. (*zmartwienie*) anxiety, worry

troskliwy [trɔsk'livɨ] *adj* careful (**o coś** of sth)

troszczyć się ['trɔʃtʃitɕ tɕɛ̃] *vr* 1. (*dbać*) care (**o kogoś** for sb) 2. (*martwić się*) worry ⟨be anxious⟩ (**o kogoś, coś** about sb, sth)

trotuar [trɔ'tuar] *m* pavement; *am.* side-walk

trójka ['trujka] *f* three

trójkąt ['trujkɔt] *m* triangle

trucizna [tru'tɕizna] *f* poison

trud [trut] *m* toil, hardship; **zadać sobie** ~ to take pains; **z** ~**em** with difficulty

trudnić się ['trudɲitɕ tɕɛ̃] *vr* occupy oneself (**czymś** with sth); be busy ⟨be engaged⟩ (**czymś** in sth)

trudno ['trudnɔ] *adv* with difficulty, hard; ~ **mu dogodzić** he is hard to please; ~ **się do tego przyzwyczaić** it's hard to get accustomed to it; ~! it can't be helped!

trudnoś|ć ['trudnɔɕtɕ] *f* difficulty; **pokonywać** ~**ci** to overcome ⟨surmount⟩ difficulties

trudn|y ['trudnɨ] *adj* difficult, hard; ~**a rada!** noth-

ing to be done!; it can't
be helped!
trudzić ['trudʑitɕ] I *vt* trouble, fatigue; przykro mi pana ~ I am sorry to trouble
you II *vr* ~ się take pains,
toil
trujący [tru'jɔtsɨ] *adj* poisonous
trumna ['trumna] *f* coffin
trunek ['trunɛk] *m* stiff
drink, intoxicating beverage
trup [trup] *m* corpse, dead
body; paść ~em to drop
dead
truskawka [trus'kafka] *f*
strawberry
trutka ['trutka] *f* poison; ~
na szczury rat-poison
trwa|ć [trfatɕ] *vi* last, persist
(przy czymś in sth); con-
tinue; debaty ~ją the de-
bates continue ⟨go on⟩
trwał|y ['trfaũɨ] *adj* lasting,
durable, permanent; (moc-
ny) firm; ~a ondulacja
permanent wave
trwoga ['trfɔga] *f* fear, fright
trwonić ['trfɔɲitɕ] *vt* waste;
(pieniądze) squander
tryb [trɨp] *m* 1. mode, manner, course; ~ życia way
of life ⟨living⟩ 2. *gram.*
mood 3. (koło zębate) gear,
cog
trybuna [trɨ'buna] *f* platform
trykot ['trɨkɔt] *m* tricot
trzask [tʃask] *m* crack, snap;
złamać (się) z ~iem to snap
trzaskać ['tʃaskatɕ] *vi* crack
(z bicza a whip); bang
(drzwiami the door)
trząść [tʃɔ̃ɕtɕ] I *vt vi* shake;
(przy jeździe) jolt II *vr* ~
się shake; ~ się z zimna
to shiver with cold
trzcina ['tʃtɕina] *f* reed, cane;
~ cukrowa sugar-cane
trzeba ['tʃɛba] *v imp* it is
necessary; ~ było to zro-
bić you should have done
it; ~ na to wiele pieniędzy
it requires much money;

~ poczekać one must wait
trzeci ['tʃɛtɕi] *adj num* third;
~a godzina three o'clock
trzeć [tʃɛtɕ] *vt* rub
trzepać ['tʃɛpatɕ] *vt* dust; (dywan) beat
trzeszczeć ['tʃɛʃtʃɛtɕ] *vi* crack;
(o ogniu) crackle
trzeźwić ['tʃɛzvitɕ] *vt* (make)
sober; bring back to one's
senses
trzeźwieć ['tʃɛzvɛtɕ] *vi* sober
trzeźwy ['tʃɛzvɨ] *adj* sober;
przen. hard-boiled, wide-
-awake
trzęsienie [tʃɛ̃'ɕɛɲɛ] *n* trem-
bling, shaking; (pojazdu)
jolting; ~ ziemi earthquake
trzoda ['tʃɔda] *f* herd, flock;
~ chlewna swine
trzon [tʃɔn] *m* (główna część)
trunk, stem; (rękojeść) handle, shank
trzonek ['tʃɔnɛk] *m* (rękojeść)
handle, shank, shaft
trzonowy [tʃɔ'nɔvɨ] *adj* ząb ~
molar, grinder
trzy [tʃɨ] *num* three
trzydzieści [tʃɨ'dʑɛɕtɕi] *num*
thirty
trzymać ['tʃɨmatɕ] I *vt* hold,
keep; ~ mocno to hold
fast; *przen.* ~ język za zębami to hold one's tongue;
~ kogoś za słowo to keep
sb to his word; ~ w sza-
chu to keep in check II *vi*
~ z kimś to side with sb
III *vr* ~ się hold oneself;
~ się za ręce to hold
hands || ~ się dobrze to
wear one's years well; ~
się zdrowo to keep in good
health; ~ się przepisów to
follow the rules; ~ się tematu to stick to the point;
~ się z dala od czegoś to
keep ⟨stand⟩ off; ~ się
razem to stick together
trzynasty [tʃɨ'nastɨ] *adj num*
thirteenth
trzynaście [tʃɨ'naɕtɕɛ] *num*
thirteen

trzysta ['tʃɨsta] *num* three hundred

tu [tu] *adv* here; tu i tam here and there

tubka ['tupka] *f* tube

tubylec [tu'bɨlets] *m* native

tulić ['tuɕitɕ] I *vt* fondle, hug, cuddle II *vr* ~ się cuddle together, cling to, hug

tulipan [tu'ɕipan] *m* bot. tulip

tułów ['tuŭuf] *m* trunk, torso

tunel ['tunɛl] *m* tunnel

tuńczyk ['tuɲtʃɨk] *m* tuna (fish); tunny

tup|ać ['tupatɕ] *imperf*, ~nąć ['tupnɔtɕ] *perf* *vi* stamp, tap (one's foot)

tupet ['tupɛt] *m* cheek, nerve

tura ['tura] *f* (*podróż*) round; tour; (*kolejka*) round (of drinks); (*grupa*) group, party (of tourists, guests etc.)

turbina [tur'bina] *f* turbine

turbośmigłowy [turbɔɕmi'gŭɔvɨ] *adj* turbo-prop

turecki [tu'rɛtski] *adj* Turkish

turkus ['turkus] *m* turquoise

turniej ['turɲɛj] *m* tournament

turnus ['turnus] *m* shift

turysta [tu'rɨsta] *m* tourist, sightseer; ~ zmotoryzowany motorized tourist

turystyczn|y [turɨs'tɨtʃnɨ] *adj* tourist; schronisko ~e tourist shelter; wyposażenie ~e tourist equipment

turystyka [tu'rɨstɨka] *f* touring, sightseeing, tourism; ~ krajowa domestic tourism; ~ zagraniczna tourism abroad

tusz¹ [tuʃ] *m* (*prysznic*) shower

tusz² [tuʃ] *m* (*farba*) Indian ink

tutaj ['tutaj] *adv* here; gdzieś ~ hereabout; chodź ~! come along!

tutejszy [tu'tɛjʃɨ] *adj* local

tuzin ['tuʑin] *m* dozen

tuż [tuʃ] *adv* near by; ~ obok

close, next to, at hand; ~ przy drodze close to the road

twardy ['tfardɨ] *adj* hard; (o *mięsie*) tough; (o *śnie*) sound

twaróg ['tfaruk] *m* curd(s), cottage cheese

twarz [tfaʃ] *f* face; ~a w ~ face to face; uderzyć w ~ to slap sb's face; jest ci w tym do ~y it becomes ⟨this suits⟩ you

twierdza ['tfɛrdza] *f* fortress, stronghold, citadel

twierdzenie [tfɛr'dzɛɲɛ] *n* assertion, affirmation, statement; *mat.* theorem, proposition

twierdzić ['tfɛrdʑitɕ] *vi* assert, affirm; (*mniemać*) maintain

tworzyć ['tfɔʒɨtɕ] I *vt* create, form, make II *vr* ~ się form, be formed ⟨produced⟩

tworzywo [tfɔ'ʒɨvɔ] *n* material, stuff; (*sztuczne*) plastic

twój [tfuj] *pron* (twoja, twoje; *pl* twoi, twoje) your(s)

twórca ['tfurtsa] *m* creator, maker, author

twórczość ['tfurtʃɔɕtɕ] *f* creation, production. output

twórczy ['tfurtʃɨ] *adj* creative, constructive

ty [tɨ] *pron* you; (*w przypadkach zależnych*: ciebie, cię; tobie, ci; tobą) mów do mnie (per) ty call me by my first name

tycz|ka ['tɨtʃka] *f* pole, perch; *sport.* skok o ~ce pole jumping

tyczy|ć się ['tɨtʃɨtɕ ɕɛ̃] *vr* concern, regard; co się ~ ... concerning ⟨as to, as for⟩ ...; co się mnie ~ ... as far as I am concerned ...

tyć [tɨtɕ] *vi* grow fat, put on weight

tydzień ['tɨdʑɛɲ] *m* week; dwa tygodnie fortnight; *kośc.* Wielki Tydzień Holy Week; co ~ every week;

w ciągu tygodnia within a week; za ~ in a week; od dziś za ~ this day week
tyfus ['tifus] *m med.* typhus, typhoid fever; ~ brzuszny enteric fever
tygodnik [tɨ'gɔdɲik] *m* weekly; ~ dźwiękowy newsreel; ~ ilustrowany illustrated weekly ⟨magazine⟩
tygodniowo [tɨgɔd'ɲɔvɔ] *adv* weekly; dwa dolary ~ two dollars a ⟨per⟩ week
tygrys ['tɨgrɨs] *m* tiger
tyle ['tɨlɛ] *adv* so much ⟨many⟩; dwa razy ~ twice as much; ~ co nic next to nothing; ~ razy so many times
tylko ['tɨlkɔ] *adv* only, solely; ~ co just now; skoro ~ ... as soon as ...
tyln|y ['tɨlnɨ] *adj* back, posterior; (*o nodze, kole itp.*) hind; ~a kieszeń hip pocket; ~e koło rear wheel; ~a straż rear guard; ~e drzwi back door
tył [tɨu̯] *m* back, rear; iść z ~u to follow behind ⟨after⟩; odwrócić się ~em do kogoś to turn one's

back on sb; ~w tyle at the back, behind; w tyle pociągu in the rear of the train; *wojsk.* w ~ zwrot! about turn!; *am.* about face!
tym [tɨm] *conj* ~ bardziej all the more; ~ lepiej all the better; im więcej, ~ lepiej the more the better; ~ samym thereby, consequently
tymczasem [tɨm'tʃasɛm] *adv* meanwhile, in the meantime, by now; gdy ~ ... whereas ...
tymczasowy [tɨmtʃa'sɔvɨ] *adj* temporary, provisional
tynkować [tɨn'kɔvatɕ] *vt* plaster
typ [tɨp] *m* type
typowy [tɨ'pɔvɨ] *adj* typical, characteristic, classical
tysiąc ['tɨɕɔts] *num* thousand
tysiąclecie [tɨɕɔts'lɛtɕɛ] *n* millenary, millennium
tytoń ['tɨtɔɲ] *m* tobacco; ~ fajkowy pipe tobacco
tytuł ['tɨtuu̯] *m* title; ~ naukowy academic degree ‖ ~em próby on trial; on approval; z jakiego ~u? by what right?

U

u [u] *praep* at, by; with; zamek u drzwi lock at the door; tu u dołu down here; tu u góry up here; u fryzjera at the hair-dresser's; u jego boku by his side; u mego przyjaciela at my friend's; u mnie at my house; u nas with us; at home; u nas w kraju in this ⟨our⟩ country; u Szekspira in Shakespeare
ubezpiecz|ać [ubɛs'pɛtʃatɕ] *imperf,* ~yć [ubɛs'pɛtʃitɕ] *perf* I *vt* insure (od ognia against fire); assure, secure

II *vr* ~ać, ~yć się insure oneself; ~ać, ~yć się na życie to insure one's life
ubezpieczeni|e [ubɛspɛ'tʃɛɲɛ] *n* insurance, assurance; ~e od kradzieży theft insurance; ~ od ognia fire insurance; ~e od wypadków accident insurance; ~e na życie life insurance; ~a społeczne National Insurance
ubezpieczyć *zob.* ubezpieczać
ubiegać się [u'bɛgatɕ ɕɛ] *vr* compete (o coś for sth); (o urząd) run (o coś for sth);

(*o stopień naukowy*) be a candidate (*o coś* for sth) **ubiegł|y** [u'bεgŭi] *adj* last, past; ∼y **rok** last year; ∼ego **miesiąca** ultimo; w ∼ym **roku** last year

ubierać [u'bεratç] *imperf*, **ubrać** ['ubratç] *perf* I *vt* dress, clothe II *vr* **ubierać, ubrać się** dress

ubikacj|a [ubi'katsja] *f* toilet, lavatory, water-closet; "W.C."; **iść do** ∼i *pot.* to go to spend a penny

ubliż|ać [u'bɫiʒatç] *imperf*, ∼yć [u'bɫiʒitç] *perf vi* offend, affront (**komuś** sb)

uboczny [u'bɔtʃni] *adj* secondary, accessory, incidental; **produkt** ∼ by-product; ∼ **skutek** side effect

ubogi [u'boɡi] *adj* poor, meagre

ubolewani|e [ubɔlε'vaɲε] *n* commiseration, regret; **godny** ∼a deplorable, regrettable; **wyrazić** ∼e to express one's regret (for)

ubrać *zob.* **ubierać**

ubranie [u'braɲε] *n* clothes; dress; ∼ **gotowe** ready-made suit; ∼ **męskie** suit; ∼ **na miarę** suit to measure; **tailored suit;** ∼ **wizytowe** morning-coat; ∼ **wieczorowe** evening dress

uby|ć ['ubitç] *perf*, ∼wać [u'bivatç] *imperf vi* decrease; diminish; ∼ło **mi na wadze** I lost weight; I reduced; ∼wa **dnia** the day gets shorter

uch|o ['uxɔ] *n* 1. (*pl* **uszy**) ear; *przen.* **nadstawiać** ∼a to prick one's ears; **razić** ∼o to grate upon the ear; **zaczerwienić się po uszy** to blush to the roots of one's hair; **zakochać się po uszy w kimś** to be head over heels in love with sb 2. (*igły*) eye 3. (*buta*) strap 4. (*naczynia*) handle

uchodzi|ć [u'xɔdʑitç] *vi* go

away, escape; (*o czasie*) pass, elapse; ∼ć **czyjejś uwagi** to escape sb's attention ⟨**notice**⟩; ∼ć **za kogoś** to pass for sb; **to nie** ∼ it is unseemly

uchodźstwo [u'xɔtçstfɔ] *n* emigration; exile; (*ludzie*) the emigrés, emigrants

uchronić [u'xrɔɲitç] I *vt* guard; preserve II *vr* ∼ **się od czegoś** to avoid ⟨**to escape**⟩ sth

uchwal|ać [u'xfalatç] *imperf*, ∼ić [u'xfaɲitç] *perf vt* decree; enact, vote; carry; resolve; ∼ać, ∼ić **przez aklamację** to carry by acclamation; ∼ać, ∼ić **ustawę** to vote a law; ∼ono, **że...** it was resolved that...

uchwała [u'xfaŭa] *f* resolution, decision; *prawn.* decree •

uchwyt ['uxfit] *m* handle, grip

uchyl|ać [u'xilatç] *imperf*, ∼ić [u'xiɲitç] *perf* I *vt* put aside; (*zasłonę*) draw; ∼ać, ∼ić **kapelusza** to lift one's hat; ∼ać, ∼ić **lekko drzwi** to open the door slightly || ∼ać, ∼ić **prawo** to abolish a law II *vr* ∼ać, ∼ić **się** avoid (**od czegoś** sth); (*od pracy*) shun; (*od odpowiedzialności, obowiązku*) shirk; ∼ać **się od odpowiedzi** to avoid answering

uciec *zob.* **uciekać**

ucieczk|a [u'tçεtʃka] *f* flight, escape; **zmusić do** ∼i to put to flight; **szukać** ∼i **w...** to seek refuge in...

ucie|kać [u'tçεkatç] *imperf*, ∼c ['utçεts] *perf* I *vi* flee, fly, escape; **jak ten czas** ∼ka! how time does fly! II *vr* ∼kać, ∼c **się do...** to resort to...

uciekinier [utçε'kiɲεr] *m* fugitive, refugee; *wojsk.* deserter

ucieszyć [u'tçεʃitç] I *vt* glad-

627

udostępniać

den, delight II *vr* ~ się be glad (z czegoś of sth), rejoice (czyms at sth)

ucinać [u'tɕinatɕ] *vt* cut; *chir.* amputate

ucisk ['utɕisk] *m* pressure, oppression

uczcić ['utʃtɕitɕ] *vt* honour; ~ czyjąś pamięć to commemorate sb; ~ okazję to celebrate the occasion

uczciwy [utʃ'tɕivi] *adj* honest; (o grze) fair; ~mi środkami by fair means

uczelnia [u'tʃɛlɲa] *f* school, college; wyższa ~ high school

uczeń ['utʃɛɲ] *m* pupil, schoolboy; (w rzemiośle) apprentice; (zwolennik, wyznawca) disciple

uczennica [utʃɛn'ɲitsa] *f* school-girl, pupil

uczesać [u'tʃɛsatɕ] I *vt* comb, dress (one's, sb's) hair II *vr* ~ się comb, brush one's hair

uczesanie [utʃɛ'saɲɛ] *n* hairdressing, hair-do, hair-style

uczestnictwo [utʃɛst'ɲitstfɔ] *n* participation

uczestniczyć [utʃɛst'ɲitʃitɕ] *vi* participate ⟨take part⟩ (w czymś in sth)

uczestnik [u'tʃɛstɲik] *m* participant, partner (czegoś in sth); (w przestępstwie) accomplice

uczęszczać [u'tʃɛ̃ʃtʃatɕ] *vi* frequent (do klubu a club); attend; ~ do szkoły ⟨na wykłady, kursy⟩ to attend school ⟨lectures, courses⟩

uczony [u'tʃɔni] I *adj* erudite, learned II *m* scholar, scientist

uczucie [u'tʃutɕɛ] *n* feeling, sentiment, affection; (głodu, zimna itp.) sensation

uczulenie [utʃu'lɛɲɛ] *n med.* allergy

uczyć ['utʃitɕ] I *vt* teach, train, instruct II *vr* ~ się learn, study

uczyn|ek [u'tʃinɛk] *m* deed, act; dobry ~ek good action; *przen.* złapać kogoś na gorącym ~ku to catch sb red-handed ⟨in the act⟩

udać *zob.* udawać

udany [u'dani] *adj* (pomyślny) successful; (nieprawdziwy, symulowany) feigned, acted; make-believe

udar ['udar] *m* stroke; *med.* apoplexy; ~ słoneczny sunstroke

uda|wać [u'davatɕ] *imperf*, ~ć ['udatɕ] *perf* I *vt* feign, pretend, simulate II *vr* ~wać, ~ć się 1. (iść) go; ~ć się w podróż to set out on a journey 2. (o przedsięwzięciu) succeed; ~ło mi się to napisać I succeeded in writing it; I managed to write it; nie ~ło mi się tego dokonać I failed to accomplish it

udekorować [udɛkɔ'rɔvatɕ] *vt* decorate, adorn

uderz|ać [u'dɛʒatɕ] *imperf*, ~yć [u'dɛʒitɕ] *perf* I *vt vi* 1. strike, hit; ~ać, ~yć o coś to knock against sth; ~yć pięścią w stół to strike one's fist on the table; ~ać, ~yć w dzwony to ring the bell; *przen.* ~yła mnie pewna myśl an idea struck me 2. (atakować) attack II *vr* ~ać, ~yć się bump (o coś against sth)

uderzenie [udɛ'ʒɛɲɛ] *n* blow, stroke, hit; *wojsk.* attack

uderzyć *zob.* uderzać

udo ['udɔ] *n anat.* thigh

udogodnieni|e [udɔgɔd'ɲɛɲɛ] *n* convenience, facilitation, improvement; *pl* ~a facilities

udoskonalać [udɔskɔ'nalatɕ] *vt* perfect, bring to perfection, improve

udoskonalenie [udɔskɔna'lɛɲɛ] *n* perfection, improvement

udostępni|ać [udɔs'tɛpɲatɕ]

imperf, ~ć [udɔs'tɛ̃pɲitɕ] *perf vt* make accessible

udow|adniać [udɔ'vadɲatɕ] *imperf,* ~odnić [udɔ'vɔdɲitɕ] *perf vt* prove; *(ukazać)* show

udusić [u'duɕitɕ] I *vt* 1. strangle, choke 2. *kulin.* stew II *vr* ~ się choke, suffocate

udział ['udʑau̯] *m* participation; share; brać ~ w czymś to take part in sth

udziel|ać [u'dʑɛlatɕ] *imperf,* ~ić [u'dʑeɲitɕ] *perf* I *vt* give; ~ać, ~ić kredytu to grant credit; ~ać, ~ić nagany to reprimand; ~ać, ~ić pomocy to lend aid; ~ać, ~ić gościny to extend hospitality; ~ać, ~ić informacji to furnish sb with information; to impart information II *vr* ~ać się 1. *(obcować)* communicate; *(towarzysko)* to go into society 2. *(o chorobie)* be catching

ufa|ć ['ufatɕ] *vi* trust; confide (komuś in sb); nie ~c to distrust; ~m, że... I am confident that...

ufarbować [ufar'bɔvatɕ] *vt* dye

ugasić [u'gaɕitɕ] *vt* 1. *(pożar)* put out, extinguish 2. *(pragnienie)* quench 3. *(stłumić)* suppress

ugi|ąć ['ugɔ̃tɕ] *perf,* ~nać [u ginatɕ] *imperf vt (także vr* ~ąć, ~nać się) bend, bow

ugni|atać [u'gɲatatɕ] *imperf,* ~eść ['ugɲɛɕtɕ] *perf vt* kneed, press

ugod|a [u'gɔda] *f* agreement; zawrzeć ~ę to conclude ⟨to make⟩ an agreement

ugotować [ugɔ'tɔvatɕ] *vt (obiad)* cook; *(wodę)* boil

ugrupowanie [ugrupɔ'vaɲɛ] *n* group; formation; *wojsk.* disposition

ugryźć ['ugriɕtɕ] *vt* bite

ugrzęznąć [u'gʒɛznɔ̃tɕ] *vi* get bogged; ~ w błocie to stick in the mud

ujawni|ać [u'javɲatɕ] *imperf,* ~ć [u'javɲitɕ] *perf* I *vt* reveal, disclose II *vr* ~ać, ~ć się be revealed; *(o prawdzie itp.)* come out

ująć *zob.* ujmować

ujemn|y [u jɛmni] *adj* negative, disadvantageous; ~a strona drawback, disadvantage

ujmować [uj'mɔvatɕ] *imperf,* ująć ['ujɔ̃tɕ] *perf* I *vt* 1. *(chwytać)* seize, grasp, catch 2. *(pojmować)* conceive, apprehend, grasp 3. *(formułować)* formulate 4. *(odejmować)* deduct 5. *(jednać)* ~ sobie to captivate; to win II *vr* ~, ująć się intercede ⟨say a word⟩ (za kimś for sb)

ujrzeć ['ujʒɛtɕ] *vt* see, perceive, catch sight (kogoś of sb)

ujście ['ujɕtɕɛ] *n* escape; *(rzeki)* mouth, estuary; *przen.* dać ~ złości to vent one's anger

ukarać [u'karatɕ] *vt* punish

ukaz|ać [u'kazatɕ] *perf,* ~ywać [uka'zivatɕ] *imperf* I *vt* show, present, exhibit II *vr* ~ać, ~ywać się appear

ukąszenie [ukɔ̃'ʃɛɲɛ] *n* bite; *(owada)* sting

układ ['ukłat] *m* 1. arrangement; *(budowa)* structure; *(plan)* scheme; ~ graficzny make-up; *anat.* ~ krwionośny blood system 2. *(umowa)* agreement, contract, treaty; *pl* ~y negotiations

układać [u'kładatɕ] *imperf,* ułożyć [u'u̯ɔʒitɕ] *perf vt* arrange; *(tekst)* compose; *(drzewo)* stock; *(cegły)* lay; *(sporządzać)* make

ukłon ['ukłɔn] *m* 1. bow; złożyć ⟨oddać⟩ komuś ~ to bow to sb 2. *pl* ~y *(pozdrowie-*

nia) regards, compliments; *(w liście)* ~y od ... with compliments from...

ukłonić się [u'kůɔɲitɕ çẽ] *vr* bow (komuś to sb)

ukłucie [u'kůutɕɛ] *n* prick, puncture; *(owada)* sting

ukłuć ['ukůutɕ] I *vt perf* prick II *vr* ~ się prick; sting

ukochany [ukɔ'xanɨ] *adj* beloved, dear; *(o książce itp.* — *ulubiony)* favourite

ukoić [u'kɔitɕ] *vt* soothe, appease

ukończyć [u'kɔntʃɨtɕ] *vt* finish, end, complete; bring to an end; ~ szkołę to leave school; to complete one's education; ~ uniwersytet 〈studia〉 to graduate; to take one's degree

ukos ['ukɔs] *m* slant; na ~ obliquely, diagonally, aslant; patrzeć z ~a to look askance

ukraść ['ukraɕtɕ] *vt* steal; *pot.* snatch

ukrop ['ukrɔp] *m* boiling water

ukry|ć ['ukrɨtɕ] *perf*, ~wać [u'krɨvatɕ] *imperf* I *vt* hide, conceal, keep (przed kimś from sb); suppress; ~ć, ~wać twarz w dłoniach to bury one's face in one's hands II *vr* ~ć, ~wać się hide (przed kimś from sb); go into hiding

ul [ul] *m* beehive

ule|gać [u'lɛgatɕ] *imperf*, ~c ['ulɛts] *perf vt vi* yield (komuś, czemuś to sb, sth); succumb, undergo; ~gać czyimś wpływom to be influenced by sb; ~gać, ~c zmianom to undergo changes; ~gać, ~c zwłoce to be delayed; nie ~ga wątpliwości there is no doubt

ulepsz|ać [u'lɛpʃatɕ] *imperf*, ~yć [u'lɛpʃɨtɕ] *perf vt* improve, better

ulewa [u'lɛva] *f* downpour, shower

ulg|a ['ulga] *f* relief; ~i podatkowe tax reductions; doznać ~i to be 〈feel〉 relieved; sprawić ~ę to relieve a pain

ulgowy [ul'gɔvɨ] *adj* reduced, low-rate

ulica [u'ʎitsa] *f* street; ~ główna main street; ~ bez przejazdu no through road; ślepa ~ blind alley; dead-end

uliczny [u'ʎitʃnɨ] *adj* street; ruch ~ traffic

ulokować [ulɔ'kɔvatɕ] I *vt (dać mieszkanie)* put up; *(umieścić)* place II *vr* ~ się *(znaleźć mieszkanie)* put up; *(umieścić się)* place oneself

ulotka [u'lɔtka] *f* leaflet; *(reklamowa)* handbill

ultrafioletowy [ultrafɔlɛ'tɔvɨ] *adj* ultra-violet

ulubieniec [ulu'bɛɲɛts] *m* favourite, *pot.* pet

ulubiony [ulu'bɔnɨ] *adj* favourite, beloved

ułamek [u'ůamɛk] *m* fragment; *mat.* fraction

ułatwi|ać [u'ůatfatɕ] *imperf*, ~ć [u'ůatfitɕ] *perf vt* facilitate, make easier

ułatwieni|e [uůat'fɛɲɛ] *n* facility, facilitation; *pl* ~a facilities

ułomny [u'ůɔmnɨ] *adj* crippled, disabled, infirm; *gram.* defective

ułożyć *zob.* układać

umacniać [u'matsɲatɕ] *vt* strengthen, consolidate, fortify

umalować [uma'lɔvatɕ] I *vt* paint II *vr* ~ się make up

umarły [u'marůɨ] *adj m* deceased, dead

umawiać się [u'mavatɕ çẽ] *imperf*, umówić się [u'muvitɕ çẽ] *perf vr* arrange; make arrangements; ~ się co do ceny to settle 〈to agree upon〉 the price; ~ się

co do dnia to fix the day;
~ się na spotkanie to make
a date ⟨an appointment⟩
umeblowanie [umɛblɔ'vaɲɛ] *n*
furniture
umiar ['umar] *m* moderation
umiarkowan|y [umarkɔ'vanɨ]
adj moderate, temperate;
~a cena reasonable price
umie|ć ['umɛtɕ] *vt* know, be
able; on nie ~ pływać he
cannot swim; he doesn't
know how to swim; ~ć na
pamięć to know by heart;
czy ~sz czytać? can you
read?
umiejętny [umɛ'jɛtnɨ] *adj*
skilful
umierać [u'mɛratɕ] *imperf*,
umrzeć ['umʒɛtɕ] *perf vi*
die, expire, pass away
umie|szczać [u'mɛʃt͡ʃatɕ] *im-
perf*, ~ścić [u'mɛɕt͡ɕitɕ] *perf
vt* place, locate, put; (*w
gazecie*) insert
umilknąć [u'milknɔtɕ] *vi* stop
talking; break off
umocnienie [umɔts'ɲɛɲɛ] *n*
consolidation, fixing; *wojsk.*
fortification
umocować [umɔ'tsɔvatɕ] *vt*
fasten, secure
umorzenie [umɔ'ʒɛɲɛ] *n* amortization, extinction; *prawn.*
~ postępowania discon-
tinuation of legal proceedings
umowa [u'mɔva] *f* agreement,
contract, treaty, conven-
tion; ~ handlowa commer-
cial agreement; ~ między-
narodowa international
agreement; ~ zbiorowa collective contract
umożliwi|ać [umɔʒ'ʃivatɕ] *im-
perf*, ~ć [umɔʒ'ʃivitɕ] *perf
vt* make possible, enable
umówić się *zob.* umawiać się
umrzeć *zob.* umierać
umyć ['umɨtɕ] **I** *vt* wash; ~
włosy ⟨ręce⟩ wash one's
hair ⟨hands⟩; ~ naczynia
wash up **II** *vr* ~ się wash
oneself

umysł ['umɨsu] *m* mind, intellect; przytomność ~u
presence of mind
umysłow|y [umɨ'suɔvɨ] *adj*
mental, intellectual; pracownik ~y white-collar
⟨intellectual⟩ worker; choroba ~a mental illness
umyślnie [u'mɨɕlɲɛ] *adv* on
purpose, deliberately; ex-
pressly, intentionally
umywalnia [umɨ'valɲa] *f*
washstand; (*lokal*) lavatory
uniemożliwi|ać [uɲɛmɔʒ'ʃi-
vatɕ] *imperf*, ~ć [uɲɛmɔʒ-
'ʃivitɕ] *perf vt* make impossible; ~ać, ~ć komuś
coś to prevent sb from doing sth
unieruchomić [uɲɛru'xɔmitɕ]
vt immobilize; *mech.* put
out of action
unieszkodliwi|ać [uɲɛʃkɔd'ʃi-
vatɕ] *imperf*, ~ć [uɲɛʃkɔd-
'ʃivitɕ] *perf vt* render harmless, neutralize
unieść *zob.* unosić
unieważni|ać [uɲɛ'vaʒnatɕ]
imperf, ~ć [uɲɛ'vaʒnitɕ]
perf vt annul, nullify, in-
validate
unik|ać [u'ɲikatɕ] *imperf*,
~nąć [u'ɲiknɔtɕ] *perf vt*
avoid (kogoś, czegoś sb,
sth); shun, escape, elude;
~nąć niebezpieczeństwa to
escape ⟨to elude⟩ danger
unikalny [uɲi'kalnɨ] *adj* u-
nique, unparalleled
unikat [u'ɲikat] *m* unique
⟨rare⟩ specimen; curiosity
uniwersalny [uɲivɛr'salnɨ] *adj*
universal
uniwersytet [uɲi'vɛrsɨtɛt] *m*
university
unosić [u'nɔɕitɕ] *imperf*, u-
nieść ['uɲɛɕtɕ] *perf* **I** *vt*
carry away; raise, lift **II** *vr*
~ się 1. (*w powietrzu*) soar;
(*o ptaku*) hover; ~ się w
górę to ascend 2. (*złościć
się*) to lose one's temper; to
fly into a passion

unowocześni|ać [unɔvɔ'tʃɛɕ-
ɲatɕ] imperf, ~ć [unɔvɔ-
'tʃɛɕɲitɕ] perf vt (także vr
~ać, ~ć się) modernize
uodporni|ać [uɔt'pɔrɲatɕ] im-
perf, ~ć [uɔt'pɔrɲitɕ] perf
vt immunize (na coś a-
gainst sth)
uogólni|ać [uɔ'gulɲatɕ] imperf,
~ć [uɔ'gulɲitɕ] perf vt generalize
uogólnienie [uɔgul'ɲɛɲɛ] n
generalization
upa|dać [u'padatɕ] imperf,
~ść ['upaɕtɕ] perf vi fall,
drop; ~dać, ~ść na duchu
to be depressed
upad|ek [u'padɛk] m fall,
downfall; breakdown; de-
cline; failure; chylić się do
~ku to decline; przywieść
do ~ku to ruin
upalny [u'palnɨ] adj burning,
torrid, hot
upał ['upaṷ] m heat
upaństwowić [upaɲst'fɔvitɕ]
vt nationalize
upaństwowienie [upaɲstfɔ'vɛ-
ɲɛ] n nationalization
uparty [u'partɨ] adj stubborn,
obstinate
upaść zob. upadać
upat|rywać [upa'trɨvatɕ] im-
perf, ~rzeć [u'patʃɛtɕ] perf
vt watch, track; be on the
look-out (coś for sth);
~rzeć sobie coś to choose
sth
uperfumować [upɛrfu'mɔvatɕ]
vt perfume
upewni|ać [u'pɛvɲatɕ] imperf,
~ć [u'pɛvɲitɕ] perf I vt
assure II vr ~ać, ~ć się
make sure <certain> (o
czymś of <about> sth)
upić się ['upitɕ ɕɛ] vr get
drunk; przen. be intoxi-
cated (radością with joy)
upiec ['upɛts] vt kulin. bake
(bread); roast (meat)
upierać się [u'pɛratɕ ɕɛ] vr
persist (przy czymś in sth);
insist (przy czymś on sth)

upierzenie [upɛ'ʒɛɲɛ] n
feathering, plumage
upłynąć zob. upływać
upływ ['upṷɨf] m (terminu)
expiration; (czasu) lapse;
po ~ie roku after a lapse
of a year || ~ krwi loss of
blood
upły|wać [u'pṷɨvatɕ] imperf.
~nąć [u'pṷɨnɔtɕ] perf vi
run; (o czasie) elapse, pass;
(o terminie) expire
upodobanie [upɔdɔ'baɲɛ] n
liking (do czegoś for sth),
fancy; szczególne ~ pre-
dilection; znajdować ~ w
czymś to take delight in
sth
upokarzający [upɔkaʒa'jɔtsɨ]
adj humiliating, mortifying
upominać [upɔ'minatɕ] I vt
rebuke; reprimand II vr ~
się o coś to claim <demand>
sth
upomin|ek [upɔ'minɛk] m
souvenir, keepsake, pres-
ent; w ~ku as a keepsake
upomnienie [upɔm'ɲɛɲɛ] n
admonition, reprimand
uporządkować [upɔʒɔt'kɔvatɕ]
vt put in order, arrange,
adjust; (pokój, dom, bałagan) tidy <clear> up
upoważni|ać [upɔ'vaʒnatɕ]
imperf, ~ć [upɔ'vaʒnitɕ]
perf vi authorize, entitle,
empower
upoważnienie [upɔvaʒ'ɲɛɲɛ] n
authorization; prawn. warrant
upowszechni|ać [upɔ'fʃɛxɲatɕ]
imperf, ~ć [upɔ'fʃɛxɲitɕ]
perf vt generalize, diffuse,
bring into general use
upór ['upur] m obstinacy,
stubbornness
uprać ['upratɕ] vt wash
(clothes)
uprasować [upra'sɔvatɕ] vt
iron (clothes)
uprawa [u'prava] f cultiva-
tion, culture
uprawi|ać [u'pravatɕ] imperf,

~ć [u'prȧvitç] perf vt cultivate; (sport) practise
uprawni|ać [u'pravɲatç] imperf, ~ć [u'pravɲitç] perf vt qualify, entitle, authorize
uprawniony [uprav'ɲɔni] adj authorized, entitled
uprawomocnić [upravɔ'mɔtsɲitç] vt legalize, sanction, legitimate
uproszczenie [uprɔ`ʃtʃɛɲɛ] n simplification
uprzednio [u'pʃɛdɲɔ] adv formerly, previously, beforehand, in advance
uprzedz|ać [u'pʃɛdzatç] imperf, ~ić [u'pʃɛdzitç] perf I vt (fakty) anticipate; (zapobiegać) avert, prevent; (ostrzegać) warn; (poprzedzać) precede, come before; (nastawiać źle) prejudice, bias; ~ać, ~ić o czymś to let know ⟨inform⟩ of sth II vr ~ać, ~ić się be prejudiced (do kogoś against sb)
uprzejmie [u'pʃɛjmɛ] adv kindly, politely, courteously; proszę ~ please
uprzejmy [u'pʃɛjmi] adj kind, polite, courteous, gentle
uprzemysł|awiać [upʃɛmi'suaṿatç] imperf, ~owić [upʃɛmi'suɔṿitç] perf vt industrialize
uprzemysłowienie [upʃɛmisuɔ'vɛɲɛ] n industrialization
uprzytomni|ać [upʃi'tɔmɲatç] imperf, ~ć [upʃi'tɔmɲitç] perf vt bring home (komuś coś sth to sb); (sobie) realise, realize
uprzywilejowani|e [upʃiṿilɛjɔ'vaɲɛ] n privilege; handl. preference; klauzula największego ~a the most--favoured-nation clause
uprzywilejowany [upʃiṿilɛjɔ'vani] adj privileged; ekon. preferential
upudrować [upu'drɔvatç] vt powder
upu|szczać [u'puʃtʃatç] imperf,

~ścić [u'puçtçitç] perf vt drop, let fall
uratować [ura'tɔvatç] I vt save, rescue II vr ~ się be saved
uraz ['uras] m (fizyczny) hurt, injury; (moralny) shock; med. complex
uraz|a [u'raza] f resentment, grudge, grievance; mieć ~ę do kogoś to have ⟨to bear⟩ a grudge against sb
uregulować [urɛgu'lɔvatç] vt put in order, settle; ~ rachunek to settle an account; to pay a bill
urlop ['urlɔp] m leave, vacation, holiday; wojsk. furlough; ~ macierzyński maternity leave; ~ zdrowotny sick leave; bezpłatny ~ leave without pay; ~ płatny leave with pay; być na ~ie to be on leave ⟨holiday⟩
uroczy [u'rɔtʃi] adj charming
uroczystość [urɔ'tʃistɔçtç] f solemnity, festivity, ceremony
uroczysty [urɔ'tʃisti] adj solemn, festive
uroda [u'rɔda] f beauty, good looks
urodzaj [u'rɔdzaj] m good harvest ⟨crops⟩
urodzajny [urɔ'dzajni] adj fertile
urodzeni|e [urɔ'dzɛɲɛ] n birth; miejsce ~a birth-place; świadectwo ⟨metryka⟩ ~a birth certificate; od ~a from birth
urodzić [u'rɔdzitç] I vt give birth (kogoś to sb), bear II vr ~ się be born
urodziny [urɔ'dʑini] plt birthday
urok ['urɔk] m charm, fascination
urosnąć [u'rɔsnɔ̃tç] vi grow (up)
urozmaic|ać [urɔzma'itsatç] imperf, ~ić [urɔzma'itçitç] perf vt diversify, vary

urozmaicony [urɔzmai'tsɔnɪ] *adj* varied
uruch|amiać [uru'xamatɕ] *imperf*, ~omić [uru'xɔmitɕ] *perf* vt put in motion, set going; ~omić silnik to start the engine
urwa|ć ['urvatɕ] I *vt* tear off; (*owoc, kwiat*) pluck II *vi* (*przestać*) break off; ~ć nagle to stop dead ⟨short⟩ III *vr* ~ć się break; guzik się ~ł a button is (torn) off; korespondencja się ~ła the correspondence stopped
urwisko [ur'visкɔ] *n* crag, steep rock; cliff
urywek [u'rivɛk] *m* fragment, passage, extract
urząd ['uʒɔt] *m* 1. office, agency; ~ celny customs house, customs office, the customs; ~ pocztowy post office; ~ stanu cywilnego registry, registrar's office 2. (*funkcja*) function; objąć ~ to come into office; piastować ~ to hold office; zrezygnować z urzędu to resign from office; z urzędu ex officio; officially, in one's official capacity
urządz|ać [u'ʒɔdzatɕ] *imperf*, ~ić [u'ʒɔdʑitɕ] *perf* I *vt* arrange, organize, install; (*mieszkanie*) furnish; ~ać, ~ić owację to make an ovation II *vr* ~ać, ~ić się settle down
urządzeni|e [uʒɔ'dzɛɲɛ] *n* 1. (*czynność*) arrangement; (*konferencji itp.*) organization 2. (*narzędzia, sprzęty*) device, appliance; *pl* ~a installations, facilities; ~a sanitarne sanitary installations; ~e mieszkania furniture
urządzić *zob.* urządzać
urzeczywistni|ać [uʒɛtʃɨ'vistɲatɕ] *imperf*, ~ć [uʒɛtʃɨ'vistɲitɕ] *perf* vt realize, make real; ~ć marzenie to

make a dream come true
urzędnik [u'ʒɛdɲik] *m* official; (*biurowy, bankowy*) clerk; ~ administracyjny civil servant; ~ państwowy government official; ~ stanu cywilnego registrar
urzędować [uʒɛ'dɔvatɕ] *vi* be employed, hold an office
urzędowy [uʒɛ'dɔvɪ] *adj* official
usamodzielni|ać [usamɔ'dʑɛlɲatɕ] *imperf*, ~ć [usamɔ'dʑɛlɲitɕ] *perf* I *vt* emancipate, make independent II *vr* ~ać, ~ć się become independent
usiąść ['uɕɔɕtɕ] *vi* sit down, take a seat; proszę ~! please, take a seat!
usiłować [uɕi'ʉɔvatɕ] *vt* make effort(s), endeavour, attempt, strive
usłuchać [u'sʉuxatɕ] *vt* obey; ~ rady to follow ⟨to take⟩ an advice
usług|a [u'sʉuga] *f* service, favour; oddać ~ę to do ⟨to render⟩ a service; do pańskich ~! at your service!
usługiwać [usʉu'givatɕ] *vt* serve (komuś sb); ~ komuś przy stole to wait on sb at table
usługowy [usʉu'gɔvɪ] *adj* punkt ~ servicing station
usłyszeć [u'sʉiʃɛtɕ] *vt* hear; ~ o czymś to get knowledge of sth
usmażyć [u'smaʒitɕ] *vt kulin.* fry, roast
usnąć ['usnɔtɕ] *vi* fall asleep; go to sleep
uspok|ajać [uspɔ'kajatɕ] *imperf*, ~oić [uspɔ'kɔitɕ] *perf* I *vt* calm, quieten, appease; (*nerwy*) soothe II *vr* ~ajać, ~oić się calm down, compose oneself
uspołeczniony [uspɔʉɛtʃ'ɲɔnɪ] *adj* socialized
usposobienie [uspɔsɔ'bɛɲɛ] *n* temper, disposition
usprawiedliwi|ać [uspraved'ɕi-

v̇atɕ] *imperf*, ~ć [uspravɛ-d'ɲivitɕ] *perf* I *vt* justify, excuse (z czegoś for sth) II *vr* ~ać, ~ć się apologize (z czegoś for sth); excuse oneself
usprawni|ać [u'spravɲatɕ] *imperf*, ~ć [u'spravɲitɕ] *perf* *vt* rationalize, render efficient
usprawnienie [usprav'ɲɛɲɛ] *n* rationalization
usta ['usta] *plt* mouth
ustać ['ustatɕ] I *vi* (*zaprzestać*) stop, cease; (*na nogach*) stand (on one's feet), keep standing II *vr* ~ się (*o płynach*) settle
ustal|ać [u'stalatɕ] *imperf*, ~ić [u'staɲitɕ] *perf* I *vt* settle, fix; (*ustanowić*) establish; (*zasadę*) lay down II *vr* ~ić się (*o pogodzie*) set
ustan|awiać [usta'navatɕ] *imperf*, ~owić [usta'nɔvitɕ] *perf* *vt* establish, set up; (*ceny*) fix; *prawn.* enact; ~owić rekord to set up a record
ustawa [u'stava] *f* law
ustawać [u'stavatɕ] *vi* cease, stop; (*być zmęczonym*) be weary
ustawi|ać [u'stavatɕ] *imperf*, ~ć [u'stavitɕ] *perf* I *vt* set, arrange, place; (*porządkować*) set in order II *vr* ~ać, ~ć się place oneself
ustawiczny [usta'vitʃni] *adj* incessant, continual
ustawodawcz|y [ustavɔ'daftʃi] *adj* legislative; ciało ~e legislative body; zgromadzenie ~e constituent ⟨legislative⟩ assembly
ustąpić *zob.* ustępować
usterka [u'stɛrka] *f* deficiency, fault, flaw
ustęp ['ustɛp] *m* 1. (*w książce*) passage, paragraph 2. (*ubikacja*) lavatory, W.C.
ust|ępować [ustɛ'pɔvatɕ] *imperf*, ~ąpić [u'stɔpitɕ] *perf* *vt* 1. give in ⟨way⟩, yield;

~ępować, ~ąpić miejsca komuś to give up one's place to sb; ~ępować, ~ąpić z drogi to stand out of the way; nie ~ępować, ~ąpić nikomu to be second to none 2. (*usunąć się*) retreat, withdraw, retire
ustnik ['ustɲik] *m* mouthpiece
ustn|y ['ustni] *adj* oral, verbal; egzamin ~y oral examination; jama ~a oral cavity
ustosunkować się [ustɔsun'kɔvatɕ ɕẽ]˙ *vr* assume an attitude (do czegoś to sth)
ustrój ['ustruj] *m* structure, organization, regime system; ~ nerwowy nervous system; ~ polityczny political system ⟨regime⟩; ~ społeczny social structure ⟨system⟩
ustrzec ['ustʃɛts] I *vt* preserve, guard (od czegoś from sth) II *vr* ~ się guard (przed czymś against sth); avoid, escape (przed czymś sth)
usu|nąć [u'sunɔtɕ] *perf*, ~wać [u'suvatɕ] *imperf* I *vt* remove, take away; discard; (*z urzędu*) dismiss, remove; (*wypędzić*) expel; (*z towarzystwa*) exclude; ~nąć, ~wać ząb to extract a tooth; ~nąć, ~wać sprzed oczu to take out of sb's sight; *przen.* ~nąć, ~wać z myśli to dismiss from one's mind II *vr* ~nąć, ~wać się retire, withdraw; ~nąć, ~wać się z drogi to keep out of the way; *przen.* ~nąć, ~wać się ze sceny to quit the stage
usypiać [u'sipatɕ] I *vi* fall asleep II *vt* lull (kogoś sb) to sleep
uszanować [uʃa'nɔvatɕ] *vt* respect
uszanowanie [uʃanɔ'vaɲɛ] *n* respect; złożyć ~ to pay

one's respects ⟨one's compliments⟩
uszczelka [uʃ'tʃɛlka] *f* gasket, seal, packing; **~ gumowa** rubber gasket
uszkodzenie [uʃkɔ'dzɛɲɛ] *n* damage; *mech.* trouble; **~ ciała** injury
uszkodzić [u'ʃkɔdʑitɕ] *vt* damage, injure
uszyć [u'ʃitɕ] *vt* sew
uścisk [u'utɕisk] *m* embrace, grasp; **~ dłoni** handshake
uścis|kać [u'ɕtɕiskatɕ] *perf*, **~nąć** [u'ɕtɕisnɔtɕ] *perf* I *vt* embrace, hug; **~nąć komuś rękę** to shake sb's hand; **~nąć sobie ręce** to shake hands II *vr* **~kać**, **~nąć się** embrace
uśmiech [u'ɕmɛx] *m* smile; **promienny ~** beaming smile; **szyderczy ~** sneer
uśmiech|ać się [uɕ'mɛxatɕ ɕɛ̃] *imperf*, **~nać się** [uɕ'mɛxnɔtɕ ɕɛ̃] *perf vr* smile (do **kogoś at sb**) || **nie ~a mi się** ... I don't like the idea of ...
uśmierza|jacy [uɕmɛʑa'jɔtsɨ] *adj* alleviating, calming; **środek ~ ból** analgesic, pain-killer
uśnić [u'ɕpitɕ] *vt med.* anaesthetize, etherize; **~ dziecko to lull a baby to sleep**
uświad|amiać [uɕfa'damatɕ] *imperf*, **~omić** [uɕfa'dɔmitɕ] *perf vt* (*o czymś*) bring home; **~amiać**, **~omić seksualnie to explain the facts of life; ~amiać**. **~omić sobie coś to realize** ⟨**to be aware of**⟩ **sth**
utalentowany [utalɛntɔ'vanɨ] *adj* talented, gifted
utknąć [u'tknɔtɕ] *vi* get stuck; **~ w gardle to stick in one's throat; ~ w błocie to stick in the mud; ~ w rowie to be ditched;** *przen.* **sprawa na tym utknęła the matter stopped there**
utkwić ['utkfitɕ] I *vi* (*o strza-*

le) **stick;** (*o pocisku*) **lodge; ~ w pamięci to stick in one's memory** II *vt* **~ wzrok w kimś, czymś to stare** ⟨**glare**⟩ **at sb, sth**
utonąć [u'tɔnɔtɕ] *vi* 1. **be drowned** 2. (*o statku itp.*) **sink**
utopić [u'tɔpitɕ] I *vt* **drown, sink** II *vr* **~ się = utonąć 1.**
utorować [utɔ'rɔvatɕ] *vt* **clear, pave; ~ sobie drogę to pave one's way**
utożsami|ać [utɔʃ'samatɕ] *imperf*, **~ć** [utɔʃ'samitɕ] *perf vt* **identify** (*z kimś, czymś* **with sb, sth**)
utrapienie [utra'pɛɲɛ] *n* **worry, affliction, annoyance, nuisance; być ~m dla kogoś to make oneself a nuisance to sb**
utrata [u'trata] *f* **loss; ~ kredytu** ⟨**zaufania**⟩ **loss of credit** ⟨**of confidence**⟩
utrudni|ać [u'trudɲatɕ] *imperf*, **~ć** [u'trudɲitɕ] *perf vt* **make difficult, impede**
utrwalacz [utr'falatʃ] *m fot.* **fixative**
utrwal|ać [utr'falatɕ] *imperf*, **~ić** [utr'faʎitɕ] *perf* I *vt* **consolidate, stabilize;** (*także fot.*) **fix;** *przen.* **~ać**, **~ić w pamięci to fix in the memory** II *vr* **~ać**, **~ić się become fixed** ⟨**consolidated**⟩
utrzeć ['utʃɛtɕ] *vt* (*rozdrobnić*) **grind; grate; ~ na papkę to rub sth into a paste**
utrzymać *zob.* **utrzymywać**
utrzymani|e [utʃɨ'manɛ] *n* **living, maintenance; koszty ~a cost of living; mieszkanie i ~e room and board; zarabiać na ~e to make** ⟨**to earn**⟩ **one's living; z pełnym ~em with full board**
utrzym|ywać [utʃɨ'mɨvatɕ] *imperf*, **~ać** [u'tʃɨmatɕ] *perf* I *vt* **keep, maintain, hold; ~ywać**, **~ać równowagę to**

keep one's balance; ~ywać, ~ać w czystości to keep tidy; ~ywać, ~ać w dobrym stanie to keep in repair ⟨in good condition⟩; ~ywać, ~ać w ruchu to keep in motion; *przen.* ~ywać, ~ać pozory to keep up appearances || ~ywać, ~ać rodzinę to support a family II *vi (twierdzić)* ~ywać, że ... to maintain that ... III *vr* ~ywać, ~ać się keep, subsist, stand, prevail; *(zarabiać na życie)* keep ⟨support⟩ oneself; earn one's living; *(z czegoś)* live on; ~ywać się z pracy rąk to live by the work of one's hands

utworzyć [u'tfɔʒitɕ] *vt* form, create, make

utwór ['utfur] *m* work, composition, production

utyć ['utitɕ] *vi* put on weight, become fat

uwag|a [u'vaga] *f* 1. attention; **zasługiwać na ~ę** to deserve notice; **zwracać czyjąś ~ę** to attract ⟨draw⟩ sb's attention; **zwracać ~ę na kogoś, coś** to pay attention to sb, sth; **z ~i na to, że** ... considering that ...; **~a na stopień!** mind the step!; *przen.* **brać pod ~ę** to take into consideration; to consider 2. *(wypowiedziana myśl)* remark 3. *(w książce)* note

uwalniać [u'valɲatɕ] *imperf,* **uwolnić** [u'vɔlɲitɕ] *perf* I *vt* set free, liberate, release ⟨deliver⟩ *(od czegoś from sth); (od winy)* acquit II *vr* ~ się deliver oneself *(od czegoś from sth)*; get rid *(od czegoś of sth)*

uważa|ć [u'vaʒatɕ] I *vt vi* pay attention *(na coś to sth)*; take care *(na coś of sth)*; regard *(za kogoś, coś as sb, sth)*; reckon *(za coś as ⟨for⟩ sth)*; look on ⟨upon⟩, take

for, consider, think; ~m to za potrzebne I find it necessary; **jak ~sz** just as you please II *vr* ~ć się za kogoś, coś to take oneself for sb, sth

uważny [u'vaʒni] *adj* attentive, careful, intent

uwertura [uvɛr'tura] *f muz.* overture

uwiąz|ać [u'vɔ̃zatɕ] *perf,* ~ywać [uvɔ̃'zivatɕ] *imperf vt* bind, tie, attach; ~ać, ~ywać na łańcuchu to chain

uwielbienie [uvɛl'bɛɲɛ] *n* adoration, worship

uwierać [u'vɛratɕ] *vt* press, chafe; *(o obuwiu)* pinch

uwierzyć [u'vɛʒitɕ] *vt* believe *(w coś in sth)*

uwięzić [u'vɛ̃zitɕ] *vt* imprison

uwolnić *zob.* **uwalniać**

uwydatni|ać [uvi'datɲatɕ] *imperf,* ~ć [uvi'datɲitɕ] *perf* I *vt* set ⟨show⟩ off; *(piękno itp.)* enhance, accentuate II *vr* ~ać, ~ć się show up

uwzględni|ać [u'vzglɛ̃dɲatɕ] *imperf,* ~ć [u'vzglɛ̃dɲitɕ] *perf vt* take into consideration ⟨account⟩, consider

uwzględnieni|e [uvzglɛ̃d'ɲɛɲɛ] *n* (taking into) consideration; **w ~u** ... considering ...; **in compliance with** ...

uzależni|ać [uza'lɛʒnatɕ] *imperf,* ~ć [uza'lɛʒɲitɕ] *perf* I *vt* make dependent *(od czegoś on ⟨upon⟩ sth)*; subject to II *vr* ~ać, ~ć się make oneself dependent

uzasadni|ać [uza'sadɲatɕ] *imperf,* ~ć [uza'sadɲitɕ] *perf vt* justify, substantiate, give reasons *(coś for sth)*; motivate

uzasadnienie [uzasad'ɲɛɲɛ] *n* motivation, justification, argumentation; **z dobrym ~m** well grounded

uzbr|ajać [u'zbrajatɕ] *imperf,* ~oić [u'zbrɔitɕ] *perf vt (także vr ~ajać, ~oić się)* arm

uzbrojenie [uzbrɔ'jɛnɛ] n arms,
armaments, equipment
uzdolniony [uzdɔl'nɔ̃ni] adj
gifted, capable, talented
uzdrowisko [uzdrɔ'viskɔ] n
health-resort
uzg|adniać [u'zgadnatɕ] im-
perf, ~odnić [u'zgɔdnitɕ]
perf vt make agree, adjust,
coordinate; ~adniać, `~od-
nić w czasie to synchronize
uziemienie [uʑɛ'mɛnɛ] n earth
uznać zob. uznawać
uznani|e [u'znanɛ] n approba-
tion, recognition; należyte
~e appreciation: cieszvć się
~em to enjoy the respect
(of the people); mieć duże
~e dla kogoś to have a high
⟨great⟩ regard for sb; zyskać ~e to be appreciated;
zasługujący na ~e praise-
worthy; do twego ~a at
your discretion; z ~em
appreciatively
uzna|wać [u'znavatɕ] imperf.
~ć ['uznatɕ] perf I vi
acknowledge, recognize; (a-
kceptować) approve; (fakt.
wine itp.) admit; ~wać. ~ć
za winnego to declare ⟨find⟩
guilty II vr ~wać, ~ć się
plead (za winnego guilty)
uzupełni|ać [uzu'pɛũnatɕ] im-
perf, ~ć [uzu'pɛũnitɕ] perf
vt complete, supplement;
(puste miejsce itp.) fill up;
~ć zapas benzvny ⟨wody⟩
to fill up with petrol

⟨water⟩; ~ać, ~ć braki to
make up for the defects
uzysk|ać [u'ziskatɕ] perf,
~iwać [uzis'ḱivatɕ] imperf
vt obtain, gain, acquire;
~ać stopień magistra filozofii to receive the degree
of Master of Arts
użądlić [u'ʒɔ̃dɕitɕ] vt sting
użyci|e [u'ʒitɕɛ] n use, appli-
cation; sposób ~a direc-
tions for use; w codziennym
~u in daily use; wyjść z
~a to go out of use
użyć zob. używać
użyteczny [uʒi'tɛtʃni] adj
useful, helpful
użyt|ek [u'ʒitɛk] m 'use; zro-
bić dobry ⟨zły⟩ ~ek z czegoś to make good ⟨bad⟩ use
of sth; na codzienny ~ek
for daily use; artykuły powszechnego ~ku articles of
common consumption
użytkownik [uʒit'kɔvɲik] m
user
uży|wać [u'ʒivatɕ] imperf, ~ć
['uʒitɕ] perf vt use, make
use of; ~wać sobie to
luxuriate (in ⟨on⟩ sth); to
indulge (in sth)
używalnoś|ć [uʒi'valnɔɕtɕ] f
use, utilization; w stanie
~ci usable, in working
order
używany [uʒi'vani] adj used,
second-hand
użyźni|ać [u'ʒiʑnatɕ] imperf,
~ć [u'ʒiʑɲitɕ] perf vt fertilize; (ziemię) fatten

W

w, we [v, vɛ] praep in, into;
at; by; on; w Anglii in
England; w domu at home;
we wtorek on Tuesday; w
lecie in summer; w Londy-
nie in London; w nocy at
night; w pośpiechu in a

hurry; słowo w słowo word
for word; grać w karty ⟨w
piłkę nożną etc.⟩ to play
cards ⟨football etc.⟩; wpaść
w tarapaty to get into
trouble
wachlarz ['vaxlaʃ] m fan

wada ['vada] f fault, defect,
vice; med. ~ serca heart
defect
wafel ['vafɛl] m wafer
waga ['vaga] f 1. (ciężar)
weight; boks. ~ ciężka
heavy-weight; ~ kogucia
bantam-weight; ~ lekka
light-weight; ~ musza fly-
-weight; ~ piórkowa feather-weight; ~ średnia mid-
dle-weight; sprzedawać na
wagę to sell by weight 2.
(przyrząd) balance, scales
3. (znaczenie) importance;
przywiązywać wagę do cze-
goś to lay great stress on
sth; to attach importance
to sth
wagon ['vagɔn] m (kolejowy)
carriage, am. car; wagon;
(towarowy) truck; ~ baga-
żowy luggage-van; am.
baggage-car; ~ restauracyjny dining-car; ~ sypialny
sleeping-car
wahać się ['vaxatɕ ɕɛ] vr
hesitate, waver; (o cenach)
fluctuate; (chwiać się)
shake, reel
wahadło [va'xaduɔ] n pendulum
wakacje [va'katsjɛ] plt vacation, holidays
walc [valts] m waltz
walcować [val'tsɔvatɕ] vt roll;
(metal) flatten
walczyć ['valtɕitɕ] vi fight,
struggle (o coś for sth)
waleczny [va'lɛtʃni] adj valiant, brave
waleriana [valɛ'rjana] f (krople) valerian drops
walić ['vaɲitɕ] vt (uderzać)
strike, pound; (burzyć)
demolish, pull down
Walijczyk [va'ɲijtʃik] m
Welshman
walijski [va'ɲijski] adj Welsh
walizka [va'ɲiska] f suitcase,
travelling-bag
walka ['valka] f fight, struggle
waln|y ['valni] adj general,

plenary; ~e zgromadzenie
general assembly
waluta [va'luta] f currency
wał [vaŭ] m dike, rampart;
mech. shaft; ~ korbowy
crankshaft; ~ napędowy
transmission ⟨propeller⟩
shaft
wanna ['vanna] f bath, bath-
-tub
wapno ['vapnɔ] n lime; ~ gaszone slaked lime; ~ palone
quick lime
warcabv [var'tsabi] pl
draughts
warga ['varga] f lip
wariat ['varjat] m madman;
przen. robić z kogoś ~a to
make a fool of sb
warkocz ['varkɔtʃ] m braid,
tress
warkot ['varkɔt] m whir,
growl
warstw|a ['varstfa] f layer;
(farby) coat(ing) || ~y spo-
łeczne classes of society
warsztat ['varʃtat] m workshop; (tkacki) loom; ~y o-
krętowe dockyards
wart [vart] adj worth(y);
niewiele ~ not worth much;
~ zachodu worth the
trouble
war|ta ['varta] f watch, guard;
stać na ~cie to stand guard
warto ['vartɔ] v imp it is
worth (while); ~ to zrobić
it is worth doing
wartościow|y [vartɔɕ'tɕɔvi]
adj valuable; precious; papiery ~e securities; przedmiot ~y precious object
wartość ['vartɔɕtɕ] f value
wartownik [var'tɔvɲik] m
sentry
warun|ek [va'runɛk] m 1.
condition; pl ~ki terms;
postawić ~ek to lay down
a condition; pod ~kiem
że... on condition ⟨provid-
ed⟩ that... 2. pl ~ki (okoliczności) circumstances;
~ki atmosferyczne weather
conditions; ~ki mieszka-

niowe housing conditions; w tych ~kach under these circumstances

warzywa [va'ʒiva] *pl* vegetables

wasz [vaʃ] *pron* your(s)

wata ['vata] *f* cotton-wool

watolina [vatɔ'ɲina] *f* wadding

waza ['vaza] *f* vase; *(na zupę)* tureen

wazelina [vazɛ'ɲina] *f* vaseline

wazon {'vazɔn] *m* vase, flower-pot; bowl

ważn|y {'vaʒni] *adj* important; *prawn.* valid, in force; ~e powody goqd ⟨weighty⟩ reasons

ważyć ['vaʒitɕ] I *vt* weigh II *vr* ~ się 1. weigh 2. *(ośmielać się)* dare; ~ się na coś to venture sth

wąchać ['vɔxatɕ] *vt* smell

wąski ['vɔsḳi] *adj* narrow; *(o ubraniu)* tight

wąsy ['vɔsi] *pl* moustache; *(u zwierzęcia)* whiskers

wątły ['vɔtůi] *adj* frail

wątpić ['vɔtṗitɕ] *vi* doubt (w coś sth)

wątpliwy [vɔt'pɲivi] *adj* doubtful, questionable

wątroba [vɔ'trɔba] *f* liver; *kulin.* ~ cielęca calf's liver; ~ wieprzowa pig's liver

wąwóz ['vɔvus] *m* ravine; *(między górami)* gorge

wąż [vɔʃ] *m* 1. snake 2. *(gumowy)* hose

wbrew [vbrɛf] *praep* in spite of, despite (czemuś sth), against

wcale ['ftsalɛ] *adv* quite, fairly; ~ ładny pretty nice; ~ nie not at all

wchł|aniać ['fxůaɲatɕ] *imperf*, ~onąć ['fxůɔnɔ̃tɕ] *perf vt* absorb, inhale

wchodzić ['fxɔdʑitɕ] *imperf*, **wejść** [vɛjɕtɕ] *perf vi* go ⟨come⟩ in, enter; ~ po schodach to go up the stairs; *przen.* ~ w modę to

come in ⟨into⟩ fashion; ~ w posiadanie to take possession; ~ w życie to come into force

wciąg|ać ['ftɕɔ̃gatɕ] *imperf*, ~nąć ['ftɕɔ̃gnɔ̃tɕ] *perf* I *vt* 1. draw (in) 2. *(na listę)* enter; *(zapisać)* enlist 3. *(kogoś do czegoś)* involve; engage; ~ać, ~nąć w pułapkę to entrap; to ensnare II *vr* ~ać, ~nąć się get accustomed ⟨used⟩ (do czegoś to sth)

wciąż [ftɕɔ̃ʃ] *adv* continually

wciel|ać ['ftɕɛlatɕ] *imperf*, ~ić ['ftɕɛɲitɕ] *perf vt* embody, incarnate; *(włączać)* incorporate, annex; *wojsk.* enlist

wcierać ['ftɕɛratɕ] *imperf*, **wetrzeć** ['vɛtʃɛtɕ] *perf vt* rub in ⟨into⟩

wczasowicz [ftʃa'sɔvitʃ] *m* holiday maker

wczasy ['ftʃasi] *pl* holiday, vacation

wczesny ['ftʃɛsni] *adj* early; ~m rankiem early in the morning

wcześnie ['ftʃɛɕɲɛ] *adv* early; ~ wstać to get up ⟨to rise⟩ early

wczoraj ['ftʃɔraj] *adv* yesterday; ~ wieczorem last night

wdech [vdɛx] *m* aspiration, intake (of breath)

wdowa ['vdɔva] *f* widow

wdowiec ['vdɔvɛts] *m* widower

wdrapać się ['vdrapatɕ ɕɛ̃] *vr* climb (na coś sth), clamber up

wdychać ['vdixatɕ] *vt* inhale

wdzięczny ['vdʑɛ̃tʃni] *adj* 1. grateful, thankful; być ~m za coś to appreciate sth 2. *(pełen wdzięku)* graceful 3. *(o roli itp.)* pleasant

wdzięk [vdʑɛ̃k] *m* charm, grace

według ['vɛdůuk] *praep* after, according to; ~ mego zegarka by my watch; ~ mnie in my opinion wejście ['vɛjçtçɛ] *n* entrance; ~ wzbronione no admittance

wejść *zob.* wchodzić

weksel ['vɛksɛl] *m* bill of exchange; wystawić ~ to make a draft

welur ['vɛlur] *m* (*tkanina wełniana*) velours; (*aksamit*) velvet; (*imitacja zamszu*) chamois-leather, shammy-leather

welwet ['vɛlvɛt] *m* cotton velvet; velveteen; ~ w prążki corduroy

wełna ['vɛůna] *f* wool

wełniany [vɛů'ɲani] *adj* woollen

weneryczn|y [vɛnɛ'rɨtʃni] *adj* venereal; choroby ~e venereal diseases

wentyl ['vɛntil] *m* valve, air-regulator

wentylator [vɛnti'latɔr] *m* ventilator, exhauster

weranda [vɛ'randa] *f* verandah; *am.* porch; (*oszklona*) sun-parlour

wersja ['vɛrsja] *f* version

wesele [vɛ'sɛlɛ] *n* 1. wedding 2. (*radość*) merriment, joy

wesoły [vɛ'sɔůi] *adj* merry, gay, good-humoured, cheerful

westchnąć *zob.* wzdychać

westchnienie [vɛstx'ɲɛɲɛ] *n* sigh

wesz [vɛʃ] *f* louse

weteran [vɛ'tɛran] *m* veteran

weterynarz [vɛtɛ'rɨnaʃ] *m* veterinary surgeon, *pot.* vet

wetrzeć *zob.* wcierać

wetknąć ['vɛtknɔ̃tç] *vt* stick, thrust

wewnątrz ['vɛvnɔ̃tʃ] *adv praep* inside, inwardly, within

wewnętrzn|y [vɛv'nɛ̃tʃni] *adj* inside, inner, interior; (*handel itp.*) inland, internal; choroby ~e internal diseases; sprawy ~e home (internal) affairs

wezwać *zob.* wzywać

wezwanie [vɛz'vaɲɛ] *n* call;

(*do sądu*) summons, invocation; ~ do wojska call-up

węch [vɛx] *m* 1. (sense of) smell, scent 2. *pot.* (*wyczucie*) flair (do czegoś for sth)

wędk|a ['vɛ̃tka] *f* fishing-rod; łowić na ~ę to angle

wędkarz ['vɛ̃tkaʃ] *m* angler

wędlina [vɛ̃'dʎina] *f* (smoked) pork (meat)

wędrować [vɛ̃'drɔvatç] *vi* wander, roam, migrate; *pot.* hike

wędrówka [vɛ̃'drufka] *f* wandering, roaming; (*przenoszenie się z miejsca na miejsce*) migration

wędzarnia [vɛ̃'dzarɲa] *f* smokehouse; ~ ryb fish smokehouse

wędzonka [vɛ̃'dzɔnka] *f* smoked bacon

węgiel ['vɛ̃ɡɛl] *m* coal; *chem.* carbon; ~ brunatny brown coal; lignite; ~ drzewny charcoal; ~ kamienny pit coal

Węgier ['vɛ̃ɡɛr] *m* Hungarian

węgierski [vɛ̃'ɡɛrski] *adj* Hungarian

węglan ['vɛ̃ɡlan] *m* carbonate

węglow|y [vɛ̃'ɡlɔvi] *adj* coal-; *chem.* carbonic; zagłębie ~e coal basin

węgorz ['vɛ̃ɡɔʃ] *m* eel

węzeł ['vɛ̃zɛů] *m* tie, bond; (*także mor.*) knot; ~ kolejowy junction

węzłow|y [vɛ̃'zůɔvi] *adj* punkt ~y point of junction; stacja ~a junction; ~e zagadnienie fundamental (key) problem

wgląd [vɡlɔ̃t] *m* insight, control; mieć ~ w coś to have access to sth; to have a look into sth; do ~u for (sb's) inspection

wgłębienie [vɡůɛ̃'bɛɲɛ] *n* hollow, recess, cavity

wiać [vatç] *vi* 1. blow; wiatr wieje the wind blows; wieje od okna there is a

draught from the window
2. *pot.* (*uciekać*) bolt; *am.*
beat it
wiadomo [va'dɔmɔ] *v imp* 1.
it is known; powszechnie
~ it is universally known;
it is a matter of public
knowledge; o ile mi ~ as
far as I know; o ile mi ~
to nie not to my knowl-
edge, not that I know of it
2. (*w zdaniu wtrąconym*) I
understand
wiadomoś|ć [va'dɔmɔɕtɕ] *f*
news, information; (*prze-
kazana, zostawiona*) message
wiadro ['vadrɔ] *n* pail, bucket
wiadukt ['vadukt] *m* viaduct;
flyover, *am.* overpass
wianek ['vanɛk] *m* wreath;
(*kiełbasy*) ring; (*cebuli*) rope
wiar|a ['vara] *f* faith, belief,
creed; *przen.* nie do ~y
past belief; it's incredible!;
w dobrej wierze in good
faith
wiarogodny [varɔ'gɔdnɪ] *adj*
credible, trustworthy, authentic
wiata ['vata] *f* umbrella roof;
kolej. station ⟨platform⟩
roof
wiatr [vatr] *m* wind
wiatrak ['vatrak] *m* windmill
wiatrówka [va'trufka] *f* 1.
field jacket, anorac 2. (*broń*)
air gun
wiązać ['võzatɕ] I *vt* bind, tie;
~ w pęk to bundle; *przen.*
~ przysięgą to bind by
oath II *vr* ~ się associate
(*z kimś* with sb)
wiązanie [võ'zaɲɛ] *n* tie, bond,
link; ~ u nart binding
wiązanka [võ'zanka] *f* bunch;
(*kwiatów*) nosegay
wiązka ['võska] *f* bundle,
bunch; (*słomy*) whisp
wichura [vi'xura] *f* whirlwind, gale
widać ['vidatɕ] *v imp* 1. one
sees, it is seen; nie było
~ nikogo there was nobody

in sight; jak ~ ... as can
be seen ... 2. (*zapewne*)
apparently, evidently
widelec [vi'dɛlɛts] *m* fork
widełki [vi'dɛŭḳi] *pl telef.* re-
ceiver-hook; cradle
widły ['viduĭ] *pl* pitchfork,
fork; *przen.* robić z igły ~
to make a mountain out of
a molehill
widno ['vidnɔ] *adv* jest ~ it
is light ⟨daylight⟩
widocznie [vi'dɔtʃɲɛ] *adv* evidently, apparently
widoczność [vi'dɔtʃnɔɕtɕ] *f* visibility; dobra ⟨zła, słaba⟩
~ good ⟨low, bad, poor⟩
visibility
widok ['vidɔk] *m* view, sight,
prospect, landscape; ~ z lotu ptaka bird's-eye view;
~ od przodu front view; ~
od tyłu rear view; ~ z
boku side view; ~ z góry
top view; pokój z ~iem na
morze a room with a sea-
-view; *przen.* ~i na przyszłość perspectives for the
future; prospects; mieć coś
na ~u to have sth in view
widokówka [vidɔ'kufka] *f*
picture-postcard
widowisko [vidɔ'viskɔ] *n*
spectacle, show
widownia [vi'dɔvɲa] *f teatr.*
house; (*publiczność*) audience
widywać [vi'divatɕ] *vt* see
(frequently)
widz [vits] *m* spectator,
looker-on
widzeni|e [vi'dzɛɲɛ] *n* sight,
view, vision; punkt ~a
viewpoint; godny ~a worth
seeing; znać z ~a to know
by sight; do ~a! good-bye!
widzieć ['vidʑetɕ] I *vt* see II
vr ~ się see (*z kimś* sb)
wiec [vɛts] *m* meeting
wieczny ['vɛtʃnɪ] *adj* eternal,
everlasting
wieczorek [vɛ'tʃɔrɛk] *m* eve-
ning-party
wieczór ['vɛtʃur] *m* evening;

dobry ~ good evening; dziś ~ tonight; wczoraj ~ last night
wiedz|a ['vɛdza] f knowledge, learning; bez mojej ~y without my knowledge; unknown to me
wiedzieć ['vɛdʑɛtɕ] vt know; nie ~ to ignore; o ile wiem ~ ... as far as I know ...
wiejski ['vɛjsķi] adj rural, country
wiek [vɛk] m 1. age; on jest w moim ~u he is (of) my age; w kwiecie ~u in the prime of one's life; w średnim ~u middle-aged 2. (stulecie) century
wieko ['vɛkɔ] n lid, cover
wielbiciel [vɛl'b̦itɕɛl] m adorer, admirer
wielbłąd ['vɛlbŭɔ̃t] m camel
wiele ['vɛlɛ] adv much, many; o ~ lepszy much better; o ~ za wcześnie all too soon; tak ~ so much ⟨many⟩; ~ razy many times; za ~ too much ⟨many⟩
Wielkanoc [vɛl'kanɔts] f Easter
wielki ['vɛlķi] adj great, large, big; ~ czas high time; ~ książę grand duke
wielkoś|ć ['vɛlkɔçtɕ] f greatness, largeness; size; ~ci naturalnej life-size
wielobarwny [vɛlɔ'barvnɨ] adj multicolour(ed); mal. polychromatic
wielokrotny [vɛlɔ'krɔtnɨ] adj manifold, multiple, reiterated
wieloletni [vɛlɔ'lɛtɲi] adj of many years; ~a przyjaźń friendship of long standing; ~a umowa long-term agreement
wieloryb [vɛ'lɔrɨp] m whale
wieniec ['vɛɲɛts] m wreath, crown, garland
wieprz [vɛpʃ] m hog
wieprzowina [vɛpʃɔ'vina] f pork

wiercenie [vɛr'tsɛɲɛ] n drilling
wiercić ['vɛrtɕitɕ] 1 vt drill, bore II vr ~ się fidget
wierny ['vɛrnɨ] adj faithful
wiersz [vɛrʃ] m verse, poem; (linijka pisma) line; pisać ~em to versify; to write in rhymes; ·(przy dyktowaniu) od nowego ~a paragraph; przen. czytać między ~ami to read between the lines
wiertarka [vɛr'tarka] f drill, driller, borer; drilling ⟨boring⟩ machine
wierzba ['vɛʒba] f willow
wierzch [vɛʃx] m top, surface; z ~u on the outside; jechać ~em to ride on horseback
wierzchołek [vɛʃ'xɔŭɛk] m top, peak, summit
wierzyciel [vɛ'ʒɨtɕɛl] m creditor
wierzyć [ˈvɛʒɨtɕ] vi believe (komuś sb; czemuś, w coś sth)
wieszać ['vɛʃatɕ] vt hang
wieszak ['vɛʃak] m rack, hanger, hook; (pętla) loop; ~ na ręczniki towel rod
wieś [vɛç] f village; mieszkać na wsi to live in the country
wieś|ć [vɛçtɕ] f news, information; przepaść bez ~ci to be lost without leaving a trace
wietrzeć ['vɛtʃɛtɕ] vi (o piwie itp.) stale; (o skale) weather
wietrznik ['vɛtʃɲik] m ventilator, air drain
wietrzyć ['vɛtʃitɕ] imperf, wywietrzyć [vɨ'vɛtʃitɕ] perf vt 1. air, aerate, ventilate 2. (zwierzynę) scent, smell
wiewiórka [vɛ'vurka] f squirrel
wieźć [vɛçtɕ] vt = wozić
wieża ['vɛʒa] f 1. tower; ~ ciśnień water tower; ~ kościelna belfry, steeple 2. szach. rook, castle
wieżowiec [vɛ'ʒɔvɛts] m sky-scraper; tower block

więc [vɛ̃ts] *conj* now, well, so.
therefore; then; a ~ well
now
więcej ['vɛ̃tsɛi] *adv* more;
mniej ~ more or less; nic
~ nothing more; tym ~,
że ... all the more so,
that ...; ~ niż sto over
⟨above⟩ a hundred
więdnąć ['vɛ̃dnɔ̃tɕ] *vi* wither,
fade
większość ['vɛ̃kʃɔɕtɕ] *f* majority, bulk (czegoś of sth);
~ ludzi most people
większy ['vɛ̃kʃi] *adj* bigger,
larger, greater
więzienie [vɛ̃'ʑɛɲɛ] *n* prison,
gaol, jail; wtrącić do ~a to
imprison; to put in prison
⟨in jail⟩
więzień ['vɛ̃ʑɛɲ] *m* prisoner
więź [vɛ̃ɕ] *f* bond, tie; ~
przyjaźni bond of friend-
ship
wigilia [vi'ɡiɫja] *f* eve; Wigilia Bożego Narodzenia
Christmas Eve; w ~ę on
the eve (of)
wiklina [vik'ʎina] *f* osier,
wicker
wikłać ['vikŭatɕ] I *vt* complicate, tangle II *vr* ~ się
entangle oneself, become
complicated
wilgoć ['vilɡɔtɕ] *f* humidity,
moisture, dampness
wilgotny [vil'ɡɔtni] *adj* moist,
humid, damp
wilk [vilk] *m* wolf
willa ['villa] *f* villa; (wiejska)
cottage
wina ['vina] *f* guilt, fault:
poczuwać się do ~v to feel
guiltv; przyznać się do ~v
to plead guiltv; czvja to
~a? whose fault is it?; who
is to blame?
winda ['vinda] *f* lift, *am.* elevator; ~ towarowa service
lift
winiarnia [vi'ɲarɲa] *f* wine-
-shop
winien ['viɲɛn] *adj* guiltv; ja
jestem ~ I am to be

blamed; it is my fault; kto
temu ~? whose fault is
it? || ile ci jestem ~? how
much do I owe you?
winnica [vin'ɲitsa] *f* vineyard
winny ¹ ['vinni] *adj* vine;
krzew ~ vine
winny ² ['vinni] *adj* 1. guilty,
faulty; bvć ~m to be at
fault 2. (należny) due
wino ['vinɔ] *n* wine; ~ czerwone claret; ~ słodkie ⟨wv-
trawne⟩ sweet ⟨dry⟩ wine
winobranie [vinɔ'branɛ] *n*
vintage, grape-gathering
winogrono [vinɔ'ɡrɔnɔ] *n*
grape
winowajca [vinɔ'vajtsa] *m*
culprit, offender
winszować [vin'ʃɔvatɕ] *vt*
congratulate (komuś czegoś
sb on sth); ~uję! congratulations!
wiolonczela [vɔlɔn'tʃɛla] *f muz.*
cello
wiosenny [vɔ'sɛnni] *adj* spring
wioska ['vɔska] *f* hamlet,
village
wiosło ['vɔsŭɔ] *n* oar
wiosłować [vɔ'sŭɔvatɕ] *vi* row
wiosna ['vɔsna] *f* spring; na
~ę in spring
wioślarstwo [vɔɕ'larstfɔ] *n*
rowing
wioślarz ['vɔɕlaʃ] *m* rower;
oarsman
wir [vir] *m* whirl(pool)
wiraż ['viraʃ] *m* turning
wisieć ['viɕetɕ] *vi* hang
wiśnia ['viɕɲa] *f* (owoc)
cherry; (drzewo) cherry-
-tree
wiśniak ['viɕɲak] *m.* wiśniówka [viɕ'ɲufka] *f* cherry-
-brandv
witać ['vitatɕ] I *vt* greet,
welcome, hail II *vr* ~ się
greet (z kimś sb)
witamina [vita'mina] *f* vitamin
witraż ['vitraʃ] *m* stained-
-glass window
wiwat ['vivat] *int* long live!

wiwatować [viva'tɔvatɕ] *vi*
cheer
wiza ['viza] *f* visa; ~ pobytowa ⟨czasowa⟩ visitor's
visa; ~ stała permanent
⟨residence⟩ visa; residence
permit; ~ turystyczna tourist visa; ~ wjazdowa en-
try visa; ~ tranzytowa
transit visa
wizować [vi'zɔvatɕ] *vt* visa;
~ poszport to visa a passport
wizyt|a [vi'zɪta] *f* visit, call;
~a u lekarza visit (at the
doctor's consulting room);
ile się należy za ~ę? what
is the fee?; złożyć komuś
~ę to pay a visit to sb;
to call on sb
w|azd [viast] *m* entry, gate-
way, doorway; „~ wzbro-
niony" "no entry"
wje|chać ['vjexatɕ] *perf.*
~żdżać ['vjeʑdʑatɕ] *imperf*
vi drive in, enter
wklęsły ['fklɛsu̇i] *adj* concave
wkład [fkŭat] *m* 1. (*przyczy-
nek*) contribution (to sth),
share (in sth) 2. (*inwestycja*) investment; (*w banku*)
deposit 3. (*do buta*) insole
4. (*do puderniczki*) refill;
(*do notesu itp.*) filler 5.
(*wewnętrzna część przyrządu*) input
wkład|ać ['fkŭadatɕ] *imperf.*
włożyć ['vŭɔʑitɕ] *perf vt*
put ⟨lav⟩ in; (*ubranie*) put
on; (*pieniądze do banku*)
deposit; (*kapitał*) invest; ~
do kieszeni to pocket
wkładka ['fkŭatka] *f* insertion; ~ paszportowa pass-
port insertion
wkoło ['fkɔŭɔ] *adv praep*
round (about)
w kółko [f'kuŭkɔl. w koło
[f'kɔŭɔ] *adv* round about
wkręc|ać ['fkrɛtsatɕ] *imperf.*
~ić ['fkrɛtɕitɕ] *perf* I *vt*
(*śrubę*) screw in II *vr* ~ się
(*do towarzystwa itp.*) intro-

duce oneself ⟨worm one's
way⟩ into (a company)
wkrótce ['fkruttsɛ] *adv* soon,
shortly, before long; ~ potem soon after
wlać [vlatɕ] *perf,* wlewać
['vlɛvatɕ] *imperf vt* pour in
wlec [vlɛts] I *vt* drag, trail II
vr ~ się drag; ~ się z tyłu
to lag behind
wlecieć ['vletɕetɕ] *vi* fly in
wlewać *zob.* wlać
władać ['vŭadatɕ] *vt* (*krajem*)
rule, govern || ~ dobrze
angielskim to have a full
⟨a good⟩ command of
English; ~ obcym językiem
to speak a foreign lan-
guage; ~ ręką to be able
to move ⟨to use⟩ one's
hand
władca ['vŭattsa] *m* ruler
władz|a ['vŭadza] *f* 1. power;
administration; rule; (*urząd*)
authority; ~a ludowa
people's rule; dojść do ~y
to come to power; *przen.*
stracić ~ę w nogach to lose
the use of one's legs; zachować pełnię ~ umysło-
wych to remain ⟨to be⟩ in
full possession of one's
faculties 2. *pl* ~e authorities; ~e celne customs
authorities; ~e miejscowe
local authorities
włamać się ['vŭamatɕ ɕɛ] *vr*
break (do domu into a
house)
włamanie [vŭa'maɲɛ] *n* burglary
włamywacz [vŭa'mivatʃ] *m*
burglar
własnoręczny [vŭasnɔ'rɛt̠ʃni]
adj of one's own hands; ~
podpis sign manual
własnoś|ć ['vŭasnɔɕtɕ] *f* prop-
erty, possession; prawa
~ci ownership; dostać coś
na ~ć to take possession of
sth; ~ci lecznicze healing
properties
własn|y ['vŭasni] *adj* own; na
~ą rękę on one's own; na

~y rachunek on one's own account; we ~ej osobie in person; w obronie ~ej in self-defence

właściciel [vŭaç'tçitçel] m proprietor, owner; ~ hotelu ⟨restauracji⟩ landlord

właściwie [vŭaç'tçivɛ] adv virtually, strictly speaking; (słusznie) rightly, properly, duly

właściwość [vŭaç'tçivɔçtç] f peculiarity, property; (słuszność) rightness, suitability

właściwy [vŭac'tçivi] adj 1. proper, peculiar, specific; ciężar ~ specific gravity 2. (odpowiedni) suitable; we ~m czasie in due time

właśnie ['vŭaçɲɛ] adv just; (w odpowiedzi) exactly; ~ teraz just now; ~ ten człowiek the very man

włącz|ać ['vŭɔt͡ʃatç] imperf, ~yć ['vŭɔt͡ʃitç] perf I vt include; elektr. plug in, switch on; mech. gear; ~ać, ~yć sprzęgło to let the clutch in; ~ać, ~vć bieg to engage the gear II vr ~ać, ~yć się link; telef. tap

Włoch [vŭɔx] m Italian

włos [vŭɔs] m hair; usuwać ~y z czegoś to depilate sth; przen. uniknąć o ~ nieszczęścia to have a hair-breadth ⟨a narrow⟩ escape

włoski ['vŭɔskɪ] adj Italian

włoszczyzna [vŭɔʃ't͡ʃizna] f green vegetables, greens

włożyć zob. wkładać

włóczęga [vŭu't͡ʃɛga] m 1. (człowiek) tramp; (po kraju) hiker 2. (wędrówka) vagabondage; ramble

włóczka ['vŭut͡ʃka] f woollen yarn

włókienniczy [vŭukɛn'ɲit͡ʃi] adj textile

włókno ['vŭuknɔ] n fibre; sztuczne ~ artificial fibre

wmieszać ['vmɲɛʃatç] I vt involve, implicate II vr ~ się interfere ⟨meddle⟩ (w coś

with sth); ~ się w tłum to mingle with the crowd

wnęka ['vnɛ̃ka] f recess, niche

wnętrze ['vnɛ̃t͡ʃɛ] n interior

wnętrzności [vnɛ̃t͡ʃ'nɔçtçi] pl bowels; (jelita) intestines; (zwierzęce) pluck

wnieść zob. wnosić

wniosek ['vɲɔsɛk] m (propozycja) motion; (konkluzja) conclusion; wyciągnąć ~ to draw a conclusion

wnosić ['vnɔçitç] imperf, wnieść [vɲɛçtç] perf I vt 1. carry ⟨bring⟩ in 2. (podanie) file, propose; ~ podanie o coś to apply for sth II vt (wnioskować) conclude, gather

wnuczka ['vnut͡ʃka] f granddaughter

wnuk [vnuk] m grandson

wobec ['vɔbɛts] praep in the presence of, before, in view of, on account of; ~ tego, że ... considering that ...

woda ['vɔda] f water; ~ bieżąca running water; ~ destylowana distilled water; ~ kolońska eau de cologne; ~ mineralna mineral water; ~ słodka fresh water; ~ sodowa soda water; ~ utleniona hydrogen peroxide

wodny ['vɔdni] adj water; aquatic; młyn ~y water-mill; znak ~y watermark; drogą ~ą by water; sport. piłka ~a water-polo

wodociąg [vɔ'dɔt͡çɔ̃k] m water-pipe; pl ~i (sieć) water supply

wodolecznictwo [vɔdɔlɛt͡ʃ'ɲitstfɔ] n hydrotherapy

wodospad [vɔ'dɔspat] m waterfall

wodoszczelny [vɔdɔ'ʃt͡ʃɛlni] adj water-tight, waterproof

wodotrysk [vɔ'dɔtrisk] m fountain

wodór ['vɔdur] m chem. hydrogen

w ogóle ['vɔgulɛ] adv in general, generally

wojenn|y [vɔ'jɛnni] *adj* war, martial; **działania ~e** hostilities; **sąd ~v** court-martial; **stan ~y** state of war

województwo [vɔjɛ'vutstfɔ] *n* voivodeship, province

wojn|a ['vɔjna] *f* war; **~a domowa** civil war; **prowadzić ~ę** to wage war; **wypowiedzieć ~ę** to declare war

wojowniczy [vɔjɔv'nitʃi] *adj* warlike, belligerent

wojsk|o ['vɔjskɔ] *n* army, troops; **służyć w ~u** to serve in the army; **wstąpić ⟨pójść⟩ do ~a** to join the army

wojskowy [vɔj'skɔvi] **I** *adj* military; **mundur ~** uniform **II** *m* military man

wokoło [vɔ'kɔũɔ], **wokół** ['vɔkuũ] *praep* round about

woll|a ['vɔla] *f* will; **siła ~i** will power; **do ~i** to one's heart's desire ⟨content⟩; **z własnej ~i** of one's own accord

woleć ['vɔlɛtc] *vt* prefer *(coś od czegoś* sth to sth); like better

wolno ['vɔlnɔ] **I** *adv (powoli)* slowly; *(swobodnie)* freely **II** *v imp* it is allowed; **~ mi coś zrobić** I am free ⟨I am allowed⟩ to do sth; **czy ~ mi zapalić?** may I smoke?

wolnoobrotowy [vɔlnɔɔbrɔ'tɔvi] *adj* long-playing (record)

wolność ['vɔlnɔctc] *f* liberty, freedom

wolny ['vɔlni] *adj* 1. free; *(od podatku)* exempt (from); **dzień ~v** od pracv dav off; **~a posada** vacant post; opening; **~a taksówka** free ⟨vacant⟩ taxi; for hire; **~e zawody** learned professions; **~v czas** leisure; **~v od opłaty pocztowej** post-free; **~v stan** unmarried state; single life; **na ~ym**

powietrzu in the open air 2. *(powolny)* slow

wołać ['vɔũatc] *vt* call

wołanie [vɔ'ũanɛ] *n* call

wołowina [vɔũɔ'vina] *f* beef

woń [vɔn] *f* smell, fragrance

worek ['vɔrɛk] *m* sack, bag

wozić ['vɔzitc] *vt* carry; *(przewozić)* transport; *(osoby)* drive

woźny ['vɔzni] *m (w biurze)* office messenger ⟨boy⟩; *(sądowy itp.)* usher; *(w domu)* porter

wódka ['vutka] *f* vodka

wódz [vuts] *m* chief, leader, commander; **~ naczelny** commander-in-chief

wół [vuũ] *m* ox

wóz [vus] *m* cart, carriage; *(samochód)* car; **~ ciężarowy** truck; van

wózek ['vuzɛk] *m* truck; **~ dziecięcy** perambulator; *pot.* pram; *(składany)* **~** spacerowy push chair

wpadać ['fpadatc] *imperf*, **~ść** [fpactc] *perf vi* fall (in); *(wbiegać)* rush ⟨burst⟩ in; *(napotkać)* run (na **kogoś** upon ⟨across⟩ sb); *(w słowa)* cut in; **~dać, ~ść do kogoś** to drop into sb's house; **~ść pod samochód** to get run over by a motor-car; **~ść w poślizg** to skid; *przen.* **~dać, ~ść na pomysł** to strike upon an idea; **~dać, ~ść w czyjeś ręce** to fall into sb's hands; **~dać, ~ść w długi** to get into debt; **~dać, ~ść we wściekłość** to fly into a passion; **~dać, ~ść w niełaskę** to fall into disgrace; **~dło mi na myśl ...** it occurred to me ...

wpatrywać się [fpa'trivatc cɛ] *vr* stare, gaze (**w coś** at sth)

wpierw [fpɛrf] *adv* first

wpisać ['fpisatc] *perf*, **~ywać** [fpi'sivatc] *imperf* **I** *vt* register, write down, enter;

~ać, ~ywać do rachunku
to enter in an account **II**
vr ~ać, ~ywać się to enter
one's name; to register
wpłac|ać [ˈfpŭatsatɕ] *imperf*,
~ić [ˈfpŭatɕitɕ] *perf vt* pay
wpłata [ˈfpŭata] *f* payment
wpłynąć *zob.* wpływać
wpływ [fpŭif] *m* 1.
influence;
pozostawać pod ~em to be
under an influence; wywierać ~ na coś to influence
sth; to have an influence
on sth 2. *pl* ~y *fin.* receipts
wpły|wać [ˈfpŭivatɕ] *imperf*,
~nąć [ˈfpŭinɔtɕ] *perf vi* (*o
płynach*) flow in; (*do portu*) enter; (*o dochodzie*)
come in || ~wać na kogoś
to influence sb
w poprzek [fˈpɔpʃɛk] *adv*
praep across, crosswise
wpół [fpuŭ] *adv* (by) half; ~
do drugiej half past one;
na ~ skończony half-fin-
ished; na ~ ugotowany
half-boiled; na ~ upieczony
half-baked; na ~ przytom-
ny semi-conscious; objąć ~
to take by the waist
wpraw|a [ˈfprava] *f* skill,
training; practice; kwestia
~y a matter of practice;
nabrać ~y to acquire pro-
ficiency; wyjść z ~y to be
out of practice
wprawdzie [ˈfpravdʑɛ] *adv* it
is true, to be sure, true
enough
wprawi|ać [ˈfpravatɕ] *imperf*,
~ć [ˈfpravitɕ] *perf* **I** *vt* set
⟨put⟩ in; ~ać, ~ć w dobry
humor to put sb into a good
mood; ~ć w gniew to make
sb angry; ~ać, ~ć w ruch
to set in motion; ~ać, ~ć
w zachwyt to enrapture; to
entrance; ~ać, ~ć w zdu-
mienie to amaze sb **II** *vr*
~ać, ~ć się to acquire
practice
wprawny [ˈfpravnɨ] *adj* skilful, skilled

w prawo [ˈfpravɔ] *adv* to the
right
wprost [fprɔst] *adv* straight,
directly; ~ przeciwnie just
the contrary
wprowadz|ać [fprɔˈvadzatɕ]
imperf, ~ić [fprɔˈvadʑitɕ]
perf **I** *vt* show in, usher;
introduce || ~ać, ~ić w
błąd to lead into error;
~ać, ~ić w czyn to put
into effect; to carry out;
~ać, ~ić w życie to put
into execution **II** *vr* ~ić się
(*do mieszkania*) move in;
(*do hotelu*) check in
wpu|szczać [ˈfpuʃtʃatɕ] *imperf*,
~ścić [ˈfpuɕtɕitɕ] *perf vt* let
in, admit
wracać [ˈvratsatɕ] *imperf*,
wrócić [ˈvrutɕitɕ] *perf* **I** *vi*
return, come back; ~ do
zdrowia to recover; ~ do
siebie ⟨do przytomności⟩ to
come round **II** *vr* ~ się
return
wrak [vrak] *m* wreck; (*o maszynie, człowieku*) wreck,
ruin
wraz [vras] *praep* together
with; wszyscy ~ all to-
gether
wrażenie [vraˈʒɛɲɛ] *n* impression, sensation; odnosić ~
to have the impression;
wywierać ⟨sprawiać⟩ ~ na
kimś to make an impression
on sb
wrażliwy [vraʒˈʃivi] *adj* sensitive, tender, susceptible,
vulnerable
wreszcie [ˈvrɛʃtɕɛ] *adv* at last,
eventually; raz ~ for once
wręcz [vrɛ̃tʃ] *adv* downright,
plainly; odmówić ~ to
refuse bluntly; ~ przeciwnie just ⟨on⟩ the contrary
wręcz|ać [ˈvrɛ̃tʃatɕ] *imperf*,
~yć [ˈvrɛ̃tʃitɕ] *perf vt* hand
in, deliver
wrogi [ˈvrɔɡi] *adj* hostile
wrona [ˈvrɔna] *f* crow
wrota [ˈvrɔta] *pl* gate

wrotki ['vrɔtķi] *pl* roller skates

wróbel ['vrubɛl] *m* sparrow

wrócić *zob.* wracać

wróg [vruk] *m* enemy, foe

wróżbiarstwo [vruʒ'barstfɔ] *n* fortune-telling

wróżyć ['vruʒitç] I *vi* tell fortunes (z kart by cards; z ręki from the palm of the hand); (*przepowiadać*) prophesy, augur II *vt* (*przewidywać*) foretell, predict, forecast

wrzask [vʒask] *m* scream, shriek, uproar

wrzawa ['vʒava] *f* noise, uproar

wrzątek ['vʒɔ̃tɛk] *m* boiling water

wrzeć [vʒetç] *vi* boil; *przen.* praca wre the work is in full swing

wrzesień ['vʒɛçɛɲ] *m* September

wrzos [vʒɔs] *m* heather

wrzód [vʒut] *m* abscess, ulcer

wrzuc|ać ['vʒutsatç] *imperf*, ~ić ['vʒutçitç] *perf vt* throw in; ~ać, ~ić list to drop a letter (into the box)

wsadz|ać ['fsadzatç] *imperf*, ~ić ['fsadʑitç] *perf vt* place, put in

wschodni ['fsxɔdɲi] *adj* eastern; oriental; ~ wiatr east wind; ~e języki oriental languages

wschodzić ['fsxɔdʑitç] *vi* (*o słońcu*) rise; (*o roślinach*) shoot up, come forth

wschód [fsxut] *m* east; ~ słońca sunrise

wsi|adać ['fçadatç] *imperf*, ~ąść [fçɔ̃çtç] *perf vi* get in; ~adać, ~ąść na konia to mount a horse; ~adać, ~ąść na rower to mount a bicycle; ~adać, ~ąść na statek to embark; to board a ship

wsiąk|ać ['fçɔ̃katç] *imperf*, ~nąć ['fçɔ̃knɔ̃tç] *perf vi* infiltrate

wsiąść *zob.* wsiadać

wsk|akiwać [fska'ķivatç] *imperf*, ~oczyć ['fskɔtʃitç] *perf vi* jump ⟨leap⟩ in; zabrania się ~akiwać w biegu no jumping while the train ⟨tram, carriage⟩ is in motion

wskazać *zob.* wskazywać

wskazówka [fska'zufka] *f* 1. hint, suggestion, indication, instruction 2. (*zegara*) hand

wskaz|ywać [fska'zivatç] *imperf*, ~ać ['fskazatç] *perf vt* point (na coś at ⟨ţo⟩ sth); indicate, show

wskaźnik ['fskaʒɲik] *m* index; (*liczba*) ratio, rate, coefficient; (*wskazówka*) indicator, signal, gauge; ~ cen ⟨płac⟩ price index; ~ ciśnienia oleju oil pressure gauge; ~ zużycia paliwa fuel gauge

wskoczyć *zob.* wskakiwać

wskutek ['fskutɛk] *praep* on account of, owing to, because of; ~ tego therefore

wspaniały [fspa'ɲaŭi] *adj* magnificent, splendid, grand

wspinaczka [fspi'natʃka] *f* climbing

wspomagać [fspɔ'magatç] *vt* assist, help, support

wspom|inać [fspɔ'minatç], ~nieć ['fspɔmɲɛtç] *perf vt* remember; (*napomknąć*) mention

wspomnienie [fspɔm'ɲɛɲɛ] *n* remembrance, recollection

wspólnik ['fspulɲik] *m* partner; cichy ~ sleeping partner

wspólny ['fspulɲi] *adj* common; joint

współczesny [fspuŭ'tʃɛsɲi] *adj* contemporary

współczuci|e [fspuŭ'tʃutçɛ] *n* sympathy, compassion; wyrazy ~a expression of sympathy; condolences; złożyć komuś wyrazy ~a to express one's sympathy to sb

współdziałać [fspuŭ'dʑaŭatç] *vi* co-operate, collaborate,

współistnienie [fspuũist'ɲɛɲɛ] *n* co-existence

współlokator [fspuũlɔ'katɔr] *m* room-mate, co-tenant

współpraca [fspuũ'pratsa] *f* collaboration, co-operation

współpracować [fspuũpra'tsɔvatɕ] *vi* collaborate, co-operate

współzawodnictwo [fspuũzavɔd'ɲitsfɔ] *n* competition, emulation, rivalry; *sport.* contest; ~ **pracy** labour competition

wsta|ć [fstatɕ] *perf,* ~**wać** ['fstavatɕ] *imperf vi* get ⟨stand⟩ up; rise

wstawić ['fstavitɕ] *vt (umieścić)* put, place; *(umieścić brakującą część)* put in, set; insert; ~ **szybę** to put in ⟨to set⟩ a window pane

wstawka ['fstafka] *f* insertion

wstąpić *zob.* **wstępować**

wstążka ['fstɔʃka] *f* ribbon

wstecz [fstɛtʃ] *adv* backwards

wsteczny ['fstɛtʃni] *adj (zacofany)* backward, reactionary, retrograde || *mot.* **bieg** ~ reverse gear

wstęp [fstɛp] *m* 1. entrance, admittance, admission; ~ **wolny** admission free; ~ **wzbroniony** no admittance; **obcym** ~ **wzbroniony** "private"; **karta** ~**u** admission card; **bilet wolnego** ~**u** pass 2. *(do książki itp.)* introduction, preface, foreword || **na samym** ~**ie** at the very beginning

wst|ępować [fstɛ'pɔvatɕ] *imperf,* ~**ąpić** ['fstɔpitɕ] *perf vi* enter; ~**ępować,** ~**ąpić do kogoś** to drop in on sb; ~**ępować,** ~**ąpić do partii** to join the party; ~**ępować,** ~**ąpić do wojska** to join the army; ~**ępować,** ~**ąpić na uniwersytet** to enter the university

wstręt [fstrɛt] *m* disgust, aversion; **czuć** ~ **do czegoś** to loathe sth

wstrętny ['fstrɛtni] *adj* disgusting, hideous, nasty, abominable

wstrząs [fstʃɔs] *m* shock; *med.* ~ **mózgu** concussion of the brain; **doznać** ~**u** to get a shock

wstyd [fstit] *m* shame, disgrace; **przynosić** ~ **komuś** to be a disgrace to sb; ~ **mi** I am ashamed

wstydzić się ['fstidʑitɕ ɕɛ] *vr* be ashamed (**kogoś, czegoś** of sb, sth)

wsu|nąć ['fsunɔtɕ] *perf,* ~**wać** ['fsuvatɕ] *imperf* I *vt* put ⟨slip⟩ in II *vr* ~**nąć,** ~**wać się** sneak in

wsyp|ać ['fsipatɕ] *perf,* ~**ywać** [fsi'pivatɕ] *imperf vt* pour into; *pot.* split, peach (**kogoś on sb**)

wszechstronny [fʃɛx'strɔnni] *adj* universal, many-sided, versatile

wszechświat ['fʃɛxɕfat] *m* universe

wszelki ['fʃɛlki] *adj* every, all; **na** ~ **wypadek** in any case; just in case

wszerz [fʃɛʃ] *adv* broadwise

wszędzie ['fʃɛ̃dʑɛ] *adv* everywhere, anywhere

wszyscy ['fʃistsi] *pron* all; my ~ all of us; everybody

wszystko ['fʃistkɔ] *pron* all, everything; ~ **jedno** *(nie ma się co martwić)* no matter; never mind; *(nie ma różnicy)* it's all the same

wściekły ['fɕtɕeku̯i] *adj* furious, mad; *(o psie)* rabid

wśród [fɕrut] *praep* amid, among

wtargnąć ['ftargnɔtɕ] *vi (o nieprzyjacielu)* invade; *(do cudzego domu)* break in

wtedy ['ftedi] *adv* then, at that time

wtem [ftɛm] *adv* suddenly, all of a sudden

wtorek ['ftɔrɛk] *m* Tuesday

wtórny ['fturni] *adj* secondary

wtrąc|ać ['ftrɔtsatɕ] *imperf,*
~ić ['ftrɔtɕitɕ] *perf* I *vt (u-
wagę, słowo)* put in; ~ać,
~ić do więzienia to put
⟨cast⟩ into prison II *vr*
~ać, ~ić się interfere
⟨meddle⟩ (do czegoś with
sth)
wtyczka ['ftitʃka] *f* plug
wuj [vuj] *m* uncle
wulkan ['vulkan] *m* volcano
wulkanizować [vulkaɲi'zɔvatɕ]
vt vulcanize
wy [vɨ] *pron* you
wyasygnować [viasɨg'nɔvatɕ]
vt allot, assign
wybacz|ać [vɨ'batʃatɕ] *imperf,*
~yć [vɨ'batʃitɕ] *perf vt*
pardon, excuse, forgive;
proszę mi ~yć I'm sorry;
excuse me
wybi|ć ['vɨbitɕ] *perf,* ~jać
[vɨ'bijatɕ] *imperf vt* 1. knock
⟨strike⟩ out 2. *(szybę)* break
3. *(godzinę)* strike
wybiec *zob.* wybiegać
wybieg ['vɨbɛk] *m* subterfuge;
~ dla koni paddock
wybie|gać [vɨ'bɛgatɕ] *imperf,*
~c ['vɨbɛts] *perf vi* run out;
~gać, ~c naprzeciw komuś
to run out to meet sb
wyb|ierać [vɨ'bɛratɕ] *imperf,*
~rać ['vɨbratɕ] *perf* I *vt*
choose, select, pick out,
make a choice; *(obierać)*
elect; *(w tajnym głosowaniu)* ballot II *vr* ~ierać,
~rać się w podróż to set
out on a journey
wybitny [vɨ'bitnɨ] *adj* prominent, outstanding, distinguished, brilliant
wyboje [vɨ'bɔjɛ] *pl* pot-holes
wyborca [vɨ'bɔrtsa] *m* voter,
elector
wyborczy [vɨ'bɔrtʃɨ] *adj* elec-
toral
wyborny [vɨ'bɔrnɨ] *adj* excellent, exquisite
wyborowy [vɨ'bɔrɔvɨ] *adj*
choice, select
wybory [vɨ'bɔrɨ] *pl* election(s);
~ uzupełniające by-election

wyb|ór ['vɨbur] *m* choice, se-
lection; ~ór towarów as-
sortment; choice; selection
of goods; nie mieć ~oru to
have no choice; do ~oru
at choice; z ~oru by
choice
wybrać *zob.* wybierać
wybredny [vɨ'brɛdnɨ] *adj* fastidious, particular (about
sth); *(o guście)* exquisite
wybrnąć ['vɨbrnɔtɕ] *vi (wyjść)*
extricate oneself (z czegoś
from sth), wade (z błota
out of the mud), find
one's way (z lasu out of
the wood) || ~ z trudnej
sytuacji to extricate oneself from difficulties; ~ z
kłopotów to disengage oneself from worries ⟨troubles⟩
wybrzeże [vɨ'bʒɛʒɛ] *n* coast
wybuch ['vɨbux] *m* explosion,
outburst; ~ wulkanu erup-
tion of a volcano; ~ wojny
outbreak of war; ~ śmie-
chu peal ⟨shout⟩ of laughter
wybuch|ać [vɨ'buxatɕ] *imperf,*
~nąć [vɨ'buxnɔtɕ] *perf vi*
explode, burst ⟨break⟩ out,
erupt; ~ać, ~nąć gniewem
to burst out in anger; ~nąć
łzami to break ⟨to burst⟩
into tears
wychodzić [vɨ'xɔdʑitɕ] *imperf,*
wyjść [vɨjɕtɕ] *perf vi* go out
⟨off⟩; ~ na przechadzkę to
go out for a walk; ~ z domu to leave home; ~ z więzienia to get out of prison;
~ za mąż to marry; ~ z
mody to go out (of fashion);
~ z użycia to drop out of
use; ~ z założenia, że ... to
assume that ...; ~ z wprawy to be out of practice
|| *(o oknach itp.)* wychodzić
na coś to open into sth;
to overlook ⟨to face⟩ sth
wychować *zob.* wychowywać
wychowanek [vɨxɔ'vanɛk] *m*
ward, foster-child
wychowani|e [vɨxɔ'vaɲɛ] *n*

651

wyczuć

education, upbringing; breeding; **człowiek bez** ~**a** ill-bred ⟨ill-mannered⟩ man; **dobre** ~**e** good breeding; **złe** ~**e** ill-breeding, bad manners; ~**e fizyczne** physical training **wychowawca** [vixɔ'vaftsa] *m* educator, tutor, preceptor **wychow|ywać** [vixɔ'vivatɕ] *imperf,* ~**ać** [vi'xɔvatɕ] *perf* **I** *vt* bring up, educate, rear **II** *vr* ~**ywać,** ~**ać się** be brought up **wychyl|ać** [vi'xilatɕ] *imperf,* ~**ić** [vi'xiɟitɕ] *perf* **I** *vt* **1.** put out; ~**ac,** ~**ic głowę z okna** to put one's head out of the window **2.** (*kielich*) empty, drink, toss off **II** *vr* ~**ać,** ~**ić się** lean forward ⟨out⟩ **wyciąć** *zob.* **wycinać** **wyciąg** ['vitɕɔk] *m* **1.** extract; ~ **z aktu urodzenia** extract from birth certificate **2.** (*z tekstu, książki*) excerpt; ~ **z konta** statement of account **3.** (*winda*) lift; *am.* elevator; ~ **narciarski** ski lift **wyciąg|ać** [vi'tɕɔgatɕ] *imperf,* ~**nąć** [vi'tɕɔgnɔtɕ] *perf* **I** *vt* draw ⟨pull⟩ (out); (*wydobywać*) extract; *przen.* ~**ać,** ~**nąć korzyść** to derive benefit from sth; ~**ać,** ~**nąć wnioski** to draw conclusions **II** *vr* ~**ać,** ~**nąć się** (*wydłużać się*) extend, stretch (forth); (*kłaść się*) stretch oneself **wycie|c** ['vitɕets] *perf,* ~**kać** [vi'tɕekatɕ] *imperf vi* flow out, exude **wycieczk|a** [vi'tɕeʧka] *f* excursion, trip, outing; ~**a piesza** ramble, hike; ~**a rowerowa** cycling trip; ~**a samochodowa** (*organizowana*) excursion by car; (*prywatna*) a drive; ~**a zagraniczna** trip abroad; ~**a zbiorowa** group excursion;

~**a z przewodnikiem** guided tour; **iść na** ~**ę** to go for an excursion **wyciek** ['vitɕek] *m* leakage; *med.* effusion **wycieraczka** [vitɕe'raʧka] *f* (*przed drzwiami*) shoe-scraper, doormat; *mot.* windscreen wiper **wycierać** [vi'tɕeratɕ] *imperf,* **wytrzeć** ['vitʃetɕ] *perf* **I** *vt* wipe, sweep; ~ **buty** to wipe one's shoes; ~ **gumką** to erase; ~ **łzy** to wipe away tears; ~ **nos** to blow one's nose; ~ **plamę** to wipe ⟨to rub⟩ out a stain; ~ **ręcznikiem** to dry with a towel **II** *vr* ~ **się** rub **wyci|nać** [vi'tɕinatɕ] *imperf,* ~**ąć** ['vitɕɔtɕ] *perf vt* cut ⟨carve⟩ out; ~**nać,** ~**ąć las** to clear ⟨cut down⟩ a forest **wycinanka** [vitɕi'nanka] *f* cut-out **wycis|kać** [vi'tɕiskatɕ] *imperf,* ~**nąć** [vi'tɕisnɔtɕ] *perf vt* squeeze, press; (*bieliznę*) wring (out); (*wytłaczać*) imprint, impress; ~**nąć sok** to extract juice; *przen.* ~**nąć piętno na czymś** to leave one's mark on sth **wycof|ać** [vi'tsɔfatɕ] *perf,* ~**ywać** [vitsɔ'fivatɕ] *imperf* **I** *vt* withdraw **II** *vr* ~**ać,** ~**ywać się 1.** (*ze służby itp.*) retire **2.** (*o wojsku*) retreat, withdraw **wyczerpać** *zob.* **wyczerpywać** **wyczerpanie** [viʧer'paɲe] *n* exhaustion; ~ **nerwowe** nervous break-down **wyczerp|ywać** [viʧer'pivatɕ] *imperf,* ~**ać** [vi'ʧerpatɕ] *perf* **I** *vt* exhaust, wear out; ~**ywać,** ~**ać zapas czegoś** to run out of sth **II** *vr* ~**ywać,** ~**ać się** wear out, run down **wyczu|ć** ['viʧutɕ] *perf,* ~**wać** [vi'ʧuvatɕ] *imperf vt* sense, feel wyczyn ['vɪtʃin] *m* feat, exploit, achievement; *pl* ~y doings

wyczyścić [vɪ'tʃiɕtɕitɕ] *vt* 1. (*oczyścić*) clean; ~ buty to clean (up ⟨out⟩) one's shoes 2. (*szczotką*) brush; ~ ubranie to brush one's clothes

wydać *zob.* wydawać

wydajność [vɪ'dajnɔɕtɕ] *f* efficiency; productivity; (*silnika*) capacity; (*kopalni itp.*) output, yield

wydanie [vɪ'daɲɛ] *n* edition; issue, emission; ~ nadzwyczajne special issue (of a newspaper); ~ popularne cheap edition; ~ kieszonkowe pocket edition; ~ poprawione i uzupełnione revised and enlarged edition

wydarze|nie [vɪda'ʒɛɲɛ] *n* event, occurrence, incident; rozwój ~ń developments

wydatek [vɪ'datɛk] *m* expense

wyda|wać [vɪ'davatɕ] *imperf*, ~ć ['vɪdatɕ] *perf* I *vt* give over, deliver; (*sekret, nazwiska itp.*) reveal, disclose, give away; ~wać, ~ć książki ⟨gazety⟩ to publish ⟨to edit, to issue⟩ books ⟨newspapers⟩; ~wać, ~ć okrzyk to utter a cry; ~wać, ~ć owoce to produce ⟨to bear⟩ fruits; ~wać, ~ć pieniądze to spend money; ~wać, ~ć przyjęcie to give a party; ~wać, ~ć resztę to give change; ~wać, ~ć wyrok to pass ⟨pronounce⟩ a sentence; ~wać, ~ć za mąż to marry (off) II *vr* ~wać, ~ć się seem, appear

wydawca [vɪ'daftsa] *m* publisher, editor

wydawnictwo [vɪdav'ɲitstfɔ] *n* publication; (*instytucja*) publishing house ⟨firm⟩

wydech ['vɪdɛx] *m* exhalation, expiration

wydechow|y [vɪdɛ'xɔvɪ] *adj*: rura ~a exhaust pipe

wydelegować [vɪdɛlɛ'gɔvatɕ] *vt* delegate

wydma ['vɪdma] *f* dune, sandhill

wydobycie [vɪdɔ'bɪtɕɛ] *n* extraction; *górn.* output

wydoby|ć [vɪ'dɔbɪtɕ] *perf*, ~wać [vɪdɔ'bɪvatɕ] *imperf* I *vt* draw (out); get out; extract II *vr* ~ć, ~wać się get out, issue

wydosta|ć [vɪ'dɔstatɕ] *perf*, ~wać [vɪdɔ'stavatɕ] *imperf* I *vt* bring ⟨draw⟩ out II *vr* ~ć, ~wac się get out; issue

wydra ['vɪdra] *f* *zool.* otter; *pot.* ni pies, ni ~ neither fish nor fowl

wydrążyć [vɪ'drɔʒitɕ] *vt* hollow out, excavate

wydrukować [vɪdru'kɔvatɕ] *vt* print

wydział ['vɪdʑaũ] *m* department; (*uczelni*) faculty, section; ~ wizowy visa section

wydziel|ać [vɪ'dʑɛlatɕ] *imperf*, ~ić [vɪ'dʑɛɭitɕ] *perf* I *vt* 1. (*w organizmie*) secrete; transpire 2. (*rozdzielać*) distribute; (*przydzielać*) allot II *vr* ~ać się be secreted; (*o gazach, świetle*) emanate

wydzierać [vɪ'dʑɛratɕ] I *vt* tear (out); ~ z czyichś rąk to snatch ⟨wrench⟩ from sb's hands II *vr* ~ się 1. tear oneself away 2. *pot.* (*krzyczeć*) yell one's head off

wydzierżawi|ać [vɪdʑɛr'ʒavatɕ] *imperf*, ~ć [vɪdʑɛr'ʒavitɕ] *perf vt* lease; ~ać, ~ć dom to rent a house

wyganiać [vɪ'gaɲatɕ] *vt* drive out; (*z kraju*) exile, banish

wygas|ać [vɪ'gasatɕ] *imperf*, ~nąć [vɪ'gasnɔtɕ] *perf vi* go out; (*o terminie*) expire; (*o epidemii*) die out

wygaśnięcie [vɪgaɕ'ɲɛtɕɛ] *n* extinction, expiration; ~ wizy expiration of the visa

653   wykładzina

wygi|ąć ['viɡɔ̃tɕ] *perf*, ~nać [vɨ gɨnatɕ] *imperf vt* bend **wygląd** ['viɡlɔ̃t] *m* appearance, look **wygląda|ć** [vi glɔ̃datɕ] *vi* 1. *(oczekiwać)* look forward to 2. *(mieć wygląd)* look, appear; ~ć młodo to look young; ~ć na swoje lata to look one's age; ~ na deszcz it looks like rain || ~ć z okna to look out of the window **wygł|aszać** [vi ɡŭaʃatɕ] *imperf*, ~osić [vi ɡŭɔɕitɕ] *perf vt* pronounce; ~aszać, ~osić mowę ⟨wykład⟩ to deliver a speech ⟨a lecture⟩; ~aszać, ~osić opinię to express one's opinion **wygod|a** [vi ɡɔda] *f* comfort; *pl* ~y conveniences; bez wygód no conveniences; z ~ami all conveniences **wygodny** [vi ɡɔdnɨ] *adj* comfortable, convenient; *(o człowieku)* easy-going **wygórowan|y** [vɨɡurɔ vanɨ] *adj* excessive; ~a cena exorbitant price **wygrać** *zob.* wygrywać **wygran|a** [vi ɡrana] *f (na loterii)* prize; *(zwycięstwo)* victory || dać za ~ą to give in **wygr|ywać** [vi ɡrɨvatɕ] *imperf*, ~ać ['vɨɡratɕ] *perf vt* win *(od kogoś* from sb); *(na loterii)* win; draw a prize **wygwizdać** [vi ɡvizdatɕ] *vt* boo **wyjaśni|ać** [vi jaɕɲatɕ] *imperf*, ~ć [vi jaɕɲitɕ] *perf* **I** *vt* explain **II** *vr* ~ać się *(o pogodzie)* clear up **wyjaśnienie** [vɨjaɕ ɲɛɲɛ] *n* explanation **wyjazd** ['vijast] *m* departure; *(podróż)* journey, trip, voyage; ~ prywatny private trip, trip for pleasure; ~ służbowy trip on business **wyjąć** *zob.* wyjmować **wyjąt|ek** [vi jɔ̃tɛk] *m* 1. excep-

tion; **bez** ~**ku** without exception; **w drodze** ~**ku** exceptionally; **z** ~**kiem kogoś, czegoś** except ⟨save, but for⟩ sb, sth 2. *(z książki)* extract, excerpt **wyjątkowy** [vɨjɔ̃t kɔvɨ] *adj* exceptional **wyje|chać** [vi jexatɕ] *perf*, ~żdżać [vi jeʒdʐatɕ] *imperf vi* go ⟨drive⟩ out; leave *(do Londynu* for London); ~żdżać za granicę to go abroad **wyj|mować** [vij mɔvatɕ] *imperf*, ~ąć ['vɨjɔ̃tɕ] *perf vt* take out; *przen.* ~mować, ~ać spod prawa to outlaw **wyjści|e** ['vɨjɕtɕɛ] *n* 1. *(czynność)* going out 2. *(miejsce)* way out, exit; ~e awaryjne ⟨zapasowe⟩ emergency exit; fire-escape || ~e za mąż marriage; **punkt** ~a starting-point; sytuacja bez ~a deadlock, impasse; znaleźć ~e to find a way out ⟨a solution⟩ **wyjść** *zob.* wychodzić **wykałaczka** [vɨka ŭatʃka] *f* tooth-pick **wykaz** ['vɨkas] *m* list, register, specification **wykaz|ać** [vi kazatɕ] *perf*, ~ywać [vɨka zivatɕ] *imperf* **I** *vt* show, demonstrate, prove, indicate **II** *vr* ~ać, ~ywać się czymś to show ⟨to produce⟩ sth **wykąpać** [vi kɔ̃patɕ] **I** *vt* bath **II** *vr* ~ się bathe; take ⟨have⟩ a bath **wykipieć** [vi ķipɛtɕ] *vi (o płynie)* boil over **wyklucz|ać** [vi klutʃatɕ] *imperf*, ~yć [vi klutʃitɕ] *perf vt* rule out; exclude; *sport.* disqualify **wykład** ['vɨkŭat] *m* lecture; chodzić na ~y to attend lectures **wykładać** [vi kŭadatɕ] *vt* 1. lecture *(coś* on sth) 2. *(rozkładać)* display, exhibit **wykładzina** [vɨkŭa dʑina] *f*

lining; ~ podłogowa floor finish
wykonać *zob.* wykonywać
wykonanie [vìkɔ'naɲɛ] *n* execution, performance
wykonawca [vìkɔ'naftsa] *m* executor, performer
wykonawcz|y [vìkɔ'naftʃi] *adj* executive; władza ~a executive power
wykon|ywać [vìkɔ'nivatɕ] *imperf*, ~ać [vi'kɔnatɕ] *perf vt* execute. perform; ~ywac, ~ąć obowiązek to do one's duty; ~ywać zawód to exercise a profession
wykończ|ać [vi'kɔntʃatɕ] *imperf*, ~yć [vi'kɔntʃitɕ] *perf vt* finish; give a finishing touch
wykopać [vi'kɔpatɕ] *vt* dig out
wykopalisk|o [vìkɔpa'ʃiskɔ] *n* find, discovery; *pl* ~a excavations
wykorzyst|ać [vikɔ'ʒistatɕ] *perf*, ~ywać [vìkɔʒis'tivatɕ] *imperf vt* 1. (make) use (coś of sth); utilize; take advantage; ~ać, ~ywać coś jak najlepiej to make the most of sth 2. (*ħadużywać*) exploit; ~ać, ~ywać znajomość z kimś to presume on one's acquaintance with sb
wykres ['vikrɛs] *m* diagram, chart
wykreślić [vi'krɛɕɲitɕ] *vt* 1. (*narysować*) trace, draw, chart 2. (*usunąc*) strike out, cancel
wykręc|ać [vi'krɛtsatɕ] *imperf*, ~ić [vi'krɛtɕitɕ] *perf* I *vt* (*śrubę*) unscrew; (*skręcać*) twist; (*bieliznę w praniu*) wring out; (*nogę*) sprain, wrench II *vr* ~ać, ~ić się turn round; *pot.* ~ać, ~ić się od obowiązku to elude an obligation; ~ać, ~ić się od odpowiedzialności (pracy) to shirk responsibility (work)
wykroczenie [vìkrɔ'tʃɛɲɛ] *n*

offence, infringement; popełnić ~ to commit an offence
wykrój ['vikruj] *m* cut
wykrzyknik [vi'kʃiknik] *m* exclamation (mark)
wykształcenie [vìkʃtaŭ'tsɛɲɛ] *n* education; człowiek z ~m an educated man; ~ ogólne liberal education; ~ podstawowe ⟨średnie, wyższe⟩ elementary ⟨secondary, university⟩ education; ~ zawodowe technical ⟨vocational⟩ education
wykwalifikowany [vìkfaʃifikɔ'vani] *adj* skilled; qualified; ~ robotnik skilled worker
wykwintny [vi'kfintni] *adj* elegant, exquisite, refined
wylac *zob.* wylewać
wylądować [vìlɔ'dɔvatɕ] *vi* land, alight
wylecieć [vi'lɛtɕɛtɕ] *vi* (*wybiec*) run out; (*wypadac*) fall out; (*w powietrze*) blow up; (*wyfrunąć*) fly out; ~ z pokoju to rush out of the room; *pot.* ~ z pracy to be fired
wyleczyć [vi'lɛtʃitɕ] I *vt* cure, heal (z czegoś of sth) II *vr* ~ się recover; cure oneself (z czegoś of sth)
wylegitymować [vìlɛɡiti'mɔvatɕ] I *vt* establish sb's identification; prove sb's identity; ~ kogoś to check sb's identity papers II *vr* ~ się prove one's identity, establish one's identification, show one's papers
wylew ['vilɛf] *m med.* effusion, haemorrhage; ~ krwi do mózgu cerebral haemorrhage
wyl|ewać [vi'lɛvatɕ] *imperf*, ~ać ['vilatɕ] *perf* I *vt* pour out; *przen.* ~ewać łzy to shed tears II *vi* (o rzece) overflow III *vr* ~ewać, ~ać się overflow

wylosować [vilɔ'sɔvatɕ] vt draw out by lot
wylot ['vilɔt] m outlet, exit; ~ tunelu mouth of a tunnel; ~ rury, węża nozzle; ~ lufy muzzle || na ~ right through; through and through; znać kogoś na ~ to know sb through and through
wyludniać się [vi'ludɲatɕ ɕɛ] vr depopulate, be deserted
wyładow|ać [viŭa'dɔvatɕ] perf, ~ywać [viŭadɔ'vivatɕ] imperf vt unload, discharge
wyładowani|e [viŭadɔ'vaɲɛ] n 1. (towaru) unloading 2. elektr. discharge; ~e elektryczne electrical discharge; ~a atmosferyczne statics
wyładunek [viŭa'dunɛk] m discharge
wyłącz|ać [vi'ŭɔtʃatɕ] imperf, ~yć [vi'ŭɔtʃitɕ] perf vt exclude; (światło) switch ⟨cut, turn⟩ off; (telefon) disconnect
wyłącznie [vi'ŭɔtʃɲɛ] adv exclusively
wyłącznik [vi'ŭɔtʃɲik] m elektr. switch
wyłączyć zob. wyłączać
wymagać [vi'magatɕ] vt require, demand, call for
wymaganie [vima'gaɲɛ] n requirement, demand
wymarsz ['vimarʃ] m march out
wymarzony [vima'ʒɔɲi] adj ideal
wym|awiać [vi'mavatɕ] imperf, ~ówić [vi'muvitɕ] perf I vt 1. pronounce, utter 2. (służbę, mieszkanie) give notice; (pracę) dismiss 3. (zarzucać) reproach (komuś coś sb with sth) II vr ~awiać, ~ówić się excuse oneself; decline (od czegoś sth)
wymeldować [vimɛl'dɔvatɕ] I vt report sb's departure II vr ~ się report one's de-

parture; (w hotelu) check out
wymian|a [vi'mana] f exchange; conversion (na coś into sth); ~a dewiz exchange of foreign currencies; biuro ~y foreign exchange office; ~a bezdewizowa (turystów) not involving currency tourist exchange
wymiar ['vimar] m dimension, measure; ~ podatkowy assessment; ~ sprawiedliwości administration of justice; jurisdiction
wymieni|ać [vi'mɛɲatɕ] imperf, ~ć [vi'mɛɲitɕ] perf vt 1. exchange (coś na coś sth for sth); change (na coś for sth); convert (na coś into sth); mot. ~ć olej to change the oil 2. (wyliczać) mention, name; wyżej ~ony above-mentioned
wymierz|ać [vi'mɛʒatɕ] imperf, ~yć [vi'mɛʒitɕ] perf vt measure; (podatek) assess; (sprawiedliwość) administer; ~ać, ~yć cios to deal a blow; ~yć komuś karę to inflict a penalty upon sb
wymi|jać [vi'mijatɕ] imperf, ~nąć [vi'minɔtɕ] perf vt pass, cross; (wyprzedzać) overtake; (unikać) elude, avoid
wymijający [vimija'jɔtsi] adj evasive, non-committal
wymiotować [vimɔ'tɔvatɕ] vt vomit
wymowa [vi'mɔva] f pronunciation, diction; (krasomówstwo) eloquence
wymówić zob. wymawiać
wymówka [vi'mufka] f excuse, pretext; (zarzut) reproach
wymusić [vi'muɕitɕ] vt extort, force (coś na kimś sth from sb); ~ pierwszeństwo przejazdu to force the right of way from sb
wymyśl|ać [vi'miɕlatɕ] imperf,

~ić [vi'miçfiitç] *perf* I *vt* invent, devise, frame, think out II *vi* ~ać komuś to abuse sb; to call sb. names wynagr|adzać [vina'gradzatç] *imperf*, ~odzić [vina'gro- dżitç] *perf* *vt* reward, recompense, gratify wynagrodzenie [vinagro'dzɛɲɛ] *n* reward, compensation, gratification; *(pénsja)* salary wynagrodzić *zob.* wynagradzać
wynaj|ąć [vi'najɔ̃tç] *perf*, ~mować [vinaj'movatç] *imperf* *vt* let, hire wynajęci|e [vina'jẽtçɛ] *n* lease, hiring; do ~a to let; for hire wynalazca [vina'lastsa] *m* inventor wynalazek [vina'lazɛk] *m* invention wynaleźć [vi'nalɛçtç] *vt* invent, discover wynieść *zob.* wynosić wynik ['viɲik] *m* result, issue, consequence wynik|ać [vi'ɲikatç] *imperf*, ~nąć [vi'ɲiknɔ̃tç] *perf* *vi* result (z czegoś from sth); ensue, arise; follow wynos ['vinɔs] *m*: na ~ to take away; off the premises wyn|osić [vi'nɔçitç] *imperf*, ~ieść ['viɲɛçtç] *perf* I *vt* 1. carry out 2. *(o sumie)* amount to || ~osić pod niebiosa to extol to the skies II *vr* ~osić, ~ieść się go away, clear out, be off; depart wyobra|zić [viɔ'brazitç] *perf*, ~żać [viɔ'braʒatç] *imperf* *vt* represent, image; ~zić, ~żać sobie to imagine; ~ź sobie! fancy! wwodrębni|ać [viɔd'rɛ̃bnatç] *imperf*, ~ć [viɔd'rɛ̃bɲitç] *perf* I *vt* *(oddzielać)* separate, isolate; *(odróżniać)* differentiate II *vr* ~ać, ~ć się to be separated; to stand apart

wypad ['vipat] *m* *(wycieczka)* excursion; escapade wypada|ć [vi'padatç] *vi* 1. fall out; *przen.* ~ć z pamięci to slip ⟨to escape⟩ one's memory 2. *(wybiegać)* rush, hurry (z pokoju out of the room) || to dobrze wypadło it turned out well; to święto ~ w czwartek this holiday falls on Thursday; ~ ci tam iść you should go there; ile ~ na mnie? what is my share? wvpad|ek [vi'padɛk] *m* accident; *(choroby)* case, event; ~ek drogowy ⟨samochodowy⟩ road ⟨car⟩ accident; ~ek kolejowy railway accident; ~ek lotniczy aircraft crash; ~ek przy pracy accident at work; tragiczny ~ek tragic ⟨fatal⟩ accident; na ~ek in case; na wszelki ~ek just in case; w żadnym ~ku in no case wypełni|ać [vi'pɛũɲatç] *imperf*, ~ć [vi'pɛũɲitç] *perf* *vt* fill; ~ać, ~ć formularz to fill in a form; ~ać, ~ć obowiązek to fulfil a duty; to do one's duty; ~ać, ~ć rozkaz to execute an order wvpedz|ać [vi'pɛdzatç] *imperf*, ~ić [vi'pɛdżitç] *perf* *vt* drive out, *oust.* expel wvpić ['vipitç] *vt* drink; ~ kieliszek to empty a glass wypis ['vipis] *m* extract, excerpt wwplu|ć ['viplutç] *perf*, ~wać [vi'pluvatç] *imperf* *vt* spit out wypłac|ać [vi'pũatsatç] *imperf*, ~ić [vi'pũatçitç] *perf* *vt* pay (off); ~ać, ~ić z góry to advance wypłat|a [vi'pũata] *f* payment; dzień ~y pay-day wypłowiały [vipũɔ'vaũi] *adj* faded, discoloured wypłuk|ać [vi'pũukatç] *perf*, ~iwać [vipũu'kivatç] *imperf* *vt* *(obmyć)* rinse, swill (out);

~ać gardło to gargle one's throat

wypocząć zob. wypoczywać

wypoczynek [vɪpɔ'tʃinɛk] m rest

wypocz|ywać [vɪpɔ'tʃivatɕ] imperf, ~ąć [vɪ'pɔtʃɔ̃tɕ] perf vi rest, take a rest

wypog|adzać się [vɪpɔ'gadzatɕ ɕɛ] imperf, ~odzić się [vɪpɔ'gɔdʑitɕ ɕɛ] perf vr clear up

wyposaż|ać [vɪpɔ'saʒatɕ] imperf, ~yć [vɪpɔ'saʒitɕ] perf vt (w ekwipunek) equip (w coś with sth)

wyposażenie [vɪpɔsa'ʒɛɲɛ] n equipment; ·furnishings, outfit

wypowiadać [vɪpɔ'vadatɕ] I vt pronounce, utter, express || ~ pracę to give notice; ~ umowę to denounce a treaty; ~ wojnę to declare war II vr ~ się pronounce, express one's idea (o czymś, co do czegoś on sth)

wypowiedź [vɪ'pɔvɛtɕ] f utterance, pronouncement, declaration

wypożyczać [vɪpɔ'ʒitʃatɕ] vt (komuś) lend (sb); (od kogoś) borrow (from sb)

wypożyczalnia [vɪpɔʒi'tʃalɲa] f (książek) lending library; (kostiumów) costumer's (shop); ~ sprzętu sportowego agency for the hire of sports equipment

wypracowanie [vɪpratsɔ'vaɲɛ] n composition

wyprać ['vɪpratɕ] vt wash

wyprasować [vɪpra'sɔvatɕ] vt press, iron

wyprawa [vɪ'prava] f expedition, campaign; ~ ślubna trousseau

wyprawi|ać [vɪ'pravatɕ] imperf, ~ć [vɪ'pravitɕ] perf I vt 1. dispatch, send 2. (skórę) tan || ~ać, ~ć przyjęcie to give a party II vr ~ać, ~ć się (wyruszać) set out

wyprodukować [vɪprɔdu'kɔvatɕ] vt produce, make, manufacture

wyprostować [vɪprɔ'stɔvatɕ] I vt straighten, set upright II vr ~ się straighten, stand upright

wyprowadz|ać [vɪprɔ'vadzatɕ] imperf, ~ić [vɪprɔ'vadʑitɕ] perf I vt take out; (samochód itp.) bring out; przen. ~ać, ~ić z błędu to undeceive; ~ać, ~ić z cierpliwości to put out of patience; ~ać, ~ić z równowagi to disconcert; ~ać, ~ić w pole to lead astray II vr ~ać, ~ić się move out, remove

wypróbować [vɪpru'bɔvatɕ] vt test, try

wypróżnienie [vɪpruʒ'ɲɛɲɛ] n med. dejection

wyprzedaż [vɪ'pʃɛdaʃ] f sale; (resztek) clearance-sale

wyprzedz|ać [vɪ'pʃɛdzatɕ] imperf, ~ić [vɪ'pʃɛdʑitɕ] perf vt precede; (prześcignąć) outrun; outdistance; mot. overtake

wyprzedzani|e [vɪpʃɛ'dzaɲɛ] n mot. overtaking; zakaz ~a no overtaking

wypukły [vɪ'pukwi] adj convex; ~ druk relief print

wypuścić [vɪ'puɕtɕitɕ] vt let out, let go, set free; ~ z rąk to drop; ~ w dzierżawę to lease

wyr|abiać [vɪ'rabatɕ] imperf, ~obić [vɪ'rɔbitɕ] perf I vt (tylko imperf) manufacture, make, produce; ~abiać ciasto to knead the dough || ~abiać, ~obić sobie pojęcie to form an idea II vr ~abiać, ~obić się develop, improve

wyr|astać [vɪ'rastatɕ] imperf, ~osnąć [vɪ'rɔsnɔ̃tɕ] perf vi grow (up); ~astać ponad przeciętność to rise above mediocrity; ~astać, ~osnąć z ubrania to outgrow one's clothes

wyraz ['vɨras] *m* word; ~ twarzy expression; stanowić ~ czegoś to reflect sth; bez ~u inexpressive; void of expression

wyrażać *zob.* **wyrazić**

wyraźny [vɨ'raʒnɨ] *adj* distinct, clear

wyra|żać [vɨ'raʒatɕ] *imperf*, ~zić [vɨ'raʑitɕ] *perf* I *vt* express, state II *vr* ~żać, ~zić się express oneself

wyrażenie [vɨra'ʒɛɲɛ] *n* expression, phrase

wyrobić *zob.* **wyrabiać**

wyrok ['vɨrɔk] *m* sentence, verdict; wydać ~ na kogoś to pass sentence upon sb

wyrosnąć *zob.* **wyrastać**

wyrost|ek [vɨ'rɔstɛk] *m med.* ~ek robaczkowy appendix; zapalenie ~ka robaczkowego appendicitis

wyrozumiały [vɨrɔzu'mau̯ɨ] *adj* indulgent, lenient

wyr|ób ['vɨrup] *m* article, production; *pl* ~oby goods, wares; ~oby artystyczne artistic handicraft goods; ~oby gliniane earthenware; ~oby ręczne hand-made goods

wyrówn|ać [vɨ'ruvnatɕ] *perf*, ~ywać [vɨruv'nivatɕ] *imperf* *vt* level, make even; (*rachunek*) settle, pay; (*stratę*) compensate (coś for sth)

wyróżni|ać [vɨ'ruʒnatɕ] *imperf*, ~ć [vɨ'ruʒnitɕ] *perf* I *vt* distinguish, mark out II *vr* ~ać, ~ć się distinguish oneself

wyróżnienie [vɨruʒ'ɲɛɲɛ] *n* distinction

wyrusz|ać [vɨ'ruʃatɕ] *imperf*, ~yć [vɨ'ruʃitɕ] *perf* *vi* start, set out; ~ać, ~yć w drogę to start on a journey

wyr|wać ['vɨrvatɕ] *perf*, ~ywać [vɨ'rɨvatɕ] *imperf* *vt* pull ⟨tear⟩ out, extract, pluck

wyrzec ['vɨʒɛts] I *vi* utter, pronounce II *vr* ~ się renounce (czegoś sth), give up, resign

wyrzekać się [vɨ'ʒɛkatɕ ɕɛ] *vr* *zob.* **wyrzec się**

wyrzuc|ać [vɨ'ʒutsatɕ] *imperf*, ~ić [vɨ'ʒutɕitɕ] *perf* *vt* 1. throw ⟨turn⟩ out, oust; (*wyganiać*) expel 2. (*robić wyrzuty*) reproach (coś komuś sb with sth)

wyrzut ['vɨʒut] *m* 1. (*zarzut*) reproach; ~y sumienia remorse; pangs of conscience; mieć ~y sumienia to be conscience-stricken 2. *med.* eruption

wyrzutnia [vɨ'ʒutɲa] *f* catapult; ~ rakietowa rocket launcher

wysadz|ać [vɨ'sadzatɕ] *imperf*, ~ić [vɨ'sadʑitɕ] *perf* *vt* (*pasażerów*) put ⟨set⟩ down; land (passengers); (*pomagać wysiąść*) help (sb) out

wysi|adać [vɨ'ɕadatɕ] *imperf*, ~ąść ['vɨɕɔɕtɕ] *perf* *vi* get ⟨step⟩ out, alight; (z pociągu) get off

wysił|ek [vɨ'ɕiu̯ɛk] *m* effort; nie szczędzić ~ków to spare no efforts

wysk|akiwać [vɨska'kivatɕ] *imperf*, ~oczyć [vɨ'skɔtʃitɕ] *perf* *vt* jump out; (o bąblach) rise; ~oczyć z szyn to leave the rails

wysłać *zob.* **wysyłać**

wsłuchać [vɨ'suuxatɕ] *vt* hear, give ear (czegoś to sth); ~ prośby to answer a request

wysmukły [vɨ'smuku̯ɨ] *adj* slender, slim

wysok|i [vɨ'sɔki] *adj* high; (o człowieku) tall; ~a cena high price; ~ie cło heavy duty

wysokoś|ć [vɨ'sɔkɔɕtɕ] *f* 1. height, loftiness; (nad poziomem morza) altitude 2. (sumy) amount; do ~ci to the amount ⟨extent⟩

wyspa ['vɪspa] f island, isle
wys|pać się [ˈvɪspatɕ ɕɛ̃] perf,
~ypiać się [vɪˈsipatɕ ɕɛ̃]
imperf vr sleep enough,
sleep one's fill
wysportowany [vɪspɔrtɔˈvanɪ]
adj with a good athletic
training; człowiek ~ good
athlete
wystarać się [vɪˈstaratɕ ɕɛ̃] vr
procure (o coś sth)
wystarcz|ać [vɪˈstartʃatɕ] im-
perf, ~yć [vɪˈstartʃitɕ] perf
vi suffice, be enough; to
~y that will do; to mi ~y
na tydzień it will last me a
week
wystartować [vɪstarˈtɔvatɕ] vi
start
wystawa [vɪˈstava] f exhibition; (w sklepie) shop-
-window; (pokaz) display,
show
wystawać [vɪˈstavatɕ] vi stand
out, jut, protrude
wystawi|ać [vɪˈstavatɕ] imperf,
~ć [vɪˈstavitɕ] perf vt put
out; (na wystawie) exhibit,
display; (budynek) erect;
teatr. stage, present; ~ać,
~ć czek to draw a check;
~ać, ~ć rachunek to make
up an account; ~ać, ~ć na
niebezpieczeństwo to ex-
pose to danger; ~ać, ~ć
na sprzedaż to put up for
sale
wystąpić zob. występować
występ [ˈvɪstɛp] m 1. appearance; ~ gościnny guest
performance 2. (coś wysta-
jącego) projection
wyst|ępować [vɪstɛ̃ˈpɔvatɕ] im-
perf, ~ąpić [vɪˈstɔ̃pitɕ] perf
vi 1. step out (forward),
come forward, appear; ~ę-
pować, ~ąpić na scenie to
perform; ~ępować, ~ąpić
z koncertem to give a concert; ~ępować, ~ąpić pu-
blicznie to make an appearance, to appear in public;'
~ępować, ~ąpić w roli ko-
goś to act as sb; ~ępować,

~ąpić przeciwko komuś,
czemuś to come out (take
sides) against sb, sth; to
deprecate sb, sth 2. (ze spółki, interesu itp.) retire,
withdraw; ~ępować, ~ąpić
ze służby to leave the
service
wystrzał [ˈvɪstʃaũ] m shot
wystrzegać się [vɪˈstʃɛgatɕ ɕɛ̃]
vr guard (czegoś against
sth); avoid (czegoś sth);
beware (czegoś of sth)
wysuszyć [vɪˈsuʃitɕ] vt dry up,
desiccate; (bibułą) blot (the
ink)
wys|yłać [vɪˈsiũatɕ] imperf,
~łać [ˈvɪsũatɕ] perf vt send,
dispatch, forward
wysyłka [vɪˈsiũka] f dispatch,
forwarding; (okrętem) shipping
wysypać [vɪˈsipatɕ] I vt pour
(tip) out, empty (out);
scatter, strew II vr ~ się
pour out
wysypiać się zob. wyspać się
wysypisko [vɪsiˈpiskɔ] n (śmieci) (refuse) dump
wysypka [vɪˈsipka] f med.
rash
wyszczotkować [vɪʃtʃɔtˈkɔvatɕ]
vt brush up
wyszkolić [vɪˈʃkɔʃitɕ] vt train,
instruct
wyszukany [vɪʃuˈkanɪ] adj (o
wzorze) elaborate; studied;
(o słowie) sophisticated;
choice
wyścig [ˈvɪɕtɕik] m race, contest; ~i konne horse-race;
~ kolarski cycling race; ~
zbrojeń armaments race
wyśmiewać [vɪˈɕinɛvatɕ] vt
deride, ridicule; ~ kogoś to
make fun of sb, to laugh
at sb
wyświadcz|ać [vɪˈɕfattʃatɕ]
imperf, ~yć [vɪˈɕfattʃitɕ]
perf vt render, do; ~yć
przysługę to render a service, to do a favour
wyświetl|ać [vɪˈɕfɛtlatɕ] im-
perf, ~ić [vɪˈɕfɛtʃitɕ] perf vt

(*film*) show, project; (*sprawę itp.*) clear up

wytargować [v' itar'gɔvatɕ] *vt* acquire (sth) by haggling

wytępić [vi'tɛ̃p̃itɕ] *vt* exterminate, eradicate; (*robactwo*) destroy

wytłumaczyć [vi tuu'matʃitɕ] I *vt* explain, interpret II *vr* ~ się excuse ⟨explain⟩ oneself

wytrawny [vi'travni] *adj* experienced; (*o winie*) dry

wytrwać ['vitrɪ̃fatɕ] *vi* persevere (*w czymś* in sth), hold out, endure (*w czymś* sth)

wytrwały [vi'trfaũi] *adj* persevering, persistent, assiduous

wytrzeć *zob.* wycierać

wytrzepać [vi'tʃepatɕ] *vt* (*dywan*) beat; *pot.* ~ komuś skórę to give sb a hiding

wytrzeźwieć [vi'tʃɛʒvetɕ] *vi* get sober, sober down

wytrzymać *zob.* wytrzymywać

wytrzymałość [vitʃi'maũɔɕtɕ] *f* endurance, stamina

wytrzym|ywać [vitʃi'mivatɕ] *imperf,* ~ać [vi'tʃimatɕ] *perf vt* bear, stand, endure

wytw|arzać [vi'tfaʒatɕ] *imperf,* ~orzyć [vi'tfɔʒitɕ] *perf vt* make, produce, manufacture; (*tworzyć*) form; ~arzać, ~orzyć nastrój to create an atmosphere

wytworny [vi'tfɔrni] *adj* exquisite, elegant, distinguished

wytworzyć *zob.* wytwarzać

wytwórnia [vi'tfurɲa] *f* manufacture, factory

wytyczna [vi'titʃna] *f* directive

wywiad ['vivat] *m* 1. (*z kimś*) interview; mieć ~ z kimś to interview sb 2. *wojsk.* intelligence, reconnaissance; tajny ~ secret service

wywiąz|ać się [vi'vɔzatɕ ɕɛ̃] *perf,* ~ywać się [vivɔ'zivatɕ

ɕɛ̃] *imperf vr* arise; (*o chorobie*) set in, develop; ~ać, ~ywać się z czegoś to acquit oneself of sth; dobrze się ~ać, ~ywać to carry it off well

wyw|ierać [vi'veratɕ] *imperf,* ~rzeć ['vivʒetɕ] *perf vt;* ~ierać, ~rzeć wpływ na kogoś to exert influence (*up*)on sb, to influence sb; ~ierać, ~rzeć wrażenie na kimś to impress sb

wywieszka [vi'veʃka] *f* sign (board); shop sign

wywietrznik [vi'vetʃɲik] *m* (*wentylator*) ventilator; (*wietrznik*) air drain, vent-hole

wywietrzyć *zob.* wietrzyć

wywoł|ać [vi'vɔũatɕ] *perf,* ~ywać [vivɔ'ũivatɕ] *imperf vt* 1. call out ⟨forth⟩; (*powodować*) evoke, produce, give rise ·to, cause; ~ać, ~ywać burzę to raise a storm; ~ać, ~ywać burzę oklasków to bring down the house; ~ać, ~ywać zmiany to bring about changes 2. *fot.* develop

wywoływacz [vivɔ'ũivatʃ] *m fot.* developer

wywozić [vi'vɔʑitɕ] *vt* carry out ⟨away⟩; (*za granicę*) export

wywozow|y [vivɔ'zɔvi] *adj* export; cło ~e export duty

wywóz ['vivus] *m* transport; (*za granicę*) export, exportation

wywr|acać [vi'vratsatɕ] *imperf,* ~ócić [vi'vrutɕitɕ] *perf* I *vt* overturn, upturn, turn out; ~acać, ~ócić do góry nogami to turn upside down ⟨inside out⟩; *przen.* ~acać oczami to roll one's eyes II *vr* ~acać, ~ócić się upset; tumble down ⟨over⟩; (*o łódce*) capsize

wywrotka [vi'vrotka] *f* tipping-lorry

wywrócić *zob.* wywracać

wywrzeć zob. **wywierać**

wyzdrowieć [vi'zdrɔvɛtɕ] *vi* recover

wyznacz|ać [vi'znatʃatɕ] *imperf*, **~yć** [vi'znatʃitɕ] *perf vt* (*mianować*) appoint; (*na urząd*) designate; (*zaznaczać*) mark; (*udział, sumę*) allot; allocate; (*miejsce itp.*) assign; **~yć** cenę na czyjąś głowę to set a price on sb's head; **~yć** nagrodę to fix a prize

wyznanie [vi'znaɲɛ] *n* 1. confession, avowal; (*miłości*) declaration 2. (*religia*) religion

wyznawać [vi'znavatɕ] *vt* (*przyznawać*) confess, avow; (*miłość*) declare; **~** pogląd to hold a belief

wyzwalacz [vi'zvalatʃ] *m* release

wyzw|alać [vi'zvalatɕ] *imperf*, **~olić** [vi'zvɔɲitɕ] *perf vt* liberate, free, deliver (from); emancipate

wyzwolenie [vizvɔ'lɛɲɛ] *n* liberation, emancipation

wyzysk [′vizisk] *m* exploitation

wyzysk|ać [vi'ziskatɕ] *perf*, **~iwać** [vizis'kivatɕ] *imperf vt* exploit; (*korzystać*) take advantage

wyzywać [vi'zivatɕ] *vt* 1. challenge, evoke; **~** los to tempt fate 2. (*obrażać*) abuse

wyż [viʃ] *m*: **~** barometryczny high pressure; **~** demograficzny demographic bulge

wyżej [′viʒɛj] *adv* higher, above; **~** wymieniony above mentioned

wyższość [′viʃʃɔɕtɕ] *f* superiority

wyższy [′viʃʃi] *adj* higher, superior

wyżyna [vi'ʒina] *f geogr.* plateau

wyżywienie [viʒi'vɛɲɛ] *n* maintenance, board

wzajemny [vza'jɛmni] *adj* mutual, reciprocal

w zamian [′vzaman] *adv* in exchange (za coś for sth)

wzbi|ć się [′vzbitɕ ɕɛ] *perf*, **~jać** się [′vzbijatɕ ɕɛ] *imperf vr* rise, soar, ascend

wzbr|aniać [′vzbraɲatɕ] *imperf*, **~onić** [′vzbrɔɲitɕ] *perf* I *vt* forbid II *vr* **~aniać** się refuse, decline (przed czymś sth)

wzbudz|ać [′vzbudzatɕ] *imperf*, **~ić** [′vzbudʑitɕ] *perf vt* excite; (*podejrzenia*) awake; (*uczucia*) inspire; (*sympatię*) command; (*gniew*) arouse

wzdłuż [vzdŭuʃ] I *praep* along II *adv* alongside, along

wzdychać [′vzdixatɕ] *imperf*, **westchnąć** [′vɛstxnɔtɕ] *perf vi* sigh; *przen.* **wzdychać** do kogoś, czegoś to long for ⟨to hanker after⟩ sb, sth

wzgl|ąd [vzglɔt] *m* regard, respect, consideration; pod **~ędem** czegoś with regard to sth; pod wieloma **~ędami** in many respects; pod żadnym **~ędem** on no account; przez **~ąd** na coś in consideration of sth; ze **~ędu** na ... on account ⟨for the sake⟩ of ...

względny [′vzglɛdni] *adj* relative

wzgórze [′vzguʒɛ] *n* hill

wziąć [vʑɔtɕ] *perf* I *vt* take; **~** do niewoli to take prisoner; **~** lekarstwo to take a medicine; **~** w czymś udział to take part in sth; **~** za złe to take amiss II *vr* **~** się do pracy to set to work; skąd on się tutaj wziął? where does he come from?; zob. **brać**

wzmacniacz [′vzmatsɲatʃ] *m fot.* intensifier; *elektr.* multiplier; *telef.* relay; *rad.* amplifier

wzm|acniać [′vzmatsɲatɕ] *imperf*, **~ocnić** [′vzmɔtsɲitɕ] *perf vt* strengthen, rein-

force, fortify; *rad.* amplify
wzmianka ['vzmanka] *f* hint, allusion, mention
wzmocnić *zob.* wzmacniać
wznak [vznak] *adv*: na ~ on one's back
wzn|awiać ['vznavatç] *imperf*, ~owić ['vznɔvitç] *perf vt* renew; (*sztukę*) revive; (*pracę*) resume; (*książkę*) reprint
wzniesienie [vzɲɛ'çɛɲɛ] *n* 1. (*zbudowanie*) erection (of a monument etc.) 2. (*wzgórze*) elevation, height; strome ~ steepness
wznosić ['vznɔçitç] I *vt* raise, lift; (*budynek*) erect; ~ toast to propose a toast II *vr* ~ się rise, ascend, go up; *lotn.* climb
wznowić *zob.* wznawiać
wzorować się [vzɔ'rɔvatç çɛ̃] *vr* ~ się na kimś, czymś follow the example of sb, sth
wzór [vzur] *m* pattern, model; (*na materiale*) design; (*próbka*) sample

wzrok [vzrɔk] *m* sight; (*spojrzenie*) look; mieć krótki ~ to be short-sighted
wzrost [vzrɔst] *m* growth, increase, development; (*cen*) rise; (*człowieka*) height, stature, size; człowiek średniego ~u a man of medium height
wzrusz|ać ['vzruʃatç] *imperf*, ~yć ['vzruʃitç] *perf* I *vt* move, affect, touch || ~ać, ~yć ramionami to shrug one's shoulders II *vr* ~ać, ~yć się be moved, be touched
wzruszenie [vzru'ʃɛɲɛ] *n* emotion, feeling
wzruszyć *zob.* wzruszać
wzwyż [vzviʃ] *adv* up, upwards; *sport.* skok ~ high jump
wzywać ['vzivatç] *imperf*, wezwać ['vɛzvatç] *perf vt* call; (*urzędowo*) summon; ~ kogoś do zrobienia czegoś to call on sb to do sth; ~ pomocy to call for help

Z

z [z], **ze** [zɛ] *praep* with; from; off; out of; of; razem z kimś together with sb; z Londynu from London; pochodzę z Polski I come from Poland; zdjąć coś ze ściany to take sth off the wall; jeden z wielu one out of many; z ciekawości out of curiosity; z lewej (prawej) strony on the left (right) (hand side); z kamienia (cut) in stone; lekarz z zawodu doctor by profession; to miło z twojej strony it's nice of you; umrzeć z ran to die of wounds; ze strachu for fear
za [za] I *praep* behind; za

ścianą behind the wall; za tydzień in a week; za 5 funtów for 5 pounds; za tę cenę at that price; za 10 minut druga ten to two; dzień za dniem day by day; za rogiem round the corner; (*toast*) za twoje zdrowie! here's to you!; wyjść za mąż to get married II *adv* (*zbyt*) too; za dużo ⟨mało⟩ too much ⟨little⟩; za drogo too dear
zaabonować [zaabɔ'nɔvatç] *vt* subscribe (coś to sth)
zaadresować [zaadrɛ'sɔvatç] *vt* address
zaaklimatyzować [zaakʎimati'zɔvatç] *vt* (*także vr* ~ się) acclimatize

zaalarmować [zaalar'mɔvatɕ] *vt* give the alarm (straż pożarną to the fire brigade)
zabandażować [zabanda'ʒɔvatɕ] *vt* bandage
zabarwienie [zabar'vɛɲɛ] *n* colouring; lekkie ~ tinge, hue
zabawa [za'bava] *f* amusement, play, fun; ~ publiczna entertainment; ~ taneczna dance; dancing party
zabawka [za'bafka] *f* toy, plaything
zabawny [za'bavnɨ] *adj* amusing, funny
za bezcen [za'bɛstsɛn] *adv pot.* dirt·cheap
zabezpiecz|ać [zabɛs'pɛt͡ʃatɕ] *imperf,* ~yć [zabɛs'pɛt͡ʃitɕ] *perf* I *vt* safeguard, secure; *(rodzinę itp.)* provide for; ~yć przed kimś, czymś to protect against ⟨from⟩ sb, sth II *vr* ~ać, ~yć się make oneself secure, secure oneself; provide (przed czymś against sth); *(przed złodziejami)* take precautions
zabić *zob.* zabijać
zabieg ['zabɛk] *m* 1. operation; *med.* intervention, treatment 2. *pl* ~i *(starania)* endeavours; czynić ~i to take pains
zab|ierać [za'bɛratɕ] *imperf,* ~rać ['zabratɕ] *perf* I *vt (coś)* take, take ⟨carry⟩ off; *(w napisie)* nie wolno ~ierać irremovable || ~ierać, ~rać głos to speak; to take the floor II *vr* ~ierać, ~rać się do czegoś to set oneself to sth ⟨to do sth⟩; to start sth
zabi|jać [za'bijatɕ] *imperf,* ~ć ['zabitɕ] *perf* I *vt* kill; *(zwierzęta)* slaughter II *vr* ~ć się commit suicide
zablokować [zablɔ'kɔvatɕ] *vt* block, obstruct; ~ ruch to jam the traffic; ~ drogę to bar the way
zabłądzić [za'bũɔdʑitɕ] *vi* lose one's way; get lost

zabłocić [za'bũɔtɕitɕ] *vt* soil, dirty, cover with mud
zabójstwo [za'bujstfɔ] *n* manslaughter
zabrać *zob.* zabierać
zabrak|nąć [za'braknɔtɕ] *vi* be wanting ⟨missing⟩; lack; ~ło mi papierosów I have run out of cigarettes; ~ło mi pieniędzy I am short of money; ~ło mu odwagi his courage failed him; niczego ci nie ~nie you shall want for nothing
zabr|aniać [za'braɲatɕ] *imperf,* ~onić [za'brɔɲitɕ] *perf vt* forbid, prohibit, ban; ~ania się ... it is forbidden ...
zabrudzić [za'brudʑitɕ] I *vt* soil, dirty II *vr* ~ się get dirty ⟨soiled⟩
zabrzmieć ['zabʒmɛtɕ] *vi* resound, ring out
zabudowania [zabudɔ'vaɲa] *pl* buildings; ~ gospodarcze farm buildings
zaburzenia [zabu'ʒɛɲa] *pl* trouble, disturbances, disorders; ~ atmosferyczne atmospheric disturbances; atmospherics; ~ żołądkowe digestive troubles
zabyt|ek [za'bɨtɛk] *m* monument, relic; *pl* ~ki ancient monuments; ochrona ~ków preservation of ancient monuments
zabytkowy [zabɨt'kɔvɨ] *adj* ancient, historical
zacerować [zatsɛ'rɔvatɕ] *vt* darn, mend
zachęc|ać [za'xɛtsatɕ] *imperf,* ~ić [za'xɛtɕitɕ] *perf vt* encourage
zachmurzenie [zaxmu'ʒɛɲɛ] *n* cloudiness, nebulosity
zachodni [za'xɔdɲi] *adj* western; wiatr ~ west wind
zachodzić [za'xɔdʑitɕ] *imperf,* zajść [zajɕtɕ] *perf vi* 1. *(o słońcu)* set 2. *(zdarzać się)* occur, happen 3. *(do kogoś)* drop in, call on (sb) || ~ komuś drogę to bar sb's

way; **zajść w ciążę** to become pregnant; **zachodzić w głowę** to rack one's brains

zachorować [zaxɔ'rɔvatɕ] *vi* fall ill; be taken ill (**na coś** with sth)

zachować *zob.* zachowywać

zachowanie [zaxɔ'vaɲɛ] *n (przestrzeganie)* observation; *(także ~ się)* behaviour, conduct, demeanour

zachow|ywać [zaxɔ'vivatɕ] *imperf*, **~ać** [za'xɔvatɕ] *vt* preserve, keep; **~ywać, ~ać ciszę** to keep silence; **~ywać, ~ać ostrożność** to be cautious; to be on one's guard; to take precautions; **~ywać, ~ać pozory** to keep up appearances; **~ywać, ~ać spokój** to keep quiet; **~ywać, ~ać tradycję** to observe a tradition; **~ywać, ~ać w tajemnicy** to keep secret II *vr* **~ywać, ~ać się** behave; **~ywać, ~ać się źle** to misbehave; to have no manners

zachód ['zaxut] *m* 1. west; **na ~ od czegoś** west of sth 2. *(trud)* pains; **to warte zachodu** it's worth while || **~ słońca** sunset

zachrypnąć [za'xripnɔ̃tɕ] *vi* hoarsen, become hoarse

zachrypnięty [zaxrip'ɲɛ̃ti] *adj* hoarse

zachwyc|ać [za'xfitsatɕ] *imperf*, **~ić** [za'xfitɕitɕ] *perf* I *vt* charm, enchant, delight II *vr* **~ać się** admire (**kimś, czymś** sb, sth); be charmed (**czymś** with sth); rave (**czymś** about sth)

zachwyt ['zaxfit] *m* enchantment, ravishment; admiration

zaciąć *zob.* zacinać

zaciąg|ać [za'tɕɔ̃gatɕ] *imperf*, **~nąć** [za'tɕɔ̃gnɔ̃tɕ] *perf* I *vt* pull, draw; **~ać, ~nąć firanki** to draw the curtains; *przen.* **~ać do wojska** to

enlist soldiers; **~nąć dług** to contract a debt; **~ać, ~nąć wartę** to post sentries II *vr* **~ać, ~nąć się papierosem** to inhale the smoke

zaci|nać [za'tɕinatɕ] *imperf*, **~ąć** ['zatɕɔ̃tɕ] *perf* I *vt (palec itp.)* cut; **~nać, ~ąć konia** to whip ⟨to flog⟩ a horse II *vr* **~nać, ~ąć się** (*o maszynie*) jam, get jammed || **~nać, ~ąć się w palec** to cut one's finger; (*w mowie*) **~nać się** to falter; to stammer; to stutter

zacisk ['zatɕisk] *m* techn. clamp, clip, grip

zacofany [zatsɔ'fani] *adj* backward; **~ gospodarczo** underdeveloped

zacząć *zob.* zaczynać

zaczekać [za'tʃɛkatɕ] *vi* wait (**na kogoś** for sb)

zaczep ['zatʃɛp] *m* catch, hook

zaczepi|ać [za'tʃɛpatɕ] *imperf*, **~ć** [za'tʃɛpitɕ] *perf* *vt* 1. fasten, hook on, hitch 2. *pot.* (*kogoś na ulicy*) accost

zacz|ynać [za'tʃinatɕ] *imperf*, **~ąć** ['zatʃɔ̃tɕ] *perf* *vt vi* (*także vr* **~ynać, ~ąć się**) begin, start, commence

zaćmienie [zatɕ'mɛɲɛ] *n* eclipse

zadać *zob.* zadawać

zadani|e [za'daɲɛ] *n* task; *(szkolne)* exercise; **~e domowe** homework; **spełniać podwójne ~e** to serve a double purpose; **wywiązać się z ~a** to accomplish a task

zadatek [za'datɛk] *m* payment on account; advance payment; earnest

zadatkować [zadat'kɔvatɕ] *vt* pay on account; give an earnest for (sth)

zada|wać [za'davatɕ] *imperf*, **~ć** ['zadatɕ] *perf* I *vt* **~wać, ~ć cios** to deal ⟨to hit⟩ a blow; **~wać, ~ć klęskę komuś** to defeat sb; **~wać, ~ć lekcje** to give a lesson to learn; **~wać, ~ć pytanie**

to ask a question; ~wać,
~ć rany komuś to inflict
wounds upon sb; ~wać, ~ć
sobie trud to take pains
⟨the trouble⟩ II *vr* ~wać,
~ć się associate (z kimś
with sb)
zadepeszować [zadɛpɛ'ʃɔvatɕ]
vi cable, wire
zadow|alać [zadɔ'valatɕ] *imperf,* ~olić [zadɔ'vɔɕitɕ] *perf*
I *vt* satisfy, content, gratify
II *vr* ~alać, ~olić się be
satisfied ⟨content oneself⟩
(czymś with sth)
zadowolony [zadɔvɔ'lɔnɨ] *adj*
satisfied, content, pleased;
~ z siebie self-contented,
self-satisfied
zadraśnięci|e [zadraɕ'ɲɛ̃tɕɛ] *n*
scratch; wyjść bez ~a to go
⟨to escape⟩ unscathed ⟨unscratched⟩
zadusić [za'duɕitɕ] *vt* choke,
stifle
Zaduszki [za'duʃki] *plt* All
Souls' Day
zadymka [za'dɨmka] *f* snow-storm; blizzard
zadyszka [za'dɨʃka] *f* short
breath
zadzierać [za'dʑɛratɕ] *vt* raise;
pot. ~ nosa to put on airs
zadziwi|ać [za'dʑivatɕ] *imperf,*
~ć [za'dʑivitɕ] *perf vt* astonish, amaze
zadzwonić [za'dzvɔɲitɕ] *vt*
ring; ~ do kogoś (zatelefonować) to ring sb up
zagadka [za'gatka] *f* riddle,
puzzle
zagadkowy [zagat'kɔvɨ] *adj*
enigmatic, mysterious
zagadnienie [zagad'ɲɛɲɛ] *n*
problem, question
zagaić [za'gaitɕ] *vt* ~ posiedzenie to open a session
⟨meeting⟩
zagajnik [za'gajɲik] *m* coppice, copse; grove
zaginąć [za'ɡinɔ̃tɕ] *vi* be ⟨get⟩
lost; (o żołnierzach) be
missing
zaglądać [za'glɔ̃datɕ] *imperf,*

zajrzeć ['zajʒɛtɕ] *perf vi*
look; ~ do książki to look
into a book; ~ do słownika to look up a word in
the dictionary; ~ do kogoś
to call ⟨drop in⟩ on sb
zagłębie [za'ɡwɛ̃bɛ] *n* basin;
~ naftowe oil-field; ~ węglowe coal-basin
zagłębienie [zaɡwɛ̃'bɛɲɛ] *n* recess, hollow, cavity
zagoić [za'ɡɔitɕ] *vt (także vr*
~ się) heal (up)
zagospodarować [zaɡɔspɔda-'rɔvatɕ] I *vt (farmę itp.)*
manage, make productive II
vr ~ się get a household
going; furnish one's house
zagotować [zaɡɔ'tɔvatɕ] *vt*
(także *vr* ~ się) boil
zagrać ['zaɡratɕ] *vt* play
zagranic|a [zaɡra'ɲitsa] *f* foreign countries; z ~y from
abroad
zagraniczny [zaɡra'ɲitʃnɨ] *adj*
foreign; handel ~ foreign
trade
zagr|ażać [za'ɡraʒatɕ] *imperf,*
~ozić [za'ɡrɔʑitɕ] *perf vt*
threaten, menace
zagroda [za'ɡrɔda] *f* 1. (dom)
farm (house), cottage 2.
(ogrodzenie)   enclosure,
fence
zagrozić zob. zagrażać
zagrz|ać ['zaɡʒatɕ] *perf,* ~ewać
[za'ɡʒɛvatɕ] *imperf vi* warm
up
zagwarantować [zaɡvaran'tɔvatɕ] *vi* guarantee
zahamować [zaxa'mɔvatɕ] *vt*
check, stop; (wóz, koło)
brake, apply the brake(s)
zahartowany [zaxartɔ'vanɨ]
adj hardened (na coś to sth)
zaimek [za'imɛk] *m gram.*
pronoun
zaimponować [zaimpɔ'nɔvatɕ]
vt impress, make an impression (komuś on sb)
zainkasować [zainka'sɔvatɕ]
vt collect, cash
zainteresować [zaintɛrɛ'sɔvatɕ]

I *vt* interest II *vr* ~ się be interested (czymś in sth)
zainteresowanie [zaintereso-'vaɲɛ] *n* interest, concern (czymś with sth)
zając ['zajõts] *m* hare
zająć *zob.* zajmować
zajechać [za'jɛxatɕ] *vi* 1. (*pod-jechać*) drive up (to an entrance) 2. (*zastąpić drogę*) bar (sb's way)
zajezdnia [za'jɛzdɲa] *f* shed, depot
zajęcie [za'jɛ̃tɕɛ] *n* 1. (*mienia, kraju itp.*) seizure 2. (*zainteresowanie*) interest 3. (*praca*) occupation, employment, job, work, business
zajęty [za'jɛ̃tɨ] *adj* (*o człowieku*) busy, occupied, engaged; (*o telefonie*) engaged, *am.* busy; (*o taksówce*) hired, engaged; nie ~ free
zaj|mować [zaj'mɔvatɕ] *imperf*, ~ąć ['zajõtɕ] *perf* I *vt* 1. (*kraj itp.*) occupy, capture, seize 2. (*pozycję*) take, hold; (*stanowisko*) fill 3. (*interesować*) interest, attract II *vr* ~mować, ~ąć się be occupied (engaged) (czymś with sth); ~mować, ~ąć się gośćmi to attend to the guests
zajmujący [zajmu'jõtsɨ] *adj* interesting, engaging
zajrzeć *zob.* zaglądać
zajście ['zajɕtɕɛ] *n* incident
zajść *zob.* zachodzić
zakatarzony [zakata'ʒɔnɨ] *adj* suffering from a cold
zakaz ['zakas] *m* prohibition, ban; embargo; ~ postoju no parking; ~ skrętu w lewo (prawo) no left (right) turn; ~ wjazdu no entry; ~ wstępu no admittance; ~ wyprzedzania no overtaking; ~ zatrzymywania się no waiting; wydać ~ to put (to impose) a ban on sth; znieść ~ to lift (to remove) a ban
zakaz|ać [za'kazatɕ] *perf*,

~ywać [zaka'zɨvatɕ] *imperf vt* forbid, prohibit (czegoś sth)
zakaźny [za'kaźnɨ] *adj* infectious, contagious
zakażenie [zaka'ʒɛɲɛ] *n* infection
zakąsk|a [za'kõska] *f* snack; *pl* ~i hors d'oeuvres
zakład ['zakŭat] *m* 1. (*instytucja*) establishment, institute, institution; ~ fotograficzny photographer's studio (atelier); ~ leczniczy sanatorium; ~ naukowy scientific institute 2. (*założenie się o coś*) bet; iść o ~ to make a bet 3. *pl.* ~y (*fabryka*) works, plant
zakładać [za'kŭadatɕ] *imperf*, założyć [za'ŭɔʒɨtɕ] *perf* I *vt* establish, found, set up; (*gaz itp.*) install II *vi* 1. (*przypuszczać*) assume, presume, take it for granted that ... 2. (*płacić za kogoś*) stand security (go bail) (for sb) III *vr* ~ się (make a) bet
zakładka [za'kŭatka] *f* fold, tuck; (*do książki*) bookmark
zakładowy [zakŭa'dɔvɨ] *adj* of a plant (an establishment); fundusz ~ fund; kapitał ~ initial capital
zakłopotanie [zakŭɔpɔ'taɲɛ] *n* embarrassment, uneasiness
zakłóc|ać [za'kŭutsatɕ] *imperf*, ~ić [za'kŭutɕitɕ] *perf vt* trouble, disturb
zakłóceni|e [zakŭu'tsɛɲɛ] *n* 1. disturbance; ~a w komunikacji dislocation of the traffic 2. *pl* ~a *rad.* atmospherics, statics
zakochać się [za'kɔxatɕ ɕɛ] *vr* fall in love (become infatuated) (w kimś with sb)
zakochany [zakɔ'xanɨ] *adj* in love, enamoured; infatuated; ~ po uszy head over heels in love
zakomunikować [zakɔmuɲi-'kɔvatɕ] *vt* announce, communicate, make known

zakon ['zakɔn] m order
zakończenie [zakɔɲ'tʃɛɲɛ] n
ending, conclusion, end; na
~ last of all; to end with
zakończyć [za'kɔɲtʃitɕ] I vt
end, finish, conclude II vr
~ się (come to an) end
zakop|ać [za'kɔpatɕ] perf,
~ywać [zakɔ'pivatɕ] imperf
I vt bury II vr ~ać, ~ywać
się przen. bury oneself (na
wsi itp. in the country etc.)
zakorkować [zakɔr'kɔvatɕ] vt
cork up
zakraplacz [za'kraplatʃ] m
(medicine) dropper
zakres ['zakrɛs] m range,
scope; (działalności) sphere,
field
zakreśl|ać [za'krɛɕlatɕ] imperf,
~ić [za'krɛɕɕitɕ] perf vt
(koło) circumscribe; (ołówkiem) mark
zakręc|ać [za'krɛ̃tsatɕ] imperf,
~ić [za'krɛ̃tɕitɕ] perf I vt
(włosy) curl; (śrubę) screw
up; ~ać, ~ić kurek to turn
off the tap II vr ~ać, ~ić
się turn round; ~iło mi się
w głowie I feel ⟨felt⟩ giddy
zakręt ['zakrɛ̃t] m bend, turning; ostry ~ sharp bend
zakrętka [za'krɛtka] f nut;
(nakrywka) cap
zakry|ć ['zakritɕ] perf, ~wać
[za'krivatɕ] imperf vt cover
zakrztusić się [za'kʃtuɕitɕ ɕɛ]
vr choke
zakupy [za'kupi] pl purchas-
es; shopping; robić ~ to do
the shopping
zakwestionować [zakfɛstjɔ'nɔ-
vatɕ] vt call in question,
dispute, argue
zakwit|ać [za'kfitatɕ] imperf,
~nąć [za'kfitnɔ̃tɕ] perf vi
blossom, bloom
zalać zob. zalewać
zalec|ać [za'lɛtsatɕ] imperf,
~ić [za'lɛtɕitɕ] perf I vt recommend, advise II vr
~ać się do kogoś to make
love to sb; to woo ⟨to
court⟩ sb

zaledwie [za'lɛdvɛ] adv hardly,
scarcely
zaległości [zalɛ'gwɔɕtɕi] pl
arrears
zalet|a [za'lɛta] f advantage,
quality, virtue; ~y towa-
rzyskie social accomplish-
ments
zalew ['zalɛf] m flood, inun-
dation; (zatoka) bay; (jezioro) (artificial) lake
zal|ewać [za'lɛvatɕ] imperf,
~ać ['zalatɕ] perf I vt pour
over; (o powodzi) flood II
vr przen. ~ewać, ~ać się
łzami to be in a flood of
tears
zależ|eć [za'lɛʒetɕ]ʹ vi depend
(od kogoś, czegoś on sb,
sth); nie ~y mi na tym I am
not keen on it; ~y mi na
tym I am particular about
it; co ci na tym ~v? what
does it matter to you?; to
~y it depends
zależnie [za'lɛʒɲɛ] adv according to; ~ od tego jak ...
depending on how ...
zależny [za'lɛʒni] adj depend-
ent (od czegoś on sth)
zalicz|ać [za'ɕitʃatɕ] imperf,
~yć [za'ɕitʃitɕ] perf vt reckon, number, rank (do ...
among ...); (szeregować)
classify, class (do ...
among ...); (wliczać) in-
clude; rank (do ... among ...)
zaliczenie [zaɕi'tʃɛɲɛ] n inclu-
sion; za ~m cash on delivery ⟨down⟩
zaliczk|a [za'ɕitʃka] f advance,
earnest; dać komuś ~ę to
advance sb money
zaliczyć zob. zaliczać
zaludnieni|e [zalud'ɲɛɲɛ] n
population; gęstość ~a density of population
zalutować [zalu'tɔvatɕ] vt
solder
załadow|ać [zaǔa'dɔvatɕ] perf,
~ywać [zaǔadɔ'vivatɕ] im-
perf vt load
załamać się [za'ǔamatɕ ɕɛ] vr
1. (zawalić się) break

down, collapse, fall in 2. (*ulec depresji*) give way to despair; collapse; lose heart; go to pieces

załatać [za'ŭatatɕ] *vt* patch

załatwi|ać [za'ŭatɕatɕ] *imperf,* **~ć** [za'ŭatɕitɕ] *perf* I *vt* arrange, settle; **~ać, ~ć** klienta to serve a client; **~ać, ~ć** sprawunki to shop; **~ać, ~ć** sprawy to handle matters; to transact business II *vr* **~ać, ~ć** się to ease nature

załącz|ać [za'ŭɔtʃatɕ] *imperf,* **~yć** [za'ŭɔtʃitɕ] *perf vt* enclose (**do czegoś** with sth); (*dołączać*) annex (**do czegoś** to sth)

załącznik [za'ŭɔtʃnik] *m* enclosure; (*dodatek*) annex

załączyć *zob.* **załączać**

załoga [za'ŭɔga] *f* (*pracownicy*) staff, personnel; (*statku*) crew; (*wojskowa*) garrison

założeni|e [zaŭɔ'ʒɛɲɛ] *n* foundation, establishment; (*gazu itp.*) installation; *przen.* wychodzić z **~a** to assume ⟨to take it for granted⟩ (that)

założyciel [zaŭɔ'ʒitɕɛl] *m* founder

założyć *zob.* **zakładać**

zamach ['zamax] *m* attempt (**na życie** on sb's life); **~** stanu coup d'état; *przen.* za jednym **~em** at one blow ⟨stroke⟩

zamarz|ać [za'marzatɕ] *imperf.* **~nąć** [za'marznɔ̃tɕ] *perf vi* freeze (up)

zamal|wiać [za'maŭatɕ] *imperf.* **~ówić** [za'muvitɕ] *perf vt* (*coś*) order: (*bilety, miejsca w samolocie*) book, reserve, make reservations

zamazać [za'mazatɕ] *vt* blur, dim

zamążpójście [zamɔ̃ʃ'pujɕtɕɛ] *n* marriage

zamek ['zamɛk] *m* 1. (*budowla*) castle 2. (*u drzwi*) lock ||

~ błyskawiczny zip-fastener, zipper

zameldować [zamɛl'dɔvatɕ] I *vt* report; announce, register II *vr* **~** się report oneself; (*w hotelu*) check in, register

zamężna [za'mɛ̃ʒna] *adj* married

zamglenie [za'mglɛɲɛ] *n* mist, haze; (*miejsce zamglone*) blur, dimness

zamiana [za'mana] *f* (ex)change (**na coś** for sth)

zamiar ['zamar] *m* intention, purpose, aim, design; **mieć ~** to intend, to mean

zamiast ['zamast] *praep* instead of

zami|atać [za'matatɕ] *imperf,* **~eść** ['zamɛɕtɕ] *perf vt* sweep

zamieć ['zamɛtɕ] *f* snow-storm, blizzard

zamiejscow|y [zamɛj'stsɔvɨ] *adj* strange; **rozmowa ~** trunk-call; long-distance call

zamieni|ać [za'mɛɲatɕ] *imperf.* **~ć** [za'mɛɲitɕ] *perf* I *vt* (ex)change (**coś na coś** sth for sth); **chcę ~ć z tobą kilka słów** I want to have a word with you II *vr* **~ać, ~ć** się change

zamienn|y [za'mɛnnɨ] *adj* exchangeable; **części ~e** spare parts; **handel ~y** barter

zamierz|ać [za'mɛʒatɕ] *imperf,* **~yć** [za'mɛʒitɕ] *perf* I *vt* **~ać** intend, mean, be going to ... II *vr* **~ać, ~yć** się **na kogoś** to raise one's hand to hit ⟨to aim at⟩ sb

zamieszanie [zamɛ'ʃaɲɛ] *n* confusion, commotion, fuss; **robić ~** to (make a) fuss

zamie|szczać [za'mɛʃtʃatɕ] *imperf.* **~ścić** [za'mɛɕtɕitɕ] *perf vt* place, put; (*w gazecie*) insert

zamieszkać *zob.* **zamieszkiwać**

zamieszki [za'mɛʃki] *pl* riot, disorders, trouble, unrest

zamieszk|iwać [zameʃ'ḳivatç] *imperf*, ~ać [za'meʃkatç] *perf* I *vt* inhabit II *vi* live

zamieścić *zob*. zamieszczać

zamieść *zob*. zamiatać

zamiłowanie [zamiŭo'vaɲe] *n* liking, fancy, love (do czegoś for ⟨of⟩ sth)

zamknąć *zob*. zamykać

zamknięty [zam'ḳɲ̃ẽtɨ] *adj* closed, locked, shut

zamordować [zamɔr'dɔvatç] *vt* murder; ~ skrytobójczo to assassinate

zamorski [za'mɔrsḳi] *adj* oversea(s)

zamożny [za'mɔʒnɨ] *adj* wealthy, well-to-do, well--off; ~ człowiek a man of means

zamówić *zob*. zamawiać

zamówienie [zamu'vɛɲe] *n* order; ubranie na ~ suit made to measure

zamsz [zamʃ] *m* chamois, suède

zam|ykać [za'mɨkatç] *imperf*, ~knąć ['zamknɔ̃tç] *perf* I *vt* shut, close; (*na klucz*) lock II *vr* ~ykać, ~knąć się shut, close; *przen.* ~ykać, ~knąć się w sobie to retire ⟨to shrink⟩ into oneself

zamyślić się [za'mɨçḟitç çɛ̃] *vr* fall to thinking, be lost in thought, become thoughtful

zanadto [za'natto] *adv* too; aż ~ more than enough

zaniechać [za'ɲexatç] *vt* give up, drop ⟨abandon⟩ (czegoś sth); desist (czegoś from sth)

zanieczy|szczać [zaɲe'tʃɨʃtʃatç] *imperf*, ~ścić [zaɲe'tʃiçtçitç] *perf vt* dirty, soil; (*wodę*) contaminate; pollute

zaniedbać *zob*. zaniedbywać

zaniedbanie [zaɲed'baɲe] *n* negligence, neglect

zaniedb|ywać [zaɲed'bɨvatç] *imperf*, ~ać [za'ɲedbatç] *perf* I *vt* neglect; (*okazję*) miss; ~ywać ~ać obowiąz-

ki to neglect one's duties II *vr* ~ywać, ~ać się neglect oneself, be negligent

zaniepokojenie [zaɲepɔkɔ'jɛɲe] *n* anxiety, alarm

zanieść *zob*. zanosić

zanik ['zaɲik] *n* loss, decay; ~ mięśni atrophy of muscles; ~ pamięci loss of memory

zanik|ać [za'ɲikatç] *imperf*, ~nąć [za'ɲiknɔ̃tç] *perf vt* disappear, decline, vanish, *rad.* fade

zanim ['zaɲim] *conj* before; by the time

zanocować [zanɔ'tsɔvatç] *vi* spend the night; stay overnight; put up (w hotelu at a hotel, u znajomych with friends)

zan|osić [za'nɔçitç] *imperf*, ~ieść ['zaɲeçtç] *perf* I *vt* carry; *przen.* ~osić prośbę to address a request II *vr* ~osić, ~ieść się od płaczu to cry bitterly; ~osić się od śmiechu to bubble with laughter; ~osi się na burzę a storm is brewing; ~osi się na deszcz it's going to rain; it looks like rain

zanotować [zanɔ'tɔvatç] *vt* note, take down, record, make a note (coś of sth)

zanurz|ać [za'nuʒatç] *imperf*, ~yć [za'nuʒitç] *perf*, *vt* (*także vr* ~ać, ~yć się) plunge

zaoczn|y [za'otʃnɨ] *adj*: studia ~e extramural studies; wyrok ~y judgement by default

zaopat|rywać [zaɔpa'trɨvatç] *imperf*, ~rzyć [zaɔ'patʃitç] *perf* I *vt* provide (kogoś for sb); supply, furnish (w coś with sth) II *vr* ~rywać, ~rzyć się w coś to provide oneself with sth

zaopatrzenie [zaɔpa'tʃɛɲe] *n* supply, delivery; *wojsk.* munitions; (*wyposażenie*) equipment

zaopatrzyć *zob.* zaopatrywać
zaostrz|ać [za'ɔstʃatɕ] *imperf,*
~yć [za'ɔstʃitɕ] *perf* I *vt*
sharpen; *przen.* (*sytuacje*)
aggravate II *vr* ~ać, ~yć
się sharpen, worsen
zapach ['zapax] *m* smell,
scent, odour
zapadać [za'padatɕ] I *vi* sink;
(*o kurtynie*) fall; (*o nocy*)
set in; (*o wyroku*) be pro-
nounced, pass; ~ na zdro-
wiu to fall ill II *vr* ~ się
sink, fall in, collapse
zapakować [zapa'kɔvatɕ] *vt*
pack up
zapal|ać [za'palatɕ] *imperf,*
~ić [za'paɲitɕ] *perf* I *vt*
light; (*podpalać*) set fire
(*coś to sth*): set on fire:
elektr. switch on; ~ać. ~ić
w piecu to light the fire in
the stove; ~ać, ~ić zapałkę
to strike a match; ~ać. ~ić
motor ⟨silnik⟩ to start an
engine II *vr* ~ać, ~ić się
take ⟨catch⟩ fire; *przen.*
become enthusiastic (do czegoś over sth)
zapalenie [zapa'lɛɲɛ] *n* inflammation; (*światła*) lighting;
med. ~ mózgu encephal-
itis; ~ płuc pneumonia; ~
ślepej kiszki appendicitis;
~ zatok frontal sinusitis
zapalić *zob.* zapalać
zapalniczka [zapal'ɲitʃka] *f*
(cigarette-)lighter
zapalnik [za'palɲik] *m* fuse;
elektr. discharger
zapał ['zapaŭ] *m* enthusiasm,
zeal, eagerness; bez ~u
half-hearted; pełen ~u
mettlesome, keen
zapał|ka [za'paŭka] *f* match;
pudełko ~ek box of
matches; szwedzka ~ka
safety match
zapamiętać [zapa'mɛ̃tatɕ] *vt*
remember; retain ⟨keep⟩ in
one's memory ⟨mind⟩; (*tekst
itp.*) memorize
zapanować [zapa'nɔvatɕ] *vi*
prevail; (*nastać*) set in; ~

nad kimś to dominate sb;
~ nad sobą to master one-
self
zaparcie [za'partɕɛ] *n med.*
constipation
zaparkować [zapar'kɔvatɕ] *vt*
park (samochód a car)
zaparz|ać [za'paʒatɕ] *imperf,*
~yć [za'paʒitɕ] *perf vt* (*herbatę itp.*) infuse
zapas ['zapas] *m* store, reserve; (*do szminki. długopisu*) refill; mieć w ~ie to
have in stock ⟨store⟩; robić ~y to stock (up)
zapasow|y [zapa'sɔvɨ] *adj*
spare, reserve; (*drzwi, wyjście itp.*) emergency; części
~e spare parts; koło ~e
spare wheel
zapasy [za'pasɨ] *pl* 1. supplies
2. *sport.* contest, wrestling
match
zapaść ['zapaɕtɕ] *f med.*
collapse
zapaśnik [za'paɕɲik] *m* wrestler
zapatr|ywać się [zapa'trɨvatɕ
ɕɛ] *vr* be of the opinion;
jak się na to ~ujesz? how
does it strike you?; what
do you think of it?
zapchać się ['zapxatɕ ɕɛ] *vr*
(*zatkać się*) get blocked
⟨stocked, choked⟩
zapełni|ać [za'peŭɲatɕ] *imperf.*
~ć [za'peŭɲitɕ] *perf* I *vt* fill
up II *vr* ~ać, ~ć się fill,
be full of
zapewne [za'pɛvnɛ] *adv* surely,
certainly
zapewni|ać [za'pɛvɲatɕ] *im-
perf,* ~ć [za'pɛvɲitɕ] *perf
vt* assure (o czymś of sth);
(*sobie coś*) secure, ensure
zapiąć *zob.* zapinać
zapięcie [za'pɛ̃tɕɛ] *n* clasp,
buckle
zapi|nać [za'pinatɕ] *imperf,*
~ąć ['zapɔ̃tɕ] *perf vt* buckle,
clasp; (*na guziki*) button
(up)
zapinka [za'pinka] *f* clasp,
hasp; buckle

zapis|ać [za'pisatɕ] *perf,*
⁓ywać [zapi'sivatɕ] I *vt*
write ⟨take⟩ down, record,
enter; *(lek)* prescribe; *(tes-
tamentem)* bequeath II *vr*
⁓ać, ⁓ywać się enroll, put
one's name down (na coś
for sth); ⁓ać się na uni-
wersytet to enter a university
zaplombować [zaplɔm'bɔvatɕ]
vt stop (ząb a tooth); fill
(dziurę w zębie a cavity);
*(zamknąć nakładając plom-
bę)* seal, affix a lead
zapłacić [za'pŭatɕitɕ] *vt* pay
zapłon ['zapŭɔn] *m* ignition
zapobie|c [za'pɔbɛts] *perf,*
⁓gać [zapɔ'bɛgatɕ] *imperf
vt* prevent ⟨avert⟩ (czemuś
sth)
zapobiegawczy [zapɔbɛ'gaftʃi]
adj preventive, prophylactic
zapom|inać [zapɔ'minatɕ] *im-
perf,* ⁓nieć [za'pɔmɲetɕ]
perf I *vt* forget II *vr* ⁓inać
się forget oneself
zapora [za'pɔra] *f* bar, barrier;
⁓ wodna water dam
zapotrzebowanie [zapɔtʃɛbɔ-
'vaɲɛ] *n* demand
zapowi|adać [zapɔ'vadatɕ] *im-
perf,* ⁓edzieć [zapɔ'vɛdzetɕ]
perf I *vt* announce, proclaim II *vr* ⁓adać się promise
zapowiedź [za'pɔvetɕ] *f* announcement; *(małżeństwa)*
banns
zapozna|ć [za'pɔznatɕ] *perf,*
⁓wać [zapɔ'znavatɕ] *imperf*
I *vt* acquaint (z czymś with
sth); ⁓ć, ⁓wać kogoś z
kimś to introduce one person to another II *vr* ⁓ć,
⁓wać się get acquainted;
⁓ć się ze sprawą to go into
the matter
zapr|aszać [za'praʃatɕ] *imperf,*
⁓osić [za'prɔɕitɕ] *perf vt*
invite; ask
zaprawa [za'prava] *f:* ⁓ mu-

rarska mortar; ⁓ sportowa
training
zaproponować [zaprɔpɔ'nɔvatɕ]
vt propose
zaprosić zob. zapraszać
zaproszenie [zaprɔ'ʃɛɲɛ] *n* invitation
zaprowadzić [zaprɔ'vadʑitɕ] *vt*
lead, conduct; ⁓ nową mo-
dę to start a new fashion;
⁓ porządek to establish
order; ⁓ zwyczaj to introduce a custom
zaprószyć [za'pruɕitɕ] *vt* cover
with dust; ⁓ ogień to start
a fire
zaprzecz|ać [za'pʃetʃatɕ] *im-
perf,* ⁓yć [za'pʃetʃitɕ] *perf
vt vi* deny, contradict (czemuś sth)
zaprzesta|ć [za'pʃestatɕ] *perf,*
⁓wać [zapʃe'stavatɕ] *imperf
vt* stop, cease, drop, dis-
continue
zaprzyjaźnić się [zapʃi'jaʑɲitɕ
ɕɛ] *vr* make friends (z kimś
with sb)
zapu|szczać [za'puʃtʃatɕ] *im-
perf,* ⁓ścić [za'puɕtɕitɕ] *perf
vt;* ⁓szczać, ⁓ścić krople
do oczu to put drops in sb's
eyes; ⁓szczać, ⁓ścić włosy
⟨brodę⟩ to let one's hair
⟨beard⟩ grow; ⁓ścić silnik
to start the engine
zapyt|ać [za'pitatɕ] *perf,*
⁓ywać [zapi'tivatɕ] *imperf*
I *vt* ask, question II *vr*
⁓ać, ⁓ywać się o kogoś to
ask ⟨inquire⟩ about sb
zar|abiać [za'rabatɕ] *imperf,*
⁓obić [za'rɔbitɕ] *perf vt*
earn, gain; ⁓abiać na ży-
cie to earn one's living
zaradny [za'radni] *adj*
resourceful, ingenious
zaraz ['zaras] *adv* at once,
right away, directly
zarazek [za'razɛk] *m* germ,
microbe
zarazem [za'razɛm] *adv* at the
same time, as well
zara|zić [za'raʑitɕ] *perf,* ⁓żać
[za'raʒatɕ] *imperf* I *vt* in-

fect II *vr* ~zić, ~żać się be infected, catch an infection; contract a disease
zardzewiały [zardzɛ'vaŭi] *adj* rusty
zarejestrować [zarɛjɛs'trɔvatɕ] I *vt* record II *vr* ~ się register
zarezerwować [zarɛzɛr'vɔvatɕ] *vt* reserve; make reservations (miejsca w teatrze for seats in the theatre); ~ sobie to book
zarezerwowany [zarɛzɛrvɔ'vani] *adj* reserved, booked, taken
zaręcz|ać [za'rɛtʃatɕ] *imperf*, ~yć [za'rɛtʃitɕ] *perf* I *vt* (za kogoś) affirm; guarantee II *vr* ~ać, ~yć się be engaged (to be married)
zaręczyny [zarɛ'tʃini] *pl* betrothal, engagement
zarobek [za'rɔbɛk] *m* gain, earnings
zarobić *zob.* zarabiać
zarost ['zarɔst] *m* hair, beard; bez ~u beardless, shaven
zarozumiały [zarɔzu'maŭi] *adj* conceited, presumptuous
zarówno [za'ruvnɔ] *conj* as well as; ~ ..., jak both ... and
zaryzykować [zarizɨ'kɔvatɕ] *vt* venture; run a risk (coś of sth)
zarząd ['zaʒɔt] *m* administration, management, direction; ~ główny board, council; ~ miejski municipal government
zarządz|ać [za'ʒɔdzatɕ] *imperf*, ~ić [za'ʒɔdʑitɕ] *perf vt* administer, manage (czymś sth); (polecać) order, dispose
zarządzenie [zaʒɔ'dzɛɲɛ] *n* order, disposition
zarządzić *zob.* zarządzać
zarzuc|ać [za'ʒutsatɕ] *imperf*, ~ić [za'ʒutɕitɕ[*perf* I *vt* 1. (kotwicę, sieć) cast, throw; ~ać, ~ić płaszcz na ramiona to throw a coat over

one's shoulders; ~ać, ~ić coś komuś to reproach sb with sth 2. (porzucać) give up II *vt* (o pojazdach) skid, lurch
zarzut ['ʒaʒut] *m* objection, charge, imputation; pod ~em morderstwa on a charge of murder; ponad wszelkie ~y above reproach; bez ~u fair and above-board
zasad|a [za'sada] *f* principle; (podstawa) foundation, basis; z ~y as a rule
zasadniczy [zasad'ɲitʃi] *adj* essential, fundamental, cardinal
zasięg ['zaɕɛk] *m* range, scope, reach; poza ~iem out of range; w ~u within reach; w ~u głosu within earshot
zasięg|ać [za'ɕɛgatɕ] *imperf*, ~nąć [za'ɕɛgnɔtɕ] *perf vt* (czyjejś rady) consult (sb), seek advice (from sb); ~nąć informacji to inquire; ~nąć porady lekarskiej ⟨prawnej itp.⟩ to take medical ⟨legal etc.⟩ advice
zasilacz [za'ɕilatʃ] *m* techn. feeder; elektr. feeder cable
zasiłek [za'ɕiŭɛk] *m* subsidy, grant-in-aid; ~ dla bezrobotnych unemployment benefit; **pobierać** ~ to be on relief; pot. to be on the dole; **przejść na** ~ to go on the dole
zaskoczenie [zaskɔ'tʃɛɲɛ] *n* 1. (niespodzianka) surprise 2. techn. snap (of a lock)
zaskoczyć [za'skɔtʃitɕ] *vt* surprise, startle; (o zatrzasku) slip ⟨click⟩ into place
zasłabnąć [za'sŭabnɔtɕ] *vi* weaken, grow faint; (omdleć) faint (away), swoon
zasł|aniać [za'sŭaɲatɕ] *imperf*, ~onić [za'sŭoɲitɕ] *perf* I *vt* cover, veil, cloak; ~aniać, ~onić przed czymś to shelter ⟨screen⟩ from sth II *vr*

~aniać, ~onić się cover oneself ⟨one's face⟩
zasłon|a [za'sůɔna] *f* cover, veil, screen; (*w oknie*) blind, curtain; zasunąć ~ę to draw the curtain
zasłonić *zob.* zasłaniać
zasługa [za'sůuga] *f* merit, credit
zasłu|giwać [zasůu'givatɕ] *imperf*, ~żyć [za'sůuʒitɕ] *perf vi* deserve, merit (na coś sth)
zasmuc|ać [za'smutsatɕ] *imperf*, ~ić [za'smutɕitɕ] *perf vt* (*także vr* ~ać, ~ić się) sadden, grieve
zasnąć ['zasnɔtɕ] *vi* fall asleep
zas|ób ['zasup] *m* 1. stock, store; ~ób słów vocabulary 2. *pl* ~oby resources
zaspa ['zaspa] *f* ·(*śnieżna*) snowdrift; (*piasku*) dune
zaspać ['zaspatɕ] *vi* oversleep
zaspany [za'spani] *adj* sleepy
zaspok|ajać [zaspɔ'kajatɕ] *imperf*, ~oić [zaspɔ'kɔitɕ] *perf vt* satisfy, gratify; (*pragnienie*) quench; (*apetyt*) appease; (*zapotrzebowanie*) meet; (*żądania, roszczenia*) settle
zastać *zob.* zastawać
zastan|awiać [zasta'naṿatɕ] *imperf*, ~owić [zasta'nɔṿitɕ] *perf* I *vt* make think, puzzle II *vr* ~awiać, ~owić się reflect (nad czymś upon sth); deliberate; wonder; puzzle (nad czymś about ⟨over⟩ sth)
zastaw ['zastaf] *m* 1. (*zabezpieczenie*) security; deposit; pożyczyć pod ~ to lend on security 2. (*przedmiot zastawiony*) pawn; dać coś w ~ to pawn sth
zasta|wać [za'stavatɕ] *imperf*, ~ć ['zastatɕ] *perf vt* find
zastąpić *zob.* zastępować
zastępca [za'stěptsa] *m* substitute, proxy, deputy; ~ dowódcy second-in-command; ~ profesora assistant-pro-

fessor; ~ przewodniczącego vice-president
zast|ępować [zastě'povatɕ] *imperf*, ~ąpić [za'stɔpitɕ] *perf vt* replace (kogoś sb); deputize (kogoś for sb); stand for || ~ępować, ~ąpić drogę to bar the way
zastosować [zastɔ'sɔvatɕ] I *vt* apply, adapt, use II *vr* ~ się comply (do czegoś with sth), conform (do czegoś to sth)
zastój ['zastuj] *m* stagnation; *handl.* recession, slump
zastrzał ['zastʃaů] *m med.* felon
zastrze|c ['zastʃɛts] *perf*, ~gać [za'stʃɛgatɕ] *imperf vt* reserve (dla siebie for oneself); ~c, ~gać sobie coś to stipulate *f*or sth; ~c, ~gać sobie prawo autorskie to copyright
zastrzeżenie [zastʃɛ'ʒɛɲɛ] *n* reservation; objection, restriction; bez ~ń without reserve
zastrzyk ['zastʃik] *m* injection; ~ domięśniowy ⟨podskórny, dożylny⟩ intramuscular ⟨hypodermic, intravenous⟩ injection
zasunąć *zob.* zasuwać
zasuwa [za'suva] *f* bolt, bar
zasu|wać [za'suvatɕ] *imperf*, ~nąć [za'sunɔtɕ] *perf vt* push, shove; ~wać, ~nąć firanki to draw the curtains
zasypać [za'sipatɕ] *vt* (*zapełnić*) fill up (a ditch); *przen.* ~ kogoś zaproszeniami to shower invitations on sb
zasypka [za'sipka] *f med.* dusting powder
zaszczepić [za'ʃtɕɛpitɕ] *vt med.* inoculate, vaccinate
zaszczyt ['zaʃtʃit] *m* honour; przynosić komuś ~ to do credit ⟨be an honour⟩ to sb; (*w liście*) mam ~ donieść panu ... I beg to inform you ...
zaszczytny [zaʃ'tʃitni] *adj* honourable

zaszkodzić [za'ʃkɔdʑitɕ] *vt* injure ⟨harm⟩ (komuś sb); do harm (komuś to sb)
zaszy|ć ['zaʃitɕ] *perf*, ~wać [za'ʃivatɕ] *imperf* I *vt* sew up II *vr* ~ć, ~wać się *przen.* (*schować się*) hide oneself
zaś [zaɕ] *conj* but, whereas
zaśpiewać [za'ɕpevatɕ] *vt* sing, start singing
zaświadcz|ać [za'ɕfatʧatɕ] *imperf*, ~yć [za'ɕfattʃitɕ] *perf vt* certify, testify, attest; ~a się, że ... this is to certify that ...
zaświadczenie [zaɕfat'ʧɛɲɛ] *n* certificate, attestation
zaświadczyć *zob.* zaświadczać
zatamować [zata'mɔvatɕ] *vt* stop, block up, obstruct; (*krew*) stanch, staunch
zatańczyć [za'taɲʧitɕ] *vt vi* dance
zatarg ['zatark] *m* conflict; popaść w ~ to get into conflict
zatelefonować [zatɛlɛfɔ'nɔvatɕ] *vt* telephone, *pot.* phone, ring up
zatelegrafować [zatɛlɛgra'fɔvatɕ] *vt* cable, wire
zatemperować [zatɛmpɛ'rɔvatɕ] *vt* point; sharpen (a pencil)
zatłoczony [zatŭɔ'ʧɔnɨ] *adj* crowded; bardzo ~ overcrowded
zatoka [za'tɔka] *f* bay, creek, gulf
zatonąć [za'tɔnɔ̃tɕ] *vi* sink
zatopić [za'tɔpitɕ] *vt* sink, drown
zator ['zatɔr] *m* (*uliczny*) traffic jam; ~ z lodu ice jam
zatrucie [za'truʧɛ] *n* poisoning; ~ krwi blood-poisoning
zatruć ['zatrutɕ] I *vt* poison (sb, food, water etc.) II *vr* ~ się *med.* get poisoned
zatrudni|ać [za'trudɲatɕ] *imperf*, ~ć [za'trudɲitɕ] *perf vt* employ, keep busy

zatrudnienie [zatrud'ɲɛɲɛ] *n* employment, occupation, *pot.* job
zatrzask ['zatʃask] *m* 1. (*u drzwi*) safety-lock; latch; klucz od ~u latchkey 2. (*u sukni itp.*) press button ⟨stud⟩
zatrzas|kiwać [zatʃas'kivatɕ] *imperf*, ~nąć [za'tʃasnɔ̃tɕ] *perf vt* (*drzwi*) bang, slam; (*pokrywę*) snap, shut
zatrzeć się ['zatʃɛtɕ ɕɛ̃] *vr* (*o silniku*) seize
zatrzym|ać [za'tʃɨmatɕ] *perf*, ~ywać [zatʃɨ'mivatɕ] *imperf* I *vt* stop; (*jako więźnia*) detain, arrest; (*u siebie*) retain, keep II *vr* ~ać, ~ywać się (*stanąć*) stop; (*pozostać*) remain, stay
zatwierdz|ać [za'tfɛrdzatɕ] *imperf*, ~ić [za'tfɛrdʑitɕ] *perf vt* confirm, ratify, approve (coś of sth)
zaufać [za'ufatɕ] *vi* confide (komuś in sb); rely (komuś on sb); trust (komuś sb)
zaufani|e [zau'faɲɛ] *n* confidence, trust; mąż ~a shop-steward; mieć ~e do kogoś to confide in sb; w ~u in confidence; in secret; z całym ~em in all confidence
zaufany [zau'fanɨ] *adj* reliable, trusted
zaułek [za'uŭɛk] *m* backstreet; *przen.* ślepy ~ blind alley
zauważ|ać [zau'vaʒatɕ] *imperf*, ~yć [zau'vaʒitɕ] *perf vt* 1. observe, notice 2. *perf* (*powiedzieć*) suggest; (*zrobić uwagę*) remark
zawadz|ać [za'vadzatɕ] *imperf*, ~ić [za'vadʑitɕ] *perf vi* (*przeszkadzać*) hinder, stand in sb's way; ~ać komuś to make a nuisance of oneself; ~ić o coś to stumble upon sth
zawalić się [za'vaʃitɕ ɕɛ̃] *vr* break down, fall in, collapse
zawał ['zavaŭ] *m med.* infarct,

infarction; ~ serca cardiac infarction
zawartość [za'vartɔçtç] *f* contents, capacity
zawczasu [za'ftʃasu] *adv* in good time
zawdzięczać [za'vdʑɛ̃tʃatç] *vt* owe (komuś, czemuś to sb, sth)
zawia|ć ['zav̇atç] *vi (powiać)* blow, start blowing; ~ło mnie I've caught a chill
zawiad|amiać· [zav̇a'daṁatç] *imperf,* ~omić [zav̇a'dɔṁitç] *perf vt* inform, let know; *(oficjalnie)* advise, notify (o czymś of sth)
zawiadomienie [zav̇adɔ'ṁɛɲɛ] *n* information, advice; *(o ślubie itp.)* announcement
zawiadowca [zav̇a'dɔftsa] *m* manager; ~ stacji station--master
zawias ['zav̇as] *m* hinge; na ~ach hinged; zawiesić na ~ach to hinge; zdjąć z ~ów to unhinge
zawiąz|ać [za'v̇ɔ̃zatç] *perf,* ~ywać [zav̇ɔ̃'zivatç] *imperf vt* tie, bind (up); *(spółkę, firmę)* establish, form
zawieja [za'v̇ɛja] *f* turmoil; *(śnieżna)* snow-storm, blizzard
zaw|ierać [za'v̇ɛratç] *imperf,* ~rzeć ['zav̇ʒɛtç] *perf vt (mieścić)* contain, comprise, include, cover || ~ierać, ~rzeć małżeństwo to contract marriage; ~ierać, ~rzeć pokój to conclude ⟨make⟩ peace; ~ierać, ~rzeć traktat to conclude a treaty
zawie|sić [za'v̇ɛçitç] *perf,* ~szać [za'v̇ɛʃatç] *imperf vt* hang (up); *(odroczyć)* suspend; *(wypłatę)* stop
zawieść zob. zawodzić
zawieźć zob. zawozić
zawi|jać [za'v̇ijatç] *imperf,* ~nąć [za'v̇inɔ̃tç] *perf I vt* fold up; *(rękawy)* roll ⟨tuck⟩ up; *(w papier)* wrap (up) II

vi ~jać, ~nąć do portu to enter a harbour III *vr* ~jać, ~nąć się w kołdrę to roll oneself up in a blanket
zawiły [za'v̇iŭi] *adj* intricate, complicated
zawinąć zob. zawijać
zawinić [za'v̇iɲitç] *vi* to be guilty (of)
zawiść ['zav̇içtç] *f* envy, jealousy
zawodnik [za'vɔdɲik] *m* competitor
zawodowy [zavɔ'dɔvi] *adj* professional; *(o chorobie)* occupational; związek ~ trade union
zawody [za'vɔdi] *pl* competition, contest, games; ~ żużlowe cinder-track race
zaw|odzić [za'vɔdʑitç] *imperf,* ~ieść ['zav̇ɛçtç] *perf I vt* 1. disappoint, deceive, frustrate; ~odzić, ~ieść kogoś to let sb down 2. *(nie udać się)* fail 3. *imperf (lamentować)* lament II *vr* ~ieść się be disappointed
zawołać [za'vɔŭatç] *vt* call; ~ taksówkę to hail a taxi
zaw|ozić [za'vɔʑitç] *imperf,* ~ieźć ['zav̇ɛçtç] *perf vt* carry, convey, transport
zawód ['zavut] *m* 1. profession 2. *(rozczarowanie)* disappointment, disillusion, deception; zrobić ~ komuś to disappoint sb
zawór ['zavur] *m* valve
zawr|acać [za'vratsatç] *imperf,* ~ócić [za'vrutçitç] *perf vt vi* turn ⟨go⟩ back; *przen.* ~acać, ~ócić komuś głowę to bother sb; to turn sb's head
zawrót ['zavrut] *m (głowy)* vertigo, dizziness, giddiness
zawrzeć zob. zawierać
zawsze ['zafʃɛ] *adv* always, ever; na ~ for ever; raz na ~ once and for all; ~ odtąd ever after
zawzięty [za'vzɛ̃ti] *adj (uparty)* persistent; *(nieprzejed-*

nany) bitter; ~ na coś keen on sth
zazdrosny [za'zdrɔsni] *adj* jealous, envious (o kogoś, coś of sb, sth)
zazdrościć [za'zdrɔɕtɕitɕ] *vt* envy (komuś sb), grudge (komuś czegoś sb sth)
zaziębi|ać się [za'ʑɛ̃batɕ ɕɛ] *imperf*, ~ć się [za'ʑɛ̃bitɕ ɕɛ] *perf vr* catch (a) cold
zaziębienie [zaʑɛ̃'bɛɲɛ] *n* cold, chill
zaznaczyć [za'znatʃitɕ] I *vt* (*zrobić znak*) mark, make a note (coś of sth); (*podkreślać*) stress II *vi* (*wykazać*) point out, state
zaznaj|amiać [zazna'jamatɕ] *imperf*, ~omić [zazna'jɔmitɕ] *perf* I *vt* aquaint (z kimś, czymś with sb, sth) II *vr* ~amiać, ~omić się become ⟨get⟩ acquainted (z kimś with sb)
zazwyczaj [za'zvitʃaj] *adv* usually; jak ~ as usual
zażalenie [zaʒa'lɛɲɛ] *n* complaint; wnieść ~ to lodge a complaint
zażarty [za'ʒarti] *adj* fierce, bitter, furious
zaży|ć ['zaʒitɕ] *perf*, ~wać [za'ʒivatɕ] *imperf vt* (*lekarstwo*) take; (*szczęścia itp.*) enjoy, experience
zażyły [za'ʒiłi] *adj* intimate, familiar
ząb [zɔ̃p] *m* tooth; ~ mądrości wisdom tooth; ~ mleczny milk-tooth; ~ trzonowy molar; sztuczny ~ false tooth; denture; boli mnie ~ I have a toothache
zbadać ['zbadatɕ] *vt* (*kraj, teren itp.*) explore; (*sprawę, zbrodnię*) investigate; ~ pacjenta to examine a patient
zbędny ['zbɛdni] *adj* superfluous
zbić [zbitɕ] I *vt* 1. (*sprawić lanie*) beat (up); *przen.* ~ argument to refute an ar-

gument 2. (*stłuc*) break II *vr* ~ się break
zbiec *zob.* **zbiegać**
zbieg [zbɛk] *m* fugitive, runaway, deserter || ~ okoliczności coincidence; szczęśliwy ~ okoliczności happy coincidence, stroke of luck
zbie|gać ['zbɛgatɕ] *imperf*, ~c [zbɛts] *perf* I *vi* run away ⟨down⟩; (*uciekać*) run away II *vr* ~gać, ~c się (o liniach) converge; (o wypadkach) coincide; (kurczyć się) shrink; (gromadzić się) crowd
zbiegowisko [zbɛgɔ'visk] *n* crowd
zbieracz ['zbɛratʃ] *m* collector
zbierać ['zbɛratɕ] *imperf*, zebrać]'zebratɕ[*perf* I *vt* gather, collect; (owoce) pick up; (zboże) harvest; ~ ze stołu to clear the table II *vr* ~ się gather, meet, come together; *przen.* zbiera się na deszcz it is going to rain; ~ się w sobie to pull oneself together
zbiornik ['zbɔrɲik] *m* reservoir, basin, tank; ~ paliwa fuel tank
zbiór [zbur] *m* collection; ~ praw code; ~ zboża crop, harvest
zbiórk|a ['zburka] *f* 1. (zebranie się) rally, assembly; miejsce ~i rallying point 2. (pieniężna) collection
zbliż|ać ['zbliʒatɕ] *imperf*, ~yć ['zbliʒitɕ] *perf* I *vt* near, approach; ~ać, ~yć, ludzi to bring people together II *vr* ~ać, ~yć się approach (do kogoś sb); ~ać, ~yć się do końca to draw to an end ⟨a close⟩
zbliżenie [zbli'ʒɛɲɛ] *n fot.* close-up
zbłądzić ['zbłõdʑitɕ] *vi* go astray, lose one's way; *przen.* err, sin
zbocze ['zbɔtʃɛ] *n* slope
zboże ['zbɔʒɛ] *n* corn, grain

zbrodnia ['zbrɔdɲa] f crime
zbrodniarz ['zbrɔdɲaʃ] m criminal
zbrodniczy [zbrɔd'ɲitʃi] adj criminal
zbroić ['zbrɔitɕ] I vt 1. arm
2. (spsocić) ~ coś to do some mischief II vr ~ się arm
zbroja ['zbrɔja] f armour
zbroje|nia [zbrɔ'jɛɲa] pl armaments; wyścig ~ń armaments race
zbrzydnąć ['zbʒidnɔ̃tɕ] vi become ugly, lose one's looks
zbudować [zbu'dɔvatɕ] vt build, construct
zbudzić ['zbudʑitɕ] I vt wake (up), rouse II vr ~ się wake (up)
zburzyć ['zbuʒitɕ] vt destroy, demolish; (budynek) pull down
zbyt ¹ [zbit] adv too; ~ duży too big; ~ gorliwy overzealous
zbyt ² [zbit] m sale; rynek ~u outlet, market
zbyteczny [zbi'tɛtʃni] adj superfluous, excessive, useless; zupełnie ~ quite unnecessary
zbytek ['zbitɛk] m (luksus) luxury; (nadmiar) excess
zda|ć [zdatɕ] perf, zdawać ['zdavatɕ] imperf I vt render, turn ⟨give⟩ over ‖ ~ć egzamin to pass an examination; ~wać egzamin to sit for an examination; ~ć, ~wać sprawę z czegoś give an account of sth; ~wać sobie sprawę z czegoś to realize sth II vr ~ć, ~wać się 1. rely (na kogoś, coś on sb, sth) 2. ~wać się (wydawać się) seem, appear
z dala [z'dala], z daleka [z da'lɛka] adv from afar
zdanie ['zdaɲɛ] n 1. opinion, view; powiedzieć swoje ~ to speak one's mind; zmienić ~ to change one's mind; moim ~m in my opinion

2. gram. sentence, clause
zdarz|ać się ['zdaʒatɕ ɕɛ̃] imperf, ~yć się ['zdaʒitɕ ɕɛ̃] perf vr happen, occur, come to pass
zdarzenie [zda'ʒɛɲɛ] n event, happening, incident
zdawać zob. zdać
zdążyć ['zdɔ̃ʒitɕ] vi come in time; nie ~ na pociąg to miss the train
zdecydować [zdɛtsi'dɔvatɕ] I vt decide II vr ~ się decide, make up one's mind; resolve (na coś upon sth)
zdejmować [zdɛj'mɔvatɕ] imperf, zdjąć [zdjɔ̃tɕ] perf vt 1. take off, remove 2. (fotografować) take a picture (coś of sth) ‖ zdjął go strach he was seized with fear
zdeponować [zdɛpɔ'nɔvatɕ] vt deposit
zderzak ['zdɛʒak] m buffer; mot. fender
zderzenie [zdɛ'ʒɛɲɛ] n collision, crash, smash; pot. clash
zderzyć się ['zdɛʒitɕ ɕɛ̃] vr knock (z kimś, czymś against sb, sth); collide, smash (z czymś into sth)
zdezynfeko wać [zdɛzinfɛ'kɔvatɕ] vt disinfect; med. sterilize
zdjąć zob. zdejmować
zdjęcie ['zdjɛ̃tɕɛ] n (fotografia) picture, photograph; zrobić ~ to take a photograph; zrobić ~ migawkowe to take a snapshot; robić ~ rentgenowskie to X-ray
zdobić ['zdɔbitɕ] vt decorate, adorn
zdobycz ['zdɔbitʃ] f conquest; booty; spoil(s); ~e nauki conquests of science
zdoby|ć ['zdɔbitɕ] perf, ~wać [zdɔ'bivatɕ] imperf I vt conquer, capture, gain; (wiedzę) acquire; ~ć nagrodę to win a prize II vr ~ć,

~wać się na coś to bring
oneself ⟨manage⟩ to do sth;
~ć, ~wać się na uśmiech
to force a smile
zdolność ['zdɔlnɔçtç] f ability,
capacity, talent
zdolny ['zdɔlnɪ] adj capable
(do czegoś of sth), clever,
gifted, able
zdołać ['zdɔŭatç] vt manage
⟨be able⟩ (coś zrobić to do
sth), contrive; nie ~ zrobić
czegoś to fail to do sth
zdrada ['zdrada] f treason,
treachery; ~ małżeńska
conjugal infidelity
zdradz|ać ['zdradzatç] imperf,
~ić ['zdradʑitç] perf I vt
betray; (mężа, żonę) be
faithless (kogoś to sb); deceive (kogoś sb) II vr ~ać,
~ić się betray oneself, give
away a secret
zdrajca ['zdrajtsa] m traitor
zdrętwieć ['zdrɛ̃tʃɛtç] vi stiffen, become torpid, be
numbed
zdrojowy [zdrɔ'jɔvɪ] adj of
a health-resort; dom ~ hy-
dropathic establishment
zdrowi|e ['zdrɔvɛ] n health;
służba ~a health service;
pić czyjeś ~e to drink sb's
health; to propose a toast;
na ~e! (po kichnięciu) God
bless you!; za twoje ~e!
here's to you!
zdrowy ['zdrɔvɪ] adj healthy,
sound; (o klimacie) whole-
some; (psychicznie) sane;
bądź zdrów! good bye!;
farewell!
zdrzemnąć się ['zdʒɛmnɔ̃tç çɛ]
vr have a nap
zdumienie [zdu'mɛɲɛ] n aston-
ishment, amazement; wpra-
wić w ~ to amaze; to
astound
zdumiewający [zdumɛva'jɔ̃tsɪ]
adj startling, stupendous,
amazing
zdumiony [zdu'mɔnɪ] adj a-
mazed, astonished (czymś
at sth)

zdyskwalifikować [zdɪskfaɲi-
fi'kɔvatç] vt disqualify
zdystansować [zdɪstan'sɔvatç]
vt outdistance
zdziwić ['zdʑivitç] I vt astonish II vr ~ się be aston-
ished (czymś at sth)
ze zob. z
zebra ['zɛbra] f 1. zebra 2.
(na jezdni) zebra crossing
zebrać zob. zbierać
zebranie [zɛ'braɲɛ] n meeting,
assembly; ~ towarzyskie
party
zechci|eć ['zɛxtçɛtç] vi be will-
ing, choose; be pleased (to
do); czy nie ~ałbyś powtórzyć tego? wouldn't you
like to repeat it?; would
you mind repeating it?
zegar ['zɛgar] m (ścienny)
clock; (słoneczny) sundial;
(licznik) meter; ~ parkingowy parking meter
zegar|ek [zɛ'garɛk] m watch;
~ek na rękę wrist watch;
~ek kieszonkowy pocket
watch; na moim ~ku by
my watch; ~ek późni się
⟨spieszy się⟩ the watch is
slow ⟨fast⟩
zegarmistrz [zɛ'garmistʃ] m
watch-maker
zejść zob. schodzić
zelować [zɛ'lɔvatç] vt sole
zelówka [zɛ'lufka] f sole
zemdleć ['zɛmdlɛtç] vi faint,
swoon
zemsta ['zɛmsta] f revenge,
vengeance
zemścić się ['zɛmçtçitç çɛ] vr
take revenge, revenge (oneself) (na kimś za coś on sb
for sth)
zepchnąć ['zɛpxnɔ̃tç] vt push,
shove, thrust (w dół down,
na bok aside)
zepsuć ['zɛpsutç] I vt spoil;
przen. corrupt, deprave; ~
sobie żołądek to upset one's
stomach II vr ~ się go
⟨turn⟩ bad, spoil; przen. be
corrupted ⟨depraved⟩
zero ['zɛrɔ] n zero, nought

zerwać zob. zrywać
zerwanie [zɛr'vaɲɛ] n rupture, breach
zespół ['zɛspuů] m team, set, group; (artystyczny) ensemble; teatr. troupe
zestaw ['zɛstaf] m set, outfit; gear; techn. aggregate; ~ narzędzi tool kit
zestawi|ać [zɛ'stavatɕ] imperf, ~ć [zɛ'stavitɕ] perf vt (w całość) put together, combine; (porównywać) compare
zestawienie [zɛsta'vɛɲɛ] n (porównanie) comparison; (złożenie w całość) combinatiqn; (rachunkowe) balance sheet
zeszłoroczny [zɛʃůɔ'rɔtʃɲi] adj last year's
zeszły ['zɛʃůi] adj past, last; w ~m roku last year
zeszyt ['zɛʃit] m exercise-book
zetknąć ['zɛtknɔ̃tɕ] I vt put together, contact; join; ~ ze sobą ludzi to throw people together II vr ~ się come into contact, get in touch (z kimś with sb)
zetrzeć ['zɛtʃɛtɕ] vt (tablicę) wipe; ~ kurz to dust; ~ na miazgę to crush
zewnątrz ['zɛvnɔ̃tʃ] adv praep outside; (o kierunku) outwards; odwrócić na ~ to turn inside out
zewnętrzn|y [zɛ'vnɛ̃tʃni] adj exterior, external, outdoor; (świat) outer, outward; med. do użytku ~ego for external use
zewsząd ['zɛʃʃɔ̃t] adv from everywhere, from (on) all sides; on every side
zez [zɛz] m squint
zezw|alać [zɛ'zvalatɕ] imperf, ~olić [zɛ'zvɔɦitɕ] perf vi allow, permit (na coś sth)
zezwolenie [zɛzvɔ'lɛɲɛ] n permission, consent; (na sprzedaż alkoholu itp.) licence
zgad|nąć ['zgadnɔ̃tɕ] perf,

~ywać [zga'divatɕ] imperf vt guess
zgadzać się ['zgadzatɕ ɕɛ] imperf, zgodzić się ['zgɔdʑitɕ ɕɛ] perf vr consent, agree (na coś to sth); nie ~ się to disagree
zgaga ['zgaga] f med. heartburn
zgasić ['zgaɕitɕ] vt put out, extinguish; ~ światło to switch off (the electric light); ~ silnik to shut off the engine
zgasnąć ['zgasnɔ̃tɕ] vi be (go) out; (umrzeć) die
zgi|ąć [zgɔ̃tɕ] perf, ~nać ['zɡinatɕ] imperf I vt bend, bow, fold II vr ~ąć, ~nać się bend, bow, stoop
zginąć ['zɡinɔ̃tɕ] vi be lost, disappear; (umrzeć) be killed, die
zgł|aszać ['zgůaʃatɕ] imperf, ~osić ['zgůɔɕitɕ] perf I vt announce, declare; report; ~aszać, ~osić pretensję do czegoś to lay claim to sth; ~aszać, ~osić wniosek to present a motion II vr ~aszać, ~osić się report, present oneself; ~aszać, ~osić się do kogoś to call on sb; ~aszać, ~osić się na ochotnika to volunteer; ~aszać, ~osić się po coś to apply for sth; to come and fetch sth
zgłodni|eć ['zgůɔdɲɛtɕ] vi grow hungry; ~ałem I am hungry
zgłoszenie [zgůɔ'ʃɛɲɛ] n application, declaration, presentation
zgnieść [zgɲɛɕtɕ] vt crush, squash; (zmiąć) crumple; (papierosa) grind; (bunt) suppress
zgniły ['zgɲiůi] adj rotten, putrid, foul; przen. (moralnie) depraved
zgo|da ['zgɔda] f consent (na coś to sth); (zgodność) harmony, concord; wyrazić

~dę to assent (to); w ~dzie z czymś in accordance ⟨in agreement⟩ with sth; za czyjąś ~dą with the consent of sb; ~da! all right!; agreed!
zgodzić się zob. zgadzać się
zgolić ['zgɔɲitɕ] vt shave off (one's beard)
zgon [zgɔn] m decease; świadectwo ~u death certificate
z góry ['zguri] adv beforehand, in advance, in anticipation
zgrabny ['zgrabni] adj (zręczny) skilful, adroit, deft; (dobrze zbudowany) well--shaped, smart
zgromadzenie [zgrɔma'dzɛɲɛ] n assembly, gathering, meeting
z grubsza ['zgrupʃa] adv rougly, in the rough
zgrzać się ['zgʒatɕ ɕɛ] vr get hot
zgub|a ['zguba] f 1. (przedmiot) loss, lost thing 2. (strata) loss, ruin; skazany na ~ę doomed
zgubić ['zguɓitɕ] I vt lose; przen. ruin II vr ~ się lose oneself, get lost, go astray, lose one's way
ziarno ['ʑarnɔ] n grain, corn; (kawy) bean
zidentyfikować [zidɛntifi'kɔvatɕ] vt identify
zielony [ʑe'lɔni] adj green
ziemia ['ʑeɱa] f earth, land, ground; (gleba) soil; (kula ziemska) globe; ~ ojczysta native land
ziemniak ['ʑɛmɲak] m potato
ziemski ['ʑɛmsɕi] adj earthly, terrestrial; właściciel ~ landowner
ziew|ać ['ʑɛvatɕ] imperf, ~nąć ['ʑɛvnɔ̃tɕ] perf vi yawn
zięć [ʑɛ̃tɕ] m son-in-law
zim|a ['ʑima] f winter; ~ą, w ~ie in winter; w środku ~y in the dead of winter

zimno ['ʑimnɔ] adv cold; jest ~ it is cold
zimny ['ʑimni] adj cold, frigid
zimować [ʑi'mɔvatɕ] vi pass the winter; (o zwierzętach) hibernate
zioła ['ʑɔ̃ua] pl herbs
ziomkostwo [ʑɔm'kɔstfɔ] n homeland association
zjawi|ać się ['zjaⱱatɕ ɕɛ̃] imperf, ~ć się ['zjaⱱitɕ ɕɛ̃] perf vr appear, turn up
zjazd [zjast] m (z góry) descent; (delegatów) congress, meeting; (koleżeński) reunion; (zlot) rally
zjechać zob. zjeżdżać
zjednoczenie [zjɛdnɔ'tʃɛɲɛ] n union; unification
zjednoczyć [zjɛd'nɔtʃitɕ] vt (także vr ~ się) unify; unite
zjeść [zjɛɕtɕ] vt eat (up); ~ obiad ⟨śniadanie, kolację⟩ to have dinner ⟨breakfast, supper⟩
zje|żdżać ['zjɛʒdʒatɕ] imperf, ~chać ['zjɛxatɕ] perf I vi go down, descend; ~żdżać, ~chać z drogi to make way; to go ⟨get⟩ out of the way II vr ~żdżać, ~chać się come together, meet, assemble
zlec|ać ['zlɛtsatɕ] imperf, ~ić ['zlɛtɕitɕ] perf vt charge ⟨commission⟩ (komuś coś sb with sth)
zlecenie [zlɛ'tsɛɲɛ] n commission, order; (wiadomość) message
zlecić zob. zlecać
zlepi|ć ['zlɛɓitɕ] vt stick ⟨glue, gum⟩ together; ~one włosy clotted hair
zlew [zlɛf] m sink
zlot [zlɔt] m rally; (harcerski) jamboree
złagodzić [zua'gɔdʑitɕ] vt (ból) soothe, alleviate; (gniew) mitigate; ~ karę to mitigate a punishment
złamać ['zuamatɕ] I vt break,

crack; (z trzaskiem) snap II vr ⁓ się break
złamanie [zŭa'maɲɛ] n break; med. fracture
złapać ['zŭapatç] I vt take, catch (hold); (okazję) snatch; ⁓ mocno to grip; to clutch; ⁓ za coś to grab at sth; pot. ⁓ gumę to get a puncture II vr ⁓ się catch (za coś at sth)
złączyć ['zŭɔ̃tʃitç] I vt join, connect; (zjednoczyć) unite II vr ⁓ się join (z kimś with sb), unite
zło [zŭɔ], złe [zŭɛ] n evil; brać za złe to take amiss; nie ma w tym nic złego there is no harm in it; wybrać mniejsze zło to choose the lesser of two evils
złoczyńca [zŭɔ'tʃiɲtsa] m evil-doer, malefactor
złodziej ['zŭɔdʒɛj] m thief; ⁓ kieszonkowy pickpocket
złom [zŭɔm] m scrap-iron
złościć ['zŭɔçtçitç] I vt irritate, make angry, vex, annoy II vr ⁓ się be angry (na kogoś with sb); be irritated (na coś at sth)
złoś|ć [zŭɔçtç] f anger, spite, irritation; czuć ⁓ć do kogoś to be angry with sb; wpaść w ⁓ć to lose one's temper; zrobić komuś na ⁓ć to spite sb; ze ⁓ci out of spite; ze ⁓cią angrily
złośliwy [zŭɔç'ɫivi] adj malicious, spiteful; med. nowotwór ⁓ malignant tumour
złoto ['zŭɔtɔ] n gold
złotówka [zŭɔ'tufka] f zloty
złoty 1 ['zŭɔti] adj gold; golden
złoty 2 ['zŭɔti] m (moneta) zloty
złoże ['zŭɔʒɛ] n deposit, layer, bed
złożony [zŭɔ'ʒɔni] adj (o arkuszu itp.) folded; (skomplikowany) complicated,

complex, compound; przen. ⁓ chorobą bedridden
złożyć ['zŭɔʒitç] vt (kartkę, kopertę) fold; (pieniądze) deposit; ⁓ egzamin to pass an examination; ⁓ oświadczenie to make a statement; ⁓ podanie to file ⟨submit⟩ an application; ⁓ podziękowanie to give ⟨render⟩ thanks; ⁓ przysięgę to take an oath; ⁓ rezygnację to resign one's post; ⁓ wizytę to pay a visit; ⁓ zażalenie to lodge a complaint
złudzenie [zŭu'dzɛɲɛ] n illusion
zły [zŭi] adj (niedobry) evil, ill, bad, wicked; (rozgniewany) angry (na kogoś with sb)
zmagać się ['zmagatç çɛ] vr struggle; sport. wrestle
zmarły ['zmarŭi] I adj deceased, dead; ⁓ prezydent the deceased president II m the deceased
zmarnować [zmar'nɔvatç] I vt waste, trifle away; ⁓ okazję to miss ⟨lose⟩ an opportunity; ⁓ życie to make a mess of one's life II vr ⁓ się wáste; (o człowieku) go to the dogs; fall into degradation
zmarszczk|a ['zmarʃtʃka] f wrinkle, pucker; (na ubraniu) crease; pl ⁓i (w kącie oka) crow's-foot
zmarszczyć ['zmarʃtʃitç] I vt wrinkle; (czoło) frown; (brwi) knit one's brows; frown (na coś at ⟨on⟩ sth); (materiał) gather, pucker, crease II vr ⁓ się wrinkle; (o materiale) crease
zmartwić ['zmartfitç] I vt worry, grieve, afflict II vr ⁓ się worry, be grieved (czymś at sth)
zmartwienie [zmart'fɛɲɛ] n worry, grief, trouble
zmarznąć ['zmarznɔ̃tç] vi be

frozen, freeze; (o człowieku) be cold
zmęczenie [zmɛ̃'tʃɛɲɛ] n weariness, tiredness, fatigue
zmęczony [zmɛ̃'tʃɔɲi] adj tired, weary; śmiertelnie ~ dead-tired
zmęczyć ['zmɛ̃tʃitɕ] I vt tire, fatigue II vr ~ się be tired, tire
zmian|a ['zmana] f change, alteration; (w pracy robotników) shift; sport. relay; ~a na lepsze change for the better; na ~ę in turn, by turns, in shifts
zmiąć się ['zmɔ̃tɕ ɕɛ̃] crumple, crease
zmieni|ać ['zmɛɲatɕ] imperf, ~ć ['zmɛɲitɕ] perf I vt change, alter; (wartę) relieve; ~ć mieszkanie to move; ~ć pieniądze to change money II vr ~ać, ~ć się change, vary, alter
zmienny ['zmɛnni] adj variable, changeable; elekr. prąd ~ alternating current
zmierza|ć ['zmɛʒatɕ] vi aim, drive (do czegoś at sth); tend (w stronę czegoś towards sth); ~ć do celu to pursue an aim; to follow a purpose; do czego ~sz? what are you up to ⟨driving at⟩?
zmierzch [zmɛʃx] m dusk, twilight; o ~u at nightfall
zmierzyć ['zmɛʒitɕ] vt measure; ~ gorączkę to take (sb's) temperature
zmieszać ['zmɛʃatɕ] I vt mix up; (speszyć) perplex, disconcert II vr ~ się get ⟨become⟩ confused ⟨mixed up⟩
zmieścić ['zmɛɕtɕitɕ] I vt contain, manage to place, find room (enough) II vr ~ się get in, enter
zmięty ['zmɛ̃ti] adj crumpled, mussed
zmizernieć [zmi'zɛrɲɛtɕ] vi grow thin

zmniejsz|ać ['zmɲɛjʃatɕ] imperf, ~yć ['zmɲɛjʃitɕ] perf vt (także vr ~ać, ~yć się) lessen, diminish, decrease, reduce
zmoczyć ['zmɔtʃitɕ] vt moisten, soak, wet
zmoknąć ['zmɔknɔ̃tɕ] vi get wet, soak
zmowa ['zmɔva] f conspiracy, plot
zmrok [zmrɔk] m dusk, twilight
zmruży|ć ['zmruʒitɕ] vt ~ć oczy to blink; nie ~łem oka I didn't sleep a wink
zmu|sić ['zmuɕitɕ] perf, ~szać ['zmuʃatɕ] imperf I vt force, compel II vr ~sić, ~szać się force oneself (to sth, to do sth)
zmyć zob. zmywać
zmylić ['zmiʎitɕ] vt mislead; ~ drogę to go astray
zmysł [zmisu] m sense; być przy zdrowych ~ach to be sane; postradać ~y to go mad; to lose one's mind
zmysłowy [zmi'sŭɔvi] adj sensual
zmyśl|ać ['zmiɕlatɕ] imperf, ~ić ['zmiɕʎitɕ] perf vt invent, make up (a story), lie
zmywacz ['zmivatʃ] m (do farb, lakieru) (paint, polish) remover
zmy|wać ['zmivatɕ] imperf, ~ć [zmitɕ] perf vt wash out; (naczynia) wash up
znaczek ['znatʃɛk] m sign, mark; (pocztowy) stamp; (odznaka) badge
znaczeni|e [zna'tʃɛɲɛ] n 1. meaning, sense; w całym tego słowa ~u in the full sense of the word 2. (ważność) importance, weight; być bez ~a to be of no consequence; mieć ~e to matter; to carry weight
znacznie ['znatʃɲɛ] adv considerably; ~ lepiej far better

znaczyć ['znatʃitɕ] I vt (robić
znaki) mark II vi mean,
signify
znać [znatɕ] I vt know; ~
z widzenia to know by
sight; dać komuś ~ to let
sb know II vr ~ się z
kimś to be acquainted with
sb; to know sb; ~ się na
czymś to know sth; to be
competent at sth; znamy
się dobrze we know each
other very well   .
znajdować [znaj'dɔvatɕ] I vt
find II vr ~ się be, be
found; (o miejscowości) be
situated
znajomość [zna'jɔmɔɕtɕ] f
acquaintance; zawrzeć ~ to
make acquaintance
znajomy [zna'jɔmɪ] I adj
known II m acquaintance
znak [znak] m sign, mark,
token; zły ~ ill omen; ~
drogowy road ⟨traffic⟩
sign; ~ fabryczny trade
mark; ~ firmowy brand;
~ orientacyjny (w terenie)
landmark; ~ ostrzegawczy
caution sign; ~ przestan-
kowy punctuation mark; ~
zapytania question mark;
~i szczególne (osoby) outstanding features; wojsk.
~ rozpoznawczy identific-
ation disc; przen. stać pod
~iem zapytania to be
doubtful; na ~ czegoś in
token of sth
znakomity [znakɔ'mitɪ] adj
excellent, remarkable; (doskonały) exquisite, deli-
cious; (o człowieku) dis-
tinguished, illustrious
znalazca [zna'lastsa] m finder
znaleźć ['znaleɕtɕ] I vt find;
(odkryć) discover II vr ~
się be found; find oneself;
umieć się ~ to know how
to behave
znamienny [zna'mennɪ] adj
characteristic (dla kogoś,
czegoś of sb, sth); distinctive, significant

znamię ['znamɛ̃] n birth-mark;
mole
znany ['znanɪ] adj known,
noted (z czegoś for sth);
familiar (komuś to sb);
(sławny) celebrated; dobrze
~ well-known
znawc|a ['znaftsa] m. expert
(czegoś in sth), connoisseur
(czegoś of ⟨in⟩ sth); nie być
~ą czegoś to be no judge
of sth
znęcać się ['znɛ̃tsatɕ ɕɛ̃] vr
torment, harass (nad kimś
sb)
zniechęc|ać [zɲɛ'xɛ̃tsatɕ] im-
perf, ~ić [zɲɛ'xɛ̃tɕitɕ] perf
I vt discourage II vr ~ać
się be discouraged
znieczulenie [zɲɛtʃu'lɛɲɛ] n
insensibility; anaesthesia
zniekształc|ać [zɲɛ'kʃtaŭtsatɕ]
imperf, ~ić [zɲɛ'kʃtaŭtɕitɕ]
perf vt disfigure, deform
znienacka [zɲɛ'natska] adv
all off a sudden, unexpect-
edly, unawares
znieść zob. znosić
zniewaga [zɲɛ'vaga] f insult,
affront, injury
znieważ|ać [zɲɛ'vaʒatɕ] imperf,
~yć [zɲɛ'vaʒitɕ] perf vt insult, affront
znik|ać ['zɲikatɕ] imperf,
~nąć ['zɲiknɔ̃tɕ] perf vi
vanish, disappear
znikomy [zɲi'kɔmɪ] adj insignificant, imperceptible
zniszczenie [zɲiʃ'tʃɛɲɛ] n destruction, ruin
zniszczyć ['zɲiʃtʃitɕ] vt destroy, ruin, annihilate
zniż|ać ['zɲiʒatɕ] imperf, ~yć
['zɲiʒitɕ] perf I vt (cenę
itp.) lower, reduce II vr
~ać, ~yć się sink, descend,
stoop
zniżk|a ['zɲiʃka] f (cen) re-
duction, reduced price; bilet ze ~ą 50% half-fare
⟨half-price⟩ ticket; bilet bez
~i full-fare ticket; korzystać z 50% ~i na kolei to
travel half-fare

znosić ['znɔçitç] imperf, znieść [zɲɛçtç] perf I vt 1. (z góry) carry down 2. (gromadzić) gather, collect; ~ jaja to lay eggs 3. (ścierpieć) stand, bear, endure, tolerate; nie znosić to hate; to dislike 4. (usuwać) abolish; (anulować) annul, cancel II vr znosić się 1. (o ubraniu) wear out 2. (o ludziach nawzajem) tolerate each other; nie znosić się to hate each other

znowu ['znɔvu], znów '[znuf] adv again, anew

znudzić ['znudʒitç] I vt bore, tire II vr ~ się be ⟨become⟩ bored, be fed up (czymś with sth)

znużyć ['znuʒitç] I vt fatigue, weary II vr ~ się grow weary, become tired

zobaczyć [zɔ'batʃitç] I vt see, catch sight (coś of sth) II vr ~ się meet (z kimś sb)

zobowiązać zob. zobowiązywać

zobowiązanie [zɔbɔvʒɔ'zaɲɛ] n obligation, pledge, commitment; podjąć ~ to enter into an obligation; to pledge oneself

zobowiąz|ywać [zɔbɔvʒɔ'zivatç] imperf, ~ać [zɔbɔ'vɔzatç] perf I vt oblige, bind II vr ~ywać, ~ać się pledge ⟨bind, commit⟩ oneself

zoologiczny [zɔɔlɔ'gitʃni] adj zoological; ogród ~ zoological gardens; zoo

zorganizować [zɔrgaɲi'zɔvatç] vt (także vr ~ się) organize

zorientować [zɔrjɛn'tɔvatç] I vt orientate II vr ~ się get one's bearings (w czymś in sth); see clearly; become familiar (w czymś with sth); realize (w czymś sth)

zorza ['zɔʒa] f dawn, aurora; ~' wieczorna evening glow

z osobna [zɔ'sɔbna] adv separately

zosta|ć ['zɔstatç] perf, ~wać

zosta|ć [zɔ'stavatç] imperf vi 1. remain, stay; ~ć, ~wać w tyle to stay ⟨lag⟩ behind; ~ć na noc to stay for the night; ~ć na obiedzie ⟨kolacji⟩ to stay to dinner ⟨supper⟩; ~ć w domu to stay at home 2. (stać się) become (aktorem itp. an actor etc.)

zostawi|ać [zɔ'stavatç] imperf, ~ć [zɔ'stavitç] perf vt leave; ~ać, ~ć przy sobie to keep (sth) to oneself

zranić się ['zraɲitç çɛ] vr injure ⟨hurt, wound⟩ oneself

zrastać się ['zrastatç çɛ] vr (o kościach) knit; (o ranach) heal up

zraz [zras] m fillet; ~ bity pounded fillet; ~ siekany chopped cutlet

zrażać ['zraʒatç] I vi discourage II vr ~ się be discouraged, become prejudiced (do kogoś against sb)

zrealizować [zrɛaʃii'zɔvatç] vt realize; (czek) cash

zredukować [zrɛdu'kɔvatç] vt mot. ~ bieg to gear down

zresztą ['zrɛʃtɔ] adv besides, after all, moreover, though

zrewanżować się [zrɛvan'ʒɔvatç çɛ] vr repay, reciprocate, return

zrezygnować [zrɛzi'gnɔvatç] vi resign, give up, renounce (z czegoś sth)

zręczny ['zrɛtʃni] adj skilful, dexterous, clever

zrobi|ć ['zrɔbitç] I vt make, do; ~ć komuś grzeczność to render sb a service; ~ć komuś zawód to disappoint sb II vr ~ć się turn, become, go; ~ło się późno it got late

zrozpaczony [zrɔspa'tʃɔni] adj desperate

zrozumiał|y [zrɔzu'maui] adj comprehensible, intelligible; (jako wtrącone zdanie) rzecz

~a needless to say; ~y sam przez się self-evident zrozumi|eć [zrɔ'zuminɛtɕ] vt understand, comprehend; ~eć sens to grasp the meaning; nie ~ałem I didn't catch ⟨pot. get⟩ you ⟨your meaning⟩

zryw [zrif] m spurt; dash; fit

zrywać ['zrivatɕ] imperf, zerwać ['zɛrvatɕ] perf I vt tear off; (kwiaty, owoce) pick, pluck; (stosunki) break off II vr ~ się start ⟨spring⟩ up; ~ się na równe nogi to spring to one's feet

zrze|c się ['zʒɛts ɕĕ] perf, ~kać się ['zʒɛkatɕ ɕĕ] imperf vt renounce, resign (czegoś sth)

zrzeszenie [zʒɛ'ʃɛɲɛ] n association, union

zrzuc|ać ['zʒutsatɕ] imperf, ~ić ['zʒutɕitɕ] perf vt throw down ⟨off⟩, drop; ~ać, ~ić ze schodów to throw downstairs; ~ać, ~ić winę na kogoś to cast the blame upon sb; ~ać, ~ić z siebie odpowiedzialność to shift off responsibility

zszyć [sʃitɕ] vt sew up, stitch; med. suture (a wound)

zupa ['zupa] f soup; ~ pomidorowa tomato soup; ~ cebulowa ⟨jarzynowa⟩ onion ⟨vegetable⟩ soup

zupełnie [zu'pɛuɲɛ] adv entirely, completely, quite; ~ blisko quite near; ~ nic nothing at all; ~ obcy człowiek perfect stranger

zupełny [zu'pɛuɲi] adj complete, entire; ~ nonsens perfect nonsense

zużycie [zu'ʒitɕɛ] n wear and tear; (spożycie) consumption

zuży|ć ['zuʒitɕ] perf, ~wać [zu'ʒivatɕ] imperf I vt consume, use, spend II vr ~ć, ~wać się be used; (o ubraniu) wear out

zwalcz|ać ['zvaltʃatɕ] imperf, ~yć ['zvaltʃitɕ] perf I vt combat, overpower, fight against; ~ać trudności to overcome difficulties II vr ~ać, ~yć się contend

zwalniać ['zvalɲatɕ] imperf, zwolnić ['zvɔlɲitɕ] perf I vt slow down, slacken, reduce speed; (czynić wolnym) (set) free (od czegoś from sth); release; (z wojska, posady itp.) dismiss; (od podatku) exempt (from taxation) II vr ~ się disengage; ~ się od obowiązku to excuse oneself from a duty

zwarcie ['zvartɕɛ] n elektr. short-circuit

zwariować [zvar'jɔvatɕ] vi go mad

zwarzyć się ['zvaʒitɕ ɕĕ] vr (o mleku) turn sour, curdle

zważać ['zvaʒatɕ] vi consider ⟨mind⟩ (na coś sth), take into consideration

zważyć ['zvaʒitɕ] I vt weigh II vr ~ się weigh oneself

związać zob. związywać

związ|ek ['zvɔ̃zɛk] m 1. (stowarzyszenie) union, association; ~ek zawodowy trade union 2. (stosunek) relation; ~ek małżeński marriage; słowa bez ~ku incoherent words; w ~ku z ... in connection with ...

związkowy [zvɔ̃s'kɔvi] adj association, union, federal

związ|ywać [zvɔ̃'zivatɕ] imperf, ~ać ['zvɔ̃zatɕ] perf vt bind, fasten, tie up; ~ywać, ~ać się z kimś to associate with sb

zwichnąć ['zvixnɔ̃tɕ] vt med. sprain, dislocate; przen. ~ komuś karierę to ruin sb's career

zwiedz|ać ['zvɛdzatɕ] imperf, ~ić ['zvɛdʑitɕ] perf vt visit, see

zwierzchnik ['zvɛʃxɲik] m superior, principal; pot. boss

zwierzenie [zvɛ'ʒɛɲɛ] *n* confidence

zwierzę ['zvɛʒɛ̃] *n* animal; (*dzikie*) beast

zwierzyna [zvɛ'ʒɨna] *f* zbior. game; gruba ~ big game

zwieźć *zob.* zwozić

zwiędnąć ['zvɛ̃dnɔ̃tɕ] *vt* wither, fade

zwiększ|ać ['zvɛ̃kʃatɕ] *imperf*, ~yć ['zvɛ̃kʃɨtɕ] *perf vt* increase, add (to sth); (*urok, urodę*) enhance

zwięzły ['zvɛ̃zuɨ] *adj* concise, brief, terse

zwi|jać ['zvijatɕ] *imperf*, ~nąć ['zvinɔ̃tɕ] *perf* I *vt* roll; (*włosy*) curl; (*żagle*) furl; (*obóz*) break up; (*interes*) wind up II *vr* ~jać, ~nąć się curl (up); ~jać, ~nąć się z bólu to writhe with pain; *pot.* ~jaj się! look alive!, hurry up!

zwinny ['zvinnɨ] *adj* quick, nimble, agile

zwlekać ['zvlɛkatɕ] *vt vi* delay, linger

zwłaszcza ['zvuaʃtʃa] *adv* particularly, especially, chiefly

zwłok|a ['zvuɔka] *f* delay; (*odroczenie terminu*) respite; bez ~i without delay; nie cierpiący ~i urgent; grać na ~ę to play for time

zwłoki ['zvuɔki] *plt* corpse

zwolennik [zvɔ'lɛɲɲik] *m* follower, adherent

z wolna ['zvɔlna] *adv* slowly, little by little

zwolnić *zob.* zwalniać

zwolnienie [zvɔl'ɲɛɲɛ] *n* (*uwolnienie*) release; (*od podatku*) exemption; (*z pracy*) dismissal; (*tempa*) slackening; ~ lekarskie medical certificate; ~ od cła exemption from customs-duties

zwoł|ać ['zvɔuatɕ] *perf*, ~ywać [zvɔ'uɨvatɕ] *imperf vt* call together, convoke, convene

zwozić ['zvɔʑitɕ] *imperf*, zwieźć [zvɛ̃ɕtɕ] *perf vt* bring (together); carry; transport

zwr|acać ['zvratsatɕ], ~ócić ['zvrutɕitɕ] *perf* I *vt* give back, return, .reimburse; ~acać, ~ócić uwagę na coś to pay attention to sth; ~acać, ~ócić. komuś uwagę to admonish sb; ~acać, ~ócić na siebie uwagę to attract attention II *vr* ~acać, ~ócić się turn ⟨address oneself, apply⟩ (do kogoś po coś to sb for sth)

zwrot [zvrɔt] *m* return; (obrót) turn; (*wyrażenie*) phrase

zwrotnik ['zvrɔtɲik] *m* tropic; ~ Koziorożca ⟨Raka⟩ tropic of Capricorn ⟨Cancer⟩

zwrotny ['zvrɔtnɨ] *adj* returnable; adres ~ return ⟨sender's⟩ address; punkt ~ turning point; gram. zaimek ~ reflexive pronoun

zwrócić *zob.* zwracać

zwycięski [zvɨ'tɕɛski] *adj* victorious

zwycięstwo [zvɨ'tɕɛstfɔ] *n* victory; odnieść ~ to be victorious

zwycięż|ać [zvɨ'tɕɛʒatɕ] *imperf*, ~yć [zvɨ'tɕɛʒitɕ] *perf vt vi* win, conquer; prevail, be victorious

zwyczaj ['zvɨtʃaj] *m* custom, habit, usage; jest w ~u ... it is the custom ...; it is usual ...; mieć ~ coś robić to be in the habit of doing sth; on miał ~ ... he used to ...; wejść w ~ to become a habit; to grow into a habit

zwyczajny [zvɨ'tʃajnɨ] *adj* ordinary, usual, common; profesor ~ full professor

zwykle ['zvɨklɛ] *adv* commonly, usually; jak ~ as usual

zwykły ['zvɨkuɨ] *adj* common, ordinary, usual; ~ człowiek common ⟨simple⟩ man

zwyżka ['zvɨʃka] f rise, boom;
~ cen price rise
zysk [zɨsk] m profit, gain
zysk|ać ['zɨskatɕ] perf, ~iwać
[zɨs'kivatɕ] imperf vt profit
(na czymś ·by sth); gain;

(sławę) earn; ~ać, ~iwać na
czasie to gain time
zza [zza] praep from behind
⟨beyond⟩; ~ morza from
beyond the sea

Ź

źdźbło [ʑdʑbŭɔ] n stalk; (trawy) blade
źle [ʑlɛ] adv badly, ill, wrong;
czuć się ~ to feel unwell
źrebak ['ʑrɛbak] m foal
źrenica [ʑrɛ'ɲitsa] f pupil

źródło ['ʑrudŭɔ] n source,
spring; ~ lecznicze ⟨mine-
ralne⟩ medicinal ⟨mineral⟩
spring; ~ dochodów source
of income

Ż

żaba ['ʒaba] f frog
żaden ['ʒadɛn] pron none;
no; ~ z dwóch neither
żagiel ['ʒaɡɛl] m sail
żaglówka [ʒaɡ'lufka] f sailing-boat
żal [ʒal] m regret, grief;
mieć ~ do kogoś to have
a grudge against sb; to
bear sb a grudge; ~ mi
ciebie I am ⟨feel⟩ sorry for
you; I pity you
żalić się ['ʒaɲitɕ ɕɛ̃] vr complain (na coś of sth)
żaluzja [ʒa'luzja] f (okienna)
Venetian blind; (sklepowa)
shutter
żałob|a [ʒa'ŭɔba] f mourning;
ciężka ~a deep mourning;
chodzić w ~ie to wear
mourning
żałobn|y [ʒa'ŭɔbnɨ] adj mourn-
ful; marsz ~y funeral
march; msza ~a requiem;
notatka ~a obituary
żałować [ʒa'ŭɔvatɕ] vt regret,
repent (czegoś of sth); pity,
be ⟨feel⟩ sorry (kogoś, czegoś for sb, sth); nie ~ wy-
siłków to spare no efforts;

~ komuś czegoś to grudge
sb sth
żarówka [ʒa'rufka] f (electric)
bulb
żart [ʒart] m joke, jest; stroić ~y z kogoś to make fun
of sb; bez ~u in earnest;
dla ~u for the fun of it;
~em in jest
żartobliwy [ʒartɔ'bʎivɨ] adj
facetious, playful, jocose
żart|ować [ʒar'tɔvatɕ] vi joke
⟨jest⟩ (z kogoś, czegoś about
sb, sth); make fun (z kogoś,
czegoś of sb, sth); nie
~ować to be earnest ⟨quite
serious⟩; pot. ~ujesz you're
pulling my leg
żądać ['ʒɔ̃datɕ] vt demand,
require, claim
żądanie [ʒɔ̃'daɲɛ] n request,
demand; na ~ on request;
płatny na ~ payable on
demand; przystanek na ~
request stop
żądło ['ʒɔ̃dŭɔ] n (owada) sting;
(węża) fang
że [ʒɛ] I conj that II part
chodź-że! come along!; come
then!; do come!

żebrać ['ʒebratɕ] *vt* beg
żebrak ['ʒebrak] *m* beggar
żebro ['ʒebrɔ] *n* rib
żeby ['ʒebɨ] *conj* that, in order
that ⟨to⟩; ~ nie lest
żeglarstwo [ʒeg'larstfɔ] *n*
sailing, navigation
żeglarz ['ʒeglaʃ] *m* sailor,
seafarer
żegluga [ʒeg'luga] *f* navigation, sailing; ~ morska sea
navigation, maritime shipping; ~ przybrzeżna coastal
navigation
żegna|ć ['ʒegnatɕ] I *vt* bid
farewell; bid ⟨say⟩ good-bye; ~j! farewell! II *vr*
~ć się take leave (z kimś
of sb); (przeżegnać się)
cross oneself
żelazko [ʒe'laskɔ] *n* iron
żelazn|y [ʒe'laznɨ] *adj* iron;
kolej ~a railway
żelazo [ʒe'lazɔ] *n* iron; ~ lane
cast-iron
żelazobeton [ʒelazɔ'betɔn] *m*
reinforced concrete
żenić się ['ʒeɲitɕ ɕẽ] *vr* marry
(z kimś sb)
żeński ['ʒeɲski] *adj* feminine,
female
żeton ['ʒetɔn] *m* (pamiątkowy) badge; (używany zamiast pieniędzy) counter,
fish
żłobek ['ʒuɔbek] *m* (dla dzieci) crèche; day nursery
żmija ['ʒmija] *f* adder, viper
żmudny ['ʒmudnɨ] *adj* arduous, toilsome
żniwo ['ʒɲivɔ] *n* harvest
żołądek [ʒɔ'uɔdek] *m* stomach
żołądź ['ʒɔuɔtɕ] *f* acorn
żołnierz ['ʒɔuɲeʃ] *m* soldier
żona ['ʒɔna] *f* wife
żonaty [ʒɔ'natɨ] *adj* married
żółć [ʒuutɕ] *f* bile, gall; *pot.*
~ mnie zalewa my blood
boils
żółtaczka [ʒuu'tatʃka] *f med.*
jaundice
żółtko ['ʒuutkɔ] *n* yolk
żółty ['ʒuutɨ] *adj* yellow

żółw [ʒuuf] *m* tortoise; (morski) turtle
żubr [ʒubr] *m* (European)
bison
żuć [ʒutɕ] *vt* chew, munch
żur [ʒur] *m kulin.* (kind of)
sour soup
żurawina [ʒura'vina] *f* cranberry
żurnal ['ʒurnal] *m* fashion
journal ⟨magazine⟩
żużel ['ʒuʒel] *m* slag; *sport.*
cinders
żwir [ʒvir] *m* gravel
życi|e ['ʒitɕe] *n* life; (utrzymanie) livelihood; tryb ~a
way of life; (o ustawie)
wejść w ~e to come into
force; wprowadzić w ~e to
implement; to put into operation; zarabiać na ~e to
earn one's living; na całe
~e for life; za mego ~a in
my lifetime
życiorys [ʒi'tɕɔris] *m* biography, life-story
życzeni|e [ʒi'tʃeɲe] *n* wish,
desire; *pl* ~a congratulations; ~a urodzinowe birthday greetings; (w dniu
urodzin) many happy returns (of your birthday);
~a noworoczne New Year's
greetings; ~a świąteczne
Christmas ⟨Easter⟩ greetings; na ~e at request; on
demand
życzliwy [ʒitʃ'livɨ] *adj* friendly, benevolent, well-wishing
życz|yć ['ʒitʃitɕ] *vt* wish; ~yć
komuś dobrze ⟨źle⟩ to wish
sb well ⟨ill⟩; ~yć sobie to
desire; ~ę ci szczęścia I
wish you good luck; ~ybym sobie ... I should
like ...
żyć [ʒitɕ] *vi* live; niech żyje!
long live!
Żyd [ʒit] *m* Jew
żydowski [ʒi'dɔfski] *adj* Jewish
żylak ['ʒilak] *m* varicose vein,
varix

żyletka [ʒiˈlɛtka] ƒ safety razor blade

żyła [ˈʒiǔa] ƒ anat. vein; geol. seam

żyłka [ˈʒiǔka] ƒ (nylonowa) nylon thread ⟨string⟩

żyrafa [ʒiˈrafa] ƒ giraffe

żyrandol [ʒiˈrandɔl] m chandelier

żyrant [ˈʒirant] m handl. endorser; guaranty

żytni [ˈʒitɲi] adj: chleb ~ rye bread

żyto [ˈʒitɔ] n rye

żywica [ʒiˈvitsa] ƒ resin

żywić [ˈʒiviʨ] I vt feed, nourish; (nadzieję, uczucie itp). cherish, foster, entertain; (złe myśli) harbour; ~ urazę do kogoś to hold a grudge against sb II vr ~ się feed, live (czymś on sth)

żywio|ł [ˈʒivɔǔ] m element; przen. być w swoim ~le to be in one's element

żywiołow|y [ʒivɔˈǔɔvi] adj elemental, spontaneous; klęska ~a disaster

żywnościowy [ʒivnɔʨˈtʨɔvi] adj nutritive; artykuł ~ foodstuff

żywność [ˈʒivnɔʨʨ] ƒ food, provisions, nourishment

żyw|y [ˈʒivi] adj living, alive; (ożywiony) lively, vivid, animated; jak ~y true to life, lifelike; przen. to dotknęło go do ~ego it stung him to the quick

żyzny [ˈʒizni] adj fertile

NAZWY GEOGRAFICZNE
GEOGRAPHICAL NAMES

Addis Abeba [adis-a'bɛba] ƒ Addis Ababa

Adriatyk [a'drjatɨk] *m* Adriatic (Sea)

Afganistan [afga'ɲistan] *m* Afghanistan

Afryka ['afrɨka] ƒ Africa

Alaska [a'laska] ƒ Alaska

Albani|a [al'baɲja] ƒ Albania; Ludowa Republika ∼i People's Republic of Albania

Algier ['alǵɛr] *m* Algiers

Algieria [al'ǵɛrja] ƒ Algeria

Alpy ['alpɨ] *pl* Alps

Amazonka [ama'zɔnka] ƒ Amazon

Ameryka [a'mɛrɨka] ƒ America; ∼ Północna ⟨Południowa⟩ North ⟨South⟩ America

Amsterdam ['amstɛrdam] *m* Amsterdam

Andora [an'dɔra] ƒ Andorra

Andy ['andɨ] *pl* Andes

Anglia ['angʎja] ƒ England

Angola [an'gɔla] ƒ Angola

Ankara [an'kara] ƒ Ankara

Antarktyda [antar'ktɨda] ƒ Antarctica, Antarctic Continent

Antarktyka [an'tarktɨka] ƒ Antarctic

Antyle [an'tilɛ] *pl* Antilles

Apeniny [apɛ'ɲinɨ] *pl* Apennines

Arabia Saudyjska [a'raþja saŭ'dɨjska] ƒ Saudi Arabia

Argentyna [argɛn'tɨna] ƒ Argentina, the Argentine

Arktyka ['arktɨka] ƒ Arctic

Ateny [a'tɛnɨ] *pl* Athens

Atlantyk [a'tlantɨk] *m* Atlantic (Ocean)

Australia [aŭ'straʃja] ƒ Australia; Związek Australijski Commonwealth of Australia

Austria ['aŭstrja] ƒ Austria

Azja ['azja] ƒ Asia; ∼ Mniejsza Asia Minor

Bagdad ['bagdat] *m* Bag(h)dad

Bahama [ba'xama], wyspy Bahama *pl* the Bahama Islands, the Bahamas

Bałkany [baŭ'kanɨ] *pl* Balkans

Bałtyk ['baŭtɨk] *m* Baltic (Sea)

Bangladesz [bangla'dɛʃ] *m* Bangladesh

Bazylea ['bazi'lɛja] ƒ Basel

Bejrut ['bɛjrut] *m* Beirut, Beyrouth

Belfast ['bɛlfast] *m* Belfast

Belgia ['bɛlgja] ƒ Belgium

Belgrad ['bɛlgrat] *m* Belgrade

Berlin ['bɛrʃin] *m* Berlin; ∼ Zachodni West Berlin

Bermudy [bɛr'mudɨ] *pl* the Bermudas

Berno ['bɛrnɔ] n Bern(e)
Beskidy [bes'kidɨ] pl Beskid
  Mountains
Bieszczady [bɛʃ'ʧadɨ] pl
  Bieszczady Mountains
Birma ['bɨrma] f Burma
Birmingham ['bɨrmiŋgam] n
  Birmingham
Bliski Wschód [bʃiski 'fsxut]
  m Near East
Boliwia [bɔ'ʎivʲa] f Bolivia
Bonn [bɔn] n Bonn
Boston ['bɔstɔn] m Boston
Botswana [bɔts'fana] f Bots-
  wana
Brasilia [bra'ziʃʲja] f Brasilia
Brazylia [bra'zɨʎja] f Brasil
Bruksela [bruk'sela] f Brussels
Budapeszt [bu'dapɛʃt] m Bu-
  dapest
Buenos Aires ['buenɔs 'ajrɛs]
  n Buenos Aires
Bukareszt [bu'karɛʃt] m Bu-
  carest
Bułgaria [buɫ'garja] f Bulga-
  ria; Ludowa Republika ~i
  People's Republic of Bul-
  garia
Bydgoszcz ['bɨdgɔʃʧ] f Byd-
  goszcz

Cambridge ['kɛmbridʒ] n
  Cambridge
Canberra [kan'bɛra] f Can-
  berra
Cejlon ['ʦɛjlɔn] m Ceylon
Chicago [ʧi'kagɔ, ʃi'kagɔ] n
  Chicago
Chile ['ʧile] n Chile
Chiny ['xinɨ] pl China; Chiń-

ska Republika Ludowa
  Chinese People's Republic
Cypr [ʦipr] m Cyprus
Czad [ʧad] m Chad
Czechosłowacja [ʧexɔsɫɔ'va-
  ʦja] f Czechoslovakia; Cze-
  chosłowacka Republika So-
  cjalistyczna Czechoslovak
  Socialist Republic
Częstochowa [ʧɛ̃stɔ'xɔva] f
  Częstochowa

Daleki Wschód [da'leki 'fsxut]
  m Far East
Damaszek [da'maʃɛk] m Da-
  mascus
Dania ['dapja] f Denmark
Dardanele [darda'nɛle] pl Dar-
  danelles
Delhi ['dɛʃi] n Delhi
Djakarta [dʒa'karta] f Dja-
  karta
Dublin ['dubʎin] m Dublin
Dunaj ['dunaj] m Danube

Edynburg ['edinburk] m Edin-
  burgh
Egipt ['egipt] m Egypt; Arab-
  ska Republika ~u Arab
  Republic of Egypt
Ekwador [ɛk'fadɔr] m Ecua-
  dor
Etiopia [e'tjɔpja] f Ethiopia
Europa [eu'rɔpa] f Europe

Filadelfia [fila'delfja] f Phila-
  delphia
Filipiny ['fiʃi'pinɨ] pl the
  Philippines

Finlandia [fin'landja] f Finland
Floryda [flɔ'rida] f Florida
Francja ['frantsja] f France
Frombork ['frɔmbɔrk] m Frombork

Gdańsk [gdaɲsk] m Gdansk
Gdynia ['gdiɲa] f Gdynia
Genewa [ge'nɛva] f Geneva
Ghana ['gana] f Ghana
Gibraltar [ği'braltar] m Gibraltar
Góry Świętokrzyskie [gurɨ ç̣ɛ̃tɔ'kʃiskɛ] pl Świętokrzyskie Mountains
Grecja ['gretsja] f Greece
Grenlandia [grɛn'landja] f Greenland
Gwatemala [gvatɛ'mala] f Guatemala
Gwinea ['gvinɛa] f Guinea

Haga ['xaga] f the Hague
Haiti [xa'iti] n Haiti
Hamburg ['xamburk] m Hamburg
Hawana [xa'vana] f Havana
Hel [xɛl] m Hel Peninsula
Helsinki [xɛl'sinki] pl Helsinki
Himalaje [xima'lajɛ] pl the Himalayas
Hiszpania [xi'ʃpaɲja] f Spain
Holandia [xɔ'landja] f Holland
Honduras [xɔn'duras] m Honduras
Hongkong [xɔnk'kɔnk] m Hong Kong
Houston ['xjustɔn] n Houston

Indie ['indjɛ] pl India
Indonezja [indɔ'nezja] f Indonesia
Irak ['irak] m Iraq
Iran ['iran] m Iran
Irlandia [ir'landja] f Ireland; Republika Irlandzka Eire
Islandia [is'landja] f Iceland
Izrael [iz'raɛl] m Israel

Jamajka [ja'majka] f Jamaica
Japonia [ja'pɔɲja] f Japan
Jawa ['java] f Java
Jelenia Góra [jɛ'lɛɲa 'gura] f Jelenia Góra
Jemen ['jɛmɛn] m Yemen
Jerozolima [jɛrɔ'zɔʃima] f Jerusalem
Jersey ['dʒɛrsɛj] f Jersey
Jezioro Górne [jɛ'ʑɔrɔ 'gurnɛ] n Lake Superior
Jordania [jɔr'daɲja] f Jordan
Jugosławia [jugɔ'sŭavja] f Yugoslavia, Jugoslavia; Socjalistyczna Federacyjna Republika ~i Socialist Federative Republic of Yugoslavia

Kair [kair] m Cairo
Kalifornia [kaʃi'fɔrɲja] f California
Kalkuta [kal'kuta] f Calcutta
Kamerun [ka'mɛrun] m Cameroon
Kampucza [kam'putʃa] f Kampuchea
Kanada [ka'nada] f Canada
Kanał Kiloński ['kanaŭ ķi'lɔɲski] m Kiel Canal

Kanał La Manche ['kanaŭ la-'mɑ̃ʃ] m English Channel
Kanał Panamski ['kanaŭ pa-'namskİ] m Panama Canal
Kanał Sueski ['kanaŭ su'eskİ] m Suez Canal
Karkonosze [karkɔ'nɔʃe] pl Karkonosze Mountains
Karpaty [kar'patİ] pl Carpathians, Carpathian Mountains
Kaszuby [ka'ʃubİ] pl Kaszuby region
Katowice [katɔ'vitse] pl Katowice
Kaukaz ['kaŭkas] m Caucasus
Kielce ['kɛltsɛ] pl Kielce
Kolorado [kɔlɔ'radɔ] n Colorado
Kolumbia [kɔ'lumbja] f Columbia; (państwo) Colombia
Kołobrzeg [kɔ'ŭɔbʒɛk] m Kołobrzeg
Kongo ['kɔngɔ] n Congo
Kopenhaga [kɔpɛn'xaga] f Copenhagen
Kordyliery [kɔrdİ'ʃİjɛrİ] pl Cordilleras
Korea [kɔ'rɛa] f Korea; Koreańska Republika Ludowo--Demokratyczna People's Democratic Republic of Korea
Kornwalia [kɔrn'vaʃİja] f Cornwall
Kostaryka [kɔsta'rİka] f Costa Rica
Koszalin [kɔ'ʃaʃİln] m Koszalin
Kraków ['krakuf] m Cracow

Kreta ['krɛta] f Crete
Krym [krİm] m Crimea
Krynica [krİ'ɲitsa] f Krynica
Kub|a ['kuba] f Cuba; Socjalistyczna Republika ~y Socialist Republic of Cuba
Kujawy [ku'javİ] pl Kujawy region
Kuwejt ['kuvɛjt] m Kuwait

Laos ['laɔs] m Laos
Leeds [ʃİts] n Leeds
Liban ['ʃİban] m Lebanon
Liberia [ʃİ'bɛrja] f Liberia
Libia ['ʃİbja] f Libya
Liechtenstein ['ʃİxtɛnʃtajn] m Liechtenstein
Liverpool ['ʃİvɛrpul] m Liverpool
Lizbona [ʃİz'bɔna] f Lisbon
Londyn ['lɔndİn] m London
Los Angeles [lɔs 'andʒɛlɛs] m Los Angeles
Lublin ['lubʃİln] m Lublin
Luksemburg ['luksɛmburk] m Luxemburg

Łódź [ŭutɕ] f Lodz

Madryt ['madrİt] m Madrid
Malezja [ma'lɛzja] f Malaysia
Malta ['malta] f Malta
Małopolska [maŭɔ'pɔlska] f Małopolska region
Manchester ['mɛntʃɛstɛr] m Manchester
Maroko [ma'rɔkɔ] n Morocco
Mauretania [maŭrɛ'taɲja] f Mauretania
Mazowsze [ma'zɔfʃe] n Mazovia region

Mazury [ma'zurɨ] *pl* Masuria

Mediolan [mɛ'djɔlan] *m* Milan

Meksyk ['mɛksɨk] *m* Mexico

Melbourne ['mɛlbɛrn] *n* Melbourne

Men [mɛn] *m* Main

Miami [ma'jami] *n* Miami

Michigan ['mitʃigɛn] *m* Michigan

Missisipi [misi'sipi] *m, f* Mississippi

Missouri [mi'suri] *m, f* Missouri

Monachium [mɔ'naxjum] *n* Munich

Monako [mɔ'nakɔ] *n* Monaco

Mongolia [mɔn'gɔʃija] *f* Mongolia; **Mongolska Republika Ludowa** Mongolian People's Republic

Montreal [mɔnt'rɛal] *m* Montreal

Morze Adriatyckie ['mɔʒɛ adrja'tɨtskɛ] *n* Adriatic Sea

Morze Bałtyckie ['mɔʒɛ baŭ'tɨtskɛ] *n* Baltic Sea

Morze Czarne ['mɔʒɛ 'tʃarnɛ] *n* Black Sea

Morze Czerwone ['mɔʒɛ tʃɛr'vɔnɛ] *n* Red Sea

Morze Kaspijskie ['mɔʒɛ kas'pijskɛ] *n* Caspian Sea

Morze Martwe ['mɔʒɛ 'martfɛ] *n* Dead Sea

Morze Północne ['mɔʒɛ puŭ'nɔtsnɛ] *n* North Sea

Morze Śródziemne ['mɔʒɛ ɕrud'ʑɛmnɛ] *n* Mediterranean Sea

Moskwa ['mɔskfa] *f* Moscow

Mozambik [mɔ'zambik] *m* Mozambique

Neapol [nɛ'apɔl] *m* Naples

Nepal ['nɛpal] *m* Nepal

Niagara [ɲa'gara] *f* Niagara (Falls)

Niemiecka Republika Demokratyczna [ɲɛ'mɛtska rɛ'pubʃika dɛmɔkra'tɨtʃna] *f* German Democratic Republic

Niger ['ɲigɛr] *m* Niger

Nigeria [ɲi'gɛrja] *f* Nigeria

Nikaragua [ɲika'ragua] *f* Nicaragua

Nikozja [ɲi'kɔzja] *f* Nicosia

Nil [ɲil] *m* Nile

Norwegia [nɔr'vɛġja] *f* Norway

Norymberga [nɔrɨm'bɛrga] *f* Nurnberg

Nowa Zelandia ['nɔva zɛ'landja] *f* New Zealand

Nowy Jork ['nɔvɨ 'jɔrk] *m* New York

Nysa ['nɨsa] *f* Nysa

Ocean Atlantycki ['ɔtsɛan atlan'tɨtski] *m* Atlantic Ocean

Ocean Indyjski ['ɔtsɛan in'dijski] *m* Indian Ocean

Ocean Lodowaty Południowy ['ɔtsɛan lɔdɔ'vatɨ pɔŭu'dɲɔvɨ] *m* Antarctic Ocean

Ocean Lodowaty Północny ['ɔtsɛan lɔdɔ'vatɨ puŭ'nɔtsnɨ] *m* Arctic Ocean

Ocean Spokojny ⟨Wielki⟩

['ɔtsɛan spɔ'kɔjni ⟨'vɛlķi⟩] *m*
Pacific Ocean
Odra ['ɔdra] *f* Odra
Olsztyn ['ɔlʃtin] *m* Olsztyn
Opole [ɔ'pɔlɛ] *n* Opole
Oslo ['ɔslɔ] *n* Oslo
Oświęcim [ɔ'ɕfɛ̃tɕim] *m* Oswię-
cim, Auschwitz
Ottawa [ɔt'tava] *f* Ottawa

Pacyfik [pa'tsifik] *m* Pacific
(Ocean)
Pakistan [pa'ķistan] *m* Pak-
istan
Palestyna [palɛ'stina] *f* Pales-
tine
Panama [pa'nama] *f* Panama
Paragwaj [pa'ragvaj] *m* Pa-
raguay
Paryż ['pariʃ] *m* Paris
Pekin ['pɛķin] *m* Peking
Peru ['pɛru] *n* Peru
Pieniny [ṗɛ'ɲini] *pl* Pieniny
Mountains
Pireneje [ṗirɛ'nɛjɛ] *pl* the
Pyrenees
Polska ['pɔlska] *f* Poland;
**Polska Rzeczpospolita Lu-
dowa** Polish People's Re-
public; ~ **Ludowa** People's
Poland
Pomorze [pɔ'mɔʒɛ] *n* Pomera-
nia
Portugalia [pɔrtu'gaɟija] *f*
Portugal
Poznań ['pɔznaɲ] *m* Poznan
Półwysep Apeniński [puŭ'vi-
sɛp apɛ'ɲiɲski] *m* Apennine
Peninsula
Półwysep Bałkański [puŭ'vi-

sɛp baŭ'kaɲsķi] *m* Balcan
Peninsula
Półwysep Iberyjski [puŭ'visɛp
ibɛ'rijsķi] *m* Iberian Pen-
insula
Praga ['praga] *f* Prague
Puerto Rico ['puɛrtɔ 'rikɔ] *n*
Puerto Rico

Quebec ['kŭibɛk, 'kɛbɛk] *n*
Quebec

Rabat ['rabat] *m* Rabat
Ren [rɛn] *m* Rhine
Republika Federalna Niemiec
[rɛ'pubɟika fɛdɛ'ralna 'ɲɛ-
mɛts] *f* Federal Republic of
Germany
**Republika Południowej Afry-
ki** [rɛ'pubɟika pɔŭu'dɲɔvɛj
'afriki] *f* Republic of South
Africa
Reykjavik ['rɛjkjaṿik] *m*
Reykjavik
Rio de Janeiro [rjɔ dɛ ʒa'nɛj-
rɔ] *n* Rio de Janeiro
Rodezja [rɔ'dɛzja] *f* Rhodesia
Rumuni|a [ru'muɲja] *f* Roma-
nia; **Socjalistyczna Republi-
ka** ~**i** Socialist Republic of
Romania
Rzeka Św. Wawrzyńca ['ʒɛka
ɕfɛ̃'tɛgɔ va'vʒiɲtsa] *f* St.
Lawrence River
Rzeszów ['ʒɛʃuf] *m* Rzeszow
Rzym [ʒim] *m* Rome

Sahara [sa'xara] *f* Sahara

Salwador [sal'vadɔr] m Salvador
San Francisco [san fran'tsisko] n San Francisco
San Marino [san ma'rinɔ] n San Marino
Sekwana [sɛk'fana] f Seine
Senegal [sɛ'nɛgal] m Senegal
Singapur [singa'pur] m Singapore
Skandynawia [skandi'navja] f Scandinavia
Słowacja [sŭɔ'vatsja] f Slovakia
Sofia ['sɔfja] f Sofia
Somalia [sɔ'mafija] f Somalia
Sopot ['sɔpɔt] m Sopot
Sri Lanka [sri 'lanka] f Sri Lanka
Stany Zjednoczone (Ameryki) ['stani zjednɔ'tʃɔnɛ (a'mɛriki)] pl United States (of America)
Sudan ['sudan] m Sudan
Sudety [su'dɛti] pl Sudetes
Suez ['suɛz] m Suez
Sycylia [si'tsifija] f Sicily
Sydney ['sidnɛj] n Sydney
Syria ['sirja] f Syria
Szczawnica [ʃtʃav'ɲitsa] f Szczawnica
Szczecin ['ʃtʃɛtɕin] m Szczecin
Szkocja ['ʃkɔtsja] f Scotland
Sztokholm ['ʃtɔkhɔlm] m Stockholm
Szwajcaria [ʃfaj'tsarja] f Switzerland
Szwecja ['ʃfɛtsja] f Sweden
Śląsk [ɕlɔsk] m Silesia

Świnoujście [ɕfinɔ'ujɕtɕɛ] n Świnoujscie
Tajlandia [taj'landja] f Thailand
Tamiza [ta'miza] f Thames
Tanzania [tan'zaɲja] f Tanzania
Tatry ['tatri] pl the Tatra Mountains, the Tatras
Teheran [tɛ'xɛran] m Teheran
Tel Awiw [tɛl a'viv] m Tel Aviv
Tirana [ti'rana] f Tirana
Tokio ['tɔkjɔ] n Tokyo
Toronto [tɔ'rɔntɔ] n Toronto
Toruń ['tɔruɲ] m Toruń
Tunezja [tu'nɛzja] f Tunisia
Turcja ['turtsja] f Turkey
Tybet ['tibɛt] m Tibet
Tyrol ['tirɔl] m Tirol

Uganda [u'ganda] f Uganda
Ulan Bator ['uŭan 'batɔr] m Ulan Bator, Urga
Ural ['ural] m Ural Mountains
Urugwaj [u'rugvaj] m Uruguay
Uznam ['uznam] m Uznam

Walia ['vafija] f Wales
Warszawa [var'ʃava] f Warsaw
Waszyngton ['vaʃinktɔn] m Washington
Watykan [vn'tikan] m Vatican City ⟨State⟩, the Vatican
Wenecja [vɛ'nɛtsja] f Venice

Wenezuela [vɛnɛzu'ɛla] ƒ Venezuela

Węgry ['vɛ̃grɨ] pl Hungary;

Węgierska Republika Ludowa Hungarian People's Republic

Wiedeń ['vedɛɲ] m Vienna

Wieliczka [vɛ'ɟiʧka] ƒ Wieliczka

Wielka Brytania ['velka bri-'taɲja] ƒ Great Britain; Zjednoczone Królestwo Wielkiej Brytanii i Północnej Irlandii United Kingdom of Great Britain and Northern Ireland

Wielkopolska ['velkɔ'pɔlska] ƒ Wielkopolska region

Wietnam ['vetnam] m Vietnam; Socjalistyczna Republika ∾u Socialist Republic of Vietnam

Windsor ['ŭintsɔr] m Windsor

Wisła ['visŭa] ƒ Vistula

Włochy ['vŭɔxɨ] pl Italy

Wołga ['vɔŭga] ƒ Volga

Wrocław ['vrɔtsŭaf] m Wrocław

Wybrzeże Kości Słoniowej [vi'bʒeʒe 'kɔçtçi sŭɔ'ɲɔvej] n Ivory Coast

Wyspy Kanaryjskie ['vispɨ kana'rɨjsķe] pl Canary Islands

Zair ['zair] m Zaire

Zakopane [zakɔ'pane] n Zakopane

Zambia ['zambja] ƒ, Zambia

Zimbabwe [zim'babve] n Zimbabwe

Zurych ['tsurɨx] m Zurich

Związek Socjalistycznych Republik Radzieckich ['zvɔ̃zek sɔtsjaɲi'stiʧnɨx re'pubɲik ra'dʑetsķix] m Union of Soviet Socialist Republics; Związek Radziecki the Soviet Union

POWSZECHNIE STOSOWANE SKRÓTY POLSKIE
POLISH ABBREVIATIONS IN COMMON USE

a — ar are
a. — albo or (else)
adm. — admirał admiral
ADM [ade'em] = Administracja Domów Mieszkalnych Dwelling Houses Management
adr. tel. — adres telegraficzny telegraphic address
AK [a'ka] — Armia Krajowa Home Army
AL [a'el] — Armia Ludowa People's Army
al. — aleja, aleje alley(s)
am., amer. = amerykański American
ang. — angielski English
ark. = arkusz sheet (of paper)
ARL [aer'el] — Albańska Republika Ludowa Albanian People's Republic
art. — 1. artykuł article 2. artysta artist
atm. — atmosfera atmosphere

b. — 1. były ex 2. bardzo very
BCh [be'xa] — Bataliony Chłopskie Peasants' Battalions
B-cia — bracia brothers
bhp [bexa'pe] — bezpieczeństwo i higiena pracy safety and hygiene of work
bl. — blok 'block (of flats)
bm. = bieżącego miesiąca inst., instant
BOT [bɔt] — Biuro Obsługi Turystycznej Tourist Service Bureau
br. — bieżącego roku this year
bryt. — brytyjski British
BTMot [bete'mɔt] — Biuro Turystyki Motorowej Motor-Touring Bureau
BTS [bete'es] — Biuro Turystyki Sportowej Sport Touring Bureau

c. ¹ — córka daughter
c. ², ca — (circa) około approximately, about

°C = stopień Celsjusza degree centigrade

CAF [tsaf] = **Centralna Agencja Fotograficzna** Central Press Photo Agency

cd. = **ciąg dalszy** continued

cdn. = **ciąg dalszy nastąpi** to be continued

CEKOP ['tsɛkɔp] = **Centrala Eksportu Kompletnych Obiektów Przemysłowych** Complete Industrial Buildings Exportation Centre

Cepelia [tsɛ'pɛɲja] = **Centrala Przemysłu Ludowego i Artystycznego** Folk and Artistic Handicrafts Centre

CEZAS, Cezas ['tsɛzas] = **Centrala Zaopatrzenia Szkół** School Supplies Centre

cg = centygram centigram(me)

ChRL [xaɛr'ɛl] = **Chińska Republika Ludowa** Chinese People's Republic

CHZ [tsɛxa'zɛt] = **Centrala Handlu Zagranicznego** Commercial Centre for Foreign Trade

CIECH [tɕɛx] = **Centrala Importowo-Eksportowa Chemikaliów** Imports-Exports Commercial Centre for Chemicals

CK [tsɛ'ka] = **Centralny Komitet** Central Committee

cl = centylitr centilitre

cm = centymetr centimetre

CO, C.O., c.o. [tsɛ'ɔ] = **centralne ogrzewanie** central heating

COPIA, Copia ['kɔpja] = **Centrala Obsługi Przedsiębiorstw i Instytucji Artystycznych** Servicing Centre for Artistic Enterprises and Institutions

CPLiA = Cepelia

CPN [tsɛpɛ'ɛn] = **Centrala Produktów Naftowych** Petroleum Commercial Centre

CSRS [tsɛɛsɛr'ɛs] = **Czechosłowacka Republika Socjalistyczna** Czechoslovak Socialist Republic

CWF [tsɛvu'ɛf] = **Centrala Wynajmu Filmów** Film Distribution Office

cz. = **część** part; episode

czyt. = **czytaj** read

dag = dekagram decagram(me)

dam = dekametr decametre

dca, d-ca = dowódca commander

dcg = dg

dcl — dl
dcm — dm
dcn. — cdn.
dg. = decygram decigram(me)
dkg — dag
dkm — dam
dl — decylitr decilitre
dł. — długość length
dł. geogr. — długość. geograficzna longitude
dm — decymetr decimetre
dn. — dnia this ... day
doc. = docent assistant professor
DOKP [dɔka'pɛ] = Dyrekcja Okręgowa Kolei Państwowych
   District Management of the State Railways
dol. — dolar dollar
dot. — dotyczy refers to
dr — doktor doctor
dr hab, — doktor habilitowany specialized doctor's degree
dr med. — doktor medycyny doctor of medicine
DRN [dɛɛr'ɛn] — Dzielnicowa Rada Narodowa People's District
   Council
ds., d/s — do spraw for (affairs etc.)
DTV [dɛtɛ'fau] = Dziennik Telewizyjny TV News
Dw. — Dworzec station
dypl. — 1. dyplomatyczny diplomatic 2. dyplomowany diplomaed, certified
dyr. = 1. dyrekcja management 2. dyrektor manager
DzU (PRL) — Dziennik Ustaw (PRL) Government Gazette

egz. — egzemplasz(e) copy, copies
EKD [ɛka'dɛ] — Elektryczna Kolej Dojazdowa Suburban Elec-
   tric Railways
EKG [ɛka'gɛ] — elektrokardiogram electrocardiogram
ew. — ewentualnie or, otherwise
EWG [ɛvu'gɛ] — Europejska Wspólnota Gospodarcza European
   Common Market

°F — stopień Fahrenheita Fahrenheit degree
FAO ['faɔ] — Organizacja do Spraw Wyżywienia i Rolnictwa
   Food and Agriculture Organization

f-ka, F-ka = fabryka factory
fot. = fotografował photographed by
FP [ɛf'pɛ] = Film Polski Polish Cinematography
FSM [ɛfɛs'ɛm] = Fabryka Samochodów Małolitrażowych Low-
-capacity Motor-car Factory
FSO [ɛfɛs'ɔ] = Fabryka Samochodów Osobowych (Warsaw)
Motor-car Factory
f. szt. = funt szterling pound sterling
FWP [ɛfvu'pɛ] = Fundusz Wczasów Pracowniczych Labourers'
Holiday Fund

G., g. = góra, góry mountain(s)
g = gram gram(me)
g. = godzina hour, ... o'clock
gat. = gatunek quality
gen. = generał general
GL [ġe'ɛl] = Gwardia Ludowa People's Guard
gł. = 1. główny chief, main 2. głębokość depth
godz. = g.
GOPR [gɔpr] = Górskie Ochotnicze Pogotowie Ratunkowe
Volunteer Mountain Rescue Service
gr = grosz grosz
GRN [ġeɛr'ɛn] = Gminna Rada Narodowa People's Community
Council
GS [ġe'ɛs] = Gminna Spółdzielnia Rural Co-operative
GUC [guts] = Główny Urząd Cel Central Tariffs Bureau
GUM [gum] = 1. Główny Urząd Miar Central Measure Bureau
2. Główny Urząd Morski Central Marine Bureau
GUS [gus] = Główny Urząd Statystyczny Central Bureau for
Statistics

ha = hektar hectare
h.c. = honoris causa
hg = hektogram hectogramme
hl = hektolitr hectolitre
hm = hektometr hectometre
hon. = honorowy honorary
hr. = hrabia count

i in. = i inni, i inne and others

ilustr. = 1. ilustracja illustration, figure. 2. ilustrował illustrated by

im. — imienia named after; memorial to

IM(i)GW — Instytut Meteorologii i Gospodarki Wodnej Meteorological and Hydrological Institute

in. — inaczej otherwise

i nn. — i następne and following (pages, lines etc.)

inż. — inżynier engineer

it [i'te] — informacja turystyczna tourist information

itd. [pot. its'de] — i tak dalej and so on ⟨forth⟩

itp. [pot. its'pe] — i tym podobne and the like

J., j. — jezioro lake

JE — Jego ⟨Jej⟩ Ekscelencja His ⟨Her⟩ Excellency

Jez., jez. — jezioro lake

jęz. — język language

jw. — jak wyżej as above

k. — koło near

kadm. — kontradmirał rear-admiral

kard. — kardynał cardinal

KC [ka'tse] — Komitet Centralny (PZPR) Central Committee

KD [ka'de] — Komitet Dzielnicowy (PZPR) District Committee

KERM [kerm] — Komitet Ekonomiczny Rady Ministrów Economic Committee of the Cabinet

kg — kilogram kilogram(me)

KG [ka'ge] — Komenda Główna Chief Headquarters

kl. — klasa class

km — kilometr kilometre

KM [1] — koń mechaniczny horse power

KM [2] [ka'em] — Komitet Miejski (PZPR) City ⟨Town⟩ Committee

kmdr — komandor commodore

kmdt — komendant commander

k.o. [ka'o] — kulturalno-oświatowy culture and education (activity, worker etc.)

kol. = kolega, koleżanka colleague

kpr. — kapral corporal

kpt. — kapitan captain

KPZR [kapezet'er] — Komunistyczna Partia Związku Radzieckiego Communist Party of the Soviet Union

KRLD, KRL-D [kaerel'de] — Koreańska Republika Ludowo--Demokratyczna Democratic People's Republic of Korea

KRN [kaer'en] — Krajowa Rada Narodowa National People's Council

ks. — 1. ksiądz the Reverend 2. — książę duke, prince

KS [ka'es] — Klub Sportowy Sports Club

KUL [kul] — Katolicki Uniwersytet Lubelski the Catholic University in Lublin

kw. — kwadratowy square

kW — kilowat kilowatt

KW [ka'vu] — 1. Komitet Wojewódzki (PZPR) Province Committee 2. Komenda Wojewódzka Province Headquarters

kWh — kilowatogodzina kilowatt-hour

L [el] — nauka jazdy learner (of driving)

l — litr litre

l. — liczba number

l. at. — liczba atomowa atomic number

lek. — lekarz physician

LOK [lok] — Liga Obrony Kraju· National Defence League

LOP [lop] = Liga Ochrony Przyrody Nature Preservation League

l.p. — liczba porządkowa ordinal number

LRB [eler'be] — Ludowa Republika Bułgarii People's Republic of Bulgaria

M [em] = metro underground

m — metr metre

m. — 1. miasto town 2. mieszkanie flat, am. apartment

mar. — marynarz seaman, sailor

marsz. — marszałek marshal

m.b. — metr bieżący running metre

MDK [emde'ka] — Młodzieżowy ⟨Miejski⟩ Dom Kultury Youth ⟨Town⟩ Social and Recreation Club

MDM [emde'em] — Marszałkowska Dzielnica Mieszkaniowa Marszałkowska Residence District

MFSM [emefes'em] — Międzynarodowa Federacja Schronisk Młodzieżowych International Youth Hostels Federation

mg — miligram milligram(me)

mgr — magister Master (of Arts, Sciences)

mies. = miesiąc month

m.in. = między innymi among others (other things)

min = minuta minute

min. = minister minister

Min. = Ministerstwo Ministry

mjr = major major

MKiS [ɛmka i'ɛs] = Ministerstwo Kultury i Sztuki Ministry of Culture and Arts

MKOl [ɛm'kɔl] = Międzynarodowy Komitet Olimpijski International Olympic Committee

ml = mililitr millilitre

mld = miliard milliard, am. billion

mln = milion million

ml. = młodszy younger

mm = milimetr millimetre

MO [ɛm'ɔ] = Milicja Obywatelska Civic Militia

MON [mɔn] = Ministerstwo Obrony Narodowej Ministry of National Defence

MPO [ɛmpɛ'ɔ] = Miejskie Przedsiębiorstwo Oczyszczania Municipal Cleaning Service

MPT [ɛmpɛ'tɛ] = Miejskie Przedsiębiorstwo Taksówkowe Municipal Taxi Service

MRL [ɛmɛr'ɛl] = Mongolska Republika Ludowa Mongolian People's Republic

MRN [ɛmɛr'ɛn] = Miejska Rada Narodowa People's Town Council

MRW [ɛmɛr'vu] = Ministerstwo Rynku Wewnętrznego Ministry of Home Market

m. st. = miasto stołeczne metropolitan city

MSW [ɛmɛs'vu] = Ministerstwo Spraw Wewnętrznych Ministry of Home Affairs

MTK [ɛmtɛ'ka] = Międzynarodowe Targi Książki International Book Fair

MTP [ɛmtɛ'pɛ] = Międzynarodowe Targi Poznańskie Poznań International Fair

MWGzZ [ɛmvuɡɛzɛt'zɛt] = Ministerstwo Współpracy Gospodarczej z Zagranicą Ministry for Economic Co-operation with Abroad

m.woj. = miasto wojewódzkie capital of the province

MZK [ɛmzɛt'ka] = Miejskie Zakłady Komunikacyjne Municipal Transport Services

NATO ['natɔ] ‒ Organizacja Paktu Północnego Atlantyku North Atlantic Treaty Organization
NBP [ɛnbɛ'pɛ] ‒ Narodowy Bank Polski National Bank of Poland
n.e. ‒ naszej ⟨nowej⟩ ery Anno Domini
NIK [ɲik] ‒ Najwyższa Izba Kontroli Chief Board of Super‐ vision
N.N. [ɛn'ɛn] ‒ (nomen nescio) nazwisko nieznane name un‐ known
NOT [nɔt] ‒ Naczelna Organizacja Techniczna Chief Technical Organization
np. ‒ na przykład for instance, for example
n.p.m. ‒ nad poziomem morza above sea level
nr ‒ numer number
NRD [ɛnɛr'dɛ] ‒ Niemiecka Republika Demokratyczna German Democratic Republic

o. ‒ ojciec father
ob. ‒ obywatel, obywatelka citizen
obj. ‒ objętość (cubic) capacity
OHP [ɔxa'pɛ] ‒ Ochotnicze Hufce Pracy Voluntary Labour Corps
OJA ['ɔja] ‒ Organizacja Jedności Afrykańskiej Organization of African Unity
ok. ‒ około about, approximately
ONZ [ɔɛn'zɛt] ‒ Organizacja Narodów Zjednoczonych United Nations Organization
oo. ‒ ojcowie fathers
OPA [ɔ'pa] ‒ Organizacja Państw Amerykańskich Organiza‐ tion of American States
OPZZ [ɔpɛzɛt'zɛt] = Ogólnopolskie Porozumienie Związków Za‐ wodowych All-Poland Alliance of the Trade Unions
ORMO ['ɔrmɔ] ‒ Ochotnicza Rezerwa Milicji Obywatelskiej Voluntary Reserve of the Civic Militia
ORP [ɔɛr'pɛ] ‒ Okręt Rzeczypospolitej Polskiej Polish Navy Ship
os. ‒ 1. osoba person 2. osada, osiedle settlement
OSP [ɔɛs'pɛ] ‒ Ochotnicza Straż Pożarna Voluntary Fire Brigade

p. = 1. pan Mr 2. pani Mrs, Ms 3. panna Miss, Ms 4. patrz see 5. piętro floor

Pafawag [pafa'vag] = **Państwowa Fabryka Wagonów** State Railway-Carriage Factory

PAGART, Pagart ['pagart] = **Polska Agencja Artystyczna** Polish Artists' Agency

PAN [pan] = **Polska Akademia Nauk** Polish Academy of Sciences

PAP [pap] = **Polska Agencja Prasowa** Polish Press Agency

PCK [petse'ka] = **Polski Czerwony Krzyż** Polish Red Cross

PCW [petse'vu] = **polichlorek winylu** (tworzywo, płytki) polyvinyl chloride (plastic, plates)

pd. = płd.

PDT [pede'te] = **Powszechny Dom Towarowy** Universal Department Store

PEWEX ['peveks] = **Przedsiębiorstwo Eksportu Wewnętrznego** Internal (Home) Export Company

pg = przez grzeczność by favour of

PGR [pege'er] = **Państwowe Gospodarstwo Rolne** State Farm

PISM [pism] = **Polski Instytut Spraw Międzynarodowych** Polish Institute of International Affairs

PIW [piv] = **Państwowy Instytut Wydawniczy** State Publishing Institute

PKF [peka'ef] = **Polska Kronika Filmowa** Polish Newsreel

PKiN [peka-i'en] = **Pałac Kultury i Nauki** Palace of Culture and Science

PKO [peka'o] = **Powszechna Kasa Oszczędności** National Savings Bank

PKO, **Pekao** [peka'o] = **Polska Kasa Opieki** Polish ..uardian Bank

PKOl [peka'ol] = **Polski Komitet Olimpijski** Polish Olympic Committee

PKP [peka'pe] = **Polskie Koleje Państwowe** Polish State Railways

PKS, Pekaes [peka'es] = **Polska Komunikacja Samochodowa** Polish Coach Service

pkt = punkt point; item

PKWN [pekavu'en] = **Polski Komitet Wyzwolenia Narodowego** Polish Committee of National Liberation

pl. = plac square, place, circus

PLL „LOT" [peel'lot] = **Polskie Linie Lotnicze „LOT"** Polish Airlines "LOT"

PLO [peel'ɔ] = **Polskie Linie Oceaniczne** Polish Ocean Lines

płd. = 1. **południe** south 2. **południowy** south, southern

płk = **pułkownik** colonel

płn. = 1. **północ** north 2. **północny** north, northern

pn. = **płn.**

p.n.e. = **przed naszą ⟨nową⟩ erą** before Christ

p.o. [pɛ'ɔ] = **pełniący obowiązki** acting (manager etc.)

pol. = **polski** Polish

POM [pɔm] = **Państwowy Ośrodek Maszynowy** State Agriculture Machine Service

POP [pɛɔ'pɛ, pɔp] = **Podstawowa Organizacja Partyjna (PZPR)** Basal Party Organization

por. = 1. **porównaj** compare 2. **porucznik** lieutenant

pos. = **poseł, posłanka** deputy; member of Seym (Polish Parliament)

pow. = **powierzchnia** area

poz. = **pozycja** item

pp. = **państwo** Mr and Mrs

ppłk = **podpułkownik** lieutenant colonel

p.p.m. = **poniżej poziomu morza** under sea level

ppor. = **podporucznik** second lieutenant

prez. = 1. **prezydent** president 2. **prezes** chairman 3. **prezydium** presidium

PRiTV [peer-i-te'fau] = **Polskie Radio i Telewizja** Polish Radio and Television

PRL [peer'el] = **Polska Rzeczpospolita Ludowa** Polish People's Republic

PRM [peer'em] = **Prezydium Rady Ministrów** Presidium of the Cabinet

proc. = **procent** per cent

prof. = **profesor** professor

PRON [prɔn] = **Patriotyczny Ruch Odrodzenia Narodowego** Patriotic Movement for National Rebirth

PS [pɛ'es] = **(postscriptum)** dopisek postscript

PSS [pees'es] = **Powszechna Spółdzielnia Spożywców** General Consumers' Co-operative

pt. = **pod tytułem** entitled

p-ta = **poczta** post office

PTTK [petete'ka] = **Polskie Towarzystwo Turystyczno-Krajoznawcze** Polish Tourists' and Countrylovers' Society

PWN [pɛvu'ɛn] — **Państwowe Wydawnictwo Naukowe** State Scientific Publishers

PZMot [pɛzɛt'mɔt], **PZM** [pɛzɛt'ɛm] — **Polski Związek Motorowy** Polish Motor Association

PZPR [pɛzɛtpɛ'ɛr] — **Polska Zjednoczona Partia Robotnicza** Polish United Workers' Party

PZU [pɛzɛt'u] — **Państwowy Zakład Ubezpieczeń** National Insurance Company

PŻM [pɛʒɛt'ɛm] — **Polska Żegluga Morska** Polish Sailing Company

q — **kwintal** quintal

r. — 1. **rok** year 2. **rodzaj** gender
rb. — **roku bieżącego** (of) this year
red. = **redaktor** a. editor b. journalist
red. nacz. — **redaktor naczelny** editor-in-chief
reż. — **reżyser** director
RFN [ɛrɛf'ɛn] — **Republika Federalna Niemiec** Federal Republic of Germany
rozdz. — **rozdział** chapter
RPA [ɛrpɛ'a] — **Republika Południowej Afryki** Republic of South Africa
RSW „PRASA" [ɛrɛs'vu] — **Robotnicza Spółdzielnia Wydawnicza „Prasa"** Workers' Publishing Co-operative "The Press"
r. szk. — **rok szkolny** school year
r. ub. — **roku ubiegłego** last year
RWPG [ɛrvupɛ'gɛ] — **Rada Wzajemnej Pomocy Gospodarczej** Council of Mutual Economic Assistance
ryc. — **rycina** illustration
rys. — **rysunek** illustration, drawing, figure

s. — 1. **strona, stronica** page 2. **siostra** sister 3. **syn** son
SA, S.A. — **Spółka akcyjna** Company
SD [ɛs'dɛ] — **Stronnictwo Demokratyczne** Democratic Party
SD PRL [ɛs'dɛ pɛɛr'ɛl] = **Stowarzyszenie Dziennikarzy Polskiej Rzeczypospolitej Ludowej** Journalists' Association of the Polish People's Republic

SEATO [se'atɔ] = Organizacja Paktu Południowo-Wschodniej
Azji South-East Asia Treaty Organization

sek. = sekunda second

sekr. = sekretarz secretary

SFRJ [eseſer'jɔt] = Socjalistyczna Federacyjna Republika Jugosławii Socialist Federative Republic of Yugoslavia

sierż. = sierżant sergeant

ska, s-ka = spółka company

SPATiF ['spatif] = Stowarzyszenie Polskich Artystów Teatru i Filmu Association of Polish Theatre and Film Artists

SRR [eser'er] = Socjalistyczna Republika Rumunii Socialist Republic of Romania

SRW [eser'vu] = Socjalistyczna Republika Wietnamu Socialist Republic of Vietnam

ss. = siostry sisters

st. = 1. stacja station 2. starszy senior

str. = s. 1.

St.RN = Stołeczna Rada Narodowa People's Metropolitan Council

szer. = 1. szeregowy private 2. szerokość breadth

szer. geogr. = szerokość geograficzna latitude

sześc. = sześcienny cubic

SFMD [eçeſem'de] = Światowa Federacja Młodzieży Demokratycznej World Federation of Democratic Youth

SFZZ [eçeſzet'zet] = Światowa Federacja Związków Zawodowych World Federation of Trade Unions

śp. = świętej pamięci the late

św. = święty saint

t = tona ton

t. = tom volume

tab. = tabela table

tabl. = tablica chart

techn. = 1. technik technician 2. techniczny technic(al)

tel. = telefon telephone

tj. = to jest that is

TKKF [tekaka'eſ] = Towarzystwo Krzewienia Kultury Fizycznej Society for the Propagation of Physical Culture

tlx = teleks telex

TOS [tɔs] = Techniczna Obsługa Samochodów Automobile Service (Station)

tow. = 1. towarzysz comrade 2. towarzystwo association, society

TPD [tepe'de] = Towarzystwo Przyjaciół Dzieci Children Friends' Society

TPPR [tepepe'er] = Towarzystwo Przyjaźni Polsko-Radzieckiej Society for Polish-Soviet Friendship

TŚM [teeç'em] = Towarzystwo Świadomego Macierzyństwa Society for Birth-Control

TWP [tevu'pe] = Towarzystwo Wiedzy Powszechnej Popular Knowledge Society

tys. = tysiąc thousand

tzn. = to znaczy that means

tzw. = tak zwany so called

UJ [u'jɔt] = Uniwersytet Jagielloński (w Krakowie) Jagiellonian University (in Cracow)

UKF [uka'ef] = fale ultrakrótkie ultra-short waves

ul. = ulica Street

UNESCO [ju'neskɔ] = Organizacja Narodów Zjednoczonych do Spraw Oświaty, Nauki i Kultury United Nations Educational, Scientific and Cultural Organization

URM [uer'em] = Urząd Rady Ministrów Cabinet Central Office

USA [ues'a] = Stany Zjednoczone Ameryki thé United States (of America)

USC [ues'tse] = Urząd Stanu Cywilnego Registry Office

UW [u'vu] = Uniwersytet Warszawski Warsaw University

v. = (vide) zobacz see

w. = wiek century

wg = według according to

wicemin. = wiceminister vice-minister

WKD [vuka'de] = Warszawskie Koleje Dojazdowe Warsaw Suburban Railways

WKR [vuka'er] = Wojskowa Komenda Rejonowa Regional Military Headquarters

WNT |vuen'te| = **Wydawnictwa Naukowo-Techniczne** Scientific Technical Publishers

woj. = **województwo** province

WOP |vɔp| = **Wojsko Ochrony Pogranicza** Frontier Guards

WP |ṽu'pe| 1. = **Wojsko Polskie** Polish Army 2. = **Wiedza Powszechna** Popular Science (Publishers)

WRL |vuer'el| = **Węgierska Republika Ludowa** Hungarian People's Republic

WRN |vuer'en| = **Wojewódzka Rada Narodowa** People's Provincial Council

wsch. = 1. **wschód** east 2. **wschodni** east, eastern

WSW |vues'vu| = **Wojskowa Służba Wewnętrzna** Army Security Service

ww. = **wyżej wymieniony** mentioned above

wym. = **wymawiaj** pronounce

wys. = **wysokość** height

wz, w/z = **w zastępstwie** acting per proxy

x. = **ks.** 1., 2.

z. = **zobacz** see

zach. = 1. **zachód** west 2. **zachodni** west, western

ZAIKS, Zaiks |'zaiks| = **Związek Autorów i Kompozytorów Scenicznych** Association of Authors and Composers; (now) Authors' Association „Zaiks"

zał. = 1. **załącznik** annex, enclosure 2. **załączony** enclosed 3. **założył, założony** established

ZBoWiD |'zbɔṽid| = **Związek Bojowników o Wolność i Demokrację** Union of Fighters for Freedom and Democracy

ZG |zet'ge| = **Zarząd Główny** Headquarters

ZHP |zetxa'pe| = **Związek Harcerstwa Polskiego** Polish Scouts' Association

ZLP |zetel'pe| = **Związek Literatów Polskich** Polish Writers' Association

zł = **złoty** zloty

zł dew. = **złoty dewizowy** exchange ⟨hard⟩ zloty

z o.o. = (**spółka**) **z ograniczoną odpowiedzialnością** Ll., limited liability (company)

ZOZ |zɔz| = **Zakład Opieki Zdrowotnej** Health Care Institution

ZSL [zetes'el] = Zjednoczone Stronnictwo Ludowe United Peasants' Party

ZSMP [zetrsem'pr] = Związek Socjalistycznej Młodzieży Polskiej Polish Socialist Youth Union

ZSP [zetes'pe] = Zrzeszenie Studentów Polskich Polish Students' Association

ZSRR [zeteser'er] = Związek Socjalistycznych Republik Radzieckich Union of Soviet Socialist Republics

ZURT [zurt], **ZURIT** ['zurit] = Zakład Usług Radiotechnicznych i Telewizyjnych Technical Radio and Television Servicing

ZUS [zus] = Zakład Ubezpieczeń Społecznych Social Insurance Institution